U0921004

甘肃年鉴

2018

甘 肃 省 人 民 政 府　主 管
甘肃省地方史志办公室　主 办

甘肃民族出版社

图书在版编目（CIP）数据

甘肃年鉴．2018 / 甘肃省地方史志办公室编．-- 兰州：甘肃民族出版社，2018.8
ISBN 978-7-5421-4454-6

Ⅰ．①甘… Ⅱ．①甘… Ⅲ．①甘肃—2018—年鉴
Ⅳ．①Z524.2

中国版本图书馆CIP数据核字(2018)第199810号

书　　名：甘肃年鉴 2018
作　　者：甘肃省地方史志办公室　编
责任编辑：陈苗苗　王媛媛
装帧设计：大雅文化·冉转芸
出　　版：甘肃民族出版社（730030　兰州市城关区读者大道 568 号）
发　　行：甘肃民族出版社发行部（730030　兰州市城关区读者大道 568 号）
设计制版：兰州大雅文化艺术有限公司（0931—4679978）
印　　刷：甘肃鑫统印务有限责任公司
开　　本：880 毫米×1230 毫米　1/16　印张：31.5　插页：10
字　　数：1123 千
版　　次：2018 年 10 月第 1 版　2018 年 10 月第 1 次印刷
印　　数：1～2 500
书　　号：ISBN 978-7-5421-4454-6
定　　价：380.00 元

甘肃民族出版社图书若有破损、缺页或无文字现象，可直接与本社联系调换。
邮编：730030　地址：兰州市城关区读者大道 568 号　网址：http：//www.gsminzu.com
投稿邮箱：448925720@qq.com
发行部：王哲棋　联系电话：0931-8773312　E-mail：275052316@qq.com

《甘肃年鉴》编纂委员会

主　　任　何　伟　副省长

副 主 任　李德新　省委副秘书长、办公厅主任

马　森　省人大副秘书长、办公厅主任

滕继国　省政府办公厅主任

张永贤　省政协副秘书长、办公厅主任

石培文　省政府副秘书长

张军利　省地方史志办公室主任

委员单位　省委宣传部　省委保密委　省地方史志办公室　省委党史办　省档案局

省军区　省发展改革委　省教育厅　省科技厅　省工信委　省民委

省公安厅　省监察厅　省民政局　省司法厅　省财政厅　省人社厅

省国土资源厅　省环保厅　省住房城乡建设厅　省交通运输厅　省水利厅

省农牧厅　省林业厅　省商务厅　省文化厅　省卫生和计划生育委员会

省审计厅　省政府外事办　省旅游发展委员会　省政府国资委　省地税局

省工商局　省质监局　省新闻出版广电局　省体育局　省安监局

省食品药品监管局　省统计局　省宗教局　省粮食局　省法制办　省人防办

《甘肃年鉴》编纂人员

总　　编　张军利

副 总 编　郝宗维　李振宇　徐大武　张正龙　石为怀

主　　编　王文生

副 主 编　滕　辉

编　　辑　余德艳　蒋文涛　刘加力

临洮县贫困户暖棚养牛

白银市奶牛养殖示范园

康乐县良种肉牛繁育

张掖市甘州区前进牧业养牛基地

2017年11月26日，康乐县从澳大利亚引进羊驼847只，在全省乃至全国尚属首次

临洮县平长湖羊养殖基地

通渭县设施农业

武山县豆角推向全国市场

张掖市甘州区无公害蔬菜种植

金塔县羊井子湾乡葡萄种植

成县樱桃通过电子商务销往全国各地

陇南市核桃种植

临夏县百益现代农业日光温室草莓种植

宁县焦村海升矮化密植苹果栽植示范基地

定西市新添镇南坪村马铃薯品种试验区

定西市发展马铃薯优质品种

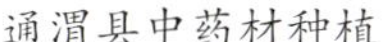

通渭县中药材种植

华亭县马峡镇中药材驯化试验基地

西和县千亩半夏示范园区

精准扶贫

宕昌县理川镇大舍沟村易地搬迁点

崇信县赤城移民社区

环县八珠乡八珠塬村移民搬迁点

广河县三甲集康家易地搬迁

秦州区易地扶贫搬迁项目——娘娘坝镇钱家坝安置区

编 辑 说 明

一、《甘肃年鉴》（2018）是甘肃省人民政府主管、甘肃省地方史志办公室主办的系统记述全省自然、社会、经济、政治、文化等各方面情况的大型年度资料性文献。

二、《甘肃年鉴》（2018）的编辑坚持以马克思列宁主义、毛泽东思想、邓小平理论、“三个代表”重要思想、科学发展观、习近平新时代中国特色社会主义思想为指导，紧紧围绕省委、省政府中心工作，突出时代特点和地方特色，全面、客观、真实、系统地记述全省各地、各部门、各行业基本情况，反映全省改革发展进程，为推进全面小康社会建设、构建社会主义和谐社会、促进甘肃经济社会又好又快发展和海内外各界了解甘肃、研究甘肃提供基本资料和历史借鉴。

三、《甘肃年鉴》（2018）采用分类编辑法。内文采用三级结构层次，以条目为表现基本形式。全书条目的标题统一用黑体加【】表示。

四、《甘肃年鉴》（2018）记述2017年度的甘肃省情。设特载、专记、大事记、省情概览等29个类目。

五、《甘肃年鉴》（2018）所载内容和数据，由省上各部门、单位、社会团体、行业组织、企事业单位和市县党政部门提供。

六、《甘肃年鉴》（2018）附电子版（光盘），插装于封三。

目　录

特　载

专　记

大事记

省情概览

中国共产党甘肃省委员会

中国共产党甘肃省纪律检查委员会

甘肃省人民代表大会

甘肃省人民政府

中国人民政治协商会议甘肃省委员会

民主党派与工商联

群众团体

军事　法治

农　业

工　业

金融业

商贸流通

交通 邮电

经济管理与监督

国土管理 城乡建设 环境保护

教育　科技

文化　旅游　体育

卫生计生 红十字事业

新闻出版　广播影视

民族宗教

市（州）县（市、区）概况

全省经济运行情况

先进单位与先进人物

附　录

特 载

紧密团结在以习近平同志为核心的党中央周围 为加快建设幸福美好新甘肃而努力奋斗

2017年5月22日在中国共产党甘肃省第十三次代表大会上的报告

中共甘肃省委书记 林 铎

同志们：

现在，我代表中国共产党甘肃省第十二届委员会向大会作报告。

中国共产党甘肃省第十三次代表大会，是在进入全面建成小康社会决胜阶段、喜迎党的十九大的新形势下召开的一次继往开来的重要会议。大会的主题是：**高举中国特色社会主义伟大旗帜，以马克思列宁主义、毛泽东思想、邓小平理论、“三个代表”重要思想、科学发展观为指导，深入学习贯彻习近平总书记系列重要讲话精神和治国理政新理念新思想新战略，全面落实习近平总书记视察甘肃重要讲话和“八个着力”重要指示精神，动员带领全省各级党组织、广大党员和各族人民，更加紧密地团结在以习近平同志为核心的党中央周围，不忘初心，继续前进，努力同全国一道全面建成小康社会，为加快建设经济发展、山川秀美、民族团结、社会和谐的幸福美好新甘肃而努力奋斗！**

党的十八大以来，习近平总书记带领全党全军全国各族人民进行具有许多新的历史特点的伟大斗争，开创了中国特色社会主义伟大事业和党的建设新的伟大工程新局面，赢得了全党全军全国各族人民的衷心拥护，受到国际社会的高度赞誉。党的十八届六中全会明确习近平总书记在党中央和全党的核心地位，体现了党和人民的根本利益，对保证党和国家兴旺发达、长治久安，对实现“两个一百年”奋斗目标和中华民族伟大复兴中国梦，具有十分重大而深远的意义。全省各级党组织和广大党员干部要牢固树立政治意识、大局意识、核心意识、看齐意识，更加自觉地在思想上政治上行动上同以习近平同志为核心的党中央保持高度一致，更加坚定地维护以习近平同志为核心的党中央权威和集中统一领导，更加有力地把以习近平同志为核心的党中央各项决策部署落到实处，认清历史方位，把握发展大势，牢记重大使命，不断开创甘肃各项事业发展的新局面！

一、过去五年的工作

省第十二次党代会以来，面对错综复杂的国内外环境和艰巨繁重的改革发展稳定任务，在以习近平同志为核心的党中央坚强领导下，我们全面贯彻党的十八大和十八届三中、四中、五中、六中全会精神，深入学习贯彻习近平总书记系列重要讲话精神和治国理政新理念新思想新战略，认真落实习近平总书记视察甘肃重要讲话和“八个着力”重要指示精神，按照党中央统筹推进“五位一体”总体布局和协调推进“四个全面”战略布局、坚持稳中求进工作总基调的各项决策部署，扎实推进经济社会发展和党的建设，基本完成省第十二次党代会确定的工作任务，各项事业取得新进步。

党的建设持续加强。坚持把抓好党建作为最大政绩，严格落实从严管党治党政治责任，全面推进党的思想、组织、作风、反腐倡廉和制度建设。坚持以习近平总书记系列重要讲话精神和治国理政新理念新思想新战略武装头脑，扎实开展党的群众路线教育实践活动、“三严三实”专题教育和“两学一做”学习教育，隆重开展纪念建党95周年、红军长征胜利80周年、陕甘边区苏维埃政府成立80周年、两当兵变85周年等系列活动，大力传承红色基因，各级党组织和广大党员干部“四个意识”进一步增强，“四个自信”更加坚定。认真落实意识形态工作责任制，坚持马克思主义在意识形态领域的指导地位不动摇，理论工作“四大平台”建设取得突破，意识形态阵地建设和管理得到加强。强化干部日常管理监督，选派年轻干部到脱贫攻坚一线锻炼，顺利完成市县乡三级换届。探索建立柔性引才机制，共引进高层次金融科技人才337名。实施“先锋引领”行动，整顿软弱涣散基层党组织，开展市县乡党委书记抓基层党建工作述职评议。严格落实中央八项规定精神和省委“双十条”规定，驰而不息纠正“四风”。构建和实施全面从严治党主体责任体系，加强党风廉政建设和反腐败斗争，十二届省委巡视实现全覆盖，市县和省直部门巡察有序开展，认真践行监督执纪“四种形态”，严肃查处一批违纪违法案件，反腐败斗争压倒性态势已经形成。扎实抓好中央巡视组和巡视“回头看”反馈意见整改工作，努力推动管党治党从宽松软走向严紧硬。

综合实力进一步提升。加强党对经济工作的领导，主动适应、把握和引领经济发展新常态，统筹抓好稳增长、促改革、调结构、惠民生、防风险各项工作，保持了经济平稳健康发展势头。生产总值年均增长9.6%，财政收入年均增长11.8%，固定资产投资年均增长17.9%。粮食生产实现“十三连丰”，传统产业改造提升力度加大，战略性新兴产业增加值占生产总值比重提高到13.1%，现代服务业加快发展，金融业占生产总值比重从2.8%提高到7.1%，非公经济比重达到47.6%。兰州新区生产总值年均增长30.9%，国家循环经济示范区基本建成，兰白科技创新改革试验区建设进展顺利，经济发展的稳定性、协调性、可持续性进一步增强。

脱贫攻坚成效明显。深入贯彻习近平总书记扶贫开发重要战略思想，坚持把脱贫攻坚作为“一号工程”，围绕精准扶贫精准脱贫扎实开展联村联户、扶贫攻坚行动，建立贫困人口识别、动态管理、退出标准、考核验收等体系，打出一套政策措施“组合拳”，贫困地区生产生活条件大幅改善。全省贫困人口由2011年底的842.2万人减少到2016年底的227万人，贫困发生率由40.5%下降到10.9%，易地扶贫搬迁82万人，贫困地区农民人均收入年均增长比全省高2个百分点，为打赢脱贫攻坚战奠定了坚实基础。

基础设施不断完善。坚持基础设施先行，实施城乡基础设施建设工程和交通突破、水利保障行动，支撑能力有效提升。五年新增公路通车里程1.9万公里，实现省际主要通道和市州政府所在地通高速公路、县城通二级以上公路，农村通沥青（水泥）路5.1万公里。新增铁路运营里程1592公里，兰新高铁、兰渝铁路开通运行，宝兰客专即将建成运营，甘肃进入高铁时代。全省民航机场达到8个，年客运量突破1200万人次。建成引洮一期等一批重大水利工程，解决了958万农村人口饮水安全问题，农村自来水普及率达到85%。重点流域治理和重大生态保护综合治理项目顺利推进。

改革开放取得新进展。深入贯彻中央全面深化改革决策部署，重点领域和关键环节改革进展明显，累计落实改革举措415项，供给侧结构性改革扎实推进，行政审批事项大幅精简，商事制度改革全面推开，农村改革持续深化，司法体制改革推出重大举措，财税、金融、教育、科技、医疗卫生、国企国资等领域改革稳步推进，精准扶贫精准脱贫、综合治理兰州市大气污染等经验得到中央改革办及有关部委肯定和推广。着力打造丝绸之路经济带黄金段，充分发挥兰洽会、国际旅游节等重大节会平台作用，加强与中西亚等丝路沿线国家的人文交流、经贸和产能合作，对外开放水平和层次有了新提升。

文化建设迈上新台阶。思想道德建设持续加强，社会主义核心价值观日益深入人心，全面实施“人知人晓”“人信人守”工程，着力打造“凡人善举”、诚信“红黑榜”等品牌，群众性精神文明创建活动广泛开展，全国文明城市创建取得突破。积极建设华夏文明传承创新区，成功举办首届丝绸之路（敦煌）国际文化博览会，习近平总书记发来贺信，23个国家一致讨论通过《敦煌宣言》。文化惠民工程深入实施，公共文化服务体系日益完善。文艺精品力作不断涌现。文化、旅游产业发展势头良好。

民生福祉日益增进。坚持把保障和改善民生作为一切工作的出发点和落脚点，持续加大民生投入力度，人民群众的获得感和幸福感不断增强。积极促进就业，五年新增城镇就业210万人，城乡居民收入年均分别增长10.3%、12%。教育事业全面发展，学前三年毛入园率、义务教育巩固率和高中阶段毛入学率均超过全国平均水平，高等教育大众化水平稳步提高。公共卫生服务能力不断提升，群众性体育活动广泛开展。社会保障体系不断健全，提高城乡低保标准、补助水平和农村特困人员救助供养省级补助标准，城乡居民基本养老、基本医疗和大病保险以及医疗救助制度实现全覆盖。保障性安居工程建设和农村危房改造步伐加快，岷漳地震灾后恢复重建任务顺利完成。大气、水、土壤等污染防治行动全面展开。

民主法治建设深入推进。发挥党委总揽全局、协调各方作用，支持人大及其常委会依法行使立法、监督、决定、任免等职权，人大工作有了新的发展。坚持和完善中国共产党领导的多党合作和政治协商制度，加强社会主义协商民主建设，人民政协作为协商民主重要渠道的作用充分发挥。落实民族区域自治制度，全面贯彻党的民族政策，民族地区经济社会加快发展，民族团结进步创建活动和“两个共同”示范区建设成效明显。坚持党的宗教工作基本方针，依法加强宗教事务管理，积极引导宗教与社会主义社会相适应。基层民主有序扩大，基层群众自治机制不断健全。法治甘肃和平安甘肃建设扎实推进，信访工作得到加强。爱国统一战线进一步巩固壮大，侨务、港澳和对台工作取得新发展，工会、共青团、妇联等群团组织桥梁纽带作用进一步发挥。国防动员和后备力量建设持续加强，军政军民团结大好局面不断巩固。

过去的五年，不甘落后的陇原儿女奋发图强、拼搏进取，保持了经济社会平稳健康发展的好势头，为同全国一道全面建成小康社会、加快建设幸福美好新甘肃，进一步打下坚实的基础。成绩来之不易，这是以习近平同志为核心的党中央坚强领导、亲切关怀的结果，是全省各级党组织、广大党员和各族人民齐心协力、共同奋斗的结果，是各民主党派、无党派人士和社会各界积极参与、大力支持的结果，也是历届省委和省级几大班子团结努力的结果。在此，我代表中共甘肃省第十二届委员会，向全省广大党员、干部群众，向各民主党派、各人民团体和社会各界人士，向驻甘部队指战员和武警官兵，向所有关心支持甘肃改革发展和现代化建设的海内外朋友，表示崇高的敬意和衷心的感谢！

在总结成绩的同时，还要清醒地看到，我们的工作中还存在不少问题，贯彻“四个全面”战略布局不力，“四个意识”不够强，落实习近平总书记对我省提出的“八个着力”重要指示精神有差距：**全面从严治党方面**，“两个责任”落实还不到位，个别地方和有些领导干部政治纪律和政治规矩意识不强，有的地方干部中拉山头、搞团团伙伙和找门路、找靠山、跑官要官等问题表现突出，严重破坏了政治生态；有的领导干部档案造假、不如实报告个人事项、执行外出报备制度不严格；一些地方和单位落实意识形态工作责任制不到位，对有的舆论热点事件应对不力，造成严重负面影响；少数基层党组织软弱涣散，非公企业和社会组织党组织覆盖率较低；一些领域廉洁风险较高，不正之风和消极腐败现象时有发生，党风廉政建设和反腐败斗争形势依然严峻复杂。**经济发展方面**，主要矛盾仍然是发展不足不快，综合实力较弱，基础设施建设欠账较多，科技创新驱动能力不强，新兴产业发展不快，传统产业转型升级步伐较慢，国企国资改革滞后，非公经济发展整体水平偏低，县域经济发展层次低，外向型经济水平有待提高，经济发展的动力和活力不足。**社会事业方面**，短板和欠账较多，城乡居民收入水平较低；城乡区域公共服务资源配置不均衡问题比较突出；社会治理存在不少薄弱环节，治理体系和治理能力现代化水平亟待提升。**脱贫攻坚方面**，贫困面大、贫困程度深，贫困人口自我发展能力弱，保证贫困群众持续增收、稳定脱贫办法还不多，越往后脱贫难度越大，脱贫攻坚任务艰巨繁重。**生态建设和环境保护方面**，贯彻落实党中央决策部署还不够坚决彻底，有的地方重发展、轻保护的问题比较突出，生态环境恶化趋势尚未得到根本遏制，在祁连山生态环境保护工作中还不同程度存在不重视、不作为、不担当和履职不力、把关不严的问题，致使局部生态环境破坏严重，并带来不良社会影响。干事创业方面，部分党员干部思想保守、观念滞后、作风不实、担当不够，用改革的思维和创新的办法破解难题的能力不足，等等。对这些问题，必须高度重视，认真加以解决。

二、面临的形势和任务

未来五年，是我省打赢脱贫攻坚战、全面建成小康社会的决胜阶段，是全面从严治党向纵深推进的重要阶段。站在新的历史起点上，我们必须科学分析、准确把握我省面临的内外环境和阶段性特征。**从根本保证看**，党的十八大以来，以习近平同志为核心的党中央面对复杂多变的国际环境和国内艰巨繁重的改革发展任务，把握发展大势、顺应人民期待、回答实践要求，形成了一系列治国理政新理念新思想新战略，为我们全面建成小康社会、建设幸福美好新甘肃提供了根本指针。特别是习近平总书记视察甘肃重要讲话和“八个着力”重要指示精神，内涵丰富，思想深刻，科学指明了甘肃在全国发展大局中的战略定位，深刻阐述了事关甘肃改革发展稳定的一系列方向性、根本性问题，明确提出了实践路径、着力重点和奋斗目标，为我们做好各项工作指明了方向、提供了根本遵循。**从有利条件看**，世界范围内新一轮科技革命蓄势待发，新的产业变革正在孕育突破；国家深入实施创新驱动发展战略，推进供给侧结构性改革，为我省加快科技进步和创新、转方式调结构提供了新契机；国家对脱贫攻坚、基础设施、公共服务和产业发展的支持力度不断加大，为我们推进“四化”同步发展带来了难得的政策利好；随着“一带一路”战略深入推进，我省发展外向型经济的优势更加明显；党风政风明显好转，社会风气不断上扬，特别是中央巡视“回头看”、环保督察、祁连山生态环境问题专项督查以及国务院各项政策措施落地情况专项督查等反馈的意见和建议，为我们直面问题、转变作风、改进工作提供了有利契机。**从不利因素看**，外部环境不确定、不稳定因素明显增多，新一轮产业、人才、技术、资金等要素竞争更加激烈；我省发展基础薄弱，经济结构调整缓慢，适应市场能力弱，发展要素制约明显特别是人才支撑力不足，缩小与全国发展差距的任务更加艰巨。综合判断，未来五年我们面临的发展环境错综复杂，机遇与挑战并存、优势与困难同在。全省上下要准确把握我省战略机遇期内涵的深刻变化，科学把握发展规律，有效转化政策机遇，积极应对风险挑战，不断开辟转型升级、富民兴陇的新境界。

今后五年工作的指导思想是：**高举中国特色社会主义伟大旗帜，坚持以马克思列宁主义、毛泽东思想、邓小平理论、“三个代表”重要思想、科学发展观为指导，深入学习贯彻习近平总书记系列重要讲话精神和治国理政新理念新思想新战略，全面贯彻党的十八大和十八届三中、四中、五中、六中全会精神，深入学习贯彻党的十九大精神，牢固树立政治意识、大局意识、核心意识、看齐意识，坚决维护习近平总书记在党中央和全党的核心地位，坚决维护以习近平同志为核心的党中央权威和集中统一领导，全面落实习近平总书记视察甘肃重要讲话和“八个着力”重要指示精神，统筹推进“五位一体”总体布局和协调推进“四个全面”战略布局，坚持稳中求进工作总基调，牢固树立和贯彻新发展理念，适应把握引领经济发展新常态，坚持以提高发展质量和效益为中心，坚持以推进供给侧结构性改革为主线，坚持以全面从严治党为保证，解放思想、开拓创新，凝心聚力、真抓实干，努力同全国一道全面建成小康社会，加快建设经济发展、山川秀美、民族团结、社会和谐的幸福美好新甘肃。**

今后五年的奋斗目标是：综合经济实力、县域经济发展层次、人民群众生活质量、法治建设能力、社会文明程度、生态建设和环境保护水平、全面从严治党成效不断提升，城乡居民收入等主要经济指标增速高于全国平均水平，基本公共服务达到全国平均水平，主要污染物排放和单位地区生产总值能耗控制在国家下达的指标之内，现行标准下农村贫困人口如期脱贫、稳定脱贫，贫困县全部摘帽，解决区域性整体贫困，在全面建成小康社会目标的基础上，努力实现更高水平的发展，在践行习近平总书记“八个着力”重要指示精神上不断取得新的更大成效。

贯彻落实上述指导思想和奋斗目标，科学把握未来发展面临的形势和环境，有效应对前进道路上的风险和挑战，必须始终坚持以下八个方面的基本要求：

——增强“四个意识”，保持政治定力。提高政治站位，站稳政治立场，增强政治能力，对党绝对忠诚，自觉向党中央看齐，向习近平总书记看齐，向党的理论和路线方针政策看齐，向党中央决策部署看齐，真正做到思想上高度认同、政治上坚决维护、行动上时刻紧跟、感情上衷心爱戴习近平总书记这个核心。

——坚持为民取向，践行根本宗旨。坚持以人民为中心的发展思想，把造福陇原人民作为检验工作成效的标尺，积极推动协调发展和共享发展，使改革发展成果更多更公平地惠及全体人民，不断增强人民群众的获得感和幸福感。

——聚焦战略目标，解决突出问题。着眼同全国一道全面建成小康社会、加快建设幸福美好新甘肃，下大力气解决经济社会欠发达、治理能力现代化水平不高、人民群众生活整体水平低、生态建设和环境保护亟待加强、全面从严治党责任担当不力等突出问题，推进各项事业发展取得新成效。

——推动改革创新，激发动力活力。坚持把解放思想作为开创新局面的重要法宝，坚定不移推进全面深化改革，深入实施创新驱动发展战略，坚决破除阻碍发展的体制机制弊端，加快形成以创新为主要引领和支撑的经济体系和发展模式，使改革动力加速释放、创新活力不断涌现。

——勤于学思践悟，提升素质能力。围绕贯彻落实习近平总书记系列重要讲话精神和治国理政新理念新思想新战略，全面落实视察甘肃重要讲话和“八个着力”重要指示精神，带着问题深入学习思考，领悟和掌握精髓要义，立足推动工作践行落实，不断增强开拓创新、攻坚克难、化解矛盾的本领。

——保持进取精神，强化责任担当。切实增强加快发展的紧迫感和使命感，始终把事业放在心上、把责任扛在肩上、把工作抓在手上，把谋事、干事、成事统一起来，积极应对各种困难和风险挑战，一级抓一级，层层抓落实，确保中央和省委重大决策部署不折不扣落到实处。

——注重强基固本，锤炼严实作风。高度重视抓基层强基础，不断增强各级党组织政治功能，大力弘扬“三严三实”作风，确保党的组织充分履行职能、发挥核心作用，确保党的领导干部忠诚干净担当、发挥表率作用，确保广大党员党性坚强、发挥先锋模范作用。

——讲求立德修身，树立清廉形象。注重加强党内政治文化建设，倡导忠诚老实、光明坦荡、公道正派、实事求是、艰苦奋斗、清正廉洁等价值观，教育引导广大党员、干部修身慎行、怀德自重、清廉自守，始终以信念、人格、实干立身，永葆共产党人政治本色。

三、深入贯彻习近平总书记“八个着力”重要指示精神，开创各项事业发展新局面

2013年2月，习近平总书记视察甘肃的重要讲话和“八个着力”重要指示精神，涵盖了经济、政治、文化、社会、生态文明和党的建设的方方面面，为我们勾画了全面建成小康社会、建设幸福美好新甘肃的美好愿景，是我们必须长期坚持的指导思想和行动指南。全省各级党组织要深入学习贯彻习近平总书记系列重要讲话精神和视察甘肃“八个着力”重要指示精神，不断推动我省各项事业迈上新台阶，让陇原人民过上更加幸福美好的新生活。

（一）着力转变经济发展方式，推进经济结构战略性调整，不断提升综合实力。习近平总书记指出，甘肃要力争在推进经济结构战略性调整、加快形成新的发展方式上迈出新步伐、取得新成效。我们要坚持做大总量与提高质量并重、发挥优势与弥补短板齐抓，努力走出转型升级、后发赶超新路子。

构建现代产业体系。产业是强省之基、富民之源。要大力发展实体经济，努力形成以传统优势产业为基础、战略性新兴产业为先导、现代服务业为支撑的多元化绿色现代产业体系。坚持工业强省战略，推进工业化和信息化深度融合，振兴老工业基地，大力改造提升传统产业，实施优势产业链培育发展行动，加快大数据、云计算、物联网应用，以新技术新业态新模式推动传统产业转型升级，提升石油化工、有色冶金、先进装备制造、新型煤化工、农产品加工等产业水平。培育壮大战略性新兴产业，以科技创新为牵引，以新能源、新材料、高端装备和智能制造、生物医药、信息技术、节能环保、公共安全等领域为重点，建设一批战略性新兴产业发展集聚区。加快发展现代服务业，着力壮大商贸物流、文化旅游、现代金融、信息消费、创意设计、健康养生等现代服务业，大力发展体验经济、共享经济，积极培育电子商务、服务外包等新型业态。

促进城乡区域协调发展。按照中心带动、多极突破的发展格局，立足各地资源禀赋和区位条件，优化空间开发和生产力布局，培育区域发展增长极。加快兰州经济社会发展，提升城市综合功能，充分发挥省会城市的辐射带动作用。举全省之力加快兰州新区建设，进一步找准功能定位、完善思路、创新举措，发挥政策集成效应，以建设特色鲜明、产业聚集、服务配套、环境优良的现代化新区为目标，把兰州新区打造成西部重要的经济增长极、国家重要的产业基地、对外开放的战略平台、承接产业转移的示范区。推动产业集聚和创新发展，提高特色优势资源精深加工水平，建设以兰白都市圈为核心的中部城市群。强化经济通道功能，大力发展以新能源及其装备制造业、绿色有机农产品生产加工业和文化旅游业为重点的经济带，发展壮大河西走廊城市群。以完善交通基础设施为先导，打造先进装备制造基地、电子电工电器基地、能源化工基地、绿色生态农产品生产加工基地和养生保健旅游基地，促进陇东南协同发展。支持革命老区、民族地区和贫困地区加快发展。大力发展县域经济，坚持因地制宜，突出规划先行、创新驱动、产业支撑、要素集中、全链推动，打造一批特色鲜明、辐射范围广、发展潜力大的产业集群，壮大县域经济总量，提升发展质量，努力走出一条城乡统筹、产城融合、各具特色的富民强县之路。积极推进以人为核心的新型城镇化，着力提升城市规划建设和管理水平，推动城乡一体化发展，构建新型城乡关系。

构筑功能完备的现代化基础设施网络。继续加强基础设施建设，是破解我省发展瓶颈的现实需要。深入实施交通提升行动，实现民航服务和铁路干线覆盖市州、高速公路连通县区、快递网点遍布乡镇、沥青（水泥）路通达建制村，构建丝绸之路经济带战略通道和区域综合交通枢纽。持续开展水利保障行动，统筹实施重点骨干水利工程和中小型水利设施建设，完善综合防洪减灾体系。建设宽带甘肃，提高城乡宽带网络普及水平和接入能力。打造国家能源战略储备基地，进一步提升我省国家重要的油气煤电综合运输通道地位。

坚定不移推进改革攻坚。加快我省发展，必须依靠深化改革，坚决破除各种体制机制障碍。要深入推进以经济体制改革为重点的全面改革，不断完善发挥市场在资源配置中的决定性作用和更好发挥政府作用的体制机制。深入推进供给侧结构性改革，认真落实"三去一降一补"重点任务，因城因地因企分类施策，把降低实体企业杠杆率作为去杠杆的重中之重，不断提高供给质量和效率。推动行政管理体制改革，不断深化"放管服"，实现联审联批，完善事中事后监管制度。加快推进国企国资改革，健全完善公司法人治理结构和经营管理机制，发展混合所有制经济。深化金融体制改革，加快培育地方金融体系，加大对实体经济的支持力度，有效防范和化解金融风险。坚定不移支持非公有制经济发展，构建"亲""清"政商关系，充分激发和释放民营经济活力。深入推进基础性领域改革，加大补短板力度。统筹推进财税、生态、文化、统计管理、民主法制、党的建设制度等改革。强化各级主要负责同志第一责任人的责任，形成亲力亲为抓改革、善作善成促落实的长效机制。

大力提升对外开放水平。我省发展不足，很大程度是开放不足，必须把扩大开放作为实现富民强省的必由之路。要深度融入"一带一路"建设，打造丝绸之路经济带黄金段，充分发挥敦煌国际文博会、兰洽会、国际旅游节等重点节会作用，积极"引进来"和"走出去"，加大招商引资力度，加快开放型经济发展。推进国际空港和国际陆港建设，大力发展综合保税区、保税物流中心等海关特殊监管区域，强化航空、铁路等各类开放口岸建设，着力打造面向中西亚、南亚、服务国家"一带一路"建设的交通和物流集散枢纽。加强国际产能对接合作，建设面向六大国际经济走廊经贸产业合作基地和人文交流窗口。争取设立中国（兰州）自由贸易园区，推进国际贸易"单一窗口"建设，营造法治化、国际化、便利化的营商环境。

（二）着力推动科技进步和创新，增强整体素质和竞争力，加快培育发展新动能。习近平总书记指出，越是欠发达地区，越需要实施创新驱动发展战略。我们要充分发挥科技创新的基础、关键和引领作用，努力把我省打造成西部地区创新驱动发展新高地。

不断增强创新能力。推动兰白科技创新改革试验区建设，促进产学研用融合发展，积极创建国家自主创新示范区。充分发挥高校、科研院所和大型国有企业作用，推进原始创新、集成创新和引进消化吸收再创新，建设一批国家和省级科技创新中心、重点实验室、工程（技术）研究中心，在新能源、有色金属新材料、先进装备和智能制造、生物医药、信息技术等领域，力争突破一批关键核心技术和共性技术，推动高科技产业发展壮大。

积极培育打造创新主体。构建以

企业为主体的技术创新体系，培育一批有核心竞争力的创新型领军企业、“科技小巨人”企业。支持中央在甘和省属高校、科研院所科技研发建设，打造产业技术创新联盟。完善人才评价标准、激励机制和保障体系，继续实施领军人才、高层次人才、创新创业青年人才等重大工程。大力营造鼓励创新、宽容失败的社会氛围和法治环境，完善科技创新服务和众创空间等创业孵化体系，不断激发市场主体创新活力和社会创造力，形成大众创业、万众创新的生动局面。

建立健全创新机制。构建普惠性创新支持政策体系，推进创新链与产业链、资金链、人才链、政策链协同融合。加强企业与国内外一流高校、科研机构合作，加强知识产权保护和运用，建立完善有利于成果转化的激励机制和市场服务体系，促进重大科研成果产业化。全面落实科技创新扶持政策，扩大高校和科研院所自主权，深化科技评估制度改革。健全军民融合创新体系，促进军民两用技术联合攻关和成果双向转化应用。

（三）着力发展现代农业，增强农产品供给保障能力，扎实做好“三农”工作。习近平总书记指出，甘肃是我国农业文化起源地之一，农业自然条件多样，要充分发挥优势，加快发展现代农业。我们要坚持把“三农”工作作为重中之重，深入推进农业供给侧结构性改革，实施现代农业发展行动计划，促进农业增效、农民增收、农村增绿。

提高农业综合生产能力。完善和落实强农惠农富农政策，建立农业农村投入稳定增长机制，改进财政支农方式，撬动引导金融和社会资本更多投向农业农村。强化农业科技创新驱动，建立一批现代农业产业科技创新中心和农业科技创新联盟，不断提高农业良种化、机械化、信息化和标准化水平。坚持最严格的耕地保护制度，严守耕地红线，加强以水利和高标准农田为重点的农业基础设施建设，改善农业生产条件，确保全省粮食产量保持稳定。

优化农业产品产业结构。构建现代农业产业体系和生产体系，建设粮食生产功能区、重要农产品生产保护区、特色农产品优势区，打造地域特色鲜明具有全国乃至国际影响的绿色生态农产品生产加工基地。做大做强草食畜、马铃薯、设施蔬菜、优质林果、现代制种等特色优势产业。加快建设国家中医药产业发展综合试验区，培育壮大一批中药材加工企业，从种植标准化、加工精深化、市场专业化、仓储规模化和产品品牌化入手培育中医药全产业链，把我省打造成全国重要的中医药生产、加工基地和仓储、交易中心。推动国家级与省级现代农业产业园、农业科技园、农民创业园和戈壁农业、高效节水农业、草原畜牧业可持续发展示范区建设，推进国家级育种制种基地建设，引领形成与市场需求相适应、与资源禀赋相匹配的现代农业发展区域布局。

培育新型农业经营主体和服务主体。深化农村综合改革，推动传统农业向多种形式适度规模经营的现代农业转变。引导和鼓励科技、经营等人才投身现代农业发展，扶持培育一批种养大户、家庭农场、农民合作社、产业化龙头企业等新型经营主体，提高农民的组织化程度和应对市场风险的能力。健全农业科技创新推广、农业信息服务、农产品流通服务等体系以及农产品质量、食品安全标准和监管体系，大力发展农村电子商务，提升农产品精深加工水平。开发农业多种功能，促进农业与旅游、教育、文化、健康养生等产业深度融合。

统筹推进美丽宜居乡村和特色村镇建设。遵循乡村发展规律，推进农村人居环境综合整治，建设既传承乡村记忆又具有现代文明元素的美丽乡村。加大传统村落、民居和历史文化名村名镇保护力度，扶持建设具有历史、地域、民族特点的特色景观旅游村镇，打造一批集循环农业、创意农业、农事体验于一体的田园综合体。完善农村公共文化服务体系，丰富乡村文化生活。强化农村基层治理，大力培育文明乡风，提高农民文明素质和农村社会文明程度。

（四）着力推进扶贫开发，尽快改变贫困地区面貌，坚决打赢脱贫攻坚战。习近平总书记强调，没有农村的小康，特别是没有贫困地区的小康，就没有全面建成小康社会。我们要认真贯彻精准扶贫精准脱贫基本方略，坚持把脱贫攻坚作为“一号工程”，采取超常规办法，大力开展精细精确精微的“绣花”式扶贫，行胜于言、言行一致，确保如期实现脱贫攻坚目标。

增强脱贫致富内生动力。更加注重扶贫与扶志、扶智相结合，改进帮扶方式，教育激励贫困群众树立主体意识，增强勤劳致富的主动性和能动性，不断强化自我发展能力。坚持把发展生产扶贫作为主攻方向，积极发挥金融扶贫的作用，培育带动贫困群众可持续致富的经济实体和特色产业，把资产收益扶贫作为重要的脱贫举措，大力推动贫困农户以合作、入股等方式拓展增收渠道。把组织劳务输出作为重要的脱贫途径，提高职业技能培训的针对性和实效性，加大扶贫劳务协作，鼓励就地就近就业。把易地搬迁脱贫作为重要补充，坚持群众自愿原则，支持发展后续产业，确保搬得出、稳得住、逐步能致富。把教育脱贫作为治本之计，完善就学保障机制，努力使贫困家庭子女都能接受更加良好的教育，阻断贫困的代际传递。把健康脱贫作为一场关键战役，加快贫困地区医疗卫生、健康教育和服务保障体系建设，有效解决因病致贫、因病返贫。把生态脱贫作为双赢之策，建立完善生态补偿机制，使贫困人口通过参与生态保护增加收入。把低保兜底脱贫作为基本防线，加强农村低保同扶贫开发有效衔接，确保应扶尽扶、应保尽保。

夯实稳定脱贫基础。完善精准识别和建档立卡动态管理机制，针对不同区域、不同文化背景、不同致贫和返贫原因，分类施策，提高脱贫质量和稳定性。坚持精准扶贫到村到户与区域脱贫攻坚“双轮驱动”，加大政策扶持特别是资金投入力度，加强片区县交通、能源、水利、通信等基础设施建设。加大专项扶贫、行业扶贫力度，深化拓展省内外对口帮扶、定点帮扶和东西协作扶贫，支持社会力量参与扶贫。全面实施贫困村整体提升工程，推进村组道路、信息和物流设施建设，巩固提升饮水安全水平，多渠道解决生产生活用能，全面完成危房改造，健全基本公共服务体系，不断改善生产生活条件。

加强脱贫工作考核评估。把握好脱贫攻坚的正确方向，实行最严格的考核评估制度，用好第三方评估、交叉考核等办法，加大督查巡查力度，坚决防止和克服层层加码、急躁冒进和数字脱贫、假脱贫、"被脱贫"等官僚主义和形式主义现象，做到脱贫工作务实、脱贫过程扎实、脱贫结果真实，确保贫困退出真实可信、社会认可、群众认账，经得起历史和实践的检验。注重考核结果运用，推广树立一批先进典型，对不严不实、弄虚作假的严肃问责。提高扶贫资金管理水平和使用效益，严肃查处挪用乃至贪污扶贫款项的行为。

强化脱贫攻坚组织保障。落实脱贫攻坚责任制，形成五级书记一起抓、责任清晰、各负其责、合力攻坚的工作格局。深入推进抓党建促脱贫攻坚工作，加强贫困村"两委"班子建设，更好发挥村级党组织的战斗堡垒作用。培养农村致富带头人队伍，促进乡村本土人才回流，打造一支"不走的扶贫工作队"。加强驻村帮扶力量，更好发挥第一书记和驻村工作队作用。

（五）着力加强生态环境保护，提高生态文明水平，筑牢西部生态安全屏障。习近平总书记指出，甘肃是我国西北地区重要的生态屏障，在保障国家生态安全中具有重要的地位和作用，一定要努力提高生态文明建设水平。我们要树牢大局观、长远观、整体观，牢固树立绿水青山就是金山银山的理念，加大保护和整治力度，给子孙后代留下天蓝、地绿、水净的美好家园。

加强生态系统修复和保护。严格落实主体功能区战略，推进"多规合一"，根据不同地域特点实施分区综合治理，优化国土空间开发格局。推进国家生态安全屏障综合试验区建设，科学合理划定并严守生态保护红线，实施天然林资源保护、新一轮退耕还林还草、三北防护林等重点工程，确保生态功能不降低、面积不减少、性质不改变。加快推进山水林田湖生态保护和修复重大工程，加大祁连山等自然保护区生态环境破坏问题整治、修复和保护力度，开展祁连山国家公园体制试点工作，积极推进大熊猫国家公园建设，全面推行河长制，提升自然生态系统稳定性和生态服务功能。

加大环境风险和污染防治力度。良好的生产生活环境，是最普惠的民生福祉。实行最严格的环境保护制度，深入实施大气、水、土壤污染防治行动计划，加强环境资源司法保护，构建政府、企业、公众共治的环境治理体系。严格控制污染物排放，建立覆盖所有固定污染源的企业排放许可制。加强企事业单位污染物排放总量控制，加快推进工业企业清洁生产和污染治理。加强城乡环境综合整治，实施清洁能源替代工程，淘汰分散燃煤小锅炉，推进垃圾分类处理、畜禽养殖废弃物资源化利用，强化重点防控区域重金属治理，基本解决城市建成区污水直排环境问题，加大农村面源污染治理力度，确保人民群众喝上干净的水、呼吸清新的空气。

推动绿色循环低碳发展。巩固提升国家循环经济示范区建设成果，全面构筑循环型工业、农业、服务业和社会体系。加快转变资源利用方式，建立绿色循环低碳发展产业体系。积极创建节约型社会，推动国家新能源综合示范区和可再生能源就近消纳试点省建设，推动节水和水资源循环利用、土地节约集约利用，全面推进工业、建筑等领域节能降耗，加快发展绿色金融，培养和形成绿色消费、低碳生活的社会风尚。

建立健全生态文明制度。坚持把生态文明建设纳入法治化、制度化轨道，构建产权清晰、多元参与、激励约束并重、系统完整的生态文明制度体系。深化生态文明制度改革，健全和落实资源有偿使用和生态补偿机制，根据不同类型区域主体功能定位，完善差别化的考核制度。严格落实环境保护党政同责、一岗双责、生态环保"一票否决"制度。加快国家自然资源资产管理体制改革，实行环保机构监测监察执法垂直管理，落实领导干部自然资源资产离任审计制度。严格执行生态环境损害赔偿制度和损害责任终身追究制，建立环境违法行为有奖举报制度，依法严厉打击违法排污和破坏生态环境行为，用制度保障西部生态安全屏障。

（六）着力保障和改善民生，努力让人民过上更好生活，践行好以人民为中心的发展思想。习近平总书记强调，人民对美好生活的向往就是我们的奋斗目标。我们要扎实做好保障和改善民生各项工作，在学有所教、劳有所得、病有所医、老有所养、住有所居上不断取得新进展。

扎实做好就业和社会保障工作。坚持就业优先战略和更加积极的就业政策，统筹做好重点群体就业工作，帮助劳动者实现更高质量的就业。兜牢民生底线，实现基本养老、基本医疗和失业、工伤、生育等保险制度法定人员全覆盖，完善城乡低保制度，稳步提高保障水平。推进棚改安居工程建设，保障困难群体基本住房需求。健全城乡社会救助体系，大力发展社会福利和慈善事业，认真做好农村留守儿童、妇女、老人、残疾人和特困群体关爱服务工作，进一步做好关心下一代工作。

多措并举增加城乡居民收入。深入实施各类增收富民工程，健全科学的工资水平决定机制、正常增长机制、支付保障机制，千方百计增加城乡居民收入，推动城乡居民收入增长与经济增长保持同步。规范收入分配秩序，扩大中等收入群体，提高科研人员成果转化收益分享比例，完善适应机关事业单位特点的工资制度。

统筹推进教育卫生事业发展。坚持教育优先发展，深化教育领域综合改革，大力促进教育公平，普及农村学前教育，基本实现县域内义务教育均衡发展，提高高中阶段教育普及水平。大力发展现代职业教育，着力培养适应经济社会发展的技能人才。促进高等教育内涵式发展，推进“双一流”建设，加快应用型大学建设步伐。加强农村学前教育等师资队伍建设，着力提高农村教师和条件艰苦地区教师待遇水平。加强民族教育，办好特殊教育、继续教育、社区教育和老年教育，形成惠及全民的现代终身教育体系。大力实施全民健身和健康计划，加快推进健康甘肃建设。深化医药卫生体制改革，实行医疗、医保、医药联动，促进医疗资源向基层、农村流动，切实提升县乡医疗服务能力和水平。进一步完善生育制度，积极开展应对人口老龄化行动，加快建设多层次养老服务体系，推动医疗卫生和养老服务融合式发展。

持续推动文化事业繁荣发展。文化软实力是加快发展的重要支撑。推进华夏文明传承创新区建设，深化文化体制机制改革，推动具有甘肃特色优秀传统文化传承发展，大力弘扬红色文化，建设文化强省。繁荣发展社会主义文艺，加强文艺工作者队伍建设，推出更多有筋骨、有道德、有温度的精品力作。实施哲学社会科学创新工程，建设特色新型智库。提高城乡公共文化服务水平，促进基本公共文化服务标准化均等化。加强文物和文化遗产保护，促进文化和科技、旅游、体育、健康等深度融合，培育新型文化业态，充分发挥读者出版传媒等文化企业优势，推动文化产业成为支柱性产业。扩大对外文化交流合作，办好丝绸之路（敦煌）国际文化博览会。

（七）着力加强社会管理，维护社会和谐稳定，巩固和发展团结奋进的良好局面。习近平总书记强调，社会和谐稳定是发展的前提、人民的期盼。要坚持党的领导、人民当家作主、依法治国有机统一，扩大社会主义民主，全面提高社会治理水平，让各族人民群众生活得更和谐、更舒畅、更安定。

发展社会主义民主政治。坚定走中国特色社会主义政治发展道路，扩大公民有序政治参与，充分发挥社会主义政治制度优越性。坚持和完善人民代表大会制度，支持和保证各级人大及其常委会依法行使职权，提升人大工作水平。坚持和完善中国共产党领导的多党合作和政治协商制度，推进协商民主广泛多层制度化发展，支持和保证人民政协依章程履行政治协商、民主监督和参政议政职能。坚持大团结大联合的主题，加强同各民主党派和无党派人士合作共事，团结引导党外知识分子以及新的社会阶层人士服务经济社会发展，促进非公有制经济人士健康成长，做好港澳台及海外人士工作，加强党外代表人士队伍建设，巩固和发展最广泛的爱国统一战线。积极发展基层民主，促进群众在城乡社区治理、基层公共事务和公益事业中依法自我管理、自我服务、自我教育、自我监督。健全以职工代表大会为基本形式的企事业单位民主管理制度。推动工会、共青团、妇联等群团组织改革创新，保持和增强党的群团工作和群团组织的政治性、先进性、群众性。推动经济建设和国防建设融合发展，加强全民国防教育和后备力量建设，支持国防和军队改革建设。

切实做好民族宗教工作。甘肃是多民族多宗教的省份，做好民族宗教工作责任重大。全面贯彻落实党的民族政策，坚持和完善民族区域自治制度，依法治理民族事务，扎实开展民族团结进步创建活动，深入推进“两个共同”示范区建设，广泛开展“三个离不开”教育，维护民族团结，促进各民族交往交流交融。坚持中央治藏方略，按照依法治藏、富民兴藏、长期建藏、凝聚人心、夯实基础的重要原则，统筹做好综合治理工作，促进藏族聚居区经济社会发展和长治久安，坚决遏制和打击境内外敌对势力利用民族问题进行分裂、渗透、破坏活动。全面贯彻党的宗教工作基本方针，坚持宗教中国化方向，坚持不懈用社会主义核心价值观引领宗教，用中华优秀文化浸润宗教，充分发挥宗教界人士和信教群众在促进经济社会发展中的积极作用。

全面推进法治甘肃建设。推进依法执政，以法治理念和法治思维领导立法、保证执法、支持司法、带头守法，严格依法决策、依法办事。加强和改进地方立法工作，推进科学立法、民主立法，提高立法质量。推进依法行政，建设职能科学、权责法定、执法严明、公开公正、廉洁高效、守法诚信的法治政府。推进公正司法，坚持司法为民，深化司法体制改革，加强法治队伍建设，加强少数民族地区双语法律人才队伍建设，进一步提升司法水平和公信力。推进全民守法，全面实施普法规划，完善覆盖城乡居民的公共法律服务体系。认真贯彻落实党政主要负责人履行推进法治建设第一责任人职责，督促和引导各级领导干部做学法尊法守法用法的模范。

持续提升社会治理水平。完善党委领导、政府主导、社会协同、公众参与、法治保障的社会治理体制，形成全民共建共享的社会治理格局。贯彻落实总体国家安全观，维护国家政治安全特别是政权安全、制度安全。深化平安甘肃建设，健全立体化、信息化社会治安防控体系和综合治理组织体系，严惩各类违法犯罪行为。建立完善社会矛盾排查预警、调处化解和社会稳定风险评估机制，提高预测预警预防各类风险能力。落实信访工作责任制，畅通和规范群众诉求表达、利益协调、权益保障渠道。加快社会信用体系建设，构建守信激励和失信惩戒机制。提高安全生产管理水平，全面落实党委政府领导责任、属地管理责任、部门监管责任、企业主体责任，坚决遏制重特大事故发生。做好防灾减灾救灾和应急处置。加快建立科学完善的食品药品安全治理体系，保障人民群众饮食用药安全。

严格落实意识形态工作责任制。坚持党管宣传、党管意识形态、党管媒体，始终把握正确的政治方向、舆论导向和价值取向，把凝聚民心作为出发点和落脚点，把巩固马克思主义在意识形态领域的指导地位、巩固全党全国人民团结奋斗的共同思想基础体现到意识形态工作的各个方面，牢牢掌握意识形态工作的领导权、主导权。切实履行意识形态工作主体责任，健全完善党委统一领导、党政齐抓共管、宣传部门组织协调、各相关部门积极配合的工作格局，不断提升各级干部做好意识形态工作的素质能力。把思想理论建设作为根本，积极培育和践行社会主义核心价值观，深化爱国主义、集体主义、社会主义教育。加强宣传思想文化等意识形态领域干部队伍建设，不断提高专业化水平，强化意识形态阵地管控，旗帜鲜明支持正确思想言论、批制各种错误思潮，推动形成风清气正的舆论生态。推进传统媒体和新兴媒体融合发展，提高主流媒体的传播力、引导力、影响力和公信力，讲好甘肃故事、传播甘肃声音、展示甘肃形象。贯彻落实网络意识形态工作责任制，依法加强网络空间治理，加强网络内容建设，唱响网上主旋律。深化群众性精神文明创建活动，加强未成年人思想道德建设和大学生思想政治工作，积极推进校园文化、企业文化、社区文化、机关文化建设，发挥“陇人骄子”等知名品牌优势，不断提高公民道德水平和社会文明程度。

（八）着力改进干部作风，提高党和政府公信力，深入推进全面从严治党。建设幸福美好新甘肃，关键在党要管党、从严治党。全省各级党组织要切实把抓好党建作为最大的政绩，担负起管党治党的政治责任，营造风清气正的政治生态。

深入学习贯彻习近平总书记系列重要讲话精神和治国理政新理念新思想新战略。深刻领会贯穿其中的马克思主义立场、观点和方法，不断提高思想觉悟和理论水平。深入推进“两学一做”学习教育常态化制度化，坚持用党章党规规范党员、干部言行，用习近平总书记系列重要讲话精神武装头脑、指导实践、推动工作。统筹抓好党委（党组）理论学习中心组学习，教育引导广大党员干部强化对党忠诚的政治自觉，使自己的政治能力与担负的职责相匹配。大力弘扬伟大的长征精神、南梁精神，坚定“四个自信”，自觉做共产主义远大理想和中国特色社会主义共同理想的坚定信仰者、忠实实践者。坚持理论联系实际，把理论学习成果转化为谋划工作的具体思路、破解难题的举措办法、推动发展的实际成效，确保习近平总书记系列重要讲话精神入脑见行、党中央政令畅通无阻。

加强和规范党内政治生活。坚持以党章为根本遵循，严格落实《关于新形势下党内政治生活的若干准则》，重点解决党的领导弱化、党的建设缺失、全面从严治党责任落实不力等问题，着力增强党内政治生活的政治性、时代性、原则性、战斗性，努力形成又有集中又有民主、又有纪律又有自由、又有统一意志又有个人心情舒畅生动活泼的政治局面。严格遵守政治纪律和政治规矩，党中央提倡的坚决响应、党中央决定的坚决执行、党中央禁止的坚决不做。坚持民主集中制原则，认真执行党委（党组）议事规则和决策程序。认真落实“三会一课”、民主生活会、领导干部双重组织生活、民主评议党员、谈心谈话等制度。用好批评和自我批评这个锐利武器，让党员、干部习惯在相互提醒和督促中进步。加强党内监督，落实监督责任，强化自上而下的组织监督，改进自下而上的民主监督，发挥同级相互监督作用。加强党内政治文化建设，以文化自信支撑政治定力、政治气节、政治风骨。发挥党员领导干部“关键少数”作用，自觉同特权思想和特权现象作斗争，注重家庭家教家风，为广大党员干部树立标杆、作出表率。

打造高素质干部和人才队伍。选人用人是党内政治生活的“风向标”，端正用人导向是净化党内政治生态的治本之策。坚持党管干部原则，牢固树立正确的选人用人导向，坚持德才兼备、以德为先，坚持五湖四海、任人唯贤，坚持事业为上、公道正派，坚持信念坚定、为民服务、勤政务实、敢于担当、清正廉洁的好干部标准，真正让忠诚干净担当、为民务实清廉、奋发有为、锐意改革、实绩突出的干部得到褒奖和重用。深入整治选人用人上的不正之风，坚决防止干部“带病提拔”“带病上岗”。加强党政正职等关键岗位干部的培养选拔，注重从基层一线培养选拔干部，重视培养优秀年轻干部、女干部、少数民族干部和党外干部，建设政治坚定、素质优良、结构合理的干部队伍。加强干部日常管理和教育培训，落实干部能上能下、谈心谈话等制度，建立健全容错纠错机制，为担当者担当，加大正向激励力度，强化为官必为的意识，提高为官会为的能力，追究为官不为的责任，营造为官愿为的环境，调动广大干部干事创业的主动性积极性。做好离退休干部工作，更好发挥老同志的作用。深入实施人才强省战略，把留住用好本土人才和引进高层次人才结合起来，统筹抓好各类人才队伍建设，为全省经济社会发展提供强大智力支撑。

增强基层党组织生机活力。党的工作最坚实的力量支撑在基层。把抓基层打基础作为长远之计和固本之策，坚持政治属性和服务功能相统一，推动基层党组织建设全面进步、全面过硬。认真落实基层党建工作责任制，深入开展基层党建工作述职评议考核，突出抓好国有企业、高等院校和省直机关党的建设，扩大非公企业和社会组织党的组织和工作覆盖面，整顿软弱涣散基层党组织，加强基层党组织书记队伍建设，发挥党支部主体作用，提升农村、社区、企业、机关、学校等各领域党建工作水平。积极探索城市党建工作新路子，推广“互联网+党建”等做法，推动基层党建传统优势与信息技术高度融合。加强和改进党员队伍教育管理，提高发展党员质量，及时处置不合格党员，发挥共产党员的先锋模范作用。

持之以恒加强作风建设。巩固和拓展党的群众路线教育实践活动和“三严三实”专题教育成果，全面加强思想作风、学风、文风、工作作风、领导作风、干部生活作风建设。教育引导广大党员干部进一步解放思想、转变观念，下功夫解决只求过得去不求过得硬、工作标准不高的问题，大力强化开放意识和创新思维，在富民兴陇的具体实践中敢为人先、开拓进取，精益求精、创先争优。完善直接联系服务群众制度，创新载体和方式，进一步密切党同人民群众的血肉联系。严格执行中央八项规定精神和省委“双十条”规定，加大明察暗访力度，深挖严查屡禁不止、隐形变异的“四风”问题，坚决防止不正之风反弹回潮。建立健全工作落实机制，对中央和省委决策部署紧盯不放，加强督促检查，层层传导压力，引导广大干部敢于担当、狠抓落实，言必行、行必果，推动各项决策部署真正落地见效。

坚定不移推进党风廉政建设和反腐败斗争。反腐倡廉永远在路上，必须筑牢拒腐防变的思想防线和制度防线，着力构建不敢腐、不能腐、不想腐的体制机制。压紧压实管党治党责任，扎实推进省委全面从严治党主体责任体系和衡量检验办法、督查落实机制的实施。健全权力运行制约和监督体系，严格执行《中国共产党党内监督条例》。践行监督执纪“四种形态”，坚持挺纪在前、纪严于法，坚持抓早抓小、动辄则咎。巩固反腐败斗争压倒性态势，紧盯权力集中、资金密集、资源聚集的重要部门和岗位，严肃查处领导干部违纪行为，严肃查处侵害群众利益的不正之风和腐败问题，加大追逃追赃工作力度，决不让腐败分子有藏身之地。深化政治巡视巡察，坚定政治方向，查找政治偏差，强化成果运用。抓好中央巡视和巡视“回头看”反馈问题的整改工作，确保条条有整改、件件有着落。按照中央统一部署，适时有序推进监察体制改革，建立集中统一的反腐败机构，形成权威高效的监察体制；深化纪律检查体制改革，持续推进“三转”，充分发挥纪委派驻机构职能作用，加强纪检机关自身建设，着力提高监督执纪能力水平，推动全面从严治党取得新的更大成效。

回首过去，我们豪情满怀，一代又一代陇原儿女拼搏进取，在这片热土上创造了不平凡的业绩；展望未来，我们信心百倍，全面建成小康社会、建设幸福美好新甘肃的光荣使命，激励着我们砥砺前行！在新的长征路上，全省各级党组织和广大党员干部要传承好共产党人的光荣与梦想，保持忧患意识，永怀赤子之心，高扬奋斗精神，以攻坚克难的勇气、百折不挠的韧劲、真抓实干的作风，书写建设幸福美好新甘肃的崭新篇章，以优异成绩迎接中国共产党第十九次全国代表大会胜利召开！

同志们，使命需要担当，实干成就未来。让我们更加紧密地团结在以习近平同志为核心的党中央周围，高举中国特色社会主义伟大旗帜，大力弘扬“人一之我十之、人十之我百之”的甘肃精神，万众一心，奋发进取，努力用智慧和汗水创造无愧于历史、无愧于时代、无愧于人民的业绩，为加快建设经济发展、山川秀美、民族团结、社会和谐的幸福美好新甘肃而努力奋斗！

省人大常委会工作报告

2018年1月26日在甘肃省第十三届人民代表大会第一次会议上

甘肃省人大常委会副主任　罗笑虎

各位代表：

我受省十二届人大常委会委托，向大会报告工作，并对今后工作提出建议，请予审议。

过去一年，在省委的领导下，省人大常委会以习近平新时代中国特色社会主义思想为指导，认真学习贯彻党的十八大、十九大精神，深入落实习近平总书记视察甘肃重要讲话和“八个着力”重要指示精神，坚持党的领导、人民当家作主、依法治国有机统一，按照省第十三次党代会决策部署，围绕全省工作大局履职尽责，圆满完成了省十二届人大六次会议确定的工作任务，取得了显著成效，为促进全省经济社会发展和民主政治建设作出了积极贡献。

一、聚焦发展大局，推进重点领域立法

常委会积极适应全面依法治国和深化法治甘肃建设新要求，加强和改进立法工作，着力提高立法质量，发挥立法的引领和推动作用。全年共制定修改地方性法规11件，审查批准设区市法规和民族自治地方单行条例12件。

（一）深化立法体制机制改革。坚持党对立法工作的领导，严格执行重要法规草案和立法工作重大问题及时提请省委研究制度，先后将农村扶贫开发条例等3件法规审议修改情况和相关重要事项提请省委研究，按照省委意见和要求及时审议修改。改进立法计划规划编制，积极完善涉及立项、起草、审议、评估、清理以及公众参与等各环节的制度机制，推行法规文本起草开题会和前置评估制度，完善审次审议程序，充分发挥立法顾问、立法联系点、立法研究咨询基地作用。加强对市州立法的联系指导，开展业务培训和研讨，促进设区的市提高立法质量。

（二）扎实开展生态领域立法。按照党中央和省委要求，把修订《甘肃祁连山国家级自然保护区管理条例》作为立法工作的重点来抓，严格依据上位法规定，对禁止性行为、审批制度等内容重点进行比照修改，明确政府和相关部门职责，提出保护区建设和治理举措，增强了条例的针对性和可操作性。同时，对涉及生态环境保护方面的地方性法规、自治条例、单行条例开展专项清理，对其中31件提出处理意见。修订石油勘探开发生态环境保护条例，对石油勘探开发的环保监管、辐射污染管理、清洁生产审核、水和地质环境保护等内容作了修改。

（三）加强脱贫攻坚领域立法。围绕推进脱贫攻坚，修订农村扶贫开发条例，对扶贫开发基本原则、政府部门职责、扶贫对象界定、扶贫资金分配使用等作出全面规范。着眼美丽乡村、文明家园建设，制定农村生活垃圾管理条例，明确相关部门职责和经费保障，助推全省农村人居环境改善。着眼保障人民群众身体健康和生命安全，在全国率先制定鼠疫预防和控制条例，对鼠疫防控体系建设等作出规范。

（四）积极推进经济文化领域立法。制定建设工程质量和建设工程安全生产管理条例，修订技术市场条例，进一步细化相关措施和办法。制定各级人大常委会监督审计查出问题整改工作办法，就审计整改相关责任、监督方式等作出规范。制定炳灵寺石窟保护条例，明确石窟保护要求和措施，加强文物古迹保护工作。按照全国人大常委会和省委要求，对地方性法规中以审计结果作为政府投资建设项目竣工结算依据、有关著名商标制度的规定，以及涉及对外开放内容的法规进行了清理。

二、突出着力重点，不断增强监督实效

常委会围绕中心、服务大局，突出监督重点，完善监督方式，加大监督力度，听取审议“一府两院”工作报告15项，检查4部法律法规的实施情况，开展专题调研5项，在开展正确监督有效监督上取得新成效。

（一）加强预算决算审查监督。听取审议计划、预算执行情况、审计工

作、审计查出突出问题整改情况等报告，审查批准2016年省级财政决算、2017年政府债务限额分配计划和省级财政预算调整方案。围绕审计查出问题整改情况开展专题询问，省政府及有关部门负责同志到会听取意见、回答询问。制定预算审查前听取省人大代表和社会各界意见建议办法，增强预算审查的针对性和有效性。加快推进全省预算联网监督工作，实现与省财政国库集中支付系统联网查询。

（二）积极助推经济社会发展。听取审议推进供给侧结构性改革情况报告等，就新常态下统筹推进稳增长、转方式、调结构、强实体、防风险、补短板等提出建议。开展地方金融机构发展、全省历史文化名城保护专题调研，提出对策建议，推动相关工作。针对农产品安全监管方面的问题，开展农产品质量安全监督陇上行活动。

（三）着力推动生态环境保护。听取审议全省环境保护和目标完成情况的报告，针对污染防治和环境隐患排查、自然保护区管理、环保责任落实等方面存在的问题，提出意见建议，推动整改落实。针对群众关注的固体废物污染热点问题，开展固体废物污染环境防治法执法检查，检查平凉、白银、陇南、金昌等地的实施情况。对全省湿地生态环境保护进行调研，助推全省湿地保护良性发展。针对城乡垃圾处理问题，开展陇原环保世纪行活动，推动解决环境脏乱差等问题。

（四）不断强化立法执法司法监督。按照党中央、全国人大常委会和省委的部署要求，积极配合开展国家监察体制改革试点工作，做好设立监察委员会相关工作。围绕加强法治甘肃建设，听取审议依法行政工作报告，就进一步推进依法行政、加快法治政府建设提出建议。围绕经济社会发展中亟需解决、群众普遍关心的突出问题，持续加强和改进执法检查工作，先后检查产品质量法、农村饮用水供水管理条例等法律法规的实施情况，针对存在问题提出意见建议。加强司法活动监督，对全省深化司法体制改革情况进行调研，听取审议省法院、省检察院专项工作报告，积极助推全省司法体制改革工作。加大规范性文件备案审查力度，依法审查各类规范性文件159件。认真做好信访工作，受理人民群众来信来访1207件（次）。

三、完善制度机制，依法讨论决定重大事项

常委会进一步完善制度机制，认真行使讨论决定重大事项职权，依法做好人事任免工作。

（一）制定出台制度规范。常委会根据中央关于健全人大讨论决定重大事项制度、各级政府重大决策出台前向本级人大报告的实施意见，按照突出重点、循序渐进、量力而行、尽力而为的原则，拟定我省的实施意见，经省委研究并印发执行。实施意见细化了重大事项的范围、重点和工作程序，为全省各级人大行使决定权提供了实施规范。

（二）依法审议决定重大事项。全面贯彻环境保护税法，作出批准甘肃省应税大气污染物、水污染物环境保护税适用税额以及同一排放口应税项目数方案的决定，强化税收对污染物排放的约束。同时，就省级财政决算、省级财政预算调整、省十三届人民代表大会代表名额分配和选举问题、召开新一届省人民代表大会会议作出决定。

（三）依法做好人事任免。筹备召开省十二届人大七次会议，选举产生省人大常委会主任和省长。坚持党管干部和人大依法任免有机统一，任免国家机关工作人员323人次。认真执行宪法宣誓制度，组织人代会选举和常委会任命的45名国家机关工作人员进行宪法宣誓，强化国家机关工作人员宪法意识。

四、强化服务保障，充分发挥代表作用

常委会围绕充分发挥代表作用，不断强化工作平台和履职能力建设，进一步提升服务保障水平。

（一）不断提升代表履职能力。认真落实常委会关于代表在闭会期间履职及服务保障的意见，进一步加强履职服务平台建设，健全代表履职档案。制定全省代表暨代表联络机构工作人员培训大纲，建立培训师资库，组织代表参加全国人大培训。邀请代表列席常委会会议，参加常委会组织的调研、视察、执法检查等活动。

（二）加强代表建议办理工作。完善代表建议办理和督办机制，开展代表议案建议网上办理工作。精心选择事关改革发展大局的16件代表建议，分别由常委会副主任现场督办、专门委员会牵头重点督办。组织代表对省工业和信息化委员会、省财政厅等6个承办单位办理代表建议情况进行现场视察，并对省人力资源和社会保障厅、省住房和城乡建设厅办理工作在常委会会议上进行满意度测评。省十二届人大六次会议期间代表提出的588件建议已按规定期限全部办理答复完毕，其中已经解决和基本解决的占83%。

（三）认真做好换届选举工作。制定代表资格审查委员会议事规则，出台做好省十三届人民代表大会选举工作有关问题的意见，召开换届选举工作会议，就代表名额分配、结构比例和换届选举纪律等提出明确要求。加强与15个选举单位的联系沟通，组织开展调研指导和督查，及时研究处理代表选举中的具体问题，督促各地严格执行法律法规及有关要求，确保选举工作依法依规、风清气正。

五、加强党的建设，提高依法履职水平

常委会党组主动适应新形势新任务新要求，坚持把政治建设摆在首位，着力加强省人大党的建设，增强依法履职的责任感和使命感。一是深入学习贯彻习近平新时代中国特色社会主义思想和党的十九大精神。按照学懂弄通做实的要求，及时就学习贯彻作出安排，坚持学思用贯通、知信行统一，通过党组会、理论中心组学习、履

职讲座、开展宣讲等多种途径，认真学习、深刻领会、全面贯彻党的十九大精神，自觉把党的十九大作出的决策部署贯彻落实到人大工作的各个方面。二是认真贯彻落实党中央、省委全面从严治党决策部署。及时传达学习中央和省委查办的一系列严重违纪案的处理决定以及违反中央八项规定精神的通报等，从中汲取教训，引以为戒，时刻把纪律挺在前面。按照中央精神和省委部署，通过召开专题民主生活会等形式，深刻剖析王三运严重违纪案的性质、根源和危害，研究提出整改措施，列出任务清单，坚决全面彻底肃清王三运在省人大常委会中的流毒和影响。认真贯彻中央关于祁连山国家级自然保护区生态环境问题督查处理情况及其教训的通报精神，深刻汲取教训，通过修改、清理相关法规等深入开展整改工作。三是严格执行中央和省委加强作风建设各项规定。扎实开展“转作风抓落实”“三纠三促”专项行动等活动，持续整治“四风”问题，指导机关党组切实抓好省委专项巡视问题的整改。持续改进工作作风，注重深入基层开展调查研究，密切与代表和群众的联系。四是切实加强党组自身建设。向省委请示报告相关事项13次，开展28次集体学习，举办6次专题研讨，制定加强和改进意识形态工作的意见，完善党组工作规则，听取工作部门党组织落实全面从严治党主体责任情况汇报，加强对机关党组的领导和基层党支部的指导，推动全面从严治党向纵深发展。

各位代表！

省十二届人大常委会已圆满完成使命任务。回顾过去五年的工作，我们对新的历史条件下推动人大工作完善发展有了更深的认识：

*一是必须坚定坚持党的领导。*人大及其常委会作为重要的政治机关，必须旗帜鲜明讲政治，坚定不移把党的领导贯穿于履职行权的全过程和各方面。五年来，我们牢固树立“四个意识”、切实增强“四个自信”，把维护习近平总书记核心地位和权威、维护以习近平同志为核心的党中央权威和集中统一领导摆在首要位置，始终在政治立场、政治方向、政治原则、政治道路上同党中央保持高度一致。党的十八大以来，围绕发展社会主义民主政治和推进依法治国，习近平总书记提出一系列具有开创性意义的新理念新思想新战略，党中央出台了一系列重要指导性文件。省委适时召开人大工作会议，出台加强和改进人大工作的意见。常委会深入贯彻落实中央和省委决策部署，采取有效措施，强化调研督促，推动各项决策部署落地生根。经报省委研究决定或同意，分别就加强县乡人大工作和建设、加强党领导立法工作、讨论决定重大事项以及加强和改进人大代表工作等制定出台文件和相关措施，并通过调研督导、试点先行等途径加强跟踪落实。常委会党组严格落实请示报告制度，认真履行全面从严治党主体责任，严格执行中央八项规定精神，进一步强化了人大工作的政治保证。实践证明，坚持党的领导是人民代表大会制度的本质特征和最大优势，也是做好人大工作的根本保证和关键所在。

*二是必须围绕大局开展工作。*增强人大工作实效，必须把推动党中央和省委决策部署贯彻落实作为重中之重。五年来，我们紧紧围绕统筹推进“五位一体”总体布局和协调推进“四个全面”战略布局，着眼全面建成小康社会，坚持新发展理念，紧扣省委中心工作制定常委会年度工作要点，紧扣转变经济发展方式、打赢脱贫攻坚战、生态文明建设、全面深化改革等中心任务确定人大工作重点，共制定、修订法规59件，审查批准市州法规和自治条例、单行条例45件，听取“一府两院”专项工作报告91项，开展4次专题询问、30次专题调研，检查26部法律法规的实施情况，确保了党中央决策部署和省委安排要求在人大工作中得到及时贯彻和全面体现。实践证明，只有坚持围绕中心、服务大局的工作方向，才能使人大工作找准定位、取得实效。

*三是必须严格依法履行职责。*人大及其常委会在全面推进依法治国中担负着重要职责，必须把坚持依法治国、维护宪法和法律权威作为重要任务。五年来，我们注重运用法治思维和法治方式开展工作，坚持举办法制讲座，完善常委会议事规则、主任会议议事规则，通过会议形式集体行使职权。在履职实践中，坚持科学立法、民主立法、依法立法，严格依据上位法精神和规定，紧密联系我省实际，开展地方立法工作；坚持把促进法律法规实施作为着力重点，对一批法律法规的实施情况进行检查，依法作出开展法治宣传教育的决议；坚持监督与支持相统一，正确处理人大与“一府两院”的关系，寓支持于监督之中，形成推动工作合力。实践证明，只有坚持依法履职尽责、严格按程序办事，才能更好发挥地方国家权力机关的职能作用。

*四是必须维护人民群众利益。*人民代表大会制度之所以具有强大生命力和显著优越性，关键在于它深深植根于人民之中。五年来，我们始终坚持人民主体地位，坚持以人民为中心，加强同人大代表和人民群众的联系，抓住环境污染防治、社会救助、食品安全、义务教育、职工权益保障、公正司法等民生问题，通过立法、监督、办理代表建议等多种形式，着力推动解决群众最关心最直接最现实的利益问题，坚定维护和保证人民当家作主。实践证明，只有始终把维护最广大人民根本利益作为工作的出发点和落脚点，人大工作才能获得深厚的力量源泉和广泛的群众基础。

*五是必须充分发挥代表作用。*尊重人大代表的权利就是尊重人民的权利，保证人大代表依法履职就是保证人民当家作主。五年来，我们不断提高服务保障水平，在深化拓展代表工作上迈出坚实步伐。注重引导和支持代表围绕经济社会发展大局和人民群

众普遍关心的热点难点问题履行职责，特别是组织五级人大代表多渠道多形式开展脱贫帮扶活动，全省8.3万多名各级人大代表中的7.3万多名代表为4000多个贫困村、11万多贫困户落实项目1.3万多个。高度重视代表议案建议办理工作，省人大代表共提出意见建议3353件，已全部办理答复完毕，其中已经解决和基本解决的占79.2%。更加注重常委会联系代表工作，拓展代表参与常委会、专门委员会工作的广度和深度。积极搭建代表履职平台，指导帮助各地建成“人大代表之家”2707个、“人大代表工作室（站）”2307个，实现了乡镇（街道）全覆盖。实践证明，只有尊重代表主体地位、充分发挥代表作用，才能保持人大工作的生机与活力。

六是必须不断提升履职能力。在新的历史条件下推动人大工作与时俱进，必须把人大自身建设搞好，不断提高依法履职能力和工作水平。五年来，我们深入开展党的群众路线教育实践活动、“三严三实”专题教育、“两学一做”学习教育，严格执行中央八项规定精神，积极推进人大各项制度建设，规范常委会工作机构设置，加大人大系统干部培训力度，全面加强机关参谋助手和服务保障能力建设。坚持把制度自信和改革创新有机统一起来，全面完成民主法制领域改革任务23项。依法指导市县乡三级人大换届选举，圆满完成省十三届人大代表选举工作，新一届人大代表的结构、任职条件进一步优化。认真贯彻落实省委人大工作会议精神，在平凉、定西开展试点工作，举办市县人大常委会主任和部分乡镇人大主席培训班。召开县乡人大工作和建设经验交流会，指导各地全面加强县乡人大工作和建设，基本形成有机构、有人员、有阵地、有经费、有制度、有活动，以及自身建设标准化、履职行为规范化、代表活动经常化的“六有三化”新格局。实践证明，只有不断提高履职能力和工作水平，才能使人大工作更加积极有效，更具时代特色。

各位代表，省十二届人大常委会工作取得的成绩，是习近平新时代中国特色社会主义思想科学指引的结果，是在省委的领导下，省人大代表、常委会组成人员、各专门委员会组成人员以及省人大常委会机关工作人员辛勤工作的结果，是“一府两院”、社会各界和广大人民群众大力支持的结果。在此，我代表省十二届人大常委会表示衷心的感谢！

回顾过去五年，我们的工作虽然取得了很大成绩，但仍然存在一些差距和不足。立法工作在维护法制统一和增强法规的针对性、实效性上还有差距，提高立法质量的任务仍很繁重；开展有效监督还不够，在紧贴中心、精选议题、深入调研、提高审议质量、强化监督落实等方面还需要做大量工作；人大讨论决定重大事项工作还没有完全落实，工作机制有待健全，决定权的行使还需要深入探索实践；常委会联系人大代表、代表联系人民群众的工作有待进一步深化，代表建议办理质量与代表的期望还有一定差距；常委会机关工作质量和服务保障能力还需要进一步提升。这些不足，都需要在以后的工作中认真加以改进。

各位代表！

今年是全面贯彻党的十九大精神的开局之年，是改革开放40周年，是决胜全面建成小康社会、实施“十三五”规划承上启下的关键一年。省人大常委会工作的总体要求是：紧密团结在以习近平同志为核心的党中央周围，以习近平新时代中国特色社会主义思想为指导，全面贯彻党的十九大和十九届二中全会精神，认真落实省第十三次党代会决策部署，立足新时代，聚焦新目标，落实新部署，忠实履责，真抓实干，依法行使好立法权、监督权、决定权、任免权，全面加强和改进人大工作，使省人大及其常委会成为全面担负起宪法和法律赋予的各项职责的工作机关，成为同人民群众保持密切联系的代表机关，推动新一届人大工作开好局起好步，为决胜全面建成小康社会、建设幸福美好新甘肃作出新的贡献。

第一，深入贯彻落实党的十九大精神。坚持把学习贯彻党的十九大精神作为首要政治任务，注重在学懂弄通做实上下功夫。深刻领会党中央集中统一领导是党的领导的最高原则，深刻领会习近平新时代中国特色社会主义思想是我们党必须长期坚持的指导思想，深刻领会党的十九大作出的重大政治论断、重大战略部署、重大目标任务以及对人大制度、人大工作提出的新要求、作出的新部署，认真抓好贯彻落实，推动人大各项工作取得新进展，为新时代发展社会主义民主政治、深化依法治国实践作出更大贡献。

第二，扎实推进全面深化改革。以改革开放40周年为契机，深入贯彻党中央关于全面深化改革的决策部署，紧紧围绕省委全面深化改革的重点任务，紧盯关键领域和重点环节，从人大工作定位和特点出发，统筹谋划安排各项工作，推动重大改革部署落地实施。深入贯彻中央关于人大制度和人大工作的一系列重要文件以及省委相关配套意见，紧密联系实际，用改革的思路和办法推动工作创新。按照省委的统一部署，认真抓好人大民主法制领域年度改革任务。

第三，努力提高地方立法质量。深入学习贯彻习近平总书记关于立法工作的重要论述，积极适应依法治省新形势新要求，紧紧抓住提高立法质量这个关键，以良法促进发展、保障善治。把党的领导贯穿到立法工作的全过程和各方面，完善立法工作机制，拓展人民有序参与立法途径，着力发挥人大常委会立法主导作用。清理修订涉及生态环境保护方面的相关法规和规范性文件，进一步加强和改进立法工作，不断提高立法精细化水平。

第四，着力增强监督工作实效。严格依照宪法法律开展工作，加强对宪法法律实施情况的监督检查，督促开展对新修订宪法的宣传教育活动。紧紧围绕党中央和省委决策部署，牢牢把握高质量发展这个根本要求，抓住防范化解重大风险、精准脱贫、污染防治和供给侧结构性改革等重点工作，完善工作方式方法，在开展正确监督和有效监督上取得新成效。按照中央和全国人大常委会关于推开国家监察体制改革试点工作决定的要求，认真做好相关工作。认真贯彻落实党中央和省委关于健全人大讨论决定重大事项制度、各级政府重大决策出台前向本级人大报告的决策部署，提高重大事项决策科学化民主化法治化水平。

第五，改进代表服务保障工作。积极探索创新代表工作思路和方法，尊重代表主体地位，充分发挥代表作用，不断提高服务保障工作水平。积极改进代表培训工作，着力提高代表的思想政治水平、法律政策水平和专业知识水平。推动常委会联系代表、代表联系人民群众制度化规范化，畅通社情民意表达和反映渠道。支持原选举单位对代表履职和活动的监督，健全完善人大代表履职评价机制。认真做好代表建议办理工作，进一步提高办理质量。

第六，全面加强人大自身建设。深入贯彻新时代党的建设总要求，把政治建设摆在首位，严格遵守政治纪律和政治规矩，全面加强常委会党的建设。按照党中央和省委的统一部署，认真开展“不忘初心、牢记使命”主题教育。巩固拓展落实中央八项规定精神成果，持之以恒正风肃纪，持续整治“四风”问题。加强常委会组成人员履职培训，加强各专门委员会建设，加强人大常委会机关建设，加强对基层人大工作的联系指导，在提高全省人大工作整体水平上取得新的成效。

各位代表！

新思想引领新时代，新使命开启新征程。让我们更加紧密地团结在以习近平同志为核心的党中央周围，在省委的领导下，开拓创新，奋发有为，在新的起点上不断推进人大工作完善发展，为实现党的十九大以及省第十三次党代会确定的目标任务、建设幸福美好新甘肃努力奋斗！

政府工作报告

2018年1月24日在甘肃省第十三届人民代表大会第一次会议上

甘肃省人民政府省长　唐仁健

各位代表：

现在，我代表省人民政府，向大会作工作报告，请予审议，并请各位政协委员和其他列席人员提出意见。

2017年及本届政府工作回顾

过去的一年，是我省发展进程中极不寻常的一年。在党中央、国务院的坚强领导及省委的直接领导下，我们认真学习贯彻党的十八大、十九大精神，以习近平新时代中国特色社会主义思想为指导，全面落实习近平总书记视察甘肃重要讲话和“八个着力”重要指示精神，按照省第十三次党代会部署，采取一系列利当前、管长远的工作举措，在攻坚克难中砥砺前行，推动经济社会平稳健康发展。一年来，我们着重抓了这样几项工作。

一是紧紧扭住精准扶贫精准脱贫基本方略不偏离。认真贯彻习近平总书记扶贫开发战略思想，扎实推进脱贫攻坚工作。全年减贫67万人，贫困发生率下降到9.6%，6个片区县、13个插花县申请摘帽。聚焦对象精准，确定了23个深度贫困县、40个深度贫困乡、3720个深度贫困村，“两州一县”被纳入国家“三区三州”深度贫困地区扶持范围，制定全省深度贫困地区脱贫攻坚实施方案，“两州一县”脱贫攻坚实施方案获得国家批复。新建贫困地区农村公路8530公里，208万农村人口饮水安全得到巩固提升，实施建档立卡贫困人口易地扶贫搬迁18万人，改造建档立卡贫困户危房4.2万户，基本消除农村D级危房。与教育部、国务院扶贫办共建全国唯一的教育精准扶贫国家级示范区，贫困县学前三年毛入园率、义务教育巩固率、高中阶段教育毛入学率分别达到86.9%、92.5%、89.2%。贫困群众年自负合规医疗费用控制在3000元以内。启动农村“三变”改革试点，大力推进金融扶贫、旅游扶贫、电商扶贫、光伏扶贫。加大脱贫攻坚资金投入力度，各级财政投入专项扶贫资金增长35.6%。谋划启动1000亿元特色产业发展工程贷款、1000亿元农村基础设施和人居环境综合治理工程贷款、500亿元产业发展投资基金，破解融资难题。调整加强全省脱贫攻坚帮扶工作力量，建立并落实省级领导联县包乡抓村制度，将最强的领导力量、最优的帮扶资源向特困县乡倾斜，为6220个建档立卡贫困村派驻了驻村帮扶工作队。58个片区县与东部39个县（区）建立携手奔小康结对关系，11个行业部门与天津市相关单位建立合作交流关系。全省贫困地区全面建成小康社会步伐加快了，贫困群众的日子过得越来越好了。

二是紧紧扭住生态环境保护治理不松劲。深刻吸取祁连山生态环境破坏问题的沉痛教训，下决心彻底整改中央通报的突出问题，着力加强生态环境保护，坚决扛起建设和维护西部生态安全屏障的政治责任。及时制定了整改落实方案，厘清问题清单和任务清单，先后出台了矿业权分类退出、水电站关停退出整治、旅游设施项目差别化整治和补偿等办法，有力有序解决各种历史遗留问题和疑难杂症，保护区144宗矿业权矿山地质环境恢复治理基本完成，其中已完成注销式退出61宗，扣除式退出1宗，剩余82宗正在推进分类退出；42座水电站全部完成分类处置，25个旅游项目完成整改和差别化整治。祁连山生态环境破坏问题整治取得阶段性成效，得到中办督查室回访调研组的充分肯定。完成了祁连山地区生态保护红线划定工作，制定了祁连山地区产业准入负面清单。积极推进矿区、林区司法体制和执法体制改革。获批启动祁连山国家公园和大熊猫国家公园体制试点，理顺祁连山和连古城两个国家级自然保护区管理体制。中央环保督察反馈问题中46项年度整改任务全面完成，全省自然保护区排查出的生态环保问题整改率达到62.3%。着眼于从源头上促进经济社会可持续发展，加快转方式调结构，谋划制定了构建生态产业体系、推动绿色发展崛起的意见及规划。我省在国家首次发布的绿色发展指数排名中位列全国第16位、西北第1位。

全面推行河长制，建立省市县乡四级河长体系。推进全域无垃圾三年专项治理行动，兰州、嘉峪关、酒泉、定西、甘南5市州率先推行城市生活垃圾强制分类。实施大气、水、土壤污染防治行动计划，主要污染物排放控制在国家下达的指标之内，14个市州政府所在城市可吸入颗粒物浓度均值为76微克/立方米、下降7.3个百分点，空气质量平均优良天数比例达到91.1%、提高3.4个百分点，偷排、乱排、直排现象得到控制，根据我省自测，全省地表水国考断面优良比例为94.7%。完成人工造林和封山育林4615万亩。大家普遍感到，天更蓝了、地更绿了、空气更清新了。

三是紧紧扭住“三重”“三一”方案全力稳增长。针对去年一季度以来部分经济指标明显下滑的态势，省委省政府果断出手，及时制定出台“三重”“三一”工作方案，推动重点项目、重大产业、重要政策落地见效。实行省级领导包抓、部门包干的工作机制，狠抓工业止滑、停产企业复产、重大项目推进、降低企业成本、释放有效产能等工作。加大与央企对接，争取增加生产指标和项目投资。组织开展项目观摩督查活动，编制实施投资项目清单，开展投资项目集中开工复工行动和前期项目审批办理工作月活动，建立项目建设考核激励约束机制。制定并落实促进外贸稳定增长、招商引资和吸引外资、激发民间有效投资等政策措施，努力遏制民间投资和进出口下滑态势。狠抓国务院第四次大督查反馈问题整改，加大督促检查力度，约谈工作靠后市州政府主要领导。经过努力，全省经济运行出现了积极变化。规模以上工业企业利润快速增长，实现利润同比增长1.1倍；一般公共预算收入突破800亿元、同比增长7.8%，其中税收收入增长10.4%；全省工业用电量增长9.33%，铁路、公路货运周转量分别增长14%和10.7%；社会消费品零售总额增长7.6%。质量效益的持续好转，稳住了全省经济运行的基本面，经济发展的气血比以前更充盈了，筋骨变得更强健了。

四是紧紧扭住深化改革培育新动能。全面落实“三去一降一补”任务，关闭退出煤矿10处、淘汰落后煤炭产能240万吨，拆除取缔15家“地条钢”企业。商品住宅去化周期降至11.89个月，保持在合理区间。签订市场化债转股框架协议金额1380亿元，全省规上工业企业资产负债率下降0.8个百分点。全面落实减税降费等各项措施，共减轻企业负担320.48亿元，在原材料价格上升的情况下，全省规上工业企业每百元主营业务收入中的成本降低1.4元。

坚持以供给侧结构性改革助推产业转型升级。进一步优化农业内部结构，特色优势产业总面积达到3313万亩。实施国家级田园综合体建设试点。探索发展戈壁生态农业，安排资金1.2亿元，新建3.42万亩，争取财政部连续5年每年安排我省1.5亿元专项支持戈壁生态农业。实施工业强省战略，推动传统产业智能化发展，中国铝业兰州分公司、大禹节水实施的智能制造项目入选国家试点示范项目名录。围绕传统产业链延伸，实施了金川公司30万吨PVC项目等一批改造升级项目。启动酒钢集团铝业板块与中国铝业公司重组合作，推动甘肃稀土与北方稀土重组并购。大力推进军民融合发展，组建成立7个军民融合协同创新中心，兰州、天水、白银3个军民融合创新示范区建设加快推进，与中核集团签署战略合作协议，中核甘肃核技术产业园完成投资42亿元。处于世界民用核技术前沿的中科院钍基熔盐堆核能系统项目落户我省，为实现我省能源产业风光水火核“五电”并举奠定了基础。在2017年度国家科学技术奖励大会上，我省科技人员首次荣获科技进步“创新团队奖”，并获得3项二等奖。新技术、新产业、新业态发展势头良好，高技术产业工业增加值增长8.7%，占规上工业增加值的比重达到4.7%。大力发展中药材、金融服务、文化旅游等产业，全国唯一的国家中医药产业发展综合试验区获批建设，成功举办中医药产业博览会。全省存贷款余额均超过1.7万亿元，实现直接融资额582.8亿元。实施一系列节会促销和旅游推介活动，全省接待游客人次和旅游综合收入分别增长25%和29%。《纽约时报》最新发布的“2018年全球必去的52个目的地”榜单中，甘肃位列第17位，是我国唯一入选省份。

下大力气推进国企国资改革。国企国资改革“1+N”制度体系基本构建完成，58户省直部门管理企业实现改制脱钩和统一监管，现代企业制度进一步完善，“三供一业”分离移交职工户数完成三分之二以上。省属企业重组整合步伐加快，甘肃能源化工投资集团、甘肃铁路投资集团挂牌运营。白银有色、庄园牧场、国芳集团成功在沪深主板上市，白银有色成为国内有色行业首家整体上市的大型企业集团，甘肃银行在港交所上市，是西北地区首家上市的城市商业银行。开展“银税互动”，解决小微企业融资难题，全年共发放贷款479.75亿元。

深化“放管服”改革。省政府取消调整和下放行政审批项目106项，取消省级政府部门证明事项63项。建立投资项目并联审批工作机制和操作流程，加快推进商事制度改革，推行“50证合一、一照一码”，平均每天新增市场主体700多户。降低企业用电成本超过50亿元，电价改革及电价降成本的做法受到国务院通报表扬。取消全省政府还贷二级公路收费。改革的深入推进，使一些多年想改而没改或没改彻底的问题得到解决，经济发展的活力动力增强了。

五是紧紧扭住扩大开放拓展新空间。加快推进以铁路、高速公路为主的重大交通项目建设，宝兰高铁开通运营，实现了我省西出东进全线高铁贯通，兰渝铁路历经9年建设全线开通，圆了建设西部地区南北铁路大动脉的跨世纪百年梦想。中兰客专开工建设，敦煌机场扩建全面完成并投入运营，酒泉至湖南±800千伏特高压直流输电工程建成并网运行。渝桂黔陇四省区市共同发起建设中新（新加坡）南向通道，签署合作共建框架协议和关检合作备忘录，成功首发兰渝、陇桂铁海联运货运班列，实现了西北与西南、中亚与东南亚、“一带”与“一路”的三大连通，甘肃的枢纽地位和通道优势更加凸显。谋划建设丝绸之路信息港和国际知识产权港。中国（甘肃）国际贸易“单一窗口”上线运行，我省同“一带一路”沿线国家贸易额达135亿元、增长32%。积极开展国际产能合作，酒钢集团牙买加165万吨氧化铝项目正式投料生产。通道建设的历史性突破，标志着我省对内对外开放的门打得更开了。

紧盯各行业国内外领先技术、领头企业、领军人物，开展精准招商。在北京举办世界500强走进甘肃对接会，在香港举行中医药产业项目合作交流会，组织陇商回家乡、民企陇上行等招商引资活动，引进一大批行业知名龙头企业。敦煌文博会、兰洽会、国际旅游节等重大节会越办越有成效，进一步提升了甘肃的影响力和知名度。

我们始终践行以人民为中心的发展思想，把保障和改善民生作为一切工作的出发点和落脚点，尽最大努力为老百姓办实事办好事。10件为民实事全部兑现。新增14个义务教育发展基本均衡县（市、区）、总数达到58个，兰州新区职教园区、甘肃中医药大学和平校区一期建成投入使用。兰州大学跻身“双一流”大学行列，与教育部、国防科工局共建兰州理工大学，在省属高校建成首个院士专家工作站。全面推开公立医院综合改革，取消公立医院实行60多年的药品加成政策，完善分级诊疗制度，推进家庭医生签约服务和医联体建设，异地就医直接结算与全国平台接通运行。农村建档立卡贫困人群及城市低保人群大病保险起付线由5000元降至3000元。退休人员养老金、城乡居民基本医保财政补助、失业保险金、工伤伤残津贴标准调整及城乡低保提标、农村特困救助供养省级补助提标工作全面完成。文化、体育等社会事业加快发展，敦煌研究院荣获第三届中国质量奖，我省运动员在第十三届全运会上取得历史最好成绩，省科技馆建成开馆，成为西北最大的科技博览中心。全面贯彻党的民族政策和宗教工作基本方针，深入开展民族团结进步宣传教育和各类创建活动，民族团结、宗教和顺的局面进一步巩固。平安甘肃建设有力推进，全省刑事发案总体下降20.9%。定西市荣获全国社会治安综合治理“长安杯”奖。狠抓安全生产和食品药品安全工作，全年未发生重特大生产安全事故。扎实推进陇南“8·7”特大暴洪泥石流灾后重建。户籍制度改革稳步实施，新增城镇人口38.95万人，户籍人口城镇化率达到35.62%。城镇新增就业43.78万人、输转城乡富余劳动力529.5万人，选拔1.7万名高校毕业生到基层服务，帮助15.7万名失业人员再就业和3.7万名就业困难人员就业。城乡居民人均可支配收入分别增长8.1%和8.3%。城乡就业增加，居民收入增速明显跑赢经济增速，城乡居民的腰包比以前更鼓了。

过去的一年，我们牢固树立“四个意识”，扎实推进“两学一做”学习教育常态化制度化，持续转变工作作风，努力把求真务实、真抓实干贯穿于政府工作全过程；认真整改中央巡视“回头看”反馈的突出问题，坚决肃清王三运、虞海燕等人的流毒和影响；全面加强法治政府建设，推进行政决策科学化、民主化、法治化；认真落实省政府向省人大常委会报告工作制度，自觉接受人大及其常委会监督、政协民主监督和社会各界监督，提请省人大常委会审定《甘肃祁连山国家级自然保护区管理条例》等地方性法规6部，制定政府规章10部，576件人大代表意见建议、753件政协委员提案全部按期办结；进一步加强审计监督，整改落实问题资金123亿元；强化行政监察，立案查处各类违纪违法案件7141件，给予党纪政纪处分8905人；深入贯彻中央八项规定精神，扎实开展“三纠三促”专项行动，厉行勤俭节约，全省“三公”经费支出下降29.5%、省级下降25.3%，节约资金全部用于民生建设。

总的看，去年我们面临的困难和问题比预想的大，由于受传统产业结构转型升级缓慢、企业对市场和政策反应不灵敏、资源环境约束趋紧、往年基数较大和部分干部不作为等多重因素叠加的影响，固定资产投资大幅下降，工业增加值增速由正转负，生产总值增速为3.6%，没有完成预期目标。但在全省上下的共同努力下，我们勠力同心、锐意进取，办成了一些大事、攻克了一些难题，经济运行质量效益的稳步提升和城乡居民收入的较快增长，说明我省经济发展稳的基础在巩固、好的因素在累积、进的势头在持续；供给侧结构性改革的扎实推进和省属企业改制改革的攻坚破冰，正在逐步实现我省经济结构的脱胎换骨；全省自然保护区绝大多数问题得以解决和许多突出环境问题得到大力度整治，更好地满足了人民对优美生态环境的需要；中新南向通道的开通运营和重大交通项目的建成突破，打开了我省对内对外开放的新局面。所有这些，都为今后的发展奠定了较好基础，让全省干部群众进一步增强了推动新时代甘肃高质量发展的信心和决心。

各位代表，本届政府任期已满。五年来，我们主动适应经济发展新常态，贯彻落实新发展理念，坚持稳中求进工作总基调，积极应对经济下行压力，统筹推进稳增长、促改革、调结构、惠民生、防风险各项工作，各项事业取得新进展。生产总值由2012年的5675亿元增加到2017年的7677亿元、年均增长7.8%。社会消费品零售总额由2064亿元增加到3427亿元、年均增长10.7%。城乡居民人均可支配收入分别由17979元和4931元增加到27763元和8076元、年均增长9.1%和10.4%。

脱贫攻坚成效明显。全省农村贫困人口由2012年底的692万人减少到189万人。贫困地区自来水普及率达到86%，行政村动力电实现全覆盖，实施农村危房改造76.9万户，易地扶贫搬迁20.81万户、96.32万人。电商扶贫“陇南经验”获得2015中国消除贫困创新奖。贫困地区农民人均可支配收入预计年均增长13.1%，高于全省平均水平2.7个百分点。

结构调整步伐加快。粮食产量保持在1100万吨以上，玉米制种、中药材面积和产量均居全国第1位。压减生铁、粗钢、煤炭产能160万吨、144万吨、649万吨，省属企业处置“僵尸企业”76户。国家循环经济示范区基本建成，资源产出率增长18.4%。基本建成酒泉千万千瓦级风电基地和百万千瓦级光电基地，风、光电装机容量分别达到1282万千瓦、786万千瓦，位居全国前列。成立金控集团、黄河财险、股交中心、资产管理公司、金融租赁公司，金融业增加值占GDP的比重达到7.2%。旅游接待人数由7834万人次增长到2.39亿人次，旅游综合收入由471亿元增长到1580亿元。科技进步对经济增长的贡献率由47.6%提升到52.2%，综合科技进步水平由全国21位提升到2016年的18位。非公经济增加值占GDP比重由38.9%提高到48.2%。

基础设施不断完善。新增公路通车里程1.18万公里、达到14.3万公里，新增高速公路1451公里、总里程突破4000公里，省际主要通道和市州政府所在地实现高速公路全连接，所有县城通二级以上公路，所有乡镇和具备条件的建制村通沥青或水泥路。兰新高铁等铁路建成通车，新增铁路运营里程2155公里、达到5035公里。建成陇南成县机场、甘南夏河机场、张掖丹霞通用机场，全省民航机场达到10个。建成引洮供水一期、引黄济临等一批重大水利工程。累计解决了933万农村人口饮水安全问题。城市污水处理率和生活垃圾无害化处理率分别达到93%和91%。

改革开放持续深化。商事制度改革成效明显，全省新增市场主体68.68万户。32户省属一级企业全部完成公司制改制。农村产权制度改革和供销社综合改革走在全国前列。积极推进事业单位分类改革，机构编制总量实现零增长。兰州、嘉峪关、敦煌三大国际空港和兰州、天水、武威三大国际陆港加快建设，兰州新区综合保税区、武威保税物流中心封关运营，中欧、中亚、南亚国际货运班列实现常态化运营，国内外客货运航线已达到234条、2017年旅客吞吐量达到1470万人次，与“一带一路”沿线16个国家开展33个产能合作项目。新增国际友好城市16对、总数达到58对。兰州新区生产总值年均增长30%以上，正在成为全省经济新的增长极。

民生保障得到加强。累计城镇新增就业217.8万人，城镇登记失业率保持在3%以内。城乡居民基础养老金、企业退休人员养老金分别增长55%和45%，城乡居民基本医保财政补助标准增长87.5%，城乡低保标准分别提高73.5%和135.2%。全省111.1万农村完全或部分丧失劳动能力的低保对象和农村特困救助供养人员实现应保尽保。实施城镇棚户区改造和建设各类保障性住房80.23万套。岷漳地震灾后恢复重建任务基本完成。学前三年毛入园率、义务教育巩固率、高中阶段教育毛入学率达到或高于全国平均水平，中职教育实现全免学费，高考录取率由74%提高到80.6%。公立医

院综合改革全面推开，大病保险制度全面推行。华夏文明传承创新区建设成效显著，现代公共文化服务体系基本建立。法治甘肃、平安甘肃建设扎实推进，全省社会治安形势持续向好。党的民族政策和宗教工作基本方针得到有效落实，临夏州、甘南州被命名为“全国民族团结进步创建示范州”。兰州市获得巴黎气候大会“今日变革进步奖”，平凉市被授予第一批国家生态文明建设示范市称号，金昌、嘉峪关成功创建全国文明城市。

同时，统计调查、信访、文物保护、气象服务、防震减灾、人防建设、双拥共建、智库建设继续加强，妇女儿童、老年人和残疾人权益得到有效保障，侨务和对港澳台工作取得新成效，档案、地方志、消防、测绘、哲学社会科学等事业取得新成绩。

各位代表！

五年的奋斗负重前行，得到的收获来之不易。这些成绩的取得，是以习近平同志为核心的党中央坚强领导的结果，是习近平新时代中国特色社会主义思想科学指引的结果，也是全省各级各部门各方面和广大干部群众共同努力的结果。在此，我代表省人民政府，向全省各族人民，向人大代表、政协委员，向各民主党派、工商联、无党派人士、人民团体和社会各界人士，向驻甘人民解放军、武警官兵和中央驻甘单位致以崇高的敬意！向所有关心支持甘肃发展的中央各部委、兄弟省区市、港澳台同胞、海外侨胞和国际友人表示衷心的感谢！

我们也清醒地看到，全省经济社会发展不平衡不充分的问题十分突出，政府工作还有不少差距。脱贫攻坚任重而道不远，全省还有189万贫困人口尚未脱贫，除2017年申请摘帽的县，仍有52个片区县、4个插花县需要摘帽，在今后已不足三年的有限时间内，啃下这些“硬骨头”，我们需要付出异乎寻常、艰苦卓绝的努力。生态环境保护建设任务繁重，部分地区生态退化的趋势尚未得到有效遏制，局部土地沙化、草原退化、水体污染等生态环境问题仍比较突出，协调经济发展与生态保护的矛盾依然尖锐。基础设施建设落后仍很突出，还有31个县不通高速公路，有8个市州不通高速铁路，近一半的县区不通铁路，一些出省通道和断头路还没有完全打通，还有8万公里深度贫困地区30户以上、其他地区50户以上的自然村村组道路需要硬化。传统产业转型升级步伐缓慢，重化工业占比大的结构还没有转过来，技术改造升级成效不明显，产品仍以“原”字号、“初”字号为主。科技研发与企业需求结合不紧密，科技成果转移转化机制不顺畅。县域经济发展滞后，普遍缺乏大型产业项目，县级财政平均自给率仅为17.2%，比全国低31.8个百分点。营商环境不宽松，政府职能转变还不到位，主动服务企业和群众意识还不强，“放管服”改革的成效与企业和群众的满意度还有较大距离；企业和群众的烦心事还不少，反映愿望、表达诉求的渠道也不够畅通。支持非公经济发展的政策措施落实不理想，非公经济增加值占GDP比重低于全国平均水平。部分干部作风不严不实，开拓创新精神不足，不担当不作为现象依然突出，等等。我们将直面发展中的困难，正视工作中的差距，采取切实有力措施认真加以解决。今后五年发展的总体思路和目标任务

今后五年，是全面建成小康社会的决胜阶段，也是新时代建设幸福美好新甘肃的关键时期。政府工作的总体思路是：全面学习贯彻习近平新时代中国特色社会主义思想和党的十九大精神，牢固树立政治意识、大局意识、核心意识、看齐意识，坚决反对形式主义、官僚主义，坚持稳中求进工作总基调，贯彻新发展理念，紧扣社会主要矛盾变化，按照高质量发展要求，统筹推进“五位一体”总体布局和协调推进“四个全面”战略布局，深入落实习近平总书记视察甘肃重要讲话和“八个着力”重要指示精神，按照省第十三次党代会的部署，坚持以供给侧结构性改革为主线，聚焦绿色发展崛起，把牢脱贫攻坚和生态保护基础性底线性任务，抢抓“一带一路”建设最大机遇，深挖绿色、创新、开放红利，大力实施创新驱动、工业强省和乡村振兴战略，统筹推进稳增长、促改革、调结构、惠民生、防风险各项工作，推动质量变革、效率变革、动力变革迈出重大步伐，在打好防范化解重大风险、精准脱贫、污染防治攻坚战方面取得扎实进展，促进经济社会持续健康发展，努力同全国一道全面建成小康社会，加快建设经济发展、山川秀美、民族团结、社会和谐的幸福美好新甘肃。

今后五年的目标任务是：

坚决打好脱贫攻坚战，决胜全面建成小康社会。紧盯“两不愁、三保障”目标，既不降低标准、也不吊高胃口，聚焦深度贫困地区和特殊困难群体精准发力，集中资金、集中资源、集中精力实施攻坚，确保现行标准下的脱贫质量，做到脱真贫、真脱贫，确保到2020年农村贫困人口实现脱贫、贫困县全部摘帽，解决区域性整体贫困。在巩固提升脱贫攻坚成果的基础上，进一步解决发展不平衡不充分的问题，努力实现更高质量、更有效率、更加公平、更可持续的发展。

加强生态环境保护，筑牢西部生态安全屏障。牢固树立和践行“绿水青山就是金山银山”的理念，实行最严格的生态环境保护制度，统筹推进山水林田湖草系统治理，加强防沙治沙和荒漠化治理力度，开展大规模国土绿化行动，着力解决突出生态环境问题。坚持节约资源和保护环境的基本国策，坚决摒弃以牺牲环境、破坏资源为代价的粗放型增长模式，形成绿色发展方式和生活方式，促进生态保护与经济发展的良性循环，走生产发展、生活富裕、生态良好的文明发展道路，打造天蓝、地绿、水净的美丽甘肃。

加快转方式调结构，着力构建生

态产业体系。遵循生态优先、绿色发展的总要求，大力发展节能环保、清洁生产、清洁能源、循环农业、中医中药、文化旅游、通道物流、数据信息、军民融合、先进制造等生态产业，建设以兰白地区为重点的中部绿色生态产业示范区、河西走廊和陇东南绿色生态产业经济带，建设一批绿色生态示范产业园，实施一批绿色生态示范重大工程。加快传统重化工业和制造业高新化、智能化、清洁化、绿色化改造，培育低碳环保新业态新产业，逐步让生态产业挑大梁、传统产业发新枝，构建发展活力足、竞争能力强、特色鲜明的生态产业体系，夯实实体经济根基，努力推动绿色发展崛起。

大力实施创新驱动战略，增强经济整体素质和竞争力。把创新摆在发展全局的核心位置，全力建设兰白国家自主创新示范区，打造创新资源、产业资源和人力资本高度聚集的创新驱动发展新高地。健全以企业为主体、市场为导向、产学研用深度融合的技术创新体系，推进创新链与产业链、资金链、人才链、政策链协同配合，力争到2022年科技进步对经济增长的贡献率达到56%以上。破除一切制约创新的思想障碍和制度藩篱，营造"大众创业、万众创新"的良好政策环境，不断激发全社会创新活力和创造潜能。

深入推进改革开放，抢占"一带一路"建设制高点。进一步深化"放管服"、商事制度、国企国资、财税金融、价格等重点领域和关键环节改革，提高全要素生产率。紧抓国家"一带一路"建设机遇，依托华夏文明传承创新区和敦煌文博会等平台载体，加强与"一带一路"沿线国家的人文交流，加快中医药走出去步伐，抢占文化制高点；依托中新南向通道，推动高铁经济带、兰州空港临空经济发展，打造"一带一路"综合交通枢纽、物流集散中心、加工贸易基地，推进"铁公机、江海息"六位一体发展，力争实现全省所有市州民航服务全覆盖、所有市州建高铁、县县通高速、省际出口公路畅通等目标，抢占通道制高点；依托兰白国家自主创新示范区和丝绸之路国际知识产权港，抢占技术制高点；依托丝绸之路信息港，建设面向中西亚、南亚、中东欧等"一带一路"沿线国家和地区的通信枢纽、区域信息汇集中心和大数据服务输出地，实现"共建丝路信息港、共享陆海大数据"，抢占信息制高点。

实施乡村振兴战略，促进城乡区域协调发展。把乡村振兴战略作为"三农"工作的总抓手，科学制定规划，着力构建优势产业体系、绿色生态体系、乡村治理体系。推进以人为核心的新型城镇化，建设特色小镇，推动城乡融合发展。加快革命老区、贫困地区、少数民族地区发展。培育壮大县域经济，构建优势互补、错位竞争、竞相发展的区域经济格局，着力打造产业园区，力争到2020年每个县市都有一个重点产业园区，园区经济在全省县域经济的比重达到25%左右。大力发展戈壁生态农业，努力将河西地区打造成面向西北乃至中西亚、南亚和中东欧的"菜篮子"生产供应基地。扎实推进全域无垃圾三年专项治理行动，提高垃圾收集管理、处理利用能力，大力整治和美化村容村貌。健全乡村治理体系，繁荣发展乡村文化，促进乡村移风易俗。

提高保障和改善民生水平，不断增进人民群众的获得感、幸福感、安全感。办好人民满意的教育，加强寄宿制学校建设，落实城镇新建小区配建幼儿园政策，解决城区教育资源不足问题，加快发展现代职业教育，支持高水平大学和一流学科建设。创造更多就业岗位，努力实现更高质量、更加充分的就业，保持城乡居民收入与经济同步增长，让老百姓的生活越来越体面。加快推进"健康甘肃"建设，建立健全覆盖城乡居民的基本医疗卫生制度，让全省人民享有全方位全生命周期健康服务。加快建立多主体供给、多渠道保障、租购并举的住房制度，优先保障困难群体基本住房需求。持续提高城乡居民最低生活保障标准和补助水平。实施全民参保计划，实现基本养老、基本医疗和失业、工伤、生育等保险应保尽保。

加强和创新社会治理。推进法治甘肃建设，深化司法体制改革，加快构建覆盖城乡的基本公共法律服务体系，完善以人民调解为基础的矛盾纠纷多元化解机制。完善社会治理体制，提高社会化、法治化、智能化、专业化治理水平，打造共建共治共享的社会治理格局。深化民族团结进步教育，筑牢中华民族共同体意识，基本实现民族团结进步创建工作目标，争创全国民族团结进步示范省。全面贯彻党的宗教工作基本方针，坚持我国宗教中国化方向，提高依法管理宗教事务水平，积极引导宗教与社会主义社会相适应。健全社会信用体系，加快构建以信用为核心的新型市场监管体制，营造公平诚信的市场环境。牢固树立安全发展理念，健全公共安全体系，完善安全生产责任制，提升防灾减灾救灾能力。深化平安甘肃建设，健全立体化、信息化社会治安防控体系。

2018年重点工作

今年是贯彻党的十九大精神的开局之年，是改革开放40周年，是决胜全面建成小康社会、实施"十三五"规划承上启下的关键一年。发展不平衡不充分尤为突出的省情，决定了我们必须始终把发展作为解决一切问题的基础和关键，牢牢把握高质量发展的根本要求，在加快发展中补齐短板，在提升质量中扩大总量。根据省委十三届四次全会暨经济工作会议安排，全省经济社会发展的主要预期目标是：生产总值增长6%左右，实际执行时只要经济运行在合理区间，也可以低一些；固定资产投资增长7%，在实际工作中力求取得更好结果；社会消费品零售总额增长8%；一般公共预算收入增长7%（同口径）；城乡居民人均可支配收入分别增长7%和8%；城镇新增就业40万人，城镇登记失业率控制在4%以内；居民消费价格指数涨幅控制在3%以内；单位生产总值能耗和主要污染物排放完成国家下达的控制目标；确保65万以上贫困人口脱贫，10个片区县、3个插花县申请摘帽。

实现上述目标，今年重点抓好以下八个方面的工作：

（一）聚焦重点难点打好脱贫攻坚战

脱贫攻坚是一场输不起、等不得、没退路的硬仗。今年，脱贫攻坚工作要聚焦再聚焦、精准再精准，下足精细精确精微的“绣花”功夫。

扎实推进产业扶贫。用好特色产业发展工程贷款和产业发展投资基金，确保每个村都有主导产业、每个贫困户都有稳定增收的渠道。实施特色农业产业助推脱贫攻坚意见和牛、羊、菜、果、薯、药六大产业精准扶贫三年行动工作方案，58个片区县新增特色产业种植面积60万亩。全面推广陇南电商扶贫经验，实现“两州一县”和18个省定深度贫困县县级电商服务中心全覆盖。重点扶持150个村发展乡村旅游。以村级电站为主要模式全面推进光伏扶贫工程。按照“自建”“外引”的思路，大力推广建立国有农业开发公司的“庄浪模式”，借鉴推广轻资产合作的北京“德青源模式”，加快培育和引进龙头企业，力争实现所有贫困村每个特色产业农民专业合作社全覆盖。加快推进农村“三变”改革，通过构建股改平台、产业平台、投融资平台，全面盘活农村沉睡的资金资源资产，让农民获得更多财产性收入。创新劳务培训方式，提高培训质量，完成精准扶贫劳动力培训34万人次。设立公益性岗位，维护保养好农村公共设施。深入开展“千企帮千村”行动和消费助推扶贫活动，动员省内外社会力量参与精准扶贫。

加快补齐“两不愁、三保障”短板弱项。组织各级干部加快制定和落实“一户一策”脱贫攻坚实施方案，帮助每一户贫困户念好家家那本难念的“经”。解决33.92万建档立卡贫困人口的安全饮水问题，着力解决好供水保障程度不高和水质不达标的问题。完成11.64万户危房改造任务，其中建档立卡贫困户3.97万户，力争年内基本消除四类重点对象C级危房。实施教育精准扶贫国家级示范区建设攻坚计划，加大寄宿制学校改扩建力度，做好控辍保学工作，贫困地区义务教育巩固率达到92.8%。完成深度贫困地区县级医院重点专科建设，实现大病集中救治全覆盖，推进家庭医生签约服务。落实“先诊疗后付费”和“一站式”结报，建立特困户“送医上门”“送人就医”机制，让贫困群众不再为看病而发愁。

持续推进贫困村基础设施建设。启动实施深度贫困地区30户以上自然村道路及主巷道硬化工程。加大“四好农村路”建设。实现深度贫困村全部通光纤宽带网络，让贫困群众都能享受信息时代的便捷。在深度贫困村实施农村环境综合整治，加大农村卫生厕所新建、改建力度。实施易地扶贫搬迁18.9万人，其中建档立卡贫困人口15.9万人。

用足用好各类扶贫政策。积极对接国家政策，争取更多倾斜支持。加大涉农资金整合力度，财政专项扶贫资金、重大建设项目、惠民实事项目优先向深度贫困地区倾斜。最大限度地用好城乡建设用地增减挂钩节余指标在东西部扶贫协作和对口支援框架内进行交易政策。用好贫困县企业上市绿色通道政策机遇，积极引入和培育符合上市或挂牌条件的优质企业。

建立健全脱贫攻坚保障机制。落实省级领导联县包乡抓村制度，强化市县抓落实的主体责任。加强贫困人口精准识别、精准退出动态管理。强化扶贫资金常态化监管，完善扶贫资金使用绩效考核评价机制。选优配强用好驻村帮扶工作队和贫困村第一书记。坚持扶贫与扶智、扶志相结合，加强对各级干部特别是基层干部的培训，探索完善群众参与共建机制，发挥“身边人说身边事、身边人教身边人”的示范带动作用，增强脱贫攻坚的内生动力。健全专项治理机制，坚决整治扶贫领域作风和腐败问题。

（二）举一反三持续抓好生态环境保护和治理

在坚决彻底抓好祁连山生态环境破坏问题整改的基础上，以更大力度全面推进生态文明建设。

着力解决生态环境突出问题。继续强力推进祁连山生态环境破坏问题整治，通过注销、扣除、补偿等方式全面退出矿业权，解决林草“一地两证”问题，搬迁核心区农牧民59户212人，减畜6.18万羊单位，完成10座水电站关停退出阶段性任务，加快推进4个差别化整治的旅游项目规范管理运营。认真落实中央环保督察反馈问题整改方案，完成6项年度整改任务，推进10项长期整改任务。全力做好全省自然保护区问题的整改工作，重点抓好21个国家级自然保护区问题的整改，确保按时间节点保质保量整改到位。

加快实施重大生态工程。扎实做好祁连山国家公园和大熊猫国家公园体制试点。抓好山水林田湖草系统治理，继续实施天然林保护、三北防护林建设、新一轮退耕还林还草、退牧还草、已垦草原治理、湿地保护与修复等重点生态工程和项目，完成营造林360万亩以上。

加强环境污染综合治理。大力整治和美化村容村貌，集中解决道路难行、院落破旧、垃圾乱堆、人畜混居等突出问题，加大农村面源污染治理力度。加快推广餐厨垃圾无害化处理模式，建设“地沟油”收运系统，加强危险废物处置监管。打好大气、水、土壤污染防治攻坚战，抓好燃煤电厂超低排放改造等重点减排工程，巩固兰州大气污染治理成果，坚决打赢蓝天保卫战。深入落实河长制，积极推行湖长制，严格保护水体和饮用水源，大力整治城市黑臭水体。实施清洁能源替代工程，建成一批清洁供暖项目，提高清洁能源供暖比重。

强化生态环境执法监管。坚决守住生态功能保障基线、环境质量安全底线、自然资源利用上线，严格落实党政领导干部生态环境损害责任追究实施办法，实行领导干部自然资源资产离任审计。建立健全自然资源监管体制，完成全省生态保护红线划定和省以下环保机构监测监察执法垂直管理制度改革工作。调整理顺祁连山国家级自然保护区管理体制。

（三）充分发挥有效投资的关键性作用

以重大项目为抓手，扩大合理有效投资，着力提高供给质量、优化供给结构。

加快重大项目建设。产业方面，加快实施海升集团民乐县20万平方米现代智能温室工业化栽培生态示范项目、中核甘肃核技术产业园、中车高端轨道交通装备造修基地等重大项目建设，继续推进9个总装机65万千瓦光热发电示范项目建设，加快钍基熔盐堆核能系统等项目前期工作。水利方面，建成兰州市水源地工程，加快引洮供水二期及受益区配套城乡供水等项目建设，做好引哈济党等水利工程前期工作。交通方面，兰州城市轨道交通1号线一期工程建成运营、陇南成县机场投入运营，兰州南绕城等高速公路建成通车，新增高速公路通车里程200公里以上；加快中卫至兰州等高铁、渭源至武都等高速公路、南梁通用机场等项目建设进度，实施28个省际“出口路”、4个“断头路”连通工程，尽快实现市州间、省域间干线连接；力争开工建设中川国际机场三期工程、武都至九寨沟等高速公路；加快西宁至合作至成都（甘肃段）等铁路、庄浪至天水等高速公路、天水军民合用机场迁建等项目前期工作。民生和社会事业方面，启动实施新的三年棚改攻坚计划，全年完成改造任务23.22万套。加快推进兰州新区职教园区及自建院校新校区、兰州理工大学西校区、甘肃中医药大学和平校区、省妇女儿童医疗综合体等项目建设。

激发民间投资活力。全面落实鼓励民间投资的各项政策措施，鼓励和引导民间资本投资铁路、公路、民航、水利等重大基础设施项目，参与学校、医院、养老院等民生和社会事业建设。大力弘扬企业家精神，切实保护民营企业和企业家的合法利益，让创业创新的企业家有名有利有地位。制定出台构建“亲”“清”新型政商关系的具体规定，畅通企业和群众表达诉求的途径和渠道，让企业提出的诉求有人办，群众反映的问题有人管。

加大招商引资力度。大力开展招商引资、招展引会、招才引智，争取引进一批世界500强、全国500强、民营500强企业，办好第二十四届兰洽会和民企陇上行等大型招商活动。加强与中央企业和在甘单位的合作开发，加快落实与万达集团、中核集团、首创集团等签署的战略合作协议，积极推进在甘投资建设的各类重点项目落地实施。

（四）推动生态产业发展开好局起好步

把构建生态产业体系作为推进供给侧结构性改革的重要任务，确保这项工作开篇破题。

尽快推动特色农业发展迈上现代化轨道。研究制定乡村振兴战略规划。坚持质量兴农、绿色兴农，推进现代农业产业园、科技园、创业园和田园综合体建设，大力发展以循环农业为主的现代农业。落实粮食安全省长责任制，大力实施优质粮食工程。着力开发“独一份”“特别特”“好中优”“错峰头”的特色农产品，发展壮大马铃薯、草食畜、高原夏菜、优质林果、现代制种等优势产业，积极发展区域性特色产业和地方性土特产品。广泛推行无公害农产品、绿色食品、有机农产品和农产品地理标志开发认证，抓好农产品品种、品质、品牌和标准化生产，着力打造“陇字号”知名农产品品牌。抓紧制定相关规划，构建系统完整的农产品加工、冷链、仓储、物流、销售体系。在严格保护好生态的前提下，争取新建戈壁生态农业6万亩。加快国家中医药产业发展综合试验区建设，支持企业建设中药原料标准化种植基地，拓展医药大健康产业链和中医药文化产业链，加大新药研发和中药材品种二次开发，办好首届中国中医药博览会。

加快工业经济智能化绿色化发展。深入实施工业强省战略，落实“中国制造2025甘肃行动纲要”，制定出台传统产业智能化、绿色化改造行动计划，在石化通用装备、电工电器装备、信息技术等领域实施一批重大标志性项目。在增强制造业核心竞争力、技术改造、陇药产业、老工业基地转型升级等方面，谋划实施一批改造提升项目。做大做强原材料产业，大力发展镍钴新材料、铝镁合金材料、电池材料和稀土功能材料。推进军民融合创新发展，在核产业、特种化工、电子信息和高端装备制造等重点领域取得突破性进展，推动军民融合创新示范区和省级军民融合协同创新中心建设，加快建设兰州航天军民结合产业园。推进风光水火核储多能互补系统建设运行，建设肃州、玉门新能源微电网示范项目，推进河西等地新能源就近消纳示范区建设。加大燃煤电厂超低排放和节能改造力度，积极开发利用“城市矿产”，推动城市典型废弃物集中处理和资源化利用。

持续推进“三去一降一补”任务落实。关闭退出煤矿22处，淘汰落后产能471万吨，坚决防止“地条钢”死灰复燃和其他产能过剩行业新增产能，积极稳妥处置“僵尸企业”。用好住房公积金、棚户区改造货币化安置等政策措施，商品房去化周期保持在合理区间。盘活存量资产、优化债务结构，有序开展市场化债转股，进一步降低企业杠杆率。落实各项减税降费措施，继续实施电价改革、直购电交易、综合电价扶持等改革举措，探索进一步降低“五险一金”措施，降低非居民天然气销售价格，稳步推进农业水价综合改革。

加快培育发展以文化旅游为主的现代服务业。推进旅游强省建设，推动旅游与文化、体育、农业、工业等深度融合，着力打造旅游文化精品，大力开发经典旅游商品，全面提升旅游业的文化品位，促进旅游业态升级，打造“交响丝路·如意甘肃”旅游品牌。坚持“大旅游”和“小旅游”一起抓，“大旅游”重点建设20个大景区、4条精品线路和5大区域旅游目的地，抓好张掖丹霞、黄河三峡、官鹅沟5A级景区创建工作。加快4A级以上景区通二级公路，新建改建旅游厕所1064座。深化景区管理体制改革，探索所有权、管理权、经营权三权分置，破解管理瓶颈。“小旅游”重点结合美丽乡村建设和农村“三变”改革，大力发展以农耕文化为魂、田园风光为韵、村落民宅为形、生态农业为基的乡村旅游，新建旅游专业村100个。办好第八届敦煌行·丝绸之路国际旅游节。加快发展金融服务业，发行绿色、“三农”、小微等专项债券融通资金，加大资产证券化力度，争取国家将兰州新区设为绿色金融改革创新试验区。

着力促进县域经济振兴发展。调整优化县域内各类开发区、工业集中区、循环经济区空间布局，增强产业集聚度和支撑力。以开发园区和特色小镇建设为载体，大力培育特色产业。加强配套设施建设，加快园区循环化改造，尽快实现园区与高等级公路的互联通达。积极引进专业团队、金融机构入驻园区，强化项目建设要素保障，建立财源建设奖励机制，破解县域经济发展融资瓶颈。

（五）以更大力度推动“放管服”和国企国资改革取得突破

坚持问题导向深化改革，落实落细已有改革举措，激发市场主体活力，增添经济发展动力。

深化“放管服”改革。开展“转变工作作风改善发展环境建设年”和“深化放管服改革工作突破年”活动，着力解决企业和群众反映强烈的突出问题，加大反面典型曝光和查处力度，进一步优化营商环境。推进“一窗办、一网办、简化办、马上办”改革，完成全省统一的电子政务网络平台、数据共享交换平台建设，实现省市县三级政务服务网闭环运行，彻底打破“信息孤岛”。再取消调整和下放一批审批事项，加强培训指导，提高基层承接能力。推行“证照分离”改革试点，巩固扩大“多证合一”等商事制度改革成果，进一步放宽市场主体经营场所登记条件。按照“同一事项、同一名称、同一标准、同一编码”的要求，加快推进行政许可标准化。推进市县两级综合行政执法改革，落实“双随机一公开”制度，加快全省统一的信用信息平台建设。

深入推进国企国资改革。健全完善国有企业公司法人治理结构和经营管理机制，推动国有企业战略性重组，优化国有经济布局结构，在具备条件的混合所有制企业开展员工持股试点。加快推进省直部门管理脱钩企业整合重组和资源优化配置，组建陇药、电子电器、工程咨询、旅游投资等10个大型企业集团。认真落实划转部分国有资本充实社保基金工作。推动国资监管机构职能转变，建立权责清单，以管资本为主加强国有资产监管。

积极推进其他领域改革。深化投融资体制改革，促进政府投融资平台市场化转型，推进企业投资项目承诺制试点，鼓励设立和管好用好各类投资基金。推进财政事权和支出责任划分改革，完善预算管理，全面实施绩效管理。发挥供销社综合改革的政策优势，助力脱贫攻坚和乡村振兴。加快推进农垦土地确权和办社会职能改革，全面完成国有林场改革主体任务。推进机构和行政体制改革。有序推进户籍制度改革，加强城市建设管理，不断提高城镇化质量。

防范化解金融风险。加强政府债务管理，开展地方债务大清查，严格控制债务增量，逐步化解债务存量，坚决制止违法违规融资担保行为。制定三年工作方案，使宏观杠杆率得到有效控制。推进地方金融监管体制改革，强化属地风险处置责任，加强重点金融机构信贷风险排查防控，完善并落实不良资产处置政策，推动省农信社改革，坚决守住不发生系统性金融风险的底线。

（六）尽快打通制约科技创新的堵点痛点

着力破除影响和制约科技创新的体制机制障碍，推动科技成果转化为现实生产力，加快建设创新型省份。

加强创新平台建设。全面启动兰白国家自主创新示范区建设，加大创新政策先行先试力度。启动丝绸之路国际知识产权港建设，推进知识产权强省试点工作，打造知识产权服务业生态圈。加快企业、高校重点实验室（技术研发中心）建设。加大科技资源开放共享力度。建设一批与我省产业发展紧密联系的新型孵化器，大力培育低成本、便利化、全要素、开放式众创空间，加快国家级和省级双创示范基地建设。

增强自主创新能力。继续实施“六个一百”技术创新工程，充分发挥兰白科技创新驱动基金引导作用，培育一批省级产业技术创新战略联盟，催生一批科技型中小企业。加快构建以高校、科研院所、企业为一体的产学研用技术创新体系，开展联合技术攻关，提高集成创新和引进消化吸收再创新能力，在中医药、风光电、装备制造等重点行业、重点领域的共性关键技术上取得新突破。深化科研院所分类改革和高校科研体制机制改革，优化整合和布局建设一批省级科技创新基地，加快建设中科院近物所兰州新区大科学装置科技创新创业园、重离子应用技术及装备制造产业基地。

促进科技成果转化。加快建立科技成果转化的直通机制，实现科技成果和企业需求信息有效对接。建设一批产学研用紧密结合的科技成果中试和熟化基地，建设一批省级科技成果转移转化示范区。推动中科曙光兰州新区先进计算中心等重点项目落地建设。培育发展各类技术交易市场、中介机构、科技服务机构，充分发挥兰州科技大市场作用，提高科技成果的就地转化率。

建强创新人才队伍。加快实施领军人才、高层次人才、创新创业青年人才等重大工程，建设一批国家级、省级示范性技术技能人才培养基地。制定更大力度、更加灵活、更为柔性的政策措施，留住用好本地人才，大力引进高层次人才、急需紧缺人才、业绩特别突出人才。改革和完善科技人员收入分配制度和岗位管理制度，鼓励地方和企业设立人才引进发展资金，激发各类人才活力。

（七）乘势而上拓展对外开放新格局

把“一带一路”建设作为甘肃发展的最大机遇，重塑我省区位优势和通道优势，全面提升开放型经济发展水平。

大力发展通道物流和口岸经济。落实好渝桂黔陇四方合作共建中新南向通道框架协议，共同开展通道规划编制工作。加快公铁物流功能配套建设，促进与沿线公路、铁路、港口等基础设施互联互通，打造省级综合物流运营平台，组建市场化运营主体，实现南向通道铁海联运国际货运班列常态化运营。提升中欧、中亚、南亚国际货运班列运营效益，争取开通兰州至巴基斯坦瓜达尔港公铁联运班列。积极谋划建设高铁经济带。加快丝绸之路信息港建设。完善开放口岸功能，争取获批粮食及整车进口口岸，加快培育落地加工、多元发展的口岸经济。

加强经贸文化交流合作。鼓励有条件的企业组成联合体或采用联盟方式组团“出海”，加快推进牙买加甘肃国际产能合作示范产业园、金川公司印尼红土镍矿等境外项目建设。加快境外商务代表处、特色商品展示展销馆、物流园区等在“一带一路”沿线重点国别的布局，巩固发展国际友好城市和友好交流城市关系。开展在广西建设临海飞地经济项目前期工作。办好第三届丝绸之路（敦煌）国际文化博览会等重点节会，推动丝路文化展示交流常态化，打造永不落幕的高品质文博会。启动“一带一路”文化长廊建设，支持我省文物保护技术成果走出去。

发挥兰州新区开放平台作用。依托兰州中川国际机场，招引优势企业在机场周边布局建设临空物流、会展中心、商务中心等项目，加速推动新区临空经济发展。布点建设一批外向型装备制造产业园，加快兰州新区中医药产业园区建设。支持兰州新区与“一带一路”沿线国家加大合作力度，共建工业园、科技园、创新产业园，加快中亚粮油储运加工产业园等项目建设。

（八）持续加大保障和改善民生力度

坚持以人民为中心的发展思想，不断满足人民日益增长的美好生活需要，使人民获得感、幸福感和安全感更加充实、更有保障、更可持续。

强化就业和社会保障工作。认真落实新一轮就业创业扶持政策，继续实施扶持1万名高校毕业生到基层服务项目，高校毕业生就业率保持在85%以上，输转城乡富余劳动力500万人以上。全面实施机关事业单位养老保险制度改革，完成城乡居民医疗保险整合工作，推进医疗保险支付方式改革，完善异地就医直接结算。继续提高城乡低保指导标准、补助水平和特困供养人员省级财政补助水平，做到城乡困难群众基本生活应保尽保。将失业保险金标准提高到最低工资标准的90%。加强社会保险基金监督管理。认真解决好农民工工资拖欠问题。落实国家调整机关事业单位工资政策。

统筹推进各项社会事业。扩大各类教育资源供给，统筹城乡教育一体化发展，着力解决中小学生课外负担重、“择校热”“大班额”等问题。推进高水平大学和一流学科建设，实施职业教育产教融合发展工程，加快发展民族教育、特殊教育、继续教育、网络教育、民办教育。加快医药卫生体制改革，加大全科医生培养力度，强化县级医院重点专科、薄弱学科建设，稳步推进分级诊疗制度，加强家庭医生签约服务和医联体建设。加快建设多层次、智能化养老服务体系，推进医养结合及农村养老互助幸福院建设。抓好国家公共文化服务体系示范区创建工作，推进中央广播电视节目无线数字化覆盖工程，实施农家书屋数字化提升工程。启动甘肃石窟长廊保护与展示利用工程。实施全民健身计划，办好第十四届省运会。做好困境儿童分类保障和农村留守儿童关爱保护工作。推进防灾减灾救灾体制改革，全面提升全社会抵御自然灾害的综合防范能力。进一步加强国防动员和“双拥”工作，支持工会、共青团、妇联、科协、残联等群团组织工作。加强统计调查、新闻出版、广播影视、气象、外事、侨务、港澳台、人民防空、老龄、参事、文史、地方志、档案、测绘、智库、红十字会、慈善等工作，做好第四次全国经济普查准备工作。

加强和创新社会治理。提高政府立法质量，严格规范公正文明执法，认真实施“七五”普法规划。强化基层治理，完成45个撤乡改镇，建立和完善以党的基层组织为核心、村民自治和村务监督组织为基础的村民共建共治体系。推进村务公开标准化规范化试点，开展全省农村社区建设示范创建活动。落实“党政同责、一岗双责、齐抓共管、失职追责”安全生产和食品药品安全责任体系，有效防范和遏制重特大事故发生。全面贯彻党的民族政策，深入开展民族团结进步创建工作，加强各民族交往交流交融。全面贯彻党的宗教工作基本方针，实施新修订的《宗教事务条例》，依法加强宗教事务管理，促进宗教领域规范有序、健康发展。强化信访维稳和矛盾纠纷排查化解工作。深化平安甘肃建设，严厉打击各类违法犯罪活动，维护社会和谐稳定。

继续办好为民实事。围绕解决群众最盼最急最忧最怨的问题，按照保基本、均等化、可持续的原则，在农村危房改造、城镇棚户区改造、深度贫困县农村中小学教师周转宿舍建设、深度贫困县中小学支教、基层医疗服务能力提升、农村妇女"两癌"检查、助残扶贫康复、乡村振兴公益性岗位、城市老旧住宅小区电梯改造、农村边远地区中小学温暖工程等方面为民办好10件实事。

加强政府自身建设

新时代开启新征程，需要新气象新作为。各级政府及其工作人员必须按照"信念过硬、政治过硬、责任过硬、能力过硬、作风过硬"的要求，以时不我待的干劲、只争朝夕的态度、敢死拼命的精神、求真务实的作风、战之必胜的能力，狠抓各项决策部署落实落地，向人民群众交上一份合格的答卷。

牢固树立"四个意识"。深入学习贯彻习近平新时代中国特色社会主义思想和党的十九大精神，坚决维护习近平总书记在党中央和全党的核心地位，始终在政治立场、政治方向、政治原则、政治道路上同以习近平同志为核心的党中央保持高度一致，严守政治纪律和政治规矩，自觉把中央大政方针及省委部署要求不折不扣贯彻落实到位，不断增强中国特色社会主义道路自信、理论自信、制度自信、文化自信。

推动法治政府建设。全面贯彻法治政府建设实施纲要和甘肃实施方案，维护宪法权威，提高行政决策科学化、民主化、法治化水平。依法接受人大及其常委会监督，自觉接受政协民主监督，主动接受社会监督和舆论监督。大力推行政务公开，规范权力运行，把政府活动全面纳入法治轨道。

持续改进工作作风。推进"两学一做"学习教育常态化制度化，扎实开展"不忘初心、牢记使命"主题教育，把践行"三严三实"贯穿于全部工作生活中。坚决防止享乐主义、奢靡之风回潮复燃，坚决反对形式主义、官僚主义老问题新表现，坚决纠正表态多调门高、行动少落实差等作风突出问题。彻底肃清王三运、虞海燕等人的流毒和影响。大兴调查研究之风，弘扬专业精神，提高专业能力。坚持低调务实、精准扎实、专业做实，实之又实做好政府每一项工作。

狠抓各项任务落实。始终把抓落实作为政府工作的生命线，健全重点工作清单制度和责任分解机制，加大政务督查督办和行政效能监察力度，强化审计监督，完善问责和激励机制，确保件件有着落、事事有回音。各级政府工作人员一定要扑下身子抓落实，冲锋在前、苦干实干，以"钉钉子"精神真正把各项工作落细落小落实。

着力加强廉政建设。认真落实全面从严治党主体责任，坚决执行中央八项规定及《实施细则》精神和省委实施办法，严格落实"一岗双责"，扎实推进政府系统党风廉政建设和反腐败工作，整治和查处侵害群众利益的不正之风和腐败问题，坚持勤政为民、廉洁干事，努力营造风清气正、干事创业的良好环境。

各位代表！

中国特色社会主义进入新时代，甘肃发展也站在了新的起点。让我们更加紧密地团结在以习近平同志为核心的党中央周围，在省委的坚强领导下，不忘初心、牢记使命，团结一心，攻坚克难，决胜全面建成小康社会，建设幸福美好新甘肃，为实现全省人民对美好生活的向往而不懈奋斗！

省政协常委会工作报告

2018年1月23日在政协甘肃省第十二届委员会第一次会议上

甘肃省政协主席　冯健身

各位委员：

我代表政协甘肃省第十一届委员会常务委员会，向大会报告过去五年的工作，对十二届省政协的工作提出建议，请予审议。

一、过去五年的工作

过去的五年，是全省上下攻坚克难、各项事业取得新进步的五年，也是我省人民政协事业在继承中发展、在发展中创新，取得明显成效的五年。省委认真学习贯彻习近平新时代中国特色社会主义思想，切实加强对人民政协工作的领导，召开省委政协工作会议，出台加强人民政协协商民主和改进人民政协民主监督的实施意见，为推进人民政协事业发展提供了重要政治保证。在省委的正确领导下，省政协高举中国特色社会主义伟大旗帜，深入学习贯彻习近平总书记对人民政协事业发展提出的一系列新思想新论断新部署新要求和中共十八大、十九大精神，深入贯彻落实习近平总书记视察甘肃重要讲话和"八个着力"重要指示精神，坚持团结和民主两大主题，聚焦全省中心工作，认真履行政治协商、民主监督、参政议政职能，深入推进政协协商民主创新实践，为全面建成小康社会、建设幸福美好新甘肃作出积极贡献，谱写了我省人民政协事业发展的新篇章。

（一）旗帜鲜明讲政治，打牢团结奋斗的共同思想政治基础

省政协常委会深入贯彻落实习近平总书记"人民政协始终要把坚持和发展中国特色社会主义作为巩固共同思想政治基础的主轴"的重要指示精神，坚持把习近平新时代中国特色社会主义思想作为政协工作的根本指导思想，充分发挥省政协党组把方向、管大局、保落实的领导作用，着力强化政治引领，引导省政协各参加单位、广大委员形成高度的思想自觉、政治自觉、行动自觉，始终把牢政协工作的正确政治方向。

着力加强思想理论建设。中共十八大以来，持续组织政协委员和政协干部全面学习贯彻中共十八大和十八届历次全会精神，深入学习贯彻习近平总书记系列重要讲话、人民政协工作重要思想、视察甘肃重要讲话和"八个着力"重要指示精神，认真贯彻落实省第十三次党代会各项决策部署，坚持新发展理念、统筹推进"五位一体"总体布局和协调推进"四个全面"战略布局，引导委员和干部牢固树立中国特色社会主义道路自信、理论自信、制度自信、文化自信，坚定走中国特色社会主义政治发展道路的信心决心，夯实了团结奋斗的共同思想政治基础。

深入学习宣传贯彻中共十九大精神。通过召开党组会议、主席会议、常委会议、理论学习中心组会议，制定党组实施意见，常委会作出决议，主席会议成员带头宣讲，举办专题学习讲座和辅导报告会，开辟学习宣传专栏等形式和途径，组织引导政协委员和党员干部，专题学习宣传贯彻习近平新时代中国特色社会主义思想和中共十九大精神，切实做到学懂弄通做实，牢固树立政治意识、大局意识、核心意识、看齐意识，坚定维护习近平总书记的核心地位和领袖地位，坚定维护以习近平同志为核心的中共中央权威和集中统一领导，始终在政治立场、政治方向、政治原则、政治道路上同以习近平同志为核心的中共中央保持高度一致。

五年来，共组织各类集体学习200多次，主席会议成员带头上讲台、到所在支部、赴基层联系点宣讲辅导100多次，举办政协委员和干部学习报告会、培训班20多期，2000多人次参加。

（二）坚持围绕中心，紧扣服务改革发展大局建言献策

省政协常委会深入贯彻落实习近平总书记"紧扣改革发展献计出力"的重要指示精神，围绕全面深化改革中的重大问题，深入调查研究，积极建言献策。

围绕省委省政府中心工作议政建言。先后就新型城镇化、循环经济示范区建设、非公有制经济发展、实施创新驱动战略、制定"十三五"规划、简政放权、清理行政事业性收费、壮大县域经济等问题，开展重点调研视

察，召开常委会议协商建言，提出一批有价值的建议案，为省委省政府科学决策提供了重要参考。

紧扣省委省政府决策部署落实尽责尽力。积极参与循环经济示范区建设、敦煌国际文博会和全省重大调研、项目观摩、环保督察等重点工作；开展丝绸之路经济带甘肃黄金段建设、新型智库建设、传承弘扬中华伏羲文化等课题研究；就建设旅游强省、兰州新区发展、发展现代农业、科技创新、陇药产业发展、军民融合发展、现代商贸物流中心建设、生态安全屏障建设等进行专题调研。五年来，共完成省委省政府交办的重要任务50多项。其中：推动循环经济示范区建设取得阶段性重大成效，为敦煌国际文博会成功举办贡献了政协智慧和政协力量，为规范全省低保工作提出了建设性建议。特别是建设旅游强省、加快兰州新区发展、做大中医药产业、军民融合发展等建议，得到了省委省政府主要领导的充分肯定，相关建议转化为推动工作的政策措施。

积极参与服务全国政协重大调研。先后邀请10多位全国政协领导来甘出席公祭伏羲大典、兰洽会等会议活动，积极参与全国政协精准扶贫、民族地区小康建设、资源枯竭型城市转型、农产品质量安全、风电光伏产业发展、文化旅游业发展、家政服务业发展等调研视察活动，深入发现剖析问题，认真反映我省困难，努力争取国家更多支持。

（三）聚焦“头号工程”，全力助推脱贫攻坚

省政协常委会深入贯彻落实习近平总书记“坚决打赢脱贫攻坚战”的重要指示精神，充分发挥政协优势，为决战脱贫攻坚、决胜全面小康贡献智慧和力量。

凝心聚力助推脱贫攻坚。围绕中央和省委省政府精准扶贫精准脱贫各项政策措施落实，持续开展调研视察，多次召开常委会议、主席会议、月协商座谈会，广泛协商讨论，针对部分政策措施难以到村入户、扶贫工作不精准、政策措施与贫困群众需求脱节等问题，提出了一系列对策建议，得到了省委省政府的采纳。常委会形成决议，发出深入开展“委员助推精准扶贫”行动倡议，依托各界别组建了农业、经济、科技等专题助推小组，广泛动员各级政协组织和广大委员积极投身脱贫攻坚主战场。主动协调联系广东省港区委员、广东省甘肃商会企业家和省政协港澳委员参与我省扶贫开发，广东碧桂园、香港卓富投资、北京实创等一批知名企业与我省贫困村结成了帮扶对子，办了一批解民忧、顺民意、助脱贫的实事好事。利用政协平台积极向上呼吁，全国政协十二届三次会议期间，驻甘全国政协委员就国家加大西部贫困地区支持力度，牵头提出中共界别第一份集体提案，得到了全国政协的重视，相关建议被国家有关部委采纳。从2015年开始，联合陕西、宁夏、青海三省区政协，建立六盘山片区政协精准扶贫交流推进会机制，成功承办第二次会议，持续就六盘山片区脱贫解困协商建言，向全国政协报送请求协调支持的政策项目建议，俞正声主席、汪洋副总理分别作出重要批示，推动解决了一批打基础、谋长远的问题。

全力以赴完成帮扶任务。主席会议成员认真联县、包乡、抓村，带头进村入户察实情、解难题，多方协调争取项目资金扶真贫、真扶贫，发挥了示范引领作用。机关各部门和干部热情参与，以产业培育、能力提升、互帮互促、互学互看为主题，深入开展专项帮扶行动，先后选派37名优秀干部赴贫困县区挂职、担任驻村帮扶工作队队长和贫困村党支部第一书记，帮助贫困村和贫困户理清发展思路、完善脱贫规划、协调资金项目、提升发展能力，发挥了先锋队和生力军作用。

五年来，全省各级政协组织和广大政协委员共协调落实各类项目上万个，帮办好事实事5万多件，捐款捐物近4亿元，贡献了政协力量、展示了政协作为。全国政协领导对我省政协组织创造性参与扶贫工作给予了高度肯定，国家相关媒体多次进行了大篇幅专题报道。

（四）加强协商民主建设，着力发挥政协重要渠道作用

省政协常委会深入贯彻落实中共中央《关于加强人民政协协商民主建设的实施意见》和《关于加强和改进人民政协民主监督工作的意见》，把协商民主贯穿履职尽责全过程，充分发挥了重要渠道和专门协商机构作用。

创新完善协商民主工作制度。建立健全制定年度协商工作计划制度，从议题确定、内容形式、活动组织等提出要求，报省委批准后实施，将政协年度协商计划纳入了省委年度工作计划。认真贯彻省委深化民主法制领域改革要求，协助省委省政府修订出台《政协建议案和调研视察报告办理办法》，完善了协商成果采纳、落实和反馈机制，开辟了协商成果进入党政决策的“绿色通道”；制定基层政协协商民主试点工作指导意见，选择平凉市、临夏市、镇原县、凉州区开展政协协商民主工作试点，为推进基层政协协商民主实践探索路子。建立月协商座谈会制度，每月选择专题进行协商；建立经济形势分析会制度，围绕我省经济运行开展动态性、综合性、前瞻性协商建言，打造了协商民主的制度性平台，成为省政协重要工作品牌。

深入开展协商民主理论研究和工作实践。开展协商民主理论和政协工作研究，建立省政协智库，举办理论研讨会，一批研究成果入选中国人民政协理论研究会《年度论文集》，为推进协商民主实践提供了指导。2014年以来，召开月协商座谈会32次，关于发展绿色生态有机农业、促进新能源产业发展、关爱保护农村留守儿童等建议，得到省委省政府重视和采纳。举办经济形势分析会12次，关于推进供给侧结构性改革、发展实体经济、防控金融风险、深化国企改革等建议，为省委省政府提供了重要参考。应省直部门邀请，就相关政策、法规、文件的制定出台，开展对口协商，把协商置

于决策之前。建立微信公众号、政协网站建言平台，探索开展网络协商议政。积极推进协商式监督，对部分省属金融机构服务民营企业发展情况开展评议活动，形成评议报告，关于创新金融产品、实施差别化授信服务等建议，转化为支持实体经济、扶持民营企业的政策措施；组织委员与承办单位对提案工作进行双向评议，既评议提案质量，又监督提案办理工作，取得良好成效。

（五）坚持大团结大联合，广泛凝聚共识汇聚合力

省政协常委会深入贯彻落实习近平总书记“要坚持广泛凝聚实现中华民族伟大复兴正能量”的重要指示精神，广泛团结一切可以团结的力量、调动一切可以调动的积极因素，最大限度地为实现中国梦、建设幸福美好新甘肃凝聚共识、汇聚合力。

发挥团结统战功能促进多党合作、民族团结、宗教和顺。落实省政协党组成员联系党外代表人士制度，积极搭建和拓展协商议政平台，邀请各民主党派、工商联、无党派人士在政协各类会议上发表意见、参加政协调研视察和考察活动，五年来省级各民主党派、工商联提交大会发言430多篇，提出提案530多件，反映社情民意信息110多条。全面贯彻落实党和国家民族宗教工作方针政策，就民族地区经济发展、职业教育、医疗卫生体制改革、畜牧业发展、公共文化建设、宗教与社会主义社会相适应、农村宗教事务管理等问题，开展调研协商；举办少数民族和宗教界委员座谈会，走访看望民族宗教界代表人士，组织民族宗教界委员赴外省学习考察，广泛凝心聚力，充分发挥了他们在促进民族地区经济发展、民生改善、社会稳定、宗教和顺中的重要作用。

认真做好团结联谊工作。热情接待全国政协、广东省政协港澳委员和海外侨胞考察团等来甘考察，组团参加香港省级政协委员联谊会成立10周年纪念活动。向省政协港澳委员通报经济社会发展和政协工作情况，组织港澳委员开展省情民情、丝绸之路甘肃行等考察活动，积极宣传推介甘肃，促进我省与港澳地区的合作交流。成立省政协书画室，以纪念人民政协成立65周年、践行社会主义核心价值观、喜迎十九大为主题，多次召开座谈会，开展学术研讨，举办书画展。省政协与省级各民主党派、工商联机关联合举办文体活动，增进了团结协作。举办甘肃省政协辉煌历程纪实展，宣传人民政协制度，扩大了甘肃政协影响，激发了全省各级政协组织和广大委员为实现中国梦、建设幸福美好新甘肃而努力奋斗的履职热情。建成甘肃政协文史馆并向社会开放，完成裕固族东乡族保安族百年实录、西部大开发在甘肃、决战贫困、陇原抗战烽火等资料的征集、编纂和出版，充分发挥存史资政、团结育人作用。

（六）立足履职尽责，着力提升自身能力素质

省政协常委会深入贯彻落实习近平总书记“要以改革思维、创新理念、务实举措大力推进履职能力建设”的重要指示精神，着力加强自身建设，切实提升了履行职能的制度化、规范化、科学化水平。

以永远在路上的执着推进全面从严治党。严格落实管党治党主体责任，紧紧围绕坚持和加强党的全面领导、维护党中央权威和集中统一领导，全面推进党的政治建设、思想建设、组织建设、作风建设、纪律建设。深入开展党的群众路线教育实践活动、“三严三实”专题教育、“两学一做”学习教育，党员干部理想信念更加坚定。坚持真管真严、敢管敢严、长管长严，严格落实党内监督主体责任，大力支持省纪委派驻省政协机关纪检组工作，严肃党内政治生活，严守党的政治纪律和政治规矩，狠抓中央和省委巡视反馈问题整改落实，坚决全面彻底肃清王三运、虞海燕流毒和影响，建设了政协机关良好政治生态。加强机关干部轮岗、交流和培养使用力度，推荐一批优秀干部走上了领导岗位。严格落实省政协党组意识形态工作责任制，加强新闻宣传工作，大力宣传政协履职工作和委员履职风采。锲而不舍落实中央八项规定和省委改进作风的部署要求，严格提案确定标准，完善协商督办机制，开展办理工作“回头看”，所有提案全部办复完毕；规范信息的策划、收集、编报和反馈机制，强化了社情民意信息舆情汇集和民意表达功能；制定并严格落实机关部门定期报告工作、外出活动和重要事项报告、机关管理等制度，文风会风更加务实、工作作风更加扎实、履职成效更加明显。2014年改进会风文风情况，被《焦点访谈》肯定；2016年严肃会纪情况，被新华网、中新网等权威媒体以“史上最严”为题报道。

以发挥主体作用为目标加强委员队伍建设。按照习近平总书记“懂政协、会协商、善议政、守纪律、讲规矩、重品行”的重要指示精神，举办省政协委员学习培训班，开展委员活动日，召开加强委员联络服务工作座谈会，健全联系服务委员制度，制定并落实委员履职工作规则和委员视察考察工作简则，建立履职档案，加强履职考核，提高了委员的政治把握能力和议政建言水平，拓展了委员知情明政平台，规范了委员履职的严肃性，有效发挥了委员在政协工作中的主体作用。扎实做好住甘全国政协委员联络服务工作，充分发挥他们为甘肃发展鼓与呼的积极作用。编写《新时期人民政协工作指南》，加强对市县政协和委员履职活动的指导，增进与市县政协的联系，形成了协作配合、整体推进的工作合力。

各位委员、同志们，回顾过去五年的政协工作，取得的每一个成就都是习近平新时代中国特色社会主义思想正确指引的结果，都离不开全国政协的有力指导，都离不开省委的正确领导和省人大、省政府的大力支持与热情帮助，都离不开省政协各参加单位、全省各级政协组织、广大政协委员的团结协作和共同奋斗。在这里，我代表十一届省政协常委会表示衷心的感谢！

回顾五年的工作，我们清醒地看

到仍存在很多不足：一是议政建言的质量还有待提高，有的调研选题切口过大、涉及面太广，认真解剖麻雀不够；有的调研走马观花、浮于表面，而扑下身子、沉到一线明察暗访较少；形成的意见建议针对性、操作性不强。二是民主监督职能还需强化，敢监督的意识不强，会监督的方法不多，善监督的举措不新，监督工作的力度还不够大，把民主监督贯穿于政协工作全过程做得还不到位。三是委员主体作用发挥还不够充分，一些委员履行职责的积极性不高、主动性不强，政协为委员履职尽责搭建平台、提供载体做得还不够，服务委员履职的水平还需进一步提高。四是专委会工作需要加强，界别活动开展得还不多，工作思路、方式创新还不够，基础性作用发挥得还不充分。五是机关工作水平还需提升，机关理论学习的氛围还不浓厚，一些文件讲话篇幅仍然过长，有的部门还存在以会议落实会议、以文件落实文件的现象；有些干部敬业精神、进取意识不强，主动担当尽责、抓工作落实的劲头还不足，等等。这些都需要在今后工作中切实加以解决。

二、过去五年工作的主要体会

过去的五年，政协工作探索形成了一些有益做法和宝贵经验。

（一）做好人民政协工作，必须以习近平新时代中国特色社会主义思想为根本指导。我们始终坚持以习近平总书记系列重要讲话和治国理政新理念新思想新战略统领政协工作，紧紧围绕习近平总书记视察甘肃重要讲话和“八个着力”重要指示精神谋划政协工作，着力引导委员增进对中国特色社会主义的高度认同，着力增强履行职能的政治性、时代性、实效性，在服务建设幸福美好新甘肃的伟大进程中，创造了党委政府肯定、人民群众满意、社会各界认同的新业绩。实践证明，我们只要坚定不移地以习近平新时代中国特色社会主义思想为根本指导，政协工作就前进、就胜利。

（二）做好人民政协工作，必须始终坚持中国共产党的领导。我们始终把坚持中国共产党的领导作为根本保证，坚持在省委的正确领导下开展工作，充分发挥政协党组在政协工作中的领导作用，坚持议政不行政、献策不决策，一切重要工作都围绕中央和省委决策部署来进行，一切重要活动和重要事项都及时主动向省委报告，一切重要安排都在上报省委审批后实施，不折不扣把中央和省委各项决策部署贯彻到政协工作全过程，开创了我省政协事业发展的新局面。实践证明，我们只要毫不动摇地坚持中国共产党的领导，始终在思想上政治上行动上同以习近平同志为核心的中共中央保持高度一致，人民政协事业就能始终沿着正确政治方向前进。

（三）做好人民政协工作，必须深入开展人民政协协商民主实践。我们始终坚守人民政协发扬社会主义民主的使命担当，规范协商程序、丰富协商内容、创新协商形式、增加协商密度、增强协商实效，推进政协协商民主建设取得积极成效，形成了全体会议全面协商，常委会议专题协商，月协商座谈会、对口协商会、提案办理协商会常态化协商的多层次协商议政格局。实践证明，我们只要坚定贯彻落实习近平新时代中国特色社会主义思想，深入推进政协协商民主实践创新，人民政协作为协商民主重要渠道和专门协商机构的作用就能得到充分发挥，社会主义协商民主就能彰显独特优势、焕发勃勃生机。

（四）做好人民政协工作，必须坚持围绕中心、服务大局。我们始终坚持人民政协的性质定位，按照“党委想什么、政协议什么，政府做什么、政协帮什么”的工作思路，聚焦全省改革发展重要问题、社会热点难点问题，积极协商建言，坚持做到尽职不越位、帮忙不添乱、务实不表面，形成了党委重视、政府支持、政协主动、各方配合的良好履职环境。实践证明，我们只有紧扣全省大局履行职能，努力做到建言建在需要时、议政议到点子上、监督监在关键处，才能赢得党委政府和社会各界的广泛认同与支持，也才能真正体现政协的价值和地位。

（五）做好人民政协工作，必须坚持以人为本、履职为民。我们始终坚持以人民为中心的发展思想，广泛动员全省各级政协组织和政协委员主动投身脱贫攻坚主战场，为贫困地区和弱势群体办实事好事，以实际行动破解民生难题、增进民生福祉，让人民群众感到政协委员就在身边、人民政协离自己很近，切实做到人民政协为人民。实践证明，我们只有始终秉持履职为民的理念，常想想群众需要政协做什么、政协能够为群众做什么、政协为群众做了什么，多做雪中送炭、扶贫济困的工作，多做谋民利、解民忧的工作，才能推动改革发展成果更多更公平地惠及广大人民群众。

（六）做好人民政协工作，必须坚持大团结大联合。我们始终坚持发挥团结统战功能，着眼增进思想政治共识，加强同各民主党派、工商联和无党派人士的联系合作，广泛拓展平台载体，努力营造平等议事、求同存异、融洽和谐、生动活泼的民主氛围，鼓励政协委员和各界人士畅所欲言、各抒己见，积极为全省改革发展凝聚了广泛共识、凝聚了各界智慧、凝聚了强大合力。实践证明，团结才有力量，联合才能发展，只有把大团结大联合的主题贯穿于政协工作的全过程，人民政协才能汇聚起实现中国梦的磅礴力量，为建设幸福美好新甘肃作出新贡献。

（七）做好人民政协工作，必须充分发挥委员主体作用。我们始终注意激发委员的主体意识，维护委员民主权利，尊重委员首创精神，提高委员整体素质，完善委员履职制度，引导和支持委员深入实际、走向基层、贴近群众履职尽责，切实发挥他们在本职工作中的带头作用、政协工作中的主体作用和界别群众中的代表作用。实践证明，只有用事业凝聚委员、用实践锻炼委员、用机制激励委员、用纪律约束委员，才能充分调动委员的履职积极性，用好“话语权”、发出好声音，更好地发挥政协的独特优势和重要作用。

这些做法和经验，值得倍加珍惜、不断完善、长期坚持。

三、今后工作的建议

站在新的历史起点上，十二届省政协要把深入学习贯彻中共十九大精神作为重大政治任务，把习近平新时代中国特色社会主义思想作为统揽各项工作的总纲，把坚持和发展中国特色社会主义作为巩固共同思想政治基础的主轴，把为决战脱贫攻坚、决胜全面小康、推动绿色发展崛起、建设幸福美好新甘肃献计出力作为工作主线，勇于担当，奋发作为，以全新的奋斗姿态和一往无前的精神状态，推进新时代人民政协事业蓬勃发展，为实现中共十九大和省第十三次党代会确定的目标任务作出应有贡献。

（一）在用习近平新时代中国特色社会主义思想武装头脑、指导工作上有新作为。习近平新时代中国特色社会主义思想，是对共产党执政规律、社会主义建设规律和人类社会发展规律认识的科学概括，是马克思主义中国化的最新成果，是中国共产党和全国人民为实现中华民族伟大复兴而奋斗的行动指南，是新时代进行伟大斗争、建设伟大工程、推进伟大事业、实现伟大梦想的行动纲领。我们要按照省委的部署要求，把深入学习贯彻习近平新时代中国特色社会主义思想作为头等大事，通过各种途径、方式，组织省政协领导班子成员、政协委员和机关干部深刻把握新时代中国特色社会主义思想的科学体系和丰富内涵，做到学思用贯通、知信行统一。要深入开展“不忘初心、牢记使命”主题教育，着力锻造培养信念过硬、政治过硬、责任过硬、能力过硬、作风过硬的政协机关干部队伍，着力提升政协机关统筹协调、服务保障的能力水平。要推动参加人民政协的各党派团体和各族各界人士不断增进对中国特色社会主义的道路自信、理论自信、制度自信、文化自信，坚定维护习近平总书记的核心地位和领袖地位，坚定维护以习近平同志为核心的中共中央权威和集中统一领导。要把学习贯彻新时代中国特色社会主义思想同学习贯彻中共十九大精神紧密结合起来，同学习贯彻省第十三次党代会精神紧密结合起来，同人民政协履行职能的实践紧密结合起来，在领会新时代中国特色社会主义思想中审视政协工作，在把握新时代中国特色社会主义思想赋予的使命中谋划政协工作，在落实新时代中国特色社会主义思想的部署要求中推进政协工作。

（二）在围绕决胜全面小康献计出力上有新作为。按照省委的部署要求，找准围绕中心、服务大局的关键点，紧紧抓住打好防范化解重大风险、精准脱贫、污染防治三大攻坚战等重点难点问题，协商议政，献计出力。把助推精准脱贫作为压倒一切的首要任务，瞄准深度贫困乡村、深度贫困户和“两不愁、三保障”脱贫目标，建睿智之言、献务实之策、尽竭诚之力。要紧盯国家实施乡村振兴战略、区域协调发展战略、可持续发展战略等机遇，就如期同全国一道全面建成小康社会，开展深度调查研究，多提抓重点、补短板、强弱项的意见建议。要紧盯祁连山生态保护与修复、防沙治沙、大气污染治理、水源地保护等重大生态问题，专题调研、集中议政、有效监督。

（三）在大力开展协商民主实践、推动党委中心工作落实上有新作为。按照省委的部署要求，突出政治协商功能，聚焦全省中心任务，完善协商议政格局，搭建更加广泛、多层、制度化的协商平台，着力把协商置于决策之前和决策之中。强化民主监督力度，围绕中央和国家大政方针政策的贯彻落实，围绕省委省政府重大决策部署的实施推进，把调研、协商、监督结合起来，找准存在的短板不足，多进诤言、多谋良策、多出实招。提升参政议政实效，完善参政议政规则，健全专题调研和视察考察机制，推进政协建议的办理、反馈和成果转化。弘扬“体谅包容、关切宽容、和谐兼容”的协商文化，坚持商以求同、协以成事，促进各方意见、各界民智、各方利益达成共识、广泛汇聚、协调兼顾。

（四）在聚焦建设新时代幸福美好新甘肃汇聚磅礴力量上有新作为。按照省委的部署要求，坚持中国共产党领导的多党合作和政治协商制度，积极为各民主党派、人民团体、各族各界人士参与国是、议政建言搭建平台、创造条件，积极邀请省级各民主党派、工商联和无党派人士参与政协联合调研视察。认真宣传贯彻党和国家民族宗教方针政策，围绕民族宗教工作中的重要问题，深入开展调研视察活动，充分发挥民族、宗教界代表人士在人民政协中的作用，协助党委政府做好民族宗教工作，促进民族团结、宗教和顺、社会稳定。加强与新的社会阶层人士、港澳台侨人士的团结联谊工作。坚持大团结大联合的主题，充分发扬民主，广泛增进团结，为实现中华民族伟大复兴中国梦、谱写建设幸福美好新甘肃崭新篇章凝聚强大合力。

各位委员：

雄关漫道真如铁，而今迈步从头越。新思想引领新时代，新使命开启新征程。新一届政协承前启后，继往开来，任重道远。让我们更加紧密地团结在以习近平同志为核心的中共中央周围，在习近平新时代中国特色社会主义思想的指引下，在省委的正确领导下，不忘初心、牢记使命，凝心聚力、锐意进取，为开创新时代人民政协事业新局面、决胜脱贫攻坚和全面建成小康社会、实现绿色发展崛起、建设幸福美好新甘肃而努力奋斗！

兰州新区建设发展历程

兰州新区位于兰州市区北部秦王川盆地，因唐朝秦王在此屯牧而得名，是古丝绸之路和现代“一带一路”上的重要节点，是面向中西亚、中东欧国家开放的桥梁和纽带。2012年8月20日，兰州新区正式获得国务院批复，成为全国第五个、西北第一个国家级新区，并被国家赋予“西北地区重要的经济增长极、国家重要的产业基地、向西开放的重要战略平台、承接产业转移示范区”的战略定位。规划范围涉及兰州市永登、皋兰两县的6个镇，总面积1744平方公里，规划建设面积246平方公里，现有人口近30万人。历经六年多的艰苦奋斗和不懈努力，兰州新区从农业村镇快速发展成为一座产城融合的现代新城。

一、开发建设背景

（一）建设兰州新区的意义

1.建设兰州新区是国家战略安全纵深的需要。近年来，国家为了深化改革开放，统筹区域发展，批准建设了一批国家级新区，成为推动区域经济加快发展的重要增长极。同时，经过三十多年的产业发展，东部沿海地区产业结构不合理的问题愈发突出，在劳动力、要素资源等方面遭遇发展瓶颈。而西北地区具备后发优势，在生产资料、人力资源、可利用土地资源等方面都具有相对优势。建设兰州新区是国家探索西北老工业城市转型跨越发展新路子、推动西部地区加快发展的重大战略决策，有利于缩小东西部地区的发展差距，实现区域经济协调发展。另外，兰州新区位于我国内陆腹地，具有足够的战略安全纵深，对于保障国家战略安全具有重要的意义。

2.建设兰州新区是甘肃经济跨越发展的需要。兰白都市圈是甘肃重点打造的三大板块之一，核心是把兰州做大做强。因此，要建设兰州新区，把兰州新区作为兰白都市圈的一个核心极、增长极来进行建设，充分发挥以兰州为中心的辐射带动作用，辐射带动东西两翼的经济板块，形成“一肩挑两翼”的经济结构，打造若干个辐射能力和支撑能力比较强的都市圈，这是甘肃省区域经济发展的内在要求。

3.建设兰州新区是兰州自身加快发展的需要。由于受到“两山夹一河”的特殊地理条件限制，近二三十年来，兰州市污染严重，城市用地存量少，发展空间有限，产业结构不合理，城市建设与经济发展滞后。因此，要解决老城区所存在的城市病和加快老城区发展，必须要“反弹琵琶”，跳出老城区，寻找和拓展新的发展空间。建设兰州新区，有利于破解兰州发展的瓶颈制约，拓展城市发展空间，使城市布局更加合理，城市功能更加完善。

（二）兰州新区选址考虑

关于兰州新区的选址问题，当时主要有两种意见，一种意见倾向于选在榆中盆地定远、连搭地区，另一种意见则是选择在秦王川盆地。省市经过多方调研和充分论证，最终把兰州新区选定在秦王川，主要是基于以下几个方面的考虑：

区位优势。秦王川距离市区60公里，区内有兰州中川国际机场，也有国道312线、109线、省道201线，以及连霍高速、京藏高速等10多条公路交通干线和高速公路，已经开通运营的兰州至中川城际铁路，以及即将开建的兰州至张掖三四线铁路、中卫至兰州客运专线，具备公路、铁路、航空“三位一体”的综合交通枢纽优势，从长远来说更加有利于推动兰州—白银一体化建设，加快构建兰州—西宁都市经济圈。

土地优势。秦王川是兰州市周边最大的一块高原盆地，空间开阔、地势平坦，坡度小于10°的可开发利用土地达450多平方公里，适合集中连片大规模开发建设。周边地区多为海拔较低的荒山丘陵，可以通过削山造地和未利用地开发，为生态建设和未来发展提供大面积的后备土地资源。

水资源支撑。秦王川水资源比较充足，引大工程设计流量为4.43亿立方米，兰州新区开发建设前实际引水量只有1.3亿立方米，即便是当前使用量也只有2亿立方米，尚有2亿方没有利用。经测算，2015年新区高峰期日供水量为6.2万方，平均日供水量为2.1万方，全年用水量为780万方，类比兰州市区人口200万每年2亿方的用水量，引大入秦水资源完全可以满足新区近一、二十年的开发建设所需。并且，随着新区开发建设的深入推进，未来还可从黄河引水，从长远看新区生产、生活和生态用水都能得到有效保障。

气象条件。秦王川地区海拔约1900米，地势开阔，具有较好的大气扩散条件，主导风向为东北风，年平均风速2.3米/秒，污染物扩散能力较强，环保容量大，环评制约因素少，环保承载优势明显，具有更好的产业发展条件和巨大的发展潜力。

从土地、水资源、交通区位、气候等方面综合分析，秦王川具备更加优越的条件，能够有效弥补兰州发展空间不足、人口密度过大等短板，更加适宜建设产业新城。可以说，兰州新区选址在秦王川是立足于兰州实际、着眼于长远发展作出的现实选择。

二、总体规划布局

兰州新区自成立以来，坚持把规划作为建设发展的龙头和先导，邀请国内外知名设计院所，高标准、高水平、高要求编制规划，主动适应新的发展形势，完成了总体规划的编制、优化和修改。

（一）兰州新区总体规划修订完善过程

1.2010年编制完成了第一版总规。2010年10月，兰州新区筹委会邀请中国城市规划院、同济大学、深圳蕾奥、英国阿特金斯、英国安诚五家国内外高水平的规划设计单位进行了总体规划方案征集，经组织全国知名规划专家论证评审，最终确定中规院方案为中标方案。随即委托中规院编制了兰州新区第一版城市总体规划，即《兰州新区总体规划（2011—2030）》（2010版），2012年4月省政府批准实施。

这一版规划通过对秦王川盆地地形地貌自然环境等要素的分析和判定，确定了“南居北工”的城市总体空间格局，根据新区产业规划明确了功能分区，并确定了“两带一轴两区四廊”规划结构。规划面积806平方公里，城市建设用地主要集中布局在机场周边的盆地范围内，规划控制建设用地面积240平方公里。

2.2012年进行了第一版总规优化。2012年8月20日，国务院批复兰州新区为国家级新区。根据省委省政府的指示，要求根据新的发展形势和定位，委托中国城市规划设计研究院对第一版《兰州新区总体规划（2011—2030）》进行优化。优化完善成果于2012年11月30日通过省政府批准。

这一版规划根据秦王川盆地北高南低，海拔由1800米向2200米由南向北递增，北边距腾格里沙漠约80公里的地理特点和自然环境，进一步确立了“北工南居”的城市总体格局，北部进行生态保育，主要布局工业生产，南部布局生活及城市服务设施。规划基于产业新区的基本职能，和省政府提出的各产业园区用地要相对完整，功能相对独立，形成产业集聚发展态势的建设发展要求，划定了各产业园区。同时，受机场净空、电磁保护、基本农田、石油管线、水文水系保护等空间制约因素的影响，用地布局也由2010版总规的在东一干渠以南，沿机场周边集中布局盆地内布局，经过深入研究论证和多轮优化完善后，形成了“两区三片多组团”相对分散布局的组团发展的空间形态。规划范围821平方公里，规划控制建设用地246平方公里。

该版总规较好地发挥了对新区经济社会发展、土地利用和各项建设事业的指导作用，有力地推动了新区跨越式的建设发展。

3.2014年启动了新一版总规修改。由于新区发展速度和建设规模远超预期，总规编制时受客观条件所限，主导风向等基础资料严重缺失，随着各专项规划的深入研究和基础资料的不断完善，需对原总规不符合实际的部分规划结论进行及时纠正，为新区建设提供科学合理的法定规划依据。同时为积极响应国家“一带一路”倡议，深入贯彻省委省政府要求新区按照国家新型城镇化理念实现“产城融合”的要求，确保省委省政府在新区部署安排重大项目的顺利规划与实施。2014年7月28日省新区规划建设协调推进领导小组第三次会议要求，启动《兰州新区总体规划2011—2030》修改工作。2014年12月16日，在省推进领导小组成员单位座谈会上，编制项目组汇报了初步方案并征求了省直各有关单位意见。12月17日，兰州市政府常务会对初步方案进行了审查，会议原则同意总规修改初步方案，要求按程序上报省政府审定。同时要求吸纳借鉴其他新区建设的成功经验，按照产城融合理念，立足新区跨越发展需要，进一步深化完善。在多次修改完善后，中规院完成了包括空间方案、交通体系、特色风貌等专题的送审方案。2015年4月8日，兰州新区在北京邀请了建设部规划司领导和国内、省内知名规划专家召开专家会议对本次总体规划修改方案进行了论证，会议通过了规划修改方案。经多次优化完善后，2015年5月总规修改的报批成果上报了省政府。2014年总规修改，通过对各个国家级新区的对比分析，对兰州新区在国家战略定位和要求进行了重新认识，进一步突出了兰州新区特色，丰富了国家定位的内涵，提出了兰州新区建设发展要坚持新型城镇化的新理念，确定了规划修改的思路为：立足区域、生态文明、产城融合、集约高效。制定了集约发展策略，在控制建设用地246平方公里不变的基础上，进行土地的存量调整，实现功能优化，提高用地效率；依据新区核心职能，调整空间结构及用地比例，同时根据新的用地布局完善市政、交通专项支撑，突出景观风貌特色的构建。

（二）兰州新区总体规划内容

兰州新区总体规划期限为2011—2030年，规划范围为永登县中川、上川、秦川、树屏和皋兰县西岔、水阜六个乡镇，用地面积为1744平方公里，主要包括总则、目标定位与发展策略、产业发展与布局、空间管制、城乡统筹规划、空间结构规划、用地布局、综合交通系统规划、绿地系统规划、景观风貌规划、市政与综合防灾规划、发展时序、实施保障等十三章内容。

根据规划，兰州新区城市发展目标为：加强先进制造业与现代服务业的融合发展，打造宜业宜居宜游的现代化产业新城区。其中兰州新区核心功能为“一平台、两基地、一示范”。（“一平台”是指向西开放的战略平台。即新丝绸之路重要的国家综合交通枢纽及面向中西亚的现代物流中心，国际文化、技术、信息合作与交流的平台。“两基地”是指国家重要先进制造业产业基地与西部现代服务业基地。“一示范”是指产业承接转移和循环经济示范区。）

根据发展定位，新区确定发展空间主要以“中聚、北拓”为重点，合理确定城市功能分区及用地布局，高标准建设各项城市社会服务设施、交通设施和市政基础设施，促进城市理性增长。（中聚：在现状的基础上，主要发展中部核心城区。在综保区的基础上发展出口贸易、转口贸易、仓储、加工、商品展示、金融等多种功能，形成以机场为核心的大宗货物加工、商贸、物流平台，具备成为甘肃省自由贸易试验区的发展条件。

北拓：在生态资源的基础上，北部地区结合区域性交通廊道主要发展产业功能，成为新区重要的产业功能拓展区。在西北部独立地区布局石化产业组团，减少对城区影响。）

在产业布局方面，结合新区主导产业，规划10大产业园区。（石油炼化产业园、精细化工产业园、新材料产业园、装备制造产业园、新能源产业园、高新技术产业园、综合保税产业园、农产品加工产业园）

（三）兰州新区与兰州市区相向错位互补发展规划

1.开展生态修复，构建大兰州生态格局。贯彻2016年中央城市工作会议精神，最大限度争取未利用地开发政策，加快低丘缓坡整理开发利用，将兰秦快速通道沿线黄土丘陵沟壑区的地貌形态改造为城市公园、生态农业、野生动物园、林网、旅游休闲等组成的原生态、梯田、平原、丘陵合理布局的空间景观系统。

2.连接新老城区，发展生态产业。将新老两城连接区原有的农业用地，进行以生态农业、旅游休闲服务等现代产业类型为主的用地置换和产业重构，促进连接区的产业重构与提升，进而加快新老两城的功能衔接，疏解老城功能，提升新城活力，改善兰州北部生态环境，降低荒山浮尘对兰州大气的污染，为“兰州蓝”出力添彩。以现代农草业带动牧业大发展，为兰州提供优质副食品供应。推动农、林、牧、产、城、游融合发展，彻底解决制约兰州发展空间不足的问题 。

3.促进乡村转型，城乡融合发展。坚持“宜农则农、宜林则林、宜牧则牧、宜商则商、宜游则游”的原则，将农田林地征用或土地流转，按产业发展导向进行庄园化、梯田化、生态化等进行整理。合理有序建设乡村的安置房，对农民进行有序安置，促进农民市民化。为贫困落后地区农民移民奔小康提供条件，促进新型城镇化建设，更好地发挥现代化中心城市带动作用。

4.加强区域协调，带动周边发展。在以兰州中心城区为主核心，兰州新区和白银市区为副核心的大兰州空间发展格局基础上，规划以南北向的水秦路发展为轴线，自北向南依次规划（兰州新区）生态科技产业园区、水阜综合服务功能区、教育居住片区等三大功能区；其间规划建设特色小镇布置居住、运动游憩、商贸服务、旅游度假等城市功能。同时在适宜地点布置高铁站、物流枢纽等客运、货运枢纽及军事管理区、垃圾处理场等必要设施，这不仅完善了城市功能，也能通过特色小镇等城市功能区发展的外部效应和溢出效应促进区域发展。

三、建设发展重要历程

（一）改革开放和引大灌区时期（1978年—2010年5月前）

历史上的秦王川，是一片贫瘠之地，随处可见荒滩荒坡、沙丘沟壑。改革开放初期，省委、省政府高瞻远瞩，规划建设了“引大入秦”工程，将发源于青海省的大通河水源源不断引入，滋润了曾经干旱贫瘠、靠天吃饭的秦王川。自此，秦王川大地呈现出勃勃生机，发生了前所未有的变化——生产生活基础条件不断改善，农业综合开发步伐加快，人民生活水平日益提高，这为在秦王川盆地建设现代新城奠定了基础、创造了条件。

1996年3月，十三届中央政治局常委、甘肃原省委书记宋平同志，在谈到兰州发展远景时提出：“秦王川有了水，又靠近航空港，又靠铁路，又在兰州附近，发展起来，到时候叫兰州的卫星城也行，叫后续基地也行。因为在兰州搞工业，找一个厂址是很不容易的，看着地面很大，但有的地方没有水，有的地方没交通。这个地方如果有水，有交通，将来发展工业是块宝地……”这是首次提出在秦王川建设城市的设想。

2000年，兰州市永登县在秦王川先后设立中川新区、空港工业区和循环经济区。

2009年兰州市在之前基础上设立了市级的秦王川开发区。

（二）筹建获批时期（2010年8月—2012年8月）

2010年5月，国务院办公厅出台《关于进一步支持甘肃经济社会发展的若干意见》，明确提出“积极推进兰州新区发展”。

2010年8月，中共兰州市十一届七次全委（扩大）会兰州市十一届七次全委（扩大）会议召开提出实施“再造兰州”战略构想，确定在秦王川建设兰州新区，并成立了兰州新区筹委会。这是在兰州发展历史上一个具有里程碑意义的战略决策。

2010年12月，甘肃省委决定设立兰州新区党工委、管委会，正厅级建制，享有市一级行政管理权限。

2011年2月，省委宣布兰州新区党工委、管委会领导班子成员，标志着兰州新区开发建设全面启动。

2011年10月，省政府向国务院上报《关于设立兰州新区的请示》和《兰州新区总体规划方案》。

2012年2月，国务院正式批复国家发改委《西部大开发“十二五”规划》。《规划》明确提出要把兰州新区打造成承接东部地区产业转移的先导区，黄河上游生态修复与未利用土地综合开发示范区，内陆欠发达地区统筹城乡发展、扩大城乡就业和新型城镇化的试验区，实施向西开放战略的重要平台。

2012年4月，兰州新区13个重大项目开工，总投资达到137.78亿元。

2012年8月，兰州新区正式获得国务院批复，成为全国第五个、西北第一个国家级新区。

（三）建设发展时期（2012年8月至今）

2012年9月3日，甘肃省委常委会讨论并通过《关于加快兰州新区建设的工作意见》。

2012年9月21日，兰州新区经七路（纬一路至纬七路段）市政工程顺利通过验收。这是新区第一项达到竣工验收的项目，打开了新区基础设施建设的新局面。

2013年1月8日，兰秦（兰州市区-秦王川）快速通道水阜连接线工程竣工正式通车。这标志着，兰秦快速通道顺利实现了与兰白高速的直接互通，从兰州和白银经该通道到兰州新区行程将缩短20多公里，单程节约15分钟时间。

2013年12月20日，建设历时仅10个月的兰州新区首条铁路——中川至马家坪铁路全线贯通，标志着兰州新区交通网络建设取得重大突破，同时也创下甘肃省铁路建设速度之最。

2014年7月15日，国务院批复同意设立兰州新区综合保税区，并于2015年12月24日正式封关运营，这是甘肃省首个国家综合保税区，成为全省对外开放的重要新平台。

2016年11月28日，兰州中川国际机场年旅客吞吐量首次突破1000万人次，正式跨入全国千万级大型机场行列。

2017年3月29日，甘肃省委省政府出台《关于支持兰州新区加快发展的政策意见》，提出了28条加快兰州新区发展的政策意见，掀起了举全省之力建设兰州新区的新高潮，对于加快推进兰州新区转型跨越发展具有十分重要的意义和作用。

四、建设发展成就

兰州新区获批建设以来，在党中央、国务院的亲切关怀下，在省委、省政府和市委、市政府的正确领导下，紧紧围绕国家赋予的“西北地区重要的经济增长极、国家重要的产业基地、向西开放的重要战略平台和承接产业转移示范区”战略定位，牢固树立和贯彻落实新发展理念，积极适应经济发展新常态，始终坚持发展第一要务，着力夯基础、强产业、促创新、扩开放、优环境，开发建设取得显著成效。2011—2017年，地区生产总值从2011年的39.04亿元增长到2017年的176.33亿元，年均增速28.6%。

（一）城市规划体系确立实施。开发建设以来，兰州新区坚持以规划为先导，围绕建设“特色鲜明、产业集聚、服务配套、环境优良的现代化新区”的总体要求，创新理念、瞄准标杆，以高水平规划设计引领新区发展方向，着力打造产城融合的新典范。一是规划体系基本完备。高起点、高标准、高水平编制完成总体规划、专项规划和控制性详细规划等70多项，实现全域城乡统筹和控详规全覆盖。加快推进“多规合一”，根据新区发展实际，及时对城总规、土总规进行优化完善，新区与兰州主城区相向错位互补发展规划更系统，建立了统一衔接、功能互补、相互协调的大兰州规划体系。二是城市风貌初步形成。编制完成新区城市建筑风貌导则、区域中心CBD城市设计方案及导则，探索建立新区三维规划设计辅助决策系统，从建设规模、体量、色彩、形式、风格等多方面进行控制和引导，打造了主次分明、错落有致、特色鲜明的城市风貌，城市发展品质全面提升。三是规划执行严格落地。严格规划管控，严把规划设计审核审批关，保持城市规划的长期性和稳定性，加快“一张图”数据平台建设，全面推进规划管理信息化，确保了规划设计一张蓝图绘到底。

（二）体制机制创新取得重大突破。兰州新区始终坚持把改革创新作为新区发展的第一动力，充分发挥国家级新区先行先试的政策优势，大胆探索尝试，深入推进重点领域改革，着力打造“管理效率高、服务水平优、运营成本低”的现代化新区。一是创新行政管理体制。按照“小政府、大部制”的原则，设立20个工作部门和公检法机关，承担市一级政府各项经济社会管理职能，构建了新区管委会—园区管委会—街道（镇）三级管理服务架构。彻底取消管理性事业单位，从机构和职责上消除重复交叉，互为前置办理条件，打造管理效率最高的新区。二是深化行政审批制度改革。大力推行“承诺制、零收费、信息化、代办制”，将环评（重特大项目除外）、能评、施工图审查等8项技术审查类审批事项改为企业自主实施的承诺事项，梳理公布“最多跑一次”审批事项307项，审批时限由137个工作日缩减至40个工作日内，减免地方性涉企行政事业性收费，实行网上办理或工作人员代办，开展项目一站式竣工验收试点，尽可能减少项目建设流程环节，努力打造管理效率最高的新区。三是创新干部人事管理。打破人员身份限制，全面推行全员聘用制、全员绩效考核、全员绩效工资，将考核结果与收入分配、职务升降、岗位调整、职称竞聘、评先选优、人员辞留“六挂钩”，充分发挥绩效考核的激励导向作用，调动了干事创业的积极性。四是降低企业运营成本。强化管理综合施策，努力降低企业水、电、气、暖、运、住、行、税收、融资、社保、创新等生产经营成本，如：新增大工业用电结算价格降至0.33元/千瓦时，大数据、新材料等高载能新技术产业根据项目情况结算电价最低可降至0.28元/千瓦时；落实阶段性降低社保费率和社保费用补贴政策，企业社保费率降幅20%~30%；足额供应廉租房、经济适用房，降低入区人员住房成本；通过普惠制投资、税收奖励等政策措施，降低含增值税在内的税负；积极发挥新区投融资平台作用，多途径为企业提供融资服务，融资时限大幅缩短，融资成本下降30%以上，实实在在全面降低企业经营成本，实现了全国企业运营成本最低的新区。五是发挥国有企业引领支撑作用。根据发展需要适时设立市政管理、城市发展、金融投资等七个国有集团公司，实体化经营、规模化发展，在新区基础设施建设、投融资、产业发展、城市经营等方面发挥引领支撑作用。六是深化农村改革。开展农村“资源变资产、资金变股金、农民变股东”改革试点，加快户籍制度改革，探索建立“土地银行”，加大土地流转力度，构建新区管委会主导、国有集团实施、村集体经济参与的农村建设发展模式，推进城乡融合发展。

（三）产业集聚效应初步显现。围绕建设经济新区、产业新区、制造新区的目标，把产业作为推动发展的生命线，强化招商引资和项目建设，促进优势产业高端化、集群化发展。一是培育壮大支柱产业。按照国家产业发展方向，依托甘肃和兰州产业基础，发挥区位、交通等优势，培育形成了装备制造、新材料、精细化工、信息产业、新能源汽车、生物医药等优势产业，现代产业体系初步构建。二是加大产业链招商力度。围绕构建全产业链实施精准招商，着力引进科技含量高、带动能力强、发展前景广的大项目、好项目，累计引进产业项目412个，总投资2500多亿元，150多个项目建成投产，发展后劲明显增强。三是创新扶商服商机制。坚持招真商、扶实商、奖优商，实施普惠制产业发展扶持奖励政策，对所有在新区投资经营、做出贡献的企业，不分新老、大小、性质，按照固定资产投资、税费总额、科技创新、就业贡献，给予全方位扶持奖励；多途径为企业提供融资服务，积极争创国家绿色金融改革创新示范区，用实策推动实体经济健康快速发展。

（四）城市基础设施和功能配套日趋完善。坚持先谋后动、规划引领，统筹布局城市功能，加快建设产城融合、宜居宜业、绿色智慧的现代新城。一是加快城市基础设施建设。高标准高质量编制总体规划和各类规划56项，实现全域城乡统筹和控详规全覆盖。全面完成160平方公里范围内的道路、给排水、燃气、电力、通讯等基础配套，基础设施网络基本完备。实施对外交通互联工程，推进新区与兰州主城区相向融合发展，同城化步伐不断加快。二是完善城市综合服务功能。按照“名校办分校、名院办分院”的模式，吸引全国、省市优质教育医疗资源向新区聚集，现代教育、医疗体系逐步完善。规划建设全国示范性职业教育基地——兰州新区职教园区，一期已入驻4所院校近4万人，全面建成后规模达到15万人，将为西部地区发展提供充足的高技能人才。建成投用奥特莱斯、瑞岭国际等大型商业体30家；挖掘秦王川悠久历史文化资源，与现代文明相结合，建设“晴望川”历史博物馆、民俗文化村、“一带一路”文化园艺博览园，以及西部恐龙园等一批业态多元、特色鲜明的文化旅游项目，商贸和文化服务体系基本完善。统筹推进智慧城市建设，城市精细化、智能化管理基础逐步打牢。三是持续加强生态建设。坚持绿色发展，大力实施造林绿化、生态修复和生态农业综合开发等工程，打造“产、城、绿”融为一体的特色城市空间。累计完成造林绿化18.6万亩，城市绿化率达到31%，2017年空气质量优良天数306天，生态环境不断改善。

（五）科技创新取得积极进展。积极融入兰白科技创新试验区建设，大力推进科技创新，打造创新创业要素集聚区。一是搭建创新创业平台。加快建设科技创新一条街，培育国家和省市级孵化器7个、省级众创空间4家，设立国家和省级技术研究中心30个，组建西安交大技术转移中心、博林生态航天农业院士专家工作站等各类产学研合作平台27个。产业孵化大厦累计入孵企业265家，孵化产业化企业26家。二是强化科技创新服务。制定出台促进技术研发、科技成果转化、人才引进等“一揽子”政策措施，累计引进高层次创新创业团队16个，各类科研人才1730名，聘请“两院院士”在内的知名专家学者141名加入新区智库。大力发展科技金融，设立50亿元规模的科创基金，投入科技创新资金16.8亿元，帮助中小企业融资56亿元。2017年新区全社会研发投入占GDP比重达到2.53%，同比增长27%。三是促进科技成果转化。深化与中科院、兰州大学等国内一流的科研院所、高校和专家学者合作，促进科技成果快速转化。扶持培育国家高新技术企业33家、省级战略性新兴产业骨干企业5家。组织实施科技项目316项，转化科技成果289项，企业科技成果转化率达到18.6%。

（六）对外开放格局逐步形成。始终坚持把对外开放作为最大机遇，深度融入"一带一路"建设，大力发展外向型经济，着力打造国家向西开放的重要战略平台，引领甘肃对外开放实现新跨越。一是开放平台逐步建立。获批建成综合保税区、中川国际航空港、兰州铁路口岸等开放平台，获批进境种苗、进口冰鲜水产品、进口热带水果等特殊指定口岸，建成运营进口肉类查验场和跨境电商监管中心，在俄罗斯等国成功设立海外保税仓。二是物流通道日益畅通。兰州至迪拜、达卡等国际货运包机开航，开通运营兰州至中亚、欧洲、南亚的国际货运班列，累计发运176多列，实现双向常态化运营，南亚班列被列为全国16个多式联运示范工程。推进空铁海公联运，将一带与一路无缝连接，形成一带一路联运大通道，新区空铁海公多式联运工程被列为国家第二批多式联运示范工程，着力打造面向"一带一路"的交通物流集散枢纽和多式联运中心。三是经贸合作不断深化。坚持"走出去""引进来"并重，加强国际经贸合作，推动粮食进口加工、有色金属大宗贸易等产业发展，支持区内企业60多种优势产品出口美国、欧洲、中西亚等国家和地区。兰州新区进口商品批发中心及保税区进口汽车西北分拨中心建成运营。四是人文交流持续加强。发挥"一带一路"节点优势，加强与沿线国家和城市间多层次、多领域的人文交流，积极参与"兰洽会"等节会推介活动，成功举办了亚洲合作对话丝绸之路务实合作论坛、丝绸之路（敦煌）国际文博会新区文化产业论坛等国际性活动，兰州新区对外知名度和影响力快速提升。

（七）社会民生持续改善。牢固树立以人民为中心的发展理念，不断加大民生投入，着力保障和改善民生，使新区建设发展成果更好地惠及广大人民群众。一是推进城乡统筹发展。扎实开展精准扶贫精准脱贫，减少贫困人口1.3万人，贫困发生率从2013年的11.01%降到2017年的1.24%。加快特色小镇和全域美丽乡村建设，统筹推进城乡教育、卫生、文化等公共服务均等化，不断提高城乡居民生活质量。二是健全就业和社保体系。制定出台土地征收和房屋拆迁货币补偿政策，加大保障性住房建设力度，全方位开展就业培训及服务，推进城乡社会保障一体化，累计实现新增城镇化就业6.5万人，城乡居民医疗、养老保险参保率分别达到99.11%和97.33%。三是加强社会综合治理。创新社会管理模式，加强环境保护、安全生产、社会治安、市场监管等体系建设，集中开展各类专项整治，社会大局持续保持和谐稳定，发展环境不断优化。

五、经验总结

兰州新区在建设发展过程中，历届新区党工委、管委会领导班子做了大量卓有成效的工作，也积累了一些经验，这也是未来兰州新区坚持的方向。

（一）坚持规划引领。城市建设，规划先行。在兰州新区开发建设过程中，结合新区发展实际和特点，党工委、管委会先后多次对总体规划进行优化完善，提升规划的指导性和科学性，以更好地适应新区发展需求。因此，高标准高质量组织编制规划至关重要，同时要加强规划管控，注重城市发展规划体系的科学性、规范性、连续性。

（二）坚持改革创新。改革是加快发展的强大动力，是国家赋予新区的重大使命，也是新区转型跨越发展的关键之举。近年来，新区大胆实践探索，勇于先行先试，在行政管理、行政审批、干部人事、国资国企、商事制度等重点领域和关键环节改革上取得一些进展，但仍然没有发挥好作为新区在先行先试方面的特殊优势，没有用足用活用好国家级新区在改革创新方面的政策优势，这就需要我们以更强的决心、更新的思路、更大的力度、更严的要求，坚定不移推进改革纵深发展，持续释放改革红利，有效激发发展活力。

（三）坚持开放发展。新区开发建设以来，从中川机场提升为国际航空口岸，到综合保税区封关运营，再到空铁海公多式联运示范工程获批建设，新区建设发展的历程也是积极融入"一带一路"建设、不断扩大和深化对外开放的历程。在新的时代条件下，新区作为国家向西开放的战略平台，就必须坚持开放发展，努力抢占"一带一路"发展的文化、通道、技术和信息"四个制高点"，打造面向"一带一路"的物流集散枢纽和多式联运中心。

（四）坚持制度创新。从新区建设发展的进程看，制度建设是随着经济发展而不断修改完善的。可以这样说，新区经济不断发展的过程，就是制度建设不断完善，政策不断调整的过程。因此，我们既要增强政治敏锐性，更要善于捕捉和把握时机，推动制度建设为经济发展服务。要在国家宏观政策和法律的框架内，结合新区实际对现有的政策和相关制度做出审视，保证各项政策和规定适应市场需要，使之成为新区经济高质量快速发展的助推剂。

（五）坚持服务理念。对投资者和企业来说，好的政策不如好的服务。近年来，新区在探索服务方式上已初步积累了一些好的经验，并取得了较好的成效，如率先在全省实施"承诺制""零收费"试点，开展全程代办制，等。今后，新区要以全省"转变作风改善发展环境"建设年活动为契机，继续研究和探索各种直接、快捷、高效的服务方式，并使之制度化、程序化、规范化，努力营造"重商、亲商、富商"的软环境，着力打造"服务高地"、"政策洼地"，通过提供优良的服务，吸引有实力的投资者、知名企业集团到新区投资发展，从而为新区高质量发展提供强有力支撑。

六、发展目标

根据中远期规划，到2020年，兰州新区经济将保持较快速度发展，产业结构持续优化，城市功能日趋完备，改革开放不断深化，民生社会事业全面进步，全面建成小康社会，产业新城初具规模。到2030年，兰州新区人口规模显著增加，地区国内生产总值大幅提升，建设成为特色鲜明、产业聚集、服务配套、环境优良的现代化新区，在促进全省乃至西北地区经济社会发展上作出突出贡献。

（供稿：鲁贤德）

2017年甘肃省农民工就业形势调查报告

一、农民工规模及流向

（一）农民工继续增加，增量主要来自本地农民工

据2017年农民工监测调查资料显示，在被调查的2844户农户中，常住人口10827人，从业劳动力7932人，占常住人口的73.3%，同比提高1个百分点。农民工总数为2628人，占从业劳动力的33.1%，同比提高1.9个百分点。其中，本地农民工占农民工总人数的30.9%，同比提高3.5个百分点；外出农民工占农民工总人数的69.1%，同比下降3.5个百分点。

2017年甘肃坚持以供给侧结构性改革助推产业转型升级，紧抓国家“一带一路”建设机遇，着力构建优势产业体系，建设特色小镇，壮大县域经济，打造产业园区，为本地农民工就业创造了良好的就业环境；同时大力加快基础设施建设，“中新南向”通道的开通运营和重大交通项目的建成突破，给本地农民工提供了更多的就业机会；加之持续推进“双创”优惠政策，“三新”产业的发展带动新经济模式迅速崛起，为农民工返乡创业提供更好的创业条件。

（二）外出农民工仍以跨省流动为主

外出农民工自2016年比重持续下降，但是仍以跨省流动为主。外出农民工中，跨省流动农民工占全部农民工的47.3%，同比提高1个百分点。分区域看，在东部地区打工的农民工占全部农民工的21.6%，同比提高0.5个百分点；在中部地区打工的农民工占1.4%，同比提高0.3个百分点；在西部地区打工的农民工占23.9%，同比提高0.1个百分点；在东北地区打工的农民工占0.4%，同比提高0.1个百分点。

二、农民工基本特征

（一）已婚有配偶的农民工占比提高

在全部农民工中，男性农民工占69.1%，同比提高0.6个百分点；女性占30.9%，同比下降0.6个百分点。未婚农民工占30%，同比下降0.8个百分点；有配偶的占68.5%，同比提高1个百分点。

（二）农民工年龄结构趋于老化，新生代农民工占比近六成

农民工仍以青壮年为主，但所占比重继续下降，农民工平均年龄不断提高。从平均年龄看，2017年农民工平均年龄为35.8岁，比上年提高1.2岁。从年龄结构看，40岁以下农民工所占比重为64.3%，比上年下降2.6个百分点；50岁以上农民工所占比重为10.7%，比上年提高1.1个百分点。

1980年及以后出生的新生代农民工已逐渐成为农民工的主体，占农民工总数的59%，同比下降0.8个百分点。

（三）农民工受教育水平不断提高

2017年，农民工中未上过学的占1.5%，同比下降0.2个百分点；小学文化程度的占16.6%，同比提高0.6个百分点；初中文化程度的占53.9%，同比下降1.8个百分点；高中文化程度占15.3%，同比下降0.1个百分点；大学专科文化程度的占8.6%，同比提高0.4个百分点；大学本科及以上文化程度的占4.1%，同比提高1.1个百分点。全部农民工中有相当一部分新生代农民工学历比较高，所以使农民工文化程度有所拉高。

（四）接受过技术培训的农民工小幅提高

接受过农业和非农技术培训的农民工占44%，同比提高0.7个百分点。其中，接受过农业技术培训的占14.1%，同比提高0.9个百分点；接受过非农技术培训的占29.9%，同比下降0.2个百分点。

三、农民工就业

（一）从事建筑业和制造业的农民工比重下降

供给侧结构性改革的持续推进，产业结构进一步优化，现代服务业加快发展。从产业分布上看，二产比重持续下降，三产比重持续上升。2017年农民工从事二产的占38.4%，同比下降2.0个百分点；从事三产的占60.1%，同比提高1.7个百分点。

从行业分布来看，从事建筑业的农民工比重一直最高，但比重自2013年持续下降，2017年从事建筑业的农民工占23.1%，同比下降0.5个百分点；从事住宿餐饮业的农民工占14.5%，同比提高1.1个百分点；从事居民服务、修理和其他服务业的占13.5%，同比下降0.8个百分点；从事批发和零售业的占12.7%，同比提高0.4个百分点；从事制造业的占11.3%，同比下降1.5个百分点。

外出农民工在产业分布上也呈现

甘肃农民工性别构成

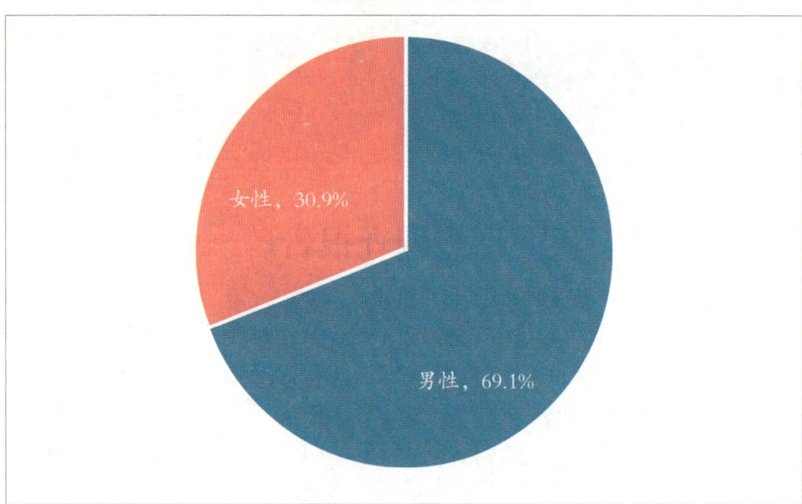

甘肃农民工年龄构成对比表

单位：%

年龄分组	2017年	2016年	增减额
16～24岁	16.3	19.8	-3.5
25～29岁	23.1	24.1	-1.0
30～34岁	13.9	12.5	1.4
35～40岁	11.0	10.5	0.5
41～50岁	25.0	23.5	1.5
51～60岁	9.1	8.2	0.9
60岁以上	1.6	1.4	0.2

甘肃农民工文化程度构成对比表

单位：%

文化程度分组	2017年	2016年	增减额
未上过学	1.5	1.7	-0.2
小学	16.6	16.0	0.6
初中	53.9	55.7	-1.8
高中	15.3	15.4	-0.1
大学专科	8.6	8.2	0.4
大学本科及以上	4.1	3.0	1.1

甘肃农民工接受过技术培训构成对比表

单位：%

技术培训分组	2017年	2016年	增减额
接受过技术培训	44.0	43.3	0.7
接受过农业技术培训	14.1	13.2	0.9
接受过非农技术培训	29.9	30.1	-0.2

二产下降，三产上升的趋势。从行业分布来看，外出农民工主要从事建筑业、住宿和餐饮业、制造业、居民服务修理和其他服务业；本地农民工主要从事的行业是批发和零售业、建筑业、居民服务修理和其他服务业、住宿和餐饮业。

（二）农民工从事的职业比较集中

从农民工从事的职业来看，涉及的领域比较广泛，但是工种比较单一，近六成农民工主要集中在商业服务业、生产运输设备操作及有关人员、专业技术人员，其中从事商业服务业的占30.7%，同比提高2.4个百分点；从事生产、运输设备操作及有关人员占23.1%，同比下降3.1个百分点；从事专业技术的占16.0%，同比下降1个百分点。

（三）农民工月均收入稳定增长

2017年，全部农民工月均收入2948元，比上年增加124元，同比增长4.4%。其中外出农民工收入高于本地农民工，外出农民工月均收入是3073元，同比增长4.4%；本地非农务工农民工的月均收入是2642元，同比增长10%。62.2%的外出农民工月均收入在3000元以上，同比提高6.7个百分点。

中部地区务工的农民工月均收入增长较快。外出农民工中，省外务工农民工月均收入依然较高，在省外务工的农民工人均月收入3225元，同比增长4.8%；在省内务工的外出农民工人均月收入2936元，同比增长3.7%。分地区看，在中部地区务工的农民工人均月收入最高，为3412元，增速最快，同比增长9.7%；在西部地区务工的农民工人均月收入3231元，同比增长4%；在东部地区务工的农民工人均月收入3194元，同比增长5.5%。

外出农民工中，不同行业收入差距较大。从事二产的收入最高，从事二产的农民工人均月收入3199元，同比增长4.7%。收入水平较高的行业是房地产业，采矿业，交通运输、仓储和邮政业，金融业，月均收入分别是3747元、3670元、3484元和3220元。收入最低的行业是卫生、社会工作，月均收入是2436元，最高与最低收入比是1.5倍，差距较大。

（四）农民工的食宿条件有待改善

2017年，农民工中，雇主或单位在伙食方面既不提供伙食、也不提供补贴的占50.1%，同比提高2.1个百分点；在住宿方面不提供住宿也没有住房补贴的占50.6%，同比下降0.2个百分点。

外出农民工人均每月生活消费支出1029元，增长7.2%；人均每月居住支出253元，增长27.8%。居住支出占生活消费支出的比重为24.6%，同比提高4个百分点。从外出农民工住所类型看，19.5%的外出农民工住在工地工棚和生产经营场所，同比下降0.8百分点；31.8%的农民工与人合租或独立租赁住房，同比下降0.8个百分点；住在单位宿舍的占34.3%，同比提高3.1个百分点；在乡外从业但每天回家居住的占10.1%，同比下降1.8个百分点；仅有1.3%的外出农民工在务工地自购房，同比下降0.3个百分点；其他住所的占3%，同比提高0.6个百分点。

四、农民工权益保障

（一）签订劳动合同的农民工比重提高

以受雇形式从业的农民工中，与雇主或单位签订了劳动合同的农民工比重为34.9%，同比提高3.5个百分点。其中，外出农民工与雇主或单位签订劳动合同的比重为36.2%，同比提高4.4个百分点；本地农民工与雇主或单位签订劳动合同的比重为21%，同比提高1.1个百分点。

（二）“五险一金”缴纳比例提高

雇主或单位为农民工缴纳养老保险、工伤保险、医疗保险、失业保险、生育保险和住房公积金的比例分别为8.2%、21%、11%、6.2%、4.8%和5.6%，分别比上年提高了1.2、5.2、1.8、0.5、1.7和1.5个百分点。其中，雇主或单位为外出农民工缴纳养老保险、工伤保险、医疗保险、失业保险、生育保险和住房公积金的比例分别为6.9%、23.3%、10.6%、6.2%、4.8%和5.6%，分别比上年提高了0.7、6.5、1.6、0.9、2.2和1.5个百分点。

甘肃农民工从业结构分布对比表

单位：%

从业情况分组	2017年	2016年	增减额
第一产业	1.5	1.1	0.4
第二产业	38.4	40.4	−2.0
其中：制造业	11.3	12.8	−1.5
建筑业	23.1	23.5	−0.5
第三产业	60.1	58.4	1.7
其中：批发和零售业	12.7	12.3	0.4
交通运输、仓储和邮政业	7.9	7.5	0.4
住宿和餐饮业	14.5	13.3	1.1
居民服务、修理和其他服务业	13.5	14.4	−0.8

甘肃农民工职业结构对比表

单位：%

从事的职业分组	2017年	2016年	增减额
国家机关、党群组织、企业、事业单位负责人	0.2	0.3	−0.1
专业技术人员	16.0	17.0	−1.0
办事人员和有关人员	12.4	11.4	1.0
商业、服务业人员	30.7	28.3	2.4
农、林、牧、渔、水利业生产人员	1.5	1.0	0.5
生产、运输设备操作人员及有关人员	23.1	26.2	−3.1
不便分类的其他从业人员	16.1	15.8	0.3

甘肃 农民工签订劳动合同构成对比表

单位：%

农民工劳务关系分组	本地农民工			外出农民工		
	2017年	2016年	增减额	2017年	2016年	增减额
无固定期限劳动合同工	9.8	14.1	−4.2	11.4	12.1	−0.7
一年及以上劳动合同工	10.3	12.1	−1.8	16.5	12.4	4.1
一年以下劳动合同工	0.9	1.6	−0.6	8.2	7.2	1.0
没有劳动合同	79.0	72.2	6.8	63.9	68.3	−4.4

（三）被拖欠工资的农民工比重下降

以受雇形式从业的农民工中，被雇主或单位拖欠工资的占1.4%，同比下降0.5个百分点。外出农民工中，被雇主或单位拖欠工资的占1.6%，同比下降0.6个百分点；本地农民工中，被雇主或单位拖欠工资的占0.5%，同比下降0.1个百分点。

（四）超时劳动情况普遍存在，农民工就业稳定性提高

以受雇形式从业的农民工平均每个月工作24.8天，平均每天工作8.5小时，与上年比略有下降。每月工作超过22天的占81.5%，每天工作超过8小时的占97.9%，与上年基本持平。农

甘肃农民工缴纳社会保险构成对比表

单位：%

五险一金缴纳情况	本地农民工			外出农民工		
	2017年	2016年	增减额	2017年	2016年	增减额
缴纳养老保险	13.8	11.0	2.8	6.9	6.2	0.7
缴纳工伤保险	11.2	10.4	0.8	23.3	16.9	6.5
缴纳医疗保险	12.4	9.8	2.6	10.6	9.0	1.6
缴纳失业保险	6.3	7.9	−1.6	6.2	5.2	0.9
缴纳生育保险	4.7	5.1	−0.4	4.8	2.6	2.2
缴纳住房公积金	5.8	4.5	1.3	5.6	4.1	1.5

民工就业稳定性不断提高，从事现职累计2年及以下的占36.6%，同比下降10.1个百分点；2年以上的占63.4%，同比提高10.1个百分点。

五、甘肃农民工就业存在的主要问题

（一）农民工技能素质不能适应产业转型升级的需要

调查资料显示，56%的农民工没有接受过任何形式的技能培训。随着供给侧结构性改革推进，新旧动能转换，产业转型升级，大多数农民工技能素质不适应产业转型升级的需要，出现农民工找工作难、企业招工难的结构性矛盾。

（二）农民工工资清欠不容忽视

调查资料显示，2017年被拖欠工资的农民工人数虽然有所下降，但是拖欠工资金额有所上升。据了解，工程建设领域是发生欠薪的重灾区，由于一些工程项目建设资金不到位即开工建设，挂靠承包、转包、违法分包、自然人（包工头）承包等问题仍屡禁不绝，容易造成农民工工资拖欠。

（三）农民工就业创业环境需改善

调查资料显示，一半农民工外出打工食宿问题得不到任何保障，劳动强度也比较大，严重影响农民工就业积极性。另外农民工创业支持还不能满足需要，还存在创业点子少、融资难、技术缺等问题。

（四）农民工权益保障水平仍较低

调查资料显示，三成多农民工与用人单位签订了劳动合同，“五险一金”的缴纳比例虽有所提高但是受众面仍然很低。农民工各类保险的缺失，一旦发生纠纷，将成为安全生产事故、职业危害的直接受害者，农民工合法权益得不到任何保障。

六、促进农民工就业的几点建议

（一）培训跟市场有效对接，将农民工纳入终身职业培训体系

广泛开展职业技能培训、劳务品牌培训、省级示范培训、“两后生”职业技能学历教育培训和新型职业农民培育。以精准扶贫精准脱贫为抓手，深入实施精准扶贫劳动力培训、农民工职业技能提升培训、返乡农民工创业培训。落实社会资本进入职业教育领域的优惠扶持政策，鼓励企业加大职业培训投入，落实国家关于企业培训费用税前扣除的有关规定，将农民工纳入终身职业培训体系。

（二）多渠道促进农民工就业创业

把促进农民工就业创业作为主攻方向，进一步加大劳务输转工作力度，完善省际劳务协作对接机制，加大省外输转基地开辟建设力度。进一步加大创业就业力度，认真落实创业优惠政策，加大省级返乡创业示范县、农民工返乡创业示范园区等支持力度，优化创业服务，倡导创新创业，增强农民工的创业信心，鼓励引导农民工返乡创业、实现就业。

（三）着力维护农民工劳动合法权益

法律是充分保障农民工就业权益的重要途径，一方面要切实提高农民工的法律意识，让他们了解《劳动法》、《安全生产法》、《违反和解除劳动合同的经济补偿办法》等一些与务工密切相关的法律知识，保障自身的合法权益。另一方面要加大执法力度。所有用人单位必须严格按劳动法有关条令条例，依法与农民工签订劳动合同，给农民工缴纳相关保险，加大依法纠正和行政处罚的力度。另外政府部门应加强监管职能，特别是提升劳动监察效力，加大对违法企业的查处和惩治的力度。着力解决拖欠农民工工资问题，健全完善农民工工资支付长效机制，严厉打击恶意欠薪违法犯罪行为。

（四）促进农民工平等享受城镇基本公共服务

着力改善农民工就业环境，推动有能力在城镇稳定就业和生活的农业转移人口及随迁家属在城镇落户，完善农民工随迁子女平等接受教育的政策措施，提高农民工医疗卫生服务质量，加强心理健康服务，促进基本公共卫生服务均等化。努力扩大农民工参保覆盖面，督促企业和职工按时足额缴费，进一步改善农民工住房条件，努力让农民工“住有所居”。

（五）加快发展区域经济，优化农民工本地就业环境

以农业产业化经营、精准扶贫脱贫、新农村建设等为载体，积极引导农民工就地就近转移就业。在突出抓好中小企业和第三产业发展的同时，加快发展现代农业，充分挖掘农业内部的潜力，大力发展县域经济，拓展农业功能，因地制宜发展特色农业，促进农业生产向专、精、细发展。在城郊和乡镇政府所在地等一些条件较好的地方，优先发展集种植、养殖、观光、体验为一体的劳动密集型休闲观光高效农业。

（供稿：刘光丽）

一月

3日　省政府召开第138次常务会议。会议审议提请省十二届人大六次会议审议的《政府工作报告（审议稿）》和《甘肃省2016年国民经济和社会发展计划执行情况与2017年国民经济和社会发展计划草案的报告（审议稿）》《甘肃省2016年全省财政预算执行情况和2017年全省及省级财政预算草案的报告（审议稿）》。

3—4日　省委常委会在兰州召开会议。会议集中学习习近平主席发表的2017年新年贺词；传达学习中央政治局民主生活会精神、习近平总书记关于党内法规制度建设的重要指示精神以及全国党内法规工作会议、全国生态文明建设工作推进会议精神；研究部署甘肃省贯彻落实工作。

4日　全省扶贫开发工作会议在兰州召开。

6日　省政府召开第139次常务会议。会议研究全面做好祁连山生态保护工作事宜；审议通过《甘肃省深入推行科技特派员制度的实施方案》和2016年度省政府质量奖及提名奖名单；审议《甘肃省人民政府2017年立法计划》和2017年度全省性会议计划。

9日　省委常委会扩大会议在兰州召开。会议传达学习十八届中央纪委七次全会精神；研究部署甘肃省贯彻落实的具体措施。

10日　省委民主协商会议在兰州召开。就省十二届人大六次会议和政协甘肃省十一届五次会议有关人事事项，向省级各民主党派、省工商联、有关人民团体和无党派人士通报情况，听取意见建议，进行民主协商。

11日　省委常委会在兰州召开会议。会议学习《关于新形势下党内政治生活的若干准则》《党委（党组）讨论决定干部任免事项守则》；审议省纪委十二届七次全会工作报告；研究部署祁连山生态保护等工作。

△　酒泉市政府、甘肃省公航旅集团分别与浪潮集团签署战略合作协议。省委副书记、省长林铎会见浪潮集团董事长孙丕恕，并共同见证协议签署。

△　省委常委扩大会议在兰州召开。会议通报中央对虞海燕涉嫌严重违纪进行组织调查的决定。

7—12日　政协甘肃省十一届五次会议在兰州举行。会议通过政协甘肃省第十一届委员会第五次会议政治决议；通过政协甘肃省第十一届委员会第五次会议关于常务委员会工作报告的决议；通过政协甘肃省第十一届委员会提案委员会关于政协甘肃省十一届五次会议提案审查情况的报告。

12日　省委副书记、省长林铎与县（市、区）长进行集体谈话。

9—13日　省十二届人大六次会议在兰州举行。大会通过关于甘肃省人民政府工作报告的决议；通过关于甘肃省2016年国民经济和社会发展计划执行情况及2017年国民经济和社会发展计划的决议；通过关于2016年全省财政预算执行情况和2017年全省及省级财政预算的决议；通过甘肃省地方立法条例；通过关于甘肃省人民代表大会常务委员会工作报告的决议；通过关于甘肃省高级人民法院工作报告的决议；通过关于甘肃省人民检察院工作报告的决议；通过甘肃省第十二届人民代表大会法制等四个委员会部分主任委员、副主任委员、委员人选名单。

13日　“工行杯”感动甘肃·2016年度陇人骄子在兰州揭晓。省长林铎，省政协主席冯健身会见2016年度陇人骄子及提名奖获得者，并为获奖者颁奖。

△ 省政府第十三次全体会议在兰州召开。会议对落实《政府工作报告》各项目标任务进行全面的安排部署。

14日 省政府召开第140次常务会议。会议学习全国安全生产电视电话会议精神；审议通过《关于激发重点群体活力带动全省城乡居民增收的实施方案》《物流业降本增效专项行动实施方案（2016—2018年）》《关于深入实施商标品牌战略的意见》《甘肃省省属企业违规经营投资责任追究办法》以及统筹推进县域内城乡义务教育一体化改革发展的实施意见、加快甘肃省教育发展的实施方案，研究岷县漳县地震灾后重建剩余资金、2016年度天津帮扶资金、2016年度冬春生活救助资金的安排意见，批准2016年度甘肃省科学技术奖和专利奖、全省中医药工作先进和示范市县评审结果。

15日 省委常委会在兰州召开会议。会议传达学习全国宣传部长会议、中央政法工作会议、全国安全生产电视电话会议和全国农村集体产权改革工作电视电话会议精神；研究部署甘肃省贯彻落实工作。

16日 省长林铎在兰州主持召开会议，专题研究央视报道甘肃省祁连山自然保护区生态破坏严重问题的整改查处工作。

17日 全省安全生产工作会议暨省安委会2017年第一次全体（扩大）会议在兰州召开。

16—17日 省纪委十二届七次全体会议在兰州举行。会议全面贯彻十八届中央纪委七次全会部署要求；总结2016年纪律检查工作；安排部署2017年任务；审议通过省委常委、省纪委书记刘昌林代表省纪委常委会所作的《强化监督执纪问责，严肃党内政治生活，推动全省政治生态风清气正》工作报告。

18—19日 省委常委班子2016年度民主生活会在兰州召开。会议重点对照《关于新形势下党内政治生活的若干准则》和《中国共产党党内监督条例》，联系思想和工作实际，进行党性分析，开展批评和自我批评，不断增强班子发现和解决自身问题的能力，进一步树牢政治意识、大局意识、核心意识、看齐意识，坚决维护以习近平同志为核心的党中央权威，确保中央决策部署在甘肃不折不扣落地生根。

19日 省政府领导班子2016年度民主生活会在兰州召开。

21日 省长林铎到临夏州开展“送温暖”慰问活动，入企业、访乡村，看望困难群众。

22日 省委政法工作会议在兰州召开。

△ 省政府召开第141次常务会议。会议审议《甘肃（天水）国际陆港发展战略规划（2016—2030年）》；通过《甘肃省省级高新区认定与管理办法》《甘肃省供销合作基金设立方案》《甘肃省加快剥离国有企业办社会职能和解决历史遗留问题工作方案》《甘肃省国有企业职工家属区“三供一业”分离移交实施办法》和《关于加快推进“互联网+政务服务”工作的实施方案》；研究支持甘肃（兰州）国际陆港建设、省委办公厅相关建设项目缺口资金、甘肃省赴津巴布韦开展产能合作对接工作等事宜；传达全国政府秘书长和办公厅主任会议精神，研究甘肃省贯彻落实意见；批准全省征地补偿更新工作成果。

23日 省委常委会在兰州召开会议。会议研究部署祁连山自然保护区生态破坏问题整改查处工作。

二月

3日 省委常委会在兰州召开会议。会议学习贯彻习近平总书记在中央财经领导小组第十四次会议上的重要讲话精神；传达全国组织部长会议、全国统战部长会议精神；研究部署党的建设和组织工作以及统一战线等工作；审定《祁连山生态保护方案》。

△ 省政府召开第142次常务会议。会议审议并原则通过《祁连山自然保护区生态环境保护方案》。

4—5日 省长林铎到河西地区张掖、金昌、武威，就祁连山自然保护区生态环境保护修复工作进行调研。

6日 省长林铎到兰州市轨道交通建设现场进行调研，并看望慰问奋战在建设一线的工作人员。

8日 省长林铎到靖远县调研脱贫攻坚工作。

9日 省委常委会在兰州召开会议。会议学习贯彻习近平总书记在第十次全国文代会、第九次全国作代会上的重要讲话精神，研究甘肃省贯彻落实意见；审议省委省政府《关于认真贯彻落实习近平总书记重要指示精神切实做好祁连山生态保护问题整改工作的报告》；审定《关于完善农村土地所有权承包权经营权分置办法的实施意见》。

△ 省委全面深化改革领导小组第二十次会议在兰州召开。省长林铎传达中央全面深化改革领导小组会议精神。

10日 全省科学技术（专利）奖励大会在兰州召开。会议表彰2016年度在全省科学技术和知识产权活动中作出突出贡献的单位和个人。省长林铎参加会议并讲话。

△ 省政府召开第143次常务会议。会议审议通过《甘肃省生态环境监测网络建设实施方案》，2017年全省重大前期项目、投资项目、计划新开工项目、审批项目、重大建设项目、重点招商引资落地项目等六个项目清单，省级预算内基建投资建议计划，省政府秘书长和副秘书长工作规则及办公厅公文处理程序规定；同意举办2017甘肃农业博览会。

11日 省脱贫攻坚领导小组召开2017年第一次会议，省委书记、省人大常委会主任、省脱贫攻坚领导小组组长强调要加快破解制约脱贫致富的突出矛盾，坚决打好打赢精准扶贫精准脱贫这场硬仗。

12日 省委常委会在兰州召开会议。会议传达学习习近平总书记关于巡视工作的重要讲话精神，研究部署中央第三巡视组对甘肃巡视“回头看”反馈意见的整改落实工作。

19日 省委常委扩大会议在兰州召

开。会议传达学习省部级主要领导干部学习贯彻十八届六中全会精神专题研讨班和国家安全工作座谈会精神，研究部署甘肃省贯彻落实工作。

21日　全省审计工作电视电话会议在兰州召开，省长林铎出席会议并讲话。

△　省长林铎到兰州部分科研院所调研。

22日　省政府召开第144次常务会议。会议部署国务院第三次大督查有关问题核查问责事宜；研究分析1月份全省经济运行情况。

23日　中央第三巡视组巡视“回头看”反馈意见甘肃省整改工作领导干部大会在兰州召开。省长林铎传达中央第三巡视组反馈巡视情况和中央巡视领导小组的具体要求。

△　省委常委会在兰州召开会议。会议传达学习中央政治局就全国脱贫攻坚形势和更好实施精准扶贫进行的第三十九次集体学习会议精神，研究部署甘肃省贯彻落实的重点措施。

24日　省市党政主要领导干部学习贯彻党的十八届六中全会精神专题研讨班在兰州开班。

26日　省委常委会在兰州召开会议。会议传达学习习近平总书记在省部级主要领导干部学习贯彻党的十八届六中全会精神专题研讨班上的重要讲话和刘云山同志的总结讲话，研究部署甘肃省贯彻落实工作。

三月

3日　第十二届全国人大五次会议甘肃代表团在北京驻地举行第一次全体会议。会议推选甘肃代表团团长、副团长。会议审议十二届全国人大五次会议主席团和秘书长名单草案；审议十二届全国人大五次会议议程草案；传达大会秘书处有关会议精神；讨论拟以代表团名义提交大会的重点建议。

5日　全国人大代表、全国人大常委会副委员长王胜俊参加甘肃代表团审议政府工作报告。全国人大代表、省委副书记、省长林铎参加审议并讲话。

7日　十二届全国人大五次会议甘肃代表团在北京驻地举行全体会议和分组会议，审查计划报告和预算报告。

9日　十二届全国人大五次会议甘肃代表团在北京驻地举行全体会议和分组会议，审议张德江委员长所作的全国人大常委会工作报告。受全国人大常委会委托，全国人大代表、全国人大常委会副委员长王胜俊听取审议并讲话。

10日　中共中央政治局常委、中央纪委书记王岐山参加十二届全国人大五次会议甘肃代表团对民法总则草案、关于第十三届全国人大代表名额和选举问题的决定草案、香港特别行政区选举第十三届全国人大代表的办法草案、澳门特别行政区选举第十三届全国人大代表的办法草案的审议。全国人大代表、全国人大常委会副委员长王胜俊参加审议。

12日　中外媒体聚焦甘肃代表团开放日，全国人大代表、省委副书记、省长林铎等回答记者提问。

△　十二届全国人大五次会议甘肃代表团在北京驻地审议民法总则草案修改稿、关于第十三届全国人大代表名额和选举问题的决定草案修改稿、香港特别行政区选举第十三届全国人大代表的办法草案修改稿、澳门特别行政区选举第十三届全国人大代表的办法草案修改稿和最高人民法院工作报告、最高人民检察院工作报告。

13日　十二届全国人大五次会议甘肃代表团在北京驻地举行小组会议，审议最高人民法院工作报告和最高人民检察院工作报告。最高人民检察院检察长曹建明参加审议并讲话。

17日　省委在兰州召开全省领导干部大会，传达学习全国两会精神，安排部署甘肃省贯彻落实工作。

23日　省政府召开第145次常务会议。会议研究分析全省1—2月经济运行形势，审议通过《第二十三届中国兰州投资贸易洽谈会总体方案》，决定批准2016年度省长金融奖评审结果。

△　全省重大项目建设工作电视电话会议在兰州召开。省长林铎出席会议并讲话。

24—25日　省委常委会在兰州召开会议。会议研究部署甘肃省进一步贯彻落实习近平总书记“八个着力”重要指示精神等工作。

27日　全省国有企业党的建设工作会议在兰州召开。

28日　省委常委班子在兰州召开中央巡视“回头看”反馈意见整改落实专题民主生活会，深入学习贯彻习近平总书记系列重要讲话精神和治国理政新理念新思想新战略，认真对照中央第三巡视组对甘肃省巡视“回头看”反馈的意见，结合思想和工作实际进行党性分析，开展批评和自我批评，扎实有力推进整改落实，进一步把全面从严治党引向深入，为全省各项事业发展提供坚强保证。中央纪委、中央组织部、中央巡视办有关同志到会指导。

29日　全省机构编制工作电视电话会议在兰州召开。会议深入贯彻党的十八大和十八届三中、四中、五中、六中全会精神和习近平总书记系列重要讲话精神，传达学习全国编办主任会议暨全国机构编制工作先进集体和先进工作者表彰会议精神，总结交流去年全省机构编制工作，安排部署今年工作任务。省委副书记、省长、省编委会主任林铎出席会议并讲话。

四月

1日　省委在兰州召开全省领导干部会议。中央组织部副部长齐玉出席会议并宣布中央决定：林铎同志任甘肃省委书记，唐仁健同志任甘肃省委委员、常委、副书记。

△　省委常委会在兰州召开会议。会议传达学习3月31日中央政治局听取2016年省级党委和政府脱贫攻坚工作成效考核情况汇报的会议精神，研究部署甘肃省贯彻落实工作。

5日　省委书记、省长林铎到省委

有关部门和单位，与机关领导班子成员见面并与大家座谈。

5—6日 省委书记、省长林铎到庆阳市调研。

9日 省委常委会在兰州召开会议。会议传达学习中央政治局听取2016年省级党委和政府脱贫攻坚工作成效考核情况汇报的会议精神，研究部署甘肃省脱贫攻坚、兰州新区建设和新的社会阶层人士统战等工作。

10日 省委书记林铎到省人大常委会调研，听取省人大常委会党组工作情况汇报。

11日 省委在兰州召开省级老同志座谈会，就省第十三次党代会报告（征求意见稿）听取老同志的意见和建议。省委书记林铎主持会议，并对省第十三次党代会报告（征求意见稿）的起草过程、总体考虑和基本框架作简要介绍。

△ 省十二届人大常委会第三十一次会议在兰州召开。会议决定任命唐仁健为甘肃省代理省长。

12日 省委在兰州召开党外人士座谈会，征求省级各民主党派、省工商联负责人、无党派人士对省第十三次党代会报告（征求意见稿）的意见和建议。省委书记林铎主持会议，并对省第十三次党代会报告（征求意见稿）的起草过程、总体考虑和基本框架作简要介绍。

△ 省政府召开第146次常务会议。会议审议通过《2017年省级脱贫攻坚资金整合方案》《甘肃银行首发上市工作方案》，甘肃省取消和调整行政审批项目及清理规范行政审批中介服务事项的意见；审议《甘肃省生态文明建设目标评价考核办法》《贯彻落实〈关于深化统计管理体制改革提高统计数据真实性意见〉的实施意见》《关于稳步推进农村集体产权制度改革的实施意见》，进一步修改完善后，报省委审定；同意2016年度省政府目标管理责任考核结果；决定自2017年1月1日起至2018年4月30日，降低用人单位失业保险缴费费率。

13日 中央第七环境保护督察组向甘肃省反馈督察情况。督察组组长马中平通报督察意见，省委书记林铎作表态讲话，省委副书记、代省长唐仁健主持反馈会，省政协主席冯健身，督察组副组长黄润秋等出席会议。

△ 省委全面深化改革领导小组第21次会议在兰州召开。省委书记、省委全面深化改革领导小组组长林铎出席会议并讲话。

14日 省委常委会在兰州召开会议。会议研究部署中央第七环保督察组督察甘肃情况反馈意见的整改落实工作和全省藏族聚居区统战维稳工作。

18日 省委书记林铎在兰州调研科技创新工作。

△ 省政府召开第147次常务会议，专题研究祁连山自然保护区生态环境保护修复治理措施。

19日 省委常委扩大会议在兰州召开。会议传达学习国务院《研究祁连山自然保护区生态环境问题督查和保护修复工作的会议纪要》、中央办公厅国务院办公厅《关于2016年省级党委和政府扶贫开发工作成效考核情况的通报》，研究部署甘肃省贯彻落实工作。

△ 省委书记林铎在兰州会见来甘肃访问并出席路易·艾黎诞辰120周年有关纪念活动的路易·艾黎亲友团一行。

△ 省政府召开第148次常务会议，研究分析全省一季度经济运行形势，安排部署有关工作。

20—21日 省委书记林铎到陇西调研县域经济发展，深入了解中药材产业发展及产业链整合状况。

△ 省委副书记、代省长唐仁健到庆阳、平凉、白银等市的贫困村贫困户及农业产业化龙头企业调研。

24日 省委书记林铎在兰州就非公企业和社会组织党建工作及“两学一做”学习教育常态化制度化开展情况进行专题调研。

23—24日 省委副书记、代省长唐仁健到陇南、天水、定西等市调研。

25日 省委常委会在兰州召开会议。会议传达学习习近平总书记关于推进“两学一做”学习教育常态化制度化的重要指示和中央推进“两学一做”学习教育常态化制度化工作座谈会精神，研究部署甘肃省推进“两学一做”学习教育常态化制度化工作以及全省经济社会发展等工作。

26日 省委理论中心组举行专题学习会，以深入学习领会以习近平同志为核心的党中央治国理政新理念新思想新战略为主题，紧紧围绕进一步贯彻落实习近平总书记视察甘肃时作出的“八个着力”重要指示精神进行学习研讨。

△ 省政府第五次廉政工作电视电话会议在兰州举行，省委副书记、代省长唐仁健出席会议并讲话。

27日 甘肃省庆祝“五一”国际劳动节暨表彰五一劳动奖大会在兰州举行。会前，省委书记林铎，省委副书记、代省长唐仁健等会见先进集体和先进个人代表，并与大家合影留念。

27—28日 省委副书记、代省长唐仁健到酒泉市和嘉峪关市调研。

五月

3日 省政府召开第149次常务会议。会议审议并原则通过《甘肃省公共资源交易平台服务管理细则》，审议《关于加快推进防沙治沙工作的意见》。

5日 甘肃省第十二届人民代表大会第七次会议在兰州召开。大会选举林铎为甘肃省人大常委会主任，唐仁健为甘肃省省长。林铎、唐仁健先后进行宪法宣誓。

6日 全省推进“两学一做”学习教育常态化制度化工作会议在兰州召开。省委书记、省人大常委会主任林铎传达习近平总书记关于推进“两学一做”学习教育常态化制度化的重要指示精神并讲话。

△ 省委意识形态工作会议在兰州召开。省委书记、省人大常委会主任林铎出席会议并讲话。

8日 省委常委会在兰州召开会议。会议传达学习习近平总书记在中央政治局常委会会议上关于一季度经济形势的重要讲话及给中国工合国际委员会和北京培黎职业学院回信精神，研究部署全省经济、生态文明建设和兰洽会筹备等工作。

9—10日　省委书记、省人大常委会主任林铎到武威和张掖两市，就祁连山生态环境保护工作进行检查调研。

9—11日　省长唐仁健到甘南、临夏和定西等市州调研。

11日　第十三届深圳文博会开幕，中共中央政治局委员、中央书记处书记、中宣部部长刘奇葆参观甘肃展馆。

△　省政府召开第150次常务会议。会议部署抓好“一业一策、一企一策、一事一议”工作；审议并原则通过《第七届敦煌行·丝绸之路国际旅游节总体活动方案》；审议《甘肃省贯彻落实中央环保督察反馈意见整改方案》。

12日　中共甘肃省十二届二十一次全体会议在兰州举行。会议决定省第十三次党代会于5月下旬召开。省委常委会主持会议，省委书记林铎作关于省第十三次党代会报告起草情况的说明并讲话。省委副书记、省长唐仁健等出席会议。

△　省委常委会在兰州召开会议。会议研究讨论省第十三次党代会相关事宜。

15日　省委书记、省人大常委会主任林铎，省长唐仁健在兰州新区调研。

17—18日　省长唐仁健到祁连山国家自然保护区腹地，检查生态环境问题整治及修复保护工作。

19日　省委常委会在兰州召开会议。会议审议《甘肃省贯彻落实中央环保督察反馈意见整改方案》，进一步研究部署中央环保督察反馈意见整改工作。

20日　省委书记、省人大常委会主任林铎，省长唐仁健在兰州会见甘肃省受表彰的全国公安系统英雄模范立功集体代表。

22—26日　中国共产党甘肃省第十三次代表大会在兰州举行。林铎代表中国共产党甘肃省第十二届委员会向大会作题为《紧密团结在以习近平同志为核心的党中央周围，为加快建设幸福美好新甘肃而努力奋斗》的报告。大会审议通过《中国共产党甘肃省第十三次代表大会关于中国共产党甘肃省第十二届委员会报告的决议》和《中国共产党甘肃省第十三次代表大会关于中国共产党甘肃省第十二届纪律检查委员会工作报告的决议》。大会选举出中共甘肃省第十三届委员会委员79名，候补委员17名；选举出中共甘肃省第十三届纪律检查委员会委员45名；选举出甘肃省出席党的十九大代表41名，中央提名的代表候选人马凯、王正伟同志当选。

26日　中国共产党甘肃省第十三届委员会第一次全体会议在兰州举行。全会通过《中国共产党甘肃省第十三届委员会第一次全体会议选举办法》。全会选出中国共产党甘肃省第十三届委员会常务委员会委员、书记、副书记。林铎、唐仁健、孙伟、李荣灿、刘昌林、梁言顺、马世忠、黄强、宋亮、陈青、王嘉毅当选为省委常委，林铎当选为省委书记，唐仁健、孙伟当选为省委副书记。会议通过中国共产党甘肃省第十三届纪律检查委员会第一次全体会议选举结果的报告。

△　省委常委会在兰州召开会议。会议研究加强新一届省委常委会自身建设等工作。

△　省政府召开第151次常务会议，研究分析1—4月经济运行形势，决定建立市州财政收支情况考核奖惩机制。

六月

3日　省委常委会在兰州召开会议，进一步研究部署甘肃省祁连山生态环境保护和问题整改落实工作。

5日　省委常委会在兰州召开会议，研究部署甘肃省加快推进防沙治沙和深化统计管理体制改革等工作。

6日　省委书记、省人大常委会主任林铎在兰州调研国有企业改革和党建工作。

△　省依法行政工作领导小组（扩大）会议在兰州举行。省委副书记、省长、省依法行政领导小组组长唐仁健出席会议并讲话。

7日　省政府召开第152次常务会议，安排部署做好国务院第四次大督查相关工作事宜。

7—8日　省委书记、省人大常委会主任林铎到定西市和临夏州调研脱贫攻坚工作。

△　省长唐仁健到白银市调研。

8日　省委常委扩大会议在兰州召开，传达中央纪委办公厅《关于给予虞海燕开除党籍处分的通知》，在兰副省级以上党员领导干部出席会议。

9日　省委常委会在兰州召开会议，研究进一步推进甘肃省脱贫攻坚和驻甘部队全面停止有偿服务等工作。

△　国务院安委会安全生产第五巡查组巡查甘肃省安全生产工作动员会议在兰州召开。国务院安委会安全生产第五巡查组组长刘平均出席会议并讲话，省委副书记、省长、省安委会主任唐仁健主持会议并作表态发言。

13日　2016年度省长金融奖表彰大会暨全省金融工作会议在兰州举行。省长唐仁健出席会议并为荣获2016年度省长金融奖的单位颁奖。

14日　省政府召开第154次常务会议，研究落实中央要求的具体举措，专题审议《甘肃祁连山保护区生态环境问题整改落实方案》。

14—15日　省委书记、省人大常委会主任林铎到陇南市调研尾矿库治理及生态保护工作。

△　省长唐仁健到祁连山自然保护区腹地，检查生态环境保护问题和整改工作。

12—16日　中共中央政治局委员、中央精神文明建设指导委员会副主任郭金龙到甘肃、青海调研。

16日　省委全面深化改革领导小组第22次会议在兰州召开。省委书记、省人大常委会主任、省委全面深化改革领导小组组长林铎出席并讲话。

△ 省政府召开第155次常务会议，研究分析1—5月经济运行形势，审议通过《甘肃省关于推进省与市县财政事权和支出责任划分改革的实施方案》《甘肃省"十三五"节能减排综合工作方案》《关于加强政务诚信建设的实施方案》和《甘肃省残疾人就业保障金征收使用管理实施办法》修订意见；审议《省直部门管理企业改制脱钩整合重组集中统一监管工作推进方案》；决定从6月1日起调整甘肃省最低工资标准。

18日 中央统战工作领导小组第八调研检查组组长、国家宗教事务局局长王作安率中央统战工作领导小组调研检查组，到甘肃省专题调研检查宗教工作。省委书记、省人大常委会主任、省委统一战线工作领导小组组长林铎主持召开专题汇报会，王作安出席并讲话。

19日 省委书记、省人大常委会主任林铎到兰州大学，为在兰部分高校师生作形势与政策报告。

△ 全省人民防空会议在兰州召开。省委书记、省人大常委会主任林铎就全省人民防空工作作出批示。省委副书记、省长、省国防动员委员会主任唐仁健，西部战区副参谋长邓志平，省军区副司令员魏泽刚出席会议并讲话。

20日 第七届敦煌行·丝绸之路国际旅游节暨国际旅行商大会在临夏州永靖县开幕。省委书记、省人大常委会主任林铎宣布旅游节开幕。省长唐仁健，国家旅游局副局长杜江，本届旅游节主宾国柬埔寨旅游部部长唐坤，联合国世界旅游组织执行主任祝善忠，亚太旅游协会首席运营官戴龙先后致辞。

21日 省委常委会的兰州召开会议，研究部署祁连山保护区生态环境问题整改落实、全面推行河长制及加强和改进新形势下高校思想政治工作。

22日 2017（丁酉）年公祭中华人文始祖太昊伏羲大典在天水市隆重举行。全国政协副主席王家瑞，省委书记、省人大常委会主任林铎，中国国民党副主席林政则，省长唐仁健，省政协主席冯健身等共同出席公祭大典。

△ 省长唐仁健到定西市专题调研安全生产工作。

23日 全省祁连山自然保护区生态环境问题整改工作领导干部会议在兰州召开。省委书记、省人大常委会主任林铎出席会议并讲话。省长唐仁健主持会议，并传达《中共中央办公厅国务院办公厅关于甘肃祁连山国家级自然保护区生态环境问题督查处理情况及其教训的通报》精神。

26日 全省脱贫攻坚推进大会在兰州召开。省委书记、省人大常委会主任林铎出席会议并讲话。省长唐仁健主持会议，并传达习近平总书记在深度贫困地区脱贫攻坚座谈会上的重要讲话精神。

27日 省政府召开第156次常务会议，传达习近平总书记、李克强总理对四川茂县山体垮塌抢险救援工作的重要指示批示精神，安排部署甘肃省汛期防灾减灾工作。

28日 全省高校思想政治工作会议在兰州召开。省委书记、省人大常委会主任林铎出席会议并讲话。教育部副部长、党组成员田学军讲话。

△ 全省全域无垃圾现场推进会在合作市举行。省长唐仁健出席推进会并讲话。

29日 省藏族聚居区工作领导小组会议在兰州召开。省委书记、省人大常委会主任、省藏族聚居区工作领导小组组长林铎出席会议并讲话。

30日 省脱贫攻坚领导小组2017年第2次会议在兰州召开。省委书记、省人大常委会主任、省脱贫攻坚领导小组组长林铎主持会议并讲话。

△ 建党96周年前夕，省委书记、省人大常委会主任林铎看望慰问老党员、困难党员和作出突出贡献的党员代表，向全省广大党员致以节日的问候和诚挚的祝福。

△ 省政府召开第157次常务会议。会议部署贯彻落实国务院重大政策措施事宜；听取第二十三届中国兰州投资贸易洽谈会有关情况汇报；审议并原则通过《甘肃省贯彻落实〈国务院办公厅关于健全生态保护补偿机制的意见〉的实施意见》和《甘肃省进一步扩大旅游文化体育健康养老教育培训等领域消费的实施方案》。

七月

1日 省委常委会在兰州召开会议，传达学习中宣部构建中国特色哲学社会科学工作座谈会等4个会议精神，研究部署甘肃省推进落实国务院第四次大督查自查整改、做好藏族聚居区维稳等工作。

3日 第五次全省妇女儿童工作会议在兰州召开，省长唐仁健出席会议并讲话。

△ 省政府召开第158次常务会议，审议通过《2017年深化经济体制改革重点工作意见》《甘肃（天水）国际陆港发展战略规划（2016—2030年）》《甘肃省政府核准的投资项目目录（2017年本）》和《关于进一步规范政府举债融资行为的通知》；听取全省自然保护区生态环境保护问题自查整改情况汇报。

5日 省委书记、省人大常委会主任林铎在兰州会见出席第二十三届中国兰州投资贸易洽谈会的外宾。

△ 省长唐仁健在兰州分别会见马来西亚国际贸易与工业部第二部长黄家泉和白俄罗斯驻华大使鲁德·基里尔·瓦连其诺维奇一行。

3—6日 中共中央政治局委员、中央书记处书记、中宣部部长刘奇葆到甘肃调研。省委书记、省人大常委会主任林铎等陪同调研。

6日 第二十三届中国兰州投资贸易洽谈会暨丝绸之路合作发展高端论坛在兰州开幕。全国政协副主席齐续春宣布第二十三届中国兰州投资贸易洽谈会开幕。本届兰洽会主宾国尼泊尔副总统南德·巴哈杜尔·普恩、马来西亚国际贸易与工业部第二部长黄家泉等出席开幕式。省委书记、省人大常委会主任林铎致欢迎辞，省长唐仁健主持开幕式暨丝绸之路合作发展高端论坛，商务部副部长钱克明在开幕式上致辞。

7日 省委书记、省人大常委会主任林铎，省长唐仁健，省政协主席冯健身在兰州会见出席第二十三届中国兰州投资贸易洽谈会的全国政协教科文卫体委员会副主任、香港新恒基国际集团董事局主席高敬德率领的香港工商业知名企业家考察团一行。

△ 甘肃省交通产业投资基金暨全省第二批公路PPP项目框架协议和甘肃省公航旅集团公路产业基金签约仪式在兰州举行，省长唐仁健出席签约仪式。

8日 甘肃省政府、教育部、国家国防科技工业局共建兰州理工大学签约仪式在兰州举行。教育部党组书记、部长陈宝生，教育部副部长孙尧，国家国防科工局党组成员王承文，省委书记、省人大常委会主任林铎，省长唐仁健出席签约仪式。

9日 宝鸡至兰州高速铁路开通运营。省委书记、省人大常委会主任林铎宣布发车，省长唐仁健，省政协主席冯健身，中国铁路总公司副总工程师赵国堂出席开通仪式。

12日 省委常委会在兰州召开会议，通报党中央对王三运涉嫌严重违纪进行组织审查的决定。

10—14日 全省举行项目观摩督查活动。省委书记、省人大常委会主任林铎，省委副书记、省长唐仁健，省政协主席冯健身，省委副书记孙伟，省委常委、常务副省长黄强率观摩督查组观摩督查各市州项目建设情况。

15日 全省项目观摩督查活动总结大会在兰州举行。

17日 省政府召开第159次常务会议。研究分析全省上半年经济运行形势；听取全省安全生产工作暨国务院安委会巡查甘肃省安全生产情况汇报；审议通过《甘肃省企业投资项目核准和备案管理办法》《甘肃省“十三五”推进基本公共服务均等化规划》《甘肃省清理偿还政府欠款专项工作方案》和《关于深化商事制度改革的意见》；讨论通过《甘肃省技术市场条例（修订草案）》和《甘肃祁连山国家级自然保护区管理条例（修订草案）》；决定从2017年1月1日起调整2016年12月31日前企业、机关事业单位退休人员基本养老金。

18日 省委常委扩大会议在兰州召开。会议向在兰副省级以上党员领导干部传达全国金融工作会议精神，研究部甘肃贯彻落实工作，并分析当前经济形势，部署下半年经济工作。

△ 国务院第四次大督查第十八督查组与省主要领导见面会在兰州召开。督查组组长、国家卫生计生委副主任王培安出席并讲话。省委书记、省人大常委会主任林铎主持并作表态讲话，省长唐仁健汇报自查工作。

21日 省委常委扩大会议在兰州召开。会议学习人民日报评论员文章《扛起生态文明建设的政治责任》和人民日报评论《当好生态环境的“保洁员”》，以及新闻联播、焦点访谈关于祁连山生态环境问题的报道，进一步研究和部署祁连山生态环境保护工作。

△ 省政府与中国华融资产管理股份有限公司签署战略合作协议。省委书记、省人大常委会主任林铎，省委副书记、省长唐仁健会见中国华融党委书记、董事长赖小民，并共同见证签约。

23日 省委常委会在兰州召开会议，传达学习习近平总书记在深度贫困地区脱贫攻坚座谈会上的重要讲话和中央有关会议精神，研究部署推进司法体制改革等工作。

△ 省政府召开第160次常务会议，进一步安排部署祁连山生态环境保护工作，研究贯彻落实全国安全生产电视电话会议精神的措施，审议通过《甘肃省深入推进“放管服”改革重点任务分工方案》和《甘肃省省级PPP项目引导资金管理办法》。

△ 省十二届人大常委会第三十四次会议在兰州召开。省委书记、省人大常委会主任林铎主持会议。

△ 省长唐仁健主持召开省政府第十四次全体会议。会议通报上半年经济运行情况，安排部署下半年重点工作。

25日 省长唐仁健主持召开非公企业座谈会，听取企业发展面临的困难问题和对改进政府服务的意见建议。

28日 兰白科技创新改革试验区工作推进领导小组第八次会议在兰州召开。省委书记、省人大常委会主任、兰白试验区工作推进领导小组组长林铎参加会议并讲话，省长、兰白试验区工作推进领导小组组长唐仁健主持会议。

30日 中国共产党甘肃省第十三届委员会第二次全体会议在兰州召开。省委书记、省人大常委会主任林铎讲话，省委副书记、省长唐仁健报告全省上半年经济社会发展情况，并对下半年工作作安排部署。

31日 甘肃省纪念建军90周年军地座谈会在兰州召开。省委书记、省人大常委会主任、省军区党委第一书记林铎，兰州军区善后办政委刘健分别讲话，兰州军区善后办主任张建胜主持座谈会。省长唐仁健、省政协主席冯健身出席座谈会。

八月

1日 省委常委会在兰州召开会议，传达学习习近平总书记在省部级主要领导干部专题研讨班上的重要讲话精神、在中央政治局常委会会议上关于上半年经济形势的重要讲话和在中央财经领导小组第十六次会议上的重要讲话精神，研究部署甘肃省贯彻落实工作。

△ 省政府召开第161次常务会议，审议通过省政府规章和政府文件清理意见、《关于河西戈壁农业发展的意见》和《关于进一步降低企业用电成本支持工业发展的方案》；听取祁连山自然保护区生态环境整改落实工作情况汇报。

2—3日 省长唐仁健在兰州调研中央在甘金融单位。

3—5日 由天津市委书记李鸿忠率领的天津市党政代表团来甘肃考察。省委书记、省人大常委会主任林铎，省委副书记、省长唐仁健陪同考察。5日，甘肃天津两省市合作交流和加强东西部扶贫协作及对口支援工作座谈会在兰州召开。省委书记、省人大常委会主任林铎，天津市委书记李鸿忠讲话。省委副书记、省长唐仁健，天津市委常委、常务副市长段春华分别介绍有关情况。省政协主席冯健身等出席座谈会。

5—6日　中国社科院院长、党组书记王伟光到临夏州东乡族自治县进行脱贫攻坚专题调研。

8日　省委常委会在兰州召开会议，传达学习《中共中央办公厅关于认真学习贯彻新修改的〈中国共产党巡视工作条例〉的通知》，听取对中央巡视“回头看”反馈意见整改落实和省委贯彻执行中央八项规定精神情况的汇报，研究部署下一步工作。

△　省编委会会议在兰州召开。省委副书记、省长、省编委主任唐仁健出席会议并讲话。

10日　省长唐仁健在兰州会见杉杉集团董事长郑学明一行。

11—12日　省委书记、省人大常委会主任林铎到陇南市实地了解受灾情况，检查指导抢险救灾工作，看望慰问受灾群众和抢险救灾一线的部队官兵及干部群众。

13日　省委书记、省人大常委会主任林铎在兰州主持召开陇南市抢险救灾和灾后重建工作专题会议。

△　省长唐仁健到兰州市西固区、红古区和永登县调研。

15—16日　省委书记、省人大常委会主任林铎到平凉调研脱贫攻坚和基层党建工作。

15—17日　六盘山片区政协精准扶贫交流推进会在陕西省西安市召开。全国政协副主席韩启德出席会议并讲话。陕西省委书记、省人大常委会主任娄勤俭致辞；陕西省委副书记、省长胡和平，全国政协经济委员会副主任项宗西，全国政协副秘书长、提案委员会副主任徐辉，国务院扶贫办副主任欧青平等出席会议。陕西省政协主席韩勇、甘肃省政协主席冯健身、青海省政协主席仁青加、宁夏回族自治区政协副主席崔波等出席会议并作交流发言。

17—18日　省委书记、省人大常委会主任林铎到武威、金昌两市调研。

18日　省委书记、省人大常委会主任林铎，省委副书记、省长唐仁健在兰州会见万达集团董事长王健林一行。

21日　省深化医药卫生体制改革领导小组在兰州召开会议。

△　省政府召开第162次常务会议，研究分析1—7月经济运行形势；审议通过《当前重点工作任务分工方案》《关于加强中小学幼儿园安全风险防控体系建设的实施意见》《甘肃省矿产资源勘查开采审批管理办法》《关于建立粮食生产功能区和重要农产品生产保护区的实施意见》及2017年甘肃省外国专家“敦煌奖”候选人名单。

△　省长唐仁健在兰州会见中东欧国家高级别官员代表团。

22日　省委理论中心组在兰州举行专题学习会。省委书记、省人大常委会主任林铎主持会议并讲话。

△　省委常委会在兰州召开会议，传达学习习近平总书记在中央军民融合发展委员会第一次全体会议上的重要讲话精神，研究部署甘肃省军民融合发展等工作。

26—27日　省委副书记、省长唐仁健到陇南市调研检查暴洪泥石流和地震灾害灾后重建工作。

23—28日　中华全国供销合作总社党组书记、理事会主任王侠率调研组到甘肃，就甘肃深入推进供销合作社综合改革、服务甘肃农业现代化工作进行专题调研。

24—28日　国务院安委会办公室第十五督导组检查督导甘肃省开展安全生产大检查工作。

28日　省委全面深化改革领导小组第二十三次会议在兰州召开。省委书记、省人大常委会主任、省委全面深化改革领导小组组长林铎主持会议并讲话。

△　省政府召开第163次常务会议，对进一步加强当前防灾减灾救灾工作进行再部署；听取全省政府性债务情况汇报；审议通过《关于支持建设甘肃开放大学的意见》《甘肃省交通产业投资基金设立方案》及2017年甘肃省“园丁奖”和特级教师名单。

29日　省委常委会在兰州召开会议，传达学习习近平总书记重要批示和国务院《研究积极稳妥化解累积的地方政府债务风险坚决遏制隐性债务增量等工作的会议纪要》精神，研究部署甘肃省加强政府债务管理等工作。

30—31日　省长唐仁健率甘肃省政府代表团访问蒙古国，会见蒙古国大呼拉尔法律委员会、外交部、戈壁阿尔泰省、南戈壁省负责人，拜会中国驻蒙古国大使馆，走访南戈壁资源有限公司，与蒙古国甘肃企业代表进行座谈。

九月

31—1日　省委书记、省人大常委会主任林铎到敦煌调研第二届丝绸之路（敦煌）国际文化博览会筹备工作。

5日　省委常委会在兰州召开会议，传达学习中央群团改革工作座谈会精神，研究部署甘肃省群团改革和禁毒等工作。

1—5日　省长唐仁健率甘肃省政府代表团对白俄罗斯进行友好访问。

7日　庆祝第33个教师节暨优秀教师表彰大会在兰州召开。省委书记、省人大常委会主任林铎出席会议并讲话。

6—8日　省长唐仁健率甘肃省政府代表团对吉尔吉斯斯坦进行友好访问。

8日　省委统一战线工作领导小组会议在兰州召开。省委书记、省人大常委会主任、省委统一战线工作领导小组组长林铎主持会议并讲话。

9—10日　省委书记、省人大常委会主任林铎到甘南州，就抓好脱贫攻坚、维护社会稳定和加强基层党建工作进行调研。

10日　省长唐仁健在兰州主持召开宕昌县脱贫攻坚工作座谈会。

11日　全省深度贫困地区脱贫攻坚专题工作会议在兰州召开。

12日　中国—东盟博览会“甘肃省水果蔬菜中药材及国际产能合作推介会”

在广西南宁举行。省委副书记、省长唐仁健，广西壮族自治区党委副书记、自治区主席陈武出席推介会并致辞。

13日 省委书记、省人大常委会主任、省级总河长林铎在兰州市就全面推行河长制工作进行巡查调研。

14日 省委书记、省人大常委会主任林铎在兰州调研党的十九大安保工作。

△ 甘肃省工商业联合会（民间商会）第十二次代表大会暨非公有制经济人士优秀中国特色社会主义事业建设者表彰大会在兰州举行。

13—14日 省长唐仁健到天水、定西部分县区进行工作调研。

15日 省委常委会在兰州召开会议，传达学习《中共中央办公厅国务院办公厅关于印发〈祁连山国家公园体制试点方案〉的通知》精神，研究部署甘肃省贯彻落实工作。

17日 兰州新区职教园区开园暨首批入园院校开学典礼在甘肃卫生职业学院举行。省委书记、省人大常委会主任林铎出席开学典礼并宣布兰州新区职教园区开园。

△ 省长唐仁健到阿克塞县和肃北县进行工作调研。

18日 省委书记、省人大常委会主任林铎在敦煌分别会见参加2017“一带一路”媒体合作论坛的外国媒体负责人、知名记者，省市副部级以上领导及部分专家和知名企业家。

△ 省政府召开第164常务会议，研究分析全省1—8月经济运行形势；听取全省自然保护区调查摸底工作情况汇报；审议通过《关于加快推进“多证合一”改革的实施意见》《甘肃省政府安全生产监督管理责任规定（修订草案）》《甘肃省生产经营单位安全生产主体责任规定（修订草案）》。

19日 2017“一带一路”媒体合作论坛在敦煌举行。全国人大常委会副委员长张平出席开幕式并致辞。人民日报社社长杨振武，省委书记、省人大常委会主任林铎分别致辞。

20日 第二届丝绸之路（敦煌）国际文化博览会在敦煌开幕。省委书记、省人大常委会主任林铎，中宣部副部长、国务院新闻办公室副主任崔玉英致辞。中宣部副部长、文化部部长、敦煌文博会组委会主任雒树刚，中国贸促会会长、敦煌文博会组委会主任姜增伟发表主题演讲。省委副书记、省长、敦煌文博会组委会主任唐仁健主持开幕式。人民日报社社长杨振武，国家创新与发展战略研究会会长，中央党校学术委员会主任、原常务副校长郑必坚，广西壮族自治区党委副书记、自治区政府主席陈武，甘肃省政协主席冯健身及甘肃省委、省人大常委会、省政府、省政协领导出席开幕式。

△ 甘肃·广西两省区工作座谈会在敦煌举行。省委副书记、省长唐仁健，广西壮族自治区党委副书记、自治区主席陈武在座谈会上讲话并见证有关合作协议签署。

21日 省委书记、省人大常委会主任林铎，省委副书记、省长唐仁健在兰州接见甘肃省受表彰的全国社会治安综合治理先进集体和个人代表。

△ “一带一路”国际产能合作产业园区建设论坛在敦煌举行。省委副书记、省长唐仁健致辞，国家发改委副主任、国家统计局局长宁吉喆作主旨演讲，牙买加交通矿业部部长莱斯特·迈克尔·亨利作演讲。

22日 省委常委会在兰州召开会议，传达中央纪委有关通报精神，坚决拥护中央对王三运严重违纪案的处理。

△ 省委财经领导小组会议在兰州召开，省委书记、省人大常委会主任、省委财经领导小组组长林铎主持会议。

23日 福建省委常委、厦门市委书记裴金佳率领的厦门市考察团来甘考察。省委书记、省人大常委会主任林铎、省委副书记、省长唐仁健在兰州会见考察团一行。

24日 最高人民法院党组书记、院长周强到敦煌市人民法院调研指导工作。省委书记、省人大常委会主任林铎陪同调研。

25日 全省农村“三变”改革推进工作会议在兰州举行。省长唐仁健出席会议并讲话。

26日 中国—中亚西亚国家法官交流培训基地在敦煌揭牌，中华人民共和国首席大法官、最高人民法院院长周强为基地授牌。省委书记、省人大常委会主任林铎出席授牌活动。

△ 省政府召开第165次常务会议，安排部署当前维稳安保工作，审议通过《陇南“8·7”暴洪泥石流灾后恢复重建规划》《兰州市城市总体规划（2011—2020年）实施评估报告》《甘肃省自然灾害救助办法（草案）》《甘肃省城市居民最低生活保障办法（修订草案）》等。

27日 省委常委会在兰州召开会议，研究部署经济和脱贫攻坚等工作。

28日 共青团甘肃省第十三次代表大会在兰州开幕。省委书记、省人大常委会主任林铎出席会议并讲话。

27—28日 省长唐仁健率甘肃省代表团到福州市和厦门市，对接东西部扶贫协作和对口帮扶工作，并开展调研。

29日 全省金融工作会议在兰州召开。省委书记、省人大常委会主任林铎出席会议并讲话。

△ 兰渝铁路全线开通运营，省领导林铎、唐仁健等出席开通仪式。

30日 省城各界在兰州隆重举行烈士纪念日公祭活动。省领导林铎、唐仁健、冯健身等，驻甘部队领导张建胜、赵志荣等出席公祭仪式。

△ 省质量发展领导小组会议在兰州召开。省长唐仁健出席会议并讲话。

十月

9日 省政府召开第166次常务会议。研究发展绿色金融构建绿色生态产业体系事宜；审议并原则通过《关于进一步促进民办教育健康发展的实施意见》《甘肃省尾矿库监督管理办法（试行）》《甘肃省行政复议和行政应诉若干规定》等；安排部署当前稳增长促发展等工作。

10日 甘肃省东西部扶贫协作暨中央单位定点扶贫工作推进电视电话会议在兰州召开。中组部等5家中央单位，天津、厦门、青岛、福州4市有关部门及甘肃省相关市县在会上作交流发言。

11日 由国家旅游局和广西壮族自治区人民政府主办的2017中国—东盟博览会旅游展在广西桂林开幕。兰州、酒泉、嘉峪关等9市州旅游局及21家旅游企业参展。

13日 陇南机场试飞任务圆满结束。

12—14日 省政协主席冯健身到西和县调研脱贫攻坚工作。

15日 赴京参加党的十九大的甘肃代表在兰州开展集体学习。

18日 中国共产党第十九次全国代表大会在北京开幕。出席大会的甘肃省代表团在北京驻地认真讨论党的十九大报告。中共中央政治局委员，国务院副总理马凯，全国政协副主席王正伟参加讨论并发言。

19日 中国共产党第十九次全国代表大会甘肃省代表团媒体开放日。人民日报、新华社、经济日报等60多家媒体近百名记者聚焦甘肃发展，并就关心的一些问题进行现场提问。十九大代表、省委书记、省人大常委会主任林铎，十九大代表、省委副书记、省长唐仁健，十九大代表、省委副书记孙伟分别回答记者提问。

20日 中国共产党第十九次全国代表大会甘肃省代表团继续讨论党的十九大报告，认真讨论中央纪委工作报告和党章修正案。

24日 中国共产党第十九次全国代表大会在北京闭幕。选举产生新一届中央委员会和中央纪律检查委员会；通过关于十八届中央委员会报告的决议、关于中央纪律检查委员会工作报告的决议、关于《中国共产党章程（修正案）》的决议。

25日 中国共产党第十九届中央委员会第一次全体会议在北京举行。全会选举中央政治局委员、中央政治局常务委员会委员、中央委员会总书记；根据中央政治局常务委员会的提名，通过中央书记处成员，决定中央军事委员会组成人员；批准十九届中央纪律检查委员会第一次全体会议选举产生的书记、副书记和常务委员会委员人选。习近平同志主持会议并在当选中共中央委员会总书记后作重要讲话。

27日 省委常委会（扩大）在兰州召开会议，传达学习党的十九大精神，安排部署全省学习宣传贯彻工作。省委书记、省人大常委会主任林铎主持会议并讲话。

28日 省委书记、省人大常委会主任林铎在兰州高等院校、新闻单位、街道社区，带头宣讲党的十九大精神，进一步部署学习宣传贯彻工作。

△ 省政府第十五次全体会议在兰州召开，分析研判前三季度全省经济运行情况，安排部署有关工作。

△ 省委副书记、省长唐仁健对前三季度GDP增速排名后三位的金昌、张掖、武威，固定资产投资增速排名后三位的庆阳、金昌、临夏，工业增加值增速排名后三位的张掖、武威、陇南等关键经济指标下滑严重、排名靠后市州政府主要负责同志进行约谈。

△ 省政协党组书记、主席冯健身主持召开十一届省政协第61次党组（扩大）会议，传达学习党的十九大、十九届一中全会和省委常委扩大会议精神，安排部署省政协学习宣传和贯彻落实工作。

△ 省政协主席冯健身主持召开十一届省政协第58次主席会议，听取省政协十二届一次会议筹备意见的汇报。会议审议《政协甘肃省十二届一次会议筹备意见》。

29日 省委副书记、省长唐仁健到省公安厅、佛慈制药公司、西北师范大学调研并宣讲党的十九大精神。

30日 省委全面深化改革领导小组第二十四次会议在兰州召开。省委书记、省人大常委会主任、省委全面深化改革领导小组组长林铎主持会议并讲话。

△ 省脱贫攻坚领导小组2017年第三次会议在兰州召开。省委书记、省人大常委会主任、省脱贫攻坚领导小组组长林铎主持会议并讲话。

31日 省委常委会在兰州召开会议。深入学习贯彻党的十九大精神，传达学习习近平总书记重要批示精神，就加强自身建设、加强扶贫资金监管和全省监察体制改革试点等工作进行安排部署。

△ 省委副书记、省长唐仁健到省工信委调研，并与部分省直部门座谈。

△ 全省首批电子营业执照正式颁发，兰州丰源图文设计服务有限公司法定代表人曲衍昭在兰州市城关区政务服务大厅通过扫描二维码获得企业的电子营业执照。

十一月

1日 省委书记、省人大常委会主任林铎在兰州会见德国驻华大使柯慕贤。

△ 省政府召开第167次常务会议。审议通过国务院第四次大督查反馈甘肃省问题整改落实方案、关于支持社会力量提供多层次多样化医疗服务的实施方案；研究推进绿色生态产业发展和农村“三变”改革等事宜。

1—3日 省长唐仁健到渭源县、岷县、漳县调研脱贫攻坚工作，向基层干部群众宣讲党的十九大精神。

2—3日 省委书记、省人大常委会主任林铎到帮扶联系县东乡县，为基层党员干部群众宣讲党的十九大精神，调研督查脱贫攻坚工作。

4日 省委书记、省人大常委会主任林铎到兰州企业生产一线，向基层党组织和干部职工宣讲党的十九大精神。

6日 中央宣讲团党的十九大精神宣讲报告会在兰州举行。中央宣讲团成员、全国政协港澳台侨委员会副主任高虎城作宣讲报告。省委书记、省人大常委会主任林铎主持报告会并讲话。

7日 省委常委会在兰州召开会议，传达学习习近平总书记带领中央政治局常委集体瞻仰中共一大会址和南湖红船时的重要讲话精神；研究省委关于深入学习贯彻党的十九大精神的意见。

△ 省委书记、省人大常委会主任林铎，省委副书记、省长唐仁健会见第十三届全运会甘肃代表团获奖运动员、教练员和群众体育代表，并与大家合影留念。

8—9日 省委书记、省人大常委会主任林铎到酒泉市和酒钢集团公司调研，并向干部群众宣讲党的十九大精神。

9日 省委书记、省人大常委会主任林铎到酒泉市甘肃公路博物馆参观，并向公路系统干部职工宣讲党的十九大精神。

11日 省委书记、省人大常委会主任林铎到白银市调研。

14日 省委常委会在兰州召开会议。传达学习《中共中央政治局关于加强和维护党中央集中统一领导的若干规定》和《中共中央政治局贯彻落实中央八项规定实施细则》；研究提出甘肃省贯彻落实意见；安排部署生态建设、安全生产等工作。

△ 省政府召开第168次常务会议。研究加强招商引资促进外资增长和修订部分政府定价项目事宜。

15—16日 省委书记、省人大常委会主任林铎到陇南、天水两市调研，并向基层党员干部群众宣讲党的十九大精神。

15—17日 省长唐仁健到平凉部分县区的贫困村和企业，宣讲党的十九大精神，调研脱贫攻坚及经济止滑回稳工作。

17日 全省推开监察体制改革试点工作动员部署电视电话会议在兰州召开。省委书记、省深化监察体制改革试点工作小组组长林铎出席会议并讲话。

△ 省政府与中国核工业集团公司在兰州签署战略合作协议，中核集团将投资5000亿元，与甘肃省在核技术产业园、装备制造等领域开展合作。省委书记、省人大常委会主任林铎，省委副书记、省长唐仁健会见中核集团党组书记、董事长王寿君并出席签约仪式。

18日 省委书记、省人大常委会主任林铎到榆中县北山地区调研，并向基层党员干部群众宣讲党的十九大精神。

21—22日 省委书记、省人大常委会主任林铎到定西市调研脱贫攻坚和基层党建工作，并向党员干部群众宣讲党的十九大精神。

△ 省长唐仁健到武威市县乡村及企业宣传党的十九大精神，调研精准扶贫和生态环保等工作。

22日 省委书记、省人大常委会主任林铎，省委副书记、省长唐仁健在兰州会见中国石油天然气集团公司董事长、党组书记王宜林。

23日 省委常委会扩大会议在兰州召开。会议传达中共中央政治局常委、国务院副总理、国务院扶贫开发领导小组组长汪洋在听取甘肃省“两州一县”脱贫攻坚工作汇报时的讲话精神。

23—24日 “学习贯彻党的十九大精神加快建设幸福美好新甘肃”专题研讨会在兰州召开。省委书记、省人大常委会主任林铎出席会议并讲话，省委副书记、省长唐仁健主持会议。

27日 省国家安全工作领导小组会议在兰州召开。省委书记、省人大常委会主任、省国家安全工作领导小组组长林铎出席会议并讲话。

28日 省委书记、省深化监察体制改革试点工作小组组长林铎主持召开第三次会议，审议《甘肃省深化国家监察体制改革试点实施方案》，研究安排下一步工作。

29日 省委常委会在兰州召开肃清王三运流毒和影响专题民主生活会。省委书记林铎主持会议并讲话。

△ 省委常委扩大会议在兰州召开。会议传达学习《中共中央关于张阳严重违纪违法问题及自缢死亡情况的通报》精神。

30日 省脱贫攻坚领导小组2017年第四次会议在兰州召开。省委书记、省人大常委会主任、省脱贫攻坚领导小组组长林铎主持会议并讲话。

△ 按照省委统一部署和要求，省政府在兰州召开领导班子肃清王三运流毒和影响专题民主生活会。省委副书记、省政府党组书记、省长唐仁健主持会议并讲话。

31日 兰州银行与甘肃省公路航空旅游投资集团签订战略合作协议，战略合作协议共包含11项内容。第一项即为综合授信服务。兰州银行为省公航旅集团及其下属机构提供800亿元综合授信额度，主要用于流动资金、项目建设、项目并购、基金业务、PPP项目贷款、保理、承兑、保函等金融业务。协议概括确定兰州银行将结合省公航旅集团主营的公路及航空、旅游、金融、贸易四大业务板块提供特色金融服务。

是月 甘肃省第一次全国地理国情普查领导小组办公室发布甘肃省首次全国地理国情普查成果。普查工作历时3年多，经历前期准备、普查信息采集、汇交建库与统计分析、普查验收及成果审核发布4个阶段，有20多家测绘资质单位、2000多名普查人员参与，形成《甘肃省第一次全国地理国情普查公报》《普查统计数据汇编》等系列成果。

是月 2017年全国青少年科学健身普及活动暨甘肃省青少年科技体育电子制作锦标赛在兰州市城关区华侨实验学校举行，来自全省各地的360余名中小学生参加电子制作赛五个项目的角逐，是甘肃省首次举办电子制作类项目的竞赛活动。

是月 首届“泛海扬帆·兰州启航”创业大赛暨“泛海扬帆群英汇”创业大赛兰州赛区决赛圆满结束。甘肃大泽网络科技有限公司推荐的美天优先配——巴氏奶营销配送新渠道项目、甘肃新空间信息技术有限公司推荐的“金种子E网通”农作物智慧育种大数据分析管理平台项目、甘肃小农人农业发展有限责任公司推荐的“小农人”特色鲜食蔬果生产与销售项目摘得决赛前三名，入围“泛海扬帆群英汇”创业大赛全国总决赛。

十二月

1日 省委常委会在兰州召开会议。会议传达学习中共中央办公厅转发的中央宣传部、中央组织部关于认真组织学习《习近平谈治国理政》第二卷的《通知》精神，研究部署甘肃省学习贯彻等工作。

△ 省公航旅集团联合中国冶金科工股份有限公司、中国交通建设股份有限公司、中国铁建股份有限公司、中国中铁股份有限公司等4家央企分别与我省14个市州在兰州签署高速公路、通航机场、旅游项目合作协议，共同推进甘肃省交通基础设施和文化旅游项目建设。省委书记、省人大常委会主任林铎，省委副书记、省长唐仁健会见央企代表并出席签约仪式。

2日 省委书记、省人大常委会主任林铎在兰州有关企业和科研院所调研。

4日 省长唐仁健到省财政厅调研。

5日 省委常委会在兰州召开会议。会议传达学习习近平总书记等中央领导同志有关批示精神，研究部署甘肃省清理拖欠农民工工资、推进"两州一县"脱贫攻坚和全省农村"三变"改革等工作。

△ 省政府召开第170次常务会议。会议研究"两州一县"脱贫攻坚工作；审议通过《祁连山国家级自然保护区矿业权分类退出办法》。

6—7日 省委书记、省人大常委会主任林铎到张掖、武威调研生态建设、脱贫攻坚等工作。

△ 省长唐仁健到宕昌县、康县调研。

8日 省委理论中心组在兰州举行专题学习会。邀请中共中央文献研究室副主任孙业礼就学习贯彻《习近平谈治国理政》第二卷作辅导报告。省委书记、省人大常委会主任林铎主持学习会并讲话。

△ 省政府召开第171次常务会议。会议研究部署全省深度贫困地区脱贫攻坚工作。

11日 省委书记、省深化监察体制改革试点工作小组组长林铎主持召开第四次会议。

△ 省政府召开第172次常务会议。会议听取国务院第四次大督查反馈问题整改和省政府目标任务完成情况督查工作汇报；研究构建生态产业体系实现绿色发展崛起事宜。审议通过《省属企业处置"僵尸企业"工作方案》。

△ 省长唐仁健在兰州主持召开专家座谈会，听取对戈壁农业发展的意见建议。

12日 省委常委会在兰州召开会议。会议传达学习习近平总书记署名文章《弘扬"红船精神"走在时代前列》和关于进一步纠正"四风"、加强作风建设重要批示精神，安排部署学习贯彻《习近平谈治国理政》第二卷、贯彻落实中央八项规定实施细则、加强网络安全和信息化等工作。

△ 全省生态建设和环境保护协调推进领导小组会议在兰州召开。省委书记、省人大常委会主任、省生态建设和环境保护协调推进领导小组组长林铎主持会议。

13日 全省2017年度市州党委书记抓基层党建工作述职评议大会在兰州召开。省委书记、省人大常委会主任林铎出席会议并讲话。

21日 省政府召开第173次常务会议。会议研究经济社会发展和祁连山生态环境问题整改落实工作；部署财政专项扶贫资金和冬春生活救助资金使用事宜。

22日 省委常委会扩大会议在兰州召开。会议传达学习中央经济工作会议精神和习近平总书记在中央政治局常委会有关重要讲话精神，研究部署甘肃省贯彻落实工作。

△ 十三届省委全面深化改革领导小组第四次会议在兰州召开。省委书记、省委全面深化改革领导小组组长林铎主持会议并讲话。

23日 省脱贫攻坚领导小组2017年第五次会议在兰州召开。省委书记、省脱贫攻坚领导小组组长林铎主持会议并讲话。

25日 省委在兰州召开党外人士座谈会。会议通报今年全省经济工作有关情况，征求各民主党派、省工商联和无党派人士对明年经济工作的意见建议。省委书记、省人大常委会主任林铎主持会议并讲话。省委副书记、省长唐仁健通报情况，介绍关于做好明年工作的考虑。

△ 省政府召开第174次常务会议。会议进一步部署祁连山自然保护区生态环境问题整改工作；研究加快建设旅游强省和政策性破产企业工伤人员待遇问题；决定取消和调整行政审批项目等事项68项，取消省级政府部门单位证明事项63项；审议通过《甘肃省消防安全信用信息管理规定（草案）》和《甘肃省消防安全责任制实施办法（草案）》。

26日 省委常委会在兰州召开会议。会议传达学习习近平总书记在中央宣传部呈报的《弘扬脱贫攻坚精神，推动农村物质文明和精神文明协调发展——寻乌扶贫调研报告》上的重要批示和全国高校思想政治工作座谈会精神，研究甘肃省贯彻意见；部署构建生态产业体系、推动绿色发展等工作。

△ 全省产业扶贫工作电视电话会议在兰州召开。省长唐仁健主持会议并讲话。

27日 省政府召开第175次常务会议。会议研究支持非公有制经济和陇药产业发展、服务实体经济防控金融风险、加快推进大规模国土绿化、加强耕地保护和改进占补平衡等工作；审议通过《关于进一步加强职业健康工作的意见》《关于支持铁路建设推进土地综合开发的实施意见》《甘肃省文物安全管理办法》《甘肃省国防动员建设"十三五"规划》等。

省情概览

地理资源

位置　面积

甘肃古属雍州，今省会兰州。地处黄河上游黄土高原青藏高原交会地带，位于中国的地理中心，介于北纬32° 31′～42° 57′、东经92° 13′～108° 46′之间。甘肃东接陕西，南控巴蜀青海，西倚新疆，北扼内蒙古、宁夏，并与蒙古人民共和国接壤，是古丝绸之路的锁匙之地和黄金路段。东西长1600多千米，全省土地总面积42.59万平方千米，占全国总面积的4.72%，在全国各省（市、自治区）中列第7位。

地形地貌

甘肃省大部分位于中国地势二级阶梯上，地貌复杂多样，山地、高原、平川、河谷、沙漠、戈壁交错分布。地处中国东部湿润森林草原向西部干旱荒漠草原与高寒荒漠草甸草原的过渡带，亦为华北、华中、西北与青藏的交错毗邻区，以及东部农业区与西部游牧畜牧区的过渡带，自然条件复杂多样，具有明显的过渡性。地势自西南向东北倾斜，地形狭长，东西长1655千米，南北宽530千米，大致可分为各具特色的六大区域：

陇南山地　大致包括渭水以南、临潭、迭部一线以东的山区，为秦岭的西延部分。山地和丘陵西高东低，绿山对峙，溪流急荡，峰锐坡陡。

陇中黄土高原　位于甘肃省中部和东部，东起甘陕省界，西至乌鞘岭。黄河穿流而过，曾经孕育华夏民族的祖先，有闻名遐迩的名山大川，有丰富的矿藏，有刘家峡、盐锅峡、八盘峡三大水库。

甘南高原　甘南高原是“世界屋脊”——青藏高原东部边缘一隅，地势高耸，平均海拔超过3000米，是典型的高原区。这里草滩宽广，水草丰美，牛肥马壮，是甘肃省主要畜牧业基地之一。

河西走廊　位于祁连山以北，北山以南，东起乌鞘岭，西至甘新交界，是块自东向西、由南而北倾斜的狭长地带。海拔在1000～1500米，长1000余千米，宽由几千米到百余千米不等。河西走廊地势平坦，机耕条件好，光热充足，水资源丰富，是著名的戈壁绿洲，农业发展前景广阔，是甘肃主要的商品粮基地。

祁连山地　祁连山地在河西走廊以南，长1000多千米，大部分海拔在3500米以上，终年积雪，冰川逶迤，是河西走廊的天然固体水库，荒漠、草场、森林、冰雪，植被垂直分布明显。

河西走廊以北地带　东西长1000多千米，海拔1000～3600米，习惯称之为北山山地。地近腾格里沙漠和巴丹吉林沙漠，风疾沙多，山岩裸露，荒漠连片，难以耕作。

甘肃是个多山的省份，最主要的山脉有祁连山、乌鞘岭、六盘山，以及阿尔金山、马鬃山、合黎山、龙首山、西倾山、子午岭山等。多数山脉属西北—东南走向。省内的森林资源多集中在这些山区，大多数河流也都从这些山脉形成各自分流的源头。

气　候

甘肃省地处黄土、青藏和蒙古三大高原交汇地带。境内地形复杂，山脉纵横交错，海拔相差悬殊，高山、盆地、平川、沙漠和戈壁等兼而有之，是山地型高原地貌。从东南到西北包括了北亚热带湿润区到高寒区、干旱区的各种气候类型。

降水　2017年，全省平均降水量451.6毫米，较常年同期偏多12%，为近

3年最多；年降水量最多中心在正宁，为1011.4毫米，最少中心在敦煌，为33.1毫米；与常年相比，嘉峪关市、张掖市北部、白银市、陇南市北部和庆阳市偏多2～5成，庆阳市东部偏多5～7成，酒泉市西部偏少2～3成。各月降水量与常年同期相比，1、7和9月偏少2～4成，11月、12月偏少9成左右，为1999年以来最少；2月、8月偏多5～8成，3月、10月偏多8～9成，分别为近57年和近10年最多，其余各月接近常年。

气温　2017年，全省平均气温90℃，较常年偏高0.9℃；年平均气温最高中心在文县，为15.9℃；年平均气温最低中心在乌鞘岭，为1.1℃；与常年相比，除酒泉市南部和甘南州西北部接近常年，全省大部地方偏高0.5℃～1℃，其中河西走廊、白银市南部、定西市东北部、天水市中部地方偏高1.0℃～1.7℃。各月平均气温与常年同期相比，除了3、8和10月正常以外，其余各月偏高0.5℃～2.7℃，其中7月偏高2.7℃，为近57年最高。

日照　2017年，全省平均日照时数为2359小时，较常年偏少105小时。祁连山区西部、武威市南部、天水市中东部和陇南市大部较常年同期偏多0～200小时，酒泉市西部、金昌市、武威市北部、白银市局部、临夏州南部、定西市南部和甘南州东部较常年同期偏少200～800小时。

土地资源

根据甘肃省第二次全国土地调查及2016年度土地变更调查，截至2016年12月31日，全省土地总面积4258.89万公顷（含宁夏回族自治区飞地5322.53公顷），其中：耕地537.22万公顷（8058.30万亩）占12.61%；园地25.64万公顷（384.60万亩）占0.60%；林地609.84万公顷（9147.60万亩）占14.32%；草地1418.65万公顷（21279.75万亩）占33.31%；城镇村及工矿用地78.65万公顷（1179.75万亩）占1.85%；交通运输用地26.46万公顷（396.90万亩）占0.62%；水域及水利设施用地74.77万公顷（1121.55万亩）占1.76%；其它土地1487.66万公顷（22314.90万亩）占34.93%。

森林资源

各种林地资源面积396.65万公顷，有白龙江、洮河、祁连山脉、大夏河等地的成片原始森林，森林中的野生植物达4000余种，其中有连香树、水青树、杜仲、透骨草、五福花等珍贵植物；野生动物中列入国家稀有珍贵动物的达54个种或亚种，如大熊猫、金丝猴、羚牛、野马、野骆驼、野驴、野牦牛、白唇鹿等。各类草地资源面积1575.29万公顷，占土地资源总面积的34.67%，其中天然草地1564.83万公顷，占草地总面积的99.34%，是中国主要的牧业基地之一。依靠省境森林资源和宜林土地资源积极发展林业生产，形成了以用材林、防护林、特用林、经济林、薪炭林为结构，以冷杉、云杉、油松、华山松、栎类林、杨桦林等为优势种的林业生产体系，活立木总蓄积量1.74亿立方米。工业是甘肃国民经济的主导产业，利用丰富的优势资源，重点发展基础工业，形成以重工业为主，轻重工业协调配合，包括煤炭、石油、电力、冶金、机械、化学工业、建材、森林、食品、纺织、造纸等十几个部门在内的生产体系，已成为中国有色金属、电力、石油化工、石油机械制造和建筑材料的重要基地。

陇南市文县白水江大熊猫自然保护区

陇南市文县白水江大熊猫自然保护区内大熊猫

祁连山

甘南藏族自治州玛曲草原

甘肃省陇南市文县白水江大熊猫自然保护区位于中国甘肃省南部的文县、武都县，1963年建立，面积9.1万公顷。主要保护对象是大熊猫、珙桐等多种珍稀濒危野生动植物及其赖以生存的自然生态环境和生物多样性。世界生物圈保护区。中国以保护大熊猫为主的三个重点保护区之一，甘肃省唯一具有北亚热带生物资源的自然景观区。

矿产资源

甘肃是矿产资源比较丰富的省份之一，矿业开发已成为甘肃的重要经济支柱。境内成矿地质条件优越，矿产资源较为丰富。截至2006年年底已发现各类矿产173种（含亚矿种），占全国已发现矿种数的74%。甘肃省查明矿产资源的矿种数有97种，其中：能源矿产7种、金属矿产35种、非金属矿产53种、水气矿产2种。列入《甘肃省矿产资源储量表》的固体矿产地891处（含共伴生矿产），其中，大型矿床77个、中型202个、小型612个。据全国主要矿产资源储量通报

（2005），在查明矿产资源储量的矿种中，甘肃省列全国第一位的矿产有10种，前五位的有25种，前十位的有49种。亚洲最大的金矿——甘肃阳山金矿的发现，是我国近年来探矿业的一个壮举。据悉，阳山金矿累计探获黄金资源量308吨，是亚洲最大类卡林型金矿。据估算，阳山金矿已探明的黄金资源量潜在经济价值达500亿。能源矿产中，煤、石油、油页岩、天然气、地热水均有储量，仅煤炭就包括了无烟煤、一般用煤、焦煤、褐煤等几大类；黑色金属有铁、锰、钒、铬等及冶金辅助原料矿产熔剂灰岩、熔剂白云岩等14种，大部分已探明储量，铬铁矿、钒矿、菱镁矿及铸型用黏土等储量在中国居前5位；有色金属矿产包括了有色金属、贵金属、稀有金属和分散元素矿产共28种已探明了储量，其中铜、镍、钴、铅、锌、锑、铂族、硒和碲等矿产是甘肃的优势矿产；此外尚有硫、磷、蛇纹岩、芒硝等非金属化工原料矿产9种和石棉、白云母、石膏、石灰岩等非金属建材原料矿产14种。

水资源

甘肃省水资源主要分属黄河、长江、内陆河3个流域、9个水系。黄河流域有洮河、湟河、黄河干流（包括大夏河、庄浪河、祖厉河及其他直接入黄河干流的小支流）、渭河、泾河等5个水系；长江流域有嘉陵江水系；内陆河流域有石羊河、黑河、疏勒河（含苏干湖水系）3个水系。全省自产地表水资源量286.2亿立方米，纯地下水8.7亿立方米，自产水资源总量约294.9亿立方米，人均1150立方米。全省河流年总径流量415.8亿立方米，其中1亿立方米以上的河流有78条。黄河流域除黄河干流纵贯省境中部外，支流就有36条。该流域面积大，水利条件优越，但流域内绝大部分地区为黄土覆盖，植被稀疏，水土流失严重，河流含沙量大。长江水系包括省境东南部嘉陵江上源支流的白龙江和西汉水，水源充足，年内变化稳定，冬季不封冻，河道坡降大，且多峡谷，蕴藏有丰富的水能资源。全省理论水能蕴藏量1724.15万千瓦，居全国第10位，可能利用开发容量1068.89万千瓦，年发电量492.98亿千瓦小时。

甘肃河流皆发源于西南山原，呈放射状向西北、东及东南分流，大致以冷龙岭、乌鞘岭至景泰长岭山一线为界，西北部属内流区，东南部属外流区。内流区主要有哈尔腾河、疏勒河、黑河及石羊河四水系，均源山祁连山，除前者外，其余三水系均切穿河西走廊南山，流至走廊平地，形成广阔的冲积扇与洪积戈壁滩及其前缘绿洲与盐碱滩。外流区河流分属黄河和长江两大水系。横贯陇中的黄河，由积石峡至黑山峡（省境内长420千米）间，形成一束一放的十大峡谷与九个盆地。峡谷如刘家峡、盐锅峡均为优良坝址；盆地则为重要城镇之所在，如兰州、靖远等。华家岭以南的渭河及陇山以东的泾河两水系，均东流至陕西，汇入黄河。北秦岭为渭河和西汉水的分水岭，也是黄河和长江两大水系的分水岭。全省年径流总量为617.1亿立方米。但地面水地区分布不均，省境黄河流域占全省径流总量62.4%，长江流域占20.3%，而占全省土地面积61.6%的内陆流域仅占17.3%。且季节变化较大，一般6—9月为洪水期，约占年总水量60%，冬春旱季为枯水期，小河多断流。本省河流年输沙总量达6.51亿吨，90%集中于陇中黄土区，水土流失严重。全省年径流量在1亿立方米以上的河流共有30多条，为本省主要的水利资源，现已发展灌溉地86.3万多公顷，约占全省耕地面积的24.3%。地下水较丰富，仅主要农牧区即有静储量1.4万亿余立方米，动储量年有68亿多立方米。

风能太阳能资源

甘肃是全国风能资源丰富的省区之一，全省风能资源理论储量为2.37亿千瓦，风能总储量居全国第五位。其中风能资源丰富区、可利用和季节可利用区的面积为17.66万平方千米，占全省总面积的39%，主要集中在河西走廊和省内部分山口地区。年平均风功率密度在150瓦/平方米及以上的区域占全省总面积的4%，风能资源储量为3395万千瓦，风能资源技术可开发量为2667万千瓦。由于特定的地理和气候条件，甘肃的太阳能资源十分丰富，年太阳辐射量约在4800～6400兆焦/平方米，年日照时数在1700～3300小时。其中，河西走廊和甘南高原是省内太阳能最丰富地区，年太阳总辐射量分别为5800～6400兆焦/平方米和5800～6200兆焦/平方米，年日照时达3000～3300小时。甘肃还是全国太阳能技术研发、推广和应用最早的省份之一，有着多年的科技积累，我国太阳能领域的许多开拓性工作都是从甘肃开始的。光伏发电应用在全国最早起步，被动式太阳能建筑技术居全国领先水平。联合国工业发展组织国际太阳能技术促进转让中心落户兰州，为发展太阳能技术集聚更多的信息、人才、技术资源。

民族宗教

民　族

甘肃是一个多民族的省份。2010年数据显示，全省有54个少数民族，少数民族总人口2410498人，占全省总人口的9.43%。同2000年第五次全国人口普查相比，各少数民族人口的比重上升0.74个百分点。世居甘肃的少数民族有回族、藏族、东乡族、土族、裕固族、保安族、蒙古族、撒拉族、哈萨克族、满族等16个少数民族。其中，东乡族、裕固族、保安族为甘肃的独有民族。省内现有甘南、临夏两个民族自治州，有天祝、肃南、肃北、阿克塞、东乡、积石山、张家川7个民族自治县，有39个民族乡，民族自治地方土地面积17.9万平方千米，占全省面积的39.8%。

从分布情况来看，回族主要聚居在临夏回族自治州和张家川回族自治县，散居在兰州、平凉、定西等地市；藏族主要聚居在甘南藏族自治州和河西走廊祁连山的东、中段地区；东乡、保安、撒拉族主要分布在临夏回族自治州境内；裕固、蒙古、哈萨克族主要分布在河西走廊祁连山的中、西段地区。全省86个县、市、区中，除少数民族聚居的21个县、市外，其余65个县、市、区中均有散居的少数民族。

宗　教

伊斯兰教、佛教、道教、基督教、天主教在甘肃都有信众和活动场所。

伊斯兰教　全省有穆斯林160万多人，宗教活动场所3731处。有“四大教派”（格的目、伊赫瓦尼、西道堂和色来非耶）、“四大门宦”（哲赫忍耶、虎夫耶、库布忍耶和尕德忍耶）的分别。其中伊赫瓦尼、西道堂、色来耶和哲赫忍耶等教派和门宦的传始人均在甘肃。

佛教　可统计信徒80万人，其中藏传佛教45万人，汉传佛教35万多人。宗教活动场所682处。甘南的拉卜楞寺是藏传佛教格鲁派的六大宗主寺院之一。

道教　可统计信徒21万多人，宗教活动场所212处。平凉崆峒山较著名。

基督教　可统计信徒6万人，宗教活动场所304处。系由15个教派联合而成：中华基督教会、内地会、宣道会、神召会、福音会、协同会、基督复临安息日会、基督徒聚会处、浸信会、真耶稣教会等。

天主教　可统计信徒3万多人，宗教活动场所80多处。

历史人文

早期文明

甘肃是中华民族灿烂文化的重要发祥地。大量考古文物证明，远在一二十万年前的旧石器时代，我们的先民就在这块地方生息、繁衍，利用简陋的石器顽强地同大自然作斗争。20世纪以来，先后在镇原县姜家湾、寺沟口、黑土梁，庆阳巨家塬，环县楼房子和刘家岔处，发现了旧石器时代中、晚期的石器、骨器、动物化石和早期人类用火的遗迹。属于新石器时代的文化遗迹，已发现的有1000多处，其中著名的有受仰韶文化影响而发展起来的以洮河、大夏河和湟水中下游为中心，处于母系氏族公社阶段的马家窑文化、齐家文化；还有晚于齐家文化，出现铜器，已经进入原始社会末期或奴隶社会早期的辛店、寺洼和卡鼓文化。古代传说中的炎帝（号神农氏）、黄帝（又号轩辕氏）部族也兴起于西北。

省境东部秦安县大地湾距今7800—4500年的新石器早期文化遗址，出土文物8000余件，其中一处距今7000年前的地画、5000年前的混凝土和一座建筑面积达450平方米的原始社会会堂式宏伟建筑遗迹，系国内首次发现。这里发现的罕见的三足钵、三足罐珍品，比仰韶文化半坡类型要早1000多年，为了解中国文明的起源和发展过程提供了可贵的实例。大地湾遗址的发现，为研究史前史特别是研究古代建筑、文字起源和人类生活提供了极其重要的依据资料。

建置沿革

甘肃一名始于11世纪，取甘州（今张掖）、肃州（今酒泉）二地的首字而成。由于西夏在其境分置12监军司，甘肃为其一，元代设甘肃省，简称甘；又因省境大部分在陇山以西，而唐代曾在此设置过陇右道，故又简称为陇。

先秦时期的地理专著《禹贡》，按方位将全国分为九州，甘肃省境大部属雍、梁二州，旧称“雍梁之地”。秦始皇统一中国后，分全国为36郡，省境东南地区为北地郡和陇西郡，河西为匈奴牧地，汉代在省境置凉州刺史部，至元封五年（前106年）省境先后改置武都、陇西、金城、天水、安定、北地、武威、张掖、酒泉、敦煌等10郡。三国时境内分属魏蜀之地。晋末天下大乱，甘肃境内先后出现前凉、后凉、西凉、南凉、北凉、五凉和仇池、宕昌、西秦等地方政权。唐代改郡为道，省境分属关内道、陇右道和山南道，共辖22州。宋时，境内分属宋、西夏、金所有。元代始设甘肃行中书省，辖黄河以西七路二州，黄河以东地区为陕西省奉元路，经甘南、临夏及岷、宕等地属脱思麻路，由宣政院直属。明代，省境属陕西布政使司、陕西行都指挥使司。清代康熙初于巩昌（今陇西）设陕西右布政司，后改甘肃布政司，后迁至兰州，甘肃始复为省，辖今甘肃、临夏、新疆、青海部分地区。清光绪十年（1884年）分置新疆省。辛亥革命后，1912年省境又划分为宁夏（原朔方）、西宁（原海东）、兰山、泾原（原陇东）、渭川（原陇南）、甘凉（原河西）、安肃（原边关）七道。1927年废道，1928年又分设青海和宁夏两省区。第二次国内革命战争时期，省境陇东地区属陕甘宁边区的陇东和关中两分区。1949年8月26日成立甘肃行政公署。1950年1月8日成立甘肃省人民政府，甘肃省名相沿至今。

风物名胜

甘肃海拔大多在1000米以上，四周为群山峻岭所环抱。北有六盘山、合黎山和龙首山；东为岷山、秦岭和子午岭；西接阿尔金山和祁连山；南壤青泥岭。境内地势起伏、山岭连绵、江河奔流，地形地貌复杂。这里有直插云天的皑皑雪峰，一望无垠的辽阔草原，莽莽漠漠的戈壁瀚海，郁郁葱葱的茂密森林，神奇碧绿的湖泊佳泉，有江南风韵的自然风光，也有西北特有的名花瑞果。

河西走廊是甘肃著名的粮仓，也是昔日铁马金戈的古战场和古丝绸之路的主要通道。敦煌莫高窟闻名于世，肃南裕固族、肃北蒙古族、阿克塞哈萨克族、天祝藏族聚居区等民族风情独具特色，古酒泉传奇、嘉峪关传说、玉门关和古阳关、桥湾人皮鼓、民间筵悦、骆驼队等奇风异俗熠熠生辉。

甘肃东南部的天水市和陇南地区，是历史悠久、山川锦绣、物产丰富、气候宜人、民俗奇特的天然膏沃之地，有小江南之称。唐玄奘在天水的传说，使佛公娇、万紫山、渗金寺等地成为民俗旅游的主要景点。

与天水、陇南相邻的甘南、临夏两自治州是藏、回、东乡、保安、撒拉等少数民族的集聚地，有独具一格的民情和风俗，境内的拉卜楞寺，不但有着精美绝伦的建筑，而且每年7次规模较大的法会和众多的节庆，使拉卜楞寺的宗教民俗活动空前丰富多彩。古朴典雅的临夏清真寺，是穆斯林民众们的聚礼之地，这里的宗教民俗活动，独特隆重，令人叹为观止。

甘肃东部的庆阳、平凉地区，是著名的革命老区，以南梁为中心的陕甘边革命根据地，是第二次国内革命战争后期"硕果仅存"的根据地，为长征中的党中央和中央红军提供了落脚点，是八路军三大主力开赴抗日前线的出发点。境内除有众多的革命遗迹外，黄帝登临、广成子修炼得道的道家圣地崆峒山，西王母设宴招待周穆王的王母宫山以及公刘庙、菩萨山等庙会，都成为民间文化的传播阵地和民间经济的交易场所。特别是唢呐、剪纸、社火、戏曲等民俗文化儿具魅力。

闻名世界的敦煌莫高窟是全国重点文物保护单位，俗称千佛洞，是中国四大石窟之一。被誉为20世纪最有价值的文化发现，坐落在河西走廊西端的敦煌，以精美的壁画和塑像闻名于世。它始建于十六国的前秦时期，历经十六国、北朝、隋、唐、五代、西夏、元等历代的兴建，形成巨大的规模，现有洞窟735个，壁画4.5万平方米、泥质彩塑2415尊，是世界上现存规模最大、内容最丰富的佛教艺术圣地。近代以来又发现了藏经洞，内有5万多件古代文物，由此衍生专门研究藏经洞典籍和敦煌艺术的学科——敦煌学。1961年，莫高窟被公布为第一批全国重点文物保护单位之一，1987年被列为世界文化遗产，世界遗产委员会认为，莫高窟是地处丝绸之路的一个战略要点。它不仅是东西方贸易的中转站，同时也是宗教、文化和知识的交汇处。莫高窟的492个小石窟和洞穴庙宇，以其雕像和壁画闻名于世，展示了延续千年的佛教艺术。

麦积山石窟被称为"东方雕塑馆"，地处天水市东南方50千米的北道区麦积山乡南侧，是西秦岭山脉小陇山中的一座孤峰。麦积山风景名胜区总面积215平方千米，包括麦积山、仙人崖、石门、曲溪四大景区和街亭古镇，为中国四大石窟之一。麦积山为典型的丹霞地貌，因形如农家麦垛而得名，山崖拔地而起，高80米，山势险峻，周围绿树成林，环境清幽。西汉末年，麦积山已成为天水名将隗嚣的避暑宫。这里松桧阴森，横云飞渡，烟雾团绕，碧水长流，"其青云之半，峭壁之间，镌石成佛，石龛千室"，荟萃着后秦、西秦、北魏、西魏、北周、隋、唐、五代、宋、元、明、清等十多个朝代的塑像7200余尊，壁画1300多平方米，分布在194个洞窟里，与敦煌莫高窟、大同云冈石窟、洛阳龙门石窟并称四大石窟。敦煌侧重于绚丽的壁画，云冈、龙门著名于壮丽的石刻，而麦积山则以精美的塑像闻名于世。中国雕塑家刘开渠曾赞美：麦积山是"我国历代的一个大雕塑馆"。1982年，麦积山以甘肃麦积山风景名胜区的名义，被国务院批准列入第一批国家级风景名胜区名单。

天下第一雄关——嘉峪关，是举世闻名的万里长城西端险要关隘，也是长城保存最完整的一座雄关。关城建于明洪武五年（1372年），距今已历600余年，总占地约3.35万平方米。嘉峪关城雄居祁连山与黑山之间，地势险要，扼守咽喉。关城由外城、内城、瓮城、罗城、城壕等部分组成，三重城郭，多道防线，形成重城并守之势，构成了一个壁垒森严的军事防御工程。并与五里一燧、十里一墩、三十里一堡、百里一城共同构成坚固的古代防御体系。嘉峪关内城周长640米，面积2.5万平方米。城头垛口林立，砖垛墙高1.7米。东西城垣开门，门上有明正德元年（1506年）修建的东西二楼：东为"光化楼"，西为"柔远楼"，均系单檐歇山顶、周有回廊的三层木结构建筑，总高17米。东、西门外均有土筑瓮城回护，瓮城与内城同制辟门向南，门上各有一座阁楼。西瓮城外罗城凸出，中辟门向西，为关城正门，门额刻"嘉峪关"三个大字。明弘治八年（1495年）于罗城上修建嘉峪关楼，与东、西二楼形制相同，同处一条中轴线上。清同治末年左宗棠驻节肃州时，曾修整关墙和关楼，并亲笔题"天下第一雄关"的匾额，高悬关楼。南北两端城头各有一座箭楼，为警戒哨所。关城四隅各有一座角楼，南、北墙居中各有一座敌楼，城内有游击将军府、官井。关城城墙四周有瞭望孔、灯槽、射击孔等防御设施。罗城两端连接南、北、东三面土筑围墙，形成外城，周长1263米。外城广场有文昌阁、戏楼、关帝庙、墩台等，外城又与南北延伸的长城连接。登上城头，南望祁连山，雪峰如玉，绵亘千里；北有黑山，石壁嶙峋，如铸铜色。两山对峙，关踞其间，形势险要，素有"河西第一隘口""边陲锁钥"之称。1961年嘉峪关被国家公布为第一批全国重点文物保护单位，1987年嘉峪关作为万里长城的杰出代表被联合国教科文组织列入《世界遗产名录》，2007年嘉峪关文物景区被正式评定为首批国家5A级旅游景区。

黄帝问道圣地——崆峒山，位于甘肃省平凉市城西12千米处，东瞰西安，西接兰州，南邻宝鸡，北抵银川，是古丝绸之路西出关中之要塞。景区面积84平方千米，主峰海拔2123米，集奇险灵秀的自然景观和古朴精湛的人文景观于一身，具有极高的观赏、文化和科考价值。自古就有"西来第一山""西镇奇观""崆峒山色天下秀"之美誉。崆峒山属六盘山支脉，是天然的动植物王国，有各类植物1000多种，动物300余种，森林覆盖率在90%以上。其间峰峦雄峙，危崖耸立，似鬼斧神工；林海浩瀚，烟笼雾锁，如缥缈仙境；高峡平湖，水天一色，有漓江神韵。既富北方山势之雄伟，又兼南方景色之秀丽。秦汉时期，崆峒山开始有了人文景观。经历代陆续兴建，亭台楼阁，宝刹梵宫，庙宇殿堂，古塔鸣钟，遍布诸峰。明清时期，人们把山上名胜景观称为"崆峒十二景"：香峰斗连、仙桥虹跨、笄头叠翠、月石含珠、春融蜡烛、玉喷琉璃、鹤洞元云、凤山彩雾、广成丹穴、元武针崖、天门铁柱、中台宝塔。近年来，新修了法轮寺、卧观平凉、观音堂、通天桥、飞升宫、王母宫、问道宫等景点三十五处，基本恢复了历来所称的“九宫八台十二院”中四十二处建筑群。古往今来，崆峒山吸引了众多的风流才俊。被中华民族尊为人文始祖的轩辕黄帝亲自登临崆峒山，向智者广成子请教治国之道和养生之术，黄帝问道这一千古盛事在《庄子·在宥》和《史记》等典籍中均有记载；秦皇、汉武因“慕黄帝事”“好神仙”而效法黄帝西登崆峒；司马迁、王符、杜甫、白居易、赵时春、林则徐、谭嗣同等文人墨客也留下了大量的诗词、华章、碑碣、铭文。崆峒武术与少林、武当、峨眉、昆仑等武术流派驰名华夏。1994年1月，崆峒山被国务院批准为国家重点风景名胜区；2001年1月，被国家旅游局批准为中国首批AAAA级旅游区；2007年5月8日，平凉市崆峒山风景名胜区经国家旅游局正式批准为国家5A级旅游景区；2002年10月顺利通过ISO9001、ISO14001质量、环境管理体系国际认证；2003年7月26日，崆峒山又登上了国家名片，这套由崆峒山最具代表性的景观——隍城、弹筝峡、塔院和雷声峰组成的《崆峒山》特种邮票是我省继敦煌莫高窟、麦积山石窟和嘉峪关城楼后国家邮政局发行的第四套地方题材的特种邮票；2004年3月晋升为国家地质公园。2005年8月9日，太统—崆峒山经国务院批准列为国家级自然保护区。

甘肃全省的石窟文化旅游有：莫高窟、炳灵寺石窟、安西榆林窟、庆阳北石窟寺、泾川南石窟寺、泾川王母宫石窟、肃南马蹄寺石窟群、东千佛洞、西千佛洞、拉稍寺石窟、大象山石窟、金塔寺石窟、麦积山石窟、天梯山石窟（东晋）、武山水帘洞石窟群、云崖寺石窟。

甘肃全省的古建筑旅游有：白塔、嘉峪关城楼、秦安泰山庙、夏河拉卜楞寺、天水伏羲庙、镇远楼、张掖大佛寺、张掖木塔寺、贡唐宝塔、海藏寺、武威罗什寺塔、米拉日巴佛楼阁、武威文庙、宝塔、崇信龙泉寺、兰州黄河铁桥、陇西威远楼、李家龙宫遗址·陇西堂、鲁土司衙门、渭源灞陵桥、保昌楼、白马塔、成县杜甫草堂、文峰塔、汉长城、天水仙人崖、东宫馆、玉泉观、崇信龙泉寺、礼县祁山堡、酒泉钟鼓楼、临夏红园、南郭寺、秦安兴国寺、雷音寺。

甘肃省历史文化遗址众多，全省文化遗址类有：秦安大地湾遗址、永靖恐龙足印化石群、敦煌河仓城、锁阳城故址、阳关故址、甘南夏河八角城、马家窑遗址、沙州故城遗址、居延遗址、悬泉置遗址、悬壁长城、万里长城第一墩、战国秦长城遗址、黑山岩画、罕古城、永昌骊怀古城、成县西峡颂。

历史名人

伏羲：人文始祖，三皇之首。

女娲：中华上古之神，人首蛇身，为伏羲之妹，风姓。

轩辕黄帝：中国远古时期部落联盟首领。

嫘祖：传为西陵氏之女，是传说中的北方部落首领黄帝轩辕氏的元妃。她发明了养蚕，为“嫘祖始蚕”。

秦非子：秦国的先祖非子生活于公元前900年左右，居西垂宫（后称犬丘，今天水市秦城区西南边），是秦的开国君主，他因擅长养马，替周王室主持牧马，马群得到了大量繁殖，为周王朝立下了汗马功劳。

秦襄公（？—公元前766年）嬴姓，名开。先秦时期男子称氏不称姓，虽为嬴姓，却不叫嬴开。是秦国列为诸侯的第一代君主，大秦真正的开国之君。

秦始皇（公元前259年—公元前210年），名政，甘肃陇西人，中国历史上第一个皇帝。13岁即位，在位35年，建都咸阳。公元前221年，历十年之久征灭六国后，建立了大一统秦国。其推行车同轨、书同文、实行郡县制等一系列措施，确立了历代大一统王朝的统一范本，是当之无愧的“千古一帝”。

李广（？—公元前119年），汉族，陇西成纪（今甘肃静宁）人，西汉名将。

李陵（？—公元前74年），字少卿，汉族，陇西成纪（今甘肃天水）人。西汉将领，李广之孙。

甘延寿，字君况，西汉名将，北地郁郅人，即今甘肃庆城县人。与副校尉陈汤共同诛灭了匈奴的郅支单于，被封为义成侯。

赵充国（公元前137年—公元前52年），字翁孙，汉族，原为陇西上邽（今甘肃省天水市）人，后移居湟中（今青海西宁地区），西汉著名将领。

段会宗（公元前83年—公元前9年），字子松，天水上邦（今甘肃天水）人。西汉著名外交家。在西域各族人民中享有很高威望。

隗嚣（？—公元33年），字季孟，天水成纪（今甘肃秦安）人。西汉末割据一方的军阀势力。出身陇右大族，青年时代在州郡为官，以知书通经而闻名陇上。

董卓（？—公元192年），字仲颖，陇西临洮（今甘肃省岷县）人。东汉末年少帝、献帝时权臣，西凉军阀。

张绣（？—公元207年），武威祖厉（今甘肃靖远）人。张济的从子。东汉末年割据宛城的军阀，汉末群雄之一。

贾诩（公元147年—公元223年），字文和，武威姑臧（今甘肃武威）人。三国时期魏国著名谋士。官至太尉，谥曰肃侯。

庞德（？—公元219年），字令明，东汉末年雍州南安郡狟道县（今甘肃省定西市陇西县东南）人。曹操部下重要将领。

姜维（公元202年—公元264年），字伯约，天水冀（今甘肃甘谷东南）人。三国时期蜀汉著名军事家、军事统帅。

李益（公元746年—公元829年），唐代诗人，字君虞，陕西姑臧（今甘肃武威）人，后迁河南郑州。大历四年（公元769年）进士，初任郑县尉，久不得升迁，建中四年（公元783年）登书判拔萃科。因仕途失意，后弃官在燕赵一带漫游。

金銮（公元1506年？—公元1595年？），明代散曲家。字在衡，号白屿。陇西（今属甘肃）人。正德嘉靖年间随父侨寓南京。工诗，钱谦益说他“诗不操秦声，风流宛转，得江左清华之致”（《列朝诗集》）。所作散曲，名重一时。

张澍（公元1776年—公元1847

年),字百沦,清代著名学者,凉州府武威县(今武威市)人。一生著述颇丰。清代著名学者张之洞《书目答问》将其列入经学家、史学家和金石学家。

刘尔炘(公元1865年—公元1931年),近代著名学者。字又宽,号果斋、五泉山人。甘肃兰州人。光绪乙丑科进士,授翰林院庶吉士、编修,应聘为五泉书院讲席。

行政区划与人口

区划构成

甘肃省现设兰州市、嘉峪关市、金昌市、白银市、天水市、武威市、张掖市、酒泉市、平凉市、庆阳市、定西市、陇南市、临夏回族自治州、甘南藏族自治州。

兰州市　辖五区三县:城关区、七里河区、西固区、安宁区、红古区、榆中县、皋兰县、永登县。

嘉峪关市　不辖区、县,市直管六街道、三镇:五一街道、新华街道、前进街道、胜利街道、建设街道、镜铁山矿区街道、峪泉镇、文殊镇、新城镇。

金昌市　辖一区一县:金川区、永昌县。

白银市　辖二区三县:白银区、平川区、会宁县、靖远县、景泰县。

天水市　辖二区五县:秦州区、麦积区、清水县、秦安县、甘谷县、武山县、张家川回族自治县。

武威市　辖一区三县:凉州区、古浪县、民勤县、天祝藏族自治县。

张掖市　辖一区五县:甘州区、山丹县、民乐县、临泽县、高台县、肃南裕固族自治县。

酒泉市　辖一区二市四县:肃州区、玉门市、敦煌市、金塔县、瓜州县、肃北蒙古族自治县、阿克塞哈萨克族自治县。

平凉市　辖一区六县:崆峒区、泾川县、灵台县、崇信县、华亭县、庄浪县、静宁县。

庆阳市　辖一区七县:西峰区、正宁县、华池县、合水县、宁县、庆城县、镇原县、环县。

定西市　辖一区六县:安定区、通渭县、陇西县、漳县、渭源县、岷县、临洮县。

陇南市　辖一区八县:武都区、成县、两当县、徽县、西和县、礼县、康县、文县、宕昌县。

临夏回族自治州　辖一市七县:临夏市、临夏县、康乐县、广河县、永靖县、和政县、东乡族自治县、积石山保安族东乡族撒拉族自治县。

甘南藏族自治州　辖一市七县:合作市、舟曲县、卓尼县、临潭县、迭部县、夏河县、碌曲县、玛曲县。

全省合计有:12个地级市;2个自治州;4个县级市;58个县;7个自治县;17个市辖区。

甘肃省行政区划统计表

截至2017年12月31日

级别(内容) 数据 地名	地级			县级					乡(镇)级					街道办事处
	小计	市	自治州	小计	市	市辖区	县	自治县	小计	镇(包括民族镇)	乡	镇所占比例	镇所占比例	
全省合计	14	12	2	86	4	17	58	7	1229	816	381	32	66.4%	125
兰州市	1	1		8		5	3		61	47	14		77%	54
嘉峪关市	1	1							3	3			100%	
金昌市	1	1		2		1	1		12	11	1		91.7%	6
白银市	1	1		5		2	3		69	53	15	1	76.8%	9
天水市	1	1		7		2	4	1	113	101	12		89.4%	10
武威市	1	1		4		1	2	1	93	72	21		77.4.%	9
张掖市	1	1		6		1	4	1	60	48	8	4	73.3%	5
平凉市	1	1		7		1	6		102	60	33	9	58.8%	3
酒泉市	1	1		7	2	1	2	2	68	48	14	6	70.6%	8
庆阳市	1	1		8		1	7		116	63	52	1	54.3%	3
定西市	1	1		7		1	6		119	87	32		73.1%	3
陇南市	1	1		9		1	8		195	120	71	4	61.5%	4
临夏回族自治州	1		1	8	1		5	2	123	58	61	4	47.2%	7
甘南藏族自治州	1		1	8	1		7		95	45	47	3	47.4%	4

备注:表中1229个乡(镇)级行政区划中未含125个街道办事处,125个街道办事处中未含甘肃矿区街道。

常住人口

年末全省常住人口2625.71万人，比上年末增加15.76万人。其中，城镇人口1218.07万人，占常住人口比重为46.39%，比重比上年末提高1.70个百分点。全年出生人口32.93万人，出生率为12.54‰，比上年上升0.36个千分点；死亡人口17.12万人，死亡率为6.52‰，上升0.34个千分点；人口自然增长率为6.02‰，上升0.02个千分点。

国民经济和社会发展

综　合

2017年全省实现生产总值7677.0亿元，比上年增长3.6%。其中，第一产业增加值1063.6亿元，增长5.4%；第二产业增加值2562.7亿元，下降1.0%；第三产业增加值4050.8亿元，增长6.5%。三次产业结构比为13.85∶33.38∶52.77。按常住人口计算，人均生产总值29326元，比上年增长3.0%。

年末全省就业人员1553.84万人，其中城镇就业人员617.36万人。全年城镇新增就业人员43.78万人，其中失业人员再就业15.73万人。年末城镇登记失业率为2.71%。全年输转城乡富余劳动力529.5万人，比上年增长0.4%。其中，省外输转195.6万人，增长2.7%；省内输转333.9万人，下降0.9%。

全年居民消费价格比上年上涨1.4%，其中城市居民消费价格上涨1.4%，农村居民消费价格上涨1.3%。商品零售价格上涨1.4%。

全年工业生产者出厂价格比上年上涨14.5%，工业生产者购进价格上涨15.5%。固定资产投资价格上涨5.9%。农产品生产价格下降0.9%。农业生产资料价格上涨3.7%。

全年一般公共预算收入815.6亿元，比上年增长7.8%。其中，税收收入547.1亿元，增长10.4%；非税收入268.5亿元，增长2.9%。从主体税种看，国内增值税270.8亿元，增长6.8%；企业所得税67.2亿元，增长22.3%；个人所得税27.3亿元，增长33.0%。一般公共预算支出3307.3亿元，增长5.0%。其中，交通运输支出289.9亿元，增长

2017年甘肃省生产总值及其增长速度

单位：亿元、%

指　标	绝对数	比上年增长
生产总值	7677.0	3.6
第一产业增加值	1063.6	5.4
第二产业增加值	2562.7	-1.0
工业	1769.7	-1.5
建筑业	811.4	0.1
第三产业增加值	4050.8	6.5
# 交通运输、仓储和邮政业	293.5	8.1
批发和零售贸易业	563.2	3.5
住宿和餐饮业	229.9	6.0
金融业	553.6	5.3
房地产业	274.3	1.9

2017年甘肃省年末人口数及其构成

单位：万人、%

指　标	年末数	比重
全省常住人口	2625.71	
其中：城镇	1218.07	46.39
乡村	1407.64	53.61
其中：男性	1339.64	51.02
女性	1286.07	48.98
其中：0～14岁	458.45	17.46
15～64岁	1880.53	71.62
65岁及以上	286.73	10.92

2017年甘肃省居民消费价格比上年涨跌幅度

单位：%

指　标	全省	城市	农村
居民消费价格	1.4	1.4	1.3
其中：食品烟酒	0.1	0.0	0.1
衣着	0.8	0.9	0.7
居住	2.5	1.9	3.4
生活用品及服务	0.6	0.6	0.5
交通和通信	1.1	1.2	1.1
教育文化和娱乐	1.7	2.1	0.7
医疗保健	5.2	6.5	3.0
其他用品和服务	0.9	0.6	1.9

32.2%；公共安全支出170.5亿元，增长8.9%；节能环保支出103.0亿元，增长8.1%；农林水支出519.0亿元，增长6.3%；一般公共服务支出308.6亿元，增长6.1%；医疗卫生与计划生育支出289.3亿元，增长5.9%。

农　业

全年粮食总产量1128.31万吨，比上年减产1.1%。其中，夏粮产量304.92万吨，减产0.7%；秋粮产量82339万吨，减产1.2%。

粮食作物种植面积278.25万公顷，比上年减少3.15万公顷；棉花种植面积1.68万公顷，增加0.35万公顷；油料种植面积32.08万公顷，减少1.12万公顷；蔬菜种植面积56.98万公顷，增加2.28万公顷，其中设施蔬菜种植面积10.93万公顷，增加0.38万公顷；中药材种植面积30.10万公顷，增加1.06万公顷。果园面积46.07万公顷，减少1.22万公顷。

主要经济作物中，蔬菜产量2106.17万吨，比上年增产7.9%，其中设施蔬菜产量579.71万吨，增产3.4%；园林水果产量557.02万吨，增产10.0%；中药材产量123.26万吨，增产6.8%。

全年肉类总产量105.29万吨，比上年增长3.3%。其中，猪肉产量51.77万吨，增长1.8%；牛肉产量22.41万吨，增长4.5%；羊肉产量24.51万吨，增长8.1%；禽肉产量4.26万吨，下降8.0%。牛奶产量64.48万吨，增长0.6%。年末大牲畜存栏654.11万头（只），比上年末下降3.1%；大牲畜出栏237.93万头（只），增长5.6%。羊存栏1989.00万只，下降2.0%；羊出栏1551.44万只，增长8.0%。生猪存栏611.87万头，下降5.0%；生猪出栏733.29万头，增长1.9%。

全年水产品产量1.54万吨，比上年增长0.7%。

工业和建筑业

全年全部工业增加值1769.7亿元，

2017年甘肃省财政收支及其增长速度

单位：亿元、%

产品名称	绝对数	比上年增长
一般公共预算收入	815.6	7.8
税收收入	547.1	10.4
国内增值税	270.8	6.8
国内增值税	153.5	18.7
改征增值税	117.3	-5.6
企业所得税	67.2	22.3
个人所得税	27.3	33.0
资源税	16.7	28.5
城市维护建设税	45.6	5.8
房产税	21.0	7.7
印花税	8.8	3.8
城镇土地使用税	19.4	1.0
土地增值税	28.8	22.3
车船税	12.0	12.4
耕地占用税	6.8	23.4
契税	22.6	-3.9
其他税收收入	0.1	-38.9
非税收入	268.5	2.9
上划中央收入	724.9	6.0
一般公共预算支出	3307.3	5.0
一般公共服务支出	308.6	6.1
公共安全支出	170.5	8.9
教育支出	565.7	3.0
科学技术支出	25.3	-3.6
文化体育与传媒支出	64.1	0.4
社会保障和就业支出	468.7	0.8
医疗卫生与计划生育支出	289.3	5.9
节能环保支出	103.0	8.1
城乡社区支出	168.2	-14.4
农林水支出	519.0	6.3
交通运输支出	289.9	32.2
资源勘探信息等支出	50.7	-27.5
商业服务业等支出	26.2	8.0
金融支出	0.4	-88.2
国土海洋气象等支出	55.6	49.9
住房保障支出	133.0	6.8
粮油物资储备支出	9.4	-28.5
债务付息及发行费用支出	35.6	22.7

比上年下降1.5%。规模以上工业增加值1603.7亿元，下降1.7%。在规模以上工业中，分经济类型看，国有及国有控股企业完成工业增加值1251.8亿元，下降3.9%；集体企业完成工业增加值9.8亿元，下降12.5%；股份制企业完成工业增加值1164.6亿元，下降3.1%；外商及港澳台投资企业完成工业增加值41.0亿元，增长80.3%。分隶属关系看，中央企业完成工业增加值913.7亿元，增长0.4%；省属企业完成工业增加值250.0亿元，增长0.6%；省以下地方企业完成工业增加值440.0亿元，下降11.6%。分轻重工业看，轻工业增加值260.0亿元，下降5.2%；重工业增加值1343.7亿元，下降1.2%。

全年规模以上工业中，石化、有色、食品、电力、冶金、煤炭和装备制造等重点行业完成工业增加值1430.9亿元，比上年下降1.4%，占规模以上工业增加值的比重为89.2%。

全年规模以上工业中，战略性新兴产业完成工业增加值134.3亿元，增长11.3%，占规模以上工业增加值的比重为8.4%。高技术产业完成工业增加值75.5亿元，增长8.7%，占规模以上工业增加值的比重为4.7%。

全年规模以上工业企业实现利润总额246.9亿元，比上年净增130.0亿元，其中国有及国有控股企业实现利润147.9亿元，比上年净增86.0亿元。规模以上工业亏损企业亏损额111.6亿元，比上年下降22.4%，其中国有及国有控股亏损企业亏损额78.7亿元，下降27.8%。规模以上工业企业每百元主营业务收入中的成本为86.2元，比上年降低1.4元。年末规模以上工业企业资产负债率为64.5%，比上年末下降0.8个百分点。

年末全省规模以上工业产成品库存432.6亿元，比上年末下降15.1%。其中国有及国有控股企业产成品库存274.8亿元，下降17.7%。煤炭工业产成品库存12.2亿元，下降34.4%；有色工业产成品库存161.0亿元，下降31.3%。

全年建筑业实现增加值811.4亿元，比上年增长0.1%。

2017年甘肃省主要农产品产量及其增长速度

产品名称	单位	产量	比上年增长（%）
粮食	万吨	1128.31	-1.1
#夏粮	万吨	304.92	-0.7
秋粮	万吨	823.39	-1.2
#小麦	万吨	265.42	-0.9
玉米	万吨	546.16	-2.6
油料	万吨	71.61	-5.8
#油菜籽	万吨	36.46	6.5
棉花	万吨	2.73	37.2
甜菜	万吨	23.13	39.1
烟叶（未加工）	万吨	0.89	-19.0
中药材	万吨	123.26	6.8
园林水果	万吨	557.02	10.0
蔬菜	万吨	2106.47	7.9
#设施蔬菜	万吨	579.71	3.4
肉类	万吨	105.29	3.3
#猪肉	万吨	51.77	1.8
牛肉	万吨	22.41	4.5
羊肉	万吨	24.51	8.1
禽肉	万吨	4.26	-8.0
牛奶	万吨	64.48	0.6
水产品	万吨	1.54	0.7
年末大牲畜存栏数	万头（只）	654.11	-3.1
#牛存栏	万头	487.20	-5.0
羊存栏	万只	1989.00	-2.0
猪存栏	万头	611.87	-5.0
大牲畜出栏数	万头（只）	237.93	5.6
#牛出栏	万头	213.11	4.7
羊出栏	万只	1551.44	8.0
猪出栏	万头	733.29	1.9

2017年甘肃省规模以上工业重点行业增加值

单位：亿元、%

行　业	绝对数	占规模以上工业增加值比重	比上年增长
合　计	1430.9	89.2	-1.4
石化工业	588.7	36.7	-1.8
有色工业	201.0	12.5	11.7
电力工业	222.5	13.9	12.3
冶金工业	69.3	4.3	-18.7
装备制造业	91.3	5.7	0.8
食品工业	186.4	11.6	-5.1
煤炭工业	71.7	4.5	-18.5

固定资产投资

全年固定资产投资5696.3亿元，比上年下降40.3%。按三次产业分，第一产业投资382.0亿元，下降43.7%；第二产业投资1188.3亿元，下降63.1%，其中工业投资999.4亿元，下降54.9%；第三产业投资4126.1亿元，下降26.8%。民间固定资产投资2463.6亿元，下降42.6%。高技术产业投资72.0亿元，下降52.0%。

全年项目投资4751.8亿元，下降45.3%。其中，制造业投资540.8亿元，下降58.9%；电力、热力、燃气及水的生产和供应业投资371.3亿元，下降48.6%；交通运输、仓储和邮政业投资956.6亿元，下降13.0%；水利、环境和公共设施管理业投资777.3亿元，下降27.6%。

全年房地产开发投资944.5亿元，比上年增长11.1%，其中住宅投资601.3亿元，增长6.7%。房屋施工面积9153.5万平方米，增长2.5%，其中住宅施工面积6087.9万平方米，下降1.7%。在房屋施工面积中，房屋新开工面积2374.6万平方米，增长1.8%，其中住宅新开工面积1443.0万平方米，下降9.1%。全年房屋竣工面积847.9万平方米，下降14.5%，其中住宅竣工面积619.4万平方米，下降15.2%；商品房销售面积1559.5万平方米，下降7.1%，其中住宅销售面积1386.0万平方米，下降6.3%。

国内贸易和对外经济

全年社会消费品零售总额3426.6亿元，比上年增长7.6%。按经营地统计，城镇消费品零售额2729.9亿元，增长7.7%；乡村消费品零售额696.7亿元，增长7.4%。按消费类型统计，商品零售额2877.9亿元，增长7.3%；餐饮收入额548.7亿元，增长9.0%。

全年限额以上批零住餐企业通过公共网络实现零售额11.2亿元，比上年增长26.6%。

全年批发业实现商品销售额5585.1亿元，比上年增长7.1%；零售业实现商品销售额3479.7亿元，增长11.0%;住宿业实现营业额116.3亿元，增长9.1%；餐饮业实现营业额717.6亿

2017年甘肃省主要工业产品产量及其增长速度

产品名称	单位	产量	比上年增长（%）
原煤	万吨	3738.4	−9.3
天然原油	万吨	827.0	3.2
天然气	万立方米	17729	68.6
原油加工量	万吨	1440.8	7.4
发电量	亿千瓦小时	1349.1	11.1
#火力发电量	亿千瓦小时	713.9	1.4
水力发电量	亿千瓦小时	374.1	19.3
风力发电量	亿千瓦小时	187.6	37.5
铁矿石原矿	万吨	1962.2	15.3
卷烟	万箱	96.5	0.7
电石	万吨	108.8	−3.4
水泥	万吨	4009.4	−10.7
生铁	万吨	456.2	−7.7
粗钢	万吨	560.5	−10.8
钢材	万吨	702.3	5.3
十种有色金属	万吨	398.6	6.4
#铜	万吨	91.5	4.5
铅	万吨	2.8	30.3
锌	万吨	40.2	0.5
镍	万吨	13.5	−5.7
铝	万吨	250.5	8.7
汽车	辆	18554	61.9

2017年甘肃省主要运输方式完成货物、旅客运输量及其增长速度

指标	单位	绝对数	比上年增长（%）
货运量	万吨	66205.0	9.2
#铁路	万吨	6052.2	3.3
公路	万吨	60117.0	9.8
货物周转量	亿吨公里	2439.8	12.4
#铁路	亿吨公里	1390.7	14.0
公路	亿吨公里	1048.9	10.5
客运量	万人次	42793.3	2.5
#铁路	万人次	4467.5	23.9
公路	万人次	38079.7	0.4
旅客周转量	亿人公里	643.1	1.3
#铁路	亿人公里	371.7	3.3
公路	亿人公里	247.8	−2.2

2017年甘肃省分行业项目投资及其增长速度

单位：亿元、%

行 业	投资额	比上年增长
农林牧渔业	382.0	-43.7
采矿业	87.3	-51.2
制造业	540.8	-58.9
电力、热力、燃气及水的生产和供应业	371.3	-48.6
建筑业	189.0	-81.2
批发和零售业	177.1	-63.2
交通运输、仓储和邮政业	956.6	-13.0
住宿和餐饮业	102.7	-47.5
信息传输、软件和信息技术服务业	52.8	-49.7
金融业	6.2	-72.5
房地产业	332.5	-32.8
租赁和商务服务业	94.1	-35.1
科学研究和技术服务业	38.7	-51.0
水利、环境和公共设施管理业	777.3	-27.6
居民服务和其他服务业	76.0	-46.5
教育	151.7	-48.4
卫生和社会工作	105.3	-32.1
文化、体育和娱乐业	130.4	-55.3
公共管理和社会组织	180.0	-12.3

2017年甘肃省保险业务情况

单位：亿元、%

指标	绝对数	比上年增长
保费收入	366.4	19.1
财产险收入	112.3	11.6
人身险收入	254.1	22.7
寿险收入	200.7	19.5
健康险收入	42.8	47.2
意外伤害险收入	10.7	5.5
赔付支出	119.2	9.0
财产险赔款	54.9	6.8
人身险赔付	64.3	10.9
寿险赔付	45.1	8.3
健康险赔付	15.9	14.8
意外伤害险赔付	3.3	33.2

元，增长14.1%。

全年进出口总额341.7亿元，比上年下降23.9%。其中，出口123.7亿元，下降53.4%；进口218.0亿元，增长18.6%。

全年外商直接投资合同项目11个，外商直接投资实际使用金额0.44亿美元，比上年下降62.4%。对外承包工程完成营业额2.35亿美元，下降12.7%。对外承包工程新签合同金额1.95亿美元。

交通、邮电和旅游

年末全省新建铁路投产里程554.6千米，新建铁路复线投产里程554.2千米，电气化铁路投产里程574.4千米。公路里程14.2万千米，其中等级公路12.5万千米。新建二级以上公路246.1千米。全年各种运输方式完成货物周转量2439.8亿吨千米，比上年增长12.4%；旅客周转量643.1亿人千米，增长1.3%。甘肃省民航机场集团完成旅客吞吐量1440.6万人次，比上年增长16.7%；货邮吞吐量6.3万吨，增长2.3%。

年末全省民用汽车保有量334.6万辆，比上年末增长1.3%，其中私人汽车保有量287.6万辆，增长10.6%。民用轿车保有量137.3万辆，增长13.3%，其中私人轿车保有量120.9万辆，增长14.7%。

按2010年不变价格计算，全年邮政业务总量26.7亿元，比上年增长20.5%；按2015年不变价格计算，电信业务总量455.9亿元，比上年增长97.3%。邮政业完成邮政函件业务864.0万件；包裹业务61.1万件；快递业务量7201.7万件，比上年增长18.7%，快递业务收入14.8亿元，增长18.4%。电信业年末局用电话交换机总容量76.3万门，下降34.5%；移动电话交换机容量5227.0万户，增长67.1%。年末电话用户2853.2万户，其中移动电话用户2526.4万户，其中4G移动电话用户1744.5万户。移动电话普及率96.8部/百人，比上年增加12部/百人。互联网宽带接入用户数2569.4万户，比上年增长24.7%，其中移动宽带用户1993.0万户，增长19.6%；互联网宽带接入端口1099.9万个，增长16.4%。移动宽带普及率76.4部/百人，固定宽带接入用户普及率22.1部/百人。

全年接待国内游客23897.3万人

次，比上年增长25%；国内旅游收入1578.7亿元，增长29%。接待境外旅游人数7.88万人次，增长10.3%。其中，接待外国游客4.22万人次，增长6.4%；接待港澳台同胞3.66万人次，增长14.9%。国际旅游外汇收入2086万美元，增长17.9%。

金　融

年末全省金融机构本外币各项存款余额17777.2亿元，比上年末增长1.5%，其中人民币各项存款余额17660.8亿元，增长1.4%。金融机构本外币各项贷款余额17707.2亿元，增长11.2%，其中人民币各项贷款余额17404.6亿元，增长11.2%。

年末全省共有境内上市公司33家，比上年末增加3家。年末股票总市值3408.7亿元，增长23.2%。发行、配售股票筹集资金29.1亿元，下降70.8%。上市公司发行公司债14.2亿元。

全年保费收入366.4亿元，比上年增长19.1%；赔付额119.2亿元，增长9.0%。

2017年甘肃省金融机构本外币各项存贷款余额及其增长速度

单位：亿元、%

指标	年末数	比上年末增长
金融机构本外币各项存款余额	17777.2	1.5
#境内存款	17771.7	1.5
#住户存款	9094.3	6.6
活期存款	3382.2	0.1
定期及其他存款	5712.1	10.9
非金融企业存款	5148.9	−7.3
活期存款	3522.0	−0.1
定期及其他存款	1626.9	−19.8
广义政府存款	3175.2	9.1
财政性存款	398.3	10.4
机关团体存款	2776.9	8.9
金融机构本外币各项贷款余额	17707.2	11.2
#境内贷款	17600.5	11.2
#住户贷款	4591.7	12.9
短期贷款	1644.2	9.2
中长期贷款	2947.5	15.1
非金融企业及机关团体贷款	13008.8	10.6
短期贷款	3496.9	4.8
中长期贷款	8494.1	14.3

人民生活和社会保障

全年全省居民人均可支配收入16011.0元，比上年增长9.1%。按常住地分，城镇居民人均可支配收入27763.4元，增长8.1%；农村居民人均可支配收入8076.1元，增长8.3%。全省居民人均消费支出13120.1元，比上年增长7.1%。按常住地分，城镇居民人均消费支出20659.4元，增长5.7%；农村居民人均消费支出8029.7元，增长7.2%。全省居民恩格尔系数为29.6%，比上年下降0.6个百分点，其中城镇为29.2%，农村为30.4%。贫困发生率9.7%，比上年下降2.9个百分点。

年末全省参加城镇职工基本养老保险人数429.8万人，其中职工288.2万人，离退休人员141.6万人。参加城乡居民基本养老保险人数1262.4万人，

2017年甘肃省城乡居民家庭人均收支情况

单位：元、%

指标	城镇		农村	
	绝对数	比上年增长	绝对数	比上年增长
可支配收入	27763.4	8.1	8076.1	8.3
工资性收入	18459.6	10.2	2275.4	7.1
经营净收入	2132.1	8.7	3556.2	9.0
财产净收入	2378.7	1.0	142.3	10.8
转移净收入	4793.0	3.6	2102.2	8.2
生活消费支出	20659.4	5.7	8029.7	7.2
食品烟酒	6032.6	4.4	2438.2	4.1
衣着	1905.8	7.2	507.9	5.3
居住	3828.3	2.0	1561.5	16.4
生活用品及服务	1358.0	2.2	484.9	5.7
交通通信	2952.6	17.3	1016.0	6.4
教育文化娱乐	2341.9	0.9	993.7	2.9
医疗保健	1741.2	10.0	890.6	8.4
其他用品和服务	499.1	4.0	136.8	13.2

比上年增长0.69%。参加城乡基本医疗保险人数2512.2万人。其中，参加职工基本医疗保险人数320.2万人，增长1.85%；参加城乡居民基本医疗保险人数2192万人。参加失业保险人数165.4万人，增长0.67%。参加工伤保险人数198.6万人，增长5.43%。参加生育保险人数175.3万人，增长7.72%。全年各项社会保险基金总收入727.19亿元，各项社会保险基金总支出645.71亿元。年末共有65.09万人享受城市居民最低生活保障，299.38万人享受农村居民最低生活保障，11.11万人享受农村特困人员救助供养。全年资助524.83万人参加基本医疗保险，医疗救助102.32万人次。

教育、科学技术和文化体育

全年研究生教育招生1.28万人，在学研究生3.45万人，毕业生0.92万人。普通本专科招生13.85万人，在校生46.62万人，毕业生12.48万人。中等职业教育招生7.32万人，在校生19.39万人，毕业生6.78万人。普通高中招生18.26万人，在校生57.72万人，毕业生20.81万人。初中招生28.56万人，在校生85.61万人，毕业生29.81万人。普通小学招生33.63万人，在校生185.57万人，毕业生29.47万人。特殊教育招生0.25万人，在校生1.35万人。幼儿园在园幼儿92.97万人。学龄儿童入学率99.9%，九年义务教育巩固率95%，高中阶段毛入学率94%。

全省共有国家工程研究中心5个。国家认定企业技术中心22家。省部级以上科技成果1070项，其中，基础理论成果371项，应用技术成果653项，软科学成果46项。获得奖励151项。受理专利申请24448件，比上年增长20.58%；授予专利权9672件，增长21.28%，其中授予发明专利权1340件，增长2.40%。截至年底，有效专利6045件，每万人口发明专利拥有量2.32件。全年共签订技术合同5850项，增长11.39%；技术合同成交金额162.95亿元，增长8.05%。

全年有线电视用户192.06万户，有线数字电视用户153.68万户。年末广播综合人口覆盖率98.38%，比上年末提高0.26个百分点；电视综合人口覆盖率98.68%，提高0.13个百分点。

全年体育获得各类奖牌170枚，比上年减少5枚。

卫生和社会服务

年末全省共有医疗卫生机构28878个，其中医院、卫生院1902个，妇幼保健院（所、站）99个，专科疾病防治院（所、站）7个，社区卫生服务中心（站）602个，诊所、卫生所、医务室7508个。卫生技术人员14.7万人，其中，执业医师和执业助理医师5.6万人，注册护士5.9万人。医院卫生技术人员8.5万人，社区卫生服务中心（站）卫生技术人员0.7万人，诊所、卫生所、医务室卫生技术人员1.2万人。疾病预防控制中心（防疫站）103个，疾病预防控制中心（防疫站）卫生技术人员3400人。卫生监督所（中心）93个，卫生监督所（中心）卫生技术人员1399人。乡镇卫生院1378个，乡镇卫生院卫生技术人员2.6万人。医疗卫生机构拥有床位数14.7万张，其中医院、卫生院拥有床位13.7万张。全年总诊疗人次13563.97万人次，出院人数432.60万人。

年末全省共有各类提供住宿的社会服务机构352个，其中养老服务机构245个，儿童服务机构19个。社会服务床位13.0万张，其中养老服务床位12.6万张，儿童服务床位3020张。年末共有社区服务中心876个，社区服务站1923个。

资源、环境和安全生产

全年水资源总量277.1亿立方米，人均水资源量1055立方米，比上年增长31.4%。平均降水量289.7毫米，增长7.1%。年末全省大型水库蓄水总量36.7亿立方米，比上年末增长0.1%。全年总用水量116.6亿立方米，比上年下降1.5%。其中，生活用水与上年持平，工业用水下降9.7%，农业用水下降1.4%。人均用水量444.0立方米，比上年下降2.1%。全年完成造林成活面积32.54万公顷，其中人工造林面积28.04万公顷。全民义务植树9719万株。截至年底，全省自然保护区达到60个，其中国家级自然保护区21个。共有国家地质公园11个，省级地质遗迹保护区3个。

省内38个地表水监测断面中，达到或优于III类断面比例占94.7%，IV类断面比例占5.3%，无劣V类断面。

全年全省空气质量优良天数比率为85.3%，比上年提高0.6个百分点。

省内监测的14个城市中，城市区域声环境评价好的城市有3个，评价较好的有7个。

全年平均气温为9℃，比上年上升0.9℃；年日照小时数2359小时，比上年减少105小时；年降水量451.6毫米，比上年减少61.6毫米。全省气象雷达观测站点7个，卫星云图接收站点7个。

全省地震台站（点）425个，有人值守的地震监测台站27个，无人值守的地震监测台站（点）398个。全年未发生5.0级以上的地震。2017年8月8日四川九寨沟7.0级地震造成我省直接经济损失17439万元。

全年农作物受灾面积49.42万公顷，比上年下降41.5%；农作物成灾面积27.81万公顷，下降44.4%。全年共发生森林火灾6起。

全年共发生各类生产安全事故1127起，比上年下降7.17%；死亡887人，下降9.30%；受伤1007人，下降2.80%；直接经济损失10460.01万元，下降12.31%。亿元生产总值生产安全事故死亡人数为0.12人，下降12.12%；工矿商贸企业就业人员10万人生产安全事故死亡人数2.20人，增长4.77%；煤矿百万吨死亡人数0.21人，下降24.11%；十二类营运车辆道路交通事故万车死亡人数16.10人，下降13.58%。

（供稿：王文生　滕　辉　张晓雁）

中国共产党甘肃省委员会

重要会议

【全省农村工作会议】2017年1月4日在兰州召开。会议学习贯彻习近平总书记对农业农村工作的重要指示，贯彻落实中央农村工作会议和省委经济工作会议精神，总结2016年的“三农”工作，分析当前农业农村形势，部署2017年全省“三农”工作。会议讨论了《关于深入推进农业供给侧结构性改革加快培育农业农村发展新动能的实施意见（讨论稿）》。

【中国共产党甘肃省第十三次代表大会】2017年5月21日至26日在兰州召开。大会听取并审议通过林铎代表中共甘肃省第十二届委员会向大会作的题为《紧密团结在以习近平同志为核心的党中央周围，为加快建设幸福美好新甘肃而努力奋斗》的工作报告；审议通过《中国共产党甘肃省第十三次代表大会关于中国共产党甘肃省第十二届纪律检查委员会工作报告的决议》。大会提出，未来五年经济社会发展的奋斗目标是：综合经济实力、县域经济发展层次、人民群众生活质量、法治建设能力、社会文明程度、生态建设和环境保护水平、全面从严治党成效不断提升，城乡居民收入等主要经济指标增速高于全国平均水平，基本公共服务达到全国平均水平，主要污染物排放和单位地区生产总值能耗控制在国家下达的指标之内，现行标准下农村贫困人口如期脱贫、稳定脱贫，贫困县全部摘帽，解决区域性整体贫困，在全面建成小康社会目标的基础上，努力实现更高水平的发展，在践行习近平总书记“八个着力”重要指示精神上不断取得新的更大成效。大会通过有关决议后，选举产生由79名委员，17名候补委员组成的中共甘肃省第十三届委员会；选出由45名委员组成的中共甘肃省第十三届纪律检查委员会；选出甘肃省出席党的十九大代表41名，中央提名的2名代表候选人当选。

【中国共产党甘肃省第十三届委员会第一次全体会议】2017年5月26日在兰州召开。会议选举产生中共甘肃省第十三届委员会常务委员会委员、书记、副书记；通过中国共产党甘肃省第十三届纪律检查委员会第一次全体会议选举产生的书记、副书记和常务委员会委员人选。

【中国共产党甘肃省第十三届委员会第二次全体会议】2017年7月30日在兰州召开。全会认真贯彻落实党的十八大和十八届三中、四中、五中、六中全会精神，深入贯彻习近平总书记系列重要讲话精神和治国理政新理念新思想新战略，认真传达学习贯彻习近平总书记在省部级主要领导干部“学习习近平总书记重要讲话精神，迎接党的十九大”专题研讨班上的重要讲话精神，深入落实习近平总书记视察甘肃重要讲话和“八个着力”重要指示精神，总结上半年经济社会发展情况，安排部署下半年工作，审议通过《中国共产党甘肃省第十三届委员会第二次全体会议决议》。

【全省脱贫攻坚推进大会】2017年6月26日在兰州召开。会议通报2016年市县脱贫攻坚工作成效和贫困县党政领导班子考核情况，全面部署当前及今后一个时期全省脱贫攻坚工作。会议强调，要深入学习贯彻习近平总书记扶贫开发重要战略思想和在深度贫困地区脱贫攻坚座谈会上的重要讲话精神，认真落实省第十三次党代会工作部署，认清面临形势，下足“绣花”功夫，以更加有力的举措、更加明确的责任和更加严实的作风，推进脱贫攻坚各项任务落实见效。

【全省深度贫困地区脱贫攻坚专题工作会议】2017年9月11日在兰州召开。会议强调，要深入学习贯彻习近平总书记扶贫开发重要战略思想特别是在深度贫困地区脱贫攻坚座谈会上的重要讲话精神，全面落实习近平总书记视察甘肃重要讲话和“八个着力”重要指示精神，聚焦重点领域和薄弱环节，分析研究和解决突出问题，坚决攻克深度贫困这个堡垒，全面打赢脱贫攻坚战，确保甘肃省同全国一道全面建成小康社会。

【“学习贯彻党的十九大精神，加快建设幸福美好新甘肃”专题研讨会】2017年11月23日至24日在兰州召开。研讨会以习近平新时代中国特色社会主义思想为指导，深入学习贯彻党的十九大精神，认真落实习近平总书记视察甘肃重要讲话和“八个着力”重要指示精神，紧扣社会主要矛盾变化的新特点，围绕满足“人民日益增长的美好生活需要”，紧密联系省情实际，深入研究制约甘肃省发展不平衡不充分的主要症结，深入分析经济不断下滑的深层原因，深入思考“甘肃怎么办、应该怎么干”的思路措施，大力解放思想，强化问题导向，弘扬实干精神，集思广益、广泛问计，形成强大合力，加快建设幸福美好新甘肃进程，努力与全国一道全面建成小康社会。

重要活动

【刘延东同志来甘视察】2017年7月7日至8日，中共中央政治局委员、国务院副总理刘延东来甘肃视察。刘延东深入定西市临洮县考察贫困地区中小学和幼儿园教学情况，看望慰问师生和留守儿童。8日上午，刘延东出席了全国打赢教育脱贫攻坚战现场会，强调，要深入贯彻习近平总书记关于脱贫攻坚一系列重要指示精神，齐心协力、攻坚克难，推动教育扶贫政策措施落地见效，让贫困地区学生接受良好教育，为确保如期实现脱贫攻坚目标作出贡献。要按照党中央、国务院统一部署，强化责任担当，完善支撑体系，加大政策倾斜，为贫困地区孩子成长成才、追梦圆梦创造条件。要全面改善义务教育薄弱学校办学条件，加强乡村教师队伍建设，完善控辍保学机制，对留守儿童给予特殊关爱，发展农村普惠性学前教育，努力使孩子们在人生起步阶段接受公平而有质量的教育。要继续实施招生专项计划，支持普及高中阶段教育，帮助贫困人口接受优质职业教育，资助学生通过升学或就业改变命运，畅通社会纵向流动通道。要增强贫困地区内生动力，鼓励社会力量广泛参与，共同打赢教育脱贫攻坚这场硬仗，为全面建成小康社会作贡献。

【刘奇葆同志来甘视察】2017年7月3日至6日，中共中央政治局委员、中央书记处书记、中宣部部长刘奇葆来甘肃视察。刘奇葆深入兰州、酒泉、嘉峪关、敦煌等地的企业、社区、村社和宣传文化单位，考察社会主义核心价值观建设、基层公共文化服务、文化改革发展、文物保护利用等工作，与基层干部群众座谈交流，看望慰问干部职工。刘奇葆指出，要深化习近平总书记系列重要讲话精神和治国理政新理念新思想新战略的学习宣传，精心组织“治国理政新思想新实践”和“砥砺奋进的五年”重大主题宣传，激发全社会团结奋进的强大正能量，为党的十九大胜利召开营造良好思想舆论氛围。刘奇葆强调，要大力推动社会主义核心价值观融入法治建设，注重把实践中广泛认同、较为成熟、操作性强的道德要求及时上升为法律规范，运用法治手段解决道德领域突出问题。用核心价值观引领精神文明创建，加强诚信教育，营造守信光荣、失信可耻的良好风尚。依托社区深入开展学雷锋志愿服务活动，不断扩大规模、形成规范，推进学雷锋志愿服务制度化常态化。要把民族团结进步宣传教育作为培育和践行核心价值观的重要内容，引导各族群众共筑中华民族命运共同体。

【郭金龙同志来甘视察】2017年6月12日至14日，中共中央政治局委员、中央精神文明建设指导委员会副主任郭金龙来甘肃兰州视察。郭金龙深入社区、企业、农村、公共文化设施，了解基层开展创建文明城市、文明村镇、文明单位、文明家庭、文明校园和道德模范学习宣传的情况，与基层干部群众座谈交流。郭金龙强调，要深入学习贯彻习近平总书记系列重要讲话精神和治国理政新理念新思想新战略，牢固树立政治意识、大局意识、核心意识、看齐意识，始终坚持“两手抓、两手都要硬”的战略方针，以培育和践行社会主义核心价值观为根本，不断加强社会主义精神文明建设，深化群众性精神文明创建活动，以精神文明建设的丰硕成果和优异成绩迎接党的十九大胜利召开。

【2017丝绸之路旅游推介之夜】2017年6月19日，“2017丝绸之路旅游推介之夜”活动在临夏州永靖县举行。省委书记、省人大常委会主任林铎，省委副书记、省长唐仁健，柬埔寨王国旅游部部长唐坤，联合国世界旅游组织执行主任祝善忠，吉尔吉斯斯坦文化、信息和旅游部副部长查曼库洛夫，亚太旅游协会首席运营官戴龙等出席活动。来自法国、美国、波兰、日本等22个国家和地区的旅游官员、旅行商和新闻媒体的记者参加此次活动。活动揭晓了“2017年度中国人眼中的丝绸之路旅游十佳”等8组榜单，张掖市荣获“十佳特色旅游城市”，永靖黄河三峡荣获“十佳旅游景区”，敦煌行·丝绸之路国际旅游节荣获“十佳旅游品牌活动”，夏河诺尔丹营地荣获“十佳特色旅游酒店”，兰州牛肉面荣获“十佳特色美食”，敦煌彩塑荣获“十佳旅游商品”，甘肃丝绸之路国际旅行社、兰神国际旅行社荣获“十佳境内旅行商”。

【第七届敦煌行·丝绸之路国际旅

游节暨国际旅行商大会】2017年6月20日，由国家旅游局、甘肃省人民政府共同主办的第七届敦煌行·丝绸之路国际旅游节在临夏州永靖县开幕。省委书记、省人大常委会主任林铎宣布旅游节开幕。省委副书记、省长唐仁健，国家旅游局副局长杜江，本届旅游节主宾国柬埔寨旅游部部长唐坤，联合国世界旅游组织执行主任祝善忠，亚太旅游协会首席运营官戴龙先后致辞。开幕式重点宣传推介了主宾国柬埔寨的旅游资源、“传奇丝路美丽中国”和“精品丝路绚丽甘肃”，甘肃省旅游发展委与相关机构、旅行商就开展国际旅游合作签约，丝绸之路旅游推广联盟为“2017丝绸之路旅游十佳境内旅行商”和“十佳境外旅行商”颁牌。本届旅游节已纳入国家“美丽中国——2017丝绸之路旅游年”重要活动，节会期间有57项分项活动在全省各地举办。

【2017“一带一路”媒体合作论坛】2017年9月19日，由人民日报社和甘肃省委、省政府共同主办的2017“一带一路”媒体合作论坛在敦煌市举行。全国人大常委会副委员长张平出席开幕式并致辞。人民日报社社长杨振武，省委书记、省人大常委会主任林铎分别致辞。来自126个国家和国际组织、256家主流媒体的303位外国媒体代表，人民日报社编委会成员、中央媒体负责同志、中国作家协会、中国美术家协会等社会团体及协会，各省区市领导、重点嘉宾、相关学者和文化界嘉宾出席开幕式。国家创新与发展战略研究会会长，中央党校学术委员会主任、原常务副校长郑必坚，商务部党组成员、部长助理李成钢，《俄罗斯报》社长帕维尔·涅戈伊察，西班牙埃菲社社长何塞·维拉等致辞。国务院国资委党委委员、秘书长阎晓峰，交通部总工程师、政策研究室主任周伟等发表主旨演讲。

重要决策

【学习贯彻习近平总书记在中央政治局第39次集体学习时的重要讲话 研究提出甘肃省贯彻意见】3月7日省委召开常委（扩大）会议，学习贯彻习近平总书记在中央政治局第39次集体学习时的重要讲话，研究甘肃省贯彻意见。会议指出，习近平总书记的重要讲话，全面肯定了党的十八大以来脱贫攻坚成绩，精辟总结了脱贫攻坚的有益经验，科学分析了面临的形势任务，鲜明指出了今后一段时间的工作重点，为我们提供了根本遵循。这充分体现了党中央对脱贫攻坚的高度重视，对贫困地区和贫困群众的格外关心。全省上下要站在讲政治的高度，把握习近平总书记重要讲话精神的实质精髓，加大工作力度，保质保量完成脱贫攻坚硬任务。会议强调，要始终不渝遵循脱贫攻坚的成功经验，把握好加强领导这个根本，省市县乡村五级书记一起抓；把握好“精准”这个要义，把各项工作做得更实更细，做到帮扶精准、验收精准、脱贫精准；把握好增加投入这个保障，既要增加财政、金融投入，又要动员企业和社会力量参与进来；把握好各方参与这个合力，既要举全省之力，也要把东西扶贫协作、国家机关定点帮扶政策用足用好；把握好群众参与这个基础，把扶贫与扶志、扶贫与扶智结合起来。要坚持问题导向，坚决做到“四个防止”。防止层层加码，不能急躁冒进、搞数字脱贫；防止扶贫领域的形式主义，不能垒大户、堆盆景；防止忽视贫困群众的主体作用，做给群众看、带着群众干；防止扶贫资金被挤占挪用，加强监管，确保资金使用安全有效。要全面提升村容村貌，抓好党建促脱贫，扶持乡村本土人才，加强农村精神文明建设，多关心在贫困地方工作的干部，打牢脱贫攻坚基层基础。要对扶贫行动、“1236”“1＋17”等成熟做法不断完善，长期坚持。会议强调，扶贫越往后，任务越艰巨。要向党中央看齐，把思想和行动统一到习近平总书记重要讲话精神上来，加倍努力，苦干实干，让中央和省委各项决策部署一项一项变成现实，确保如期打赢脱贫攻坚战。

【研究部署甘肃省加快推进防沙治沙和深化统计管理体制改革等工作】省委常委会6月8日召开会议，研究部署甘肃省加快推进防沙治沙和深化统计管理体制改革等工作。省委书记林铎主持会议。会议讨论审议了《关于加快推进防沙治沙工作的意见》。会议强调，防沙治沙工作是生态文明建设的重要组成部分，党中央高度重视，全社会广泛关注，习近平总书记等中央领导同志多次作出重要指示批示。甘肃省自然条件严酷，生态环境脆弱，防沙治沙难度大。近年来，通过全省上下共同努力，虽然防沙治沙工作取得了一定的成效，但面临的形势依然十分严峻，任务仍然十分繁重。全省上下要认真学习贯彻习近平总书记系列重要讲话和重要指示精神，切实提高思想认识，充分认识防沙治沙工作的重要意义，进一步增强做好防沙治沙工作的责任感和使命感。要严格执行生态保护制度，全面梳理国家生态保护法规制度的各项要求，组织各级各方面认真学习，逐项抓好贯彻落实。要汲取祁连山自然保护区生态环境破坏问题的深刻教训，举一反三，改进工作，教育引导各级干部切实把防沙治沙工作抓紧抓好。防沙治沙是一个大课题，也是一门综合性学科。要加强科学支撑，大力推广应用先进技术和科学管理，并将防沙治沙和发展经济紧密结合起来，推广种植沙生农作物，实现生态效益和经济效益的双丰收。要形成广泛动员体系，建立由政府主导、社会广泛参与的工作格局，共同推动防沙治沙工作，同时积极争取国家政策和资金支持，加强资金的管理使用，真正把钱花在刀刃上。要真抓实干务求实效，全面推行地方党委政府领导任期目标责任考核奖惩制度，严格落实防沙治沙责任制，确保全省防沙治沙事业持续健康发展。会议讨论审议了《关于深化统计管理体制改革提高统计数据真实性的实施意见》。会议强调，要充分认识提高统计工作质量的重要性，切实把提高统计数据真实性作为甘肃省统计工作的重点来抓，立足甘肃省实际深化统计管理体制改革，把专业性和社会性结合好，把持续性和及时性结合好，做好上下衔接，保证统计数据的真实性和准确性，增强统计工作的科学性、权威性，着力提高统计质量的可靠性、可信性，为与全国一道全面建成小康社会、建设幸福美好新甘肃提供可靠的统计保证。

【研究进一步推进甘肃省脱贫攻坚和驻甘部队全面停止有偿服务等工作】省委常委会6月9日召开会议，研究进一步推进我省脱贫攻坚和驻甘部队全面停止有偿服务等工作。省委书记林铎主持会议。会议听取了脱贫攻坚工作督查情况、2016年市县脱贫攻坚工作成效考核情况和调整加强全省脱贫攻坚帮扶工作力量情况的汇报，审议了《甘肃省精准扶贫精准脱贫突出问题整改方案》。会议指出，脱贫攻坚是我省当前的头等大事和第一民生工程，是全面建成小康社会最艰巨最繁重的任务，打赢这场攻坚战，需要我们深入学习贯彻中央新精神，不断研究新情况、解决新问题，按照习近平总书记提出的下一番“绣花”功夫的重要指示，扎扎实实做好脱贫攻坚各项工作。会议强调，要坚决纠正突出问题，解决好基础工作不够扎实、政策落实不够精准、资金使用不够规范、富民产业发育不足、帮扶工作不到位等问题，扶真贫、真扶贫，使脱贫攻坚工作成效经得起实践和历史检验。要确保持续稳定脱贫，着力加快县域经济发展，培育壮大富民产业，充分发挥致富带头人、龙头企业、专业合作社的示范带动作用，实现规模化经营、集约化发展，努力规避市场风险，保证贫困群众持续增收、稳定脱贫。要细化实化工作举措，把精准识别的工作再往细里做，把各项扶贫政策再往实处落，管好用好扶贫资金，切实为贫困群众解决实际困难和问题。要进一步加强督查考核，加大督查力度，敢于动真碰硬、揭短亮丑，及时发现、着力解决存在的问题。用好考核结果，奖优罚劣，对工作成效显著的市县要表彰奖励，对没有完成任务或完成不好的要约谈通报，在全省树立讲脱贫实效的导向。要强化脱贫一线能力建设，结合推进“两学一做”学习教育常态化制度化，花更大精力建强基层党组织，加强党支部书记和党员致富带头人培养，进一步激发和调动帮扶干部的积极性，以务实的作风和时不我待的紧迫感，推动脱贫攻坚取得群众满意的成效。会议传达学习了深入推进军队和武警部队全面停止有偿服务工作电视电话会议精神。会议要求，要进一步领会中央精神，深刻认识支持军队和武警部队全面停止有偿服务工作的重大意义，把思想统一到中央决策部署上来，切实增强做好工作的政治自觉、思想自觉和行动自觉，不折不扣地把党中央、中央军委的安排部署和习近平总书记的重要指示要求落到实处。要把握工作节奏和进度目标，在全面吃透政策的基础上明情况、清底数，分解细化阶段任务，一个项目制定一个方案，敢于担当，主动作为，压实责任，推动工作扎实有序开展。要加强军地协调，各地主动承担属地责任，全力配合支持部队开展工作，维护部队和社会两个大局稳定，保质保量完成党中央和中央军委交给我们的任务。

【研究部署祁连山保护区生态环境问题整改落实、全面推行河长制及加强和改进新形势下高校思想政治工作】省委常委会6月21日召开会议，研究部署祁连山保护区生态环境问题整改落实、全面推行河长制及加强和改进新形势下高校思想政治工作。省委书记林铎主持会议。会议审议了《甘肃祁连山保护区生态环境问题整改落实方案》。会议强调，要深入学习贯彻习近平总书记系列重要讲话精神和治国理政新理念新思想新战略，增强“四个意识”，从坚决维护党中央权威、严守政治纪律和政治规矩的高度，认真吸取教训，真正反思到位，牢固树立绿色发展理念，做到一事一方案、一事一策略，务求祁连山生态环境问题整改有序、到位、见效，真正筑牢西部生态安全屏障。会议审议了《甘肃省全面推行河长制工作方案》。会议指出，全面推行河长制是中央作出的重大决策部署，目的是构建责任明确、协调有序、监管严格、保护有力的河湖管理保护机制，为维护河湖健康生命、实现河湖功能永续利用提供制度保障。要深入贯彻习近平总书记系列重要讲话精神和治国理政新理念新思想新战略，围绕统筹推进“五位一体”总体布局和协调推进“四个全面”战略布局，来谋划和抓好我省河长制工作。要建立健全以党政领导负责制为核心的管理保护责任体系，明确各级河长职责，形成工作合力，层层抓好落实。要立足省情水情实际，细化实化工作措施，实行一河一策、一湖一策，加强监督考核和责任追究，切实解决好河湖管理保护中存在的突出问题。会议审议了《中共甘肃省委甘肃省人民政府关于加强和改进新形势下高校思想政治工作的实施意见》。会议指出，加强和改进高校思想政治工作，事关办什么样的大学、怎样办大学的根本问题，事关党对高校的领导，事关中国特色社会主义事业后继有人，是一项重大的政治任务和战略工程。要提高思想认识，认真学习贯彻全国高校思想政治工作会议精神，进一步增强责任感、使命感和紧迫感，切实把思想和行动统一到中央部署要求和习近平总书记重要讲话精神上来。要加强领导，推动形成党委统一领导、党政齐抓共管、职能部门组织协调、社会各方积极参与的工作格局。要加大教育工作力度，坚持思想政治工作先行，深化理想信念教育，加强文化自信教育，培育和践行社会主义核心价值观，努力培养又红又专、德才兼备、全面发展的中国特色社会主义合格建设者和可靠接班人。要做好保障工作，加大支持协调力度，特别要抓好高校领导班子建设，确保高校思想政治工作有力有序有效开展。

**【传达学习习近平总书记在深度贫困地区脱贫攻坚座谈会上的重要讲话 研究部署推进司法体制改革等工

作】省委常委会7月23日召开会议，传达学习习近平总书记在深度贫困地区脱贫攻坚座谈会上的重要讲话和中央有关会议精神，研究部署推进司法体制改革等工作。省委书记林铎主持会议。会议指出，习近平总书记在深度贫困地区脱贫攻坚座谈会上的重要讲话，对破解深度贫困问题和统筹做好脱贫攻坚工作具有重要指导意义。要全面领会习近平总书记重要讲话的精神要义，深刻认识深度贫困地区如期完成脱贫攻坚任务的艰巨性、重要性、紧迫性，结合省情实际形成贯彻落实意见，把握基本要求，坚定信心决心，抢抓机遇，攻坚克难。要切实抓好深度贫困地区脱贫攻坚工作，采取超常规举措，加大资金支持、项目配套、人力调配等方面的倾斜力度。要加强对深度贫困地区脱贫攻坚工作的组织领导，强化责任担当，充分发挥基层党组织战斗堡垒作用和党员先锋模范作用，坚决打赢深度贫困地区脱贫攻坚这场“硬仗中的硬仗”。会议传达了全国司法体制改革推进会精神。会议强调，要深入贯彻落实习近平总书记对司法体制改革工作作出的重要指示精神，按照中央决策部署，积极稳妥、有力有序地推进司法责任制及相关配套改革，推动司法体制改革爬坡过坎。要着力破解存在的突出问题，针对薄弱环节，加大推进改革力度，努力探索司法体制改革和现代科技应用结合的新路子。要提高政治站位，切实抓好保稳定、护安全、促和谐各项工作，有效防控各类风险，为党的十九大胜利召开营造良好环境。会议传达学习了第八次全国信访工作会议精神，审议了《甘肃省信访工作责任制实施细则》。会议强调，要认真学习领会习近平总书记关于信访工作的重要批示精神，提高思想认识，着力解决信访突出问题，加强源头治理，提高工作水平，把信访工作做得更有成效。会议听取了省政府党组关于全省安全生产工作及国务院安委会巡查我省安全生产情况的汇报。会议指出，要坚持把安全生产作为重大的政治问题、发展问题和民生问题，强化措施办法，加大工作力度，推动安全生产形势持续稳定向好。要牢固树立安全发展理念，警钟长鸣、常抓不懈。要坚决抓好巡查反馈问题整改，尽快制定整改方案，坚持立行立改、动真碰硬。要严格落实安全生产责任制，组织开展安全生产大检查，把好安全生产关口，坚决遏制重特大事故发生。要推动安全生产领域改革发展，为经济社会持续健康发展创造良好安全生产环境。会议听取了省人大常委会党组关于全国人大推进县乡人大工作和建设经验交流会精神及我省加强县乡人大工作和建设的报告。

【传达学习习近平总书记重要批示 研究部署甘肃省加强政府债务管理等工作】省委常委会8月29日召开会议，传达学习习近平总书记重要批示和国务院《研究积极稳妥化解累积的地方政府债务风险坚决遏制隐性债务增量等工作的会议纪要》精神，研究部署我省加强政府债务管理等工作。省委书记林铎主持会议。会议指出，习近平总书记重要批示和国务院会议纪要精神，体现了党中央对加强金融风险防范的高度重视，体现了对营造安全稳定发展环境的坚定决心。会议强调，要按照习近平总书记的重要批示精神，把防范风险放在更加重要的位置，进一步健全组织领导体制和工作机制，切实加大财政约束力度，整顿和规范金融秩序，坚决守住不发生区域性系统性风险的底线。要切实加强我省政府债务风险防控工作，坚持堵疏结合、标本兼治，强化对政府债务的监管，建立跨部门的联合监测和防控机制，进一步规范各级政府的举债融资行为。抓紧研究建立基础设施和公益性项目建设的资金筹措长效机制，为经济社会发展提供长期、可靠、低成本的资金。对重大项目进行科学严密的评估论证，对不符合发展规划、不符合实际需要尤其是过度超前的项目要坚决把住。要抓紧筹备全省金融工作会议，深入研究深化我省金融体制改革、增强金融服务实体经济能力、防控金融风险等重大问题，不断提高我省金融业发展水平。会议传达了全国出版工作会议精神，审议通过了《中共甘肃省委关于新形势下加强政法队伍建设的实施意见》和《中共甘肃省委关于进一步加强新形势下党的督促检查工作的实施意见》等。

【传达学习中央群团改革工作座谈会精神 研究部署甘肃省群团改革和禁毒等工作】省委常委会9月5日召开会议，传达学习中央群团改革工作座谈会精神，研究部署我省群团改革和禁毒等工作。省委书记林铎主持会议。会议指出，习近平总书记对群团改革工作作出的重要指示，从全局和战略高度重申了群团改革的重要地位和重大意义，肯定了两年来群团改革取得的积极成效，提出了进一步推进群团改革的任务和要求，为我们深化群团改革和群团工作指明了方向、提供了根本遵循。刘云山同志就推进群团改革作出全面部署，具有很强的政治性、指导性和针对性。我们要深入学习贯彻习近平总书记重要指示精神和这次座谈会精神，以更高的站位和更实的举措，加快推动我省群团改革和群团工作取得新成效。要坚持正确的改革方向，切实提高政治站位，始终坚持以党建带群建促改革，紧紧围绕保持和增强“政治性、先进性、群众性”推进群团改革，牢固树立政治意识、大局意识、核心意识、看齐意识，始终在思想上政治上行动上同以习近平同志为核心的党中央保持高度一致。要围绕中心更好发挥职能作用，按照省第十三次党代会的决策部署，团结带领所联系群众积极投身转型升级、脱贫攻坚、深化改革开放等生动实践，充分发挥工人阶级主力军、青年生力军和妇女半边天作用。要科学把握新形势下群团工作规律，不断创新工作思路和方法，夯实基层基础，大力推进网上群团建设，更好助推全面建成小康社会、建设幸福美好新甘肃的宏伟事业。要坚持问题导向，纵深推进群团改革，有效扩大群团组织和群团工作的覆盖面，不断提高群团组织的吸引力、凝聚力、战斗力，更好地引导群众“听党话、跟党走”，把群团组织建设成为党联系服务群众的坚强阵地。各级党委要切实担负起政治责任和领导责任，加强宣传引导，加大统筹协调，强化分类指导，推动各项改革举措落到实处，以优异成绩迎接党的十九大胜利召开。会议听取了省禁毒委员会关于2016年以来我省禁毒工作情况汇报。强调各级党委政府要把禁毒工作作为社会治安综合治理和维护稳定的一项重要工作来抓，始终保持高压态势，严厉打击制毒贩毒犯罪活动，加大宣传教育，切实提高全民防毒拒毒意识，最大限度遏制毒品问题蔓延势头，努力开创我省禁毒工作新局面。会议审议通过了《关于健全人大讨论决定重大事项制度、各级政府重大决策出台前向本级人大报告的实施意见》。

【传达学习习近平总书记等中央领导同志有关批示精神 研究部署甘肃省重点工作】省委常委会12月5日召开会议，传达学习习近平总书记等中央领导同志有关批示精神，研究部署我省清理拖欠农民工工资、推进“两州一县”脱贫攻坚和全省农村“三变”改革等工作。省委书记林铎主持会议。会议传达学习了习近平总书记等中央领导同志有关批示精神。会议要求，各级各有关部门要提高认识，树牢“四个意识”，坚持以人民为中心，把解决农民工欠薪问题作为一件大事来抓，以工程建设领域特别是政府建设项目为重点，摸清底数，完善机制，严格督查，让广大农民工拿到钱回家过个好年。要积极化解地方政府债务风险，规范政府举债融资行为，切实降低债务风险水平，防止形成新的债务隐患。要科学论证和实施地方政府项目，始终坚持尽力而为、量力而行的原则，对过度超前、资金缺口过大的项目，必须严格把关，有效防范各类讨薪讨债群体性事件发生。会议传达学习了中共中央政治局常委、国务院副总理汪洋有关批示精神，审议了我省“两州一县”《脱贫攻坚方案》。会议强调，要坚决贯彻落实党的十九大对打赢脱贫攻坚战的决策部署，把习近平总书记在深度贫困地区脱贫攻坚座谈会重要讲话精神体现在方案制定和工作推进的全过程各方面，紧盯“两不愁、三保障”脱贫目标，围绕“六个精准”要求，进一步细化实化方案，使所列项目符合中央要求、满足攻坚需要，可操作、能落地，真正做到用有限的时间、有限的资金，解决有限的问题、完成有限的目标，确保“两州一县”深度贫困地区如期打赢脱贫攻坚战。会议审议了《关于推进农村资源变资产资金变股金农民变股东改革的指导意见》。会议强调，各级各方面要充分认识到，农村“三变”改革是农村产权制度的一次重大变革，对有效破解“三农”瓶颈制约、完善农村基本经营制度，促进农业增效农村发展农民增收，具有重大而深远的意义。要切实把思想和行动统一到党中央关于农村“三变”改革的决策部署上来，进一步增强责任感和紧迫感，按照“一年试点探索、两年总结推广、三年巩固提升”的进度要求，全力抓好试点和总结推广工作。要建立健全体制机制，完善服务体系，规范和优化工作流程，努力形成协同高效顺畅的工作推进格局。要切实加强组织领导，因地制宜积极探索实践，最大限度地整合、激活、用活各类发展要素，为打赢脱贫攻坚战、全面建成小康社会奠定良好基础。

办公厅工作

【督查落实】履行省委整改领导小组办公室职责，聚焦政治整改，周密制定方案，把巡视反馈问题分解为3个方面11大类37项任务，逐项逐条列出整改责任清单，坚持按季度跟进督办，及时向党中央和省委报告进展情况。2017年底，37项整改任务中有31项已经完成或基本完成，其余6项正在持续推进。其中，省委办公厅牵头负责的4项整改任务中3项已基本完成，另外1项已取得阶段性进展并需长期坚持。配合中央环保督察组开展工作，协调有关方面深入排查问题，逐项制定措施，分门别类推动整改，先后组织力量对庆阳、陇南、酒泉3市开展环保大督查，确保中央和省委有关要求落实到位。特别是针对祁连山生态环境破坏问题，组织50多人次连续3个月在祁连山沿线开展明查暗访和驻点巡查，实行问题整改周报制度，会同有关部门对非祁连山国家级自然保护区生态状况进行为期2个月的深度调研，深刻剖析生态环境保护中存在的问题和困难，提出有针对性的意见建议，为全省上下汲取深刻教训、加强生态文明建设提供参考借鉴。按照省委要求，起草制定《中共甘肃省委关于坚决全面彻底肃清流毒和影响进一步净化政治生态的意见》，积极协调省纪委、省委组织部等部门开展专项整治，切实肃清流毒和影响。贯彻落实《中共中央关于加强新形势下党的督促检查工作的意见》，研究起草省委实施意见，召开全省党委督促检查工作会议进行安排部署，构建党委领导、党委办公室(厅)牵头抓总、部门分工负责、各方面参与的督查工作格局。围绕中央环保督察组反馈问题和祁连山生态环保问题整改落实等，组织实地督查42次，访谈干部群众8000多人次。针对岷漳地震灾后重建靖远异地安置点遗留问题和农村安全饮水、新农村建设房屋质量等问题，深入实地核查情况，督促相关市州和有关部门落实责任解决问题。坚持实地督查直奔现场找问题、督查报告直奔主题谈问题，做到见人见事见责任，督查报告有名有姓指出具体问题100多件，盯住利用清洁能源发电、临夏州学龄儿童辍学严重等重点事项和具体问题跟踪问效抓落实，发挥督查推动落实的重要作用。

【服务保障】协调推进，保障第二届丝绸之路(敦煌)国际文化博览会、兰洽会、公祭伏羲大典等重大节会顺利进行。全年服务保障省委常委会会议68次，印发《重要事项预告》113期、《省委一月工作安排》12期、《省委领导一周活动表》52期，保障重要会见活动42次。围绕脱贫攻坚等重点领域深入调查研究，开展调研48次66天。开展"走基层大调研"活动，组成8个调研组，赴基层蹲点调研，形成《非祁连山国家级自然保护区生态环境状况调查》《强化党的工作部门党内监督工作的调查与思考》等调研成果。会同兰州理工大学围绕全省工业企业停产问题，开展深层次、专业化的调研，形成《甘肃省工业经济运行情况调研报告》；协调省商务厅组织专业力量调研形成《陕甘宁三省区对外贸易分析》；围绕"一带一路"建设走访联系部分智库机构和相关领域专家学者，梳理形成《甘肃省参与"一带一路"建设基本情况》。起草《甘肃省进一步贯彻落实习近平总书记"八个着力"重要指示精神实施方案》《中共甘肃省委关于深入学习宣传贯彻党的十九大精神的意见》《中央巡视"回头看"反馈意见整改落实情况的报告》等文稿80多篇。编发杂志《甘肃工作》和内部交流刊物《甘肃工作交流》《送阅件》《学习秘书》《工作动态》等。全年编发《值班信息》640期，编发应急短信295条。全年编发《甘肃信息》455篇。收集整理涉甘舆情，编发《涉甘要情》190期、《网民留言》49期、《综合摘报》9期，为省委有效处置重大舆情事件提供参考。起草制定《中共甘肃省委关于加强党内法规制度建设的实施意见》，对党内法规制度的规划、起草、备案、清理、审核、解释、执行以及领导责任、理论研究、工作机构、队伍建设等作出全面安排部署。争取中办法规局支持，将兰州市列为全国7个党内法规制定工作试点城市之一，指导制定试点方案，推动试点工作。构建省市县三级党内规范性文件备案工作体系，加大备案审查力度，向中办上报备案省委党内法规和规范性文件87件，审查各地各部门党委（党组）党内规范性文件779件，前置审核省委常委会相关议题80多件。建立省委法律顾问和公职律师制度，聘任省委法律顾问和公职律师16人。

（供稿：张小华）

组织工作

【安排部署学习贯彻党的十九大精神】全年省委组织部部务会召开18次会议，传达学习中央和省委有关会议和重要文件精神，研究提出贯彻措施，及时把中央和省委的决策部署落实到组织工作中。下发电报《通知》对学习贯彻党的十九大精神作出安排部署，要求全省各级组织部门和广大组工干部认真落实"用习近平新时代中国特色社会主义思想武装全党""把党的政治建设摆在首位""建设高素质专业化干部队伍"等六个方面部署要求，把学习贯彻党的十九大精神同全面落实习近平总书记视察甘肃时的重要讲话和"八个着力"重要指示精神紧密结合起来，同落实省第十三次党代会精神紧密结合起来，同谋划新时代组织工作紧密结合起来。制定干部集中轮训《实施方案》，举办省管干部集中轮训班，分4期对1600名干部进行集中轮训。每个班次设置12个培训专题，采取访谈式教学、小组互动研讨、全班交流发言等多种形式。发挥省委党校、甘肃行政学院、甘肃社会主义学院等干部教育培训主阵地主渠道作用，把学习党的十九大精神作为必修课，推动党的十九大精神进教材、进课堂、进头脑。

【省委换届工作】加强工作指导，突出审核把关，指导选举单位按多于代表名额25%以上的比例，以无记名投票方式确定代表候选人预备人选并广泛征求意见，对选举单位提出的推荐人选认真审查后，分4批当选代表进行批复，严把政治关和廉洁关，认真落实"四必"要求，防止"带病提名"。及时将中央分配我省的十九大代表名额差额分配到推荐单位进行酝酿推荐，从推荐人选中研究提出人选再次进行酝酿，根据酝酿情况研究提出初步人选考察对象并进行考察，在此基础上研究提出初步人选建议名单，提请省委常委会审定后，赴中组部进行汇报沟通，公示确定48名出席党的十九大代表候选人初步人选。起草新一届"两委"委员《组成原则、提名条件和产生程序》，经省委常委会审议后提请省委全委会讨论通过，根据提名原则条件和程序，指导各地各单位开展酝酿推荐，组织力量对省委研究确定的新提名"两委"委员候选人初步建议人选考察后，提请省委常委会研究提出"两委"委员候选人初步人选名单，并向中组部上报"两委"换届人事安排方案的请示。突出"两个研判"，对所有代表和代表团情况进行研判，制定工作预案，省委组织部每名领导联系2至3个代表团，全程参与各团活动，引导代表领会中央精神、正确行使民主权利。突出"两个特殊"，对汉语不熟练的代表和色盲、色弱代表采取特殊服务措施，帮助他们按其意愿行使民主权利。突出"两个覆盖"，做到培训工作所有代表全覆盖，模拟演练所有环节全覆盖。严把选票印制分发的呈签、校样、印制、质检、领取、复核、回收、汇总8个环节，确保选举中不出现技术性失误。召开座谈会对加强换届风气监督工作作出安排，落实"四必看"要求，组织观看警示片《警钟》《镜鉴》1300余人次，向950多名有关领导干部、代表和工作人员寄送了"九个严禁"提醒卡，组织各代表团集体学习《关于加强换届风气监督的通知》。落实"四必谈"要求，省委组织部主要负责同志分别与省委管理主要领导干部、重点岗位干部和负责换届的同志谈话，明确要求严守换届纪律。会同省纪委做好严肃会风会纪工作，营造良好会风。

【脱贫攻坚"一号工程"】完成对58名2016年选派到贫困县挂职干部的考核，新选派54名干部到贫困县挂职。考核2015年选派的74名科技副县长，2017年选派66名挂职科技副县长。紧盯脱贫攻坚调优配强村级班子，全年调整村干部2530名、免职192名、处分1489名。调整选派628名优秀年轻干部到贫困村担任第一书记，新选聘538名大学生村官安排到贫困村和薄弱村工作，从大学生村官、优秀村干部中考录乡镇机关公务员278名。中管党费、省管党费列支扶持35个贫困县的310个空壳村发展集体经济，协调省级财政安排资金扶持大学生村官领办创业项目，目前全省有集体经济收入的村达到10265个，占64%。协调省财政从2017年至2019年连续三年每年统筹6220万元，为全省6220个建档立卡贫困村第一书记每人每年安排1万元工作经费，从2017年开始连续两年每年划拨资金用于支持建档立卡贫困村村级活动场所维修改造。制定出台《甘肃省市州党委和政府脱贫攻坚工作成效考核办法》，修改完善《全省贫困县党政领导班子和党政正职经济社会发展实绩考核实施方案》，完成2016年度市州脱贫成效和贫困县经济社会发展实绩考核工作。通报表扬考核评定为优秀等次的市、县，对评定为一般等次的县党政正职，由省委省政府分管领导进行约谈。

【党的建设制度改革】制定2017年党建制度改革专项小组《工作要点》和《工作台账》，确定改革任务27项，其中省级领导领衔推动的重要改革任务7项。采取月报告、季督查、半年通报，年底对账盘点的办法，加强重点改革任务的督查和已出台制度的跟踪问效，先后赴张掖、武威、酒泉、嘉峪关和省民政厅对《全面加强农村基层党建工作的意见》《推进领导干部能上能下实施细则》《加强全省社会组织党的建设工作的实施意见》《党政领导干部生态环境损害责任追究实施办法》等4项制度贯彻落实情况实地督查，对中央《脱贫攻坚责任制实施办法》的贯彻落实展开自查，督查十八届三中全会以来中央出台的改革方案落实情况。

【"四大一严" 工作机制】贯彻中央和省委关于选人用人的部署要求，探索实行以"大面积谈心谈话、大规模集中研判、大范围听取意见、大视野选人用人，严格坚持'凡提四必'制度"为主要内容的"四大一严" 选人用人机制。10月份成立8个调研组分2批展开省管干部集中大访谈，深入98个单位，访谈干部865人，部务会专门研究梳理访谈成果并向省委专题汇报。

【干部监督】结合省委巡视，对9个省直单位、4个市州和8个县区选人用人工作专项检查，开展"带病提拔" 领导干部倒查工作。对145个省直单位开展2016年度选人用人工作"一报告两评议"，完成2名市委书记、3名县委书记履行干部选拔任用工作职责离任检查。严格执行干部选拔任用工作报告制度，审核干部调配55批次。做好领导干部个人有关事项抽查核实和任前档案审核。举办培训班对学习贯彻领导干部报告个人有关事项两项法规进行培训。落实中组部"凡提必核" 要求，对省委拟酝酿提拔干部、全省拟提拔副处级以上干部以及十九大代表、省党代会代表、省"两委" 委员等拟提名人选进行重点抽查核实，要求未如实报告的作出说明，责成本人补报并进行书面批评教育。落实"凡提必审" 要求，开展干部档案任前审核工作。制定《省管干部提醒、函询和诫勉工作操作规程》。从严审核办理离退休省管干部因私出国（境）手续。委托有关部门对22个单位的33名省管领导干部开展经济责任审计，配合做好祁连山国家级自然保护区生态环境问题相关责任人问责，完成全省超配干部的消化任务。

【基层党组织建设】开展市县乡党委书记抓基层党建工作述职评议考核，指导市县乡逐级建立问题清单、责任清单、整改清单和整改台账，督促抓好述职评议问题整改，推动解决基层党建突出问题7539个，占整改问题总数的96%，市、县党委常委会研究基层党建工作分别平均达到了8次和6次以上。全年召开全省国有企业党的建设工作会、全省基层党建重点任务推进会、全省城市基层党建工作会、全省抓党建促脱贫工作推进会等会议，分领域分行业对基层党建工作作出部署，制定出台深入推进抓党建促脱贫攻坚的《实施意见》、选派到村任职第一书记《管理办法》、省属国有企业党组织把方向管大局保落实的《实施意见》等政策文件。由部务会成员带队，成立11个督查调研组，深入14个市州的58个县市区、85个乡镇、138个村、56个街道社区以及293个机关单位、国有企业、非公企业和学校，围绕8个方面重点任务开展调研督查，反馈763条具体问题。整顿机关党建"灯下黑"，先后3次对39个省直部门的100多个基层党组织开展检查，指导督促99%的机关基层党组织完成换届，15个省直部门党组（党委）书记担任直属机关党委书记。健全软弱涣散基层党组织整顿提升机制，摸排的3249个软弱涣散基层党组织全部得到整顿提升。督促指导各级党委（党组）抓好基层党支部基本制度落实，组织生活不经常不正常不严肃等问题得到改善。制定加强民办学校党建工作的《实施意见》，针对行业协会商会与行政机关脱钩后党建工作体制调整问题出台《实施办法》，开展党组织组建集中攻坚行动，全省非公企业党组织覆盖率达58.9%、社会组织党组织覆盖率达70%。贯彻全国、全省国企党建工作会议精神，指导国有企业将党建工作写入公司章程，完善党建工作考核评价制度，保障工作经费，把党组织研究讨论作为重大问题决策前置程序，217户企业实现党委书记和董事长"一肩挑"。指导国有企业党组织开展"三岗联创" 和"四强四优" 争创活动，创建党员示范岗30031个，党员责任区24497个，党员先锋岗10223个。指导城市社区党组织把抓党建、抓服务、抓治理作为城市基层党组织的三大任务，深入拓展"民情流水线" 工程，全省有67.1%的街道建立"大工委" 制、43.1%的社区建立"大党委" 制，吸收驻区单位党组织负责人担任兼职委员。推行党组织"网格化" 建设，建立网格党支部4583个。完成村"两委" 换届工作，换届后全省有1.1万多名"六类人员" 担任村党组织书记（农村致富带头人、专业合作组织负责人、大学生村官、复转军人、外出务工经商返乡创业人员、乡村医生教师)，占71.7%；1126名城市“六类人员”当选为社区党组织书记（机关事业单位人员、社区大学生、社会组织负责人、社区群团组织负责人、社区专职工作人员、社会知名人士），占87.7%。完成全省10万个基层党组织和175.6万名党员基本信息采集录入工作。做好党费收缴工作专项检查，全省党员补交党费4.76亿元。印发基层党员干部省级示范培训项目计划，完成27类65期7130人次示范培训任务，组织推荐49名基层干部参加中组部培训。甘肃党员教育智慧云平台注册用户达90多万人。指导省市县乡机关和企事业单位基层党组织与帮扶贫困村党组织结成1.2万多个对子。

【“两学一做”学习教育】结合中央巡视组反馈问题整改，制定下发《关于对“两学一做”学习教育情况进行“回头看”的通知》，安排各地各单位集中一个半月时间，重点从落实领导责任、查摆突出问题、制定整改措施等3个方面，进行自查自纠、查漏补缺，提出我省贯彻落实的9项具体措施，起草我省《实施意见》，广泛征求各市州、部分县区、省里各党工委和9个行业领域基层党组织意见建议，提请省委印发执行。充实调整全省“两学一做”学习教育协调推进小组，制定《指导督导工作方案》，细化60项重点任务、明确8种工作方式，提出6个方面的指导督导工作要求。指导各地各单位继续做好党组织按期换届、失联党员规范管理和组织处置等工作。推动先进典型学习宣传，提请省委追授李钢、冯小平同志“甘肃省优秀共产党员”称号，确定上报3名同志作为中央媒体宣传对象，配合省委宣传部对15名优秀党员进行宣传。

【人才体制机制改革】召开省委人才工作领导小组会议，传达学习中组部深化人才发展体制机制改革经验交流会精神。开展全省人才工作大督查大研判，对12个市州、21家省属企事业单位的人才工作调研，督查88个重点人才项目进展情况，个别谈话435人。起草健全省委人才工作领导小组工作运行机制的《意见》、柔性引才办法、加强新形势下引进国外智力和人才的《实施意见》等，推进我省人才发展体制机制改革。组织实施重点人才项目，面向全省征集确定3类88个重点人才项目，研究制定《考核管理办法》，规范重点人才项目管理。制定省委重点人才项目绩效考核评价指标体系及考核工作方案，委托第三方开展2016年全省重点人才项目绩效评价工作。实施“陇原青年创新创业扶持计划”，征集遴选40个项目重点扶持。实施第三批“陇原之光”共127人的访学项目。会同省人社厅开展领军人才考核工作，会同省卫计委开展第二批医疗卫生人才“组团式”援藏行动。围绕行业领域人才匮乏短板，会同有关部门展开农村实用人才、文化旅游人才、非公经济组织人才的培养开发。做好专家联系服务工作，制定《关于进一步加强党委联系服务专家工作办法》，建立省级领导联系专家名单，举办2017年春节专家团拜会，落实国家“千人计划”专家待遇补贴，组织第17批博士服务团开展省情考察，协调安排第18批博士服务团工作岗位，遴选推荐2017年度25名“西部之光”访问学者。

【干部培训管理】举办省管地厅级干部学习贯彻省第十三次党代会精神集中轮训班，引导党员干部增强“四个意识”。制定省一级干部教育培训项目计划，围绕当前中心工作设计9个培训主题60个培训项目，评选65门全省干部教育培训“好课程”纳入主体班次教学计划，精心组织省级培训班92期、培训18992人次，选派参加中央、中组部调训干部358人次，督查各地贯彻落实干部教育培训《工作条例》情况。强化公务员宏观管理，会同省人社厅研究制定边远地区县乡事业单位公开招聘工作相关政策，印发《通知》下放省直机关（参照管理单位）正常晋升级别工资审批权限，开展贯彻落实《公务员法》专项督查。做好省直机关公开遴选和省直部门事业单位公开招聘工作，组织开展2017年度全省公务员“四级联考”和从优秀村干部中考录乡镇机关公务员考试。

（供稿：刘　晖）

宣传工作

【思想理论建设】牵头制定《深入学习贯彻党的十九大精神的意见》以及全省理论宣讲、宣传报道、社会宣传、领导干部轮训等系列方案，实现学习宣传贯彻全覆盖。甘肃日报推出十九大整版特刊，省广电总台推出10多档栏目，“两微一端”学习互动话题阅读量超过1000多万人次。社科理论界刊发研究阐释十九大精神的理论文章近百篇，4万多人次参加中央宣讲团宣讲辅导。组建省委十九大精神宣讲团，分19个组赴各地各单位开展宣讲38场次。省市县乡四级联动，开展宣讲3.5万场次，受众360万人次。指导全省各级党委（党组）理论中心组开展十九大精神专题学习。组织开展党中央治国理政新理念新思想新战略重大主题宣传，开展中华民族伟大复兴中国梦宣传教育，增强对党的理论创新成果的政治认同、思想认同、理论认同。落实党委（党组）理论学习中心组学习规则，制定甘肃省实施办法，落实年度《学习计划》，组织13次省委理论中心组学习，推荐20余本学习书目。以县处级以上领导干部为重点，依托各级党校、行政学院等培训机构开展轮训工作。利用理论教育网站和“微课堂”平台，引导干部群众坚定理想信念、增强“四个自信”。深入开展理论研究阐释，继续推进理论工作“四大平台”建设，重点围绕甘肃省中国特色社会主义理论体系研究中心建设，在“四报一刊”发表理论文章22篇，其中7篇理论文章获得中宣部评优资助。贯彻落实中央《关于实施马克思主义理论研究和建设工程规划纲要》，推进部校共建兰州大学马克思主义学院。

依托“理论陇军之声”等专栏，在省属主要报刊刊发200余篇重点理论文章。贯彻落实中央《关于加快构建中国特色哲学社会科学的意见》，制定甘肃省《实施意见》，推进甘肃省马克思主义学科体系建设。举办4期哲学社会科学骨干研修班，培训160余人。贯彻落实全国高校思想政治工作会议精神，召开全省高校思想政治工作会议，制定甘肃省《实施意见》。发挥国家社科基金和省社科规划项目引导作用，组织完成国家社科基金项目申报工作，获国家社科基金104项资助资金2280万元。加强省社科研究，评选资助172项省社科规划项目。

【意识形态工作】严格落实意识形态工作责任制，做好中央巡视组反馈意识形态工作问题的整改工作，起草《关于当前我省意识形态领域情况的通报》和《甘肃省委意识形态领域问题整改落实方案》。贯彻落实甘肃省《党委（党组）意识形态工作责任制实施细则》，健全完善“第一责任、直接责任、一岗双责”的制度体系，组织签订意识形态工作《责任书》。制定出台甘肃省《意识形态工作责任制考核办法》，制定《督查方案》，开展意识形态工作专题督查和专项考核。组织召开省委意识形态工作会议和2次意识形态工作联席会议，全省意识形态领域总体向上向好。健全落实舆情监测和分析研判机制，积极收集报送舆情信息4000余条，其中3条被中央领导批示。深入开展舆情分析研判工作，召开14次新闻舆情通气会。按照“谁主管谁负责”和属地管理原则，加强对各类宣传思想文化阵地的管理。坚持党管媒体原则和“三审”制度，加强对新闻出版、广播影视、文化市场、小报小刊、高校课堂、讲座论坛等管理。贯彻落实《党委（党组）网络意识形态工作责任制实施细则》，形成网上正面舆论强势。加强网军队伍建设，加快建成“双百千万”网评队伍，释放权威信息，主动回应关切，走好网上群众路线。坚持以“扫黄打非”进基层为抓手，深入开展专项治理。制定重大活动突发公共事件及暴恐案件新闻应急工作流程，为突发事件处置与舆情应对提供工作遵循。稳妥处置重大突发敏感舆情，确保网上舆情总体平稳。通过有效舆论监督，提升工作水平。

【舆论引导】指导省内媒体开设“治国理政新理念新思想新战略在甘肃的新实践”等专题专栏，刊发系列言论评论，转载中央主要媒体重要稿件，分阶段、全方位、多层次宣传报道。围绕习近平总书记在党的新闻舆论工作座谈会上的讲话一周年，推出习近平总书记“2·19”“4·19”重要讲话1周年、“治国理政新实践”、“重温八个着力·共建幸福美好新甘肃”等40多个专题，在《甘肃日报》刊发系列体会文章，使习近平新时代特色社会主义思想牢牢占据舆论主导地位。完成2017年全国“两会”宣传任务，做好中宣部“双百三同”脱贫攻坚主题宣传甘肃省蹲点调研采访活动，以及人民日报荒漠化治理专题采访、中央电视台“经济社会发展成就”专题片拍摄等重大主题宣传采访活动。组织媒体全方位、高密度地对省委的重大决策部署深度宣传，展示亮点、凝聚共识。开展成就宣传，以“砥砺奋进的五年”主题宣传为载体，宣传统筹推进“四个全面”战略布局和协调推进“五位一体”总体布局，以及贯彻新发展理念取得的重大进展，及时宣传推进全面从严治党、实施“十三五”规划和推进精准扶贫脱贫等重大部署取得的巨大成就，集中宣传改革发展建设实践中涌现出的先进典型，总结推广成熟经验做法。突出做好经济社会改革发展宣传，解读2017年全省经济工作的主要目标、宏观政策、重大部署和重要举措，宣传经济持续健康发展、全面深化改革、突出抓好民生改善和社会治理等方面取得的成就。增强正面宣传效果，围绕祁连山保护区生态环境问题整改落实，在中央媒体刊播《祁连山环境整改进行时》、专题节目《绿色发展久久为功》等正面报道。组织指导省属媒体开展“环保整改进行时”专栏采访报道。制定《学习贯彻省第十三次党代会精神宣传工作方案》，安排各媒体统一开设“学习贯彻省党代会精神”总栏目，分阶段、多形式学习宣传贯彻党代会精神。制定甘肃省《关于规范省级党政主要负责同志非外事会见活动新闻报道的意见》《甘肃省新闻工作者协会深化改革方案》。加大全省新闻从业人员管理和马克思主义新闻观教育，推进“三项学习教育”活动，深化拓展“走转改”活动，继续开展“新春走基层”采访活动。推进部校共建新闻学院工作，加强兰州大学、西北师范大学新闻学院共建工作，将兰州城市学院、兰州文理学院2所高校新闻学院增加为共建对象。实施互聘交流“千人计划”，选派16名骨干编辑记者、7名优秀教学能手，实现共建学院与新闻媒体单位相互挂职兼职工作。

【对外宣传报道】2017年，中央、香港主要新闻媒体共刊播甘肃省重要报道16920多篇（条），同比增长20%，其中中央电视台《新闻联播》播出200条；《人民日报》登载366篇，头版38条；新华社播发4450篇（条、幅），为全省改革发展稳定提供正面的舆论环境。围绕省委省政府中心工作和社会热点问题，全年共举办省级新闻发布会50场。甘肃的“两微一端”共发布各类信息7.3万余条。借助丝绸之路（敦煌）国际文化博览会、丝绸之路国际旅游节、兰洽会、公祭伏羲大典等，引进国（境）外文化项目交流互鉴。与美国、俄罗斯、日本、英国、土耳其等国开展人文领域学术交流和项目合作，多渠道对外推广和塑造甘肃新形象。加强与省外国外主流媒体、社交媒体的联系合作和藏族聚居区采访线建设，拓展经常性的对外新闻宣传工作，组织阿拉伯国家新闻官员与记者研修班学员考察访问、海外华人媒体赴甘肃藏族聚居区考察采访、第四届“范长江行动香港传媒学子甘肃行”、中央媒体甘南采访报道4大主题采访活动，举办赴德国等8国的“欢乐春节”演展活动、赴日本和香港的“如意甘肃——民族文化交流周”活动、赴美国等3国的系列敦煌文化展览、莫斯科甘肃文化系列展览展示等活动，拍摄甘肃藏族聚居区民俗系列纪录片、微电影、影视片等。

【社会文明建设】推进“社会主义核心价值观主题宣传教育十大创建行动”，加大“讲文明树新风”“图说我们的价值观”公益广告的投放刊播和主题微电影创作与展示力度，征集展示公益广告1000多件，微电影展播总访问量320多万人次。做好重大先进典型的宣传工作，深化拓展以“德润陇原”为主题的道德模范、陇人骄子、最美人物、陇原美德少年、十大孝星等评选表彰和学习宣传工作。开展“道德模范走进道德讲堂”基层巡讲、专场巡演和关心关爱道德模范活动，拍摄播出道德模范微纪录电影30部、公益广告10部。学习宣传塞罕坝精神，持续深化生态文明作为社会主义核心价值观建设重要内容的思想认识。把核心价值观融入文明城市、文明村镇、文明单位、文明家庭、文明校园等创建活动，嘉峪关市被评为全国文明城市，33个村镇和44家单位荣获全国文明村镇、文明单位荣誉称号。出台陇原乡村文明行动和农村精神文明“八个一”示范工程建设《意见》，农村精神文明建设工作向纵深发展。启动首届甘肃省文明家庭评选表彰活动，确定30户省级文明家庭。组织“我的中国梦”主题教育实践活动，编辑出版的第三辑《甘肃省优秀童谣》中有8首童谣荣获全国优秀作品。推动全省全国文明校园创建活动，18所学校荣获首届全国文明校园荣誉称号。开展以文明经商、文明旅游、文明礼仪、文明餐桌、文明交通等为内容的“做文明有礼的甘肃人”主题行动，组织国庆文明旅游宣传活动、“陇原最美驾驶员”文明交通等重点活动。深化“我们的节日”主题活动，推出“华夏文明·丝路长歌——我们的节日”重阳节特别节目。组织以“邻里守望·情暖陇原”为主题的学雷锋志愿服务系列活动，评选表彰甘肃省首届学雷锋志愿服务“四个十佳”先进典型，推进学雷锋活动常态化。启动“鼎立信”失信被执行人曝光平台建设，推进诚信“红黑榜”发布工作，发布“红榜”单位70家、“黑榜”单位83家，营造诚信光荣、失信可耻的良好社会氛围。开展第七批省级爱国主义教育基地命名巡查工作，完成18个国家级爱国主义教育示范基地系列丛书书稿的审读和5个省级爱国主义教育基地《陈展大纲》评审工作。建立全省革命历史类纪念设施管理联席会议制度和革命历史类纪念设施陈展评审专家库。展开国防教育宣传活动和全省高校大学生“爱我国防”主题演讲大赛、“暑期红色之旅”集中示范活动。

【文艺和影视创作】出台《甘肃省实施优秀传统文化传承发展工程方案》和《甘肃省推进文化走出去工作实施方案》，发表《努力践行习近平新时代文艺思想》等近30篇理论学习文章。省内外专家和文艺工作者共600多人次，深入创作基地、农村、老区等地体验生活。围绕“精准扶贫”和“文化扶贫”，展开“送欢乐下基层”“送文化进农村进社区”“结对子送文化”等文化惠民活动60多起。加强文学、戏剧、电影、电视等艺术门类的创作规划，向中宣部报送25项重大选题，制定出台《2017—2021年纪录片创作五年规划》《2018年戏剧创作规划》，出台《关于开展戏曲进校园活动的实施意见》《关于开展戏曲进乡村活动的实施意见》。繁荣各门类文艺创作，推进戏剧大省、纪录片大省、西部影视剧工程、文学八骏、敦煌画派、“西风烈·如意甘肃”等文艺品牌建设。歌曲《千年之约》获中宣部精神文明建设第十四届“五个一工程”奖，电视剧《建军大业》《擒狼》《苦乐村官》、电影《金城档案》《大会师》相继在央视一套、八套、六套等频道播出。电视剧《陇原英雄传》《初心》、电影《面向群众》将相继在央视相关频道、全国院线播映推出。戏剧电影《陇上的梦》《赵氏孤儿》、电影故事片《丢羊》列入国家广电总局“迎接党的十九大，共圆小康中国梦”主题放映推荐篇目。戏剧《民乐情》《南梁·南梁》《八月十五月儿圆》搬上国家舞台。对2015年至2017年甘肃省在全国性文艺评奖中荣获国家级重大文艺奖项的歌曲《千年之约》、纪录片《布格勒萨伊》、学术著作《神圣、世俗与性别关系：中国甘肃省东乡族的民族志考察》、诗歌《风中捡拾的草叶与月光》4部作品以及朱衡、袁丫丫2名个人以省委省政府名义分别给予10万元奖励。贯彻落实中央繁荣发展社会主义文艺《意见》和甘肃省《实施意见》，整合申报建立省文艺精品创作专项资金，实施2017年“文艺百粒种子”

2017年1月5日全省宣传思想工作会议在兰州召开

工程，评选出25个优秀选题项目予以资助。完善重点文艺作品立项、资助、评审制度，制定《甘肃省全省性文艺评奖管理办法》《省委宣传部影视作品以奖代补暂行办法》。完成第八届敦煌文艺奖评选工作，评选出优秀文艺作品141项，文艺突出贡献奖11名，文艺终身成就奖10名。

【公共文化服务】推进基本公共文化服务标准化均等化建设，完善公共文化建设政府主体责任制，出台《甘肃省公共文化服务体系建设“十三五”规划》，持续抓好甘肃省第一、第二批国家公共文化服务体系示范区和示范项目创建成果推广转化工作。贯彻落实中央和省委关于精准扶贫精准脱贫的决策部署，文化扶贫工作争取到中央项目资金2.194亿元，省级配套资金1622万元，省级项目资金1.012亿元，争取“三馆一站”免费开放奖励资金800万元。实施中宣部公共文化惠民工程，检查验收贫困地区百县万村848个村综合文化服务中心，出台《实施方案》和《管理办法》，下达第一批“贫困地区民族自治县村综合文化服务中心覆盖工程”598个村的专项经费4784万元，协调拨付省级配套资金5364万元，按季度督查实施情况。争取中宣部将甘南、临夏的1423个村纳入民族自治县覆盖工程，拨付第一批747个村的专项经费。推动文化惠民项目与群众文化需求有效对接，在全省范围内实施“乡村舞台”建设，建成行政村“乡村舞台”15845个（其中贫困村6140个），覆盖面达到98%以上。展开文化科技卫生“三下乡”活动，推进“书香陇原”全民阅读活动和“书香·童年”学龄前儿童基础阅读工程试点工作。推进新闻出版广播影视“村村通”、“户户通”、农家书屋、农村电影放映、西新工程、无线数字化覆盖等惠民工程，组织实施贫困地区县级广播电视播出机构制播能力建设工程。全省新增“历史再现”工程博物馆42个，总数增至532个，其中190个列入全国博物馆名录。

【文化体制改革和文化产业发展】贯彻落实国家“十三五”文化发展改革《规划纲要》，落实《实施意见》，开展文化体制改革重点任务督查活动。完善国有文化资产管理体制，制定《甘肃省省属文化企业国有资产监督管理暂行办法》《省委宣传部审核省属文化企业重大事项管理暂行办法》《甘肃省省属文化企业负责人双效考核办法（试行）》和《甘肃省省属文化企业负责人薪酬管理办法（试行）》，对部分省属文化企业“三重一大”事项进行前置审查和内容导向把关。推动省广电总台和甘肃日报社建立健全新闻媒体采编经营“两分开”运行机制。出台《省级政府购买公益性演出服务专项资金管理办法》《读者出版集团和飞天出版传媒公司战略重组方案》，省新闻出版广电局与飞天传媒集团完成脱钩。出台《关于加强文化领域行业组织建设的实施意见》《关于深化文化市场综合执法改革的实施意见》。推进“互联网+”“文化+”战略，深化文化与科技、旅游、体育、金融等相关产业的融合，研发出敦煌莫高窟智慧旅游、省博物馆“互联网+中华文明”系统，全省动漫企业发展至50多家，开展藏羌彝文化产业走廊建设。已建成文化集市固定经营点134家，累计实现销售收入6.5亿元，利润2.1亿元；建成生产加工基地147家，累计实现产值17亿元，利润2亿元，带动农户9.2万余户约27万农民创新创业。督查全省重点文化产业招商引资项目落地、2016年文化产业发展专项资金贴息项目资金使用和2017年度拟贴息项目。利用深圳文博会展会平台，组织“陕甘宁新”四省区文化产业重点项目推介暨签约活动，签订文化产业合作项目45个，签约金额305亿元。修订《甘肃省文化产业发展专项资金管理办法》，贴息资助申报2017年全省文化产业发展专项资金中的24个项目，共计3640万元；11个项目入选新闻出版改革发展项目库，5个项目获得2017年度国家出版基金项目资助233万元；民族文字出版项目申请专项资助资金789万元；中央文化产业发展专项财政补助资金1850万元。

（供稿：张　娜）

统战工作

【民族工作】召开全省民族团结进步创建工作现场会，出台《关于深入开展民族团结进步创建工作的意见》，明确民族工作任务举措。指导各地各部门全面开展公共服务领域清真概念泛化治理，共检查各类企业、餐厅、商铺、医院等5878家。省直有关部门、部分高等学校做好新疆籍少数民族毕业生就业创业、学生专职辅导员配齐配强等工作。协调加强省委民族宗教工作领导小组力量，与省委统战工作领导小组一体运行。

【宗教工作】制定实施《甘肃省涉民族宗教网络舆情管控引导办法（试行）》。开展宗教团体和宗教院校建设情况调研。出台《阿语学校管理办法》。加强跨区域宗教活动依法管理。推进“国民义务教育+经堂教育+宗教院校教育”培养模式落实，首批41名满拉班学员顺利毕业。完成天主教兰州教区韩志海转化就职工作。指导3市22县进一步加强民族宗教工作，夯实基层工作基础。

【藏族聚居区工作】贯彻落实中央省委关于支持藏族聚居区发展的各项政策措施。协调省直有关部门做好教育、交通和旅游3个专项规划落地实施，促进藏族聚居区经济社会发展。开展反分裂斗争，组织统战民族工作组和常驻组开展重点领域督查，深化和谐寺庙创建活动，靠实寺庙办和寺管会责任，推进寺庙管理常态化、精细化、规范化，维护藏族聚居区社会大局稳定。

【非公有制经济领域统战工作】推进非公有制经济人士理想信念教育实践活动，组织非公有制经济人士学习《中共中央国务院关于营造企业家健康成长环境弘扬优秀企业家精神更好发挥企业家作用的意见》(中发〔2017〕25号),构建“亲”“清”新型政商关系。启动实施民营经济“双百千”培育工程,促进非公有制经济健康发展和非公有制经济人士健康成长。

【党外知识分子和新的阶层人士统战工作】召开全省新的社会阶层人士暨党外知识分子统战工作会议,出台《关于加强新的社会阶层人士统战工作的实施意见》。在新的社会阶层人士中启动开展坚持和发展中国特色社会主义主题教育活动,坚定党外人士“四个自信”。制定印发《关于加强新形势下高校统一战线工作的实施意见》,对做好当前和今后一段时期高校统战工作进行安排部署。统筹做好十三届省人大党外代表、十二届省政协党外委员推荐提名和省政协港澳委员人事安排等工作。

(供稿:刘　佳)

政法工作

【十九大安保】省、市、县三级分别成立十九大安保工作指挥部,省委常委、政法委书记马世忠同志担任省指挥部总指挥,市县均由党委书记担任总指挥,统一指挥调度,省、市、县三级层层签订十九大安保“军令状”。全省召开研判通报会800余次,搜集信息3500余条,核查重大线索400余条。公安机关开展以“1+10+1”行动为抓手的十九大安保“三个不发生”县市区创建活动,综治、反邪教、信访以及人社、民政、教育、金融等系统分别展开专项行动,集中解决突出问题和隐患。对涉众型经济案件利益受损人员等重点人,成立工作专班,推动解决合理诉求,“点对点”“面对面”稳控,省党的十九大安保指挥部和信访、综治、维稳部门联合发出《督办令》。省级抽调百余名干部组成14个驻点督导组,自9月中旬进驻各市州蹲点督查近50天,并成立3个面上巡查组不间断督导检查。公安、交通、民政、安监、教育等16个重点部门分别派出督查组开展行业督查。省直机关工委对省直有关单位开展十九大安保工作集中督查。省、市、县共派出督查组874个,实现督查多层次、立体化、全覆盖。强化战时工作纪律,省委、省政府对工作不力的6个市州和4个省直单位主要负责同志进行约谈,各市州对112个单位进行问责。

【维护社会稳定】针对达赖集团渗透破坏的新动向新特点展开“六大行动”,对重点线索及时专案攻坚,对重点人员逐一落实管控措施,关键时段省市县乡派出工作组进驻藏族聚居区,全面排查隐患、堵塞漏洞,确保300余场50万人次参加的民俗佛事活动安全举行。开展“两联系一创建”活动,推行“网格化+十户联防”工作机制,藏族聚居区寺院全部建立警务室,配备责任区民警,形成藏族聚居区维稳常态化、长效化机制。针对甘肃省“枢纽”“通道”和“咽喉”的特点,坚持主动出击、重点管控、源头治理,加大基础摸排和涉恐线索核查,利用环疆、省际和环兰治安检查站,对人、车、物开展全天候查控,加强对危爆物品、寄递物流等重点行业,火车站、人员密集场所等重点部位,网约车、无人机等新兴业态涉恐风险防控,全省反恐重点目标单位全部落实内部安全防范措施。深化“去极端化”工作,严防宗教极端思想向校园和特定利益群体渗透。推进严厉打击暴恐活动专项行动,侦破一批涉恐专案。召开全省政法系统意识形态工作会议,出台《关于进一步加强全省政法系统意识形态工作的意见》。突出网络意识形态安全,展开打击网络政治谣言及有害信息专项行动。

【平安甘肃建设】推进“雪亮工程”建设,起草《甘肃省公共安全视频监控建设联网应用(雪亮工程)指导意见》《甘肃省公共安全视频建设联网应用省级示范平台建设方案》,累计安装摄像头27万余个。提请省委办公厅、省政府办公厅印发《甘肃省社会治安综合治理综治中心规范化建设指导意见》,推进从省到村五级综治中心建设。按照“综治办+综治信息系统+N”的模式,整合基层力量,健全“一站式服务”等工作机制,建设具有实战化功能的工作平台。市、县、乡、村综治中心建成率分别达到42.9%、82.6%、97.1%、80.7%。开展打黑除恶、禁毒斗争、缉枪治爆、破案会战等专项行动,八类严重刑事案件和命案发案同比分别下降13.2%和15.2%。破获毒品案件2778起,缴获海洛因456.375公斤,其中“12·30”专案抓获犯罪嫌疑人52名,缴获海洛因146公斤。建成电信网省际出入口防范拦截系统,拦截诈骗电话240万余条,电信网络诈骗案件同比下降15.05%。部署开展依法惩治村霸和宗族恶势力专项斗争,实行有奖举报制度,共打掉26个农村黑恶势力犯罪团伙,整顿软弱涣散基层党组织268个。“零命案县(市、区)”达到14个,命案发案数比上年减少43个,命案破案率达到97.9%。推进治安复杂区域综合整治改造,加强重点领域公共安全管理、严重精神障碍患者救治管理,推进刑满释放人员和社区矫正人员过渡性安置帮教工作,深化预防青少年违法犯罪工作,开展校园欺凌和暴力专项整治行动,创新护路护线工作。推动社会稳定风险评估工作,开展示范创建活动,全年共评估各类重大事项5784件,其中暂缓实施20件,不予实施4件。落实多元化解矛盾纠纷“1+22”文件体系,开展两轮矛盾纠纷集中排查化解专项行动,对涉及环境保护、征地拆迁、集资诈骗等重点领域的70件突出矛盾纠纷实行清单化管理,全省共排查化解各类矛盾纠纷4.7万余件,化解重大社会矛盾961件。出台《甘肃省综治组织执行社会治安综合治理领导责任制问责办法》,省级层面通报单位106个,约谈204人(次),挂牌督办57个单位,党政纪处分28人,省综治委对2016年度社会治安问题相对突出的4个县进行挂牌督办。市县两级综治委(办)通报423个单位,挂牌督办278个,一票否决12个,追究184名领导干部的工作责任。

【法治甘肃建设】举办全省依法治市（州）办公室主任座谈会，在《甘肃卫视》等媒体公布法治为民办实事省级10件项目，在《甘肃日报》头版刊发《奉法强省》专题文章，提高法治甘肃建设知晓率。协调省依法执政专项办制定并落实加强党内法规制度建设的实施意见，建立法律顾问制度，加强对党委文件、重大决策合法合规性审查。协调省地方立法专项办科学性提高立法质量，省人大制定《炳灵寺石窟保护条例》等5件和修订《祁连山自然保护区管理条例》等3件地方性法规，批准设区的市制定9件地方性法规和民族自治州1件单行条例。协调省依法行政专项办规范依法行政，落实甘肃省法治政府建设《实施方案》，深化"放管服"改革，推进重大执法决定法制审核制度试点、严格行政执法资格管理、推进综合执法改革；落实行政执法责任制、脱贫攻坚等重点领域严格公正执法。协调省公正司法专项办公正司法实践，推进司法责任制改革、执法司法规范化，加强司法监督。协调省法治宣传教育专项办促进全民守法，实施"七五"普法规划，制定并落实甘肃省国家机关"谁执法谁普法"的普法责任制实施意见，展开"法律八进"宣传、法治创建活动。协调省法治队伍建设专项办保障队伍建设，加强政治纪律和政治规矩教育，举办全省领导干部法治能力提升网上培训班、县处级领导干部依法治省工作专题培训班、法治政府建设干部综合素质和业务能力提升培训班。制定法治惠民工程实施办法，出台省级项目清单，完成省级解决"执行难"等10件法治为民办实事项目。实施信息化建设工程，制定依法治省信息化建设技术方案。实施成果展示平台夯实工程，编印《甘肃省依法治省工作重要文件汇编（2014年—2016年）》，编发《法治甘肃建设研究》专刊和《法治甘肃》工作简报。实施法治建设"智库"工程，开展"丝绸之路司法合作国际"论坛、"第六届两岸和平发展法学"论坛、"陇籍法学家"论坛、习近平新时代中国特色社会主义法治思想论坛等系列活动，系统研究理论和实践的题。开展履行第一责任专项督查活动，推动各级贯彻落实《党政主要负责人履行推进法治建设第一责任人职责规定》，协调将职责规定落实情况纳入巡视巡察，开展市州党政主要负责人年终述法。开展法治甘肃建设年度重点任务实施活动，建立年度重点任务台账，协调各地、各专项办制定年度工作计划和方案，采取检查通报、督查督办等措施，推动年度重点任务落实。开展"一把手讲法治"活动，组织14个市（州）、20个县（市区）和省环保厅等6个省直部门"一把手"，在《法治甘肃建设研究专刊》刊发文章，发挥示范带动作用。开展法治建设绩效考评活动，组织各地、各专项工作办开展年度法治建设绩效考评，依托第三方进行群众满意度测评，完善科学管用的考评体系，发挥"指挥棒"作用。

【执法监督】开展全省案件评查抽查工作，制订下发《2017年全省案件评查工作实施方案》《甘肃省委政法委案件评查实施办法》，展开全省精品案件评选活动。全省各级党委政法委和政法机关共评查各类案件437281件（次），追究435名办案人员相关责任。2次在全省政法系统内通报干警违纪违法情况和典型案例，对291名干警给予党纪、政纪处分，30人被追究刑事责任。协调召开全省解决执行难问题第八次联席会议，督导各级法院主动作为、规范作为，共执结各类案件90833件，执行到位金额180亿元。督办重点案件20件，组织召开协调会议6次。贯彻中央政法委推进涉法涉诉信访改革培训会精神，加大对贯彻落实中央、省关于涉法涉诉信访工作制度规定的检查督导力度，结合十九大安保，对15件涉法涉诉信访重点案件进行督办，并督导各级政法单位纠正错误案件9件，补正瑕疵案件14件。联合省信访局制订印发《甘肃省涉法涉诉信访终结案件移交办法》，细化移交方式、程序，明确接管单位及其具体责任。推进律师参与化解和代理涉法涉诉信访案件工作，全省共有175家政法单位聘请律师接谈涉法涉诉信访案件505件，成功化解136件。行政处罚违法信访人员440人，追究刑事责任59人。组织省级政法单位制订《关于推进轻微刑事案件快速办理机制的若干规定（试行）》，明确办案原则、启动和退出条件、办案程序、保障机制等内容。指导全省试点县（市、区）法院适用轻刑快办机制办结案件4602件，检察院办结4372件，公安机关办结2791件，司法行政机关对1206人进行社区矫正调查评估。制订《甘肃省国家司法救助资金量化标准实施细则（试行）》，专项督察全省2015年和2016年核定的1143件中央、省级国家司法救助案件共计6700万元救助资金的管理使用情况。2017年，全省共拨付专项资金5000余万元，救助1300余件案件当事人。

【司法体制改革】全年出台重要改革文件75个，完成年初确定的46项重点改革任务。出台24个相关配套文件，法官、检察官员额控制在34.1%，并建立法官、检察官员额退出机制。全省法院入额院领导办理案件20414件，检察院入额院领导办理案件3087件。省法院组织招录聘任制书记员3312人，建立以员额法官为主体、合议庭为基础、人员相对固定的新型审判团队。检察系统107个检察院完成内设机构改革，内设机构由改革前的1489个减少到807个，精减46.1%。落实司法人员职业保障，完成人员分类和工资套改。省委出台领导人员、机构编制、经费资产3个统管方案，省以下地方法院检察院人财物全部实行省级统一管理。推进以审判为中心的刑事诉讼制度改革，省法院、省检察院、省公安厅联合制定《办理重大刑事案件收集、审查、判断证据若干问题的规定》，省级政法单位分别出台规范执法司法制度，提高办案质量和效率，防范冤假错案。省检察院部署开展“保护母亲河”公益诉讼专项行动，发出诉前检察建议334件，依法提起公益诉讼58件。试点跨行政区划集中管辖行政案件改革，受理行政案件2429件，当场立案率达96.4%，行政机关负责人出庭应诉率达68.38%。经省委和最高人民法院、最高人民检察院同意，调整矿区法院检察院案件管辖范围，实现环境资源类民商事案件、行政案件和公益诉讼案件的集中管辖。调整林区法院布局，实现重点林区和国家级自然保护区司法审判机构全覆盖。出台《关于推进轻微刑事案件快速办理机制的若干规定（试行）》，省法院建成执行指挥中心和网络查控系统，发布失信被执行人黑名单2.6万例，以拒执罪判处97案99人，迫使万余名“老赖”主动履行法律义务。省委办公厅、省政府办公厅印发《关于深化公安执法规范化建设的实施意见》。将民航甘肃机场公安局移交省公安厅管理，下属6个分局分别移交当地公安机关管理；将甘肃矿区公安局由甘肃矿区办事处管理调整为省公安厅的内设机构、直接管理。省政府办公厅出台《关于进一步落实户籍制度改革政策推进城镇基本公共服务常住人口全覆盖的实施意见》，排摸登记无户口人员7.9万余人，全省新增城镇人口38.74万人，户籍人口城镇化率达到35.63%。深化“互联网+”服务，推出证件办理和交通违法罚款缴纳微信支付、身份证和居住证业务办理网上申请等10项便民利民措施。制定执法勤务和警务技术职务序列改革试点套改两个实施办法，并完成套改试点任务。出台《关于加快推进全省公证机构改革发展的意见》，将全省36家行政体制公证处全部转为事业体制。建立甘肃省法律援助信息管理系统，全省1387个乡镇（街道）法律援助工作站实现法律援助工作网络对接，建立法律服务大厅或便民窗口90个。

（供稿：省委政法委办公室）

政策研究

【调查研究】开展前期调研、跟进调研，掌握领导关注的难点重点以及基层存在的突出问题。开展专项调研，重点围绕供给侧结构性改革、固定资产投资下滑、营造良好营商环境、全面从严治党主体责任落实等重大理论和实践问题，提出有针对性的意见建议。根据职能自选题目、自选时间到基层开展方式灵活的调研，既可以短平快，也可以蹲点“解剖麻雀”，全年共形成30多篇高质量的调研报告。围绕省委中心工作，分列19个重大问题组织专家调研论证，形成调研成果并汇编成册。

【文稿起草】及早筹划文稿起草工作，对各种周期性文稿、常规性文稿、随机性文稿早思考、早部署、早动手、增强预见性、超前性和主动性。对每一篇文稿从谋篇布局到思想观点，从主要内容到具体文字，把准形势发展变化，符合经济社会发展实际，准确精炼简洁。贯彻省委关于改作风、转文风的指示要求，将“平实”文风落到实处，不搞标题对仗、“数字体系”等花架子，不写华而不实的套话虚话，力戒文稿的虚和空，强调在“接地气”上下功夫，注重运用群众语言、详实数据和典型案例讲道理、说故事、定任务。注重增强“悟性”，在学思践悟中提高站位、拓宽视野、保证文稿质量。全年共起草省委领导各类文稿476篇，起草省委重要文件和文稿300篇，审核各类新闻稿300多篇。

【深化改革】制定2017年《工作要点》和《工作台账》，对7个领域、236项改革事项逐项明确责任单位和完成时限，形成领导小组、各专项小组、各市（州）衔接统一的改革路线图、任务书和时间表。制定落实全面深化改革责任的《实施意见》，形成各负其责的改革工作责任体系。制定省委全面深化改革领导小组领衔推动改革落实《暂行办法》和《任务清单》，全年完成36项改革工作任务。

【职能发挥】把准职责定位，及时提出经济决策建议，做好事关全省经济发展的全局性、战略性、前瞻性问题的研究。重点围绕全省固定资产投资大幅下滑和营商环境等问题进行深度调研。加强经济形势分析研判，筹备召开省委财经领导小组会议和经济形势分析会议，对全省经济运行情况跟踪研究，提供决策服务。建立覆盖全省县市区、企业、开发区、投融资平台等经济运行联系点34个。

【信息服务】强化信息收集整理和综合分析研究，提升信息咨询服务质量。抓好《调查与研究》《甘肃数据》《智库专呈》《改革动态》《决策资讯》等咨询刊物的编辑工作，从严把好刊物的政治关、质量关，确保每篇稿件都能出思想、摆观点、有深度，全年共编发各类信息刊物206期。对《调查与研究》封面更新改版，刊物整体质量、风格定位及社会影响力明显提升。完成智库专家补选、申报审核、协议书签订、资金分解等工作，开展第三方课题研究，确定研究课题22项。

（供稿：省委政研室）

农村工作

【“三农”工作】起草印发省委一号文件《关于深入推进农业供给侧结构性改革加快培育农业农村发展新动能的实施意见》，分8个部分43个方面，安排部署2017年全省农业农村工作，将重点工作细化为166项具体任务，逐项明确责任领导、牵头单位、配合部门、完成时限。召开省委农村工作会议，对全省“三农”工作安排部署。召开涉农联席工作会议，分析研判全年全省“三农”工作情况，研究2018年重点工作任务，提出甘肃省实施“乡村振兴战略”初步意见。参与制定和修改完善省委省政府、省直有关部门出台的30多份涉农政策文件。开展农业直补改为保险间接补贴、“四化同步”发展、农村经济社会发展新变化新成就新经验和小农生产扶持政策4项专题调研，撰写调研报告。围绕全省“三农”重点难点热点，开展“三支力量”作用发挥、农村人居环境改善、现代农业产业园区建设、农村废旧宅基地利用等10项专题调研，组织相关部门、市县负责同志，分批次赴四川、贵州、广西等地考察学习农村“三变”改革、县域经济、特色农业产业园、美丽乡村等方面的经验做法，形成专题调研和考察学习报告，一些建议已转化为省委省政府的决策。参加中央农村工作座谈会并作交流发言，中央农办编发《农村要情》2篇，向全国介绍全省“三农”工作中的好经验好做法。全年编发《甘肃农村工作要情》16期，《全省脱贫攻坚帮扶工作简报》28期，全面改版《甘肃农村工作》杂志、甘肃农工网。

【脱贫攻坚工作】起草并以两办文件下发《关于调整加强全省脱贫攻坚帮扶工作力量的意见》，对全省帮扶力量调整优化，有效解决帮扶单位点多面广战线长、力量分散、整体优势不强等问题，建立省级领导联县包乡抓村制度，实现将最强的领导力量、最优的帮扶资源、最有实力的帮扶单位向深度贫困地区倾斜的目标。全省6220个贫困村和2个岷漳地震灾后重建移民村全部组建驻村帮扶工作队，共有工作队员25521名；全省共有9588个帮扶单位、222836名帮扶干部，结对帮扶6222个贫困村、587753户贫困户，做到了贫困户“户户有帮扶”。其中，23个深度贫困县、40个特困乡由省级领导联系包抓全覆盖，特困村由省级领导和省直单位帮扶全覆盖。

健全脱贫攻坚帮扶工作机构，在省市县乡成立帮扶工作领导小组及办公室，承担帮扶工作组织推动、工作指导、督查检查职能，为帮扶工作扎实开展提供组织保障；建立省直组长单位协调联动、省直综合部门统筹推动、县区省直挂职扶贫副书记（副县长）主抓脱贫攻坚和帮扶工作等制度，进一步明确帮扶单位到村帮扶、驻村帮扶工作队驻村帮扶、帮扶责任人到户帮扶的具体工作任务，靠实各方帮扶责任；健全脱贫攻坚帮扶工作考核指标体系，突出脱贫攻坚和精准帮扶实效，增加帮扶成效和群众满意度在考核中的权重，量化考核内容，增强考核工作可操作性，制定出台《甘肃省脱贫攻坚帮扶工作考核办法（试行）》；制定下发《关于进一步加强脱贫攻坚驻村帮扶工作管理的若干意见》，从强化帮扶工作正向激励、加大帮扶工作责任追究两个方面提出了25个具体措施，进一步提高驻村帮扶工作队开展工作的积极性和主动性。

组织各级帮扶办对全省驻村帮扶干部选派情况全面评估，对772名不符合选派条件或不能胜任帮扶工作的驻村帮扶干部召回调整，占全省驻村帮扶干部总数的3%，纠正部分驻村帮扶干部“派闲不派优”、不够精准等问题。其中，省直单位选派的1005名驻村帮扶干部中有44名不合格，占4.38%；市直单位选派的3242名驻村帮扶干部中有160名不合格，占4.94%；县直单位选派的21274名驻村帮扶干部中有568名不合格，占2.67%。省委林铎书记在《关于全省驻村帮扶干部选派情况的评估报告》上批示“此项工作做得细致，找准了问题，及时调整了帮扶力量”。

2017年，各级帮扶单位、驻村帮扶工作队和帮扶责任人共为贫困村贫困户帮办富民产业发展、基础设施改善、公共服务提升和低保申请、大病救助、危房改造等方面的实事184453件（其中工作队102718件），宣传政策70442场次，反映民意75452条，解决群众生产生活中的急事难事43603件，化解邻里矛盾纠纷44611件，开展义诊315611人次，开展农民培训331446人次，争取和对接社会力量1545个。

【农村“三变”改革】6月上旬，会同省扶贫办组织全省58个贫困县政府主要领导，到六盘水市考察学习农村“三变”改革工作。9月25日，省委省政府召开全省农村“三变”改革工作推进会议，唐仁健省长全面动员部署全省“三变”改革工作。各市州、县市区召开党委常委会、政府常务会研究安排“三变”改革工作，召开专门会议动员部署。省上成立由省政府主要领导任组长，省委、省政府分管领导任副组长，省直21个单位负责同志任成员的“三变”改革领导小组，领导小组办公室设在省农工办。各市州、县市区相应成立“三变”改革领导小组，明确工作机构。制定《关于推进农村资源变资产资金变股金农民变股东改革的指导意见》，以省委文件印发，明确全省“三变”改革的总体要求、主要内容、重点措施等。制订领导小组、办公室及成员单位的工作职责等规章制度。指导各市州、县市区立足实际，制定统筹推进“三变”改革《实施意见》。制定全省农村“三变”改革《试点工作方案》，确定麦积区、临泽县、陇西县、康县、榆中县、庄浪县等6个县区为省级试点，永登县、肃州区、甘州区等18个县和嘉峪关市为市级试点，其他县区选择有条件的乡、村开展试点探索。协调省财政为6个省级试点县列支480万元（每县80万元），用于“三变”改革启动实施专项工作经费。通过开展省、市、县三个层级的“三变”改革试点工作，探索培育各具特色、可复制、可推广的有效模式，为在全省全面推开积累经验。11月9日，组织召开全省编制农村“三变”改革试点工作方案座谈会，对24个市级试点县和嘉峪关市的试点方案讨论完善，各地试点工作全面启动实施。

【农村人居环境改善工作】围绕落实省委、省政府《改善农村人居环境的行动计划》，制定《2017年全省改善农村人居环境工作要点》，确定“巩固成果、丰富内涵、提升层次、扩大规模”工作思路，明确加强村庄生态建设、加快农民增收步伐、着力提升群众生活品质、推进乡村文化建设、加强乡风文明建设五项重点工作，提出“六个转变”的总体要求。大力推进“万村整洁”工程建设，结合全省全域无垃圾三年专项治理行动，开展“三清三有”、“四化四改”行动，狠抓柴草乱堆、废旧农膜乱扔、尾菜乱弃及乱搭乱建等环境脏乱差问题，2017年全省建成“万村整洁”村

2013个，甘南州率先实现全域无垃圾。强化面源污染防治，着力推进绿色生产生活，全面清除废旧农膜、秸秆、尾菜，大力推广垃圾污水处理、改厕、改厨、改圈、改炕等先进适用技术。推进美丽乡村建设，充分发挥示范引领作用，2017年建成省级“千村美丽”示范村200个、市县级示范村552个。开展全省“千村美丽”示范村建设及改善农村人居环境年度考核验收工作，200个省级“千村美丽”示范村全部达标，康县、临泽县等26个县市区和嘉峪关市被评为优秀等次，榆中县等59个县市区为良好等次。

（供稿：张　鹏）

机构编制工作

【行政审批制度改革】分两批报请省政府公布取消调整行政审批项目等事项106项。严把新增行政许可“入口关”，全省行政审批事项实现“零增长”。建立行政审批事项“预下放”制度；恢复由县级以上地方人民政府水行政主管部门实施的“河道、湖泊排污口设置和扩大审核”审批事项。会同省政府办公厅核对、规范、完善各部门已发布的行政权力事项清单、公共服务事项清单。根据行政审批项目等事项取消调整下放情况和行政权力事项细项流程图动态调整情况，审核、调整、更新省级行政权力事项626项。加快推进行政许可标准化工作，会同省质监局制定并实施《甘肃省行政许可事项业务手册编写规范》等三个标准，印发《全省行政许可事项通用目录》。开展“减证便民”专项行动，精简各类奇葩证明、循环证明和盖章环节63项。会同省发改委等部门推动行政审批中公民、企事业单位和社会组织基本信息共享。报请省政府清理规范省级政府部门和中央在甘单位行政审批中介服务事项4项，取消中央指定地方实施的行政审批中介服务事项52项。围绕基层服务群众办事，打通“最后一公里”，组织开展“放管服”问题大排查，逐条逐项梳理“接不住、管不好”问题，分级分类整改。

【政府机构改革】会同省纪委机关、省委组织部、省委巡视办下发《关于建立健全市县党委巡察工作机构的通知》，对机构设置、干部选配、组织领导、报批要求等作出规定。采取内部调整划转的方式，在市州纪委设立纪检监察干部监督室。会同省委政法委、省法院、省检察院出台《甘肃省省以下法院检察院机构编制统一管理工作方案》，完成省以下地方法院检察院机构编制统一管理工作。将矿区、机场公安局分别由矿区办事处、省民航机场集团管理调整为省公安厅管理。将矿区法院、矿区检察院主要职责调整为全省涉环境资源类案件的审理和检察监督。按照中央和省委关于加强和改进党的群团工作意见精神，完成群团机关改革任务。编制《祁连山国家公园管理机构设置方案》。起草《甘肃省深入推进经济发达镇行政管理体制改革的实施意见》《甘肃省赋予经济发达镇部分县级经济社会管理权限指导目录》，已通过中央编办审核备案。推进城市综合执法体制改革，对全省各级城市管理执法职责、执法机构建设等问题提出建议意见。推进安全生产、金融监管、环保检测监察执法、盐业、教育、文化、国有林场、农垦等领域体制改革；推进不动产统一登记制度改革、检验检测认证机构改革，做好涉及的机构调整、职责划分、人员编制划转工作。

【事业单位分类改革】制定印发《甘肃省分类推进事业单位改革工作领导小组办公室2017年工作要点》，对全省分类改革8个方面重点工作进行安排，明确工作要求和责任单位。对市县公益一类、公益二类事业单位分类督促指导。印发《甘肃省开展承担行政职能事业单位改革试点方案》，指导兰州市市直及皋兰县开展试点。报请省委办公厅、省政府办公厅印发《关于从事生产经营活动事业单位改革的实施意见》。全面推行年度报告公示制度，省级962家事业单位已公示870家，占90%。完善统一社会信用代码管理，全省共赋码发证7491家。开展清理规范，重新界定法人宗旨和业务范围655家，对失信和不符合条件的清理变更或限制登记。服务事业单位创新发展，探索推进法人治理结构试点。印发《关于优化全省事业单位登记管理服务的实施方案》《关于落实随机抽查规范事业单位法人事中事后监管工作的实施方案》。规范登记档案管理，印发档案管理办法，严格执行“一户一档”规定，推进纸质档案和电子档案同步并轨运行。

【机构编制管理】凡新设机构坚持“撤一建一、撤二建一、先撤后建”，凡增加编制都从现有编制总额内调剂

2017年11月10日，全省机构编制统计暨电子编制管理证推行工作会议在兰州召开

解决，做到总量不突破。对各市州控编减编工作情况开展专项督查，查找工作差距，及时督促整改，推动控编减编各项任务落实。对职能弱化或工作任务减少的部门单位相应核减编制，对职责相近、设置重复、职能萎缩的各类事业单位加大撤并整合力度，腾出更多机构编制资源用于保障发展急需。根据中央编办《关于地方事业编制挖潜创新服务发展的指导意见》精神，加大人员编制调剂力度。报请中央编办同意，批复设立省委非公有制经济组织和社会组织工作委员会、网信办等机构，并对市县设立相应机构提出意见。研究提出省委军民融合办机构设置意见。统筹城乡教育资源均衡配置，研究提出重新核定市县两级中小学教职工编制的意见。给靖远县调剂增加80名中小学教职工编制，解决灾后重建省内异地安置区教育编制紧缺问题。配合华亭县撤县设市和支持兰州新区发展，研究提出机构调整和编制配置的意见。总结试点经验，全面推行电子编制管理证工作，推动管理精准化、全面化和动态化。建立实名制数据深度共享机制，提高数据品质，为养老保险、财政预算等全省性工作提供数据支撑。统筹推进机关信息化、门户网站和网站群、网上名称管理、网站标识加挂、机构编制统计等工作。

【机构编制督查】会同省纪委机关、省委组织部制定印发《关于深入开展机构编制违规违纪问题专项整治的通知》，对全省机构编制工作中存在的越权审批机构、超机构规格核定领导职数、超职数配备领导干部等违规违纪问题开展专项整治。围绕控编减编、“放管服”改革等重点工作，组织力量分两批对安宁区等41个县区进行督查，实现市县两级督查全覆盖。印发《关于加强机构编制违规违纪行为预防工作的实施意见》，强化机构编制纪律意识。报请省编委印发《甘肃省关于加强机构编制问题整改推进审批联动的实施意见》，指导市县全面开展自查自纠工作。开展“明察暗访督查年”活动，制定实施方案，建立督查台账，按月通报各项重点工作进展情况。

（供稿：陶　韬）

省直机关党建

【党员干部培训】举办7期处科级干部、群团干部专题研修班，培训702名党员干部，建立13个党员干部教育基地。举办5期支部示范培训班，系统培训475名党支部书记，指导省直部门培训支部书记4300多人次。集中培训759名党员发展对象。

【督查调研】对105个部门单位落实省第十三次党代会精神全面督查，重点组织11个督查调研组，到42个部门、22个下属单位督查。组织9个督查调研组，对32家党组（党委）中心组理论学习情况进行抽查，现场测试和谈话提问650多名干部。

【信息建设】每月向省直机关2.8万多名党员发送8条“手机党课”信息，已发送416条、近50000字；创建省直机关微信公众平台，推送信息106篇，阅读量近360多万人次；“甘肃机关党建网”访问量突破300多万次。举办省直机关学习贯彻习近平总书记网络强国战略思想专题辅导报告会。成立工委意识形态、网络安全和信息化领导小组，制定《省直机关工委意识形态、网络安全和信息化工作方案》《网络与信息安全应急预案》，健全完善《网站日常管理制度》《信息发布审核制度》《网站信息内容日常研判处置制度》《甘肃机关党建微信信息发布规定》。

【机关党组织和基层党支部建设】制定机关党组织换届选举规程，紧盯35个到期或已延期的机关党委，完成换届33个，其中包括3个延期10年以上的。严格把关54名机关党委书记、专职副书记、机关纪委书记届中任免，指导50多个部门及下属单位完成基层党支部的调整组建。结合巡视整改，将中组部要求的7项基层党建重点任务细化为10个方面工作，督促各级党组织建立任务清单、问题清单和工作台账。开展党费收缴专项检查，省直机关党组织补交党费1514.47万元。联系失联党员1378名，开除党籍2名，停止党籍1名。督促各基层党支部落实“三会一课”、组织生活会、谈心谈话、民主评议党员等制度，全年平均召开支部党员大会3.3次，支委会5.5次，党支部讲党课3.2次，召开组织生活会2.6次，开展主题党日活动1.2次。制定《党支部工作手册》，参加指导71个部门领导班子“两学一做”专题民主生活会和140个基层党支部专题组织生活会，对132个基层党支部随机抽查，对近千名干部理论学习随机测试，督促严格落实党的组织生活制度。分3个层次开展机关党组织书记向上级党组织述党建工作，省直机关工委和部分党组（党委）在全省市州党委书记抓基层党建工作述职评议大会上向省委作工作述职；召开省直部门机关党委书记抓基层党建工作述职评议大会，10名机关党委书记大会述职，95个部门机关党委书记向工委书面述职。健全机关党建考核考评体系，组成11个考核组，考评105个部门机关党建工作完成情况。

【监督执纪】制定《省直机关党组织运用监督执纪“四种形态”实施细则》《省直部门机关纪委问题线索处置办法》《省直机关党建工作约谈办法》等制度，指导各部门机关纪委畅通信访举报渠道，完善举报网站、电话和信箱设置，按照4类处置方式健全信访举报台账，督促信访案件逐一落实。举办2期机关纪检干部业务培训班，围绕信访举报、线索处置、纪律审查、案件审理等重点内容，对182名机关纪委书记和专职纪检专干系统培训。通报57名省直机关违纪党员干部；组织收看《巡视利剑》《打铁还需自身硬》。纪工委受理问题线索11件，立案审查处级党员干部违纪案件3起，审理批复处级党员干部违纪案件66起，对4个部门相关党支部进行“一案双查”。

【机关党建服务】开展“转作风、抓落实”活动。落实省委书记林铎关于

"七个抓落实"的要求，组织4400多个机关党支部召开"转作风、抓落实"专题组织生活会，解决不愿干、不会干、不敢干的问题。推进"三纠三促"专项行动，解决10个方面的共性问题和60个具体问题。组成2个党的十九大维稳安保督查组，通过面上督查、暗访检查等方式，确保省直部门以良好的精神状态迎接党的十九大的胜利召开。推进省直机关法治建设。开展国家宪法日暨全省法治宣传月集中宣传，配发《甘肃省党员干部宪法知识读本》和《领导干部法治读本》。发挥"阳光在线"节目平台作用，改进《党风政风快报》《厅长面对面》《民意直通车》《转作风见行动》等栏目板块，完善"投诉受理、调查处理、督办交办、回复反馈"的工作机制。安排28个部门、77个行业单位、130名厅局领导和895名处长，在"阳光在线"节目现场回答和受理基层群众反映的各类问题2305件，办结2283件。

（供稿：康　斌　梁希晨）

信访工作

【概况】2017年全省信访总量91821件（人次），同比上升12.8%；群众来省委、省政府上访3011批、10759人次，同比分别上升83.9%、57.3%；北京地区非接待场所有关人员930人次，同比上升62.1%。

【信访改革】投资近600万元启动建设视频信访信息系统，利用大数据等技术，打造"信访网上投、事项网上办、结果网上评、问题网上督、形势网上判"的工作模式。举办"媒体走进省信访局"活动，利用省信访局门户网站、微信公众号及"今日头条"等新媒体展开宣传，提高信访工作的透明度和公信力。落实《中共中央办公厅国务院办公厅信访工作责任制实施办法》，以省"两办"文件印发《甘肃省信访工作责任制实施细则》。4个市、4家省属企业的党政主要领导因信访工作不力被省委领导约谈，267名干部因信访工作失职失责行为被给予通报、诫勉和党纪政纪处分。每季度召开全省信访形势通报电视电话会议交流经验。推进涉法涉诉信访工作改革，支持配合政法机关依法处理涉法涉诉信访问题。完善依法分类处理工作机制，形成协调联动、无缝对接的常态化目标，实现依法分类处理有入口、走得通、可操作。依法维护信访秩序，与省综治办联合下发《关于进一步强化进京非正常上访和来省缠访闹访依法处置工作的通知》。

【包案督办和积案化解】报请省"两办"印发《关于深入推进领导干部包案督办和接访下访的实施意见》，筛选26件重点信访事项由省委、省政府领导包案化解，筛选91件重点信访事项交由各市州、省直部门党政主要领导包案化解。各市州对本地区排摸出来的870件重点信访事项逐一落实。按照省"两办"通知要求，市、县、乡三级领导干部亲自接访，每天都有1名党政负责同志接待群众来访，并对所接待信访事项全程负责、综合施策、一盯到底。省信访联席办组成5个督查组，由省信访局党组成员带队，邀请新闻媒体记者、人大代表、政协委员全程参与，从6月份起深入12个市州开展实地督查，解决群众反映强烈的热点难点问题、政策性群体性信访突出问题，同时在网上公布督查结果，减少信访存量。从5月份起开展信访积案化解工作，建立信访积案化解常态化工作机制，对全省排摸梳理出的248件信访积案，组织责任单位集中力量、集中时间开展攻坚，化解196件信访积案，化解率为79%。

（供稿：沈　姝）

保密工作

【保密规划】贯彻落实《中共中央关于加强和改进保密工作的意见》（以下简称《意见》）和《中共甘肃省委关于加强和改进保密工作的实施意见》（以下简称《实施意见》）。按照省委常委会有关要求，2017年7月14日研究制定出台《中共甘肃省委关于加强和改进保密工作的实施意见重要措施分工方案》（以下简称《分工方案》），《分工方案》将《实施意见》各项任务细化分解，明确任务落实的牵头单位和参加单位，靠实各部门各单位的责任。联合省编办对全省保密部门机构队伍建设情况开展调研，形成解决方案。增设1个行政处室（指导管理处），成立甘肃省保密科技测评中心、原甘肃省涉密载体销毁中心更名为甘肃省保密技术服务中心（职能相应扩展）。健全宣传教育、保密科技、检查查办等内部组织体系，统一规范设立保密技术服务中心。

【依法行政】对申请二、三级军工保密资格的多家单位和资质满二年的单位进行现场审查复查。对全省新申请国家秘密载体印制资质单位进行现场指导及书面审查，并对在全省承担涉密印制业务的单位备案审查。开展全省第三批涉密信息系统集成资质审查审批，对申请单位进行书面和现场审查。对6家资质申请单位组织进行专家评审和培训，并按有关要求，对6家乙级涉密资质单位进行"双随机"抽查。

【保密技术防护】推进"三合一"等保密技术防护及监管系统建设，扩大技术防护和监管范围。指导全省电子政务内网建设工作，排查系统基本测评项和重大安全隐患，对存在问题进行整改。2017年完成多家省直单位涉密网络的测评整改、现场审查、审批发证工作，举办两期涉密信息系统"三员"培训班，共200余人参加。在四川大学国家保密学院举办甘肃省军工保密资格认定工作培训班，全省多家军工科研生产单位近200人参加培训。

【保密检查】开展省委机关、国有企业、国家统一考试、涉密测绘成果、机关单位保密自查自评等五项保密检查，建成自查自评管理系统和保密综合业务网。2017年共检查互联网站1737个、微信公众号863个、官方微博627个、政务邮箱675个、互联网办公自动化系统157个。

【重点区域保密与会议保障】对重点区域保障工作、保密机构队伍情况进行调查摸底，开展重要军事设施周边环境安全保密检查和专项治理等改进措施。2017年，为省委、省政府各类重要涉密会议提供保密服务保障60余次。

（供稿：刘津汶）

精神文明建设

【社会主义核心价值观建设】开展社会主义核心价值观主题宣传教育活动，依托道德讲堂、乡村学校少年宫和爱国主义教育基地等阵地，展开诠释核心价值观、践行核心价值观实践活动。发挥法律和政策保障作用，健全完善市民公约、乡规民约、学生守则、行业规范、职业规则、团体章程等社会规范。加大核心价值观在文明程度指数测评的分值比重，推动各地各部门建成一批核心价值观主题公园、主题广场、主题街区。推荐歌曲《中国人民有信仰》入选全国核心价值观主题歌曲专辑。

【诚信建设制度化】举办全省第七次"共筑诚信·德润陇原"甘肃省诚信"红黑榜"新闻发布会，70家单位进入"红榜"，83家单位列入"黑榜"，并发布惩戒措施18条。开展第四批甘肃省诚信企业创建活动，评选公布第三批甘肃省诚信企业19家。指导各地召开诚信"红黑榜"新闻发布会39期，公布红榜企业3786家、黑榜企业2624家、发布惩戒措施336条，推动全省诚信建设制度化进程。

【"讲文明树新风"公益广告】在省级各类报刊、电视台、网站组织刊播社会主义核心价值观、"讲文明树新风"公益广告31.34万条次、28.68万分钟，广播类公益广告34.55万条次、32.76万分钟，各类公益广告播出总时长同比增长1.18个百分点。征集评选"社会主义核心价值观公益广告"作品570幅，向中国文明网报送参评作品306幅。以视频、图文等形式制作道德模范微纪录电影和公益广告片30部，集中在各级电视台和甘肃文明网、"文明甘肃"微信公众号刊播。

【精神文明五大创建活动】指导推动兰州、嘉峪关等4市3县全力冲刺全国文明城市，其中嘉峪关荣获第五届全国文明城市荣誉称号，金昌蝉联全国文明城市。兰州、白银、庆阳、天水、武威5个地级城市和敦煌、清水、玉门、合作、永靖、肃南、康县等7个县级城市入选新一轮全国文明城市提名城市行列。对全省109个历届全国文明单位、77个历届全国文明村镇和42个县市区以及2162个省级精神文明建设先进集体复查，实现文明单位创建的标准化、规范化、常态化。制定出台《甘肃省文明家庭评选办法》，启动甘肃省文明家庭评选工作，命名表彰首届甘肃省文明家庭30户。拍摄制作以全省文明家庭事迹为主要内容的公益广告和专题片，在省上主要媒体和社会媒介上滚动播放，形成注重家庭、注重家教、注重家风的浓厚氛围。启动文明校园创建工作，兰州理工大学等18所大中小学校荣获全国文明校园荣誉称号。

【"德润陇原"道德实践活动】开展第五届甘肃省道德模范评选表彰活动，命名表彰30名甘肃省道德模范。开展第六届全国道德模范评选推荐工作，临夏州临夏市武装部长逄秘书荣获第六届全国道德模范荣誉称号，9人荣获提名奖。开展道德模范学习宣传活动，拍摄公益广告和微纪录电影29部，在省内主要新闻媒体和社会媒介广泛刊播，在各地各单位道德讲堂宣传学习；开展关心关爱礼遇帮扶道德模范活动，推动各级党政领导通过走访慰问、座谈联欢、团拜会等多种形式为道德模范送温暖，解决道德模范生活中的实际困难，在全社会树立德者有得、好人好报的舆论氛围和价值导向。

【学雷锋志愿服务活动】以"邻里守望·情暖陇原"学雷锋志愿服务活动为主题，开展环境保护、医疗保健、法律援助、科技卫生、文明餐桌、文明交通、清洁家园、便民利民、文化惠民等形式多样的学雷锋志愿服务活动。推选"四个100"全国志愿服务先进典型，开展全省学雷锋志愿服务"四个十佳"先进典型推荐评选活动。联合有关部门单位及公益组织在兰州市开展全省学习宣传《志愿服务条例》暨"邻里守望·情暖陇原"学雷锋志愿服务活动和全省文明办系统、《志愿服务条例》学习宣传专题培训班。

【农村精神文明建设】结合全国农村精神文明建设中期评估，报请省委办公厅、省政府办公厅印发《关于在全省组织开展"美丽乡村·文明家园"陇原乡村文明行动的意见》和省文明委《关于深入推进农村精神文明建设"八个一"示范工程的实施意见》，组织开展以文明村镇创建、五星级文明户创评、村规民约、红白理事会、道德讲堂、志愿服务队、文化广场、好人榜为主要内容的"八个一"示范工程建设。围绕推进移风易俗特别是治理高价彩礼等突出问题，组织相关部门单位深入庆阳、平凉、定西等地，开展专题调研。

【未成年人思想道德建设】推荐评选白银市等6家单位、2名个人进入第五届全国未成年人思想道德建设工作先进城市、先进单位、先进工作者行列。评选表彰"陇原美德少年"和提名奖各10名。开展2017年度中央专项彩票公益金支持乡村学校少年宫项目建设，举办全省乡村学校少年宫项目建设骨干人员培训班，部署启动省级乡村学校少年宫项目建设工作。编印《放飞农村孩子的多彩梦想》《甘肃优秀童谣》等未成年人思想道德建设丛书。

老干部工作

【政策落实】《关于进一步加强和改进离退休干部工作的意见》出台《省直机关事业单位离退休干部党建工作经费使用管理办法》《特殊困难离退休干部及离休干部遗属帮扶实施办法》《离休干部专项补助资金管理办法》《关于调整离退休干部公用经费标准的通知》等政策文件。组织专门力量先后三次对全省贯彻落实情况督促检查，解决老干部局局长兼任同级党委组织部副部长、离退休干部公用经费、特困帮扶、两项建设、学习活动阵地建设等重点难点问题。截至2017年底，全省已有9个市州和部分省直单位制定出台具体实施意见。

【落实“两项待遇”】组织省级老同志参加省第十三次党代会报告征求意见座谈会、情况通报会和赴庆阳市参观考察活动。坚持疗养制度，分期分批安排省级老同志在海口、三亚进行健康疗养。统计核实全省老年大学、活动中心底数，改善基础设施条件，举办全省离退休干部书画联展和专题文艺汇演。分期分批对易地安置在全国21个省区市的103名离休干部走访慰问。省财政落实资金1900多万元，补助省属困难企业离休干部两项经费、无固定收入遗属生活困难补助费和相关费用；落实资金900万元，补助市县困难企业1329名离休干部医药费；落实资金170万元，为192名参加兰州市医药费单独统筹的省属困难企业离休干部申报财政代缴统筹金。按照中组部要求，将生活长期完全不能自理的离休干部护理费标准由每人每月1000元提高到2500元。制定《特殊困难离退休干部及离休干部遗属帮扶实施办法》，按照省级帮扶资金每年不低于100万元，市州和省属企业每年不低于15万元，县区和离休干部数量较多的省直单位每年不低于5万元的要求，筹集资金，健全制度机制，解决困难地区、困难单位和有特殊困难离退休干部及遗属的实际困难。

【专题调研与信息宣传】以老干部工作发展现状与形势任务分析研究、加强和创新老干部党建工作研究、推进退休干部服务管理工作研究为重点课题，开展深度调研，全省共形成调研报告160篇。深入省社科院等5个省直部门和酒泉、嘉峪关、定西、天水等4市10县（区），召开座谈会12场次，深入18个老干部活动中心、老年大学、社区、社团组织和13个离退休干部党支部广泛调查研究，形成《老干部工作发展现状与形势任务分析研究》课题报告。充分运用中央和地方新闻媒体，以及省委老干部局主办的“一报一刊一网一栏一平台”等载体，宣传全省老干部工作领域重点亮点工作。2017年在中组部老干部局《老干部工作情况交流》、《中国老年报》和《甘肃日报》上刊登稿件30余篇，《甘肃卫视新闻》播放工作信息8条。“甘肃老干部工作网”点击率达120万人次，“甘肃离退休干部之家”网络互动平台注册老干部网宣员协助员4300多名，发帖跟帖24万余条，浏览量超过230万人次。修订《全省老干部网络宣传工作考核奖励办法》，推进网络信息化建设步伐。全省14个市州均已开通老干部工作网站，三分之二以上的县区通过自建、挂建、联建等方式建成开通了工作网站或宣传窗口。

（供稿：贾世玮）

关心爱护下一代工作

【主题教育与示范基地建设】围绕加强青少年思想道德建设，开展爱学习、爱劳动、爱祖国“三爱”主题教育活动，推动以学党史国史、知国情省情为主要内容的“两史两情”教育常态化，抓好青少年思想道德建设进学校、进社区、进家庭，表彰第二批100名“故事佬”和100名“三爱”标兵。以“喜迎十九大·青春建新功”为主题，省关工委与省委宣传部、团省委、省文明办、省教育厅等9个单位共同举办2017年甘肃省大中专学生志愿者暑期文化科技卫生“三下乡”社会实践活动，全省40所高校组建各级各类社会实践团队12200余支，总人数突破13万人。联合省教育局、省文明办、团省委等单位，开展全省中等职业学校“文明风采”竞赛活动。2017年9月，中国关工委在和政县新庄学校挂牌成立全国第33个、甘肃省第4个“中国关心下一代教育示范基地”。“中国关心下一代教育示范基地”漳县武阳西街小学，在共青团中央、全国学联、全国少工委举办的“第二届中华学子青春国学荟”活动中，受到团中央表彰。联合安利甘肃分公司资助榆中县中连川小学在海拔2300多米的偏远山区成立“春苗足球队”，2017年多次参加省内外比赛，被评为全国足球特色学校，已有27名学生进入全国足球名校学习，8人先后赴英国深造。

【关爱帮扶贫困地区青少年】“双千工程”已连续实施四年，2017年救助贫困家庭青少年1.6万余人，培训青年农民10万余人。在全省14个市州建成“爱心书屋”104个，价值160余万元；建成成县陈院初中“全国‘校园开心农场’项目”试点，在全省14个市州“春苗营养厨房”项目学校推广，按照每所学校5万元标准，建立15个省级“校园开心农场”；省关心下一代基金会募集到兰州碧桂园捐款40万元；在2016年基础上，继续开展“老教授、大中专学生与留守儿童结对帮扶”活动。继2010年8月，省关工委引进深圳市共进电子股份有限公司在陇南市建成“古泉同维希望小学”后，今年再次牵手，由该公司公益基金会先期投入350万元，地方配套491.51万元，在和政县陈家集乡中心小学援建希望小学项目正式启动；从2011年开始，该公司每年派出2名志愿者到学校支教，每年投入10万元用于助学济困，每年组织学校教师赴深圳参加轮训。

【普法帮教】借鉴南通市在学校开展普法教育的经验，联合省高级人民法院、团省委、省教育厅制定《关于青少年普法宣传教育指导意见》。推进“关爱明天、普法先行”活动，发挥关工委作为预防青少年违法犯罪专项组成员单位的作用。以城市社区和中小学为基本单位，按照属地管理的原则，推进“未成年人零犯罪社区”“零犯罪学校”“青少年普法教育示范区”创建工作，由“五老”、社区干部、学校领导、民警、司法干警组成工作队伍，依托假日学校、校外辅导站、法律咨询室等场所，对失足、失管、失业、失学、失亲等“五失”青少年进行结对帮教，合力构建学校、社会、家庭普法帮教网络，为关心帮助青少年健康成长发挥独特优势和作用。发挥省、市、县三级“五老”网吧义务监督员的作用，配合相关部门参与校园周边环境治理，加大对社区尤其是农村地区网吧义务监督。

（供稿：黄军省）

老年大学

【教学工作】2017年9月7日，在庆阳市召开甘肃省老年大学工作联席会议。自编《电子琴选编教材》《声乐讲义》等20多套教材。改革原有的招生制度，把校门逐步向全社会老年人敞开，满足不同层次、不同爱好的老年人的求学愿望。制定书法、绘画专业四年结业，文学、历史、外国文学专业三年结业，声乐、舞蹈专业两年结业的学制。课程设置横向主要有声乐、舞蹈、历史、钢琴、绘画、书法等10个专业课；纵向开设电子琴、钢琴、书法和绘画专业初、中、高三个层次。办学模式以校本部教学为“主体”，省农科院分校和兰州市安宁费家营教学点为“两翼”，缩短老年学员上学的服务半径，扩大办学覆盖面。

【“畅谈展望”活动】班级组织各类畅谈320场次15000人次；学校组织各类畅谈17场次340人；印制《全省老年大学“畅谈展望”活动征文选编》；完成“畅谈建言”报告、十二个畅谈专题报告和“畅谈展望”活动专题片一部。承办由省委老干部局主办的全省离退休干部“畅谈展望”书画联展。全省老干部文艺汇演中选送的歌伴舞“领航中国”获得优秀奖。书画协会印制《至真至诚》工笔花鸟画册等。

【宣传与理论研究】印发《倡议书》2600份、出版专刊四期7800份、制作展板6块、印刷简报10期、更新活动园地4次、有关媒体上发声20次。撰写《迈入新时代 开启老年教育发展新征程》等3篇论文在《中国老年教育》杂志上发表，论文《用“五大”发展理念引领推进甘肃老年教育发展》在全国老年教育理论研讨会上获得一等奖。2017年甘肃省老年大学被中国老年大学协会评为2017年全国老年教育宣传工作先进单位。

（供稿：吴志宏）

党史研究

【党史宣传教育】联合甘肃表是文化传播有限责任公司摄制38集电视连续剧《陇原英雄传》。联合甘肃日报集团少年文摘报分公司完成《陇原红故事系列丛书》送审稿。改版《甘肃党史工作》期刊，增加“红色故事”“红色场馆”等栏目，编辑出版7期，发表各类文章178篇，图片105幅。在《百年潮》《甘肃日报》《党的建设》等报刊发表《从群众中走出来的群众领袖——习仲勋同志的群众观及其早期实践活动》《始终站稳人民立场》《强有力的基层组织是我们党走向成功的政治法宝》等文章15篇。在《中国共产党历史网》刊用稿件80篇；在《甘肃党史网》刊用稿件330篇；甘肃党史微信公众号用户达到25955人，甘肃党史网、甘肃省红色纪念馆网点击率达到128万人次。

【党史编撰与出版】启动《中国共产党甘肃历史》（第一卷）修订工作；完成《中国共产党甘肃历史（第二卷）》出版发行工作。出版《图说长征大会师》《中国共产党甘肃简史（1921—1949）》《甘肃省红色旅游指南》《甘肃改革开放实录（第二辑）》等9部书籍。完成《中共甘肃历史简明知识读本（二）》《巍巍子午岭——王秉祥回忆录》等6本书稿。完成《中国共产党甘肃省委大事纪要（2012.1—2017.5）》《中国共产党甘肃大事纪实（2016年）》等书稿，启动《中国共产党甘肃改革开放40年大事记》编写工作。完成《甘肃省志·共产党志》党史工作篇，审核15个部门专篇的初稿。启动《中国共产党甘肃历史》（第三卷）编撰工作，完成编撰大纲初稿。

【课题研究与资料征集】完成中央党史研究室《改革开放实录》第四批编写任务《甘肃国有企业改革的历程》《敦煌国际文化旅游名城建设历程》《七里河区西湖街道创立“民情流水线”工程》3个专题的编写上报工作。组织相关人员赴陕甘边革命遗址遗迹考察调研搜集资料，完成省社科立项重点课题《南梁精神当代价值研究》基本内容的撰写工作。撰写《甘肃三线建设和军民融合发展》《大力弘扬会师精神 切实加快全面小康进程》《革命老区精准扶贫的路径与对策——以甘肃庆阳为例》等29篇文章，入选中央党史研究室和各省举办的学术研讨会，并在论文集上发表。组织力量征集出版《甘肃改革开放实录（第二辑）》《甘肃的反右派斗争》等专题资料；抢救拍摄图片1000余幅，录音录像10余盒。

（供稿：李丽君）

台湾事务

【陇台双向交流】全年陇台双向交流367项4349人次，其中赴台交流207项1419人次；来甘交流160项2930人次。陇台人员往来6.4万人次。省台办实施“台湾基层代表陇东民俗文化体验之旅”“台湾三县工会子弟夏令营”等活动。指导天水、平凉、酒泉等市开展“第四届海峡两岸（台北）共祭伏羲典礼”“第七届海峡两岸西王母论坛”、华光辉映·两岸名家书画展平凉巡展、海峡两岸档案学术交流等活动。指导高校和群团组织开展“台湾青年大学生夏令营”“两岸学子牵手丝绸之路行”“海峡两岸大学生创业就业研习营”“金城大讲堂”“多元文化教育陇上行”等交流活动。全年来甘肃交流参观访问的台湾青年学生达到1000多人次。邀请中国国民党代主席林政则，新党主席郁慕明，台湾行政机构前负责人刘兆玄等出席“公祭伏羲大典”“西王母民俗文化交流”“文博会”等重要活动。省委书记林铎，省长唐仁建，省委副书记孙伟，省委常委、统战部长马廷礼，省政协副主席张世珍分别会见。台湾地区新党、台湾工商建研会、台湾青商总会等政商团体组团来甘肃交流参观访问。

【经贸合作】全年签约台商合作意向5项，建成投产台资项目1个、新增台资项目3个，台商实际投资2.7亿元。台商捐资扶贫项目13个，吸收台资1000万元。陇台贸易总额3.8亿美元，其中对台出口0.6亿美元，自台进口3.2亿美元。经贸开展第二十三届“兰洽会”期间，组织“第四届台商陇上行”活动。邀请中华海峡两岸民间团体交流促进会、中华绿色产业联盟、中华杰出青年交流促进会、苏州市台商协会等工商团体80余名台商参加“兰洽会”，参加世界500强中外知名企业走进甘肃对接推进会，组织30家台商50个标准展位参加展销展览，分组赴酒泉、张掖、武威、天水、定西、临夏、兰州新区等地开展考察对接活动。指导庆阳市台办举办首届“庆台经贸文化论坛”，组织台商参加“临夏州清真食品美食展”。组织7家在甘肃的台资企业参加“2017两岸企业家紫金山峰会”产品展销会。省委台湾工作办公室同省经济合作局、部分市州招商局等部门赴广东举办“甘肃省与在粤知名台资企业对接交流会”。组织相关市州招商部门赴上海开展台商投资项目对接活动，落实2016年与上海市台协签订的台商投资合作备忘录。召开“台籍青年学生实习创业就业座谈会”，在兰州大学、西北师范大学就读的台湾籍大学生参加。“兰洽会”期间，举办“陇台青年创新创业发展论坛”，300人参加，海协会副会长孙亚夫、省委常委马廷礼出席论坛并讲话。开展两次台资企业大走访活动，对台资企业进行全覆盖式走访调研，了解台资企业生产经营情况和存在的困难问题。开展台资企业和台胞台属基本情况摸底调查。根据国台办关于落实台胞待遇的有关精神，制定甘肃省“关于进一步完善和落实台湾同胞待遇的意见”。

【台企台胞捐赠】全年吸收台湾慈济基金会、旺旺集团、全国台企联、上海台资企业协会、东莞台资企业协会等台资企业和爱心台胞捐赠1000多万元，其中各市州吸收台胞、台企捐赠各类助学金、奖学金、教育资金200多万元。

（供稿：潘麒安　孙志中）

省委党校工作

【学习落实党的十九大精神】2017年11月27日至12月22日，连续举办4期省管地厅级领导干部学习贯彻党的十九大精神专题轮训班，学制5天，轮训人数1300多名。省委副书记、省委党校校长孙伟同志出席第一期轮训班开班式并作辅导报告，省委常委李荣灿、马世忠、黄强、宋亮、陈青、王嘉毅同志分别为轮训班作辅导报告。分期分批组织全校党员干部全程同步参加省管地厅级领导干部学习贯彻党的十九大精神专题轮训班；通过校委中心组学习、专题研讨、支部学习、远程网络平台学习等形式，原原本本、逐字逐句学习党的十九大报告和新党章；50余名教师利用两个多月时间先后宣讲200多场次；向中央办公厅报送《关于传达学习贯彻落实党的十九大精神的几点意见建议》等5篇党校教师署名文章。围绕学习贯彻十九大精神举办“贯彻十九大精神推动甘肃新发展”智库论坛、“学习十九大精神推动全面从严治党”座谈会等学术活动，孙伟副书记出席“全省党校系统学习贯彻党的十九大精神推进全面从严治党座谈会”并发表讲话。

【贯彻落实省十三次党代会精神】2017上半年连续举办5期省十三次党代会精神轮训班，实现省管干部和省直部门（单位）、市州新提拔进领导班子成员共计1500余人全覆盖。林铎书记审定轮训方案，省委常委为轮训班作专题辅导报告。专题开设“深入贯彻落实省第十三次党代会精神 把讲政治贯穿建设幸福美好新甘肃全过程”“坚持‘八个要求’，落实‘八个着力’——省第十三次党代会精神解读”等教学专题，推进省十三次党代会精神和“八个着力”重要指示精神进教材、进课堂、进学员头脑。完成省第十三次党代会报告基础研究的两项重大课题，即《县域经济发展现状及对策研究》和《落实全面从严治党主体责任对策研究》。利用《甘肃日报》“智库建言”栏目，围绕贯彻落实“八个着力”指示精神，以“聚焦供给侧结构性改革”“建言2017年全省经济工作”“建言甘肃‘十三五’开局之年”“贯彻‘八个着力’共谋未来发展”“着力推进扶贫开发”等主题，刊

2017年11月27日上午，第一期省管地厅级领导干部学习贯彻党的十九大精神专题轮训班举行开班式。省委副书记、省委党校校长孙伟出席开班式并作专题辅导报告

发理论咨政文章。

【意识形态工作】制定《中共甘肃省委党校意识形态工作责任制实施方案》。每半年向省委报告一次意识形态工作情况。举办全省党校系统意识形态工作座谈会，省委副书记、省委党校校长孙伟同志出席并讲话。召开网络舆论引导工作推进会，传达学习习近平总书记"4·19"重要讲话精神并对全校网络宣传工作进行安排部署。在报刊广播电视网络等媒体上及时发文发言发声，旗帜鲜明讲政治，旗帜鲜明抵制各种错误思想，主动引领马克思主义在意识形态领域的话语主导权。获得省委宣传部全省2016年度发表重要理论文章先进集体、中宣部办公厅基层理论宣讲先进集体等荣誉。

【培训工作】全年共举办各类培训班次415个，培训轮训各级各类干部41987人，其中主体班次41个，培训学员4643人，其他计划外委托培训班次374个，培训学员34531人。邀请省委常委作专题辅导报告19场次，其中省委副书记、省委党校校长孙伟同志6次来党校作辅导报告。举办全省领导干部"富民兴陇"系列讲座13讲，外请报告149场，"学员论坛"20多次。完成2017级在职研究生招录和2014级在职研究生毕业相关工作。稳步推进与兰州大学联合培养马克思主义中国化与思想政治教育硕士研究生工作。

【科研和智库工作】科研项目立项115项（结项94项），出版著作15部，成果报送2篇，舆情信息报送27条。获得科研奖励19项，包括荣获中央党校第十一届省级党校科研工作进步奖，常务副校长范鹏教授荣获省级党校第十一届优秀科研工作者奖，李含琳教授荣获省级党校副省级城市党校第十一届优秀决策咨询奖二等奖。在人民出版社等出版《统筹推进"五位一体"总体布局》等专著，在《人民日报》等报刊发表论文204篇。特色新型智库建设的"153"模式在全省宣传思想工作会议上获得2016年度甘肃省宣传思想文化工作创新奖。2017年，智库建设由原来的"153"发展思路（成立一个专门机构、设立五类工作室、打造三类成果出口）。拓展为双"153"发展思路（成立一个专门机构、确立一个建设目标，设立五类工作室、形成五个特色中心，明确三个研究重点、打造三类成果出口），以甘肃省中国特色社会主义理论体系研究中心特约研究员名义在中央"四报一刊"发表重要理论文章9篇，连续两年位列全省第一。

【信息化建设和图书馆工作】完成智慧校园建设软硬件平台部分的设计，智慧校园一期工程建设工作推进，门户网站、微信平台、今日头条客户端三位一体、相互补充的立体宣传模式优势凸显。撰写《校史陈列馆陈展大纲及主要内容》，征集校史资料，提出校史馆陈展初步设计方案，推进校史馆陈展各项前期准备工作；分步推动实施全省党校系统图书馆数字资源共建共享，完成同方知网CNKI党校知识服务平台、超星在线电子图书、《人大复印资料》网络版、中宏网、国研网等数字资源的数据更新及续订工作；成立书香党校读书会，倡导多读书、读好书、善读书的良好习惯。

【业务指导】深入各市（州）委党校，通过开展联席会议、调查研究、送教上门、教学实践和科研合作等活动，贯彻落实党校业务指导工作。组建甘肃省党校系统教师中级职务任职资格评审委员会，完成2017年全省党校系统48名教师中、初级职务任职资格评审。组建甘肃省党校行政学院社会主义学院系统教师高级职务任职资格评审委员会，完成2017年全省党校行政学院社会主义学院系统教师高级职务任职资格评审工作。举办全省党校系统第四届教学比赛，评选出一等奖12名、二等奖20名、三等奖27名，优秀组织奖3名，编辑出版《交流与提高——甘肃省党校系统第四届教学比赛成果汇编》。

（供稿：李吉祥　侯咏彤）

中国共产党甘肃省纪律检查委员会

全委会议

【中国共产党甘肃省第十二届纪律检查委员会第七次全体会议】2017年1月16日至17日在兰州召开。会议全面贯彻十八届中央纪委七次全会部署要求，总结2016年纪律检查工作，部署2017年任务，审议通过省委常委、省纪委书记刘昌林代表省纪委常委会所作的《强化监督执纪问责，严肃党内政治生活，推动全省政治生态风清气正》工作报告。

【中国共产党甘肃省第十二届纪律检查委员会第八次全体会议】2017年5月12日在兰州召开。省委常委、省纪委书记刘昌林作关于省纪委向省第十三次党代会工作报告起草情况说明。全会讨论省第十三次党代会报告、省纪委工作报告和省纪委八次全会决议（草案）。全会审议通过中共甘肃省纪律检查委员会向省第十三次党代会的工作报告，同意提请省第十三次党代会审查。

【中国共产党甘肃省第十三届纪律检查委员会第一次全体会议】2017年5月26日在兰州召开。全会选举并经省委十三届一次全会通过，产生新一届省纪委常委和书记、副书记。刘昌林同志当选为中共甘肃省第十三届纪律检查委员会书记，王建太、高继明、张云生、袁治云当选为副书记。全会审议通过《中国共产党甘肃省第十三届纪律检查委员会第一次全体会议决议》。

纪检监察

【党的政治建设】坚决肃清王三运、虞海燕流毒影响，研究制定省纪委机关肃清王三运流毒影响工作方案，列出19项肃清任务并有序推进。对中央纪委转办的虞海燕案件涉及人员问题线索，认真制定处置方案，给予诫勉谈话2人、暂存待查1人、移送司法机关1人、立案审查11人。推动中央巡视“回头看”反馈问题整改，对中央巡视组移交的重点问题线索一律进行初核，对涉及省管干部的其他问题线索进行大起底，组成14个核查组，排查问题线索494件。把查处违反政治纪律和政治规矩问题放在首要位置，特别是严查拉帮结派等搞非组织活动的问题，全年查处此类问题80件120人，同比增长40%和50%。严审各级各类代表或委员准入资格，被调整158人。建立领导干部廉政档案及活页册，向组织部门回复党风廉洁意见3489人次。加强思想政治教育，全省纪检监察机关对5710名受处分人员进行回访谈心。

【纪律监察】全面推进“六个严查”，全省纪检监察机关处置问题线索21974件，增长61%；立案7141件，增长28%；给予党纪政纪处分8905人，增长29%。立案查处省管干部56人、县处级干部457人，同比分别增长60%和83%。启动“天网2017专项行动”，追回外逃人员3名，其中“红通”人员2名。全省纪检监察机关实践运用“四种形态”处理28345人次。其中，第一种形态19234人次、占68%，同比增长87%；第二种形态7355人次、占26%，同比增长35%；第三种形态851人次、占3%，同比增长16%；第四种形态905人次、占3%，同比增长12%。谈话函询2065件次，同比增长37%，对2016年以来予以了结的10500个问题，一一函告反映对象。印发加强执纪审查安全工作的通知，制定“走读式”谈话安全管理办法等制度，加强纪律审查安全工作。聚焦落实审查安全责任、谈话场所建设管理等6个方面60项具体内容，对省纪委机关、派驻机构、各市州纪委及企业、高校纪检机构审查安全工作开展为期1个月的“地毯式”大检查。

紧盯公款吃喝、公款送礼、大操大办婚丧喜庆事宜、违规发放津补贴四大顽疾及躲入私人会所和居民小区公款吃喝等隐性问题，全省查处问题727件，给予党纪政纪处分807人。组织8个检查组，采取省、市、县三级纪委联动方式，深入省直有关部门、14个市州、兰州新区和15个县市区进行明察暗访，发现问题线索1355条，督办问题308件。全省纪检监察机关通报曝光典型问题747起。其中，省纪委14批曝光典型问题52起，涉及党员干部63人，对4起违规管理使用公务用车问题、元旦春节五一期间明察暗访贯彻执行中央八项规定精神情况进行专题通报。

【查处扶贫领域腐败】制定《强化扶贫领域监督执纪问责工作要点》《脱贫攻坚工作问责规定（试行）》，夯实脱贫攻坚责任。对2016年以来的2.23万件问题线索大起底，筛选甄别督办问题线索1255件，先后分2批集中向市州交办。全省各级纪检监察机关查处扶贫领域违纪问题1030件，处理1992人，其中给予党纪政纪处分1494人，移送司法机关38人。省纪委抽调112名业务骨干对全省58个集中连片贫困县区开展异地交叉检查，发现14个方面的问题线索45019件，督促有关县区严肃查处，促进脱贫攻坚政策落地见效。2017年确定13个脱贫攻坚任务重、信访量较高的重点县区开展综合整治，交办问题线索194件，办结167件、结案率86.08%，给予党纪政纪处分和组织处理252人，移送司法机关8人。针对26个重点县区整改扶贫资金、农村“三资”管理、低保金发放、危旧房改造、退耕还林补助资金等方面存在的354个问题。

【全面从严治党】对14个市州、172个省直部门单位开展2016年度党风廉政建设考核，将考核结果纳入省管领导班子政绩考核范围，对考核评分靠后的9个单位开展工作约谈，指出存在主要问题，提出具体整改要求。省纪委班子成员带队，对各市州和省直部门党组织、纪检机关履行全面从严治党责任、维护政治生态等情况进行专项督查。推动省政府国资委党委制定6类工作规范、48项工作措施，同企业党政主要负责人谈话6477次；推动省教育厅党组和高校工委组建巡察组，对10所高校进行巡察，发现并督促整改问题274个。召开整改落实中央巡视组反馈乡镇纪委“零查处”问题集体约谈会，集中约谈存在乡镇纪委执纪审查“零查处”问题的11个市州纪委书记，指出问题、责令整改，经过集中整改，360个乡镇实现执纪审查“零突破”。

【监督执纪问责】开展“三纠三促”专项行动，开列不担当、不作为、弄虚作假3个方面60个具体问题清单，在全省党政机关集中整治不担当、不作为和弄虚作假问题，促进中央决策部署落实和经济社会发展。省纪委组成9个督导检查组，分赴各市州和省直部门单位开展为期1个月的明察暗访，对790个问题进行重点核查或跟踪督办，省纪委直接督办132条。833个单位被责令检查或受到通报批评，585人受到纪律处分，9人被移送司法机关。全省实施党内问责271起410人，实施行政问责739起1669人。其中，祁连山生态问题问责216人，黄泥湾贫困群众被迫捐款问题问责44人。提出中央环保督察移交的其余9个问题线索拟问责118人的处理建议，其中地厅级干部11人。

【巡视工作机制】修订省委巡视工作领导小组议事规则，健全完善省委常委会、省委书记专题会、省委巡视工作领导小组分层级听取巡视情况汇报的常态化工作机制。建立巡视组长库和成员库，打破巡视组固定模式，实行“一轮一组建，一次一授权”。加强与纪检监察、组织、检察、审计、信访、司法等部门的协作配合，健全纪检、组织与巡视机构沟通联系和衔接配合等机制。

【首轮巡视】对12个市县、16个省直部门单位开展巡视同时，被巡视市县和省直部门，分别对其隶属的32个县直部门、40个乡镇、80个村和20个省直下属单位开展巡察，发现问题线索956件，涉及省管干部122人。

【市县巡察】印发《关于建立健全市县党委巡察工作机构的通知》，明确机构设置、干部选配、组织领导等。制定《关于加强和规范巡察工作的意见》，推广市县统筹、交叉巡察、提级巡察、入户走访等做法，深入查找和发现问题。市县巡察基层单位17168个，发现问题26374个，立案653人，给予党纪政纪处分539人，移送司法机关25人。

【监察体制改革试点】推进国家监察体制改革试点，制定《甘肃省深化国家监察体制改革试点工作实施方案》，明确全省改革试点工作“任务书”“时间表”“路线图”。制定加强市县纪委监委队伍建设、班子组建、人员转隶、线索移交等12个指导意见和配套方案，构建全省改革试点工作政策指导框架体系。制定监督执纪工作制度20项、内部运行制度16项，协调省委政法委牵头制定政法机关支持配合监察体制改革试点工作“1+6”制度，为监委高效有序运行提供制度保障。建立挂点督导机制，指导市县严格按照中央和省委确定的部署要求推进改革。会同省委组织部逐一审核14个市州、86个县市区纪委监委班子人事选配方案，开展班子人选推荐考察工作，选优配强监委班子。研究确定检察院涉改部门编制划转比例，完成人员转隶。全面梳理检察院涉改部门案件线索，列出详细清单，反腐败工作力度不减、尺度不松、节奏不变。制定《关于市县监察委员会成立程序》，确保各级监察委员会依法依规完成组建任务。

【纪律检查体制改革】围绕“两个责任”落实，制定统一战线工作、脱贫攻坚工作问责规定。围绕规范派驻监督，制定派驻纪检组报告工作、处置问题线索、信访举报等制度。围绕“四个提名考察办法”开展专项督查，推动各级把政治素质好、坚持原则、敢于监督、敢于担当的干部选拔到纪检监察领导岗位。围绕进一步调整优化内设机构职能设置，强化内部监督，全省14个市州纪委均成立纪检监察干部监督室。

（供稿：阎盘龙）

甘肃省人民代表大会

甘肃省第十二届人民代表大会会议

【第六次会议】2017年1月9日至13日，甘肃省第十二届人民代表大会第六次会议在兰州召开。会议听取和审议省长林铎作的甘肃省人民政府工作报告，省人大常委会副主任罗笑虎作的甘肃省人大常委会工作报告，省高级人民法院院长梁明远作的甘肃省高级人民法院工作报告和省人民检察院检察长路志强作的甘肃省人民检察院工作报告；审议甘肃省2016年国民经济和社会发展计划执行情况及2017年国民经济和社会发展计划草案的报告，甘肃省2016年财政预算执行情况和2017年全省及省级财政预算草案的报告。会议审议通过《甘肃省地方立法条例》。会议表决通过甘肃省第十二届人民代表大会第六次会议关于甘肃省人民政府工作报告的决议，关于甘肃省2016年国民经济和社会发展计划执行情况及2017年国民经济和社会发展计划的决议，关于甘肃省2016年财政预算执行情况和2017年省级预算的决议，关于甘肃省人大常委会工作报告的决议，关于甘肃省高级人民法院工作报告的决议，关于甘肃省人民检察院工作报告的决议。会议审议通过《甘肃省第十二届人民代表大会第六次会议选举办法》和《甘肃省第十二届人民代表大会法制等四个专门委员会部分主任委员、副主任委员、委员人选表决办法》。会议通过关于接受甘肃省第十二届人民代表大会个别专门委员会主任委员辞职请求的决定。会议选举王玺玉为甘肃省第十二届人民代表大会常务委员会副主任，选举刘玉生、张建荣、孙伟、杨志强、刘为民、苏君为甘肃省第十二届人民代表大会常务委员会委员。会议通过关于甘肃省第十二届人民代表大会法制等四个委员会部分主任委员、副主任委员、委员名单。本次会议代表们提出建议580件，其中以代表团名义提出97件，代表个人或联名提出483件。

【第七次会议】2017年5月5日，甘肃省第十二届人民代表大会第七次会议在兰州召开。会议审议通过《甘肃省第十二届人民代表大会第七次会议选举办法》。会议选举林铎为甘肃省第十二届人民代表大会常务委员会主任，选举唐仁健为甘肃省省长，选举张建昌为甘肃省第十二届人民代表大会常务委员会秘书长。

甘肃省第十二届人大常委会会议

【第二十八次会议】2017年1月6日在兰州召开。省人大常委会副主任罗笑虎、嘉木样·洛桑久美·图丹却吉尼玛、孙效东、周多明、李慧、马青林，秘书长张绪胜及委员共51人出席会议。省高级人民法院院长梁明远、省人民检察院检察长路志强，省人大各专门委员会组成人员，省人大常委会各工作部门负责人列席会议。会议听取省人大常委会秘书长关于甘肃省第十二届人民代表大会第六次会议筹备工作情况的报告；审议通过省人大常委会2017年工作要点；审议省人大常委会工作报告（稿），将提交省十二届人大六次会议审议；审议通过甘肃省第十二届人民代表大会第六次会议列席范围；审议甘肃省第十二届人民代表大会第六次会议议程、日程（草案），甘肃省第十二届人民代表大会第六次会议主席团和秘书长名单（草案）、主席团常务主席名单（草案）、主席团执行主席分组名单（草案）、大会副秘书长名单（草案），甘肃省第十二届人民代表大会第六次会议选举办法（草案），甘肃省第十二届人民代表大会法制等四个专门委员会部分主任委员、副主任委员、委员人选表决办法（草案）；审议通过甘肃省第十二届人民代表大会常务委员会代表资格审查委员会关于个别代表的代表资格的报告及公告，甘肃省人民代表大会常务委员会关于提请审议《甘肃省地方立法条例（草案）》的议案；通过甘肃省人民代表大会常务委员会关于接受甘肃省第十二届人民代表大会常务委员会部分委员辞职请求的决定，关于接受关于甘肃省第十二届人民代表大会部分专门委员会组成人员辞职请求的决定。会议任命樊怀玉为甘肃省人民代表大会常务委员会财经预算工作委员会主任，沙拜次力为甘肃省人民代表大会常务委员会农业与农村工作委员会主任，张清为甘肃省人民代表大会常务委员会法制工作委员会副主任；免去肖庆平的甘肃省第十二届人民代表大会环境资源保护委员会副主任委员、甘肃省人民代表大会常务委员会环境资源保护工作委员会主任职务，范志斌的甘肃省人民代表大会常务委员会农业与农村工作委员会主任职务，张清的甘肃省人民代表大会常务委员会内务司法工作委员会副主任职务，郝宗维的甘肃省人民代表大会常务委员会教科文卫工作委员会副主任职务。会议还通过省高级人民法院和省人民检察院提请的有关人事任免事项。

【第二十九次会议】2017年1月25日在兰州召开。省人大常委会副主任罗笑虎、嘉木样·洛桑久美·图丹却吉尼玛、孙效东、周多明、王玺玉、李慧、马青林，秘书长张绪胜及委员39人出席会议。省人民政府副省长郝远，省高级人民法院院长梁明远，省人民检察院检察长路志强，省人大各专门委员会组成人员，省人大常委会各工作部门负责人列席会议。会议审议通过甘肃省第十二届人民代表大会常务委员会代表资格审查委员会关于个别代表的代表资格的报告及公告，通过关于接受虞海燕辞去第十二届全国人民代表大会代表职务的决议。会议决定免去虞海燕的甘肃省副省长职务。

【第三十次会议】2017年3月28日至30日在兰州召开。省人大常委会副主任罗笑虎、嘉木样·洛桑久美·图丹却吉尼玛、孙效东、周多明、李慧、马青林，秘书长张绪胜及委员53人出席会议。省人民政府副省长李斌，省高级人民法院院长梁明远，省人民检察院检察长路志强，省人大各专委会组成人员，省人大常委会各工作部门负责人，省政府有关部门负责人，各市、州人大常委会负责人，省人大常委会部分立法顾问列席会议。省上各民主党派和群众团体推派的公民旁听全体会议。会议传达十二届全国人大五次会议精神；审议《甘肃省建设工程质量和安全生产条例（草案二次审议稿）》《甘肃炳灵寺石窟保护条例（草案二次审议稿）》《甘肃省农村扶贫开发条例（草案二次审议稿）》和《甘肃省鼠疫预防和控制条例（草案）》；通过甘肃省人民代表大会常务委员会关于批准《嘉峪关市立法条例》的决定、关于批准《张掖市立法条例》的决定、关于批准《平凉市地方立法条例》的决定、关于批准《定西市人民代表大会及其常务委员会立法程序规则》的决定、关于批准《陇南市人民代表大会及其常务委员会立法程序规则》的决定、关于批准《白银市人民代表大会及其常务委员会立法条例》的决定；听取和审议省人民政府关于2016年依法行政工作报告。会议通过甘肃省人民代表大会常务委员会关于接受夏红民辞去甘肃省副省长职务的请求的决定，关于接受马少青辞去甘肃省第十二届人民代表大会常务委员会委员、甘肃省第十二届人民代表大会民族侨务委员会副主任委员职务的请求的决定；会议决定任命宋亮为甘肃省副省长，高志凌为甘肃省文化厅厅长；决定免去杨景海的甘肃省司法厅厅长职务，孙伟的甘肃省文化厅厅长职务；免去杨丽萍的甘肃省人民代表大会常务委员会法制工作委员会副主任职务，张悌先的甘肃省人民代表大会常务委员会内务司法工作委员会副主任职务。会议还通过省高级人民法院和省人民检察院提请的有关人事任免事项。

【第三十一次会议】2017年4月11日在兰州召开。省人大常委会副主任罗笑虎、嘉木样·洛桑久美·图丹却吉尼玛、孙效东、周多明、王玺玉、李慧、马青林，秘书长张绪胜及委员50人出席会议。省委常委、副省长黄强，省高级人民法院院长梁明远，省人民检察院检察长路志强，省人大各专委会组成人员，省人大常委会各工作部门负责人，省政府有关部门负责人列席会议。会议通过甘肃省人民代表大会常务委员会关于接受林铎辞去甘肃省省长职务的请求的决定；会议决定任命唐仁健为甘肃省副省长、代理省长；决定免去刘维忠的甘肃省卫生和计划生育委员会主任职务，决定任命郭玉芬为甘肃省卫生和计划生育委员会主任。会议通过甘肃省人民代表大会常务委员会关于召开甘肃省第十二届人民代表大会第七次会议的决定。

【第三十二次会议】2017年5月3日在兰州召开。省人大常委会副主任罗笑虎、嘉木样·洛桑久美·图丹却吉尼玛、孙效东、周多明、王玺玉、李慧、马青林，秘书长张绪胜及委员50人出席会议。省人民政府副省长杨子兴，省高级人民法院院长梁明远，省人民检察院检察长路志强，省人大各专委会组成人员和省人大常委会各工作部门负责人列席会议。会议听取省人大常委会秘书长关于甘肃省第十二届人民代表大会第七次会议筹备情况的报告；通过甘肃省第十二届人民代表大会常务委员会代表资格审查委员会关于个别代表的代表资格的报告及公告；通过甘肃省第十二届人民代表大会第七次会议列席范围；审议甘肃省第十二届人民代表大会第七次会议主席团和秘书长名单（草案）、主席团常务主席名单（草案）、主席团执行主席名单（草案）、副秘书长名单（草案），甘肃省第十二届人民代表大会第七次会议议程、日程（草案）。会议通过甘肃省人民代表大会常务委员会关于接受王三运辞去甘肃省第十二届人民代表大会常务委员会主任职务的请求的决定，关于接受张绪胜辞去甘肃省第十二届人民代表大会常务委员会秘书长职务的请求的决定；通过甘肃省人民代表大会常务委员会关于接受甘肃省第十二届人民代表大会部分专门委员会组成人员辞职请求的决定，甘肃省人民代表大会常务委员会关于接受甘肃省第十二届人民代表大会常务委员会部分委员辞职请求的决定。会议免去刘基的甘肃省人民代表大会常务委员会教育科学文化卫生工作委员会主任职务；决定免去马光明的甘肃省林业厅厅长职务，王代喜的甘肃省人民政府外事办公室主任职务；决定任命宋尚有为甘肃省林业厅厅长，张宝军为甘肃省人民政府外事办公室主任。会议还通过省高级人民法院提请的有关人事任免事项。

【第三十三次会议】2017年6月6日至8日在兰州举行。省人大常委会副主任罗笑虎、嘉木样·洛桑久美·图丹却吉尼玛、孙效东、周多明、王玺玉、李慧、马青林，秘书长张建昌及委员45人出席会议。省人民政府副省长李斌，省高级人民法院院长梁明远，省人民检察院检察长路志强，省人大各专委会组成人员，省人大常委会各工作部门负责人，省政府有关部门负责人，各市、州人大常委会负责人，省人大常委会部分立法顾问和立法联系点负责人列席会议。省上各民主党派和群众团体推派的公民旁听全体会议。会议审议通过《甘肃炳灵寺石窟保护条例》《甘肃省鼠疫预防和控制条例》，甘肃省人民代表大会常务委员会关于批准《庆阳市禁牧条例》的决定；审议《甘肃省建设工程质量和安全生产管理条例（草案三次审议稿）》《甘肃省兰白科技创新改革试验区条例（草案二次审议稿）》《甘肃省石油勘探开发生态环境保护条例（修订草案）》《甘肃省各级人大常委会审计整改工作监督办法（草案）》。会议听取和审议省人民政府关于全省环境保护和环境保护目标完成情况的报告，省人大常委会执法检查组关于检查《中华人民共和国产品质量法》和《甘肃省产品质量监督管理条例》实施情况的报告。会议听取和审议省人民政府关于甘肃省2017年政府债务限额分配计划和省级财政预算调整方案的报告，审议省人大财政经济委员会关于甘肃省2017年政府债务限额分配计划和省级财政预算调整方案的审查报告，作出甘肃省人民代表大会常务委员会关于批准甘肃省2017年政府债务限额分配计划和省级财政预算调整方案的决议。会议通过甘肃省人民代表大会常务委员会关于接受郭玉虎辞去甘肃省第十二届人民代表大会常务委员会委员职务的请求的决定；任命毛生武为甘肃省第十二届人民代表大会民族侨务委员会副主任委员，张令平为甘肃省第十二届人民代表大会教育科学文化卫生委员会副主任委员，郑亚军为甘肃省第十二届人民代表大会环境资源保护委员会副主任委员；免去郭玉虎的甘肃省第十二届人民代表大会环境资源保护委员会副主任委员职务；撤销郭玉虎的甘肃省人民代表大会常务委员会环境资源保护工作委员会主任职务；决定任命牛纪南为甘肃省司法厅厅长；决定免去周强的甘肃省发展和改革委员会主任职务，王嘉毅的甘肃省教育厅厅长职务；决定撤销蒲志强的甘肃省国土资源厅厅长职务。会议还通过省高级人民法院提请的有关人事任免事项。

【第三十四次会议】2017年7月24日至28日在兰州举行。省委书记、省人大常委会主任林铎，省人大常委会副主任罗笑虎、嘉木样·洛桑久美·图丹却吉尼玛、孙效东、周多明、王玺玉、马青林，秘书长张建昌及委员46人出席会议。省人民政府副省长杨子兴，省高级人民法院院长梁明远，省人民检察院检察长路志强，省人大各专委会组成人员，部分在甘十二届全国人大代表、省十二届人大代表，省人大常委会各工作部门负责人，省政府有关部门负责人，各市、州人大常委会负责人，省人大常委会部分立法顾问和立法联系点负责人列席会议。省上各民主党派和群众团体推派的公民旁听全体会议。会议审议通过《甘肃省农村扶贫开发条例》（修订）、《甘肃省石油勘探开发生态环境保护条例》（修订）、《甘肃省各级人民代表大会常务委员会监督审计查出问题整改工作办法》，甘肃省人民代表大会常务委员会关于批准《兰州市城市公共汽车客运管理条例》的决定、关于批准《定西市物业管理条例》的决定、关于批准《甘南藏族自治州人民代表大会关于修改〈甘肃省甘南藏族自治州草原管理办法〉的决定》的决定；审议《甘肃祁连山国家级自然保护区管理条例（修订草案）》《甘肃省招标投标条例（修订草案）》《甘肃省技术市场条例（修订草案）》《甘肃省农村生活垃圾管理条例（草案）》。会议听取和审议省人民政府关于甘肃省2017年上半年国民经济和社会发展计划执行情况的报告，关于2016年省级财政决算草案和2017年上半年全省财政预算执行情况的报告，关于2016年度省级预算执行和其他财政收支的审计工作报告，审议甘肃省人民代表大会财政经济委员会关于2016年省级财政决算草案的审查结果报告，作出甘肃省人民代表大会常务委员会关于批准2016年省级财政决算的决议。会议听取和审议省人大常委会执法检查组关于检查《中华人民共和国固体废物污染环境防治法》实施情况的报告。会议通过甘肃省人民代表大会常务委员会关于接受王三运辞去第十二届全国人民代表大会代表职务的决议，通过甘肃省第十二届人民代表大会常务委员会代表资格审查委员会关于个别代表的代表资格的报告及公告，通过甘肃省人民代表大会常务委员会关于接受甘肃省第十二届人民代表大会常务委员会个别委员辞职请求的决定。会议任命明连成为甘肃省第十二届人民代表大会财政经济委员会副主任委员，李世红为甘肃省人民代表大会常务委员会内务司法工作委员会主任，赵晓峰为甘肃省人民代表大会常务委员会办公厅副主任，陆燕宁为甘肃省人民代表大会常务委员会代表人事工作委员会副主任，王锡明为甘肃省人民代表大会常务委员会教育科学文化卫生工作委员会副主任；免去苏秦川的甘肃省人民代表大会常务委员会副秘书长职务，明连成的甘肃省人民代表大会常务委员会研究室主任、甘肃省第十二届人民代表大会农业与农村委员会委员职务，李世红的甘肃省人民代表大会常务委员会代表人事工作委员会副主任职务；决定任命王海燕为甘肃省教育厅厅长、王忠民为甘肃省国土资源厅厅长；会议还通过省高级人民法院和省人民检察院提请的有关人事任免事项。

【第三十五次会议】2017年9月25日至28日在兰州举行。省委书记、省人大常委会主任林铎，省人大常委会副主任罗笑虎、嘉木样·洛桑久美·图丹却吉尼玛、孙效东、周多明、王玺玉、李慧、马青林，秘书长张建昌及委员43人出席会议。省委常委、副省长宋亮，省人民检察院检察长路志强，省人大各专委会组成人员，部分在甘十二届全国人大代表、省十二届人大代表，省人大常委会各工作部门负责人，省政府有关部门负责人，各市州人大常委会负责人，部分省人大常委会立法顾问和立法联系点负责人列席会议。省上各民主党派和群众团体推派的公民旁听全体会议。会议审议通过《甘肃省建设工程质量和建设工程安全生产管理条例》《甘肃省招标投标条例》（修订）、《甘肃省技术市场条例》（修订）、《甘肃省农村生活垃圾管理条例》，甘肃省人民代表大会常务委员会关于批准《兰州市中小学生人身伤害事故预防与处理条例》的决定，甘肃省人民代表大会常务委员会关于批准《甘肃省临夏回族自治州旅游条例》的决定。会议听取和审议省人民政府关于我省推进供给侧结构性改革情况的报告；听取和审议省人大常委会调研组关于地方金融机构发展情况的调研报告，关于全省历史文化名城保护的政府主导和市场行为情况的调研报告；听取和审议省人大常委会执法检查组关于检查《甘肃省农村饮用水供水管理条例》贯彻实施情况的报告。会议听取和审议省人民政府关于省十二届人大六次会议代表建议办理情况的报告；审议省高级人民法院关于省十二届人大六次会议代表建议办理情况的报告，省人民检察院关于省十二届人大六次会议代表建议办理情况的报告；听取和审议省人力资源和社会保障厅、省住房和城乡建设厅关于省十二届人大代表建议办理情况的报告，并对省人力资源和社会保障厅、省住房和城乡建设厅代表建议办理工作进行了满意度测评。会议审议通过甘肃省人民代表大会常务委员会关于甘肃省第十三届人民代表大会代表名额分配和选举问题的决定，甘肃省人民代表大会常务委员会关于许可对甘肃省第十二届人大代表张利军依法采取强制措施的决定。会议还通过省高级人民法院和省人民检察院提请的有关人事任免事项。

【第三十六次会议】2017年11月28日至30日在兰州举行。省委书记、省人大常委会主任林铎，省人大常委会副主任罗笑虎、嘉木样·洛桑久美·图丹却吉尼玛、孙效东、周多明、李慧、马青林，秘书长张建昌及委员46人出席会议。省人民政府副省长李斌，省高级人民法院院长梁明远，省人民检察院检察长路志强，省人大各专委会组成人员，部分在甘十二届全国人大代表、省十二届人大代表，省人大常委会各工作部门负责人，省政府有关部门负责人，各市州人大常委会负责人列席会议。省上各民主党派和群众团体推派的公民旁听全体会议。会议审议通过《甘肃祁连山国家级自然保护区管理条例》（修订）。会议审议甘肃省应税大气污染物、水污染物环境保护税适用税额以及同一排放口应税项目数方案，作出甘肃省人民代表大会常务委员会关于批准《甘肃省应税大气污染物、水污染物环境保护税适用税额以及同一排放口应税项目数方案》的决定；会议听取省人民政府关于2016年度省级预算执行和其他财政收支审计查出问题整改情况的报告，并在分组审议的基础上，召开联组会议进行审议和询问。会议听取和审议省高级人民法院关于全省法院全面深化司法改革工作情况的报告，省人民检察院关于全省检察机关全面深化司法改革工作情况的报告；审议省人大常委会调研组关于全省各级人民法院全面深化司法改革情况的调研报告，关于全省各级人民检察院全面深化司法改革情况的调研报告。会议听取和审议省人大常委会调研组关于湿地生态环境保护情况的调研报告，审议省人大常委会关于省十二届人大六次会议代表建议办理情况的报告；审议通过甘肃省人民代表大会常务委员会关于召开甘肃省第十三届人民代表大会第一次会议的决定。会议通过甘肃省人民代表大会常务委员会关于接受郝远辞去甘肃省副省长职务的请求的决定；通过甘肃省人民代表大会常务委员会关于许可对甘肃省第十二届人大代表朱兴杰依法采取强制措施的决定；通过甘肃省人民代表大会常务委员会关于接受甘肃省第十二届人民代表大会常务委员会个别委员辞职请求的决定，关于接受甘肃省第十二届人民代表大会部分专门委员会组成人员辞职请求的决定；会议免去杨成有的甘肃省人民代表大会常务委员会环境资源保护工作委员会副主任职务；会议任命赵立新为甘肃省高级人民法院副院长，会议还通过省高级人民法院、省人民检察院提请的有关人事任免事项。

常委会工作

【重点领域立法】全年制定修改地方性法规11件，审查批准设区市法规和民族自治地方单行条例12件。执行重要法规草案和立法工作重大问题及时提请省委研究制度，先后将农村扶贫开发条例等3件法规审议修改情况和相关重要事项提请省委研究，按照省委意见和要求及时审议修改。改进立法计划规划编制，完善涉及立项、起草、审议、评估、清理以及公众参与等各环节制度机制，推行法规文本起草开题会和前置评估制度，完善审次审议程序。加强对市州立法的联系指导，开展业务培训和研讨，促进设区市提高立法质量。把修订《甘肃祁连山国家级自然保护区管理条例》作为立法工作重点来抓，严格依据上位法规定，对禁止性行为、审批制度等内容重点进行比照修改，明确政府和相关部门职责，提出保护区建设和治理举措。专项清理涉及生态环境保护方面的地方性法规、自治条例、单行条例，对其中31件提出处理意见。修订石油勘探开发生态环境保护条例，修改石油勘探开发的环保监管、辐射污染管理、清洁生产审核、水和地质环境保护等内容。修订农村扶贫开发条例，对扶贫开发基本原则、政府部门职责、扶贫对象界定、扶贫资金分配使用等作全面规范。制定农村生活垃圾管理条例，明确相关部门职责和经费保障，助推全省农村人居环境改善。在全国率先制定鼠疫预防和控制条例，对鼠疫防控体系建设等作规范。制定建设工程质量和建设工程安全生产管理条例，修订技术市场条例，细化相关措施和办法。制定各级人大常委会监督审计查出问题整改工作办法，就审计整改相关责任、监督方式等作规范。制定炳灵寺石窟保护条例，明确石窟保护要求和措施，加强文物古迹保护工作。对地方性法规中以审计结果作为政府投资建设项目竣工结算依据、有关著名商标制度的规定，以及涉及对外开放内容的法规进行清理。

【重点工作监督】听取审议“一府两院”工作报告15项，检查4部法律法规实施情况，开展专题调研5项。听取审议计划、预算执行情况、审计工作、审计查出突出问题整改情况等报告，审查批准2016年省级财政决算、2017年政府债务限额分配计划和省级财政预算调整方案。制定预算审查前听取省人大代表和社会各界意见建议办法。推进全省预算联网监督工作，实现与省财政国库集中支付系统联网查询。听取审议推进供给侧结构性改革情况报告等，就新常态下统筹推进稳增长、转方式、调结构、强实体、防风险、补短板等提出建议。开展地方金融机构发展、全省历史文化名城保护专题调研，提出对策建议。开展农产品质量安全监督陇上行活动。听取审议全省环境保护和目标完成情况报告，针对污染防治和环境隐患排查、自然保护区管理、环保责任落实等方面存在的问题，提出意见建议，推动整改落实。开展固体废物污染环境防治法执法检查，检查平凉、白银、陇南、金昌等地实施情况。调研全省湿地生态环境保护情况。开展陇原环保世纪行活动，推动解决环境脏乱差等问题。加强和改进执法检查工作，先后检查产品质量法、农村饮用水供水管理条例等法律法规实施情况，针对存在问题提出意见建议。加强司法活动监督，调研全省深化司法体制改革情况，听取审议省法院、省检察院专项工作报告，助推全省司法体制改革工作。依法审查各类规范性文件159件。受理人民群众来信来访1207件（次）。

【依法讨论决定重大事项】常委会根据中央关于健全人大讨论决定重大事项制度、各级政府重大决策出台前向本级人大报告的实施意见，按照突出重点、循序渐进、量力而行、尽力而为的原则，拟定甘肃省实施意见，经省委研究并印发执行。实施意见细化重大事项的范围、重点和工作程序，为全省各级人大行使决定权提供实施规范。贯彻环境保护税法，作出批准甘肃省应税大气污染物、水污染物环境保护税适用税额以及同一排放口应税项目数方案的决定，强化税收对污染物排放的约束。就省级财政决算、省级财政预算调整、省十三届人民代表大会代表名额分配和选举问题、召开新一届省人民代表大会会议作出决定。筹备召开省十二届人大七次会议，选举产生省人大常委会主任和省长。任免国家机关工作人员323人次。执行宪法宣誓制度，组织人代会选举和常委会任命的45名国家机关工作人员进行宪法宣誓，强化国家机关工作人员宪法意识。

【代表工作】制定全省代表暨代表联络机构工作人员培训大纲，建立培训师资库，组织代表参加全国人大培训。邀请代表列席常委会会议，参加常委会组织的调研、视察、执法检查等活动。完善代表建议办理和督办机制，开展代表议案建议网上办理工作。选择事关改革发展大局的16件代表建议，分别由常委会副主任现场督办、专门委员会牵头重点督办。组织代表对省工业和信息化委员会、省财政厅等6个承办单位办理代表建议情况进行现场视察，对省人力资源和社会保障厅、省住房和城乡建设厅办理工作在常委会会议上进行满意度测评。省十二届人大六次会议期间代表提出的588件建议已按规定期限全部办理答复完毕，其中已经解决和基本解决的占83%。制定代表资格审查委员会议事规则，出台做好省十三届人民代表大会选举工作有关问题的意见，召开换届选举工作会议，就代表名额分配、结构比例和换届选举纪律等提出明确要求。加强与15个选举单位的联系沟通，组织开展调研指导和督查，研究处理代表选举中的具体问题。

（供稿：赵源波）

甘肃省人民政府

省政府全体会议

【第十三次全体会议】1月13日，省委副书记、省长林铎主持召开省政府第十三次全体会议，对落实《政府工作报告》各项目标任务进行全面部署。会议强调，要靠实责任抓落实，逐级明确责任，层层传导压力，确保每项工作都要清单化管理、折子化推进，牢固树立"一盘棋"意识，努力做到上下左右协调联动、连接顺畅，始终保持政令畅通，切实形成同频共振、合力攻坚的工作局面。要紧盯重点抓落实，确保减贫80万人目标要做到心中有数、扎实推进，严防违规新增产能和已化解产能死灰复燃，不断提升"放管服"改革的质量和实效，高度重视并强力推进政府社会合作项目，抓好传统产业的转型升级，提升战略性新兴产业发展水平和竞争能力，加快构建形成因地制宜、各具特色的县域产业体系，努力促进支持非公经济发展的各项政策落地，尽快制定今年为民办实事的实施方案，让群众尽早受益。要强化举措抓落实，坚持做好经济运行分析调度，按月赛成绩单、亮排行榜；不断创新督查方式，加大督查力度，拓宽督查渠道，步步紧逼、狠抓落实，确保各项工作高质量有序推进；坚持激励问责并举，进一步健全完善正向激励机制，探索建立容错机制，有效激发广大干部干事创业热情。要提升能力抓落实，解决好能力不足不会干、有好政策不会用、好基础工作弱等问题。要改进作风抓落实，深入调研查实情，撸起袖子加油干，切实提升服务水平、优化投资环境，持之以恒做好党风廉政建设工作，努力营造清明政风，努力打造一支让人民满意的公务员队伍。会议还就做好春节前保障市场供给、妥善安排困难群众生活、维护社会安定、抓好安全生产等工作提出具体要求。

【第十四次全体会议】7月24日，省委副书记、省长唐仁健主持召开省政府第十四次全体会议。会议强调，政府系统要着力做好四件事。一是加大交通基础设施建设力度，按照"铁公机、江海息"六位一体的思路，构建综合交通网络，重塑在"一带一路"建设中我省的通道和物流优势。二是营造稳定公平透明、可预期的营商环境，培育良好的社会生态和人文环境，促进形成亲商爱商安商护商的浓厚氛围，最大限度地释放改革红利、政策红利。三是促进社会公平正义，把困难群众和特殊群体该管的都管起来，该帮的帮到位，该兜底的兜到底。四是抓好生态环境保护与建设，要以祁连山生态问题整改为契机，构建生态产业体系，实现绿色发展崛起；要搞好城乡环境卫生综合整治，全力推进全域无垃圾工作，真正让生态美起来、环境靓起来。当前，要下功夫集中破解重化工业转型升级、新动能培育、综合要素成本降低、投融资瓶颈等制约甘肃发展的最突出、最紧迫的难题。会议通报上半年经济运行情况。

【第十五次全体会议】10月28日，省委副书记、省长唐仁健主持召开省政府第十五次全体会议，分析研判前三季度全省经济运行情况，安排部署有关工作。会议强调，做好当前经济工作，一要紧盯工业、挖足潜力。要扎实推进"工业强省"战略，特别是要围绕停产企业复产、小微企业升规入库、降低企业成本、产能释放等方面，抓运行调度，抓协调服务，抓支持帮扶，力促工业止滑回稳。要督促省属企业"扛责任、扛任务、扛指标"，继续加强与央企的对接和服务，进一步释放产能、扩大生产。各市州要高度重视地方工业发展，落实领导包抓企业制度和责任。二要抓实项目、稳住投资。保质保量完成省、市列重大项目。主要负责同志要亲力亲为、亲自上阵，摸清情况、找准问题，加快推进项目建设。要按照构建亲清新型政商关系的要求，积极主动为企业排忧解难，促进招商引资项目尽快落地、健康发展。三要统筹兼顾、全面推进。继续抓好财政收支，大力促进第三产业快速发展，认真做好脱贫攻坚、生态保护等各项工作，不折不扣完成年初承诺的10件为民实事，多措并举保障灾区群众和特殊困难群体温暖过冬，高度重视社会治安、安全生产、防灾减灾等工作。要及早谋划明年的工作，谋划选准重大工程、重大项目，为明年工作的良好开局打牢基础。会议强调，要靠实工作责任，狠抓政策落地，强化督查考核，对工作进展迟缓、指标靠后、问题突出的市州和部门，要区别外部与内部、客观与主观、历史与现状不同情况，对主观不努力、不担当、不作为的严肃追责问责，倒逼责任落实，确保经济止滑回稳。

省政府常务会议

【第一百三十九次会议】1月6日，省委副书记、省长林铎主持召开。审议《关于进一步增强政治责任全面做好祁连山生态保护工作方案》；审议《甘肃省人民政府2017年立法计划》；审议《甘肃省深入推行科技特派员制度的实施方案》；审议2016年度省政府质量奖及提名奖名单；审议2017年度全省性会议计划。

【第一百四十次会议】1月14日，省委副书记、省长林铎主持召开。研究贯彻落实《中共中央国务院关于推进安全生产领域改革发展的意见》和全国安全生产电视电话会议精神的意见；审议《关于激发重点群体活力带动全省城乡居民增收的实施方案》；审议《物流业降本增效专项行动实施方案（2016—2018年）》；审议《甘肃省深化科技体制改革实施方案》；审议《关于大规模推进国土绿化的实施意见》；审议《关于深入实施商标品牌战略的意见》；审议《关于统筹推进县域内城乡义务教育一体化改革发展的意见》；审议《关于加快甘肃省教育发展的实施方案》；审议《关于完善农村土地所有权承包权经营权分置办法的实施意见》；审议《甘肃省省属企业违规经营投资责任追究办法》；审议岷县漳县地震灾后重建剩余资金安排意见；审议2016年度甘肃省科学技术奖和专利奖名单；审议2016—2017年度冬春生活救助资金安排意见；审议2016年度天津帮扶资金安排意见；审议全省中医药工作先进和示范县（市、区）名单；通报省政府领导班子成员工作分工。

【第一百四十一次会议】1月22日，省委副书记、省长林铎主持召开。安排部署加强祁连山生态问题整改工作事宜；审议《甘肃（天水）国际陆港发展战略规划（2016—2030年）》；研究支持甘肃（兰州）国际陆港建设的意见；研究赴津巴布韦开展产能合作对接工作事宜；审议《甘肃省征地补偿区片综合地价》和《甘肃省征地补偿统一年产值标准》；审议《甘肃省省级高新区认定与管理办法》；审议《甘肃省供销合作基金设立方案》；审议《甘肃省加快剥离国有企业办社会职能和解决历史遗留问题工作方案》《甘肃省国有企业职工家属区“三供一业”分离移交实施办法》及8户省属企业“三供一业”分离移交实施方案；审议《关于建立健全农村学前教育发展体制机制的指导意见》；研究省委办公厅相关建设项目缺口资金事宜；审议《关于加快推进“互联网+政务服务”工作的实施方案》；传达李克强总理重要批示及全国政府秘书长和办公厅主任会议精神，研究贯彻落实措施。

【第一百四十三次会议】2月10日，省委副书记、省长林铎主持召开。审议《甘肃省生态环境监测网络建设实施方案》；审议2017年全省重大前期项目、投资项目、计划新开工项目、审批项目、重大建设项目、重点招商引资落地项目等六个项目清单；审议《2017甘肃农业博览会总体方案》；审议《2017年省级预算内基建投资建议计划》；研究敦煌丝绸之路国际会展中心项目敦煌西航公司前期投资部分确认事宜；审议《甘肃省人民政府秘书长和副秘书长工作规则》和《甘肃省人民政府办公厅公文处理程序规定》；研究人事任免事宜。

【第一百四十五次会议】3月23日，省委副书记、省长林铎主持召开。研究分析全省1—2月经济运行形势；审议《第二十三届中国兰州投资贸易洽谈会总体方案》；审议《甘肃省鼠疫预防和控制条例（草案）》；审定省长金融奖评审结果；研究人事任免事宜。

【第一百四十六次会议】4月12日，省委副书记、代省长唐仁健主持召开。通报省政府领导班子成员工作分工；审议《2017年省级脱贫攻坚资金整合方案》；审议取消和调整行政审批事项及清理规范行政审批中介服务事项的意见；听取关于2016年度省政府目标管理责任考核结果的汇报；审议《甘肃省生态文明建设目标评价考核办法》；审议《贯彻落实〈关于深化统计管理体制改革提高统计数据真实性意见〉的实施意见》；审议《关于稳步推进农村集体产权制度改革的实施意见》；审议11所省属出城入园院校土地房产处置移交接收意见；审议《甘肃银行首发上市工作方案》；审议岷县漳县地震灾后重建省内异地安置区涉及有关土地移交意见；审议七里河体育场建设资金筹措意见；审议阶段性降低全省失业保险费率的意见；研究行政处分有关事宜；研究人事任免事宜。

【第一百四十九次会议】5月3日，省委副书记、代省长唐仁健主持召开。审议《甘肃省公共资源交易平台服务管理细则》；审议《甘肃省石油勘探开发生态环境保护条例（修订草案）》；审议《关于加快推进防沙治沙工作的意见》；审议中央财政农业生产救灾补助资金和动物疫病防控经费分配意见；研究人事任免事宜。

【第一百五十次次会议】5月11日，省委副书记、省长唐仁健主持召开。安排部署“一业一策、一企一策、一事一议”工作；审议《甘肃省贯彻落实中央环境保护督察反馈意见整改方案》；审议《第七届敦煌行·丝绸之路国际旅游节总体活动方案》；研究全省筹建资产管理公司事宜；审议《敦煌人寿保险股份有限公司筹建方案》；研究光大兴陇信托有限责任公司增资事宜；研究白银公司并购美国静水公司事宜；研究人事任免事宜。

【第一百五十一次会议】5月27日，省委副书记、省长唐仁健主持召开。研究分析全省1—4月经济运行形势；审议《甘肃省全面推行河长制工作方案》；研究2017年政府债务额度分配意见；研究建立市州财政收支情况考核奖惩机制事宜；研究人事任免事宜。

【第一百五十四次会议】6月14日，省委副书记、省长唐仁健主持召开。审议《甘肃祁连山保护区生态环境问题整改落实方案》。

【第一百五十五次会议】6月16日，省委副书记、省长唐仁健主持召开。研究分析全省1—5月经济运行形势；审议《省直部门管理企业改制脱钩整合重组集中统一监管工作推进方案》；审议《甘肃省关于推进省与市县财政事权和支出责任划分改革的实施方案》；审议《甘肃省“十三五”节能减排综合工作方案》；审议《关于加强政务诚信建设的实施方案》；审议《甘肃省最低工资标准调整方案》；审议《甘肃省残疾人就业保障金征收使用管理实施办法》；审议国有林场改革补助结余资金分配使用意见。

【第一百五十七次会议】6月30日，省委副书记、省长唐仁健主持召开。审议《关于贯彻落实国务院重大政策措施情况的自查报告》；审议第二十三届中国兰州投资贸易洽谈会重要活动安排方案；审议《甘肃省贯彻落实〈国务院办公厅关于健全生态保护补偿机制的意见〉的实施意见》；审议《甘肃省进一步扩大旅游文化体育健康养老教育培训等领域消费的实施方案》；审议《关于深入推进城市执法体制改革改进城市管理工作的实施意见》；审议2017年第二批财政专项扶贫资金和2017年天津帮扶资金安排意见；安排部署省政府常务会议政策措施类议题材料起草审核工作。

【第一百五十八次会议】7月3日，省委副书记、省长唐仁健主持召开。审议《2017年深化经济体制改革重点工作意见》；听取关于全省自然保护区生态环境保护问题自查整改工作情况汇报；审议《甘肃（天水）国际陆港发展战略规划（2016—2030）》；审议《甘肃省政府核准的投资项目目录（2017年本）》；审议《甘肃省招标投标条例（修订草案）》；审议《关于清理规范重点支出同财政收支增幅或生产总值挂钩事项有关问题的通知》；审议《关于进一步规范政府举债融资行为的通知》；审议中央对全省均衡性和民族地区转移支付增量资金分配意见；安排部署当前几项重点工作。

【第一百五十九次会议】7月17日，省委副书记、省长唐仁健主持召开。研究分析全省上半年经济运行形势；听取省安监局关于全省安全生产工作暨国务院安委会巡查甘肃省安全生产情况汇报；审议《关于深化商事制度改革的意见》；审议《甘肃省清理偿还政府欠款专项工作方案》；审议《甘肃省技术市场条例（修订草案）》；审议《甘肃祁连山国家级自然保护区管理条例（修订草案）》；研究华亭县撤县设市事宜；研究阿克塞县阿勒腾乡分设为阿勒腾乡和阿伊纳乡事宜；研究调整全省建制镇城镇土地使用税、房产税征税范围；研究省财政厅原驻京联络处房屋资产划转省政府办公厅事宜；研究全省退休人员基本养老金调整事宜；审议《甘肃省企业投资项目核准和备案管理办法》；审议《甘肃省“十三五”推进基本公共服务均等化规划》；研究人事任免事宜。

【第一百六十次会议】7月23日，省委副书记、省长唐仁健主持召开。进一步研究部署祁连山生态环境保护工作；审议《关于加快推进县域经济发展的意见》；审议《甘肃省深入推进“放管服”改革重点任务分工方案》；审议《2017甘肃省中医药产业博览会总体方案》；研究贯彻落实全国安全生产电视电话会议精神的措施；审议《关于加强新形势下引进外国人才工作的实施意见》；审议《甘肃省省级PPP项目引导资金管理办法》；审议省预算内重大项目前期费奖补资金分配意见；审议中央对我省部分地区财力补助和县级基本财力保障机制奖补资金分配意见。

【第一百六十二次会议】8月21日，省委副书记、省长唐仁健主持召开。研究分析全省1—7月经济运行形势；审议《关于合作共建中新互联互通南向通道的框架协议》《关于合作共建中新互联互通南向通道的共识》《关于中新互联互通南向通道的建设方案》《关于合作共建中新互联互通南向通道的协同办法》；审议《关于进一步加强食品药品安全工作的意见》；审议《关于加强中小学幼儿园安全风险防控体系建设的实施意见》；审议《甘肃省矿产资源勘查开采审批管理办法》；审议2017年甘肃省外国专家“敦煌奖”荣誉称号授予名单；审议《关于加快构建政策体系培育新型农业经营主体的实施意见》；审议《关于建立粮食生产功能区和重要农产品生产保护区的实施意见》；审议中央下达甘肃省2017年动物防疫等补助经费安排意见；研究人事任免事宜。

【第一百六十三次会议】8月28日，省委副书记、省长唐仁健主持召开。审议《关于支持建设甘肃开放大学的意见》；审议2017年甘肃省“园丁奖”和特级教师拟表彰名单；审议祁连山自然保护区生态保护修复项目资金安排意见；审议化解全省政府性债务的意见；审议《甘肃省交通产业投资基金设立方案》；安排部署当前防灾减灾工作。

【第一百六十四次会议】9月18日，省委副书记、省长唐仁健主持召开。研究分析全省1—8月经济运行形势；听取全省各类自然保护区调查摸底工作情况汇报；审议《关于加快推进“多证合一”改革的实施意见》；审议《甘肃省政府安全生产监督管理责任规定（修订草案）》和《甘肃省生产经营单位安全生产主体责任规定（修订草案）》；研究调整全省矿业权出让收益分成比例的意见；安排部署加强省政府会议纪律工作事宜。

【第一百六十五次会议】9月26日，省委副书记、省长唐仁健主持召开。安排部署党的十九大安保工作；审议《陇南“8·7”暴洪泥石流灾后恢复重建规划》；审议《关于完善粮食主产县区利益补偿机制的实施意见》；审议《兰州市城市总体规划（2011—2020年）实施评估报告》；审议《甘肃省自然灾害救助办法（草案）》；审议《甘肃省城市居民最低生活保障办法（修订草案）》；审议2017年戈壁农业资金安排意见；研究解聘李华平省政府参事事宜。

【第一百六十六次会议】10月9日，省委副书记、省长唐仁健主持召开。审议《关于构建绿色金融体系促进绿色发展的意见》；审议《甘肃省关于构建绿色生态产业体系的意见》；审议《关于积极扩大对外开放促进招商引资若干措施的通知》；审议《甘肃省安全生产“党政同责、一岗双责”制度实施细则（修订稿）》；审议《关于进一步促进民办教育健康发展的实施意见》；审议《关于完善产权保护制度依法保护产权的实施意见》；审议《甘肃省关于贯彻落实建立资源环境承载能力监测预警长效机制若干意见的工作方案》；审议《甘肃省铁路投资建设集团有限公司重组设立方案》；审议《甘肃省尾矿库管理办法（试行）》；审议《甘肃省行政复议和行政应诉若干规定》；审议《甘肃省应税大气污染物、水污染物环境保护税适用税额和同一排放口应税项目数方案》；安排部署近期重点工作；研究人事任免事宜。

【第一百六十七次会议】11月1日，省委副书记、省长唐仁健主持召开。审议《国务院第四次大督查反馈我省问题整改方案》；审议《甘肃省推进绿色生态产业发展规划》；审议《甘肃省支持社会力量提供多层次多样化医疗服务的实施方案》；审议《关于推进农村资源变资产资金变股金农民变股东改革的指导意见》；审议《关于贯彻落实全国打赢教育脱贫攻坚战现场会精神的意见》；审议《关于加强新形势下优抚安置工作的实施意见》；审议《关于支持产业发展和农村人居环境综合治理工作的筹资意见》；审议2017年中央及省级自然灾害生活补助资金安排意见；研究行政处分有关事宜；进一步安排部署提请省政府常务会议审议的政策措施类文件材料起草审核把关事宜；研究人事任免事宜。

【第一百六十八次会议】11月14日，省委副书记、省长唐仁健主持召开。审议《关于进一步加强招商引资促进外资增长若干措施的通知》；审议《甘肃省安全生产工作考核办法》；研究2017年战略性新兴产业骨干企业股权投资安排事宜；审议《甘肃省定价目录》。

【第一百六十九次会议】11月20日，省委副书记、省长唐仁健主持召开。研究分析全省1—10月经济运行形势；审议废止《甘肃省扫除文盲办法》《甘肃省小型水利工程管理办法》《甘肃省实施〈医疗机构管理条例〉办法》《甘肃省发展散装水泥管理规定》《甘肃省新型墙体材料推广应用管理规定》《甘肃省融资性担保机构审批管理办法》《甘肃省环境保护监督管理责任规定》《甘肃省公路沿线非公路标志牌管理办法》等8件政府规章事宜；研究行政处分有关事宜。

【第一百七十次会议】12月5日，省委副书记、省长唐仁健主持召开。审议《甘肃省“两州一县”脱贫攻坚实施方案》；审议《甘肃祁连山国家级自然保护区矿业权分类退出办法》；审议2018年中央财政下达全省农业生产救灾补助资金安排意见；研究人事任免事宜。

【第一百七十二次会议】12月11日，省委副书记、省长唐仁健主持召开。听取国务院第四次大督查反馈问题整改和省政府目标任务完成情况督查工作汇报；审议《关于构建生态产业体系推动绿色发展崛起的意见》和《甘肃省推进绿色生态产业发展规划》；审议《省属企业处置“僵尸企业”工作方案》；研究祁连山自然保护区天祝煤业公司扣出式退出相关事宜；研究委托全国社会保障基金理事会投资运营城乡居民养老保险基金事宜。

【第一百七十三次会议】12月21日，省委副书记、省长唐仁健主持召开。研究2018年全省经济社会发展主要指标安排意见；审议2018年第一批财政专项扶贫资金安排意见；审议《祁连山自然保护区水电站关停退出整治方案》；审议《祁连山自然保护区槐溪小镇等4个旅游设施项目差别化整治方案》和《祁连山自然保护区旅游设施项目差别化补偿方案》；审议2017年冬春生活救助资金安排意见；研究人事任免事宜。

【第一百七十四次会议】12月25日，省委副书记、省长唐仁健主持召开。审议《关于甘肃祁连山国家级自然保护区生态环境问题整改工作情况的报告》；审议《关于取消和调整行政审批项目等事项的意见》、《关于取消省级政府部门第一批证明事项的意见》；审议《关于加快推进旅游强省建设的意见》；审议《甘肃省消防安全信用信息管理规定（草案）》和《甘肃省消防安全责任制实施办法（草案）》；审议解决我省政策性破产企业工伤人员待遇问题的意见；审议战略性新兴产业骨干企业股权投资及整合资金安排意见；研究关于环境费改税后收入划分方案；审议《中国北方稀土（集团）高科技股份有限公司重组甘肃稀土新材料股份有限公司方案》。

【第一百七十五次会议】12月27日，省委副书记、省长唐仁健主持召开。审议《关于加快推进大规模国土绿化的实施意见》；审议《关于加强耕地保护和改进占补平衡的实施意见》；审议《关于支持铁路建设推进土地综合开发的实施意见》；审议《关于进一步支持非公有制经济发展的若干意见》；审议《甘肃省服务实体经济防控金融风险深化金融改革的实施意见》；审议《关于进一步加强职业健康工作的意见》；审议《关于支持陇药产业发展的政策措施》；审议《甘肃省文物安全管理办法》；审议《甘肃省国防动员建设“十三五”规划》；审议全省2018年煤炭去产能目标任务安排意见；审议《祁连山生态保护与建设综合治理规划（2012—2020年）

剩余建设任务资金筹措方案》；审议白银监狱农场北湾片区6300亩土地用途调整意见；研究人事任免事宜。

办公厅工作

【调查研究与文件办理】起草、拟订《关于抓好当前“三重”任务落实促进经济运行趋稳向好工作方案》《“一业一策、一企一策、一事一议”工作方案》《关于构建生态产业体系推动绿色发展崛起的意见》《甘肃省推进绿色生态产业发展规划》《关于河西戈壁农业发展的意见》《全省全域无垃圾三年专项治理行动方案（2017—2020年）》。围绕实施创新驱动战略、推动实体经济发展、壮大旅游产业等重点工作，实化、细化一批配套措施。全年审核各类公文近1000份，分办各类文件9037份，收集归档领导批示、文件、资料近11000件。完成第二阶段10000余份政府规范性文件的清理工作。

【工作协调与督促检查】协调相关单位起草、拟订深度贫困地区脱贫攻坚实施方案和“两州一县”脱贫攻坚实施方案，督促推进农村“三变”改革，完善农户与农民专业合作社、龙头企业的利益联结机制，最大限度让贫困户受益。协调相关部门研究、出台祁连山国家级自然保护区矿业权分类退出办法、水电站关停退出整治、部分旅游设施项目差别化整治和补偿方案。协调相关单位，对全省其他自然保护区生态环境问题进行排查整治，督促加大中央环保督察反馈问题整改力度。全年承办省政府党组会议19次、省政府全体会议3次、省政府常务会议38次、省长办公会议24次、省政府专题会议100余次。2017年全省性会议数量、规模、规格控制在预期范围。

全年开展专项督查20余次。针对关键经济指标落后的市州实施一周一督办、一周一反馈。全年下发《转办通知》794件，批示件件有回音。建立省政府会议议定事项督办落实台账，跟踪督办省政府主要领导主持会议研究311项议题的1047件决策事项，落实率达98%。分解交办和转办省“两会”建议提案1366件，办理全国政协委员提案4件，办结率和答复规范率均达100%。

加强政府考核项目管理，梳理中央及省委、省政府文件明确要求纳入政府考核的项目，从经济发展、生态环境、民生保障、社会建设4个类别入手，细化41项考核项目，督促协调各考核牵头部门分解下达年度考核指标，制定考核办法，组织开展考核。

【信息报送与政务公开】全年被国务院办公厅采用信息48条，国务院领导同志批示17条，省委、省政府领导批示50条。健全完善值班工作流程和信息报送制度，接报值班信息5300余件，编报《甘肃省值班信息》628期、《值班报告》月报和专报54期，向国务院总值班室上报值班信息35期，党中央、国务院及省委省政府领导批示270余件次。完善预警发布传递机制，编报《重要天气提示》37期、《突发事件预警》信息102期。全省应急值班信息报送工作受到国务院应急办通报表扬。全年报送《舆情参阅》107期，清理删除门户网站涉政治类有害信息13000余条，清理替换“问题地图”179幅。

在“中国·甘肃”门户网站信息公开专栏“省长解读政策”子栏目发布省政府主要领导《牢固树立红线意识坚决落实主体责任切实营造良好安全生产环境》等解读文章，累计发布各类政策解读126篇。编辑发行《甘肃省人民政府公报》25期37.5万份。优化“中国·甘肃”门户网站专栏设置，发布各类信息近10000条，通过“甘肃政务”微信公众号发布政务微信2800余条。围绕热点事件发布回应社会关切信息144条；对收到的涉及房屋拆迁与补偿、土地征用、教育等788件政府信息公开申请，当面答复603件，网络答复79件，信函答复104件；“人民网·地方领导留言板”栏目有效留言答复率85%，“中国·甘肃”门户网站《政民互动》栏目网民有效留言答复率81%，连续5年被授予“全国网民留言办理工作先进单位”。保障省政府机关网络安全、办公自动化技术设备正常运行及700余次省政府重要会议音频视频信号传输。

【“放管服”改革】设立政务服务管理办公室。推进“一窗受理”模式改革，设立省级重大项目并联审批综合窗口和各类综合服务区，省级政府部门保留面向企业和群众的294项行政许可事项和60多项其他权力事项全部进驻省政府政务大厅，省级政府部门行政许可事项实现“网上行权”全覆盖。推进政务服务规范化管理，完善“互联网+政务服务”考核机制，制定“网上行权”暂停件管理办法，简化优化办事流程，最大限度压缩审批要件、程序和时限，省级政府所有保留行政审批项目办结时限缩短30%以上，全年累计审核暂停件达6900余件。推进线上线下深度融合，正式启动上线甘肃政务服务服务网新版（省级主站），全面完成37个省直部门政务服务系统行政许可事项与甘肃政务服务网的对接联通，新增的“政务超市”栏目汇聚34个部门的234项便民服务事项，访问量从改版前日均2000人次提升到20000人次，注册用户从改版前8.9万提升到136.6万。

（供稿：栗　亮）

政府法制

【立法工作】省政府法制办开展立项论证，加强祁连山国家级自然保护区管理、招投标管理、石油勘探开发生态环境保护等重点领域立法。2017年，省政府提请省人大常委会审议出台地方性法规5部，公布政府规章12部。省政府法制办组织开展自然保护区地方性法规、政府规章和规范性文件专项清理工作。全面清理涉及“放管服”改革、与生态文明建设和环境保护有关法律法规不一致的规章、规范性文件，全省各级政府清理需要废止、修改、失效的规范性文件5259件，率先在全国完成清理工作。省政府法制办推行“开门立法”，对所有立法项目草案通过甘肃省政府法制信息网广泛征求民众意见，对公众提出的意见建议认真研究、充分采纳。规章通过后在《甘肃日报》等媒体全文刊登，向社会公开宣传。

省政府法制办全面落实规范性文件“四级政府、三级备案”工作机制。2017年审查报送省政府备案的市州政府规章、行政规范性文件193件，其中政府规章9件，市州规范性文件76件，省直机关规范性文件108件，非规范性文件5件，纠正存在违法违规问题的5件规范性文件，对公民、法人提起的4件规范性文件进行异议审查，并责令制定机关限期自行纠正。

【行政执法规范化建设】省政府法制办推行重大执法决定法制审核制度试点工作，采取“十查十看”方式实地督查验收，全省审核重大行政执法案件14339件，提出法制审核意见3956条；全面清理全省各级执法主体，审查行政执法主体资格证8731个，清理取消126个，变更388个，现有8605个，清理行政执法人员资格证141355个；下发《行政执法监督通知书》对重大执法决定法制审核制度试点工作不力等问题进行专项监督。

【行政复议】全年接待群众来信来访800余人次，新收行政复议申请135件。其中，受理130件，不予受理5件。经审理，撤销8件，确认违法2件，责令履行11件，经调解终止10件，维持18件，驳回复议申请50件，未审结31件。组织起草《甘肃省行政复议应诉案件2016年度报告》，完成全省行政复议应诉案件统计分析工作，制定《甘肃省行政复议和行政应诉若干规定》，完成仲裁案件统计工作，2017年全省5个仲裁机构共受理案件691件，标的额36.3248亿元。全年办理各类涉法事务390余件，办结率100%。

（供稿：马彪远）

外事侨务　港澳事务

【配合外交】先后接待尼泊尔副总统普恩、上合组织秘书长阿利莫夫等高级别外宾团组16批，安排省领导会见来访重要外宾27场；组团参加“2017欧亚经济论坛”“第八届东亚地方政府会

省级友好城市统计表

	地区	国家	省级友城	结好日期
1	亚洲	日本 Japan	秋田县 Akita Prefecture	1982.08.05
2		哈萨克斯坦 ★Kazakhstan	库斯塔奈州 Kostanai Region	2004.09.15
3		伊朗★ Iran	库姆省 Qom Province	2011.11.12
4		吉尔吉斯斯坦★ Kyrgyz	奥什州 Oshi State	2013.06.19
5		蒙古国★ Mogolia	戈壁阿尔泰省 Gobi-Altai Province	2016.09.20
6		阿富汗★ Afghanistan	巴米扬省 Bamyan Province	2017.09.19
7	非洲	埃及★ Egypt	吉萨省 Giza Governorate	2004.07.21
8		津巴布韦 Zimbabwe	西马绍纳兰省 Mashonaland West Province	2004.10.22
9		马达加斯加 Madagascar	阿齐那那区 Atsinanana District	2005.12.09
10		纳米比亚 Namibia	奥希科托省 Oshikoto Region	2009.05.22
11	欧洲	匈牙利★ Hungary	绍莫吉州 Somogy County	1997.04.21
12		罗马尼亚★ Romania	阿尔巴县 Alba County	2004.09.01
13		法国 France	科雷兹省 Correze Province	2005.01.20
14		西班牙 Spain	纳瓦拉自治区 Navarra Autonomous Region	2005.08.16
15		爱尔兰 Ireland	斯来果郡 Sligo County	2006.04.13
16		英国 U.K.	法夫大区 Fife Council	2006.10.11
17		白俄罗斯★ Belarus	格罗德诺州 Grodno State	2007.07.08
18		俄罗斯★ Russia	奔萨州 Penza State	2001.06.21
19		瑞士 Switzerland	索罗图恩州 Canton Solothurn	2010.04.02
20	大洋洲	新西兰 New Zealand	克赖斯特彻奇市 Christchurch City	1984.04.22

议”“第五届中国—中亚合作论坛”等国际会议；承办“第五届中国—加拿大文化对话”“亚信会议高官会”和国家安排的发展中国家沙漠化防治、水资源管理、生物质能技术、太阳能应用技术等国际培训班；组织甘肃省第21批援助马达加斯加医疗队和疾控专家有效开展疫情防控和健康服务。在洛杉矶和圣地亚哥两地承演6场“2017感知中国——中国西部文化美国西部行”系列活动歌舞演出；在中国和以色列建交25周年之际，与以方共同举办“以色列企业走进甘肃——现代农业和水科技产业对接会”等。

【服务经济发展】举办第二届敦煌文博会、第二十三届兰洽会、第七届丝绸之路国际旅游节、2017公祭伏羲大典、第五届中国（嘉峪关）国际短片电影展，以及世界500强走进甘肃对接交流会、阿斯塔纳世博会甘肃日活动、“一带一路”国际产能合作产业园区建设论坛等，文博会期间与人民日报社、最高人民法院分别共同举办“2017‘一带一路’媒体合作论坛”和“丝绸之路（敦煌）司法合作国际论坛”；组团参加2017年夏季达沃斯论坛以及17个境外展会，举办投资环境推介、项目对接活动20余场（次）；参与“一带一路”互联互通建设，推动中新南向物流通道成功联通，发运中亚、中欧和南亚国际货运班列280多列；推动牙买加甘肃国际产能合作示范产业园规划建设、酒钢集团牙买加165万吨氧化铝项目投料生产、金川集团印尼红土镍矿开工建设等；支持省建投集团、兰石集团等国有民营企业开拓海外市场和省公航旅集团在国际债券市场成功发行欧元债券。

【文化交流】扩充国内外高校加入“一带一路”高校联盟至148所，2017年在甘就读外国留学生数量达2500人，来甘工作外国专家达2800人次，1名在甘工作外国专家获中国政府友谊奖，7名获甘肃省外国专家敦煌奖；全省国家级国际科技合作基地达18家、省级35家，位列西北地区前列；在白俄罗斯格罗德诺市挂牌成立第六所甘肃中医中

续表

	地区	国家	省级友城	结好日期
21	美洲	美国 U.S.A	俄克拉何马州 Oklahoma State	1985.06.12
22		智利 Chile	奥希金斯将军解放者大区 Region of Libertador General Bernardo O’Higgins	2005.04.04
23	美洲	巴西 Brazil	戈亚斯州 Goias State	2005.04.08
24		墨西哥 Mexico	科阿韦拉州 Coahuila State	2005.04.15
25		乌拉圭 Uruguay	佛罗里达省 Florida Province	2006.04.20
26		古巴 Cuba	奥尔金省 Holguin Province	2006.04.26

市级友好城市统计表

	地区	国家	市级友城	结好日期
1	兰州市	日本 Japan	秋田市 Akita City	1982.08.05
2		土库曼斯坦★ Turkmenistan	阿什哈巴德市 Ashkhabad City	1992.05.01
3		美国 U.S.A	阿尔伯克基市 Albuquerque City	1996.04.18
4		澳大利亚 Australia	杨市 Young Shire	1997.08.17
5		俄罗斯★ Russia	奔萨市 Penza City	1998.09.20
6		毛利塔尼亚 Mauritania	努瓦克肖特市 Nouakchott City	2000.09.25
7		英国 U.K	乔利市 Chorley City	2000.09.27
8		塞尔维亚★ Serbia	莱茨克瓦斯市 Leskovac City	2007.07.16
9		菲律宾★ Philippines	阿尔贝省 Albay Province	2007.08.18
10		纳米比亚 Namibia	楚梅布市 Tsumeb City	2009.05.22
11		罗马尼亚★ Romania	阿尔巴尤利市 Alba Iulia City	2013.12.02
12		阿尔巴尼亚★ Albania	费里市 Fier City	2016.09.20

续表

	地区	国家	市级友城	结好日期
13	兰州市	俄罗斯★ Russia	乌兰乌德市 Ulan-Ude City	2016.09.26
14	金昌市	美国 U.S.A	邵尼市 Shawnee City	2008.10.30
15	永昌县	意大利 Italy	博拉市 Bra City	2015.10.13
16	酒泉市	韩国 Korea	高兴郡 Goheung County	2015.09.07
17	敦煌市	日本 Japan	白杵市 Usuki City	1994.09.27
18		日本 Japan	镰仓市 Kamakura City	1998.09.28
19		日本 Japan	日光市 Nikko City	2007.01.14
20	敦煌市	韩国 South Korea	南海郡 Namhae City	2007.01.20
21		印度★ India	奥兰加巴德市 Aurangabad City	2015.05.15
22		瑞典 Sweden	奥莫尔市 Åmåls Kommun	2015.10.26
23	张掖市 山丹县	新西兰 New Zealand	塞尔温区 Selwyn District	2009.11.26
24	武威市凉州区	日本 Japan	鹿角市 Kazuno City	2000.11.06
25	白银市	美国 U.S.A	庞卡市 Ponca City	2004.11.11
26		哈萨克斯坦★ Kazakhstan	奇姆肯特市 Chimkent City	1994.08.16
27	天水市	塔吉克斯坦★ Tajikistan	丹加拉市 Dangara City	2016.09.20
28	庆阳市	意大利 Italy	卡布拉罗市 Caprarola City	2014.09.03
29		美国 U.S.A	埃德蒙德市 Edmond City	2016.09.20
30	陇南市	白俄罗斯★ Belarus	格罗德诺市 Grodno City	2017.04.02
31	临夏州	马来西亚★ Malaysia	吉兰丹州 Kelandan State	2013.10.10
32		伊朗★ Iran	库姆市 Qom City	2014.12.08

心，在塞浦路斯欧洲大学成立“中国文化中心”，在俄罗斯、英国、奥地利、日本等10多个国家分别举办“甘肃文化周”“如意甘肃——民族文化交流周”“欢乐春节”和“敦煌文物展”等活动；编辑发行《“一带一路”沿线国家导览》，建立兰州大学格鲁吉亚、阿富汗、印度、意大利等研究中心和天水师范学院高加索研究中心，兰州大学中亚研究所入选中国大学智库100强。

【外事管理】2017年审核审批各类因公临时出国团组711批2420人次，其中省级团组10批。推行外宾团组来访部门（单位）对口接待和成果跟踪协调机制，接待外宾来访团组500余批4000多人次。加强中蒙边界甘肃段管理，先后参加“外交部边海司与边境省区外办工作联系机制第六次会议”“中蒙边境口岸第六轮司局级会晤”，组织召开甘肃省中蒙边界联系机制会议。

【省际友好往来】推动促成甘肃省与阿富汗巴米扬省、英国北约克郡分别签署缔结友好省际关系协议书和意向书，使友城总数达58对；与日本秋田县共同举办纪念结好35周年系列活动并签署《甘肃省与秋田县合作备忘录》，在甘肃省和新西兰克赖斯特彻奇市分别举办路易·艾黎诞辰120周年系列纪念活动；邀请美国、西班牙、瑞士、阿富汗等国友好城市官员及艺术家参加敦煌文博会；组团参加“第五届中国阿拉伯友好大会和首届中非民间友好组织领导人会晤”；成功举办“2017‘一带一路’中俄友好交流活动”；促成甘肃省民间组织国际交流促进会与柬埔寨佩赫气候系统咨询中心共同签署《改善民生领域NGO合作备忘录》等。组织实施第十二期“甘肃省国际交流员研习班”，来自20个国家的28名交流员参加研习。

【涉侨事务】实施“侨爱工程-送温暖医疗队”项目，受理归侨侨眷及华人华侨来信来访42件次，办结率100%；完成第五届“中亚东干族华侨华人子女汉语国际教育专业本科学历班”40名学生招生工作，已累计招收东干族学生

240名，首届45名学生于2017年6月顺利毕业。

（供稿：单子洋）

研究室工作

【课题调研】围绕供给侧结构性改革，调研形成《顺应农业供给侧结构性改革要求探索建设独具特色的田园综合体》《新常态下甘肃重化工业转型升级研究报告》等调研报告；围绕祁连山国家自然保护区生态保护问题，调研形成《甘肃祁连山国家级自然护区管理体制机制问题调研报告》；围绕"放管服"营商环境改革，调研形成《关于简政放权放管结合优化服务改革的调研报告》《我省商事制度改革基本情况、存在的问题及措施建议》《甘肃省深入推进"放管服"改革重点任务分工方案》和《一个本土高新技术"宝贝"客走他乡的反思》等调研报告；围绕绿色金融，调研形成《绿色金融促进绿色发展的几点启示——七省市绿色金融发展情况调研报告》《关于进一步开展绿色金融工作的建议》和《关于防范和化解金融风险的措施建议》等调研报告；围绕经济运行情况，调研形成《甘肃发展短板和瓶颈制约的再认识》《我省经济增速下滑原因浅析》《当前经济形势及需要关注的几个问题》《经济止滑回稳需要关注的几个新动能》《深挖要素潜能打造政策洼地构筑投资发展高地——关于努力推动全省经济加快发展的研究报告》等调研报告；围绕生态产业体系建设，调研形成《关于构建我省生态产业体系的研究报告》《关于我省中医药产业发展的调研报告》《发挥高原养生特色助力绿色产业发展》等调研报告；围绕县域经济和特色产业发展，调研形成《肉苁蓉产业在支撑我省绿色发展崛起中大有可为》《村级集体经济亟需加快发展》《依托蔬菜产业谱写甘肃现代农业发展新篇章》等调研报告。全年向省政府报送呈阅件23篇、调研报告5篇，其中17篇得到省政府领导批示和肯定，转化为政府决策和工作举措。如《关于构建绿色金融体系的意见》，上升为指导全省金融业绿色发展的政策性文件；《丝绸之路经济带中知识产权战略研究》课题，荣获国务院发展研究中心三等奖。会同省政府办公厅、省审改办、省发展改革委等单位，赴浙江、江苏等省对标学习"放管服"改革的经验和做法，形成的《关于"放管服"改革专题调研情况报告》。

【文稿起草】完成省第十三届人代会第一次会议《政府工作报告》，完成省政府领导各类文稿200多篇。其中，完成省长各类文稿130多篇，完成常务副省长各类文稿40多篇，完成其他副省长各类文稿30多篇。组织撰写《从"万水千山"到"近在咫尺"——陇南市以电子商务带动产业扶贫》《垃圾没了，藏乡美了——甘南州蓄力打造"全域旅游无垃圾示范区"》《做好经济发展大文章建设幸福美好新甘肃》《以党的十九大精神为统领，加快建设幸福美好新甘肃》等7篇案例和5篇省长署名理论文章。形成《关于对我省行政审批相关网络数据平台对接工作的模拟演练报告》，得到常务副省长肯定。

【理论研究】邀请兰州大学、省社科院、省行政学院、甘肃农业大学四所科研院校专家学者，分别从着力转变发展方式，推进经济结构战略性调整等八个方面对"八个着力"开展专题研究，形成30万字系统系研究报告。组织兰州大学对习近平新时代中国特色社会主义思想开展全面深入研究，形成《中国特色社会主义道路的理论依据》《如何认识"中国共产党为什么能"问题》《习近平新时代中国特色社会主义思想研究》《以习近平新时代中国特色社会主义思想为引领开创甘肃经济社会发展新局面》《深刻理解习近平总书记作为党中央的核心、全党的核心的重大意义》等5篇专项研究报告。对"放管服"改革措施和成效进行调研，与省统计局社情民调中心共同设计评估指标体系和调查问卷，完成甘肃省"放管服"改革成效评估报告。

【组建省政府新型智库】全面梳理兄弟省市区新型智库组建及运转情况，借鉴成功经验和做法，提出《甘肃省人民政府智库建设实施方案》。草拟甘肃省决策咨询委员会章程、课题管理和经费使用办法、重大行政决策咨询论证办法和发展研究奖励办法等规章制度，提出甘肃省决策咨询委员会委员人选初步建议名单，完成国内知名专家和专家型官员顾问委员邀请工作。

【农村固定观察点】完成各项常规调查任务，收集50多万个基础数据，上报全国农村固定观察点办公室；开展《新型职业农民发展情况调查》《家禽产业新型职业农民现状需求问卷》等5项专题调查，填报调查表1608份；办好农村固定观察点《信息·动态》内部刊物，编发《信息·动态》12期，刊发调查分析、动态观察31篇、信息快讯29篇；组织全省16个观察点的县级调查员参加全国农村固定观察点办公室在杭州举办的业务培训班，重点培训对新型经营主体的调查方法；提高常规调查记账户补助标准，调整全省16个农村固定观察点常规调查记账户补助标准，每户记账户每年补助金额由原来的600元增加到800元。

（供稿：省政府研究室）

参事工作

【调查研究】制定《2017年省政府参事调研工作方案》，组织召开参事调研选题会，确定14个重点课题和20多个参事自选课题。参事调研组分别赴全省14个市（州），深入到25个县（区）的机关单位、乡镇农村、学校企业、街道社区，召开80多次座谈会，参加人数845人（次），发出100余份函件。2017年向省委、省政府上报调研报告（建议）37份。《贯彻落实党的十九大精神，推动新时代参事工作创新发展》论文，得到国务院参事室领导高度肯定。《贯彻习近平总书记"三个区分开来"建立容错纠错机制研究报告》获省委书记林铎批示。

【考察交流】2017年，省政府参事室接待国务院参事室和兄弟省（市）参事室87人（次）来甘进行调研考察交

省政府参事调研组在肃南调研电力情况

流活动，组织参事和机关干部赴外省学习考察5次。10月，成功举办首届政府参事论坛，以“筑梦一带一路 省际合作发展——西北节点城市发展的新思路”为主题，邀请国务院参事室领导和参事代表、省政府分管领导、上海等8省市区政府参事室领导和参事代表、省政府参事和有关单位和专家学者130人参加论坛。论坛成果报告获省委书记林铎批示，《甘肃日报》整版刊登论坛部分成果，出版《首届甘肃省政府参事论坛论文集》。

（供稿：刘卫平）

重要会议

【全体委员会议】1月7日至12日，政协第十一届甘肃省委员会第五次会议在兰州举行。会议应出席委员585名，实到委员526名。会议听取并审议省政协主席冯健身代表省政协常务委员会所作的工作报告、省政协副主席黄选平代表省政协常务委员会所作的提案工作情况的报告；审议通过政协第十一届甘肃省委员会第五次会议政治决议、政协第十一届甘肃省委员会第五次会议关于常务委员会工作报告的决议、政协第十一届甘肃省委员会第五次会议提案委员会关于提案审查情况的报告。大会收到提案792件，立案757件，占总数的95.6%。收到委员发言材料131篇，2名市委书记和33名省政协委员作专题协商议政会和大会口头发言。

【常务委员会议】1月5日，第十七次会议在兰州召开。会议应出席111人，实到97人。会议审议通过《关于召开政协第十一届甘肃省委员会第五次会议的决定》；审议通过政协第十一届甘肃省委员会第五次会议议程（草案）和日程；审议通过《政协第十一届甘肃省委员会常务委员会工作报告》及报告人；审议通过《政协第十一届甘肃省委员会常务委员会关于十一届四次会议以来提案工作情况的报告》及报告人；审议通过政协第十一届甘肃省委员会第五次会议分组办法和小组召集人名单；通过有关人事事项。通报省政府关于省政协十一届四次会议以来提案及2016年省政府领导批示的省政协建议案、调研视察报告办理情况。

1月11日，第十八次会议在兰州召开。会议应出席111人，实到95人。会议审议通过政协第十一届甘肃省委员会第五次会议选举办法（草案）；审议通过政协第十一届甘肃省委员会第五次会议选举大会总监票人、副总监票人名单（草案）；审议通过政协第十一届甘肃省委员会第五次会议选举副主席、补选常务委员候选人名单（草案）；审议通过政协第十一届甘肃省委员会第五次会议政治决议（草案）；审议通过政协第十一届甘肃省委员会第五次会议关于常务委员会工作报告的决议（草案）；审议通过政协第十一届甘肃省委员会提案委员会关于政协第十一届甘肃省委员会第五次会议提案审查情况的报告（草案）。

7月17日至18日，第十九次会议在兰州召开。会议应出席119人，实到82人。会议审议通过省政协《关于打造特色优势产业发展壮大县域经济的建议案》；审议通过了《关于学习贯彻中国共产党甘肃省第十三次代表大会精神的决议》；通过有关人事事项。省委常委、常务副省长黄强代表省政府通报全省1—6月份经济社会发展情况，并作题为“深入贯彻省第十三次党代会精神坚决打赢止滑稳增攻坚战”的专题辅导报告；省政协副主席李沛文就《关于打造特色优势产业发展壮大县域经济的建议案》起草情况作了说明。会议收到发言材料46篇，程剑、张怡静等12位同志作大会发言。

9月28日，第二十次会议在兰州召开。会议应出席110人，实到76人。会议审议通过省政协《关于省委〈进一步加强政协工作推进人民政协协商民主建设的意见〉贯彻落实情况的督查视察报告》，通过有关人事事项。省政协副主席李沛文就省政协督查视察组《关于省委〈进一步加强政协工作推进人民政协协商民主建设的意见〉贯彻落实情况的督查视察报告》起草情况作说明。负建民、郭智强等10位市州和县区党委、政协负责同志围绕省委《关于进一步加强政协工作推进人民政协协商民主建设的意见》贯彻落实情况，提出意见和建议。

11月12日，第二十一次会议在兰州召开。会议应出席107人，实到86人。会议专题学习贯彻中国共产党第十九次全国代表大会精神。全国政协委员、中共中央党校原副教育长、中国科学社会主义学会会长王怀超教授应邀作中国共产党第十九次全国代表大会精神的辅导报告。会议审议通过政协第十一届甘肃省委员会常务委员会第二十一次会议《关于学习贯彻中国共产党第十九次全国代表大会精神的决议》。

重要活动

【全国政协副主席、台盟中央主席林文漪来甘调研】7月18日至19日，全国政协副主席、台盟中央主席林文漪率领台盟中央脱贫攻坚民主监督调研组来甘调研。调研组在兰州举行座谈会，听取甘肃省脱贫攻坚工作情况汇报。省委副书记、省长唐仁健主持座谈会，副省长杨子兴汇报全省脱贫攻坚工作，省政协副主席张世珍出席座谈会。调研组深入东乡县、临洮县的贫困村贫困户进行了调研。

【全国政协调研组来甘开展扶贫监督性调研】4月13日至19日，5月17日至20日，全国政协常委、人口资源环境委员会主任贾治邦和全国政协常委姜伟新率全国政协扶贫监督调研组来甘，围绕“实施精准扶贫中存在的问题和建议”“加强基础设施建设、改善基本公共服务”开展了两轮精准扶贫监督性调研。调研组实地走访，召开两次扶贫监督性调研工作座谈会。

【驻辽全国政协委员来甘考察“一带一路”建设】8月18日至24日，以全国政协委员、辽宁省政协主席夏德仁为团长的驻辽全国政协委员考察团来甘肃省，就推进“一带一路”建设情况进行考察。在甘期间，考察团一行深入兰州新区、嘉峪关、张掖、武威等地开展实地考察。考察结束时，省政协主席冯健身和夏德仁代表两省政协共同签署了《甘肃省政协辽宁省政协关于加强合作交流的协议》。

【县域经济重点调研】3月至4月，黄选平、栗震亚、张世珍、李沛文四位副主席分别带领4个调研组，深入平凉、庆阳、白银、临夏、定西、天水、武威和张掖8个市（州）10多个县区，就“打造特色优势产业发展壮大县域经济”进行调研，同时委托其余6个市（州）政协就地开展调研，并赴宁夏、山西学习考察，形成了4份专题调研报告和建议案草案并召开省政协十一届十九次常委会议进行专题研究讨论。经会议审议形成省政协《关于发展壮大县域经济的建议案》，从建立一套有利于县域经济发展的干部体制等6个方面提出21条具体意见建议。

【重点视察】8月下旬至9月上旬，由省政协主席会议成员带队，省委督查室参加，组成4个督查视察组深入14个市州和部分县（市、区），就《中共甘肃省委关于进一步加强政协工作推进人民政协协商民主建设的意见》贯彻落实情况开展督查视察，形成视察报告并召开省政协十一届二十次常委会议进行专题研究讨论。经会议审议形成省政协《关于中共甘肃省委进一步加强政协工作推进人民政协协商民主建设的意见贯彻落实情况的督查视察报告》，从进一步提高政治站位等5个方面提出21条具体意见建议。

【月协商座谈会】全年分别围绕加强全省农村留守儿童关爱保护工作、加快全省装备制造和军民融合产业转型升级步伐、加快中医药产业集群发展、科技创新如何突破、建设旅游强省、加强国家生态安全屏障综合试验区建设建立生态补偿机制和长效机制、打造‘一带一路’现代商贸物流中心、加快全省现代农业发展等召开月协商座谈会，形成8份专项建议得到省委省政府领导重视和批示，相关意见建议得到借鉴和落实。

专门委员会工作

【提案委员会工作】全年收到提案827件，审查立案789件并全部办复完毕。全年督办重点提案97件；制定出台甘肃省政协《提案办理协商实施办法》，完善提案工作保障机制；表彰60件优秀提案的单位和个人、12个先进提案承办单位；开展《中共甘肃省委关于进一步加强政协工作推进人民政协协商民主建设的意见》贯彻落实情况督察视察调研。开展“加快兰州新区建设发展”调研，形成《关于加快兰州新区发展的调研报告》，省委省政府主要领导作出批示。2017年全部提案向政协委员和政协组成单位公开，集体提案在省政协门户网站向全社会公开。跟踪梳理省政协十一届四次会议的53件“B”类提案，在省直单位开展“B”类提案“回头看”活动，将20件提案由“B”类转化为“A”类。

【社会和法制委员会工作】组织召开全省农村留守儿童关爱保护工作月协商座谈会，形成调研报告得到省委常委、政法委书记马世忠批示。开展《省委关于进一步加强政协工作推进人民政协协商民主建设的意见》贯彻落实情况督查视察，形成督查视察报告。协助农业和农村工作委员会，开展加快甘肃省现代农业发展调研。参加全国地方政协社会和法制委员会工作座谈会，介绍工作经验。完成哈尔滨、安徽、湖北、山东、广东、辽宁等省市政协相关委员会在甘肃考察调研的联络接待工作。对国务院法制办拟出台的法律、法规（草案）征求意见稿，提出具体修改意见和建议，上报国务院法制办。对省法院、省人大、省政府、省综治办送交的13项法律、法规、制度，组织委员协商座谈，反馈意见建议。

【文史资料和学习委员会工作】组织召开“加快我省中医药产业发展”月协商座谈会，形成《关于加快我省中医药产业发展的建议》报省委省政府。开展“文史工作进院校”学习考察和委员界别活动。完成《回族百年实录·甘肃卷》《藏族百年实录·甘肃卷》和《蒙古族百年实录》三部文史资料的征集动员、协调对接和汇稿工作。出版印发《黄河铁桥的故事》《中国西北戏剧经典唱段11~15卷》《裕固族百年实录》《陇史撷英》《东乡族百年实录》和《保安族百年实录》。完成《甘肃非物质文化遗产名录》史料征集编校和甘肃政协志征编大纲、文字图片资料收集和人员培训工作。7月，“甘肃政协文史馆”正式开馆运行，制定印发《甘肃政协文史馆馆藏资料图书管理办法》和《甘肃政协文史馆管理办法》。与吉林、云南、辽宁三省政协等专题调研考察组进行学习交流。

【经济委员会工作】组织开展“打造特色优势产业发展壮大县域经济”专题调研，起草《关于平凉市、庆阳市“打造特色优势产业发展壮大县域经济”的调研报告》。组织召开“装备制造和军民融合产业转型升级步伐”月协商座谈会，形成《关于加快我省装备制造和军民融合产业转型升级步伐的建议》，上报省委省政府决策参考；以推进“三去一降一补”、防范和化解甘肃省金融风险、如何推动重大项目落地和固定资产投资为主题召开经济形势协商座谈会，会议成果以社情民意信息和专项建议向省委省政府上报。全年提交集体提案4件，报送6篇社情民意信息，其中，对《关于促进我省非公经济发展的几点建议》省委副书记、省长唐仁健作出重要批示。

【人口资源环境委员会工作】开展“推动我省国家生态安全屏障建设加快生态治理”专题调研，组织召开“关于加强国家生态安全屏障建设建立生态补偿机制”专题协商会议，向省委省政府报送《关于加快我省生态治理的建议》和调研报告，省委书记林铎、省长唐仁健分别作出批示。开展“关于祁连山生态保护与综合治理情况”调研，召开省政协祁连山生态保护专题座谈会。开展关于军民融合、创新发展的重大项目和加快全省轨道交通装备制造产业发展视察工作，提出《关于与航天科技集团开展重大项目合作的建议》《关于支持中车兰州公司加快高端装备制造发展的建议》。省长唐仁健作出批示。完成全国政协开展的“城乡垃圾无害化处理”协作调研，向全国政协上报《甘肃垃圾无害化处理情况调研报告》。完成全国政协在甘开展的“精准扶贫监督性调研”，向省委省政府报送《关于落实好全国政协扶贫监督性调研反馈意见的建议》。

【科教文卫体委员会工作】组织召开“我省科技创新如何突破”月协商座谈会，形成《我省科技创新如何突破的建议》，报送省委省政府。组织开展“打造特色优势产业 发展壮大县域经济”专题调研，形成调研报告。组织开展“我省电大远程教育发展情况”视察，形成《关于我省广播电视大学远程教育发展情况的调研报告》，意见建议被省上相关部门采纳。协助全国政协教科文卫体委员会赴甘开展“全国政协精准扶贫监督性专题调研”，组织召开甘肃省情况座谈会，汇集整理全国政协调研组提出的问题和意见建议，报送省委省政府办公厅。就有关部门提交省委改革领导小组会议的《关于调整完善城乡居民大病保险相关政策的意见》《关于深化文化市场综合执法改革的实施意见》《甘肃省文联深化改革方案》等16份征求意见稿、代拟稿，组织相关界别政协委员学习讨论，提出56条意见建议。参加全国地方政协教科文卫体委员会工作座谈会。参加省直对口部门邀请的全省项目观摩督查、高招巡视、专利奖评审、慈善等会议及视察考察活动。

【民族和宗教委员会工作】开展甘肃省城市少数民族流动人口服务管理工作调研，向省委省政府报送《我省城市少数民族流动人口服务管理工作调研报告》。开展甘肃省民族地区旅游业发展专题调研，形成《关于我省民族地区旅游业民展情况的调研报告》。组织召开“建设旅游强省”月协商座谈会，向省委省政府报送《关于建设旅游强省的建议》，省委省政府主要领导作出批示；运用提案、社情民意信息渠道履职建言。提交《关于解决好农村幼儿教师短缺问题的提案》《将肃北县蒙古族学校教师蒙古语专业培训纳入“国培”和“省培”计划实施范围的提案》；走访省级宗教团体，看望部分宗教界委员和有关代表人士，做好团结联谊工作。做好全国政协民宗委在甘“扶贫监督性调研”、云南、河北、西藏三省区政协民宗委考察服务工作。

【港澳台侨和外事委员会工作】围绕全省现代物流业发展进行调研，形成《发挥丝绸之路甘肃段区位优势 打造现代商贸物流中心》调研报告。组织部分省政协委员，对省政协（港澳）委员在甘投资项目进行多次重点视察，与香港巨联投资管理有限公司达成“大型客机改货机项目”投资，8月全面开工建设。组织召开“发挥区位优势 打造‘一带一路’现代商贸物流中心”月协商座谈会，形成《关于加快建设现代商贸物流中心的建议》建议案，呈报省委省政府。组织省政协（港澳）委员、委员会委员赴相关部门和地区考察，调研和了解全省经济社会发展情况；以集体提案形式提交《关于建立甘肃省商贸与物流大数据服务平台的提案》《关于全力推动绿色生态有机农业健康发展的提案》《关于培养国际型人才服务我省外向型积极发展的提案》。

【农业和农村工作委员会工作】牵头组织“打造特色优势产业发展壮大县域经济”常委会调研工作，起草《打造特色优势产业发展壮大县域经济建议案》，报省委省政府决策参考。组织召开“加快我省现代农业发展”协商座谈会，形成《关于用示范园区建设引领现代农业发展的建议》，省委书记林铎作出批示。筹备六盘山片区政协精准扶贫交流推进会第三次会议，协调省扶贫、发改、水利、交通、林业、旅游等部门整理和挖掘全省需要向国家反映争取的政策和建议；组织部分农业界委员赴武威市及农垦集团黄羊河农场，开展委员界别活动，考察农业生产基地建设、园区信息化运用、科技成果转化、农产品深加工及仓储物流等情况。动员政协委员围绕甘肃省“三农”工作重点开展调研，反映社情民意，全年收到委员调研材料10篇。

（供稿：秦跟平　王植本）

民主党派与工商联

中国国民党革命委员会甘肃省委员会

【组织建设】2017年发展新党员2批156人，发展速率4.68%，净增率4.29%。其中民革特色党员14人，社会法制界3人。全省党员3469人，市区委员会17个，省直属基层委员会1个、总支部1个、支部25个，小组1个，市级委员会直属总支部8个、市直属基层委员会2个，支部106个，各级组织162个。推荐10余名后备干部参加民革中央和省委统战部举办的各类学习班、培训班和研讨班。举办民革甘肃省新一届委员培训班、新党员培训班和骨干党员培训班，培训党员159人。

【换届工作】2017年9月10日至12日，民革甘肃省第十二次代表大会在兰州召开，166名党员代表参加会议，选举产生57位同志为民革甘肃省第十二届委员会委员，霍卫平同志为民革甘肃省第十二届委员会主任委员，杨立勋、李如檀、袁斌才、云立新、金梅（女）、潘义奎6位同志为民革甘肃省第十二届委员会副主任委员，云立新、王联国、包锐、孙红中、何津春、李公平、李如檀、杜攉升、杨立勋、杨肃昌、陈一夫、陈慧（女）、郑小平（女）、金梅（女）、姜玉成、赵鲁平（女）、袁斌才、景光耀、潘义奎、霍卫平、瞿金叶（女）21位同志为民革甘肃省第十二届委员会常务委员。

【政治协商】民革甘肃省委会领导班子成员在省委、省政府、省政协组织召开的政党协商会、调研协商会、征求意见会、情况通报会上，就甘肃经济运行、中共甘肃省第十三次代表大会工作报告、省政府工作报告、振兴实体经济、推进“一带一路”建设、助推县域经济发展、破解农村垃圾污染难题、全省民族地区农村留守儿童教育困境、深入挖掘我省旅游资源、力促重大项目固定资产投资增长等问题，提出意见和建议，得到省领导重视和有关部门采纳。

【调查研究】民革省委会配合民革中央完成“一带一路”西北发展战略课题在甘肃的调研工作，民革中央主席万鄂湘一行考察兰州新区，听取省委、省政府关于甘肃省开展“一带一路”建设工作的汇报，形成《关于确立“一带一路”西北发展战略的建议》，建议得到习近平、李克强、张德江、俞正声、刘云山、张高丽等国家领导同志的批示。配合由台湾青年参与的民革中央调研组，就“充分利用‘丝绸之路经济带’建设平台，推进西北地区两岸产业合作”课题，在兰州、酒泉等地开展调研。

【提案工作】2017年向省政协十一届三次会议提交集体提案14件，提交大会发言4篇，提案聚焦精准扶贫、农业产业化、生态文明建设等政府关注、委员热议的问题。民革甘肃省第十一届专职副主委杨利亚代表民革作题为《严格农业投入品使用 推进农业供给侧改革》的大会发言，提出健全完善农业投入品监管机制、加快培育新型农业经营主体和社会化服务体系、提升农业标准化生产水平的意见建议。《关于提升干部驻村帮扶成效的提案》《关于在精准扶贫中注重农民健康问题的提案》《关于加快推进我省农村一二三产业融合发展的提案》《关于促进我省河西地区蔬菜制种产业发展的提案》《关于破解农村垃圾污染难题 再造良性循环健康生态圈的提案》《关于加强批后监管深化行政审批制度改革的提案》《关于加强我省独有少数民族非物质文化遗产保护的提案》等建议得到省内主要媒体及农业部网站的广泛关注和宣传报

2017年9月10-12日，民革甘肃省第十二次代表大会在兰州召开

道和承办单位的重视、采纳。《关于破解农村垃圾污染难题，再造良性循环健康生态圈的提案》被列为省政协重点督办提案进行现场办理。《进一步免费开放省内旅游景点推进我省旅游产业加快发展的建议》等2篇信息被省政协转送政府有关部门。

【民主监督】民革省委会成立由主委任组长、6位副主委任副组长的脱贫攻坚民主监督工作领导小组及办公室。推荐民革党员，兰州大学法学院教授拜荣静同志为西和县挂职副县长，制定《民革甘肃省委会开展脱贫攻坚民主监督工作方案》《民革甘肃省委员会2018年度在陇南市西和县开展脱贫攻坚民主监督实施方案》。省委会主委带队走村入户实地调研2次，走访元山、庞沟、蔺集等6个村，33户贫困家庭，形成《民革甘肃省委会2017年脱贫攻坚民主监督调研报告》。

【社会服务】民革省委会与博爱工程——然健环球举办精准扶贫脱贫助学金甘肃签约仪式，开展教育扶贫举措。组织民革酒泉市委会联合敦煌研究院、民盟酒泉市委会赴玉门市独山子乡开展“同心携手行 走进独山子”捐赠活动。联系北京环宇万维科技有限公司向酒泉市、天水市100余所幼儿园一次性捐赠价值约80万元的“智慧树”幼儿园安全管理设施，并进行技术培训。举办民革甘肃省非公经济代表人士培训班1期，培训47人。成立民革甘肃省小微企业创新发展联谊会。

【祖统联谊】民革省委会应台北市两岸经贸交流协会邀请，组织省、市民革部分机关干部和企业家共12人前往台湾，对台湾现代农业发展参访交流。民革甘肃省委会常委、省祖统委员会副主任杜擂升受邀为台湾雾峰林家甘肃参访团做“‘一带一路’与甘肃丝绸之路黄金段建设”主题讲座。编发《宝岛瞭望》2期，及时宣传大陆对台政策、两岸时政要闻、专家时事评论以及省委会对台工作。组织祖统委员、在兰台胞台属举办“迎中秋、盼团圆”为主题的中秋茶话会。参加民革中央第三届“两岸青年和平发展论坛暨两岸青年创新大联盟2017年会”，邀请民革党员企业家加入大联盟，为台湾青年搭建平台。与兰州大学沟通协商，筹备设立兰州大学大陆港澳台青年交流联谊项目，推动陇台文化交流合作。

（供稿：李　琳　张　莹）

中国民主同盟甘肃省委员会

【组织发展】2017年发展盟员387人，平均年龄36.2岁。其中市县委员会323人，省直属基层组织64人，发展率为4.54%，净增率为3.92%。新盟员中具有大学以上学历的355人，占92.5%，具有中级以上职称的146人，占38%。选派20名盟员参加中央和省级各类培训研修班学习，组织全省专职干部赴河北社会主义学院培训学习，自主举办4期干部培训班。

【政治协商】民盟甘肃省委会参加省委、省政府、统战部等举办的协商会、意见征求会和座谈会16次，就实施工业强省战略、促进第三产业提质增效、推动战略性新兴产业快速发展、大力发展实体经济等问题提出建议，得到省委省政府和相关部门肯定。其中“加快全省实体经济发展的建议”获林铎书记批示，作为甘肃经济社会发展专题研讨会交流材料进行交流。

【建言献策】全国政协十二届五次会议上，张世珍主委向大会提交大会发言1件、提案5篇，大会发言“乡村善治期待乡贤文化”受到《人民政协报》等多家媒体关注和转载。十二届全国人大五次会议上，郭玉芬副主委提交“关于把基层医疗服务能力提升工程作为国家医改重大工程推进的建议”“关于分省合并中西医院校，创新中国医学教育模式的建议”等5件议案。政协甘肃省十一届五次会议上，提交口头发言1篇、书面发言3篇、提案18件，其中“关于加快绿色有机农业发展，推动农业供给侧结构性改革的提案”被评为优秀提案。

【调查研究】民盟甘肃省委会联合宁夏、青海民盟组织，以“加快西部地区绿色有机农业发展推动农业供给侧结构性改革”为主题，赴白银、定西、武威、张掖及省农垦集团实地调研，形成“以西北地区绿色有机农业快速发展推动我国农业供给侧结构性改革”的调研报告，相关建议被民盟中央作为中共中央召开的党外人士座谈会发言素材，获李克强总理批示。定向委托市级民盟组织、专委会承担17个重点调研课题，经过分类整理和修改，形成调研报告15篇、提案17件。

【社会服务】民盟甘肃省委会争取民盟中央“守护天使工程”落户甘肃，为高台、秦安、华池等6家县级医院捐赠7台医疗设备，补齐部分县区基层医疗机构诊疗设备及技术短板。协调民盟中央在天水市第二人民医院举办“名医大讲堂”暨“新肝行动”活动，免费诊治患者310人，手术2例，培训医务人员500人。举办“丹心翰墨·民盟盟员书画作品展暨情暖2017——民盟甘肃省委爱心扶贫书画作品拍卖会”，筹集善款76.84万元。在古浪县西靖镇开展“送医送药”义诊活动，诊治病患300人，免费发放价值8000元药品。动员盟员企业家购买贫困户滞销西红柿1.5万斤。联合兰州大学教育发展基金会在东乡县阳洼小学开展民盟“烛光行动·童亨计划”，捐赠价值4万元教学用品。

【社情民意信息】民盟甘肃省委会就热点问题、专业问题与盟内专家约稿，向民盟中央、省政协编辑报送信息80篇，其中被民盟中央采用20篇，被省政协单篇采用8篇。参加民盟中央教育、民生、经济、法治和海峡两岸金融论坛，上报论文9篇。《加快贫困地区基础教育信息化建设》《构建我国环境行政公益诉讼制度，完善社会治理》被评为优秀论文。

【农村教育烛光行动】民盟甘肃省委会加强与江苏民盟合作，以“请进来、送出去”的形式，在天祝县举办讲学活动，培训教师140名，选送6名中小学校长赴常州市培训。争取民盟中央远程教育“烛光行动·千校计划”为全省15所学校捐赠价值630万元教学资源，协调上海民盟向古浪县十八里堡乡完全小学和赵家庄完全小学捐赠图书共1006册，价值1.5万元。在榆中县和白银区开展2场专题讲座，550名中小学校长和教师聆听报告。

（供稿：汪新弟）

中国民主建国会甘肃省委员会

【组织建设】制定民建甘肃省委会换届工作方案，成立以主委为组长的换届工作领导小组，完成省委会换届工作。成立民建庆阳市支部，完成兰州财经大学支部和西北师范大学支部换届工作。全年新发展会员117名，全省会员总数3087名。其中经济界会员2156名，占会员总数的70%；大专以上学历会员3068名，占会员总数的99%；硕士以上学历191名，博士学历的30名；企业高级管理人员575名；中上层会员1491名。担任市级以上人大代表、政协委员的411名，在政府部门担任处级以上职务的会员45名。

【政治协商】参加中共甘肃省委、省政府、省政协召集的协商会、恳谈会、专题座谈会以及各类调研活动，就精准扶贫、供给侧结构性改革、振兴实体经济、2017年下半年全省经济发展面临的问题等议题，提出意见和建议。在省政协常委会议和月协商座谈会上，围绕易地搬迁、县域经济发展、统筹推进新阶层人士队伍建设等问题作专题发言。向省政协十一届五次会议提交集体提案13件，大会发言3篇。其中，《关于甘肃省企业对外投资区位风险及防范的提案》得到省发改委高度评价。《关于推进贫困地区基本公共服务均等化的提案》受到重视，省扶贫办、省教育厅、省卫计委等单位会商共办，促进相关建议落实。

【专题调研】围绕中共中央、中共甘肃省委经济工作会议精神和省委省政府中心工作，聚焦全省经济社会发展中的热点、难点、关键点，确定重点调研课题。着眼深化供给侧结构性改革、防范金融风险、振兴实体经济，丝绸之路经济带甘肃黄金段建设等重大战略，充分发挥自身优势，开展调查研究。时任全国人大常委会副委员长、民建中央主席陈昌智，民建中央常务副主委郝明金，民建中央副主席辜胜阻带领民建中央调研组深入调研甘肃省光伏产业发展状况。

【民主监督】民建甘肃省委会成立以主委为组长、各位副主委为副组长的脱贫攻坚民主监督工作领导小组及专职副主委任主任，各部门负责人任副主任的领导小组办公室。办公室下设监督检查、扶贫助困、专家顾问、对外宣传4个组。三季度，领导小组2次赴积石山县通报情况，征求意见。四季度，领导小组赴积石山县就脱贫攻坚进展，扶贫资金使用、扶贫脱贫政策落实情况及存在的突出困难和问题实地调研。

【社会服务】协调中华思源工程扶贫基金会在天祝县松山中学、天祝县东坪学校各开办“思源教育移民班”1个；为贫困地区医院捐赠救护车辆达48辆，累计158辆，超额完成每个国家级贫困县至少3辆救护车的目标。

【交流合作】组织会员参加2017年中国（江西）非公经济发展论坛和第十九届中国风险投资论坛。

（供稿：张　政）

2017年12月6日，民建甘肃省委会赴积石山县开展脱贫攻坚民主监督调研

中国民主促进会甘肃省委员会

【组织建设】截至2017年底，全省有市级组织10个，县区级组织8个，工作委员会1个，基层组织175个，支部159个；会员3634人，平均年龄44.1岁，新发展会员162人。全省民进会员中担任各级人大代表27人，政协委员310人。其中，省人大代表4人，常委1人；省政协委员14人，常委5人。

【建言献策】2017年，民进甘肃省委员会参加中共甘肃省委召开的政党协商会议4次，提交发言材料4篇，内容涉及“大力发展职业教育助推制造业发展”“推进供给侧改革促进实体经济发展”“营造良好营商环境促进非公经济发展”“打造旱作农业新名片推进全省旱作农业技术和产业走出去”等方面议题；向省政协十一届五次会议提交集体提案12件，提交大会发言、专题议政会发言3件；围绕“精准扶贫”、“县域经济发展”“现代农业发展”“一带一路建设”等内容向省政协常委会、月座谈会提供发言5件。民进甘肃省委会提交省委政党协商会议的发言《扎实推进改革创造良好营造环境 促进实体经济发展的建议》被省委政策研究室选用。省委会主委尚勋武在11月23日中共甘肃省委召开的“学习党的十九大精神，加快建设幸福美好新甘肃”专题研讨会大会发言中提出有关开展建设营商环境大讨论、推进改革，发展壮大担保机构，破解贷款难难题的建议被省委、省政府采纳；有关营商环境讨论、发展壮大担保结构等建议被写进《2017年政府工作报告》和《甘肃省特色产业发展工程贷款实施方案》；民进甘肃省委会提出有关将景区旅游资源下放，激发地方旅游业发展动力，成立旅游发展委员会，统筹推进旅游业发展的建议得到省委、省政府采纳实施；民进甘肃省委会向全国人大提出关于提高农用地膜标准，推进残膜回收的建议被采纳，农用地膜生产标准由0.008毫米提高到目前0.01毫米；民进甘肃省委会《关于促进旱作农业技术和节水产业走出去》的建议作为民进中央严隽琪主席的发言内容在中共中央召开的“进海协商”座谈会得到习近平总书记高度评价。

【民主监督】民进甘肃省委会对口陇南市宕昌县开展脱贫攻坚民主监督工作。9月启动工作，成立领导小组，制定工作方案，成立以会内专家学者为主的专家工作组，选派1名机关处级干部到宕昌县挂职担任副县长。10月中旬，赴宕昌县进行对接调研。11月，选派参政议政和社会服务负责人参加进中央脱贫攻坚民主监督工作研训班。

【社会服务】选派酒泉、张掖等地教师参加在北京、无锡等地举办的“同心·彩虹行动”培训班。开展“童心同行——先心病普查”大型义诊活动，邀请兰大一院心外科宋兵主任一行在兰州市皋兰县和平凉市灵台县普查师生2400余名，对确诊先心病患儿提出治疗建议。开展“书香彩虹——安龙行动”，向贵州省安龙县招提街道平乐乡幼儿园捐赠图书3210册。开展“春联万家”书画家进村活动，邀请3名民进书画家赴临潭县拉布村为群众书写春联、福字200余幅。省委会原主委、兰州大学李国璋教授捐赠助学金资助白银十中10名贫困高中生。

（供稿：冯建设）

中国农工民主党甘肃省委员会

【组织建设】至2017年底，全省共有农工党员2939名。其中，男1434人，占49%；女1505人，占51%。医疗卫生界1515人，占52%；文化教育界551人，占18%；科技界130人，占5%；非公经济及其他743人，占25%。平均年龄48岁。共有市级委员会6个，基层委员会15个，总支委员会19个，支部111个。有各级人大代表37人，政协委员235人。

【建言献策】在省政协十二届一次全委会上，省委会提交集体提案19件。省委会就借鉴陇南电商经验做好精准扶贫工作、县域经济发展、康养产业、“两江一水”流域土壤污染情况防治、优化营商环境促进经济发展、全省现代装备制造业的发展等重点课题进行调研，为全省经济发展建言献策。各市委会完成提案121件，围绕当地重大决策实施、关系民生的热点难点问题，组织党员开展专题调研，为当地经济社会发展献计出力。

【社会服务】6月，与省第三人民医院支部联合在甘南州合作市那吾乡开展主题为“空气质量与健康”的第十届“中国环境与健康宣传周”送医送药活动。11月，与省人民医院基层委员会联合在临潭县新城镇扁都乡开展主题为“携手建设安全稳定、发展繁荣的共同家园”第二十九届“国际科学与和平周”送医送药活动。省委会把“两周”活动与贫困地区精准扶贫、精准脱贫结合，通过活动推动大健康产业发展，引导省级优质医疗资源向基层下沉，带动乡镇卫生院不断提升专业技术水平。邀请农工党中央社会服务部副部长张庆伟一行到临潭县店子乡业仁村开展健康扶贫调研。

（供稿：鲁　滢）

九三学社甘肃省委员会

【组织建设】截至年底，全省社员总数增至3716人，平均年龄55岁，高级职称比例46%，科技、高教、医卫等主体界别占75%，发展速度维持在5%左右。社员中现有全国政协委员1人，省人大代表4人，其中常委1人，省政协委员26人，其中常委7人。4名同志当选为社中央委员，1名同志当选为社中央常委。

【政治协商】2017年社省委提交省政协提案22篇，5篇获重点督办，其中《推进固沟保塬生态战略 促进经济社会可持续发展》《促进科技型中小微企业创新发展》在政协大会书面发言，《完善移民搬迁政策 加快脱贫致富步伐》《推动“一带一路”黄金段建设 促进我省经济加快发展的建议》分别在两个专题协商议政会作发言。《关于强化五省藏族聚居区寺院管理主动权的建议》作为九三中央集体提案上报全国政协，获得嘉奖。《关于加快推进全

2017 年 7 月 22 日—23 日，九三学社甘肃省第八次代表大会在兰州召开

省生态文明建设,实现绿色转型发展的提案》和《关于甘肃省大数据产业发展的提案》获林铎书记的批示;《关于提高民族地区乡村教师队伍整体素质实现民族地区教育均等化的提案》获得省委常委、统战部长马廷礼批示。《实施创新驱动战略,优化产业结构的提案》等被评为优秀提案。在中共甘肃省委召开的征求省十三次党代会报告(征求意见稿)意见座谈会,社省委建议被采纳;在中共甘肃省委召开的党外人士座谈会上,社省委建议得到唐仁健省长和宋亮副省长高度肯定和重要批示,全部予以采纳。省政协《加强农村留守儿童关爱保护》和《加强国家生态安全屏障综合试验区建设及建立生态补偿长效机制》被省政协采纳并上报全国政协。

【课题调研】2017年,社省委聘请社内外专家,充实特约研究员队伍,建立省级参政议政专家库,召开参政议政工作会议,加强省市组织间的交流互动。围绕党委和政府中心工作,带领调研组赴省发改委就“推动能源供给侧结构性改革”进行调研;联合社湖南省委会赴酒泉市就“新能源有效并网消纳”进行调研,赴省科技厅和科技大市场等就“科技型中小微企业创新发展”进行调研;联合社黑龙江省委员会赴定西市就“促进马铃薯产业增效发展”进行调研;联合社江西省委会赴临夏州就“规模养殖污染物处理”进行调研。社省委完成了一批重点调研课题,其中,完成的社中央重点调研课题“黄河首曲生态系统修复与重建的建议”,获李克强总理的批示;“振兴甘肃实体经济的建议”获林铎书记批示;“中小微科技型企业创新发展调研报告”获唐仁健省长批示。

【社会服务】在酒泉成立第5个专家工作站,多次邀请省内外专家开展各种形式的科技帮扶、医疗义诊、业务培训等。邀请到现任全国人大常委会副委员长、九三学社中央主席、中科院院士武维华视察酒泉九三学社专家工作站并作科普报告,开辟院士讲党课这一新的服务形式。邀请社中央副主席、中科院院士、著名金属纳米材料专家卢柯社视察天水九三学社专家工作站。邀请到天津市九三学社医疗、教育和美术等领域专家学者前来天水市开展交流活动。开展“科普进学堂”活动,全年先后在兰州新区、白银、酒泉、张掖和庆阳等地举办讲座30场,累计听众近万人。

(供稿:雷若微)

甘肃省工商业联合会

【组织建设】省工商联优化执委、会员结构,工商联执委企业的一、二、三产业比例分别为8.8%、34.8%、56.4%,其中战略性新兴产业占比达8.8%;全省工商联会员数达99358个。编制《工商联会员数据库填报手册》,制定《甘肃省工商联系统“四好”商会建设方案》,指导成立甘肃省青年企业家商会,商会联席会成员单位达75家。全国“五好”县级工商联达到40家,占全省县级工商联总数的46.5%,高出全国工商联目标比例16.5个百分点。全年发展兰州科天投资控股股份有限公司等11家新兴产业、科技型企业为直属会员。

【参政议政】向省政协十一届五次会议提交《关于布局互联网+预约停车项目缓解兰州停车难问题的提案》等提案9篇,向全国工商联报送提案2篇。其中,《关于支持我省装配式建筑产业发展的提案》被省政协列入重点提案现场督办。向省政府、省政协、省委统战部等相关专题议政会、协商会提交《完善政策服务体系助推我省民营企业加快走出去》《着力构建新型政商关系不断提升党和政府公信力》等10篇材料。参与省非公办《关于推动构建新型政商关系的若干意见》《关于进一步支持非公有制经济发展的意见》和省发改委关于《国务院办公厅关于进一步激发民间有效投资活力促进经济持续健康发展的指导意见》等政策文件起草制定工作。

【调查研究】围绕构建新型政商关系等热点难点问题开展调研,完成《兰州市非公经济发展情况调研报告》《甘肃省非公经济发展情况调研报告》《2016—2017西北片区民营经济发展报告》《2016年甘肃民营经济数据分析报告》《2016—2017甘肃省民营经济发展报告》等调研报告,其中2篇调研报告在省委政研室《调查与研究》刊发。

【营商环境建设】研究制定《关于推动构建新型政商关系的意见(代拟稿)》。省委统战部、省工商联组织专家学者、领导干部、商协会赴省内外开展构建优良营商环境专题调研,起草《关于建设优良营商环境的建议案》得到省政府高度重视。省发改委和省非公办参考建议,分别起草《切实加强全省营商环境建设行动方案》和《关于进一步支持非公有制经济发展的若干意见》。开展劳动人事争议调解工作，会同省人社厅联合举办2期全省非公有制企业劳动争议预防调解培训班，累计参训商会150家，参训人员300人次。发挥工商联检察服务室作用，2017年省工商联共协调省检察院介入9起民营企业涉法维权事项，保护民营企业合法权益。

【"新丝路·新陇商"2017陇商力量榜推选活动】与省委宣传部、甘肃日报等8家单位组织"新丝路·新陇商"2017陇商力量榜推选活动，韩庆、王金生、李成勇等9名企业家入选2017陇商风云人物，韩泽华等4名同志入选2017陇商新锐人物，朱全祖获陇商公益人物，对39名甘肃省非公有制经济人士优秀中国特色社会主义事业建设者进行表彰。

【"千企帮千村"精准扶贫行动】2017年2月，甘肃省委将"千企帮千村"精准扶贫行动作为甘肃省脱贫攻坚重要内容在中央政治局第三十九次集体学习会议上做专门汇报。4月，全省"千企帮千村"精准扶贫行动现场会在临洮县召开，省委副书记孙伟出席会议，肯定全省"千企帮千村"工作。6月，全国"万企帮万村"精准扶贫行动片区座谈会召开，中央统战部副部长、全国工商联党组书记徐乐江，国务院扶贫办主任刘永富出席会议。制定《甘肃省聚力深度贫困地区实施"千企帮千村"精准扶贫行动实施意见》，提出在全省范围内再动员民营企业帮扶1000个贫困村的工作目标。启动实施"精准扶贫百村攻坚工程"，动员省工商联直属商协会、执常委单位重点帮扶东乡县、宕昌县、通渭县、漳县、文县5个深度贫困县的110个贫困村。截至2017年，全省1041户民营企业结对帮扶1272个贫困村，实施帮扶项目2618个，投入资金15.03亿元，带动贫困人口23.1万人，帮助9682人实现稳定脱贫。

【"民企陇上行"活动】开展以"汇聚民企财智、拓宽粤陇合作、共建'一带一路'、实现互利共赢"为主题的"粤陇携手民企陇上行"活动。组织14个市州和兰州新区分管领导，赴广东省广州、深圳、珠海等8市拜访当地民营经济500强企业，召开专场推介会。活动期间，省工商联与空中商学院签署战略合作协议，加强双方在文化信息交流、促进经贸往来、招商引资等方面合作。以"助推地方经济发展，商会走进兰州新区"为主题，召开甘肃省工商联商会联席会议，推介招商项目，推动项目落地。"粤陇携手民企陇上行"项目签约暨推介会上，签约项目48个，签约金额154.32亿元。

（供稿：石龙龙）

群众团体

甘肃省总工会

【组织建设】 以开发区（工业园区）、建筑项目、物流（快递）业、商贸餐饮服务业、家庭服务业、农业专业合作组织等为重点领域，深入开展“入会集中行动”，全省基层工会组织达37878个，工会会员达388.7万人，其中农民工会员135万人，较去年增长13%以上。加强基层工会规范化建设，推动在乡镇（街道）便民服务大厅开设工会服务窗口，建设开放型“职工之家”。实施“乡镇（街道）工会规范化建设推进行动”和“双百”示范村（社区）工会创建活动，命名442个全省规范化乡镇（街道）工会，203个示范村、社区工会。

【工会改革】 成立省总工会改革推进领导小组，把改革方案确定的7个方面27条改革举措分解细化为107项具体任务，实行清单管理，出台40多项配套制度，集中破题攻坚，14个市州工会改革方案全部通过省委深改办审核批复，经同级党委批转启动实施。改进领导机构人员构成，省总工会全委会、常委会委员中劳模、一线职工和基层工会工作者比例分别提高20%、15%；增加兼职副主席，专职副主席占比下降到50%。精简机关部门，压缩机构编制，整合、优化部门职能，强化服务职工职能。制定《甘肃省工会代表大会代表、甘肃省总工会全委会委员提案办理办法（试行）》，加强和代表、委员的联系联络，促其切实发挥作用，及时反映职工群众普遍性诉求。完善信访接待制度，落实首问责任制。制定甘肃省总工会《职工需求调查暂行办法》《职工满意度评价暂行办法》。探索开展普惠服务，指导各地工会针对户外劳动者开展贴心服务；下拨1100万元，开展小额借款工作，扶持困难职工创业就业。加强网上工会建设，积极探索推行“互联网+”工会模式，开通甘肃工人报微信公众号和数字报，为广大职工和工会干部提供全天候资讯服务。制定《全省工会经费分成比例的规定》，将全省工会经费留成比例80%以上留给地方和基层工会。对全省每个乡镇（街道）工会实行专项工作经费定额补助，对规范化乡镇（街道）工会给予奖补。制定《甘肃省工会系统干部双向兼职、挂职、交流实施办法》《甘肃省总工会社会化工会工作者管理办法》，充实基层工会工作力量。

【劳模表彰】 召开全省庆祝“五一”国际劳动节暨表彰五一劳动奖大会，省委书记、省长亲切接见和看望获奖代表。金川公司职工潘从明入选全国5名大国工匠，其事迹在中央电视台重点推出，成为陇原职工的一面旗帜。

【模范宣传引导】 启动“网聚职工正能量、争做陇原好网民”主题活动，建成48个全国及省级职工书屋示范点。开展“培育好家风——女职工在行动”主题实践活动，引导女职工在促进家庭文明建设中发挥独特作用。制作首届“陇原工匠”专题片，在《甘肃新闻》连续播出10期；开展工匠上讲台、进校园活动10多场；启动第二届陇原工匠投票评选，公众参与数突破300万；首届10名陇原工匠受聘兰州石化职业技术学院兼职教授。

【劳动竞赛活动】 以“践行新理念，建功‘十三五’”为主题，开展重大项目劳动竞赛、园区劳动竞赛和企业劳动竞赛1699场次，参赛单位7325个、职工70.7万人。落实中央《新时期产业工人队伍建设改革方案》，制定《甘肃省新时期产业工人队伍建设改革实施方案》。实施技能素质提升行动，全省市州、大企业以上单位开展各类竞赛488项，参赛职工超过100万人次，竞赛数和参与数均创新高，2127名选手获评“甘肃省技术能手”“甘肃省技术标兵”，514名选手获评“甘肃省优秀选手”，30名选手按程序申报甘肃省“五一劳动奖章”。

【职工创新】2017年，创建各类创新型班组3470个，命名省级创新明星班组10个、创新型班组90个、省级示范性劳模创新工作室34个，奖补200多万元，带动企业投入1.3亿元，培养人才4.06万人。举办首届职工优秀技术创新成果展，从2400余项职工创新成果和操作法中精选500多项集中展示。参加第22届全国发明展览会，获金奖14项，省总工会等3家单位获优秀组织奖；参加第十二届“海峡两岸职工创新成果展”，3个参展项目获金奖。

【和谐劳动关系构建】推进行业工资集体协商，命名73个省级工资集体协商示范单位，召开全省行业工资集体协商观摩座谈会，与劳动关系三方联合开展“要约季”活动，诞生一批“街字号”“农字号”“园字号”工资协议，守护小微企业职工“钱袋子”。推行职代会、厂务公开和职工董事、职工监事制度，开展评选推荐和互检工作，推动职工民主管理。扩大劳动关系和谐企业创建活动覆盖面，命名92户企业、11家工业园区、13个乡镇（街道）为省级劳动关系和谐单位。开展劳动关系领域突出问题专题调研、矛盾排查、普法宣传和服务农民工公益法律服务行动。

【劳动权益维护】制定《关于推进法律援助中心规范化建设的实施方案》《甘肃省工会法律援助实施办法（试行）》等，促进各级工会法援机构切实发挥作用。开展“七五”普法活动，宣传《劳动法》《工会法》等法律法规，引导职工增强法治观念。联合省安监局、省卫计委等11个部门建立省职业病防治工作联席会议制度，强化协作配合。督促企业开展健康体检，建立职工健康档案。推行安全隐患向职代会报告制度，深化“安康杯”竞赛，开展“安全生产月”“安全生产陇原行”活动和“守护生命”主题安全生产知识竞赛，开展群众性安全生产大检查。

【帮扶救助】推进服务平台建设，推广云南祥云样本经验，从省会城市、市州县区中心城市及其他地方三个层面，分类推进困难职工帮扶中心规范化建设。实行编制“减上补下”，将省总工会精简的28个编制充实到市州和县区困难职工帮扶中心。召开规范化建设座谈会，开展困难职工档案“回头看”。规范“四送”活动，春送岗位中，组织专场招聘会235次，成功介绍就业16865人次；夏送清凉中，筹集资金11615万元，为1945家企业、255715名职工送去防暑降温用品；金秋助学中，资助困难职工子女15339人圆大学梦；冬送温暖中，慰问困难职工家庭66131户、企业1385家。

【省总工会十二届二次全委（扩大）会议】2月16日至17日在兰州召开。会议传达全国总工会十六届十一次主席团会议和五次执委会议精神，全面总结2016年全省工会工作，安排部署2017年工作任务。省委副书记欧阳坚出席会议并讲话。省人大常委会副主任、省总工会主席李慧主持会议并作总结讲话。省总工会党组书记、常务副主席刘为民代表省总工会十二届常委会作工作报告，省总工会经审会主任罗世文代表省总工会十二届经审会作经审工作报告。会议审议通过有关人事事项，宣读《甘肃省总工会2016年度工会重点工作目标责任书完成情况通报》。刘为民代表省总工会与各市州总工会、省级产业（系统）工会和省总直属基层工会签订2017年工作目标责任书。省委副秘书长刘玉生，省总工会党组成员、省纪委派驻省总工会机关纪检组组长孙旺生，省总工会党组成员、副主席包俊宗、吴俏燕、张弘强、丁光东，党组成员、经审会主任罗世文，副主席王丽萍、卢朝鹏，副巡视员宋艳丽、薛挺出席会议。

【省总工会第五届女职工委员会第一次会议】3月2日在兰州召开。省人大常委会副主任、省总工会主席李慧，省总工会党组书记、常务副主席刘为民出席会议并讲话。省总工会党组成员、省纪委派驻省总工会机关纪检组组长孙旺生，党组成员、副主席包俊

2017年4月27日，甘肃省庆祝“五一”国际劳动节暨表彰五一劳动奖大会在甘肃大剧院举行

宗、吴俏燕、张弘强、丁光东，副巡视员宋艳丽、薛挺出席会议。会议宣读中华全国总工会的表彰决定，为荣获“全国五一巾帼奖状”“全国五一巾帼标兵岗”和“全国五一巾帼标兵”称号的先进集体和个人颁奖；宣读中华全国总工会女职工委员会贺信，传达学习省总工会十二届二次全委（扩大）会议和全总女职工委员会六届四次会议精神。吴俏燕代表省总工会第四届女职工委员会作工作报告。会议履行有关人事事项，吴俏燕任省总工会第五届女职工委员会主任，刘瑞、康灵娜、刘素花任副主任。

【甘肃省庆祝“五一”国际劳动节暨表彰五一劳动奖大会】4月27日在甘肃大剧院举行。会前，省委书记林铎，省委副书记、代省长唐仁健，省委副书记孙伟等省上领导参观先进模范事迹展，接见看望先进模范代表。孙伟出席大会并讲话。省人大常委会副主任、省总工会主席李慧主持。省总工会党组书记、常务副主席刘为民宣读《中华全国总工会关于全国五一劳动奖状、五一劳动奖章和全国工人先锋号获奖集体、个人的批复》。省总工会党组成员、副主席包俊宗通报有关命名表彰情况。获奖代表、首届“陇原工匠”阙卫平宣读《倡议书》。各市州、省级产业工会负责同志，部分获奖先进集体和个人代表，在兰企事业单位职工代表近千人参加大会。

【省总工会改革工作推进会】5月3日在省总工会召开。省人大常委会副主任、省总工会主席李慧，省总工会党组书记、常务副主席刘为民出席会议并讲话。省总工会党组成员、副主席包俊宗解读《甘肃省总工会改革方案》，党组成员、副主席吴俏燕主持。省总工会部分领导，各市州总工会负责同志，省总机关各部门、直属单位全体干部职工参加会议。

【中共甘肃省总工会机关第五次党员大会】6月30日在省总工会举行。省总工会党组书记、常务副主席刘为民，省直机关工委副书记周见明出席会议并讲话。省总工会党组成员、副主席包俊宗主持会议。会议全面总结第四届委员会工作，确定今后的工作目标任务，选举产生第五届委员会和纪律检查委员会。省总工会党组成员、副主席丁光东受第四届委员会委托作工作报告。省总工会部分领导及省总机关各部门、直属单位全体党员参加大会。

【全省产业工人队伍建设暨职工技术创新工作现场推进会】9月22日在金川集团公司召开。省人大常委会副主任、省总工会主席李慧出席会议并讲话。省总工会党组书记、常务副主席刘为民主持会议。会议传达省委书记、省人大常委会主任林铎对全省群团改革工作、全省工会改革发展和产业工人队伍建设的批示，就进一步推进甘肃省新时期产业工人队伍建设改革提出明确要求。省总工会党组成员、副主席包俊宗通报近年来全省职工技术创新工作情况。金川集团公司总经理、党委副书记陈得信致辞。各市州工会负责同志，部分产业（系统）工会主席，省总直属基层工会和大企业工会主席，劳模创新工作室领衔人或主要成员，创新型班组负责人及一线技术人员，职工创新成果发明人，部分企业创新工作负责人和职工代表400多人参加会议。

（供稿：胡永昌）

共青团甘肃省委员会

【共青团改革】团省委提请省委审定出台《共青团甘肃省委改革方案》，9月召开省第十三次团代会，新一届全省团的代表大会、全委会、常委会中基层和一线代表的比例从上届的66.8%、25.7%、7.7%分别提高到80%、60%、30%。团省委机关新“三定”方案正式印发，厅级领导职数由5名减为4名，精简20%；行政编制由66个减为46个，精简30%；内设机构由9个整合为7个，精简22%。书记班子按“1+3+2+2”方式配备到位，挂兼职比例达50%；“8+4”、“4+1”、“1+100”等直接联系服务引导青年工作机制全面建立并实施。以“青年之声”和“智慧团建”为重点，工作网、联系网、服务网“三网合一”的“网上共青团”工作格局全面形成。完成省团校和新媒体中心人员编制调整和职能优化，撤销省青年宫。对团省委下属企业省青年旅行社进行脱钩改制。制定出台省青联、学联、学生会和高校、中学共青团改革方案以及少先队改革实施意见。分两轮对市县共青团改革进行集中督导，建立改革倒逼机制，全省14个市州全部出台改革方案，54个县区共青团改革方案由同级党委印发实施。

【青年电商培育】加强技能培训，全年培训农村青年近6000人。扶持电商发展，同人保财险甘肃分公司签订合作框架协议，全年培训青年电商人才4000余人，扶持青年电商企业700多个。

【青年创新创业】发挥青联、青企协作用，推动青年创业园建设向县域延伸，新建青年创业园区24家，认定全国青年创业示范园区1家、省级8家，孵化青年创业企业（项目）272个。全省412家青年见习基地为青年提供见习岗位3500个。举办创业青年座谈、报告会及各类培训300余场，培训青年创业人才6327人。推行高校“共青团第二课堂成绩单”制度，举办甘肃省第十一届“挑战杯”大学生课外学术科技作品竞赛、第八届大学生创新创业大赛、“振兴杯”青年职业技能大赛，举办省级“创青春”系列赛事4场，市级“创青春”系列赛事27场。

【青少年思想政治教育】开展学习总书记重要讲话“四进四信”等活动1.5万场次。组织开展“不忘初心跟党走”“我向习爷爷说句心里话”主题团队日活动、“向上向善好青年”分享团走基层等活动4.8万场次。组建大中学生志愿者暑期“三下乡”社会实践活动团队1.2万余支，参与人数突破13万。在职业青年当中组织开展“青年建功‘十三五’·青春献礼十九大”系列主

2017年第二十一届甘肃青年五四奖章获奖者

题岗位实践活动1000余场次。组织开展"青春国学荟""优秀传统文化在我身边"等活动。实施全省青少年道德实践"微行动"，深化"青年马克思主义者"培养工程，举办培训500场，培训近6万人。举办"喜迎党的十九大——中国共产党光荣奋斗史"手绘作品大赛并将优秀作品结集出版，举办"我为核心价值观代言"微电影创拍大赛，编辑出版"相伴成长·甘肃省青少年思想意识教育"手绘本系列丛书，录制"国学微课堂"等网络文化产品21部。开展"共青团员先锋岗（队）"创建活动，申报创建县级"共青团员先锋岗（队）"95个、市级53个、省级20个、国家级4个。

【关爱帮助困难青少年】服务困难弱势青少年健康成长，做好共青团关爱留守儿童"童伴计划"，建立完善"一支队伍、一个阵地、六项服务"工作体系，累计建成"爱心驿站"关爱服务阵地516个。动员全省近9万个团组织固定结对9万名留守儿童。加大共青团对口援助藏族聚居区力度，开展"情暖藏乡·暖冬行动"等活动，协调落实帮扶资金504万元、爱心物资价值909万元。

【青年志愿服务活动】组织开展生态环保实践和微公益项目256个，建设青年林130片，组建"青年绿色志愿者"服务队150支，举办全省青少年生态文明建设知识竞赛。加强青少年民族团结进步教育，举办各民族大中专学生暑期同心营等活动1400余场，参与青少年12万人次。加强青少年禁毒、防艾、反邪教宣传教育，招募禁毒宣传志愿者2万余名，指导高校建立禁毒社团组织22个、组建主题社会实践团队110支。指导市州、高校团委申报团中央禁毒项目29个、防艾项目24个。依托"青年之声"建设"青少年维权在线"开放平台，对全省12355服务台运行情况进行全面调研评估。

【青年婚恋交友服务】开展"青春有约"系列婚恋交友服务，会同省文明办开展农村移风易俗倡导婚恋文明专题调研。举办青年婚恋交友省级示范活动，指导各行业团组织做好服务青年婚恋交友工作。全年开展婚恋交友活动160场次，参与人数达13316人。陇南市、陇西县两地青年联谊活动被团中央收录为婚恋交友典型案例。

【"网上共青团"建设】加强"青年之家"综合服务平台建设，新建"青年之家"247个，全部入驻云平台系统，实现活动参与网络化。提升"青年之声""智慧团建"运营服务能力，市州和高校平台建设实现全覆盖，60个县区完成建设任务；平台总浏览量达5200万次，问答互动超过5万次。加强专家队伍建设，引入婚恋交友、青创精英等类别服务专家入驻，入驻专家1035位。提升网络舆论引导和斗争能力，加强"网军"队伍建设，改进管理考核办法，组织网络宣传工作骨干参加共青团网络舆论引导培训57次，覆盖7995人。设计推出"一学一做""微课堂"，邀请专家学者录制"微课堂"作品10部。建立非公经济团组织387个、互联网行业团组织38个。推出"甘小青"系列新媒体微活动，开发制作"甘小青"土豆娃娃动漫系列产品。创新新媒体工作，策划生产网络文化产品48部，制作推出7期"青听FM"系列广播，在凤凰网开通"一点资讯"平台。针对重大舆情组织网络舆论引导行动32次，甘肃共青团"一网两微三平台"互为补充的新媒体格局初步形成。

（供稿：朱欢欢）

甘肃省妇女联合会

【妇联改革】省妇联配备挂职副主席1人，挂职干部6人，兼职干部6人，精简10个编制充实基层妇联，省妇联执委、常委中各族各界、各行各业优秀女性代表比例分别提高到57.5%和64.3%。全省14个市州妇联改革方案印发实施，1158个乡镇、15484个村和社区完成组织改革，分别占85.7%和89.2%，全省增配乡、村妇联执委22.01万名，妇联执委通过各种形式直接联系妇女群众133万人。

【巾帼家政】在天津建立陇原妹输出示范基地，25家省内外家政企业与甘肃陇原妹巾帼家政公司签署合作协议。成立甘肃省家庭服务行业协会。与北京清檬养老服务机构洽谈合作，创新发展养老服务。争取省扶贫办和省劳务办项目资金1700万元，培训贫困妇女近2万名，向省内外输转4559名，人均月收入达3500元以上。

【巾帼脱贫行动】落实项目资金545万元，创建申报全国妇联巾帼脱贫示范基地10个，扶持创建省级巾帼脱贫、双创示范基地89个。争取"贫困母亲两癌救助专项资金"救助全省建档立卡贫困患病妇女、国家定点扶贫县和深度贫困地区患病妇女1159人。全年发放妇女小额贷款6382万元，受益妇女923人。争取母亲邮包、母亲水窖、"春蕾计划"、"儿童快乐家园"等各类项目资金917.3万元。

【寻找"最美家庭"活动】举办"传播家风好故事·弘扬社会正能量"——省妇联家风家教"母亲讲堂"进行政学院活动。与甘肃影视文化频道联合推出100期"家风好故事"系列节目，引导广大妇女和家庭议良好家风，讲和谐故事，展文明新风。甘肃省25户家庭当选2017年全国"最美家庭"。

【妇女儿童权益维护】成立甘肃省妇女儿童心理咨询协会，建立省妇女儿童心理健康服务志愿者团、省妇联维权律师团和律师志愿者团、省妇联维权专家团3支专业队伍，引领、示范、带动各级妇联深入开展妇女心理健康和幸福婚姻家庭指导服务。2017年全省妇联系统共接待群众来信来访来电1807件次。争取中国妇女法律援助项目资金12.74万元，办理法律援助案件89件，为受援人挽回经济损失404万元。联合省高院等部门启动全省维护妇女儿童合法权益优秀案例评选活动，评选出十大优秀案例全省推广。

（供稿：崔　娟）

甘肃省残疾人联合会

【甘肃省"十三五"残疾人事业发展规划】2017年1月25日，甘肃省人民政府办公厅印发《甘肃省"十三五"残疾人事业发展规划》，规划明确"十三五"期间全省残疾人工作的主要目标、主要任务、保障条件等，全面安排部署未来五年全省残疾人事业，是甘肃省残疾人事业发展的纲领性文件。省残联商有关部门，出台13个配套实施方案，将市州规划出台情况纳入年度目标责任考核，实行"一票否决"。至年底，全部市州和85%以上的县市区政府制定出台"十三五"残疾人事业发展规划及相关方案，为各地残疾人事业发展提供政策和法制保障。

【专门服务机构建设】兰州新区省残疾人综合服务基地初具规模，省听力语言中心设施技术全国领先，建立全省首家助听器验配师国家职业技能鉴定所；省残疾人辅具资源中心被民政部等6部委纳入"国家康复辅助器具产业综合创新试点"；省康复中心成为国家级医疗盲人按摩继续教育基地，建成省中医按摩医院。全省累计建成残疾人综合服务设施91个、康复机构129个、托养机构110个，残疾人中等职业学校（班）10个，盲人保健按摩机构330个、医疗按摩机构24个。建成残疾人体育运动与康复研究中心、训练基地11个，创建自强健身示范点152个；市县公共图书馆新设盲文及盲人有声读物阅览室12个；市县全部建立残疾人法律救助工作站；近70%市县残疾人就业服务机构达到国家标准。

【残疾人就业创业】实施残疾人职业技能提升计划，全年新增残疾人按比例就业近千人、政府公益性岗位就业2400人、集中就业近900人；在农家店、农家书屋就业3600多人，个体就业达10万人；232人取得盲人医疗、保健按摩资格证书，盲人按摩就业达1283人。开展"残疾人就业援助月"活动和"助力非遗传承·打造残疾人工匠"行动，扶持发展残疾人文化创意产业基地和实体37个、残疾人电商1200多家，线上销售文化、农副等产品6亿多元，带动7300多名残疾人就业创业。

【特殊教育服务】全省基本建立从学前教育到大学本科阶段残疾学生和残疾人子女的助学制度，通过"一人一案"资助残疾儿童1.04万人次、帮助2000人接受不同形式教育。各类学前教育机构招收残疾儿童2700名。

【残疾人脱贫攻坚和兜底保障】全省符合条件的贫困残疾人全部纳入精准扶贫建档立卡范围，新增建档立卡贫困残疾人2.92万；举办各类实用技术培训班1200多期，在集中连片贫困县扶持残疾人种养殖项目49个；2.5万残疾人实现劳务输转。城乡居民养老保险和基本医疗保险残疾人参保率分别达91%和97%，重度残疾人政府代缴养老保险率达100%。全省"两项补贴"直接受益残疾人24.39万，9842名残疾人享有托养服务；完成1.16万残疾人家庭无障碍改造，9115户农村贫困残疾人D级危房改造，2.38万残疾人机动轮椅车燃油补贴发放；为近2.4万重度贫困残疾人试点购买意外伤害等综合保险。省残疾人福利基金会募集项目资金和物资3800多万元扶助贫困残疾人。

【残疾预防和精准康复工作】推动建立社会各界协调联动的残疾预防机制，开展残疾预防宣传筛查，减少残疾发生、及早介入康复；各类服务机构优先为残疾人提供基本医疗、健康管理等签约服务；省残疾人康复流动服务队深入基层开展精准康复服务和技术指导。为85万人次提供康复治疗，为近25万残疾人提供康复需求支持性服务，为11万残疾儿童及持证残疾人提供基本康复服务，对2036名残疾儿童免费开展康复训练；为5.5万听障人士精准开展听力障碍和服务需求筛查。在2家康复机构和2所职业院校开展康复人才培养改革试点，为全省康复领域三大国家区域中心引进各类急需专业技术人才135人，培训省内外专业人才7000余人次。

【贫困残疾人精准脱贫"百千万"行动】该行动是2017年省委省政府为民办实事项目，由省残联牵头实施，投入资金6316万元，其中：中央资金2600万元，省级财政资金3716万元，受益贫困残疾人超过2.4万人。项目扶持300个残疾人就业创业机构（基地），安置带动1万多名农村贫困残疾人就业增收；培训1000名残疾人服务机构专业人才，为1000名听障儿童提供人工耳蜗术后康复强化训练服务；开展万人精准助听康复扶贫，为1.3万名智力精神残疾人发放爱心定位卡。

【斯达克"世界从此欢声笑语"中国（甘肃）助听项目】由美国斯达克听

力基金会、中国市长协会、甘肃省残联主办，北京爱尔公益基金会、甘肃省残联、斯达克中国公司、兰州市残联、天水市残联共同承办，9月16日在兰州举行启动仪式，美国斯达克听力基金会创始人、首席执行官比尔·奥斯汀，中国市长协会顾问、北京爱尔公益基金会创会会长陶斯亮和中国开国元勋与老一辈革命家后代周秉德、陈小鲁、粟惠宁、胡德华等嘉宾及中美双方项目组专家、兄弟省区市观摩团等约120人莅临出席并参加相关活动。16日至27日，来自20多个国家的30多位世界顶级听力康复专家团队亲临一线，为符合条件的听障患者提供一对一专业助听器现场验配、咨询培训等服务，项目为兰州、天水两地2万多听障患者提供测听和康复咨询服务，为5717名贫困听障人士免费捐赠价值8166.60万元的可编程式数字助听器11700台。

【甘肃省残疾人政策进步指数西部第一】2017年12月《人民日报》发布第二届“中国残疾人政策进步指数”，显示甘肃省残疾人政策进步指数连续高于人均GDP 5个以上位次，位居全国第七、西部第一。

（供稿：胡拴锁）

甘肃省归国华侨联合会

【制定出台《甘肃省侨联改革方案》】省侨联成立改革领导小组，起草《甘肃省侨联改革方案》。8月28日，省委深改领导小组第23次会议审议通过《甘肃省侨联改革方案》，9月29日，方案正式印发。

【成功申报天水伏羲庙等三地为“中国华侨国际文化交流基地”】3月30日，中国侨联2017年度第一批“中国华侨国际文化交流基地”名单公布，甘肃省天水伏羲庙、敦煌莫高窟、陇西李氏龙宫是中国侨联在甘肃批准授予的第一批文化交流基地。6月22日，“中国华侨国际文化交流基地”揭牌仪式在天水伏羲庙举行，中国侨联副主席康晓萍及来自全球15个国家的华侨华人代表及港澳嘉宾参加揭牌仪式。

2017年6月22日，中国华侨国际文化交流基地揭牌仪式在天水伏羲庙举行

【赴外考察招商】4月19日至25日和5月9日至15日，省侨联分别组织由省侨联党组成员、副主席兼秘书长芦小燕和联络处处长李韦为组长的两批考察招商组，分赴广西、广东、福建和浙江、上海等省市开展工作交流、考察招商及邀请参会工作，诚挚邀请当地侨联及侨领、侨商代表来甘参加“兰洽会”和“侨领侨商凉州行暨项目推介”活动。

【举办第23届兰洽会“侨领侨商凉州行暨项目推介活动”】7月7日至9日，由省侨联主办、武威市侨联承办的第23届兰洽会“侨领侨商凉州行暨项目推介活动”在武威市举办，来自美国、加拿大、日本等7个国家以及上海、浙江、广西、福建和台湾的50名侨领侨商齐聚凉州，共谋发展。

【成功举办“2017海外侨胞故乡行——走进甘肃”活动】10月15日至19日，“2017海外侨胞故乡行——走进甘肃”活动落幕，来自美国、加拿大、日本、荷兰等11个国家和地区的25位海外侨胞、知名侨领齐聚敦煌、嘉峪关。活动期间，敦煌研究院研究员马竞驰应邀为与会侨胞作《丝绸之路与敦煌》的专题讲座，全面介绍丝绸之路的形成、演变历史，从专业层面对莫高窟的艺术、学术价值作深入阐释。

【公益活动】2017年，全省珍珠生本科上线率达100%，新增环线一中珍珠班一个，截至目前已有8711名贫困学生受益，捐资额达6500余万元。中国华侨公益基金会向甘肃省16家医院捐赠价值1536万元的等离子双极电切电凝微创手术系统。截至2017年底，香港惩教社为甘肃省教育资助资金达900余万元。其中，援建学校17所，资助电教室12个，教学电脑320台（套），课桌椅230套。资助陇南地震灾区学生（含已考入大学的贫困学生学费）近150万元，资助少数民族女童15万元，捐赠图书款5万元。

【交流合作】2017年，省侨联拓展与美国、加拿大、澳大利亚、日本、泰国、津巴布韦等国甘肃同乡会、商会联系往来。全年接待加拿大甘肃同乡会常务副会长陈赛、南部非洲中国企业家协会会长李国东、甘肃籍旅美侨领林旭、旅日艺术家常嘉煌等知名侨领、华人界骨干成员20余人次。与甘肃省农产品行业商会联合举办美国大西北总商会甘肃农产品采购洽谈会，达成意向出口产品20多种，促成甘肃省农产品行业商会与美国大西北总商会签订战略合作协议。

（供稿：周康宁）

甘肃省科学技术协会

【机构改革】落实《甘肃省科协系统深化改革实施方案》，调整机关部门以及直属事业单位机构和职能，编制上报省科协机关及所属事业单位“三定”方案。10个省级学会承接政府转移职能项目13项、政府购买服务项目28项；3个省级学会开展治理结构和治理方式改革综合试点，组建学会联合体3个，完成3个直属学会脱钩工作。基层科协改革联动推进。

【科普设施建设】12月28日，甘肃科技馆建设开馆试运行。该馆累计完成投资8.13亿元，建筑面积50075平方米，开放、展出400余件（套）展品及4个特效影院。2个市和2个县建成科技馆并免费开放，6个市州和5个县区启动建设科技馆。新增科普大篷车7辆、累计72辆，新增流动科技馆展教设备5套、累计21套，新建农村中学科技馆24个、累计达37个，新认定命名科普教育基地29个、累计69个，弥补基层科普资源严重不足短板。推进科普信息化建设，2个市和13个县区开展试点，已建成科普E站103个。

【全民科学素质提升行动】组织实施《甘肃省全民科学素质行动计划纲要实施方案（2016—2020年）》，甘肃科技馆每天近4000人参观体验；全面完成流动科技馆首轮巡展任务，参观人数累计达600多万人次，启动第二轮巡展活动。组织青少年科技创新大赛、机器人大赛等活动，参与人数40多万人次，10余件作品在全国比赛中获奖。组织开展全国科普日、科技“三下乡”等科普宣传活动2800余场次，受众420万人次。深入社区、企业等开展科普宣传培训活动1.2万余场次，受众400万人次；成立甘肃省反邪教理论研究基地，开展警示宣传教育活动60多场。

【创新驱动助力工程】新建院士专家工作站11个，柔性引进12名院士专家及其团队进站工作；建立海智计划工作站8个，资助每个站8万元开展引才引智活动；庆阳试点与12个全国学会建立长期合作关系，建成学会专家工作站8个、柔性引进专家21名，帮助解决技术问题20项，达成合作项目50多项；省级“面”状试点组织相关专家帮助企业解决技术难题36项，确定2个市开展试点工作。举办2017年甘肃省学术年会、第三届环境与发展智库论坛、现代农业创新发展高峰论坛，形成《祁连山国家公园科技支撑方案》《科技助力农业现代化经营体系建设报告》及专家建议书，为党委政府科学决策提供科技支撑。

【组织开展首届“全国科技工作者日”系列活动】5月18日，甘肃省庆祝首个“全国科技工作者日”座谈会在兰州召开，时任省政府副省长、政协副主席郝远出席会议并讲话。中国工程院院士南志标，中国科学院院士刘维民、陈发虎参加座谈会。经国务院批复，2017年起，每年5月30日设立为“全国科技工作者日”。“科技工作者日”当天，省委书记、省人大常委会主任林铎向全省科技工作者致信慰问。

【2017年甘肃省学术年会】9月5日，2017年甘肃省学术年会在张掖市举办。年会主题是“创新引领 绿色发展——祁连山生态文明建设实践与探索”。中国工程院院士丁一汇、中国科学院院士唐守正、中国科学院院士傅伯杰分别围绕全国西部地区气候变化与一带一路行动、人工促进生态系统修复和现代森林经营、生态文明建设的任务与举措等内容，向大会作主题报告。省市相关部门、有关高校、科研院所及省科协所属协会专家共300余人参加会议。

【中国科技论坛——现代农业创新发展高峰论坛】10月17日，第六十二期中国科技论坛——现代农业创新发展高峰论坛在临洮县举行。中国工程院院士南志标，国务院发展研究中心宏观经济部原副部长孟春，甘肃省科协党组书记、第一副主席、博士、研究员陈炳东等特邀专家；甘肃省农牧厅、甘肃省农业科学院、兰州大学、甘肃农业大学、临洮县四大班子领导及涉农部门等产学研政、专家学者、省科协所属学会、企业代表等300余人参加论坛。

（供稿：李晓伟）

甘肃省社会科学界联合会

【研究课题立项及鉴定】规划十九大精神宣讲和研究规划项目立项参考课题31个，申报立项宣讲项目56个，研究项目36个，全省开展十九大精神宣讲300场次，受众达20000人次。省社科联与中国高等教育出版社合作，开展“2017—2018年甘肃省高等院校外语教学研究专项课题”资助立项工作，与上海外语教育出版社开展“2017—2018年甘肃省高等院校外语教师发展研究项目”资助立项工作，立项60项（其中，“2017—2018年甘肃省高等院校外语教学研究专项课题”34项，“2017—2018年甘肃省高等院校外语教师发展研究项目”26项）。组织开展社科研究项目鉴定，聘请专家对17项应用型社科研究成果进行鉴定。

【社团管理】指导10个社会组织完成换届，取消1个社会组织团体会员资格;组织对40个主管的社会组织开展3轮社会组织党建、意识形态和重点工作督查，检查会长（理事长）会议制度、党建工作制度、网站（微博、微信）管理制度、会刊管理制度、财务管理制度、档案管理制度、印章管理制度、重大事项报告制度等，督促指导社会组织查漏补缺、建章立制，促进社会组织管理工作规范化、制度化。9月中旬，组成四个督查组对主管的40个社会组织逐一走访，了解十九大精神学习宣传活动准备情况和意识形态工作情况，督查安保工作，并签订工作责任书。

【学术交流】建成“理论陇军在线”网站，宣传展示全省社科工作动态、关注学术前沿，开设核心要言、中央精神、省内要闻、举旗亮剑、热点关注等栏目，2017年发布宣传解读中央和省委重大决策部署、重点理论文章以及工作动态等各类文章600多篇。开设甘肃省社科联微信公众号，累计发布宣传理论文章、新闻报道250多篇。在《甘肃日报》和每日甘肃网创办“理论陇军之声”专版，刊发5期，发表文章30多篇。《社科纵横》开辟学习贯彻十八届六中全会精神、学习贯彻省第十三次党代会精神、学习贯彻党的十九大精神以及甘肃发展论坛等专题栏目。全年出版12期，刊发文章400多篇近300万字，其中副高职称及博士以上作者文章占比83.5%，基金项目课题占比50%，国家级课题占比15.6%。省社科联与省图书馆联合举办“周末名家讲坛”，围绕党的十八届六中全会、党的十九大精神、传统文化、经济社会、生态保护与人类社会、文学艺术、养生保健、国际形势、社会保障、子女教育、心理健康等市民群众生活话题，邀请省内外专家采取现场讲座与视频讲座相结合的方式，举办50场次讲座，听众近万人。整理编印6期以“‘一带一路’国际合作高峰论坛”“习近平人才战略思想”“中国特色社会主义的崭新篇章”等为主题的6个专题约15万字《社会科学参阅》内部刊物。

（供稿：省社会科学界联合会）

甘肃省军区

【民兵遂行抢险救灾任务】8月，受短时性强降雨影响，甘肃多地发生暴洪泥石流灾害，造成文县天池镇、梨坪镇等乡镇人员伤亡、财产损失；景泰县黄河石林景区大量游客被困，生命财产受到严重威胁；受四川九寨沟7.0级地震波及，甘南迭部、舟曲部分乡镇房屋倒塌，人员受伤。灾情发生后，省军区立即启动应急响应机制，指派陇南、甘南、白银军分区应急指挥组前出灾区一线，实施现地指挥，迅速动员集结民兵应急分队赶赴灾区展开救援。通过遂行应急救援任务，展现省军区部队顽强的战斗作风，在确保一方平安中发挥重要作用，赢得当地政府和人民群众赞誉。

【士兵退役安置】9月10日—13日，军委国防动员部副部长牟明滨带军地工作组，对甘肃省士兵退役安置和权益保障情况进行了督导检查。期间，工作组先后到白银、兰州市现地检查调研。省退役士兵安置和权益保障工作领导小组组长、省委常委、省政法委书记、省公安厅厅长马世忠和副组长、副省长杨子兴，甘肃省军区副司令员王琦陪同检查工作。

【国防教育工作】11月27日—12月1日，国务委员兼国防部长常万全、军委办公厅副主任王安龙、军委国防动员部政治工作局主任晏军、西部战区副参谋长赵金松一行，先后到酒泉、武威、张掖、天水和兰州市调研国防教育和军营开放工作，省委宣传部部长陈青、省军区政委蒲永能全程陪同。12月1日下午在兰州市西北宾馆召开座谈会，会议由省委副书记孙伟主持，驻兰军以上部队领导、省国防教育委员会成员单位负责人等共100余人参加。座谈会上，省军区、省编办、省教育厅、省财政厅、空军兰州基地等单位负责人作了发言，常部长围绕全民国防教育工作讲话。

【制定突发事件指挥规范】5月，为提高处置突发事件的快速反应和高效应对能力，最大限度地减少突发事件造成的损害及影响，确保有效履行使命任务和辖区社会稳定，省军区依据条令条例和有关规定，结合辖区民社情实际，研究制定《省军区处置突发事件指挥规范》。该规范从处置突发事件的工作原则、分级分类、处置程序、工作制度、应急保障五个方面入手，着重对突发事件的预测预警、信息处理、应急响应、指挥协调、总结善后等具体工作进行细化、明确，为科学有效处置突发事件打下了坚实基础。

【第四届全国学生军事训练营】7月29日—8月12日，省军区会同省教育厅组织省内2所大学2所高中共8名学生，参加第四届全国学生军事训练营活动。甘肃省代表队获团体总分二等奖，军事理论、识图用图、捕俘拳3个二等奖，电磁频谱管控、军歌展示2个三等奖，3名学生分别被评为训练先进个人、遵章守纪先进个人和训练标兵。

【“四个监管系统”投入使用】4月10日，省军区“四个监管系统”工程建设项目招投标交易平台正式投入使用。当天甘南军分区军史馆建设项目便使用此平台完成首次招标。根据军委国防动员部“四个监管系统”建设要求，省军区采取军民融合的办法，依托省政府投资项目招投标交易平台，通过近一年时间建成省军区工程建设项目招投标交易平台，并制定出台《工程建设招标工作操作流程》。此平台投入使用后，省军区部队20万元以上工程建设项目均在平台下“阳光招标”，招标工作通过远程终端全程接受省军区“四个监管”中心监督管理。

【征兵工作电视电话会议】7月21

日，省政府、省军区召开全省征兵工作电视电话会议，总结2016年征兵工作，部署2017年征兵任务。会议强调，要坚决贯彻执行国务院、中央军委征兵命令，充分挖掘征集潜力，持续深入宣传发动，严把兵员质量关口，全面兑现政策措施，全程开展征兵"五率"量化考评，多措并举提升大学生征集质量，努力形成廉洁征兵强劲态势，确保实现"一个杜绝（杜绝政治退兵）、一个提升（提升大学生征集比例）、两个减少（减少思想退兵、减少身体退兵）、三个确保（确保完成任务、确保兵员质量、确保廉洁征兵）"的总体目标。

【试训工作推进会】7月27日，省军区组织召开新大纲试训工作推进会。会议传达了军委国防动员部"天津会议"精神，着重针对工训矛盾突出时间保证难、课目训全难，教器材缺、教练员缺的"两难两缺"问题，研究制定了邀请专家教授统一辅导"上大课"、调配教练员全区巡回教学、重难点课目集中攻关、业务工作试训平行展开、建立共享资源网络平台、组织交叉互检交流互学等16条具体措施，要求与进入汛期随时应急抢险、新职能新定位学习讨论、参加"西部—2017"战役演习和组织"金城—2017"演练，同步搞好结合，一动多效。

【停止有偿服务】6月9日，为贯彻落实国务院、中央军委深入推进军队和武警部队全面停止有偿服务会议精神，省委召开常委会专题研究驻甘部队全面停止有偿服务工作。会议传达学习党中央、国务院、中央军委和习主席关于全面停止有偿服务工作的一系列重要指示，听取驻甘部队全面停止有偿服务工作情况汇报，分析当前的矛盾困难，研究共商需要军地协力解决的事宜，安排部署下步工作。省委书记林铎主持会议，省委常委、常务副省长、驻甘部队军地协调领导小组副组长黄强，省军区副司令员魏泽刚分别汇报工作，驻甘部队军地协调领导小组部分成员列席会议。会议指出，甘肃省委、省政府对全面停止有偿服务工作坚决拥护、全力支持、无私配合。会议强调，将建立"驻甘部队提需求、省军区搞协调、领导小组作决策、地方部门抓支持"的协作机制，区分4个阶段4个目标统筹推进，分解细化目标任务，拿出路线图时间表，倒排工期，倒逼任务完成。会议要求，省委省政府相关部门、驻甘部队要加强协调，合力攻坚克难，做到态度坚决、措施稳妥、先易后难、分步实施、整体推进，确保驻甘部队全面停止有偿服务工作圆满完成。

【大学生"边防行"军事夏令营】7月16日—21日，省军区会同省教育厅组织西北师范大学、兰州理工大学等10所高校共80名大学生，赴中蒙边境的酒泉马鬃山边防营开展"边防行"军事夏令营活动。活动以"传承红色基因，共建巩固国防"为主题，通过参观边防营荣誉室、界碑、国门、哨所，组织野营拉练和防护、战术基础动作、战伤救护等军事技能训练，全副武装沿线巡逻，和边防官兵座谈交流、慰问演出等系列活动，进一步创新和丰富学生军训工作内容和方法，增强大学生的国防意识，使他们形成关心国防、热爱国防、建设国防、保卫国防的思想共识和自觉行动。

（供稿：常福元　赵兴武）

人民防空

【组织指挥】建成1个机动指挥所、3个地面应急指挥中心、12个信息系统。批复11个机动指挥平台、9个信息系统项目建设。天水、张掖等10个重点城市开展市带县的人防机关室内防空袭演练，定西、庆阳等9个重点城市组织在校学生、社区群众开展疏散演练。组织全省机动指挥所开展2次跨区域综合训练，20个重点城市完成人防专业队伍整组和在岗训练。

【信息化建设】举办全省人防信息化综合培训班，省人防办和陇南等11个重点城市建成多媒体新型预警报知系统，永昌等8个县区实现警报统控。省本级和嘉峪关等4个国家重点城市开展人防战备数据工程项目建设，省人防办开通36个县市区的信息传输网络。新增各类防空防灾警报器507台，警报器总数达到2600多台，覆盖率达到95%以上，统控率达到90%以上。

【防护体系】全省审批结建工程212个130多万平方米、自建工程18个7万多平方米、引建工程2个3万多平方米。根据《甘肃省省域人防体系规划（2016—2030）》，56个县市区编制完成人防专项规划。举办全省人防工程质量监督管理培训班。落实省政府工作报告要求，加强地下空间开发利用兼顾人民防空需求，推进重点城市地下综合管廊建设。

【融合发展】举办全省人防融合发展专题培训班，邀请国防大学8名教授授课，探索融合路径、深挖融合潜力，形成10余万字的研讨材料，印发全省各地党委政府学习借鉴。出台《甘肃省人民防空融合发展实施意见》，全省新增平战结合工程面积52.2万平方米。建立、完善防护（化）设备质量监管和诚信保障体系，开展全省人防防护（化）设备生产安装质量大检查。张掖、定西开展智慧人防平战结合管理试点。

【便民改革】省人防办协调省委、省政府、省军区出台推进人防改革、加快融合发展、人防体系规划等一系列法规政策，实施"放管服"改革，推行"一窗办、一网办、简化办、马上办"改革，推进"最多跑一次"事项办理标准化，全面梳理权力清单和责任清单，推进事中事后监管，完善"双随机、一公开"监管措施，推进政务信息系统整合共享和执法制度改革。

【人防宣传】推进人防宣传教育"五进"活动，利用"5·12""9·18"等时间节点，在公共教育场所、宣教体验场馆、社区人防工作站等宣传阵地，利用甘肃人防网、甘肃人防杂志、两微一端等"互联网+"平台，创新开展多种形式的人防法律法规和防灾救灾知识宣传活动。出台《关于深入推进人民防空宣传教育进社区的指导意见》，推进人防工作向街道、社区延伸拓展。全省建成576个社区人防工作站，组建136支志愿者队伍。

（供稿：刘志远）

公 安

【维护社会稳定】开展藏族聚居区"六大专项行动"，围绕藏历新年、正月法会等重大节点，完善安保预案，强化指挥调度，确保甘南500余场、近百万人次参加的佛事活动安全顺利。制定出台《关于进一步加强全省公安机关意识形态工作的实施意见》，健全完善意识形态领域安全管理的制度体系。严厉打击暴力恐怖活动，侦破一批涉恐专案，摸排管控一批涉恐重点人员，全省未发生暴恐案事件。依法打击散布传播网络政治谣言及有害信息违法犯罪活动，加强对重点网站、博客论坛特别是微信等互联网信息传播渠道的监控、过滤和封堵，及时删除各类有害信息，有效巩固主流意识形态网上主导地位。持续深化反邪教斗争，破获一批邪教类案件，依法打击处理一批邪教人员。强化矛盾纠纷排查化解，发展专兼职调解力量11837人，排查化解各类矛盾纠纷14385起，群体性事件同比减少71起、下降10.2%。

【打击违法犯罪】开展命案攻坚、破案会战、"三打击一整治"、依法惩治"村霸"和宗族恶势力等专项行动，2017年共侦破刑事案件34699起，抓获犯罪嫌疑人29270人，公诉27896人。狠抓大要案件侦办，破获八类严重暴力案件3040起、破案率达85.8%，破获现行命案235起、破案率达97.9%；打掉黑社会性质组织3个、恶势力犯罪团伙290个，抓获团伙成员2183人，有效维护农村治安秩序，巩固基层政权。破获各类经济犯罪案件2165起，抓获犯罪嫌疑人1804名，挽回经济损失33.7亿元。坚决打压毒品犯罪高发态势，破获毒品案件2849起，抓获犯罪嫌疑人3263名，缴获毒品海洛因575.9公斤。对群众反映强烈的社会治安问题，持续开展打击涉黄涉赌违法犯罪"无声"行动、缉枪治爆等专项整治行动，查处各类治安案件16.1万起，治安处罚9.2万人次，查处涉黄涉赌案件8405起，查处吸毒人员15188人次。

【公共安全管理】树立以人民为中心的发展思想，持续强化道路交通安全管理，分类别、有侧重、不间断地开展严查严惩严重交通违法行为专项工作，查处各类交通违法行为1451.9万起，刑事、行政拘留酒驾、醉驾等严重道路交通违法人员1.8万人次，全省道路交通事故起数、死亡人数、受伤人数和财产损失全面下降，没有发生重特大道路交通事故；推进"网格化""户籍化""标准化"消防安全管理，最大限度消除火灾隐患，全年共扑救火灾7314起，抢救疏散被困人员10789名，挽损13884.2万元，火灾事故起数、死亡人数、受伤人数同比分别下降3.8%、77.8%、72%，连续3年未发生较大以上火灾事故，连续11年未发生重特大火灾事故。围绕为党的十九大胜利召开创造安全稳定的社会环境这条主线，实施"1+10+1"行动，实现公安部提出的"三个不发生"目标。同时，围绕第二届敦煌文博会、"两节两会"、"一带一路"高峰论坛、省十三次党代会、兰马赛、兰洽会等重大节会活动，全面落实各项安保措施，改进安保方式，确保全省560余场次大型活动安全顺利举办，展现甘肃公安文明执法热情服务形象。

【公安改革】推动省委、省政府《关于全面深化全省公安改革的意见》落实，完成公安改革任务157项，完成率92.4%。推进户籍制度改革，推动有能力在城镇稳定就业和生活的常住人口有序实现市民化，全省新增城镇人口38.95万人，户籍人口城镇化率达到35.62%。创新行政管理服务，完善公共服务平台，甘肃公安便民服务平台共受理身份证查询15万人次、案件查询4476人次、新生儿重名查询2.2万人次，发送通知类、提醒类短信近200万条。针对打通服务群众的"最后一公里"问题，推出交通事故在线理赔、互联网驾考自主缴费服务、证件办理和交通违法罚款缴纳微信支付、身份证和居住证业务办理网上申请等10项便民利民新举措。开展以审判为中心的刑事诉讼制度改革，健全完善执法培训、执法办案、执法监督、执法保障制度体系，建成办案中心120个，在派出所、看守所、交警队设置办案区1311个，公安机关执法规范化水平有了新提升。

（供稿：陈　晖）

检 察

【法律监督】以人民群众平安需求为导向，参与严打暴恐、打黑除恶等专项斗争，严厉打击破坏经济发展、危害社会稳定、侵害群众切身利益犯罪，批捕12268人、起诉29324人；着眼宽严相济、促进和谐，积极践行"少捕慎诉少监禁"理念，依法不批捕4928人、不起诉2453人，同比分别上升21%和14.1%。按照中央、省委部署要求，节奏不变、力度不减，立案侦查各类职务犯罪650件994人，同比分别上升39.8%和27.8%；查办大案145件、要案63人。落实"让人民群众在每一个司法案件中感受到公平正义"的要求，突出人权司法保障，全面加强刑事立案、侦查活动、审判活动、刑事执行活动监督，依法监督公安机关立案208件、撤案386件，纠正漏捕305人、纠正漏诉434人；向法院提出刑事抗诉131件，提出民行抗诉和再审检察建议91件；监督纠正"减假暂"不当441人、脱管漏管265人。

【专项行动】深化"保民生、促三农"专项行动，深化"两联系、两促进"专项工作，深化脱贫攻坚帮扶工作。重点围绕保障绿色发展、建设生态文明，出台服务祁连山生态环保工作意见，部署开展破坏环境资源犯罪立案监督、土壤污染防治专项监督、祁连山生态环保检察监督等专项工作，与公安、环保、国土、林业等部门联合开展专项打击活动。

【检察改革】完成司法责任制改革任务，分两批遴选员额检察官2014人；推进内设机构改革，市县两级院内设机构数量精减46.1%；推进检察人员职业保障和省以下地方检察院人财物统一管理。推进检察机关提起公益诉讼改革试点，为公益诉讼制度入法提供实践基础。以审判为中心的刑事诉讼制度改革、轻微刑事案件快速办理试点及林区、矿区检察院改革进一步推进，取得成效。

【基层指导】落实领导干部联系基层、业务部门对口指导、定期督导调研等制度，开展基层院"十化"建设抽样评估，实施科技强检战略。落实林铎书记、唐仁健省长批示要求，采取"动员部署、督导调研、现场办公、考核奖惩、总结提升"五步推进法，利用半年时间完成515个乡镇检察室组建，有效发挥职能作用，进一步夯实全省检察工作发展基础。法律政策研究、检察文化、检察技术、检察政务、检务保障等工作进一步加强。

（供稿：金　石　陶　星）

法　院

【审判工作】2017年，全省法院受理案件428260件，审（执）结386264件，审判执行主要指标总体呈现"四升一降一保持"的态势。其中新收案件增加71599件，同比上升22.89%；结案增加83355件，同比上升27.52%；结案率为90.19%，同比上升3个百分点；案件结收比首次突破100%，达到100.5%，同比上升3.64个百分点；未结案件数量同比下升5.66%，死刑案件核准率继续保持100%。

【执行工作】兑现承诺，部署开展"亮剑""飓风""冬日暖心"等行动，搭建"鼎立信"失信被执行人曝光平台，加大积案清理、执行威慑、失信惩戒，共执结案件112480件，涉党政机关积案清理连续5年提前完成任务；连续6年100 %化解最高人民法院挂网督办的涉执行信访案件。省委政法委主持召开第8次执行工作联席会议，组织52个成员单位共同签署《支持人民法院解决执行难工作承诺书》。

【司法改革】择优遴选员额法官2923名，招聘聘用制书记员3312人，制定司法人员审判职责和权限清单，建立法官单独职务序列、专业法官会议制度，组建新型审判团队，法官自行签发裁判文书达98%以上，员额法官人均结案数量较上年同期提升115.7%，院庭长办案13.77万件，占35.64%。指定5个中、基层法院开展以审判为中心的刑事诉讼制度改革试点，出台轻微刑事案件快速办理、法律援助值班律师工作实施意见等指导性文件，从源头上预防冤假错案。深化行政案件相对集中管辖、提级循环交叉管辖、跨行政区划集中管辖试点改革，行政案件受理数量增至6297件，同比增长49.22%，一审案件服判息诉率达54.86%，行政机关负责人出庭应诉率达54.84%。

【保障绿色发展】参与祁连山生态环境保护整治工作，出台加强甘肃祁连山保护区生态环境审判工作等意见，审结环境公益诉讼案件79件。健全司法保护机制，调整林区法院布局，实现司法审判机构对全省重点林区和自然保护区的全覆盖；调整矿区法院案件管辖范围，实现全省涉环境资源案件集中管辖。

【司法合作交流】承办"丝绸之路"（敦煌）司法合作国际论坛，16个国家和地区的300余位高级法官代表，6个国家的最高法院院长、首席大法官，7个国家的最高法院第一副院长或副院长出席论坛，推进"丝绸之路"沿线国家法院合作交流。最高人民法院在甘肃省法官学院设立中国—中亚西亚国家法官交流培训基地，对中亚、西亚25个国家的人员培训交流。

【智慧法院建设】新建高清数字法庭185个，建成和应用庭审智能语音识别、庭审自动巡查和"法信"平台等智能化辅助办案系统。依托信息化建设深化司法公开，推送审判流程信息、执行信息1084.72万条，上网公开裁判文书54.85万份，互联网直播案件庭审1.8万场次，庭审直播点击收视达3366万人次。

（供稿：刘吉旭）

司法行政

【司法行政改革】按照司法部部署，完成行政体制公证机构改革，推进司法行政（法律服务）案例库建设，建成开通12348甘肃法网。开展监狱管理精细化、执法规范化、建设标准化"三化"工作。在嘉峪关召开全国监狱与社区矫正机构刑罚执行一体化建设工作座谈会。建成运行远程视频会见帮教系统和应急指挥中心。利用中医按摩戒毒开展常态化医疗戒治和康复训练。完善律师执业权利保障、律师参与刑事辩护制度。推行以案释法制度，发布全省律师以案释法典型案例和全省公证"十大优秀案例"。推进律师刑事辩护全覆盖试点、律师参与信访，实现看守所、法院值班律师全覆盖。强化司法鉴定机构严格准入、严格监管，注销一批鉴定机构和鉴定人。出台全省国家机关"谁执法谁普法"的普法责任制实施意见，完善"法律八进"指导标准和"七五"普法考评办法。联合省直有关部门建立人民调解参与医患矛盾、劳动人事争议的多元纠纷化解机制。

【安全稳定】连续开展安全稳定、安全生产大督查大检查，落实安全隐患排查整改措施，实现重大安全事故"零发生"目标。酒泉、甘谷、白银三个监狱完成搬迁，兰州、女子、新桥三个监狱开展教育改造外籍犯工作。完成病残吸毒人员收治任务，戒毒场所连续9年实现"六无"目标。开展社区矫正执法规范化督查年活动，监管社区服刑人员1.65万人，再犯罪率降至0.06%。开展矛盾纠纷排查调处，人民调解组织调处纠纷23.79万件，成功率为98.7%。

【公共法律服务】开展公共法律服务实体、网络、热线三大平台共同建设，拓展法律服务领域，规范服务行为。2017年全省律师、司法鉴定累计办案69085件、21513件，同比增长9.86%和15.51%，公证、法律援助累计办案114559件、30415件。9692人参加国家司法考试，合格率244%，同比上升2%。推进放管服改革，清理规范行政许可，按期办理行政许可事项450件。

（供稿：孙　波）

农 业

农业经济综述

【种植业】2017年，全省粮食播种面积达到4173.75万亩，较上年减少1.1%。全省蔬菜面积达到854.71万亩，水果面积达到740万亩，马铃薯面积达到1031.57万亩，中药材面积达到451.57万亩，玉米制种面积达到122万亩。全省小麦等主要农作物病虫害防治1427.5万亩次，马铃薯晚疫病防治588.7万亩次，病虫绿色防控932.3万亩次，病虫专业化统防统治1620万亩次。

2017年，夏粮产量304.92万吨，秋粮产量823.39万吨，全省粮食总产达到1128.31万吨，连续6年保持在1100万吨以上。

【畜牧业】新（改、扩建）标准化养殖场600个，创建部省级标准化示范场94个，创建畜牧业品牌4个，建设畜产品电子商务平台2个，扶持畜产品屠宰加工企业25个，建设有机肥生产线4条。组织22个县开展粮改饲试点工作，401个项目实施主体种植或收贮优质饲草面积61.3万亩，建成种畜禽场208个。

2017年，全省牛、羊、猪、禽饲养量分别达到700.3万头、3540.4万头、1345.2万头、7826.69万只，分别减少2.2%、增长2.1%、减少1.3%、0.6%，畜牧业增加值达到213.6亿元，增长6.0%。

【强农惠农项目补贴】落实各类强农惠农项目和补贴资金71亿元，向全省58个贫困县和17个插花县安排落实项目资金64亿元，占资金总量的90%。第一产业增加值增长5%左右；农村居民可支配收入达到8053元，增长8%以上。

【农产品质量认证】完成审核推荐农业地方标准制修订项目120多个，新建省级农业标准化示范基地建设项目7个，新创建国家级和省级绿色食品原料标准化生产基地5个，新认证无公害农产品141个、绿色食品105个，有机食品22个，地理标志农产品4个。永昌县和靖远县被农业部评为国家农产品质量安全县，凉州区等4个县区被纳入第二批国家农产品质量安全县创建范围，9个村（镇）被农业部认定为全国第7批示范村（镇），省内有全国一村一品示范村镇59家。建有专门质检机构的龙头企业240家，通过质量体系认证的企业260家，获得省以上名牌产品或著名（驰名）商标的企业179家，获得“三品一标”认证的企业133家。推进农产品质量安全追溯体系建设，1.27万家监管机构、生产经营主体、农资经营门店纳入管理平台；加强畜禽检疫及调运监管，全省产地检疫各类动物3763万头（只），屠宰检疫各类动物1847万头（只）。开展农资打假等专项整治活动和开展动物卫生监督执法活动，农牧部门累计出动执法人员1.5万人次，检查生产经营企业和农资门店8200多家次，查处问题270多起，责令整改220多起。完成对14个市州蔬菜、食用菌、水果以及畜禽产品和水产品两次例行监测，抽检平均合格率在98%以上。

【发展新型农业】截至9月底，全省农村土地流转面积1299.6万亩，流转率26.6%，较上年提升2个百分点。推进主要农作物全程机械化，完成机械镇压797.2万亩、机械深施化肥728.4万亩，农作物机耕、机播、机收面积预计分别达到5084.8万亩、2622.4万亩、1918.8万亩，比上年分别增长22.7%、3.1%、3.7%。发展戈壁农业，出台《河西戈壁农业发展意见》，安排扶持发展资金1.2亿元，统筹推进河西戈壁农业开发，建成戈壁农业6.1万亩。开展绿色高产高效创建，推广全膜双垄沟播面积1614.7万亩，完成机械覆膜1008.9万亩，推广实施高效农田节水技术面积1010万亩，完成测土配方施肥面积5208万亩。开展现代种业基地建设，安排项目资金1.24亿元，加快完善肃州区、甘州区等6个县区制种基地基础设施建设；建成中药材原种繁育基地800亩，中药材良种繁育基地5200亩，中药材优质种苗繁育基地1.5万亩。

截至2017年底，全省家庭农场达到8230家，农民合作社达到81912个，农民合作社入社成员170万多人，带动社员268万多户，占总农户数的一半以上。全省各类休闲农业经营主体达到10468家，总资产563.1亿元，营业收入30.3亿元，接待人数3493.9万人次。实施新型职业农民培育工程，培训农民117万人次，培育新型职业农民2.4万人。临洮县国家现代农业产业园获准创建。

【绿色农业建设】2017年,开展农业面源污染治理工作，实施农药化肥零增长行动，化肥利用率达到37.8%，废旧农膜回收利用率达到79%，尾菜处理利用率达到38%。建设规模化大型沼气工程项目14个、规模化生物天然气工程项目1个，打造“三沼”综合利用示范推广项目21个、农村清洁能源综合建设示范村项目15个。开展休耕轮作试点，安排在9个县区36个乡镇开展20万亩休耕轮作试点任务。落实新一轮草原生态保护补助奖励政策，落实草原禁牧1亿亩、草畜平衡1.41亿亩，落实资金11亿元；实施草原生态保护建设工程，退牧还草工程草原围栏380万亩，退化草原改良20万亩，人工饲草地25万亩，退耕还草工程15万亩，已垦草原治理73.5万亩；开展草原灾害防控，完成草原鼠虫害防控1227万亩。落实高产优质苜蓿示范基地建设项目14万亩，完成人工种草732万亩；全省秸秆饲料化利用达到1400万吨左右，利用率达到62%。开展祁连山自然保护区草原生态问题整治和水生生物自然保护区环境问题整改工作，完成减畜9.69万羊单位，占年度计划的129%；推进祁连山自然保护区林草“一地两证”整改工作。

【农业农村改革】出台《中共甘肃省委办公厅甘肃省人民政府办公厅关于完善农村土地所有权承包权经营权分置办法的实施意见》，推进农村土地确权登记颁证工作，55个县（市、区）通过省级验收，推进其余县区验收工作。完成陇西农村集体产权股份权能改革试点任务，出台《中共甘肃省委甘肃省人民政府关于推进农村集体产权制度改革的实施意见》，制定下发《甘肃省农村土地承包经营纠纷调解仲裁工作办法》，全省86个县（市、区）组建土地承包纠纷仲裁委员会，1045个乡镇成立调解委员会、14641个村组建调解小组，聘请仲裁员1868名。截至9月底，全省建成交易市场（中心）31个，累计完成交易11763件12.2亿元。推进“放管服”改革、“多证合一”改革、“一站式”服务，开展“减证便民”专项行动。

【精准扶贫】落实国家强农惠农富农政策，争取落实中央和省级强农惠农政策项目资金71.73亿元，全部分配下达，并将资金总量的90%投向贫困地区。开展贫困户技能精准培训，联合四部门印发《甘肃省建档立卡贫困户产业脱贫培训示范工程实施方案》，安排培训经费5872万元，组织对1.6万贫困人口进行精准培训。提高贫困户组织化程度，在6201个贫困村扶持建立合作社，基本实现建档立卡贫困村农民合作社全覆盖。组织开展农村“三变”改革专题调研，印发推进村级集体经济发展政策文件，统筹推进农村“三变”改革工作。盘活贫困地区沉睡集体资产，联合省扶贫办印发《甘肃省发展壮大贫困村村级集体经济示范工程实施方案》，统筹安排财政扶贫资金5000万元，在100个建档立卡贫困村实施村级集体经济示范工程。基本建成“三资”网络监管平台，覆盖全省14个市州86个县市区的1236个乡镇。

（供稿：王　勤）

农业机械推广管理

【概况】2017年，全省农机总动力达到2018.59万千瓦，比上年增长6.02%。拖拉机达到81.9万台，增长1.8%。主要农作物耕种收综合机械化率达到53.89%，增长2.71个百分点。农机经营总收入、纯收入分别达到89.86亿元、29.96亿元，分别增长8.98%、10.38%。全省农机化服务组织达到4112个，增长42.48%；农机合作社达到1843个，增长22.9%；农机经营服务总收入达到89.86亿元，增长8.98%；纯收入达到29.96亿元，增长10.38%。

【农机购置补贴】2017年，落实中央资金5.721亿元、省级资金4500万元，补贴购置农机4.7万台，受益农户3.27万户。

【主要农作物生产机械化】2017年，举办各类机具演示会655次，培训农机实用技术人员22.12万人次，建立玉米、马铃薯、中药材、林果、蔬菜、牧草生产机械化示范点203个，示范面积达到10.5万亩，辐射带动面积70多万亩，形成分作物、分区域全程机械化模式54个。民勤县、肃州区被农业部评为全国基本实现主要农作物生产全程机械化示范县。

【农机深松整地和农机报废更新试点】2017年，下达农机深松整地任务450万亩，安排中央农业生产发展资金9000万元，在58个县市区和8个农垦农场、山丹军马场开展农机深松作业补贴试点，完成深松整地作业面积528万亩，其中信息化监测面积208.55万亩。农机报废更新试点在37个县市区开展，使用农机购置补贴资金1557.2万元，实施报废更新农业机械409台。

【农机推广和农田机械化作业】2017年，农机化技术推广面积达到

3864.06万亩，增长4.5%；机耕、机播、机收面积分别达到4991.38万亩、2737.1万亩、2047.41万亩，分别增长20.44%、7.66%、10.7%。

【农机鉴定和质量监管】2017年，核发农业机械推广鉴定证书115个，开展深松机质量调查，受理农机投诉案件9起，挽回农民经济损失24.5万元。

【农机安全生产】2017年，全省共发生农机事故9起，死亡5人，受伤4人，未发生较大以上农机事故。

（供稿：雷高宁）

林　业

【林业资金】落实林业资金523040.41万元，中央资金461382.00万元（其中：中央基建67155.00万元，中央财政394227.00万元），省级资金61658.41万元（其中：省级基建387.00万元，省级财政61271.41万元）。中央预算内追加支持10000万元；建档立卡贫困人口选聘生态护林员项目国家新增支持5000万元；争取国家继续提高天保工程补助标准（每亩10元），解决管护费标准过低问题。依托林业重点工程，争取国家对生态安全屏障综合试验区建设的支持，祁连山、两江一水、渭河源区综合治理规划项目得到国家支持，安排中央预算内投资25400万元。

【资源管理】在全国开展森林资源管理卫片执法工作，核实违法使用林地图斑6243个，建立违法使用林地数据库。对违法案件进行查处，其中已查处结案459个，2577个已立案。推进全省林地变更调查工作。完成森林覆盖率和蓄积量双增目标考核工作。全年办理292宗建设项目使用林地审核审批手续，许可使用林地1843.58公顷，收缴森林植被恢复费2.56亿元。对审批权限已经下放市县的临时和内部使用林地项目进行监督检查，整改8类典型问题。开展甘肃祁连山国家级自然保护区范围内林草“一地两证”调查摸底整改落实工作，起草以省政府办公厅名义下发的《甘肃祁连山国家级自然保护区林草“一地两证”问题整改落实方案（代拟稿）》。

【国土绿化】2017年，完成营造林总面积325431公顷，其中：人工造林280346公顷，封山育林35419公顷（无林地和疏林地封育30253公顷、有林地和灌木林地封育5166公顷），退化林修复9666公顷。完成森林抚育175962公顷。开展全民义务植树活动，完成义务植树9719万株，新建义务植树基地611个。

【林业扶贫】2017年，安排35个深度贫困县区项目资金4.93亿元，其中生态护林员项目1.46亿元，退耕还林工程9067万元，天然林保护工程1425万元，三北防护林工程5100万元，森林生态效益补偿1.64亿元，省级林果产业项目2680万元。开展秦安县脱贫攻坚帮扶工作，帮助秦安县编制《林果产业发展规划》《生态环境建设规划》《中山镇花椒产业建设规划》和《王铺镇产业发展规划》。承担帮扶中山镇12个深度贫困村的脱贫工作，立足中山镇缺少主导产业的实际，2017年秋季帮助中山镇一次性栽植花椒2267公顷，户均达到0.60公顷，实现中山镇花椒全覆盖。

【退耕还林工程】组织14个市州55个县区完成2016年146509公顷退耕还林工程计划任务，将2017年28000公顷任务分解下达到10个市州35的县区，开展作业设计和地块落实。组织编制《甘肃省河西地区退耕还林建设农田防护林总体方案》。2017年3月，对全省8个市（州）8个县（区）开展“退耕还林突出问题专项整治省级督查”，并配合国家林业局完成全国退耕还林突出问题专项督查工作。2017年6月中旬，组织技术人员对2015年计划任务完成情况进行省市联合检查验收。开发并推广应用《甘肃省新一轮退耕还林信息管理系统》，开发网络版《甘肃省退耕还林工程MCLOUD系统》，建成2014年和2015年省、市、县三级数据库，实现甘肃省新一轮退耕还林地块精准到位、面积精准确定、退耕者精准到人的“三个精准”。

【三北防护林建设工程】2017年，完成营造林面积37077公顷，（人工造林6813公顷，无林地和疏林地封育25765公顷，有林地和灌木林地封育4499公顷）。坚持整流域、整山系规模化治理，5年10个示范县区累计完成营造林57940公顷，建成一批黄土高原流域

庆阳市合水县三北荒山新造林

综合治理示范典型。贯彻执行《三北工程退化林分修复技术规程》，在续建镇原、庆城、泾川、麦积、甘谷、陇西、庄浪、和政8个试点县区工作基础上，新增积石山试点县，合理确定修复对象、模式。启动实施平凉、天水黄土高原泾渭河流域百万亩水土保持林基地建设项目，全省百万亩防护林建设基地增至2个。

【天然林资源保护工程】天然林资源保护工程完成营造林5139公顷，（人工造林3805公顷，无林地和疏林地封育667公顷，有林地和灌木林地封育667公顷），完成投资129228.00万元，其中：中央投资116310.00万元，省级投资12918.00万元。

【野生动植物保护及自然保护区建设工程】2017年，全省林业自然保护区48处（国家级16处），总面积7722738公顷，占全省土地面积的18.14%；其中国家级自然保护区面积5992874公顷，占全省土地面积的14.07%。国际重要湿地2个，面积69117公顷。

【防沙治沙】出台《关于加快推进防沙治沙工作的意见》。全省新增沙漠化土地治理面积91640公顷，沙区8市（州）完成治沙造林面积2413公顷、封育面积19433公顷。落实沙化土地封禁保护区国家建设资金7000万元、封禁保护面积96833公顷。

【林果产业】制订《甘肃省省级财政林业产业项目管理办法》。落实省财政林果标准化示范基地专项资金6000.00万元、木本油料发展资金1270.00万元。全省新建林果标准化示范基地53333公顷，占年度目标任务43333公顷的123%。完成低产老果园提质增效93333公顷，占2017年目标任务80000公顷的116%。组织开展全省林业龙头企业认定和管理工作，推荐天水花牛苹果集团有限责任公司等8家企业申报国家林业重点龙头企业。按照国家林业局部署，推荐"红枣浓缩汁加工线和红枣膳食纤维生产线"等9个项目为"全国林业产业投资基金项目"。

【林下经济】实现林下经济产值70.35亿元。制订出台《甘肃省"十三五"林下经济发展规划》，督促指导市县全部制订出台当地"十三五"林下经济发展规划。

【森林旅游、种苗花卉、沙产业】截至2017年底，全省森林公园总数达到91个，其中国家级22个、省级69个，总经营面积933333多公顷，旅游从业人员达到5445人。2017年全省森林旅游总人数972万人次，旅游收入1.3亿元，全年未出现森林旅游安全事故。林木种苗产业，全省育苗面积达到50379公顷，其中国有育苗面积4998公顷，年苗木产量71.04亿株。编制完成《甘肃省沙产业开发规划（2017—2025年）》。完成第九届花卉博览会和全省农业博览会的筹展布展参展。

【林业有害生物防治】2017年，甘肃省林业有害生物发生面积363933公顷、成灾面积13133公顷、完成监测代表面积1198533公顷；林业有害生物防治面积251700公顷、无公害防治面积233940公顷次，成灾率控制在1.10‰以下，无公害防治率达到92.94%、测报准确率达到86.65%、种苗产地检疫率达到100%。

（供稿：陈　瑱）

小陇山滩歌林场造林地块

小陇山林业实验管理

【概况】截至2017年底，总经营面积1243.05万亩，活立木总蓄积量4317.50万立方米，森林覆盖率67.07%。境内地理坐标东经104°22′~106°43′，北纬33°30′~34°49′，海拔700~3330米，年均气温7℃~12℃，年均降水量460~800毫米，无霜期140~218天。有21个国有林场，11个局直单位，2处国家级森林公园（麦积国家森林公园、小陇山国家森林公园），1处国家级自然保护区（小陇山国家级自然保护区），2处省级自然保护区（麦槽沟自然保护区、黑河自然保护区），7处省级森林公园（三皇谷、卧牛山、太阳山、云屏三峡、榜沙河、洮坪、李子园森林公园）。所辖林场分布于秦州区、麦积区、清水县、武山县、徽县、两当县、礼县、漳县。2017年，林区干线公路436千米，简易公路及林道3166千米，道路网密度每公顷4.4米。建设生物防火林带500千米。与地方联建输电线路430千米。建成局、场、营林区三级超短波通讯网。

【森林资源】截至2016年底，全局活立木总蓄积量43174989立方米，总经营面积825910公顷,林地计692908.54公顷。其中，有林地554002.52公顷，疏林地220.57公顷，灌木林地99898.19公顷，未成林地5760.35公顷，苗圃地85.15公顷，无立木林地1376.57公顷，宜林地30843.51公顷，林辅用地721.68公顷；非林地计133001.46公顷，其中，农地120222.5公顷，牧地1.84公顷，水域5013.25公顷，未利用地162.25公顷，建设用地7601.65公顷,森林覆被率67.1%。国有林资源，活立木总蓄积量41454816立方米，总经营面积630373.1公顷，林地计622898.01公顷。其中，有林地516313.17公顷，疏林地207.15公顷，灌木林地74052.24公顷，未成林地3909.12公顷，苗圃地62.28公顷，无立木林地1376.57公顷，宜林地26255.8公顷，林辅用地721.68公顷；非林地计7475.05公顷，其中,农地541.21公顷，水域5012.36公顷，未利用地162.25公顷，建设用地1759.23公顷。集体林资源，活立木总蓄积量1720173立方米，总经营面积195536.9公顷,林地计70010.53公顷，其中，有林地37689.35公顷，疏林地13.42公顷，灌木林地25845.95公顷，未成林地1851.23公顷，苗圃地22.87公顷，宜林地4587.71公顷，非林地计125526.41公顷，其中，农地119681.3公顷，牧地1.84公顷，水域0.89公顷，建设用地5842.42公顷。野生动物有61科，357种；植物兼有南北植物区系的特点，有224科，945属，近2700种，其中木本植物800余种。

【公益林建设】2017年，完成人工造林10006.2亩，封山育林10000亩，三北五期防护林建设人工造林2000.1亩。完成2016年第三批森林植被恢复造林2100.3亩，均占年计划任务的100%。培育苗木243.6亩，培育绿化大苗33271.5亩4080万株。检验各类造林苗木245万株，合格率99%。完成珍稀树种培育基地建设任务3700亩。购买两当县杨店乡白皮松苗木100万株，以帮扶农村经济发展；为甘谷县提供大规格针叶树苗木3.1万株，支援县域林业生态建设。

【林业有害生物防治】2017年，完成林业有害生物防治“四率”指标。2017年林业有害生物发生面积16.29万亩，其中实施有效防治面积12.79万亩，无公害防治面积11.67万亩，无公害防治率91.2%。产地检疫各类出圃苗木320万株，产地检疫率100%。

【森林可持续经营】2017年，完成森林可持续经营示范区示范林建设6425.5亩，设置对照监测区135.5亩。完成森林抚育任务36万亩，森林经营样板基地栋类示范林扩建任务300亩。完成森林经营认证项目年度任务。在开展森林经营的活动中严格采伐限额管理，坚持凭证采伐制度和凭证运输制度，申报签发《林木采伐许可证》249份，采伐面积15427亩，采伐总量16019立方米，运输木材4627立方米、剩余物520立方米、绿化苗木23714株、毛竹1223吨、栓皮37吨，2017年未出现超限额、无证采伐和无证运输现象。开展森林可持续经营经验交流活动。协助省林业厅承办国家林业局“北方第七期森林经营培训暨第四期师资培训班”。承办国家林业局、世界自然基金会、中国绿色碳汇基金会主办的新一代人工林项目甘肃考察活动以及全省森林经营与管理技术培训班。

【绿色产业】2017年，发挥“互联网+绿色产业”模式，融入专业网络销售平台，形成林业产业发展营销新格局。开展旅游宣传推介，举办“百家新闻媒体走进小陇山”活动。旅游方面接待游客52.88万人（次），实现经营收入2041.53万元；林副产品经营收入242.63万元；销售各类苗木601.5万株，收入1626.86万元；成品油经营收入735.41万元，民爆品经营收入152.08万元，场地租赁收入155万元。

【林地管理】2017年，审核上报林地使用手续17项，面积998.1亩；召开全局建设项目使用林地管理工作专题会议，贯彻落实“绿水青山就是金山银山”的理念；恢复陈旧性毁坏林地植被1160亩，并对2013年以来的陈旧性毁坏林地植被恢复工作进行“回头看”；完成2016年度林地变更调查工作（跨年度），启用林地“一张图”成果数据，并对2017年度林地变更调查工作做出安排部署。

【自然保护区管理】2017年，成立整改落实工作领导小组，制定自然保护区管理工作领导责任体系和责任体系考核办法，签订保护管理目标责任书，落实1个国家级和2个省级自然保护区管理和生态环境保护责任。局党委9次召开专题会议研究部署整改工作，开展协调推进、督导检查17次，形成党委决定、逐级分解、层层负责的工作格局。排查保护区存在的生态环境问题，排查出33个问题，并将排查报告上报省林业厅，针对排查出的问题制定整改方案，明确整改目标、责任人和整改时限。从2016年12月1日至2017年底，全局筹措资金800多万元，向社会雇佣管护人员50人，长期坚守巡山管护，对破坏点进行植被恢复，完成面积233.3亩。开展“绿盾2017”国家级自然保护区专项行动，对存在的个别问题再次整改。经省林业厅、陇南市、徽县、两当县相关部门对10个盗采盗挖点治理成效检查验收，达到整改要求。完成两个省级自然保护区功能区划报告。

【森林资源保护】2017年，把生态环境保护摆在全局工作的突出位置，推进天保工程建设，落实监管责任。靠实森林资源保护的监管责任，局、场、管护站、管护人员逐级签订森林资源管理目标责任书、森林资源承包管护责任书和森林管护责任协议书共计2406份,将全局1118.76万亩林地管护任务与责任，落实到林场、管护站和职工；建立完善森林资源管理领导责任体系和森林资源管理领导责任体系考核办法。开展公益林落界工作，落实公益林管护责任，逐级签订公益林管护责任书560份。召开局级森林资源保护管理会议6次，严厉打击破坏森林资源专项行动5次，举办森林资源管理培训班2期，提高基层单位森林资源保护管理水平。2017年向森林公安机关报案35起，报案率100%。完成森林资源管理卫片执法工作，对“62个疑似图斑”进行实地核查并将核实结果上报。年举办森林资源管理培训班2期，对全局森林资源管理人员进行培训。开展“七五”普法教育，举办林业行政执法人员培训班，100余名林业行政执法人员参加培训，对全局5个执法主体、288名执法人员的执法主体资格和持有执法证件等情况进行审查、清理。开展禁种铲毒宣传教育。

【林区生态环境排查整治】2017年，完成天水市委市政府对小陇山林区生态环境专项整治，清理排查涉及森林资源保护管理环境问题5次，参加市县（区）会议8次，配合市县（区）现场督查4次，对排查出的问题及时进行整改，办理核查（协查）函件51件，涉及项目134项（次）并及时向相关部门上报妥善处理小陇山林区矿产资源开发与环境保护意见的报告。

（供稿：包卫东）

水利水务

【供水用水】2017年，全省总供水量116.06亿立方米，其中地表水工程供水86.67亿立方米，占74.7%；地下水工程供水25.51亿立方米，占22%；其他水源供水3.88亿立方米，占3.3%。全省总用水量116.06亿立方米，生产用水104.29亿立方米（第一产业90.92亿立方米，第二产业10.32亿立方米，第三产业3.05亿立方米），占89.9%；生活用水6.98亿立方米，占6.0%；生态环境用水4.79亿立方米，占4.1%。2017年，万元国内生产总值用水量152立方米、较2016年下降5.8%；万元工业增加值用水量56立方米、较2016年下降5.2%；农田灌溉水有效利用系数0.553、较2016年度提高6‰；重要江河湖泊水功能区水质达标率86.7%、比控制目标71.8%超出14.9%，均在最严格水资源管理年度控制指标内。

【重点水利工程】2017年，引洮供水二期骨干工程完成投资13亿元，完成隧洞开挖及一次支护23千米，隧洞二次衬砌163千米，暗渠11千米，管道安装43千米，较计划工期提前5个月。黄河干流甘肃段防洪、民勤红崖山水库加高扩建完成主体工程建设；引洮供水二期配套城乡供水工程陆续开工建设；临夏州引黄济临、引洮一期会宁北部供水工程建成通水试运行；甘南州引洮济合、天水市城区引洮供水工程按年度计划顺利推进。白龙江引水、引哈济党、马莲河水利枢纽等重大水利项目前期工作加快推进。

【重点流域治理】石羊河蔡旗断面过水量达到3.94亿立方米，超额完成年度调水目标，石羊河流域治理成效显著。巩固黑河流域重点治理成效，自2000年国家实施黑河水量统一调度以来，内蒙古东居延海自2004年以来连续13年不干涸。敦煌水资源合理利用与生态保护规划项目加快实施，重点工程基本完成，敦煌盆地地下水开采量得到控制，月牙泉周边地下水位下降趋势减缓，党河水库生态下泄水量逐年增加，疏勒河到达下游北河口水量达到7700万立方米，干涸多年的哈拉诺尔湖形成24平方千米水面，下游湿地逐步恢复。

【水资源管理】印发《关于深化取水许可审批改革工作的通知》（甘水资源发〔2017〕342号），取消建设项目水资源论证报告书行政审批，规范取水许可审批。对《兰州新区总体规划（2011—2030）》（2014年修改）进行水资源论证，确定兰州新区2020年、2030年需水规模及水资源配置格局。修订完善《甘肃省行业用水定额（2017版）》并经省政府发布实施；起草《甘肃省节约用水条例（草案）》，省人大将其列为2018年立法调研项目。落实水功能区管理制度，编制实施《甘肃省水功能区水质监测工作方案（2017—2020年）》，2017年监测覆盖率达到67.1%，其中国家重要水功能区监测覆盖率达到100%。全省落实最严格水资源管理制度通过国家年度考核，考核等级良好；完成对各市州2016年度落实最严格水资源管理制度考核工作，考核结果经省政府同意后向社会公布。从2017年起，省政府将“水资源管理制度落实”纳入对地方政府综合考核评价体系。国家水资源监控能力建设项目（二期）顺利推进，建成白银武川水库等5个水源地水质自动监测站、93处取用水监测站点，将祁连山自然保护区内25座引水式水电站生态流量下泄数据接入省级水资源管理信息平台实行在线预警管理。

【抗旱防汛】2017年，水旱灾害交替发生，全省雨水情信息平台和83个县级预警平台共发布临灾预警6283次，短信预警8万多条，疏散转移群众1.3万人。陇南“8·7”特大暴洪泥石流灾害发生前，省市县多次发布预警，最大程度减轻灾害损失；陇南“8·7”特大暴洪泥石流灾害发生后，省水利厅连续派出3路工作组深入灾区，安排供水等工作，并制定应急供水方案，有效保障灾区群众饮水。配合完成《陇南“8·7”暴洪泥石流灾后恢复重建规划》，将95项农村人饮工程、60项河道治理工程、14项灌溉工程等纳入规划，提前安排2018年24849万元中央资金用于水利灾后恢复重建。全年争取中央资金12.2亿元实施46个中小河流治理项目和35个江河主要支流治理项目，并在省级、10个市州、82个县区开展山洪灾害防治项目建设。

【水利脱贫攻坚】派出多个工作组赴东乡等深度贫困县开展水利基础设施建设情况调查摸底。2017年，投资16亿元，建成集中供水工程617处、分散供水工程6855处，巩固提升209万人的饮水安全。制定《甘肃省水利厅支持深度贫困地区加快水利发展工作方案》《甘肃省农村饮水安全巩固提升工作考核办法》，将全省农村饮水安全巩固提升工作纳入地方政府和部门的目标责任考核体系。

【水利建设管理】出台《关于加强全省水利工程质量管理的意见》《水利行业劳务用工规范管理指导意见》《关于规范水利工程建设项目总承包的指导意见》等一系列制度办法。升级甘肃省水利工程建设项目招标投标备案及企业信用信息管理系统，建立2409家企业、5.93万人的信用信息档案，公开各类信息10100条，汇总发布各类信息2117条。配合水利部对27家企业、327个项目进行信用等级考核与评价。处理各类投诉举报21起，对3次网络舆情进行调查处理。

【涉水问题整改】整改落实中央环境保护督查和祁连山专项督查反馈意见涉水问题。制定《落实〈甘肃省贯彻落实中央环境保护督察反馈意见整改方案〉的整改措施》，排查全省采砂河道202条，采砂场931家，依法关停699家，其中自然保护区内13家。完善制度建设，制定下发《甘肃省关于进一步加强河道采砂管理的通知》。督促开展河道采砂许可，相关县区依法申领河道采砂许可证258套。中央环保督查由省水利厅牵头整改的4项任务已完成整改并报请销号。中办祁连山专项督查反馈问题，省水利厅作为祁连山自然保护区水电站专项整治工作组长单位，排查祁连山地区水电建设项目，开展水资源论证复评，复核并督促水电站落实生态下泄流量，研究提出《甘肃祁连山国家级自然保护区水电站关停退出整治方案》，2017年12月底省政府办公厅印发实施。

【河长制】推进河长制各项工作，研究起草《甘肃省全面推行河长制工作方案》，7月3日由省委办公厅、省政府办公厅印发；全省14个市州、兰州新区、86个县市区和需要出台工作方案的1315个乡镇（街道）全部印发河长制工作方案，全省已设立省、市、县、乡四级河长5968名，四级河长体系初步建立，提前2个月完成省委、省政府确定的阶段工作目标。各项基础工作同步推进，省级河长办批复成立、配套制度体系初步建立，市县级河长制机构组建与制度建设有序推进。在省级总河长的率先垂范下，9位省级河长全年巡河13人次，市级河长巡河414人次，县级河长巡河6052人次，省、市、县、乡四级河长巡河1.6万多人次，河长认河、巡河、治河、护河工作全面铺开。

【农田水利】在全省53个县（区）实施69个高效节水灌溉项目，全年发展高效节水灌溉面积120万亩，提前1个月完成国家确定的年度目标任务。

定西市安定区青岚乡小流域综合治理

黑河中游湿地

新增水土流失治理面积2000平方公里。实施大堵麻、东大河、洪临、马营河、西河、大满、西浚等7处大型灌区续建配套与改造项目。

【水利改革】疏勒河流域全国水权试点于7月通过水利部组织的技术验收，12月通过终期验收。9月水利部、国土资源部、省政府批复疏勒河流域水流产权确权试点实施方案，11月省政府召开疏勒河流域水流产权确权试点推进会，动员部署加快试点工作。

在河西灌区、沿黄灌区及东南部补充灌溉区推进农业水价综合改革，各级试点整体实施态势良好。14个市州、44个县区政府出台农业水价综合改革实施方案。

完善水利建设和投融资机制，推进设计施工总承包，在引洮供水二期配套城乡供水工程建设上得到落实；如期完成厅属企业改制脱钩任务，省水投公司和水电设计院移交省国资委管理。全省累计组建市县水务公司47家。凉州、白银、武都国家级小型农田水利设施产权制度改革和创新运行管护机制试点工作全部完成。

【水政】加快行政许可标准化，制定《甘肃省水利厅推广随机抽查规范事中事后监管实施方案》，梳理出32项随机抽查事项清单。2017年省政务大厅水利厅窗口共受理事项743件，办结733件，咨询服务1000多人次，综合办结率为99%，满意率达100%。利用省级水资源费90万元，为23支基层水政执法队伍配备执法装备，交付使用322件。调处水事纠纷19起。

【水利科技】向省科技厅推荐申报省科技计划项目20 项，38个项目成果获省水利科技进步奖。联合高等院校、科研院所申报水资源领域重点研究计划项目等3项国家重点科研专项，并全部立项。申报省级国际科技合作计划项目2项。甘肃雨水集蓄利用技术走出国门，2017年，举办第五届“雨水集蓄利用技术国际培训班”。

（供稿：张金芳）

引大入秦工程

【灌区管理】2017年，完成引水量19419万方，占全年计划总引水量19822万方的98%；完成灌溉面积90.74万亩次，占全年计划灌溉面积89.8万亩次的101%；完成各类水费收入4953.84万元，占全年计划水费收入4874万元的101.6%，同比增加供水收益205.64万元，增幅4.33%。农业生态与城镇生产生活用水量比由2016年的7：3优化调整为2017年的6.4：3.6。干支渠综合利用率由2016年的70.23%提高到2017年的73.29%。围绕保障灌区农业用水、兰州新区开发建设以及兰白都市圈经济社会发展多元化用水需求，提出“双突破”目标任务（供水总量突破2亿方、水费收入突破5000万元），至年底基本完成“双突破”目标。针对农业灌溉面积大幅下滑的趋势，采取针对性强措施，稳定农灌面积。研究制定《甘肃省引大入秦工程水票制及水费收支管理办法》，严格规范水费收缴程序，实现银行POS机收费系统在水管所全覆盖。

【重点项目建设】2017年，除险加固项目完成投资2570万元，占计划总投资2712.83万元的95%。利用兰州新区供水项目引大渠道除险加固工程项目结余资金，对存在工程运行安全隐患的渠道、渡槽等维修加固改造。防护栏项目落实到位资金1000万元，利用秋季停水期，对穿越村庄的渠段进行了防护设施安装，保护渠水水质和用水安全。骨干渠系防洪项目，省发改委批复下达建设资金1200万元，此项目实施方案经省水利厅批复同意。引大工程信息化系统项目投资2559万元，2017年基本完成东一、二干渠、黑武分干渠及东二十四支渠的光缆敷设、监控设施安装等，初步完成干支渠水情测站系统，水情数据监控平台和管理局通信网络办公系统开通运行，调度中心信息化视频监控拼接屏建成。

【惠农项目】2017年，落实各类惠

农项目补贴资金71亿元，向全省58个贫困县和17个插花县安排落实项目资金64亿元，占资金总量的90%。预计一产增加值增长5%左右；农村居民可支配收入达到8053元，增长8%以上。

（供稿：康　伟）

引洮工程建设

【引洮供水一期工程】2017年，累计供水4891.66万立方米。为受益区的定西、兰州、白银3市所辖的会宁、安定、陇西、渭源、临洮、通渭、榆中7个县（区）城乡生产生活用水、工业供水、生态供水提供水资源保障，发展灌溉8.32万亩，受益人口达225.35万人。2017年夏秋季定西会宁等受益区发生严重干旱，部分地区群众饮水困难，引洮工程及时加大总干渠调水流量，满足城乡生产生活和用水，向安定区境内的关川河、临洮县境内东峪沟等河道适当泄水，沿途群众抽水抗旱，并向下游及沿途生态供水，缓解旱情。

【水保环保项目建设】引洮供水一期工程把环境保护列入工程建设的重点，科学规划和实施水土保持、生态环境恢复保护措施，投入水土保持、环境恢复治理和信息化项目专项资金，使工程通水运行后的生态恢复和环境保护成效明显。将隧洞出渣，转运堆放，并在防洪河道、道路旁加固混凝土护坡，实施水土保持和环境保护措施。在引洮总干渠沿线排洪道两侧、二干渠穿越城镇、村庄沿线，安装永久安全防护栏，确保周边群众和家畜安全，防止杂草、树叶及垃圾入渠，为下游提供优质水资源。

【安全管理】配合省水利厅完成工程安全隐患专项排查、安全生产大检查5次。向厅质安中心报备已完49个主体工程、30个附属工程合同变更及新增项目、合同项目项目划分。完成省水利厅对一期工程2016—2017年度质量工作考核，考核等级为A级。编制2017年安全度汛工作实施方案，开展安全度汛专项检查3次。与在建工程施工和监理单位签订2017年度《工程质量目标责任书》《工程安全目标责任书》各24份。监督检查工程运行及尾留工程建设质量和安全，及时排查安全隐患。控制工程原材料质量检测和施工工序质量，针对总干渠7号隧洞洞帘边坡防护工程未按施工图施工和砼质量不达标等问题，跟踪监督整改。对总干渠15号隧洞出口暗渠沉陷段处理工程的监督检查和伸缩缝处理验收，阳阴峡和东峪沟渡槽闭水试验检查验收。

（供稿：曹武祥）

引洮工程渭源马甲集水厂

景泰川电力提灌

【灌溉管理】2017年，3月5日上水至12月6日停水，景泰川电力工程安全运行257天，完成提水量5.58亿立方米，比计划提水量多完成2600万立方米；完成水费收入1.71亿元，占年计划的103.01%；完成灌溉面积110万亩，2017年全灌区生产粮食3.95亿公斤，经济作物3.28亿公斤，农业生产总值15.79亿元。工程、设备完好率98%。总干渠利用率达96.36%，其中：一期完成94.99%，二期完成94.74%。

【项目建设】2017年，落实项目投资1.263亿元，其中景电大型泵站更新改造1亿元，石羊河流域重点治理景电二期总干渠及民调干渠改造工程1000万元，景电公益性维修项目1630万元；完成景电二期大型泵站更新改造2015年度项目、石羊河流域重点治理景电二期灌区总干渠及民调干渠改造工程75至91标段施工管理任务；完成景电一期灌区续建配套与节水改造2015年度项目、景电二期灌区节水改造支渠工程档案专项验收工作；推进未开工项目前期准备工作，编制完成景电灌区现代化升级改造项目规划报告、景电灌区续建配套与节水改造量测水设施工程实施方案及景电灌区2017年度公益性工程招标及合同签订工作。

【景电二期向民勤调水】2017年3月5日正式开机调水，12月6日停水，向民勤调水1.2亿立方米，比计划多调1000万立方米。

【综合经营】项目区田间水利工程列入2018年度高效节水灌溉项目，项目区15000亩土地列入2018年土地开发整治项目库，八道沟土地开发实施方案完成编制。景电水利风景区获得批准为第十七批国家级水利风景区。

【水利科研】成立网络安全和信息化工程运行维护中心；成立景电扬黄灌溉科学技术研究院，加强与省内外高校、研究院所的合作，推广成熟科技成果的应用；全年完成灌区信息化建设项目投资2586.5万元，项目建设推进顺利。

【灌区改革】推行“阳光水务”，在8个水管所107个配水点设立水务公示栏，按灌季公示用水量、水费、斗口水位、流量等信息，确保用水户用上“及时水”“明白水”“放心水”；对各区间利用率进行率定，完成分段计量分所管理前期准备工作；开展泵站标准化建设。

（供稿：李　英）

疏勒河流域水资源管理

【概况】2017年，疏勒河河源来水16.94亿立方米，比去年同期多0.11亿立方米；三座水库共蓄水2.3亿立方米，比去年同期少0.27亿立方米；完成斗口引水量6.27亿立方米，比去年同期多0.05亿立方米；完成农业水费收入7637万元（含调价增收的926万元），占水费收入预算的125%。

【项目建设】全年共争取到位各类项目建设资金1.38亿元，保证水利工程资金需求。重点实施《敦煌规划》项目骨干、双塔水库除险加固、河道治理、灌区维修改造等一批水利工程项目，完成投资1.16亿元，占到位资金的83.8%。

【水资源管理】建立健全水资源消耗总量和强度双控指标体系，编制下达2017年度取用水计划，分解下达各灌区农业及生态用水地表水水资源使用权确权水量指标。对流域内水源保护、水土保持和环境保护开展常态化的监督巡查、专项检查和日常监测，配合地方政府开展流域入河排污口专项排查整治行动，严厉杜绝乱挖滥采和河道排污等行为，保障灌区生产生活用水的水质安全。编制水资源使用权确权实施方案，颁发水权证204本，制定农业用水确权登记制度、水权交易资金管理办法等制度。全年累计向中下游河道和自然保护区排放生态水2.14亿立方米，基本实现《敦煌规划》确定的下泄生态水量目标。向玉门市、瓜州县城市绿化区、人工湖、防风林带提供生态用水3528万立方米。

扶贫开发与建设

【贫困人口动态调整】制定《甘肃省脱贫攻坚责任制实施办法》，修订完善《甘肃省农村扶贫开发条例》。下发《关于开展贫困人口动态调整工作的通知》，明确识贫定贫校贫标准和方法，建立健全各级扶贫部门与人社、公安、工商、建设、国土、税务、银行等部门的信息共享机制，层层比对拟纳入对象收入、房产、车辆、工商注册等信息，将比对情况及时反馈基层核实。经动态调整，全省2016年底贫困人口由227万人增加到256万人，净增29万人。结合2017年底动态调整，又新增贫困人口5.9万人，其中：新识别3.7万人、返贫1.7万人、自然增加0.6万人。

按《甘肃省贫困退出验收办法》，采取自下而上和自上而下相结合的办法反复测算分析，印发贫困县摘帽退出指导时序和减贫人口指导计划。靠实市县乡村四级在脱贫验收中的责任，构建层层负责的脱贫验收责任体系。对2014年以来脱贫人口收入、“三保障”实现等情况再次全面核查。对2017年拟脱贫人口“三保障”实现情况，与卫计、教育、住建、水利等部门进行信息比对，对发现的疑似问题信息开展入户核实，对脱贫质量不高的13.4万人回退到贫困人口，对审计反馈的5大类9324条疑似问题信息进行核查整改，将确实不符合条件的人口剔除。

【深度贫困地区攻坚】聚焦临夏回族自治州、甘南藏族自治州和天祝藏族自治县、18个深度贫困县、40个深度贫困乡镇和3720个深度贫困村，印发《甘肃省深度贫困地区脱贫攻坚实施方案》，编制“两州一县”脱贫攻坚《实施方案》，推进产业扶贫、技能提升培训、教育扶贫、健康扶贫、安居扶贫等行动，解决重点问题。各部门安排的惠民项目向深度贫困地区倾斜，省对深度贫困县均衡性转移支付补助系数高于其他市县平均水平3个百分点，省级行业主管部门对深度贫困地区切块下达的资金年度增幅高于全省平均增幅5个百分点。中央和省级财政专项扶贫资金分配中，贫困程度最深、脱贫难度最大的23个特困县占到52.3%。统筹省级部分资金3.45亿元，安排23个深度贫困县各1500万元，用于解决贫困县村级扶贫、民生领域突出困难和问题。

【资金投入和监管】2017年，中央下达甘肃省专项扶贫资金71.83亿元，省级配套扶贫资金18.82亿元。中央和省级财政专项扶贫资金到县资金中92.8%用于58个片区县，其中临夏回族自治州、甘南藏族自治州和天祝藏族自治县占到24%。推进世界银行项目，完成投资7906万元，其中世界银行贷款4652万元。建立完善以“七个一批”及危房改造、安全饮水等重点到村到户到人扶贫项目为主的县级脱贫攻坚项目库，配合六个部门印发《关于切实加快财政专项扶贫资金支出提高资金使用精准度和效益的意见》，建立资金月进度通报机制，提高财政专项扶贫资金使用效益。建立规范的担保公司，为1000亿元特色产业发展贷款工程提供担保，支持贫困地区发展产业。推进“两保一孤”（农村低保户、农村五保户和农村孤儿）保险试点，累计为49.18万名贫困群众提供保险保障，有1136人次享受1803.9万元保险补偿。联合财政、审计部门下发《关于进一步加强财政专项扶贫资金监管的意见》，靠实各级各部门监管职责，严格实行分级责任制。配合财政部门专项检查48个片区县2015—2016年财政专项扶贫资金使用管理情况，排查突出问题和薄弱环节，并限期督促整改。配合省审计厅对14个重点县扶贫政策落实和扶贫资金管理使用情况进行审计，查处优亲厚友等廉政风险高的问题。

【行业扶贫】农村D级危房改造方面：将建档立卡贫困户危房改造补助标准由1.15万元提高到2万元，10.8万户年度危改计划全部竣工，年内基本消除农村D级危房。2017年，实施易地扶贫搬迁23.8万人，其中建档立卡贫困人口18万人，已开工建设住房4.94万套，竣工2.55万套，搬迁入住6.42万人。贫困人口就医负担方面：制定下发《甘肃省农村贫困人口大病专项救治工作实施方案》，对全省患有50种大病的贫困户建立台账，集中救治53万人次，占应救治的81%。对建档立卡慢病患者签约服务管理，进行跟踪干预和诊疗服务。提高基本医保报销比例，建档立卡贫困人口基本医保报销比例在2016年提高5%的基础上，2017年，对全部参合对象再提高5%。将贫困人口大病保险起付线由5000元降低至3000元，为3.14万名建档立卡贫困群众多报销3459.33万元，实际报销比例提高4.53个百分点。建立医疗费用兜底保障制度，对建档立卡贫困人口住院费用经基本医保、大病保险、大病保险再报销后，个人负担的合规医疗费用年累计超过3000元以上部分，通过医疗救助全部解决，全省共有2338名重病患者享受兜底保障政策。义务教育控辍保学方面：按照"一户一对策""一人一办法"，对所有建档立卡贫困家庭义务教育适龄学生精准建档、动态监测，实现全省2017年拟脱贫人口中义务教育适龄人口无一人辍学的目标。产业带贫能力方面：选择100个贫困村开展村集体经济示范建设，每村安排财政扶贫资金50万元；争取中央党费300万元、列支省管党费9000万元支持深度贫困县发展村级集体经济。推动农村"三变"改革，探索创新资产收益扶贫机制；推进电子商务精准扶贫，实现电子商务县级服务中心全覆盖，乡村电商服务站（点）覆盖70%的贫困乡和50%的贫困村。安排建档立卡贫困人口生态护林员26250人，培训建档立卡贫困劳动力24.77万人，打造陇原妹、陇原巧手等劳务品牌，输转建档立卡贫困劳动力63.5万人,创劳务收入106.7亿元。特困群体保障水平方面：制定出台《甘肃省贫困残疾人脱贫攻坚行动计划》；全省农村低保指导标准提高到3500元，农村低保一、二类对象年补助水平分别提高到3500元、3300元，农村特困救助供养人员集中、分散供养年保障标准分别提高到6020元、4855元以上。

【社会扶贫】深化东西协作和定点帮扶，与东部协作省（市）开展业务主管部门、行业部门、县区三个层面的交流互访2257人次，同扶贫协作地区召开联席会议82次。天津市16个区与甘肃省25个贫困县全部签订对口帮扶框架协议。甘肃省58个贫困县市区与东部发达地区39个区市县确立"携手奔小康"结对关系。天津市共安排甘肃省帮扶资金1.95亿元，其中东西部扶贫协作资金1.24亿元，援助甘肃省藏族聚居区资金7052万元；厦门市安排临夏州东西协作资金1.65亿元；青岛市区安排陇南市东西协作资金9600万元；福州市安排定西市东西协作资金1.15亿元。出台《关于进一步做好中央定点扶贫对接服务工作的实施意见》，全年中央国家机关共赴定点扶贫县考察和调研1356人次，33家中央单位全年投入帮扶资金2.92亿元，实施帮扶项目274个，引进各类资金29.53亿元，引进项目92个，使5.54万建档立卡贫困人口直接受益，帮助2万多人脱贫。开展"千企帮千村"精准扶贫行动，动员全省1201户企业与1413个贫困村建立结对帮扶关系，实施帮扶项目2597个，投入资金14.91亿元，帮扶贫困人口23.1万人，帮助9685人稳定脱贫。

【精准帮扶】2017年底，全省有9588个帮扶单位、22.2836万名帮扶干部，结对帮扶6222个贫困村、58.7753万户贫困户。印发《关于调整加强全省脱贫攻坚帮扶工作力量的意见》。"两州一县"及18个省定深度贫困县按照贫困程度依次由省委书记、省长、省政协主席、省委副书记等23名省级领导联系，40个特困乡镇由23名联县省级领导每人包1个特困乡、抓2个贫困村，剩余17个特困乡镇由其它省级领导每人包1个特困乡、抓1个贫困村，实现特困县、特困乡省级领导包抓全覆盖。选派58名副厅级、处级干部到贫困县挂任县委副书记，并兼任该县驻村帮扶工作队总队长，负责统筹全县驻村帮扶工作；选派66名科技人才到贫困县挂职开展科技帮扶、628名优秀年轻干部到深度贫困乡镇贫困村任第一书记，新选聘的538名大学生村官全部分配到深度贫困村工作。制定下发《关于进一步加强脱贫攻坚驻村帮扶工作管理的若干意见》，及时召回调整772名不符合选派条件或不能胜任帮扶工作的驻村帮扶干部。

【精准管理】以中央考核《通报》反馈问题为牵引，查摆省际交叉考核、国家第三方评估、财政专项扶贫资金绩效评价、扶贫监督性调研等多层面发现的问题。制定印发《甘肃省精准扶贫精准脱贫突出问题整改方案》，归纳梳理精准识别、精准帮扶等6个方面、34个突出问题和95项整改措施，列出问题清单，明确责任单位、配合单位、落实单位和完成时限，逐项提出整改意见。《整改方案》中属长期坚持整改的13个、限期整改的21个，限期整改的问题完成20个；长期坚持整改的问题已制定具体方案，采取有针对性的措施扎实整改；中央巡视组、国家考核回馈涉及的16个突出问题已全面整改到位。开展扶贫领域作风和腐败问题专项治理，制定印发《关于深化扶贫领域作风和腐败问题专项治理的实施方案》，明确6个方面29项问题清单，逐一落实整改责任和措施。推进"两查两保"专项行动，配合检察机关开展"保民生、促三农"专项行动，监督检查582次、公开扶贫信息20571条。受理国扶办转办和"12317"扶贫监督举报事项324件，均按“属地管理”及时转交核实办理，办结316件，办结率97.5%。

【督查考核】开展两次大规模的督查巡查，推动各项工作落实。配合支持台盟中央开展脱贫攻坚民主监督，协调6个民主党派省委会对6个贫困县开展脱贫攻坚民主监督工作。省委省政府通报2016年市县扶贫开发工作成效考核情况，严肃兑现考核奖惩，树立奖优罚劣的考核导向。制定《甘肃省贫困县退出验收核查办法（试行）》《甘肃省东西部扶贫协作考核工作实施办法（试行）》和《甘肃省配合中央单位定点扶贫考核工作实施办法（试行）》，完善《贫困县党委和政府扶贫开发工作成效考核办法》，印发贫困县、市州党委和政府年度扶贫开发工作成效考核评估两个《实施方案》。组成11个考核评估组，完成了对13个市州、75个贫困县党委和政府2017年度扶贫工作成效开展异地交叉考核评估，协助开展2017年度省际间交叉考核、东西协作考核、中央单位定点扶贫考核和国家第三方评估工作。

【雨露计划】2017年，全省完成“雨露计划”培训92087人次，累计发放补助1.12亿元，基本实现对有培训意愿的建档立卡户和特殊困难家庭的全覆盖。

【以工代赈】按照《关于支持深度贫困地区脱贫攻坚的实施意见》和涉农资金整合要求，在以工代赈资金安排时重点向深度贫困地区倾斜，2017年下达集中连片特殊困难县以工代赈资金37255万元（国家财政预算内以工代赈资金25100万元，中央预算内投资7600万元，省财政配套资金4555万元），其中劳务报酬3706万元，支持县市区统筹实施一批基础设施和基本公共服务设施项目。

（供稿：任爱军）

工 业

钢铁工业

【生产经营】2017年,全行业生产生铁456万吨；粗钢560万吨，钢材697.4万吨，其中线材129.3万吨、钢筋227.68万吨、特厚板0.69万吨、厚板23.5万吨、中板27.92万吨、中厚宽钢带105.26万吨、热轧薄宽钢带9.07万吨、冷轧薄宽钢带96.31万吨、镀层板52.52万吨、焊接钢管1.54万吨；铁合金77.3万吨；焦炭461万吨；炭素制品171.49万吨。截至年底，全行业完成工业总产值888.32亿元，同比增长68.79%；完成工业增加值70.04亿元，同比增长6.9%；实现主营业务收入106.39亿元，同比增长4.1%；实现利润23.28亿元，同比增长67 %。

【项目建设】金昌铁业（集团）有限责任公司完成东大山铁矿电锅炉改造和铸铁机两条链带大修项目；建设镜铁山矿桦树沟矿区Ⅰ矿体北翼矿体开采项目和粉矿悬浮磁化焙烧选矿改造一期项目；建设二期高端民用智能铸造项目，开发搪瓷精品锅具及高端耐磨铸件；宏电铁全金公司投资4200万元，实施在线视频监控项目、硅锰5号炉自营性炉体升级改善项目、硅铁4号炉自营性炉体设备升级改造项目、在线冶金吊标准化改造等项目；酒钢宏兴公司实施镜铁山矿黑沟矿区永久固定帮危害治理项目、炼铁厂3号高炉优化升级等接续项目。

【管理与改革】酒钢宏兴钢铁股份有限公司完成712个关键控制点的业务梳理，制定27项优化内部管理制度；金昌铁业（集团）有限责任公司成立电子商务公司，实现“互联网+”与传统产业结合；腾达西北铁合金公司完善模拟法人制度。

【技术创新】2205双相不锈钢研制开发项目获甘肃省科技进步一等奖；热镀锌板及热镀铝锌硅板表面质量技术研究应用项目获甘肃省科技进步三等奖；“一种含钛奥氏体不锈钢板材的冶炼方法”获甘肃省专利二等奖；金昌铁业（集团）有限责任公司自主设计并加工各类压铸、打磨抛光模具115件，改造中频炉控制主板，设计开发壶具、骆驼、马踏飞燕等精密铸造艺术品；省碳钢涂镀产品表面处理重点实验室加大对镀锌钝化膜干膜重量等研究，摸索出各类钝化液性能的测试方法；腾达西铁公司开展低压无功补偿装置、25MVA电炉加料系统、压力环的结构等关键装备的技术创新，降本增效方面作用明显。

黄金工业

【黄金生产】2017年，全省成品金产量25.688吨，比2016年减产0.867吨，同比下降3.33%。成品金产量中矿山产金11.654吨，减产1.265吨，同比减少4.76%；冶炼厂产金14.034吨，增产0.398吨，同比增加2.92%。

【资源开发】2017年全行业投入金矿资源勘查的资金有限，主要在重要成矿带、大型矿床外围加强勘查工作；夏河县加甘滩金矿资源勘查进展突出。

有色冶金工业

【主要经济指标】2017年，全省10种有色金属产量427.52万吨，同比增长13.7%。其中，铜91.54万吨,增长4.6%；铝279.62万吨,增长21.31%；铅2.83万吨,增长29.82%；锌39.64万吨,下降0.88%；镍13.51万吨,下降5.66%；钴3897吨，下降9.22%；单一稀土金属1581吨,同比增长35.24%。有色金属加工材121.64万吨，其中铜材37万吨，铝材84.64万吨。2017年，全行业完成工业总产值1903.8亿元，同比增长12.18%；工业增加值196.15亿元，同比增长7.6%；实现主营业务收入3609.95亿元，同比增长13.9%。金川公司年营业收入超过2100亿元。实现利润51.41亿元，同比增长78.94%。

【项目建设】酒钢东兴铝业公司2.99亿美元购得阿尔帕特氧化铝厂，解决氧化铝供应瓶颈，2017年10月6日生产出首批氧化铝产品；建成广西40万吨矿产铜项目后续改造工程；完成合成炉大修及配套工程、羰基镍及铂族金属原料制备技术改造项目；临洮铝业公司在确保300KA系列前5万吨安全平稳生产的基础上，又完成后5万吨的启动任务和后期优化管理工作，2017年累计生产铝锭104154吨，较上年增长47370吨；西北铝35MN水压机技术更新改造项目完成竣工验收，55MN挤压机全面投产；引进设备36MN挤压机，并完成合同签订。

【资源开发】金川集团在刚果（金）的金森达铜矿项目正式建成投产，并在30多个国家和地区开展有色金属矿产资源开发与合作，全球获得矿业权43个，在金川以外获得探矿区1000多平方公里。白银公司控股的斯班一公司成功并购美国静水公司；秘鲁尾矿综合开发项目正式建成投产。

【技术创新】白银公司白银炉技术提升改造完成后，日均处理低品质复杂铜物料700吨，全年减少渣选费用及有价金属铜、金、银绝对损失费用980万元。经中国有色金属工业协会评定，“白银炼铜法”熔炼炉增效关键技术研究及应用项目整体技术达国际先进水平；金川集团出台《职工技术创新活动评价办法》《职工技术创新成果奖励办法》，设立科技进步奖、技术改进奖、行业专利奖等奖项；甘肃稀土集团对16个项目技术攻关投入520万元，开发出镧铈铽磷酸盐绿粉、纳米氧化铈、高性能钐钴合金甩片、高铈粉、稀土抛光液等新产品；连城铝业开发铝锭在线激光二维码标识管理信息系统，将激光技术应用于铝锭标识，实现无人化操作铝锭在线计量、合格证标签打印以及从铝锭生产、出入库到客户网上查询质量信息的激光二维码全流程管理。中铝兰州分公司推广FHEST技术项目，节电效果突出；宝微实业公司采用低污染黄钾铁矾法工艺，提高金属回收率；东兴铝业公司采用新型全石墨阴极等技术手段，使500kA大型铝电解槽吨铝节电258.2千瓦时，槽寿命预计延长900天以上。

（供稿：杨　勇）

轻工业

【主要经济指标】2017年，全省轻工业规模以上工业企业累计完成工业总产值1055.29亿元，同比下降15.87%；其中，系统内轻工业完成733.99亿元，同比下降21.24%；食品行业完成495.18亿元，同比下降21.70%；烟草行业完成151.48亿元，同比增长4%；医药行业完成145.02亿元，同比增长3.46%。累计完成工业增加值266.17亿元，同比下降7.4%；其中，烟草工业完成124.90亿元，同比增长4.0%；系统内轻工业完成91.14亿元，同比下降21.1%；食品行业完成61.18亿元，同比下降19.9%；医药行业完成45.10亿元，同比下降0.6%。累计完成销售产值982.28亿元，同比下降13.6%，产销率为93.08%。实现利税178.65亿元，同比增长2.3%，实现利润51.06亿元，同比增长0.5%，实现税金127.59亿元，同比增长3.1%。

【经济运行主要特点】轻工业运行继续回落　2017年，全省轻工业规模以上工业企业累计完成工业总产值1055.29亿元，同比下降15.87%，累计完成工业增加值266.17亿元，同比下降7.4%。主要行业优势明显　2017年，从完成工业增加值总量看，排在前五位的子行业有烟草行业完成124.90亿元，医药行业完成45.10亿元，农副食品加工业完成25.88亿元，酒、饮料行业完成22.38亿元，食品制造业完成12.92亿元，上述五个行业累计完成231.18亿元，占全省轻工业增加值的86.8%。增速下降　2017年，全省轻工业累计完成工业增加值266.17亿元，同比下降7.4%；其中：股份制企业完成工业增加值258.58亿元,同比下降5.9%；外商及港澳台商投资企业本月实现工业增加值6.13亿元，同比下降14.5%；集体企业完成工业增加值0.48亿元，同比下降51.9%。烟草行业继续增长　2017年，全省轻工业累计完成工业增加值266.17亿元，其中烟草行业完成124.90亿元，占全省轻工业增加值的46.92%，烟草行业工业增加值同比增加4.0%。主要产品产量有升有降　2017年，主要产品产量增长较快的有：葡萄酒增长290.0%，鞋增长117.4%，钢丝增长74.6%，眼镜成镜增长68.9%，食品添加剂增长50.5%，塑料制品增长49.9%；产品产量下降较大的有：玻璃纤维布下降71.5%，金属门窗及类似制品下降50.8%，卫生用纸原纸下降44.9%，精制食用植物油下降40.3%，食醋下降22.7%，酱油下降21.0%。出口继续增长　2017年，全省轻工业累计出口14.52亿元，同比增长10.70%。出口增长幅度较大的行业有：农副食品加工业，增长71.49%，酒、饮料和精制茶制造业，增长14.85%。下降幅度较大的行业有：食品制造业，下降31.15%，医药制造业，下降17.05%，纺织业，下降5.82%。

【交流与合作】组织18家轻工企业参加“2017年甘肃—哈萨克斯坦投资合作项目洽谈会”和“甘肃—格鲁吉亚投资合作项目洽谈会”，围绕农副产品进出口和食品深加工达成初步投资合作意向。与福建、安徽等省合作，签署产业合作协议。巴基斯坦农业科技代表团赴省轻工院进行学术交流、合作洽谈，省服装鞋帽研究所与香港贸发局进行贸易洽谈。

【科技成果】省轻工研究院申报“亚临界萃取新技术应用研究”获中国轻工业联合会科学技术发明奖三等奖，燎原乳业集团申报“领跑线牦牛乳系列幼儿配方奶粉产品研发”获中国轻工业联合会科学技术进步奖三等奖，省轻工研究院同时荣获“十二五”全国

2017年全省轻工业主要产品产量完成情况

产品名称	计量单位	本年实际	同比增长%	产品名称	计量单位	本年实际	同比增长%
小麦粉	吨	872417.8	−16.8	多色印刷品	对开色令	1630592.7	−9.1
原盐	吨	191640.0	38.3	卫生用纸原纸	吨	11826.0	−44.9
精制食用植物油	吨	28366.8	−40.3	纸制品	吨	351323.5	−17.4
鲜冷藏肉	吨	99343.9	−14.6	瓦楞纸箱	吨	279450.1	−18.6
饲料添加剂	吨	3718.8	−2.2	玻璃包装容器	吨	87609.2	−6.0
食品添加剂	吨	736.6	50.5	塑料制品	吨	671394 7	49.9
速冻食品	吨	3575.0	−19.2	塑料薄膜	吨	112508.5	−2.9
成品糖	吨	49810.2	3.7	泡沫塑料	吨	920.0.0	−18.5
乳制品	吨	345247.3	6.1	玻璃纤维布	米	912776.0	−71.5
液体乳	吨	324446.7	6.9	钢丝	吨	2696.0	74.6
乳粉	吨	13988.3	5.3	轻革	平方米	2338860.0	9.8
酱油	吨	10323.0	−21.0	鞋	万双	363.0	117.4
食醋	吨	17497.0	−22.7	纱	吨	18529.0	8.3
味精	吨	3174.4	11.0	绒线	吨	477.0	−7.6
罐头	吨	63729.9	19.6	毛机织物	万米	435.0	−18.2
饮料酒	千升	619240.9	−4.6	非机织布	吨	489.0	46.0
白酒	千升	33185.9	−10.5	服装	万件	674.7	16.2
啤酒	千升	504185.6	−14.7	梭织服装	万件	377.2	23.6
黄酒	千升	334.0	−9.7	皮革服装	万件	1.5	36.4
葡萄酒	千升	81514.5	290.0	天然毛皮服装	万件	3.67	−30.8
饮料	吨	1488617.7	−3.6	钢绞线	吨	17685.9	0.0
食用盐	吨	14630.0	6.3	金属门窗及类似制品	吨	37434.0	−50.8
碳酸型饮料	吨	299796.9	42.7	金属压力容器	吨	5311.0	−9.4
包装饮用水	吨	536566.3	17.1	眼镜成镜	副	15401000.0	68.9
果汁及果汁饮料	吨	451082.4	−14.0	家具	件	82071.0	−45.3
卷烟	万支	4825000.0	0.7	瓷质砖	平方米	2128200.0	−15.9
冷冻蔬菜	吨	23349.0	33.1	人造板	立方米	26705.7	−26.2

2017全省轻工业主要行业工业总产值、增加值完成情况

计量单位：万元

轻纺主要行业名称	工业总产值		工业增加值	
	本月止累计	同比增长%	本月止累计	同比增长%
全省轻工业总计	10552907.0	−15.87	2661729.9	−7.4
烟草制品业	1514764.2	4.00	1248973.6	4.0
医药制造业	1450172.4	3.46	451019.0	−0.6
农副食品加工业	3130692.9	−25.74	258795.9	−29.5
食品制造业	758638.9	−10.34	129244.1	−2.1
酒、饮料和精制茶制造业	1062462.8	−15.81	223783.1	−15.6
皮革、毛皮、羽毛及其制品和制鞋业	28829.7	−14.69	18593.8	−10.7
家具制造业	5562.3	−46.39	2422.7	−46.5
造纸和纸制品业	196123.6	−3.04	21560.5	−17.5
橡胶和塑料制品业	706555.8	−33.86	79016.8	−33.7
金属制品业	668982.4	−13.46	62218.5	−19.3
印刷和记录媒介复制业	103989.5	−18.18	44792.9	−8.6
文教、工美、体育和娱乐用品制造业	34731.2	−28.79	3075.6	−35.0
轻工专用设备制造业	28401.5	−14.35	8865.6	1.8
纺织业	183485.0	−33.06	29929.2	−17.1
纺织服装、服饰业	58891.3	−32.76	21189.3	−15.5

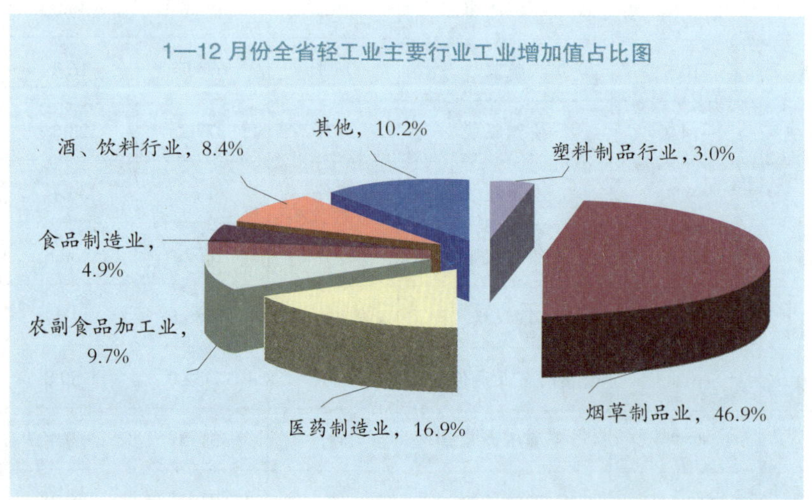

轻工业科技创新先进集体荣誉称号。省轻工研究院申报“甘南藏族自治州燎原乳业有限责任公司婴幼儿配方乳粉GMP改造及乳制品质量安全保障能力建设项目资金申请报告”“张掖市润星生物科技有限责任公司年处理3万吨沙棘果深加工循环经济建设项目可行性研究报告”分别荣获2016年度甘肃省优秀工程咨询成果二、三等奖。省轻工研究院与陇南市祥宇油橄榄开发有限公司签署协议，转让国家发明专利“从油橄榄果渣中提取油橄榄果渣油的方法及装置”。

（供稿：孙晓东）

煤炭工业

【煤矿基本情况】2017年初共有各类矿井137处，年内整合关闭矿井11处，截至2017年底共有各类矿井126处。2017年共生产原煤3738.4万吨，同比减少515.89万吨，下降12.13%。其中：中央在甘煤矿1775.88万吨，同比减少34.34万吨，下降1.9%，占47.5%；省属煤矿1575.89万吨，同比减少165.3万吨，下降9.49%，占42.15%；市县国有煤矿162.3万吨，同比减少164.68万吨，下降50.36%，占4.34%；乡镇煤矿224.33万吨，同比减少151.57万吨，下降40.32%，占6%。

【煤矿安全生产】2017年发生煤矿死亡事故6起、8人，与上年同期11起、13人相比减少5起、5人，分别下降45.45%和38.46%。未发生重大及重大以上死亡事故。事故起数、死亡人数和百万吨死亡率3项主要指标实现“三个大幅下降”，其中事故起数和死亡人数首次实现“双个位数”，煤矿安全生产形势创历史最好水平。

【煤矿安全监察】做好停止新建项目、新增产能技术改造项目、生产能力核增项目的安全核准和安全设施设计审批，对列入2017年化解过剩产能的10处煤矿及时注销安全生产许可证。落实中央关于祁连山环保督查的通报，停止办理各类保护区内新建、改扩建煤矿项目安全设施设计审查和安全生产许可证延期申请，配合省上有关部门制定窑街煤电集团天祝煤矿扣除式退出工作方案。建立局领导分片联系指导煤矿安全生产工作机制。

【煤矿全面安全“体检”】专项工作牵头组织、统筹推进辖区煤矿全面安全“体检”工作，累计抽调监管监察人员945人次、专家714人次，查处一般隐患3492条、重大隐患22条，责令停止设备

使用73台（套），责令局部停止作业43处（其中采煤工作面10处），责令停工、停产整顿煤矿9处。

【依法行政】在煤矿全面安全“体检”、安全生产巡查、安全大检查以及职业危害防治以及“打非治违”、安全许可等工作中与省安监局、省国土厅协作配合，建立抽查对象名录库和执法单元库，推行“双随机一公开”监察执法方式，全年共实施随机监察124次，占总量的40.86%。修订安全许可证颁发管理办法和网上办理流程，按照专业分类建立审查人员数据库，推行人事部门随机抽取审查人员制度，规范安全许可工作。出台《煤矿安全监察执法监督办法》具体实施办法，提出并落实事故响应“两个第一时间”的要求：必须第一时间报送事故信息，接到事故报告后相关人员必须第一时间赶赴现场指导抢险救援并开展事故调查。2017年，全局共实施监察485矿次，监察计划完成率121.8%，监察覆盖率100%，复查率149.6%，查处一般事故隐患3290项、重大事故隐患16项，隐患时限整改率100%。下达执法文书1750份，其中加强和改善安全管理建议书41份、意见书11份，移送书22份。

（供稿：赵　鹏）

兰州兰石集团有限公司

【生产经营】2017年，兰石集团累计实现总产值122.02亿元，同比增长19.15%；实现营业收入120.05亿元，同比增长18.81%；实现利润8.58亿元，同比增长7.21%；完成产品技术创新投入2.7亿元；上缴税金3.6亿元；完成投资10.15亿元；装备制造板块实现新增订货46.79亿元，累计订货达到54.87亿元；全年获得银行授信233.15亿元，融资余额167.45亿元；企业总资产由279.55亿元增加到331.43亿元，同比增长18.56%；净资产由84.52亿元增长到89.45亿元，同比增长5.84%。全年共争取国家和省市区各项扶持奖励资金（含贴息贷款）2.32亿元。

2017年5月，兰石集团为江苏瑞铁轨道装备公司制造轨道设备

【项目建设】全年新增EPC项目订单7.5亿元，累计获得EPC项目订单41.2亿元。5个EPC项目进展顺利，新疆宣力项目提前中交，兰石金化项目设计、采购、设备安装工程全部完成并实现中交，盘锦浩业二期项目汽油加氢装置、配套公用工程装置实现中交，张掖晋昌源项目部分装置实现中交，凯德尼斯二期项目沸腾床加氢装置基础土建工作、钢结构安装、动静设备安装全部完成。

【市场开拓】2017年，利用海外公司和办事处优势资源，新签订海外市场订单3.73亿元，实现进出口总额4.04亿元。取得19台锻焊加氢反应器制造订单，合同累计金额5.52亿元；首次取得绕管式换热器订单，首次采用租赁方式实现钻机销售；国内首台（套）1.6MN径锻机组出口缅甸，累计订单3600万元。房地产板块全年实现销售回款25亿元，豪布斯卡二期住宅实现销售收入9.3亿元;物业公司以每年2592万元的价格中标兰州现代职业学院三年期物业管理项目;酒店月最高入住率达到86.56%。完成集团及12家子公司门户网站建设。

【科技创新】2017年，兰石集团重点产品研发及成果转化初见成效，12000m钻井包全面进入试制阶段，15000m钻井包技术方案通过评审，600KW液压传动和静压蓄能风力发电机组进入发电测试阶段；完成7000m交流变频电驱动钻机电控系统测试、液压抽油机试验测试、3000马力压裂机组（车）联调联试、大型钢制结构件无损探伤机器人样机现场测试，攻克钢锭液芯锻造技术。

（供稿：曲彦伟）

金川集团股份有限公司

【经营生产】2017年，全年实现营业收入2153亿元，工业总产值800亿元，实现利税总额50.5亿元，其中利润13.5亿元，上缴税金37亿元；生产有色金属及深加工产品117.5万吨，化工产品385万吨；镍、钴产量居全球第3位，铜产量居全国第3位，铂族金属产量居全国第1位。梅特瑞斯扭亏为盈，实现利润3.06亿元；印尼红土矿项目完成投资3.13亿元；赞比亚齐福普项目建成投产；刚果（金）金森达铜矿完成投产。完成金川矿区矿权整合，金川科技转板上市正常推进；山东高速集团有限公司入股金川国际，股权资金3.86亿港元；年累计实施对外股权投资4.8亿元，股权融资3.4亿元，股权处置4.4亿元。

【项目建设】启动金川矿山贫矿开采工程，8月24日铜合成炉大修主体工程竣工，实现铜冶炼工艺技术改造升级；二选扩能降耗技术改造（一期）、3000吨/年四氧化三钴等项目竣工；酸性废水处理改造铜、镍系统实现联动试车；10万吨/年三元前驱体项目开工建设。

【科技研发】低成本红土矿冶炼关键技术及工程化应用研究完成中试；铜冶炼废水中提取铼酸铵完成工业试验；NCA前驱体、废旧锂离子电池回收等中试平台建成；矿山系统改造、多功能整体镍电解槽开发、电镀硫酸铜产品质量提升等项目成效明显；铜电解始极片自动剥片机组研发成功；矿山镍、铜供矿品位同比提高0.03和0.02个百分点；镍、铜选矿回收率同比提高0.51和1.72个百分点；中国工程院重大咨询项目结题；“国重实验室”等研发平台承担省级以上重大项目8项，获得经费1350万元，获国家专利授权402项；获省部级科技进步一等奖3项，二等奖5项。

【安全环保】开展大气污染防治和源头减排，市区二氧化硫年均值同比下降28.8%，优于二级标准;优良天数达到295天，同比增加18天。

（供稿：吕　娜）

白银有色集团股份有限公司

【生产经营】2017年预计完成铜铅锌产量41.85万吨；营业收入566.34亿元；工业总产值303亿元；利润总额6.54亿元。经济效益和发展质量明显改善。2017年公司在中国企业500强排名第271位，有色行业排名第11位。

【资本运营】2月15日，白银公司成功实现首发上市，登陆A股市场（股票简称“白银有色”，股票代码“601212”）。公司利用上市平台实施平安信托股权收购和小铁山八中段以下深部开拓工程两个募投项目，平安信托股权收购募投项目为公司新增铜铅锌资源金属量157万吨、银880吨；整合非洲的黄金及贵金属资产。

【项目建设】全年完成固定资产投资10亿元，省列重点项目铜冶炼技术提升改造、厂坝300万吨采选扩能改造等8个在建项目完成投资建设进度，6个技改项目完成竣工验收，28个项目开展后评价。

通过南非第一黄金战略支持南非斯班一公司；22亿美元并购全球第六大铂系金属企业美国静水公司，使其具备年产黄金约50吨、铂系金属17吨的生产能力；建立南美资源贸易支点，在秘鲁建设投资1.61亿美元尾矿综合开发项目于2017年11月正式投产，形成年处理矿量680万吨、年产铜和锌金属5.2万吨、铁精矿35万吨的产能。

【技术创新】全年开展技术攻关、技术研发项目59项；申请受理专利138件，发明专利占比达到46%；实施技术经济增量项目71项，创新增效1亿元；9个新材料、新产品研发试制成功，长通公司自主研发的PF4超导电缆达到国际领先水平；22项技术创新项目获得国家、行业和省科技进步奖。

【安全环保】全年投入安全生产费用8100万元，全员安全生产责任体系实现全覆盖；开展安全生产标准化建设，“双重预防”机制初步建立，排查整改隐患2957项，18家单位建成二级、三级安全标准化企业；14700余人次接受理论和实操培训；安全生产主要指标及新发职业病例大幅下降；环保管理方面开展环境风险隐患排查，123项完成整改，4个项目完成环评验收，7家分子公司完成清洁能源改造；开展危废规范管理和大气污染防治工作，公司废气废水排放达标率、环保设施运行率、工业固废（危废）规范贮存处置转移率均达到100%，重大环境污染事故为零；全年节约标煤2.2万吨，节约新水75万吨。

（供稿：周　宇）

酒泉钢铁（集团）有限责任公司

【生产经营】2017年，集团公司收入、产值分别完成874.36亿元、529亿元；实现利润总额6.3亿元；铁、钢、材产量分别完成446.2万吨、517.5万吨、602.6万吨。

【项目建设】2017年，全年实施重点项目98项，完成固定资产投资46.5亿元，完成年度投资计划的102.9%。绿色短流程铸轧铝深加工项目，铸轧车间累计完成28条生产线的热负荷试车。冷轧车间厂房封闭90%，完成4、5、6、7号冷轧机基础施工，7号冷轧机已开始空负荷试车；彩板车间完成厂房封闭；新型金属复合材料产业化建设项目一期工程，已完成主厂房施工和主体设备安装；不锈钢铬钢酸洗线分项工程，完成主厂房主体结构施工,主体设备已全部采购订货完毕；环保项目，全年实施21个环保项目中，宏电铁合金料场综合防尘治理、东兴铝业陇西分公司环保改造项目、选烧厂竖炉电除尘改造及烟气脱硫工程等12个项目已完成主要建设任务投入使用。

【非钢产业】完成铝产量167.5万吨；铁合金生产15.6万吨；火力发电214.6亿千瓦时；生产机械产品和风电产品6.6万吨；生产焊条、焊丝1.8万吨。

【科技创新】2017年，投入科技经费22亿元，实施科技创新项目299项，取得专利授权170件，获得外部科技成果奖励31项，其中“2205双相不锈钢研制开发”项目获甘肃省科技进步一等奖。开展新产品研发项目47项，完成新产品开发量23.8万吨，马氏体不锈钢、双相不锈钢、锌铝镁产品、汽车用钢、铝电用钢、光伏设备制造、葡萄酒、乳饮料已形成系列产品。

【节能减排】2017年，本部钢铁主业吨钢综合能耗完成643.27Kgce（Kgce：能源消耗量）。发电煤耗完成312.33克/千瓦时，比计划升高14.49克/千瓦时。集团公司本部高炉煤气放散率为0.21%，同比升高0.1个百分点；焦炉煤气持续保持零放散率。

（供稿：王　莉　高振新）

甘肃稀土新材料股份有限公司

【生产经营】2017年，完成工业总产值13.54亿元，工业增加值4.11亿元，实现营业收入12.35亿元，出口创汇

1161万美元，上缴各种税金4109万元，全年盈利507.8万元。截至年底，公司总资产32亿元，净资产27亿元。

【科研项目】2017年，实施技改开发项目17项，累计投入资金13974万元，完成科研实验项目16项，申报发明专利3件，获得授权2件。完成稀土焙烧为期深度处理项目、稀土皂废水深度处理及资源化利用项目、一般工业固体废旧物贮存场项目等国家环保部门要求整改的重点环保项目，消除省市环保部门督办的重大环境隐患，实现冶炼废水、废气资源综合利用和治理。

【改革改制】调整经济责任考核办法，职工平均工资较上年增长9.52%。调整补充公司安全生产委员会，建立和落实全员安全生产责任制，加强公司安全生产保证体系。

（供稿：邓博文）

西北永新集团有限公司

【生产经营】2017年，完成涂料产量21876吨，同比增长39%；生产中药269527万粒，同比增长16%；生产管材4264吨，同比增长122%；全集团实现工业总产值65877万元，同比增长11%；营业收入119815万元，同比增长13%；利润总额6327万元，同比增长11.9%。全面完成年度目标任务，实现人均增资9.62%。

【项目建设】2017年，完成基本建设投资2804万元，完成年度计划的60%。永新涂料年产200吨钴蓝杂化颜料中试项目投料试车;陇神戎发糅酸小檗碱原料药车间净化工程与保健食品提取车间厂房建设工程完成施工并通过GMP认证。完成集团经适房项目、陇神戎发现代中药扩能改造项目一期、永新管业年产4.5万吨新型管材项目的竣工决算审计及项目后评价;通过资源开放计划盘活存量资产，永新产业园二手车项目、新能源汽车充电桩项目通过市场化竞价方式，完成招商租赁。

【科技创新成果】2017年，集团开展技术创新、管理创新项目立项106项。申请受理专利9项，授权专利5项。《钴蓝/凹凸棒石纳米杂化颜料产业化关键技术研究》《水性工业防腐涂料技术开发及产业化》《新资源藤茶解酒保健品的研发》3个项目获批省、市级科技重大专项；11个项目分获省技术发明一等奖，省、市、区科技进步奖等；7个项目被列入2017年甘肃省技术创新项目计划；《一种元胡止痛滴丸制备及其制备工艺》成功入选近5年中国优秀专利成果展；《元胡止痛滴丸二次开发研究》专著正式出版；永新PE100给水管荣获“甘肃省名牌产品”称号；集团科协荣获全国科协系统“先进集体”，第十三届金桥工程“优秀组织奖”；工业涂料与涂装设计中心获得授牌，并入选甘肃省第三批省级工业设计中心；水性工业涂料工程研究中心顺利通过首次综合考核并获优秀等次；永新管业被认定为甘肃省科技创新型企业。

（供稿：康彦龙）

窑街煤电集团有限公司

【生产经营】2017年，生产原煤720.56万吨，同比减少1.1万吨；完成工业总产值53.17亿元，同比增加3.24亿元；营业收入32.90亿元，同比增加11.65亿元；实现税费5.84亿元，同比增加2.36亿元；实际利润2.56亿元，同比减亏增利5.25亿元；吨煤成本280.17元，同比上升48.71元；资产负债率84.98%，同比下降7.86个百分点。

【项目建设】2017年，完成固定资产投资4.58亿元；加大房地产去库存力度，收回资金1.735亿元；完成2户僵尸企业的资产处置工作；完成腾霖紫玉葡萄酒业公司股权转让、合水项目100亩土地挂牌转让、兴元公司2×12500KVA碳化硅生产线及附属设施对外租赁承包，收回资金2731万元。推进重点工程项目建设，末页岩炼油项目二期系统消缺完善和设备改造、兰州丰宝二期、哈拉沟海石湾煤矿二采区通风系统和瓦斯抽放系统及配套设施改造、天祝矿区环境修复治理和海石湾煤矿、三矿燃煤锅炉改造等工程项目进展顺利。组织完成油页岩资源综合利用一期、矿井低浓度瓦斯与油页岩炼化尾气混合发电等六个重点项目后评价工作。

【企业改革】统筹实施供给侧结构性改革，完成长山子煤矿去产能任务和设备回撤、职工分流安置等工作，奖补资金到位7079万元；推进三项制度和机关机构改革，健全完善常态化机制；完善《集团公司职工岗位技能效益浮动工资标准实施办法》；实行班子、职工全员层层经营承包和中层管理人员经营承包风险抵押制度，向各子公司下放11项自主经营决策权利。

（供稿：邓永胜）

甘肃省电力投资集团有限责任公司

【生产经营】2017年，减亏11.2亿元，盈利1.63亿元；完成发电量151亿千瓦时，增长12.46%；完成投资49.7亿元；实现营业收入45亿元，增长9.84%；上交税费总额6.06亿元，增长9.1%。主体信用评级维持AA+，资产负债率52%。间接融资61亿元,债券直接融资9亿元，偿还债务37亿元。

【电力增值业务】售电公司具备在全国开展购售电交易资格，取得16.12亿电量的代理业务，获得2018年金昌氯碱化工大用户电量的委托代理权；投资开发工业园区增量配网，分享电改红利；拟控股建设的瓜州柳沟工业园增量配电网列入国家第一批增量配电业务改革试点。与10个市州及省高速公路管理局达成合作协议，布局实施新能源汽车充电桩及分时租赁项目。陇南充电桩项目和新能源电动汽车投入运营。新能源建立设计、咨询、施工、运营、检修、碳交易全产业链。

【省列重点投资项目】武威热电联产工程投产发电，增加装机70万千瓦；常乐电厂项目于2017年9月正式开工建设，是西北地区规模最大、技术水平最高的燃煤火电工程；甘肃紫金云大数据产业园（一期）工程开工建设；第一条省内控股铁路中兰客专项目控制性工程尖山隧道开工建设。大数据产业破题起步，将大数据作为新兴产业重点培育，形成全产业链发展大数据产业的思路和“前店后厂”的商业运作模式，与11家业内知名企业签订战略合作协议。金昌紫金云产业园数据中心一期项目开工建设，上市公司与数梦工场合资成立的甘肃城市大数据运营公司正式运营。甘肃城市大数据公司网络数据安全联合实验室揭牌成立。

【安全环保管理】2017年，未发生一般及以上安全事故，未发生交通、火灾、基建、环境污染事故。治理生态环保问题，全年环保投入2.08亿元，完成了39个项目的199个环保问题整改工作。

（供稿：李学仁）

甘肃省烟草专卖局（公司）

【生产经营】2017年，全省烟草商业系统销售卷烟87.1万箱，同比增长0.03%，其中地产烟销售50.75万箱，比重达到5826%，同比提高0.75个百分点；单箱销售额2.46万元，同比增长2.28%，其中一二类烟销售26.24万箱，同比增长6.86%，销售比重达到30.13%，同比提升1.93个百分点;实现卷烟销售收入214.67亿元，同比增长2.31%。

【烟叶产销】2017年，全省种植烟叶2.7万亩，收购5.32万担，均控制在国家计划之内。签订烟叶种植收购合同2085份，户均面积13.11亩，较2016年增加1.11亩；烟叶收购公斤均价比上年提高2.5元，烟叶收购等级合格率81%。推广小苗膜下移栽2375亩，开展烤烟与紫苏间作套种20亩、烟草新品种试验项目420亩，开展烟叶精益生产8699亩，同比增长45%。开展水肥一体化及肥料减量增效定位试验研究10亩。推广生物物理防控技术2.2万亩。专业化育苗、精准施肥、精准植保，亩均节约成本65元。培育职业烟农、家庭农场为主的生产主体，发展培育各类烟农合作社11个，入社农户526户，占总户数的25.23%，50亩以上家庭农场142户，20~50亩职业烟农218户，家庭农场、职业烟农种植面积7396亩，占总面积27.1%，100~500亩连片种植区29片，占总面积35.51%。完善烟农合作社的综合服务职能，耕地、起垄、覆膜环节综合机械化作业率达到45%，亩均用工减至23个。

【烟草市场管理】2017年，全省查处假私卷烟案件2340起，同比增加1306起；查获假私卷烟454.5万支，同比增加234.6万支；其中百万元以上案件17起，千万元以上案件4起。全省市场净化率达到92.47%，较上年提升1.15个百分点。

【营销网点建设】全省建成现代终端2.4万户，比重达20.5%。全省户均卷烟经营毛利2.89万元，毛利率达到14%以上。全省建成客户自律互助小组3861个、客户之家963个，覆盖正常经营户5.8万户。完成兰白临区域物流中心业务整合。

（供稿：毕耜栋）

刘家峡水电厂

【经济指标】2017年，完成发电量45.85亿千瓦时，上网电量45.37亿千瓦时，连续安全生产6004天，节水增发3.12亿千瓦时，平均发电耗水率3.96立方米每千瓦时。

【洮河口排沙洞及扩机工程】截至2017年底，土建尾工施工基本完成；7号机组安装工作、充水试验及开机启动工作全部完成；8号机组及其附属设备安装、动态试验全部完成。工程竣工安全鉴定工作完成。

【安全生产】2017年开展安全生产大检查、电气火灾综合治理等活动；专项领域安全隐患排查方面，累计排查102项内容，发现整改问题431项。刘家峡水电厂已连续16年安全生产无事故。

（供稿：王建刚）

靖远煤业集团有限责任公司

【生产经营】2017年，原煤产量995.2万吨、销量1052.4万吨；尿素产量37.1万吨，同比多产9.8万吨，增幅35.9%；尿素销量39.4万吨，同比多销4.65万吨，增幅13.4%；火力发电量26亿千瓦时，同比多发4.55亿千瓦时，增幅21.2%；工业总产值83.98亿元，同比增加6.69亿元，增幅8.65%；营业收入52.73亿元，同比增加2.04亿元，完成计划的101.4%；利润2.33亿元，同比增盈1.88亿元。

【项目建设】完成《甘肃省低热值煤

刘家峡水电厂洮河口排沙洞及扩机工程

发电中长期规划》修订，靖远矿区低热值煤发电项目列入《甘肃省低热值煤发电中长期规划（2015—2020年）》，已完成项目预可研报告的评审工作；王家山矿一号井90万吨/年改扩建项目已完成质量认证、档案、安评专项验收和消防、环评、职业卫生等单项验收，具备整体竣工验收条件；利用国家煤矿建设“减量置换”政策，推进景泰白岩子矿井及选煤厂项目建设。

【经营管理】采取用电避峰填谷措施，全方位降低生产成本；加强物资供应管理，处理消化积压物资538万元，代储代销3220万元，严格采购秩序，物资招标29次9900多项，较计划节约资金4645.3万元。严格财务管控，降低财务费用，提高公司经济效益；完善内控制度，制定《违规经营投资责任追究办法》《资产处置管理办法》，完成内部审计任务40项。

【多元产业】白银热电公司开拓电、热市场，争取优质用户和外送电量，争取调度浮动电量，在提高发电量的同时，供热514万吉焦；2017年完成产值6.5亿元。刘化公司除尿素产品外，生产各类复合肥4.64万吨，年内完成产值8亿元；煤一公司完成产值6亿元；华能公司完成产值2亿元；伊犁公司完成产值3605万元；洁能热电公司完成产值1060万元；银河公司完成产值2.2亿元；勘察设计公司围绕服务集团公司安全生产和项目建设，完成产值1000万元；房地产开发公司完成产值4321万元；设备租赁公司完成租赁5800万元；晶虹储运公司开拓煤炭销售市场完成产值17.3亿元；靖煤大厦适时调整经营策略，减亏34万元。

【安全生产】制定《安全责任规定》《安全生产事故责任追究办法》《加强煤矿班组安全建设实施方案（试行）》等制度28项，完成《机电运输管理制度汇编》，理顺安全监管体制机制；优化矿井通风系统，推广“两堵一注”封孔工艺，提高瓦斯抽采技术水平，施工瓦斯抽采钻孔35.7万米，抽采瓦斯4890.8万立方米；完成重难点工程46项、矿压防治钻孔20余万米、水害物探210余次；开展安全培训120期、2333人次；投入安全费用1.26亿元，引进新技术、新设备，实施自动化改造；完成环保专项投资1.05亿元，治理50台燃煤锅炉、9座矸石山；大水头矿安全生产标准化建设达国家一级标准。

（供稿：丁法义）

华亭煤业集团有限责任公司

【主要经济指标】全年煤炭产量1767.18万吨，同比减少2.31万吨；商品煤销量1811.75万吨，同比减少39.32万吨；甲醇产量60.01万吨，同比增加22.19万吨；营业总收入73.37亿元，同比增加21.35亿元；上缴税金13.87亿元，同比增加5.95亿元；资产总额146.69亿元，资产负债率44.26%。

【项目建设】2017年，赤城煤矿项目全年完成投资15569.63万元，矿建二期工程全面完工。聚丙烯项目全年完成投资2.02亿元，建筑工程完成85%，工艺设备完成84.9%，工艺管线安装完成81.3%。安口南集配站项目全年完成投资1550万元，路基土石方完成20000立方米，四座涵洞铺砌及剩余工作完成。石堡子水库除险加固工程完成施工合同签订和监理项目的采购谈判工作，施工单位进场，项目征用土地证照手续办理工作正在积极与有关部门沟通协调。落实环保法规政策，完成砚北煤矿等9对生产矿井矸石山恢复治理，取得赤城煤矿、安口南集配站改造工程的环评批复，实现异丁基油依法综合利用。2017年11月完成核桃峪、新庄煤矿项目管理移交工作。

【煤炭销售】2017年，新开发7家优质电煤用户，新增煤炭销量17.9万吨，2017年电煤销量达到1132.88万吨，同比增加37.4万吨。加大高价化工煤销售力度，全年销售化工煤363.84万吨。根据市场供需情况实行“量价联动”和差异化定价的价格管理机制，煤炭平均售价同比提高124.65元/吨。协调开通7户直达列运输，全年铁路发运量突破1200万吨。加大货款回收力度，综合货款回收率达到96.7%。

【安全管理】矿山救护大队建成省级煤矿应急救援基地和危险化学品应急救援华煤集团基地。落实安全培训教育责任，全年累计完成各类培训43806人次。开展“安全生产月”活动、“安康杯”竞赛、“群监青岗在行动”“家属联保”等安全文化活动。马蹄沟煤矿实现连续安全生产5000天，煤制甲醇公司实现长周期安全生产。

（供稿：张新财）

400万吨储煤库

甘肃省建设投资（控股）集团总公司

【生产经营】2017年，经济总量成功突破600亿元大关，完成经济总量608.06亿元，签约订单额达781.83亿元，集团实现利润总额1.9亿元，超额完成年计划的126%，同比增长44.98%，实现利税总额19.27亿元。全年承接亿元以上项目181个，签约EPC、PPP、BOT项目订单额达89.17亿元；集团商贸物流、文化旅游等多元经济实现经济总量76.59亿元，同比增长100.56%。

【市场布局】设立华东建设、华北建设、华南建设、西南建设、陕新建设五大直属区域公司。创建区域性总部基地，“一省一策”布局全国市场。2017年，全集团省外市场实现订单同比增长53.69%。对接“一带一路”建设支点国家和国际产能合作战略，实现海外订单同比增长23.55%。

【产业拓展】混凝土臂架泵车、旋挖钻机、挖掘机等产品通过欧盟CE认证；专用汽车以销定产更加符合市场需求，进入了环卫领域；治沙产业推进全国荒漠化防治（机械治沙工程）试验示范基地建设，已完成沙漠综合治理和绿化造林2300余亩。在兰州新区投资建设10万平方米的装配式住宅小区，在天水市和榆中县投资打造绿色装配式建筑产业园和科技园，基本形成从装配式构件生产制造到绿色建材、住宅开发的特色化装配式建筑产链。

（供稿：杨亚斌）

金融业

中国人民银行兰州中心支行工作

【金融调控】截至2017年底，全省各项贷款余额17707.24亿元，较年初增加1780.82亿元，增长11.18%；金融机构同业资产、投资业务余额较年初减少235.52亿元，资金空转和脱实向虚势头得到扭转；推动“三去一降一补”的落实，全省第三产业贷款、小微企业贷款分别增长17.95%和13.35%，高于全省贷款平均增速6.77和2.17个百分点；全省通过银行间债券市场融资186亿元，发行西北首单扶贫中期票据9亿元和供热资产收益权产品7.37亿元；推动金融机构与酒钢、金川等企业集团签订去杠杆及市场化债转股协议金额1215亿元；金融机构新发放企业贷款加权平均利率5.58%，同比下降3个基点；制定《信贷政策支持再贷款政策效果评估实施细则》。

【绿色金融试点】成立绿色金融专业委员会和绿色金融研究中心，推动甘肃银行成立绿色金融部，开展绿色金融创新试点，举办以“发展绿色金融，建设生态文明”为主题的第四届西北金融论坛和绿色金融培训会，支持甘肃银行成功发行绿色金融债10亿元，兰州银行注册绿色金融债30亿元，甘肃绿色融资总量达到2420.85亿元。起草印发《关于构建绿色金融体系的意见》，并在全省实施。

【普惠金融工程】甘肃“普惠金融共享家园”微信服务平台上线，用户数突破38万人；研发具有数据采集、信用评价、统计分析、信息查询和共享等功能的“甘肃省农（牧）户信用信息管理系统”，累计为全省452万户农户建立信用档案；开展金融固脱贫防返贫试点，召开金融支持深度贫困县扶贫攻坚和县域产业发展会议，在58个国定贫困县开展金融精准扶贫政策效果评估，组织63个县支行开展金融支持县域产业大调研，配合出台特色产业发展工程贷款政策，全省金融精准扶贫贷款余额达到2400亿元；召开全省“两权”抵押贷款试点工作现场推进会，推广“两权”抵押贷款综合服务平台，试点县区“两权”抵押贷款余额达11.16亿元；改善民生信贷服务，金融机构累计投放创业担保贷款19.6亿元，投放银税互动、互助担保贷款1200多亿元，通过人民银行应收账款融资服务平台为2000多家小微企业贷款820多亿元，生源地信用助学贷款金额和受益学生总数均位居全国前列；开展科技金融创新试点，通过定向投放10亿元支小再贷款，支持兰白科技创新改革试验区和张掖全国小微企业创业创新基地建设；成立甘肃省普惠金融专业委员会、丝路普惠金融30人论坛和丝路普惠金融研究中心3个智库决策机构。

【金融支持对外开放】助力丝绸之路经济带甘肃段建设，下发关于促进贸易投资便利化、深化金融支持甘肃对外经济发展的2个文件；及时解除对金川集团、酒钢集团及白银公司的境外投资管控，助力省公航旅发行高级无抵押债券4.1亿欧元，支持酒钢集团借用中拉产能基金收购境外股权，全省跨境融资达5.2亿美元，跨境人民币收付业务累计达1294.98亿元；开展打击逃骗汇、非法套汇、虚假贸易和出口不收汇专项行动，配合破获多起非法买卖外汇案件。跨境资金流出入得到均衡管理，“出口不收汇”问题得到根本性遏制。

【金融稳定与农村金融管理】对全省6家银行业金融机构及华龙证券开展现场评估，对发现的问题及时给予风险提示并督促整改。对重点关注的12家农信合机构进行经营风险专项评估。在酒泉、金昌、平凉、庆阳市中心支行推广应用流动性风险压力测试方法。对全省107家法人投保机构进行风险评级，对其中25家开展现场核查，认真核定投保机构保费基数及应交纳保费数额，完成2017年度存款保险保费归集工作。加强问题投保机构早期风险纠正，下发风险警示及早期纠正通知书，督促其加强不良贷款清收、足额计提风险拨备、及时补充资本。2017年，受理金融机构业务申请138项，批复26家新设金融机构加入人民银行金融管理与服务体系。对金融机构综合评价制度进行修订完善，并对全省580家金融机构开展综合评价。督导国家开发银行、农业发展银行和进出口银行分支机构落实国务院批复改革精神，加大对重点项目、薄弱环节及涉农领域的支持力度。指导做好农行“三农金融事业部”改革季度监测工作。调研农信合机构改革情况，引导各金融机构积极转变发展方式和盈利模式，加强农村金融体系建设，天水麦积融兴村镇银行、平凉崆峒融兴村镇银行、兰州安宁神舟村镇银行和天水秦州长银村镇银行4家新设机构年内挂牌成立，甘肃华亭农村合作银行、甘肃庄浪农村合作银行等13家机构改制为农村商业银行。截至2017年底，全省共有农村商业银行36家、农村合作银行5家、农村信用社42家、村镇银行24家，四类机构各项贷款共3562.82亿元，各项存款共4001.59亿元。推进农村支付环境和征信体系建设，上线运行甘肃“普惠金融共享家园”微信服务平台，建立联网通用验证机制，2.17万个助农取款服务点共办理跨行取款业务16.40万笔、金额9216.59万元，较2016年同期分别增长111.9%、136.7%。推广农村地区非现金支付工具应用，全省农村地区共发放银行卡8102.13万张，较上年同期增长27.5%，采用手机银行等新兴支付方式的用户量达到3173.49万户。截至年底，甘肃省农（牧）户信用信息管理系统已采集52.81万户242.77万条信息，共为26万农户进行了批量评级。推动13家村镇银行有序接入征信系统，全省涉农金融机构累计为450.41万户农户建立信用档案，评定信用农户382.58万户、信用村2559个、信用乡（镇）113个，累计对建立信用档案的370.89万户农户发放贷款2128.86亿元，余额787.54亿元。

【货币政策工具及金融市场管理】 2017年，全省累计发放支农再贷款233.24亿元、支小再贷款58亿元，办理再贴现155.52亿元，三项累计同比多投放26.14亿元。带动全省涉农贷款增加400多亿元、小微企业贷款增加360亿元，优先满足三农、小微企业融资需求，加大对精准脱贫的金融支持力度。对农业银行达标县级“三农金融事业部”执行比农业银行低2个百分点的存款准备金率，增加全省30家达标县级“三农金融事业部”可用资金10亿元。对县域存款一定比例用于当地考核达标县域法人金融机构执行比同类金融机构正常标准低1个百分点的存款准备金率，增加其可用资金约18亿元。对全省相关金融机构是否满足定向降准条件进行考核，累计增加相关金融机构可用资金60亿元。实施平均法考核存款准备金工作，增加地方法人金融机构流动性管理的灵活性，促进稳健经营。2017年，甘肃银行等7家自律机制基础成员均年检达标，5家机构被吸收为自律机制观察成员。2017年，全省法人金融机构同业存单、大额存单分别发行483.8亿元和40.93亿元，扩大金融机构负债产品市场化定价范围和资金来源渠道；全省非金融企业通过交易商协会注册，在银行间债券市场累计发行债券131.1亿元；金融机构累计发行金融债券55亿元。推动甘肃银行、兰州银行共注册40亿元绿色金融债，当年成功发行20亿元；推动甘肃银行注册40亿元“三农”专项金融债券，当年成功发行25亿元。

【外汇管理与国际收支】 综合运用窗口指导、约谈等措施，指导银行严格落实“展业三原则”，督导财务公司及时报备1000万美元以上售汇业务。监测重点涉外企业的离岸转手买卖、保税区业务、关联公司异地购付汇等情况，以及个人项下跨境资金流动情况，及时预警处置发现的异常情况。加码“出口不收汇”问题整治。坚持境外投资项目分类管理，有效防范异常外汇资金流出风险。开展“打击逃骗汇、非法套汇”等外汇违法违规行为专项行动，保持对违法违规行为的高压打击态势。打击地下钱庄违规行为，并及时向甘肃省公安厅进行线索移交。在甘肃省商务厅、甘肃省国税局、兰州海关等部门的配合支持下，对虚假贸易、出口不收汇等违法违规行为实施打击。不定期开展非现场检查集中分析，精确锁定甘肃银行对伊朗贸易结算业务违规行为等。指导全省外汇市场自律机制完善组织体系，成立自律机制展业培训和监测评估两个工作小组，制定自律机制监测评估办法，推动全省外汇市场自律机制的发展。开辟企业存量权益登记“绿色通道”。制定《中国人民银行兰州中心支行关于深化金融支持甘肃对外经济发展工作的通知》和《国家外汇管理局甘肃省分局关于促进贸易投资便利化 进一步提升外汇服务甘肃对外经济发展水平的意见》。跟踪指导3家中心支局开展“外汇支持企业国际化战略经营试点”，形成6条具有示范引领作用的可复制经验措施。与总局、甘肃省商务厅、甘肃省发改委等部门沟通联系，解决金川公司、酒钢集团和白银公司3家企业境外投资项目后续资金汇出难题。指导酒钢集团完成跨国公司外汇资金集中运营管理业务的申请备案。落实《甘肃省重点涉外企业联系制度》，定期通过《重点涉外企业信息交流简报》与重点涉外企业共享信息、数据。

【征信管理】 截至2017年底，全省共配备自助查询机115台，查询47.31万次，占人民银行系统内查询量的79.07%。在人民银行兰州中心支行建成标准化的征信服务政务大厅，优化柜台查询服务环境和秩序。推广互联网查询和网银查询，全省新申请注册用户60.44万人，同比增长64.51%，通过互联网查询个人信用产品140.76万次，同比增长14.12%。指导兰州银行、甘肃银行和甘肃省农村信用联社3家机构2461家分支机构全部上线个人征信查询前置系统，实现地方性商业银行前置系统上线全覆盖。制定印发个人信用报告自助查询业务管理办法和个人信用报告查询前置系统管理办法。优化全省人民银行系统个人征信查询前置系统功能，实现"密码一键更新"。组织召开全省人民银行系统征信信息安全管理工作会议和全省接入机构征信信息安全管理工作会议，层层传导压力和责任。重点约谈3家法人银行机构，督促全省人民银行和32家接入机构成立了征信信息安全工作领导小组。整理征信信息泄露风险点155项，组织全省人民银行和接入机构集中开展征信合规自查自纠和征信信息泄露风险排查3次。组织对农业银行甘肃省分行等39家接入机构70家分支机构、2家评级机构开展现场检查，及时整顿各类违法违规行为。对6家市州中心支行和8家县（区）支行征信管理进行现场指导，促进基层央行征信合规管理更加规范。联合省发改委分别制定甘肃省关于深入推动政务诚信、个人诚信和电子商务领域信用体系建设的实施方案。指导省信息中心建成运行"全国社会信用信息共享平台（甘肃）"和"信用中国（甘肃）"网站。对全省中小企业信用体系建设进行顶层设计和总体规划，联合省政府制定《甘肃省中小企业信用体系建设实施方案》。加快自助查询设备布放进度，在全国率先实现了自助查询县域全覆盖。联合省工信委等部门共同制定具体实施方案，现场指导和督促国家开发银行、建设银行、浦发银行等6家金融机构，开展应收账款质押融资业务。截至2017年底，平台累计注册3152个用户，成交业务530笔，金额805.84亿元。推动应收账款质押和融资租赁登记工作，全年共审核金融机构和企业常用户28个，登记业务1947笔，查询12991笔。

【货币发行与反假货币】做好现金运行数据采集，累计投放现金同比下降10.7%；累计回笼现金同比下降4.6%；净投放同比下降64.8%。在没有设立发行库的县域设立了11个现金调剂中心。开展"无现金社会"等重大舆情监测应对，及时上报重大敏感信息，监测社会领域及与现金供应有关的金融系统风险。兰州、庆阳、金昌、定西市作为全省扩大硬币自循环试点地区，建立银行、企业、政府之间的联动机制。开通"兰州市硬币自循环工作平台"微信服务群，集中16家金融机构、32家大型企业开展"精准调剂"，全年投放1元以下小面额票币5.6亿元，实现硬币自循环1051.5万枚，完成总行下达目标任务的108.4%。实现兰州钞票处理中心劳务外包，指导酒泉、定西、武威市中心支行选择现金清分企业开展社会化清分工作。对照《不宜流通人民币标准 纸币》行业标准，做好金融机构机具设备管理，健全完善机具设备和现金服务企业统计制度。规范开展普通纪念币发行，对承担发行任务的商业银行开展现场检查督导，完成2017年贺岁、"八一"建军、"和"字书法楷书纪念币发行工作。按季召开商业银行人民币流通管理联席会议，督促落实小面额现金备付制度、主办网点和主办银行制度，推进人民币净化工程实施。对中国银行、浙商银行开展综合执法检查；对建设银行、民生银行、邮储银行开展人民币收付业务和反假货币专项检查。按照总行要求，停止实施"装帧流通人民币审批"行政许可事项，强化事中事后监管，严密监测人民币图样使用、人民币相关广告及舆情反映，维护市场秩序。组织全省人民银行、金融机构开展《不宜流通人民币标准纸币》的宣传贯彻工作，开展商业银行人民币收付非现场监管试点，对金融机构、提供现金服务的企业开展神秘访查。全面履行反假联席会议办公室职能，促进反假工作良性循环；指导开展反假货币示范区创建工作，甘青川毗邻藏族聚居区联合反假工作被《金融时报》专题报道。打击假币犯罪高压态势，指导张掖市中心支行协助山丹县人民法院对"12·19"伪造假币案做出一审判决。转发《人民币现金机具鉴别能力技术规范》，全省14800个商业银行网点柜面付出现金实现冠字号码可查询。开展假币"零容忍"、对外误付专项治理行动，组织对469家金融机构营业网点假币收缴和纠纷解决情况进行检查。组织开展"反假货币宣传月"系列活动。执行反假从业人员持证上岗制度，全年培训11000人次，考试通过率85%。全年收缴假币5.7万张，415.3万元。

【国库组织与国债管理】2017年，全省共办理公共预算收入1540.50亿元，同比增长6.93%；实现地方预算支出3476.47亿元，同比增长8.79%。8月在庆阳市庆城县组织召开全省国库会计标准示范库创建推进会，印发实施方案和考核评价办法，在全省推开示范库建设。开展现场巡查指导，国债发行兑付业务管理进一步强化。全年各级国库在国债发行期间共现场巡查697个承销网点，巡查面达55.34%。2017年，全省共组织发行储蓄国债（凭证式）8期5.87亿元，同比减少9.83%；储蓄国债（电子式）10期6.71亿元，同比减少18.27%；兑付无记名国债本息合计5621.85元，国库券收款单结余1316份、金额83.67万元。制定国库会计核算监督操作规程等6项规章办法，依法将兰州高新技术产业开发区支库的代理银行更换为兰州银行开发区支行。对临夏、定西、甘南及兰州市4个县支库进行实地检查，对酒泉、张掖、兰州开发区支库开展现场跟踪督查，参与对中国银行、浙商银行、民生银行的执法检查。开展"安全风险人人找"国库业务风险排查，组织辖内各级国库全面自查，组织全省各级国库开展UPS应急供电演练、TBS系统应急办理支出业务应急演练和异地跨区域应急演练。完成二代TIPS业务联调测试及升级切换工作，全年通过TIPS办理电子缴税352.17万笔、金额1073.67亿元，占税收比重86.57%，较2016年提高15个百分点。财政支出无纸化系统在庆阳等5市及辖属8县区正式上线运行。开发预算收入年报自动审核程序，国库电子资料库系统在省级国库试运行。办理省级国库现金管理操作5期、金额665亿元，收回本金595亿元、利息33039.90万元。将全省工会经费纳入国库集中汇缴清算，全年共办理工会经费收入5.86亿元、支出4.30亿元。将异地交通违法罚款和机关事业单位养老保险、职业年金纳入国库管理，推行国库直拨到户业务，2017年，累计通过“国库直通车”拨付13类、134项政府补助资金，共88.92万笔、金额56.63亿元。在兰州市辖内永登、红古支行开展综合柜员制试点，举办国库业务、TCBS前置系统、二代TIPS系统业务操作培训班，提高基层国库业务水平。

【反洗钱工作】推动《大额和可疑交易报告管理办法》实施，开展反洗钱数据质量评价试点工作，强化大额现金监测和风险预警提示。建立大额现金监测分析可疑交易点初判模型，对银行业金融机构报送的20多万条现金交易进行筛选分析。向金融机构整理发布《洗钱风险提示》5期。开展法人机构分类评级管理工作，对全辖104家地方法人金融机构进行核查评价。开展义务机构洗钱风险评估工作，对辖内80多家省级机构2016年反洗钱工作进行考核评估。完善区域洗钱风险评估系统，实现批量导入数据、系统自动评估、风险多维显示等功能。对浦发银行兰州分行等6家机构及200多家分支机构开展反洗钱专项检查。对甘肃银行等20家机构开展监管走访、书面质询和约见谈话。对兰州安宁神舟村镇银行等6家法人机构主体资格进行审核。对5家证券、保险机构和8家支付机构在甘设立机构的反洗钱资料进行核查备案。制作《关乎你我：反洗钱知识，你了解多少》反洗钱宣传动画片。在全省反洗钱系统继续实了“我与反洗钱同成长共奋进”专题系列培训，对金融机构、支付机构2300多人开展3号令专题培训。组织义务机构参加远程网络培训，400多人取得反洗钱培训证书。印发《关于进一步加强县支行反洗钱工作的指导意见》，起草完成《可疑交易报告有效性分析及优化对策》等10多篇调研，向总行上报各类信息20多篇，专报13篇。

【支付清算与电子结算】印发《兰州市同城票据交换单位考评管理办法》。强化银行机构支付结算业务管理，对农业发展银行、中国银行甘肃省分行和浙商银行兰州分行开展综合执法检查；对工商银行甘肃省分行、兴业银行兰州分行开展专项执法检查；对兰州银行“微信、支付宝ATM扫码取款业务”开展现场核查，并对违规问题进行行政处罚。约谈辖内法人支付机构及其备付金存管银行，督促法人支付机构按比例足额缴存备付金。清理整治无证经营支付业务机构5家。协助公安机关落实紧急止付、快速冻结、快速查询、封停业务等机制，打击、防范电信网络新型违法犯罪。截至2017年底，全省累计关注“普惠金融共享家园”微信服务平台用户达到38万人，成功办理各类支付业务1.2万笔，金额176万元；办理各类查询业务3028万次；办理在线申请业务1151笔；办理跨行取款业务14.72万笔、金额8269.39万元，较2016年全年分别增长90.3%、112.3%；支付系统兰州城市处理中心共处理支付业务9696.74万笔，同比增长27.77%，金额37.06万亿元，同比增长6.83%。其中：大额支付系统处理业务1882万笔、金额36.09万亿元；小额支付系统处理业务5586万笔、金额6644亿元；网上支付跨行清算系统处理业务2219万笔、金额1389亿元。比照通过ATM办理跨行取款业务收取交易金额1%的手续费标准，为业务办理人减负37.15万元；全省查询涉案账户9982笔、办理紧急止付8233笔、快速冻结2245笔，涉及银行账户1万余个，涉案资金达到1.4亿元。开立单位银行账户9.09万户、撤销变更7.64万户，协助法院、公安等单位查询2752家单位、3910个自然人账户共计3.84万户，公示兰州城区行政许可信息3.86万条。对全省412家支付系统间接参与者加入、退出及变更相关资料进行审核。配合人民银行清算总中心完成小额支付系统适应性改造，实现支票影像交换系统业务纳入小额支付系统处理。

【金融消费权益保护】2017年，全省人民银行共受理金融消费者咨询941件，受理投诉220件，办结100%，维护金融消费者合法权益。组织开展全省人民银行行政执法专项检查，对辖内市州中心支行行政执法检查采取相邻市州交叉检查方式，检查覆盖全省13个市州中心支行和25个县区支行。全省三级人民银行共组织对77家银行业分支机构开展现场评估，对中国银行甘肃省分行和浙商银行兰州分行36个机构网点个人金融信息保护工作开展现场检查，对工商银行甘肃省分行和2家支付机构开展支付服务领域金融消费权益保护检查。

【金融风险防范】坚持金融风险监测排查全覆盖，对法人银行机构、大型企业以及县域金融、影子银行等重点领域排查风险，对资本充足率低于2%的法人机构实时监测，开展流动性风险压力测试试点，对7家金融机构和12家农信合机构分别进行稳健性现场评估和经营风险专项评估，完成投保机构风险评级和“回头看”，参与地方金融风险排查治理。在网络借贷、股权众筹、第三方支付、资产管理、互联网保险等六大领域开展互联网金融风险专项整治。

（供稿：宋雨谣）

银行监督管理

【概况】截至2017年底，全省银行业金融机构包括3家政策性银行甘肃省分行，5家大型商业银行甘肃省分行，7家股份制商业银行兰州分行，1家邮政储蓄银行甘肃省分行，2家城市商业银行，

1家省农村信用社联合社，1家农村合作金融结算中心，36家农村商业银行，5家农村合作银行，42家农村信用社，4家金融资产管理公司甘肃分公司，1家信托公司，3家企业集团财务公司，2家金融租赁公司，24家村镇银行，4家农村资金互助社。全省银行业金融机构共有各类网点4984家，从业人员6.81万人。

截至2017年底，全省银行业金融机构资产25701.27亿元，较年初增加1208.27亿元，增长4.93%。其中，各项贷款余额17707.91亿元，较年初增加1779.28亿元，增长11.17%；负债24502.96亿元，较年初增加1041.06亿元，增长4.44%；各项存款余额17369.21亿元，较年初增加486.78亿元，增长2.88%；表外业务8635.27亿元，较年初增加614.29亿元，增长7.66%。截至2017年底，辖内城市商业银行资本充足率11.87%，核心一级资本充足率9.21%；辖内农合机构资本充足率12.07%，核心一级资本充足率11.52%。

【精准扶贫专项贷款】制定《关于进一步推进精准扶贫专项贷款工作的通知》，完善扶贫贷款担保、风险分散、风险补偿政策；截至年底，累计发放精准扶贫贷款441.2亿元，惠及贫困户94.18万户，58个集中连片贫困县贷款余额5317亿元，同比增长12.4%；截至2017年底，临洮县贷款余额110.92亿元，和政县贷款余额25.61亿元；开展金融服务空白村专项攻坚行动，全省金融服务“空白村”较年初减少1070个，金融服务行政村覆盖率94.54%，较年初提高6.64个百分点；编制《甘肃银监局关于辖内行政村实现基础金融服务全覆盖分年度规划报告》，自主开发“甘肃银行业金融机构网点（机具）统计系统”，动态监测金融服务行政村覆盖情况。

【支持实体经济发展】截至2017年底，全省重大项目贷款余额1217.66亿元，较年初增长39.72%；电力、交通、水利等重大基础设施建设贷款余额4527.31亿元，较年初增长5.86%；全省小微企业贷款余额5358.39亿元，较年初增长13.15%，小微企业贷款户数41.65万户，较年初增加0.65万户；全省涉农贷款余额6694.58亿元，较年初增长6.91%；全省共组建债权人委员会292家，涉及债权银行147家，涉及贷款4500.8亿元，债权人委员会各债权行通过收回再贷、展期续贷等方式帮扶暂时困难企业92家，弱化风险金额29.25亿元，续贷7.26亿元。

【银行业风险防控】2017年，全辖共处置不良贷款112.49亿元，同比多处置32.15亿元。开展流动性风险评级，建立重大流动性风险处置工作机制，指导甘肃省农村信用联合社起草《全省农村信用社流动性互助应急实施方案》，由甘肃省农村合作金融结算服务中心代表农村信用联合社，与全省83家农村合作金融机构签订《全省农村信用社流动性互助协议》；召开3次安全保卫工作联席会议，制定《关于做好2017年甘肃银行业案件防控工作的指导意见》，强化案件风险防控能力，全年各银行业金融机构共报送从业人员处罚信息26条，查询各类信息476条。

（供稿：杨明慧）

保险监督管理

【保险业经营概况】2017年甘肃保险业累计实现保费收入366.38亿元，同比增长19.09%。其中产险公司保费收入122.54亿元，同比增长12.24%；人身险公司保费收入243.84亿元，同比增长22.85%。全年赔款与给付支出119.18亿元，同比增长8.96%。财产险公司赔款支出61.18亿元，同比增长7.54%。人身险公司赔付支出58.01亿元，同比增长10.51%。

截至2017年底，辖内保险公司总资产761.36亿元，较年初增长10.44%。全年提供风险保障20.21万亿元。全省共有法人保险主体1家，省级保险主体29家。全行业吸纳就业15.2万人。12月29日，黄河财产保险股份有限公司获批开业。

【脱贫攻坚帮扶】甘肃保监局拟定《甘肃保险业支持深度贫困地区脱贫攻坚的若干措施（征求意见稿）》。协调省财政厅出台《甘肃省农业保险保费补贴管理实施细则》。落实《甘肃省开展专利保险工作的指导意见》。联合省科技厅出台《甘肃省专利保险资助资金管理办法》。制定保险业支持甘南州、临夏州“两州一县”脱贫攻坚具体措施。落实保监会银监会甘肃省人民政府关于临洮县、和政县普惠金融试点实施方案，在临洮县探索开展“政府+龙头企业+金融机构+保险机构+养殖专业合作社+农户”“六位一体”扶贫模式。城乡居民大病保险覆盖人群稳定在每年2200万人以上，年内为22.03万群众支付补偿7.49亿元。“两保一孤”特困人群保险试点累计覆盖163万贫困人口，提供风险保障超585亿元，累计支付保险补偿5123.32万元。农业保险参保农户150.5万户，全年支付赔款6.34亿元，受益农户120.7万户。农房保险承保户数达到80万户。制定规范“两保一孤”保险业务发展的意见，推动“两保一孤”保险由1个试点县推广至8个市州37个县区，引导“两保一孤”保险支持深度贫困地区，覆盖全省深度贫困县达54%，全年为758人提供3.12亿元的保险保障。

【风险防控】开展“陇保探险”风险排查行动，对全省9个市州65家中支机构督导排查，发现处置疑似风险事项143项，疑似风险环节68个，建立风险排查数据库。专项排查满期给付与退保重点产品、重点时段、重点网点、重点客户群体分布风险，应对满期给付和退保风险。联合银监局建立银保业务风险防范联合应急处置机制，提升银保风险联防联控能力。关注防范中介机构和个人销售非保险类金融理财产品风险，开展专业中介机构风险排查和保险公司中介业务自查督导工作。按照保监会统一安排，开展法人公司治理和“偿二代”SARMRA评估，对中国人寿集团、平安人寿总公司等11家法人机构进行现场评估。

【市场监督】2017年，派出检查组

93个，检查保险机构93家次。处罚机构17家次，处罚责任人17人次，罚款共计167.2万元，其中机构罚款共计143万元，个人罚款共计24.2万元，机构警告2家次，对2名省分公司负责人作出相应处罚。

（供稿：田逸君）

证券管理监督

【概况】截至2017年底，甘肃辖区共有33家A股上市公司，9家拟上市公司，34家新三板挂牌公司，1家证券公司、19家证券分公司、95家证券营业部，1家期货公司、1家期货分公司、7家期货营业部。

【证券上市与融资服务】2017年，共接收3家公司辅导备案材料申请，完成2家公司辅导验收。新增上市公司3家，募集资金21亿元，首发上市家数创2004年来以来最好水平，3家上市公司进行资产重组，交易资产和募集资金合计142亿元；6家公司在“新三板”挂牌，7家挂牌公司通过定向发行股票方式实施再融资4.12亿元。甘肃股权交易中心通过股权融资、股权质押等方式为中小微企业提供融资服务676家次，融资额322.08亿元。

【稽查执法】2017年，主办初查案件3件，联合办案3件，核查线索1件，协查7件；组织审理自办案件3件，执结率100%，罚没款合计560余万元。完成交易场所清整“回头看”、股权众筹风险清理整顿等工作。

【风险防控】2017年，辖区6家风险公司中，2家公司控股权风险彻底解决，1家公司退市风险解除，1家公司风险程度显著降低。对2家法人机构资产管理等业务负责人及子公司主要负责人员座谈9次，对亏损时间长、金额大的分支机构进行现场走访调研和约谈19家次，办理信访举报投诉50余件。对辖区证券分支机构进行风险排查，督促法人机构加强风险管控。

（供稿：梁从伟）

政府金融工作

【概况】2017年，全省实现金融业增加值554亿元，同比增长5.3%，高于GDP增速1.7个百分点，占GDP比重达到7.2%，占第三产业比重13.7%。金融业纳税142亿元，同比增长23.6%，成为第三大纳税行业。全省金融从业人员达到20.8万人。全省各项贷款余额17707.24亿元，同比增长11.18%，位居全国第17位。全省单位中长期贷款余额8494.10亿元，同比增长14.28%，高于各项贷款增速3.1个百分点，全年新增单位中长期贷款1076.90亿元，占全年各项贷款新增的60.47%。

【金融体系建设】2017年，有3家企业上市，其中白银有色集团公司成为全国有色行业第一家整体上市企业，庄园牧场成为全省利用贫困县IPO绿色通道上市的第一家企业，兰州银行上市方案报会待审。陇萃堂等6家企业“新三板”挂牌，224家企业在甘肃股权交易中心挂牌，全省上市公司达到33家。发行债券252亿元，实现直接融资582.8亿元。促成省政府与中国民生银行、华融资产管理公司、太平保险集团签订战略合作协议（备忘录），协议金额1300亿元，扶贫捐赠额2480万元。创建信用乡、信用村、信用户活动，农村信用环境改善明显。全省累计为450万农户建立信用档案，评定信用农户382万户，向信用农户累计发放贷款2128亿元。

【金融扶贫】将金融资源向农村特别是贫困地区倾斜，实现金融机构网点乡镇全覆盖、便民服务点行政村覆盖率90%、政策性担保公司贫困县全覆盖、融资性担保公司县域全覆盖、扶贫资金互助组织贫困村全覆盖，农商行达到37家，村镇银行达到24家。争取人民银行各类支农扶贫政策，全省支农再贷款余额239.7亿元，扶贫再贷款余额188亿元。推进全省“两权”抵押贷款试点工作，“两权”抵押贷款余额达到11.16亿元。创新开发“益农贷”“金薯宝”“金果宝”“陇药通”“良谷宝”“农贷通”等金融产品和服务模式，支持农户创业致富。截至2017年末，全省涉农贷款余额6692.56亿元，较年初新增427亿元，同比增长6.18%，占全省各项贷款余额的37.80%。成功发行西北首单扶贫票据9亿元，开通债券市场支持甘肃省金融精准扶贫新模式。协调促成中信建投等6家证券公司结对帮扶礼县等6个贫困县。在37个县区开展“两保一孤”大病保险。2017年，省政府金融办引导保险公司发展农业保险，共开办中央政策性保险11个，省级政策性保险2个（中药材、苹果），各市县结合实际，开发推出肉牛、肉羊、葡萄、枸杞、烤烟、大樱桃等地方特色险种，全省农业保险品种超过30个。“险资入甘”成效显著，当年共新增103亿元支持省内重大项目建设。与人保财险签订农业产业扶贫融资合作协议，首期授信50亿元，2020年底前循环使用，已向4个贫困县发放贷款1100万元。

【支持小微企业发展】截至2017年末，全省小微企业贷款余额5358.4亿元，较年初增加622.6亿元，同比增长13.15%，高于各项贷款增速1.98个百分点；贷款户数41.65万户，较上年同期增加0.65万户；申贷获得率94.91%，较上年同期提高0.18个百分点。

【科技金融和绿色金融】支持交通银行甘肃省分行、甘肃银行、兰州银行设立科技支行，探索开展知识产权抵押融资和科技企业保证保险、专利保险，支持科技型创新型企业发展壮大。运用科技贷款增信基金，构建完善“政府+银行+担保”多元化科技贷款风险分担机制，支持科技型企业融资，2017年帮助66家科技型企业获得贷款5.91亿元，累计通过科技贷款增信基金发放科技企业贷款达到495家（笔）、31.03亿元。出台《关于构建绿色金融体系的意见》。2017年末，全省绿色信贷余额2420.85亿元，同比增长10.83%，当年新增236.56亿元，占各项贷款新增额的13.28%。绿色金融债发行实现突破，甘肃银行和兰州银行共注册40亿元绿色金融债，成功发行20亿元。

（供稿：张　鳌）

中国农业银行股份有限公司甘肃省分行

【业务发展】2017年，累放贷款146.98亿元，截至年末全行贷款余额864.34亿元，较年初增加27.5亿元，增幅3.29%。其中，扶贫类贷款余额567.1亿元，占全部贷款的65.61%，较年初增加14.03亿元，增长2.5%；存款余额139.39亿元，较年初减少145.77亿元，下降51%；农发重点建设基金余额61.26亿元，累计实现基金收益7989万元，收益收取率100%；实现账面盈利5.01亿元。

【信贷支农】2017年，累放各级粮油储备调控贷款17.54亿元，支持储备轮换粮油10.37亿斤；累放市场化收购贷款15.16亿元，支持收购粮食16.1亿斤、收购棉花5714吨；累放其他专项储备贷款2.23亿元，支持国家和省级储备冻肉3650吨、国家化肥7.5万吨；配合落实国家"去库存"政策，出库临储油1.96万吨。截至年底全行易地扶贫搬迁贷款余额、基金余额分别为131.16亿元、7.49亿元，支持的51个易地扶贫搬迁项目惠及贫困人口40.97万人其中建档立卡贫困人口21.17万人。支持对棚户区改造、农村公路、重大水利及供热、供水、医院、学校等项目，全年累放中长期贷款101.04亿元，支持项目46个。其中：累放公路贷款39.97亿元，支持新建改建农村公路12000多公里；累放棚户区改造贷款38.29亿元，支持棚改项目16个；累放水利贷款14.46亿元，支持解决1.28万人农村人口的饮水问题；累放城乡一体化贷款7.82亿元，支持新（扩）建项目8个。支持农资农技农地、农村物流、文化旅游、光伏扶贫等项目，择优支持玉米制种、中药材、果蔬、草食畜等特优农业产业。全年累放产业扶贫贷款17.95亿元，同比多放5.49亿元，增长44%。投放首笔旅游扶贫贷款1.8亿元和首笔光伏扶贫贷款1.5亿元，辐射带动建档立卡贫困户4130户、9088人。

【运营管理】取消贷款备案制，优化办贷流程，简化办贷手续，实化贷前条件；化解风险贷款11.15亿元，清收处置不良贷款2.31亿元；加强收支管理，累计实现各项收入39.2亿元，综合收息率96.92%；国际业务当地市场占有率列全行系统第3位；信息安全管理工作在全省银行业信息安全联席会上作经验交流，获省银行业机构网络安全知识竞赛一等奖。

（供稿：周金明　高　飞）

中国工商银行甘肃省分行

【业务发展】截至2017年底，总资产达1633.59亿元，净增93.17亿元，增长6.05%；全部存款余额1565.77亿元，净增89.54亿元，增长6.07%；各项贷款余额1520.65亿元，净增110.05亿元，增长7.80%。全行信贷资产质量持正常水平，全年未发生重大案件和重大风险事件。

【对公业务】截至2017年底，实现公司贷款余额1090亿元，增幅8.24%，净增额较上年同期多增71.55亿元,全年共计组织投放各项公司贷款473.86亿元;全年累计发放一般委托贷款17.76亿元;投放融资租赁业务3.5亿元。

【大项目大客户战略实施】大项目大企业信贷营销　以省内30家大型企业为重点目标，全年共计组织投放各项公司贷款473.86亿元，涉及交通、电力、基础设施、有色冶金等多个行业板块。新型业务　挂牌设立工银租赁兰州管理中心。推进多元化联动营销，2017年推动债券承销、并购、改革基金及债转股等多项业务的联动营销。业务营销拓展　组织筹建甘肃省分行大客户中心，实现重点客户的直营直管。"工商企业通"项目　联合省工商局推出"工商企业通"项目，工商银行为近千户企业提供代办、咨询服务，代办营业执照450户。

【大零售业务】截至年底，个人金融资产达1060亿，全年净增77.63亿元，增幅7.6%；个人贷款余额298亿元，全年净增49.47亿元，同比增加32.52亿元；实现个人客户达774万户，全年净增个人客户58.03万户；全年个人住房贷款净增57亿元。

【普惠金融】开展单户500万元以下小微贷款营销竞赛，超额完成定向降准贷款营销任务。以马铃薯产业龙头企业"甘肃蓝天马铃薯产业发展有限公司"为核心，打造"银行+龙头企业+合作社+农户"的产业扶贫模式"蓝天贷"，投放贷款8000万元，惠及农户1300多户。向省政府报送支持河西戈壁农业发展专题报告，调研戈壁农业，与省农业信贷担保公司签订合作协议，推出戈壁农业设施贷款和周转贷款产品。开展创业担保贷款和"两权"抵押贷款试点，配合甘肃中药材交易中心开展线上中药材交易，推进普惠金融业务发展。

【网络金融】融e行平台为客户提供7×24小时转账汇款、理财、贵金属、账户原油等综合金融服务；打造甘肃省9大民生场景应用圈，通过"工银e缴费"和"民生信息通"公众平台，为客户提供水电气暖缴费、神州专车预约、ofo共享单车等非金融服务；以"名品、名店、名商"的融e购电子商务平台，为甘肃省居民打造线上购物环境；在原有融e购"甘肃馆"基础上，上线"融e购甘肃精准扶贫馆"，开展全国范围内的专题推广活动等方式，将扶贫献爱心行动与营销活动紧密结合，推广甘肃特色馆商品。截至2017年12月末，甘肃精准扶贫馆中实现上线商户108家，上线涉贫商品200余种，全年扶贫商品交易额7323万元。形成基本覆盖全省各地农特产品的精准扶贫电商馆。

【合规管理】开展内控合规"执行强化年"主题活动；推进"三三四十"专项治理和"网状控制法"；定期开展常规性案件风险排查；强化操作风险的监督检查控制与可疑交易的审核和审批和报告工作；集中管理反洗钱业务。

（供稿：骆　婧）

甘肃省农村信用社联合社

【业务发展】截至2017年末，资产总额5510.77亿元，较年初增加468.42亿元，增长9.29%。各项存款余额3879.87亿元，较年初增加212.68亿元，增长5.80%，存款总量居全省银行机构第1位，市场份额为21.99%。负债总额5043.4亿元，较年初增加467.61亿元，增幅10.22%；所有者权益524.13亿元，较年初增加57.57亿元，增长12.34%。各项贷款余额3473.73亿元，较年初增加249.82亿元，增长7.75%，贷款总量居全省银行机构第1位，市场份额为19.96%。实现利润总额53.75亿元。资本充足率为12.07%。上缴各类税金29.44亿元，同比增加7.40亿元，增长33.58%。截至2017年末，全省农村合作金融机构共有法人机构85家，其中:省级联合社1家，省农村合作金融结算服务中心1家，县级农村信用合作联社41家、农村合作银行5家、农村商业银行37家。全省农合机构共有物理营业网点2270家，便民金融服务点10436家，覆盖了全省85.7%的行政村和89.8%的农牧民。全辖共有从业人员18715名。

【信贷支农】截至2017年末，全省58个贫困县和17个插花型贫困县各项贷款达2709.58亿元，较年初增加196.50亿元，增长7.82%。其中，23个深度贫困县各项贷款达787.21亿元，较年初增加64.63亿元，增长8.94%。支持特色优势农业、特色农产品基地和农产品生产、加工、储运、销售及农业多功能开发。截至2017年末，涉农贷款余额2780.48亿元，较年初增加180.86亿元，增长6.96%，占各项贷款的80.04%，占全省银行机构涉农贷款的41.55%。特色优势农业贷款达226亿元，支持农业产业化龙头企业173个，贷款17.02亿元；现代农业示范园区733个，贷款1.9亿元；特色农业产业基地268个，贷款1.33亿元；农民专业合作社825个，贷款22.30亿元；家庭农场138个，贷款1.54亿元；专业种养大户3633户，贷款14.57亿元。

【电子银行】借助移动金融综合服务平台、自助设备统一平台和多渠道收单平台综合效应，通过自助存款机、取款机、查询机、三农终端、便民终端、手机银行、网上银行、POS等设备与渠道，将金融服务延伸到最偏远地区，让小微企业、农民等弱势群体享受现代化金融服务。截至2017年末，全省农村合作金融机构累计开通个人网银103.36万户、企业网银4.84户、手机银行200.55万户。开展飞天信用卡加油刷卡返现营销活动和开展整治非法买卖银行卡信息专项行动和普法宣传活动。截至2017年末，累计发行飞天系列借记卡3093.39万张，借记卡动卡率为18.16%，电子银行业务替代率为56.12%。累计发行贷记卡69865张，实现收入2332.45万元。与微信、支付宝积极对接，完成微信、支付宝的合同签署、材料报送及业务入网工作；接入农信银聚合支付平台并于10月份开始在11家行社布放聚合支付固定二维码，开展试运行。

（供稿：康建华　秦军杰）

招商银行兰州分行

【业务发展】截至2017年底，兰州招行资产总额达366.75亿元，较年初增加2.37亿元，增幅0.65%。全折人民币自营贷款余额262.36亿元，较年初增加21.27亿元，增幅8.82%。票据融资余额20.02亿元，较年初增加10.38亿元，增幅107.62%。

【公司金融】截至2017年底，兰州招行对公FPA规模368亿元，较年初增加43亿元，增幅13.23%。其中，非传统融资余额184亿元，较年初增加38亿元，占客户融资规模50.27%，较年初提升5.55%。

小企业时点存款余额34.65亿元，较年初增加7.46亿元，年日均存款25.9亿元，较年初增加1.84亿元。全年共注册债务融资工具额度32亿元，发行额度15.5亿元，包括6亿元私募债及9.5亿元短期融资券，实现债券承销收入2297.5万元，在总行44家一级分行中排名第16名。创新型支付结算客户数增量完成6544户，供应链金融高价值客户数增量完成152户，国际结算量完成2.79亿美元。托管规模较年初增量215亿元，完成分行全年计划231.18%。托管费收入1590万元，托管存款FTP利差收入1100万元。中标省级国库现金管理35.5亿元，比上年增长195.8%，承销地方政府债23亿元，比上年增长156.7%。

【零售金融】开展"樊登读书会联名卡发布会""大型公益骑行""金葵绽放"营销季等品牌活动，推动活跃达标基客完成率从15.34%提升至73.51%，提升达标资产配置客户数，零售条线轻型导向非息净收入完成1.42亿元，较去年同期上升5.2%，完成全年指标计划109.2%。

【零售信贷】截至2017年底，零售贷款余额80.2亿元，较年初增加6.92亿元，完成总行任务138%；房贷余额47.5亿元，较年初增加7.74亿元，完成总行任务193.5%；消费贷款余额5.77元，较年初增加1.13亿元，其中闪电贷获客5400余户。

【风险管控】截至2017年底，兰州招行压退总行压退名单内客户3.6亿元，压退存量预警客户1.5亿元。引导资产投放，提高支持类行业占比，截至年末，总体支持类行业占比63.66%，较年初增长11.98个百分点。开展信贷直查和预警排查工作。年内开展风险专项检查22项，常规非现场检查1106户次。推进不良清收，截至年末，现金清收对公不良资产0.42亿元，清收关注二级贷款0.39亿元；清收零售不良资产0.167亿元，较去年同比多清收0.08亿元，清收零售关注二级贷款0.02亿元，全面完成总行下达计划目标。审计发现违规问题较2016年下降72%，未发生一笔重大违规事件。开展专项治理和案件风险排查工作。对于各类检查发现问题，组织整改。全年按季组织全行员工开展异常行为常规排查4次，参加3528人（次），排查覆盖率94.23%。严格执纪问责，全年共问责382人次。

（供稿：沈建强）

甘肃银行股份有限公司

【业务发展】2017年，实现净利润33.64亿元，较上年增加14.43亿元，增幅75.1%。资产负债规模平稳增长，资产总额2711.48亿元，增幅10.65%；各项贷款余额1302.84亿元，增幅20.8%；负债总额2545.35亿元，增幅9.85%；一般性存款余额1922.31亿元，增幅12.31%。资产质量控制在计划之内，不良贷款余额22.65亿元，不良贷款率1.74%。主要监管指标达到要求，资产利润率1.3%，资本利润率22.46%，资本充足率11.54%，拨备覆盖率222%，拨贷比3.86%。

【实现香港主板挂牌上市】甘肃银行于2018年1月18日在香港联交所主板挂牌上市，是西北地区第一家上市城市商业银行。首次公开募股全球发行H股22.12亿股，募集资金57.4亿港元。

【对公业务】2017年，围绕区域经济发展和供给侧结构性改革出台有保有压的差别化信贷政策，支持产业转型升级；截至2017年底，与13个市州、81个县区签订战略合作协议，其中与9个市州、63个县区签订新一轮战略合作协议；推进与省级厅局和重点院校的合作，重点省级机构客户存款较年初新增超过80亿元；2017年，完成城乡居民养老保险基金省级统筹资金归集80亿元；年末省级国库现金管理余额22.5亿元，承销地方债18.96亿元，服务省级财政渠道拓宽；针对棚户区改造等重点项目，2017年，累计签订代理项目协议119个，代理政策性银行业务余额和代理国开行业务余额首次双双突破100亿；成立绿色金融部，制订绿色发展实施方案，初步形成绿色信贷发展机制，在银行间债券市场发行10亿元绿色金融债券，是甘肃省首家发行绿色金融债券的银行。

【个人业务】全年储蓄存款余额突破800亿元，达到811.02亿元，当年新增181.06亿元，储蓄存款在全行一般性存款余额占比为40.04%。继取得省直机关社保卡发卡资格后，陇南等7个市州均取得当地社保卡发卡资格，共计发卡49.5万多张；"六个智慧"项目建设持续推进，甘肃一卡通项目取得新的进展。全年推出100多种贵金属代销产品；自助银行完成选址51家，投产运行45家。

【小微业务】截至2017年底，全行小微贷款余额569.68亿元，较上年增长101.13亿元；个人贷款余额140.09亿元，较上年增长67.38亿元。自主开发上线"金e融""电商e贷""消e融"适合不同群体的网贷产品，与第三方合作开发上线"微粒贷""通联宝商贷e"等产品，实现零售贷款精准营销、线上快速受理。推进与京东、360、钱包生活等互联网金融公司的业务合作。

【新兴业务】加强同业授信管理，截至2017年底，与全国100多家银行有业务合作。投资银行业务 2017年累计发行理财产品488期，募集金额372.83亿元，支持企业经营发展及政府支持的项目，年末余额252.73亿元。获得非金融企业债务融资工具承销资格，成为全省首家获得非金融企业债务融资工具承销商资格的地方商业银行。扩大服务范围，从单一的人民币清算向多币种清算模式转变，从单一的贸易结算、清算向全业务模式转变，实现保函业务、国际贸易融资和进口开证业务"零"的突破。提升跨境人民币市场份额，结算量排全省第3位；2017年办理国际结算6.64亿美元，排全省第6位。

【涉农贷款】截至2017年底，涉农贷款余额432.43亿元，占全行各项贷款的33.86%。全年累计投放涉农贷款超过290亿元，重点扶持现代农业和特色农业发展，支持龙头企业、农民专业合作社、家庭农场、专业大户等新型农业经营主体。发行"三农"专项债券25亿元，全部用于发放涉农贷款。推进亚行转贷款甘肃特色农业及金融服务体系建设项目，在5个县累计投放贷款1510万元。

【互联网金融】2017年，提出73个系统优化需求，新增产品功能19个。电子渠道客户规模和交易规模快速增长，截至年末，全行个人电子渠道签约客户168.7万户，企业电子渠道签约客户3.02万户；电子渠道账务性交易量1006万笔，占全行交易总量的55.14%，同比增长37.8%。线上获客取得突破，通过直销银行吸引个人客户线上开户41.8万，甘肃银行直销银行获得中国电子银行网年度"创新应用奖"。线上支付能力进一步提升，支付宝、微信、苏宁快捷支付交易达521万笔，累计交易额117.1亿元；拓展二维码收单商户5.2万户，交易额达到15.3亿元。

【风险防控】全年累计化解处置不良贷款11.64亿元，其中存量不良贷款6.31亿元，比去年同期多处置4.1亿元。针对6大业务领域、12个重点业务环节、31项检查内容开展操作风险关键风险点进行检查，共计检查2864项，发现问题146个。下发《会计运营风险提示》25期，检查发现问题较上年减少45.94%。强化柜面业务事后监督工作，上传凭证2163万张，监督重点业务260万笔，发布柜面预警信息3万余条，全行平均差错率降至万分之零点八五。全年印发各类规章制度116部，新增73部，修订43部。在全行组织开展自查工作，共发现各类问题2406个，柜面业务合规检查首次实现全行营业网点全覆盖。成立反洗钱监测中心，累计上报反洗钱大额交易报告31万个，涉及交易150万笔，甄别可疑案例11.15万条。实施各类审计项目18个，提出审计建议66条。

（供稿：张博文）

浦发银行兰州分行

【业务发展】截至2017年底，资产总额达到409.77亿元。营业净收入实现12.16亿元。中间业务净收入1.38亿元。实现账面利润1.59亿元。不良贷款率1.59%，低于系统和当地平均水平。 全行个人手机银行客户达到28.67万户，本年新增9万户，快捷支付绑卡客户19.67万户，本年新增8.2万户，线上直销银行开户8658户。

【业务转型】全年新增发卡14万张，在银行同业中排名第1位，客户和收入指标分别完成全年计划的165%和107%，实现信用卡营业净收入3.34亿元，较上年增加1.56亿元，增幅88.09%，收入占比较上年提高7.23个百分点。建立专业化的零售队伍，零售板块员工占比较年初提升1.6个百分点。3家支行调整为零售专业支行，5家社区支行实施搬迁或合并。推动零售贷款线上获客和主动授信，推进"公积金点贷"业务和推进靠浦E投、房抵快贷、精英贷、发票贷等第三极贷款。做实投资银行与资产管理业务，实现200亿元的甘肃省交通产业投资基金审批和落实。促进金融市场业务合规有序发展，同业业务CIPS代理、大额活期、ABS销售、贵金属代理等业务取得突破性进展。同业存款日均余额达到111.95亿元，较上年新增72.45亿元，增幅183.48%。销售同业理财105.79亿元，全行排名第10位。代销贵金属同业客户4户，销售额排名全国第3位。托管业务规模达到535亿元，2017年，新增229亿元，增幅29.88%。

【风险管理】按月、按季对资产质量状况进行全面梳理和逐户摸排，对潜在风险客户"一户多策"制定化解方案，制定压逾清欠"盾构机"计划。设立零售业务风险管理团队，完善考评、授权、预警及双线汇报等机制。全年开展贷后直查400余次。完成"压类"金额4.98亿元，计划完成率165.89%。完成"退类"金额2.2亿元，计划（指导性）完成率60.3%。大中、小微审批集中办公，强化统一授信管理。截至11月末，分行后四类清收6782万元，压缩计划完成314.19%。

（供稿：孙春发）

中国平安人寿保险股份有限公司甘肃分公司

【业务发展】截至2017年底，分公司共有75家分支机构，包括1个分公司，12个中心支公司，46个支公司和16个营销服务部，保险业务已覆盖全省13个地市。分公司原保费收入47.64亿元，同比增长30.5%，累计支付各项赔款和给付6.8亿元，同比增长11.6%。其中赔款支出3836万，同比增长89.7%；死伤医疗给付3.3亿，同比增长23.3%；满期给付2.7亿，同比下降10.4%；年金给付3754万，同比增长128.1%；个人营销渠道实现保费收入43.2亿元，占总保费收入的90.6%，同比增长32.4%。其中新单保费收入17.9亿元，同比增长34.6%；续期保费收入25.2亿元，同比增长31.0%；银邮代理渠道实现保费收入1.1亿元，占分公司总保费收入的2.3%，同比下降35.4%。其中新单保费收入4593万元，同比下降61.9%，续期保费收入6396万元，同比增长28.9%。

【两核管理】2017年，分公司秉承"简单便捷、友善安心"的理念，共计赔付案件6.8万件，共给付基金额3.87亿，较2016年案件量增加21%。理赔承诺时效由4.3天缩短到1.42天。推出"闪赔"服务，足不出户使案件从受理到结案仅耗时30分钟。实行重疾先赔服务，分公司共58名客户享受到"重疾先赔"服务，主动赔付重大疾病保险金326万元。制定《风险地图综合预警体系》。

【客户服务】2017年，全省共举办12场客服节开幕式、12场专家巡讲活动，甘肃地区共报名参与865333人次。通过平安金管家可获得专属家庭医生，享受7×24小时，不限使用次数的免费问诊服务。2017年，甘肃地区累计使用健康服务172361人。11月"空中客服"项目正式落地兰州客服中心，客户凭一部手机便可完成相关业务。

（供稿：李从容）

商贸流通

商业贸易

【全省商贸概况】2017年，全省完成生产总值7677.0亿元，比上年增长3.6%。其中，第 产业增加值1063.6亿元，增长5.4%；第二产业增加值2562.7亿元，下降1.0%；第三产业增加值4050.8亿元，增长6.5%。全省社会消费品零售总额3426.6亿元，比上年增长7.6%。其中，城镇社会消费品零售总额2729.9亿元，增长7.7%；乡村社会消费品零售总额696.7亿元，增长7.4%。全省批发业销售额5585.1亿元，比上年增长7.1%；零售业销售额3479.7亿元，增长11.0%；住宿业营业额116.3亿元，增长9.1%；餐饮业营业额717.6亿元，增长14.1%.全省固定资产投资5696.3亿元，比上年下降40.3%。其中，第一产业投资382.0亿元，下降43.7%；第二产业投资1188.3亿元，下降63.1%；第三产业投资4126.1亿元，下降26.8%。全省城镇居民人均可支配收入27763.4元，比上年增长8.1%。其中，工资性收入增长10.2%，经营净收入增长8.7%，财产净收入增长1.0%，转移净收入增长3.6%。全省农村居民人均可支配收入8076.1元，比上年增长8.3%。其中，工资性收入增长7.1%，经营净收入增长9.0%，财产净收入增长10.8 %，转移净收入增长8.2%。全省居民消费价格比上年上涨1.4%。其中，食品烟酒类上涨0.1%，衣着类上涨0.8%，居住类上涨2.5%，生活用品及服务类上涨0.6%，交通和通信类上涨1.1%，教育文化和娱乐类上涨1.7%，医疗保健类上涨5.2%，其他用品和服务类上涨0.9%。 全年外贸进出口总值为341.7亿元，比上年下降23.9%。其中，123.7亿元，下降53.4%；进口218.0亿元，增长18.6%。

出口商品销往185个国家（地区）；进口商品来自79个国家（地区）。

【对外贸易】2017年，发运公路铁路海路多式联运货运班列4列，共130车，载货量4200吨，总货值4100万元。新区中川北站作为中亚班列发运地，兰州港务区定为南亚班列和南向通道货运班列发运地。2017年1—10月，“兰州号”“天马号”国际货运班列共发运261列（11429车），累计货运31.45万吨，货值8.64亿美元。其中，中亚共发运233列（10282车），累计货运29.78万吨，货值7.63亿美元；南亚共发运27列（1107车），累计货运1.59万吨，货值1亿美元；中欧共发运1列（40车），累计货运828吨，货值189.4万美元。引进25个承接加工贸易产业转移项目，实际引进省外资金39.24亿元，主要从事电子信息、化工新材料、食品加工和家具生产加工等行业。2017年1至10月，全省加工贸易进出口122.7亿元，同比增长87%，占甘肃省进出口总值的47.8%。其中出口31.6亿元，同比增长52%。进口91.1亿元，同比增长103%。

【“一带一路”经贸合作】甘肃省在“一带一路”沿线国家设立12个境外商务代表处，与55个境外商协会建立合作机制，已形成向西开放多支点分布的格局。2017年，与“一带一路”沿线国家全年贸易额实现135亿元人民币，同比增长32%，占全省进出口总额的比重超过40%，比2016年提高18个百分点以上。2017年，甘肃省中欧、中亚、南亚国际货运班列共发运305列、1.34万车，累计货运34.5万吨，货值10.4亿美元。

【外资利用】2017年，新批准设立外商投资企业10家，其中合资企业7家、独资企业3家，合同外资额3.85亿美元，同比下降97.19%；实际利用外资3826万美元，同比下降65.32%。实际利用外资3826万美元。电力燃气供应业实际利用外资2366万美元，占61.84%；采矿业实际利用外资1194万美元，占31.21%；制造业实际利用外资195万美元，占5.%。其中，酒泉、陇南、武威、兰州、临夏、嘉峪关和定西实际利用外资金额分别为1326万美元、1194万美元、1172万美元、78万美元、40万美元、11万和5万美元，所占比重分别为34.66%、31.21%、30.63%、2.04%、1.05%、0.29%和0.13%，全省实存外资企业共232户，其中，外商独资企业107户、中外合资企业119户、中外合作企业5户，外资股份企业1户，投资总额225.5亿美元，合同外资额149亿美元，实现销售收入224亿元，纳税18.59亿元，实现利润6.45亿元，从业人数2.14万人。

【对外经济合作】2017年，全省实际对外投资4.04亿美元，累计实际投资44.8亿美元；在哈萨克斯坦、白俄罗斯等"一带一路"沿线国家实际投资项目18项、投资额7060万美元。新备案（增资）境外企业23家，中方协议投资额6.2亿美元。对外承包工程完成营业额2.34亿美元。承担国家对外援助培训9项项目全部完成。为来自巴拿马、约旦等44个发展中国家培训240多名政府官员和技术人员。接受经济援助，联合国儿童基金会援助的有条件现金转移支付项目，申请援助资金175万元。新西兰援助的兰州财经大学甘肃省贫困地区农村电子商务技能培训项目于2017年6月底完成，完成援助资金50万元。执行伊斯兰国际救援组织援助的项目5项，执行额243.6万元。

【经济技术开发区】2017年，兰州经济技术开发区实现地区生产总值269.62亿元，同比增长11.1%；规模以上工业总产值503.41亿元，同比增长10%；财政收入40.76亿元，同比增长16.4%；税收收入38.8亿元，同比增长39.02%；完成固定资产投资191.56亿元，同比下降49.12%。

2017年，天水经济技术开发区经开区实现地区生产总值104.3亿元，同比增长4.7%；规模以上工业总产值198亿元，同比增长3.6%；财政收入8.12亿元，同比下降59%（2017年财政收入指标按照商务部综评要求，将区内企业天水卷烟厂直接上缴市级财政的部分予以剔除，只填报本机财政入库数。如按本级财政同口径比较，2017年财政收入增长8.6%）；税收收入37.2亿元，同比增长114.04%（2017年税收收入指标按照商务部综评要求，区内企业实际纳税额全部可以统计，因此将区内企业天水卷烟厂全部纳税额全部予以统计，如按同口径比较，2017年税收收入下降5.45%）；完成固定资产投资31.14亿元，同比下降8.38%。招商引资到位资金45.5亿元，主要指标基本达到预期目标。全年共签约招商引资项目13个，引资约30亿元。

2017年，金昌经济技术经开区实现地区生产总值105.64亿元，同比增长1.19%；规模以上工业总产值761.5亿元，同比增长0.53%；财政收入28.44亿元，同比增长4%；税收收入27.17亿元，同比增长3.23%；完成固定资产投资24.04亿元，同比增长59.4%。开发区共实施招商引资项目25项（其中，建成5项，新建11项，续建9项），到位资金28.3亿元，完成全年目标任务的50.5%。

2017年，张掖经济技术开发区实现地区生产总值70.6亿元，同比下降15%；规模以上工业总产值48.6亿元，同比下降12.5%；财政收入0.9489亿元，同比下降8.6%；税收收入4.2亿元，同比下降2%；完成固定资产投资5.4亿元，同比下降45%。2017年共引进项目24项，投资总额18.71亿元，落实到位资金9.8亿元。

2017年，酒泉经济技术开发区实现地区生产总值22.26亿元，同比下降41.94 %；规模以上工业总产值 36.34亿元，同比下降49.76%；财政收入2.88亿元，同比下降41.1 %；税收收入2.73亿元，同比下降42.72%；完成固定资产投资4.17亿元，同比下降86.83%。

【电子商务】2017年，全省已建成75个县级电商服务中心，实现贫困县全覆盖，建成1159个乡级电商服务站，5360个村级电商服务点，分别覆盖70%的贫困乡和50%的贫困村。截至2017年底全省有40个县入列国家电子商务进农村综合示范县（其中2017年新进12个县），中央财政分别给予每个县2000万元资金支持，共8亿元。省商务厅与省扶贫办联合组织开展"电商扶贫培训全覆盖"工程，即覆盖全省1169个有建档立卡贫困人口的乡，覆盖全省6220个建档立卡贫困村和10006个有建档立卡贫困人口的非贫困村，开办2期乡镇电商培训班，共培训500多人。

【中国·兰州投资贸易洽谈会】2017年7月6日至9日第二十三届中国兰州投资贸易洽谈会在兰州国际会展中心举行。24个"一带一路"沿线国家、17个省市区和新疆生产建设兵团、港澳台地区以及省内14个市州分别组织企业参展。境内外参展企业达1500多家、参展商3000多名，境内外有3.2万人注册报名参会。兰洽会期间进馆观众累计达24万人次，展览商品展销总成交额11.48亿元。其中：订货8.82亿元，现货销售2.66亿元。

【市场运行调节】全省共调整新增典型样本企业26家，其中，新增17家农产品批发市场，替换2家生产资料企业、2家家电维修企业、2家家政服务企业、2家零售企业、1家农产品批发市场；新增替换市场监测样本企业16家。

（供稿：于　清）

经济合作

【招商引资】2017年，共执行省外、境外招商引资项目4598个，累计到位资金5195.64亿元，同比下降34.56%。第二十三届兰洽会签约项目920个，签约金额3129.33亿元，截至12月底，累计到位资金759.49亿元，到位率24.27%；开工项目677个，开工率73.59%。

【经济合作交流】向市州、部门和企业征集招商推介项目，审核编制《2017年全省重点招商项目册》，涉及10个行业、206个项目；4月，联合商务部投资促进事务局在北京举办世界500强走进甘肃对接交流会，31家世界500强企业高管及100余家中外知名企业参加会议，各市州达成43项合作意向；12月上旬，承办甘肃—香港中医药产业项目合作交流会，推出投资总额405.76亿元的105个甘肃省中医药产业合作项目；组织广药集团、珍宝岛及中国机械工业联合会、中国航天研究院等100多个考察团赴兰州、定西、白银、兰州新区等地开展实地考察座谈，与市州、企业进行精准对接。

【甘肃省中医药产业博览会】2017年9月，在陇西召开甘肃省中医药产业博览会。出席宾客达300余人，35家境外企业、197家境内企业及省内70家企业参加。征集到12个市州的99个推介项目，总投资额308.75亿元。招商大会期间，省商务厅与马来西亚华人医药总会签订合作备忘录；甘肃中医药大学与珍宝岛有限公司签订"产学研"结合战略合作框架协议；保和堂制药、神威药业、康美药业、陇脉药材、康达国际、韩国光州商会等24家国内外医药机构与相关市州和机构签订中医药、大健康产业类合作项目24个，签约额35.73亿元。

【境内与境外展会】2017年，先后组织350多家企业携带120多种产品参会参展，销售收入达2300多万元。中阿博览会以张掖市作为参展主题市，主要推介特色农产品、穆斯林用品，津洽会重点宣传推介平凉市和甘南州，甘南州、平凉市和庆阳市先后组织举办招商引资推介暨项目签约等系列活动；甘南州在会期举办投资推介会；丝博会重点推介天水文化旅游产业，开展招商引资项目推介洽谈、特色商品展示展销；举办"中国·河西走廊有机葡萄酒品评品鉴推介会"，葡萄酒产业协会与青海省酒业协会签订战略合作协议。

【经贸交流活动】举办60多项突出主题的经贸合作交流活动，省政府与广西壮族自治区政府签订《中新南向通道建设合作框架协议》；邀请杜邦集团等19家世界500强企业，新恒基等93家港台企业，100余家中外知名企业举办"世界500强及中外知名企业走进甘肃对接推进会""香港知名企业走进甘肃投资项目对接洽谈会"等活动；邀请北京、上海等10余省市区和香港地区的80多家贸易商、采购商参加"2017采购商大会"；500多家甘肃省重点企业与100多名境内外采购商近距离洽谈面商，实现"一对一"供需精准对接，现场合同采购2697.28万元，达成意向采购3.48亿元。

第二十三届兰洽会展馆现场

国际贸易促进与合作

【国际经贸交流】2017年，接待阿拉伯国家贸易与投资促进研修班等8个境外经贸团组来甘考察访问，签订相关投资贸易合作协议。组织甘肃企业参加中东迪拜国际果蔬展等国际展会活动，在格鲁吉亚、澳大利亚、新西兰、埃及、土耳其等地举办了投资合作项目推介洽谈会。截至2017年12月31日，省贸促会与世界各国和有关地区的55个商协会建立合作机制。

【国际经贸展览】2017年组织参加"第十八届中国国际食品和饮料展览会""2017中国（青海）藏毯国际展览会""2017中东迪拜国际果蔬展""第二十届中国（重庆）国际投资暨全球采购会"和"南亚东南亚国家商品展暨投资贸易洽谈会"等境内外展会。8月，甘肃省首次组团赴海外参加世博会，于8月16日在阿斯塔纳世博会中国馆举办甘肃活动日。8月18日甘肃省政府在哈萨克斯坦阿拉木图市举办"甘肃—哈萨克斯坦投资合作项目推介会"，签约金额达15.93亿美元。9月，主办"丝绸之路"国际文化产业推介会，推出文化产业合作项目10个，推介及产品发布活动124场次，签约投资合作项目4个，达成贸易意向6752万元，拍卖文化艺术品和收藏品103件。

【投资贸易促进】2017年3月15日，在澳大利亚维多利亚州议会厅举办"甘肃·澳大利亚维多利亚州企业项目对接洽谈会"。4月18日，由甘肃省人民政府主办的"世界500强走进甘肃对接交流会"在北京举行，邀请杜邦、微软、渣打银行、施耐德电气、康明斯、德勤、台塑、国泰等8家世界500强企业，马来西亚、澳大利亚、韩国驻华使馆，以及英国、澳大利亚、日本、韩国、中国台湾等5个国家和地区贸易投资促进机构参会。2017年5月18日，省贸促会联合省政府驻上海办事处在上海浦东举办"2017年陇沪企业经贸洽谈对接会"，参会170多人。2017年8月21日，甘肃省贸促会和格鲁吉亚工商会在格鲁吉亚首都第比利斯举办甘肃—格鲁吉亚投资合作项目推介会。兰州佛慈制药股份有限公司和格鲁吉亚博爱有限公司签订20万美元的中成药销售协议。

【商事法律服务】2017年，累计为62家外贸企业签发一般原产地证1126份、优惠原产地证35份、国际商事证明99份、外贸单据认证247份，代办领事认证19份，涉及66个国别和地区。开展涉外经贸摩擦应对活动，传递经贸预警信息，发布反倾销、反补贴、经贸动态等预警信息200多条，编写完成《甘肃省对外经贸摩擦及应对调研报告》。

（供稿：袁维维）

供销合作

【主要经济指标】2017年，全省供销系统完成商品购进513亿元，同比增长8.4%；实现销售551亿元，增长8.9%；完成农产品收购217亿元，增长4%；再生资源回收额47亿元，增长14.3%；汇总实现利润2.4亿元，增长5.5%；资产总额163.5亿元，增长9.8%；所有者权益59.4亿元，增长10.9%；资产负债率63.8%，同比下降0.13个百分点。

【为农服务】2017年，争取财政支持1000万元实施基层组织改造建设项目，新建乡镇基层社2个、改造49个，总数达到898个，乡镇覆盖率达74%；新建村级综合服务社35个、对994个村级综合服务社进行标准化改造，总数发展到7726个，覆盖率47%；创办农民专业合作社49个，总数达到2964个。全系统供应各类化肥384万吨，下降4.24%；农药1.6万吨，增长33.42%；农膜6.3万吨，增长60.04%。庄稼医院903家，同比增加18个。全系统主要品种农产品收购额143.8亿元，同比增长15.34%。农产品销售218.7亿元，同比增长9.35%，增加绝对额18.7亿元。推进农村合作金融服务，组建小额贷款公司3户、担保公司3户、资金互助社4个，发展村级金融服务终端297个，提供金融服务1.18亿元。拓展农村电子商务，全系统开展电子商务的企业193家，开设网店352家、地方特色馆22家，已建成规模化电子商务运营服务中心15个，实现电商销售额11.1亿元，同比增长23.8%。推进农村土地适度规模经营，土地托管面积达36万亩。全系统实施投资3000万元以上的重点项目21个，完成投资6.4亿元。

【脱贫攻坚】2017年，全系统开展定点帮扶113个村，830名干部结对帮扶贫困户1751户。与省扶贫办制定《供销合作社助推深度贫困地区脱贫攻坚的实施意见》。赴天津、青岛、福州、厦门市供销社衔接东西部对口帮扶工作，组织30多个市县供销社和企业的200多种陇货特色产品赴天津举办展销会，推介甘肃农特产品进超市。选择8个贫困县开展试点，开展创新农资扶贫。助推河西戈壁农业发展，研制推广农作物基质"营养枕"，在甘肃农博会展出后得到认可。

（供稿：姚建平）

粮食流通

【粮食流通基本指标】截至2017年底，全省收购粮食322.1万吨，同比下降7.1%，销售粮食338.5万吨，同比下降9.2%；收购食用油6.3万吨，同比下降23.8%，销售食用油13.3万吨，同比下降2.3%。全省粮食综合库存285.6万吨，同比增长6.6%；食用油综合库存5.2万吨、同比下降11.6%。全省国有粮食企业实现盈利5199万元。

【储备粮管理】完善储备粮轮换机制，出台省级储备粮应急成品粮管理办法，改进省级储备小麦轮出竞价交易制度，按期完成21.8万吨省级储备粮、0.7万吨省级储备油轮换计划。建立省市县三级应急成品粮储备，应急供应网点和配送中心达标建设率均达100%。

【项目建设】仓储设施新建项目基本完成，中央补助维修改造项目全面收尾，全省粮食总仓容达到465万吨，标准化仓容达到230万吨，仓容完好率达到85%。粮食行业信息化项目整体设计完成，拟定项目实施方案和省平台项目管理办法，编制《粮库智能化升级改造建设方案（模板）》。推进全省粮食产业园区、物流配送中心等项目。

【粮食流通监管】加强粮食收购市场监管，开展库存检查，及时处置6起原粮卫生指标不合格事件，杜绝不合格粮食流入口粮市场。开展粮食安全隐患"大排查快整治严执法"集中行动，落实分级管理责任。完善监管协调机制，打击囤积居奇、哄抬粮价、以次充好、掺杂使假、计量作弊等扰乱市场行为。

【粮食供需平衡保障】拓展"引粮入甘"渠道，分别与宁夏、河南、黑龙江、内蒙古等省区签订两省区粮食产销合作协议，掌握粮源。建成"放心粮店"1600个，实现14个市（州）、86个县（区）全覆盖，拓宽居民消费优质粮油的渠道。

（供稿：常慧君）

公共资源交易服务

【概况】2017年，全省公共资源交易平台完成进场交易项目40329个，比2016年增加8248个，增幅25.71%；成交金额3904.81亿元，比2016年增加220.69亿元，增幅5.99%。

【公共资源交易大数据平台建设】2017年，委托软件研发机构研发甘肃省公共资源交易大数据平台，采集省市县三级平台全量的交易数据和交易主体行为数据，采用网络爬虫采集来源于互联网的开放数据资源，实现数据采集、清理、存储、分析、展现和应用。系统提供开放的数据接口，对接公共资源交易的各类系统，为政府决策提供支撑、为交易监管提供线索、为交易主体提供精准的个性化服务。

【公共资源配置信息公开共享】实行公共资源配置全程公开、全程留痕，全省公共资源交易平台按照决策、执行、管理、服务、结果"五公开"工作要求，制定《甘肃省公共资源交易信息公开目录》（试行），加大信息公开力度。提升软件系统功能，公开11大类、62分项、472小项交易信息。新增分享、投诉、自定义查询等功能，社会公众可以通过网站"一站式"获取对应项目的所有可公开信息。

【专家资源共享共用】2017年，全省累计完成31600人次远程专家抽取，621次远程异地开评标，远程异地评标被国家发改委列入全国典型经验推广。开通系统"用户名+密码+验证码"登录方式，在交易全过程中与CA数字证书功能无差别使用，2017年7月1日实行用户名+密码+验证码"登录方式。

（供稿：王沛栋）

交通 邮电

公路运输

【概况】2017年，全省建成高速及一级公路249千米，普通国省干线及旅游公路1653千米，农村公路11733千米。全省公路总里程达14.3万千米，其中，高速公路4014千米，二级及以上公路里程达到1.33万千米，农村公路达到11万千米，具备条件的建制村全部通沥青（水泥）路。完成公路运输总周转量1073.66亿吨千米，同比增长10.12%。全省完成交通运输固定资产投资865.7亿元，超额完成交通运输部下达的800亿元目标任务，同比增长10.2%，完成投资居全国第10位，公路投资增速居全国第13位，占全省固定资产投资的15.2%。

【交通重点项目建设】2017年，省政府与交通运输部签订《关于加快甘肃省交通运输发展合作协议》，争取国家政策和资金支持。列入国家"十三五"规划的公路项目，除兰州中通道高速公路外，其他国家高速公路、普通国道项目全部开工。兰州南绕城等23条2611千米高速公路和秦州至甘谷至武山等124条6015千米普通国省道及旅游公路在建项目顺利。京新高速甘段与新疆、内蒙古段同步开通运营。建成柳园高铁综合客运枢纽站、合水县综合客运中心等9个县级客运站、32个乡镇客运站。黄河兰州段及刘家峡库区消防救援工作船、临夏州船舶航行安全监控工程等水运项目完成建设任务。

【交通运输综合服务】2017年，处治高速公路安全隐患路段471千米、普通国省干线安全隐患路段889千米、农村公路安全隐患路段4843千米，高速公路和普通国省道优良路率分别达到99.6%和83.4%。全省90%以上的乡镇设立农村公路管理所。皋兰县入选部城乡交通一体化示范县第一批创建县。完成敦煌文博会、丝绸之路旅游节、春运等重大活动及节假日运输保障任务。拆除大型非标牌1618块。依法查处路产损坏赔偿案件3844起、侵占路权行政处罚案件32起，查处违法超限运输车辆3.6万余辆。全年车辆通行费收入78.17亿元（含二级公路）。与省人民医院联合组建的"高速医联体"在兰州北、定西等高速公路服务区投入试运行。在兰州北服务区引进进口食品免税店，建成首座服务区汽车充电站，礼县、武威两个高速公路服务区跻身"全国百佳示范服务区"行列。全省61条线路、5088千米政府收费还贷二级公路5月31日零时起全面取消收费。落实"绿色通道"、重大节假日等免费通行政策，全年减免车辆通行费16.67亿元，同比增长17.81%。7家运输企业入选交通运输部无车承运人试点企业，兰州新区空铁海公多式联运入选全国示范工程。兰州中川国际机场执飞2条全货机国内定期航线，搭建货运物流新平台。

【智慧交通和绿色交通建设】与百度、腾讯、甘肃移动等开展合作，推进交通大数据平台建设。省级交通运输运行协调应急指挥平台和省交通运输云数据中心建成运行。全省111家汽车客运站实现道路客运联网售票，100%覆盖二级及以上汽车站。开展祁连山国家级自然保护区公路建设项目专项督查和全省自然保护区公路建设项目自查。全年更新、新增新能源道路营运客车3317辆，淘汰营运黄标车。3项科研成果获得甘肃省和中国公路学会科技进步奖，"公路建设与养护技术、材料及装备国家级行业研发中心"获交通运输部批复认定。

【交通重点领域改革】制定《进一步深化"放管服"改革推进交通运输转型升级实施方案》。清理交通领域罚款、检查和收费项目，取消5项涉企收费。省政府批准设立首期规模200亿元的甘肃省交通产业投资基金，首单已落地30亿元。推广政府和社会资本合作（PPP）模式，印发收费公路PPP项目操作流程，建立收费公路PPP项目库，总投资约4218亿元的40个项目识别入库。引进中交、中建、中铁等央企参与甘肃省交通基础设施项目投资建设运营，省交通运输厅与12家央企和3家省属企业签订投资额度2455亿元的24个公路PPP项目框架协议。全省2017年落地公路PPP项目12个，投资额度约1179亿元。省交建集团等10家企业移交省政府国资委管理，完成厅属国有企业改制脱钩。在陇西县、庆城县、榆中县开展农村公路养护管理体制改革试点。开展班线客运企业扩大经营权试点，引导全省13家专业运输企业组建运输联盟，推进出租汽车行业改革。

【品质工程和平安交通建设】制定建设单位信用评价、招标代理机构信用评价等细则，组建质量监管专家库，上线工程质量，全省各类公路建设项目工程质量抽检总体合格率达到96.1%。十天、兰永等建设项目荣获甘肃省建设工程"飞天奖"，刘家峡黄河大桥荣获全国建筑行业工程质量"鲁班奖"，金阿项目荣获中国公路建设"李春奖"。制定交通安全生产领域改革发展实施方案，出台重点监管名单管理、挂牌督办、风险管理、隐患排查治理4项制度。严格落实行业监管和企业主体责任，"两客一危"车辆动态监控入网率和上线率分别达到99.96%、97.46%。开展大型综合性应急演练10余次，及时抢通陇南"8·7"特大暴洪泥石流灾害受损道路，协助四川省转移九寨沟7.0级地震被困人员，完成省公路路网监测与应急指挥中心建设，提高路网实时监测与应急调度指挥能力。全年组织协调水上搜救行动17次，营救遇险人员90人，实施高速公路车辆救援作业7055次，救援车辆1.3万台次。

（供稿：胡俊璐）

铁路运输

【概况】2017年，中国铁路兰州局集团公司管辖线路延长总计10984.03千米。全局道岔总计7027组，电气化铁路营业里程5128.3千米，占总营业里程的95.4%。普速合资铁路延长2681.97千米，高铁线路延长2213.89千米。全局运营铁路桥梁1811座10.83万米，隧道166座15.09万米，涵渠7094座15.84万横延米，桥隧涵合计27.98万换算米；路基设备长度总计5792.42千米。专用线212条、专用铁路26条户。

【铁路运输主要指标】2017年，兰州局集团公司旅客发送量完成5043万人，为年计划4630万人的108.9%，同比增加851.8万人，增幅20.3%，超年计划413.4万人；货物发送量完成7484万吨，为年计划7480万吨的100.1%，同比增运8.1万吨，增幅0.1%，实现2013年以来首次正增长；换算周转量完成177722百万吨千米，为年计划165000百万吨千米的107.7%，同比增长10.3%；旅客周转量完成37523百万人千米，为年计划38200百万人千米的98.2%；货物周转量完成140101百万吨千米，为年计划126700百万吨千米的110.6%。

【基本建设项目】2017年，铁路总公司下达兰州局集团公司基本建设项目投资计划2659862万元；建成投产项目2个，计435000万元；续建项目7个，计2149362万元；新开工项目1个，计10500万元；其他项目2个，计37000万元。2个收尾销号项目分别为干塘至武威南铁路增建二线20000万元、兰州铁路综合货场8000万元，2个建成投产项目分别为兰州至重庆铁路300000万元、新建宝鸡至兰州客运专线甘肃段135000万元，7个续建项目分别为新建敦煌至格尔木铁路甘肃段40000万元、兰州至合作铁路3000万元、银川至西安铁路甘肃宁夏段1550000万元、吴忠至中卫铁路540000万元、金昌站铁路综合货场6000万元、平罗铁路综合货场3362万元、平凉南铁路综合货场7000万元，1个新开工项目为中卫至兰州铁路10500万元，2个其他项目为兰州至中川机场铁路27000万元、天水至平凉铁路10000万元。

【管辖范围】2017年，中国铁路兰州局集团公司管内陇海线于社棠车站、天水车站间K1392+530处与西安局分界；兰新线于柳沟车站、安北车站间K985+500处与乌鲁木齐局分界；兰青线于水车湾车站、海石湾车站间K60+000处与青藏铁路公司分界；包兰线于乌海西车站、惠农车站间K423+000处与呼和浩特局分界；宝中线于安口窑车站、崇信车站间K136+100处与西安局分界；太中线于安边镇车站、定边车站间K1461+280处与西安局分界；西平线于长武车站、长庆桥车站间K172+740处与西安局分界；兰新高铁于陈家湾西车站、民和南车站间K1726+500处，浩门车站、军马场车站间K1944+926处与青藏铁路公司分界，于柳沟南车站、石板墩南车站间K2580+236处与乌鲁木齐局分界；天平（天华）线于青林车站、华亭车站间K114+694处与西安局分界；兰渝线于羊木车站、广元车站间K497+443处与成都局分界；徐兰高速（宝兰高铁）于宝鸡南车站、东岔车站间K1305+110处与西安局分界。

【物流网络】截至2017年底，兰州局集团公司管内有货运营业线路22条，营业里程4254千米，其中国铁2986千米、合资铁路1268千米。包兰线581千米、平汝支线82千米、干武线172千米、红会支线114千米、陇海线359千米、兰新线985千米、西固城线21千米、兰州北线5千米、嘉镜支线74千米、玉门南支线33千米、宝中线367千米、兰青线95千米、兰州北环线74千米、兰水线24千米、合资铁路敦煌线298千米、太中银线424千米（银川至定边183千米、迎水桥至定边241千米）、西平线92千米、中川联络线7千米、天平（天华）线116千米、兰渝线331千米。年内，兰渝线开通，新增岷县、陇南西、渭源、羊木、哈达铺5个货运办理站。

【机车交路】构建客运机车交路以兰州为支点到北京、上海、武昌、乌鲁木齐、西宁、呼和浩特、重庆、成都、敦煌，以银川为支点到呼和浩特、西安、太原、兰州；货运机车交路以兰州北为支点到乌鲁木齐西、新丰镇、郑州北、包头西、西宁货、成都北、兴隆场，以迎水桥为支点到包头西、榆次、千河、彬县西、武威南、兰州北运用格局。调整兰渝、中川城际、兰武、干武、陇天区段乘务交路，推行动车组单司机值乘，保障6次列车运行图调整顺利实施，满足宝兰高铁、兰渝铁路开通的运输需求；推进乘务区段化，调整嘉峪关至中卫9对、兰州至嘉峪关5对旅客列车在金昌站继乘。兰渝线开通后形成以HXD1型电力机车担当货运牵引任务和SS7E型电力机车担当客运牵引任务的格局。宝兰高铁开通，在天水南站综合维修工区增加2台DF11型内燃机车担当热备任务，并根据集团公司管内高铁线路坡道及列车种类，在兰州西动车所、嘉峪关南站各增加1台DF11型内燃机车担当热备任务，补强高铁日常救援能力。

【临客及旅游列车开行】2017年，组织开行临客214列，其中春运期间加开174列（其中敦煌—上海3列、嘉峪关—上海19列、兰州—成都14列、兰州—重庆北14列、天水—西安40列、银川—北京西40列、兰州—平凉22列、平凉—兰州22列），发送旅客17.3万人；暑运期间加开兰州至北京临客40列，发送旅客18.5万人。全年开行旅游专列24列，其中跨局14列，运送游客1.1万人；管内10列，运送游客4389人。

【宝兰高铁开通运营】2017年7月9日，宝兰高铁开通运营暨G2028次列车首发仪式在兰州西站举行。宝兰高铁建成投用，新增东岔、天水南、秦安、通渭、定西北、榆中6个客运营业站。

【兰渝铁路开通运营】2017年9月29日，兰渝铁路开通运营及首趟旅客列车、首趟“南向通道”货物专列开行仪式在兰州车站举行。9时09分，兰州—重庆K4518次旅客列车准时启动，9时14分，79910次货物专列随后发车。

【中卫至兰州客运专线开工】2017年6月19日，新建中卫至兰州客运专线甘肃段开工。中卫至兰州客运专线正线全长218.5千米，其中甘肃省境内172.3千米。全线设计时速250千米（预留300千米），设计工期5年，计划2022年建成通车。

2017年9月29日，兰渝铁路全线开通运营及首趟旅客列车、首趟南向通道货物专列开行仪式在兰州车站举行

【机构调整】2017年，兰州铁路局完成公司制改革相关工作，由“兰州铁路局”改为“中国铁路兰州局集团有限公司”。兰州铁路局驻京办事处机构及编制撤销。各直属站、车务段增设安全生产指挥中心，车务段安全调度科更名为安全科；各货运中心调度统计信息室更名为调度指挥中心；客运段增设生产调度指挥中心；各机务段增设管理控制中心；各供电段电力调度室更名为调度指挥中心；各工务段（工务机械段）增设安全生产调度指挥中心；各车辆段调度科更名为调度指挥中心。附属机构兰州铁路局特种设备管理办公室成立，将安全监察室劳安特设科更名为劳动安全监察科。兰州铁路局土地管理办公室（土地管理局）撤销，同时成立附属机构兰州铁路局土地管理中心，按区域性设兰州土地管理所、兰州西土地管理所、银川土地管理所。附属机构兰州铁路局质量管理办公室、兰州铁路局职工培训和函授指导站成立，撤销职工培训中心函授管理科，将业务划职工培训和函授指导站；将职工培训中心教材科更名为教务科；职工培训中心按专业和培训业务分别设银川、兰州、天水、迎水桥、颖川堡5个培训基地。在铁路局财务处设税务管理办公室，同时撤销综合价税科，将其职能划归税务管理办公室。

（供稿：杨雍梅）

民航安全监管

【行业运行】2017年，辖区共发生不安全事件160起，同比减少37起，未发生事故征候（含）以上不安全事件。甘肃辖区累计完成起降架次123927架次，旅客吞吐量14702458人次，货邮吞吐量63675.4吨，同比分别增长:12.16%、17.14%、2.32%。其中兰州机场起降架次102586架次，旅客吞吐量12816443人次，货邮吞吐量60905.5吨，同比分别增长:13.86%、17.61%和2.44%。

【行业监管】通过安委会、安全生产联席会系统分析评估辖区安全形势和安全运行状况，梳理安全风险和隐患。开展民航从业人员安全宣传教育活动；开展“安全生产月”“平安民航”《安全生产法》等活动。开展辖区行业安全检查，督促企业查找管理漏洞及制度缺陷。发布《甘肃民用机场净空保护公告》《甘肃省无人驾驶航空器专项整治方案》。防控危险品及锂电池航空运输风险。建立甘肃辖区机场应急救援数据库，为整合辖区机场应急资源，提升机场应急救援能力。督导机场开展应急培训和实战演练，组织监察员开展事故调查搜救应急演练。完成兰州、敦煌、嘉峪关机场第二轮国家民航安保审计。开展民航服务质量规范专项行动。配合民航西北地区管理局做好辖区空域结构优化调整、兰州机场进离场航线分离工作。配合民航西北地区管理局完成陇南成县机场飞行程序审核、模拟机验证、使用细则现场复核等工作。

（供稿：张金慧）

甘肃省民航机场集团有限公司

【机场建设】截至2017年底，省民航机场集团共有7个运输机场。分别是：兰州中川国际机场、嘉峪关机场、敦煌莫高机场、庆阳西峰机场、金昌金川机场、张掖甘州机场、陇南成县机场。其中，新建陇南成县机场已于12月22日完成了验收工作。

【航空运输生产】2017年，省民航机场集团共保障完成运输起降118703架次，同比增长11.31%；旅客吞吐量1440.59万人次，同比增长16.65%；货邮吞吐量63319.60吨，同比增长2.22%。截至12月31日，省民航机场集团运营航空公司累计达42家（含货运航空公司4家），累计执行客运航线221条（国际、地区航线19条）、货运航线4条（国际、地区航线2条），通航城市共102个。

【成县机场验收工作】2017年12月20日至22日，由民航西北地区管理局组织联合民航甘肃监管局、省民航机场集团、民航甘肃空管分局、中航油甘肃分公司等单位组成的验收检查组，对新建陇南成县机场工程进行行业验收和机场使用许可检查。陇南成县机场符合初步设计批复的内容，符合国家及民航有关技术标准及规范，经验收小组讨论后通过行业验收和机场许可使用检查。

【敦煌机场改扩建工程】经民航西北地区管理局批复同意，3月15日至5月25日敦煌机场采取阶段性停航施工方案。停航期间，敦煌机场实施跑道延长、助航灯光改造等飞行区工程建设，跑道长度由原来2800米向东延伸至3400米，站坪停机位数量增至21个，飞行区等级由4C提升至4D，满足波音747、空客A380等E类飞机备降。5月26日，敦煌机场改扩建工程正式复航投入使用。复航后，敦煌机场恢复10条航线，执行20架次（客运包机12架次）。7月12日至14日，民航西北地区管理局在敦煌组织召开敦煌机场扩建跑道延长600米等工程行业验收。

（供稿：杨仲平　陈先鹏）

2017年12月22日，陇南市成县机场完成验收工作

中国东方航空有限公司甘肃分公司

【市场营销】2017年，东航甘肃分公司实现客运贡献收入9.2亿元，同比增长1.6%；实现货运始发收入2033万元，同比增长1.25%。运输总周转量22904.66万吨千米，同比增长5.4%；飞机日利用率10.37小时，与2016年基本持平；客座率83.26%，同比增长0.64个百分点。

【基础管理】2017年，全年完成6项大修工程和28项日常维修。按期完成13个中管工作坊项目和5个管理会计项目，举办"星火兰州班"项目管理培训。优化人力资源，核心人才储备加强。东航兰州中川机场航食配餐及机供品综合楼正式启用，机库加温改造竣工，推进兰州新区东航运营基地设备、家具投资预算以及货运库二期建设。

【安全飞行】2017年，东航甘肃分公司共安全飞行30181小时，13550架次，同比分别增加3.5%和1.05%。未发生严重差错以上事件，飞行、空防和地面安全形势平稳。实现第24个航空安全年。

（供稿：李群芬）

通　信

【业务经营】2017年，全省完成电信业务总量455.94亿元，同比增长97.3%；完成电信业务收入197.13亿元，同比增长6.3%；电话用户2853.18万户，其中移动电话用户2516.41万户，固定互联网宽带接入用户576.38万户，光纤（FTTH/O）用户占比达到86.65%，移动互联网用户2034.10万户。

【电信市场监管】2017年，发放增值电信业务经营许可45家，核配备案各类码号725个。组织用户满意度指数测评，行业整体满意度77.86分。联合电信用户委员会检查市州和部分县区窗口服务，抽查暗访营业厅144个。建立电信服务监管例会机制，将12315投诉纳入用户申诉季度通报，处理用户申诉咨询7237人次。建立市场主体信息库和违法不良信息库，启动“多证合一”改革和涉企信息统一归集公示。

【通信基础设施建设】推进重点场所和新建小区共建共享，建杆路113.64千米、管道59.38千米、室内分布系统374套，共享杆路456.35千米、管道6.8千米、室内分布系统13套。新建住宅光纤到户项目3418个，老旧小区光纤到户改造项目7664个，光纤到户覆盖家庭583.08万户，城区光纤改造覆盖率达90%以上。

【电信普遍服务试点项目建设】2017年4月完成第一批试点竣工验收。第二批试点项目建设将目标任务细化至各级政府和承建企业，联合省工信委、财政厅开展专项调研检查并现场协调、解决问题，第二批试点除陇南辖区范围因暴洪灾害影响完成96.6%外，其余4个地市全部完成建设任务，已陆续开展项目竣工验收。

【网络安全与信息安全】建立网站备案信息核查抽查和季度通报机制，累计备案网站主体17714个，备案率和备案主体信息准确率稳定保持在100%和98%以上。完成重大活动期间网络信息安全保障。

【应急通信保障】定期更新行业应急通信基础资源台账，开展企业卫星电话拨测及5个市州15个乡镇信息报送抽测工作。应急通信专项检查了5个市州17家分公司并解决存在问题。开展应急通信演练，完成陇南暴洪灾害、四川九寨沟地震应急通信保障。

【网络提速降费】全部取消国内长途和漫游费，下调中小企业互联网专线接入资费，为中小企业减负超过7000万元。100M以上宽带接入用户占比达60.1%，移动流量资费同比下降61.4%，互联网宽带接入资费同比下降9.7%。

（供稿：田卫国）

中国电信甘肃分公司

【创新业务】2017年，甘肃电信起步创新领域，健全创新板块运营机制，万维等四个创新公司全面承接ICT拓展运营；14家万维分公司隔离运营，独立拓展创新业务。推进政企转型，9大中心实施专业化运营，开展创新培训。

【运营能力】2017年，拓展TOP强商、精品渠道、核心商圈、泛渠道。推进三张精品网建设，建成高低频协同的高品质4G网、统一布局打造云/IDC基础资源，光网能力及覆盖率水平快速提升，建成“全光网省”。网络集约化运营成效明显。开发大数据人群监控平台，对外提供数据应用。

（供稿：张　杰）

中国联通甘肃省分公司

【业务经营】2017年，公司主营业务收入同比增长10.7%，超出本省行业增幅4.4pp。收入市场份额较2016年底提升0.5pp。全年净增用户超过100万户，移动用户市场份额较2016年底提升2.4pp，达到14.9%。4G用户渗透率较2016年底提升25.9pp，达到57.7%。

【网络运营】2017年，投资近4亿元进行网络建设和升级。新建4G基站2415个，基站规模达到3.9万个，4/3G高速数据网络人口覆盖率超过90%。实施完成宝兰高铁和兰渝铁路网络覆盖工程，积极推进兰新高铁网络覆盖工程。通过网络升级和优化，县城以上区域4G网络平均下行速率超过50Mbps，峰值速率可达300Mbps。移动网NPS客户口碑较2016年提升5.5分。新建宽带端口4.3万个，宽带端口总数达到62.8万个。加快宽带网络“光进铜退”，FTTH用户占比提升至74.6%。

【安全运行】承担基础电信企业网络与信息安全责任，开展打击通信信息诈骗专项行动。2017年，关停归属于甘肃联通的诈骗电话号码95个。强化网站备案、IP地址等互联网基础管理，接入网站100%备案、备案主体信息准确率达到100%。治理垃圾短信，全年共拦截垃圾短信539.13万条，遏止垃圾短信传播。

【服务用户】落实“提速降费”惠民生，家庭宽带全面提升至20M以上，100M/200M产品成为主流。通过“提速不提价”“流量不清零”、丰富套餐内容、降低资费价格及与互联网公司合作推出互联网化产品，降低客户通信费用支出。2017年9月1日，取消手机国内长途及漫游费，降低国际长途电话与国际漫游资费水平。调低面向中小企业的互联网专线接入资费，以实际行动助力实体经济发展。

邮　政

【业务发展概况】2017年，全省邮政行业业务收入（不包括邮政储蓄银行直接营业收入）累计完成31.67亿元，同比增长17.29%；邮政行业业务总量累计完成26.74亿元，同比增长20.51%。其中全省快递业务量累计完成7201.68万件，同比增长18.74%；业务收入累计完成14.81亿元，同比增长18.44%。消费者申诉处理满意率达98.9%。

【普遍服务】2017年，实现城市包裹按址投递，乡镇5公斤以下包裹按址投递、行政村投递到村邮站。提高县级城市党政机关党报当日见报率，全省县级城市党报当日见报率提升24.8个百分点，达到60%。增强邮政服务“三农”和精准扶贫能力，建制村直接通邮率提升3.4个百分点，达到97.6%。筑牢机要通信保密安全防线，下发责令整改通知书和通报26份，跟踪督促整改29项安全隐患。开展纪特邮票销售监督检查323人次，检查网点203处（次）。设置500多个“扫黄打非”工作站，在5471处营业场所、6000多辆快递三轮车张贴警示语、宣传语。临夏、天水、甘南等局查堵疑似非法出版物257册，全省邮政业“扫黄打非”工作成效显著，省局普遍服务处荣获2017年全国“扫黄打非”先进集体。对42名监督员进行了调整，全省86名监督员积极深入基层调查走访，提出建议和意见20条，反馈各类问题142个。

【快递服务】2017年，全省快递企业拥有计算机5500多台，配备手持终端1.2万台，重点快递企业业务员基本实现手持终端人手一台。拥有半自动化分拣设备32套，邮政速递、顺丰、中通等24个重点品牌分拨中心实现半自动化分拣设备全覆盖，多功能“龙门扫码机”在中通、韵达、圆通等9个品牌企业中率先投入使用。快递企业电话、网络平台查询业务开通率达100%。优化农村地区快递物流资源配置，解决由乡镇到村“最后一公里”快递配送瓶颈问题。全省快递乡镇覆盖率达81.96%。推进快递进机关、进校园、进社区的快递“三进”工程，提升快递末端服务能力和水平。主要企业城区自营网点标准化率达到90%，较上年提升20个百分点。全省高校快递规范服务覆盖率达到100%，47所高校实现快递入校服务。建成并投入使用快递末端公共服务站380个，投放智能快件箱1600组，箱递率显著提升。推进交邮合作、邮快合作，推广农村物流、城市配送、客货运班车代运等合作模式，以点带面构建农村现代物流发展新模式。

【发展环境建设】2017年，联合省质量技术监督局、省发改委等7部门出台《推动物流服务质量提升工作实施方案》，联合省环保厅、省发改委等9部门制定《关于协同推进快递业绿色包装工作的实施意见》，在绿色发展、服务保障和质量提升方面提供政策支持；14个市州政府全部出台《全面推进快递业发展实施意见》；定西市政府制定配套政策，对各县区政府和市直有关部门贯彻落实《定西市关于全面推进快递业发展的实施意见》和《定西市邮政业发展“十三五”规划》情况开展专项督查；兰州市委市政府印发《兰州市网络扶贫行动工作方案》，提出加快推进“快递下乡”工程。甘南州委州政府印发《关于深入推进农牧业供给侧结构性改革加快实现甘南州农牧村绿色崛起的实施意见》，将“快递下乡”工程列入州委“一号文件”工作内容；兰州、定西、陇南、临夏等局联合相关部门对辖区快递电动三轮车实行“四统一”，争取到快递车辆通行便利优惠政策，实现便利通行。陇南、武威、庆阳、定西等局争取项目资金1196万元用于县级邮件快件处理中心建设、乡镇邮政快递服务保障、出口邮件快件奖励补贴。

【行政执法】2017年，开展快递、集邮和邮政用品用具市场检查、督促指导和协调服务4721次，出动执法人员8000多人次，查处违法违规行为779起，下达责令整改通知460份，行政约谈258次，行政处罚201起、罚款51.7万元，停业整顿42家。依法关停无证无照经营快递业务或存在重大安全隐患拒不整改的快递网点194个。坚持每月公开12305消费者申诉情况，接受公众监督。2017年受理的2053件有效申诉全部妥善处理，为消费者挽回经济损失近50万元。办理法人快递业务经营许可事项42件，完成许可申请协查56件，变更核准事项1381件，办理许可年度报告1117件。许可证变更审批平均办理时限5.2个工作日，许可申请审批严格控制在10个工作日以内。编制完成《甘肃省邮政管理局行政许可事项业务手册》和《甘肃省邮政管理局行政许可事项办事指南》，及时向社会进行公布，保障社会公众知情权。

（供稿：孙　雯）

经济管理与监督

发展与改革

【规划编制】2017年，省发展和改革委员会起草全省构建生态产业体系推动绿色发展崛起的《意见》和《规划》。制定出台并推进落实“三重”“三一”和重点工作任务分工等工作方案。配合国家编制完成兰州—西宁、关中平原城市群发展规划。编制完成全省《“十三五”推进基本公共服务均等化规划》，首次建立基本公共服务清单。制定并落实加快县域经济发展、促进开发区改革创新、支持兰州新区加快发展等政策意见。

【农业生态建设】争取国家下达农林水利项目中央预算内投资40.46亿元，安排新一轮退耕还林还草建设任务59.2万亩、1.93亿元。制定《祁连山自然保护区生态环境问题整改落实方案》和《中共中央办公厅回访调研祁连山生态环境整治情况报告重点任务落实方案》，配合督促完成国家确定的10项年度整改任务。启动祁连山国家公园体制试点，发布重点生态功能区产业准入负面清单。引洮供水二期城乡供水工程开工建设；敦煌水资源合理利用与生态保护综合规划项目进展顺利；靖远双永供水和引洮入潭工程试运行；临夏州积石山引水、引黄济临等项目主体基本建成；天水城区引洮供水、兰州市水源地等工程推进。加快靖远、安定等4个国家级农村产业融合发展示范县和临夏北塬农村一二三产业融合发展示范区建设。

【交通项目建设】全省交通固定资产投资完成1079.73亿元，其中铁路及轨道交通214.03亿元、公路855.7亿元、民航10亿元。宝兰客专、兰渝铁路开通运营；中卫至兰州客运专线开工建设；兰州至张掖三四线、兰合铁路、柳沟南至敦煌客专等铁路前期工作有序推进。渭源至武都、兰州南绕城、两当至徽县、临夏双城至达里加等高速公路推进；平凉至天水、景泰至中川机场、甜水堡至永和、清水驿至苦水段、忠和至河口段等重点公路开工建设。敦煌机场扩建工程建成运行，陇南成县机场通航运营；酒泉百立、庆阳华池等通用机场项目前期工作推进；兰州中川国际机场旅客吞吐量达到1281.6万人次。

【能源项目建设】酒湖特高压直流输电工程建成投入运行。争取国家下达全省农村电网改造升级中央预算内资金1.5亿元，启动总投资6.86亿元农村电网改造升级工程建设。推进9个国家首批太阳能热发电示范项目建设，完成投资12亿元。八〇三电厂、武威热电厂建成投产，常乐电厂建设推进。启动新能源汽车充电基础设施发展规划滚动修编工作。陇东地区油气产量稳定增长，秦安、临洮、定西等供气支线建成通气，和政、玉门、静宁等供气支线加快推进。

【资金争取和投资管理】争取中央预算内投资155亿元，安排省预算内基建资金16亿元、重大水利基金1.85亿元，带动银行贷款、社会投资约600亿元，重点支持农林水利、社会事业等领域项目建设。围绕落实投资项目等“六个清单”，制定考核激励办法，实行考核与前期费资金奖补挂钩政策。筛选50个“重中之重”项目，由省级领导包抓推进。开展投资项目集中开工复工行动和前期项目审批办理工作月活动，集中审批投资项目757个。派出29个稽查工作组，对1500多个中央预算内投资项目开展专项稽查。出台《甘肃省政府和社会资本合作（PPP）项目工作导则》，设立省级PPP项目引导资金，签约PPP项目75个，总投资1283亿元。

已开工建设PPP项目55个，总投资754亿元。

【产业结构调整】关闭退出煤矿10处、产能240万吨，取缔15家"地条钢"企业。支持省内4户企业与9家银行签订1380亿元市场化债转股协议，到位资金150亿元。开展收费清理规范工作，全年减轻费用负担约30亿元。降低非居民用天然气门站价格、销售价格，降成本约2.4亿元。会同相关部门制定石化、有色、冶金、新材料、核产业五个专项行动方案。酒钢年产40万吨彩铝深加工等重点项目建成投产。加快建设国家中医药产业发展综合试验区，建成中医药养生保健产业园、产业基地22家。陇南市被确定为第三批国家电子商务示范城市，甘肃（兰州）国际陆港入选国家第二批示范物流园区。出台《关于创新管理优化服务培育壮大经济发展新动能加快新旧动能接续转换的实施方案》。启动镍钴新材料、聚芳硫醚等制造业创新中心建设。新认定第四批战略性新兴产业骨干企业19户。兰州市城关区获批国家双创示范基地，创建首批省级双创示范基地7个。

【价格调控监管】新放开6项、下放4项政府定价项目。农业水价综合改革试点工作有序推进。出台《省级医疗服务项目价格（2017版）》和《特需医疗服务价格管理办法》，取消公立医院实行60多年的药品加成政策，调整医疗服务项目7344项，放开390项实行市场调节价。出台《甘肃省价格监测报告制度》。受理各类价格咨询和举报案件12471件，办结11938件。办理涉纪、涉刑、涉行政工作案件价格认定9282件，认定标的金额13.43亿元。核减不合理定价成本费用113.72亿元，查处价格违法和垄断案件452件，实施经济制裁总金额3900多万元。

【重点领域改革】修订出台《政府核准的投资项目目录（2017年本）》，印发《企业投资项目核准和备案管理办法》。兰州新区全面启动企业投资项目"承诺制"试点，推行企业投资项目审批全程代办。开展嘉峪关、兰州新区涉企行政事业性收费"零收费"试点工作。修订完成《甘肃省招标投标条例》。实现电子政务外网省市县全覆盖，接入开展业务单位达3400余家。争取国家批复10个增量配电网改革试点。新版"信用中国（甘肃）"网站上线运行，建立多领域多部门的"联合奖惩"和"双公示"机制。酒泉肃州、定西临洮中小城市综合改革试点稳步实施。

【对外开放】推进丝绸之路经济带甘肃黄金段建设，举办第二届丝绸之路（敦煌）国际文化博览会，签署渝桂黔陇四地合作共建中新南向通道的框架协议和关检合作备忘录。成功首发兰渝、陇桂铁海联运国际货运班列、南向通道冷链测试班列及农产品市州专列。全面落实国际产能合作委省协同机制协议，成功举办"一带一路"国际产能合作产业园区建设论坛。酒钢牙买加氧化铝厂正式投产，金川公司印尼红土镍矿、省建投白俄罗斯总部基地项目有序推进，白银公司间接收购美国静水矿业公司。全年实际利用外资约5.5亿美元。

【保障改善民生】安排易地扶贫搬迁资金106.92亿元，开工建设集中安置点602个；2.97亿元以工代赈资金支持贫困地区基础设施建设；1亿元省预算内资金实施光伏扶贫项目。完成投资6.86亿元的农村电网改造升级工程。制定《甘南州夏河县阿木去乎片区发展与扶贫攻坚规划》，甘肃、天津发改委和甘南州共同签订《精准扶贫战略协作框架协议》。争取中央资金22.3亿元，重点支持244个社会事业项目建设。牵头出台《激发创业人员活力促进增收实施方案》等7个配套文件。皋兰、肃州等7个县被国家确定为第三批农民工等人员返乡创业试点县。印发《陇南"8·7"暴洪泥石流灾后恢复重建规划》，安排应急和恢复重建预算内资金7000万元。着力解决岷漳地震灾后重建省内异地安置区遗留问题。

【循环经济和节能减排】编制印发《全省循环经济推进工作实施方案（2017—2020年）》。组织实施大气、水、土壤污染防治行动计划，开展全域无垃圾三年专项治理行动，支持建设43个污水垃圾处理项目，兰州、甘南等5市州率先实施生活垃圾强制分类。兰州、酒泉、甘南等5市州率先开展生活垃圾强制分类。全面启动兰州、敦煌第三批国家低碳城市试点和白银、庆阳（西峰）国家气候适应型城市试点。积极推进加油站地下油罐防渗漏改造工作。我省在国家首次发布的绿色发展指数排名中位列全国第16位、西北第1位。

（供稿：李小兵　简启鹏）

经济社会发展研究

【应用经济研究】2017年完成季度经济运行分析与预测及年度展望报告3篇，农产品价格水平监测报告12篇。完成《甘肃省收入分配制度改革研究》《全国碳交易背景下甘肃省重点行业低碳发展对策研究》等重大研究课题8项，其中《甘肃省收入分配制度改革研究》通过省科技厅组织的专家评审。完成《甘肃省健康养老床位行动计划（2017—2020年）》《兰州市国家军民融合创新示范区实施方案》等规划评估、实施方案和调研报告8项，其中《甘肃省"十二五"规划"双十工程"实施情况评估报告》通过省发改委组织的专家评审。完成自主立项课题19项，涉及经济形势分析与预测、县域经济、绿色经济、高铁经济、文化旅游等多个领域。配合中国宏观经济研究院完成《甘肃高铁经济发展规划研究》《兰州面向南亚开放大通道战略规划》前期工作。

【电子政务外网】实现省政务外网与政务专网的融合，政务外网接入省级单位达67家。完成省投资项目在线审批监管平台与省政府政务大厅行政审批系统、省发改委OA系统、省信用信息平台、省交通厅行政审批平台等系统的对接。协助省发改委制定了OA办公网络系统、价格检测系统技术方案。实施政务外网全天候监控制度，确保系统安全稳定运行，全年无责任事故发生。继续做好全省政务数字认证单位的RA系统维护和证书发放工作，累计发放证书2000余张。完成政务外网一期、信用信息平台、投资项目在线审批项目验收的前期准备工作。

【信用体系建设】全新改版上线“信用中国（甘肃）”网站，已具备全社会信用信息发布、查询和使用功能，推进各部门行政许可和行政处罚信息在“信用中国（甘肃）”网站上“双公示”，建立31个领域的“联合奖惩”机制，实现与国家、省工商局等40多家省直单位以及兰州市等6市的信用信息共享。完成8份《失信联合惩戒的合作备忘录》文件会签。参与指导7个市州信用信息共享平台建设。

【信息服务】现有“甘肃省电子政务外网”、“信用中国（甘肃）网”、“甘肃经济信息网”、《甘肃经济与信息》《经济文摘》和《决策资讯》等咨询服务载体。全年出刊《经济文摘》和《决策资讯》各24期。“甘肃经济信息网”更新和存档各类经济信息3.73万条，向国家信息系统“地区经济”信息平台报送信息1373条，互联网信息平台报送信息760条，被采用737条，其中2条得到中央领导批示，在国家经济信息系统中成绩排名第一。国家信息中心主办的《信息工作通讯》反映甘肃省经济研究院（甘肃省信息中心）重要活动报道3篇。完成《甘肃省公安信息化综合应用平台建设项目可行性研究报告（代实施方案）》等信息工程研究报告7项。推进《甘肃省发展改革（物价）志》编纂工作。向省政协提交《对“三去一降一补”工作的再认识》的报告。举办“甘肃·定西融入‘一带一路’对接南向通道研讨会”“‘一带一路’与甘肃发展”理论研讨会，提交《关于定西市发展装配式建筑业的思考》等5篇文章。与省委党校签署战略合作框架协议。

（供稿：张　帆）

工业和信息化

【工业运行】制定实施在甘央企、停产企业复产、重点非公企业“一企一策”实施方案和石化、有色、冶金、新材料、核产业“一业一策”专项行动方案等11个落实方案。定期召集由市州、重点企业、有关部门参加的分析调度会，推动停产企业复产、重大项目推进、小微企业升规、企业释放产能，煤电油气运等生产要素供需基本平衡。全年规上工业增速下降1.7%、工业投资下降54.92%，规上工业增速环比增长，企业利润、工业用电量和铁路货运量指标显著改善，复产企业也逐月增加，工业发展质量和效益不断提升。

【中国制造2025甘肃行动纲要】全年实施重点项目993个，完成投资566.49亿元。出台全省制造业创新中心建设实施方案，组建全省聚芳硫醚、镍钴新材料创新中心，成立党参产业、凹凸棒石产业、装配式建筑产业技术创新联盟，培育认定17家省级企业技术中心和18家省级工业设计中心，1家企业获国家技术创新示范企业。启动实施智能制造工程，6个项目列入工信部智能制造专项，3家企业获批国家服务型制造试点示范，1家企业被认定为国家级工业设计中心，认定11户省级生产性服务业示范企业和功能示范区。

【工业领域供给侧结构性改革】组织实施900个5000万元以上传统产业改造提升项目，总投资4215.03亿元。发布全省水泥玻璃行业现状清单，15家“地条钢”企业全部拆除。出台《进一步降低企业用电成本支持工业发展的意见》，降低部分高载能行业和重点区域、重点企业实际用电价格。全年为企业减少税费近8.5亿元。出台加快培育发展优势产业链（集群）实施方案，培育壮大10大优势产业链，支持6个产业集聚区108个项目，助推县域工业经济发展。对全省203家企业开展专项节能监察，全省清洁生产水平持续提升。

【工业领域新技术新模式新业态】成立丝绸之路大数据公司及丝路辉煌大数据交易中心，组建甘肃省大数据研究院、甘肃省大数据产业联盟等产学研合作机构，打造丝绸之路信息港。编制完成《甘肃省促进大数据发展三年行动计划（2017—2019）》《甘肃省大数据产业“十三五”规划》和《甘肃省大数据综合试验区的专题报告》，启动大数据综合试验区申报工作。启动实施智能制造工程，组织6个项目列入工信部智能制造专项。举办甘肃省第二届“创新杯”工业设计大赛，认定11户企业为2017年甘肃省生产性服务业示范企业和功能示范区。

【军民融合产业】实施“十三五”军民融合产业发展规划，军民融合产业规模突破300亿元。印发《甘肃酒泉核技术产业园总体规划》（2017—2030），园区建设按计划节点顺利推进。兰州、天水、白银等3个军民融合创新示范区建设初步方案编制完成，认定甘肃省含能材料军民融合协同创新中心等7家省级军民融合协同创新中心。完成航天军民融合转移中心和航天甘肃钱学森智库建设初步方案编制和项目选址，航天科工大数据备份中心建设签订合作协议。推动兰州航天高新产业基地真空装备产业项目、兰州高压阀门有限公司极高压力央企阀门系列化项目等重大项目实施。举办第二届丝绸之路国际房车博览会。

【中小微企业发展】开展扶助小微企业和小微企业应收账款融资专项行动。全年共推荐征集4批、397个基金项目，投资企业8家，投资额2.1亿元，带动社会投资12亿元。抓好规下转规上工作，全年入规企业达到190户。完善中小企业公共服务体系，全年认定省级中小企业公共服务示范平台26家，推荐认定国家级中小企业公共服务示范平台7家和国家级小型微型企业“双创”示范基地3家，新认定省级“专精特新”中小企业30户。中全年试点推广企业达到2000家以上，认定19家省级诚信中小企业。

（供稿：鲁文潇）

国有资产监督管理

【国有经济运行】全力促进工业止滑回稳。坚持从现有产能抓增产、停产企业抓复产、建设项目抓投产入手，全面促进工业止滑稳增。金川公司铜、钴，酒钢集团钢材、铝产品，白银公司铜、铅、锌等主要产品产量同比实现较大增幅。2017年省属企业实现工业总产值2119.48亿元。不断深化内部挖潜增效。持续实施“成本管控、效益否决”，推行全面预算管理，加强行业对标和精益管理，强化全员、全要素、全过程成本管控，2017年省属企业成本费用增幅低于营业收入增幅1.23个百分点，三项费用同比下降4.29%。加大去库存和清应收力度。建立“两金”清理压降“重点监控”和“特别监管”制度，逐月动态监测、每季提示预警。2017年省属企业“两金”余额增幅低于营业收入增幅10.19个百分点，应收账款同比下降863%，实现了年度“两金”压控目标。

截至2017年底，79户省属企业实现工业总产值2119.48亿元，同比下降20.98%；完成营业收入5630.43亿元，同比增长12.88%；实现利润总额80.69亿元，同比增长356.39%；上缴税费总额150.71亿元，同比增长18.92%，实现了省委省政府确定的稳增长目标。

【国企国资改革】制度体系基本构建完成。对接中央国企改革“1+N”政策体系，出台甘肃省实施意见及18个配套方案，结合全省实际制定71个“自选动作”方案，构建“规定动作”与“自选动作”相结合的国企国资改革配套制度体系。完成32户省属企业集团及29户企业集团所属二级子公司的功能界定与分类，分类改革、分类发展、分类监管、分类考核逐步实施。规范董事会建设“1+17”制度体系，向26户省属企业派出外部董事，其中22户实现外部董事占多数。完成省属企业集团层面公司制改革和公司章程修订，21户企业整体或主业完成股份制改造，白银公司整体上市、陇神药业创业板上市，国有控股主板上市公司增至11户，4户企业新三板挂牌。省属企业管理层级基本压缩至4级以内，精简集团总部管理机构24%，减少法人单位8%。省属二级以下企业市场化选聘经理层人员31名。4户企业签订分项移交协议，5户企业签订框架协议，涉及从业人员4368人、资产22.6亿元、保障职工户数20万户。靖煤、窑煤完成15个教育机构、3个医疗机构、1个社区管理机构的分离移交任务。

【资本布局结构优化】省属企业完成100万吨铁、140万吨钢和198万吨煤炭过剩产能化解任务，妥善分流安置人员7194人，争取中央财政奖补资金4.4亿元。摸排确定省属企业所属“僵尸企业”124户，完成76户处置任务，安置富余人员1668人、处置资产6.72亿元、清偿债务5.59亿元。实行负债规模和资产负债率双重管控，守住不发生重大风险的底线。省属企业签订市场化债转股框架协议金额1100亿元，已到位资金185亿元，32户省属企业平均资产负债率64.22%，比全国地方监管企业平均资产负债率低5.48个百分点，债务风险总体可控。整合靖煤、窑煤、煤投3户煤炭企业，重组设立甘肃能源化工投资集团；改组设立新盛国资经营公司，完成6户破产存续和改制留存企业的重组；成立甘肃金控集团、黄河财险，整合发展省内金融资源；适应铁路投资建设新形势，重组设立铁路投资集团；引进北方稀土战略重组甘肃稀土；结合省直部门改制脱钩，正在推动8个领域10户大型企业集团的组建工作。

【科技创新发展】金川集团与中南大学等10家高校、机构联合成立了甘肃省镍钴新材料产业技术创新战略联盟，兰石集团工业设计中心被工信部认定为国家级工业设计中心，兰石能源装备工程研究院等4户企业被认定为省级科技创新型企业。省属工业企业科研经费支出占主营业务收入比重从2012年的不足1%上升到2017年的1.25%，5年新增国家重点实验室2所、国家级工业设计中心1家、省部级重点实验室15所、省级技术中心8所，成立19个产业技术创新联盟。出台《加快省属企业“走出去”推进国际产能合作实施方案》，酒钢集团牙买加165万吨氧化铝项目投料生产、金川公司印尼红土镍矿项目开工建设、白银公司完成系列海外并购和资本运作、省建投集团白俄罗斯总部基地项目开工建设等。省属企业境外资产总额达到700亿元，营业收入450亿元，金川公司、白银公司2户企业进入中国跨国公司前100名。

【国有资产监管】修订规范性文件11件、废止44件、新制定15件，取消和下放审批事项11项，建立出资人审批事项清单制度。探索投资项目负面清单管理制度，严控非主业投资，建立重大项目投资后评价制度。向26户省属企业派出财务总监，外派监事会由5个增加到12个，加强对省属企业的当期和事中监督。完善企业负责人经营业绩考核体系，积极探索差异化薪酬分配机制。完成省直部门管理的58户企业脱钩移交和20户全民所有制企业的公司制改制，涉及14个部门，总资产937.42亿元、职工1.5万人，实现省级经营性国有资产集中统一监管。

（供稿：李　军）

财政预算与管理

【财政预算执行】2017年全省一般公共预算收入完成815.6亿元，同比增长7.8%。其中：税收收入547.1亿元，同比增长10.4%；非税收入268.5亿元，同比增长2.9%。全省一般公共预算支出3307.3亿元，同比增长5%。其中：教育支出565.7亿元，同比增长3%；社会保障和就业支出468.7亿元，同比增长2.6%；农林水支出519亿元，同比增长6.3%；医疗卫生与计划生育支出289.3

亿元，同比增长2.9%；节能环保支出103亿元，同比增长8.1%；交通运输支出289.9亿元，同比增长32.2%；国土海洋气象等支出55.6亿元，同比增长49.9%；住房保障支出133亿元，同比增长6.8%；一般公共服务支出308.6亿元，同比增长6.1%；公共安全和国防支出173亿元，同比增长8.6%；债务付息支出35.3亿元；债务发行费用支出0.3亿元。

【财政收支管理】2017年，全省一般公共预算收入中税收收入547.1亿元，占67.1%，比上年提高1.6个百分点。2017年中央下达甘肃省一般公共预算补助2178.6亿元，其中：均衡性转移支付等财力性补助722.7亿元，增长11.5%；财政专项扶贫资金71.8亿元，增长20.3%。争取发行地方政府债券587.7亿元（新增债券326亿元，置换债券261.7亿元），其中：一般债券367.7亿元，专项债券220亿元。同时，完善支出考核奖惩机制，采取预先通知、切块下达、预拨清算、盘活存量等措施，提高支出时效性。

【脱贫攻坚资金扶持】各级财政筹集安排专项扶贫资金增长35.6%。省级整合22个省直部门涉农资金576亿元，其中整合中央和省级34个专项146亿元直接切块下达到县，由县级政府根据脱贫攻坚规划自主安排使用。继续实施精准扶贫贷款等政策，财政累计贴息76.4亿元，撬动银行发放贷款1052亿元。投入63亿元，支持农村公路和村内道路建设。筹措资金92.4亿元，支持10.9万户农村D级危房改造，实施5.7万户、24万人易地扶贫搬迁工程，208万农村人口饮水安全得到巩固提升。下达资金2.1亿元，落实2.62万名建档立卡贫困户生态护林员补助政策，同时提高村组干部基本报酬和村级组织办公经费标准。

【民生保障】全省用于教育、医疗卫生等10类民生支出2610亿元，占总支出的79%；省级拨付资金243.5亿元，10件民生实事全部办结。筹措资金180多亿元，支持落实城乡义务教育学生“两免一补”、农村义务教育营养改善计划和各类学生资助、减免学费等政策，扩大学前教育资源，推进贫困村幼儿园建设，改善义务教育和高中、中职教育办学条件，加快兰州新区职教园区建设。支持就业和社会保障，城乡低保指导标准分别提高8%和22.6%；按5.5%的幅度提高机关事业单位和企业退休人员基本养老金标准。推进医药卫生体制改革，城乡医保、基本公共卫生服务人均补助标准分别提高到450元和50元。筹措资金155亿元，实施祁连山生态环境修复和保护、退耕还林还草、水土污染防治、地质灾害防治、农村环境整治、天然林保护等重点生态工程建设，持续改善生态环境。完成16.6万套城镇棚户区改造任务。

【推动经济发展】筹集资金，落实煤炭行业化解过剩产能过程中职工分流安置政策，支持国有企业职工家属区“三供一业”分离移交改革。累计投入资金144亿元，落实农业补贴制度、村集体耕地确权登记颁证等改革政策。全面落实减税降费政策，取消或停征41项中央设立行政事业性收费、2项政府性基金，取消或停征6项省级行政事业性收费、4项涉企收费，降低12项行政事业性收费、1项政府性基金征收标准，落实取消政府还贷二级公路收费政策，共减轻企业负担320.48亿元。筹措资金184亿元，支持交通、水利、城市基础设施等重大项目建设，推进兰州市节能减排、张掖市小微双创基地、白银市地下综合管廊、庆阳市海绵城市以及电

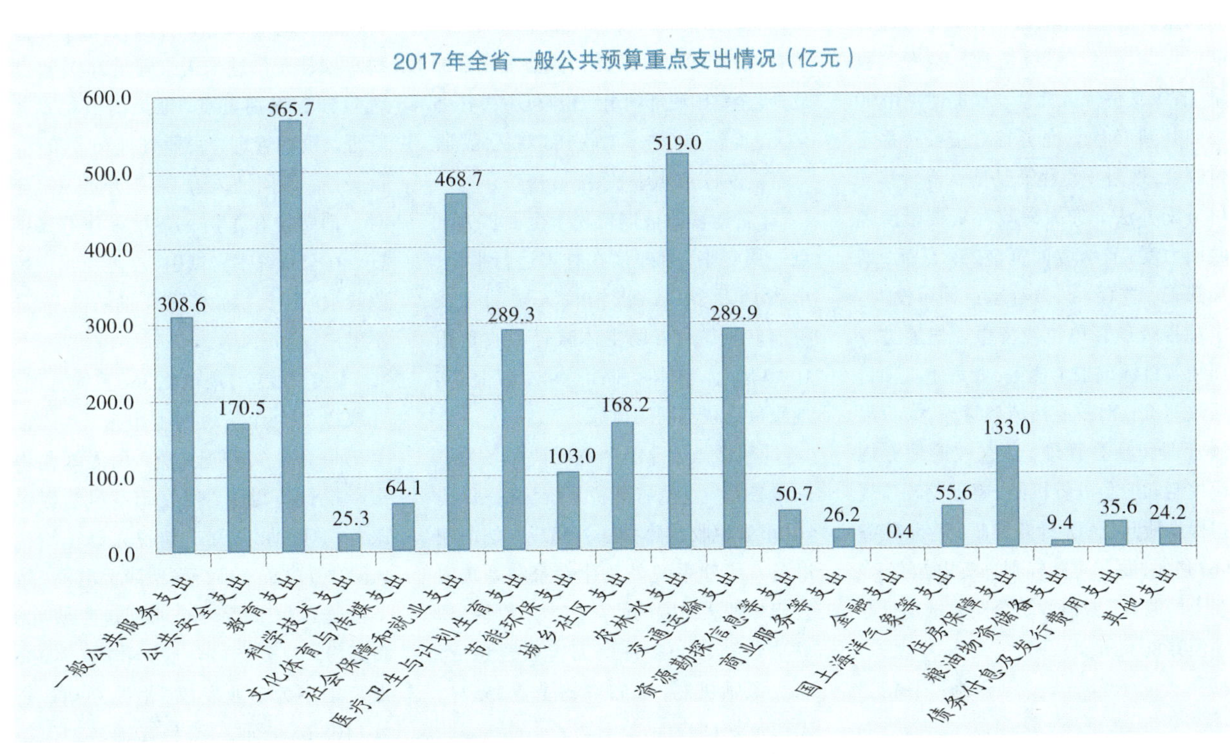

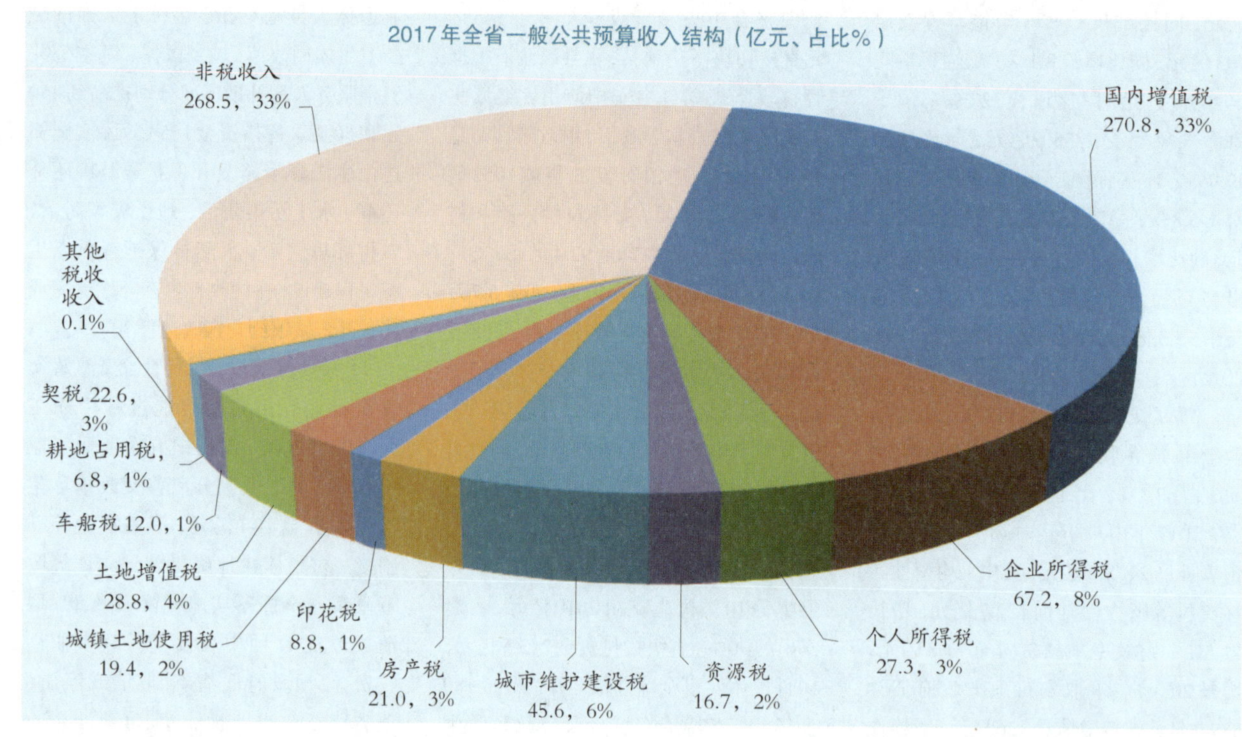

子商务进农村等国家试点示范项目建设。推进兰州新区及兰州、武威国际陆港建设。整合设立省级PPP项目引导资金，拨付资金8亿元，以资本金注入等方式支持公共服务领域和传统基础设施领域PPP项目，撬动社会资本300多亿元。

【财政管理】配合省人大推动预算联网监督工作，拓展人大预算审查监督的广度和深度。继续清理压减专项数量，省级支持经济社会发展的专项由90项归并到85项。完善省对市县转移支付制度，改进重点生态功能区等转移支付分配办法。加大财政存量资金清理收回力度，省级收回资金25.8亿元，增加扶贫、教育、科技等重点领域投入。实现省级预算单位经济事业发展类专项绩效目标编报全覆盖，开展重点项目绩效评价。对政府性债务管理，实行限额管理和预算管理，建立政府债务规模控制和应急处置机制，督促整改违规担保举债问题；累计置换政府存量债务963亿元，每年可减轻利息负担24亿元；在土地储备、政府收费公路领域发行专项债券80亿元。

（供稿：闫树北）

国家税务

【概况】2017年，突出依法行政、征管服务和信息化建设三方面重点，收入规模突破900亿元，优化纳税服务，加强国地税合作，对照税务总局推出的10类31项便民措施，细化为56条便民措施。

【税收收入】全年全省完成各项国税收入952.38亿元（含海关代征增值税、消费税，剔除出口退税），除海关代征部分外，全省国税部门组织税收收入941.95亿元，增长25.06%，增收188.73亿元，收入增幅位居全国国税系统第19位。

【营业税改征增值税】全面扩大试点一周年来，营改增在甘肃运行平稳，全省15万多户试点纳税人顺利完成税制转换，为市场主体减轻税收负担104.3亿元，整体减税面达98%以上，实现税负只减不增的目标。

【税收法治】10个单位被命名为全国税务系统、全省国税系统法治基地。《甘肃省税收保障办法》完成立法前期准备。组建系统外法律专家和系统内公职律师法律顾问团队，公职律师办理事项达到1800多件。完善联合惩戒、联合激励机制，发布红榜企业355户，黑榜企业11户。

【税收政策落实】2017年甘肃国税系统共办理各类减免（退）税187.37亿元。其中，减免增值税95.37亿元，消费税37.65亿元，所得税33.39亿元，车购税6.27亿元，其他税费14.69亿元。办理出口货物退（免）税5.32亿元。

【税种管理】加强对备案、发票、申报的管理，落实“多证合一”“两证整合”改革政策，取消纳税人首次办理涉税事项补充信息采集。确定24类72项风险分析识别重点，聚焦增值税发票管理、税种管理、行业管理和政策性、苗头性、倾向性风险，组织开展风险应对。消费税和车购税各项工作有序推进。在全系统率先试用“企业所得税税收政策风险提示服务”，帮助纳税人“足不出户”修正风险。

【纳税服务】规范12366热线管理，九成以上企业实现网上申报，八成以上出口企业实现退（免）税无纸化申报。推行所得税“税收政策风险提示服务”，帮助1.3万户纳税人修正纳税风险2万多条。推行发票线上申领、线下配送，为7.6万户企业配送发票400多万份。截至2017年底，甘肃已为206万户中小为企业发放“银税互动”贷款1108.68亿元，“银税互动”工作得到王军局长两次批示，被总局评为落实《深改方案》示范项目，并在总局推进"线上银税互动"会上交流演示。纳税人满意度调查全国排名第17位，较2016年提升两位。

【征收管理】制定实施4个方面21项69条转变税收征管方式的具体措施，持续提高税收征管效能。健全"统一分析、扎口推送、分级应对、统一监控评价"的风险管理闭环机制，建立341个指标、465个风险应对模型，风险命中率达100%。推进大企业税收管理改革，建立标准化风险管理流程，开展集中风险分析和联合风险应对，形成甘肃特色风险管理模式。所得税专项核查稳步推进，反避税、非居民税收管理明显加强。加强普通发票管理，通用机打发票开票系统升级为网络版，实现网络开票和发票明细信息实时采集。

【税务稽查】2017年，全省国税系统共查补稽查收入7.53亿元。立案检查虚开专用发票案件371起，金额44.28亿元。对以"4·06"出口骗税案为主体的5起骗取出口退税案件立案检查，证实骗取出口退税6191万元。与地税部门联合，对税务总局筛选下发的19户"线索清晰、疑点重大"的医药企业实施重点检查。全省共查处发票违法案件1095起，查处违法发票4.09万份，打掉犯罪团伙5个，公安机关立案73起。通过"双随机"模式对346户纳税人实施检查，查补入库税收1.54亿元。曝光重大税收违法案件14起，通过发布会发布红榜企业355户，黑榜企业11户。

【国际税收】培养和打造了国际税收专业团队。办结两起入库税款逾千万元的反避税大案，包括一起甘肃省国税系统迄今反避税单案补税金额最大的案件，对经济欠发达地区开展跨境反避税案件调查具有指导意义和影响，获得总局领导表扬。摸清全省"走出去"企业基本情况，建立了我省"走出去"纳税人清册。举办国际税收政策公益视频宣讲会、召开税企座谈会，为"走出去"企业提供税收政策解读和辅导。加强对非居民纳税人享受税收协定待政策的宣传，进一步强化事中事后管理。共受理非居民纳税人享受税收协定待遇事项7次，减免税487.18万元。

甘肃国税税收收入情况（2017年）

项目	收入	增减	同比（%）
国内税收收入合计	941.95	188.73	105.96
国内增值税	534.73	153.34	40.2
国内消费税	260.62	1.22	0.47
企业所得税	109.48	31.44	40.29
车辆购置税	34.42	0.89	2.65
个人所得税	2.08	1.6	332.32
城维税	0.5461	0.19	0.54
资源税	0.0521	0.04	3
印花税	0.02	0.01	2.4

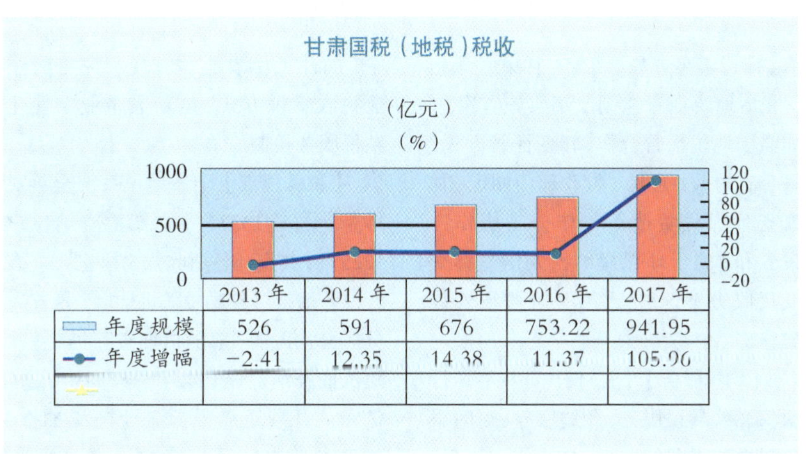

	2013年	2014年	2015年	2016年	2017年
年度规模	526	591	676	753.22	941.95
年度增幅	-2.41	12.35	14.38	11.37	105.96

【电子税务】完善金税三期系统运维管理，搭建全流程实名办税业务体系，国地税共享数据22大类246项。强化系统运维和网络安全管理，推进基础平台和网络安全应急体系建设。深入实施"一平台、两贯通、三提升"工程，做好"互联网+政务服务"工作的统筹协调，推进基层办税服务网点与电子税务局对接、互联网政务服务资源整合以及与政府网络平台的对接，实现互联网与税收工作的深度融合。

【国税、地税合作】打造联合办税服务厅25个、共驻地方政务大厅52个；"一窗一人"联合办税模式已覆盖全省80个县区、94个办税服务厅、827个窗口。建成29个县级示范区，5个市级示范区，3个市级示范区入选全国百佳。

（供稿：高卓子）

地方税务

【概况】2017年共组织各项收入710.52亿元，同口径增长11.5%、增收73.44 亿元。全年入库税款316.25亿元，完成年度目标任务的103.4%，超收10.25亿元；剔除"营改增"不可比减收因素后同口径增长8.6%，增收25.16亿元；与上年同期相比下降22.3%，减收90.88亿元。非税收入入库44.16亿元，同比增长12.3%，增收4.83亿元；完成全年计划的113.2%，超收5.16亿元。社会保险基金完成342.07亿元，同比增长12.4%，增收37.80亿元。

【征管体制改革】推进商事制度改

省地税局与省农信社战略合作框架协议签约仪式在兰州举行。

革，推行实名办税，落实《甘肃省深化国税、地税征管体制改革实施方案》，加强国地税征管合作，转变征管方式。联合省财政、环保、发改部门制定《甘肃省环保税费改革工作分工协作方案》和《关于环保税纳税人信息移交及接收方案》，完成第一阶段征管数据移交。

【纳税服务】开展“便民办税春风行动”，落实导税服务、预约服务、延时服务和提醒服务等制度，推出提速降负、创新服务等5大类16项32条便民办税措施。在兰州、天水等4市开展“一厅通办”试点，制定《“一窗式”联合办税服务管理办法》，全系统106个办税服务厅开展联合办税，提供“一窗一人一机双系统”联合办税服务，占全省办税服务厅总数的94%。推广纳税服务平台，推广运维移动办税APP，落实“二维码”一次性告知制度，建设24小时自助办税终端项目。深化拓展“银税互动”工作，为1.7万户企业发放贷款882.03亿元。

【税收征管质量监控】开展税收征管质量监控评价系统试点，全省地税系统平均申报率由3月的70.19%提升至5月的93.5%。强化征管绩效考核管理，研究分析征管绩效考核指标的计算口径、指标含义、得扣分规则，进行指标分解和定责，制定指标结果改进计划，督促各级征管部门强化管理水平，提升工作效能。转变和完善大企业税收管理方式，创新大企业个性化纳税服务机制。

【税务稽查】全省地税系统全年安排企业自查1337户，立案检查纳税户1225户，共查补各项收入5.14亿元。推行税务稽查对象摇号随机抽取、稽查人员摇号选派的“双随机抽查”机制，共随机抽查纳税户1342户，查补收入2.17亿元。开展重点税源企业随机抽查，共重点检查纳税户303户，检查收入3658.10万元。开展打击发票违法犯罪活动，查处违法企业273户，查处非法发票995份，涉及金额10380.6万元，查补收入412.92万元；向公安机关移送案件1起，查获犯罪嫌疑人2名。

【国际税收】加强对外商投资企业的监控管理，组织各地开展非居民企业风险识别和应对，运用风险分析工具，对发现的风险点采取应对措施，共查补收入171.36万元。落实《国际税收业务合作实施方案》，定期交换比对企业档案信息，实现对“走出去”企业联合服务、联合管理。编制《走出去企业税收服务指南》，帮助企业运用税收协定和优惠政策维护自身权益。对224户外资企业进行联合年检，通过对企业财务报表的详细分析，掌握企业生产经营及税负变化情况。

（供稿：屠小东）

财政监察

【地方政府债务监管】健全与省财政厅的联动机制，对接地方政府债务管理系统，实现实时监管。加强对兰州新区、敦煌等重点地区债务调研，开展置换债券资金使用情况核查、融资平台债务数据调查、债务投资项目资产清查登记等工作，规范置换债券资金使用，基本掌握债务数据和债务对应的资产家底。

【地方财政经济运行】密切关注地方财政经济运行和中央重大财税政策落实，开展县级基本财力保障和财政运行情况跟踪调研、资源能源型地区民生政策托底保障机制运行情况调研等。督促省财政厅加快财政存量资金支出进度，使甘肃省从年初排名倒数后3名上升到年底的全国前列。扶贫资金调研为全国政协顺利完成甘肃省扶贫资金使用情况调研提供第一手资料。累计征收中央非税收入28亿元，审核退税1897.78万元。

【部门预算监管】建立完善预算监管基础数据库和台账，开展408家单位部门预算审核，核减人数916人，核减新增资产37台（辆）；开展12家单位部门决算审核，发现22个方面有问题资金1.07亿元。甄别核查353个预算部门预警信息，完成822个银行账户年检和85个账户批复备案申请，完成154家三级及以下预算单位车改方案审核审批、11家中央事业单位津贴补贴情况核查。

【转移支付监管】完成保障房、普惠金融等12项355.33亿元专项资金的审核，科技资金、水污染防治资金等8项51.29亿元专项资金的监管，城市管网、粮安工程等9项89.46亿元专项资金的绩效评价。

【专项检查】通过预决算公开、财政扶贫资金等6项专项检查，推动预算监管向纵深拓展。在兖州煤业跨境监管中，克服困难，连续作战，发现73个问题，涉及资金24.25亿元，查补入库各种税费3.02亿元。

（供稿：王朝璞）

工商管理

【商事制度改革】8月份实施《关于深化商事制度改革具体措施的意见》。“多证合一”改革实行“五十证合一”，实现以“减证”推进“简政”，成为倒逼全省审批制度改革的重要切入点。电子营业执照系统于10月31日上线运行，实现涵盖所有市场主体、所有业务类型和全区域的网上登记，开发完成企业设立登记全程电子化系统。推进企业名称登记制度改革，实现名称自主查验申报。8月份启动“政银便民通”业务。在全省7个市州进行个体工商户简易注销改革试点，有效破解创业者“退出难”问题。自2014年3月商事制度改革实施到2017年底，全省新增市场主体94.5万户，累计达到149.86万户，增长了56.2%。从委托第三方开展的满意度评价调查结果看，被访者对全省商事制度改革总体满意度占比达到96.53%。整合23个部门的50项涉企事项。

【市场主体退出制度】根据工商总局印发的《关于加强信息共享推进企业简易注销改革的通知》精神，强化与税务等有关部门沟通衔接、信息共享和业务协同，优化企业简易注销登记流程，在市场主体退出环节持续释放改革红利。完善企业撤销登记程序，探索建立特殊市场主体的强制出清制度。个体工商户简易注销登记改革试点工作从2016年8月起已在嘉峪关市、张掖市甘州区、白银市白银区、定西市陇西县开展，已实行简易的个体工商户41046户。

【市场监管体系】实施《甘肃省市场监督管理随机抽查办法》，年内双随机抽查企业16031户，抽查率达到5.7%。建立省级联席会议制度和督查通报制度，38个省直部门和单位实现信息互联互通，实现70%的省级部门涉企信息统一归集公示目标。开发完成“甘肃省部门协同监管平台”，10个市州部门协同监管平台上线运行。共清吊企业18990户，其中注销企业15501户，吊销企业3489户。全省24668户市场主体被列入经营异常名录，10138户市场主体通过履行公示义务或纠正违法行为，移出经营异常名录。落实38部门联合惩戒《备忘录》，对6395名失信被执行人做出任职限制。截至年底，全省应公示行政处罚信息案件3023件，已公示3023件，公示率100%，并通过国家企业信用信息公示系统（甘肃）全部记于企业名下。

【法治工商建设】制定全省系统《法治工商建设达标规划方案》和《法治工商建设评价指标任务时限分解表》。制定《甘肃省工商行政管理局案件审理委员会工作规则》《甘肃省市场主体住所（经营场所）登记管理办法》。与省检察院、省公安厅联合制定发布《关于加强工商行政执法与刑事司法衔接保护社会主义市场经济秩序工作的指导意见》。加强工商行政执法与刑事司法、对非公企业平等保护等衔接工作，形成打击违法犯罪的合力，共同维护社会主义市场经济秩序。

【行政审批事项】修改行政许可主项7项（子项39项），取消3项。将省级人民政府商务行政主管部门实施的设立典当行及分支机构的审批等5项工商登记前置审批事项改为后置审批。对列入权责清单的行政许可事项按照统一标准编写，提高审批效率。对要求办事群众提交的证明材料和盖章环节进行摸底清查，未查出拟取消的证明事项。

【监管执法】截至年底，全省工商（市场监管）系统查处各类经济违法案件7060件，案值11095.71万元，收缴罚没款4120.28万元。其中，查处竞争执法类案件1925起，案值437.37万元、收缴罚没款561.38万元；查处不正当竞争案件375起，案值239.78万元、收缴罚没款338.42万元；查处公用企业限制竞争案件2起，收缴罚没款14万元；查处传销案件5起，案值41.34万元、收缴罚没款35.5万元；查处侵犯消费者权益案件776起，案值6928.12万元，收缴罚没款908.82万元；查处无照经营案件2123起，案值2257.55万元，收缴罚没款783.75万元；查处商标侵权假冒案件312起，案值315.80万元，收缴罚没款280.38万元；查处广告违法案件207起，收缴罚没款922.66万元。

【防范和处置非法集资】截至2017年底，全省注册登记投资（咨询）类公司5051户（其中：注销1632户，吊销730户），实际开业2689户（较2016年减少105户）；注册登记非融资性担保类企业101户（其中：注销9户，吊销1

2017年8月11日，甘肃省工商局与工商银行甘肃分行、浦发银行兰州分行共同举行全省“政银便民通”启动仪式

户），实际开业91户。立案调查82户，收缴罚没款104万元，移送公安机关涉嫌非法集资案件46起（其中：2017年发现涉嫌非法集资行为13起，集资金额6586万元，参与人数741人，移送公安机关涉嫌非法集资案件10起）。

【网络市场监管】开展“2017网监专项行动”“陇货网上行”活动，加大对网络经营主体的扶持、服务和监管力度。制定《支持网络经营主体发展的意见》，在全国率先制定《网络交易商品质量抽检办法》。网上检查网站（店）13517个，实地检查网站、网店经营者2917个，删除违法商品信息358条，提请关闭网站16个，责令整改网站94个，责令停止平台服务的网店12个，查处涉网案件62件,罚没款196.7万元。

【消费领域维权执法】对14类34个品种1705批次线下线上商品实施抽检。全年共受理咨询投诉举报21万件，为消费者挽回经济损失5760万元。建立12315热线跨区域、跨部门协同协作机制和消费纠纷多元化解机制。

【商标品牌战略】报请省政府出台《深入实施商标品牌战略的意见》，筹措专项经费在全省设立300个商标品牌指导站，提升商标申请的数量和质量。静宁苹果入选全国商标富农和运用地理标志精准扶贫十大典型案例。兰州、酒泉、天水3个商标受理窗口作用发挥较好。经总局批准，12月份新增5个受理点，进一步推进商标注册便利化。2017年，全省商标申请量24920件、新增有效商标12835件、有效商标累计53499件，同比分别增长38.8%、69.3%和29.1%。

【商标专用权保护】开展商标品牌创业创新基地建设，培育制造业自主品牌和现代服务业、特色文化创意及旅游产业商标品牌。从严从重打击侵犯商标专用权行为，强化知识产权保护。全年完成新注册商标1.5万件以上。全省商标侵权假冒立案641件，罚没524.62万元，其中，全年查处侵犯商标专用权案件224件，案值358.472万元，罚没216.455万元；查处仿冒知名商品持有的名标包装、装潢案件8件，案值7.63万元，罚没4.33万元。

【广告监管】制定《广告监管突发事件应急处置方案》。对事关人民群众身体健康、生命和财产安全的医疗、药品、食品、保健品、招商投资、收藏品等重点领域虚假违法广告开展集中专项整治。建设完成广告监测网络系统。监测广播、电视、报刊等传统媒体86个，监测广告256万条次，发现涉嫌违法广告1.2万条次。全省共查处虚假违法广告案件211件，罚没款867. 2万元，罚没款比去年增长100%。查处省级媒体违法广告27件，罚没款480.09万元，广告案件数是去年的3倍，罚没款额是4倍多，创历史新高。

【非公经济发展】为1400户小微企业发放互助担保贷款50亿元，全省累计为3515户小微企业发放互助担保贷款131.29亿元。升级改造全省小微企业名录系统，率先在全国推出不需抵押物的小微企业互助担保贷款工作机制。截至12月底，全省非公经济市场主体达到146.58万户，同比增长5.9%。“个转企”完成全年任务的169.66%。支持个体工商户转型升级为企业，年内升级转型达到6500户。

（供稿：陈广宏　胡春艳）

经济统计与调查

【统计改革】制定《甘肃全面建成小康社会统计监测指标体系》和《监测方案》，综合汇集部门相关数据，测算完成2010—2016年省、市、县三级全面小康统计监测结果，完成全国、甘肃两个体系下《全面建成小康社会统计监测报告（2016）》。开展生态文明建设年度评价，建立《甘肃绿色发展指标体系》，制定《甘肃省绿色发展统计报表制度（试行）》。建立相关部门联合工作机制，完成数据的收集、审核、确认工作，计算2016年各地区绿色发展指数。2017年12月，国家发布全国绿色发展评价指数，甘肃省全国排名第16位，位列西北五省区第1位。根据国务院《地区生产总值统一核算实施方案》和国家统计局《试点地区资产负债表编制方案》部署，贯彻《中国国民经济核算体系（2016）》，落实GDP统一核算，开展全省自然资源资产负债表编制试点，试编完成2015年度全省资产负债表。落实祁连山自然保护区生态问题整改，完成祁连山地区自然资源资产负债表编制工作。试编试算服务业生产指数，推进兰白试验区统计监测评价工作，配合国家统计局开展第七次全国人口普查专项试点。

【统计服务】编印《甘肃经济发展综述》《国际国内及甘肃国民经济主要指标排序》《甘肃统计提要2016》《统计工作手册2017》《2017甘肃发展报告》和《2017甘肃发展年鉴》，按月编印《甘肃统计月报》《领导干部手册》等。利用网站、统计微讯等新媒体平台，发布统计数据资料。

【信息化建设】以大数据、云计算等新技术推动统计改革创新，编制《甘肃省统计局大数据统计平台建设方案》，完成甘肃宏观经济分析平台及宏观经济、文化产业、新经济统计三个应用系统的研发。建成网络舆情大数据调查分析系统，关注舆情动态，提供统计服务。启动研发投资统计分析和“五证合一”数据处理系统建设。

【农业普查】完成470多万农户、近4万个农业经营单位、1298个乡级单位、1.6万个村级单位的普查登记工作。开展入户登记“双随机”抽查，做好省级事后质量抽查，评估省市两级农业普查登记范围的完整性和普查登记内容的真实性、准确性，组织普查数据处理和审核验收工作。

（供稿：马玉德）

国家统计与调查

【统计工作改革】制定《甘肃调查总队统计执法“双随机”抽查办法》《发现统计违纪违法、领导干部违规干预统计工作记录线索举报制度》《甘肃调查队系统国家统计调查证管理细则》

等一系列制度。按照随机原则，在规模以下工业和主要畜禽监测调查专业抽取4个市（州），按调查对象的30%又抽取127户调查对象，进行统计执法检查。

【推进同城整合】做好陇南、平凉、张掖3个同城市县调查队整合后续工作。优化国家调查队编制结构争取国家支持，压减总队编制，增加县级调查队编制15个，增强直接调查能力。探索未设国家调查队的县（市、区）统计调查工作，总结临洮和岷县设立办事处做法，有效配置现有资源，满足工作需要。

【基层调查】完善《甘肃调查总队统计调查基层基础工作规范化规程》，制定住户调查数据质量控制办法等制度。实地走访农贸市场、综合商超、医院药店、服务网点等采价点；电话回访和现场核实相结合，检查主要畜禽调查规模户和散养户。采用到点入户、电话回访等方法，检查20个县（区）基础工作；对居民收支、贫困监测、农民工监测等调查专业发现问题及时指导，提出改进意见，督促整改；规模以下服务业调查、生产投资价格调查等专业采取多种方式抽查检查。开展商业建筑业小微企业调查基础台账和调查问卷分组互查。修订完善《甘肃调查总队数据质量评估办法》。

【调查任务】完成城乡居民收支等20项常规调查。完成党风廉政建设民意调查、企业办理行政事项所花时间调查和网购用户调查等专项调查。完成电子商务统计调查和规下工业、规下服务业等领域的企业创新调查。省政府办公厅下发《关于认真做好住户调查样本轮换工作的通知》，做好样本抽选、摸底调查以及试记账；嘉峪关、张掖调查队等实施电子记账试点。完成第三次全国农业普查遥感测量，对38个县310个村930个样方农作物面积遥感测量。建成总队遥感测量处理中心，通过国家验收。为38个县（区）采购并配发无人机，整合省级和粮食大县调查样本网点，构建全新农产量对地抽样调查体系。完成兰州、天水、酒泉三市340种规格品摸底调查，开展固定资产投资价格调查试点。

【统计服务】上报“两办”信息76条，国家统计局采用10条，被局领导批示9条；省委省政府采用26条，被省政府领导批示2条。通过国家统计局和省委省政府上报被国办采用5条，其中国家领导批示1条。完成课题18篇，重点调研32篇；编印《甘肃调查报告》62期，被省政府领导批示4篇，61篇被国家统计局内网首页采用。展开多种服务形式，为党委政府提供快报、专报、数据资料、调查提要和年鉴等多种形式的统计服务。主办全省上半年经济形势分析会，与省统计局共同发布2016年统计公报，解读主要调查数据。

（供稿：魏旺军）

审计监督

【审计成果】2017年全省共审计和审计调查项目6948个，查出违规问题资金104亿元，管理不规范资金1323亿元。通过审计处理，上缴财政资金11.4亿元，促进增收节支36亿元；向各级党委政府和上级审计机关提交审计报告、审计信息等2082篇，向被审计单位提出审计建议9907条，向纪检监察、司法机关及有关部门移送案件线索384件，移送处理人员29人。另外，配合中央纪委、中央巡视组和省纪委、省委巡视办的工作，抽调20多名审计业务骨干参与办案，并为查办案件提供相关资料、查阅档案资料30多次。

【政策措施跟踪审计】围绕推进供给侧结构性改革和“三去一降一补”五大任务落实，将中央和省委省政府相关重大政策措施贯彻落实情况列为所有审计项目的重点审计内容，通过整合审计力量，共组织880多人（次），采取“上审下”和“交叉审”的方式，对13个市州和46个县区重点项目建设、农村道路建设和重大资金支出情况等进行了审计，共抽查部门单位2302个、项目4038个，涉及资金1020亿元，共发现问题1283个。对兰州等9个市州2016年以来政策落实方面审计查出问题整改情况进行了督查。通过审计，促进新开工、完工项目250个，推动148个项目加快审批或实施进度，促进加快下达财政资金近4亿元，统筹整合资金4.2亿元，推进66项行政审批事项入驻政务大厅集中受理。

【扶贫审计】上半年集中安排省市县三级审计机关280人，分两批对8个市州14个县2015至2016年扶贫政策措施落实和扶贫资金分配管理使用情况进行专项审计调查，共抽查项目1826个，审计查出十一个方面45类问题，查出违纪违规资金31亿元，移送案件13件。通过审计整改，剔除不符合建档立卡户5500人，统筹盘活资金5.6亿元，拨付滞留资金4亿元，收回用于非扶贫领域的扶贫资金和精准扶贫贷款近6亿元，追回虚报冒领或超标准、超范围发放的扶贫资金188万元，促进开工、完工项目250个，促使47个项目发挥效益，处理处罚相关责任人388人（次）。11月份调配75人组成5个审计组，对西和、临潭、合水、漳县、天祝5县进行审计，重点关注脱贫攻坚领域作风和腐败问题。

【财政审计】依法对省级预算执行和其他财政收支情况，特别是对资金量大、项目多的财政、林业等14个部门和单位进行审计，并对省委办公厅、省委政法委、省委统战部、省直机关工委等8个单位财政财务收支情况审计。受省政府委托，7月份向省人大常委会作审计工作报告，11月份报告整改情况，并在《甘肃日报》等媒体公告审计结果。

【经济责任审计】对省地税局等22个单位的33名党政主要领导干部和国有企业主要领导人员经济责任履行情况进行审计；对省民委等7个单位的7名原任领导进行离任经济事项交接，及时向省委省政府和省委组织部报送审计报告，并向省委组织部报送审计结果报告。与省委组织部等相关部门协作，召开审计进点会、实施审计项目督查、抓好审计问题整改。

【离任审计】对张掖、武威、金昌3市和肃南、天祝、永昌3县等祁连山地区重点市县开展审计，突出生态环境问题与领导干部履职尽责情况的关联，重点关注自然资源资产管理和开发利用过程中贯彻执行中央和省委省政府重大决策部署情况等。

【民生项目审计】对14个市州、86个县区2016年保障性安居工程的投资、建设、分配、运营等情况进行审计，共查出资金管理使用、资金支持和优惠政策落实等七个方面734个问题，移送重大违纪违法问题线索37起。追回被套取挪用资金1611万元，安排或盘活资金9.7亿元，清理使用闲置保障房8518套。截至2017年底，审计查出的问题已完成整改692个，整改率达94%。12月份对14个市州、86个县区2017年保障性安居工程进行审计，向省政府上报审计综合报告。

【投资审计】完成瓜敦公路改建等9项重大工程竣工决算审计。对14项外资项目进行公证审计，重点关注项目建设资金管理使用、项目建设进度、设备采购、投资效益等情况。通过审计，查出挪用项目资金2464万元、滞留项目资金6791万元。

【金融及政府性债务审计】提请省委省政府办公厅印发《关于深化国有企业和国有资本审计监督的实施意见》，加强对国有企业和国有资本的审计监督。对22户企业经营管理和绩效情况专项审计调查，共查出七大类40多个问题，并提出改革完善的意见建议。对省本级、14个市州本级、兰州新区和靖远县等16个县区政府性债务专项审计调查，同时延伸审计债务风险较大的白银区等5个区，揭示四个方面8类问题。对26家政策性融资担保公司经营管理情况审计调查，揭示四大类38个问题，移交问题线索2起。

【其他审计】对省政府约谈和固定资产投资、GDP增速排名靠后的张掖、庆阳两市跟踪审计，重点审计省政府"三重""三一"工作方案落实、重大项目建设、重点资金支出情况，发现张掖市部分重大建设项目进展缓慢、部分专项资金未支出、存量资金未及时盘活使用、违规举债等问题。按照唐仁健省长要求，就陇南市利用国开行贷款进行扶贫攻坚、易地扶贫搬迁贷款是否增加甘肃省债务负担、减少专项债务等事项从审计角度，在政策和实际操作等层面提出建议。

【审计质量建设】建立审计结果会议审核机制，依照法定职责、权限、程序、方式、标准开展审计工作，做到审计监督事项合法、审计程序合规、问题定性处理准确、审计建议合理可行。开展审计质量检查，清单式实名通报审计项目存在的质量问题，规范审计执法行为。对6家社会中介机构出具的9份相关审计报告质量开展专项核查，促进社会中介机构规范执业。向全省审计机关印发《关于加强行政复议工作的通知》《关于规范审计决定书有关事项的通知》，规范政府信息公开答复，开展行政复议和行政诉讼工作。组织年度全省优秀审计项目评选活动，2017年有2个审计项目被审计署表彰。

【审计整改】对审计查出问题的整改情况列出清单，建立台账，对账销号，并将整改落实情况纳入后续审计内容，盯紧整改。加强与省委省政府办公厅和纪检监察等部门的沟通协调，强化整改督办和问责。对审计中发现的倾向性和重大违纪违法问题线索及重点部门单位主要负责人经济责任审计等情况，采用审计专报的形式呈送省委省政府主要领导审阅，共上报29期。2017年9月，省人大常委会颁布实施《甘肃省各级人民代表大会常务委员会监督审计查出问题整改工作办法》，首次采取联组审议的方式，对9个部门审计整改情况开展专题询问，促进审计整改落实。制定《甘肃省审计厅审计结果公告办法》，对审计结果公告范围、内容、审批程序等作出明确规定，并在对个别审计项目审计结果向社会公告的基础上，将各级党委政府和社会关注度较高的部分审计项目结果采用单行本形式进行公告，全年公告审计结果20多项。经过连续督促检查，审计项目整改率达到90%以上。

【审计信息化建设】完成全省审计系统信息化建设（金审工程）三期建设项目批复工作，项目总投资8218万元。完成1014个预算单位和6893个财务账套及41类业务数据采集工作，建立财政、扶贫等22个业务数据库。推广和运用数字化审计方式。在扶贫审计中，关联对比分析数据涉及18个类别，共1.8亿条数据记录，构建分析模型83个，筛选出审计疑点记录82万条，查出14类问题线索；在省公安厅2016年预算执行及罚没收入管理使用情况审计项目中，构建分析模型30个，筛选出69万条审计疑点记录，查出16类问题线索；在资环审计中，严格按照数据验收指标，将前期从国土、水利、林业等6个部门取得的33项电子数据进行标准化整理和数据归集，建立资环审计数据库。

（供稿：梁馨予）

国家审计

【审计成果】全年完成审计项目12个，查出违规金额41.88亿元、损失浪费金额16.55亿元、管理不规范金额1894.47亿元；移送司法部门及相关单位处理事项6件；审计促进整改落实有关问题金额131.77亿元。审计发现问题被审计署采用39篇，被中办、国办采用及国家领导人批示88篇次。

2017年度，参与实施的中国铁路总公司2016年贯彻落实国家重大政策措施情况跟踪审计项目被评为审计署表彰审计项目。

【国家重大政策措施落实情况跟踪审计】全年共发现各类问题100余个，其中14个典型事例被审计署公告，促进57个项目加快审批建设进度，收回结转结存资金7.45亿元，促进完善制度37项，问责追责107人，其中给予党纪处分和诫勉谈话52人。

【企业审计】在两户中央企业经济责任审计中，坚持以领导干部守法、守纪、守规、尽责情况为重点，紧扣"经济责任”，梳理权力运行关键环节和重点事项，通过建立“三重一大”数据库等锁定审计重点关注事项，反映贯彻落实国家重大政策措施方面存在的问题，揭示影响企业可持续发展的问题，揭露领导干部滥用职权等重大违法问题。

（供稿：吴建卓）

质量技术监管

【质监法治建设】印发《甘肃省质量技术监督局关于落实“谁执法谁普法”普法责任制的实施方案》《关于开展尊法学法守法用法主题法治宣传实践活动实施方案》，制定《甘肃省质量技术监督局推行重大执法决定法制审核制度试点工作实施方案》。代理应诉定西市中院再审临洮县质监局行政处罚纠纷一案。省局10项行政许可实现线上线下全流程网上公示、网上咨询、网上反馈。全部行政审批事项进驻省政府政务大厅，年内共受理各类申请5530件，组织审查评审4585件，发送各类审批证书3817张，办结各类即办件项目657件，未发生相对人投诉情况。发布13项随机抽查事项清单，建立6大类检查对象名录库和执法检查人员名录库，配套制定随机抽查工作实施细则。印发《甘肃省质量技术监督局 甘肃出入境检验检疫局关于全面推进国家地理标志保护工作精准扶贫的指导意见》，全年共有甘南牦牛奶粉、迭部蕨麻猪、迭部羊肚菌、通渭苦荞麦、会胡麻油、靖远文冠果油、定西马铃薯等7个产品被国家质检总局获批为国家地理标志保护产品，全省由质监部门申报的地理标志产品已经达到54个。开展地理标志产品标准体系建设工作，《地理标志产品 庆阳苹果》《地理标志产品 民勤红枣》《地理标志产品 民勤枸杞》等3个地理标志产品地方标准已正式发布；靖远羊羔肉、靖远黑瓜子、酒泉夜光杯、甘加藏羊、正宁大葱等5个产品标准已立项评审。建成甘肃国家地理标志产品保护网及河西走廊葡萄酒溯源查询信息平台，完成第一批河西走廊葡萄酒6户生产企业溯源信息的录入和首批可追溯专用标志加贴工作，靖远县成为甘肃省第一个被批准筹建的国家地理标志保护示范区。

【认证认可监管】建立“一次申请、一次评审、一张证书”的检验检测机构资质认定模式，取消机动车安检机构资格许可，对机动车安检机构由资格许可、资质认定“双证管理”调整为资质认定“一证管理”。简化资质认定评审要求，推进司法鉴定机构和公安刑事技术机构资质认定工作，25家司法鉴定机构、12家公安刑事技术机构通过资质认定，全年共批准各类发证机构310家，不予许可19家。指导市、县通过“认证认可业务综合监管平台”加强辖区内认证活动的监管，全年共发生各类认证活动4952个，涉及114家认证机构、2528个获证企业，组织市县质监局认证监管人员对其中的3398个认证活动现场监督检查，检查比例达到68.62%，发现14家认证机构的45个违规问题，指导市县局按照相关法律法规予以处理。

【产品质量监督】12月15日，甘肃省委、省政府印发《关于开展质量提升行动实施方案》。敦煌研究院被公示为第三届中国质量奖，敦煌市完成国家级知名品牌示范区现场验收工作，被国家质检总局命名为“全国敦煌文化旅游产业知名品牌创建示范区”。甘肃省企业质量信用等级评价委员会认定兰州兰石集团有限公司等17户企业为质量信用等级AAA企业，兰州榕通管业制造有限公司等54户企业为质量信用等级AA企业，玛曲县宏达实业有限责任公司等89户企业为质量信用等级A企业。2017年参与省文明办等多家单位举办的“德润陇原、诚信红黑榜”新闻发布会，报送红榜22家企业，黑榜2家。实施“千人千企”质量培训计划，12月12日，首届甘肃省中小企业领导人质量基础能力提升培训班在兰州大学顺利开班。

【特种设备安全监管】全年各类特种设备安全检查行动中，出动检查人员33673人（次），检查单位12495家（次），发出安全监察指令书3086份，立案数量240件，经济处罚217.5万元。开展全省安全生产大检查工作督查检查，对发现的问题隐患予以处理。组织市州展开燃煤锅炉排查，网上公示燃煤锅炉整改销号情况，注销登记782台淘汰燃煤锅炉，变更登记201台环保改造锅炉。组织甘肃省特种设备检验检测研究院对20蒸吨及以上46台在用燃煤工业锅炉开展能效测试。全年电梯在应急处置平台的进入数37694台，进入率69.09%，发牌28606张，完成贴牌22504张，应急处置服务平台正式投用以来，累计处置困人故障321次。2017年新发现电梯隐患971处，完成整改931处。制定印发《遏制特种设备重特大事故标本兼治工作措施》《构建特种设备安全风险管控和隐患排查治理双重预防机制实施方案》，建立特种设备双随机抽查“四库一细则”（抽查工作计划库、抽查事项清单、检查对象名录库和执法检查人员名录库、随机抽查工作细则）。

【标准化管理】召开甘肃省实施标准化发展战略领导小组第三次会议，审议通过《甘肃省实施标准化发展战略纲要行动计划（2017年—2018年）》。省政府办公厅印发实施《关于〈消费品标准和质量提升规划（2016—2020年）〉实施意见》。联合省工信委印发实施《关于〈装备制造业标准化和质量提升规划〉实施意见》。发布《废止18项强制性地方标准和497项推荐性地方标准》等3个公告，印发《1593项现行有效甘肃省推荐性地方标准目录》等4个通知文件。全年接受地方标准制修订立项建议书340项，下达地方标准制修订计划6批186项，立项率为54.7%；批准发布地方标准111项。1998家企业公开5749项标准，涵盖9814种产品，规模以上工业企业基本完成企业产品标准自我声明公开。全年随机抽取148家企业的200项标准展开评价检查。建设国家级标准化示范试点项目19个，省级标准化示范试点项目44个，2项国家节能标准化示范创建项目进入公示阶段，公布第八批11项国家级和17项省级农业综合标准化示范区项目目标考核合格项目名单。筹建甘肃省社会福利服务、减灾救灾、地理标志产品保护等3个省级标准化技术委员会。

【计量监督管理】全省最高社会公用计量标准新增15项，填补了甘肃省节能、交通等相关领域的空白。全年审查各级法定技术授权机构16家，复查考核最高社会公用计量标准128项，新建和改造最高社会公用计量标准22项。4月1日起停征强制检定计量器具收费，为企业减负6578万元。全省年能耗5000吨标准煤以上的用能单位能源计量器具配备率稳定在99%。查处计量违法案件30起，罚没款3万元。检查机动车检验检测机构96家，查阅资料1667份，督促23家车检机构进行整改。联合省环保厅开展环境监测类计量器具监管，检查企业和实验室407家，为5042台（件）环境监测类计量器具建立档案，检验3103台（件），受检率62%。完成加油站计量执法检查专项整治活动，出动人员2234人次，检查加油站893个，加油枪4952把，合格率97.6%，对不合格的加油站进行处理。开展省级定量包装商品净含量监督抽查，抽查嘉峪关、张掖、庆阳、定西、临夏、甘南等6个市州207家企业，抽查产品776批次。对全省14家取得制造计量器具许可的企业、10家法定计量检定机构和10家建立企业最高计量标准的企业进行计量行政审批证后监督检查，限期整改其中不符合许可要求的6家制造计量器具企业和4家取得企业最高计量标准的企业。检查175家重点用能企业，配备、更新、维护能源计量器具11362台件，使能源计量器具配备完好率提高2.3%。强制检定贸易结算、安全防护、医疗卫生、环境监测计量器具114万台件，其中首检"四表"43万台件，强检计量标准12万台件，比2016年增长64%。2017年检查各类生产企业696家，出动执法人员10217人（次），办理各类案件286起，涉案金额566.57万元，大案要案4起，移送司法机关3起，办案数量同比上涨4%，全年开展各类专项整治行动16项。下发《甘肃省质量技术监督局关于开展电线电缆生产企业专项监督检查工作的通知》，对辖区内电线电缆生产、销售企业开展专项检查。挂牌督查督办各类投诉举报案件6件，协调处理28起高速公路收费站计量投诉，办理局长信箱、部门移送投诉举报9起。

（供稿：王　红）

海　关

【基础业务监管】全年审核报关单20785份，增长99.9%，监管货物224.2万吨，增长31.2%，货值229.8亿元，增长15.6%；全年监管进出境航班3811架次，人员18.5万人次，征收行邮税款52.77万元；稽查追补税471.5万元，内销征税1.3亿元；设立加工贸易手册80本，备案金额14.9亿美元，加工贸易料件进口价格水平、成品料件内销价格水平、单耗水平都在合理区间范围内；监管作业场所摄像头编码、海关地理信息支撑系统摄像头编码完成率均达到100%，位列全国海关全面完成此项工作的6个直属海关之一。

【综合监管】查获违禁印刷品214份，同比增长20.2%。强化固体废弃物监管，对进口疑似货物实施100%布控查验，完善收发货人及代理人身份审核机制和理货"一对一跟"机制，防止换箱换货、藏匿等情况的发生。全年关区进口查验率1043%，出口查验率127%，进出口查获率11.26%。

【打击走私】"国门利剑2017"联合专项行动中刑事立案2起，查获各类走私违法枪支18支，疑似枪支零部件、铅弹等涉案物品一批；行政立案24起，案值2.14亿元，涉税61.4万元，罚没款入库64.8万元。打击固体废物进口的"蓝天行动"查封1家没有环评资质的违法经营企业，发现1起走私固体废物线索移交口岸海关查处。打击出口骗税、骗汇不法行为，向公安移交涉嫌出口骗税线索4条，地方公安刑事立案1起，涉案案值2.92亿元，涉嫌骗退税4427万元，并配合地方公安深挖线索，扩大范围协查48家企业进出口通关数据，进一步净化关区贸易环境。

【税收征管】全年税收入库10.47亿元，超预期完成年初7亿元税收计划的150%。有效防控税收风险，及时跟进价格风险信息核查。全年审价补税3818万元，审批减免税款1.25亿元，完成总署减免税抽样考核单证的复核和协调工作，被总署抽样复核26票，无审批差错问题。推进税收征管方式改革，推广应用"自报自缴"和集中汇总征税模式，关区采用"自报自缴"模式报关174票，缴税1253万元；采用汇总征税模式报关783票，缴税3951万元。

【贸易便利化】制定《兰州海关压缩货物通关时间实施方案》，通过优化海关通关作业流程、优化税收征管作业方式、提高海关查验作业效率、降低进、出口查验率和配套内部管理机制的"双优一提一降一配套"措施，进、出口海关通关时间明显缩短，全年进口通关时间为3.9小时，在全国42个直属海关中排名第1，比上年同期的8.8小时压缩了55.7%，出口通关时间为2.2小时，位列第37，比上年同期的15.5小时压缩85.8%，实现压缩货物通关时间三分之一的工作目标。

【支持"一带一路"建设】助推甘肃"三大空港、三大陆港"项目建设，参与指导甘肃（兰州）国际陆港、兰州铁路口岸、武威铁路口岸监管区建设，指导兰州新区中川北站、兰州东川铁路物流中心两个作业区通过验收运营，保障中亚、中欧班列常态化运行。监管"兰州号"国际货运班列109列，货运量83291吨，货值19452万美元。支持跨境电商业务发展，初步建成网购保税和跨境直购两个电商监管场所，搭建完成甘肃跨境电商通关服务平台。支持货运直航业务开展，完成兰州—达卡全货机监管，出境免税店运营正常，离境退税业务落地开办。支持敦煌航空口岸建设，敦煌机场海关

兰州关区2017年主要业务指标统计表

项目		单位	2017年	比去年同期±%
进出口报关单		份	20785	99.9
监管进出口货运量		万吨	224.2	31.2
其中	进口货运总量	万吨	214.8	27.8
	出口货运总量	万吨	9.4	237.5
监管进出口货运值		亿元	229.8	15.6
其中	进口货运总量	亿元	185.4	12.1
	出口货运总量	亿元	44.3	33.4
税收入库		亿元	10.5	−18.45
其中	进口货运总量	亿元	0.085	−47.29
	出口货运总量	亿元	10.4	−18.08
上缴罚没收入		万元	69.16	92.43
内销征税		亿元	1.3	75.7
审批减免税		亿元	1.25	−6
备案加工贸易合同		份	80	−1.2
合同备案金额		亿美元	14.9	−3.8
监管进出境航班		架次	3811	−13.5
出入境人员		万人次	20.8	−11.5
稽查补税		万元	472	11
刑事案件立案		起	2	100
刑事案件案值		万元	0	
行政违规案件立案		起	24	150
行政违规案件案值		万元	21400	333

筹建工作进展顺利。支持兰州新区综保区业务拓展，探索“区港一体化”发展，推动综保区与兰州空港、铁路口岸实现“区港联动、并联通关”，综保区实现进出口货值45.4亿元人民币。支持敦煌研究院《丝路密宝——阿富汗国家博物馆珍品展》顺利举办，圆满完成第二届（敦煌）国际文化博览会监管与服务工作。助力甘肃融入中新（中国与新加坡）互联互通项目南向通道建设，渝桂黔陇四地海关签订支持推进中新互联互通项目南向通道建设合作备忘录，支持推动南向铁海联运、国际公铁联运常态化运行，监管南向通道国际货运班列发运4列，货值79.9万美元，货运量1295吨。

【监管改革】清理规范涉企经营服务性收费，全面停止进出口申报、IC卡制卡等环节的收费项目。在查验、稽查环节实现“双随机，一公开”监管方式。加大指导监督力度，省内6家监管场所通过验收运营。响应省内重点企业“三去一降一补”的实际需求，实施“一业一策”、“一企一策”，落实海关便利通关、优质服务、减免税等政策和措施。2017年6月份开始，事业单位及所属经济实体全面停止涉企收费，直接降低企业成本，为企业减负增效。发挥“12360”热线作用，面向公众提供政策解读、信息咨询等政务公开服务，服务热线接听话务3235件，话务量增长179%，当场答复率95%以上。

（供稿：张　艳）

出入境检验检疫

【货物检验检疫】2017年，甘肃检验检疫局共检验检疫出入境货物16351批次，货值214311.3万美元，与去年同期相比批次上升78.39%，货值增加74.78%；检出不合格货物110批次，货值550.3万美元，批次和货值的不合格率分别为0.68%和0.26%。其中，检验检疫出口货物9813批次，货值50350.4万美元，与去年同期相比分别增长32.17%和14.74%；检验检疫进口货物6538批次，货值163960.9万美元，与去年同期相比批次增加275.54%，货值增加97.53%。

【人员检疫查验】检疫查验出入境航班3047架次，其中，出境1558架次，入境1489架次。查验出入境人员18.76万人次，行李16.2万件。为出入境人员健康检查6362人次，首次从劳务回国人员中检出卵形疟感染者，从入境货物中截获检疫性有害生物21批次。

【经济服务】发挥职能优势和技术优势，帮助甘肃省成功创建凉州区出口皇冠梨、渭源县出口中药材、礼县出口大黄等3个国家级出口食品农产品质量安全示范区。渭源县中药材直接出口实现“零”突破，礼县大黄直接出口数量和货值较2016年分别增长90%和61%。帮助甘肃省礼县建成首个生态原产地产品保护示范区，13家企业的8类产品获得生态原产地产品保护。与甘肃省质监局共同推进食品农产品有机认证工作，创建民勤县、甘州区、民乐县等3个省级有机产品认证示范区。

【进口机动车检验监管闭环管理】建立涵盖全省进口汽车4S店的有效沟通联络机制，落实进口机动车后续监管。强化舆论宣传，召开《进口机动车检验监管情况》新闻发布会和全省进口汽车检验监管工作会议，保障进口汽车消费者权益。开展进口机动车召回、三包等后续监管工作模式改革，加强监督抽查，检测发现7批次刹车片不合格，涉及奔驰、路虎等多个国际知名品牌。

【食品安全监管】加强进出口食品监督抽检和风险监测，推动以检验为核心的进出口食品监管模式向以风险管理为核心的监管模式转变。制定《特殊监管区域进口食品预检验管理工作规程》，对保税区进口食品采用入区检验检疫、出区核销放行的预检验模式。派员驻场监管，全程保障"兰洽会"进口食品化妆品安全。全年共检验出口食品2482批次，货值10477.39万美元，批次和货值同比分别增长-18.2%和-32.7%，检出不合格23批次；检验进口食品71批次，货值199.47万美元，批次和货值同比分别增长11倍和15倍，检出不合格7批次。进出口食品未发生任何食品安全事故，出口食品国外通报为零。

【入境动物隔离检疫】对直航进境的861头澳大利亚羊驼进行登机检疫。检查合格后，在秦川镇陇大农牧科技发展有限公司指定隔离场进行为期45天的隔离检疫。其间，实施24小时驻厂监管，逐头采集血样进行病毒性腹泻等5种疫病实验室检测，检出疫病羊驼12只，因非传染病原因死亡2头，按照相关要求做扑杀、销毁处理。剩余847只羊驼按期放行，运至临夏回族自治州康乐县饲养繁育。

【全国首例能源管理体系认证违法行为在甘受罚】2017年，按照国家认监委部署，甘肃出入境检验检疫局开展"管理体系认证结果专项监督检查"，在对陕西、宁夏、西藏和新疆四省区开展获证组织现场检查时，发现北京中油健康安全环境认证中心在为中国石油集团渤海石油装备制造有限公司兰州石油化工机械厂开展认证过程中存在程序瑕疵，需立案调查。经审核批准后，甘肃出入境检验检疫局按照《认证认可条例》相关规定组成调查组调查取证，确认北京中油认证中心存在"在企业开展监督审核后未向其出具认证证书""在企业2017年监督审核中未对企业重点耗能单位进行现场审核"等4个违法违规事实。依据相关规定，对北京中油认证中心做出罚款5万元的行政处罚。该案是全国首例能源管理体系认证行政处罚案例，5万元罚款已上缴国库。

【原产地证签证】制定《原产地证书代理申领工作规程》和《原产地证签证产品分类调查管理办法》，规范代办行为，提高签证调查的针对性和有效性。全年共签发各类原产地证书5604份，货值5.76亿美元，为甘肃省出口企业减免进口国关税约2085万美元，实现自贸区等优惠原产地证书持续同比逆势增长28.01%和89.06%，签证增长率位列全国检验检疫系统前六。新增原产地备案企业91家，签证产品同比增加10.09%。

【服务中新南向通道建设】与重庆、广西、贵州检验检疫局共同签署《关于支持推进中新互联互通项目南向通道建设合作备忘录》，实现4省区检验检疫"通报、通检、通放"。创新内陆通关放行和口岸监管模式，实施"7×24小时通检""即查即放"等模式，实现口岸验放"零等待"。全年南向通道公铁海多式联运国际货运班列共发运4列130车。

【流程时限管理】印发《甘肃检验检疫局压缩货物通关时间实施方案》《甘肃检验检疫局出境货物检验检疫流程时限表》，修订《检验检疫流程时限管理办法》。组织开展流程时限管理工作督导检查，利用信息化系统、信用管理和风险管理等多种手段进行检验检疫流程再造。定期对各部门检验检疫流程时长进行督查通报，分类开展通关效率绩效考核，检验检疫流程时限较2016年压缩三分之二。

【科技质检建设】开展质检总局和甘肃省科技厅科研项目申报工作，共上报质检总局立项15项，上报省科技厅立项9项，本局自主立项5项。其中1项软科学专项课题获得甘肃省科技厅立项，并获批研究经费8万元。1项科研课题被质检总局确定为2017年度应急技术保障研究专项项目，并获得15万元资金支持。对天水、平凉、金昌、酒泉四个分支局实验室情况进行调研，探索整合分支局实验室与新区技术服务平台。综合技术中心被甘肃省工信委认定为"兰州市中小企业公共服务示范平台"，国家质检总局口岸传染病分子生物学检测区域性中心实验室（兰州）获批筹建，综合技术中心外繁种子检疫重点实验室通过2017年度ISTA能力验证。与兰州国际高原夏菜副食品采购中心有限公司签署战略合作协议，筹建兰州国际高原夏菜副食品采购中心实验室并开展检测工作。与甘肃中医药大学签署合作协议，联合开展本科生教学实践和卫生检疫科学研究。

（供稿：席艳燕）

2017年9月20日，省检验检疫局开展质量月宣传活动

安全生产监管

【概况】2017年，全省共发生各类生产安全事故1075起，同比下降11.44%；死亡885人，同比下降9.5%；受伤931人，同比下降10.14%；直接经济损失1.02亿元，同比下降13.88%，未发生重特大生产安全事故。在2017年度国务院安委会对全国各省级政府的安全生产工作考核中，甘肃省被确定为优秀等次。

【安全生产改革】省委、省政府召开到达县级的《中共中央、国务院关于推进安全生产领域改革发展的意见》视频宣讲会，将学习宣贯《意见》列入省委党校和省行政学院干部培训班课程，并组织宣讲团下到所有市县和重点企业进行解读。2017年7月28日，《中共甘肃省委 甘肃省人民政府关于推进安全生产领域改革发展的实施意见》(甘发〔2017〕24号)正式出台。省政府将省市县三级所有安全生产监督管理部门确定为行政执法机构，纳入同级行政执法序列；乡镇(街道)安监站和属行政事业管理的各类功能区安监机构，参照行政执法机构标准进行保障；所有乡镇(街道)安监站均落实编制、人员、经费，明确村级组织安全生产责任，落实人员机构。

【安全生产法治建设】省人大出台涉及安全生产的地方法规1部，省政府出台涉及安全生产政府规章1部，重新修订完善涉及安全生产的政府规章2部(《甘肃省生产经营单位安全生产主体责任规定》《甘肃省政府安全生产监督管理责任规定》)，出台重大政策性文件6件；省直有关部门出台涉及安全生产的规范性文件20余件；市州制定出台政府规章1件。加大安全生产监管执法力度，执法覆盖率和复查率同比上升14.8%和8.33%；对2017年以来发生工矿商贸事故的183家事故责任单位进行追责，对7名行政干部、89名生产经营单位责任人给予党纪政纪处分，5人移交司法机关。

【专项治理和安全检查】结合"明察暗访督察年"活动，省安委办联合8个安委会成员单位，组织开展两轮安全生产专项督查，共检查11个市州政府及44个行业部门，省委督查室、省政府督查室牵头组织对兰州、平凉、天水等市州开展安全生产巡查。开展安全生产大检查专项行动，省上成立由省政府主要领导任组长的领导小组，省委、省政府领导带队开展分管领域安全检查，全省共组织11.4万个检查组，检查各类生产经营单位21.2万家，排查安全隐患35万余条，行政处罚3571.695万元，追究刑事责任4人，打击严重违法违规行为2044起，曝光工作不力单位和个人39家。

【安全生产防控】按风险分级管控的办法，支持兰州市开展遏制重特大事故试点，在全省推广企业风险分级防控"146"工作法、危险化学品领域"三项制度"和岗位安全"四张卡"等先进管理模式。督促各地开展风险辨识及评估工作，选取金川公司等6家企业开展国家级和省级试点。对17条油气输送管道开展重大危险源风险评估。实施重点行业治理提升工程，"一库一策"制定尾矿库治理方案，完成91座病库和46座尾矿库"头顶库"安全隐患综合治理，消除危、险、病库安全隐患。推动全省道路生命防护工程建设，2017年全省下达公路安全生命防护工程补助资金3.56亿元，处置普通国省干线公路安全隐患路段889公里，农村公路安全隐患路段4587公里，改善国省道特别是农村公路的安全通行条件。推动安全生产信息化建设，完善全省安全生产综合信息平台，基本建成安全生产防控及隐患排查治理系统。打造"智能交通"，全省202个危险化学品重大危险源和所有校车、旅游车辆、城际班车安装视频监控系统，13042辆"两客一危"车辆全部安装卫星定位装置。提升应急保障能力，将3个企业的应急救援队伍纳入省级应急救援基地，优化全省应急队伍布局；组织全省矿山、危险化学品应急救援技能大比武、跨区域拉练和全脱产全封闭式强化培训，提升应急队伍的实战能力。

(供稿：张 琛)

食品药品监管

【概况】截至2017年底，全省有食品药品监管机构1686个，其中食品药品监管机构101个，乡镇街道食品药品监督管理所1374个，食品药品稽查局129个，食品药品检验检测机构113个。全系统人员编制10500余名。全省有监管服务单位29万余家，其中，药械生产企业267家，经营企业16200余家，医疗机构24600余家；食品生产企业2417家，食品销售经营主体152500余家，持证餐饮服务单位84400余家，食品小作坊12600余家，食品相关产品获证生产企业153家，保健食品生产企业16家，化妆品生产企业14家。

【食品药品安全监管】2017年10月31日，中共甘肃省委、甘肃省人民政府印发《关于进一步加强食品药品安全工作的意见》。全省监督抽检各类食品样品66813件，合格65219件，合格率为97.61%，同比提高0.4个百分点。快速检测883573项次，同比增加131%，快速检测筛检阳性率为1.07%，同比增加59.12个百分点。2017年，全省飞行检查药品经营企业222户，收回GSP证书8户，撤销GSP证书11户，缴销《药品经营许可证》2户，向市州局移交处理5户、责令限期整改12户。全省查办药品违法案件3435件，取缔无证经营20户，吊销许可证4个，责令停产停业57户，移送司法机关171起。基本药物、医疗器械、化妆品抽检合格率达到99.6%、99.5%、99%。

【医疗器械监管】2017年，省食品药品监督管理局制定出台《甘肃省第二类创新医疗器械特别审批程序》。开展生产企业飞行检查、经营使用环节督导检查，"角膜塑形镜""互联网经营""无菌和植入性医疗器械"专项监督检查。完成国家抽验任务，抽样25个品种67批次，检验3个品种79批次。组织开展省级抽验任务，完成监督抽验9个品种220批次，评价性抽验2个品种60批次。

【支持产业发展】省食品药品监管局采取10项改革举措支持药品生

产企业优化品种结构，提请省政府出台财政资金奖补政策加快推进仿制药一致性评价工作，制定发布193个中药配方颗粒品种质量标准并开展科研试点。

【创建食品安全县】2017年，省食品药品监督管理局倡议建设西北地区食品药品监管协作区并承办第一次联席会议，受到国家总局充分肯定和表扬。永昌县、靖远县等6个县创建为“国家农产品质量安全县”，全省创建18个省级农产品质量安全县和16个省级食品安全县，建成“放心粮店”1600个、“放心肉菜超市”28个。

【科研项目及监管中心建设】2017年，省食品药品监督管理局争取省政府支持在兰州新区建设占地100亩的省级食品药品医疗器械检验检测中心。协调省财政部门设立食品药品科研基金，首次通过专项经费资助全省食品药品安全科技项目，将19个食品药品科研项目确定为2017年度重点资助项目。组织全省各级食品药品检验检测机构参加食品药品检验检测能力验证工作，共参加147项次能力验证实验，比上年度增加了51.5%。组织系统内和卫计质监系统专家对全省28家食品药品检验检测机构（包括第三方检验机构4家）进行全面督查。全省列入2017年规范化建设计划的418个食品药品监管所达到规范化建设标准，全省1374个食品药品监管所全部达标。

【省委省政府主要领导对全省食品药品安全工作作出批示】8月24日，省委书记林铎，省委副书记、省长唐仁健对全省食品药品安全工作作出批示。省委书记林铎在批示中指出，食品药品安全是关系老百姓身体健康和生命安全的大事。近年来，全省各级党委政府和有关部门在保障食品药品安全方面做了大量工作，取得了积极进展，但与群众期盼相比还有不小差距，食品药品安全形势依然严峻复杂。全省各级党委、政府和有关部门要深入学习贯彻习近平总书记系列重要讲话精神特别是关于食品药品安全工作的重要指示精神，牢固树立和践行以人民为中心的发展思想，始终把食品药品安全工作作为一项重大政治任务和重要民生工程，切实以最严谨的标准、最严格的监管、最严厉的处罚、最严肃的问责做细做实做好。主要负责同志要认真履行保障食品药品安全的政治责任和领导责任，亲自研究部署和协调落实重点工作任务。要强化源头严防、过程严管、风险严控各项工作，着力解决突出问题，不断提升食品药品安全治理能力和保障水平，提高群众满意度。省委副书记、省长唐仁健在批示中指出，食品药品安全关系人民群众的生命安全和身体健康，是重大的民生问题，社会广泛关注，责任重于泰山。全省各地各部门要深入学习贯彻习近平总书记关于食品药品安全工作的重要指示精神，全面落实“四个最严”要求，牢固树立以人民为中心的发展思想，按照省委、省政府的部署，坚持问题导向，进一步完善监管体制，创新监管方式，强化监管措施，延伸监管触角，夯实基层基础，靠实企业主体责任，广泛凝聚社会合力，切实提高食品药品安全监管能力和水平，着力解决国家考核通报指出的问题和我省食品药品安全领域存在的突出问题，以“零容忍”的态度严厉打击各类食品药品安全违法行为，以扎实的工作成效保证人民群众“舌尖上的安全”。

（供稿：赵永胜）

能源监管

【市场监管】配合参与电力体制改革，推进酒泉–湖南特高压工程直流输电价格核定；参与省内增量配售电业务试点方案评审，对售电公司参与市场化交易实施监管，首次实现售电侧放开；与省发改委、工信委联合印发《电力用户与发电企业直接交易实施细则》，全年签订直接交易合同火电223亿千瓦时、水电56亿千瓦时、新能源1.91亿千瓦时。开展新能源发电企业与燃煤自备电厂发电权置换，组织签订新能源替代自备电厂电量19亿千瓦时。制订《甘肃省电力中长期交易规则（征求意见稿）》《甘肃省富余新能源跨省跨区增量现货交易规则》《甘肃省电力调峰辅助服务市场运营规则（征求意见稿）》。开展集团内部电量优化调剂和合同电量转让交易，确保大用户直接交易合同完成。开展祁韶特高压直流输电工程运行、电量输送及配套项目建设情况等专项监管调研。

【行业监管】开展新建电源项目投资开发秩序专项监管，跟踪监测预警机制执行及项目建设进度，防止盲目发展突破规模红线；开展甘肃省新能源发电项目建设“放管服”专项监管，严格控制风电并网，合理控制光伏并网；开展酒泉至湖南直流配套的500万千瓦风电和150万千瓦光电项目监管；实地查看炼油企业成品油质量升级改造项目，抽检相关油品质量，督促企业报送大气污染防治成品油质量升级改造有关信息；加强燃煤自备电厂监督管理，落实防范化解煤电产能过剩风险，开展超低排放和节能改造专项监管。

【电力安全监管】打击安全生产非法违法和违规行为，32家电力企业开展行业互查，对45家重点电力企业进行安全督查，累计排查隐患4407项，已整改4081项，限期整改326项，整改率92.6%。现场调查处理2起电力安全事故、事件。开展电网安全风险管控、全省煤矿供电安全检查、防汛抗旱安全检查、危险化学品安全综合治理、电力监控及网络信息安全管控、第二届敦煌文博会保电、打击“三电”专项行动等一系列工作。

【资质许可监管】制定《资质处工作管理基本制度》《电力业务、承装（修、试）电力设施许可基本工作制度》《现场核查专家承诺制度》《承装（修、试）电力设施许可跨区作业企业承诺制度》等制度。加强发电企业许可监督管理，排查无证经营和超期服役机组，发现无证经营企业122户，装机容量1211万千瓦；发现超期服役企业53户，涉及173台机组，装机容量231万千瓦，依法依规进行处理。

（供稿：陈孝健）

国土管理 城乡建设 环境保护

国土资源

【耕地及基本农田保护】按照“以补定占，先补后占，占优补优，占水田补水田”要求，对建设项目耕地占补平衡严格审查把关，通过耕地占补平衡动态监管系统进行挂钩与核减。在兰州新区实施易地占补平衡2万亩。全省连续18年实现耕地占补平衡。2017年，全省耕地开垦费入库54596.60万元，新增建设用地有偿使用费入库108324.15万元。全省共划定永久基本农田面积5988.59万亩，其中水田和水浇地面积占划定面积的23.88%，坡度15度以下占划定面积的62.24%，城市周边划定永久基本农田174.78万亩。

【土地整理与开发】2017年，全省共安排土地整治资金223444万元，其中，国家土地整治专项资金40100万元(全部安排贫困县和少数民族地区)；东部百万亩土地整治重大项目资金51600万元，安排项目18个；省留新增建设用地有偿使用费28700万元，安排项目41个；省留开垦费14610万元，安排项目17个；切块市州新增费55097万元、耕地开垦费32837万元；中西部高标准农田建设重大项目前期费500万元。2017年全省建设高标准基本农田186万亩。

【建设项目用地预审】全年完成67个建设项目用地预审（其中初审后报部项目4个，省级预审项目63个），拟投资总额984.63亿元，用地总面积6101.87公顷，其中农用地3207.37公顷（含耕地2135.51公顷）、建设用地657.43公顷、未利用地2237.07公顷。全省通过建设项目用地预审备案系统全部报国土资源部备案的预审项目264个，其中省级67个、市级54个和县级143个。

【建设用地审批】2017年，省政府审查审批建设用地共495个，总面积5514.65公顷（8.27万亩）。其中农用地3209.48公顷（4.81万亩），其中耕地2462.11公顷（3.69万亩）；未利用地1323.88公顷（1.99万亩）；建设用地981.29公顷（1.47万亩）。

【土地供应与市场】2017年，全省供应国有建设用地1842宗，总面积6319.02公顷。其中，以招标拍卖挂牌出让方式供应976宗、面积2612.52公顷；以协议出让方式供应276宗、面积211.76公顷；以划拨方式供应590宗、面积3494.74公顷。按照土地供应用途，商业服务业用地420.77公顷、工矿仓储用地1681.48公顷、住宅用地1081.24公顷、公共管理与公共服务用地1463.06公顷、交通运输用地1103.59公顷、其他用地（特殊用地、水域及水利设施用地、其他土地）568.88公顷。全省土地出让价款192.85亿元，其中，以招标拍卖挂牌方式出让土地成交价款171.13亿元；以协议方式出让土地成交价款21.72亿元。

【不动产统一登记】实现登记机构、登记簿册、登记依据和信息平台“四统一”在全省落地，累计颁发不动产权证书28.70万本，证明29.20万张；各市州不动产登记信息管理基础平台全面建成并投入使用，已实时上传增量数据52.60万条；全省房地登记纸质资料、电子资料均移交到不动产登记部门，完成存量数据整合汇交，提前3个月完成汇交任务；临泽县、榆中县不动产单元编码示范区建设工作通过国土资源部验收。推进全省自然资源（湿地）统一确权登记试点，初步划定登记单元，完成内业解译和外业核查。配合水利部门推进疏勒河流域水流产权确权试点工作。

【农村土地制度改革试点】开展陇西县农村土地制度改革试点，全年农村集体经营性建设用地组织入市48宗

112.90亩、总成交价款1425.23万元。完善被征地农民合理、规范、多元保障机制的土地征收制度改革试点，开展征收制度改革，落实征地补偿安置和社会保障费用。陇西污水处理厂和农商银行首阳支行项目已完成供地，257成品油储备项目用地已报国土资源部待批复。通过农村集体经营性建设用地入市，12个乡镇23个行政村获得土地增值收益。

【地质矿产勘查】2017年，全省共投入地质勘查资金71661.72万元，其中中央财政16642.53万元，地方财政32567.23万元，社会资金22451.96万元。

全年开展基础地质调查项目61个，投入资金12880.47万元。开展矿产勘查项目214个，投入勘查资金46960.71万元。开展水工环地质调查评价项目55个，投资8332.35万元。开展地质科技及其他项目180个，投资3488.19万元。全年完成钻探20.76万米，槽探20.18万立方米，坑探2.02万米。

开展1∶5万区域地质调查项目8个，投入资金2266.99万元；开展区域地球物理调查项目6个，投入资金2033万元；开展区域地球化学1个，投入资金122万元；开展区域遥感地质调查项目2个，投入资金35万元；开展1∶5万矿产远景调查项目44个，投入资金8423.48万元，其中中央财政2408万元，地方财政6015.48万元。

全年新增备案资源储量的主要矿种有金、铁、铅锌、钪、重晶石、溶剂用灰岩等。其中新增金金属量61.25吨，铁矿石量0.68亿吨，铅锌金属量44.69万吨，钪金属量8006.53吨，重晶石646.05万吨，溶剂用灰岩1.95亿吨。2017年度完成阶段性勘查的矿产地共10个。

支持全省深度贫困地区矿产资源勘查，全年立项安排项目共43个，下达资金19680.00万元。

【矿产开发利用】制定《甘肃省祁连山国家级自然保护区矿业权分类退出办法》，经2017年12月5日省政府第170次常务会议审议通过。针对保护区内144宗矿业权，按照“共性问题统一尺度、个性问题一矿一策”原则，制定退出方案和时间计划。截至2017年12月底，已退出矿业权61宗。全省设置非油气探矿权1250宗（国土资源部发证278宗，省国土资源厅发证972宗）。

【矿业权出让收益（价款）及补偿费征收】2017年，矿业权出让收益（价款）及使用费入库47047.07万元。矿业权出让收益（价款）46855.47万元，其中，探矿权出让收益（价款）13124.57万元、采矿权出让收益（价款）33730.90万元。使用费收入191.60万元（探矿权使用费76.85万元、采矿权使用费114.75万元）。国家财政部、国家税务总局联合发文规定从2016年7月1日起，停止征收矿产资源补偿费，本年度追缴往年矿产资源补偿费4152.21万元。

【地质灾害防治】2017年，全省发生地质灾害61起，共造成10人死亡、9人受伤，直接经济损失20834.85万元。全年发布预警信息71次，其中一级4次，二级12次、三级55次，成功预警避险6次，避免人员伤亡546人，避免财产损失168万元。

制定《2017年度地质灾害防治方案》，对重点防范区域集中开展汛前地质灾害隐患再排查、汛中巡查、汛后核查2251次。全省共设专业监测点位1276处、群测群防点位11905处，群测群防监测员12365人，覆盖全省所有地质灾害隐患点。汛期期间全省共发布地质灾害预警信息200余份，成功预警预报17次，成功转移安置2122人。

2017年，中央财政下达甘肃省特大型地质灾害防治专项资金3.58亿元，含调整安排资金0.08亿元，安排实施项目42个，使用资金2.37亿元，安排搬迁避让项目1410户，5916人，使用资金0.56亿元；安排陇南“8·7”暴洪泥石流灾后重建专项资金0.65亿元。全年省级财政投入地质灾害防治专项资金0.53亿元，共安排实施项目20个，使用资金0.50亿元，陇南“8·7”暴洪泥石流灾后应急资金0.03亿元。

【地下水调查与监测】全年底完成地下水地面沉降控制区范围划定，制定地区水资源可持续发展战略及地下水控采方案，对地下水开发引起的地面沉降、地面塌陷、地裂缝重点地区进行调查评价，提出防治对策、限采和禁采建议。已完成新建监测点建设500个，钻探进尺25059米；修复已有监测井179个。根据水污染防治目标要求，对35组地下水考核点位水质进行考核。

【国家级自然保护区矿山地质环境整治】对祁连山自然保护区涉及的8个县（区）开展矿山地质环境问题详细调查和摸排，编制完成《祁连山保护区矿山地质环境恢复治理方案》。对自然保护区范围内的288个无主矿山进行调查摸底，完成位于保护区“三区”范围内的111个历史遗留无主矿山治理工作，将177个位于保护区外围保护地带纳入治理规划。

（供稿：刘志广）

地质矿产勘查开发

【地质找矿】新发现矿产地8处、矿致异常13处，新增资源量金25吨、铁矿石1800万吨、铜铅锌4万吨、锑1万吨、钒氧化物30万吨、晶质石墨345万吨、石膏1860万吨、地热600兆瓦。

【生态环境保护】对各类自然保护区101宗探矿权全面停工和分类梳理，祁连山自然保护区26宗探矿权已全部退出，其中17宗探矿权已依法予以注销。全面加强生态环境修复治理，完成保护区矿业权恢复治理27宗，其中16宗已通过地方相关部门验收。制定出台《甘肃省地矿局关于全面推进绿色勘查工作的实施办法》，对绿色勘查工作的责任、管理、技术、检查、考核、验收等全过程规范。率先在全省地勘行业实施绿色勘查，徽县天子坪、夏河将旗那梁等试点项目积极推进。推进合作矿业企业走绿色发展之路，早子沟金矿已申报市级绿色矿山企业，招金贵金属冶炼公司污水处理系统已全面建成。

【地质灾害应急排查】参与和推进全省地质灾害防治体系、陇南山区国家级地质灾害防治示范区建设，完成文县

"8·7"洪暴泥石流地质灾害抢险救灾和应急排查，编写《陇南"8·7"泥石流及九寨沟"8·8"地震次生灾害文县重灾区地质灾害防治规划》。开展全省地质灾害监测预警和应急排查，避让1起滑坡、1起崩塌、3起泥石流、1起地裂缝灾害，紧急转移人口1347人，避免伤亡人口546人。

【科技成果】"土壤修复循环装置"和"重金属污染土壤植物修复技术"专利通过国家知识产权局初审，获得国土资源部科学技术一等奖1项、甘肃省科技进步二等奖1项，西和大桥金矿被评为2017年度全国十大找矿成果。全年新增环境污染防治工程施工、液体矿产勘查、工程测量等甲级资质5个，工程测量、不动产测绘监理等乙级资质3个，83人获得各类执业证书，64人分别获省级"技术标兵"和"优秀选手"称号。

（供稿：吴 琼）

有色金属地质勘查

【概况】2017年全局实现总收入7.45亿元，完成收入目标的103.5%，其中：预算内收入实现3.32亿元，占总收入的44.6%；市场经营收入4.13亿元，占总收入的55.4%。年末全局总资产18.31亿元，同比增加0.54亿元，增长3%；净资产10.58亿元，剔除特殊因素，国有资产保值增值率为101.86%，资产负债率为42.2%。

2017年全局主要产业市场经营收入结构中，矿产地质实现收入1.68亿元，占市场经营收入的40.7%，同比增加3572.8万元；水工环地质实现收入1.72亿元，占市场经营收入的41.6%，同比增加3240.8万元；矿业开发实现收入1223.8万元，占市场经营收入3%，同比增加262万元；酒店及多种经营实现收入6153.3万元，占市场经营收入14.9%，同比增加278万元。

【勘查成果】2017年实施各类地质勘查项目73个，项目经费共计9881万元。提交大型矿产地1处，小型矿产地4处，勘查基地5处，找矿靶区13处；提交各类地质报告41份，提交铅锌金属量69.46万吨，伴生银金属量347.25吨，镓金属量128.17吨，伴生镉金属量2597.76吨；新增金金属量2497.52千克。

【推进绿色勘查】制定《关于大力推进绿色勘查工作的意见》，成立绿色勘查领导小组，召开贯彻生态文明国策推进绿色勘查工作会议。对涉及祁连山自然保护区的13宗探矿权，向省国土资源厅上报了注销退出的处理意见。同时对涉及其他自然保护区的19宗探矿权制定了退出方案，对18个勘查项目终止勘查。绿色勘查领导小组先后两次对涉及自然保护区的探矿权进行现场核查，制定生态修复方案，逐项整改落实。

【工程项目】2017年水工环地质工程业共签约672个项目，合同额2.48亿元，实现产值2.4亿元，较去年同期合同额上升2%，产值上升40%。其中：工勘院全年共签订合同430份，合同额1.51亿元，实现总收入1.49亿元，实现利润总额690万元。

【钻探业】2017年钻探业由单纯施工模式转向技术管理与经营管理型并重的模式，累计开动78台钻机，完成各类岩心钻探工程量101211米/260孔，其中17台自有钻机完成23823米/67孔，完成超千米深孔数达3个，最深孔达1703.88米。

【实验测试业】在全国1：10000土壤污染状况详查样品测试中，筹集1300余万元对4个实验检测室进行装备更新改造，购置离子色谱仪、气相色谱质谱联用仪、电弧光电直读光谱仪等专用和通用设备数十台套。兰州矿勘院实验室入选《全国土壤污染状况详查检测实验室名录》，新建有机分析室和农产品分析室，新增土壤和水中有机成分分析、农产品中重金属分析、土工试验及饲料分析等检测项目。张掖矿勘院实验室先后掌握了铂、钯、锇、铱、钌、铑等稀有元素的分析方法以及土壤、肥料等样品的检测技术，成为目前全省唯一一家掌握铂、钯等稀有元素检测方法的测试机构。

【装备与资质建设】2017年共完成专业设备采购2648.88万元，购置全站仪、测绘无人机、多功能坡度测量仪等设备。升级或新增资质13个，其中水工环甲级11个、建设项目水资源论证乙级1个、旅游规划设计丙级1个，各院均新增环境设计和施工甲级资质。资质覆盖地质勘查、测绘、地质灾害、环境、土地、水资源、旅游等7大类。截至年底，全局从事水工环地质工程业人员总计346人，技术人员267人，其中高级职称26人，中级职称及技师65人，初级176人。

（供稿：董小刚）

测绘地理信息

【测绘资质管理】全年初审转报国家测绘地理信息局审批的甲级测绘资质单位27家，审批测绘资质单位135家。截至年底，全省共有测绘资质单位463家。全省16家甲级测绘资质单位全部完成换证，91家（含甲、乙双证）乙级测绘资质单位中，有90家完成换证工作，1家注销。

【基础测绘】在酒泉南部、临夏、兰州、礼县等测区开展1：10000数字地形图测绘，新测1：10000数字地形图881幅，更新1：10000数字地形图860幅，更新测制1：5000地形图188幅，更新省级1：10000基础地理信息数据库。甘肃省"十二五"藏族聚居区基础测绘项目（省级部分）通过验收，甘谷县新农村建设测绘保障服务试点项目系列成果移交甘谷县。

【测绘质量监管】开展基础测绘成果质量检验，重点加强对不动产登记、城市地下管网普查、农村集体土地三权发证等国家及省上重大项目的测绘质量监管，完成国家下达基础测绘检验项目1项、省级基础测绘检验项目4项、委托检验项目7项。配合国家测绘产品质量检验测试中心完成对瓜州、敦煌省级基础测绘成果质量监督抽查工作。

【地理国情普查】2017年6月，甘肃省第一次全国地理国情普查通过国家验收。10月10日，省第一次全国地理国情普查领导小组会议审议通过普查公报。11月3日，《甘肃省第一次地理国情普查公报》发布。通过普查，首次获取覆盖全省42.58万平方千米省域、由10个一级类、58个二级类和138个三级类构成的全覆盖、无缝隙、高精度、多要素的海量地理国情数据，建立包括全省高分辨率遥感影像、地表覆盖与地理国情要素、多尺度精细化数字高程模型等成果的数据库，搭建数据库云平台和数据库管理系统，摸清全省山水林田湖等自然地理要素和人工设施现状及其空间分布。

【地图市场监管与地图服务】全年共受理、审核《甘肃省气候图集》《兰州CITY城市地图》等地图行政审核批件39件，核发审图号72个。开展全覆盖排查整治"问题地图"专项行动，实施专项检查1000多次，抽查单位294家，抽查地图1819幅，发现308幅"问题地图"，依法下架、查封、收缴。利用互联网地图监管系统，排查政府网站661家、新闻媒体网站45家、企业网站80家，检查静态图片3万张，发现和处理"问题地图"图片632张，纠正和处置"问题地图"网站120个。截至2017年底，累计向省委、省政府、各委办局提供领导工作用图服务80余次，提供世界地图、中国全图、中国分省图、专题图、定制类地图36余种384余幅，提供政务图包61套，甘肃省政务专用图集、甘肃省地图集、各市州图集等各类地图集（册）160余册。

【互联网地图监管】对政府网站和互联网网站登载地图情况专项检查，监管和排查互联网地图网站786家（其中政府部门网站661家、注册新闻媒体网站45家、企业网站80家），通过互联网地图监管系统完成扫描疑似地图图片61191张，检定静态图片30422张，其中判定为非地图图片28970张，无问题地图图片1054张，存在问题地图图片398张，涉及登载问题地图图片网站120个。完成内容检定的地图图片1452张，其中问题地图图片主要涉及国界线问题，国界线绘制错误，省界绘制错误，省界未更新，漏绘南海诸岛，漏绘钓鱼岛、赤尾屿，错将台湾地区按国家表示，漏绘南海诸岛归属范围线，错将中国国阿克赛钦地区绘入印度，错将中国国藏南地区绘入印度，附图问题，主附图表示内容不一致，处置问题地图图片632个。共检定POI信息61条，其中无问题的POI61条，处置中的"问题地图"网站41个，完成整改的网站79个。

【涉密成果管理】对随机抽取的3家甲级资质单位开展涉密测绘成果管理情况的预检查，下发涉密测绘成果管理情况检查结果通知书，3家单位按要求整改，并销毁涉密测绘成果。按照"双随机、一公开"要求，抽取全省50家测绘资质单位、4家成果使用单位（非测绘资质单位），开展涉密测绘成果管理情况的监督检查，组织涉密测绘成果管理情况检查25家。向各市州测绘地理信息主管部门、全省各成果使用单位下发《关于加强全省涉密测绘成果管理工作的通知》（甘测发〔2017〕47号），规范涉密测绘成果的行政审批、汇交、使用、保管和销毁行为。

【测量标志管理】开展测量标志巡查工作，现场维护基准站99个，处理各类故障170次，完成东乡、华池、正宁、平山湖4个站点的迁建工作。完成甘肃省境内6个国家基准站建设项目验收材料汇编，向国家现代测绘基准工程项目部报送国家基准站验收报告。完成甘肃省卫星导航定位基准站安全风险点的排查工作，向国家测绘地理信息局上报基准站安全风险点排查工作情况报告。截至2016年底，全省共有235家省内外测绘资质单位注册使用GSCORS系统，实际使用用户账号1347个。

【项目备案】在测绘资质管理系统接入测绘地理信息项目备案管理系统，实行项目备案网上办理。全年受理备案登记测绘地理信息项目149项，涉及省内测绘资质单位94家、省外测绘资质单位55家，省外备案登记的项目包括测绘地理信息69项、水利水电9项、城乡建设与规划9项、土地20项、交通运输5项、环保1项、农业2项、农业9项，石油化工5项、其他16项。

【产业宏观监测和专项调查】开展地理信息产业宏观监测和专项调查工作，明确专人负责，确定三和数码、大禹九洲等5家测绘地理信息企业作为监测对象，汇总各企业上半年、前三季度地理信息运行监测表，统一录入全国地理信息产业单位名录库管理系统。按照《关于组织开展地理信息产业专项统计调查工作的通知》（国测办发〔2017〕144号）要求，核定全省地理信息产业单位名录，更新数据，审核地理信息产业名录库中300余家非资质单位信息，统一将入库企业报表录入管理系统。

【科技创新成果】《甘肃省似大地水准面精化技术实现与应用》等3个项目获得中国测绘学会科技进步三等奖，"信息化测绘生产基地构建技术研究与应用示范"等4个项目获得2017年度甘肃省职工技术成果奖。全行业共推荐127个项目申报"2017年度甘肃省测绘地理信息学会科学技术奖励"，共有51个项目获得"科技进步奖"或"优秀工程奖"，较上一年增长40%。

【依法行政】全部行政审批事项实行"一个窗口"集中受理，实现网上受理和审查。截至2017年底，办理行政许可项目853件，其中测绘成果审批760件，资质审批54件，地图审核39件。制定"一单两库一细则"（即随机抽查事项清单、随机抽查对象名录库、执法检查人员名录库和随机抽查工作细则），推行"双随机"抽查工作机制，首次将测绘资质巡查、涉密测绘成果保密检查和测绘成果质量监督检查相结合。全年共检查单位54家，其中：甲级资质单位2家、乙级资质单位31家，丙级资质单位5家、丁级资质12家、非测绘资质涉密单位4家，对不合格单位依法处理。

（供稿：伏黎明）

住房保障

【保障性安居工程建设】全省保障性安居工程争取中央资金70.22亿元（其中中央专项资金43.05亿元、发改委基础设施配套资金24.82亿元、中央财政公租房配套设施专项补助资金2.35亿元），落实省级财政配套资金7.7亿元；全省新开工棚户区改造166198套，开工率为100%（其中棚改货币化安置72189套，货币化安置率为43.4%）；棚户区改造基本建成128232套，完成率为191.6%；公租房基本建成9029套，完成率为120%；棚户区改造和保障性住房项目年度完成投资346.31亿元；发放低收入家庭住房租赁补贴5.67万户、14.59万人、1.07亿元。截至2017年底，全省累计获得国开行棚改贷款授信1658.4亿元、签订贷款合同1263.15亿元、累计发放贷款资金914.63亿元，其中政府购买棚改服务模式累计授信1013.03亿元、签订合同633.78亿元、发放贷款360.97亿元；农发行累计审批棚改贷款143.25亿元、发放贷款资金97.71亿元。

【保障性安居工程组织实施】3月30日，省政府召开全省棚户区改造工作电视电话会议，向各市州政府分解下达2017年住房保障工作目标任务，签订《2017年住房保障工作目标责任书》。从3月份开始，严格落实月通报制度。省政府办公厅逐月对14个市州棚改进度、基本建成任务、公租房分配入住以及政府购买棚改贷款等情况进行通报。省保障性安居工程领导小组办公室结合省政府为民办实事确定的棚改任务，从5月份开始，定期组织开展专项督查巡查，10月底前实现对全省14个市州2017年659个棚改项目的全覆盖式检查。7月初，住房城乡建设部在甘肃省组织为期三天的2017年中西部地区住房保障政策培训班。8月9日，省委省政府在张掖市召开全省棚户区和农村危房改造现场推进会,结合各地棚改工作进展不平衡的问题，先后两次约谈进度滞后的7个市州。12月下旬，对14个市州2017年住房保障工作目标责任书完成情况进行年终考核。

【住房公积金管理】制定《2017年全省住房公积金管理工作要点》按照《住房公积金统计管理办法》完成全省各项统计数据填报和审核工作。2017年，全省新增住房公积金缴存额249.88亿元，同比增加21.42亿元，同比增长9.37%，完成年计划的116.22%；新增提取额151.37亿元，同比增加0.51亿元，同比增长0.34%；提取率60.58%（当年提取额占当年缴存额的比率），同比回落5.42个百分点；发放个人贷款182.83亿元，同比减少40.66亿元，同比下降18.19%，完成年计划的114.27%；业务收入30.12亿元，同比增加6.1亿元；业务支出16.55亿元，同比增加3.17亿元；实现增值收益13.57亿元，同比增加2.82亿元，全省增值收益率1.64%，比2016年同期提高0.18个百分点。截至2017年底，全省住房公积金缴存余额882.17亿元，同比增加98.51亿元，同比增长12.57%；新增缴存职工8.03万人，完成年计划的140.87%；个贷余额661.53亿元，同比增加95.84亿元，同比增长16.94%；个贷率75%，同比提高2.82个百分点；结余资金220.64亿元，同比增加3.97亿元，同比增长1.83%；个人贷款逾期额1901.4万元，逾期率0.29‰，逾期额同比增加70.69万元。

房地产开发与监管

【房地产开发】2017年，全省房地产开发投资944.52亿元，同比增长11.1%；开发施工面积9153.46万㎡，同比增长2.5%；新开工面积2374.63万㎡，同比增长1.8%；竣工面积847.91万㎡，同比下降14.5%；商品房销售面积1559.51万㎡，同比下降7.14%。

【去库存和市场监管】贯彻执行《甘肃省人民政府关于促进房地产业持续稳定健康发展的意见》《甘肃省去房地产库存实施方案》，下发《甘肃省房地产市场调控和保障性安居工程领导小组关于加强房地产市场调控工作的通知》，制定《2017年房地产去库存工作方案》。要求各市州房地产中介主管部门开展房地产市场非法集资排查和房地产中介专项整治工作，保持房地产市场的稳定和发展。制定下发《甘肃省住房和城乡建设厅关于印发〈全省房地产业“明察暗访督察年”活动实施方案〉的通知》和《补充规定》，以房地产去库存、培育和发展住房租赁市场、开发销售中介行为整治规范、物业服务行业监管等11项工作为主线，对258个项目进行“明察暗访”。

按照国家和省政府关于物业监管方式改革的要求，在国家取消物业资质管理后，指导各市州通过建立黑名单制度、信息公开、推进行业自律等方式，加强事中事后监管，促进物业行业的健康发展。按照住房城乡建设部要求，完成对全省维修资金制度建立情况的调查。

城市规划与建设

【城市规划编制】完善《甘肃省城镇体系规划》，嘉峪关、酒泉、武威、定西、白银、临夏、敦煌、玉门等8个城市新一版总体规划由省政府批复实施；天水、陇南、庆阳、张掖、合作、金昌市展开新一轮总体规划修编。批复实施武威、天水历史文化名城保护规划。下发《关于进一步总结推广全省县（市）“多规合一”试点经验的通知》，确定庆阳市、陇南市、金昌市等3个城市完成新一轮城市总体规划编制报批工作。

【规划管理】按国家要求全省73个开发区的规划管理权限由城乡规划主管部门统一集中实施。印发《关于进一步加强建设项目选址规划管理工作的通知》，全年依法按时办结重大建设项目选址37项。完成住房城乡建设部、国家文物局组织的历史文化名城名镇名村交叉检查和抽查工作。全省已划定历史文化街区17处、确定历史建筑80处。下发《关于加强生态修复城市修补工作的指导意见》，组织全省所有设市城市开展“城市双修”，并将张掖、平凉、敦煌、合作作为全省“城市双修”和城市设计试点城市。

【城市基础设施建设】2017年，全省完成市政公用设施建设固定资产投资400亿元；16个设市城市污水处理率、生活垃圾无害化处理率、供水普及率、燃气普及率分别达到93%、90%、98%、88%以上；65个县城污水处理率、生活垃圾无害化处理率、供水普及率、燃气普及率分别达到85%、80%、92%、57%以上；已开工建设污水管网1339.69公里，污水处理厂平均负荷率达到70%以上；20个生活垃圾无害化处理设施通过省级无害化评定。

【市政公用行业管理】印发《甘肃省实施污水处理厂运营达标和生活垃圾无害化处理设施建设突破行动实施方案》，通过逐项落实任务指标、细化分解实施方案、建立“月调度、月报告、月通报、季督查”工作机制、对垃圾处理设施分批次进行无害化评定、加强督导督查，完成全省污水处理厂运营达标和生活垃圾无害化处理设施建设突破行动，全省污水处理设施保障能力跃升至全国第6名。强化城市建成区黑臭水体整治工作，每季度下发全省黑臭水体整治情况通报并抄送各城市人民政府，截至2017年底，全省17条黑臭水体有14条完成整治工作，进入整治后效果评估阶段。做好取消城市园林绿化企业资质核准行政许可事项相关工作；对三个国家级风景名胜区的卫星遥感监测变化图斑摸底核查。下发《关于分解〈甘肃省水污染防治2017年度工作方案〉工作任务的通知》，并于每季度下发《关于全省城镇污水处理设施建设和运行情况的通报》，推进全省建设系统水污染防治工作。下发《关于分解〈甘肃省2017年大气污染防治工作方案〉工作任务的通知》，督促各地加快供热基础设施建设改造。

村镇规划建设

【规划编制】完成11个县的县域乡村建设规划编制，21个建制镇、19个乡完成总体规划修编工作，镇乡总体规划达到全覆盖；15个建制镇编制完成控制性详细规划，全省控制性详细规划覆盖率达到73%；编制行政村规划173个，全省行政村规划覆盖率达到87.5%。指导督促3个全国特色小镇和15个省重点特色小镇完成规划编制，审查3个全国特色小镇规划。完成11个县域乡村建设规划、5个建制镇控制性详细规划、14个美丽示范村规划的审查备案工作。

【村镇建设】推进3个全国特色小镇和15个省重点特色小镇的培育创建工作。下发《特色小镇规划编制导则》，首批18个特色小镇已全部完成规划编制。组织推荐12个特色小镇申报全国特色小镇，其中陇西首阳镇、华池南梁镇、永登苦水镇、嘉峪关峪泉镇、天水甘泉镇被列入第二批全国特色小镇。申报的第四批传统村落中有21个被列入中国传统村落名录，甘肃省中国传统村落数量由15个增加到36个。启动第五批传统村落的调查申报工作，共申报第五批传统村落67个。住房城乡建设部和中央农办审查并批准列入美丽示范村1个、环境整洁村1个、保障基本村5个。

【农村危房改造与环境治理】2017年全省及深度贫困地区农村D级危房改造工作顺利进行。截至年底，全面完成省委省政府确定的10.8万户D级危房改造任务，全年共下达补助资金13.49亿元，其中中央补助资金7.51亿元、省级财政补助资金5.98亿元。印发《关于做好2017年农村垃圾治理工作的通知》，组织全省各地开展农村垃圾治理工作。完成建设部、环保部、农业部、水利部联合组织的农村非正规垃圾堆放点的排查工作，共排查出500立方以上的农村非正规垃圾堆放点522处、水面漂浮垃圾14处。完成全省农村垃圾卫星遥感排查，排查出农村非正规垃圾堆放点14706个，全部下发清理。

工程建设与监管

【工程建设管理】按照“放管服”的要求，在“甘肃省建筑市场监管与诚信信息系统”中建立全省统一的施工许可、竣工验收备案管理、监理资质审批子系统，对全省房屋建筑和市政基础设施建筑工程施工许可、竣工验收备案、监理资质工作实行网上一站式服务。全年共办理监理企业升级及增项17家、施工许可申请9项、竣工验收备案2项。参加省政府组织的全省重大项目督查，指导交通基础设施重大项目沿线拆迁工作，指导各地做好项目建设前期的监督、检查、协调服务工作。会同省财政厅完成保证金清理工作。全额退还全省工程建设领域清理出应取消的保证金14项、共计14354.62万元；全额返还国家要求保留的4项保证金中未按时返还和超额收取（预留）的1836.16万元。联合省财政厅下发《关于对清理规范工程建设领域保证金审计发现问题进行整改的通知》，开展全省工程建设领域保证金清理规范工作“回头看”，切实减轻施工企业负担，规范生产经营秩序，净化投资环境，确保中央政策措施落到实处。

【工程质量安全监督】施行《甘肃省建设工程质量和建设工程安全生产管理条例》。2017年，全省累计监督房屋建筑和市政基础设施工程11543项，同比增长27.4%；总建筑面积14165.85万平方米，同比增长30.7%；市政工程总长度2428.95千米，同比增长1.38%；总造价4020.79亿元，同比增长25.3%；大中型项目监督覆盖率100%；竣工验收2973项，竣工验收合格率100%。全省房屋建筑和市政基础设施工程共发生施工生产安全事故21起、死亡26人，未发生一般及以上工程质量事故和重大及以上建筑施工安全生产事故，全省工程质量安全总体受控。

【工程招标投标管理】2017年，由省招标办监管进入省公共资源交易平台的招标工程项目243项，工程中标总价32.8亿元。审核办理100家招标代理机构资格申报、升级、发证工作。截至2017年，全省招标代理机构共计216家，其中甲级21家、乙级91家、暂定级104家。

【工程建设标准管理】对《装配式住宅钢结构加工工艺规程》等37项新编与修编标准及标准设计进行立项。启动

《既有建筑结构安全性检测鉴定技术标准》等21个项目的编制，完成《公路沥青路面碎石封层设计与施工技术规范》等32项标准和8项标准设计的审定。完成《钢结构检测与鉴定技术规程》等15项地方标准的备案。完成《城市消防站建设标准（修订）》等9项国家标准的意见征求。启动地方标准《黄土窑洞设计与施工规程》的修订。展开《农房选址与选型》《农房施工基本知识》两本农村住宅知识读本的编制。完成《住宅设计标准（修编）》的征求意见稿和《建筑抗震设计规程（修订）》的内部讨论稿。制定《村镇市容环境卫生技术导则》。

【工程造价监管】完成《甘肃省市政工程预算定额》中《道路工程》《水处理工程》《钢筋工程》《措施项目》和《管网工程》五个分册的定额编制方案和十个分册的定额征求意见稿。完成《甘肃省农村建筑工程人、材、机消耗量指标》报批和发布。完成全省各地区建设工程材料预算价格的修编工作。完成《装配式建筑工程消耗量定额》调研及数据对比、分析。对全省14个市（州）"营改增"后工程造价和企业税收变化情况调研，制订印发《甘肃省住房和城乡建设厅关于对〈关于对建筑业营业税改征增值税调整甘肃省建设工程计价依据的实施意见〉的补充通知》。对省属项目183项进行招标控制价的备查。完成关于申请修订《甘肃省建设工程造价管理条例》的立项报告。

【建筑市场监管】印发《甘肃省住房和城乡建设厅关于简化建筑业企业资质办理行政许可有关事项的通知》《甘肃省住房和城乡建设厅关于二级临时建造师业务办理有关事项的通知》《甘肃省人民政府办公厅关于大力发展装配式建筑的实施意见》。2017年，共受理企业资质申请496家次，审批257家次；审核上报住房城乡建设部审批资质32家次，其中取得一级总承包资质企业8家、取得特级资质企业4家；共受理登记进甘的省外总承包一级以上企业276家,新增省外人员5498人（截至2017年底，外省进入甘肃省建筑市场的建筑业企业达1665家，其中一级及以上企业1150家，登记人员共102661人）。截至2017年底，全省共有建筑业企业3368家（按资质等级划分，特级资质6家、一级资质221家、二级资质1416家、三级资质1725家），其中具有施工总承包资质的1931家、单独和同时拥有专业承包资质的1934家、劳务企业347家，从业人员87万（占全省从业人员的5.62%）。截至2017年底，全省监督的房屋建筑和市政基础设施项目累计达11543个，同比增加27.4%；工程总造价4020.79亿元，同比增加25.31%。其中，建筑工程9361项、总建筑面积14165.85万平方米、工程总造价3247.64（同比增加21.09%）；市政工程1746项、工程总造价633.36亿元（同比增加32.73%）；其他工程436项、工程总造价109.78亿元（环比增加121.59%）。

建筑节能与科技

【绿色建筑与建筑节能】国家对甘肃省2016年度节能考核中，建筑节能和绿色建筑的考核结果为总体合格。全省新建建筑执行建筑节能强制性标准比例达到100%。印发《关于进一步推进建筑节能与绿色建筑发展的通知》《甘肃省建设科技建筑节能绿色建筑专项资金管理办法》《关于开展建筑节能和绿色建筑统计分析工作的通知》,《绿色建筑施工与验收规范》《绿色建筑评价标准》通过专家评审。在甘南州、兰州市榆中县选择80户农户开展清洁取暖试点,补助财政资金306万元。

【建设科技】完成2017年度建设科研项目立项工作,共53项列入年度科研项目计划,涉及装配式建筑、绿色建筑、清洁取暖等重点方向。组织年度省科技进步奖项目推荐工作,"PC箱梁的剪力滞效应与时变机理及应用"、"TFT高原型高效低阻预热预分解装备开发与应用"2个项目获得甘肃省科技技术奖二等奖。组织安排清洁取暖和垃圾分类处理两个重点课题研究,由省建筑设计研究院、西北市政院具体承担。

【施工图审查备案与受理】2017年，全省共完成施工图审查备案项目5345项，其中建筑工程4243项，总建筑面积6020.2万㎡，总投资2254.2亿元；市政工程972项，总投资454.6亿元。5月，召开全省施工图审查工作座谈会。完成5个政府投资项目初步设计审批，批复工程概算3.79亿元。

完成2017年度全省241家勘察设计单位和70家专项设计单位的资质集中检查工作，审核报送2016年度306家勘察设计单位统计年报，对全省16家施工图审查机构及审查人员的资格予以认定。2017年，共受理资质申请55项（其中新申请、增项、升级资质37项，资质延续18项），审查批准新申请、增项、升级资质25项，资质延续18项。

建设稽查执法

【城市执法体制改革】2017年9月，设立甘肃省城市管理执法监督局，11月，甘肃省城市管理执法监督局正式揭牌成立。截至年底，全省基本实现市县（区）城市管理执法机构综合设置。下发《关于加快落实〈中共甘肃省委甘肃省人民政府关于深入推进城市执法体制改革改进城市管理工作的实施意见〉确定改革任务的通知》；建立省级城市执法体制改革联席会议制度，印发《关于推行执法全过程记录制度的通知》。

【违法建设治理】下发《关于坚决查处遏制重大违法建设项目的函》《关于对违反城市总体规划强制性内容的重大违法建设项目依法进行整改的函》；截至2017年底，全省查处存量违法建设建筑面积236.91万平方米，占总量的53.4%，完成年度目标任务，治理新增违法建设建筑面积40.84万平方米。

【城乡规划督察】印发《关于2016年全省城乡规划督察情况的通报》，通报各地2016年度重点图斑整改情况，对整改不力的天水、张掖、金昌等市约谈督办。继续采用卫星遥感监测辅助城乡规划督察手段，对兰州市及省政府批准城市总体规划的16个城市进行全覆盖、全方位精准监控，及时将图斑监测分析报告下发各市进行核查。对白银、定西、甘南、临夏4个市（州）展开规划督察。

（供稿：彭　强）

环境保护

【环保体系建设】省政府成立环保机构监测监察执法垂直管理工作领导小组。安排省级环保专项资金42亿元，重点支持革命老区藏族聚居区少数民族地区、贫困地区、祁连山片区开展工作。出台《甘肃省生态环境监测网络建设实施方案》。省级环境空气质量监测网、空气质量预报系统平台建成投运。编制《甘肃省“十三五”环境保护科技发展规划》，开展科技计划项目15项，获得省级科研立项项目3项。组织编制3项环保地方标准，发布实施1项。完成211家企业年度清洁生产审核工作。启动开展第二次全国污染源普查。拟定《甘肃省第二次全国污染源普查实施方案》，修订《甘肃省石油勘探开发生态环境保护条例》，实施环境污染责任保险，开展重大执法决定法制审核、行政许可标准化工作。

2017年，国家首次发布绿色发展指数，甘肃省综合排名第16位、西北地区第1位。2017年国家下达2项水环境质量约束性指标，3项大气环境质量约束性指标，4项总量减排约束性指标均完成，其中总量减排连续7年完成国家下达的目标任务。截至2017年底，全省已创建国家级绿色学校7所，省级绿色学校206所，省级绿色社区127家。

【环保督察整改】由省人大、省政府、省政协3名省级领导担任督察组组长，抽调8个省直部门45名工作人员，组成3个督察组，对庆阳、陇南、酒泉3市开展省级督察。期间，向3市移交信访来电来件568件，立案处罚企业54家，责令整改275家，处罚金额251.9万元，立案侦查1件，拘留2人，约谈46人，问责63人。国家环保督察办提出的62项整改任务中，2017年度完成46项。把祁连山生态环境问题整改作为一项重要政治任务，开展全省自然保护区生态环境问题整改暨“绿盾2017”专项行动督查。编制完成祁连山地区生态保护红线划定方案。

【环境污染防治】对阶段性工作进展滞后的10个市州进行通报，对9个市州进行约谈。开展11轮次督查检查，对14个市州实现全覆盖。安排专项资金2.32亿元，用于实施大气污染治理、超低排放改造、“以奖代补”专项资金，年度淘汰整治燃煤锅炉4234台21064蒸吨，累计完成火电机组超低排放改造22台计891万千瓦时。建成优质煤集中配送中心37个，配送网点829个，淘汰黄标车和老旧车96041辆。剔除沙尘影响后，2017年14个市州可吸入颗粒物（PM10）浓度均值为76微克/立方米，细颗粒物（PM2.5）浓度均值为33微克/立方米，全省平均优良天数比例为85.4%（优良率未剔除沙尘影响）。开展葫芦河、渭河、马莲河达标整治工作。启动渭河流域定西—天水段横向生态补偿试点工作。争取中央水污染防治专项资金4.46亿元，用于重点流域水污染防治、水质较好湖泊生态环境保护。组织开展市县乡三级集中式饮用水水源地环境状况评估，做好地表水、饮用水水源地水质监测工作。地表水、饮用水水质均达到国家年度考核目标要求。

省政府成立土壤污染防治领导小组，印发实施年度《土壤污染防治工作计划》。组织完成全省土壤重点行业企业地理位置信息遥感核实、详查实验室筛选确定、问题突出区域排查等基础工作，制定《甘肃省土壤污染状况详查实施方案》，启动全省土壤污染状况详查。强化土壤环境管理，制定发布省级土壤环境重点监管企业名单，督促重点项目加快实施。研究制定《甘肃省矿产资源开发集中区域重金属污染物特别排放限值实施方案》，出台《甘肃省土壤污染治理与修复“十三五”规划》《甘肃省土壤污染治理与修复项目管理办法》。开展重点生态功能区转移支付绩效评估考核，安排资金5004万元，实施45个建制村和77个贫困村环境整治项目，改善农村人居环境。安排资金1780万元，实施98个规模化畜禽养殖污染减排和9个有机肥加工项目。

【环境监管】推广张掖、庆阳两市环评审批改革可复制经验，落实重点项目对接推进、挂号督办等制度。列入2017年的120个省列重大项目，完成批复116个项目（4个未报送环评文件）。省级领导包抓的50个项目，完成批复49个项目（1个未报送环评文件）。落实“双随机一公开”，开展明查暗访督查和交叉执法检查。对钢铁、火电等8个行业328家企业进行全面排查评估，推进实施工业污染源全面达标排放计划。组织开展砖瓦行业、火电造纸行业排污许可证、纳污坑塘排查整治，开展重大案件现场执法检查。

【环境风险隐患排查整治】组织全省环境风险隐患排查整治工作专项督察，对枯水期水污染联防联控工作进行现场督察。开展废铅酸蓄电池收集和废包装桶处置利用管理制度创新试点工作。会同有关部门开展固废法实施情况专项执法检查、打击洋垃圾违法行为专项行动、电子废物等再生利用行业清理整顿工作。制定全省“十三五”核与辐射安全规划，开展核与辐射安全监管工作省级督查，对全省重点核技术利用单位进行现场检查。完善《突发环境事件应急响应流程》《突发环境事件应急响应工作程序》，全年参与调度处置14起突发事件，其中突发环境事件5起，均为一般性事件。

（供稿：魏久南）

教育 科技

基础教育、高等教育和职业教育

【学前教育】2017年，全省建成贫困地区行政村幼儿园1127所，新增园位7.7万个，超额完成政府工作报告"建设贫困县行政村幼儿园1000所"任务。印发《关于加强城镇住宅小区配套幼儿园规划建设和管理使用工作指导意见》，投入资金2.6亿元对扩大城市公办学前教育资源的市州进行综合奖补。全面开展普惠性民办幼儿园认定工作，下达奖补资金6275万元，奖补普惠性民办幼儿园332所，7.63万名在园幼儿受益。全省受奖补普惠性民办幼儿园累计达到700所。创建省级示范性幼儿园5所，累计达到69所。

【义务教育】2017年，全省投入全面改薄资金48.08亿元，重点改善贫困地区义务教育薄弱学校办学条件。新增14个义务教育发展基本均衡县（市、区），实现基本均衡发展的县（市、区）占全省总县数的66.66%。全省投入3.27亿元加快推进"三通两平台"建设，中小学"班班通"比例达到87.26%，小学互联网接入率达到85.73%，初高中达到99.33%。全省基础教育资源公共服务平台注册用户达到280万名，教师"人人通"比例95.02%，中小学生"人人通"比例70.77%。实施"省级同享大城市优质教育资源信息化"示范项目，"同步课堂""异地同堂"，贫困地区学生受到优质教育资源，甘肃省的做法得到中央电视台《新闻联播》栏目报道。

【普通高中教育】2017年，全省投入资金3.14亿元改善54所集中连片贫困县普通高中办学条件。评估创建省级示范性普通高中3所。创建普通高中特色实验校23所。截至年底，全省普通高中达到384所，在校生规模57.73万人。高考录取率达到80.62%，较2016年提高1.24个百分点，创历史新高。

【高等教育】起草《甘肃省"十三五"高等学校设置规划》。动态调整撤销学位授权点30个、增列17个，新增1个学士学位授予单位，新增本科专业 39个。立项建设2个博士学位授予单位、4个硕士学位授予单位。重点建设6所高水平大学、3所一流高职院校和54个一流学科、3个高职特色专业群。实施高等教育"质量工程"，立项建设60门高校精品资源共享课、20个高校教学团队、10个高校实验教学示范中心、30个特色专业，申报国家级虚拟仿真实验教学中心5个。出台《关于深化高校科技创新体制机制改革促进科技成果转化的实施意见》《甘肃省高校协同创新科技团队支持计划实施办法》。高校新增省部级重点实验室4个、面向社会开放科研平台300余个。承担纵向国家级、省部级、地厅级科研项目2640项，资助经费5.45亿元。获得授权专利1704项。承担科技成果应用转化项目2511项，项目进款5.75亿元。新增2所共建院校，全省部（局）共建院校累计达到8所。截至8月底，大学生初次就业率达到74.26%，较2017年同期增长8.17个百分点。

【职业教育】2017年，完成省统建"三校一区"一期建设任务，首批4所院校3万余名师生入驻兰州新区职教园区。同济大学工业4.0—智能工厂实验室西北中心、甘肃省—西门子工业技术培训中心落户兰州新区职教园区。印发《甘肃省中高等职业教育衔接贯通培养方案（试行）》，深化产教融合、校企合作，累计组建省级行业型职教集团21个，33所院校开展现代学徒制试点。实施中职教师素质提升"双千计划"、中职校长能力提升计划，中职改革发展示范校占到全省中职学校总数的四分之一，中职招生8.7万人，就业率保持在95%。8个县获批国家级农村职业教育和成人教育示范县。

2017年甘肃省各级各类教育学校数教职工、专任教师数一览表

教育层次与类别	学校数（所）	教职工（人）	专任教师（人）
一、高等教育	—	42250	29288
（一）研究生培养机构（不计校数）	14	—	104
1. 普通高校	10	—	13
2. 科研机构	4	—	91
（二）普通高等学校	44	41179	28474
1. 本科院校	17	25212	16236
2. 专科院校	27	12389	9611
其中：职业技术学院	25	11349	8844
3. 独立学院	（5）	3578	2627
（三）成人高等学校	5	524	395
（四）民办非学历高等教育机构	39	547	315
二、高中阶段教育	599	18608	60474
（一）高中	384	—	45386
1. 普通高中（教职工全部计入普通初中）	384	—	45386
2. 成人高中	—	—	—
（二）中等职业教育	209	16659	13787
1. 普通中专	84	7299	5645
2. 成人中专	20	473	378
3. 职业高中	105	8869	7746
4. 其他机构（教学点）	（6）	18	18
三、初中阶段	1468	149536	81032
（一）普通中学（教职工含普通高中）	1468	149536	81032
四、初等教育	6172	131554	141962
（一）普通小学（九年一贯制和十二年一贯制小学部教职工全部计入普通中学）	6172	131554	141962
五、特殊教育	41	9957	877
六、学前教育	7122	62514	43975

2017年甘肃省各级各类教育学生一览表

单位：人

教育层次与类别	招生数	毕业生数	在校生数
一、高等教育	214203	184531	665159
（一）研究生	12810	9152	34548
博士	942	643	3970
硕士	11868	8509	30578
（二）普通本专科	138515	124786	466185
本科	73455	70242	292521
专科	65060	54544	173664
（三）成人本专科	23588	30766	73105
本科	11243	15670	35576
专科	12345	15096	37529

续表

教育层次与类别	招生数	毕业生数	在校生数
（四）其他各类高等学历教育	39290	19827	91321
1. 在职人员攻读博士、硕士学位	—	—	4672
2. 网络本专科	38455	17224	81234
本科	13267	7239	33098
专科	25188	9985	48136
3. 其他	835	2603	5415
自考助学班	—	2052	1523
普通预科生	—	—	2155
留学生	835	551	1737
二、高中阶段教育	255866	275946	771140
（一）高中	182636	208113	577281
1. 普通高中	182636	208113	577281
（二）中等职业教育	73230	67833	193859
1. 普通中专	31286	32846	90421
2. 成人中专	4735	4717	9054
3. 职业高中	37209	30270	94384
三、初中阶段教育	285600	298107	856127
（一）普通初中	285600	298107	856127
四、初等教育	326665	294669	1855722
（一）普通小学	336255	294669	1855722
五、特殊教育	2531	1232	13492
六、学前教育	372875	350549	929708

【民族教育】出台支持肃南、肃北、阿克塞、天祝、张家川等5个自治县教育跨越发展行动计划，研究制订《推进川甘青交界地区教育发展专项规划》，选派445名大学生赴藏族聚居区顶岗支教，招收398名少数民族学生接受内地高中民族班教育，录取269名藏族聚居区学生接受“9+3”免费中等职业教育。培训藏语授课中小学幼儿园教师2400人次，占藏族聚居区双语教师总数的53.63%。启动实施少数民族紧缺人才培养专项计划，设立藏族聚居区专项计划1130人。

【民办教育】省政府出台《关于进一步促进民办教育健康发展的实施意见》，鼓励和引导社会力量办学。研究制订《甘肃省民办学校分类登记实施细则》，推进民办学校分类登记、分类扶持和分类管理。取消民办院校招生简章和广告事前备案，加强事中事后监管，扩大民办学校办学自主权。

教育管理

【教育质量监测评估】印发《幼儿园办园行为督导评估实施方案》，修订《甘肃省义务教育课程设置方案》，印发《加强中职学生素质教育提高技术技能人才培养质量的指导意见》《普通高等学校本科教学工作审核评估实施方案》等系列文件。开展“十三五”教育事业发展规划年度监测评估，专项督查中小学课程开设情况。组织实施2017年国家义务教育质量监测，10个样本县参加监测。发布中职示范校质量年度报告和高职、本科教学质量年度报告，开展优秀学位论文评选和学位论文抽检工作，6所本科高校接受教育部审核评估，对2所高职院校首届毕业生教育质量进行考核验收。

【语言文字工作】印发《甘肃省语言文字事业“十三五”发展规划》，将语言文字工作纳入政府教育督导范围。建成省级语言文字规范化示范校156所。积石山县通过三类城市评估验收，实现86个三类城市全部通过城市语言文字工作评估目标。突出抓好以陇南为重点的农村地区普通话水平提高和以甘南等为重点的民族地区通用语言文字普及工作，推进语言文字进社区、进乡村、进牧区，完成会宁等10个县区汉语方言调查。

【教育经费保障】争取中央财政对甘肃省教育倾斜支持，下达中央专项资金103.41亿元，较上年增长5.66亿元，增幅5.79%。出台省属普通高中生均公用经费财政拨款标准。建立城乡统一、重在农村的义务教育经费保障机制，下达城乡义务教育保障资金35.53亿元，实现“两免一补”和生均公用经费随学生流动可携带。农村义务教育学生营养改善计划覆盖86个县（市、区）1.16万所农村义务教育学校、168.76万名学生。将甘南州学前教育和高中教育纳入保障范畴，下达资金1.12亿元，实现甘南州学前和普通高中教育“三包”（包吃、包住、包学杂费）目标。对藏族聚居区所有义务教育学校寄宿生发放生活费补助，对甘南州等12个高寒阴湿地区按其他地区的两倍标准拨付取暖费。

【教师队伍建设】招考、培训、走教、转岗相结合，化解学前教育师资紧缺矛盾和中小学教师结构性短缺问题。2017年省级层面补充中小学幼儿园教师4650名（其中幼儿园教师3650名），并引导1000名高校毕业生到乡村幼儿园服务。全省共补充中小学幼儿园教师9502人，幼儿园教师占57%以上。全省累计培训教师23.95万人次，占中小学幼儿园专任教师总数的78%，乡村教师占比达到80%以上。实施“三区”人才支持计划教师专项计划，选派1227名教师到61个县区近千所农村学校基层学校支教。2017年投资5.92亿元为全省75个贫困县15.95万名乡村中小学幼儿园教师发放生活补助，人均补助标准达到311元。

【促进教育公平】建立以居住证为主要依据的随迁子女入学政策，依法保障随迁子女平等接受义务教育。2017年共有1474名随迁子女在甘肃省参加高考。印发《甘肃省残疾儿童少年依法接受义务教育工作实施方案》，推进实施市州特殊教育指导中心建设、县区随班就读资源中心建设等5个特教提升计划项目。成立甘肃省特殊教育融合实验学校，开展医教结合试点。印发《关于解决全省中小学代课人员问题方案》，通过择优招聘、转岗使用、辞退补偿、养老补助等一系列举措，多渠道解决2003年以前县级政府聘任的代课人员问题。省政府出台《关于支持建设甘肃开放大学的意见》。

【教育重大项目建设】2017年，教育系统列入全省重大建设项目5项，完成当年投资13.24亿元，投资完成率66.03%。兰州新区职教园区、甘肃中医药大学和平校区一期建成并投入使用。甘肃政法学院、兰州工业学院、甘肃交通职业技术学院新校区建设项目全部开工建设。

【教育交流合作】举办第二届敦煌文博会“一带一路”高校联盟2017大学校长论坛，新加盟中外高校22所，联盟成员总数达到148个，涵盖亚、欧、非、北美等26个国家。全年公派出国留学人数达256人，较2016年增长9%。全年在甘留学生达到2500人，“一带一路”沿线国家学生占80%。5所高职院校招收巴基斯坦等“一带一路”沿线国家留学生98人。315名优秀留学生获“甘肃省丝绸之路专项奖学金”资助。海外6所孔子学院运转良好，新增兰州大学格鲁吉亚第比利斯开放大学孔子课堂。选派29名教师、57名志愿者赴苏丹、波黑、摩尔多瓦、美国等国家进行汉语教学推广。

【教育督导】2017年，甘肃省人民政府教育督导委员会成立，省政府制定出台《关于加快甘肃省教育发展的实施方案》。对15县市区进行县域义务教育均衡发展省级督导评估，追回欠拨教育经费约5.9亿元。完成2016年市州政府教育工作目标责任考核。开展春秋季开学、“全面改薄”工作、幼儿园办园行为等7项专项督导。实现中小学责任督学挂牌督导全覆盖，并向幼儿园、职业高中延伸。出台《甘肃省贯彻落实〈对省级人民政府履行教育职责的评价办法〉实施方案》以及中小学幼儿园安全工作、语言文字工作等6项督导评估制度。

教育改革

【体制机制改革】2017年，省政府印发《甘肃省教育综合改革重点推进事项实施方案》。省教育厅研究起草《甘肃省教育体制机制改革实施方案》。全年完成社会事业领域改革领导小组2项年度改革任务。制订《关于深化医教协同进一步推进医学教育改革与发展的实施方案》。

【考试招生与人才培养改革】出台《关于进一步加强甘肃省国家教育考试招生机构和队伍建设的意见》。落实义务教育免试就近入学政策，扩大中职学校对口升学和省内单独测试招生规模。制订《关于进一步推进高中阶段学校考试招生制度改革的实施意见》等中考改革政策。推进高考政策调整，扩大平行志愿投档实施范围。深化研究生教育综合改革，印发《甘肃省学位与研究生教育发展“十三五”规划》，在3所高校开展研究生课程建设试点。依托白银新材料研究院建立研究生联合培养示范基地，招收79名兰白科技创新改革试验区在职人员接受硕士研究生教育。扩大“安宁五所高校战略联盟”成果，新加盟5所高校，在联盟高校间试点开展跨校选课等合作育人。

【“放管服”改革落实】2017年，全面下放高校职称评审权、中小学副高及以下职称评审权、自费出国留学中介服务机构资格认定等行政许可事项和审批权限。研究制订《甘肃省关于深化高等教育领域简政放权放管结合优化服务改革的实施办法》。进一步完善中小学、中专学校教师职称评审办法。试点高校辅导员系列职称评审，在兰州理工大学等3所高校开展试点工作。稳妥开展中小学生课后服务工作，有效缓解家长按时接送孩子难的问题。

【改进高校思想政治工作】省委、省政府印发《关于加强和改进新形势下高校思想政治工作的实施意见》，召开全省高校思想政治工作会议，制定分工方案推动会议任务贯彻落实。加强和改进高校思政课建设，修订高校形势与政策教育教学指导纲要，将习近平总书记系列重要讲话纳入思政课教材。推动领导干部上讲台开展思想政治教育，成立甘肃省高校思想政治理论课教学指导委员会和5门思政课分教学指导委员会，实施大学生思想政治教育“百千万”工程和思想政治教育系列行动，启动实施高校“课程思政”建设工程，推动高校“思政课程”向“课程思政”转变。探索实施省内普通高校学分互认转换机制，安宁区8所高校实现校际思政理论课互选和学分互认。督促高校配齐配强专兼职辅导员，落实新疆籍少数民族学生专职辅导员配备任务。成立省教育厅、省高校工委意识形态工作领导机构，建立领导班子成员意识形态工作联系点制度，与高校签订意识形态工作责任书。

教育扶贫

【教育扶贫政策保障】成立省教育扶贫专责工作办公室，实施“9+1”教育精准扶贫专项支持计划，聚焦深度贫困地区调研制定14个市州“一市一方案”、23个深度贫困县“一县一清单”、贫困家庭“一户一对策”教育扶贫工作方案。印发《省教育厅关于支持全省深度贫困地区教育发展的实施意见》。制定“两州一县”脱贫攻坚实施方案，并指导深度贫困地区研究制定教育脱贫攻坚规划。落实对东乡、积石山等民族地区深度贫困县的特殊扶持政策。抓好东西扶贫协作与定点扶贫，与天津、厦门等省市，北京科技大学等8所省外高校建立良好教育扶贫协作关系。

【教育脱贫攻坚战】制订《甘肃省关于坚决打赢教育脱贫攻坚战的意见》，并经省委办公厅、省政府办公厅印发实施。教育部、国务院扶贫办批复甘肃建设教育精准扶贫国家级示范区，并确定平凉市作为教育扶贫先行先试区。完成全省97万建档立卡贫困家庭学生精准建档立卡工作。开展建档立卡数据审核比对，在全国率先完成了教育脱贫人口数据比对工作，对2017年预脱贫的74万贫困人口中义务教育适龄人口数据进行审核对比，数据审核准确率99.96%。

【教育惠民政策】2017年，全省建立覆盖学前教育到高等教育体系完善的学生资助体系，累计发放各类资助金39.27亿元，受益学生194.38万人次。免除全省88.4万名学前幼儿保教费、13.5万名建档立卡贫困家庭普通高中学生学杂费、3.8万名建档立卡贫困家庭高职（专科）院校学生学费和书本费，为24.5万名家庭贫困大学生提供了生源地信用助学贷款。扩大招生扶贫规模，在落实好国家各类专项招生计划的基础上，专设“精准扶贫专项招生”和“革命老区专项招生”计划。2017年各类扶贫专项录取贫困地区考生3.79万人，较2016年增加0.24万人，集中连片贫困县考生高考录取率达到79.06%。

（供稿：张　金）

兰州大学

【学科设置】2017年，兰州大学有12个学科门类。有8个国家重点学科，2个国家重点培育学科，35个省级重点学科，3个省级重点培育学科。有2个国家重点实验室，6个教育部重点实验室，2个农业部重点实验室，2个教育部人文社会科学重点研究基地，2个国家地方联合工程实验室，15个甘肃省重点实验室（含培育基地），4个教育部工程研究中心，7个甘肃省工程研究中心（工程实验室），1个国家自然科学基金委中德研究中心。同年11月，美国汤森路透集团发布最新基本科学指标数据ESI，兰州大学有12个学科进入ESI全球前1%，分别是化学、物理学、材料学、地球科学、植物动物学、数学、工程学、生物和生物化学、环境和生态学、临床医学、药物和毒理学以及农业科学，其中化学学科进入ESI全球前1‰。

【人才培养】2017年，兰州大学制定本科通识教育实施方案，新增9个本科专业，新增化学工程与工艺、预防医学2个省级特色专业，电磁场理论课程省级教学团队，“文科物理”、“民族学通论”2门省级精品资源共享课，增设通识教育课程67门。引进69门在线通识教育课程，立项支持建设一批在线开放课程。完善临床医学人才培养机制，推进临床类本科学生实施“临床医学院负责制”。入选教育部“全国首批深化创新创业教育改革示范高校”。王乃昂、吴王锁获国家“万人计划”教学名师称号，冯虎元获省高等学校教学名师奖，17种教材获“中央教改专项”教材建设经费立项。基础医学、土木工程、材料科学与工程、核科学与技术增列为博士学位授权一级学科，艺术学理论、水利工程、世界史增列为硕士学位授权一级学科，同时撤销12个学位授权点。理工农医类38个学位授权点和人文社科类18个学位授权点评估合格。修订博士硕士学位论文评阅办法，10篇博士学位论文、21篇硕士学位论文入选2017年甘肃省优秀学位论文。82人入选国家建设高水平大学公派研究生项目。2017届毕业生整体就业率91.30%。

【科研成果】全年科研经费总量3.89亿元，较2016年增长3.65%。获批国家重点研发计划重点专项1项、政府间国际科技创新合作项目1项、国家自然科学基金项目177项、国家社科基金项目23项、军委科技委和装备发展部等部门项目10项、教育部人文社科项目11项，甘肃省科技计划项目124项、社科规划项目20项。草地农业生态系统国家重点实验室通过科技部周期性评估。新增甘肃省国际科技合作基地7个、甘肃省工程研究中心2个。8个甘肃省联合实验室获认定。申请专利213件，授权专利162件。2项参与项目获得国家科技进步奖二等奖，2项主持项目获得教育部高等学校科学研究优秀成果奖自然科学一等奖，1项主持项目获得甘肃省科技进步一等奖。1篇论文入选“2016年中国百篇最具影响国际学术论文”，10位教授入选“2017年中国高被引科学家名单”。4个研究机构入选国别和区域研究中心教育部备案名单。4个研究机构进入中国智库索引名单，2个研究机构入选“中国智库综合评价核心智库”，中亚研究所入选“一带一路”最有影响力高校智库榜单。

【交流与合作】2017年，学校与美国德雷赛尔大学合作举办计算机科学与技术本科教育项目，发起成立的“一带一路”高校联盟新增22个成员单位，总数达到148个。引进高水平外国专家，聘请815名长短期国（境）外专家、15名长期语言外教、8名专业外教。获批引智经费1206万元。拓展校院两级学生交流项目，15所合作院校的69名国际学生来校进行长短期交流，赴外交流学生较去年增长8%。获批教育部港澳与内地高等学校师生交流计划项目13个、对台教育交流项目8个，获批金额351万余元。留学生在校人数比2016年增加了21%，3所共建孔子学院和1个共建课堂累计注册学员4200余人。与中科院青藏高原研究所、理论物理研究所、航天510所、中国兵器集团公司、北京植物所、昆明植物所等单位签订合作协议。加强与中国人民大学重阳金融研究院等单位合作。

【社会服务】组织专家为政府和地方经济社会发展建言献策，提交咨询报告41份。选派10名科技人员赴古浪、通渭等地区开展科技专项服务。新建14家学习中心和教学站点，全年招生规模超过5万人，收入达到2亿元。全年组织专家参与国家扶贫工作成效第三方评估。协调资源为帮扶乡修缮建造保障房，捐赠价值28.6万元物品，投入专项扶贫资金43万元，帮扶贫困户减少103户、贫困人口减少410人。医院全年接诊量接近350万人次，住院病人18.6万人次，手术量10.48万例。第一医院成功入选国家“心脑血管疑难病症诊治能力提升工程建设项目”，第二医院获2017年“全国卫生系统先进集体”荣誉称号，口腔医院顺利通过三级甲等专科医院评审。

【“双一流”大学建设】2017年，学校入选世界一流大学建设高校（A类），化学、大气科学、生态学、草学入选一流学科建设名单。编制发布《兰州大学一流大学建设高校建设方案》，研究制定各学科群《一流学科建设方案》。推进“4+4+2”综合改革事项，制定了机构管理暂行办法、大型仪器设备开放共享管理办法、机关及直属单位“三定”方案，修订了教学科研基层组织管理暂行办法。

（供稿：张鲁君）

西北师范大学

【教学工作】完成本科教学审核评估工作，并制定整改落实方案。开展校地、校企、校院合作培养试点工作。学校入选教育部卓越中学教师培养计划项目。制定《教师教学质量考核评价实施办法（试行）》，修订《2017版教师教育课程方案及修读要求》、《西北师范大学研究生学籍管理实施细则》。获批2个甘肃省特色专业，1个省级教学团队，7门省级精品资源共享课，特殊教育实验教学中心获批省级实验教学示范中心。立项建设了20门校级精品资源共享课程，11个校级教学团队，16项双语教学示范课程，评选6名校级教学名师。开展2018届师范类毕业生教学大赛。268名同学赴新疆开展实习支教工作，69名学前教育本科生赴甘南藏族聚居区实习支教。

【学科建设与科研工作】制定《高水平大学建设方案》，签订优势特色学科2017—2018年建设目标任务书。完成教育学、地理学、化学3个博士一级学位授权点，生物学、社会学、理论经济学、应用经济学、世界史、考古学、法学、化学工程与技术、戏剧与影视学9个硕士一级学位授权点合格评估工作。新增心理学、生物学、美术学3个博士学位授权一级学科。学校28个学科参加全国第四轮学科评估，其中教育学为B+，中国语言文学、数学2个学科为B，马克思主义理论、外国语言文学、物理学、化学、地理学、美术学6个学科为B-，心理学、体育学、中国史、音乐与舞蹈学、戏剧与影视学5个学科为C+。2017年，学校获国家自然科学基金58项，国家社科基金重大项目1项，国家社科基金年度项目26项，各类科研经费6000余万元。申报各级各类科技奖励28项，获奖15项；申请专利131件，授权专利87件。获2017年度甘肃省高等学校科研优秀成果奖38项，第六届甘肃黄河文学奖一等奖1项。组织申报省级重点实验室2个，省级科技合作基地4个，省级工程研究中心1个。先后举办文化自信与马克思主义中国化学术研讨会、历史语言学研究高端论坛、“一带一路”影视文化传播论坛、第五届东干语言文化国际学术研讨会等。组织53场学校青年学者学术论坛，20场研究生学术讲堂。

【师资队伍建设】引进各类人才58人，其中具有博士学位研究生26人，本科及硕士研究生32人。招收6名博士后进站工作。修订《西北师范大学专业技术职务任职资格评审条件》《西北师范大学2017-2020年岗位设置与聘用工作实施方案》，新晋升正高级职称27人、副高级职称41人。印发《资深教授遴选办法（试行）》《教职工年度综合考核暂行办法（试行）》《“学术院长”岗位设置与聘任办法》《学术休假实施办法（试行）》。30人开展出国研修或已获得留学项目资助资格。完成国家“万人计划”教学名师，

2017年西北师大赵逵夫教授荣膺“感动甘肃·2017十大陇人骄子”

"全国教师育人楷模"，"长江学者奖励计划"特聘教授、讲座教授、青年学者，霍英东教育基金会2017年高等学校"青年教师基金""青年教师奖"，第三届"明德教师奖"，甘肃省"园丁奖"先进集体、优秀教师，宝钢教育基金"优秀教师奖"，高校青年教师奖等人才项目的人选推荐工作。完成51名甘肃省领军人才的任期考核和甘肃省首届"飞天学者"绩效考核工作。完成第二届学校青年教师"双星计划"项目中期检查工作。

【学生工作】2017年，学校招收各类本科生4225人，硕士研究生2559人，博士研究生102人。将原西苑餐厅作为大学生校内创新创业实训基地，整体升级改造为学生餐饮文化中心。开展纪念五四运动98周年暨"最美青春故事"分享会；成立"大学生学习青年习近平研究会""习近平新时代中国特色社会主义思想研习社"。修订《西北师范大学普通本科学生奖学金评定办法》《西北师范大学普通本科学生助学金管理办法》《西北师范大学学生违纪处分办法》，制定《西北师范大学普通本科学生综合素质测评办法》《西北师范大学学生申诉办法》等。2017年，学校为学生发放各类奖助学金计7853.15万元。制定《关于进一步促进学生就业创业工作的安排意见》，2017届学生平均就业率为85.49%，较2016年上升5.03个百分点。获第十五届"挑战杯"全国大学生课外学术科技作品竞赛二等奖一项、三等奖两项。

【交流合作】2017年，学校同法国瓦朗榭纳大学、新西兰奥克兰大学、英国哈德斯菲尔德大学、马来西亚马来亚大学、北方大学、沙巴大学等签署校际交流合作协议。依托华文教育基地、孔子学院，进一步拓宽海外招生渠道，扩大奖学金和自费留学生规模。第五届中亚东干族汉语国际教育本科项目获国侨办立项批准，完成40名东干族学生的招生和录取工作。承办了国家汉办主办的2017年孔子学院夏令营活动。开展校际合作育人工作，45名本科生赴西南大学交流学习，54名本科生赴台湾高校交流学习。接收"安宁五所联盟"高校160名学生来校选修《马克思主义基本原理概论》。接收新疆师范大学13名、台湾高校11名本科生来校学习。

【社会服务】2017年，学校与30余家企业开展合作，在申报项目、新产品研发等方面提供智力支撑和技术服务。学校与市州和中科院兰州分院等驻兰机构对接，落实新一轮合作协议。制定《西北师范大学促进科技成果转化管理办法》。成立脱贫攻坚帮扶工作协调领导小组，选派6名干部驻村开展帮扶工作。依托科技部"三区"人才培训项目，组织6个帮扶村12名从事种、养殖业的村民，进行为期14天的培训。先后组织附中20余名骨干教师赴礼县、临洮等地开展教育扶贫工作。

（供稿：牛成春）

兰州理工大学

【学科建设】2017年，学校有9个学科门类，16个省级重点学科。工程学、材料科学与工程作为甘肃省优势学科，动力工程及工程热物理、土木工程、信息化与智能网络作为甘肃省特色学科，获得甘肃省立项并进行建设，工程学学科ESI（基本科学指标数据库）世界排名前1%持续提升，材料科学学科首次进入ESI世界排名前1%。在全国第四轮学科评估中，学校参评学科有7个进入全国排名前70%，其中1个学科进入全国排名前30%。新增2个国防特色学科方向。

【学位授权点动态调整及评估】2017年，学校开展学位授权点动态调整及评估工作，撤销3个二级学科硕士学位授权点，申请增列3个一级学科硕士学位授权点，完成1个一级学科博士点、3个一级学科硕士点、7个二级学科硕士点和2个工程硕士领域授权点的合格评估工作。2017年授予博士学位34人，硕士学位1135人，普通本科学士学位5421人。其中，留学生获得硕士学位24人、本科学士学位14人。授予成人高等教育本科学士学位21人。

【师资队伍建设】2017年，学校有教职工2277人，其中专任教师1544人，教授、副教授等副高级以上职称886人。学校聘任中国工程院柴天佑院士为学术委员会主任，推荐的杜小泽教授入选教育部"长江学者奖励计划"特聘教授，2名特聘教授、6名讲座教授、5名青年学者入选甘肃省"飞天学者"特聘计划，新增享受政府特殊津贴专家1名，聘任兼职教授11人、客座教授7人。全年引进博士53人。采取人事代理方式公开招聘硕士学历人员11人。全面评审正高职称16人，副高职称25人。制定《兰州理工大学关于建立健全师德建设长效机制的实施意见》《兰州理工大学学术不端行为查处细则》等制度。学校"西北恶劣环境下土木工程防灾减灾团队"入围首批全国高校黄大年式教师团队。

【科研工作】学校通过ISO9001科研质量管理体系认证，获批国家自然科学基金60项、国家社科项目4项、教育部人文社科研究项目3项，全年实现科技进款14亿元。与沈阳材料科学国家（联合）实验室达成对口支援意向。设立校内重点研发计划项目和省自然基金B类重点项目，立项校重点研发计划3项。SCI（科学引文索引）、EI（工程索引）分别收录学校论文409篇、612篇。获得省部级科技奖励二等奖5项、三等奖3项。授权专利149项，知识产权转让25项。

【学生工作】制订《共青团兰州理工大学委员会改革实施方案》《兰州理工大学学生会组织改革实施方案》。开展"学习青年习近平，争做时代好青年"等系列主题教育活动，组建"青年习近平研究会"等学生社团，2名学生获2017年共青团中央"践行社会主义核心价值观先进个人"荣誉称号。实施辅导员工作课程化，设立学生工作理论与实践研究专项经费，项目立项21项，举办辅导员职业能力大赛，学校成为全省辅导员职称评审试点高校。2017年秋季参军入伍学生64人，应征入伍工作获得七里河区武装部的表彰。

【招生与就业】2017年，学校实现43个本科专业在甘肃一本招生，首次在贵州、陕西、四川、河北4省进入本科第一批次招生。2017年普通本科招生5663人，硕士招生1595人，博士招生70人。截至2017年12月1日，2017届毕业生平均就业率97.28%，学校在省政府召开的“2017年全省普通高校毕业生就业创业电视电话会议”上做经验交流。

【交流与合作】2017年，学校与东南大学签署第二轮（2018—2022年）对口支援协议，合作共建“东南大学—兰州理工大学联合技术转移中心”“东南大学城市与建筑遗产保护教育部重点实验室西北中心”，9名教师、干部到东南大学访学、挂职，5名教师到东南大学定向攻读博士学位。与北京科技大学签署对口支援协议。兰州理工大学校友会正式注册成立，教育发展基金会获评全省社会组织5A称号。参加在白俄罗斯国立信息与无线电大学举行的中白大学校长论坛、在乌克兰基辅国立大学举行的中乌校长论坛，与海外18所高校签订校际教育交流协议或备忘录，与乌克兰文尼察国立技术大学就共同建设“孔子学院”签署校际合作协议。通过国家留学基金委合作项目与美国加州大学洛杉矶分校、加州大学芭芭拉分校签订双语教师出国研修项目的成班派出教学服务协议，成班派出13名教师出国研修。全年招收留学生154人。2017年学校出国（境）学习学生为99人，出国（境）留学、交流访学6个月及以上教师为44人，出国（境）交流6个月以内教师及管理人员为92人次，来校交流与合作海外专家为107人次。

【甘肃省政府、教育部、国家国防科工局共建兰州理工大学签约仪式举行】7月8日，甘肃省人民政府、教育部、国家国防科技工业局共建兰州理工大学协议签字仪式在兰州举行。经过98年的发展，兰州理工大学成为甘肃省第二所省部共建高校。副省长、省政协副主席郝远、教育部副部长孙尧、国家国防科工局党组成员王承文代表三方签署共建兰州理工大学协议。甘肃省相关职能部门领导、兰州理工大学全体校领导和师生代表以及省内外多家新闻媒体记者参加协议签字仪式。

【东南大学—兰州理工大学联合技术转移中心、东南大学城市与建筑遗产保护教育部重点实验室（西北中心）在兰州理工大学揭牌成立】11月27日上午，东南大学—兰州理工大学联合技术转移中心、东南大学城市与建筑遗产保护教育部重点实验室（西北中心）的揭牌仪式在兰州理工大学举行。东南大学常务副校长王保平与校长芮执元签署共建“东南大学兰州理工大学联合技术转移中心”协议。

（供稿：仝　辉）

2017年11月27日，东南大学—兰州理工大学联合技术转移中心、东南大学城市与建筑遗产保护教育部重点实验室（西北中心）在兰州理工大学揭牌成立

兰州交通大学

【教学工作】2017年，学校成立电工电子等5个国家级实验教学示范中心教学指导委员会和建设运行委员会，完善《兰州交通大学本科教学改革项目管理办法》等制度13项。新增2个本科专业，2个省级特色专业，4门省级精品资源共享课程，1个省级教学团队。“通信工程”和“水利水电工程”专业通过工程教育专业认证，“给排水科学与工程”专业通过住建部专业评估。新增2名火炬计划国家级创新创业导师，3名导师入选教育部“全国万名优秀创新创业导师人才库”，23人获得省级创新创业导师称号，大学生创新创业训练计划项目获得国家级立项29项、省级立项72项，学校入选教育部全国第二批深化创新创业教育改革示范学校。2017年，大学生学科竞赛共获得国家级奖68项，省级奖217项。

【科研工作】全年承担各类科研项目680项，科研经费达1.18亿元。其中国家自然科学基金项目45项，国家重点研发计划项目参与3项，国家社科基金项目5项，承担军工科研项目6项，其中2项入选2017国家国防科工局民参军技术推广目录，甘肃省仅此2项入选。获省部级奖励8项，厅局级奖31项。2017年，申请专利211项，授权专利258项，其中发明专利28项，实用新型170项，外观设计60项。发表论文1968篇，其中，其中SCIE、EI以及ISTP检索473篇。2017年，学校获批文化部、教育部2017年度中国非物质文化遗产传承人群研培计划，成为中国高校科技成果交易会联盟理事单位。“甘肃省轨道交通安全控制与运行行业技术中心”和“甘肃省高氨氮废水处理及资源化行业技术中心”获得甘肃省工信委批准成立。“西北交通经济研究中心”进入第二批甘肃省高校新型智库和中国智库索引名录。

【学科建设和研究生教育】2017年，学校开展学位授权点动态调整工作，撤销地理学等5个硕士学位授权一级学科，系统分析与集成等2个硕士学位授权二级学科，集成电路工程等3个工程硕士授权领域；增加应用经济学等6个硕士学位授权一级学科，应用统计等3个硕士专业学位授权类别。在全国第四轮学科评估中，交通运输工程、土木工程、环境科学与工程3个学科跻身全国B类学科行列，机械工程列为B-类学科，信息与通信工程、化学工程与技术2个学科被评为C-类学科。1名博士后获得第六十二批面上二等资助。

【师资队伍建设】制定实施《兰州交通大学高层次人才引进暂行办法》，聘请飞天学者青年学者5人，特聘学者2人，讲座教授3人，引进硕士26人，博士14人。出台《兰州交通大学教授内部等级空岗竞聘实施方案》和《兰州交通大学"百名青年优秀人才培养计划"实施方案》，晋升二级教授12人，三级教授45人，完成2017年"百人计划"、长江学者特聘教授、40名甘肃省领军人才和首批飞天学者的遴选与考核工作。1人荣获省级"教学园丁奖"。

【学生工作】台《兰州交通大学特殊困难学生资助管理办法》，发放各类奖助贷勤补等款项7839.68万元，受助学生22635人次。通过在学生公寓中设立"辅导员工作室"和"党员工作站"，强化公寓育人平台的建设。构建大学生多样化、立体式思想政治教育宣传平台。打造特色团支部项目286项，开办"青年马克思主义者"大学生骨干培训班2期。开设大学生创业KAB课程，深入开展了以"一专业一竞赛"为主题的系列学术科技活动。212项大学生创新创业训练计划项目获得学校50余万元经费支持。开展"青春建新功·喜迎十九大"为主题的暑期主题社会实践活动，获得团中央"2017年全国大中专学生志愿者暑假'三下乡'社会实践活动优秀团队"、"2017年全国大中专学生志愿者暑假'三下乡'社会实践'千校千项'最具影响好项目"、"优秀传播团队"等荣誉称号。

【招生就业工作】2017年，学校招收全日制学生8176名，其中博士研究生48人、硕士研究生1554人、本科生5527名、预科生65名、高职生885名、专升本考生97名。与中国中铁、中

2017年11月7日，甘肃交通大学校与孟加拉国斯坦福大学共同建立"中国-孟加拉科技人才培养创新基地"

国交建、中国铁建签订"3+1"国际工程技术人才联合培养协议，首批87名2018届学生已正式开展联合培养。举办各类招聘会615场，各类就业指导报告会、培训会83场。截至2017年12月31日，2017届毕业生平均就业率为95.05%，其中博士研究生就业率为100%，硕士研究生就业率为95.14%，本科生就业率为94.84%，高职生就业率为96.20%。

【对外交流与合作】在孟加拉国建立"中国-孟加拉科技人才培养创新基地"，在土库曼斯坦国建立"兰州交通大学—土库曼斯坦国立交通通信大学教育科技交流中心"。全年接待来自美国、泰国、巴西等7个国家和地区的访问团共64人，招收来自25个国家的留学生149人，完成首位国际留学生博士后进站。校友基金会获得非营利性组织免税资格和公益性捐赠税前扣除资格，获批为首批甘肃省慈善组织。

（供稿：韩　虎）

西北民族大学

【教学工作】2017年，学校新增2个省级特色专业、1个省级实验教学中心、1个省级教学团队。获评省级教学名师、园丁奖各1人、青年教师成才奖3人。获批民委教改项目9项，结项项目中2项优秀。获批省级大学科技园，一期注资100万。成立创新创业学院。孵化小微企业17家。9月25日，本科教学工作审核评估专家组进校围绕"五个度"现场考察。

【学科建设与科研】开展学位授权点自我评估，编制《学位点建设十年规划》，启动高水平大学建设。动态调整二级学科硕士点2个，申报一级学科博士点2个、硕士点3个。划拨"一优三特"和省部级重点学科建设经费1670万元。承担科研项目355项，首获国家艺术基金青年艺术创作人才项目。到账经费达4004.96万元。

【交流与合作】2017年度获批引智项目65项（包括一项"一带一路"教科文卫引智项目），获得经费594万；聘请长、短期国（境）外专家153名来校任教、讲学和合作科研，其中长期外教17名，共承担本科、研究生和教师培训等不同层次的12个专业、40多门课程的教学任务；短期外专135位，其中教授、副教授或博士共98位，占总人数的73%；2017年3月，甘肃省外国专家局依托学校建设的"中马清真食品检测与认证省级外专引智示范推广基地""中蒙人文社科交流合作外专引智示范单位"和"中国—中亚文化艺术交流合

作外专引智示范单位”正式挂牌。

【招生与就业】2017年，学校完成本预科招生录取6585人，其中少数民族考生占64.4%。全日制研究生招生总规模为609人，其中博士研究生35人，硕士研究生574，硕士研究生少数民族学生比例为33.66%，博士研究生65.71%。制定《西北民族大学关于做好2017届毕业生就业工作的意见》。学校与甘肃省人力资源市场、中国海峡人才市场等多家单位签订合作协议。指定专人开展“一对一”帮扶，举办“一次个体咨询、一次技能培训、推荐一个就业岗位”活动，组织少数民族毕业生参加专场招聘活动，2017年年底就业率为91.25%，给符合发放求职补贴条件的1159名毕业生每人发放1000元的求职补贴，计115.9万元。

【学生工作】2017年，学校修订《西北民族大学辅导员管理办法》《西北民族大学班主任工作实施办法》《西北民族大学学生心理健康教育工作暂行办法》《西北民族大学国家奖学金评审办法》《西北民族大学学生公寓管理办法》等16项学生工作规章制度，印发《西北民族大学共青团改革方案》《西北民族大学从严治团工作方案》《西北民族大学共青团发展团员工作细则》《西北民族大学共青团基层组织“三会两制一课”实施细则》《西北民族大学“1+100”团干部直接联系青年工作实施方案》《西北民族大学“班团一体化”工作实施方案》等8个新的制度。全年学校评选出国家奖学金210人，国家励志奖学金696人，校内各类学生奖学金6052人（次）。70人获得2017年甘肃省高校“三好学生”荣誉称号，47个班级获得“先进班集体”称号。资助贫困学生人次达2.1万余人次，各类资助达8843余万元。慰问走访贫困学生195名，发放慰问金共计17.2万元。

（供稿：徐士超）

甘肃农业大学

【教学工作】制定应用技术学院和园林工程学院8个专业的本科人才培养方案、教学计划及教学大纲。果树学教学团队，园林、食品质量与安全专业，《园艺植物组织培养》《园林树木学》《草原管理学》《草类植物育种学草坪学》分别获批省级教学团队、特色专业和精品资源共享课。34部教材入选农业部“十三五”规划教材。2名教师分别获省级教学名师和全国高校数学微课程教学设计竞赛一等奖。挂牌成立“甘肃景电管理局”实践教学及就业创业基地，农学和水利水电工程一本专业学生进行了综合实践教学活动。

【科研工作】2017年，学校教育教学科研项目170项获得资助，到位科研经费1.06亿元。在国内外学术刊物发表论文1478篇，其中SCI论文194篇。授权专利122项。获省科技进步奖一等奖2项、二等奖4项、三等奖4项，省自然科学二等奖1项；省高校科技成果奖一等奖1项、二等奖2项、三等奖3项。

【学科建设与研究生工作】印发《高水平大学和一流学科建设方案》，学校进入甘肃省高水平大学建设行列，草学获批省级优势学科，兽医学、作物学和畜牧学获批省级特色学科。制定《关于进一步加强学科建设的意见》《甘肃农业大学学科建设与管理办法（试行）》，新增农业工程、林学2个一级学科博士学位授权点，应用统计、风景园林、工商管理3个专业学位授权点，化学1个一级学科硕士学位授权点。在全国第四轮学科评估中，学校有8个学科上榜，居全国第202位，在甘肃高校中排名第三。招收研究生734人，其中博士研究生90人，硕士研究生644人。

【师资队伍建设】研究制定高端人才引进管理、引进人才专业技术职务评聘等办法。组建由10名国外专家组成的研究团队。全年，引进各类人才122人，晋升教授8人、副教授21人。

【学生工作】修订本科生学籍管理实施细则、学生纪律处分和申诉处理办法，从优秀本科毕业生中选聘15人从事辅导员工作。全年为1万余名学生发放各类奖助学金2500多万元。首次在省属高校完成辅导员专业技术职务评聘工作，1名辅导员晋升副教授级辅导员，3名辅导员直定助教级辅导员。62名学生入伍，入伍人数连续3年位列省属本科院校前列。2017届本科毕业生初次就业率为81.02%，比上届提高了5%；年底就业率为93.75%，同去年基本持平。

【合作交流】2017年，学校与美国卡罗琳娜海岸大学等7所国外高校签署正式合作协议。制定教职工出国（境）、国家公派出国留学管理办法，规范教职工出国（境）和留学管理工作。首次选派17名辅导员和学生工作人员赴澳大利亚、美国和荷兰进行研修交流。首次从乌克兰、哈萨克斯坦招收留学生，使学校留学生国别增至5个，留学生总数达到14人。与大北农集团开展全面战略合作，制定订单式人才培养等4个方面的具体实施方案。考察调研陕西农心、新疆生产建设兵团、畜牧科学院和皇牛畜产品发展有限公司等单位和企业，并与相关单位签署校企合作协议。

（供稿：王卫红　马文龙）

兰州财经大学

【教育教学工作】新增“金融工程”和“经济统计学”2个省级特色专业，资产评估等10个本科专业获得学士学位授予权；“统计学”获批省级精品资源共享课，入选甘肃省青年教师成才奖3人，甘肃省教学名师1人，获得“甘肃省文艺突出贡献奖”荣誉称号1人，获得甘肃省高校教学成果奖6项。学校教师在第二届全国高校经管类实验教学案例大赛决赛中获得三等奖。学校被确定为全国第二批深化创新创业教育改革示范高校；申报立项甘肃省创新创业教育教学改革研究项目2项，全国大学生创新创业训练计划项目立项4项，甘肃省大学生创新创业训练计划项目立项17项；入选省级创新创业教育教学名师1人、教学团队1项、试点改革专业1个。新增财务管理等10个专业，实现省内一本招生，完成本科招生任务，普通本科录取在30个省份生源充足。截至2017年年底，毕业生就业率达到

90.2%，完成预期目标。

【科研成果】2组织各级各类项目申报科研10类，获准立项国家社科项目4项、教育部人文社科研究项目4项、国家自然科学基金2项、省部级以上科研项目立项39项，地厅级项目立项65项。在国内外学术期刊上发表论文298篇；出版专著、编著和教材31部。全年获得各类科研项目经费576.8万元。其中，国家级科研项目经费129万元。2017年甘肃省高校社科奖评选活动，学校有18项科研成果获奖，其中一等奖2项。

【学科建设与研究生教育】2017年，学校统计学、应用经济学2个一级学科被确立为甘肃省一流特色学科。确立以统计学、应用经济学为授权学科，以理论经济学、工商管理和管理科学与工程为支撑学科的总体申报思路，被甘肃省确立为博士立项建设单位，已通过国务院学位办会议表决。获批设计学、马克思主义理论一级学科硕士授权点和税务硕士专业学位授权点。2017年，学校录取研究生520名，较上年增长9.47%。完成首批立项的5门校级研究生精品课程验收评审工作。入选2017年度甘肃省优秀硕士学位论文两篇。

【师资队伍建设】选聘"兴隆学者"5人、"青年学术英才"25人，引进博士研究生9人，公开招聘硕士研究生25人。获得甘肃省"园丁奖"优秀教师1人，遴选推荐中组部"西部之光"访问学者等各类专家45人（次）。制订《教师高级职称评审办法》和《2017年教师高级职称评审操作方案》，完成学校首次教师高级职称自主评审，评聘教授13人、副教授17人。推荐5名教师参加出国（境）培训，选派23名教师参加省部级短期业务培训，组织560多名教师参加素质能力提升网络课程培训。

【交流与合作】启动美国中央俄克拉荷马大学"1+1+1"硕士研究生双学位等项目，"中亚商学院""中白现代金融研究所"均被列入《甘肃"一带一路"教育国际合作行动备忘录》支持项目；培养留学生60名，派出交流学生共21名，实现留学生规模化教育。与对外经济贸易大学、天水师范学院、西和县人民政府签署战略合作协议。

【学生工作】举办5·25大学生心理健康宣传周等系列活动，建立2017级学生心理档案。全年资助困难学生17861人（次），资助金额5028.1万元。完成2016级学生军训工作，应征入伍55人。

（供稿：唐　莉　谷子菊）

甘肃中医药大学

【教育教学】新增3所实践教学基地，入选省级教学团队和省级特色专业各1个，获得6项省教育厅教学成果奖。"岐黄英才班""本科生学业成长导师制"等教学改革试点工作取得成效。建成国家执业医师资格考试基地。理化试验教学实验中心入选省级教学示范中心，基础医学实验中心建成虚拟仿真中心。完成中医学、中药学、中西医结合3个一级学科博士学位授权点专项评估，生物医学工程硕士学术学位点获得授权；建立以科学研究和实践创新为主导的导师负责制；实施创新基金项目，完成28项研究生创新基金的结题验收。招收"一带一路"沿线8个国家留学生62名。新增2所成人高等教育教学点，完成教育部全国高等学历继续教育专业信息平台填报工作，开展3个省级中医药继续教育项目，申报1个国家级中医药继续教育项目。

【招生就业】2017年度新招本科生3195人、专科生110人，全面完成招生目标任务。录取分数逐年提升，录取控制分数线名列全省省属高校文科第一名，理科第二名。组织申报2017年大学生创新创业训练计划项目11项。

【科学研究】2017年，敦煌医学与转化省部共建教育部重点实验室通过验收，敦煌医学的科技创新和应用取得阶段性成果；丝绸之路中医药发展研究院获批中科协"海智计划"甘肃基地工作站；甘肃省中医药减肥基础研究与应用工程中心获批省级工程研究中心；联合申报的国家重点研发计划专项通过科技部预评科。立项科研项目122项，获经费1867.4万元，其中国家级科研课题19项，省部级科研课题20项；科研产出取得较大突破，获各级各类科技、社科奖17项，同比增长41.6%。

【对外交流合作】举办第三期中医药对外服务俄语培训班，俄罗斯第二期中医实践和中医理论学习班，第四、五期乌克兰医务人员中医研修班，选派6名针灸专业教师赴吉尔吉斯岐黄中医学院举办第四期中医针灸高级培训班，培训"一带一路"沿线国家学员170余人次。派出10名教师赴摩尔多瓦国立医药大学进行学术交流及培训工作，并在该校成立中医康复培训中心。与吉尔吉斯斯坦和波兰有关研究机构合作申报2项政府间科技合作项目，并申报

2017年11月15日上午，甘肃省国医大师、全国名中医表彰大会在省政府召开

"丝绸之路中医药发展研究院吉尔吉斯斯坦研究中心"。承办甘肃省2017年美中友好志愿者项目总结工作会议。出访匈牙利、俄罗斯、新加坡等国11批46人次，接待澳大利亚悉尼大学等高校及境外合作机构来访团组10批43人次。

【师资队伍建设】2017年，周信有教授和张士卿教授分别获得"国医大师"和"全国名中医"荣誉称号，实现甘肃省"国医大师"零的突破；聘任国医大师周信有教授、全国名中医张士卿、王自立、刘宝厚教授为学校终身教授；举办全国《黄帝内经》高端论坛。聘任中国中医科学院首席研究员仝小林教授为学校名誉校长。公开引进21名急需人才，招聘人事代理56人。推荐百千万人才工程等人选25人，获聘省飞天学者10人，获评省高校青年教师成才奖4人。对首批"飞天学者"、领军人才和2005年至2012年引进的博士进行考核。推荐入选第六批全国老中医药专家学术经验继承工作指导老师2人、学生4人，第三批省五级中医药师承教育工作指导老师6人、学生12人，省西医类领军人才学中医指导老师4人。组建专业技术职务任职资格审核推荐委员会，推荐评审高职人员47人，中职1人。聘任校内副教授12人。

（供稿：陈晓强）

甘肃政法学院

【教育教学】2017年，学校录取普高本科新生2439人，招收首批国际生共32人。全《刑法学》获批2017年度省级教学团队，《宪法学》被评为2017年省级精品资源共享课，55项校级教学改革项目正式立项。拓展通识教育课程教育资源，购置100门"超星尔雅"通识教育课程，引进5门智慧树混合式网络共享课程；首次面向青海、西藏和四川三省（自治区）招收法学（藏汉双语方向）考生27人，完成2017年本科教学基本状态数据采集工作；编制2016—2017学年本科教学质量报告；学校各类学科竞赛及双创活动，获国家级奖项7项，省级奖项8项；全年完成全校本科生及研究生的110门实验教学任务。获批3个省级一流学科。法学学科入选甘肃省优势学科，证据科学、工商管理2个学科分别入选甘肃省A类、B类特色学科，2017年，学校获批博士学位立项建设单位。

【科研项目与学术研讨】全年共获批各级各类纵向科研项目53项，举办学术讲座81场，学术会议20个。修订、制定《甘肃政法学院科研项目管理办法》等5项制度；全年共获批1个省级科研创新团队项目和1个省级智库项目，获甘肃省高等学校科研优秀成果奖一等奖1项，二等奖5项，三等奖10项。

【师生队伍建设】2017年，学校获准"高等学校教师高级职务任职资格自主评审"资格，聘任"飞天学者"6名，引进博士6名、教授2名，在职教师考取博士研究生10名，国内访学、进修教师10名，取得教授任职资格教师18名，取得副教授任职资格教师28名，实务部门兼任教授12名；制定《中国政法大学支持甘肃政法学院师资队伍建设实施方案》，修订出台《甘肃政法学院高层次人才引进办法（试行）》《甘肃政法学院"文翰学者"人才支持计划实施办法（修订）》等制度。有3名教师获得国家留学基金委"西部项目"派出资格，分别赴英国、爱尔兰、瑞典等国家公派访学。

【学生工作】2016—2017学年，学校毕业普通本科生2657名，毕业率98.87%，毕业生初次就业率为73.73%。举办学生心理健康教育和心理咨询方面的讲座、报告会；全年资助困难学生13421人次，发放奖助学金、助学贷款3558.81万元。2017年组建各级各类社会实践团队43支，并首次组建了"一带一路"学生交流访问团赴吉尔吉斯斯坦，开展为期10天的友好访问。学校《基于复杂建筑环境中智能运输系统的设计与开发》项目获得教育部组织的第三届中国"互联网+"大学生创新创业大赛甘肃赛区决赛金奖、全国总决赛铜奖、第十届全国大学生创新创业年会展示项目入围奖；学生团队获得"美亚杯"第三届全国电子数据取证竞赛学生组团体赛一等奖。

（供稿：张昊骏）

2017年9月27日，中国政法大学对口支援甘肃政法学院协议签订仪式

兰州城市学院

【教学工作】2017年，兰州城市学院组织各学院成立专业建设指导委员会，负责专业建设相关工作。城市管理等3个专业通过学士学位授予权专家评审，学校的学士学位授权专业达到40个。资源勘查工程等5个本科专业获教育部批准设立，其中3个专业从当年秋季开始招生。投入858万元，对"大学生体质健康检测平台"等13个项目予以立项建设。合理提出专业设置目标与人才培

养调整方案，秋季招生的38个专业已启用新版本科人才培养方案。选派20名学生修读西北师大马克思主义基本原理课程。提供6门公共选修课供甘肃农业大学200名学生修读。与华东师范大学合作继续开展"1+1+2"本科生联合培养。与岷县等地区教育局签订合作育人基地学生顶岗实习协议，顶岗实习224人。组织师生参加各类教育与专业竞技比赛，获得国家级三等奖1项，省级奖项一等奖8项，二等奖19项，三等奖28项。2017年，研究生录取率达到10.48%，其中60人被"985""211"高校录取。

【科研工作】2017年，兰州城市学院纵向科研项目获批立项77项，在国家级自然科学基金项目上实现面上项目零突破，纵向项目资助经费超过400万元。全年有39项科研项目顺利结题；立项率22.34%。签订横向科研合作协议2项，合同经费7万元。获得专利授权117项，其中实用新型专利85项，外观设计专利31项，软件制品著作权1项。专利授权数量较上年增长2.66倍。参加"甘肃省首届高校科技成果产学对接交流会"等大型科技成果转化活动，展出科技成果8项，签署意向协议3项，实现专利应用12项。完成各级论文141篇，其中SCI论文1篇，EI论文2篇，CSSCI论文8篇，CSCD论文14篇；出版专著12部。获得甘肃省高等学校科研优秀成果奖20项。

【学生工作】发放各级各类"奖助贷"资金1190余万元，1053名毕业生获得求职创业补贴，补助金额105.3万元。完成3707名新生招录，3327名毕业生就业派遣，71792人次省外高校艺术类招生专业考试工作。申报省教育厅"大学生就业能力拓展基地建设"追加项目、"大学生'云'就业服务与管理平台建设"项目，获得100万元经费支持。对二级学院毕业生初次就业率进行考核，发放奖励资金34万元。

【师资队伍建设】2017年，兰州城市学院聘任清华大学林乐成教授等10名专家为学校应用类重点建设专业首席专家，吸收8名紧缺专业的博士来校工作，选派110名教师参加短期教学培训，选派17名教师参加国内外进修访学，组织教师参加专业能力培训和各类应用技术培训30人次。组织51名骨干教师赴华东师范大学参加第三期教师教学能力提升高级研修班。

2017年1月19日，兰州城市学院举行重点（扶持）学科方向立项签约暨启动仪式

【合作办学】2017年，教育部将兰州城市学院列为华东师范大学对口支援院校。与定西市、甘南藏族自治州初步达成校地合作共识，与宁波大学签署"联合培养研究生协议"。先后接待塞浦路斯欧洲大学、阿塞拜疆国立石油工业大学、南京特殊教育师范学院等国内外高校来访考察，共同交流办学经验，探讨合作事宜。在塞浦路斯欧洲大学设立中国文化中心。设立校外实践基地3个，与企业共建人才培养基地1个，对外交流与合作育人取得新进展。

【兰州城市学院举行重点（扶持）学科方向立项签约暨启动仪式】2017年1月19日下午，兰州城市学院举行重点（扶持）学科方向立项签约暨启动仪式。与16个重点（扶持）学科负责人及所属部门负责人签订《兰州城市学院重点（扶持）学科方向立项建设目标任务书》，与及学科带头人就校级重点（扶持）学科建设有关学科标准化建设、标志性成果等事宜达成协议，作为年度检查、中期考核和终期评估验收的主要依据。

（供稿：汪永真）

天水师范学院

【教学工作】2017年，学校成立校、院两级评建机构，委托清华大学和西安交通大学举办教学管理能力提升和审核评估与专业认证培训班，对学校100多名中层干部和骨干教师进行培训。校列教研项目立项34项、结项44项，确定20个校级教学团队并立项建设，推荐1门课程入选省级精品资源共享课，60多位中青年教师获校级教学优秀奖。生物制药专业招生顺利，法学和戏剧影视文学专业入选甘肃省特色专业。毕业生考研上线率达16.45%，录取率提高到12.17%，其中"创新人才培养班"录取率达51.23%。学生在各类学科竞赛、创新创业比赛、体艺类比赛中获国家级奖项10项、省级以上奖项141项，女子曲棍球队第7次蝉联全国大学生曲棍球锦标赛女子甲组冠军，参加全国大学生数学竞赛连续5年竞赛成绩名列省属院校第一名。新增2个顶岗支教实习基地，选派1700余名师生开展实习支教活动。修订完善教学规章制度12个。

【学科建设与科研】修订、制订《科研经费管理办法》，下放科研经费审批权限，落实科研绩效经费发放，做到"放管服"的有机结。生态学和中国史2个学科群获批省级一流（特色）培育学科。出版学术专著与教材31部，发表各类学术论文341篇（其中核心期刊论文109篇，标志性学科权威期刊2篇），获批专利80项。获批立项各类科研项目103项。获省高校优秀社科成果奖暨科技进步奖25项，其中社科一等奖2项、二等奖6项，科技进步二等奖7项、三等奖7项，获市科技进步一等奖1项、二等奖1项。“高加索研究中心”获批教育部区域与国别研究中心，实现省属高校区域与国别研究中心零的突破。邀请中国科学院洪茂椿、李玉良院士在内的100多名专家学者来校讲学，举办全国性学术会议4场。首次当选全国高校文科学报研究会常务理事单位。

【研究生与学位授予工作】2017年，学校获批甘肃省新增硕士学位授予立项建设单位，并成为甘肃省唯一向国务院学位办推荐的新增硕士学位授予单位，申请新增教育硕士、工程硕士、中国语言文学一级学科3个硕士学位授权点。增聘校内导师17人、校外兼职导师5人，与天水市一中联合开设了“创新班”，新建研究生联合培养基地2个、研究生研修基地1个。3名研究生被评为省级三好学生，7名研究生分获全国教育硕士学科教学技能大赛奖励，其中特等奖1名、一等奖2名，8名优秀导师及管理人员获全国教育指导委员会表彰。制订《学士学位授予工作实施细则》等4个制度文件，完善研究生培养制度体系。完成3751名毕业生的学位授予工作，电气工程及其自动化等3个专业增列为工学学士学位授权专业。

【师资队伍建设】2017年，学校增设正高级岗位5个、副高级岗位10个，晋升正高级职称8人、副高级职称14人。新聘“飞天学者”教授3人，遴选“青蓝人才”2名，聘请40多名知名教授和行业专家来校工作。引进6名博士研究生（其中教授1人），接收4名博士回校工作，支持7名青年教师攻读博士学位。1人获2017年全省高校教育系统“甘肃省巾帼建功标兵”称号，2人获2017年甘肃省“青年教师成才奖”，1人获2017年甘肃省“园丁奖”优秀教师荣誉称号，1个团队获批为全国高校“黄大年式”教师团队。

【学生工作】2017年，天水师范学院45名学生获得省级三好学生荣誉称号，577名学生获各类省级奖励，30名学生获国家奖学金，478名学生获国家励志奖学金。全年办理生源地贷款3723万元，发放各类资助金1947.4万元，组织68个实践服务团分赴各实践基地开展科技支农、美丽中国等社会实践活动。

【招生就业】全年录取各类考生4188名，其中教育硕士研究生178人。有3790名普通本科生和110名研究生毕业，就业率达66.65%。授予学士学位3646人，硕士学位105人。开设《大学生创新创业导论》等课程，获批各级各类创新创业项目98项（其中国家级项目7项），项目总经费107万元。获各级各类大学生创新创业大赛奖励20余项，2名老师入选教育部创新创业导师库。

【合作交流】2017年，学校邀请、聘用18名外籍专家、学者来校工作。与西安交通大学对口支援工作有实质性进展，两校马克思主义学院签署合作协议，西交大分别选派1名校领导、2名专家、多名单位负责人来校指导教学科研工作，学校遴选6名青年骨干赴西交大对口交流学习，对口受援价值200万元的仪器设备。与兰州财经大学签署合作框架协议，与中国科学院、复旦大学、兰州大学等科研院所和高校在学科建设和科学研究上合作。

（供稿：吴　原　李鹏旭）

河西学院

【教学工作】制订《河西学院教学工作奖励实施办法（试行）》《河西学院优质教学奖励实施办法（试行）》。10项教学成果获得省级教学成果奖，6个新增本科专业通过省教育厅审核。获得省级特色专业2个、省级精品资源共享课3门、省级实验教学示范中心1个，省级创新创业教育改革项目1个，省级创新创业教育慕课建设1项；两期939人赴疆参加实习支教工作。在全国大学生创新创业训练计划项目申报中获批国家级3项、省级13项。当年考研上线366人，录取244人，考研率达到11.11%。落实与复旦大学联合培养本科生计划，首批5名学生进入复旦大学学习。制订《关于进一步加强师德教风建设的意见》《关于进一步加强医学教育工作的意见》《河西学院临床医学院经费预算管理暂行办法》。

【招生与就业】2017年，学校完成招生计划，控制分数线比2016年有所提高，全部线上录取，共录取新生5461人，其中本科生4132人，本科生报到率达到94%；录取专科生1158人，报到率87.13%。2017届毕业生5417名，年终就业率达97.58%。为家庭困难毕业生申请发放创业就业求职补助金143.8万元；争取全省大学生创业就业能力提升工程项目金200万元。学校与新疆14家医院签订《实习与就业基地合作协议书》，学生就业近1584名。

【师资队伍建设】制订《河西学院高层次人才引进与管理办法》《河西学院博士学位教师低职高聘暂行办法》，引进博士7名、硕士23名，聘任“祁连工程”特聘学者6人，特聘兼职院士5人，特聘教授13人。职称评审10人晋升正高专业技术资格，39人晋升或转评副高专业技术资格。制订《河西学院非事业编制专业技术和管理岗位聘用人员管理办法》《河西学院合同制人员考取研究生管理办法（试行）》，招聘非编人员44个，补充教学、辅导员、教辅人员41人。

【科研项目】制订《河西学院科研经费管理办法》《河西学院科研间接费用管理办法》《河西学院科学研究项目立项配套资助比例调整补充规定》等制度。全年立项各级各类科研项目140项，经费合计969.38万元。其中，省部级以上项目22项，经费合计445万元；35项成果获得科研成果奖励。制订《河西学院科研业绩认定考核及津贴发放办法》，对2016—2017学年度科研业绩进行奖励，奖励著作教材、学术论文、技术成果等各类项目991项。成立以中科院傅伯杰院士领衔的“祁连山生态研究院”，设立“河西学院祁连山菌物保护利用院士专家工作站”，是当前国内菌物学领域首个由两位中科院院士和一位工程院院士联合建立的院士专家工作站，成为甘肃省首个在高校内设置的院士工作站。

【开放办学】2017年，学校拓展与兰州大学、宁夏医科大学、西北农林科技大学、天津师范大学、陕西师范大学等高校的交流与合作，主动争取与中科院建立实质性合作关系，巩固深化复旦大学对口支援和合作办学领域，积极拓展与中西亚国家的交流与合作。2017年通过设立“一带一路”沿线国家校长专项奖学金，招收12名来自加拿大等6个国家的留学生来校深造。

（供稿：王　德　宋雯霞）

陇东学院

【学科专业建设】2017年，学校遴选陕甘宁边区史等4个校级重点建设学科、小学教育等6个校级重点培育学科和材料物理等9个校级重点扶持学科。学校被确立为硕士学位授予立项建设单位。新增机械电子工程、文物与博物馆学2个本科专业。网络工程、文化产业管理、材料成型及控制3个本科专业顺利通过省学位委员会学士学位授予权评估。

【教学工作】875名学生参加研究生考试，493名学生上线，370名学生被正式录取，上线率较往年提高了2.73%，录取率较往年提高了1.32%。新增1个省高校特色专业、1个省高校实验教学示范中心、1名省高校教学名师和3门省高校精品资源共享课。组织学生参加全国全省各类学科技能竞赛，获得奖项164项，国家级奖励28项。

【科研工作】截至12月31日，学校申报各级各类项目420项，获准立项119项，总经费626.5万元。获得各级各类科研奖励48项。设立科技成果推广转化与服务地方专项资金，组织申报科技成果推广转化项目7个，争取国家“三区”人才项目30人。建立科技服务示范点9个，实施产学研合作项目16个。

9月24日，第二届文博会中国庆阳—美国埃德蒙国际友城文化交流在陇东学院举办

【合作交流】台北商业大学共同签署教育科研合作协议，加深与美国中央俄克拉荷马大学、马来西亚苏丹依德利斯师范大学、台湾昆山科技大学等院校的交流合作。首次选派教师参加国家留学基金委《国家建设高水平大学公派研究生项目》、1+2+1《中美人才培养计划》中方院校专业师资定向培养项目和国际教育集训营之美国校园行研修项目，与北京师范大学、西安电子科技大学、合肥学院等院校达成合作的初步意向。

【人才建设】聘请特聘教授6名，续聘甘肃“飞天学者”讲座教授1名，引进博士研究生3名、硕士研究生22名，选派21名教师外出攻读博士学位，14名教师外出访学，23名教师参加各类进修研讨，14名教师到行业、企业一线锻炼学习。新增教授10名，副教授46名，教师队伍的高职比达到50.5%。

【学生工作】2017年，学校完成各类招生4171人，首次实现线上招生。千方百计拓宽就业渠道，组织毕业生专场就业招聘会116场次，大型招聘会3场次，参会单位150多家，提供就业岗位10000多个，毕业生初次就业率首次达到78.15%。

（供稿：段春燕）

兰州文理学院

【教学工作】2017年4月，学校通过省教育厅、省学位委员会专家组对学校首届本科生教育质量和学士学位授权专业的评估，同意增列学校为学士学位授权单位，首届700多名本科毕业生顺利毕业。全年新增软件工程、投资学、数字出版、舞蹈表演4个本科专业，本科专业达到19个，占学校专业总数的43%。在校本科生6112人，占学生总数的58.7%。2017年各类学科竞赛获得国家级一等奖3项、三等奖4项，省级一等奖7项、二等奖17项、三等奖20余项。

【师资队伍建设】制定《兰州文理学院高职称 高学历专业技术人员聘用管理暂行办法（修订）》、《兰州文理学院博士培养资助办法（试行）》。全年定职讲师13人，评审讲师4人；评审教授5人，副教授9人，高级讲师3人。公开招聘12名专业技术人员。调入甘肃省领军人才1人；聘任驻校专家5人，并建立大师工作室；聘任行企专家4人为学校特聘教授。

【科研工作】完成申报教育厅“甘肃省乡村旅游创新研究团队”项目，与中国新闻出版研究院数字出版研究所及北大方正公司合作成立甘肃数字出版与新媒体研究所，与中国科学院法学所合作建设传媒法研究中心，成立VR技术研发中心、影视创作研究中心。制定“甘肃省旅游研究咨询中心”“西北地方戏曲传承发展研究中心”“全民健身协同创新中心”三大智库建设方案。

【开放办学】招收10名塔吉克斯坦留学生，实现学校留学生教育的零的突破。选送优秀本科生赴白俄罗斯攻读硕士学位。应邀访问塔吉克斯坦，与塔吉克斯坦文化部举行会谈，并与塔吉克斯坦国立艺术大学、塔吉克斯坦国立美术设计学校签订合作协议、与北京语言大学签订协议。

【招生就业】2017年，学校本科计划招生1880人，其中普通类1750人，中职生80人，少数民族专项50人；专升本计划招生123人；专科计划招生1370人，其中单招400人，普通高考950人，“2+2+1”转段20人；民族预科计划招生100人。报到新生3329人，报到率为92.03%。推介学校毕业生。2017年8月学校选派247名同学赴新疆吐鲁番、和田两地进行实习支教。52名同学参加南疆地区公务员选拔。

（供稿：顾家诚）

2017年11月14日，甘肃民族师范学院开展“青春筑梦十九大 阔步迈向新征程”大学生社团科技文化活动

甘肃民族师范学院

【教学工作】2017年教学成果培育项目共25项立项，其中8项为重点项目，评审立项资助建设自编教材4部，推荐申报并获批国家民委教改项目7项、结题3项。获批教育厅级教学成果奖5项，推荐申报2018年省级教学成果奖2项。新增法学（藏汉双语）、电气工程及其自动化、电子商务三个本科专业。经省学位委员会审核评估，社会工作、财务管理、艺术设计学三个新建专业顺利增列为学士学位授权专业。校企合作取得实质性进展，建成2个试点专业。获批甘肃省精品资源共享课1门，评审立项建设示范课程11门，获批甘肃省高校引进和使用优质在线开放课程9门，新申报推荐16门。

【师资队伍】2017年，学校公开招录20名专业技术人才，其中博士2人、硕士15人、本科3人。学期共聘请外聘教师122人次。聘请客座教授、任课教师共计17人。选派13名教师参加全国高校英语教师暑期培训活动。选派60多名教师赴陕西杨凌职业技术学院学习示范课程建设经验，与清华大学教育研究院协调，组织全校教师参加“混合式教学工作坊”专题培训50人次。学校著名藏学家赛仓·洛桑华丹教授获得甘南州“爱国爱教模范个人”称号。全年新晋升高级职称人数31人，其中正高职称12人，副高职称19人（含破格晋升1人）。完成教师系列中级职务（讲师1人）评聘工作，办理工程师资格证1人；完成博士研究生、硕士研究生、本科转正定职工作共计32人；完成3名工人晋升等级（职务）考试工作（技师2人，高级工1人）。

【科研工作】2017年，学校获批国家级科研项目基金2项；教育厅项目18项，教科所项目5项，甘肃省高等院校外语教学研究专项项目1项；校长基金项目25项，校优秀学术著作资助项目7项;甘肃省创新团队项目一项。学校赛仓·洛桑华丹教授荣获“第四届中国藏学研究珠峰奖荣誉奖”。完成《赛仓罗桑华丹著作选译》翻译任务。完成中国藏学研究中心委托课题1项。编写完成《甘肃省藏文古籍文献总目》，整理完成藏文古籍文献天文历算著作5部。

【学生工作】2017届本科考研学生中，有5人被985高校录取，有39人被211高校录取。录取比例较上年增长了35.8%，占2017届本科生的3.75%。全年有37名学生被批准入伍。首次在山东、河南两省投放招生计划。首次录取单独测试40名旅游管理（藏汉双语）专科生。2017年报考学校一志愿率为92.40%。学校与甘肃政法学院、兰州交通大学联合办学专业报到率均为100%。

【开放办学】与美国、马来西亚、塞浦路斯等国家高校签署合作办学框架协议，就相关合作项目达成共识。签署《中国—东盟高校创新创业教育联盟合作备忘录》，正式加盟“中国—东盟高校创新创业教育联盟”。2017年度，学校首批赴美留学交换生顺利抵达美国中央俄克拉荷马大学；学校第三批赴美国加州州立大学东湾分校的2名访问学者已抵达该校，开始为期一年的访学；学校首批选派10名学生赴马来西亚沙巴大学进行为期一学期的交流学习；选派4名学生赴塞浦路斯欧洲大学进行为期一年的硕士学位项目；招收3名泰国留学生来校进行为期20天的藏语语言、文化短期学习培训；选派学校7名学生赴美国加利福尼亚州立大学东湾分校进行为期35天的语言项目学习。

（供稿：敏　兰）

兰州石化职业技术学院

【教学工作】学校被确定为甘肃省优质高职院校立项建设单位。校企合作完成2017级招生专业人才培养方案和课程标准的制（修）订；完成15个重点专业79门课程的教学资源库建设，新建新能源汽车技术、工业机器人技术两个专业，应用英语专业被评为省级特色专业；新建4门省级精品资源共享课程。成立甘肃省职业院校移动云教学大数据研究中心，有1017门课程采用云班课教学，建立云班课班级1596个，推送教学资源达344余万个。争取省级财政支持的各类专项资金7900多万元，建设石油化工分析测试中心等22个实践教学基地，“煤化工实验教学示范中心”被评为省级实训教学示范中心。推进专业拔尖学生培养工作，学生参加技能竞赛获得省级以上奖项146项，其中，获得全国一等奖20项、二等奖22项、三等奖23项。

【科研工作】全年学校立项各类课题和项目80余项，获资助经费580万元。取得科研成果26项，其中，省、市级科技奖励7项，授权专利19项。4项教学成果获得省教育厅级教育教学成果奖。教师公开发表论文375篇，其中SCI和权威期刊论文86篇。学校被批准为“兰州市产学研科技合作基地”及首批“中国石油和化工科普基地”。

【招生就业】2017年，学校录取新生5119人，录取分数线比同类院校高出150分；单独招生录取学生2400名，其中，贫困地区学生2279人，占94.96%，为甘肃省教育精准扶贫工作做出贡献。积极开展毕业生就业双选工作，组织专场招聘会500余场次，2017届毕业生一次性就业率为98.13%，居全省本专科院校首位；毕业生在世界500强、全国500强、民营500强、化工500强企业就业比例超过45%，规模以上企业达78%。

【师资队伍建设】2017年，学校新引进教师30名；新晋升教授16名、副教授20名，教授、副教授人数位居全国同类院校前列；新建1个省级教学团队。组织400多名教师参加技师培训、“双师”素质培训、企业实践锻炼，12名教师参加国际培训项目。1名教师主持的工作室被评为国家级技能大师工作室；1名教师获得甘肃省首批十大“陇原工匠”称号，是甘肃教育界唯一入选者；3名教师获“技术标兵”称号，1名教师获“全国思想政治理论课教学能手”称号，2名教师获“全国思想政治理论课教学骨干”称号；在全国职业院校教师信息化教学大赛上，获奖6项（甘肃省共有7项）。

【开放办学】招收来自巴基斯坦、哈萨克斯坦、吉尔吉斯斯坦、老挝的25名留学生来校学习；与阿塞拜疆国立石油工业大学就共建兰州欧亚石化学院等达成初步合作意向；与泰国Tharpanya教育集团结成友好交流学校，在师资互派、学生交换等方面进行合作；分别与美国佛罗里达工科大学、美国国防科技大学、韩国国立交通大学、新西兰林肯大学、波兰维斯瓦大学、英国诺森比亚大学等8所国外大学签订合作办学协议，计算机工程类专业（3+1+1专升硕）、建筑工程类专业（2+1+2专升本）、商务管理类专业（3+1+1专升硕）、商务管理类专业（3+1+2专升硕）四个国际创新教育实验班及其办学资质已获省教育厅批准并开始组织招生。与在“一带一路”沿线国家投资建设和承揽工程的国内企业建立合作关系，学校120多名毕业生通过恒逸文莱PMB项目（被列入中国“一带一路”重点建设目录）赴海外工作。

（供稿：张建祥）

兰州资源环境职业技术学院

【科研立项与成果】2017年，学校立项科研项目100余项，获批经费近90万元。科研项目结项41项，其中厅级15项。获得高校科研项目优秀成果二等奖、三等奖各1项。正刊发表论文178篇，其中CSSCI收录论文3篇，北图核心6篇。获批授权专利58项，科研奖励突破10万元。

【学生工作】13个项目参加“兰州银行杯”甘肃省第八届大学生创新创业大赛。学生参加第十一届“挑战杯”甘肃省大学生课外学术科技作品竞赛，获一等奖2项、二等奖5项、三等奖22项。开展“我的青春我的梦”、“我心中的社会主义核心价值观”等主题教育实践活动，坚定广大青年学生理想信念。发放各类奖助学金1280余万元，回访少数民族、家庭经济困难等学生186人。

【师资队伍建设】2017年，学校公开招聘专职教师13人，聘请外聘教师35人。114名教师赴清华大学参加教学能力提升专题培训，开展教师信息化技术和教学改革专题培训1次。1名教师被评为省级教学名师，1名教师被评为省级优秀教育工作者。招聘专职辅导员8人,聘任兼职班主任50人。组织32名学工干部参加教育部组织的专题培训班。

【招生与就业】2017年，学校录取新生4829名，报到率为93.85%。定向

2017年12月28日，兰州资源环境职业技术学院举行甘肃省2018届定向培养士官入伍交接仪式

培养士官招生计划增加到570名，新增陆军培养军种和3个招生专业。2017届毕业生就业率98.12%,家庭困难毕业生就业率99.30%，少数民族毕业生就业率97.35%。举办中小型校园双选会6场，校园专场招聘会315场，发布企业自主招聘信息822条。开展优秀毕业生返校专场报告会21场，就业政策与形势专题报告会28场，为342余名家庭经济困难毕业生发放求职补贴。举办2017年大学生职业生涯规划大赛暨模拟招聘会。

【合作交流】2017年，由学院承建的甘肃省资源环境职教集团理事单位增加至156家，新成立11个专业建设理事分会以及协同创新、现代学徒制、中高职一体化和就业创业等4个分理事会。成立甘肃省大学生海外就业服务中心管理委员会，与30余家外派劳务企业建立合作关系，推荐48名学生赴海外就业。招收录取首批哈萨克斯坦留学生9名，9名师生赴泰国西那瓦大学进行交流游学活动。与泰国西拉瓦大学、西班牙巴亚多利德大学、哈萨克斯坦阿拉木图州国家商会签订联合办学协议。

（供稿：高兰德　杨生善）

甘肃广播电视大学

【学历教育与非学历教育】2017年，学校新增开放教育教学点2个，增设专业3个。全省电大开放教育招生1.8万余人，较2016年增长了7.71%。在办好开放教育的同时，大力发展职业教育，中职招生1600余人，成人高职招生3600余人。全省电大各类学历教育招生2.53万余人。全省电大开展非学历教育培训项目150个，培训255万人次。13个市（州）相继依托当地电大成立社区教育指导服务中心或社区大学、老年大学等社区教育工作机构。

【教学与科研】2017年，学校建立42门网络核心课程虚拟教学团队，立项建设6个校级教学团队。组建新一届教学督导委员会，全方位开展教学督导工作。全年完成133门统设网络核心课程在线学习及形成性考核，完成298门省开课程和31门共享专业课程迁移到国开学习网的任务。开展87门省开课程的过程性考核试点，83门省开课程考核权限下放，28门课程提供预约考试、随学随考等个性化学习评价服务。2017年，省广播电视大学先后组织多层次不同类别科研项目申报工作，获省社科规划项目立项1项、甘肃省高等学校科研项目7项。3位教师的科研成果获2017年度甘肃省高等学校科研优秀成果三等奖。

【资源与信息化建设】2017年，学校完成2017年非学历教育自建资源制作与目录更新；申报2017年度国家开放大学精品在线开放课程；以招标方式与校外教育机构合作建设60个地方特色文化资源微课；完成国家数字化学习资源中心甘肃中心系统的升级改造；完成系统10门课程、计500余条资源编目。学校提出以云计算和物联网技术为支撑，构建服务于终身教育的甘肃开放大学智慧化学习平台的建设方案；自主研发的“云教室运维系统”上线运行，新研发7个应用平台上线运行。

【甘肃省人民政府印发《关于支持建设甘肃开放大学的意见》】2017年9月27日，省人民政府办公厅印发《关于支持建设甘肃开放大学的意见》(以下简称《意见》)。《意见》分总体要求、主要任务、保障措施3部分共15条，明确甘肃开放大学是省政府举办，省教育厅主管，坚持开放办学，运用现代信息技术发展新成果，主要面向社会成员，开放教育资源，开展学历继续教育和非学历教育、具有独立办学自主权的省属新型本科高等学校。

（供稿：常秀芝）

科学技术

【概况】2017年，甘肃省主持或参与的4项重大科技成果获国家科学技术奖。登记省级科技成果1070项。技术市场合同成交5850项、交易额达到162.95亿元。争取国家科技计划项目713项，资金6.64亿元。专利申请24448件，同比增长20.6%，授权9672件，同比增长21.3%。有效发明专利6045件，同比增长20.4%，每万人口发明专利拥有量2.32件。科技对经济增长的贡献率约达到52.2%。根据《中国区域科技创新评价报告2016-2017》，甘肃省综合科技进步水平居全国第18位，居全国第二梯队。

【科技体制改革】省委办公厅、省政府办公厅印发《甘肃省深化科技体制改革实施方案》，从9个方面系统部署33项改革举措、127条具体措施，通过改革推动以科技创新为核心的全面创新，推进科技治理体系和治理能力现代化，为实现发展驱动力的根本转换奠定体制基础。印发《关于完善省级财政科研项目资金管理政策的实施意见（试行）》，进一步放宽省级财政科研项目资金使用权限，简化改进高校、科研院所科研仪器设备采购的管理流程，放宽高校、科研院所基本建设项目的管理权限。甘肃省知识产权局、省科技厅、省财政厅和省保监局联合印发《甘肃省专利保险资助资金管理办法（试行）》，加快创新资源与现代金融保险服务深度融合，推进创新驱动发展和知识产权战略实施。

【兰白科技创新试验区建设】2017年，省科技厅支持开发新产品109个、完成重大科技成果179项、培育高新技术企业126家、搭建创新平台113家、培育和引进创新团队342个。全年试验区内万人发明专利拥有量达到27.58件，技术合同成交额达到27.3亿元；科技型企业达到4674家，高新技术企业数量达到359家，占全省的58.7%；战略性新兴产业骨干企业达到43家，占全省的55.8%。截至2017年底，试验区共有各类服务机构547个（其中：研发平台277个、加速器20个、科技孵化器51个、其他机构199个）。

【科技项目研发】在镍产业链、新能源综合利用、六大粮油作物新品种选育、重组诺如病毒双价疫苗、食品质量安全检验检测等领域布局26项科技重大专项，集中优势力量开展核心关键技术的研发和产业化。新增第四批战略性新兴产业骨干企业19家、总数达到77家，在新能源、新材料、先进装备和智能制造、农业种质资源开发、生物医药等领域谋划实施一批重点科技项目。兰州市通过国家创新型试点城市验收评估。酒泉市、白银市、天水市通过省级创新型试点城市验收评估。设立张掖、金昌、民乐、玉门4个省级高新技术产业开发区。

【创新体系建设】2017年，全省在新材料、节水灌溉、道地药材等领域备案省级产业技术创新战略联盟7家。新增国家级科技企业孵化器1家、总数达到8家。新认定省级科技企业孵化器18家、总数达到35家，延伸构建"创业苗圃+孵化器+加速器+产业园"的完整孵化服务链条。全省高新技术企业总数达到612家，增长数量和比例均创历史新高，新认定省级科技创新型企业172家、总数达到272家。全年修订完善《甘肃省科技创新券实施管理办法》。

【知识产权工作】2017年，全省新增国家知识产权试点城市4个，知识产权强县试点（示范）县8个。23家企业入选国家知识产权优势企业。新认定省级知识产权优势企业28家。新增专利权质押融资28笔，质押专利128项，质押金额4.9亿元。知识产权保护环境持续改善，新建知识产权维权援助中心分中心（工作站）9个，处理各类专利案件709起，结案率98.72%。

【全省5项发明专利获得第十九届中国专利优秀奖】2017年，甘肃省金川集团股份有限公司发明的"一种处理氯浸渣的方法"和"一种从含钯物料中去除杂质银的方法"、大禹节水集团股份有限公司发明的"一种地下滴灌防根系入侵的专用滴头的生产工艺"、天水华天科技股份有限公司、华天科技（西安）有限公司发明的"密节距小焊盘铜线键合双IC芯片堆叠封装件及其制备方法"、兰州空间技术物理研究所发明的"应用于电推进系统的空间高压继电器阵列"等5项发明专利获得第十九届中国专利优秀奖。

【科技成果转化】对全省遴选出的28项成功转化项目进行奖励补助，累计实现经济效益44.73亿元。新认定省级技术转移示范机构35家。

【大众创业万众创新】2017年，新增国家众创空间16家、星创天地20家，总数分别达到30家和53家。认定省级众创空间103家，数量居西部省份前列。截至2017年底，甘肃省纳入科技部统计的众创空间共计231家，累计服务创业团队10666个、服务企业7458家。新增第六批对外开放共享单位20家、大型仪器设备设施71台（套）。兰州市城关区入围全国第二批大众创业万众创新示范基地。

【科技扶贫脱贫】出台《甘肃省贯彻落实科技扶贫"百千万"工程实施方案》和《甘肃省深入推行科技特派员制度的实施方案》。6220个建档立卡的贫困村科技特派员全覆盖，建成农业科技示范村150个，培育科技示范户12440个。全年科技部支持科技扶贫经费2604万元，为全省60个县（区）选派科技人员1221人，培训本土科技人才138人。

【农业科技园区建设】武威国家农业科技园区通过科技部验收，8个国家农业科技园区和24个省级农业科技园区示范带动作用明显增强。"甘肃特色瓜菜新品种选育及高品质栽培技术研究与示范""甘肃省主要粮油作物新品种选育及示范推广""葡萄籽/皮中有效成分提取与产品开发"等重大项目有成效。

【科研立项】全省658个项目获批国家自然科学基金立项，直接资助经费3.5亿元，立项总数创出历史新高。其中，地区科学基金立项249项，同比增长10%，获得直接资助经费达9251万元，占资助总经费31%，成为甘肃省争取国家自然科学基金资助的主要力量，获批国家自然科学基金项目数量创新高。全省专业技术人员达到57.27万人，研发人员3.98万人。

【科技交流合作】促进与巴基斯坦、塔吉克斯坦、马其顿、乌兹别克斯坦等国科技人员互访交流。受邀参加中国东盟、中马、中柬科技部长双边会谈。匈牙利驻华使馆科技参赞和知名科学家来甘肃省访问，达成科技合作意向并稳步推进实施。全年完成科技部4个发展中国家技术培训班项目，支持省属科研院所在柬埔寨举办"水资源利用与节水农业技术培训班"。

全年省科技厅组织甘肃省15名青年科技人员赴日本开展"樱花科技计划"交流活动。白俄罗斯一名专家获"2017年省政府外国专家'敦煌奖'"。首次派员参加泰国国际培训课程。2017年，科技部新认定国家国际科技合作基地3家，全省国际科技合作基地总数达到18家。认定首批省级国际科技合作基地35家，认定首批国际科技特派员25名。举办2017中国兰州科技成果博览会，参展成果380多项、展品980多个，技术交易签约项目202项，交易额12.24亿元。

（供稿：李建兰）

中国科学院兰州分院

【院地合作】列入甘肃省战略性新兴产业重大项目"科技惠民工程"的"重离子治疗肿瘤专用示范装置"建设在武威和兰州两地推进，武威项目基本完成标准化检测。近代物理研究所根据产业化需要，在兰州新区征地600亩建设大科学装置科技创新创业园、重离子应用技术及装备制造产业基地完成整地、揭牌奠基，甘肃省支持经费2亿元下达到近物所。先进核能创新研究院建设"钍基熔盐堆核能系统实验堆平台"完成选址，与甘肃省签约落户武威，甘肃省专项配套经费先期1亿元下达到武威。中科曙光青海玉树州智慧城市项目建成投入运行。国家授时中心建设国家"十三五"重大科技基础设施"高精度地基授时系统"的"长波授时台"建设签约落户甘肃敦煌辐照甜高粱产业链在多环节关键技术上取得新突破，推广种植累计超过150万亩。金川公司《镍电解液杂质精确分离技术与工业应用》等5个项目获院支持经费1300万元和省政府1∶1匹配经费支持。协助研究所2017年申报获批甘肃科技项目40项，获批经费创历年最高，获得本年度甘肃省自然科学一等奖、技术发明一等奖、科技进步一等奖各1项；魏宝文院士获甘肃省科技功臣奖。

（供稿：宋华龙　王　晶）

甘肃省科学院

【合作开发】与深圳前海港口投资有限公司共同成立了“中科甘院高科技有限责任公司”；与保利集团辽宁特种车辆有限公司签订联合开发投资军方重型装备纳米润滑油的战略协议。在纳米杀菌涂料、纳米抗菌军用服、纳米隐身应用、核废料处理、生态修复治理等应用领域开展合作和投资洽谈。

【科研项目申报】2017年度，全院争取纵向项目经费为5741.5万元，组织申报各类科研课题（项目）86项，立项36项。申报国家自然科学基金项目13项。申报省科技计划项目27项，省节水治污水生态修复技术项目3项，兰州市科技计划项目3项。全院共立项实施院列科技计划项目26项，其中，院列应用研究与开发项目立项14项，省院合作项目立项4项，院列青年科技基金项目立项7项，优秀青年科技基金项目立项1项。 2017年度，全院完成横向项目总计为8238.53万元。

【科研成果】2017年，根据《甘肃省科学院匹配奖励办法》，通过对2016年度全院各类科研成果统计、核实，对2部编著，9篇SCI（《科学引文索引》）论文，2篇EI（数据库）论文，16篇中文核心、CPCI-S（科技会议录索引）论文，7项发明专利，4项实用新型专利，4项计算机软件著作权登记，2项获奖成果；对《氧化亚铁硫杆菌密度感应系统在金川镍矿浸出中的细胞与分子机制》等3项获准立项，7项通过初审的国家自然科学基金项目给予了表彰奖励，发放奖金共计26.395万元。

（供稿：李小波）

甘肃省农业科学院

【重点领域研究】开展岷县当归、兰州百合和靖远滩羊特质性营养指标研究。获得兰州百合、当归种质的DNA指纹图谱及分子标识身份代码；初步建立甘肃名特优农畜产品分子标识技术体系及百合、当归分子标识数据库。制作完成11个名特优农畜产品品质标识静态页面。全年省农科院育成小麦、玉米、马铃薯、谷子、春油菜、胡麻、棉花等作物新品种，和辣椒、西瓜、花椒等果蔬新品种。全年集成创新玉米机械化生产技术，“全膜覆盖+立式深旋耕作+垄上微沟+有机肥替代+减氮增钾”为一体的高产高效栽培模式，饲用高粱小型规模化种养结合家庭农场模式，滴灌水肥一体化节水控肥技术，青皮核桃冷藏保鲜和去青皮核桃冷冻保鲜技术，旱地果园垄膜保墒集雨等高效果园生产技术。开发出苹果玫瑰醋饮料及5个藜麦系列产品；研发出生物有机肥料和沙福地菌剂等科技新产品。

【科研项目申报】2017年，省农科院组织申报各类项目400余项，立项240项，新上项目合同经费达到1.2亿元，较2016年增长50%以上；到位经费9921万元。省农科院组织申报条件建设项目36项，全部予以立项支持，首批投入资金3250万元。农业部天水作物有害生物科学观测实验站通过省农牧厅验收，在建12个农业部农业投资建设项目仪器设备基本到位。

【科技成果】2017年，省农科院通过结题验收项目91项，组织推荐2018年国家科技奖2项。完成省级科技成果登记65项，通过甘肃省品种委员会审定品种6项。获得各类科技成果奖励16项，其中农业部中华农业科技奖三等奖1项，省科技进步二等奖5项、三等奖4项，其他奖6项。获授权国家发明专利6项、实用新型专利33项，省发明专利二等奖1项、三等奖1项；获计算机软件著作权5项；颁布实施技术标准8项。

【合作共建】2017年，省农科院加强与地方政府合作共建，秦安、西和、高台等县政府用于在当地建设试验站的投资累计达到1740万元。永昌试验站为当地农业产业发展提供“零距离”服务，累计开展6轮高原特色无公害蔬菜产业和5轮优质食用菌产业方面的院地合作。

（供稿：方　蕊）

甘肃省社会科学院

【科研成果】2017年，全院完成各类科研成果392项。获准立项国家社科基金项目2项，省社科规划项目7项，省软科学项目2项，横向课题31项，院级课题163项。著作类成果54部，公开发表论文105篇。获得各类优秀成果奖13项。被省委省政府领导批示和采纳的研究成果9项。

【智库建设】2017年，省社科院启动子智库建设工作，建立“一总九分”的基本格局，即院一级为综合性智库，打造地方党建、区域经济、生态建设、三农问题、文化建设、丝路历史、社会建设、公共治理、决策服务9个子智库。推动7个专题数据库建设工作。成立平凉分院、金塔党建研究基地、反邪教理论研究基地、甘肃省智库发展研究会，联合省委党校、西北师范大学、甘肃行政学院、甘肃社会主义学院等高校和科研院所成立安宁智库联盟。

【交流与合作】与哈萨克斯坦首任总统图书馆中国研究中心签署战略合作协议，联合编辑出版《中国哈萨克斯坦友好关系发展史》。与中国社科院历史所、陕西、四川、青海、西藏社科院合作的“唐蕃古道申请世界文化遗产前期研究项目”，完成甘肃段总报告。12月在青海省社科院举行该项目的五省区联席会议，在总结前期调查成果的基础上，制定五省区2018年工作规划，达成各省区相互配合与合作框架。

【科研云平台建设】2017年，省社科院开发“甘肃省文化资源云平台”并正式上线，获得中央宣传部文改办高度肯定并希望完善后向全国推广。“甘肃省文化资源云平台暨名录建设”获得甘肃省宣传思想文化工作“原创奖”，并被列入甘肃省中华优秀传统文化传承发展工程和甘肃文化走出去项目。

（供稿：赵　敏）

文化 旅游 体育

文 化

【文化体制机制改革】7月，省政府印发《甘肃省推进县级文化馆图书馆总分馆制建设方案》，在86个乡镇推行文化图书馆总分馆制建设试点，在省图书馆、定西市文化馆等5个单位进行公共文化法人治理结构改革试点。经省委深化改革领导小组会议讨论，《甘肃省文化市场综合执法改革实施意见》通过。根据2017年9月省委宣传部省直文艺院团改革发展专题会议精神，研究制定省直转制院团和五剧场改革遗留问题的4个具体工作方案，解决省直文艺院团转企改制遗留问题，在省文化干部培训中心基础上，组建成立省非遗保护中心。

【现代公共文化服务体系建设】巩固扩大金昌、张掖国家级公共文化服务体系建设示范区创建成果，推进白银市创建工作。按照《甘肃省"十三五"公共文化服务体系建设规划》，省图书馆扩建工程基本竣工，新建或改扩建24个未达标县级文化馆、图书馆、美术馆和54个贫困乡镇综合文化站；全省各级财政投入近2亿元，建成372个社区综合文化服务中心、1274个村"乡村舞台"，实现"乡村舞台"全覆盖；投资3000万元，建成8个特色数字文化资源库、162个乡镇和396个村级数字文化服务点。为30个贫困县文化馆配送流动文化车；下拨1.5亿多元免费开放资金，有效保障全省113个国有博物馆、103个文化馆、103个公共图书馆、47个美术馆、1228个乡镇综合文化站和127个街道文化服务中心免费开放；争取中央经费6000多万元，为3138个贫困村配备公共文化服务设备器材。天水、金昌、白银、平凉等市配齐乡镇综合文化站站长，落实副科级待遇，设立财政补贴的村级公共文化服务岗位。

【艺术创作展演展示】2017年，全省文艺院团创排大型交响合唱《梦回敦煌》、情景舞剧《丝路花雨》、陇剧《山里的情·塬上的歌》、花儿剧《布楞沟的春天》、话剧《金城印象》《魂归何处》、秦腔《禹河春》、歌舞剧《河西宝卷》。组织"朝圣敦煌——甘肃画院美术作品汇报展""陇山·陇水·陇人——第七届甘肃省专业画院作品展""人生画卷——陈伯希作品回顾展"等专业美术创作的成果展示。

【文化市场安全管理与综合执法】2017年，全省文化市场管理取消娱乐、上网营业场所布局要求等限制规定，实行网上"一站式"办理，压缩办理时限。截至2017年年底，全省新增文化市场经营单位1142家，同比增长28.4%。开展文化市场明察暗访、交叉执法检查、重点督查、随机抽查。全年全省各级文化市场综合执法机构共出动执法人员12万余人次，检查经营单位4.5万余家次，警告652家次，吊销经营许可证18家。

【文化产业发展】敦煌研究院、省博物馆文创公司、读者生活馆获得国家专项资金支持；兰州、张掖两市共投入1660万元建设文化消费平台，启动张掖首届文化消费季；敦煌莫高窟智慧旅游、省图书馆公共文化数字支撑平台、省博物馆"互联网+中华文明"建设初见成效。全年全省33个重点文化产业项目入选文化部《2017中国文化产业重点项目手册》，27个重大文

2017年甘肃省“丝路记忆”非物质文化遗产展览

化产业项目和优秀基层院团获得2390万元国家专项资金支持；兰州创意文化产业园获得首批十大国家级文化产业示范园区创建资格，入园企业达到153家，年产值实现9.7亿元，上缴利税5000多万元。

【文化交流】组织文艺团体先后赴德国、白俄罗斯等8国举办“欢乐春节”展演活动，演出40余场。与莫斯科中国文化中心开展年度部、省合作，在俄罗斯举办“甘肃文化周”系列活动，组织展演、培训、讲座等活动10余项。敦煌研究院等文博单位与俄、美等多国开展交流合作，嘉峪关与约旦佩特拉古城结为姊妹世界文化遗产地。组织全省精品剧目参加阿斯塔纳世博会和“2017中哈旅游年”文艺演出，委派甘南藏族歌舞团赴以色列参加“丝绸之路文化之旅”展演。组织30多家文化企业和文化机构，赴台参加第八届“海峡两岸文化创意产业展”，开展IP授权、研发销售、文化创意品牌洽谈合作。组织文博专家和文化企业参与香港回归20周年系列庆祝活动，举办青年大讲堂和“香港国际授权展”。引进“意会中国——阿拉伯画家采风创作”“汉学家智库”等团组参加敦煌文博会和兰州国际民间艺术节；举办“艺游丝路——香港校园艺术大使甘肃文化之旅”，邀请香港25所学校的青年学生来甘交流。全年组织开展文化交流合作项目74次、602人次。

【非遗保护】2017年，省政府公布第四批省级非遗代表性项目名录140项，完成10名国家级代表性传承人抢救性记录工作，为临夏砖雕等5个项目争取250万元的国家专项资金支持，省级传统工艺振兴计划全面启动。世界银行贷款甘肃丝绸之路经济带文化传承与创新发展项目，已初步在5个节点城市拟定10个子项目。在西北民族大学、兰州交通大学举办5个班次非遗研修班，来自全国的152名学员参加培训；酒泉、定西等地举办非遗业务及管理培训班。在首个“文化和自然遗产日”期间，组织开展“丝路记忆”非遗展览、传统戏剧调演、传统手工技艺等系列展演宣传活动，集中展示14个市州非遗保护成果。

（撰稿：季慧琳 雒遵璞）

图书馆工作

【文献征集与采选】2017年，省图书馆采购印刷型新书47329种122073册。全年订购报刊3739种，接收社会捐赠图书3487种、6025册（件）。全年订购同方知网、万方数据等16家数据库资源。对《西北地方文献资源数据库》等18个自建数据库进行整理和更新。拍摄民国图书缩微胶片2万余条，完成馆藏80种清代戏曲抄本数字化工作，出版《西北稀见戏曲抄本丛刊》一套10册。

【读者服务】全年接待到馆读者180万人次，新增读者证1.3万个，外借图书102万册次，累计建成图书流通站75个。全年配送图书50万册次，图书流动车全年出行111次。举办讲座、展览、培训、阅读推广等各类读者活动159场，其中讲座80场、展览28场、亲子阅读活动40场、其他活动11场，参与读者10万人次。实施“阳光工程”，免费接送盲人读者到馆阅读，并提供午餐1697人次，“阳光影院”放映无障碍电影44场。全年接待各级领导、专家学者参观文溯阁《四库全书》藏书馆150余次，1400余人。完成专项咨询130多项，检索文献7000余篇，电话及网络实时咨询3000余次（条）。全国图书馆参考咨询联盟完成文献咨询传递原文服务900余篇。

【专题片制作和评审】完成甘肃名城专题片、甘肃特色传统文化专题片等5个项目的评审和验收，完成《甘肃古村落》专题片等3个项目的三维全景制作任务，完成《甘南藏区寺院文化》《丝绸之路上的甘肃》专题片等10个项目的招标工作。启动2018年度地方资源建设项目申报工作，申报的《甘肃传统手工艺（三）》专题片等3个项目获批立项。

【中华古籍保护计划】2017年，省图书馆举办第一期甘肃省古籍修复技术培训班，在天水市图书馆设立甘肃省古籍修复技艺传习所传习点。完成《古籍修复师 师有宽口述史》专题片的拍摄任务，应邀参加在敦煌举办的首届“文化和自然遗产日宣传展示主场活动”。“古籍修复技艺”项目入选甘肃省第四批全省非物质文化遗产项目。全年完成修复珍贵古籍96种224册14005页。

【图书科研】2017年，由甘肃省图书馆承担的甘肃省社科规划项目《基于互联网的〈金毓黻手定本文溯阁四库全书提要〉数据平台的研究》完成结项；甘肃省社科规划项目《甘肃省数字文化服务体系构建研究》《基于甘肃省公共图书馆体系的数字时代阅读行为与阅读推广研究》《藏区牧民的牦牛生涯——基于人文角度对藏区牧民经济社会生活的研究》完成中期研究任务。全年出版学术专著4部，发表论文20余篇，1项成果获得甘肃省科技情报学会科学技术奖，多篇论文获得中国图书馆学会、西北五省区科学讨论会、甘肃省图书馆年会征文奖。全年出版馆办学术刊物《图书与情报》6期，被“2017年RCCSE中国学术期刊排行榜”定为A类期刊。

（供稿：祁自顺）

文物工作

【规划编制】完成全省长城保护规划编制工作。编制俄界会议旧址等7处全国重点文物保护单位保护规划，经国家文物局审核同意后报请省政府公布实施；组织地方政府完成96处第八批省级文物保护单位保护范围和建设控制地带划定，并依法报请省政府予以公布；开展尚未划定公布建设控制地带的70处国保单位、400处省保单位划定工作；督促各地开展市县级文保单位保护范围和建设控制地带划定公布及备案工作；开展国保单位记录档案续补完善及省保单位记录档案编制工作。

展出的宋代绞胎瓷盘

【文物资源调查】2017年，省文物局完成第一次可移动文物普查工作，建立可移动文物资源数据库，全省330个国有单位收藏文物，普查采集登录可移动文物数据423444件/套，居全国第17位（实际数量1958351件，居全国第10位），其中珍贵文物数量118342件/套（实际数量252762件）。联合省人社厅评选表彰全省34个普查先进集体和50名先进个人，在省博物馆举办全省第一次可移动文物普查成果展。

【文物保护】争取国家和省上财政投资3亿多元，实施国保及省保单位保护维修工程29项，其中总投资均超过3亿元的嘉峪关世界文化遗产保护工程和拉卜楞寺文物保护维修工程基本完工，古浪、民勤等重点长城段落和海藏寺、永泰城址等13项文物保护维修工程完工，安西古城址防洪工程、后街清真寺修缮工程等7个项目通过验收，敦煌研究院实施的两个项目（甘肃敦煌莫高窟第98窟壁画保护修复工程和河北省曲阳县北岳庙壁画保护修复工程）获得全国优秀文物维修工程。大地湾F901保护大厅主体完工，大堡子山遗址及墓群保护展示工程取得阶段性成果，榆林窟、玉门关遗址基础设施改造工程基本完工，民勤瑞安堡、兰州战役旧址保护利用及东乡下王家遗址文化公园建设项目顺利实施。省博物馆、省考古所及天水市、镇原县、陇西县等博物馆24个馆藏文物保护修复和预防性保护项目顺利实施。

【考古发掘】2017年，省文物局在宁县石家墓群、张家川马家塬遗址以及武威亥母寺遗址、河西走廊早期冶金遗址、泾川佛教遗址等12个以早期秦文化、史前文化及丝绸之路相关的主动性考古发掘项目均有重要发现，其中宁县石家墓群入围2017年中国考古新发现。配合交通、水利、能源等大型基本建设工程完成考古调查项目41项。中美合作开展的洮河流域新石器至青铜时代文化与社会演进项目顺利推进。玉门火烧沟遗址、临泽黄家湾滩墓地考古发掘报告完成初稿，居延遗址考古发掘报告整理和敦煌石窟全集编写工作持续推进。

西固关山林场发现的近现代西洋器皿

【文化遗产“历史再现”工程实施】2017年，全省新增文化遗产“历史再现”工程博物馆65个，总数达到555个，其中204个进入国家文物局公布的博物馆名录，全国排名第11位。

【文物科研】2017年，省文物局结项国家科技支撑计划课题3项，验收7项，在研国家科技支撑计划课题、“指南针计划”项目、国家自然科学基金课题等国家级课题研究10余项。敦煌研究院牵头实施的“干旱环境下土遗址保护关键技术研发与应用”项目获得2017年度国家科学技术奖二等奖。敦煌研究院在获得甘肃省政府质量奖的基础上，“基于价值完整性的平衡发展质量管理模式”获得第三届中国质量奖，这是甘肃省乃至西部省区首次获此殊荣。

【举办文物交流与合作】2017年，省文物局指导省直文博单位在日本、奥地利、英国、美国、法国等5个国家及台湾、香港等地区举办丝绸之路或敦煌艺术主题展7个，在国内及台湾高校举办“敦煌壁画艺术精品公益巡展”10次。甘肃与四川联合主办的“丝路之魂——敦煌艺术大展暨天府之国与丝绸之路文物特展”，在3个月展期内累计接待观众超过100万人次，在2017年全国博物馆十大展览中排名第一。甘肃省与相关省区联合在浙江举办的丝绸之路文化遗产科技成果展、在山东举办的中国简帛文化展等展览引起社会广泛关注。敦煌研究院与英国王储传统学院等机构签署战略合作协议，与吉尔吉斯斯坦相关机构签署合作备忘录，承担实施国家援外项目吉尔吉斯斯坦古代城堡遗址研究和保护项目，嘉峪关与约旦佩特拉古城结为姊妹世界文化遗产地。

【文物执法】2017年，省文物局开展“四大行动”（文物安全状况大排查、文物法人违法专项整治、打击文物犯罪专项行动、文物流通市场专项整顿），排查文博单位73个，督促12个单位完成整改，督办处理舟曲县鳌山寺火灾等6起文物安全事故和破坏案件，瓜州县东沙窝长城遭破坏案件被列为全国2017年度文物行政执法指导性15个案例之一，国家文物局专门给甘肃省政府发来《关于你省文物行政执法案件入选2017年度指导性案例的函》。伏羲庙（天水市博物馆）、民勤圣容寺、临夏东公馆等6项安防项目通过竣工验收。白银市成立文物安全管理委员会和文物消防队，金昌等市成立文物安全领导小组，嘉峪关、金昌市修订或出台文物消防安全管理标准，平凉市实施文物安全工作痕迹化管理，瓜州县、敦煌市组织乡镇文化站定期对辖区内文物点进行巡查。

（供稿：范国平）

博物馆工作

【馆藏文物管理】2017年，省博物馆新建纸质档案5000份，补拍化石照片500余张，对新征集文物和接收捐赠的艺术品进行编目和制档。全年征集社会流散文物和接收捐赠艺术品50余件。4月，甘肃省博物馆承担的“甘肃省博物馆丝绸之路珍贵文物数字化保护项目”“甘肃省博物馆彩陶类珍贵文物数字化保护项目”“甘肃省博物馆简牍与壁画砖类脆弱不易保存文物数字化保护项目”及“甘肃省博物馆可移动文物保存环境质量监督及文物保存环境区域监测项目”通过结项验收，实现馆藏文物的智慧管理。

【陈列展览】2017年，举办和参与展览共计48个，其中：原创展览3个，包括《唐蕃古道——八省区文物展》《大美至简——王天一眼中的花鸟世界》《白银地区古生物化石珍品展》。引进展览14个，包括：5个主题类临时展览：迎春主题展《金鸡报晓——丁酉新春鸡文物联展》、摄影主题展《时代印迹 多彩世界——中国艺术摄影学会作品展》、抗日战争主题展《侵华日军第七三一部队罪行图片展》、《第四届少儿书画大赛作品展》和自然科普类主题展《蝶舞翩跹——名蝶与蝶文化展》；3个文物类展览：《从远古走来的渔猎文明——黑龙江鱼皮、兽皮、桦树皮历史文化展》《五彩呼伦贝尔——鄂伦春、鄂温克、达斡尔民族民俗展》和《兰亭的故事》；5个书画类展览：《中日丝绸之路书法篆刻展》《海上丝绸之路——冯少协油画展》《全国电力系统书画巡展》《人生画卷——陈伯希美术作品回顾展》和《绚彩大千——四川博物院藏张大千绘画艺术展》；国外展览1个即《神人之约——中非珍稀面具展》。参与并推出展览20个，包括：赴无锡、台州、舟山博物馆举办《甘肃丝绸之路文物精品展》，赴敦煌举办《唐蕃古道——八省区文物展》，赴香港参展《绵亘万里：世界遗产丝绸之路展》，赴辽宁省博物馆、河北博物院参展《茶马古道——西部八省区联展》，赴美国大都会博物馆参展《秦汉文明展》等。举办“金鸡报岁——丁酉新春鸡文物图片展”《清王朝御用二十五宝》等网上专题展览11个。

【文物保护修复】编制完成《临夏市博物馆西夏褐釉荷叶口瓷瓶保护修复方案》，获得甘肃省文物局立项；完成《甘肃省博物馆馆藏青铜器保护修复项目》104件青铜器和《甘南州博物馆馆藏文物保护修复项目》29件文物的修复工作，通过国家文物局结项验收；完成《北京艺术博物馆馆藏书画保护修复项目》10件古旧字画的修复；

2017年，甘肃省博物馆举办专题展览《从远古走来的渔猎文明——黑龙江鱼皮、兽皮、桦树皮历史文化展》

完成《炳灵寺保护所馆藏铜造像保护修复项目》123件鎏金铜造像的修复；完成《甘肃省博物馆藏唐代丝绸文物修复项目》9件纺织品保护修复；完成《甘肃省博物馆藏武威磨嘴子汉墓出土纺织品保护修复项目》5件纺织品的保护修复工作；赴印度对毛泽东为柯棣华大夫题写的挽联“全军失一臂助，民族失一友人”进行修复。配合全年展览对323件参展文物进行保养和修补。

【博物馆免费开放】2017年，甘肃省博物馆展厅开放305天。全年观众人数共计335.3万人次，其中：展厅接待观众108.4万人次，包括零散观众55.4万、大学生12.3万、中学生7万、小学生及学龄前儿童7.2万人次，单位团体7310个、外国游客约0.7万人次，完成接待讲解3547场；流动展览历时45天，服务观众10.3万人次；输出展览参观观众217.4万人次，主要集中在北京、香港、广东、黑龙江、重庆、浙江、西藏、内蒙古、敦煌等地。

【公共文化服务】2017年，流动博物馆携《红色甘肃——走向一九四九》图片展览走进酒泉市肃北蒙古族自治县、阿克塞哈萨克族自治县、临夏回族自治州康乐县、甘南藏族自治州等少数民族地区，为当地群众送文化、送演出，历时18天，服务观众2.8万人次。安西路小学、甘肃省第二强制隔离戒毒所、甘肃省榆中县第一中学、兰州财经大学和兰州市七里河区西湖街道展览。在未成年人教育上，开展系列教育活动220场。与省内8所学校达成馆校共建协议，推进馆校共建，其中2017年新增5所。全年完成馆校共建课程32次，服务师生共计3000余人。购买知识产权的文创产品共118件，包括蓝莲系列51件，彩陶系列67件。

【学术科研】全年承担科研课题29项，其中，国家级1项，省级15项，市级1项。2017年省级课题结项2项，馆级课题结项2项。馆内专业技术人员参加国内各博物馆及相关学术研究机构举办的培训19场26人次；出版专著3部，包括《汪世显家族墓葬出土文物研究》《丝绸之路：对话与交流——十三省市区馆藏文物精品展图录》《甘肃省博物馆年鉴2016》。

（供稿：黎　李）

文博会工作

【第二届丝绸之路（敦煌）国际文化博览会】2017年9月20日，第二届丝绸之路（敦煌）国际文化博览会开幕式在敦煌市举行。本届文博会以“推动文化交流、共谋合作发展”为宗旨，以“加强战略对接、深化务实合作”为主题，开展论坛、展览、演出、创意、经贸、旅游及会谈交流等一系列活动，旨在通过不同文明、不同发展模式的深层对话交流，搭建起各国人民友谊的桥梁。本届文博会由甘肃省人民政府、文化部、国家新闻出版广电总局、国家旅游局、中国贸促会联合主办。51个国家、3个国际组织的582位中外嘉宾，以及2100多名参展商、知名企业代表、演职人员参加。

【文化展览与文艺展演】征集来自中国艺术研究院等数十家单位的展品3500余件，其中增加版画、岩彩、国礼、珍品档案等类型的文化展品。丝绸之路沿线10个省区市的245件文物参展，美术大师张大千的11幅美术作品，与德国、俄罗斯、叙利亚等国艺术家的130余件绘画作品同馆展出。6家博物馆的文物衍生品、中国艺术研究院等单位承办的版画展汇集52位艺术家的102件作品，堪称版画艺术的专业级展示。以“荟萃艺术精品、弘扬丝路文化”为主题，有13项、25场文艺精品演出。组织14个市州102台地方优秀剧目在当地进行演出。

【文化贸易与创意活动】开展推介及产品发布活动124场次，达成意向贸易额6752万元，现场销售823万元，甘肃省贸促会、甘肃省文化产业协会以及有关方面还签约文化产业合作项目4个。文化艺术品和收藏品（敦煌）拍卖会先后举办4场专题活动，现场拍卖103件物品，拍卖金额421万元。酒钢集团和牙买加政府签署《牙买加工业园区建设非约束性意向协议》，甘肃省政府国资委、中非发展基金公司、国家开发银行甘肃分行共同签署《促进甘肃省企业赴非投资合作框架协议》。集中展示国内外30余家文创企业的852件文创产品。甘肃本土文创产品也首次在这次活动中集中亮相，吸引300多家文创企业前来洽谈，签署意向性协议78项。

（供稿：牛　毅）

甘肃画院工作

【各类展览】2017年，甘肃美术馆全年策划举办各类展览32场次，其中，策划举办《陇山陇水陇人——第七届甘肃省专业画院美术作品展》《陇原气韵·故土情怀——甘肃画院首届优秀美术家作品特别邀请展》《梦回陇原·曾来德书法展》《如去如来——程大利、曾来德山水画展》等展览。

【美术合作交流】2017年，甘肃画院组织画家先后赴四川、宁夏两地举办“朝圣·敦煌——甘肃画院美术作品展”，展出30余位画家近60幅作品。在莫斯科中国文化中心举办“朝圣敦煌——甘肃画院毛志成中国画作品展”，展出以敦煌和中国西部风情为创作题材的近50幅作品。

【艺术成就】11月，“第八届敦煌文艺奖”评选中，甘肃画院获得一等奖1人，二等奖5人，三等奖1人，终身成就奖1人。

【《敦煌书法艺术研究》出版发行】9月，国家级社会科学项目《敦煌书法艺术研究》，由文物出版社出版发行。主编马国俊。全书由“敦煌汉简书法艺术”“敦煌遗书书法”“敦煌碑刻与碑帖”“敦煌古代书法人物”“敦煌书法的价值与影响”五个章节组成，以书法文化艺术研究和书法审美立场的思考为研究主线，对敦煌书法艺术进行纵向考察和横向分析，课题最终研究成果为30万字。

（供稿：王　丹）

旅　游

【概况】2017年，全省接待国内游客23889.4万人次，实现国内旅游收入1578.7亿元，分别同比增长25%和29%。

全省接待入境旅游者达78828人次，实现旅游外汇收入约2086万美元，分别同比增长10.3%和17.9%。甘肃省作为国际旅游地，被国际权威旅游指南《孤独星球》评选为亚洲十大最佳旅游地第一名，并登上《纽约时报》“2018全球必去的52个目的地”榜单。

全省红色旅游接待游客2469.89万人次，同比增长22.32；实现旅游收入79.2亿元，同比增长25.67%；红色旅游直接就业人数12559人，间接就业人数46576人。

全年全省约有1800个村开展乡村旅游项目建设，全年各级投入建设资金120多亿元，累计建成旅游专业村建成专业旅游村650个，农家乐13937户。全省乡村旅游接待游客突破7036万人次，同比增长31%；实现总收入127.5亿元，同比增长37.6%。

截至2017年年底，甘肃省有旅行社587家，其中出境游组团社62家，赴台游组团社4家；旅游星级饭店390家，其中五星级3家，四星级80家；绿色旅游饭店94家；住宿单位9150家，床位52.3万张；A级旅游景区280家，其中5A级4家，4A级85家；31家旅游规划设计资质单位，其中甲级1家，乙级2家，丙级28家；全省开设旅游专业的院校达到48所；取得导游证人员8097人。

【全域旅游示范区创建】督促指导全省14家国家级全域旅游示范区创建单位制定创建方案、编制创建规划，向全省推广将甘南州“全域旅游无垃圾示范区”创建经验，督促指导全域旅游示范区及全省A级旅游景区率先开展无垃圾行动；将甘南州、敦煌市、康县等重点创建单位纳入国家旅游局首批验收范围，重点指导推进创建；全省启动首批10个省级全域旅游示范区创建工作。制定下发《全省旅游系统全域无垃圾专项治理行动工作方案》，在全省旅游行业组织开展全域无垃圾专项整治行动。

【旅游扶贫】2017年，省旅游发展委员会指导9个市州和35个深度贫困县制定脱贫攻坚3年实施方案，争取国家旅游局为临夏州编制旅游扶贫专项规划。组织旅游扶贫重点村70名村干部参加全国乡村旅游扶贫重点村村官培训，为东乡县、宕昌县等8个深度贫困县量身制定旅游扶贫工作方案，编制完成25个旅游扶贫试点村旅游扶贫规划。全省通过发展乡村旅游带动2.92万建档立卡户、12.26万贫困人口实现脱贫。

【旅游市场监管】截至2017年底，兰州、天水、临夏、酒泉、白银、平凉、嘉峪关、甘南8市州政府建立旅游综合监管机制。全年开展旅游市场秩序整治“春季行动”和“暑期整顿”“秋冬会战”行动，治理违法旅游经营业务、不合理低价游、旅游网站严重失信行为和旅游安全生产领域违法违规行为等专项治理行动。全省开展联合检查行动134次、出动执法人员1200人次，检查旅行社480家、旅行社分社108家、服务网点202个；检查旅游景区220家，星级饭店288家，旅游购物场所110家，演艺场所1家，旅游客运企业52家。

【旅游公共信息服务】2017年，甘肃旅游资讯网先后推出“精品丝路·如意甘肃”“官鹅沟旅游”“丝路行·自驾游”等专题30个，日均访问量4900人次；建成微信矩阵和头条号两个矩阵，微信矩阵链接14个市州和86个县区旅游局、78个4A级以上景区微信公众号，头条号矩阵有全省近200家旅游部门和景区集体链接。通过两个矩阵和“微游甘肃”网易号、百家号、企鹅号、蚂蜂窝号，实现对全省重大旅游讯息当日同步发布、集中推介。发挥微信“轻骑兵”优势，形成“小帆板捆绑赛航母”的聚焦效应。截至2017年12月底，全省78个4A级以上景区视频监控全部接入全省旅游产业运行监测及应急指挥平台，实现从国家局到省市县旅游主管部门，再到每个4A级以上景区的实时监控和立体管理。

【旅游安全与应急管理】落实旅游安全责任，建立完善“一岗双责”安全生产责任制度和奖惩制度。印发实施《关于加快推进全省旅游行业安全生产双重预防机制建设的实施方案》，督促指导A级景区、星级饭店建立完善双重预防管理制度；举办全省旅游安全与应急管理培训班并举行陆地和水上旅游突发事件综合应急救援演练。2017年，全省组织旅游经营单位1.5万余人开展为期4个月的安全教育培训。全省旅游行业全年派出安全生产检查工作组502个，检查各类旅游经营单位2074个，排查发现并整改问题隐患586个。全年向旅游者、旅游经营单位发布旅游安全预警信息200余条，微信发布1000余条。

【旅游项目投资】2017年，全省建设旅游项目1162个，总投资3947.02亿元，全年实际完成投资538.6亿元，同比增长3.94%；其中大景区旅游项目241个，总投资1192.24亿元，实际完成投资158.15亿元，同比增长16.55%。全省7个旅游类项目（5个续建、2个新建）进入2017年省列重大建设项目投资计划；7个项目得到国家旅游局旅游发展基金补助；24个项目入选2017年全国优选旅游项目名录。省旅游发展专项资金向市州安排3880万元旅游基础设施项目补助；争取到国家旅游局旅游发展基金补助甘肃省项目资金5390万元，比2016年增长36.5%。

【旅游招商引资】2017年，全省旅游谋划征集过亿元的旅游大项目及具有示范引领作用的项目库项目362个，总投资1361.5亿元；第二届敦煌文博会13个旅游项目进行现场签约，签约总金额达到300多亿元。引进万达、北京锦源德利、浙江南山会等国内大型旅游投资企业集团、知名旅游品牌企业到甘肃省考察旅游旅游资源及民宿项目开发等，洽谈、对接相关合作事项。

【旅游景区建设】2017年，全省18个大景区全部设立正县级事业单位大景区管理委员会，明确大景区管委会职能，健全内设机构及人员编制；16个大景区修建性规划通过专家评审；17个大景区设立旅游开发公司，14个旅游开发公司领导班子和工作人员配备到位。全省8家景区通过检查评审被命名为国家4A级景区，张掖七彩丹霞景区顺利通过国家5A级创建景观质量专家评审；官鹅沟景区积极进行5A级创建前期准备工作；黄河三峡、拉卜楞等大景区加快启动5A级景区创建工作。

【旅游人才培训】2017年，省旅游发展委员会成立甘肃旅游智库，首批36名专家入库。与南开大学旅游与服务学院签订合作协议，在南开大学设立甘肃省高端旅游人才培训基地，在甘肃旅游培训考试中心建立“丝绸之路旅游交流与研学基地”，为旅游强省建设提供智力支撑。全年全省完成中高级导游报名考试214人，初级导游报名考试3159人；举办“全省市县旅游局长高级研修班”、“华夏文明传承创新区建设——旅游产业发展专题培训班”、“全省4A级景区旅游产业运行监测与应急指挥平台建设培训班”及“乡村旅游从业人员和其他从业人员培训班”等50多期，培训人数1.2万余人。

（供稿：张　萌）

体　育

【概况】2017年，覆盖全省的规模性健身赛事活动达2500多次，参与人数逾千万人（次），经常参加体育锻炼的人口占比达33.6%。参加国际国内赛事200余场，世界锦标赛、亚洲锦标赛；全国青少年比赛等均获奖项；全年建成多个农民体育健身工程，乡镇和社区全民健身中心、体育健身广场，拆装式游泳池等；全年扶持体育产业项目49个，带动投资17亿元。

【竞技体育】2017年，甘肃省参加全国第十三届运动会上，有159名运动员参加自行车等13个大项、85个小项的决赛，获得4枚金牌、3枚银牌、7枚铜牌、21个四至八名的优异成绩。代表团获得第十三届全运会体育道德风尚奖，5支队伍获得集体体育道德风尚奖，16名运动员获得个人体育道德风尚奖，实现运动成绩和精神文明双丰收。有10人被省政府记一等功，8人被省人社厅记二等功，13人被省体育局记三等功，7人受到嘉奖，8人被省总工会授予“五一劳动奖章”，3人被团省委授予“五四青年奖章”，被授予集体一等功1个，集体三等功2个。省优秀运动队参加国际国内赛事获得世界锦标赛第一名1个、亚洲锦标赛第一名5个，第二名2个，第三名1个，成年组获得全国各类级别比赛第一名38个，第二名28个，第三名34个，四至八名121个。青少年组获得全国各类级别比赛第一名15个，第二名12个，第三名14个，四至八名41个。1人被授予国际级运动健将称号，16人被授予国家级运动健将称号。

【训练基地建设与专业培养】2017年，经国家体育总局批准，临洮训练基地被命名为“国家综合训练基地”。中国足球学院西北分院落户甘肃省，向国家输送12名足球苗子，开展跨界跨项选材工作。在甘肃省建立自行车小轮车国家集训队，备战2020年东京奥运会。白银为试点“省队市办”组建全省乒乓球专业队。

【群众体育】2017年，参加全运会群众比赛项目，选拔154名运动员参加羽毛球等17个项目的预赛。25名运动员在轮滑、马拉松、桥牌等9个项目中取得决赛资格，获得8个四至八名的好成绩。甘肃省67个群众体育先进单位、60名群众体育先进个人荣获国家体育总局表彰，17名全国群众体育先进代表受到习近平总书记会见。

【体育健身设施建设】全年建成2053个农民体育健身工程、100个乡镇和社区全民健身中心、100个乡镇和社区体育健身广场、2个拆装式游泳池、7个社区多功能运动场、535套健身路径、54个笼式足球场。资助建设7个县级全民健身中心，3个运动休闲特色小镇。全省县级（市、区）全民健身中心（体育馆）覆盖率达到71%、公共体育场达到79%；乡镇体育健身设施达到85%；行政村农民健身工程达到88%以上。全省体育健身站点建设累计达6000多个。

【青少年体育服务体系建设】2017年，甘肃省体校等五所体校被评为国家高水平体育后备人才基地；中长跑、竞走、短跨、投掷、曲棍球、棒球、垒球等13个单项被命名为国家后备人才基地。开展省级体育后备人才基地和重点项目训练点认定申报工作。中国·金昌国际青少年生存训练营成为全国青少年夏令营品牌赛事。

【体育产业项目】2017年，全省扶持体育产业项目49个，带动投资17亿元，吸引社会资本约13亿元。全省建成21个滑雪场，5个航空滑翔基地，16个汽车营地，10个垂钓基地、5个沙漠体育活动营地和5个体育与相关产业融合发展基地，全省体育产业规模以上企业已发展到18家。

【体育彩票】2017年，全省体育彩票销售网点数年度新增384个，全省销售网点数量突破3000台。销售额突破30亿元大关，同比增长17.15%，筹集彩票公益金8亿元。

【体育法治建设】制定实施《全省体育系统法治宣传教育第七个五年规划（2016—2020）方案》，《甘肃省体育法治建设"十三五"规划实施方案》。协调制定全省足球《中长期发展规划》和《"十三五"场地设施建设规划》，建立全省足球联席会议工作制度。制定下发甘肃省体育局《关于推行重大执法决定法制审核制度试点工作实施方案》《重大行政执法决定法制审核目录清单》《重大行政执法决定法制审核办法》，成立重大行政执法决定法制审核制度试点工作协调小组。建立全省经营高危险性体育项目行政许可报备制度，开展经营情况调查。

【体育管理与培训】2017年，省体育局完成《甘肃省人民政府办公厅关于加快发展健身休闲产业的实施意见》的起草、征求意见和修改完善工作。完成甘肃省体育总会第七届委员会的换届工作。全年培训各级社会体育指导员7000人次；经常参加体育锻炼的人口占比达33.6%。举办基层教练员培训班和全国体育传统校体育师资甘青宁培训班。参加体育总局和项目中心举办的俱乐部、户外营地传统校管理人员培训班。

（供稿：刘志忠）

卫生计生 红十字事业

医疗卫生

【概况】全省所有公立医院取消药品加成，同步调整医疗服务价格，彻底告别“以药补医”。城乡居民基本医保参保率达到97%（新农合98.88%）以上，重特大疾病报销病种扩大到50种，比全国多28种。新农合人均筹资标准由2013年的340元提高至2017年的600元，增长76.47%；实际报销比提升至68.43%，位居全国第四。大病保险在全省全面推行，5年来共为82.18万名患者报销费用28.90亿元。调整完善分级诊疗政策，全省住院患者实际补偿比、县外就诊率和县外基金支出占比分别比2014年上升11.73个百分点、下降13.08个百分点和27.77个百分点。全年建档立卡贫困人口基本医保实际报销比例达到74.3%。建成连接1.8万个医疗卫生机构的甘肃省卫生信息专网，120急救网络覆盖所有农村人口，远程医疗会诊网络覆盖80%的乡镇和社区卫生服务中心。

【公立医院改革】2017年，甘肃省所有公立医院取消药品加成，彻底取消“以药补医”，在全省医疗卫生事业发展历程中具有里程碑意义。按照调整医疗服务价格补偿75%、省财政补偿15%、医院加强成本核算承担10%的比例，消化取消药品加成减少的合理收入，省级10家医疗机构1756万元财政补偿全部到位。建立以合理成本和收入结构变化为基础、有利于费用控制的医疗服务价格动态调整机制，在保证公立医院良性运行、医保基金可承受、群众总体负担不增加的前提下完成医疗服务价格调整，其中调增诊疗、护理、手术、治疗等6113项，调降检查、检验1231项，体现医务人员价值的技术性服务收入占比逐步提高，医疗费用结构渐趋合理。省直公立医院门诊和住院次均费用分别下降5.29%和0.49%，住院患者药占比、耗材占比分别下降3.69%和0.15%，诊疗项目占比提高4.66%。

【分级诊疗制度】2017年，分级诊疗制度在原省市级医院负责50+N种疑难危重疾病，县级医院负责250+N种常见病多发病，乡镇卫生院负责50+N种普通疾病的基础上，新增市级医院150+N种常见大病病种，医疗机构功能定位更加精准，分级分工更趋合理。开展分级诊疗病种动态评估管理，县级以上医院每年新增病种数不少于10个，乡级不少于5个。以发展医疗联合体和推进家庭医生签约服务为抓手，推动落实基层首诊，畅通上下转诊。全省家庭医生签约服务覆盖率、重点人群覆盖率分别达到42.69%、67.10%，均已完成国家要求。37家三级公立医院全部开展医联体建设工作，14个市州均以市州政府名义出台推进医联体建设的政策文件。

【全民医保体系建设】2017年，甘肃省新农合参合率达到98.88%，人均筹资标准提高至600元，实际报销比提升至66.54%，大病保险筹资标准提高到55元，重特大疾病报销病种扩大到50种。城乡居民医保整合基本完成。制定支付方式改革、诊疗项目和药品目录、定点医疗机构协议管理等“六统一”文件，确保全省城乡居民医保整合后执行统一的政策。在2017年医保整合过渡期，新农合经办工作由卫生计生部门代办，城镇居民医保由人社部门经办，实行“双网并行”。庆阳市组建城乡居民健康保障局，将分散在人社、卫生、发改、财政、民政等部门涉及三项基本医保的职能进行整合，实现医保统一管理。实现符合转诊规定的异地就医直接结算，办理省内异地就医即时结报业务45.55万人次，补偿金额28.82亿元；办理跨省结报转出结算1483例，报销金额1840.67万元。

【健康兜底保障】推进以“大病集中救治一批、慢病签约服务管理一批、重病兜底保障一批”为核心的健康扶贫工程“三个一批”行动计划。2017年累计对5.3万重大病患者开展集中救治，报销费用1.54亿元。为203.75万名贫困人口免费体检，建档立卡贫困人口签约服务覆盖率达到84.25%。大病保险降低起付线政策为6.31万名贫困患者报销17232.22万元，比降低起付线前多报销4259.33万元，提高报销比例4.32个百分点；大病保险再报销政策为3172名患者报销医疗费用2490.81万元；门诊慢特病大病保险政策为3095名患者报销689.67万元。

【药品供应保障】2017年，全省药品供应全面实施药品集中采购与执行“两票制”相联动。提前2年完成高值医用耗材阳光挂网采购工作，采购品种4198种，平均降幅24.92%。2017年全省药品网上采购金额100亿元，比2016年增长22%，平均配送率达99.05%。

【服务能力与质量建设】2017年，国家共安排甘肃省卫生计生基础设施建设资金10.52亿元，支持建设40个项目。省财政投入6000万元支持24个县的48个重症医学、新生儿重症医学等重点专科建设；投入5000万元支持14个深度贫困县的妇产科、儿科、急诊科、麻醉科等40个薄弱学科建设。对全省各级医疗机构实行“千分制”量化考核，考核得分与医疗机构财政补助、等级评审、学科建设、人员职称晋升等挂钩，并作为医疗机构负责人绩效评价的重要依据。全年协调落实省内外进修2519人次，对4500名村医开展6个月的脱产培训。新招收住院医师规范化培训学员705名，全科医生培训学员118名。将村医订单定向医学生培养纳入高考招生计划，新招收农村订单定向免费医学生510名。截至12月底为64.07%的在岗乡村医生购买企业职工养老保险，为74.53%的离岗乡村医生发放养老补助。

【公共卫生服务】2017年，各类免疫规划疫苗接种率保持在95%以上，基本公共卫生服务项目人均补助经费达到50元，服务项目扩展到12类43项。开

甘肃省2017年卫生计生机构、床位、技术人员一览表

机构分类	机构数	床位数	在岗职工							
			合计	卫生技术人员				其他技术人员	管理人员	工勤技能人员
				小计	执业（助理）医师	执业医师	注册护士			
总　计	28877	147305	200405	147612	56398	45571	58682	8087	11320	11907
一、医院	521	111393	101537	85002	30750	28121	39306	4935	4274	7326
综合医院	302	77691	75314	63328	22250	20486	30630	3546	3185	5255
中医医院	91	22671	16320	14054	5714	5188	5489	640	478	1148
中西医结合医院	16	1893	1365	1141	409	357	392	72	70	82
民族医院	15	1090	913	770	427	348	157	46	41	56
专科医院	97	8048	7625	5709	1950	1742	2638	631	500	785
二、基层医疗卫生机构	26597	30718	73622	48364	20452	13136	15352	951	745	2084
社区卫生服务中心（站）	602	4265	8262	7428	2929	2435	3279	251	255	325
卫生院	1378	25787	27947	25532	9743	5227	8508	585	417	1411
村卫生室	17030	0	23589	2116	1809	672	307	0	0	0
门诊部	79	666	1281	1073	434	370	516	40	51	117
诊所、卫生所、医务室	7508	0	12543	12215	5537	4432	2742	75	22	231
三、专业公共卫生机构	1643	4626	23513	13856	5074	4207	3956	1888	5479	2289
疾病预防控制中心	103	0	4663	3400	1681	1413	545	104	555	604
专科疾病防治院（所、站）	7	50	75	54	36	28	9	0	9	12
健康教育所（站、中心）	15	0	120	60	36	34	10	18	29	13
妇幼保健院（所、站）	99	4564	6883	5697	2333	2044	2416	172	358	656
急救中心（站）	3	12	167	104	44	39	39	6	19	38
采供血机构	17	0	624	443	78	64	136	23	66	92
卫生监督所（中心）	93	0	1825	1399	0	0	0	5	212	209
计划生育技术服务机构	1306	0	9156	2699	866	585	801	1560	4231	665
四、其他卫生机构	116	568	1733	390	122	107	68	313	822	208

展流动人口卫生计生基本公共服务均等化工作，流动人口个案信息合格率达到98.87%。完成以乡为单位的水碘含量调查工作，45个县（市、区）完成尿碘实验室建设任务。全省农村卫生厕所普及率达到75.79%。创建国家卫生城市3个、国家卫生县城（乡镇）6个。组织开展陇南"8·7暴洪泥石流灾害"和四川九寨沟7.0级地震灾后救援。完成12个食品类别、38个食品品种、1232份食品样品的化学污染物监测采样工作，采集地区覆盖全省96%的县区，达到国家要求。

【中医中药工作】2017年，甘肃省获批建设国家中医药产业发展综合试验区，举办2017甘肃省中医药产业博览会，签约项目24个，签约金额35.73亿元。出台《甘肃省贯彻中医药发展战略规划纲要（2016—2030年）实施方案》。周信有教授被评为国医大师，王自立、刘宝厚、张士卿等3名教授被评为全国名中医。3所中医医院入选国家中医药传承创新工程项目储备库，5所中医医院入选健康扶贫工程项目库。创建并命名1个省级中医药工作先进市和10个先进县。确定7个国家中医药管理局"十三五"重点中医药专科培育项目、21个省级中医重点专科建设单位。在匈牙利、摩尔多瓦、白俄罗斯、吉尔吉斯斯坦等国成立了中医中心，在乌克兰、法国、吉尔吉斯斯坦、马达加斯加等国成立岐黄中医学院。

【全面两孩政策】截至2017年11月30日，全省出生一孩11.04万人、二孩11.8万人、三孩及以上1.22万人。全面推行网上生育登记工作，有7845对夫妻在网上办理了生育登记服务。18个县（市、区）被命名为全国计划生育优质服务单位。印发实施《甘肃省乡级计划生育服务管理工作规范》。完善计生特殊家庭扶助关怀政策，安排计生特殊家庭扶助资金3340万元，有效解决计生特殊家庭的实际困难。

【卫生管理】印发《"健康甘肃2030"规划》。建成省级全民健康信息平台，完成与全员人口数据库、健康档案数据库、电子病历数据库等10多个业务系统的对接，成为全国第3个实现与国家平台对接和第19个省市县三级平台100%互联互通的省份。全年共查处各类违法案件3440起。取消下放行政审批事项2项，下放部分审批事项4项，承接国务院下放行政审批事项5项。出台全国第一部鼠疫防控地方法规《甘肃省鼠疫防控条例》。

（供稿：郭汉彪）

疾病预防控制

【传染病防控】2017年，全省14个市（州）疾控中心开展外环境禽流感监测，采集外环境标本3776份，检测3638份，禽流感病毒阳性757份，阳性率20.81%，以H9为主。完成职业暴露人群血清402份的检测，结果为H7抗体均阴性，H9抗体阳性8份，H5抗体阳性7份。处置甘肃省首次发生的H7N9疫情，受到省政府、中国疾控中心的充分肯定。检测哨点医院送检流感标本851份，分离到4种流感病毒46株；完成SARI（严重急性呼吸道感染）标本266份21种病原的核酸检测，完成各市（州）送检流感病毒株289株的复核鉴定及送检；组织完成全省15家流感监测网络实验室流感病毒核酸盲样考核、监测质量评估。开展了菌痢、炭疽、出血热、病毒性腹泻等重点传染病监测和管理工作。及时确认一起由柯萨奇A2病毒引起的疱疹性咽峡炎暴发疫情并妥善处置。

【鼠疫防控】2017年6月，省人大出台《甘肃省鼠疫预防和控制条例》，并于7月1日起正式施行。参与酒泉市肃北县"12·12"鼠疫疫情处置工作。全省13个鼠疫监测点以固定和流动监测相结合的形式，以细菌学方法检验各种动物昆虫材料2949份，阿克塞、肃北、玉门、肃南共分离49株鼠疫菌。用鼠疫间接血凝试验（IHA）检测各种动物血清F1抗体1610份，阳性28份；用鼠疫反向间接血凝试验（RIHA）检测各种动物血清F1抗原239份，阳性5份。

【免疫规划】2017年，国家免疫规划疫苗报告接种率保持在95%以上。继续维持无脊灰状态，完成脊髓灰质炎野病毒销毁工作，脊灰实验室达到世界卫生组织（WHO）及国家卫生计生委考核标准；消除麻疹工作进展顺利。儿童预防接种信息化建设实现14个市（州）、84个县（区）和1397个乡（镇）的6岁以内420万儿童预防接种信息的联网管理。开展疑似预防接种异常反应监测，及时进行诊断和补偿，下发补偿金944432元。完成甘肃省2017年第二类疫苗的招标工作，确定24类66个品目第二类疫苗的供应商及价格，全年有71个县（区）进行线上交易，交易额达1.07亿元。

【性病艾滋病防控】2017年，全省报告艾滋病病毒感染者/艾滋病病例1223例，与去年同期（1054例）相比增加16%，全省累计报告艾滋病病毒感染者/艾滋病病人5584例，当前存活的艾滋病病毒感染者/艾滋病病人4730例，累计报告死亡854例。全年新增艾滋病确证实验室2家，筛查实验室16家，检测点120个。实现市（州）艾滋病确证实验室全覆盖。2017年全省开展艾滋病病毒抗体筛查297.1万人次，较2016年同期（247.7万人次）增加20%。

【结核病防控】出台《"十三五"甘肃省结核病防治规划》并由省政府办公厅发布实施。截至12月底，全省各级定点医院共登记报告活动性肺结核患者13494例，其中病原学阳性患者2461例，涂阴患者10982例，未查痰51例，结核性胸膜炎181例。全省活动性肺结核患者病原学阳性率平均为18.24%。

【慢性非传染性疾病防控】截至2017年12月底，全省在册严重精神障碍患者94018人，平均报告患病率为3.62‰，较去年同期增长17.9%。癫痫项目县筛查总人数2830例，均完成国家下达的任务指标。中医药累计治疗艾滋病患者410例，正在治疗30例，全年累计中医药治疗随访肺结核患者120例。

【地方病寄生虫病防控】全年在10个县（市、区）开展克山病病情监测工作；在8个县（市、区）开展大骨节病病情监测工作；在26个县（区）开展饮水型地方性氟中毒监测工作；在2个县（区）开展饮茶型地方性氟中毒监测工作；在5个县（区）开展饮水型地方性砷中毒监测工作。对600余名成人大骨节病患者开展康复治疗工作，对400余名慢型克山病患者开展自我管理治疗工作。在86个县（市、区）和嘉峪关市开展水碘检测。截至12月底，全省累计发现麻风病例4900例，治愈存活607例。全年新发病人4例。全省开展人群包虫病普查42.7万人，发现病例251例，免费药物治疗病人1280例，外科手术救治161例，12岁以下儿童和疑似病人包虫病血清免疫学检测4.1万人；登记管理家犬62.5万只，累计驱虫750万犬次；采集犬粪71580份，检测阳性率1.33%。在全省45个布病项目县筛查重点人群8万多人，发现布病感染者1611例。

【职业卫生】2017年，省疾病预防控制中心通过国家安监总局职业卫生甲级资质评审，成为甘肃省第一家职业卫生技术服务甲级机构。对全省769家重点职业病监测在岗体检企业，进行接触煤尘、矽尘、铅等7种重点职业病危害因素劳动者在岗实检，共计57304人，检出疑似职业病237人，检出率0.41%；检出职业禁忌证370人，检出率0.65%。全省设置职业性放射性疾病监测点60家，全省放射工作人员4802人，个人剂量监测率80.25%，体检率91.08%。

【卫生应急】2017年，省疾病预防控制中心举办全省卫生应急技能大赛突发急性传染病防控省级竞赛板块。来自省、市、县45名选手参加角逐，选拔出的优胜选手于2017年11月参加全国复赛并取得较好成绩。甘肃省的卫生应急工作受到国家卫生计生委应急办和中国疾控中心的表扬。

红十字事业

【红十字会应急救援】2017年，省红十字会备灾救灾中心全面建成并投入使用。储备物资全部入库，初步形成以省红十字会备灾救灾中心为主，市、县红十字会备灾仓库为补充的全省红十字会系统救灾物资储备体系。全年累计开展自然灾害救助6个批次。文县“8·7暴洪泥石流”及“8·8九寨沟地震”灾害发生后，第一时间派出工作组前往灾区，向灾区调拨救援款物。宕昌县红十字应急救援队积极参与当地突发事件处置和重大节会的服务保障工作，参与景区应急救护服务、搜寻失踪人员、水域救援5次。

【人道救助及脱贫攻坚】2017年，省红十字会实施博爱家园、村卫生室建设、学校建设和生计扶持类项目39个，向医疗机构捐赠价值1890万元的医疗设备3台，投入504万元支持购买免疫试剂运送冷链车，向贫困人群发放价值732万元救助物资。全省各级红十字会筹集315万余元，在春节前夕对7500余户困难群众开展走访慰问。面向白内障、艾滋病感染者等大病和特殊疾病人群，实施手术和救助420人。实施中国红十字基金会“红十字天使计划”，救助白血病和先天性心脏病患儿97人，拨付救助款267.5万元。全省各级红十字会累计筹集款物8100余万元，比上年增长40%。

【造血干细胞捐献与遗体器官捐献】全年造血干细胞捐献志愿者入库2058人份，全年实现捐献4人，金昌、高台、清水各1例，甘肃中医药大学1例，其中涉外捐献1例。截至年底，累计实现造血干细胞捐献30例。兰大二院被总会确定为造血干细胞采集和移植定点医院并挂牌，结束甘肃省配型成功的捐献者必须在外省完成采集工作的历史，并实现2例成功采集。全年捐献遗体6人，累计捐献35人；捐献器官8人，累计捐献22人。

【红十字志愿服务项目】2017年，全省继续实施“十百千万志愿服务精品工程”，经过连续五年的项目培育，全省已扶持优秀志愿服务项目42个，成立红十字志愿服务队16支，注册红十字志愿者13311人。组建省直服务队管理梯队，实施例会轮值制度。

【甘肃省“小天使”、“天使阳光”、中华骨髓库造血干细胞采集移植定点医院正式挂牌】10月11—12日，省红十字会分别为省人民医院、兰州大学第一医院、兰州大学第二医院加挂中国红十字基金会“小天使”、“天使阳光”项目定点医院标牌，为兰州大学第二医院加挂中华骨髓库造血干细胞采集、移植医院标牌。这标志着省人民医院、兰州大学第一医院、兰州大学第二医院作为甘肃省实施中国红十字基金会“小天使”、“天使阳光”项目治疗儿童白血病和先天性心脏病，以及加入中华骨髓库进行造血干细胞采集及造血干细胞检索配型治疗白血病定点医院被正式确立并顺利开展工作。

（供稿：刘雪峰）

甘肃省人民医院

【公立医院综合改革】2017年，医院组建“甘肃·人民医院优势学科医联体”，完成医保系统与国家异地就医系统联网对接，实现了省内异地就医和跨省异地就医住院医疗费用“一站式”结报；推进新农合50种重大疾病的即时结报工作。

【科研成果管理】修订完善《甘肃省人民医院科研（学术）成果管理规定》《甘肃省人民医院院内科研基金管理细则》等制度。创新科研评价体系，将科研管理纳入日常绩效考核中，在临床绩效评价体系中加重科研绩效指标的考核比例，同时加大科研奖励力度，大幅度提高院内科研基金资助经费，此举在省内综合医院首推。2017年，医院获国家自然科学基金9项，其他项目52项；获甘肃省科技进步奖、甘肃医学科技奖等奖项13项。发表SCI论文93篇，国内核心期刊235篇，较2016年均有较大程度的增加。

【医疗协作帮扶】2017年，甘肃省人民医院组织专家369人次赴基层医院开展协作帮扶活动24次，涉及48个专业，63个临床、医技科室。学术讲座72场，科内交流242次，查房1800人次，义诊5200人次，多学科讨论48次；“请上来”，截至12月底，共接收92家基层医院近2000人来院免费进修学习和培训。医院派出第二批由5名博士组成的博士团，赴甘南藏族自治州临潭县第一人民医院开展为期一年的“组团式”医疗援藏工作，成立甘肃省人民医院眼视光学临潭分中心，依托省人民医院院内科研基金，设立援藏科研帮扶项目10项，每项资助3万元，填补该院科研工作的空白。开展对藏族聚居区和老区儿科、检验科、病理科、妇产科、肛肠科等科室和县级重点专科帮建；选派26名支农队员分别前往会宁、永靖、西和、民勤等9个受援县人民医院开展为期半年的支农工作。

【医疗应急服务】2017年，医院预约诊疗率位居全省同级医院首位。依托甘肃省野外流动医院，通过加强应急救援能力培训，完善应急救援管理，举办应急救援培训班、甘肃省野外应急救援大赛，承办卫生应急技能竞赛突发中毒事件处置省级竞赛，使设备配置和队伍建设与国内发达省份接轨，与设在医院的西北唯一国家一类A级核辐射救治基地、甘肃唯一的化学中毒救治基地共同发力，甘肃省应对重特大自然灾害综合医疗救治能力达到国内领先水平。2017年，在国家卫计委开展的《进一步改善医疗服务行动计划（2015—2017年）》中，甘肃省人民医院获得"发挥信息优势示范医院"称号。

（供稿：安　妮）

甘肃省中医院

【概况】全年门诊挂号669907人次，同比增长13.6%。门诊诊疗894930人次，同比增长9.1%。收治入院40510人次，同比增长7.9%。平均床位使用率95.5%，同比增长1.7%。床位周转率27.2%，同比增长0.5%。平均住院日12.8天，同比持平。开展手术9972台次，同比增长10.3%。门诊检验103242人次，同比增长17.3%。临床检验392603人次。超声检查81027人次，同比增长10.4%。病理检查10922人次，同比增长14.8%。核磁共振检查23264人次，同比增长19.7%。CT检查31209人次，同比增长13.7%。放射检查158350人次。截至2017年末，医院资产总值15亿元，净资产总值6.85亿元。

【医疗与护理服务】开展3D打印技术在脊柱矫形和髋膝关节置换中的应用等新技术新业务48项。全年开展重大手术"双风险"评估工作566次，组织疑难病例讨论和院内会诊125次，邀请外院专家会诊84人次，组织院内危重患者抢救58次。全年共派出专家36批120人次，开展55种中医护理操作项目，新增"烧刺""腕踝针"等5种。2017年，省中医院抢救兰州公交车交通事故伤员，收治入院17人。

【学术活动与培训】2017年，省中医院选派放射影像、外周血管介入、癌痛、普通外科、肿瘤、急诊与应急等专业人员参加全省技能大赛46人次，获得多个团体和个人奖项。举办第三届"华夏黄河骨科大会"系列学术活动、第二届丝绸之路中西医结合血液肿瘤病甘肃高峰论坛、中国中西医结合麻醉学会青年论坛等学术活动20余场。对全院65个临床医技科室进行院内急救流程现场培训，完成培训26场次，培训医务人员783人次。全年免费接收积石山县中医院、天祝县中医院等11家成员单位学员来院进修、学习87人次。举办第三届"中医膏方养生文化节"。组织全院医务人员参加2017年全国《黄帝内经》大赛答题和相关学习活动，医院代表队荣获团队三等奖。

【科研与教学】2017年，全院完成科研立项52项，资助总经费348万元。组织项目科研验收、结题37项。发表论文401篇（其中SCI 2篇，CSCD 45篇、北大中文核心期刊1篇），出版专著72部。全年科研获奖18项，发明专利1项，实用新型专利9项。全年，省中医院完成10所院校3个层级12个专业801名学生的临床带教工作。新增省外教学院校2所。完成对60名学生的"分段式"教学工作。获得中华中医药学会中药临床药师培训基地资质，年内招收学员6名。免费接受省内基层医院进修人员316名。完成"陇原之光"人才培养等6个专项的培训任务。2017年度招收住院医师规范化培训学员51名。遴选住培临床带教老师269名，师承指导老师198名。完成国家级继续教育项目6项，省级继续教育项目23项，培训人员5342名。

【交流与合作】2017年，省中医院接待国内外来宾20批196名，派出赴国（境）外交流访问26名。医院在白俄罗斯建立的甘肃省格罗德诺中医中心于9月揭牌。以合作形式在巴基斯坦设立中医中心。派出2名专家在匈牙利岐黄中医中心开展中医内科、针灸诊疗工作。由医院承担的国家卫计委"中国—马达加斯加中医中心项目"（2017—2019）援阿诺西亚拉教学医院前期准备工作已经完成。医院与上海中医药大学附属龙华医院签署战略合作协议。

【医疗管理】取消药品加成，同步完成医疗服务价格调整。组织召开新医改安排部署专题会议2次，研究制定科学合理的医院新医改实施方案和应急预案，规范调整价格8014项，新增服务项目15项。实施药品购销"两票制"等系列措施；临床使用西、成药占比降至26%。开展全院执业医师电子化注册工作。制定实

2017年，甘肃省中医院救助卓尼藏族聚居区同胞，助推脱贫攻坚帮扶行动

施《甘肃省中医院医师外出管理办法》。

【队伍建设】2017年，省中医院引进人才21名，其中博士5名，硕士10名。新晋副高以上专家47名，其中正高10名。组织选派职工赴国（境）外研修学习26人次，国内进修59人次。1人入选西部之光访问学者，1人入选第四批全国中医临床优秀人才研修项目培养对象。入选全国第六批全国老中医药专家学术经验继承指导老师7名，入选国家级师承继承人14名；入选第三批全省五级中医药师承教育省级指导老师24名，入选省级继承人54名。5名省级名中医入选甘肃省西医类领军人才学习中医项目指导老师。

【医疗学科建设】2017年，省中医院妇科、骨肿瘤科、血液病科成为甘肃省"十三五"中医重点专科培育项目，同时被列建为第九批省级中医药重点专科（专病）建设项目；组织骨伤科、脑病科、脾胃病科、老年病科申报国家中医药管理局区域中医（专科）诊疗中心。完成区域中医（专科）诊疗中心遴选和专业评议工作。脑病科入选国家中医药管理局中西医结合临床协作试点项目；重症医学科入选省级中西医结合重症医学科建设。科技信息研究所（中医药信息学）、针灸科、内分泌科、中医护理（脑病科）、肛肠科通过第五批、第六批省级中医重点专科验收。完善专业细化方案之后，陇中正骨医院亚专业达到15个，共设有骨科二级科室24个，1个骨伤病研究所，开设病床800张，规模水平居国内同类医院前列，省内同类医院首位。脑病科细化为3个临床二级科室，开设病床120张；针灸科细化为4个临床二级科室，开设病床170张。

【"全国名中医"王自立获得表彰】6月，国家人力资源和社会保障部、国家卫生计生委、国家中医药管理局联合开展第三届"国医大师"和首届"全国名中医"评选工作，省中医院名老中医药专家王自立教授荣获"全国名中医"荣誉称号。

（供稿：裴学军）

兰州大学第一医院

【概况】全年接待门急诊患者1643809人次，住院患者75594人次，实施各类手术38956例，床位使用率92.83%，平均住院日为8.87天，床位周转次数38.02。全年医院派出159名专家赴16家县级医疗机构开展分级诊疗工作，累计完成手术315例、学术讲座359场，技术指导909次，查房8237人次、门诊7508人次，会诊683人次，带教526人次，相比2016年取得了突破性进展。许自诚名中医工作室顺利通过国家中医药管理局的验收。申报成功3项甘肃省非物质文化遗产传统医药项目。

【医疗质量管理】2017年，医院建立院科两级医疗质量管理体系，信息系统增加病区护理质控、护理管理、临床路径、病历质控、院感等系统，加大运行病历书写时限监控力度，通报处罚违规病历，将医疗质量18项核心制度落到实处。全院38个科室已开展临床路径工作，开展病种87个，全年共1643例患者进入临床路径管理，入组率为49.03%，对路径变异情况、标准医嘱执行率、住院天数及住院费用等指标严密监控。与136家基层医疗机构签约，并作为全院医疗联盟成员单位。依托互联网，建设运行分级诊疗互联网平台，68家基层医院安装医联体互联网平台，认证675位基层医院医生。

【学科建设】编制《兰大一院一流学科建设方案》，整合西部重大及高发肿瘤早诊早治与防治体系建设学科群、西部高发慢性疾病防治与康复学科群、心脑血管疑难危重病防治学科群、生殖医学与遗传学科群、妇幼急危重症学科群、重症与创伤6大学科群。以甘肃省心脏临床医学中心为核心，整合心外科、介入医学科、神经内科、神经外科、心脑血管康复医学科等资源与优势，获批国家"心脑血管疑难病症诊治能力提升工程建设项目"。普外科、消化内科、心血管内科、临床药学、影像医学等5个学科获批兰州大学临床医学研究型学科。本院制定《兰大一院"兰州大学临床医学研究型学科建设计划"管理办法》，明确目标任务并对完成情况进行考核。组织本院4个国家级临床重点专科开展建设项目总结评估，整理总结心内科、重症医学、老年病、消化内科四个国家临床重点专科建设成果。

【医疗科研】2017年，甘肃省胃肠病重点实验室和甘肃省心血管病重点实验室顺利完成新一周期的评估验收。全院获批各类科研项目61项，其中国家重点研发计划项目子课题2项，国家自然基金4项，科技部子课题1项，省科技厅项目29项，省卫生计生委项目13项，省中医药管理局项目3项，"陇原人才计划项目"2项。到账科研经费1529.62万元。科研成果获奖6项，其中甘肃省科技进步一等奖1项、二等奖1项、三等奖1项；甘肃省医学科技一等奖3项、二等奖1项；兰州市科技进步一等奖2项。发表论文448篇，其中SCI论文55篇，CSCD论文107篇，CSTPCD论文100篇。申报专利51项，其中发明专利4项，实用新型专利47项。

【人才队伍建设】2017年，医院积极申报"2017年长江学者奖励计划"特聘教授1人，青年项目3人。申报"第八届国家卫生计生系统突出贡献中青年专家"2人，"2017年国家百千万人才工程"专家2人。推荐陇原创新团队1个、陇原创新青年人才1人。完成本院18位省领军人才任期考核。医院18名青年骨干及博士入选"兰州大学临床医学青年人才建设计划"培训项目。

【支援基层医疗】2017年，医院投入资金80余万元用于改善三个帮扶村的基础建设。7位临床骨干赴夏河县人民医院开展为期一年的对口支援。在夏河县人民医院启动早癌筛查工作。2017年，医院共选拔22位各科室骨干分赴夏河、通渭、泾川、敦煌等7个受援点开展对口支援工作，组织选拔4位医师到省急救中心工作。2017年接收基层进修人员424人。

（供稿：田青锋）

兰州大学第二医院

【概况】2017年，兰州大学第二医院全年门诊量145.57万人次（较去年同期增长7.88%），急诊量13.79万人次（较去年同期增长36.21%），住院患者10.74万人次（较去年同期增长22.65%），手术量6.59万台次（较去年同期增长17.49%）。

【学科建设】2017年，兰州大学第二医院大力支持5个国家临床重点专科、2个省级医学中心和13个省级临床重点专科建设；完成2017年国家临床重点专科评审；7个学科获批兰大临床医学研究型学科；为提高诊治急危重症和疑难杂症的临床诊疗能力，申请成立甘肃省疑难病症和危重症救治中心。完成高级卒中中心和胸痛中心建设；进一步理顺学系（科）—科室—亚学科管理体系，对康复医学科、急救中心（急诊科）以及健康管理中心进行整合和调整；大力推进以疾病为中心的各专科MDT讨论制度，新增神经内科学系，当前有15个学科（系）参与MDT讨论。全年共组织MDT讨论会470次，完成3118例肿瘤及疑难危重病例的讨论。

【科研建设】2017年，兰州大学第二医院加强4个省级重点实验室建设，获批甘肃省骨科3D打印工程研究中心，新建11个院级重点实验室。完善科研管理制度，制定实验室建设与管理、科研经费管理、萃英科技创新计划、纵向科研项目院内配套资金管理办法等8个科研管理制度；全年下拨院内科研基金1160万元。与上海吉凯基因转化医学研究院签订转化医学协同创新框架协议；拓展5个科研共享平台，在中心实验室的基础上新建萃英生物医学研究中心。

（供稿：贺　婧）

甘肃省第二人民医院

【医疗工作】2017年，医院收治住院病人17130 人次，同比增长 1.5 %，门诊年诊次量293883 人次，同比增长9.72 %。医院调处医患纠纷9件，比2016年下降40%，医疗纠纷赔付下降65%，接待投诉比2016年下降71%，出院病人平均满意率增加0.82%。

【教学研究】对333诊疗模式在教学中的应用、开展CBL教学、实施形成性评价、构建以岗位胜任力为核心的临床实践能力培养体系等核心教学改革进行学习实践，顺利通过教育部对医院临床医学专业教学工作的审核评估。在2017年部属院校科研项目申报中，医院20个科研项目中标，获得科研经费102万元。与来比宜科技（厦门）有限公司共建的BE/I期临床研究基地建成启用。

（供稿：刘文沛）

甘肃省第三人民医院

【概况】2017年，门诊接诊各类患者57138人次，同比2016年增长1.1%；住院6037人次，同比2016年降低1.7%；床位使用率74.11%，同比2016年降低1.79%，平均住院日9.8天，同比2016年同期相比缩短0.6天。全院平均药占比为21.19%，同比2016年下降3.3%；手术室全年手术共计568台次，同期增加56台次，同比2016年增长11%。全年医疗业务收入5973万元，比2016年同期增加246.05万元，增幅4.3%；2017年固定资产8133万元，同比2016年增加1019万元，增幅14.32%。

【学科建设】截至2017年，医院开展十多项新手术、新技术，其中妇科腹腔镜下孕前宫颈环扎术、宫腔镜下宫颈蕈状切除术为省内首例。普外科开展保胆取石手术，临床效果突出。职业病科开展尘肺病大容量灌洗治疗术，同时针对尘肺病建立岩盐气溶胶治疗技术。已超过800人次接受治疗。

【科研创新】2017年，全院科研立项6项，完成科研鉴定成果3项。全年医院共发表论文共45篇，其中国家级期刊发表21篇，省级期刊发表24篇。

【开展专科联盟工作】2017年，医院先后与73家医院，签订老年病专科联盟77份，医养结合专科联盟61份，职业病专科联盟8份。

（供稿：高瑞斌）

甘肃省妇幼保健院

【概况】2017年，医院年门诊量154.45万，较上年增长10.4%。住院病人75967人次，较上年增长3.8%。平均住院日5.5天，比上年减少0.1天。平均床位使用率116.2%，比上年增加2.7个百分点。全年人均门诊费用211.18元，人均住院费用8302.62元。全年总收入11.05亿元，比上年增长6.45%。其中，

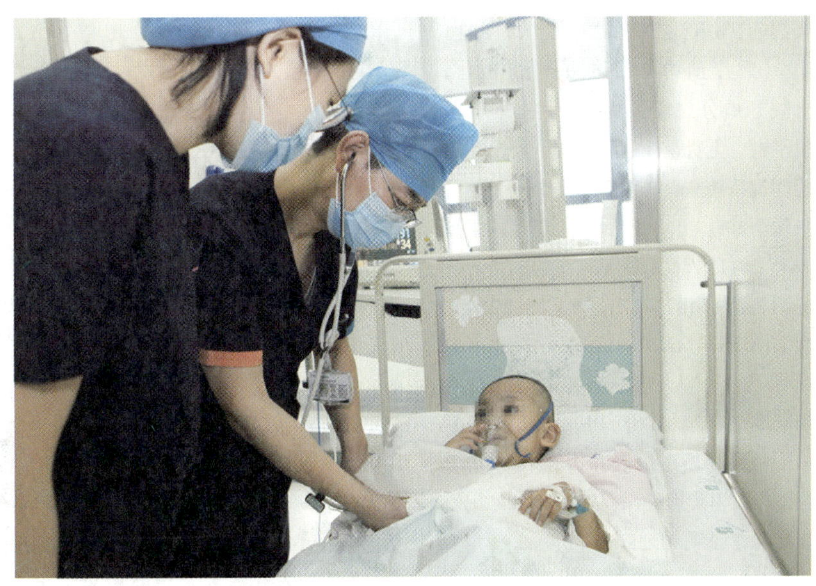

2017年，ECMO技术—省妇幼保健院成功救治甘肃省第一例儿童ECMO患者，是国内ECMO治疗肺源性疾病时间最长并存活出院的病例

业务收入9.63亿元，比上年增长9.44%。资产总值达到22.16亿元，比上年增长19.04%。截至2017年底，医院有1675名员工，其中专业技术人员占80.36%。

2017年，全省孕产妇死亡率由2016年的17.12/10万下降到2017年的14.45/10万，婴儿死亡率由4.48‰下降到4.47‰，5岁以下儿童死亡率由5.52‰下降到5.40‰。

【妇幼专科联盟成立】9月1—2日，医院牵头成立甘肃妇产科、儿科专科联盟。医院与宁夏回族自治区、青海省、新疆维吾尔自治区5家医院和省内171家医疗保健机构组建跨区域专科联盟。全年派出专家150余人次，深入基层开展妇幼保健业务技术指导、适宜技术推广等工作，累计基层工作3200余人天。

【医疗卫生援藏】2017年，医院派遣6批25名专家和骨干赴甘南州开展援藏工作，帮助建立甘南州新生儿和孕产妇急救中心，甘南州妇幼保健院儿科床位使用率由原来不足40%提升至128%，妇产科床位使用率由70%提升至100%以上，在多项医疗技术领域实现"零"的突破。

【医疗科技成果】全年有34项课题立项，其中横向课题4项，省部级立项课题8项，厅市级立项课题22项。获甘肃省科技进步三等奖课题1项，获甘肃医学科技二等奖课题3项、三等奖课题2项，获兰州市科技进步二等奖课题2项。

【医疗预约与回访服务】2017年，全院开展分时段预约挂号、医信通短信平台、免费视频远程会诊、新生儿远程探视系统"亲情生命岛"等服务。客户服务中心全年开展出院患者满意度调查28115人次，总满意度为97.50%；电话咨询154892人次，网上答疑254人次；预约挂号646388人次，出院患者电话回访33450人次；患者委托邮寄病历、检查单24211份；"医信通"医患短信交流平台发送短信74万条；"亲情生命岛"新生儿远程探视拍摄14908人次；出生医学证明办理22684份。

（供稿：刘　玉）

甘肃中医药大学附属医院

【概况】2017年，门诊就医43.20万人次，同比增加14%，出院2.39万人，同比增加16.58%，完成麻醉手术2859例，同比增加26%。床位使用率80.69%，同比降低2个百分点，平均病床工作日300.99天，降低6.50天；平均住院天数为12.54天，减少1.13天。北院门诊2.96万人次，同比增长36%，住院2800人，同比增长68%。

【医科建设】2017年，医院针灸科、心血管科接受"十二五"国家临床重点专科建设项目验收，脾胃病科、肛肠科、心血管护理接受省级中医药重点专科验收。风湿骨病科、北院椎间盘护理获批第九批甘肃省中医药重点专科。许自诚名老中医药专家传承工作室通过甘肃省中医药管理局组织的专家组验收检查。完成三黄膏等16个制剂品种的再注册，开发"陇绿源"系列的中药制剂产品，开发系列保健药酒产品10个；经过对中药超微粉碎工艺的研究，开发出中药美容养颜面膜产品2个，当前在申报批准文号。

【科研成果】2017年获国家自然科学基金项目1项，甘肃省科技厅科技计划项目立项2项，甘肃省中医药管理局项目立项9项，甘肃省卫生行业科技计划项目立项3项，2017年获科研基金资助共77万元。全院公开发表论文89篇，SCI1篇，CSCD13篇，国家级1篇，省级74篇，出版著作17部，获得实用新型专利5项。2全院举办针灸、骨伤等专科国家级继教项目8项、省级继续教育项目20项。

【医保工作】2017年，全院接受医保住院患者1.55万人次，同比增长23.01%，门诊患者10.22万人次，同比增长5.67%，各类医保医疗总费用1.73亿元，同比增长12.45%。完成省级医疗机构城乡居民50种重大疾病对接工作。完成省内外异地结算21例。北院获得市医保、新农合定点资格，西院获得市医保定点资格。

【医疗队伍建设】2017年，医院调整《专业技术职称评聘工作管理办法（试行）》。聘任各级各类专业技术职务共计47人，其中，正高6名，副高19名。医院聘任国医大师、全国名中医、甘肃省名中医30余位专家在医院坐诊、带教、指导临床工作；同时出台《返聘、外聘专家管理办法》。

2017年，医院组织甘肃省领军人才考核1人获得优秀等次，推荐选拔第六批全国老中医药专家学术经验继承工作指导老师5人，继承人10人，第四批全国中医临床优秀人才研修项目培养对象1人。

（供稿：杨文强）

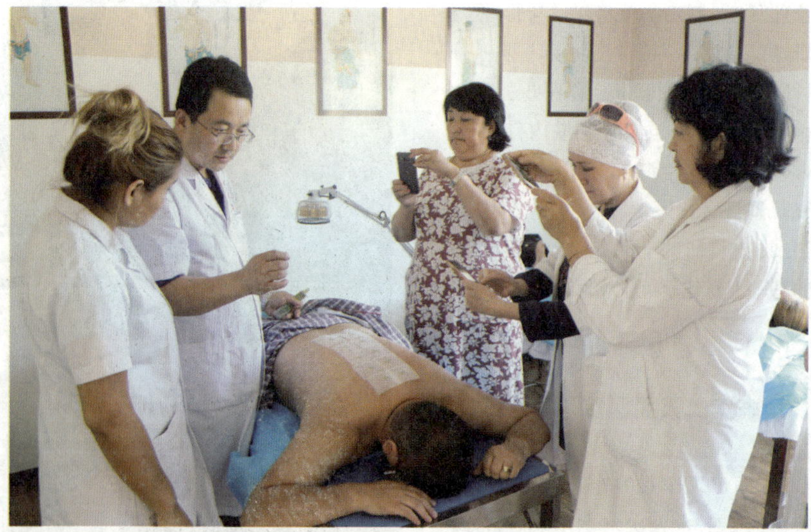

2017年，吉尔吉斯斯坦岐黄中医中心开展"冬病夏治特色三伏贴"诊疗活动

新闻出版 广播影视

新闻出版

【全省新闻出版业概况】2017年，全省有新闻出版单位3235家，实现营业收入79.68亿元，资产总额143.55亿元，净利润8.49亿元。全省有60家报纸，132家期刊，4523名新闻记者，363种连续性内部资料出版物。全省有图书出版社9家、音像电子出版社3家，有从业人员350人，其中有编辑资质的人员有220余人。

2017年，全省有印刷企业1230家，从业人员1.7万人，全行业资产总额54.74亿元，工业总产值29.77亿元，销售收入总额32.32亿元，利润总额3.52亿元。

2017年，全省有出版物发行企业2045家。其中，图书批发企业380家、零售企业1665家，从业人员25649人。全行业实现营业收入47.66亿元。全省有网上书店79家，网络交易额1284.54万元，利润316.28万元。

【公共文化服务体系建设】2017年，全省广播电视综合覆盖率达98.12%和98.55%，有线电视入户率达24.7%。组织开展全省村村通户户通长效运维考评。按期完成6000家农家书屋、266家藏传佛教寺庙出版物补充更新和配送验收工作，设立中国甘肃网“书香陇原”网络频道、甘肃人民广播电台“书香陇原”《阅读时光》广播节目、读者集团“读者·中国阅读行动”全民阅读推广工程三大宣传推广平台。完成全省7市13个县区4.49万个适龄儿童阅读包的发放工作。农村电影放映完成19.6万场。完成中央广播电视无线数字化覆盖工程一期建设任务。对全省推进实施“百县万村”广播器材配置工作的8个市州848个村的设备采购和资金使用情况进行抽查和全面验收，组织实施598个边疆民族地区广播器材配备项目。

【精品创作与评奖】制定《全省新闻出版广播影视“五个一”精品工程推进计划》，文溯阁《四库全书》影印出版和数字化处理工程开始实施。《读者丛书·社会主义核心价值观读本》《血与火的记忆：抗战烽火中的中国文艺》入选中宣部和国家新闻出版广电总局迎接十九大主题出版和精品出版重点选题。组织开展首届甘肃省“十佳期刊”评选活动，《读者》《飞碟探索》《视野》等6种期刊入选国家新闻出版广电总局向全国推荐的优秀少儿报刊目录，《甘南民族文化研究（藏文）》正式创刊。对《黄天厚土》《敦煌画派》《金城档案》《迷失悬泉》《解放大西北》等优秀西部影视剧作品和剧本进行奖励。举办西部影视剧项目推介会，8部影视项目达成合作意向。数字电影《耳蜗》获电影“百合奖”最佳故事片一等奖，电影《丢羊》获得中美电影、电视节最佳剧情片及最佳编剧奖。《中国裕固族服饰》获得中华优秀出版物提名奖，电影《河对岸是山》入围并获得第41届蒙特利尔国际电影节中国竞赛单元铜奖、《疲城》入围并获第41届蒙特利尔国际电影节国际影评人协会奖，电影《丢心》获得威尼斯电影节“聚焦中国”最佳影片奖。推荐《河西走廊》等6部纪录片参加“五个一工程”评选。组织举办第四届全省广播电视公益广告制作宣传活动，征集广播作品146件、电视作品178件，得到国家新闻出版广电总局奖励全省扶持资金25万元。

【产业发展】2017年，省新闻出版广电局申报的11个项目入选新闻出版改革发展项目库，5个项目获得2017年度国家出版基金项目资助补助资金233万元；民族文字出版项目申请专项资助资金789万元；中央文化产业发展专项财政补助资金1850万元。截至12月底，城市电影票房突破5亿元。在全省建成文化集市固定经营点150家，实现销售收入8.1亿元，利润2.6亿元；建成文化集市生产基地160家，实现销售收入8.3亿元，利润2.3亿元，带动13万余户农民创新创业。

【行业监管】修订《甘肃省新闻出版广电局影视剧审查管理办法》，完成全省4523名新闻记者和363种连续性内部资料出版物、65家报纸、132家期刊的年度核验。组织开展迎接党的十九大印刷复制发行专项检查行动和十九大重点主题出版物展示展销活动，对各市州工作开展情况进行督查并督促整改和“回头看”，集中整治图书发行市场；对全省3402家印刷复制发行企业进行年度核验；加强出版物质量管理，特别对中小学教材教辅、主题图书、少儿类图书印装质量进行检查检测，完成国家统编道德与法治、语文、历史教材暨中小学教材教辅出版发行工作。全年整改关停有线网络违规节目30余套；整改停播违法违规广告206条，受理处置群众投诉举报案件11起；强化卫星电视地面接收设施管理，严厉查处“黑广播”违法活动13起。

【出版物扫黄打非】2017年，全省出动执法人员5689人次，检查图书印刷发行企业5970家（次），查缴各类非法和违禁出版物24.8万件,约谈图书印刷发行企业187家，行政处罚149家，取缔游商地摊366家，巡查各类网站640家，清理政治类有害信息52405条、色情低俗庸俗信息1996条，约谈整改网站41家，依法关停网站27家、网站栏目33个。

【版权管理】印发《关于进一步加强全省党政机关正版软件使用管理工作的通知》《甘肃省使用正版软件工作考核办法》，推进企业软件正版化和党政机关所属事业单位及相关企业软件正版化进程。配合有关单位在兰州市金城关组织开展2017年甘肃省侵权盗版及非法出版物集中销毁活动，集中销毁非法图书60万册、侵权盗版光盘5万张。

【安全播出】对全省130多个单位，重点对安全播出机构、制度是否健全，播出应急预案和演练情况、播出设备完好率，应急防范、播出网络安全等进行大检查，下发《检查情况通报》《问题整改建议书》，保证全省3600多起问题隐患在十九大召开之前全部得到整改。印发《甘肃省新闻出版广电局安全播出管理制度汇编》，对全省微波干线网、安全播出指挥系统和无线广播电视监测网进行升级改造，组织开

2017年9月22日，第六届中国·嘉峪关国际短片电影展开幕式交响音乐会在嘉峪关市举办

展广播电视设施安全保护专项整治活动，加强了无线、微波台站管理，完成党的十九、"一带一路"国际高峰论坛、金砖国家领导人会晤等重大活动、重要节目和重点时段的安全播出保障工作任务。

【广播影视奖评奖】2017年11月3日，甘肃省人力资源和社会保障厅、甘肃省新闻出版广电局对"2015—2016年度甘肃广播影视奖"获奖作品进行表彰，并颁发证书。共评出2015—2016年度甘肃广播影视奖获奖作品290件（篇），其中一等奖55件（篇），二等奖107件（篇），三等奖128件（篇）。

（供稿：王发存）

广播电影电视

【概况】2017年，甘肃省有广播电台1座，电视台2座，广播电视台82座，调频电视转播发射台1465座；建成广电微波传输网3266.95千米，广电有线传输干线网16636.31千米。全省有线电视用户200.99万户，其中数字有线电视用户159万户。全省共办广播节目97套，电视节目112套。全省广播和电视综合覆盖率分别为98.38%和98.68%。全省广播影视系统全年总收入40.61亿元，实际创收收入15.36亿元。新增广播影视节目制作经营机构64家，注册企业达到298家。

【重大宣传报道】十九大召开期间，广播电视主干新闻共播出相关报道252条、专题节目15期；网站发稿、转载相关报道800余条；电视《甘肃新闻》中的《十九大时光》专栏先后受到国家新闻出版广电总局和中宣部新闻局的通报表扬。同央视、各市州台联动制作，于2017年10月2日在央视新闻频道推出《喜迎十九大特别节目——还看今朝·甘肃篇》直播报道。

完成省第十三次党代会新闻宣传报道任务。做好脱贫攻坚、县域经济发展、供给侧结构性改革、中央环保督察反馈意见整改、净化政治生态等全省重点工作宣传报道；完成全国全省"两会"、第二届丝绸之路（敦煌）国际文化博览会、"丝绸之路"（敦煌）司法合作国际论坛、兰洽会、敦煌行丝绸之路国际旅游节以及宝兰高铁和兰渝铁路开通运营、引洮供水二期骨干工程、兰州轨道交通工程等新闻报道。2017年，总台上推央视《新闻联播》播出甘肃新闻报道207条、央视新闻频道538条、其他频道216条；上推央广播出91条，其中《新闻和报纸摘要》33条。

【精品节目栏目】全年推出广播电视新栏目43档，创历年新高；获得国家级、省级政府奖项及行业新闻奖160多项，其中，中国新闻奖三等奖1项、国家级广播影视专业奖32项。甘肃卫视《直通一带一路》栏目创制经验被中国记协向业界推介。《大戏台》栏目入围"2016—2017年度亚太地区影响力栏目"。总台制作的"中国梦"主题歌曲《春天的信息》获得"敦煌文艺奖"一等奖。"陇韵流芳·2018年甘肃省元旦戏曲晚会""感动甘肃·2017十大陇人骄子颁奖典礼""'丝路春正好'2018年甘肃省电视春节联欢晚会"等文艺晚会广受好评。总台6个广播频率在兰州地区全年平均收听率达2.64%、市场占有率达56.63%；甘肃卫视全国收视排名较上年上升1位，排名第27位。

【特色节目栏目】2017年，甘肃卫视频道《好人在身边》栏目受到国家新闻出版广电总局的通报表扬，成为广电总局高度关注的重点栏目。5月5日国家新闻出版广电总局宣传例会对农村广播《12316"三农"热线》节目进行通报表扬，是例会上得到总局高度评价的唯一一档广播节目。新闻综合广播《悦读时光》受到国家新闻出版广电总局的表扬和奖励。6月12日，《甘肃卫视：让"一带一路"故事有高度、宽度、温度和亮度》的文章，在中国记协网发表。向全国同行推介甘肃卫视《直通一带一路》栏目。10月20日和22日，省总台电视《甘肃新闻》中的《十九大时光》专栏受到国家新闻出版广电总局和中宣部新闻局的通报表扬。

【影视剧译制与创作】完成国家新闻出版广电总局电影局下达的《唤醒沉睡的城市矿山》《科学运动 健康生活》等10部电影科教片，《战火中的芭蕾》《终极胜利》《虎胆精英》等30部安多藏语故事片的译制任务，合格率为100%，名列全国11个译制中心之首。制作完成的"中国梦"主题歌曲《春天的信息》，获得"敦煌文艺奖"一等奖。新投拍的电视剧《第一声枪响》进入发行阶段，《我的小姨》完成后期制作开始发行，电视剧《大西北剿匪记》获得第十三届东方电影·电视剧颁奖典礼优秀电视剧大奖。反腐题材电影《灵魂的博弈》和央视电影频道正式签订收购合同。

【"视听甘肃"入驻"全国党媒公共平台"】2017年10月17日下午，在北京举行的"喜迎十九大·全国党端联动再出发"活动启动暨全国党媒公共平台首批党端入驻签约仪式上，省广电总台"视听甘肃"客户端与澎湃新闻等全国38家党媒客户端一道，首批正式签约入驻人民日报"全国党媒公共平台"，并共同启动了"喜迎十九大·全国党端联动再出发"活动。

（供稿：贺　莉）

甘肃日报工作

【舆论引导】在十九大召开前，连续开设"砥砺奋进的五年""治国理政新理念新思想新战略在甘肃的新实践""深入学习贯彻'八个着力'重要指示精神"等专栏，推出《牢记嘱托砥砺奋进——甘肃省践行习近平总书记"八个着力"重要指示精神纪实》

长篇报道；十九大召开期间，推出《聚焦党的十九大》专刊，报道十九大召开盛况，对十九大精神进行权威解读，对全省各地各界学习贯彻落实十九大精神的生动实践予以及时反映；十九大闭幕后，开设《新时代 新气象 新作为》《十九大精神在基层》等专栏，组织撰写刊发一系列评论理论文章。完成省十三次党代会宣传报道任务。组织采写《甘肃：开启脱贫攻坚新征程》《下绣花的功夫精准扶贫》《为了甘肃与全国一道迈入小康》等重点稿件。完成第二届敦煌文博会宣传报道。做好“提振信心 力促增长”专题报道，先后刊发《逢山开路遇水搭桥推动经济冲过险滩激流——当前全省经济大势述评》《让实体经济“血液”满满的——甘肃省金融支持经济健康发展综述》等一批重点稿件。聚焦生态文明建设，着力做好生态环境保护方面的报道，相继推出《党河水重回疏勒河怀抱》《甘肃打造绿色生态扶贫模式》《让荒漠披上绿装》《再为陇原添新绿》《陇上“塞罕坝”——榆中县贡井林场58年艰苦造林纪实》等重点报道。

【荣誉和奖励】2017年，甘肃日报社荣获“报业融合发展创新单位”荣誉称号。《甘肃日报》印刷质量连续7年获得中国报协全国精品级报纸嘉奖，连续两年位列全国第5名。承印的《人民日报》被评选为“最佳出版时效奖”，印务分公司获得“2017年度优秀承印单位”。发行分公司连续三年被评为“全国省级党报发行工作先进集体”和“全国报纸自办发行先进集体”。由报社采编人员采写的1件作品获得中国新闻奖一等奖，10件作品获得甘肃新闻奖一等奖。

【报业经营】2017年，甘肃日报报业集团有限责任公司实现总收入3.53亿元，报业集团公司经营收入同比下降4149.58万元，减幅10.5%。

（供稿：周卫宏）

气象

【气候概况】2017年，全省平均气温较常年略偏高，日照时数略偏少；大风、沙尘、冰雹次数偏少，对农业和经济林果业影响较小；年内暴雨日数偏多，极端降水事件偏多，引发山洪、泥石流和山体滑坡等气象次生地质灾害，造成的影响和损失较重；连阴雨过程偏多，解除河东旱情的同时造成马铃薯晚疫病等病害的滋生；高温日数偏多，伏旱严重，对农业产生较大影响，损失较重；寒潮、强降温次数偏少，降雪对设施农业带来较大的影响。全年气象灾害虽造成一定的影响和损失，但与历年相比，总体上来看属于气候条件较好年景。

【主要气象事件及其影响】

干旱　全省干旱时段主要出现在6月中旬—7月下旬，除定西市南部、正宁和文县以外，河东大部地方降水量较常年同期偏少2～9成。尤其在7月9日—7月23日，全省48县（区）日最高气温超过35℃，连续高温日数达5～9天；敦煌、民勤和泾川日最高气温超过40℃。省内大部分地方气温偏高1.5℃～2.5℃，而降水量偏少2～6成，持续高温少雨导致定西市中北部、天水市西北部和庆阳市北部等地出现伏旱，受旱范围和程度为近三年同期之最。干旱导致部分地方马铃薯叶片萎蔫甚至干枯，花蕾脱落，严重影响了马铃薯结薯，影响玉米开花授粉，导致结实率下降。

高温　全省有67县（区）出现日最高气温≥32℃高温，比常年偏多。主要出现在5月中旬—8月中旬，除甘南州和定西市南部，全省大部地方均有出现，其中敦煌最多，累计出现69天，其次为瓜州，为59天，其余大部分地方为1～45天。全省有48县（区）出现日最高气温≥35℃高温，比常年偏多，为1961年以来最多。主要出现在6月下旬—8月中旬的河西大部、兰州市、临夏市、天水市、平凉市东部、庆阳市和陇南南部，其中敦煌出现31天，瓜州出现22天，其余大部分地方为1～18天。年内全省有31站超过极端高温阈值，达到极端高温事件，其中7月10日—8月3日，庆城、镇原、合水等13站突破历史极值；7月10日—26日，鼎新、高台、永靖、临泽、甘州和泾川等19站35℃以上连续高温日数破极值。

暴雨　全省降水日数较常年偏多，河西各地区多为20～80天，兰州市、定西市、平凉市和庆阳市多为60～100天，省内其余大部地方多为100～150天，其中玛曲最多，为159天。年内暴雨日数较常年偏多，为近4年最多。22县（区）出现暴雨，多为1～4天，其中正宁最多，为4天。暴雨主要出现在7月下旬—8月中旬的临夏州、甘南州、天水市、庆阳市和陇南市，降水量在52.5～108.4毫米。年内出现2次区域性暴雨过程，分别出现在8月7日（天水市和陇南市，9站）和8月20日（临夏州、甘南州、庆阳市和陇南市，6站），降水量分别为65～108.4毫米和54.2～94.1毫米。年内有17县（区）出现极端降水事件，主要出现在陇南市、天水市、庆阳市、甘南州、白银市、定西市和张掖市，其中陇西、会宁和武都日降水量突破历史极值；有14县（区）连续降水量达到极端阈值，会宁（8月19—29日，202.6毫米）和礼县（8月6—7日，128.2毫米）突破历史极值；有18县（区）连续降水日数达到极端阈值，其中在8月20—29日，兰州、景泰和靖远均突破历史极值。

大风和沙尘暴　全省有63县（区）

2017年全省气候资料统计表

站名	温度（℃）	距平（℃）	降水（mm）	降水距平百分率（%）
马鬃山	6.1	2.6	66.7	5
敦煌	11.2	2.3	33.1	−17
瓜州	10.4	2.0	33.8	−30
鼎新	10.1	2.5	56.7	1
金塔	10.0	2.0	55.8	−15
玉门镇	8.3	1.5	70.5	6
肃北	7.1	−0.2	179.6	18
肃州	9.0	2.5	110.1	26
高台	9.8	2.9	141.6	26
临泽	9.7	3.4	162.3	45
甘州	8.9	1.8	166.5	26
山丹	8.4	2.9	290.1	43
民乐	5.0	1.2	387.4	9
肃南	4.9	1.9	353.3	32
永昌	6.1	1.4	229.7	8
民勤	10.3	2.7	121.4	7
凉州	10.1	1.9	186.5	9
古浪	7.1	2.0	363.9	3
乌鞘岭	1.1	2.0	480.7	18
兰州	11.2	1.2	348.4	20
皋兰	8.0	1.7	303.0	23
永登	6.7	1.7	337.8	6
榆中	7.8	1.5	409.9	10
景泰	9.8	1.2	253.1	41
靖远	10.5	2.5	264.3	18
白银	9.4	0.7	236.5	24
会宁	8.9	1.8	467.5	27
安定	8.6	2.0	405.4	8
临洮	7.8	0.6	470.3	−5
渭源	6.9	2.0	541.2	7
陇西	9.5	2.7	419.6	1
漳县	8.7	1.9	472.6	9
岷县	7.2	2.7	639.4	15
华家岭	4.8	1.7	583.7	29
通渭	8.0	2.0	344.5	−12
永靖	10.2	1.1	254.4	−7
东乡	6.3	1.3	536.3	−1
广河	7.9	2.2	382.8	−18
临夏	8.1	2.0	473.6	−6
康乐	7.5	1.5	468.4	−10

出现大风天气，较常年偏少，为近3年最少。主要在河西五市和甘南州南部，为10～50天，其中碌曲72天，其余多为1～5天。2017年全省未出现区域性沙尘暴天气过程，为1961年以来最少。年内有31县（区）出现扬沙天气，各地区多为1～19天（金塔，19天），较常年偏少，为近3年最少，主要出现在河西五市、兰州市、庆阳市和甘南州。年内有55县（区）出现浮尘天气，各地区多为1～28天（肃北，28天），较常年偏少。

连阴雨　全省有71县（区）出现连阴雨天气过程，较常年偏多。年内甘南州、天水市和陇南市出现连阴雨天气过程，总次数为8～12次；年内全省出现13次区域性连阴雨天气过程，其中5月31日—6月4日、8月17日—20日为大范围连阴雨天气过程。夏末出现的连阴雨天气过程使土壤墒情显著增加，解除河东旱区前期旱情，对玉米灌浆、马铃薯块茎膨大等秋作物产量的形成非常有利。同时，持续阴雨寡照天气易造成马铃薯晚疫病等病害的滋生蔓延，对苹果、酿酒葡萄等林果糖分积累着色不利，也造成日光温室蔬菜、复种作物生长缓慢。

冰雹　全省有30县（区）出现冰雹过程，较常年偏少。主要出现在5月中旬至7月中旬的武威市、兰州市、白银市、临夏州、甘南州和陇南市，其中6月全省19县（区）出现冰雹灾害，较常年同期偏多，为近9年最多，年内未出现区域性冰雹天气。

寒潮、强降温　全省寒潮天气过程比往年偏少。1—5月、10—12月全省大部地方出现寒潮天气，其中秋季寒潮为近17年最少，主要出现在酒泉市、张掖市、武威市、白银市、平凉市和庆阳市。年内全省强降温天气过程偏少，主要出现1月下旬—2月下旬、4月中旬和10月上旬的河西大部、兰州市北部、白银市、定西市西部、临夏州、甘南州南部和陇南市南部地方。

雪灾　全省主要在3月中旬和10月上旬出现雪灾。3月10—14日乌鞘岭

续表

站名	温度（℃）	距平（℃）	降水（mm）	降水距平百分率（%）
和政	6.3	1.1	572.9	−3
夏河	3.5	0.2	501.1	12
碌曲	3.1	0.4	644.1	9
玛曲	3.2	2.4	680.0	15
临潭	4.5	1.5	501.9	0
合作	3.5	1.4	545.4	2
卓尼	5.6	0.2	544.9	2
迭部	8.5	2.5	647.5	14
舟曲	13.9	1.4	472.5	12
张家川	9.1	1.9	572.5	7
秦安	12.0	2.0	440.2	1
清水	10.1	2.8	534.7	−3
武山	10.8	2.0	419.1	−1
甘谷	12.1	2.3	465.0	6
秦州	12.0	1.2	544.6	9
麦积	12.5	4.6	660.5	31
环县	10.2	1.8	519.8	27
华池	8.9	0.5	675.5	44
庆城	10.5	1.6	674.1	36
镇原	10.9	1.7	560.0	19
西峰	10.5	1.6	675.9	28
合水	10.0	0.7	694.4	24
正宁	9.6	0.5	1011.4	66
宁县	10.6	1.9	633.2	12
静宁	8.6	1.3	447.2	9
庄浪	8.9	1.0	471.8	−2
崆峒	9.8	0.8	547.4	14
泾川	10.9	1.6	587.8	12
崇信	11.1	1.8	520.0	2
灵台	10.3	1.0	581.3	−1
华亭	8.9	1.9	597.0	3
宕昌	10.6	2.0	620.5	10
礼县	11.3	3.2	650.7	38
西和	10.2	1.9	621.4	18
成县	12.9	2.5	830.6	33
两当	12.6	1.5	631.5	0
徽县	12.7	1.9	774.1	11
康县	11.5	1.6	858.6	14
武都	15.6	1.4	570.2	24
文县	15.9	1.5	522.7	19

以东出现雨（雪）天气，河东大部分地方积雪深度在10厘米以上，其中定西市、平凉市、临夏州和甘南州部分地方达20厘米左右，华亭、和政和渭源等地积雪深度破春季历史记录。10月8—10日，全省出现低温雨雪天气，多地首场降雪天气较常年提前10～15天；兰州提前25天，为1981年以来最早，此次降温降雪对设施农业影响较大。

【气象服务】全年发布预警信息12235条，其中发布地质灾害预警26条、山洪气象风险预警1条、中小河流洪水气象风险预警2条、森林防火信息1条，重要天气提示99次，受众7547.6万人次，用户累计174万人次。全省气象服务公众满意度89.6分，信息员活跃度位居全国第三，陇南市文县梨坪镇金坪村气象信息员李明聪在8月6—7日特大暴洪泥石流灾害中的先进事迹被《人民日报》作为典型案例进行报道。

发布各类预警信号40条，政府网发布气象信息通告119次。编制并上报《甘肃省气象局关于祁连山人影工作概述》《祁连山区生态气候环境状况分析及建议》《甘肃祁连山区气候生态环境监测报告》等决策服务材料。省级领导在气象决策服务材料上批示13人次。

开展交通气象精细化预报服务，实现本辖区公路交通主要干线大雾、道路结冰和暴雨、强对流和路面高温交通气象灾害精细化预报服务。全年向专业用户共计发布预警信号40条、重要天气过程专报25份、全省雨情统计材料136份。为华电、中电国际、大唐、甘电投等10家公司的30家风光电场提供服务。新能源功率预测服务产品包括风光电发电功率（短期、超短期）、理论功率等3类16项预报预测产品和功率实况、电场状态数据、气象观测数据等3类30余项产品的监控、评估和上传。完成第二届“文博会”、2017年“兰州国际马拉松”、第十六届“环湖赛”甘肃段等年内重大活动气象服务保障工作。

全年实施飞机人工增雨作业21架次，飞行时间约95小时，总作业覆盖面积120多万平方千米，增水量约4.8亿吨。多次组织地空联合人工增雨（雪）作业，利用火箭和高炮实施地面人工防雹、增雨（雪）作业3100点次，耗弹量45000发（枚），作业影响面积超过30多万平方千米，在生态重点保护区人影作业面积达20万平方千米。

【气象防灾减灾】全年省市县气象部门启动应急响应293次，其中启动省级重大气象灾害应急响应7次。8月5日至8日，张掖以东大部分地方出现当年最强暴雨天气过程，陇南、天水两市部分地方出现大暴雨。全省计2028个测站（1116个乡镇）出现降水，112个测站累计降水量均超过100毫米，最大降水量出现在陇南市礼县万家村225.6毫米。此次强降水过程导致兰州、甘南、临夏、定西、陇南、天水、平凉、庆阳等地因暴雨洪涝出现房屋倒塌、道路冲毁、农作物受灾等不同程度的灾情，死亡9人。

【气象业务与建设】2017年，中国局考核的18项气象资料传输质量均达标，其中有9项传输率继续保持100%，16项观测数据传输及时率较2016年同期均有所提高。制定无人值守实施方案，确定天水、武山、秦安、通渭、安定5个站开始无人值守试点工作。完成全省83个新型站ISOS软件业务升级。完成区域站省级中心站的切换。组织开展GPS以及气溶胶观测业务质量控制。实现全省所有国家级地面气象观测站和区域气象观测站数据传输频次的调整（加密至每5分钟一次）。完成全省自动土壤水分观站传感器电性能标校工作。全面实现全省气象装备分级分类保障工作。

【气象科技项目与成果】2017年，省气象局落实项目经费2228.97万元，其中国家级17项到位经费1632.85万元，地方政府资助6项147万元，中国气象局资助8项211万元，省局资助20项72万元，其他76项166.12万元。参与国家重点基础研究发展计划（973计划）第六课题"气候变暖背景下我国南方旱涝灾害风险评估与对策研究"、公益性行业（气象）科研专项"多时空尺度干旱监测与预警、评估技术研究"顺利结题。公益性行业（气象）科研专项重大项目"干旱气象科学研究—我国北方干旱致灾过程及机理"按2017年目标任务开展相关研究试验工作，取得研究进展。组织申报各类项目73项，其中，国家自然基金项目32项；甘肃省科技计划项目19项；2018—2020年核心业务发展专项6项、预报员专项3项、气候变化专项7项、数值模式发展4项、部门实验室2项，双边气象科技合作项目1项。2017年获得国家级奖励1项；省部级二等奖2项；省部级三等奖2项。全年发布论文212篇，其中SCI（SCIE）及EI共计12篇，核心期刊122篇，非核心期刊78篇。组织召开2017年西北区域气候变化技术交流会议。

【气象地方标准的制定和颁布】全年完成《输油输气管道系统防雷装置检测技术规范》《重大建设项目气象灾害风险评估技术规范》等6项地方标准的制定和颁布。《甘肃省气候资源开发利用和保护条例（初稿）》进行省内立法调研。

【气象行政审批改革与监管】取消防雷专业技术人员职业资格许可和认定，进驻省政务大厅，开展网上审批和联审联批工作，实现一网通办。全省各地气象部门和安监、消防等部门合作，共同推进防雷安全监管，逐步探索构建"12345"防雷安全监管长效联动机制，即突出1个重点（落实防雷装置定期安全检测制度），建立2个名录（防雷重点单位名录、联合执法人员名录），确定3项制度（"双随机"抽查制度、联席会议制度、联合执法及情况通报制度），强化4项合作（对防雷安全责任的联合落实、对防雷装置许可的联合审批、对防雷重点单位的联合检查、对防雷违法案件情况的联合通报），落实5个主体（防雷装置设计、施工、监理、检测单位以及业主单位等5个防雷责任主体）。严格执行《雷电防护装置检测资质管理办法》及相关标准、规定，有序开放全省防雷检测市场，向社会发放10家防雷装置检测资质，将部门18家检测资质核定到下属企业。

【2017年十大气候事件】（1）2016/2017年冬季气温异常，为近60年最高。2016/2017年冬季全省平均气温较常年同期偏高2.3℃，最高气温偏高2.8℃，最低气温偏高2℃，均为近60年最高。陇东东部、陇南南部和甘南部分地区气温偏高1℃~2.5℃，省内其余大部地方偏高2.5℃~3.5℃。（2）后冬末期强冷空气入侵，影响范围为本世纪以来之最。2017年2月21-22日全省出现入冬以来最强降雪，庆阳、平凉、临夏等市州部分地方及天水北部、白银南部出现暴雪，最大降雪量出现在康乐，为13.2毫米，中部干旱区降雪量普遍在3~9毫米，48小时降温在10℃~15.9℃。全省35%的县（区）出现强降温和寒潮天气，强冷空气影响范围为2000年以来最广。（3）河东初春3月降水历史最多，第一场透雨偏早50天。河东第一场透雨偏早50天。3月10—14日河东出现明显雨（雪）天气，平均降水量20.2毫米，为历史同期最多，过程降水量超历年3月月平均降水量（15.6毫米）；17县（区）超3月月降水量最大值。该场透雨使土壤墒情增加10~30个百分点，前期旱情解除。（4）春季区域性沙尘暴次数为1961年以来最少。春季沙尘天气少，全省未出现区域性沙尘暴天气，沙尘暴天气为1961年以来最少，扬沙与浮尘日数为历史第五偏少年。（5）夏季多强对流天气，农经林果频遭暴雨冰雹危害。6—7月全省出现5次大范围强对流天气，多地遭受突发暴雨、冰雹袭击。6月下旬，33个县（区）多次遭遇冰雹灾害，最大冰雹直径达20毫米（6月21日，泾川和庆城）；7月26—27日，武威、临夏、定西、甘南、陇南、平凉和庆阳等市州出现暴雨，定西中部5个乡镇出现大暴雨，最大小时雨强60.8毫米（渭源，26日18时）；最大日降水量95.8毫米（陇西，27日）破历史极

值。频繁强对流天气给农经作物、林果业、基础设施带来严重损失。(6)伏期“高烧”，中东部现大范围干旱。7月9—23日全省48县（区）日最高气温超过35℃，连续高温日数达5～9天；敦煌、民勤和泾川日最高气温超过40℃，庆城、镇原等9县日最高气温破历史极值，高台、临泽、甘州和泾川35℃以上连续高温日数破极值。持续高温导致中东部受旱范围和程度为近三年同期之最，影响玉米开花授粉，导致结实率下降，同时也造成马铃薯结薯量减少。(7)天水陇南遭遇年度最强降水，引发“8·7”暴洪泥石流。8月7日，礼县、麦积等9县（区）出现暴雨和大暴雨，礼县（108.4毫米）、武都（79.2毫米）日最大降水量破历史极值，6日22—23时最大小时降水量68.8毫米（武都区五凤山）。短时强降水引发山洪泥石流灾害，陇南市5县区82乡镇受灾严重，损失巨大。(8)夏末持续连阴雨，日照时数为1961年以来最少。8月17—30日全省56县（区）出现连阴雨天气，持续日数为5～14天，累计降雨量为15.1～202.6毫米，兰州、景泰和靖远连续降水日数位居历史第一。日照时数为1961年以来最少；河东大部分地方土壤相对湿度在90%以上。持续阴雨寡照造成马铃薯晚疫病等作物病虫害滋生蔓延。(9)河东大部初雪偏早，兰州1981年以来最早。10月8—10日，甘肃省迎来下半年首场强降温雨雪天气，48小时降温幅度达10～15℃，河西和陇中最低气温骤降至0℃以下，河东大部降水量达20～60毫米；多地首场降雪天气较常年提前10～15天；兰州（10月9日）提前25天，为1981年以来最早。(10)秋末至初冬气候异常干燥，降水量20年来最少。11月以来全省降水量较常年同期偏少8成，近20年来最少，空气湿度普遍偏低10个百分点，森林草原火险等级高。10月中旬至12月下旬全省连续无降水日数达40天，兰州达63天。

（供稿：蔡元成）

地　震

【地震活动】2017年，甘肃发生M≥2.0级地震43次。其中，2.0～2.9级38次，3.0～3.9级5次，最大地震为8月5日酒泉市肃北县3.3级、8月26日酒泉市肃北县3.3级。空间上，全年地震活动，主要集中分布于甘肃西部地区、祁连山地震带以及甘肃南部地区；3.0级以上地震主要分布在甘肃西部的阿尔金断裂带东段。时间上，2月、11月发生2级地震最多，分别为7次、6次，3月、5月、7月、12月发生地震次数最少，均为2次。全年省内地震活动水平强度与频度不高，为近十年来的最弱的一年。

【地震监测预报】加强仪器维修和改造，现场维修85次、远程维护153次。全年开展兰州地震预警示范系统预警试验，共记录地震信息382个，其中102个产出预警信息发布图，45个产出烈度速报结果。测震、前兆、强震动台网和信息网络运行率分别达到97.5%、99.39%、90.8%、99.82%，地震观测资料质量在全国统评中获得前三名39项。

组织震情会商80次，组织召开2次协作区震情跟踪研讨会；开展现场异常落实20次；对省内发生的7次有感地震作出较准确的震后趋势判定，为政府应急决策提供了依据。九寨沟7.0级地震前，开展持续3个多月的强化跟踪工作。

【防震减灾行政审批改革】2017年，全省14个市州、86个县（区、市）防震减灾行政审批事项纳入全省并联审批系统实现全覆盖；搭建抗震设防要求等4项行政许可事项“网上行权”平台，实现“一站式”网上办理和“全流程”效能监管。制定《甘肃省地震局关于推进深化“放管服”改革工作实施方案》。在天水市碧桂园、天麟金水湾小区实施减隔震技术试点，为西北地区采用该技术先行试点；推进白银市、平凉市灵台县和酒泉市玉门市示范城市、县区创建工作，并对创建市县开展预验收。

【地震应急救援】2017年，全省共组建地震灾害紧急救援队62支，其中省级4支，市州级15支、县区级43支。组建矿山、医疗、交通、电力、水利等1800多支各行业应急抢险队伍，总人数达26万人，300多支志愿者队伍。全年修订各级各类应急预案1000多件，全省应急预案基本实现城乡全覆盖。举办首届全国社会组织救援技能竞赛暨2017年社会组织应急救援峰会。

【地震科技创新】印发《加快推进地震科技创新工作意见》，参与地震科

甘肃省2017年地震震中分布图

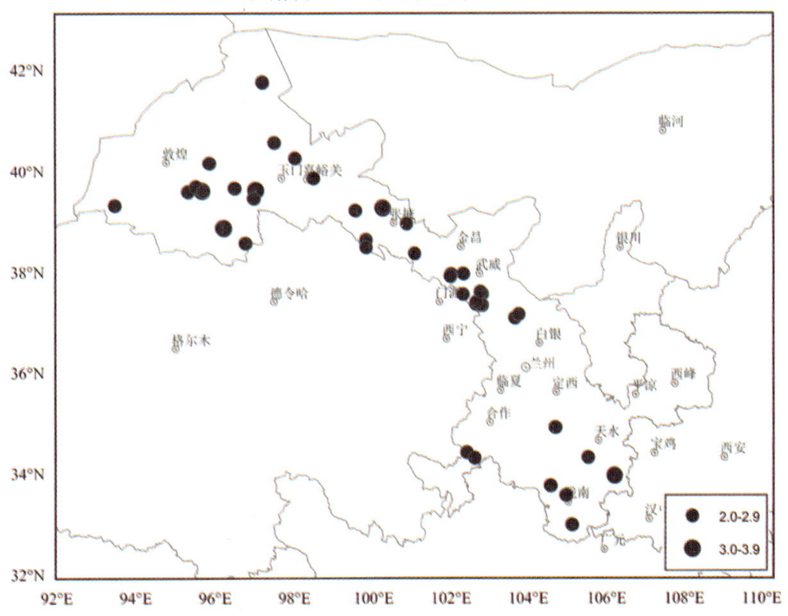

技创新工程计划，向“透明地壳”（“国家地震科技创新工程”的项目之一）计划牵头单位地球物理研究所提交4项项目建议书，涵盖九寨沟地震研究、地电阻率观测技术和方法研究、断裂带地质填图等内容；向“韧性城乡”计划牵头单位工程力学研究所提交2项项目建议书，涵盖黄土高原城乡地震滑坡灾害、生土民居建筑地震韧性评价等内容；向“解剖地震”计划牵头单位地震预测研究所提交1项项目建议书，主要为祁连山地震带两次8级地震震源区相关研究，以上项目建议均纳入到项目库中。向科学技术司上报地震科学联合基金2018年度重点需求建议6项；积极参与“地震科学实验场设计方案”项目，编制《中国地震局兰州地震研究所地震科学实验场设计方案》。

【地震重点项目建设与申报】推进武威活断层探测项目和兰州新区小区划、永靖县小区划等重点项目实施，武威活断层探测项目通过评审。嘉峪关活动断层探测项目开展前期方案论证和招投标工作。申报《关于申请甘肃省国家烈度与预警工程建设项目用地预审的报告》，选取的109个基准站的选址方案获得同意。

【甘肃省地震灾害紧急救援队参加2017年中国-新加坡救援队冬季适应性联合训练】2017年1月10-12日，中国-新加坡救援队冬季适应性联合训练在兰州国家陆地搜寻与救护基地举行。参训队伍有新加坡灾难拯救队、中国国际救援队、甘肃省地震灾害紧急救援队共35名队员。本次活动旨在交流救援队伍建设、救援队能力测评和救援队在高原、低温、酷暑条件下的工作经验，检验救援队员和救援设备在极寒、极热条件下的适应能力。

（供稿：许丽萍）

档案 文史 地方志

档案工作

【档案管理制度建设】印发《关于加强和改进新形势下农业农村档案工作的意见》。将《甘肃省国家档案馆管理办法》《甘肃省重点建设项目档案管理办法》列入省法制办立法计划，制定《全省档案标准规范建设方案》，梳理需制定规范标准37部，起草完成19部。制定《甘肃省综合档案馆星级评定办法》《甘肃省各级档案馆安全评估标准》《甘肃省〈归档文件整理规则〉实施细则》《省直机关事业单位2017年度档案工作考核评分标准》等。制定《甘肃省档案工作年度考核办法》《甘肃省档案工作规范化管理办法》，连续四年对全省14个市州、108个省直部门、71个企事业单位进行考核，并全省科学发展观业绩考核范围。

【档案资源体系建设】2017年，全省各级各类档案馆馆藏档案达1011万卷（件），其中林权改革、公证、土地承包、婚姻登记等民生专业档案数量大幅增加，部分档案馆民生档案已达馆藏总数的20%。各地加强对展会、民族文化节、博览会、运动会等重大活动档案的全收集，征集到明清、民国时期的契约、合同、文件等2000余份，各类老照片、家谱、影视资料等7000余件（册、张、盘），接收各类档案103146卷，76346件。各级档案馆完成档案全文扫描1.16亿画幅、著录目录1600万条，开放可检索档案目录现行文件102080件。

【档案指导与专项验收】出台《甘肃省〈精准扶贫档案管理办法〉实施细则》，对建档立卡和脱贫程序性文件进行收集、整理，指导美丽乡村建档890件、6200卷，指导土地确权颁证档案360万卷。对近2000个建设项目现场开展建设项目档案指导与专项验收，为项目的顺利竣工和正常运行提供保障。推进“双套”（电子档案和纸质档案）进馆工作，接收纸质档案53987卷（件），备份数据118个单位，数据挂接入库19家。

【档案目录审核】2017年，省档案局启动国家重点档案文件级目录建设项目，著录民国档案文件级目录30万余条，明清档案目录685条，全部通过审核，对市州上报的24万多条民国档案目录进行审核抽检。

【档案安全管护】全年争取到10个县级建馆项目，中央和省上下达项目资金4742万，使全省县级建馆项目达到53个，占比达61%。争取国家重点档案保护与开发专项资金698万元，下达省级国家重点档案专项资金400万，实施重点档案项目35个。14个市州档案馆重要档案每年在省馆进行备份，备份数据总量达9353万画幅。开展档案安全大检查和项目督查，抽查14个市州33个县区档案馆工作。

【档案开发利用】举办甘肃记忆、历史将永远铭记等各种档案展览120场（次），制作专题片20余部，完成开发编研各类书籍84部，影视作品34部。与国家档案局联合举办红星照耀中国展。参与敦煌国际文博会档案的收集和研究，联合国家档案局在第二届敦煌文博会上举办《中国档案珍品展》。《甘肃记忆》《历史将永远铭记》完成基础布展工作，《城市解放纪实——兰州卷》《黑河卷》《疏勒河》《抗日战争档案汇编·甘肃省馆卷》《甘肃省志·档案志》《档案馆指南》付梓在即，完成全年《档案》杂志的出版工作。

（供稿：姜　楠）

文史研究

【文史研究专著出版】2017年，先后编辑出版《斯文在兹（上）——甘肃省人民政府文史研究馆已故馆员及清代近现代名人手札册页遗墨选》《斯文在兹（下）——甘肃省人民政府文史研究馆已故馆员研究员书画作品选》《唐朝二十一帝纪事》《诸葛亮之人生人格》《中国精典家训助读》《榆林窟书法佛印集》《甘肃长城览胜》《刘尔炘诗文校释》《丝绸之路文化行——西北五省区一市文史研究馆书画作品展甘肃展作品集》《甘肃省人民政府文史研究馆2015年文集》《甘肃省人民政府文史研究馆2016年文集》等一批文史研究专著。

【文史研究】2017年，组织馆员、研究员围绕华夏文明传承创新区建设和丝绸之路经济带甘肃黄金段历史文化进行研究，在《理论动态》《理论导刊》《历史研究》《民族研究》《光明日报》《甘肃工作》《甘肃日报》等报刊、网络发表学术论文20余篇。与甘肃行政学院联合举办“一带一路”馆员、研究员文史研讨会。

【文化艺术交流】参加中央文史馆“中华文化四海行——走进湖南”系列活动、“文史翰墨——第四届中华诗书画展”和中央文史馆组织的辽宁采风调研活动。与宁夏回族自治区文史研究馆在银川市联合举办“甘·宁‘丝路回乡翰墨情’书画展”和文史调研活动。赴俄罗斯、匈牙利进行文史书画交流活动，在莫斯科中国文化中心举办甘肃书画名家展览。赴台湾进行文史书画交流活动。

（供稿：袁永朋　陆　啸）

地方志工作

【志书编纂与出版】2017年，省地方史志办公室复审省志分卷《审判志》《人口和计划生育志》等19部。督促《人物志》等10部省志志稿完成复审后的修改工作，进入终审程序，其中《人物志》《国土资源志》《农业志》《水产畜牧志》《审判志》5部志书，已完成终审；全年全省终审或通过评议《陇南市志》《清水县志》等15部市、县（区）志。

超额完成年度省志分卷编纂任务，完成省志编纂19部，相当于2004年到2015年12年间完成省志编纂16部的119%，改变二轮省志编纂严重滞后局面。截至12月31日，全省已累计编纂完成并通过复审省志分卷13部，通过终审17部，出版发行16部，合计编纂完成省志分卷46卷，占规划任务72部的64%；全省的市（州）志已完成编纂和形成初稿13部，占规划任务14部的93%；县（市、区）志已完成编纂和形成初稿共61部，占规划任务85部的72%；全年终审或通过评议市、县志16部；《甘肃抗日战争志》已完成篇目大纲，进入资料收集阶段。

完成《工商行政管理志》《建制志》《教育志》《商务志》《地震志》《财政志》《审判志》7部志书出版前的最后审定工作，其中《建制志》《工商行政管理志》《教育志》3部志书，已出版发行。截至12月31日，全省出版市（州）、县（市、区）志书6部：《金昌市志》《高台县志》《东乡县志》《康县志》《镇原县志》《清水县志》。

【年鉴编纂与出版】4月10日，省地方史志办公室制定印发《关于进一步规范地方综合年鉴编辑审核工作有关问题的通知》。《甘肃年鉴》（2017）实现当年编辑、当年公开出版发行，为读鉴用鉴提供即时服务。截至12月31日，全省14个市（州）中，开展年鉴编纂工作的达到14个，达到100%；甘肃省86个县（市、区）中，开展年鉴编辑工作的达到81个，占94.2%；全省有22个省级部门开展专业年鉴编纂工作。

【地情资料编研、旧志整理与出版】2017年，省、市（州）、县（市、区）三级地方志工作机构积极开展地情资料、历史文化丛书的编写工作，全省地情资料编写工作取得明显成就，为史志学术理论研究提供了参考，其中：省地方史志办公室及时总结挖掘推广首轮、二轮志书编纂过程的好经验、好做法，组织编写的《甘肃志鉴编研文选》《甘肃史地编研文选》，由甘肃文化出版社8月份出版；张军利主编的《甘肃史地考述》（上、下册）已交付天津古籍出版社待出版；兰州市城关区地方史志办公室组织编写的《兰州市城关区历史文化丛书》（12册），由甘肃文化出版社2月份出版。4月，甘肃省地方史志办公室按照国务院办公厅《全国地方志事业发展规划纲要（2015—2020年）》和省政府办公厅《甘肃省地方志事业“十三五”发展规划》中关于旧志整理规划的要求，开始对甘肃省三部现存旧志中编修时间最早、史料价值较高的清朝乾隆版《甘肃通志》进行整理点校。截至12月底，已完成60%的初稿，约90万字，全志整理点校全部完成后，约150万字。

【地方志资源开发利用与信息化建设】省史志办公室重点对第一轮省、市、县三级志书及省级年鉴、期刊、省级专（行）业志进行数字化转换、编辑整理、上传使用，加快对出版的部分二轮三级志书、市县级年鉴、地情资料、旧志、村（镇）志等的数字化转化，省级“数字方志馆”建设取得显著成效。全年录入省志85部、6232万字，市（州）志71部、7080.3万字，县（市、区）志93部、9715.72万字，其中一轮三级志书已全部完成转化、上传一轮省志71部、4895.8万字，一轮市（州）志69部、6845.3万字，一轮县（市、区）志87部、9224.72万字；省级年鉴13部、2027.2万字；期刊32本、335.73万字；省级专（行）业志28部、1883.7万字。截至年底，网站录入志书、年鉴总计382部、3.1亿字，实现全文检索，累计浏览127229人次。

【甘肃省地方史志工作会议暨《舟曲特大山洪泥石流灾害抢险救灾和恢复重建志》首发式】2月21日下午，甘肃省地方史志工作会议暨《舟曲特大山洪泥石流灾害抢险救灾和恢复重建志》首发式在兰州举行。会议主要总结过去两年来甘肃省地方史志工作，研究部署2017年和今后一段时期的主要工作和目标任务，举行《舟曲特大山洪泥石流灾害抢险救灾和恢复重建志》首发式。甘肃省政府副秘书长、甘肃省地方史志编纂委员会副主任张正锋主持会议，甘肃省副省长、甘肃省地方史志编纂委员会主任夏红民出席会议并讲话。甘肃省地方史志办公室主任张军利作《强化依法修志　加快修志步伐　力促全省地方史志事业迈上新台阶》的工作报告，150多人参加会议。

（供稿：王文生）

民政 人力资源管理 社会保障

民政事务

【民政专项资金】2017年全省民政事业专项资金138.02亿元。其中，争取中央财政安排资金101.14亿元。

【救灾与防灾减灾】2017年全省各类灾害频发，造成668.22万人次受灾，22人遇难（失踪），5.79万间房屋倒损，直接经济损失105亿元。其中陇南“8·7”暴洪泥石流灾害，造成全省40.05万人受灾，9人遇难，4.41万间房屋倒损，直接经济损失40亿元。全年下拨中央和省级各类救灾资金5.474亿元，针对陇南“8·7”暴洪泥石流灾害，启动省级响应2次，报请国家启动响应1次，争取下拨中央和省级救灾资金1.3亿元，组织省市县调运救灾物资4万多件。下拨2017—2018年度冬春救助资金4.084亿元，解决受灾群众冬春生活困难。出台《甘肃省综合防灾减灾规划（2016—2020年）》《中共甘肃省委甘肃省人民政府关于推进防灾减灾救灾体制机制改革的实施意见》《关于进一步提升防灾减灾救灾能力的指导意见》《甘肃省自然灾害救助办法》等防灾减灾文件。在全国率先出台省级地方标准《救灾物资储备库设备配备规范》。争取2017年中央预算内资金2650万元支持10个市县救灾库建设，下拨2017年省级福彩公益金2000万元资助23个市县救灾库建设。争取民政部向甘肃调拨代储物资4.44万件，省厅向15个市县代储物资5.62万件，下达11个市州省级救灾物资代储管理经费200万元。

【社会救助】修订完善《甘肃省城市居民最低生活保障办法》，印发《甘肃省开展城乡特困人员救助供养政策落实情况全面排查实施方案》，将全省城市特困人员救助供养基本生活省级指导标准调整为7032元，城市低保指导标准、月人均补助分别提高8%，达到451元、390元；农村低保年指导标准、月人均补助水平分别达到3500元、153元，其中农村低保一、二类保障对象年补助水平分别达到3500元、3300元，实现收入上的“政策性”脱贫；农村特困救助供养省级补助标准提高8.4%，集中、分散供养省级补助标准分别达到人年5420元、4255元，加上市、县两级每人每年不低于600元的配套资金，全省农村特困供养集中、分散供养标准分别不低于6020元、4855元。出台《甘肃省民政厅关于建立农村低保对象家庭困难状况评估指标体系的通知》，制定《甘肃省社会救助政策性保障兜底助推脱贫攻坚实施方案》，下发《关于进一步加强农村最低生活保障制度与扶贫开发政策有效衔接的通知》。出台《关于进一步加强医疗救助与城乡居民大病保障有效衔接的实施意见》《关于进一步做好资助困难群众参加基本医疗保险工作的通知》《关于进一步加强建档立卡贫困人口医疗救助工作的通知》。全年实施医疗救助586.8万人次，其中实施重特大疾病医疗救助21.8万人次。下发《关于进一步加强和完善“救急难”工作的通知》，全年累计实施临时救助困难群众59.4万人次，支出资金4.4亿元。

【社会福利事业】筹集下达资金5.3亿元，重点支持156个城乡养老服务机构和残疾人、儿童等福利机构设施建设。发展机构养老，全省养老床位达13.2万张，每千名老年人拥有养老床位32张，比上年增加1.8张，超过50%的养老院能以不同形式为入住老年人提供医疗卫生服务。新建城乡社区日间照料中心1200个，社区养老服务设施覆盖80%的城市社区和46%的行政村。建立经济困难的高龄失能等老年人补贴制度，全省共有9.7万人纳入补贴范围。2017年，全省有慈善协会74个，慈善超市152家，慈善事业持续健康发展。强化福利彩票发行管理，全省年销售福利彩票49.46亿元，筹集公益金14.13亿元。

【双拥和优抚安置】推进双拥模范城（县）创建，对14个市（州）、86个县（市、区）双拥创建进行届中检查评估。实施军地援建“双十工程”，研究编制《2017年地方支持部队10项重点工程任务分解表》和《2017年部队援建地方10项重点工程任务分解表》，地方各级政府投入项目231个、资金9.51亿元。协调驻甘部队先后投入兵力5万多人次、出动车辆4800多台次支援地方经济建设，投入2591万元帮扶295个贫困村4563户贫困户，援建学校133所，捐资助学2870人。帮助军人解决“三后”问题，协调解决军属落户465人、军人子女入学入托1401人、家属就业519人，培训军嫂1278人次。

提高部分优抚对象抚恤和生活补助标准，核拨抚恤和生活补助经费6.08亿元，下拨医疗补助资金3620万元。严格履行伤残评定和烈士评定审核职责，组织体检评残290人，转移抚恤关系136人，审核烈士评定2名，下拨烈士褒扬161万元。全年投资1658万元，对22个烈士陵园和优抚事业单位维修改造项目进行补助。全年共接收符合政府安置工作条件退役士兵839人。

【社会组织管理】出台《甘肃省加强社会组织执法监察工作的意见》《甘肃省四类社会组织直接登记管理办法》《甘肃省全省性社会组织评估实施细则》《关于规范和引导社会智库健康发展的实施意见》和《社会工作岗位开发和人才激励保障意见》。完成112家全省性社会组织第二批脱钩试点任务，并指导各市（州）启动第一批试点工作。争取中央财政支持社会组织参与社会服务项目资金687万元，列支省级福彩公益金500万元，重点用于开展社区、养老、救助、助残“四个服务”，分批认定43个全省性社会组织为慈善组织，为符合条件的慈善组织核发公开募捐资格证书19个。开展社会组织年检，全年共检社会组织668家。建立完善社会组织负责人（法定代表人）约谈常态化工作机制，全年共约谈10人次。对4家5年以上不参加年检和长期不开展活动的全省性社会组织依法作出撤销登记的行政处罚；对44家年检不合格的社会组织下发整改通知书；对46家立案行政处罚的社会组织开展实地调查。落实《社会组织抽查暂行办法》，抽查全省性社会组织29家。鼓励和引导社会组织参与脱贫攻坚，争取部级福彩公益金120万元，在庄浪县6个贫困村启动脱贫攻坚试点项目。

【基层民主政治与社区建设】印发《中共甘肃省委 甘肃省人民政府关于加强和完善城乡社区治理的实施意见》和《关于加强乡镇政府服务能力建设的实施意见》，开展第九次村委会和第六次居委会换届，完成15990个村委会（村监会）和1292个社区居委会（居监会）的换届工作，加强村（居）务公开机制建设。瓜州县布隆吉乡布隆吉村开展以自然村为基本单元的村民自治试点。印发《关于提高村组干部基本报酬和村级组织办公经费补助标准的通知》，增加村组干部收入。开展全省农村社区建设示范创建活动，35个社区命名为第一批示范单位；经民政部验收确定，甘肃全省1个镇、4个农村社区命名为全国首批农村幸福社区建设示范单位。

【区划地名与边界管理】全年75个乡完成撤乡改镇任务；推进华亭县撤县设市工作，12月上旬完成国家层面专家论证；全年办理省人大、省政协建议提案12项。调研论证阿克塞县阿勒腾乡分设一个乡的提案并起草文件，经省政府常务会议审定后，进行了现场办理。2017年，下拨地名普查补助资金2933万元。对甘新两省区界线进行联检，勘定祁连山国家公园和大熊猫国家公园界线。

【社会事务】印发《甘肃省人民政府办公厅关于进一步加强公墓建设管理工作的通知》，下拨各类资金6299万元，支持各地完善殡葬服务设施。开展火化机构自查整治活动和殡葬服务单位执法检查，对15个经营性公墓进行调查处理。出台《甘肃省生活无着流浪乞讨滞留人员机构托养管理服务工作办法》，上传未查明身份的滞留人员信息174人，协调当地公安机关采集DNA血样125人，协调各地接回29名滞留北京的流浪乞讨人员。全年下拨救助补助资金3200万元和项目建设资金2138万元，救助流浪乞讨人员2.3万余人次。开展农村留守儿童“合力监护、相伴成长”关爱保护专项行动，为3803名无户籍留守儿童登记户口，劝返152名失学辍学儿童复学，督导全省农村留守儿童委托监护人与所在地村居委会全部签订委托监护责任确认书，落实孤儿保障政策，先后下拨孤儿基本生活费15348万元，确保孤儿基本生活应保尽保。开展残疾孤儿医疗救助项目，为全省125名孤残儿童实施矫治康复手术。下拨各类资金4245万元，资助儿童福利机构建设。全年办理国内外婚姻登记23.4万余对，补录婚姻登记历史数据13万多条，办理国内外收养登记124例。全省各级婚姻登记机关从4月1日起全面停征婚姻登记和收养登记费。

（供稿：朱　丹）

老龄工作

【老年维权】省老龄办联合省高级人民法院、省人民检察院、省公安厅、省司法厅面向基层社区和农村，开展老年人防范电信网络诈骗宣传教育活动；联合省司法厅下发《关于在全省开展“爱系陇原情暖夕阳”法律进社区活动的通知》，开展为期三年的法律进社区活动。各市州开展涉老法律宣传、法律咨询、维权服务、法律援助等活动，通过政府购买服务方式，与省老年法律工作者协会联合开通省级老年人法律维权热线（8477411），提供专业律师团队法律咨询服务，专业律师接听电话咨询50多人次，办理诉讼法律援助1人次。

【老年人意外伤害保险工作】省老龄办联合省财政厅、省民政厅、省保监局下发《关于开展老年人意外伤害保险工作的意见》，采取政府扶持、政策引导、适当补贴、自愿投保、多方参与的形式，全省范围启动老年人意外伤害保险工作。9月中旬，召开全省老年人意外伤害保险工作推进会，推进全省老年人意外伤害保险工作。

【老龄调查研究和统计】全省老龄部门、省老龄办各处、涉老单位开展老龄工作课题调研，提交老龄工作专题调研报告近100篇，经筛选评定37篇优秀成果；兰州大学哲学社会学院完成2017年全国城乡老年人生活状况监测调查工作，调查问卷上报全国老龄办；省老龄办与省民政厅、省统计局、省人社厅完善各市（州）、各县（区）老龄办老龄基础数据统计办法，规范统计流程，细化老年人口分类，实现老龄基础数据动态管理。

【老年协会规范化建设】印发《关于开展城乡社区老年协会规范化示范点建设的通知》，省市县三级联合开展规范化协会示范点建设，每年创建200个以上。省老龄办在基层创建的基础上选取30个基础条件好、作用发挥好的协会作为省级示范点，同时确定精准扶贫联系村和银龄行动项目村等12个重点扶持协会。

（供稿：靳　强）

慈善事业

【慈善募捐】截至2017年12月31日，省慈善总会共募集资金、物资、房产1.94亿元，其中：资金1582.74万元，物资价值7630万元，中集·幸福里小学房产价值1.02亿元。全年救助支出1346.67万元，受惠群众1万多人次，资金救助支出占2016年总收入的85%。全年行政支出158万元，占2016年资金总支出的1.1%。

【捐助合作项目】美国微笑列车基金会捐赠110万元为唇腭裂患儿实施免费手术。中华慈善总会药品援助项目中，共计免费救治白血病2976人次、肝癌肾癌1259人次、肺癌1094人次、结直肠癌1944人次，唇腭裂520余人。美国微笑列车基金会捐赠110万元为唇腭裂患儿实施免费手术。

【慈善水窖项目】全年募集资金168.67万元，在干旱缺水的贫困山区修建慈善水窖704眼，塘坝3座。全省累计投入资金11468.42万元，修建慈善水窖107625眼，硬化集流场632.1万平方米，解决48.25万人、51.5万头（只）牲畜的饮水困难。

【自然灾害慈善救助】2017年8月7日，陇南文县、武都两县发生严重暴洪泥石流灾害，省慈善总会及时启动应急预案，了解受灾及人员伤亡、财产损失情况，筹集100万元支援灾区。8月29日至30日，省慈善总会会长朱志良同志带领工作组赴灾区，调查了解灾情，入户看望慰问灾民，向受灾严重的文县天池镇天池村和武都区安化镇马家沟村，分别送去5000斤面粉、2000斤大米和1000斤食用油，向部分受灾群众送去慰问金。

（供稿：房　超）

人力资源管理

【就业与劳动力输转】省政府印发《关于做好当前和今后一段时期就业创业工作的实施意见》和《关于进一步引导鼓励高校毕业生到基层工作的实施意见》。2017年全省城镇新增就业43.78万人，完成年度目标任务的109.5%；应届高校毕业生就业率达到92.4%，超额完成85%的年度目标；城镇登记失业率2.71%，低于年度控制计划1.29个百分点。帮助15.7万名失业人员和3.7万名就业困难人员实现就业。

省级创业带动就业扶持资金投入7000万元，为5个县区、34户初创企业、69个创业示范基地、150多名创业人员提供创业补助，累计建成17个国家级农民工返乡创业试点县、8个省级农民工返乡创业示范县和85个省级创业孵化示范基地；发放创业担保贷款19.6亿元、吸纳带动就业5.83万人，新增返乡创业农民工3.9万人。

全省开展精准扶贫劳动力培训42.85万人，完成年度目标任务的117.7%，开展农村创业和技能带头人示范培训4.67万人。全年输转城乡富余劳动力529.5万人，完成年目标任务的105.9%，创劳务收入1028.7亿元，完成年计划的106.1%。

【职业技能培训与就业服务】完成职业技能培训46.3万人、职业技能鉴定30.9万人，开展职业技能培训鉴定维权上门服务9.3万人、获证率92%。新增高技能人才1.35万人，技能人才总量达到140.7万人，其中高技能人才36.75万人。企业新型学徒制试点顺利完成。省政府对26名优秀农民工和23个农民工工作先进集体进行表彰

省人力资源市场举办招聘会127场次，提供就业岗位35.4万个，达成就业意向12.1万人。失业动态监测企业增加到1147户，覆盖全省14个市州，涉及18个代表性行业和67.5万名职工。

【军转安置】军转安置任务圆满完成，全年共安置1265人，其中计划安置437人、自主择业828人，调整提高全省自主择业军转干部退役金标准，月人均增加545元。

【公务员管理】完成公务员“四级联考”招录1743人，组织1000人次参加跨省联合等培训，近14万人参加远程网络培训。

【专业技术人才队伍建设】组织实施高层次人才选拔工作，3名专业技术人才入选国家百千万人才工程，对829名甘肃省领军人才开展聘期内考核，遴选领军人才补选候选人102名。

【引进国外智力】省委省政府出台《关于做好新形势下引进外国人才工作的实施意见》，全面实施外国人来华工作许可制度，7名外国专家荣获省政府“敦煌奖”，新建17家省级引智成果示范推广基地（示范单位），全年执行引进国外人才项目95项，引进外国专家204人次。

【人事制度改革】省委省政府出台《关于全面深化职称制度改革的实施意见》，提出允许企业实行内部等级岗位政策、实行特殊人才特殊评价、在少数民族州和县以下基层实行“单独分组、单独评审”、在精准扶贫工作中获得的奖励作为评审条件等创新举措。推动职称评审权下放工作，全年下放职称评审权4项，首次将评审权全面下放到7所省内高等院校，率先实行自主评审。

着力规范事业单位人事管理，省委组织部、省人社厅印发《关于进一步做好艰苦边远地区县乡事业单位公开招聘工作的通知》，出台优惠倾斜政策鼓励引导人才到艰苦边远地区干事创业；

鼓励事业单位人员离岗创业，年底全省离岗创业备案1500多人。人事考试顺利实施，组织完成各类考试53项，参加考试37.8万人次。完成公安机关人民警察职务序列改革全国试点工作。

社会保障

【社会保险参保情况】全民参保登记计划基本完成，本地参保直接入库2503万人，入库率96%。全省基本养老保险、基本医疗保险、失业保险、工伤保险、生育保险参保分别达到1691.5万人、2508.8万人、165.4万人、198.6万人、175.3万人。五项社会保险基金总收入545.9亿元，总支出511.2亿元，累计结余7664亿元，社保基金运行总体平稳安全。

【社会保障领域改革】异地就医实现全国联网直接结算，282家定点医疗机构接入国家平台，完成人社部确定计划的138%，上传备案信息52374人，全省在外地就医人员已累计结算71680人次。完成城乡居民医疗保险经办机构和信息系统整合工作，实施机关事业单位养老保险统一经办管理，参保登记2.25万户单位、105.7万人，占应参保人数的92.9%。城镇基本医疗保险、工伤保险、生育保险药品目录（2017年版）发布执行，启动实施小微企业和有雇工的个体工商户参加工伤保险三年行动计划，工伤保险制度覆盖范围扩大。

【社会保障待遇调整】退休人员养老金平均上调5.6%、月人均达到2440元，失业保险金发放标准平均上调10%、月人均达到1074元，工伤伤残津贴平均上调5.5%、月人均达到2529元，居民医保人均财政补助标准提高到450元，职工和居民政策范围内住院费用平均报销比例分别达到81%和71%。

【"治欠保支"行动】以工程建设领域和政府投资类项目为重点，先后在全省组织开展四次清欠农民工工资专项督察和整治活动。全年共检查用人单位27767户，办结违法案件7178件，结案率98%，追发劳动者工资等待遇8.72亿元，其中办结拖欠农民工工资案件5749件，结案率98%，为6.65万名农民工追回工资6.98亿元，拖欠农民工工资案件、涉及农民工、拖欠总额、群体性突发事件数量同比分别下降4.6%、8%、6.8%和50%。

【劳动关系调整】以小企业、农民工和劳务派遣等为重点全面推进实施劳动合同制度，全省劳动合同签订率和集体合同签订率分别达到94.6%、80.6%。甘肃省被评为全国推动厂务公开民主管理工作先进单位，省协调劳动关系三方对92户企业、11家工业园区和13个乡镇进行表彰。落实劳动人事争议多元处理机制，仲裁结案率、调解成功率分别达到95.2%和61.3%。

【城镇军民增收政策】全年出台实施14项增收措施，城镇居民人均可支配收入达到27763元，同比增长8.1%。促进企业职工增收方面，调整提高全省最低工资标准，一至四类地区平均上调10.78%，分别达到每月1620元、1570元、1520元、1470元；调整发布2017年度企业在岗职工工资指导线，企业货币平均工资增长基准线、上线、下线分别为7%、13%和3%。完善人民警察工资待遇政策，月人均增资1550元；完成法官检察官和司法行政（辅助）人员工资制度改革试点，月人均分别增资2975元、1772元；兑现高海拔地区折算工龄补贴增资政策，月人均增资120元；开展公立医院薪酬制度改革试点，试点地区用于激励的奖励性绩效工资比例达到绩效工资总量的60%。

【便民服务】实施"放管服"改革，9项行政审批事项入驻省政府政务大厅实行集中受理、统一办结，全年办结140件、限时办结率100%；完善权责清单，开展"减证便民"专项行动，清理涉及企业、群众办事相关证明57项；开展重大执法决定法制审核制度试点工作，妥善处理行政争议。人力资源社会保障网上经办大厅开通运行，"五险合一"社保信息系统全面上线运行，医保智能监控系统基本建成，"大就业"信息系统实现市县全覆盖，社会保障卡持卡人数达到1601.8万人。

（供稿：李兴华）

甘肃行政学院工作

【教学培训】全年举办各类培训班次44期，培训学员4027人。建立"行政"特色培训专题11个，把学习贯彻习近平新时代中国特色社会主义思想和党的十九大精神、习近平总书记视察甘肃时的重要讲话和"八个着力"重要指示精神，以及十八届六中全会精神和省第十三次党代会精神等作为培训主要内容。健全完善"六讲"（省级领导讲第一课、厅级领导讲政策、专家教授讲理论、地方领导讲发展、企业领导讲经验、学员上台讲对策）综合授课模式，邀请黄强和夏红民等省级领导为主体班学员作辅导报告。推进特色精品课程评选工作，学院3名教授的课程分别入选中组部好课程、全国干部教育好教材、全国行政学院案例库。

【科学研究】全年发表省部级论文110多篇，其中国家权威期刊、南大核心期刊、北大核心期刊发表论文9篇；编写专著及教材8部。组织专家学者申报国家社科基金、国家行政学院科研课题23项、省部级横向课题18项，完成2016年度院立课题40项、确立2017年度院立课题46项。组织开展全省行政学院系统科研优秀成果评选活动。《甘肃行政学院学报》顺利进入C刊2017—2018扩展版。

【智库建设】举办高层论坛和专题研讨会7场次。承担省委省政府和国家行政学院委托重大调研课题5项。搭建具有行政学院鲜明特色的"1+4"系列决策咨询平台，夯实《决策参考》办刊质量，创办《智库研究报告》《省情研究报告》《资政建言》《决策参考（呈阅件）》。全年共征集各类咨询报告97篇，编发《决策参考》18期、《咨政建言》2期。选送46篇咨询件在国家行政学院《行政改革内参》、甘肃省委政策研究室《调查研究》和学院《决策参考》等咨询平台刊发。两项咨询成果获得唐仁健省长的重要批示。出版《甘肃行政学院》智库研究报告4集、《行政学院专家学者文丛》1本。甘肃行政学院被确立为省委政策研究室智库核心单位，正式入选中国智库索引（CTTI）首批智库名录。

（供稿：佘东明）

民族宗教

民族事务

【民族团结进步创建活动】制定《甘肃省第14个民族团结进步宣传月活动实施方案》，召开全省第14个民族团结进步宣传月活动视频动员大会，召开全省民族团结进步创建工作经验交流现场会，表彰命名130个全省民族团结进步示范单位、323户示范家庭和9个教育基地。指导甘南州和相关县、区创建全国民族团结进步示范区，配合国家民委对甘南州创建工作进行“互观互检”和考核验收。2017年12月，甘南州被命名为“全国民族团结进步创建示范州”，甘南州卓尼县、酒泉市阿克塞县、临夏州积石山县和白银市靖远县乌兰镇红嘴村、甘南州碌曲县尕海乡尕秀村被命名为第五批全国民族团结进步创建示范区（单位）。

【城市民族工作】组织4个市州负责人赴北京、天津、河北、山东开展少数民族流动人口服务管理工作协作机制相关工作，与北京市民委签订在京务工经商少数民族群众服务管理工作协议，与天津市民委新签订合作协议，与辽宁省、河北省民委续签合作协议。修改完善《甘肃省少数民族流动人口服务管理实施办法》，向各市州及部分县区下拨城市民族工作经费140万元。

【兴民富边行动试点】肃北蒙古族自治县2000年被确定为“兴边富民行动”试点县，是全省仅有的“兴边富民行动”县，2004年、2010年分别被确定为“兴边富民行动”重点县和“兴边富民行动”行动发展特色优势产业试点县。2017年，肃北县地区生产总值13.8亿元，固定资产投资30.8亿元，社会消费品零售总额2.2亿元，同比增长7%；财政收入1.6亿元，同比增长10.6%；城镇居民人均可支配收入34093元，同比增长7.8%；农民居民人均可支配收入23297元，同比增长8.9%。

【民族法制建设】修改完善《甘肃省清真食品管理条例（修订）》，修订《甘肃省清真食品管理条例》列入省委常委会2018年工作要点。制定下发《甘肃省民委系统法治宣传教育第七个五年规划（2016—2020年）》，落实《甘肃省涉及民族事务公开出版物相关内容审核办法》，受理审核出版物12件30余本。

【民族文化建设】为张家川县269个村、天祝县35个村、临夏州469个村、

2017年3月6日—7日，全省民委主任暨省民委兼职委员第四次全体会议在兰州召开

甘南州130个村按2万元/村的标准配备1806万元的乐器及音响设备。完成2017年度农家书屋、寺庙书屋出版物补充更新工作；全省266个寺庙书屋配备出版物，投入资金53.2万元。争取中央资金656万元，按6万元/乡镇、4万元/村标准为天祝县8个乡镇16个村、临夏州17个乡镇40个村、甘南17个乡镇45个村配备平板电脑。拨付建设资金5530万元实施中央广播电视节目无线数字化覆盖二期工程，完成83个乡镇发射点建设任务。拨付资金1372万元，完成686个行政村广播器材配置。放映农村电影29700场次，涵盖2345个行政村、73个农林马场、57个藏传佛教寺院。2017年3月，“走近中国少数民族丛书”之《东乡族》《保安族》《裕固族》和《保安语汉语词典》在兰州举行首发式。

【民族地区教育】截至2017年，全省民族地区有各级各类学校（含幼儿园）2403所，在校（园）学生（儿童）59.7万人，教职工5.2万人（其中专任教师5.1万人）。其中：双语学校164所，学生49758人，双语教师3037人，小学、初中、高中双语教师合格率分别为99.1%、99.3%、96%。寄宿制学校258所，学生98878人，小学、初中、普通高中教师学历合格率达到99.90%、99.06%和93.14%。协调完成2017年中央民族大学附属中学在甘肃招生工作，参与完成2017年全省高考招生工作，与省教育厅、省电视台联合开展拍摄全省民族地区教育发展电视专题片的相关工作。

【民族地区医疗】2017年，投入资金3375万元用于临夏县、和政县急需关键薄弱学科的设备更新购置、信息化建设、专科人才的引进和培训。民族地区村医报酬由200元/月提高到400元/月，高于其他地区300元/月的标准。2017年累计投入资金570万元，在甘南州、临夏州、天祝县的乡镇卫生院（含社区卫生服务中心）建成19个标准化中医馆；投入资金50万元，在临潭县中医院建成中医药适宜技术培训基地，截至2017年底，甘南州玛曲、碌曲、迭部、临潭均建成县级中医药适宜技术培训基地；投入资金100万元，支持舟曲县和临潭县创建中医药工作先进（示范）县。联合省卫计委举办民族地区乡镇卫生院医疗技术人员培训班，组织东乡县和舟曲县29名基层医疗技术人员进行培训；组织张家川县7名县级医院骨干医师到兰的3所省级医院进修培训。

（供稿：闫国栋）

宗教工作

【宗教工作法治建设】开展重大执法决定法制审核试点工作，制定《甘肃省宗教事务局推行重大执法决定法制审核制度试点工作实施方案》《审核目录清单》《审核办法》，规范了审核程序、《审核报审单》《审核意见书》等规范文本，确定将7项行政许可、18项行政处罚事项全部纳入审核范围。开展行政许可标准化工作，编制省宗教局《行政许可事项业务手册》和《办事指南》。制定印发《甘肃省宗教事务局关于贯彻落实〈法治政府建设实施纲要（2015—2020年）〉实施方案》，制定《2017年依法行政工作要点》，清理2017年5月31日以前以省宗教局名义制定印发的政策性文件，清理出政策性文件45项，其中，继续有效25项、拟修改5项、废止15项，将清理结果目录对外公布。

【佛教道教伊斯兰教工作】加强藏传佛教寺庙民主管理、依法管理、社会管理制度和寺管会班子建设。严格审核各市州上报需要挂牌的佛道教活动场所信息，实地察看有异议的佛道教活动场。2017年底，完成已确定挂牌的佛道教活动场所挂牌工作，抓好藏传佛教活佛管理、经师评聘、活佛管护人员选配。指导省佛协、省道协开展换发证工作，制定《关于加强常务理事会组成人员自身建设的决议》。

开展伊斯兰教在岗教职人员登记工作，掌握全省伊斯兰教在岗教职人员基本情况。指导相关市州加强跨地区大型宗教活动管理，依法审批东川拱北、灵明堂、香源堂跨地区大型宗教活动申请报告。研究全省伊斯兰教清真寺信教群众支出情况，开展减轻信教群众负担的试点工作。在临夏州8个县市和白银市平川区、靖远县，分别选定2个清真寺进行试点。省伊协编辑出版《甘肃省新卧尔兹演讲集》，印发各伊斯兰教活动场所参照宣讲。完成2017年甘肃省朝觐团全团2777人的朝觐工作。

【天主教基督教工作】加强天主教神职人员和教友骨干培训工作，协调有关市宗教部门，协助做好相关工作。指导省基督教两会做好公益慈善工作。选派干部全程参与国际儿童慈善基金会在镇原县三岔中学举行贫困高中生捐资助学活动及中国基督教爱德基金会在平凉市开展关爱留守儿童公益慈善项目。

（供稿：马天彤）

2017年5月3日，甘肃省召开第14个民族团结进步宣传月活动视频动员大会

兰州市

【综述】兰州市地处陇西黄土高原的西部，介于北纬36° 03′，东经103° 40′之间。是甘肃省省会，是全国唯一一个黄河穿越市区的省会城市。境域北部和东北部毗邻白银市的白银区和景泰县、靖远县；东部和南部与白银市的会宁县和定西市的安定区、临洮县及临夏回族自治州的永靖县相邻；西南部和西部与青海省民和县相连；西北部与武威市的天祝藏族自治县接壤，全市总面积1.31万平方千米，其中市区面积1631.6平方千米。2017年末，全市辖5个区3个县，1个国家级新区兰州新区和兰州国家高新技术产业开发区、兰州经济技术开发区2个国家级开发区，全市户籍人口325.55万人，常住人口372.96万人。有回族、蒙古族、壮族等35个少数民族。

兰州呈南北两山夹峙地形，市区东西狭长，约30千米，南北最窄处，仅5千米左右。属温带大陆性气候，温差大，降水少，冬无严寒、夏无酷暑，气候温和。平均海拔1530到1580米，年平均气温10.3℃，年平均日照时数2446小时，无霜期180天，年平均降水量327毫米，主要集中在6～9月。全市野生高等植物122科，541属，1614种。野生动物5个纲，52个科，182种。境内拥有省级文物保护单位6处，文物点50多处，古遗址50处，古城12处，古建筑15处。境内拥有中科院兰州分院、兰州近代物理研究所、兰州化学物理研究所、兰州寒区旱区环境与工程研究所为代表的各类科研机构1200多家，国家建造的第一台大型重离子加速器为代表的国家重点实验室10个，兰州大学为代表的高等院校30多所，“两院”院士21人，各类专业技术人员近30万人。

2017年，全市实现生产总值2523.54亿元，增长5.7%。其中，第一产业增加值61.47亿元，增长5.9%；第二产业增加值881.74亿元，增长3.1%；第三产业增加值1580.34亿元，增长7.2%。三次产业结构比为2.44∶34.94∶62.62。固定资产投资1315.35亿元，下降33.93%。社会消费品零售总额1358.72亿元，增长7.6%。地区财政总收入和一般公共预算收入分别达到671.65亿元和234.2亿元，分别增长10.7%和8.69%。非公经济增加值达到1154.41亿元，增长10.03%，占生产总值的比重为45.7%。

【农业农村经济】2017年，全市粮食总产量43.88万吨，比上年下降2.66%。其中，夏粮总产量15.53万吨，下降3.81%；秋粮产量28.35万吨，下降1.97%。粮经比例由2016年的61.66∶38.34调整为58.91∶41.09。粮食作物种植面积172.41万亩，比上年减少631万亩；蔬菜种植面积11383万亩，增加5.71万亩，其中设施蔬菜种植面积11.5万亩，减少0.12万亩；中药材种植面积26.73万亩，增加5.52万亩。主要经济作物中，蔬菜产量329.52万吨，增长5.62%，其中设施蔬菜产量46.9万吨，下降2.22%；中药材产量3.96万吨，增长9.89%；园林水果产量17.17万吨，下降0.35%。

年末大牲畜存栏7.95万头，比上年末下降5.16%；牛存栏4.93万头，下降1.13%；羊存栏64.01万只，下降0.22%；猪存栏33.77万头，下降3.06%。牛出栏0.96万头，羊出栏35.47万只，猪出栏34.69万头，牛、羊、猪出栏分别比上年增长7.76%、7.57%、3.46%。

【工业与建筑业】2017年，全年完成工业增加值607.13亿元，比上年增长4.6%。实现地区规模以上工业增加

2017年兰州市主要农产品产量

产品名称	产 量（万吨）	比上年增长（%）
粮食	43.88	−2.66
油料	1.88	−6.78
#油菜籽	0.5	8.66
中药材	3.96	9.89
园林水果	17.17	−0.35
蔬菜	329.52	5.62
#设施蔬菜	46.9	−2.22

2017年主要工业产品产量

产品名称	单 位	产 量	比上年增长（%）
啤酒	万升	32936.7	−13.4
卷烟	亿支	282.42	−3.9
原油加工量	万吨	880.84	7.03
汽油	万吨	223.6	9.77
水泥	万吨	905.91	−18.4
平板玻璃	万重量箱	515.9	−14.2
粗钢	万吨	73.8	−5.9
钢材	万吨	121.54	−9.9
发电量	亿千瓦时	155.32	1.64
铁合金	万吨	26.63	3.9

2017年兰州市重点支柱行业主要经济指标

支柱行业	增加值		利润总额	
	绝对量（亿元）	增长（%）	绝对量（亿元）	增长（%）
石化工业	188.8	3.1	−4.6	−
有色冶炼工业	62.3	57.0	6	1.6倍
农副产品加工业	115.1	1.5	9.7	−25.4
黑色冶炼工业	11.9	−19.4	−6.8	−
电力工业	61.8	2.7	22.2	7.5倍
装备制造业	41.7	−1.1	10.4	4
煤炭工业	13	24.7	4.6	−

值583.69亿元，比上年增长4.8%。规模以上市属工业完成增加值 155.4 亿元，比上年增长2.2%。规模以上工业企业产品销售率95.5%。其中，轻工业完成工业增加值151.6亿元，增长2.8%；重工业完成工业增加值432.1亿元，增长5.6%。全年规模以上工业实现主营业务收入1897.3亿元，增长19%；实现利润总额95.9亿元,增长1.54倍，同比净增58.2亿元;实现税金302.7亿元，增长14.2%。

2017年，建筑业实现增加值279亿元，比上年增长0%。全市具有建筑业资质等级的总承包和专业承包建筑业企业完成总产值971.27亿元，下降3.18%。

【固定资产投资】2017年，完成固定资产投资1315.35亿元，比上年下降33.93%。其中，第一产业完成19.89亿元，同比下降45.78%；第二产业完成162.5亿元，下降63.58%，其中工业投资157.41亿元，同比下降61.19%；第三产业完成1132.96亿元，同比下降24.87%。

【房地产开发】2017年房地产开发投资432.16亿元，增长10.48%，其中住宅投资274.28亿元，增长9.59%。房屋施工面积440762万平方米，增长089%；房屋竣工面积212.7万平方米，下降30.52%。商品房销售面积733.66万平方米，下降17%；商品房销售额547.26亿元，下降4.04 %，其中期房销售额462.78亿元，下降2.06%。

【招商引资】第23届兰洽会签约项目164个，引进行业龙头企业16家，招商引资到位资金1009亿元。

【商贸流通与贸易】2017年，实现社会消费品零售总额1358.72亿元，比上年增长7.6%。 其中，限额以上企业实现社会消费品零售总额632.78亿元，比上年下降1.3%。从销售单位所在地看，城镇社会消费品零售额1155.86亿元，增长8.5%，其中城区社会消费品零售总额960.84亿元，增长7.7%；乡村社会消费品零售额总额202.86亿元，增长2.5%。全年限额以上企业实现商品零售额632.78亿元，比上年下降1.3%。

2017年，外贸进出口总值（同口径）125.11亿元，比上年增长21.75%。其中，出口总值72.88亿元，增长55.39%；进口总值52.23亿元，下降6.5%。全年新签对外承包工程合同65份，新签合同金额1.5亿美元，比上年下降82%，完成营业额1.9亿美元，下降60%。

【交通通信】2017年交通运输、仓储和邮政业实现增加值137.07亿元，比上年增长10.1%。全年公路运输完成货运周转量173.99亿吨千米，旅客周转量69.95亿人千米。年末全市民用汽车保有量101.7万辆，比上年末增长13.15 %。

邮电通信：按2015年不变价格计算，电信业务总量133.81亿元，比上年增长107.38%；按2010年不变价格计算，邮政业务总量9.99亿元，比上年增长17.7%。年末固定电话用户61.86万户，其中：城市57.76万户；农村4.1万户。本年减少固定电话用户12.95万户。年末移动电话用户609.68万户，本年新增186.89万户。其中，4G移动电话用户401.68万户。年末固定互联网宽带接入用户数达137.12万户，互联网宽带接入端口251.86万个。

【文化旅游产业】2017年，全市确定重点文化旅游产业项目共60个，其中续建项目31个、新建项目14个、拟建项目15个。累计完成投资147.71亿元，其中本年度完成投资46.58亿元。

全年接待国内旅游人数5431.4万人次，比上年增长22.03%；入境旅游人数3.981万人次，比上年下降9.52%。国内旅游收入456.5亿元，比上年增长26.99%。

【财政金融保险】2017年，全市地区财政总收入671.65亿元，比上年同口径增长10.7%。一般公共预算收入234.2亿元，增长8.69%。一般公共预算支出429.36亿元，增长1.23%。年末全市金融机构本外币各项存款余额8612.69亿元，下降1.09%。金融机构人民币各项存款余额8513.59亿元，下降1.27%。年末全市金融机构本外币各项贷款余额9935.34亿元，增长14.69%。金融机构人民币各项贷款余额9643.55亿元，增长14.78%。年末全市有境内股票上市公司20家。年末股票总市值1777.16亿元，增长9.6%。发行、配售股票筹集资金154.03亿元，增长110.16%。2017年全年保费收入122.44亿元，增长23.78%。其中，财产险收入40.05亿元，增长13.85%；寿险收入60.34亿元，增长23.33%；意外险保费收入3.86亿元，增长15.67%。健康险保费收入18.19亿元，增长58.45%。

【科技与教育】2017年，全市登记科技成果782项，比上年减少82项。专利申请受理7793件，比上年增长4.1%；授权专利4244件，增长21.1%；授予发明专利权907件，增长4.6%。全年共签订技术合同4881项，增长10.61%；技术合同成交金额56.14亿元，增长14.97%。

2017年兰州市分行业项目投资及其增长速度

行业	投资额（亿元）	比上年增长（%）
农、林、牧、渔业	19.89	−45.78
采矿业	4.02	−54.42
制造业	112.18	−62.48
电力、热力、燃气及水生产和供应业	41.21	−57.89
建筑业	5.09	−87.46
批发和零售业	40.13	−60.45
交通运输、仓储和邮政业	150.39	−24.80
住宿和餐饮业	15.31	−55.44
信息传输、软件和信息技术服务业	13.29	−64.04
金融业	2.64	−71.27
房地产业	112.11	−10.54
租赁和商务服务业	38.58	−31.98
科学研究和技术服务业	6.31	−66.75
水利、环境和公共设施管理业	212.76	−33.98
居民服务、修理和其他服务业	2.99	−78.54
教育	58.48	−42.02
卫生和社会工作	22.12	−40.31
文化、体育和娱乐业	17,04	−48.56
公共管理、社会保障和社会组织	8.63	−67.68

全市研究生教育招生1.26万人，比上年增长19.65%，在校研究生3.42万人，增长10.61%；普通高等教育招生9.4万人，增长7.1%，在校学生35.96万人，增长12.78%；中等职业教育招生1.38万人，下降12.66%；普通高中招生2.27万人，下降0.69%；初中学校招生3.34万人，增长1.44%；普通小学招生3.92万人，增长4.42%；特殊教育招生0.02万人，增长10.53%；幼儿园在园幼儿11.81万人，增长4.77%。

【文化与体育】2017年末全市共有文化馆9个（不含省级），公共图书馆8个（不含省级），博物馆（含纪念馆）25个（不含省级），国有艺术表演团体1个（不含省级）。广播和电视综合人口覆盖率分别为99.64%和99.71%，与上年基本持平。有线电视用户35.87万户，下降22.8%；有线数字电视用户35.61万户，下降14.5%。2017年全市获得国家级金牌3枚、银牌2枚、铜牌5枚，国际赛事金牌1枚、银牌2枚，合计奖牌总数为13枚。

【医疗卫生】2017年，全市有卫生机构2465个，其中医院、卫生院195个，妇幼保健院（所、站）10个，专科疾病防治院（所、站）2个。医院、卫生院拥有床位2.7万张。卫生技术人员3.5万人。其中执业医师和执业助理医师1.4万人，注册护士1.6万人。

【城乡建设】2017年，组织实施城建项目172个，完成投资244.3亿元。城市轨道交通1号线一期工程全线贯通。西客站北广场建成投用。打通断头路7条，建成人行过街天桥20座，新增公共停车泊位1.7万个，南绕城、北绕城高速公路加快建设。实施交通秩序整治攻坚战，严管重罚16类严重交通违法行为，兰州拥堵指数排名从全国第四降到第四十名，成为全国十大交通畅通进步城市。荣获“国家园林城市”称号。

重点整治改造小街巷435条，建成一批贴近民生的文化特色示范街。新建小游园43处，新增和改造公园绿地201公顷。完成棚户区改造3.05万户，改造老旧楼院40个。“智慧兰州”建设跻身2017中国新型智慧城市创新50强。永登苦水入选国家级特色小镇，皋兰什川入选国家运动休闲小镇。

【生态建设】西固电厂超低排放改造、燃煤锅炉提标治理等重点工业减排项目全面完成，国电兰州热电“上大压小”异地搬迁、居民散煤污染治理顺利推进，城区环境空气质量达标率为68.9%，中度以上污染天数比例减少55.17%，PM2.5、PM10年均浓度分别下降3.8%和2.6%。全面推行河长制，建成市、县、乡、村四级河长体系，设立各级河长1381名。水源地项目完成工程量的86%，4座污水处理厂提标改造工程启动实施，整治黑臭水体3条。城乡生态建设完成营造林12.55万亩，全民义务植树844万株，实施村庄绿化136个，南北两山大景区绿化造景5400亩。建成“城市矿产”示范项目6个。

【人民生活与社会保障】2017年，兰州市城镇居民人均可支配收入32331元，比上年增长9.0%；城镇居民人均消费性支出24071元，比上年增长5.2%；城镇居民家庭恩格尔系数30.6%。农村居民人均可支配收入11305元，比上年增长8.8%；农村居民人均生活消费支出9442元，比上年增长8.3%；农村居民家庭恩格尔系数31.6%。

2017年，全市参加城镇职工基本养老保险人数76.3万人，增长6.4%；参加城镇职工基本医疗保险人数92.99万人，增长2.5%；参加城镇居民医疗保险人数103.53万人，下降2.2%；参加失业保险人数56.73万人，下降0.05%；参加工伤保险人数55.12万人，增长10.4%；参加生育保险人数54.94万人，增长13.3%；城乡居民社会养老保险参保人数72.85万人，增长0.1%。年末参加新型农村合作医疗农民人数111.84万人，参合率达98.6%。全年新型农村合作医疗基金支出总额6.37亿元，增长6.7%，累计受益229.48万人次。

城乡低保标准分别提高8%和17.21%。城乡居民医保整合顺利完成，基本医保异地就医实现直接结算。全市退休人员养老保险待遇，月人均增加98元，平均增幅5.2%。城镇居民基本医疗保险政府补助标准，由每人每年420元提高到460元。全市企事业单位工伤人员伤残津贴，按伤残等级和退出工作岗位前工作时间每人每月增加78～156元，提高了生活护理费、供养亲属抚恤金发放标准。企业职工养老保险单位缴费比例由20%降低至19%。2017年，为1.14万户企业减轻负担1.07亿元；失业保险费失业保险费率由2%下调至1%，其中，用人单位费率由1.5%下调至0.7%，职工个人费率由0.5%下调至0.3%，为1.26万家企业减轻负担1.38亿元；工伤保险平均费率降低0.25个百分点，为1.3万户企业减轻负担0.21亿元；审核发放失业保险支持企业稳定岗位补贴893户企业1.73亿元。城镇职工异地就医备案率98.2%，城镇居民异地备案率达40.2%，城镇职工基本医疗保险异地就医直接结算实结909人次。

【安全生产与自然灾害】2017年，安全生产事故死亡171人，比上年下降4.29%。亿元生产总值生产安全事故死亡人数为0.07人，下降9.1%。煤矿百万吨死亡人数,0.6人，下降4.76%。全年发生道路交通事故666起（其中：生产经营性道路事故141起），造成246人死亡、791人受伤（其中：生产经营性道路事故死亡116人、受伤123人），直接经济损失316万元；道路交通万车死亡人数为2.69人，下降10.3%。

全年农作物累计受灾面积10.54万亩，比上年减少14.79万亩。其中累计成灾面积7.26万亩，比上年减少2.69万亩。

（供稿:张永萍）

兰州新区

【综述】兰州新区地处甘肃省兰州市北部的秦王川盆地，介于北纬36°17′15″~36°43′29″与东经103°29′22″~103°49′56″之间，南北长约49千米，东西宽约23千米，面积约843.7平方千米。2017年末，全区托管永登县中川镇、秦川镇和皋兰县西岔镇3个镇。新区常住人口22.43万人，户籍人口14.9万人。

地势由西北向东南倾斜，东西两面是低矮黄土山丘，平均海拔1910米。属典型的温带半干旱大陆性气候，四季分明，阳光充足，冬季寒冷干燥，春季多风少雨，夏无酷暑，秋季温凉。

2017年，全区完成生产总值176.33亿元，比上年增长15.6%；固定资产投资271.8亿元。地区性财政收入26.37亿元，比上年增长6.6%；一般公共预算收入13.16亿元，同口径增长10%。

【农业农村经济】2017年，全区农作物播种面积29.02万亩，实现农业增加值3.72亿元。发展设施农业1500亩，新建标准化规模养殖场18个。编制完成《乡村建设规划》和《特色小镇及美丽乡村规划》，累计创建省市级美丽乡村及市级小康村22个。正在加快建设中川镇华家井村、秦川镇炮台村、西岔镇岘子村等16个美丽小康村。

【招商引资】2017年，实施招商引资项目97项，签约资金457.96亿元，引进到位资金375.85亿元。其中23届兰洽会签约重点项目25个，总投资183.72亿元，完成到位资金53.78亿元，资金到位率29.27%，已开工项目17个，开工率68%。

【工业与建筑业】截至2017年末，新区累计落地工业项目200多个，其中建成投产109个，在建90个，上规入库55家。2017年完成工业增加值64.22亿元，增长33.6%。完成规模以上工业产值294.3亿元，比上年增长15.78%；增加值56.67亿元、增长37.4%。全年建筑业实现增加值53.28亿元，比上年下降2.3%。

【商贸流通】截至2017年末，累计建成营业准三星级及以上酒店19家，建成大型商业体30家370万平方米，奥特莱斯、瑞岭国际、万利城、综合市场等一批商业项目正式营业。2017年，完成社会消费品零售总额32.7亿元，比上年增长11.05%。

【城区建设】编制完成总体规划、专项规划和控制性详细规划等70多项，实现全域城乡统筹和控规全覆盖。核心区120平方千米范围内的道路、水电气热、污水及垃圾处理等基础设施全面完成，建设城市道路168条653千米，已超过兰州市区道路里程总和。截至2017年末，累计建成公交站点197个，开通公交线路24条，投放公交车236辆，城市供水普及率、污水处理率、生活垃圾无害化处理率均达到100%，集中供热普及率达到80%以上。

【科技创新】兰州新区先后获批国家可持续发展实验区、国家电子商务示范基地等国家级平台，是兰白科技创新改革试验区的重要组成部分。截至2017年，累计建成国家、省级孵化器3个，引进入孵项目398个。设立国家和省级技术研究中心30个。扶持培育国家高新技术企业33家，申请国家专利476个，授权专利201件，获得国家和省级科技创新奖18项，科技成果转化率18.6%。全社会研发投入占GDP比重2.53%，同比增长27%。

【对外开放】获批建成综合保税区、中川国际航空港、中川北站铁路口岸。综保区累计注册各类企业290多家，综保区进口肉类指定查验场、跨境电商监管中心和中川国际航空港进境冰鲜水产品及水果进口指定口岸建成并通过国家验收，中川北站物流园被评为2017年中国物流业金飞马奖“品牌价值百强物流园区”。兰州至中亚、欧洲、南亚国际货运班列实现常态化运营，新区空铁海公多式联运工程被列为国家第二批多式联运示范工程。与哈斯克斯坦、俄罗斯、德国等近40个国家开展经贸合作，近20家企业60多种产品销往美国、欧洲、中西亚等国家和地区。依托中川北站铁路口岸开展有色金属大宗贸易，加快推进中亚粮油加工储运产业园项目落地建设。2017年实现进出口贸易总额51.5亿元人民币。

【教育卫生】2017年新区有各类幼儿园52所，中小学44所，在校中小学生1.77万人。九年义务教育入学率100%、巩固率99.56%。规划建设全球最大、专业门类最多、功能最完善的“工匠摇篮”——新区职教园区，规划总面积达33平方公里。现已建成一期工程，首批入住4所院校共3.7万人。建成各类医疗卫生机构113（包含诊所）个，现有各类医疗专业技术人员749人（含村卫生室卫生员）。年内国家免疫规划疫苗接种率稳定在95%以上。

【文化旅游】引进西部恐龙园、长城影视、国际嘉年华、民俗文化观光博览园等文化旅游项目26个，计划总投资696亿元，已完成投资37.3亿元。西部恐龙园、长城影视、水上漂索道滑水、蓝天城儿童职业体验中心等5个项目建成营业，西部恐龙园跻身“2017年度中国主题公园品牌影响力排行榜50强”。建成晴望川——中国民俗文化村、中渭休闲农业综合体及农家乐示范户98家。2017年，接待游客突破140万人次，旅游收入达4.8亿元，分别是2016年的7倍和12倍。

【生态环保】累计完成造林绿化19.34万亩，核心区绿化率31%。荣膺联合国环境规划基金会“绿色中国·2014环保成就奖之杰出环境治理工程奖”。深入实施大气、水、土壤污染防治计划，2017年，饮用水源地水质达标率100%，环境空气质量优良天数达306天。

【人民生活与社会保障】2017年，全区城镇居民人均可支配收入27993元，增长8.5%；农村居民人均可支配收入9973元，增长8.4%。2017年全区贫困人口退出268户1008人，贫困发生率从2.02%降至1.24%。新增城镇化就业1万人，城镇登记失业率1.47%。城

兰州新区长城影视

兰州新区智慧物流

乡居民养老、医疗保险参保率分别达到95.4%、98.8%,城乡低保标准分别提高8%和17.2%。

（供稿：鲁贤德）

城关区

【综述】城关区位于兰州河谷盆地东部，是甘肃省会兰州市的中心区，是全省的政治、经济、科技、教育、文化、交通中心，是全国唯一的省、市、区三级党政军机关集于一地的县区，全区总面积207.83平方千米。2017年末，全区户籍总人口93.6万人，同比增长0.17%。其中：城镇人口92.78万人，占总人口的99.12%；农村人口0.82万人，占总人口的0.88%。

境内黄河自西向东穿城而过，流经本区18千米。境内平均海拔1520米。属北温带半干旱大陆性气候特征，市区年均气温11.2℃，年均降水量327.8毫米，蒸发量1437.7毫米，全年日照时数平均为2446小时，无霜期180天以上，年平均相对湿度56%。有五泉山公园、水车博览园、黄河铁桥等自然人文景区。全区大中型商场拥有量占全市的80%以上，兰州东部批发市场等5个大型市场跻身“全国同类市场100强”。区内有兰州大学、中科院兰州分院、中国航天科技集团公司510研究所、中国农科院兰州兽研所等著名科研院所124家。有《读者》《丝路花雨》《大梦敦煌》及兰州太平鼓等一大批文化艺术成果。

2017年，全区实现地区生产总值948.89亿元，同比增长5.6%。其中，第一产业增加值2.17亿元，同比增长25%；第二产业增加值128.23亿元，同比增长2.6%；第三产业增加值818.49亿元，同比增长6.1%，三次产业结构由2016年的0.25：13.67：86.08调整为2017年的0.23：13.51：86.26。全年实现公共财政预算收入40.05亿元，同比增长11.97%。实现公共财政预算支出55.16亿元，同比增长8.29%。年末全区金融机构人民币各项存款余额529265亿元，同比下降4.66%；人民币各项贷款余额4598.76亿元，同比增长10.02%。

【农业农村经济】全年实现农林牧渔业增加值2.26亿元，同比增长2.52%，其中：农业增加值1.92亿元，同比增长2.82%；林业增加值0.14亿元，同比增长1.06%；牧业增加值0.11亿元，同比下降1.26%；农林牧渔服务业增加值0.09亿元，同比增长2.96%。全年粮食总产量451.8吨，同比下降5.28%，播种面积1800亩，同比下降7.69%；蔬菜产量9.60万吨，同比增长0.5%，播种面积2.68万亩，同比增长1.69%。

年末，全区存栏生猪2688头，同比下降16.24%；牛1659头，同比下降7.21%；羊4605只，同比下降13.23%；家禽0.88万只，同比下降16.98%。从出栏情况看，生猪5405头，同比下降11.26%；牛352头，同比增长3.53%；羊2637只，同比增长0.69%；家禽1.34万只，同比下降52.14%。畜产品肉产量493.69吨，同比下降17.61%；牛奶产量4220吨，同比下降6.31%；鲜蛋产量79.20吨，同比下降21.43%。

【工业和建筑业】全年实现工业总产值184.75亿元，同比增长7.1%，增速同比提高17.6个百分点，其中：规模以上工业产值173.06亿元，同比增长10.3%，增速同比提高22.2个百分点。实现工业增加值57.03亿元，同比增长5.7%，其中，规模以上工业增加值53.22亿元，同比增长6.1%。

全年资质内建筑业实现产值412.54亿元，同比下降10.5%。其中：全年产值上亿元的企业有45家，产值为368.27亿元。实现增加值71.68亿元，同比增长0.11%。全年房屋建筑施工面积达233948万平方米，同比增长893%；竣工面积483.98万平方米，同比下降9.54%。建筑企业全年在省外完成产值118.01亿元，占全部产值的28.61%。

【固定资产投资】 全年实现城镇固定资产投资315.38亿元，同比下降22.74%。其中第一产业实现投资0.11亿元，同比下降81.82%，占0.04%；第二产业实现投资2.16亿元，同比下降91.98%，占0.68%；第三产业实现投资313.11亿元，同比下降17.77 %，占99.28%。

【项目建设与招商引资】全年组织实施重大项目100个，完成投资240亿元，项目开工率达到87%。实施招商引资项目352个，到位资金454亿元。包装储备各类项目44个，申报中央、省市预算资金项目15个，争取到位资金6亿元。

【房地产开发】全年房地产开发投资占城镇固定资产投资的59.22%，比全区城镇固定资产投资增速高25.9个百分点。按房屋用途分，住宅投资115.12亿元，同比增长1.65%；办公楼投资33.61亿元，同比增长15.74%；商业营业用房投资20.77亿元，同比下降5.25%，其他投资17.25亿元，同比增长2.56%。

【商贸流通】全年实现社会消费品零售总额729.23亿元，同比增长6%。其中：限额以上批发零售企业通过公共网络实现的商品零售额为7.38亿元，同比增长20.9%；限额以上住宿、餐饮业通过公共网络实现的餐费收入为0.43亿元，同比增长251.5%。批发零售和住宿餐饮业实现销售额（营业额）2165.71亿元，同比增长12.48%。

【房地产开发】全年实现商品房销售面积255.09万平方米，同比下降34.73%；销售额215.28亿元，同比下降28.52%。其中：住宅234.02万平方米，同比下降28.89%，销售额172.98亿元，同比下降26.85%；办公楼18.56万平方米，同比下降49.88%，销售额37.42亿元，同比下降7.04%；商业营业用房2.19万平方米，同比下降89.42%，销售额4.41亿元，同比下降80.47%；其他0.32万平方米，同比下降92.09%，销售额0.47亿元，同比下降75.04%。

【科技教育】全年科学技术支出5001万元，占财政支出的比重达125%。专利申请量3275件，同比增长2%。年扶持科技计划项目46项，推荐申报省、市科技项目61项。引进农业新品种7个、新技术1项。年末全区拥有各类中、小学155所，在校学生138927人。幼儿园305所，在园人数40365人。新建中小学校、托幼机构19所，新增学位4200个。

【体育与医疗卫生】开展兰州国际马拉松嘉年华及创建文明城市系列活动7场；举办全区青少年运动会；举办首届慈善公益足球联赛和泥浆勇士挑战赛；组织2017年中小学生田径、篮球等比赛12项次。全年共处理预警信息240条、处理散发疫情17起、上报托幼机构停班停园26起，突发公共卫生事件2起，对发生"手足口病"的26所托幼机构、发生"水痘"及"流感样病例"的4所小学进行终末消毒。全区儿童"五苗"接种率达95%以上。全年家庭医生签约人数393173人，签约率30.19%，老年人签约人数93762人，签约率72.01%，计划生育特殊家庭人数1365人，签约率100%。

【文化与旅游】投入447万元完成区文化馆二级馆建设任务，完成17个街道综合性文化服务中心和107个社区综合性文化服务中心的达标建设任务，新增文化场所面积4800平方米。举办第十二届金城社区艺术节等各类群众性文化活动65场。成功洽谈签约文化旅游产业项目2个；提升改造旅游示范名镇（街道）1个、旅游示范村1个、标准化农家乐30户；全年新建、改建旅游厕所17座；举办旅游行业培训班10余期；举办冰雪欢乐节等大型旅游活动13场次；赴外宣传推介6场次；与阿拉善左旗签订战略合作协议，实现两地旅游资源共享，客源互送。全年累计接待国内外游客3705.4万人次，同比增长22.83%；实现旅游总收入339.96亿元，同比增长25.1%。

【环境保护】全年完成小火炉改造1.8万台；对已建成的101个"环境噪声达标区"进行布点监测；完成固定声源监测32家、施工工地监测18家，天然气噪声监测200家，在38条主次干道布点监测交通噪声69个，有效监控噪声。全年共处理各类环境违法案件8件。全区空气质量达标252天，比全市达标天数多19天。

【人民生活和社会保障】全年全区实现城镇居民人均可支配收入36449元，增长9.1%；农村居民人均可支配收入22442元，增长8%；城乡居民收入比为1.62。城镇居民家庭恩格尔系数为30.75%，农村居民家庭恩格尔系数为30.38%。城镇新增就业42514人，困难

2017年规模以上工业重点行业增加值（亿元）

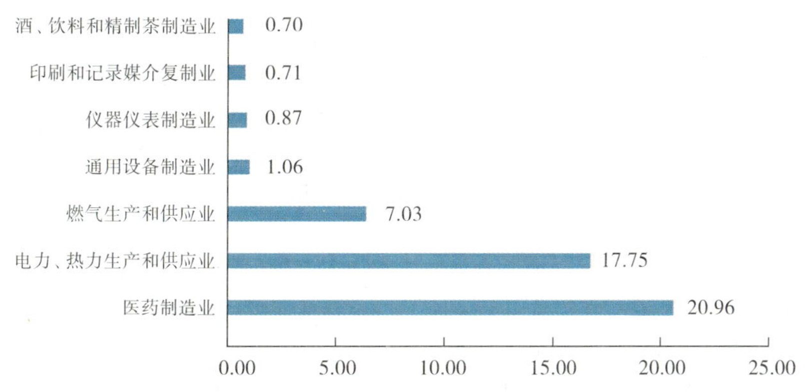

城镇固定资产投资占比构成图

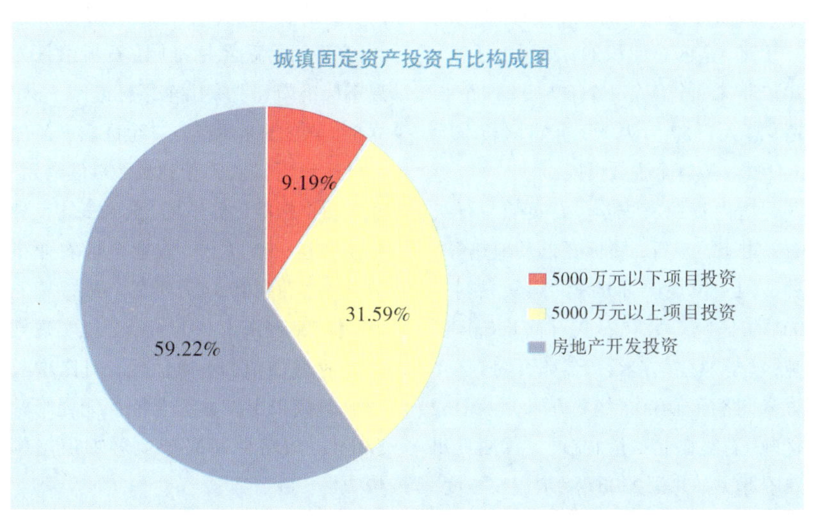

人员就业2983人，城镇登记失业率为1.91%。劳务输转0.8318万人，境外就业127人，劳务总收入18129.41万元。

养老、医疗、生育、工伤、失业保险参保人数分别达17万、56万、6.5万、66万和58万人。加快社保信息化建设，建成社保缴费核定系统。征缴基本养老保险费107071万元，征缴医疗保险费40329万元，征缴生育保险费1148万元，征缴工伤保险费1218万元，征缴失业保险费1754万元，城镇居民社会养老保险参保人数达到9240人，有6360人已按月享受基本养老金；新型农村社会养老保险参保人数达到8498人，有1483人已按月享受基本养老金；城乡居民社会养老保险待遇按时足额发放率100%；被征地农民养老保险参保人数达到19961人，其中8377人按月享受基本养老金。累计为8713名低保对象发放低保金6660万元，为7名五保供养对象发放五保供养金7.05万元，为836名贫困患者发放大病医疗救助金668万元，为494名生活困难人员发放临时救助金92.8万元。

（供稿：赵文娟）

七里河区

【综述】七里河区地处兰州市中南部，介于东经103° 37' ~ 103° 54'，北纬35° 50' ~ 35° 06'之间。东与城关区交界，东南和榆中县接壤，南与临洮县接壤，西邻西固区、永靖县，北临黄河。东西最大距离21千米，南北最大距离33千米，全区总面积397.25平方千米。2017年末，全区辖1个乡5个镇9个街道，总人口57.51万人，自然增长率为5.41‰。有44个少数民族。

境内资源有煤炭、石英石、石灰石、坩土、沙石、路标石以及地热等7种。阿干镇煤矿可开采的煤炭只剩下0.0348亿吨。另有石灰石储量0.04亿吨，沙子2亿立方米，天然卵石约1亿立方米，路标石有0.5亿立方米，坩泥0.2亿吨，石英矿储藏量1亿吨。探明瓜州路有地热，井深2300米，水温63.5度，富含偏硅酸、氟、铁、偏硼酸等多种微量元素。西部欢乐园地下2500米处，水温60度左右。全区实现森林覆盖率26.24%。

2017年，全区实现地区生产总值452.78亿元，同比增长6.7 %，其中:第一产业增加值完成5.48亿元，同比增长3.1 %；第二产业增加值完成164亿元，同比增长0.9 %；第三产业增加值完成283.3亿元，同比增长11 %；社会消费品零售总额累计完成234.52亿元，同比增长8.89%；固定资产投资总额累计完成191.13亿元，同比下降30.5 %；完成公共财政预算收入21.01亿元，同比增长16.9 %。非公经济增加值增幅9.85%，非公经济实现增加值155.28亿元。

【农业农村经济】农业和农村经济主要指标第一产业增加值完成5.48亿元，增速为3.1%，农民人均可支配收入完成16904元，增长9.01%。完成农作物播种面积17.13万亩，完成粮食播种面积2.37万亩，完成蔬菜种植面积14.49万亩（其中百合种植面积5.87万亩、新发展蔬菜面积4460亩）中药材种植面积0.21万亩，新增0.03万亩。新增设施农业529亩，占计划的88.2%。完成双垄全膜推广任务2.01万亩超计划1.98万亩,完成高效农田节水面积4.63万亩，超计划4万亩。建成3个兰州百合组培扩繁中心。建立中心示范点50亩，示范面积达到600亩。2017年新增蔬菜0.35万亩，种植面积达到14.39万亩。全区建成1个省级现代农业示范园（西果园堡子村），3个省级标准园（白家岘百合蔬菜标准园，石板山日光温室标准园和贾家山苹果标准园）。建立5个鲜食玉米示范点。全区农产品加工量达到8万吨，产值达到2.03亿余元。建立两个标准化养殖场，全区畜禽良种覆盖率达95%以上。农业全区农业机械总动力达到19.14万千瓦。

【工业经济】2017年，全区实现规上工业增加值114.18亿元，同比增长1%。规模以上工业综合能源能耗降幅5.91%。战略性新兴产业增加值增幅12.7%。

【项目建设】2017年，全年完成投资191.13亿元。在建中央预算内投资项目共10个，计划总投资9.85亿元，实际完成投资6.54亿元，投资完成率66.4%。确定52个区列重点项目，总投资812亿元，年度计划投资155.4亿元，已完成投资145亿元。

【招商引资】全年引进省外到位资金303.53亿元，完成年度目标任务294亿元的103.24%。全年签约产业项目19项，总投资额175.97亿元。第23届兰洽会签约项目28项，完成目标任务20项的140%，签约总额323.72亿元，完成目标任务180亿元的179.84%，已开工19项，开工率86.36%。到位资金54.36亿元，到位率30.46%。

【城乡建设】完成小街巷改造24条,共计8.5千米；完成小街巷维修养护144条，共计10千米、3.5万平方米，安装路灯246盏、配套管网8.5千米、井盖110个（套），疏通排水管网7.2千米。完成公共停车泊位1070个；新增小游园14处（新建13处、改造1处）；完成无障碍设施改造66处；继续实施西湖北街棚户区改造项目；加大大气防治治理力度；完成市政消火栓建设162个完成未供暖建筑供热设施配套建设1.5万平方米。

【旅游】2017年，全区旅游总收入同比增长24%，接待旅游人数945.01万人次，同比增长25.8%；实现旅游总收入75.15亿元，同比增长26.86%。石佛沟国家森林公园申报国家级生态旅游示范区。

【环境保护】截至12月31日，兰州市空气质量优良天数233天。七里河区职工医院国控监测点位可吸入颗粒物（PM10）年均浓度112ug/m^3（目标值112ug/m^3）。细颗粒物（PM2.5）年日均值为48ug/m^3（目标值48ug/m^3），二氧化氮年日均值为45ug/m^3（目标值45ug/m^3）。

【社会事业】2017年，全区文化产业完成单位数341家，其中新增72家，减少28家，限上单位10家。全区59个行政村“乡村舞台”全部建设完成。完成2017兰州国际马拉松赛各项活动任务。全国重点文物保护单位金天观保护标志碑竖立完成。兰州刻葫芦、黑瓷、木雕傩面和黄河奇石鉴赏列为第四批区级非物质文化遗产。全区学前教育三年毛入学率95.06%、九年义务教育巩固率99.93%、高中阶段毛入学率99.73%，2017年审核认定兰州市民办普惠性幼儿园24所。全区各级各类幼儿园35所。新农合参合人数84741人，参合率达到99.11%，人均筹资标准提高到610元。

【人民生活与社会保障】2017年末，全区城镇居民人均可支配收入达到30814元，增长9.04%；农村居民人均可支配收入达到16904元，增长9.01%。全区城镇新增就业19340人。劳务输转20878人，创劳务收入近4.5亿元。城镇登记失业率控制在1.96%以内。全区高校毕业生就业率达87.11%以上。

全年保障城市低保对象59343户次、121339人次，保障城市特困供养人员79户、79人，保障农村低保对象15230户次、35245人次，保障农村特困供养人员243户、244人。全年保障医疗救助对象1543人次、发放医疗救助金711.61万元，保障门诊救助对象12828人次、发放门诊救助金31.47万元，资助参保参合对象18266人次、垫付参保参合资金51.62万元。全年保障临时救助对象632户、791人，发放救助金122.77万元，取暖补贴涉及6534户、13172人，发放资金408.73万元。全年发放残疾人两项补贴3600人，累计发放补贴资金555.12万元。保障2016—2017年度冬春受灾生活困难群众1687户次，6981人次。全年共计补发城乡低保和农村特困救助供养对象4650户、9655人，提标资金74.16万元。全年累计核对申请社会救助对象14977户次、45010人次，核对率达到100%。核退城市低保1103户、2576人，累计发放各项生活补助资金1185.42万元。对3405户困难家庭发放慰问资金215.2万元。

（供稿：于　珊）

西固区

【综述】西固区地处兰州市西南部，介于北纬35°58′~36°13′，东经103°19′~103°41′之间。东与七里河区接壤，南连永靖县，西邻红古区，北与永登县、皋兰县、安宁区毗邻。辖区东西最大距离30.2千米，南北最大距离19千米，全区总面积358.31平方千米，其中陆地面积349.14平方千米，A水域面积9.17平方千米。2017年末，全区辖5镇1乡7个街道70个社区，总人口36.79万人，其中城镇人口28.28万人。人口密度为每平方千米1042.84人。

黄河由西向东横穿全境，地势西南高、东北低，南北两山向河谷川区倾斜，海拔在1500米至2000米之间。境内属陇西黄土梁峁区的一部分，梁峁起伏，沟壑纵横，交错分布，成河谷川区、坪台沟坡区、南山梁峁区和北山梁峁沟壑区。属温带半干旱大陆性气候，多年平均气温10.3℃。年平均降水量297.1毫米，年平均降雨日数为68.3天。黄河自西向东贯穿全境。主要河道有一级河湟水河、庄浪河两条，总长9.8千米。辖区内已探明的矿产资源主要为建筑用辉绿岩矿，现已开发利用。有修建八盘峡、柴家峡、河口峡三座水电站。有全国重点文物保护单位7家，省级文物保护单位40家；国家级非物质文化遗产1项，省级非物质文化遗产4项；A级旅游景区1家，是甘肃省和兰州市的核心工业区、中国西部最大的石油化工基地。

2017年，全区实现地区生产总值406.79亿元、增长4.2%，其中一产增加值4.66亿元、增长5.1%，二产增加值246.81亿元、增长1.5%，三产增加值155.32亿元、增长7.4%；完成固定资产投资165.82亿元，下降35.5%；实现社会消费品零售总额133.13亿元，增长8.85%；一般公共预算收入12.47亿元，下降5.72%。

【农业农村经济】“农业+旅游”红利初步释放，明德伟业、首石发2个千亩设施农业基地完成初步建设。全年完成土地流转5000亩，带动新增设施农业500亩，新增精细蔬菜1000亩，新增特色种植600亩。完成工农渠、马家山等大型泵站提升改造和1.3万亩高效节水工程；第三次全国农业普查和农村土地确权登记核准工作全面完成。优化城乡公交线路3条，新建农村公路53千米。

【项目建设】全年有各类项目317项，投资达到145亿元（不含市返项目投资）。7个市列重点项目完成投资26.4亿元；75个“决胜小康攻坚年”项目开工建设46个，开工率达61.3%。签约引进项目31项，总投资91.5亿元，到位资金67.2亿元。

【陆港经济】全年完成固定资产投

2017年项目建设情况汇总表

产业类型	项目数（个）			总投资（亿元）				亿元项目(个)
	合计	续建	新建	合计	续建	新建	2017投资	
农林水利	26	8	18	9.62	5.58	4.04	5.11	1
工业能源	86	31	55	34.43	17.561	16.87	22.4	4
商贸物流	38	10	28	90.29	73.65	16.65	31.4	9
社会事业	33	15	18	31.38	25.47	5.91	7.43	7
基础设施	110	56	54	144.4	100.56	43.84	44.90	16
保障房	10	8	2	104.96	84.4	20.56	22.11	8
商品房	14	14		88.77	88.77		11.64	9
合计	317	142	175	503.85	395.98	107.87	145	54

资88亿元，7条内部道路基本达到通车条件，兰州铁路口岸建成并封关运行，多式联运项目开工建设，保税物流中心（B型）项目基本建成，智慧陆港项目启动实施，五大核心功能项目建设取得新突破。三大国际贸易通道中新南向国际货运班列累计发运4列130组集装箱、4300吨；中亚国际货运班列累计发运47列2207组、46190吨，回程4列52组、2812吨；南亚公铁联运班列发运41列1653组、28000吨；全年进出口贸易额达8亿元。

【商贸物流】兰州金城中心开工建设，华奥全球品牌直销中心有序推进，天毅汽车城投入运营；铁邦物流综合供应链基地建成投运；甘肃建投智慧物流园启动建设，丝路电商产业园被评为省级科技企业孵化器，入驻电商企业210家，带动就业1100余人。全省唯一的电商通关服务窗口——兰州三维跨境电商平台全面竣工。甘肃建投大宗商品交易平台入驻西固，注册会员达2000余家。全区电商年交易额达到45亿元。

【文化旅游】金城、鲜卑两大博物馆建设基本完成布展、软装工作；金城公园（二期）民俗院落商业区、综合文化展示区、廉政文化教育区完成主体彩绘，跨南山路爬山游廊和景区路网基本建成；河口古镇大景区主体完工，华夏文化展示中心开工建设，大型室内互动演绎项目启动实施，十里黄河金岸木栈道完成总工程量的75%，给排水、强弱电、绿化亮化等11项重点基础设施工程全面完成。

【城乡建设】完成西固中街、合水南路、西固巷等10条道路综合整治和30条背街小巷提升改造；西行线改拓建及五〇四综合立交桥通车运行，国际陆港7条内部道路基本达到通车条件，古浪路跨线桥工程、北滨河路西延段、南绕城高速项目有序推进。中川铁路西固站站前广场及配套路网全面建成；西出口提升改造一期工程全面完工。新建6处小游园，补植栽种绿化乔灌木12万株，增改城区绿化面积5万平方米。查处违法建设17.2万平方米；拆除违规户外广告50处、9103平方米。建成111个城市网格化监测微观站。全年空气主要污染物浓度持续下降。水源地保护一期工程全面完工。完成5个市级小康示范村和5个美丽乡村建设。

【社会事业】国际陆港学校和兰西铁苑幼儿园完成教学楼主体建设；杏胡台小学、大滩小学、张家大坪小学操场改造等项目已完工并交付使用；临洮街学校项目开工建设；兰州石化职业技术学院新校区项目启动实施。小学和初中辍学率为零，高中阶段毛入学率和高考二本上线率分别达到99%、76.7%。区中医院和区妇幼计生中心、新城镇中心卫生院项目完成主体建设。全区居民电子健康档案建档率达85.4%，全区全科医生家庭签约服务重点人群签约率达到75.8%。举办“新博运杯”、“月星杯”健步走、关山骑行等系列文体活动。申报非遗项目5个，成立6个非遗传习所。挖掘科技项目51项，新增220件发明专利申请，研究与试验发展经费投入强度达到2.05%。

【人民生活与社会保障】年末，全区城镇居民人均可支配收入达到35530元、增长9%，农村居民人均可支配收入达到16823元、增长8.9%。新增就业1.2万人，城镇登记失业率控制在2.01%以内。城乡低保分别提标8%和17.2%，特困人员月供养标准分别增至918元和535元。发放各类低保和慈善、救助资金3895万元，为6600名失地农民办理了养老保险，为4718名公益性岗位、临聘人员购买了社会保险。城镇居民基本医疗保险参保率达到98.7%，新农合参合率达到99.48%，全面完成城乡居民基本医疗保险整合。完成21个城乡基层阵地建设，新建14个老年人日间照料中心，建成投用西固区智慧养老平台、医养结合社区老年人养护中心、残疾人综合服务中心。建成保障房4000套，改造农村危旧房170户。

（供稿：王晓蓉）

安宁区

【综述】安宁区地处甘肃省兰州市西北黄河北岸，介于东经103°34′~103°47′，北纬36°5′~36°10′之间。东起九州台白土梁一带与城关区毗邻，西至虎头崖与西固相接，南邻黄河与七里河、西固隔河相望，北依九州台、大青山、仁寿山、凤凰山与皋兰县接壤。东西长19.6千米，南北宽2.7至7千米，全区总面积82.33平方千米。2017年末，全区共辖8个街道办事处59个社区。总人口35万人，人口自然增长率为7.45‰。有回族、蒙古族等28个少数民族。

境内依山傍河，东西两侧高，中间低缓，呈马鞍形，形成狭长河谷平原——安宁平原。海拔1517.3米至2067.2米，相对高差550米。内陆性气候特征明显，日光充足，气候宜人。年降水量349.9毫米，年蒸发量1664毫米。年平均气温8.9摄氏度。年日照2476.4小时，无霜期171天。主要自然灾害有霜冻、冰雹和风灾。区内有西北师范大学等17所大中专院校，有农科院等2所科研机构，有各类科技人才3万余人。盛产蜜桃，是闻名全国的四大蜜桃生产基地。有天斧沙宫等人文自然景观。

2017年，全区生产总值实现169.27亿元，同比增长6.9%。第一、第二、第三产业增加值分别完成0.16亿元、65.05亿元、104.06亿元，同比分别增长0%、2.9%、10.5%;完成全社会固定资产投资额61.94亿元，同比增长-72.1%；完成社会消费品零售总额112.65亿元，同比增长11.1%；公共财政预算收入11.7亿元，同比增长-6.58%。

【农业农村经济】2017年，全区完成农业增加值0.18亿元，其中，农林牧渔服务业增加值0.02亿元。完成蔬菜播种面积1448亩，蔬菜产量3966吨，肉蛋奶产量0.12万吨，完成肉蛋奶总产量1200吨。免疫各类畜禽8.18万头（只），重大动物强制免疫率达到100%以上。投资1200万元，打造赵家二沟田园综合体。

农村公路列养总里程38.824千米，优良路段达到78%。完成村道防护工程6条。制定《农家乐标准化经营管理办法》，完成农家乐星级评定10户，创建市级旅游专业村1个，市级旅游示范乡镇1个。

【工业建筑业】2017年，全区完成工业总产值186.1亿元，同比增长6.9%。完成规模以上工业增加值39.09亿元，同比增加4%。高新技术产业园完成规模以上工业总产值105.5亿元，同比下降15.2%;沙井驿工业园完成规模以上工业总产值4.7亿元，同比下降23.2%。

2017年，全区完成建筑业增加值24.4亿元，同比增长0.32%。

【非公经济】2017年，全区落实非公经济发展政策，完成非公经济增加值73.12亿元，同比增长11.18%。

【招商引资】2017年，全区共执行新建、续建招商引资项目177个，投资总额785.37亿元。引进到位资金237.17亿元，完成年计划的100.07%。其中，新签合同项目149个，总投资271.92亿元，引进到位资金165.82亿元。第34届中国兰州桃花旅游节和第23届兰洽会共签约招商引资项目21个，投资总额136.5亿元，引进到位资金237.06亿元，同比增长10%。

【固定资产投资与项目建设】2017年，全区完成固定资产投资61.94亿元。其中，5000万元以上项目累计完成22.2亿元；房地产项目累计完成22.92亿元；5000万元以下项目累计完成16.82亿元。承担的8个市列重大项目完成投资15.18亿元。

【商贸流通】2017年，全区限额以上商贸企业71家，从业人员6684人。批发业、零售业、住宿业、餐饮业销售额分别完成1150.3亿元、58.5亿元、0.6亿元、0.95亿元，同比增长-15.84%；6.87%；25.52%、37.31%。累计完成限上社零额74.6亿元，同比增长11.48%。申报商贸流通及服务业企业进行集中入库28家，其中22家企业实现上规入库，新增销售额19.3亿元。全年“八大商圈”经济总量达到1482.2亿元以上。

【文化产业与旅游业】2017年，全区有文化产业企业263家。举办第三十四届中国兰州桃花旅游节等活动。全年共接待游客人数548.5万人次，实现旅游综合收入47.2亿元，同比增长24%。

【城镇建设】新建道路4条，打通断头路1条。畅通交通微循环21处，建成港湾式公交停靠站15处，协调开通157、158路、88路公交线路3条。建成公共泊车位502个。完成老旧小区14个。改造小街巷15条。对部分人行道、市政道路进行提升改造。基本建成公租房860套，发放公租房租金补贴943户。

【环境保护】新增、改造绿地60公顷、完成垂直绿化3万平方米、栽植乔木6万余株。补植完成1400余亩。北山补植造林及“十里桃花”再造工程，栽植桃树27万株。完成义务植树65万株。新建和提升改造小游园9个。完成北环路沿线、西出口生态环境及李黄沟洪道综合整治工程。改造取缔燃煤小火炉5236台。完成七里河安宁污水处理厂初沉池加盖除臭工程。全区绿化覆盖率43.4 %，人均公共绿地面积达到13.26平方米。全年优良天数达到241天。

【科技与教育】2017年，全区共推荐申报国家、省、市科技项目51项。审核推荐兰州市科技计划入库项目30项，人才项目15项，组建成果转化基地4个。完成专利申请1969件。每万人发明专利拥有量24.43件。年末全区有中小学校31所，在校学生30737人，在职教职员工2334名，全年教育累计支出2.89亿元。九年义务教育巩固率为99.7%，高中阶段毛入学率为99.1%，学前教育毛入学率为95.27%。辖区入学进城务工随迁子女6278人，入学率为100%。实施学校各类新建、续建项目19个，新建校舍约29600平方米，累计支出资金约1.3亿元。全区共有省级一类幼儿园2所、市级示范园2所，市级二类幼儿园7所（其中，民办幼儿园3所），市级三类幼儿园13所（其中，民办幼儿园11所）。

【医疗卫生与体育】2017年，全区共有社区卫生服务机构32个，基本公共卫生支出1410.46万元。为全区4031名干部职工（含离退休干部）、9902名65岁以上的老年人进行健康体检。城镇居民电子健康档案建档人数18.57万人，健康档案使用率66%，合格率75%。药品100%实行零差率销售，基层医疗机构基本药物配备率达到95%以上。举办2017年兰州国际马拉松赛体育文化嘉年华安宁分会等各类体育比赛6次。街道社区安装健身路径6套。

【人民生活与社会保障】2017年，全区城镇居民人均可支配收入32574元，增长9.1%。全年城镇新增就业11206人，完成目标任务的124.51%，城镇登记失业率控制在1.83%。安置困难群众就业1665人，完成培训各类劳动力3594人。高校毕业生就业率达92.6%。办理小额担保贷款177笔，发放贷款资金2018万元，安置人数645人。支出再就业资金2143.78万元。

征缴城镇职工养老保险费1256153万元，完成率114.2%。被征地农民养老保险参保27436人，占被征地农民总数的93.79%，月平均养老金由558元提高到1270元，人均月增长712元。全民参保登记62491人，占应入户登记人数的95.69%。全年养老金发放23577万元，累计164475人次，发放率为100%。新建安置房4068套，分配入住1658套。新增棚户区改造4050套。启动居家和社区养老改革试点工作，建成区级居家养老服务信息平台1个、“幸福兰州”为老驿站服务中心4个、健康医养老驿站6个。新建日间照料中心7个，下拨社区日间照料中心建设经费310万元，运行补贴26.4万元。推进文化事业和残疾人事业等民生工程，建成街道综合性文化服务中心5个、社区文化中心42个、改造贫困残疾人家庭无障碍设施工程100户。市上投资资金80万元，完成新建便民市场2个，商业网点1个。完成冬春蔬菜储备任务1200吨，全区累计投放650吨。区政府确定为民兴办的10件实事，已全部办理完成。

（供稿：陈天军 邹向东）

红古区

【综述】红古区地处甘肃省中部，介于北纬36°19′~36°21′，东经102°50′~102°54′之间。东接兰州市西固区，西临大通河，南濒湟水与青海省民和回族土族自治县和甘肃省永靖县相望，北部黄土山岭与永登县毗邻，区境东西长53.7千米，南北宽不过24千米，最狭窄处仅3.3千米，全区总面积567.6平方千米。2017末，全区辖4个镇4个街道22个社区，常住人口14.4万人。有回族、满族、东乡族、藏族、蒙古族等18个少数民族。

境内地势北高南低，呈两山夹一川的带状地形，大部分为大通河、湟水河下游河谷，北面依山，南面临水，北部为黄土山梁和台地，南部和西部为河谷地区，自西北向东南逐渐下沉倾斜。全区海拔1580~2462米，为温带大陆季风气候。矿产资源丰富，已查明的矿藏有煤、石油等11种，矿床、矿点18处。已勘查过远景储量及工业储量的矿种7种。是甘肃省重要的煤炭和电解铝生产基地、全国主要的炭素生产基地、全国首个清真明胶生产基地、国家级“城市矿产”示范基地。

2017年，全区实现地区生产总值129.19亿元，增长8.5%；其中：第一产业增加值10.05亿元，增长4.9%；第二产业增加值79.12亿元，增长9.7%；第三产业增加值40.02亿元，增长7.7%；全年全社会固定资产投资35.8亿元，下降48.31%；社会消费品零售总额27.1亿元，增长9.3%；一般公共收入5.24亿元，增长99.93%。

【农业农村经济】2017年，全区农业增加值完成10.1亿元，同比增长4.9%；农村居民人均可支配收入达到17538.64元，增长8.4%；蔬菜总面积达到10.32万亩，总产量达到67.79万吨；完成粮食安全任务，粮食总产量达到1.39万吨；肉、蛋、奶总产量达到2.04万吨，水产品产量达到150吨。全年新增蔬菜种植面积1500亩，新增设施农业面积800亩，完成日光温室自动控温智能化改造50亩，新增果园面积2040亩。

全区农产品加工产量达到41.2万吨、产值达到15亿元以上。新发展农民专业合作社20家，建成省级示范合作社3家、市级示范合作社6家、区级示范合作社16家，全区农民专业合作社登记在册累计达到255家，农民专业合作社带动农户数占总农户数的比例达到30%以上。完成农机化新技术、新机具示范推广项目6项，示范推广农业保护性耕作技术2000亩，向重点农机大户推广新机具12台套，引进新机具22台套，完成机耕5.7万亩、机播2.78万亩、机收2.5万亩、深松耕1.5万亩，全区农业机械总动力达到11万千瓦。完成造林绿化任务1000亩，森林抚育面积4000亩；经济林造林任务2250亩；海石城区新增绿地面积77.7亩。全年实现105户351人稳定脱贫。建成小康村15个。

【工业经济】2017年，全年完成规模以上工业增加值68.45亿元，同比增长12%。完成非公经济增加值92.5亿元，同比增速13%。单位生产总值能耗降低4.65%，万元GDP用水量降低1.65%。

【项目建设】2017年，全区共实施总投资55.85亿元的产业项目69个，完成投资22.55亿元。经济园区实施总投资2.9亿元的基础设施配套项目。

【招商引资】全年累计引进招商引资新签合同项目4个，完成第23届兰洽会签约项目2个，落实到位省外资金2亿元，争取各级转移支付资金2078.5702万元。

【城乡建设】2017年，全区投资3690万元，完成海石湾电信路、新安街东段道路改造，海石湾惠民路北延，6万平方米建筑节能、路灯节能改造二期工程。投资13406万元，实施窑街民门路人行道等工程。落实1589套棚户区改造任务；投资2000万元，完成区政府第二住宅小区等住宅楼“三不管”楼院改造工作。疏通海石湾、窑街污水管道7051米，检查井135座，雨水井218座；维修破损路面10086.6平方米；维修路灯587盏，新安装lED路灯165盏。全年维修更换供热管道6300米，更换阀门150个。新敷设DN75毫米以上供水管线1000多米，全年实现总供水量145万吨。建成夹滩村、红古村等4个省市级“美丽乡村”，创建薛家村、仁和村及平安镇等6个全域无垃圾示范村镇。

【邮电】截至2017年底，3G、4G网和光纤网络已覆盖城区及32个行政村，移动宽带普及率达到85%；固定宽带普及率达到70%，城市家庭20Mbps及以上宽带接入能力达100%。

【商贸流通】建成国芳百合城农贸市场，洪兴菜库、荣升农场菜库、海石北区农贸物流市场投入运营。共争取资金890多万元，其中扶持县乡农贸市场建设项目3个，支持资金120万元。建成西部再生资源信息交易平台、川海到家、中国农贸网等4家本地平台，其中川海到家网上交易200多万元，农迈特手机APP交易50多万元,建成1家乡级电商服务站。新建恒利北岸、窑煤六小区商业街、海石新都、福田美域、兰海金湾等商业网点。全年社会消费品零售总额27.1亿元，增长9.3%。

【文化产业与旅游业】全区共开展各类大型综合文化旅游活动72次。举办“乡村生态文化旅游节暨山地越野汽车拉力赛”“徒步登高度重阳，赏菊采摘亲子游”等系列活动。全年文化产业增加值达到4.75亿元，同比增长19%；完成农家乐新建45户。全年累计接待旅游人数89.8万人次，同比增长22.74%；全年旅游综合总收入6.24亿元，同比增长25.05%。

【环境保护】2017年，大通河、湟水河地表水水质达标率为100%，饮用水源水质达标率为100%。全年优良天数257天，全面完成市例空气质量76.4%的目标任务，化学需氧量、氨氮、二氧化硫、氮氧化物等4项主要污染物排放指标控制在指标范围内。完成5家燃煤锅炉提标改造工作，安装8套大气微观站。清理垃圾堆、柴草堆、砂土堆3600多堆，清运陈年垃圾33000余吨，清理卫生死角1000多处。

【社会事业与民生保障】年末，全区学前教育入学率达到92.02%，九年义务教育巩固率达到99.93%，高中阶段入学率98.13%。投资48万元新建6所标准化村卫生所。建立规范化的居民健康档案电子化建档128035，建档率89.5%。远程会诊覆盖率100%，卫生信息专网签约接入率100%，农村卫生厕所普及率达到91%。全区共开展各级各类文化活动500多场次。创建省级文明单位3个，区党史馆、档案馆新馆完成主体工程。开展文艺大展演、“文化大戏台”等文化惠民活动100余场次。建成社区综合性文化服务中心15个、街道综合性文化服务中心3个。为33个农家书屋配送图书120种3960册、报纸杂志2种1188册，共计95538元。开展百万农民健身活动3场次;组织人员参加兰州市社会指导员手拍鼓培训、兰州国际马拉松赛5公里比赛和兰州市第八届运动会。完成1个省级、5个市级、10个区级全民健身场地和2个笼式足球场和一个机关单位健身场地建设。

2017年，全区累计投资18.5亿元，实施教育、医疗、文化等惠民工程。年末，全区城镇和农村居民人均可支配收入分别达到28005元、17539元，增长8.9%、8.4%。安置困难人员就业285人，输转城市富余劳动力12783人，境外就业121人。建成返乡大学生创业园和返乡创业示范基地6个。城镇登记失业率控制在3.15%以内。

（供稿：马玉花）

榆中县

【综述】榆中县位于甘肃省中部，介于东经103° 50′ ~ 104° 34′ 北纬35° 34′ ~ 36° 26′ 之间。西靠七里河区、城关区，东邻定西县，西南与临洮县交界，北隔黄河与皋兰县、白银市平川区相望，东北和靖远县、会宁县接壤。南北长92千米，东西宽54千米，全县总面积3301.64平方千米，其中耕地面积103.02万亩，有森林面积75.83万亩。2017年末，全县有11镇12乡，户籍人口469083人，自然增长率为6.27‰。

榆中县地势由西南、东南、东北三面向西北倾斜，南和北部为山区，两山之间为中部川区地带。海拔1400 ~ 3700米之间。黄河流经榆中县北部，主要支流有兴隆大河、龛谷河、黑池沟等。气候属温带半干旱性气候。年平均气温6.7℃。境内地形复杂，海拔高差大，降水量少。北山地区年降雨量300毫米，南山地区年降雨量500毫米。境内有明肃王墓、青城古民居两处国家级文物保护地，有青城镇、金崖镇国家级历史文化名镇，境内省级文物保护地七处，县级文物保护单位128处。境内有金崖镇的“七月官神”、和平镇的“太符灯舞”。马衔山原生态秧歌、青城水烟栽种制作工艺等省级非物质文化四项。 有兴隆山国家级自然保护区和青城古镇景区国家4A级风景区两处。

2017年，全县实现生产总值104.78亿元，增长7.4%。其中，第一产业16.93亿元，增长6.2%；第二产业27.41亿元，增长2%；第三产业60.44亿元，增长10.9%。三次产业的比重为16：26：58 。全部工业增加值12.49亿元，增长0.3%；其中，规模以上工业增加值9.9亿元，增长0.3%，规模以下工业增加值2.59亿元，增长0.11%，建筑业增加值14.94亿元，增长5.61%；完成固定资产投资157.19亿元，增长15.2%；社会消费品零售总额39.85亿元，增长9.15%；地区性财政收入12.88亿元，增长18.8%，其中：一般预算收入6.48亿元，增长9.28%。

【农业农村经济】2017年，全县农业经济实现增加值16.93亿元，增长6.2%。农业增加值18.77亿元，增长6.5%，对全县经济增长的贡献率8%。农村居民人均可支配收入9640元，增长10%。全县完成脱毒马铃薯种植26.12万亩，全膜双垄沟播玉米种植23.1万亩，新增中药材5.4万亩，蔬菜种植面积42.2万亩，主要品种为花椰菜、西兰花、芹菜、大白菜、娃娃菜、青笋、芥蓝等，总产量104万吨。其中：百合种植面积3.93万亩；新增设施农业0.25万亩，其中：日光温室0.05万亩，钢架大棚0.2万亩。扶持培育发展蔬菜龙头企业42家，总库容量13万吨，总资产3亿多元。发展480家从事蔬菜生产销售的专业合作社，蔬菜经销商200多家，年外销蔬菜120多万吨。新改扩建规模养殖场20个，全县规模以上各类养殖场600多家，动物饲养总量230万头（只）以上，出栏生猪17万头、肉羊9.5万只、肉牛3900头，家禽60万只，禽蛋产量4800吨，牛奶产量9000吨，畜牧业总产值2.3亿元。全县完成农作物总播种138.81万亩。其中：粮食播种面积69.56万亩，其中：夏粮17.81万亩（小麦16.06万亩、豆类1.75万亩）；秋粮51.75万亩（玉米25.31万亩、马铃薯26.12万亩、水稻0.03万亩、其它谷物0.29万亩）。粮食总产量15.74万吨，其中夏粮4.6万吨、秋粮11.14万吨。经济作物中，油料3.96万亩、产量0.46万吨；当年新增中药材5.4万亩，产量2.52万吨。

【工业与建筑业】2017年，全县工业增加值12.49亿元，增长0.3%；其中，规模以上工业增加值9.9亿元，增长0.3%，规模以下工业增加值2.59亿元，增长0.11%。建筑业增加值14.94亿元，增长5.61%；

【重大项目和固定资产投资】2017年，全县重大建设项目共170项，总投资829.9亿元，年度计划投资217.67亿元。年底，完成23项，在建103项，开工率80.25%（不含13项预备项目），完成投资120.48亿元，占年度计划投资的55.35%。争取到位城关镇李家庄村地椒沟社棚户区改造小区外配套基础设施建设等中央预算内投资项目26项，总投资90503万元。在市政设施、公共交通、文化旅游、水利环保等领域共凝炼PPP项目16项，总投资约116.17亿元，成功录入国家PPP项目储备库13项，意向性项目3项。开工建设10项，开展前期2项，储备项目1项，意向性项目3项。全年预计固定资产投资完成157亿元，占年计划的100%，增长15%。

【招商引资】2017年，新签项目36个，总投资141.91亿元，到位资金48.65亿元，省外到位资金47.35亿元。其中5亿元以上项目9个，即投资6.09亿元的国电兰州热电联产“上大压小”异地建设项目——配套长输供热干线工程、投资20亿元的榆中县城市综合体项目、投资9.53亿元的市民公园建设项目、投资11.12亿元的榆中县文化产业园项目、投资20亿元的时代文化旅游城项目、投资5亿元的甘肃邮政陆运邮件处理中心项目、投资20亿元的海韵工业小镇项目、投资6.8亿元的兰州东汇物流互联创新园项目、投资5亿元的甘肃兰州生态养生村项目等。

【电子商务】申报国家电子商务进农村综合示范县，获得中央财政专项补助资金1500万元。全县建成23个乡镇电子商务公共服务站。建成185个村级电子商务公共服务点，行政村覆盖率69%，其中贫困村建成电子商务公共服务点82个，占114个贫困村的72%。

【财政金融】全县地区性财政收入128784万元，比上年增收20376万元，增长18.8%。全县财政总支出532366万元，比上年增支157031万元，增长41.84%。全县金融机构各项存款余额237.54亿元，增加32.31亿元，增长15.74%；各项贷款余额165亿元，增加41.07亿元，增长33.14%。

【邮电】全年完成邮政业务收入2425.94万元，增长7.02%。邮政业务量2141.35万元，比上年增长0.82%。实现代理速递业务收入（含特快专递、快包、普包）376.46万元，增长3.92%。报刊累计发行486.87万份，增加50%，完成报刊流转额446.80万元，实现报刊发行收入116.62万元。

【交通建设】2017年，完成总投资21426万元的G309线汉家岔至定远段提升改建工程，在榆中县境内长67.55千米。完成投资3亿元的S103线什青公路，在榆中县境内长6.7千米，完成初设批复，征地270亩。新规划的S217线景泰至定西公路榆中段改建工程，在榆中境内长116.4千米，投资估算5亿元。一期工程（园子乡政府至龙泉花寨子段）87千米投资2.5亿元，于11月开工建设。南绕城高速公路在在榆中县境内长9.5千米，累计完成投资13.1亿元，路基完成80%，桥梁完成97%，隧道完成99.4%。北绕城高速东段在榆中县境内长35千米，投资21亿元，试验段7.3千米已开工建设，累计完成投资1.19亿元。榆中县客运中心北站建设项目投资2.5亿元，已开工建设。G30甘草高速路出口扩容改造工程投资830万元，11月份完工并投入使用。X324线白榆公路小康营至双店子段升等改造工程12.3千米，总投资4900万元，8月21日开工建设。X126线榆新公路小康营至新营段升等改造工程17.5千米，总投资6439万元，开工建设。投资1亿元的218.7千米农村通畅工程和36.6千米通达工程全部完成。2017年下达的15座362.2延米，投资1877万元，8月底开工建设。投资2600万元的农村公路生命安全防护工程，村道安全生命防护工程317.3千米。

【易地扶贫搬迁】2017年，完成上年易地扶贫搬迁131户463人。当年191户794人完成主体工程，项目到位资金4584.2万元，其中：中央预算内资金635.2万元，省级投融资统筹资金3949万元，完成投资3800万元，支付资金3057万元。

【城乡建设】完成兴隆山大道二期、栖云南路、纬七路恩玲人行天桥及三角城棚户区供热管道改造2640米。投资2115万元完成南关供热点高效煤粉炉节能改造，投资850万元完成三角城村棚户区改造项目锅炉建设。新建40.3千米雨污水管道铺设，完成售水265万立方，增长9%。完成供水营业产值700余万元，增长3%。完成污水处理费代征收入257万元，增长33%。完成2000户智能卡式水表安装工作。完成太白东路南侧县客运站至县中医院供水主管新建工程，完成经二路口城区供水主管与引洮西线输水管线四通闸井施工。发展新用户48户。新建市政道路54.8千米，已建成榆三路、宝兰客专进站道路、兴隆山大道二期等5条18.7千米；榆定路、盆地大道三期、大成路北延段、环城东路新建工程、环城西路南延段等项目全力推进。投资298万元，在城区各公园、广场、绿化带种植乔木类1183株，花灌木13858株，草花141000株，改造退化草坪1.5万平方米，对城区街道行道树树穴铺装3000余穴彩色艺术透水石。为兴隆路设置花箱63组，对城区主次干道行道树及公共绿地树木修剪、涂白5000余株。

2017年，投资4410万元创建了詹家营村、浪街村、张家寺村3个省级示范村；投资225万元建成了徐家峡、东古城、东村、朱家湾村、高家崖村5个市级示范村。投资230万元对川东和宛川河2个示范区进行环境整治，投资115万元，集中对上花乡大岔村、贡井镇地湾村等10个环境整洁村实施绿化、亮化、道路硬化、自来水入户等建设项目，逐步改善农村人居环境。2017年，建成76个小康村。市级专项资金7600万元，县级财政积极筹措配套专项资金7600万元。

【社会事业与民生保障】投资8944.25万元，新建、改扩建校舍4.3万平方米，涉及93所学校。投资3065.6916万元，配备教育教学设备。筹资2134万元，新建110个草坪足球场，全县完全小学以上学校全部建成了人工草坪足球场。成功举办2017年甘肃省青少年校园足球联赛，全省14个市州78支代表队参加比赛。成功举办“华鞠杯”榆中县第三届青少年校园足球比赛，全县50个代表队参加比赛。2017年，新增加文化企业单位33家，其中新增规上2家，关闭文化企业单位9家，累计有文化企业单位165家，其中企业157家，事业8家。

2017年末，全县城镇居民可支配收入16671.05元，同比增长8.8%；农民人均纯收入9534.38元，同比增长8.8%。城镇新增就业人数2460人，城镇登记失业率2.46%。居民消费价格指数涨幅3%以内。输转农村富余劳动力10.3557

万人，创劳务经济23.149亿元。

全县城镇职工养老保险基金征缴2.35亿元（含失地1.46亿元）；城镇职工基本医疗保险基金征缴6806万元；失业保险基金征缴500万元；工伤保险基金征缴857万元；生育保险基金征缴282万元；城镇职工养老保险享受待遇14359人，累计支出基金2.7亿元（其中上解5000万元）；城乡居民基本养老保险参保232349人，参保率95.3%；城乡居民基本养老保险待遇领取63715人，累计发放养老金、高龄老人补贴和丧葬补助金1.76亿元（其中上解0.9亿元）；完成完全失地农民参保缴费20350人；城乡居民基本医疗保险征缴基金5497万元，参保人数364007人，其中县域内参保358350人，异地参保5657人，参保率99.5%。全县共有城市低保对象1298户2841人，发放城市低保金1344.14万元；农村低保10680户32732人，发放农村低保金5956.79万元。全县特困供养对象1588户1658人，发放特困供养金914.63万元。共救助城乡困难群众88285人。

（供稿：周学海）

皋兰县

【综述】皋兰县地处甘肃省中部，兰州市东北部。介于东经103°32′~104°22′，北纬36°05′~36°50′之间。东临白银市和榆中县，南接兰州市区，西连永登县，北依景泰县，全县总面积2191平方千米。2017年末全县总人口有14.31万人。

境内地形属黄土高原丘陵沟壑区，多为黄土梁峁、沟谷和小川台地等类型，地势为北高南低、西高东低，呈西北向东南倾斜，山脉多为南北走向，海拔在1459.2~2445.2米之间，相对高差达986米。境内共有0.5千米以上的大小砂、土沟4977条，全长6743.7千米，沟壑密度2.64千米。属温带半干旱气候，年均气温7.4℃，四季分明，年平均降水量245.9毫米，年蒸发量却高达1675.6毫米。黄河流经皋兰县境内，年均流量311亿立方米。年均日照2414小时，无霜期160天。有什川古梨园、黄河奇峡等人文景区。

2017年，全县地区生产总值完成52.83亿元，同比增长2.5%；第一产业增加值完成6.67亿元，同比增长5.8%；第二产业增加值完成24.18亿元，同比下降3.7%；第三产业增加值完成21.99亿元，同比增长8.7%。社会消费品零售总额完成22.26亿元，同比增长9.29%。固定资产投资完成65.83亿元，同比增长18.94%。一般公共预算收入完成4.46亿元，同比增长14%。

【农业农村经济】2017年，全县粮食、瓜菜、肉蛋奶总产量分别达到4.24万吨、42.58万吨、0.91万吨，畜禽饲养量达到114.38万头（只）。新增五个万亩标准化生产基地4000亩，建立核心示范区4个，示范面积达到8万亩，培育主导产业村40个，特色种植面积达到27.5万亩。建成水阜镇涝池村大坪1000亩优质山楂基地和九合、忠和1000亩优质桃基地。栽植紫花苜蓿等优质牧草基地面积8500亩。改造1126亩日光温室和高架大棚，超计划226亩。投资1470万元，建成兴陇等10家标准化养殖场。投资283.2万元，维修渠道7.2公里、泵站1座，新建塘坝6座。投资1500万元，完成西电提水中型灌区节水配套改造项目。创建省级龙头企业1家，省级合作社6家，市级专业合作社8家，新建和规范县级合作社43家。完成土地流转5613亩，累计达到7.45万亩；完成撂荒地复垦7810亩。2017年8月，皋兰县“什川软儿梨”被国家农业部评为全国“一村一品”特色产业及2017年甘肃农业博览会十大农业区域公用品牌。

全县农村土地确权工作实测承包地块256397块，实测承包地面积420377亩，确认面积402721亩。建设集体经济示范村10个，全县57个行政村集体经济总收入达到318.4万元。2017年，全县336户1005名贫困人口实现稳定脱贫，贫困发生率下降至128%。32个贫困村达到退出验收标准，已通过兰州市级验收。贫困县退出7项指标全部达到退出标准。

【工业经济】2017年，全县实施新扩续改工业项目25项。投资3800万元，完成天地印务二期五层钢结构主体建设；投资7200万元，完成西部建材年产120万方商砼生产线设备安装；投资1.6亿元，完成忠和年处置10万吨污泥工程综合楼、办公楼建设，污泥脱水车间五套系统开始试运行；投资1.23亿元，年产3000吨预制保温塑料管道

皋兰县忠和镇失地农民领取养老保险

皋兰县九合镇金砂村农民易地搬迁

生产线、甘肃长龙钢结构、保峰防火门项目进入试生产；投资9188万元的三鑫源门业生产线正在进行基础建设。甘肃天恩重工科技有限公司、甘肃德龙生态建材有限公司纳入甘肃省“6个一百”高新企业入库企业。争取中央资金700万元，支持华壹环保实施电子产品绿色循环产业关键工艺技术突破与集成应用。组织筛选兰州丰泉环保等4户企业上规入库，规模以上工业企业达到38家。

【项目建设】2017年，全县80项重点项目开工建设64项，开工率80%，38项完成年度建设任务，完成投资54.5亿元。组织实施政策性项目80项，开工建设71项，建成46项，到位资金6.15亿元。年内共谋划储备项目100项，总投资达到近800亿元。

【招商引资】2017年，参加兰洽会、丝博会等各类经贸洽谈会7次，邀请40多家商会的70多名企业家全面考察县域投资环境。在第23届兰洽会上，签约各类项目31项，总投资104.4亿元，年内开工建设23项，开工率74.2%，到位资金20.66亿元。

【商贸流通】2017年，全县投资4.06亿元，建成北龙口国际商贸城电子电器大卖场、管业及不锈钢型材市场并部分投入运营。投资1.87亿元，完成石材市场及玻璃制品市场主体建设。投资5310万元，完成汇金购物广场主体框架建设。投资2.66亿元，完成久和国际农副商贸城一期建设。投资9300万元，完成兰州货运西站8座仓库及配套设施建设。投资5000万元，完成大绿洲花木产业博览园商务中心主体建设。投资1.36亿元，完成甘肃物产皋兰公铁综合物流产业园土地平整，正在进行园区修规编制工作。投资7500万元，完成铁邦物流仓储配送中心2.5万平方米仓储库房建设。全年全县社会消费品零售总额完成22.26亿元，同比增长9.29%。

【电子商务】投资200万元，建成康顺综合性社区O2O线上超市平台“淘之兰”，为兰州市消费者提供“线上下单，1小时内配送到家”服务。建成集创业辅导、孵化中心等功能为一体的县级电商服务中心和6个镇级电商服务站及57个村级电商服务点，实现电商村级服务点全覆盖。全年全县电商网上交易额达1.2亿元。

【生态旅游】举办第十五届黄河奇峡·花漾什川“金融杯”文化旅游节，开展“书香梨园·全民阅读”等活动。2017年8月，皋兰县什川镇入选国家首批运动休闲特色小镇，成为甘肃唯一入选小镇。《古梨树保护条例》提请兰州市人大常委会通过一审，首开全省针对县域内专项产业进行立法的先河。投资1170万元，建成黄河奇峡旅游综合开发项目2座码头。

【城乡建设】2017年，投资4500万元，完成山字墩水库输水管道建设并实现通水。投资1.26亿元的皋兰县城区、水阜、什川生活垃圾集中处理工程已完成可研批复。投资2300万元的东湖公园二期工程已完成可研编制及批复。投资8735万元的东湖供热站节能减排改造项目完成锅炉房和锅炉安装主体建设。投资1.9亿元，完成石洞镇棚户区改造（一期）项目1号楼主体建设。投资5600万元，完成新华书店综合商住楼主体建设。投资4000万元，完成德润东方国际项目建设任务。投资177万元，整治火车站巷、三桥巷等11条背街小巷。建成城南菜市场和中堡夜市。全县投放新能源城乡公交车辆80辆，开通3条城乡公交线路。投资1.2亿元，建成农村公路123千米。投资378万元，完成农村公路养护里程217.2千米。投资4500万元的牛皮岘至谢家沟公路已开始施工。

【生态保护】2017年，全县完成抚育造林2415亩，补植1398亩。完成九合、黑石、忠和等通道绿化20千米，栽植各类苗木2.5万株。完成中央财政专项乔、灌木造林2000亩。完成荒山绿化2000亩，栽植各类树木114.6万株。建成生态小康村19个，绿化乡村主干道20多千米里，栽植杉、灌等各类苗木5万多株。完成22家38蒸吨燃煤锅炉提标治理改造工作。全县森林覆盖率达到13.45%。投资442万元，在水阜建成兰州市首个大型沼气供气项目。文山村、平岘村建成省级美丽乡村；水阜村、涧沟村建成兰州市级美丽乡村。

【教育与卫生】2017年，投资2886万元，建成石洞小学综合楼和蔡河、彬草、涝池小学教学楼。投资2370万元的皋兰一中艺术楼及图书馆项目顺利实施。投资96万元建成朱家井和薛家湾幼儿园。投资176万元，建成水阜初级中学周转宿舍。安排540名进城务工人员随迁子女就读，473名留守儿童全部入学。全县学前三年入园率达到91.97%，超过兰州市规划目标，九年义务教育巩固率达到99.68%。全县普通高考二本以上上线人数475人，上线率32.2%，较去年提高1.81个百分点。

投资1200万元，建成县医院外科住院部综合楼。投资270万元，完成皋兰县妇幼保健站业务用房综合楼改扩建项目。全县新型农村合作医疗参合率达到98%以上。县内政策范围内住院补偿比达78 %，农民受益率达85.9%。确定黑石中心卫生院与黑石敬老院、皋兰县人民医院与县福利院、省康复医院与什川颐养中心为全县医养结合试点。

【文化与体育】2017年，投资242万元，完成广播电视播出机构制播能力建设工程项目并通过省级验收。建成16处文化体育广场、2处文化大院、9处农村展演舞台。举办第六届石洞寺文化庙会文艺演出、首届皋兰好声音、喜迎十九大书画展览、喜迎十九大合唱等活动。免费开放县非物质文化遗产馆，县图书馆晋升为国家三级馆。

【人民生活和社会保障】2017年，全县城镇居民人均可支配收入达到16716元，同比增长8.72%。农村居民人均可支配收入达到9843元，同比增长8.46%。城镇新增就业1517人，城镇登记失业率为2.51%。输转城乡富余劳动力3.05万人，创劳务收入6.67亿元。

全县城市低保提标8%，由426元提高到460元。农村一类低保对象每人每月增加25元，达到317元，年增加300元。取消不符合条件 116 户304人，调整保障类别265户662人。农村五保分散供养由每年4825元提高到5155元，集中供养由每年5900元提高到6320元。投资525万元，建成黑石镇敬老院。城乡居民养老保险参保率达到95%以上，城乡居民医疗保险参保率达到98%以上。完成被征地农民养老保险三年期参保任务，失地农民参保人员累计达到5723人，投入政府补助资金累计达到1.97亿元。

（供稿：魏周延）

永登县

【综述】永登县地处甘肃省中部，东南与皋兰县、西固区、红古区相邻，西北与天祝藏族自治县、景泰县接壤，全县总面积6090平方千米。2017年末，全县辖12镇4乡，户籍总人口439101人（不含中川、秦川二镇）。

境内地形由北向南倾斜，海拔在1500～3000米之间。永登县深居内陆，大部分地区属温带半干旱气候。全年降水量337.8毫米，日照时数2541.4小时，年均气温6.7℃。年均无霜期155天，绝对无霜期147天。全年多为西北风，年内最大风力为18.5米/秒，一般风力为2.4米/秒。四季分明，阳光充足，冬无严寒，夏无酷暑，气候温和宜人。境内已探明的矿产23种。有色金属矿主要有铁、锰、金、铜等；非金属矿产有石灰石、石英石、大理石、白云石等。有连城吐鲁沟、石屏山等人文自然风景区。

2017年，全县生产总值突破100亿元大关，实现生产总值107.16亿元，比上年增长4.4%。其中，第一产业实现增加值11.65亿元，比上年增长6%；第二产业实现增加值33.08亿元，比上年下降1%；第三产业实现增加值62.43亿元，比上年增长7.7%。三次产业比重为10.87：30.87：58.26，第三产业占生产总值的比重接近60%，比上年提高1.55个百分点，高于第二产业27.39个百分点。全县完成固定资产投资50.44亿元，比上年下降34.3；社会消费品零售总额达到27.3亿元，比上年增长8.26%；完成公共财政预算收入4.99亿元，比上年增长11.92%。

【农业农村经济】2017年，全县农作物播种面积达到119.27万亩，同比增长0.57%。粮食总产量17.2万吨，比上年下降0.19%。蔬菜总产量47.45万吨，比上年13.52%。药材总产量1.18万吨，比上年增长15.65%。玫瑰总产量2.46万吨，比上年增长5.67%。水果总产量1.18万吨，比上年增长2.8%。牲畜存栏110.28万头（只），比上年增长17.3%，牲畜出栏81.44万头（只），比上年增长8.3%；禽蛋产量5710.3吨，比上年增长6.2%；牛奶产量7260.5吨，比上年增长4.09%；虹鳟鱼、鲑鳟鱼养殖面积达到80亩，产量454吨，占全县水产品产量的37.78%。新增农业产业化龙头企业9家、农民专业合作社24家，产业化基地面积达到28.7万亩，订单面积达到20万亩，带动农户6.98万户，占全县总户数的43%。认证有机农产品4个，注册有效涉农商标36件。全县贫困人口由2013年底的19991户73800人减少到目前的7548户20668人，贫困面由2013年底的16.17%下降到目前的3.95%。

【工业经济】2017年，全县完成规模以上工业总产值179.75亿元，实现增加值19.75亿元，比上年下降2%。其中轻工业实现增加值0.17亿元，占全部规模以上工业的1%，比重偏小；重工业实现增加值19.58亿元，占全部规模以上工业的99%，比重较大。全县规模以上工业企业完成主营业务收入141亿元，应交增值税3.2亿元，比上年增长33.3%，利润亏损0.7亿元，亏损额较上年减少1.2亿元。

【固定资产投资】2017年，全县完成投资50. 44亿元，下降34.3%，其中5000万元以上项目完成投资17.01亿元，下降38.45%；500万~5000万元项目完成投资27.82亿元，下降20.53%；房地产开发项目完成投资3.33亿元，下降69.21%；跨境项目完成投资2.28亿元，下降32.23%。

【旅游】举办“中国玫瑰之乡·兰州玫瑰节”“中国·连城土司文化旅游节”“武胜驿生态文化旅游节”等重大节日活动。扶持发展农家乐75家，新改建旅游厕所13座。全县累计接待游客433.2万人次，实现旅游综合收入30亿元，旅游收入增幅达到24%。

【城乡建设】生产村棚户区改造工程完成拆迁64户。庄浪河立交桥建设项目全面开工建设，完成形象进度30%

以上。县城主干道道路中央隔离栏杆及十字路口行人隔离栏、背街小巷整治工程等重点建设工程全面完工。农村建设完成4个省级美丽乡村示范村、4个市级美丽乡村和2个县级美丽乡村示范村实施方案编制工作并启动实施。70个小康村建设工作顺利推进，完成建设项目563项，238项在建项目加紧实施。农村环境综合整治拆除危旧房42582平方米，清除“三堆”29023堆，平整绿化面积2663亩，清理垃圾13.38万吨。修建、改造公共厕所35座，安装路灯815盏，改造农村危房820户。

【项目建设与招商引资】2017年实施重点建设项目86项，总投资140.6亿元，当年计划投资53.6亿元。79项县列重点项目中，已开工建设53项，开工率67.1%。2017年全县执行的招商引资项目82个，总投资229.61亿元。目前75个项目开工建设，开工率91.46%。第23届兰洽会全县共签约项目40项，签约资金103.77亿元。其中，市专场签约项目18项，签约资金70.07亿元，县专场签约项目22项，签约资金33.7亿元。

【社会事业与民生保障】全县高考二本以上录取901人（不含音体美人数），一本以上录取282人。中考升学人数2868人，升学率达73.37%。永登县新城区初级中学建设项目完成主体建设任务，14所行政村幼儿园建设工程全部完成。全面改薄项目进展顺利，完成校舍建筑面积68550平方米。出台《健康永登2030规划》和《永登县落实全国省市卫生与健康大会实施方案》。

2017年末，全县城镇居民人均可支配收入达到17998元，比上年增长8.3%；农村居民人均可支配收入达到9716元，比上年增长8.3%。城镇新增就业3248人，安置困难人员就业228人，城镇登记失业率控制在2.36%，高校毕业生就业率达到92%。创业能力培训179人。输转劳动力11万人，劳务创收24.09亿元。提高城市低保补助标准，由去年的426元提高到460元，月人均补差提高到350元。农村低保标准提高22.6%，由每人每年2986元提高到每人每年不低于3500元。农村五保对象分散供养标准由每人每年4825元提高到5155元，集中供养对象由每人每年5900元提高到6320元。城乡居民社会养老保险参保缴费人数112795人，参保率达到97%；完全失地农民参保率达到91.06%；新农合参合率达到了98.6%。

（供稿：柳生昆）

嘉峪关市

【综述】嘉峪关市位于甘肃省西北部，介于东经97°51′14″～98°31′59″，北纬39°39′47″～39°59′47″之间，东临酒泉市，西接玉门市，南与肃南裕固族自治县为界，北与金塔县接壤，全市行政区划面积2935平方千米，其中耕地面积6806.37公顷，林地面积1089.85公顷，草地面积7937.16公顷。2017末，全市常住人口为24.98万人，自然增长率为9.91‰。

境内辖域分布于酒泉盆地西沿的祁连山北、合黎山南、讨赖河中游，海拔1500米～1800米，属大陆荒漠型气候。讨赖河横穿境内，年均径流量6.58亿立方米，全市有12座水库，水库总库存容达量7321.66万立方米。境内已探明矿产资源有21个矿种，产地40多处，其中铁、锰、铜等为嘉峪关市优势矿产。境内有（明）万里长城、嘉峪关关城、魏晋墓地下画廊、七一冰川等人文自然景观，旅游产品有夜光杯、祁连玉雕、嘉峪石砚等。兰新铁路、312国道和连（云港）霍（尔果斯）高速公路清（水）嘉（峪关）段横贯境内，民航可直通敦煌、兰州、乌鲁木齐、西安、青岛、成都、深圳、上海、北京等地。

2017年，全市实现生产总值（GDP）210.99亿元，比上年增长3.7%。其中，第一产业增加值4.58亿元，比上年增长5.5%；第二产业增加值109.42亿元，比上年增长3.1%；第三产业增加值96.99亿元，比上年增长4.4%。三次产业结构由上年的2.9∶39.3∶57.8调整为2.2∶51.8∶46，与上年相比，第一产业所占比重下降0.7个百分点，第二产业所占比重上升12.5个百分点，第三产业所占比重下降11.8个百分点。

【农业农村经济】2017年，全市全年粮食总产量1.29万吨，比上年增长1.21%。其中，夏粮产量0.28万吨，增长8.67%。粮食作物种植面积1.7万亩，下降1.73%，其中：小麦种植面积0.64万亩，增长6.04%；折粮薯类种植面积0.12万亩，增长1.64%；蔬菜种植面积3.3万亩，增长6.72%。主要经济作物中，油料产量0.01万吨，下降7.53%；园林水果产量0.48万吨，下降7.02%；蔬菜产量23.06万吨，增长6.51%。年末，大牲畜存栏0.74万头（只），比上年增长21.42%；牛存栏0.69万头，增长24.23%；羊存栏5.58万只，增长7.91%；猪存栏2.39万头，下降1.85%。牛出栏为0.29万头，增长114.77%；羊出栏3.34万只，下降1.49%，猪出栏3.25万头，增长5.76%。全年肉类总产量0.32万吨，增长10.35%，其中猪肉产量0.23万吨、牛肉产量0.03万吨、羊肉产量0.05万吨。绵羊毛产量1.36吨，下降54.67%；鲜蛋产量0.05万吨，增长19.72%；奶类产量0.84万吨，下降19.29%。

【工业与建筑业】2017年，全市完成工业增加值98.79亿元，比上年增长3.4%。规模以上工业企业完成工业增加值93.69亿元，比上年增长4.1%。其中，市属规模以上工业企业完成工业增加值31.62亿元，增长7%。规模以上工业企业产品产销率100.1%，比上年上升0.9个百分点。规模以上工业增加值中，轻工业完成增加值1.36亿元，增长17.4%；重工业完成增加值92.33亿元，增长3.9%。2017年，嘉峪关市规模以上工业企业实现主营业务收入1239.6亿元，增长11%。实现利润总额22.65亿元，同比下降37.3%，全市规模以上工业企业主营业务收入利润率较上年同期下降1.4个百分点。

全市建筑业实现增加值10.63亿元，与上年持平。

【项目建设】2017年，新建续建项目90个，累计投资101.4亿元。其中，续建项目35个，累计完成投资67.2亿元；新开工项目55个，累计完成投资34.2亿元。

【固定资产投资】2017年，全年完成固定资产投资147.51亿元，下降8.05%。其中，第一产业投资3.21亿元，下降46.93%；第二产业投资55.45亿元，下降12.1%，其中工业投资55.15亿元，下降12.29%；第三产业投资88.85亿元，下降2.68%

【房地产业】房地产开发投资41.99亿元，比上年同期增长10.75%，其中住宅投资26.54亿元，增长27.25%，棚户区改造完成投资169亿元，增长153倍。房屋施工面积364.28万平方米，增长5.23%；房屋竣工面积53.89万平方米，增长43.52%；商品房销售面积69.29万平方米，增长28.79%；商品房销售额23.94亿元，增长26.22%；待售面积46.1万平方米，增长19.99%。

【交通邮电】2017年，全市交通运输仓储业增加值8.84亿元，增长7.4%，全市公路运输业实现客运量8473万人次，增长6.01%；旅客周转量129796万人千米，增长7%。货运量10638万吨，增长8.04%；货物周转量217007万吨千米，增长21.96%。年末实现铁路客运量190.43万人次，增长25.9%（其中高铁客运量56.41万人次，增长19.5%）；货运量652.86万吨，增长2.7%。民用航空完成旅客吞吐量43.45万人次，增长8.8%，货邮吞吐量1616.1吨，下降5.1%。年末民用汽车保有量69389辆，增长10.39%。

邮政行业业务总量4470.74万元，增长5.87%；邮政行业业务收入0.63亿元，增长7.6%；快递业务量（收寄）89.14万件，下降6.85%，快递业务量（投递）797.13万件，增长30.79%。全年电信业务总量8.38亿元，增长37.19%；年末固定电话用户11.66万户。其中：城市11.13万户，农村0.28万户。年末移动电话用户44.36万户，3G、4G移动电话用户38.77万户。年末互联网宽带接入用户达到12.28万户。

【旅游】2017年全市实现旅游收入57.21亿元，增长26.2%。接待旅游人数857.14万人次，增长22.1%。游客平均停留天数为1.5天，与上年持平；客房出租率为46%，与上年持平。

【商贸流通与外贸】2016年，全市实现社会消费品零售总额64.38亿元，比上年增长7.3%。其中，限额以上单位商品零售实现25.16亿元，增长0.4%；石油及制品类5.77亿元，增长13.5%；汽车类8.39亿元，下降13.3%；医药类0.57亿元，增长2.5%；烟酒类2.1亿元，下降5.5%。批发业商品销售额105.59亿元，增长13.4%；零售业商品销售额64.43亿元，增长9.7%；住宿业营业额2.19亿元，增长18.4%；餐饮业营业额13.55亿元，增长16%。

年末，全年外贸进出口总值为17.94亿元，增长1.72%。其中，出口总值为4亿元，下降17.05%；进口总值为13.94亿元，增长8.78%。

【财税金融保险】2017年，全年大口径财政收入40.4亿元，下降0.01%。全市公共财政预算收入18.37亿元，增长7.4%。公共财政预算支出27.73亿元，增长14.2%。年末，全市金融机构人民币各项存款余额312.87亿元，比年初下降0.66%；金融机构人民币各项贷款余额512.84亿元，比年初增长10.57%；全市保险机构完成保费收入7.82亿元，增长13.31%。其中，财产险保费收入2.95亿元，增长5.83%；寿险收入4.87亿元，增长18.37%。全市财险赔付支出1.34亿元，下降4.96%。

【科技教育文化卫生】2017年，全市登记省级以上科技成果36项；应用技术成果36项；甘肃省科学技术进步奖2项；甘肃省专利奖2项；嘉峪关市科学技术进步奖16项；专利申请量525件，增长57.7%；专利授权量279件，增长27.4%；签订技术合同5项；技术合同成交金额5.2亿元，增长9.95%。全市中等职业教育招生150人，增长2.74%；普通高中招生1979人，下降4.44%；初中学校招生2867人，增长1.52%；普通小学招生2729人，下降2.92%；特殊教育招生3人，在校51人；幼儿园在园幼儿9351人，学前3年毛入园率97.8%。

全市举办体育竞赛活动20次；参加比赛人数32559人；组团参加省级及以上比赛16次，获得省级及以上各类奖牌75枚，其中金牌8枚，银牌30枚，铜牌37枚。举办中国·嘉峪关长城徒步挑战赛等活动。城市社区体育健身中心覆盖率达到100%。

年末全市共有文化馆1个，公共图书馆2个，广播电视台1座，电视转播台1座，调频转播台1座。广播综合人口覆盖率99.71%，增长0.06%。电视综合人口覆盖率99.66%，增长0.06%。年末全市共有医疗卫生机构128个，比上年增长8%；医院、卫生院床位数1515张，

2017年10月16日上午，嘉峪关一特汽车制造有限公司首辆整车在多功能专用汽车生产车间正式下线

卫生技术人员2565人，其中执业医师和执业助理医师864人；注册护士1213人，卫生监督机构卫生技术人员12人。

【人民生活与社会保障】2017年，全市城镇居民人均可支配收入36491元，比上年增长8.8%；城镇居民人均消费性支出27074元，增长13.7%；城镇居民家庭食品消费支出占消费性支出的比重为33%。农村居民人均可支配收入17796元，增长8.1%；农村居民人均消费支出13255元，增长6.2%；农村居民家庭食品消费支出占消费性支出的比重为30%。全市居民消费价格总水平比上年上涨0.5%。商品零售价格总水平比上年上涨0.5%。

年末全市参加城镇基本养老保险11.16万人，增长7.03%，其中职工（在职）8万人，增长8%，离退休人员3.16万人，增长4.63%；年末参加城镇职工基本医疗保险9.26万人，增长3.79%；其中职工（在职）6.65万人，增长3.7%，离退休人员2.61万人，增长4%；参加失业保险6.1万人，增长5%；参加工伤保险7.93万人，增长7.8%，其中参保农民工1.57万人，增长0.4%；参加生育保险6.88万人，下降8.25%；年末参加城乡居民基本养老保险1.92万人，增长1.01%。城镇居民得到政府最低生活保障31179人，下降12%；农村居民得到政府最低生活保障4419人，下降26%；城市医疗救助2994人次，下降49%；农村医疗救助654人次，下降43%；各类收养性社会福利单位收养282人，增长30%；市慈善协会接受社会募捐76.93万元，下降1.8%。低保标准达到每人每月617元，农村五保老人和城市三无人员供养标准达到9024元/人/年。

年末城镇私营企业和个体工商户从业人员6.1万人，其中：私营企业从业人数22426人，增长9.01%；全市个体工商户从业人数38436人，增长5.45%。年末就业人数10.19万人，增加1262人，增长1.25%；年末登记失业率为2.78%；全年城镇新增就业人数8144人，增加119人，增长1.48%；下岗职工再就业1605人。

【环境保护】2017年，全市从事环保工作人员70人（在编），拥有各级环境监测站1个，监测人员37人（含临时），噪声功能区类别为4类，噪声功能区面积242.45平方公里，城市生活垃圾无害化处理率100%。建成环境噪声达标区101个，建成环境噪声达标区面积16.16平方公里，一年内空气质量达标天数310天，比去年减少5天。全市气象雷达观测站点1个，卫星云图接收站点2个，年平均气温9.7℃，比上年偏低0.4℃，年平均降水量114.1毫米。全市完成人工造林面积2109公顷，开展全民义务植树9.4万株。

【安全生产与自然灾害】2017年，全市发生工矿商贸事故10起，死亡10人，受伤1人，直接经济损失888.7万元；道路交通事故50起，死亡34人，受伤50人，直接经济损失18.17万元；消防事故10起，未造成人员伤亡，直接经济损失8.1417万元。2017年各类自然灾害造成直接经济损失692.71万元，农作物受灾面积1018公顷，成灾面积262公顷。

【第六届中国（嘉峪关）国际短片电影展】第六届中国（嘉峪关）国际短片电影展是敦煌文博会系列分项活动，于9月22—25日在嘉峪关市举办。电影展由国家新闻出版广电总局、甘肃省人民政府主办，甘肃省委宣传部、甘肃省新闻出版广电局、嘉峪关市人民政府、中国电视艺术家协会电视纪录片学术委员会承办。中国（嘉峪关）国际短片电影展是以评选展映国内外优秀纪录片、科教片、动画片和短片为主要内容，从374多部纪录片中推选出55部入围作品和17部优秀作品。

（供稿：杨生宝　耿天红）

金昌市

【综述】金昌市地处甘肃省西北部，介于东经101° 04′ 35″~102° 43′ 40″，北纬37° 47′ 10″~39° 00′ 30″ 之间。北东与民勤县相连，东南与武威市相靠，南与肃南裕固族自治县相接，西南与青海省门源回族自治县搭界，西与民乐、山丹县接壤，西北与内蒙古自治区阿拉善右旗毗邻。全境东西长145千米，南北宽135千米，全市总面积8928平方千米。2017年末，全市辖一县一区，常住人口46.92万人。有蒙古族、回族等31个少数民族。

境内地域辽阔，土地肥沃，光照充足，适宜农作物生长，是甘肃省重要的商品粮油基地之一。有色金属矿藏储量丰富，特别是以镍为主的铂族贵金属矿藏总储量仅次于加拿大萨特伯里镍矿，居世界同类矿床第二位，铜的储量仅次于江西德兴，钴的储量仅次于四川的攀枝花，与镍铜伴生的铂、钯、锇、铱、钌、铑等稀贵金属储量居全国之首。大型骨干企业金川集团公司拥有世界首座铜合成熔炼炉，世界首座富氧顶吹镍熔炼炉，亚洲第一座镍闪速熔炼炉等世界级规模的镍钴铂族金属提炼和资源综合利用装备技术。

2017年，全市共实现地区生产总值224.29亿元，按可比价计算，同比增长1.9%，其中：第一产业增加值20.65亿元，增长5.7%；第二产业增加值112.88亿元，增长1%；第三产业增加值90.75亿元，增长2.6%。一、二、三产业结构比为9.2：50.3：40.5。人均GDP达到47771元（折合7075美元），比上年增长2%。全市实现大口径财政收入49.91亿元，同比增长10.1%。财政一般公共预算收入22.22亿元，增长7.08%，其中：市本级14.23亿元，增长10.05%；永昌县308亿元，下降12%；金川区451亿元，增长16.04%；开发区0.39亿元，下降8.1%。全市财政一般公共预算支出59.7亿元，增长3.88%。

【农业农村经济】2017年末，全市耕地面积107.48万亩，较上年增加1.04万亩。农作物播种面积达到121.76万亩，较上年增加2.63万亩，同比增长2.21%，其中：粮食作物播种面积78.04万亩，较上年减少0.77万亩，下降0.98%。小麦播种面积37.07万亩，较上年增加0.21万亩；大麦播种面积9.63万亩，减少1.9万亩；玉米播种面积23.59

万亩，增加032万亩；薯类播种面积653万亩，增加0.31万亩；油料播种面积4.1万亩，减少5.78万亩；药材播种面积1.9万亩，增加0.05万亩；蔬菜播种面积23.25万亩，增加3.06万亩；瓜果类播种面积2.27万亩，增加0.48万亩；其他作物播种面积7.63万亩，增加1.33万亩。

全市累计建设标准化规模养殖场147个，畜禽总饲养量258.6万头（只），同比增长1.66%，其中：羊饲养量为134.08万只，增长2.95%。畜禽总出栏1035万头（只），同比增长1.79%，其中：猪出栏6.87万头，下降4.64%；牛出栏1.16万头，增长16.66%；羊出栏46.5万只，增长6.63%；家禽出栏48.93万只，下降1.83%。完成营造林面积4.99万亩，退耕还林人工造林0.8773万亩。全市拥有农业机械总动力99.42万千瓦，农用拖拉机4.99万台。年机耕面积115.8万亩，机播面积94万亩，机收面积88.12万亩。农机化综合作业水平达到85%。2017年，全市共脱贫人口56户178人，退出贫困村12个。

【工业和建筑业】 2017年，全市实现工业增加值79.81亿元，同比增长1.3%，其中：规模以上工业企业实现增加值75.35亿元，增长1.3%。规模以上工业中地方企业实现增加值1821亿元，增长5.1%。全市规模以上工业企业实现主营业务收入2352.88亿元，同比增长12.36%；应收账款71.82亿元，下降14.43%；产成品资金占用85.67亿元，下降47.8%；产销率99.4%，比上年提高0.4个百分点；企业营业利润15.16亿元，较上年净增26.24亿元。95户规模以上工业企业中有25户企业亏损，亏损面为36.3%，亏损额5.7亿元。

全市建筑业完成总产值107.7亿元，同比增长4.5%；实现建筑业增加值33.5亿元，增长0.3%。全部建筑企业签订合同金额154.93亿元，增长16.4%。本年房屋建筑施工面积482.09万平方米，增长3.9%，其中：新开工面积220.91万平方米，下降17.3%。房屋竣工面积169.6万平方米，下降15.7%。

【固定资产投资】 2017年，全市完成固定资产投资93.07亿元，比上年下降59.38%。共实施投资项目300项，其中：续建项目112项，新开工项目188项；本年投产项目175项。全市完成房地产开发投资17.48亿元，同比下降24.69%。

【商贸流通与贸易】2017年，全市实现社会消费品零售总额89.06亿元，比上年增长7.4%，其中：城镇消费品零售额76.62亿元，增长8.2%；乡村消费品零售额12.45亿元，增长2.9%。从销售情况看：批发业实现销售额84.56亿元，增长12.2%；零售业销售额93.55亿元，增长13.1%；住宿业实现营业额2.47亿元，增长13.5%；餐饮业营业额25.84亿元，增长13%。全市累计实现进出口贸易总额890141万元，同比增长15.69%，占全省进出口总额的26%。

【非公经济】全市累计个体工商户户数25332户，同比增长6.58%，注册资金28.34亿元，增长41.82%。私营企业户数6705户，同比增长27.01%，注册资金287.51亿元，增长20.58%。全市非公有制经济实现纳税额3.52亿元，增长1.63%；全年实现非公经济增加值63.7亿元，占全市生产总值比重的28.4%，增长8.6%。

【交通邮电】 2017年，全市公路通车总里程2904.604千米。全年公路运输累计完成客运量459万人、客运周转量12688.24万人千米，同比增长1.8%、10.42%；货运量1590.15万吨、货物周转量300133.01万吨千米，同比增长18.24%、21.41%；公路运输总周转量增长18.16%。2017年末，全市注册机动车总量107461辆。

全市邮政行业业务收入5791万元，同比增长12.65%，其中：快递业务收入2263万元，增长14.58%。邮政行业业务总量累计完成4624万元，同比增长13.18%。快递业务量完成113.84万件，同比增长27.02%。全年订销报纸539.92万份，同比增长2.25%；杂志32.06万份，下降11.17%。全市电信行业业务总量8.62亿元，比上年增长14.49%。年末全市固定电话用户5.8万户；移动电话用户62.72万户，其中：2G用户13.94万户、3G用户7.47万户、4G用户41.31万户。全市宽带互联网用户14.85万户。

【金融证券保险】2017年末，全市金融机构本外币各项存款余额346.37亿元，比年初增加16.78亿元，同比增长5.09%；金融机构本外币各项贷款余额328.1亿元，比年初减少28.19亿元，同比下降7.91%。全市证券市场各类证券成交额260.96亿元，较上年下降9.38%；托管资产总额为1366亿元，下降693%；实现营业收入0.25亿元，下降29.51%。年末在册证券账户数94845户。全市保险业实现保费收入13.43亿元，同比增长13.13%。财产保险本年累计赔款支

金昌市北海子湿地

出1.55亿元，同比下降9.32%。

【文化与旅游】2017年，全市共有各种艺术表演团体1个，艺术表演场馆2个，文化馆3个，公共图书馆4个。公共图书馆藏书总量72.9万多册；全年艺术团体表演230多场次。全市共接待旅游人数411.3万人次，比上年增长22.32%；实现旅游接待收入22.5亿元，增长26.06%。

【科技教育】2017年，全市安排市拨科技三项费227万元，科技奖励基金82万元，安排科技计划项目53项。组织申报国家（省）科技计划项目61项，申请专利781件，每万人口发明专利拥有量6.02件。年末全市各级各类学校（园）110所，在校学生（幼儿）67417人，教职工5789人（公办4878人，民办、企业幼儿园911人）。基础教育校舍建筑总面积61.58万平方米。九年义务教育巩固率99.91%，高中阶段毛入学率99.75%，学前三年毛入园率1148%，“三类”残疾儿童少年入学率100%。2017年全市参加高考5538人（中职760人），二本以上上线率47.97%。

【医疗卫生】2017年，全市共有各级各类医疗卫生机构553个，拥有床位数2750张，每千人拥有床位5.86张。卫生专业技术人员3739人，每千人拥有执业护士3.34人。城市社区卫生服务机构覆盖率达到100%。孕产妇、婴儿和5岁以下儿童死亡率分别为45.11/10万、4.74‰和5.64‰；孕产妇住院分娩率100%；国家免疫规划疫苗接种率平均达到98%；婚前医学检查率26.13%。

【人民生活与社会保障】2017年，全市城镇居民人均可支配收入达到34672元，增长8.1%。城镇居民人均生活消费支出19319元，恩格尔系数为27.6%。农村居民人均可支配收入13291元，增长8.2%。农村居民人均生活消费支出10192元，恩格尔系数为29.8%。全市城镇非私营单位在岗职工年平均工资61136元，同比增长13.2%。全市居民消费价格总指数为100.9%，同比上涨0.9个百分点。全市城镇新增就业人数14968人，全年共接收应届高校毕业生2222人。城镇登记失业人员4765人，城镇登记失业率2.89%。全年创劳务收入16.19亿元，劳务输转人数8.04万人。

城乡居民社会养老保险参保人数161839人，其中：城镇居民社会养老保险参保人数13725人；城乡居民基本医疗保险参保人数306930人，其中：城镇居民基本医疗保险参保人数89238人；城镇职工基本养老保险参保人数68149人，城镇职工基本医疗保险参保人数119692人；城镇居民失业保险参保人数70486人、工伤保险参保人数70178人、生育保险参保人数44312人。全市城市低保对象13459人，发放低保资金7702.77万元；农村低保对象15238人，发放低保金6417.65万元。城市低保标准由每月580元提高到626元，月人均补差由377元提高到407元；农村低保标准达到每年3500元，农村低保月人均补助水平由157元提高到165元。

【资源环境与安全生产】2017年，全市水利年度，东、西两大河流来水量55231万立方米，比上年同期增加1278万立方米。其中：东大河来水量32872万立方米，较上年增加559万立方米；西大河来水量22359万立方米，较上年增加719万立方米。截至2017年12月31日，三大水库蓄水总量15666万立方米，较上年同期增加5.3%。全年引硫济金工程引水1021万立方米。

全市环境空气质量稳中趋好。2017年市区环境空气质量达标天数共322天，达标天数较上年增加18天，占总天数的88%，较上年提高5个百分点。主要污染物中二氧化硫、二氧化氮、可吸入颗粒物、PM2.5和一氧化碳浓度均值与上年同期相比分别下降了27%、11.8%、2.9%、9.4%和47.7%。单位GDP能耗同比下降3.74%。城市污水处理厂集中处理率95.18%；城市生活垃圾无害化处理率100%；市区建成区绿地率32.81%；市区建成区绿化覆盖率37.08%；城市人均公园绿地面积25.15平方米；人均城市道路面积25.6平方米。

全市全年共发生各类生产安全事故30起，同比增加5起；死亡21人，同比减少5人；受伤41人，直接经济损失685.57万元。亿元生产总值生产安全事故死亡人数0.094人，下降27.69%；工矿商贸企业就业人员10万人生产安全事故死亡人数3.5人，下降37.5%；煤矿百万吨死亡人数0人；道路交通事故死亡人数33人，同比减少2人。

（供稿：郑天水）

金川区

【综　述】金川区地处甘肃省河西走廊东段，龙首山支脉东大山北麓，阿拉善台地、巴丹吉林沙漠南缘，腾格里沙漠西北部，介于东经101°34′41″~102°34′26″，北与纬38°21′30″~39°00′30″之间。东北与武威市民勤县接壤，南与永昌县毗邻，西北与内蒙古自治区阿拉善右旗相连，西与张掖市山丹县搭界。东西最长93千米，南北最宽76千米，最高峰成山掌顶海拔3052.4米，最低处张家坑海拔1327米。区域总面积306026平方千米，2017年末，全区辖宁远堡、双湾2个镇27个行政村，6个城市街道办事处16个城市社区。常住人口23.39万人，其中城镇人口21.07万人，乡村人口2.32万人，有回、藏、满、蒙古、朝鲜等28个少数民族。

境域地势西高东低，由西南向东北渐趋倾斜。地形以山地、平原为主，山地、山前平原、绿洲、古湖盆、戈壁、荒漠相间排列。西南部为山地，中部为低山丘陵、山间盆地、绿洲平原，东北部为戈壁、荒漠、半荒漠草原。龙首山北坡前的宁双绿洲平原由洪积、湖积、风积形成，海拔在1400~1600米之间，地势平坦，日照充足，土层深厚，土质良好，适宜作物生长，是境内主要农作物种植区。境内属温带大陆性极干旱气候，南面局部属山地气候，北面具有明显蒙新沙漠气候特征。常年干燥，年均降水量119.5毫米，年均蒸发量2722毫米。冬冷夏热，昼夜和四季温差大，冬夏季长，春秋季短，春季升温快，秋季降温迅速。年均气温9.4℃，1月最低，平均-7.0℃；7月最高，平均24.2℃。年均日照数2991.7小时，无霜期170天。地表水主要由自然降水和金川峡、西大河、皇城水库供给。地下水重点分布在双湾镇和宁远堡镇的部分地区，年综合补给量2.53亿立方米，年允许开采量1.37亿立方米。

2017年，全区实现生产总值156.33亿元，同比增长1.3%。其中，第一产业4.56亿元，增长5.4%；第二产业96.08亿元，增长0.9%；第三产业55.69亿元，增长2.2%。工业增加值67.9亿元，增长1.0%。社会消费品零售总额61.31亿元，增长7.5%。一般公共预算收入4.51亿元，增长16.04%；完成一般公共预算支出9.75亿元，比上年同期下降4.37%。居民消费价格同比上涨0.9%，涨幅温和平稳。

【农业农村经济】2017年，全区农作物播种面积累计达26.53万亩，其中：粮食作物播种面积11.18万亩，蔬菜种植面积6.24万亩，瓜类种植面积1.21万亩，林果面积0.62万亩，食药芳香种植面积0.28万亩。复种面积4.42万亩。畜禽饲养年底存栏37.89万头（匹、只、羽）。年末生猪出栏1.57万头，牛出栏0.3万头，羊出栏7.82万只，鸡出栏8.84万只。肉、蛋、奶产量分别达0.29万吨、0.05万吨和1.45万吨。培育各类新型农业经营主体543家，申报部级、省级标准化规模养殖示范场3个。全年新增土地流转面积2.28万亩，农田高效节水技术推广面积达3.87万亩。

【工业经济】2017年，全区实现工业增加值679008万元，增长1.0%。其中，规模以上工业实现增加值672608万元，增长1.0%；主要工业产品电解镍产量13.51万吨，减少5.7%，精炼铜77.51万吨，增长6.6%。新增规模以上工业企业2家，区属企业总数达到159家，规模以上工业企业达到8家。

【项目建设与招商引资】2017年共实施项目100项，年度总投资20.8亿元，开工79项，完成固定资产投资12.97亿元，同比下降28.88%。实施招商引资项目181个，到位资金24.44亿元。列入国家、省、市级科技计划项目18项，争取项目资金700万元，达成院企合作协议2项，申请各类专利222件。

【商贸流通】全年全区批发业销售额达到608140万元，比上年增长11.4%；零售业销售额612111万元，比上年增13.4%；住宿业营业额16907万元，比上年增长12.1%；餐饮业营业额152427万元，比上年增长12.1%。

【旅游业】举办第三届“薰衣草之约”系列集体婚礼和首届香草产业国际论坛。紫金苑景区和双湾镇香草小镇入选2017年全国优选旅游项目名录，金川区被列为省级全域旅游示范区。截至年末，全区接待游客约190.96万人次，同比增长23.61%；实现旅游综合收入11.3亿元，增长27.19%。

【城乡建设】新增城市绿地34.26公顷，建成区绿地率、绿化覆盖率分别达到32.81%和37.08%，完成人工造林1000亩，封滩育林15000亩，森林抚育3000亩。完成宅前道路硬化1.62千米，宅前铺装3万平方米，敷设人饮管网23千米，新改建农村道路37.5千米。建成美丽乡村示范村5个，双湾镇成功创建全省首个国家级“卫生乡镇”，陈家沟村获评“全国改善人居环境示范村”。

【社会事业】组建区二小和金川总校第五小学联合办学教育集团，改造建成双湾镇中心小学教学楼及室外运动场，城乡义务教育发展水平更加均衡。辖区内有各级各类学校63所，其中：基础教育23所，幼儿园33所，中职1所。基础教育在校学生（幼儿）35786人，有公办在职教职工2361人，其中，专任教师2148人。九年义务教育巩固率达99.86%。全区共有涉及文化产业机构187个。建有文化馆1个，公共图书馆1个，公共数字图书馆1个；两镇农家书屋54个，镇综合文化中心2个，村文化室27个，社区文化中心17个。全区共有区属医疗机构109家，社区卫生服务站25家，村卫生室28家，个体诊所51家；有专业技术人员392人。

【人民生活与社会保障】2017年，全区城镇居民人均可支配收入38687元，增长8.3%；农村居民人均可支配收入16732元，增长9.1%。城镇新增就业7990人，城镇登记失业率为2.88%。共完成职业技能培训2338人；输转城乡劳动力1.81万人，实现劳务收入3.81亿元。

城乡居民养老保险应参保39268人，已参保39268人，全年参保率达到99.94%。城镇居民基本医疗保险参保66210人，农村居民基本医疗保险参保44773人，征缴收入1665万元，参保率103.1%。低保标准由2016年的580元/月·人提高到626元/月·人，人均补助水平由377元提高到407元，城乡低保标准提高8%。配售配租公租住房690

金川区天牧乳业奶牛养殖基地

金川区紫金湖

套，建成“棚改房”112套，完成D级危房改造119户。全年共为4769户10227人发放城乡低保金5102.75万元。已建成农村互助老人幸福院23个，覆盖率达44.44%；建成城市社区日间照料中心13个，覆盖率达81.3%。

（供稿：张淑霞）

永昌县

【综 述】永昌县介于东经101°04′~102°43′，与北纬37°47′~38°39′之间，东邻民勤、武威，西迎山丹，南依肃南、青海门源县，北与金川区接壤，东西最长距离约144千米，南北最宽距离约114.8千米，全县总面积为7439.27平方千米。2017年末，全县辖9镇1乡，常住人口23.53万人，有回族、满族等15个少数民族。

境内地势以山地高原为主，山地、平川、戈壁、绿洲相连，最低海拔1452米，最高海拔4442米。气候属温带大陆性气候，冬无严寒，夏无酷暑，年平均气温4.8℃，平均降水量185.1毫米，无霜期134天，年蒸发量2000.6毫米。全县已经探明的矿产资源约60余种，矿产地90多处，金属矿藏主要有镍、铁等，非金属矿产主要有花岗石、大理石等。

2017年，全县完成生产总值68亿元，增长3.5%。其中，完成第一产业增加值16.1亿元，增长5.8%；第二产业增加值16.8亿元，增长2.1%；第三产业增加值35.1亿元，增长3.2%；公共财政收入3.08亿元，下降12%；社会消费品零售总额27.7亿元，增长7.2%。

【农业农村经济】2017年，全县农作物播种面积为95.2万亩，其中高原夏菜种植面积达到14.9万亩、优质饲草种植面积15.1万亩，油菜、藜麦、芍药等食药赏作物种植面积达到8.1万亩，全县粮食总产量达到32.9万吨。新改建日光温室和塑料拱棚600座，建成食用菌工厂生产设施1万平方米。建成养殖小区10个，牛、羊饲养量分别达到5.02万头、112.97万只。发展农田高效节水技术面积3万亩，建成高标准农田5.5万亩，新建冷链贮藏设施9万立方米，新增省级农业产业化龙头企业3家、示范性家庭农场26家、专业合作社34家。完成造林0.62万亩、封山育林35.74万亩、森林抚育0.5万亩，森林覆盖率达到19.17%。土地确权登记领证全面完成，土地流转面积达到49.5万亩，发放设施农牧业产权抵押贷款4700万元。新增省级双创孵化基地2个、农民工返乡创业示范基地2个，发放创业贷款2485万元，带动595人实现创业。国家农产品质量安全县正式授牌，农产品在线抽检合格率达到99%以上，永昌胡萝卜被评为“甘肃十大农业区域公用品牌”。全年实现脱贫56户178人。

【工业经济】2017年，新增规模以上企业7家，入园（永昌工业园区和河西堡工业园区）企业达到183家，企业之间开展的互帮互销额达3757万元；县财政注入500万元铺底资金为企业发放“助保贷”5850万元，重点完成元生农牧生物有机肥、尾菜加工、沼气生产和坤腾矿业选矿生产线、博远农资生产及农产品加工项目并投产。

【项目建设与招商引资】全年落实重点建设项目60项，已开工52项。完成固定资产投资28.2亿元，下降60.8%。全年向上争取各类项目资金13亿元。落实招商引资项目65项，到位资金31.1亿元。

【旅游】北海子国家湿地公园入选全国优选旅游项目，新城子花田小镇、东寨藜麦生态观光、红山窑车辘沟石林等乡村旅游示范点规模持续扩大。举办第五届骊靬文化旅游节、藜麦产业科技宣传推广会暨第二届藜麦产业高峰论坛。全年旅游接待量为224万人（次），同比增长23.4%，旅游收入为11亿，同比增长24.91%。

【城乡建设】G570过城段、东湖路、北海子湿地道路建成通车，完成云川路、解放路、西岚路等道路改扩建年度任务。改造棚户区917户，开发商品房11.79万平方米，分配入住公寓式公租房412套，实施四大街街景风貌改造项目5项，建设街区广场1个、公共厕所10座。新改建维修渠道348千米、农村道路224千米，改造农村人饮管网47千米、电网83.72千米。建成美丽乡村示范点5个、“万村整洁”示范村16个。

【电子商务】建成县级电子商务公共服务中心O2O展示展销中心并投入运营，免费入驻企业及创客（特指具有创新理念、自主创业的人）43家；开展电商培训25期，培训人员2354人（次），其中线上培训175人，建档立卡贫困户

226人，通过培训新开设网店277家；建成县级物流分拣中心，免费入驻快递物流企业7家，建成乡村两级电商服务及物流配送站点63个（省级电商扶贫试点乡镇服务站3个，省级电商扶贫试点村级服务点2个）；整合各类农牧产品480余种在线上线下销售。全年完成网上交易额1.2亿元，网上销售额达2600余万元。

【社会事业与民生保障】完成全面改薄项目40个，永昌四小开工建设，新建公办幼儿园3所，永昌六中 、永昌四中体育场和县公共体育场一期建成投用。基层医疗机构运行机制改革任务全面落实，与全省同步调整医疗卫生服务价格，药品加成全面取消。中医院迁建、残疾人托养中心主体完工，实施体育惠民工程6项，提升改造乡村舞台25个，新建社区综合服务中心6个。

2017年末，全县城镇和农村居民人均可支配收入分别达到26676元和12376元，分别增长8.2%、8.1%。城镇新增就业6459人，登记失业率2.92%；完成岗位技能培训3501人、职业技能鉴定2500人，输转劳动力6.2万人（次），实现劳务收入12.3亿元。

全县农村低保标准提高22.6%，达到3500元，城市低保标准提高到626元/月·人，月人均补助水平提高到407元，农村特困供养标准提高8.4%，集中和分散供养标准提高到7497元/年·人。截至年底，共发放各类救助金10759.5万元，其中：保障城市低保对象2905户5856人3804.61万元，保障农村低保对象6184户12614人5213.07万元，救助医疗患者1244人722.11万元，重特大疾病儿童医疗救助基金救助10人次28万元，城乡特困供养人员682户705人410.5万元，孤儿基本生活保障金84名66.24万元，残疾人“两项补贴”2024人219.72万元，临时性救助困难群众2061户5760人次295.25万元，教育救助718人37.05万元。解决85户农村低保对象、23户农村特困供养对象的住房问题。

【撤乡改镇】按照《甘肃省民政厅关于兰州市永登县金昌市永昌县4个乡撤改镇的批复》（甘民复[2017]139号）精神，撤销永昌县红山窑乡、焦家庄乡、六坝乡，设立红山窑镇、焦家庄镇、六坝镇，于2017年12月25日举行挂牌仪式。因工作需要，从2018年1月1日正式起启用红山窑镇、焦家庄镇、六坝镇印章。

（供稿：焦玉珍）

永昌县东寨镇万亩藜麦

白银市

【综述】白银市地处黄河上游、甘肃中部，介于东经103° 33'~105° 34'，北纬35° 33'~37° 38'之间。东部与宁夏回族自治区中卫、海原、西吉县接壤，东南部与平凉市静宁县相连，南部及西南部与定西市通渭县、安定区为界，西部与兰州市榆中、皋兰、永登县毗邻，西北部与武威市天祝、古浪县相接，北部及东北部与内蒙古自治区阿拉左旗及宁夏回族自治区中卫县连接，国土资源总面积3014.75万亩，其中耕地777.05万亩。2017年末，全市辖3县2区，常住人口172.93万人，比上年末增加1.29万人，人口自然增长率为5.15‰，下降0.52‰。有回族、满族、东乡族、藏族等36个少数民族。

境内绝大部是山区，山地与宽谷平原并存。北部属冲洪积倾斜平原，中部为低山丘陵，南部呈黄土梁峁残塬。地势南北高，中部低，海拔最高3321米，最低1275米。黄河从白银区西南水川乡西峡口入境，呈S形，流经靖远县、平川区，至景泰县东北黑山峡下北长滩乌龙漩口出境，流域面积14710平方千米。为中温带半干旱区向干旱区的过渡地带，年平均气温6℃~9℃，年降雨量110~352毫米，年蒸发量高达2101毫米，降雨稀少，且多集中在7、8、9三个月。境内有色金属矿种有铜、铅、锌、钴、金、银等，煤炭、石膏、石灰石、沸石、重晶石等矿石质量好，共生丰富的稀有贵重金属30多种，其中铟、铊、隔为省内唯一产地。煤炭保有储量在12亿吨以上，石膏储量7000万吨，石灰石储量1亿多吨。白银凹凸棒居全国第一，远景储量10亿吨；陶土居全省第一，远景储量超过20亿吨。有红军会宁会师旧址、国家地质公园黄河石林等人文自然景点。

2017年，全市地区生产总值完成449.89亿元，同比增长0.4%；三次产业结构比为14.2：39.04：46.76；规模以上工业增加值完成108.83亿元，下降2.7%；固定资产投资完成308亿元，下降41.71%；社会消费品零售总额实现207.19亿元，增长7%。一般公共预算支出160.23亿元，下降0.33%。

【农业农村经济】全年粮食总产量达到83.82万吨，增长5.4%。新增蔬菜3.35万亩，累计达到38.66万亩；新改扩建标准化规模养殖场50个，肉蛋奶产量达到18.47万吨；新发展苹果、大枣、枸杞等林果4.87万亩，累计达到57.93万亩；新增道地中药材1.9万亩，累计达到17.82万亩。新增农业龙头企业23家、农民专业合作社350家、家庭农场165家，农产品加工转化率提高到54%，比上年提高1个百分点；农村"三变"改革试点工作正式启动，农村土地确权登记颁证工作基本完成，土地流转新增10.19万亩，流转率达到33.7%。加强农产品品牌建设，新认证国家地理标志保护产品3个，"三品一标"农产品认证面积达到242万亩，占农作物总面积的52%；获得2017年中国绿色食品博览会金奖4个、首届甘肃农业博览会金奖1个。

在贫困村种植特色农作物79.17万亩，新建规模养殖场13个，发展农民专业合作社90个，贫困县农产品加工业总产值达到42.57亿元，增长9%；建成电商精准扶贫村级服务站203个，农产品交易额达到2.8亿元，增长47%；转移农村富余劳动力28.13万人，创劳务收入51.8亿元。贫困人口由2016年底的19.87万人减少到14.4万人，贫困发生率下降到10.68%，下降4.05个百分点。

【工业园区建设】投资39.85亿元，完成高新区循环化改造项目26个，白银市被列为中德低碳生态示范试点城市。白银工业集中区"一区六园"完成基础设施投资30.46亿元，新入驻企业47家，吸引投资53.52亿元。

【城乡建设】白银市区共改造提升道路23条、背街小巷38条、公园广场8个，成功打造滨河东路、长安路等多条标准化路段；亮化各类建筑530栋，新设标识牌1200个，清理各类广告牌1.7万块；新增绿化面积150多万平方米，市区绿化覆盖率达到34.68%。加大城乡环境整治，清理河道沟渠、村组道路7800公里，清运垃圾62万吨。完成各类营造林38.59万亩，全市森林覆盖率达到13.53%。新建省级"千村美丽"示范村13个、市县级美丽乡村示范村64个、环境整洁村138个。整治燃煤小锅炉480台，淘汰老旧机动车、"黄标车"9675辆。全年市区空气质量优良天数达到304天，同比增加5天，市区PM10平均浓度同比下降3.4%，PM2.5平均浓度下降13.2%。

【文化旅游】培育发展文化企业33家，文化产业增加值达到7.59亿元，增长12%。举办黄河风情文化旅游节等系列文化旅游节会。全年接待游客突破1000万人次，实现旅游综合收入63亿元。

【电子商务】推进国家电子商务进农村综合示范县项目建设，电商企业、网店分别达到216家、4430家，全年实现交易额6.7亿元，增长40%。

【非物质文化遗产】全市非物质文化遗产16大类416项，申报国家级项目2项（会宁剪纸、白银"曲子戏"），省级项目21项（白银剪纸、白银寿鹿山道教音乐、背鼓子舞、跳鼓舞、黄河战鼓、西厢调、太平鼓、会宁皮影戏、会宁剪纸、会宁民歌、曹氏中医正骨法、甘肃古琴艺术、孙氏鞭杆、靖远民歌、景泰滚灯、景泰树皮笔画、平川仿古建筑木作营造技艺、平川陶瓷制作技艺、景泰砂锅烧制技艺、会宁石磨炒面制作技艺、景泰打铁花），市级项目125项。已公布的白银市民间艺术大师117人，第一批市级非物质文化遗产保护项目传承人208人，省级传承人34人。会宁剪纸、会宁民歌、黄河战鼓、曲子戏分别建立专门传习场所和展厅，并向社会公众免费开放。国家级非遗保护项目《会宁剪纸》专题成果展设立，国家级非遗保护项目《曲子戏》传习所建成。

【社会事业与民生保障】全市义务教育巩固率达到99.7%，学前三年、高中阶段毛入学率分别达到92.3%、94.3%，会宁县通过义务教育均衡发展评估验收。在全省率先推行公立医院药品采购"两票制"，白银市第一人民医院住院部综合大楼投入使用，第三人民医院后勤保障楼、市妇幼保健院业务楼、市疾控中心实验楼基本建成。建成街道社区综合文化服务中心55个、"乡村舞台"83个，"靖远民歌""景泰滚灯"等入选第四批省级非物质文化遗产代表性项目目录。建成"一村一场"农民体育惠民广场100个。新增发明专利申请136件、授权39件，全市有效发明专利达到313件，居全省第二位。

2017年，全市城镇居民人居可支配收入完成27465元，增长8.5%；农村居民人均可支配收入8263元，增长8.4%。全市财政用于民生领域支出139.4亿元，占一般公共预算支出的87%。省市确定的20件惠民实事基本完成。城乡居民大病保险补偿标准提高到人均55元，新农合参合率达到97.09%。城乡低保标准分别提高8%、22.6%，城乡居民基本医保补助标准人均达到450元。建成棚改安置房2390套，改造农村危房1万户。

（供稿：朱广文）

白银区

【综述】白银区位于甘肃中部、白银市西部，黄河上游中段，介于北纬36° 14′ 38″~36° 47′ 29″ 、与东经103° 54′ 24″~104° 24′ 55″ 之间。西与兰州市皋兰县接壤;南临黄河，与榆中县青城乡及靖远县平堡乡隔河相望；东与靖远县刘川乡毗邻；北与景泰县中泉乡为界。辖区东西长约47千米，南北宽约60千米，总面积1372平方千米。2017年末，全区有111221户，290381人，其中城镇人口24.07万人，农村人口4.97万人。

境内地处陇西黄土高原西北边缘，地形总趋势西北高，东南低，平均海拔1946.5米。属中温带大陆性干旱、半荒漠气候区，总的气候特点是四季分明，光照充足，干旱多风，降雨稀少。多年平均气温8.07℃，日极端最高气温37.3℃，最低气温-26℃。年均降水量198毫米，年均蒸发量1997.1毫米。太阳年均辐射量141千卡/平方厘米。累年平均大风日数51.6天。年均无霜期183.8天。

白银区水川黄河湿地公园

2017年全区实现地区生产总值199.57亿元，增长2.6%；城乡居民人均可支配收入达到33318元、13199元，分别增长8.35%、8.44%；社会消费品零售总额完成116.7亿元，增长6.78%；公共财政预算收入完成8.14亿元，增长10.7%。第三产业增加值完成106.04亿元、增长3.8%，占全区生产总值比重为53.13%。

【农业农村经济】全年全区农业增加值完成5.96亿元、增长5.1%。全年粮食总产量2.1万吨，蔬菜产量25万吨。引进藜麦、扶持黑毛驴等特色种养产业。农村土地确权登记工作全面完成，黄河白银区段防洪治理、五小水利工程、扶贫开发项目竣工投运。全年新改扩建日光温室1500亩，新增特色林果2000亩，新改建标准化养殖小区4个，引进试验示范新品种36个，新增省级农民专业合作社示范社6家。

【工业经济】当年新增省级高新技术企业7家、科技创新型企业9家，完成科技成果转化3项，阿甘食品等4户企业入规，全年规模以上工业增加值完成73.35亿元、增长1.5%。万元工业增加值能耗下降3.5%。

【项目建设】10个市列重点项目、40个区列重点项目完成年度计划投资的95.7%。生物医药园加速器和污水处理厂等22个项目完成年度建设任务，佳德汽配商城等6个项目建成投用，银馨家园二期主体封顶。谋划凝练储备项目238个。

【固定资产投资】全年完成固定资产投资完成95.93亿元、下降46.57%。第23届兰洽会签约项目33个，引进安徽路网集团、红星·美凯龙2家中国企业500强和中国民营企业500强企业，甘肃公航旅白银国际慢城旅游度假区项目落户水川镇。

【征地拆迁】丈量土地875亩、兑付补偿款土地221.5亩，丈量房屋89院、拆除58院，保障了诚信大道拓宽、上海路、北环路西延段、康乐街、银山路管廊等市区项目建设用地需求。

【城乡建设】完成23条道路大修造面、38条背街小巷2个广场提质改造和51个背街小巷出口硬化，3个公园改造完成85%以上，7个片区老旧楼房改造（改、扩、翻）顺利竣工。完成3个公园2个广场13条道路530栋楼宇亮化；绿化大环境5000亩，城区新增绿化面积1200亩；建设乡镇绿色通道10千米，绿化村庄7个、庭院2000户。建成2个省级1个市级美丽乡村。

【旅游业】全年累计接待游客280万人次，实现旅游综合收入16.3亿元。

【大气污染防控】建成一级煤炭经营市场1个、规范二级煤炭经营市场7个，新建大型车辆冲洗平台两处，淘汰燃煤锅炉104台，严格取缔管控小煤炉，依法整治企业无组织排放，淘汰“黄标车”1964台，完成PM10年均浓度86微克/立方米以下目标任务，空气质量优良天数达到304天。

【民生保障】年末，全区城市人均可支配收入达到33318元，增长8.35%；农村人均可支配收入达到13199元，增长8.44%。城镇新增就业2.4万人，城镇登记失业率为1.4%。开展全民参保登记，社会保险覆盖率达到96%以上。全年全区民生支出占财政总支出的62.1%。城乡低保、特困供养提标按期完成。与白银市第一人民医院联合运营的白银同馨医养院开院运营。

（供稿：张国琦）

平川区

【综述】平川区地处甘肃中部、黄河上游，介于东经104°18′～105°26′，北纬36°10′～37°00′之间，东与会宁县及宁夏回族自治区海原县接壤，南、北部均与靖远县相连，西与景泰县为邻，海拔1347～2858米，区域东西长91.5千米，南北宽75千米，全区总面积2126平方千米。2017年末，全区总人口为20.9万人，人口自然增长率为4.83‰。

境内有红山寺、北武当、王进宝将军墓地等历史人文古迹。属陇中山地与黄土丘陵区。矿产资源丰富，已探明或发现的矿种达21种（含亚矿种）。能源矿产资源以煤炭、陶土为主。煤炭总储量11.37亿吨，保有储量8.5亿吨，煤炭资源在全省占第二位。

2017年，全区实现地区生产总值67.96亿元，下降1.9%。其中第一产业2.93亿元，增长4.9%；第二产业45.88亿元，下降2.5%；第三产业19.15亿元，下降1.1%。规上工业增加值29.11亿元，下降3.5%。固定资产投资49亿元，下降43.2%。社会消费品零售总额19.26亿元，增长7.8%。一般公共预算收入3.49亿元，增长21.5%。全区银行业金融机构各项存款余额124.6亿元，贷款余额87.8亿元。

【农业农村经济】2017年，全区完成农作物播种面积26.43万亩，全年粮食产量达到3.68万吨，增长3.7%。玉米制种、中药材、小杂粮及经济林等特色种植发展到12.6万亩。新建日光温室1000亩，发展露地蔬菜1500亩。大力发展规模化养殖，牛、羊、猪饲养量分别达到5800头、25.7万只、20.2万头，蛋鸡存栏78万羽，肉蛋奶总产量1.85万吨。新增农业龙头企业6家。完成土地流转0.85万亩，累计达到10.45万亩。发展旱作玉米种植1.3万亩，特色种植1.98万亩，新增规模养殖场12家。示范推广各类先进适用技术10项，引进农作物新品种40个，良种覆盖率达到95%以上，农业科技贡献率达到54%。兴电灌区大泵站更新改造、高效节水工程等一批水利项目顺利实施。“平川山羊肉”“平川甜瓜”通过农产品地理标志认证。

【工业经济】2017年，全区实现原煤产量1014万吨，增长1.8%；发电量71.44亿度，下降26%；墙地砖1134万平方米，下降13.6%。40项工业项目完成投资21.76亿元。新增规上企业2家。全年产优质原煤1014万吨，发电71.44亿千瓦时。陶土储量40亿吨以上，有陶瓷企业15家，产瓷质砖1134万平方米，建筑陶瓷产能达3600万平方米。

【项目建设与招商引资】2017年，8项市列重点项目全部开工建设，完成投资9.68亿元。221项区列重点项目完工116项，在建96项，完成投资86.09亿元。凝炼筛选PPP项目15项，入选省级项目库10项。全年争取各类债券4.3亿元，增长121%，争取中央预算内投资1.38亿元，增长6.2%。招商引资在建项目71个，到位资金54.26亿元。

【城乡建设】大水头桥建成通车，宝水快速通道、城区东入口引线、复兴路和双拥路提标改造、地质路南延、城市综合管廊等项目建设加快推进，修补道路1.68万平方米，更换安装果皮箱285个。城市沿街楼宇亮化率达到90%。查处乱搭乱建42家，拆除违法建筑7家、违规户外广告492个，城区生活垃圾无害化处理率达100%。建成省市级美丽乡村示范村各1个、区级2个，整洁村17个。兴平路街道、万庙村荣获全国文明单位、全国文明村镇称号。

【旅游】举办首届屈吴山民俗文化生态旅游节，华辰生态园、龙凤山旅游景区等续建项目加快建设，新建改建旅游厕所24个，新发展农家乐26户。完成农产品外销9.3万吨，实现收入4.3亿元。

【电子商务】全年培育电商企业10家，建成2个标准化电商服务站，新增网店123家，实现电商交易额6535万元，增长130%。其中新增农村淘宝服务站点30个，实现电商交易额2561万元，增长290%。

2017年9月20日，平川区黄峤镇举行首届屈吴山民俗文化生态旅游节

【生态建设】黄家洼区域生态环境恢复治理完成投资1100万元，恢复治理面积518亩。完成人工造林2.57万亩，退耕还林2万亩，封山育林1万亩。城区栽植各类苗木13.9万株，新增绿地1.53公顷，绿化覆盖率达到37.17%。成立崛吴山省级自然保护区管理站。提升改造锅炉152台，国电公司1号机组、靖远二电8号机组超低排放改造工程全面完成，污染物排放量控制在指标以内。

【科技创新】培育建成众创空间3家、企业孵化器2家、星创天地7家，新增创新团队4个，完成科技成果转化3项，新认定高新技术企业3家、省级创新型企业6家。丰嘉晟农业、甘肃国农、海佳电泵等企业分别与兰州大学、甘肃农业大学、兰州理工大学签订长期合作协议全年申请各类专利197件，万人发明专利拥有量达到1.54件。

【社会事业与民生保障】2017年，全区新建综合文化站2个、“一村一场”18个、文化长廊58个。学前教育三年毛入园率、义务教育巩固率、高中阶段毛入学率分别达到90.4%、99.8%、95%，高考二本升学率继续保持全市前列。建成中区幼儿园，平川四中完成整体迁建，宝积中学、大水头学校等8个“全面改薄”项目加快推进“先诊疗、后付费、一站式”即时结报等服务实现全覆盖。新农合参合率达到98.2%。

2017年，全区城镇居民人均可支配收入32355元，增长6.9%。农村居民人均可支配收入8868元，增长8.4%。争取就业再就业资金3626万元，实现新增就业1.19万人，下岗失业人员再就业1611人。输转劳务2.53万人次，实现收入4.57亿元。全年发放各类国家学生资助资金6312.1万元，大学生助学贷款1830.8万元。贫困人口住院补偿853人次246.2万元，免费体检覆盖率达100%。开展社会救助2083人次347万元。全区财政用于民生支出11.06亿元，增长12.8%，占财政总支出的71.7%。

完成棚户区改造600户；黄峤中心敬老院完成主体框架建设，建成5个社区日间照料中心。城乡低保和特困人员供养提标全面完成，全年发放各类救助资金8078万元。79户农村危旧房屋改造全面完成。

（供稿：张　荣）

会宁县

【综述】会宁县地处西北黄土高原和青藏高原交接地带，介于北纬35°24′～35°26′、东经104°29′～105°34′之间。全县总流域面积6439平方千米，其中耕地226.06万亩。2017年末，全县辖24个镇4个乡，总人口576106人，其中城镇人口93899人，乡村482207人。

境内属陇中黄土高原丘陵沟壑区，地势南高北低，由东南向西北倾斜，海拔1400～2200米。南部、中部为山地，多属黄土堆积侵蚀长梁、梁峁地貌；北部是川塬地，大多为梁峁顶面残塬和河流切割成的沟谷阶地地貌。境内矿产资源贫乏，水资源稀少，生物资源较为丰富。属温带季风气候带的西北边缘部，地介亚热带、暖温带、中温带、青藏高原四个气候区和半湿润、半干旱、干旱三个干湿区的交汇区。降水少且分布不均匀，年际变率较大，年内四季分明，日照时数较长，蒸发强烈，无霜期较短，干旱、霜冻、冰雹等自然灾害频繁。

2017年，全县完成地区生产总值62.76亿元，规模以上工业增加值3.95亿元，固定资产投资55亿元，社会消费品零售总额27.88亿元，一般公共预算收入2.65亿元。产业结构调整为29.1∶23.8∶47.1。

【农业农村经济】年末，全县基础母牛、母羊存栏9.3万头、75万只，饲养量达到480万个羊单位。建成高原夏菜种植示范点17个，完成中药材、小杂粮、亚麻等种植57万亩，培训各类人员6.74万人，创劳务收入18.1亿元；推进79个贫困村基础设施和公共服务建设。完成自来水入户3.1万户，新建高标准农田4.4万亩，硬化村组道路404千米，消除农村D级危房3500户，改造农村电网145千米，新建贫困村幼儿园9所、标准化乡镇综合文化站4处、“乡村舞台”83个，完成无害化厕所1674座、高标准村级阵地13个。争取专项扶贫资金2.14亿元，整合涉农资金10.7亿元，衔接国开行专项贷款5.7亿元。完成农作物播种面积295万亩，被农业部确定为全国50个“畜牧绿色发展示范县”之一。“香泰乐”被确定为国家驰名商标，“会宁胡麻油”通过国家地理标志认定。

【项目建设】全年实施重点项目134个，会师大道三期、白银市第三人民医院、县妇幼保健院等项目进展顺利，会宁二中整体搬迁新建、城区大环境生态恢复治理绿化、汉唐二十四节气休闲文化商业街等项目进展良好。

【城市建设】新建城市道路11.5千米，敷设污水管网15.9千米，安装中华灯614盏，完成道路绿化11千米、公共绿化32万平方米，建成城区停车场4.3万平方米。实施城区集中供热改造，实现24小时恒温供热130万平方米。掩埋清运垃圾5万余吨，拆除锅炉42台、提标改造60台。完成绿化造林15.8万亩，全县森林覆盖率达到12.6%。

【电子商务】建成乡镇电子商务服务站28个，村级电子商务服务点和淘宝服务站282个，电子商务交易总额达到1.7亿元。

【文化旅游】会师旧址通过国家4A级景区复核，宣传片“陇原明珠·红色会宁”、中国影像方志“甘肃卷·会宁篇”在央视播出。建成非物质文化遗产保护中心1处。参加丝绸之路国际旅游节和红色旅游博览会。全年接待游客375万人次，实现旅游综合收入22亿元。

【社会事业与民生保障】思源实验学校建成招生，会宁二中、枝阳中学和东关小学完成校址置换，新建学校运动场157个，贫困村幼儿园9所。全县二本上线3533人，重点录取1719人。新建标准化村卫生室44所。新农合参合率达到98.6%。

年末城镇居民人均可支配收入达到17123元，农村居民人均可支配收入达到6806元。全面落实“十件惠民实事”，农村D级危房实现全改造，棚户区改造回购房源3056套，完成老旧楼房改造1017户，建成城市“日间照料中心”5所、农村“互助老人幸福院”28所。完成城乡低保、农村特困供养提标工作，累计发放保障资金2.4亿元，发放生活救助资金1152万元，新增城镇就业5956人。

供稿：邢　春）

靖远县

【综述】靖远县位于甘肃省中部，介于东经104°18′～105°20′，北纬36°10′～37°17′之间。东与宁夏中卫市沙坡头区、海原县交界，南与会宁县毗邻，西与榆中县、白银市白银区接壤，北与景泰县相连，白银市平川区从中析置，县行政区域成为南北分隔的两个部分。辖域东西间隔120千米，南北相距135千米，全区土地总面积5809.4平方千米，其中耕地总面积117万亩，有效灌溉面积59万亩。2017年末，全区辖平13个镇5个乡，总人口501576人。

境内地势东高西低，由南向北逐渐倾斜，分为川区、山塬区和黄河谷地三类地形。县域平均海拔1398米。为荒漠化草原过渡带，呈黄土高原丘陵沟壑区和干旱草原区地貌。属于温带大陆型半干旱气候。黄河流经县境10个乡镇，区域流程154千米，流域面积100.49平方千米。2017年，全县总降水量264.3毫米，年相对湿度55%，年平均气温10.5℃，年最高气温38.1℃，年最低气温零下14.6℃，年平均地面温度13.3℃，年无霜期207天，年日照时间2545.6小时。境内已探明金属矿藏以金、银、铜、铁、锰为主，非金属矿藏以煤、坡缕石、石灰石、重晶石、高岭土、石膏、石英石、沸石为主，坡缕石储量达10亿吨。全县境内可开发水电资源300万千瓦，风力资源可开发面积150

平方千米。

2017年，全县实现生产总值70.68亿元，增长2.5%。完成县级公共财政预算收入3.17亿元，增长7.1%。固定资产投资56.89亿元。县级公共财政预算收入3.22亿元。社会消费品零售总额25.66亿元。全县第三产业增加值达到29.2亿元。城镇居民人均可支配收入23484元。农村居民人均可支配收入8782元。

【农业农村经济】新改建塑料大棚、日光温室3000亩，新建标准化规模养殖场17个，新发展枸杞、大枣、文冠果等林果及中药材6.96万亩，新增瓜类面积1.2万亩。引进示范推广农作物新品种120个、农业新技术6项。实施双垄沟播地膜覆盖种植玉米、马铃薯15.5292万亩，完成种植示范面积5.2万亩。全县配方肥施用面积114万亩。引进种植藜麦，开展品种筛选、种植密度、栽培模式试验，示范种植面积3150亩。"靖远文冠果油"通过国家质检总局地理标志保护产品专家评审，"大庙香水梨"通过农业部农产品地理标志认证，东湾镇被确立为国家农村产业融合发展示范园。全县共有农民专业合作社2621个。创建农民专业合作示范社160个，其中国家级11个，省级47个。家庭农场309个，其中市级32个。规模化龙头企业112个，其中省级5个，市级28个。发展新型农业经营主体260个，颁发农业设施确权登记产权证1732个。累计流转土地25.32万亩。抵押林权1.41万亩，累计发放"三权"抵押贷款1.1亿元。发展蔬菜、瓜果、中药材等特色农作物1.7万亩，养殖牛、羊、鸡等畜禽15万头（只）。完成精准扶贫劳动力培训8376人，输转富余劳动力8.8万人，创劳务收入16.3亿元。全县当年实现脱贫3711户1.61万人，贫困发生率由16.42%下降到12.83%。

【工业经济】园区入驻企业达到53个，共计完成投资67亿元。全年全区实现工业增加值4.28亿元。

【重点项目】争取政府类投资项目31项，中央预算内及省级配套资金2.51亿元，各级财政专项补助资金10.91亿元。组织实施重点项目122项，完成投资35.8亿元。论证储备各类项目153个，概算总投资366.2亿元。谋划上报PPP项目8个。黄河干流靖远段防洪治理工程、2017年高效节水灌溉工程建成。

【招商引资】组建政府招商团队参加"一带一路·第二届邓园文化周"靖远县招商引资项目推介会、台企项目对接会、第二十三届中国兰州投资贸易洽谈会，举办第三届甘肃·靖远枸杞爱心采摘节暨经贸洽谈会。签约招商引资项目18个，资金总额64亿元。全年实施招商项目131个，其中新开工项目48个，续建项目83个，到位资金70亿元。

【城乡建设】改造县道322线金三角段，完成热电联产供热管网工程，铺装道路油面2.37万平方米，新改建公厕6座，新修停车场3个。安置糜滩片区棚户区改造征地拆迁住户280户，建成新城小区一、二期棚户区改造安置房332套。城区建成面积达到11.5平方千米，城镇化率为34%。清理违规广告牌2360块，清运垃圾12.8万吨，重点治理鹿鸣园广场摆摊设点经营、国道109线银三角沿途区域随意建筑等行为。建成东湾农耕文化广场、民俗文化馆。全县建成"美丽乡村"示范村7个、环境整洁村40个。建成混凝土造面乡村道路225千米，养护维修农村公路78.6千米。新建乡镇客运站8个。改造农村危旧房1894户。改造农村输电网线路120千米。法泉旅游小镇被列为市级特色小镇。大芦镇、刘川镇张滩村被评为第五届全国文明村镇。推进黄家凸矿区生态恢复治理，整治拆除燃煤锅炉51台，淘汰黄标车697辆。取缔非法砂场3家，拆除河道违建16处。全年新增造林绿化面积16.08万亩。

【商贸流通】银三角博翔货运物流中心建成运营，全年农产品出省外销突破100万吨，实现销售收入12.7亿元。电子商务得到拓展，建成网络零售店铺612家、企业网上店铺59家，线上交易额达到6500万元。

【文化旅游】举办"靖远第一届国际马拉松赛"和"首届小口大枣采摘旅游节"。拍摄《靖远羊羔肉》《陇上明珠—法泉寺》等专题片，在中央电视台播出。制作《靖远枸杞》宣传片，在京广高铁全线播放。鱼龙山红色旅游景区、东湾薰衣草庄园、坝滩休闲度假区投入运营。全年接待游客超过100万人次。

【社会事业】投入教育资金1.51亿元，新建校舍3.65万平方米，发放班主任津贴、乡村教师补助2130万元，落实各类教育惠民资金3480万元。新改建行政村幼儿园5所，改造农村薄弱学校63所。引进医疗紧缺人才45人，改造提升乡镇卫生院4所，县医院重点建设专科建设完成投入使用。新建"一村一场"工程30个，改造提升乡村舞台54个，开展送戏、送电影下乡等各类文化服务活动2500多场次。编辑完成《靖远县志》送审稿。出版发行《靖远县革命史资料选编》。靖远民歌、孙氏鞭杆列入全省非物质文化遗产名录。电视片《黄河古渡》获得中国行业电视荣誉盛典优秀纪录片奖。靖远县被列为国家知识产权强县工程试点县，共申请专利160件，授权专利50件，拥有有效发明专利26件。靖远县被评为"全国群众体育先进单位"，被认定为"全国青少年校园足球试点县"。新建移动网络基站53个，改造共享基站13个，全县176个行政村实现3G、4G移动宽带覆盖，有174个行政村接入有线宽带网络。

【人民生活与社会保障】当年县级财政投入民生资金25.6亿元，占一般公共预算支出的79.75%。年末，全区城镇居民人均可支配收入23484元。农村居民人均可支配收入8782元。发放创业小额贷款1.17亿元，城镇新增就业6020人。

农村居民参保率达到95.01%，人均筹资标准提高为600元，全县累计为128.7万人次患者补偿医疗费用2.19亿元。农村贫困人口门诊和住院费用报销比例提高5个百分点，精准扶贫人口大病保险起付线降至3000元。城乡低保、农村特困供养标准分别提高为8%、22.6%

和8.4%，全年发放各类社会救助资金2.1亿元。城乡居民基本养老保险参保人数23.2万人，发放养老金6204万元。发放城乡低保金840万元。新改建城乡社区日间照料中心17个，建成大芦中心敬老院，县老年公寓完成主体工程。

（供稿：杜树泽）

景泰县

【综述】景泰县位于甘肃省中部，河西走廊东端，全县总面积5483平方千米，其中耕地面积78万亩，水浇地42.9万亩。2017年末，辖8镇3乡8个社区，总人口23.96万。

2017年，全县实现生产总值50.24亿元，下降1.1%；社会消费品零售总额17.68亿元，增长7.07%；地方一般公共预算收入2.24亿元，增长3.55%。金融机构存、贷款余额分别为78.23亿元和65.77亿元，增长5.9%和5.3%。

【农业农村经济】完成农作物播种面积65.66万亩，粮食总产量达17.09万吨，发展特色经济林果7万亩，猪、鸡、牛、羊饲养量分别达12.4万头、142万羽、4600头、62.44万只。国家、省市级农业产业化龙头企业达42家，家庭农场156个。“龙湾苹果”被农业部认证为地理标志产品，新认证无公害农产品11个，绿色农产品29个，有机农产品7个，“三品一标”生产面积达27.8万亩，农产品加工转化率提高到54%，农业机械化综合水平达81%。改良治理盐碱地1万余亩，发展水产养殖7200亩。发展优质瓜菜、优质牧草等特色增收产业6.8万亩。完成喜泉镇中心村等2016年易地扶贫搬迁集中安置点7个，搬迁群众620户2818人，新建正路镇拉牌村等2017年集中安置点13个。实施27个贫困村基础设施建设和23个村扶贫开发项目。全年脱贫1901户7465人，贫困发生率下降至7.73%。

【工业经济】诺克年产2万吨岩棉外墙保温板生产线、新石新型建材设备工艺提升等项目建成投产，石膏产品市场占有率持续提升。建成正路工业园净水厂、二期道路等工程，实施大唐工业区供水工程、一期道路等项目。园区入驻企业13家。实施重点工业项目19个，完成投资7亿元。园区生产总值达10.8亿元，工业增加值8.3亿元，销售收入19.2亿元，主导产业产值22.1亿元。

【项目建设】实施500万元以上重点项目128个，其中亿元以上29个。8个市列重点项目超额完成年度投资计划。储备黄河上游景泰段生态环境治理工程等项目188个，总投资342亿元；PPP重点项目库储备项目10个，投资总规模27.76亿元。

【招商引资】参加第23届兰洽会，签约高效低碳现代养殖、远昊节能年产6万吨岩棉制品等项目20个，签约资金29.2亿元，到位资金10.2亿元，资金到位率和项目开工率分别达34.3%和95%。

【电子商务】村级电商服务点增至77个，应用电商企业达53家，新增网店50家、微店300个，实现电商交易额1.2亿元，增长36%。

【旅游】实施总投资6.8亿元各类项目33个，完成黄河石林国际露营地、滑雪场、“花映盛世”景观带、游客服务中心等配套设施建设。举办白银黄河风情文化旅游节等旅游节会。全年累计接待游客241.72万人次，实现旅游综合收入14.56亿元，分别同比增长18.85%和22.87%。

【城乡建设】汽车北站开工建设，国道338线景泰至天祝公路、景泰至中川机场高速公路全面开工，省道217线景泰大水䃎至白银段实现半幅通车，联结城乡、贯通内外的路网体系逐步完善。实施城区集中供热二期工程，供热主管网实现全覆盖，供热面积达240万平方米。改造城区人行道4.3万平方米，完成城区绿化2.6万平方米，新增市政消防栓55处。实施红水、漫水滩等7个乡镇100个自然村饮水安全巩固提升工程。正路工业园调蓄水库、寺滩黄崖坝调蓄水池建成投用。新改扩建农村公路650千米，通村公路硬化率达100%。升级改造农村电网16.55千米。整合资金4.9亿元，规划建设西和村、大水䃎村等精品村6个，红沙岘村、条山村等示范村6个，达标村14个，整洁村38个。

【环境保护】完成人工造林绿化13.4万亩，营造骨架林带168千米，全民义务植树177万株。累计完成退耕还林41万亩、三北防护林及天保工程45.9万亩，森林覆盖率达12.6%。整治淘汰“黄标车”345辆、城区燃煤锅炉122台。整治工矿企业22家，制止违法行为43起。完成禁养区养殖场（户）搬迁10户，改造城区污水管网32千米。

【社会事业】一条山镇阳光幼儿园、县第七小学建成使用，职中综合实训教学大楼主体完工，景泰一中整体搬迁项目前期工作有序推进。学前教育三年毛入园率94%，义务教育巩固率99.7%，高中阶段毛入学率95%，高考二本上线率同比提高6.31个百分点。县人民医院重点专科项目重症医学科建成投用，县中医院整体搬迁项目稳步推进，城乡居民基本医疗保险实现统一管理，筹资标准提高至600元/人。建成文化广场25个，“一村一场”27家，体育惠民工程4个。

【人民生活与社会保障】全县财政用于民生支出18.69亿元，占一般公共预算支出的85.1%，增长6.8%。年末，全县城镇居民人均可支配收入24422元，增长8.61%；农村居民人均可支配收入9754元，增长8.7%；新增城镇就业5191人，城镇登记失业率3.3%。

为全县5850名“两保一孤”人员购置意外伤害保险，累计发放社会救助资金8227万元，医疗救助、残疾人补助等资金2281万元，各类教育补助和助学贷款4857万元。落实300元/人的乡村教师补贴和400元/人的班主任津贴，村干部报酬提标7000元/人。城乡居民基本养老保险参保率达96%，发放率100%。新建乡镇敬老院1所、城区老年人日间照料中心2所，维修改造农村日间照料中心20所，城乡养老服务设施基本实现全覆盖。实施棚户区改造项目7个，建成保障性安置住房744套，完成农村危房改造798户，全面消除农村D级危房。

（供稿:罗文檀）

天水市

【综述】天水市地处甘肃省东南部，介于北纬34° 05′ ~ 35° 10′ 和东经104° 35′ ~ 106° 44′ 之间。东以陇山为界与陕西省毗邻，南跨西秦岭与陇南市相接，西到桦林山、天爷梁与定西市相连，北越葫芦河中游与平凉市接壤。东西长197千米，南北宽122千米，全市总面积14359平方千米。2017年末，全市辖2区5县，常住人口333.98万人，自然增长率5.69‰。

境内大部分区域属黄土高原山梁沟壑区，南部、东北部有部分石质山地。渭河自西向东穿越全境，地势西高东低，海拔在1000~2100米之间。最高为武山县滩歌乡境内的天爷梁，海拔3120米；最低为麦积区东岔乡的牛背村渭河谷地，海拔748米。东北部的陇山、南部的小陇山和西秦岭等地，为土石山区，气候湿润，森林草坡广布，植被覆盖度较好，其他地区为黄土梁峁沟壑，植被稀疏，气候较为干燥。天水市横跨长江、黄河两大流域，以西秦岭为分水岭，北部地区为黄河水系的渭河流域，南部地区为长江水系的嘉陵江流域。天水市属温带半湿润气候区，具有冬无严寒，夏无酷暑，四季分明，季风气候明显的特征。年平均气温在10℃左右，年降水量450 ~ 600毫米，无霜期180天。境内有大地湾遗址、麦积山石窟、大象山、水帘洞、拉梢寺等人文自然景点。

2017年，天水市实现生产总值61496亿元，比上年增长4.5%。其中第一产业增加值102.69亿元，增长5.8%；第二产业增加值189.4亿元，增长3.7%；第三产业增加值322.87亿元，增长4.7%。三次产业结构比重为16.7：30.8：52.5。规模以上工业企业增加值103.07亿元，比上年增长6.8%。固定资产投资667.35亿元，比上年下降0.57%。社会消费品零售总额313.11亿元，比上年增长8.5%。一般公共预算收入44.67亿元，同口径增长10.95%。年末金融机构人民币各项存款余额1238.17亿元，比上年增7.1%。金融机构人民币各项贷款余额836.83亿元，比上年增长11.8%。

【农业农村经济】2017年，全市粮食总产113.29万吨，增长0.98%。新增果品基地15.4万亩、蔬菜面积2.26万亩、标准化规模养殖场（小区）82个，果品、蔬菜、畜牧业产值分别达到103亿元、80亿元、77.4亿元，输转农村劳动力69.25万人，创劳务收入133.3亿元。10个省、市级现代农业示范园区累计完成投资51亿元，100个科学发展示范点全面建成，新培育农业产业化龙头企业26家，新注册农民合作社1051家、家庭农场234家。新流转农村土地8.2万亩，流转总面积达到113.6万亩，流转率20.6%。营造林26.5万亩，建设堤防67.3公里，新修梯田12万亩，新增高效节水灌溉面积4万亩，治理水土流失面积252平方公里，改造提升农村饮水安全工程26处、惠及24.53万农村人口，实施土地整治项目21个15.8万亩，完成地质灾害治理项目13个。全年减贫约12万人，126个贫困村实现整村脱贫。

【工业经济】2017年，全市规模以上工业企业实现利润总额13.84亿元，比上年增长84.2%；主营业务收入201.44亿元，增长8.5%；利税总额20.27亿元，增长37.27%；销售产值310.48亿元，增长8.9%。规模以上工业企业产品产销率96.4%。规模以上工业亏损企业亏损额5.67亿元。

【项目建设】2017年，国家和省上预算内投资项目124个，落实资金8.9亿元。实施招商引资项目351个，到位资金408亿元，27个重点招商引资项目完成投资57.3亿元；第23届兰洽会签约项目97个，拟引进投资320.5亿元。81个省管市列重大项目和200个市级领导包抓项目分别完成投资150.23亿元和285.24亿元。实施农业重点项目17个，完成投资18.39亿元；实施工业重点项目19个，完成投资14.52亿元；实施城建重点项目153个，完成投资116亿元；实施社会事业重点项目16个，完成投资20.64亿元。

【商贸流通与贸易】全年批发零售业商品销售额696.2亿元，比上年增长12.22%。其中批发业销售额368.96亿元，增长13.1%；零售业销售额327.24亿元，增长11.2%。住宿业营业额15.66亿元，比上年增长11.8%；餐饮业营业额77.94亿元，增长13.9%。全年完成进出口总额37.84亿元，比上年增长18.17%。其中出口总额22.42亿元，增长26.98%；进口总额15.42亿元，增长7.34%。

【交通邮电】年末，全市公路通车总里程1.07万千米。全社会公路客运量3525万人，比上年增长10.37%；客运周转量23.62亿人千米，增长10.71%。货运量4085万吨，比上年增长16.36%；货运周转量71.07亿吨千米，增长19.23%。

全年完成邮电业务总量43.23亿元，比上年下降9.54%。年末本地固定电话用户46.95万户，移动电话（包含移动、联通、电信部门）用户322.84万户。

【房地产开发】全年完成房地产开发投资64.18亿元，比上年增长36.21%。其中住宅投资44.75亿元，增长39.16%。房屋施工面积737.56万平方米，比上年增长2.92%;竣工面积55.35万平方米，下降25.12%。商品房销售面积99.4万平方米，比上年增长23.97%。

【城乡建设】藉河生态环境综合治理一期续建、秦州热源厂及亚行贷款城区供热管网一期、甘肃省建投天水总部经济城一期、天润桥、天秀桥、秦安葫芦河2号大桥全面建成。城市建成区面积达到68平方千米，建成区绿化覆盖率27.76%。完成天水市秦州区豹子沟等8条黑臭水体治理，改造城区小巷道105条、人行道18.14万平方米，改造提升公交站点280个，新建停车场14处，新增停车位7252个。建成“美丽乡村”省级示范村20个、市级示范村25个、市级环境整洁村305个。2017年天水环境空气质量综合指数5.04，优良天数305天，占监测总天数的84.3%，渭河葡萄园国控出境断面水质综合评价结果为三类。

【文化旅游】2017年，全市文化产业实现增加值17.15亿元，增长20%。全年建成街道综合文化站7个、社区综合文化中心75个。全景拍摄的电视剧《苦乐村官》在央视播出。举办公祭伏羲大典暨第28届伏羲文化旅游节等活动。秦州区被命名为全国休闲农业和乡村旅游示范县，天水66号文化创意园被文化部确定为“双创”示范基地。全年累计旅游接待3711万人次，旅游综合收入212亿元，均增长33.5%。

【科技与教育】全年争取国列、省列科技计划项目45项，组织实施科技项目417项，取得科技成果109项，新申报省级工程技术中心2个，新认定和重新认定高新技术企业19家。2017年，完成省列10项、市列12件民生实事。天水市一中麦积校区、麦积天润学校建成招生，市二中、启升中学、甘谷一中、秦安五中创建为全省第三批“普通高中特色实验学校”。实施“全面改薄”项目579个、完成投资8.01亿元。普通高考上线人数增长427%，上线率提高11.6个百分点。

【体育与卫生】承办中国山地自行车公开赛等体育赛事，麦积区被评为全国群众体育先进单位。建成乡镇及社区体育健身中心8个、行政村体育惠民工程180个，至年末，全市共有全民健身点368个，经常参加体育锻炼的约135万人，在省级以上各类比赛中共获得金牌57枚、银牌38枚、铜牌40枚。

至年末，全市共有卫生机构4238个（包含诊所），其中医院49个，卫生院137个，妇幼保健院、所、站8个，社区卫生服务中心（站）49个。各类卫生技术人员1.41万人（含村卫生室卫生员），其中执业医师5045人（含卫生院执业医师），注册护士5566人。床位1.52万张。年内国家免疫规划疫苗接种率稳定在95%以上。

【人民生活与社会保障】2017年末，全市城镇居民人均可支配收入24612元，比上年增长8.5%；农村居民人均可支配收入7065元，增长8.7%。新增城镇就业5.76万人，城镇登记失业率3.12%。城市人均现住房建筑面积33.8平方米，农村人均现住房建筑面积26.9平方米。

年末，全市城乡居民社会养老保险参保率96.91%。城市低保标准提高8%，农村低保一、二类对象补助水平分别提高到3500元和3300元。建成城市社区老年人日间照料中心26个、农村互助老人幸福院130个。天水市中医院入选国家中医药传承创新工程重点建设单位。新开工棚户区改造2.19万户，建成棚户区改造安置住房和公租房4800套，发放住房租赁补贴13850户2053.9万元。

年末全市参加基本养老、失业、城镇职工基本医疗、工伤、生育五项社会保险人数分别为33.25万人、13.99万人、25.42万人、13.48万人和14万人。离退休人员9.79万人，养老保险基金支出25.54亿元。参加城镇职工基本医疗保险的农民工325人，参加工伤保险的农民工1.59万人。各类企业劳动合同签订率95.1%。共有城市最低生活保障对象3.08万户、7.63万人，累计发放低保补助资金2.9亿元；农村最低生活保障对象10.96万户、37.84万人，累计发放低保补助资金6.84亿元。农村临时救助5.4万人次。全年下岗失业人员再就业1.18万人，新增小额担保贷款2.9亿元。单位从业人员23.39万人，其中国有单位从业人员15.95万人，城镇集体单位从业人员0.45万人，其他单位从业人员6.99万人。单位从业人员工资总额130.56亿元，比上年增长15.31%。其中国有单位工资总额102.12亿元，增长25.38%；城镇集体单位工资总额1.93亿元，增长0.61%；其他单位工资总额26.51亿元，下降11.22%。

（供稿：张淑艳）

秦州区

【综述】秦州区位于甘肃省东南部，介于北纬34°05′～34°40′、东经105°13′～106°01′之间，全区总面积2442平方千米，其中耕地面积91.26万亩。2017年末，全区辖16个镇7个街道办事处，总人口70.58万人，常住人口65.34万人，人口自然增长率6.47‰。有32个少数民族。

境内地势西南高，东部低。西部为秦岭山地，南部与西部地情相似为秦岭山地，中部为黄土高原地貌。西秦岭横贯全区，是长江、黄河两大流域分水岭。区域内有全国重点文物保护单位4家，国家级非物质文化遗产2项，省级文物保护单位14家，省级非物质文化遗产14项。有明代建筑伏羲庙、陇东南第一名观玉泉观及千年古寺南郭寺等。公共绿地面积达6.68平方千米。

2017年，全区实现地区生产总值197.86亿元，按可比价格计算增长6.0%，其中第一产业增加值13.19亿元，增长5.5%，第二产业增加值74.32亿元，增长11.1%，第三产业增加值110.35亿元，增长2.6%，三次产业结构比为6.67∶37.56∶55.77。完成大口径财政收入28.41亿元，同比增长16.4%。财政支出完成48.44亿元，同比增长2.16%，财政收支比为1∶1.7。年末各项存款余额达到525.8亿元，同比增长7.87%；各项贷款余额389.90亿元，同比增长16.5%。

【农村农业经济】全区实现现价农业总产值21.97亿元，增长4.3%，其中农业产值20.1亿元，增长5.8%；林业产值0.11亿元；牧业产值1.68亿元，渔业产值206.05万元，农林牧渔服务业产值582万元。农、林、牧、渔及服务业产值结构比为91.48:0.51:7.65:0.09:0.27。农作物播种面积111.63万亩，其中粮食播种面积74.23万亩，平均亩产266.65公斤，粮食总产量19.79万吨，增长1.24%，其中夏粮总产量7.42万吨，增长5.02%，秋粮总产量12.36万吨，下降0.97%；全年油料作物播种面积18.96万亩，总产量2.41万吨，增长7.73%；全年蔬菜播种面积12.45万亩，增长10.18%，总产量达到28.11万吨，增长7.54%。年末全区果园实有面积18.64万亩，全年水果总产量25.24万吨，增长8.36%。当年造林面积1万亩，年末封山育林面积达到5.5万亩。大家畜存栏6.95万头，下降2.68%；猪存栏7.88万头，下降6.39%，当年出栏肉猪头数8.38万头，下降0.74%；年末鸡（鸭、鹅）存栏64.82万只，出栏47.15万只。全年肉产量7612.59吨，增长0.6 %，其中猪肉5868.1吨，增长0.74%，鲜蛋产量1944.6吨，增长20.15%，牛羊奶产量283.48吨，下降5.83%。水产品养殖面积375亩，水产品产量260吨。

【工业与建筑业】2017年，全部工业企业实现增加值47.69亿元，增长16.8%。32家规模以上工业企业实现增加值39.87亿元，按可比价增长20.7%。全年规模以上工业企业实现主营业务收入118.79亿元，同比增长26.7%，实现利润总额12.26亿元，同比增长52.3%。

2017年全区共有资质以上建筑企业48家，其中总承包和专业承包单位46家。全年完成建筑业总产值79.33亿元,其中建筑工程产值75.95亿元，安装工程产值2.62亿元。全年完成竣工产值36.61亿元，全部单位年平均从业人员23614人。

【固定资产投资】2017年固定资产投资完成190.6亿元，同比增长4.28%。其中，第一产业完成投资16.26亿元，占投资额的8.53%，同比增长17.57%；第二产业完成投资33.4亿元，占投资额的17.53%，同比下降33.20%；第三产业完成投资140.93亿元，占投资额的73.94%，同比增长18.49%。

【房地产业】2017年全区70家房地产开发企业完成投资34.6亿元，同比增长35.27%，其中住宅完成投资22.26亿元,同比增长32.44%。全年商品房销售面积51.3万平方米，同比增长14.22 %，实现商品房销售额35.09亿元，同比增长56.6 %。

【商贸流通】2017年实现社会消费品零售总额100.25亿元，同比增长5.62%。其中，城镇实现社会消费品零售总额85.48亿元，占总额的85.27%，同比增长5.0%；乡村实现社会消费品零售总额14.77亿元，占总额的14.73%，同比增长9.3%。批发和零售业实现社会消费品零售总额75.29亿元，同比增长11.4%。住宿和餐饮业实现社会消费品零售总额24.96亿元，同比增长7.0%。

【旅游】全年共接待境内外游客1819.9万人次，同比增长28.6%，实现旅游综合收入116.8亿元，同比增长29.7%。

【科技】2017年实施各级各类科技项目共76项，涉及工业、农业、医疗卫生等经济社会各个方面，新列41项，其中省级1项、市级15项、区级25项、共组织鉴定验收科技成果13项。组织12项科技成果项目参加天水市2017年度科技进步奖的评审，有6项获奖，其中二等奖4项、三等奖2项。开展2017年度秦州区科技进步奖科技评审工作，共征集科技成果12项参与评奖，评选出秦州区科技进步奖一等奖2项、二等奖3项、三等奖3项。全年完成专利申请量358件。共举办各类科技培训班46期，培训农民6000多人次，印发科技资料11000万多份。

【教育】2017年全区共有区属（含市直）公办幼儿园、中小学校共275所，其中公办幼儿园128所，小学109所，初中（含9年一贯制）25所，高中（含完全中学、1所12年一贯制中学）13所；共有专任教师6456人，其中幼儿园专任教师282人、小学专任教师3031人，初中1610人，高中1533人；在校学生共95068人，其中幼儿园8931人，小学在校学生49342人，初中在校学生23571人，高中在校学生13224人。2017年高考上线人数1547人，上线率39.41%。

【卫生】2017年区属医疗机构共82家，区级综合医疗1个（区人民医院），公共卫生机构2个（区疾控中心、区妇幼保健院），专科医院2个（眼科医院、口腔医院），其他卫生管理办事机构1个（区卫生专业技术学校）；镇卫生院20所（中心卫生院7所、一般卫生院9所、分院4所）；社区卫生服务机构26个（社区卫生服务中心9个、服务站17个）；民营医院30家。医疗卫生机构现有床位数846张。专业技术人员803人，具有副高级职称47人，中级职称230人，初级职称381人（其中初级师250人，初级士131人），无职称145人。

【人民生活与社会保障】2017年末，全区全年城镇居民人均可支配收入完成26699.0元，同比增长8.7%。农村居民人均可支配收入完成8161.4元，同比增长8.4%。全年居民消费价格总水平比上年上涨1.5%。城镇新增就业16587人，城镇登记失业率为3.08 %。全年劳务输转11.2万人，实现劳务收入21.384亿元。

年末，全区纳入城乡居民社会养老保险参保人数26.72万人，参保率达97.65%，续保率达96.45 %；为全区55403名符合待遇享受条件的60周岁以上参保人员发放养老金6419.54万元。全区参加企业职工养老保险统筹24492人，其中在职职工参保11236人，离退休人员13256人；失业保险参保10744人。城镇职工基本医疗保险参保25250人，城镇居民基本医疗保险参保79636人，工伤保险参保11041人，生育保险参保16466人。城镇职工基本养老保险基金征缴收入16299万元，失业保险基金征缴收入159万元，城镇职工基本医疗保险基金征缴收入6421万元，城镇居民基本医疗保险基金征缴收入1328万元，工伤保险基金征缴收入355万元，生育保险基金征缴收入257 万元。

（供稿：关　蓉）

麦积区

【综述】麦积区地处陕、甘、川之要冲，介于东经105° 25′ ~ 106° 43′，北纬34° 06′ ~ 34° 48′ 之间。东接陕西省宝鸡市，南邻秦州区、两当县、徽县，西靠甘谷县，北连清水县、秦安县。东西长123千米，南北最宽处50千米，全境总面积3480平方千米。2017年末，全区辖17镇3个街道，3有35个民族，总人口数64万人。有34个少数民族。

境内横跨黄河、长江两大流域。东南部绵亘百余里秦岭山峦叠翠，西北部黄土高原川梁沟峁纵横交错，境内森林覆盖率达63.5%。属大陆半湿润季风气候，日照充足，降水适中，全年平均气温12.7℃，平均降水量660.5毫米，从南向北依次减少。年均日照1934.4小时，每天平均5.3小时，日照地域间差别大，北部山区较多，东南部林区较少。太阳辐射总量在2395～2703兆焦/平方米，全年无霜期210多天。夏无酷暑，冬无严寒，四季分明，有麦积山石窟，卦台山，仙人崖、石门等景区。

2017年，全区实现生产总值175.3亿元，同比增长4.7%；其中，第一产业增加值13.6亿元，增长6.1%；第二产业增加值74.1亿元，增长3.5%；第三产业增加值87.6亿元，增长5.8%，三次产业比为7.8∶42.2∶50.0。全区完成大口径财政收入为16.3亿元，公共财政预算收入为5.4亿元，增长8%，地方财政支出44.17亿元，增长12.33%。年末全区金融机构各项存款余额242.7亿元，比上年末增长7.22%。年末全区金融机构各项贷款余额179.9亿元，增长13.38%。

【农业农村经济】2017年，全区全年粮食总产量16.42万吨，比上年减产2.31%。其中，夏粮产量6.13万吨，增产6.79%；秋粮产量10.29万吨，减产0.19%。粮食作物种植面积63.13万亩，比上年增加0.11万亩；油料种植面积7.74万亩，减少0.14万亩；蔬菜种植面积9.52万亩，增加0.46万亩；中药材种植面积1.22万亩，与上年末持平。果园面积24.2万亩，增加0.15万亩。年末，全区大牲畜存栏4.57万头（只），比上年末下降1.3%；牛存栏3.52万头，减少1.4%；羊存栏2.68万只，减少5.1%；生猪存栏8.99万头，下降7.03%。牛、羊、猪出栏分别为0.94万头、1.39万只和10.73万头，分别比上年增长5.62%、3.73%和2.48%。全年肉类总产量9341.8吨，比上年增长1.72%，其中猪肉产量7513.1吨，增长2.49%；牛肉产量939.8吨，增长5.04%；羊肉产量209.1吨，增长3.68%；禽肉产量612.9吨，下降12.13%。全年水产品产量270吨，增长3.85%。

【工业与建筑业】2017年，全区规模以上工业增加值47.2亿元，同比增长2.8%。轻工业完成增加值45.0亿元，比上年增长3.3%；重工业完成增加值2.1亿元，下降6.5%。全年规模以上工业企业实现利润总额3369万元，比上年净减1.1亿元，规模以上工业亏损企业亏损额1.4亿元，比上年增长73.6%。全年建筑业实现增加值13.6亿元，比上年增长5.7%。

【固定资产投资】2017年，全区完成固定资产投资115.6亿元，比上年增长4.31%。其中第一产业投资5.6亿元，下降42.7%；第二产业投资9.5亿元，下降2.8%；第三产业投资100.5亿元，增长10.1%。全年房地产开发投资9.3亿元，比上年增长24.38%。

【项目建设】2017年，全区争取各类项目240个，涉及总投资20.8亿元，到位资金15.8亿元。其中争取到2017年中央预算内投资项目18个，到位中央预算内投资1.81亿元。

【招商引资】2017年，全区完成招商引资到位省外资金85.13亿元，新建项目到位资金49.28亿元，续建项目到位资金35.85亿元。完成重点产业到位资金65亿元。2017年新引进1亿元以上项目15个。

【城乡建设】全区市政设施维修路灯2300余盏，故障处理196次，更换电缆850米，更换电缆850余米，架空线500米，更换校正路灯杆90余杆，维修渭河两岸楼体亮化4000余根LED数码管。提升改造花坛、绿化带3.9万平方米，新增绿地面积1.8万平方米。全区绿地面积达475.38万平方米，绿化覆盖面积达524.13万平方米，绿地率达33.71%，绿化覆盖率达37.17%，人均公共绿地面积8.20平方米。

【商贸流通】2017年，全区实现社会消费品零售总额101.2亿元，比上年增长9.05%。全年实现批发业销售额113.8亿元，增长10.36%；实现零售业销售额73.6亿元，增长6.64%；实现住宿业营业额19539万元，增长13.93%；实现餐饮业营业额138026万元，增长14.7%。

【文化产业与旅游业】2017年，全区实现文化产业发展增加值5.7亿元，同比增长25%，资产总额18.49亿元。全区接待国内外游客1469.11万人次，比上年增长28.02%。其中，接待国外游客1934人次；实现旅游综合收75.38亿元，增长31.16%。农家乐接待游客612.9万人次，农家乐创收42761万元。新增农家乐62户。

【科技教育文化】2017年，全区组织实施科学研究、科技试验示范及推广项目90项，其中省列项目4项，市列项目14项，区列项目72项，全区争取科技项目到位资金505万元；通过鉴定验收项目30项，取得科技成果12项。专利申请量322件。全区有各级各类学校458所，在校学生92926人。在岗教职工7888人。学校占地总面积216万平方米，校舍建筑面积93.7万平方米。区境内有省内重点大专院校两所。全区有文化馆1个，公共图书馆1个，博物馆1个。广播和电视综合人口覆盖率分别为99.68%和99.22%。

【医疗卫生】年末全区有卫生机构621个，其中医院、卫生院45个，妇幼保健院1个，专科疾病防治所1个，社区卫生服务中心（站）22个；卫生机构拥有床位2885张；卫生机构职工数1505人，其中城区卫生机构职工1002人，乡镇卫生院职工503人。

【人民生活与社会保障】2017年，全区农村居民人均可支配收入7056.5元，增长8.5%，城镇居民人均可支配收入24973元，增长8.6%。全年有城镇新增就业人员15925人。年末城镇登记失业率为3.12%。全年有城镇新增就业人员15925人。年末城镇登记失业率为3.12%。全区输转劳务11.15万人，其中有组织输转6.83万人，境外输转692人。创劳务收入21.32亿元。

全区参加城乡居民基本养老保险人数29.23万人；参加城镇职工基本养老保险人数1.99万人；参加城镇居民医疗保险人数6.35万人；参加失业保险人数1.06万人；参加工伤保险人数1.7万人；参加生育保险人数1.5万人。征缴

生产总值及其增长速度

单位：亿元、%

指　标	绝对数	比上年增长
生产总值	175.3	4.7
第一产业增加值	13.6	6.1
第二产业增加值	74.1	3.5
工业	61.0	3.1
建筑业	13.6	5.7
第三产业增加值	87.6	5.8
#交通运输、仓储和邮政业	8.8	11.1
批发和零售贸易业	20.4	3.3
住宿和餐饮业	5.1	6.4
金融业	9.3	2.1
房地产业	5.6	8.4

主要农产品产量及其增长速度

产品名称	单位	产量	比上年增长（%）
粮食	吨	164193.8	2.31
油料	吨	11367	3.48
#油菜籽	吨	8623	3.01
中药材	吨	3763.8	6.99
园林水果	吨	299702.5	7.19
蔬菜	吨	230184	6.37
肉类	吨	9341.8	1.72
#猪肉	吨	7513.1	2.49
牛肉	吨	939.8	5.04
羊肉	吨	209.1	3.68
禽肉	吨	612.9	−12.13
水产品	吨	270	3.85

主要工业产品产量情况

产品名称	单位	产量	比上年增长（%）
卷烟	万支	2000754	8.1
金属切削机床	台	932	1.7
锻压机床	台	254	81.4
果汁饮料	吨	20587	15.1
商品混凝土	万立方米	135.9	−11.35
啤酒	千升	29342.7	−14.5
水泥	万吨	40.4	−44.4
乳制品	吨	4533.4	−9.1
纱	吨	1077.5	−21.4

城镇职工基本养老保险15141万元，基金支出18919万元，占年控制线18375万元的102.96%；征缴城镇职工基本医疗保险6311.97万元，基金支出5353.5万元，占年控制线5606万元的95.50%；征缴城镇居民基本医疗保险767.62万元，基金支出1801.84万元，占年控制线3004万元的59.98%；征缴失业保险283万元，基金支出67万元，占年控制线68万元的98.52%；征缴工伤保险377.09万元，基金支出287.83万元，占年控制线172万元的167.34%；征缴生育保险278.64万元，基金支出239.24万元，占年控制线192万元的124.60%；城乡居民养老保险参保率95.55%，续保率97.68%。城乡居民养老保险养老金发放率100%。参加新农合433096人，参合率98.23%；年内为参合患者补偿25925.18万元。

全区城市低保标准由原来月人均收入426元提高到460元；农村低保标准由原来年人均收入2855元提高到3500元；农村五保供养标准由4512元提高到4923元。全区有城乡低保对象17950户53736人，累计发放城乡保障补助资金13568.16万元；农村五保供养对象1476人，发放五保供养金825.87万元。孤儿基本生活费发放及时到位，全区有孤儿40人，发放孤儿保障金30.72万元。全年救助770户2918人，发放救助金349.48万元。全年救助流浪乞讨人员300人次。

全区大病医疗救助112526人、发放救助金2024.81万元。其中资助住院人数1851人、发放救助金1458.298万元；资助参合人数110675人、拨付资助资金566.512万元。

【环境保护】2017年，全区空气质量可吸入颗粒物（PM10）平均浓度为90微克/立方米，细颗粒物（PM2.5）较年均值42微克/立方米，二氧化硫（SO_2）平均浓度为19微克/立方米，二氧化氮（NO_2）平均浓度33微克/立方米，空气质量优良天数为281天，集中式饮用水水源地水质100%达标。区域环境，交通干线噪声平均值分别为52.9分贝和

65.8分贝，均达到要求。

（供稿：吴　霞　赵明霞）

清水县

【综述】清水县位于甘肃省东南部，介于北纬34° 32′ ~ 34° 56′，东经105° 45′ ~ 106° 30′ 之间。东邻陕西省陇县、宝鸡市，南接麦积区，西靠秦安县，北与张家川回族自治县毗邻。东西长66千米，南北宽47千米，全县总面积2012平方千米。2017年末，全县辖15镇3乡，总人口7.69万户人。

属陇山山地向陇西黄土高原过渡地带。全境地势由东北向西南倾斜，略呈长方形。海拔1112 ~ 2201米之间。属温带大陆性季风气候，冬季不寒冷而漫长，夏季温和而短促，几乎无夏，春秋相连，雨热同期。年平均气温10.4℃，年降水量465.4毫米，日照时数2340.3小时，无霜期172天。森林覆盖率30.9%。清水农业经济以种植业为主，主要种植小麦、玉米、马铃薯、胡麻、大麻等，是全省大麻种植基地。有清水温泉、花石崖、赵充国陵园等自然和人文景观。

2017年，全县实现地区生产总值44.07亿元，同比增长5.4%，第一产业完成增加值11.22亿元，同比增长5.7%；第二产业完成增加值5.35亿元，下降2.2%；第三产业27.43亿元，增长7.1%。

【农业农村经济】 2017年，全县农业总产值达到185382万元，较上年增长5.54%；农业增加值112449万元，按可比价较上年增长5.66%。全年农作物播种面积102.31万亩，其中：粮食作物播种面积66.13万亩。全年粮食总产量15.88万吨，同比增长2.17%。经济作物播种面积17.65万亩。果园面积达到18.07万亩，水果总产量117647.44吨，核桃产量11051.6吨，花椒产量752.59吨。当年造林面积1.3万亩。大牲畜存栏120319头（匹、只），其中：牛存栏69973头，年末猪存栏84161头，当年猪出栏129093头，年末羊存栏38127只，年末鸡存栏89.52万只，当年鸡出栏53.73万只。农业机械总动力135668千瓦。主要经济作物中，油料作物产量2.1万吨，增长6.6%；中药材产量1.22万吨，增长19.61%；蔬菜产量16.68万吨，下降0.66%；瓜类总产量0.76万吨。全县贫困户累计建园10.32万亩，贫困村新建养殖小区（场）10个，发展规模养殖户68户，新成立贫困村养殖类专业合作组织6个，贫困村累计组建农民专业合作174个。解决贾川等8个乡（镇）18个行政村3413户14982人（其中：贫困户516户2334人）的饮水不稳定问题，工程总投资2003万元。新（改）建农村公路296.81千米、安全生命防护工程72.7千米、桥梁1座46.04延米。至年底，全县22个贫困村实现整村脱贫、2917户1.35万贫困人口实现脱贫退出，全年减贫1.22万人，贫困发生率由10.77%下降到9.4%，贫困群众人均可支配收入达4450元，同比增长12.7%。

【工业建筑业】 2017年，全县完成规模以上工业总产值2.16亿元，较上年下降73%，其中重工业1.07亿元，下降86.4%，规模以上工业增加值0.33亿元，下降55.7%。工业能源消费下降9.21%，工业企业用水取水量5.35万立方米。

【固定资产投资】 2017年，全县完成全社会固定资产投资66.85亿元，比上年增长0.13%。固定资产投资按产业分，第一产业投资7.93亿元，比上年下降31.27%；第二产业投资12.09亿元，增长17.48%，其中工业投资12.09亿元，增长17.48%；第三产业投资46.83亿元，增长4.22%。房地产开发投资3.4亿元，比上年下降14.53%，房屋竣工面积6.30万平方米。开工建设重点项目172个，完成投资47.54亿元。引进重点产业招商项目22个，到位资金42.4亿元，续建招商引资项目14个，到位资金4.8亿元。

【城乡建设】 2017年，县城建成区面积5.8平方千米，城区人口6.04万人，城镇化率42.2%，城市绿化覆盖率28.6%，城区集中供热面积156万平方米，城市生活垃圾无害化处理率96%，城市生活污水处理率92%。全年实施城市基础设施建设项目21个（其中续建4个，新建17个），概算总投资3.7亿元，当年完成投资2.6亿元，全面竣工11个；完成城区公厕提标改造5座，新建3座；危房改造D级完成880户，C级完成823户，全县农村D级危房全面消除。

【交通邮电】 年末，全县公路总里程达到1614.232千米。完成客运量247.75万人，客运周转量15893.57万人千米，货运量66.89万吨，货物周转量12332.02万吨千米。年内实现邮政业务总量1866.53万元。

【商贸流通】 2017年，全年实现社会消费品零售总额90351.6万元，较上年增长11.89%，其中，餐饮业零售额17290.3万元，较上年增长12.15%，商品零售额73061.3万元，较上年增长11.83%。商品销售额180213万元，较上年增长15.7%，其中：批发业商品销售额48113.6万元，较上年增长13.9%；零售业商品销售额132099万元，较上年增长16.4%。零售额72574.7万元，较上年增长11.7%，其中：批发业零售额7370.7万元，较上年增长7.2%；零售业零售额65204万元，较上年增长12.2%。住宿业营业额12266万元，较上年增长15.04%，餐饮业营业额19630.7万元，较上年增长15.71%。新建村级电商服务点95个，发展电商企业8户，全年电商交易额达1.1亿元，销售额7000万元。

【文化与旅游】 2017年，开展送文化下乡360多场（次），免费放映电影13520场（次）；举办书画、美术、摄影作品展10多场（次）。开展元旦春节系列文化活动18项。全年接待游客146.29万人（次），同比增长29.67 %，实现旅游综合收入 4.395亿元，同比增长30.15 %。

【科技与教育】 2017年，开展各类技术骨干培训5600多人（次）、普及型培训2.86万人（次）。建成各级科技示范点16处，引进新品种21个，推广新技术26项，完成专利申请81件。实施东关小学分校、县第一幼儿园等新改扩建项目37个；天水农校103人参加对口升学高考，本科上线率达44.66%。年内全县有各级各类学校329所，全县有教职员工3711人，中、小学在校学生40972人。学前教育共有学前班135个，入学幼儿1362人，入园幼儿8878人。入学率达到100%。辍学率0，毕业率100%，完成率100%。

【医疗卫生】县医院整体迁建项目即将竣工，新建标准化村卫生室80个；完成重点人群健康体检12万人（次）；新型农村合作医疗参合率达98.34%。全县现有卫生机构417个，其中：综合医院4家，中医医院3家，乡中心卫生院9个，乡卫生院11个，村卫生室311个，社区卫生服务中心2个。各类医务人员1496人，其中卫生技术人员845人，病床总数1088张。疾病预防和妇幼保健工作成效明显，食品安全和卫生监督工作逐步加强，爱国卫生运动长效机制基本建立。孕产妇系统化管理3360人，孕产妇系统化管理率96.14%；3岁以下儿童系统化管理率91.32%；7岁以下儿童系统化管理23799人，7岁以下儿童系统化管理率84.67%。乙肝疫苗首针及时接种率98.02%，卡介苗接种率97.05%，脊灰疫苗全程接种率99.39%，百白破种率98.81%，麻疹类疫苗接种率99.63%，乙脑疫苗（1）接种率99.51%，乙脑疫苗（2）接种率98.91%，甲肝疫苗接种率99.12%。

【人民生活和社会保障】年末，全县城镇居民人均可支配收入23346.4元，比上年增长8.5%；农民人均纯收入6438.1元，增长8.7%。全县参加城镇职工基本医疗保险238户职工11956人，参加城镇居民基本医疗保险10760人，参保率达到98%，各级财政补助收入417.49万元；征缴失业保险费104万元，基金支出108万元；养老保险参保人数3607人，征缴养老金2565万元，基金支出3930万元，社会化管理服务率达100%。农业人口参合率9834%，收缴参合金414488万元；补偿医药费689330（人）次12498万元；落实三户一孤大病救助保险250人（次）420万元。

（供稿：汪　毅）

秦安县

【综述】秦安地处黄土高原内陆，位于秦岭之北，甘肃省东南部，天水市北部，渭河主要支流葫芦河下游。地理坐标为东经105° 20′~106° 02′，北纬34° 44′~35° 11′之间。东接清水与张家川回族自治县，南邻麦积区，西连甘谷和通渭县，北靠庄浪与静宁县。县域东西长约65千米，南北宽约50千米，全县总面积1601.6平方千米。2017年末，全县有17个镇，总户数156783户，户籍总人口589857人，自然增长率为5.61‰。

境内陇中黄土高原西部梁峁沟壑区，海拔1120~2230米。地势西北高，东南低。野生药物有甘草、冬花、半夏等，矿类药物有龙骨、石膏等。最大河流葫芦河流经县内长45.2千米，流域面积493.34平方千米。矿藏资源有铁、铜、锰、铝等金属类矿藏，藏量少，品位低；非金属类花岗岩、石灰岩、粘土矿、沙砾石、石膏、芒硝等矿藏分散，开采利用价值不大。属陇中南部温和半湿润季风气候区。2017年气候特点是：气温偏高，降水正常，日照正常偏多。年平均气温为12.0℃，与常年平均值相比偏高1.1℃。春季正常，冬、夏、秋均偏高，12月属正常，年极端最高气温为37.2℃，出现在8月3日，破同期历史最高记录；极端最低气温为-10.1℃，出现在12月20日。年降水量为440.2毫米，与常年相比偏多1%。年内降水分布不均，冬、夏季正常略少、春季偏多，秋季正常，11—12月均特少。春季透雨出现时间较适时。夏季出现干旱、高温、局地冰雹及暴雨洪涝灾害，对农作物及果树生长造成极大损失。10月降水特多，对缓解夏季干旱、冬小麦播种非常有利，秋末及12月降水持续特少，气候异常干燥，对冬油菜、冬小麦的冬前生长及安全越冬有不利影响。年内灾害性天气较历年偏多，出现6次局地冰雹灾害，3次连阴雨，2次大雨，1次局地暴雨，2次大风。年日照时数2144.1小时，与常年相比偏多11%。7月、12月日照时数分别为298.8、209.0小时，均破同期历史最高记录。10月日照时数为40.2小时，破同期历史最低记录。

2017年，全县实现地区生产总值557659万元，按可比价格计算增长3.3%。其中，第一产业完成增加值164620万元，增长5.8%；第二产业完成增加值107168万元，下降2.5%；第三产业完成增加值285871万元，增长4.2%。全县人均地区生产总值达到10600元，较上年净增加155元，人均地区生产总值增速为2.9%（按52.61万平均常住人口计算）。全县大口径财政收入完成78325万元，较上年增长58.91%。全县财政总支出完成395337万元，较上年增长23.27%。

【农业农村经济】全县实现现价农、林、牧、渔业总产值276899万元，可比价总产值282661万元，下降6.58%；实现农、林、牧、渔业增加值164661万元，增长5.87%。实现现价农业总产值245716万元，可比价总产值247126万元，下降7.89%；实现农业增加值147744万元，增长6.76%。农作物播种面积113万亩，其中：粮食作物播种面积82万亩，经济作物播种面积12万亩，粮经比为6.66∶1，粮食总产量达194964吨，下降1.19%。其中夏粮产量61864吨，增长2.84%；秋粮产量133100吨，下降2.96%。

全县实现现价林业总产值1977万元，可比价总产值1977万，增长30.96%；实现林业增加值213万元，增长8.97%。林产品产量达2760吨，其中花椒产量1280吨。全县实现现价畜牧业总产值29047万元，可比价总产值33401万元，增长2.49%；畜牧业增加值完成16662万元，下降0.57%。年末大牲畜存栏4.47万头。猪存栏13.73万头（其中：能繁殖的母猪1.34万头），羊存栏3.8万只，鸡存栏87.46万只。全县实现渔业总产值2.9万元，下降12.5%；实现渔业增加值1.4万元，增长65.26%。全县实现农林牧渔服务业总产值153万元，下降13.13 %；实现农林牧渔服务业增加值40万元，下降14.91%

全年农业机械总动力229915千瓦。年末村镇现有房屋955万平方米，年末耕地面积104万亩。全年新修梯田2.7万亩，年末水平梯田达到98万亩。有效灌溉面积11万亩，保灌面积8.74万亩，水窖73708眼，农村用电量7536万千瓦时，化肥施用实物量68392吨，农用塑料薄膜使用量1243吨。全县农作物受灾面积25万亩，成灾面积13万亩，粮食作物减产面积10万亩，经济作物减产面积2.63万亩。

【工业与建筑业】全县实现工业增加值36624万元，较上年下降6.6%。其中规模以上工业企业15家，从业人员1068人，实现规模以上工业总产值83485.7万元，下降9.6%，其中轻工业完成产值41094万元，下降32.8%；重工业完成产值42391.7万元，增长36.1%；实现规模以上工业销售产值76130万元，下降15.5%；实现规模以上工业增加值16624万元，下降14.4%；实现规模以下工业增加值2亿元，增长0.21%。

全县实现建筑业增加值73490万元，增长0.7%。2017年全县共有5家资质以上建筑企业，从业人员平均人数达1161人，实现资质以上建筑业总产值36690万元，增长7.3%。

【固定资产投资】全县完成固定资产投资536127万元，增长5.61%。其中：项目投资完成505174万元，增长5.37%，房地产投资开发企业（按注册地统计）完成房地产开发投资30953万元，增长9.8%；按三次产业分，其中第一产业完成投资59767万元，增长1.6%，第二产业完成投资34595万元，下降77.14%，第三产业完成投资441765万元，增长123.76%。实际销售房屋面积4.86万平方米，完成销售额2.178亿元。

【商贸流通】全年实现社会消费品零售总额332673万元，增长10%。其中：城镇实现社会消费品零售额210721万元，增长11%；乡村实现消费品零售额121952万元，增长8.2%。商品零售额完成298140万元，增长9.6%；餐饮收入完成34533万元，增长13.2%。全年实现商品销售额1576999万元，增长14.2%，其中：批发业实现商品销售额882265万元，增长14.3%；零售业实现商品销售额694734万元，增长14.1%；住宿业实现营业额8016万元，增长13%；餐饮业实现营业额45556万元，增长11.5%。

【非公经济】全县共有市场47处，年成交额达84967万元。全县注册私营企业2097户（其中批发和零售业857户、住宿餐饮业62户），注册资金903549.61万元。纳入工商部门管理的固定个体户数达10865户，从业人数34482人，注册资金104681.21万元。期末登记在册农民专业合作社857户，出资总额281562.85万元，人员总数达4528人。亿元以上商品交易市场1个，年末出租摊位数1898个，成交额2.708亿元。

【交通邮电】全县428个行政村全部实现道路通畅，全县公路通车总里程达到1579.336千米。全县共有运输企业26家，各种车辆94461辆，增长7.04%。全年邮政业务收入1985.04万元，增长7.65%。全县共有368个行政村通电信宽带业务，年末互联网用户数达5.7046万户，增长61.06%。电信业务收入6638万元，增长27.16%；固定电话用户4.9万户，较上年增长37.15%。移动业务收入3.51亿元，下降1.27%，4G基站277个，移动用户10.4249万户，较上年增长16.01%。联通业务收入1623.3014万元，增长3.28%，联通基站543个，用户4.9923万户。

【秦安站开站运营】2017年7月9日，秦安站正式开站运营。秦安站位于秦安县西川镇310国道（天公路）以东、鸭儿沟以南、葫芦河以西区域，是宝兰高铁的普通中间站，隶属于中国铁路兰州局集团有限公司天水车站管理，业务性质为客运站，主要为秦安、庄浪、静宁、清水、张家川等县区的社会经济发展和人民群众出行服务。秦安站站房建筑面积3495.7平方米，按4股道2站台设计，站房长85.6米，宽27.5米，总建筑高度16米，站房采用线侧下式设计，最高聚集人数800人。秦安站开通运营以来，日均办理客运业务动车14对，日均发送旅客3500人左右，2018年春运期间日均发送旅客4600人左右，其中2月22日客流最高峰发送旅客达10409人，均创下开站以来历史新高。

【金融税收保险】年末，全县金融机构各项存款余额1354075万元，较年初增加86793万元，较年初增长6.85%；年末各项贷款余额870038万元，较年初增加49129万元，较年初增长5.98%。国税收入完成17941万元；地税收入完成19930万元。全县财产保费收入3590.48万元，增长52.22%，全年保险赔付额1126.58万元，增长10.43%；全县人寿保险全年保费收入491316万元，增长11.89%，全年保险赔付支出593.69万元，增长69.65%。

【文化与旅游】年末，全县共有文化艺术表演团体2个，其中国有演出团体1个，图书馆1所，各类藏书8.6万册，文化馆1所，农家书屋433个，乡村广播电视站17个，广播覆盖率99.8%，电视地面接收站131306座，电视覆盖率达到99.7%，有线电视用户8792户，广电宽带2679户，转播节目184套。县内主要有大地湾、何湾桃花景观、兴国寺、女娲祠、文庙等9处旅游景点。全年共接待旅游游客301.2万人次，实现旅游综合收入12.1亿元。

【科技与教育】全年共组织实施科技项目41项，争取新上项目10项，其中省列项目4项，市列项目6项。争取科技经费247万元；安排县列项目14项，投入科技经费20万元。验收科技项目22项。获得市级科技奖励8项。年末，全县有各级各类学校304所，有中小学生67204人，有公办教职工6097人，代课教师198人。初等教育的入学率100%，毕业率100%，升学率98.47%，学前三年毛入学率为93.21%，九年义务教育巩固率为95.89%。普及初级中等教育的入学率100%，毕业率100%，普通高中升学率64.38%，高中阶段毛入学率93.65%。

【医疗卫生】年末全县共有各类卫生机构31家，在岗职工人数1639人，卫生技术人员840人，有标准床位1394张。年末参加新型农村合作医疗人数554406人，参合率为99.68%。全年参合农民补偿总人数为1199526人次，其中门诊补偿人数1139579人次，住院补偿人数59947人次。补偿总金额28108.14万元。其中门诊补偿金额4762.11万元，住院补偿金额23346.03万元。

【人民生活与社会保障】2017年，全县农村居民人均可支配收入达7168.2元，较上年同期6584.18元增加584.02元，增长8.9%，人均生活消费支出9918.27元；城镇居民人均可支配收入24221.14元，较上年同期22333.83元增加1887.31元，增长8.5%，人均生活消费支出12557.06元。全县机关事业单位干部总数11575人，全县非私营单位从业人员18467人。物价全年居民消费价格总指数101.5%。全年城镇新增就业6133人，开展职业技能培训4805人，创业能力培训863人，城镇登记失业率为3.2%。全年共输转城乡劳动力11.234万人，劳务收入21.78亿元。

全县基本养老保险参保人数28811人，征缴城镇职工基本养老保险费9167万元，支出13217万元。为6364名离退休人员发放基本养老金13217万元，失业保险参保人数7230人，征缴失业保险费308万元，为11名失业人员发放失业保险金41万元。年末参加城乡居民养老保险人数31.7万人，收缴参保资金2628万元，已享受城乡居民养老保险待遇人数8.47万人，发放养老资金9436万元；年末城镇职工参加医疗保险19008人，保费收入5151万元，共报销医药费4454万元；城镇居民共参加医疗保险21177人，保费收入1316万元，共报销医药费756万元；参加工伤保险12311人，保费收入311万元，共报销医药费130万元；参加生育保险13794人，保费收入168万元，共报销医药费187万元。

全县特困供养人员2987人，有优抚对象4347人。共为全县9437名高龄老人发放高龄老人补贴331.63万元。共为77名孤儿发放基本生活费260.3万元。全县享受最低生活保障的人共有76710人，全年发放最低生活保障金12370.08万元。全年共享受医疗救助政策人数77180人，发放救助金1398.68万元。

（供稿：王广林　焦录生）

甘谷县

【综述】甘谷县地处甘肃省东南部，天水市西北，渭河上游，介于北纬34°31′~35°03′，东经104°58′~105°31′之间，东邻秦安县、麦积区，南接秦州区、礼县，西靠武山县，北接通渭县。全县南北长60千米，东西宽49千米，全县总面积1572.6平方千米。2017年末，全县辖13镇2乡，总人口64.1万人。

2017年，全县完成地区生产总值62.52亿元，按可比价计算比上年增长0.9%；大口径财政收入7.53亿元，较上年增长6.5%；财政支出35.55亿元，较上年增长11.5%；完成固定资产投资86.41亿元，较上年下降2.02%；规模以上工业增加值1.93亿元，同比下降25.2%；社会消费品零售总额34.54亿元，同比增长8.5%；城镇居民人均可支配收入24234元，较上年增长8.3%；农村居民人均可支配收入7037元，同比增长8.9%。

【农业农村经济】2017年，全年农业总产值达31.14亿元。农业增加值18.63亿元，较上年增长5.7%。全县粮食作物播种面积70.43万亩。其中，夏粮面积3342万亩，秋粮面积3701万亩。粮食产量17.76万吨，同比增长3.08%。其中，夏粮总产7.17万吨，同比增长5.13%；秋粮总产10.59万吨，同比增长1.73%。推广全膜双龙沟播玉米21.1万亩、地膜穴播小麦15.86万亩、地膜马铃薯5.35亩，粮食总产量达18.56万吨，增产2.85%。建成13个市级农业科学发展示范点；新建钢架蔬菜大棚1000座、标准化规模养殖场11个，发展果椒6.7万亩。“甘谷大葱”、“甘谷大白菜”注册为国家地理标志证明商标，创建国家农业综合标准化示范县和甘谷辣椒知名品牌省级示范区。建成高效节水工程6处，增减高效节水灌溉面积5400亩。实施涉及4乡镇7个流域的综合开发工程，新修梯田3.56万亩。完成第三次全国农业普查，划定永久基本农田。培育农业产业化龙头企业15家，发展农民合作社186家、家庭农场49户，流转土地4800亩。推广使用无公害农药45.27万亩（次）、生物农药18.36万亩。举办各类技术培训班466期（次），培训农民28026人次。

实施易地扶贫搬迁739户3552人，完成地质灾害搬迁避让483户2408人，新建集中搬迁安置区9处。贫困村果椒、蔬菜、养殖业规模分别达到14.8万亩、10万亩、35万头（只）。完成劳动力技能培训1.15万人次，组织输转劳务11.16万人次，创劳务收入18.97亿元。

【工业经济】2017年，启动冀城产业园开发建设，征收首批建设用地250亩。新引进年产20万吨生物质秸秆固体成型燃料项目，完成提升改造恒远鞋业、盈科化工、百居保温等3户企业，入园企业累计达到23户。佰润食品、森茂建材、雅路人麻编鞋业、安济天然气等4户企业跻身规上行列。

宏基建材成功挂牌“新三板”，五丰塑化创建为省级标准化良好行为企业。培育省级著名商标和市级知名商标各2件。启动实施电信普遍服务试点建设项目，全县无线4G网络覆盖率达98%，行政村有线宽带覆盖率达90%。

【商贸流通】全县果品蔬菜交易中心、农副产品交易中心建成投用，花椒交易中心项目启动实施。甘谷苹果在全省率先入驻阿里巴巴大宗农产品网络拍卖平台，创建全国电子商务进农村综合示范县，电子商务交易额同比增长20%。全县社会消费品零售总额35.02

亿元，较上年增加3.19亿元，增长10%。

【旅游】举办第三届大像山文化旅游节，大像山石窟危岩体加固、景区护栏改造、智慧景区建设基本完工，启动实施古坡草原景区开发建设，新建旅游示范村2个。全年接待游客240万人次，实现旅游综合收入10亿元。

【招商引资与项目建设】申报争取国家和省上投资项目135项，规模总投资98.6亿元。老年养护院等26个项目下达投资计划，到位资金2.56亿元。引进华祥新能源生物质秸秆固体成型燃料等重点项目14个，招商引资项目到位资金35.2亿元。全年实施重点项目140项，其中过亿元项目35个，完成投资80.4亿元。

【城乡建设】城区集中供热一期工程建成投用，新增供热能力100万平方米，主城区实现集中供热全覆盖。冀城大酒店一期、人防应急指挥中心全面完工，城区路灯提升改造、城区小巷道硬化治理完成年度任务，推进新城北路改造等工程建设。实施冀城路两侧人行道铺装、闲置地利用改造和西环路、小沙沟沿线环境综合整治工程，建成便民市场2处、停车场3处、街头绿地10处，铺装人行道3.8万平方米。完善磐安镇等城镇基础设施。甘麦二级公路建成通车，八大公路完成铺油改造，310国道路基工程完工，启动实施泾甘公路改造工程，完成农村公路生命安全防护工程4条48.6千米。创建美丽乡村示范村16个、环境整治示范带1条、整洁村50个。

【环境保护】实施新一轮退耕还林、三北防护林、天然林保护等造林工程4.94万亩，完成公路绿化113千米里，综合治理水土流失56平方千米，全县森林覆盖率达到19.5%，水土流失治理程度达到63.7%。推进城区分散式燃煤锅炉治理，完成南滨河路、康庄路供热站煤改气工程。拆除非法沙场93家、治理城市黑臭水体3.4公里。全年空气优良天数超过260天，渭河甘谷段水质达到国家Ⅲ类标准。

【社会事业与民生保障】2017年，高考二本上线人数连续18年名列全市第一，职业教育对口升学考试二本上线人数位居全省第一，甘谷一中创建省级普通高中特色实验示范校。义务教育均衡发展通过国家评估认定，在全省14个被评估县区中名列第二。取得省市级科技成果3项。建成甘谷书画一条街，新建农村文化大院6个，实施体育惠民工程32个。举办“姜维杯”全省青少年武术俱乐部邀请赛，创排大型秦腔历史剧《像山情》，甘谷麻鞋和道教音乐列入省级非物质文化遗产名录。公立医疗机构全部实行基本药物零差率销售。群众在省市定点机构就医实现即时结报。新兴镇卫生院完成迁建，中医院医技楼、祥和医院综合楼主体完工，八里湾镇、谢家湾乡卫生院业务用房建成。

年末，全县城镇居民人均可支配收入24400元，较上年增加2015元，增长9%；农村居民人均可支配收入7007元，较上年增加543元，增长8.4%。2全年财政投入民生领域资金26.89亿元，占公共财政总支出的82.5%。发放就业担保贷款3700万元，新增城镇就业5906人。为367名农民工追讨工资352万元。

全县城市低保、农村低保、农村特困人员供养标准分别提高8%、22.6%、7%，落实各类救助救济资金2.38亿元。建成养老服务机构4处、日间照料中心2个、互助老人幸福院33个。全民参保登记入库率超过95%。货币化安置棚改户90户，为899户困难家庭发放住房租赁补贴220万元。

（供稿：王赟博　李小波　谢成虎）

武山县

【综述】武山县位于甘肃省东南部，天水市西北部的渭河上游，介于东经104°34′～105°08′，北纬34°25′～34°57′之间，东连甘谷，南靠岷县、礼县，西接漳县，北邻陇西、通渭二县。地势西高东低，南高北低，均向中部河谷川区倾斜。县境东西宽51.5千米，南北长59.5千米，总面积2011平方千米，其中总耕地63.52万亩。2017年末，全县辖13镇2乡344个行政村10个社区，年末常住人口458811人，人口自增率为7.33‰。有回族、蒙古族、维吾尔族等9个少数民族。

县域海拔1340～3120米之间，属温带大陆性季风气候，年平均气温10.8℃，年均日照2259.7小时，年降水量500毫米左右，夏无酷暑，冬无严寒。渭河及其5条支流横穿全境，年径流量9.37亿立方米。境内探明蛇纹岩（鸳鸯玉）、石灰石、大理石、花岗岩等非金属矿产十余种，其中鸳鸯玉储藏量达3.2亿立方米，石灰岩储量达15亿吨。金属矿主要有钼、铁、铜、铬、金等，其中钼矿探明储量100万吨以上。有仰韶、马家窑和齐家文化遗址达36处，有水帘洞、木梯寺、狼叫岻等国家级文物保护单位3处，省级文物保护单位7处。有4A级景区水帘洞拉梢寺、3A级景区木梯寺。

2017年，全县完成生产总值58.16亿元，同比增长4.8%，其中，第一产业增加值22.1亿元，第二产业增加值9.02亿元，第三产业增加值27.04亿元。社会消费品零售总额26.06亿元，增长13.5%。财政收入5.17亿元，财政支出28.6亿元，分别增长10.4%和9.8%。

【农业农村经济】2017年，全县蔬菜总产量达到123.8万吨，总产值突破23亿元。武山韭菜、武山蒜薹认证为无公害产品，武山豆角成功注册为地理标志证明商标，瑞德园脱水架豆被评为甘肃名牌产品，北顺日光温室黄瓜标准化示范区创建为省级农业标准化示范区。全年新建标准化养殖场11个，新增规模养殖户66户，成功创建全国休闲渔业示范基地2个，全县畜牧业总产值突破10亿元。洛门牟坪现代农业苹果矮化密植示范园结出硕果，洛门冶扶、鸳鸯李山、高楼子年等5个千亩果品示范基地全面建成，新发展优质果园1.3万亩，全县果园面积达到8.52万亩，武山红富士苹果在2017上海全国优质农产品博览会上荣获优质农产品奖，武山花牛苹果在全市花牛苹果大赛中荣获优秀奖。建成农业农村科学发展示范点14个，新修优质梯田6万多亩，种植全膜玉米13.75万亩、小麦21万亩、马铃薯24.1万亩。

完成284户1330人易地搬迁、1841户农村D级危房改造、321.6千米通自然村道路硬化砂化、22.1万平方米村内巷道硬化、25.2千米护村堤防建设、46千米农电线路改造、117个贫困村村容村貌整治，52个自然村供水不稳定、97个自然村出行难的问题得到解决。全县推广种植豆角3.7万亩、中药材5万亩，带动贫困户户均增收4500元以上。全年减贫21725人，贫困发生率下降到5.56%。

【工业经济】2017年，祁连山集团武山水泥生产线技改迁建项目开工建设，累计完成投资2.2亿元，泰达建材、莹豪玉器、顺腾水利等4家企业跻身规上行列，20家规上工业企业利润总额主营业务收入增速止滑回升。工业园区建设累计完成投资10.7亿元，入驻企业19家，甘肃伏羲药业中药饮片精深加工、广丰糖业、汽车电子导航等项目即将投产，新型环保清运设备、金陇公司蔬菜精深加工等5个项目加快建设，2万吨速冻薯条、中央厨房（工厂）、蔬菜精提纯产业园等新引进项目即将入园。

【项目建设】2017年，推出城市污水处理厂异地新建等市级重点PPP项目6个，总投资12亿元。国道310线武山段升级改造等基础设施项目加快实施。鸳鸯、桦林、洛门等5座跨渭河大桥全面建成，宁远文化艺术中心等10个重点项目开工建设，县城至陇西直沟公路等一批重大项目前期工作有序推进。

【固定资产投资与招商引资】2017年，实施固定资产投资项目252个，总投资164亿元，争取到国家和省级项目资金4.86亿元。完成固定资产投资87.8亿元，增长1.2%。全年签约招商引资项目26个，签约资金28亿元。

【城乡建设】宁远生态园修复治理等城建项目全面建成，县人民广场等重点城建项目加快建设，渭水家园等4个住宅小区开工建设。城区小巷道改造、公厕新建、绿化美化等一批民生项目加快实施。杨河、高楼顺利撤乡建镇，马力镇区滨河路和鸳鸯镇区主街改造、榆盘镇区绿化亮化等项目全面完成，全县城镇化率达到40%以上。

【商贸流通】5万吨冷链物流等重点商贸项目加快建设，新增限上商贸企业9家。国家级电子商务进农村综合示范县项目顺利实施。全年全县社会消费品零售总额26.06亿元，增长13.5%。全县电商交易额达到1.6亿元，增长33.3%。

【文化与旅游】县图书馆新馆、民俗文化展馆建成开放，《大福武山》出版发行，武山唢呐、道情、砖雕、柳编列入省级非物质文化遗产保护名录，武山旋鼓舞入选中国民间文艺“山花奖”，武术在全国武术之乡比赛中斩获9金11银。《山水齐聚·醉美武山》旅游宣传片亮相威尼斯国际电影节，举办2017年水帘洞祈福文化旅游节和油菜花海观光采风活动。全年接待游客219.6万人次，旅游综合收入13.3亿元，分别增长20%和21%。

【科技与教育】2017年，全县引进推广科技成果7项，申请专利60件。全县九年义务教育巩固率，高中阶段毛入学率、学前教育三年毛入园率分别达到95.3%、92.4%、90.7%，普通高考二本上线人数达到1470人。

【医疗卫生】全县新农合参合率96.9%，共为1135165例参合病人报销医药费25026万元，基金使用率为109.49%。马力中心卫生院建成投用，县妇幼保健中心、县中医院康复楼基本建成。累计发放健康保健工具包82886个，培训乡村人员654次。

【人民生活与社会保障】2017年，全县城镇居民和农村居民人均可支配收入分别达到23154元和7320元，分别增长9%和12.5%。全县城镇新增就业人数达到6200人，共完成职业技能培训6140人，城镇居民登记失业率为3.17%。共发放助学贷款和各类资助资金1.35亿元。全年共完成高校毕业生就业安置810人。全县各类企业劳动合同签订率达到95.7%，追讨拖欠农民工工资191.7728万元。全年全县劳务输转10.66万人，创劳务收入20.4亿元，贫困家庭劳动力输转1.83万人，创劳务收入3.5亿元。

为贫困人口发放低保和救助资金1.39亿元，扶贫互助资金达到2.66亿元。征缴城镇企业职工养老保险费4799万元，征缴失业保险费157万元，征缴城镇职工基本医疗保险费5086万元（其中财政代缴3196万元），征缴城镇居民基本医疗保险费263万元。城乡居民社会养老保险参保22.86万人，征缴保费1887.59万元，城乡居民基本养老保险预脱贫村参保率平均达到

武山县龙台油菜花海

97.6%，贫困户参保率达100%。县居家养老服务中心、45个农村互助老人幸福院全面建成。建成棚户区改造安置房374套，发放住房租赁补贴1402户282万元。

【环境保护】实施环境保护项目27个，关停“土小”企业50家、采砂场25家，淘汰黄标车和老旧车1401辆，完成农村“三改一补”1000户。投入3439万元，造林4.52万亩，栽植行道树200千米，全县森林覆盖率和草原植被盖度分别达到21%和82.68%，武山县被评为全省新一轮退耕还林先进县。

（供稿：丁维忠　于海忠）

张家川回族自治县

【综述】张家川县介于东经105°54′～106°35′，北纬34°44′～35°11′之间。东接陕西省陇县，南邻清水县，西连秦安县，北毗华亭、庄浪县。东西长62千米，南北宽48千米，全县总面积1311.8平方千米，其中耕地56.34万亩。2017年末，全县辖6镇9乡，总人口341775人，常住人口为29.49万人，人口自然增长率6.85‰。有回族、藏族、满族、维吾尔族等13个少数民族。

全境地势由东北向西南倾斜，略呈斜三角形。地势以山地为主，最高点为秦家塬石庙梁，最低点为龙山镇马河村，海拔在1486～2659.4米之间。全县地貌大体上由梁峁、沟壑、川台、河谷四部分形成。属温带大陆性季风气候。全县气候差异较大，年平均气温9.1℃，无霜期156天左右，全年日照时数2166.9小时，年平均降水量572.5毫米。全县有五条较大的时令河，均发源于陇山。属牛头河上游支流的后川河、樊河、汤浴河和葫芦河上游支流的清水河，流入长沟河的马鹿河，均属渭河北岸支流。年均径流量1.68亿立方米，其中自产水1.43亿立方米，总流域面积1311.8平方公里，水能蕴藏量5357千瓦。境内山青林茂，山势峥嵘，森林覆盖率达20.8%。绵延横亘东北的关山林区，林地面积达59.14万亩，占全县总面积的30%，木材总蓄积量达120.47万立方米。

2017年，全县生产总值完成27.41亿元，增长2%。其中：第一产业增加值7.16亿元，增长5.8%；第二产业增加值2.8亿元，增长-1.7%；第三产业增加值17.45亿元，增长1.1%。规模以上工业增加值完成1.22亿元，增长-5.4%。固定资产投资完成35.27亿元，下降30.89%。财政收入完成18920万元，下降21.4%；财政支出完成23.38亿元，增长7.6%。社会消费品零售总额完成8.71亿元，增长11.9%。

【农业农村经济】完成农作物播种面积65.04万亩，种植玉米10万亩，马铃薯14.5万亩，秋杂1.75万亩，全县粮食产量达11.82万吨，较上年11.01万吨增加0.81万吨，增长7.4%，油料0.56万吨，较上年增长5.7%，蔬菜总产20.31万吨，实现总产值32490万元。全县种植业增加值达52300万元，农村居民人均可支配收入达6579元，分别较上年同期增长6.3%和12.6%。2017年底全县各类畜禽饲养量达到195.66万头（匹、只），同比增长3.1%，出栏各类畜禽78.03万头（匹、只），同比增长3.01%。全县肉、蛋、奶总产量达到25100吨，建成各类畜牧养殖专业合作社54个，龙头企业6家，养殖专业村105个，规模养殖场（小区、合作社）148个，规模养殖户13450户，规模化饲养畜禽50.21万头只，实现畜牧业产值2.98亿元，农民人均牧业收入1168元。

新建专业化畜禽交易市场6处，发展规模养殖户1.34万户，全县各类畜禽饲养量达到189.95万头（匹、只）；发展乌龙头、核桃种植、土蜂养殖等特色优势产业。新增生态造林10931亩，补植补造13567亩，森林抚育1万亩，封山育林3000亩，果树建园12282.6亩，公路绿化3114千米，义务植树1078万株，创建市级科学示范点2个，打造森林体验教育中心1处、公路园林景观2处，新建护林管护站1处。2017年全县退出贫困人口2936户1.54人，初验退出贫困村19个。

【工业经济】2017年底，规模以上工业增加值完成1.45亿元，增长1%，万元工业增加值能耗下降3.3%。

【固定资产投资】2017年，全年完成固定资产投资352685万元，较上年增长-30.89%。其中，项目投资352685万元，较上年增长-31.7%。

【商贸流通】2017年，全县实现社会消费品零售总额8.71亿元，同比增长11.9%。村级电商扶贫服务点建成133个，覆盖率达52.2%，其中：贫困村建成78个，贫困村覆盖率达67.8%。全县电子商务网络交易额达7158万元，同比增长31.6%。全县非公经济市场主体达到8789户，增长6.5%，非公经济固定资产增长53.3%。

【文化与旅游】建成张棉驿驿站记忆馆和马鹿关陇风物记忆馆，张家川县河峪摩崖石刻和宣化冈成功入选甘肃省第八批重点文物保护单位。张家川“小儿锦”和皮毛制作技艺成功入围第四批甘肃省非物质文化遗产代表性项目名录。实施云风山风景名胜区开发项目。全年接待游客120万人次，同比增长28.5%；综合收入6.73亿元，同比增长29.5%。

【项目建设】2017年，全县共争取易地扶贫搬迁、专项扶贫、教育全面改薄、农村危房改造等各类项目134项，到位国家、省市投资8.18亿元。建设项目122项，完成投资9.73亿元。其中2017年中央预算内投资项目9项，总投资38075.1万元，开工建设5项，完成投资14596.59万元。

【招商引资】2017年，全县新签约招商引资项目20项，总投资5156亿元，开工建设20项，到位资金26.31亿元；实施续建项目11项，到位资金9.15亿元；共实施各类招商引资项目31项，到位资金35.46亿元。第23届兰洽会共签约项目5个，总投资17.5亿元。

【城乡建设】完工风情园河道治理工程、风情园综合服务管理区1号楼、天平铁路张家川站站前广场、县城区燃煤锅炉提标改造工程、县城区新增管网工程、龙山镇道路改造工程污水管道敷设工程。开工建设恭门镇道路改造工程、县城区生活污水处理厂除油改造工程和污泥干化工程；北山城市森林公园完成招投标。完成龙山镇西沟村等13个乡镇22个村庄规划的评审报批工作。对撤乡建镇的大阳、川王、刘堡、胡川4镇按照建制镇建设标准要求，启动城镇总体规划的修编工作。启动5乡总体规划的修编工作。对张家川镇杨店村、大堡村、马关镇八杜村等7个乡镇的25个村庄开展规划编制工作及报批工作。编制完成龙山镇汪堡村、胡川镇张堡村、胡川镇王安村等村的美丽乡村规划。

【财税金融】2017年，全县完成大口径财政收入18920万元，同比增长-21.4%。财政支出233800万元，同比增长7.6%。全县金融机构各项存款余额达到646736万元，较年增长7.3%。各项贷款余额299647万元，较年初增长2.9%,存贷款余额差额347089万元，存贷比为2.18：1。

【教育与医疗卫生】投资5550万元，完成2016年“全面改薄”续建项目23个，新建校舍面积19050平方米。总投资9386万元，2017年建设项目开工建设22所，其余17所已完成招投标。全年免除19032人（次）在籍在园幼儿保教费978.56万元，免除5215人（次）建档立卡贫困家庭高中就读学生学杂费和书本费239.58万元，免除265名建档立卡省内高职在校生学费132.5万元，为2599人（次）普通高中学生发放助学金259.9万元。2017年全县高考各类本科上线677人。全县新农合参合率为98.06%，全年筹集到位新农合基金1.77亿元。加强基本药物网上集中采购配送和使用的监管，全县网上集中采购药品配送率为99.7%，组织完成全县第二批三级中医师承教育工作的考核和验收。

【人民生活与社会保障】2017年，全县农村居民人均可支配收入达到6354.4元，增长8.8%。城镇居民人均可支配收入达到22598.2元，增长8.2%。完成城镇新增就业人数3030人，占全年目标任务101%；输转富余劳动力6.85万人，年创劳务收入13.5亿元。

城镇基本养老保险职工人数3421人，失业保险参保职工人数6506人，征收基本养老保险金2806万元，征缴失业保险金85万元；发放养老金3882万元、失业保险金11.3万元。全县城市低保标准由341元提高到368元，月人均补差由302.5元提高到325元。农村低保指导标准提高22.6%，达到3500元。全年救助城乡重大病患者8.25万人次，发放救助金1613.9万元。为1091户4442人发放临时救助资金290万元。

【环境保护】2017年，全县可吸入颗粒物（PM10）浓度均值为87微克/立方米，细颗粒物（PM2.5）浓度均值为44微克/立方米。地表水后川河水质得到明显改善，饮用水61个监测项目全部达标，环境噪声监测点平均等效声级43.2分贝，基本符合国家规定的居住环境噪声标准。完成8家工业企业排污许可证换证和新增企业排污许可证核发工作。

（供稿：张家川回族自治县地方史志办公室）

武威市

【综述】武威市地处甘肃省西部，介于北纬36°29′～39°27′,东经101°49′～104°16′之间。东靠白银市、兰州市，南部与青海省为邻，西与张掖市、金昌市接壤，北与内蒙古自治区相连。南北最大距离326千米，东西最大距离204千米，全市总面积33238平方千米。2017年末，全市辖1区3县，常住人口182.53万人，人口自增率为5.16‰，比上年提高0.14个千分点。

境内地势西高东低，相对高差3.85千米，局部地形复杂。地形分为三带。南部祁连山区，约9000多平方千米，海拔在2100～4800米之间，山脉大致呈西北—东南走向，气候冷凉，降水丰富，有利于林业和畜牧业的发展。以乌鞘岭为分水岭，形成黄河流域和石羊河流域两个水系。境内主要利用的是石羊河流域的西营河、南营河、杂木河、黄羊河、大靖河、古浪河的水资源，这六条河年径流量总计为10.4亿立方米，是武威绿洲赖以生存的重要保障。中部平原绿洲区，近9000平方千米，海拔1450~2100米之间，地势平坦，土地肥沃，是全省和全国重要的粮、油、瓜果、蔬菜生产基地。北部荒漠区，约1.5万平方千米，海拔1300米左右，干旱少雨，日照充足，是沙生植物、名贵药材的主要产地。境内最高峰天祝冷龙岭主峰卡洼掌，位于县境西北，海拔4872米，最低点民勤白亭海，位于民勤县北部，已干涸，海拔1020米。

2017年，全市实现生产总值439.58亿元，按可比价计算，比上年下降28%。其中，第一产业增加值112.76亿元、增长6.1%；第二产业增加值127.93亿元、下降17.3%；第三产业增加值198.89亿元、增长5.4%。按常住人口计算，人均生产总值达到24119元。三次产业结构由2016年的23.4：37：39.6调整为25.7：29.1：45.2，第二产业比重下降7.9个百分点，第三产业比重提高5.6个百分点。

【农业农村经济】2017年，全市农作物播种面积378.8万亩，比上年减少1.38万亩。其中，粮食作物播种面积197.2万亩，增长0.14%，经济作物播种面积181.58万亩，下降0.92 %，粮经比由上年的51.79 :48.21调整为52.06 :47.94。粮食作物中，夏粮播种面积39.69万亩，增长4.63%，秋粮播种面积157.51万亩，下降0.93%，夏秋比由上年的19.26:80.74调整为20.13 :79.87。粮食产量达到108.12万吨，增长1.43%。其中，夏粮产量15.5万吨，增长6.3%；秋粮产量92.63万吨，增长0.66 %。新建、改扩建规模养殖场（小区）200个，累计达到3507个；新发展规模养殖户1000户，累计达到14.37万户。申报创建部级畜禽养殖标准化示范场6个、省级43个。实现畜牧业增加值36.79亿元，增长6.17%。全年肉类总产量达13.15万吨，下降8.04%。年末机械总动力291.99万千瓦、增长37.09%，大中小型拖拉机15.68万台、增长1.36%。当年减贫3.55万人，贫困发生率由上年的

5.65%下降到3.86%。

【工业与建筑业】2017年，全市完成工业增加值65.88亿元。其中，规模以上工业增加值44.7亿元。轻工业完成增加值15.63亿元，重工业完成增加值29.07亿元。全年完成建筑业增加值63.4亿元，按可比价计算，与去年同期持平。

【固定资产投资】2017年，全市实施500万元及以上在建项目671项，其中5000万元以上项目197项。全年完成固定资产投资323.67亿元，完成500万元及以上项目投资265.69亿元。500万元及以上项目中：第一产业在建项目71项，完成投资20.06亿元；第二产业在建项目151项，完成投资72.85亿元；第三产业在建项目449项，完成投资17278亿元。全年工业在建项目149项，完成工业固定资产投资72.66亿元。

【房地产开发】2017年，全市完成房地产开发投资57.99亿元、增长39.32%，其中住宅投资26.71亿元、增长13.95%。房屋施工面积240.25万平方米、下降14.51%；房屋竣工面积50.16万平方米、增长157.17%；商品房销售面积37.13万平方米、增长91.9%。

【招商引资】2017年，全市共签约招商引资项目266项，开工实施179项。实施招商引资项目670项，落实到位资金418亿元。

【交通邮电】2017年，全市新增公路里程12.08千米，公路总里程13111.67千米。全年完成公路运输周转量166.36亿吨千米、增长16.6%。其中，客运量4231万人、下降11.5%，客运周转量28.46亿人千米、下降15.4%；货运量5790万吨、增长11.8%，货运周转量163.51亿吨千米、增长17.4%。

全年完成邮电业务总量18.72亿元、增长17.29%。其中，邮政业务总量1.09亿元、增长14.73%；电信业务总量17.63亿元、增长17.46%。年末固定电话用户14.56万户，比上年增加0.03万户；年末移动电话用户157.57万户，新增18.22万户；年末互联网宽带接入用户达到34.96万户，新增7.66万户。全年完成快递业务量185.79万件、增长12.3%。

【旅游】2017年，全市接待国内外游客1184.8万人次、增长22.15%，实现旅游总收入63.3亿元、增长26.66%。

【商贸流通与贸易】2017年，全市实现社会消费品零售总额192.05亿元、增长7.8%。其中，城镇实现零售额130.95亿元、增长8.4%，乡村实现零售额61.1亿元、增长6.5%。批发和零售业实现商品销售额317.99亿元、增长12.68%。其中，批发业销售额134.55亿元、增长11.29%，零售业销售额183.44亿元、增长13.72%。住宿和餐饮业实现营业额52.8亿元、增长13.55%。其中，住宿业营业额6.51亿元、增长13%，餐饮业营业额46.29亿元、增长13.63%。2017年，全市实现外贸进出口总额12110万元、下降43.22%。其中，进口155万元、下降25.86%，出口11955万元、下降43.39%。

【财政金融保险】2017年，全市完成大口径财政收入51.34亿元、增长1.2%。一般公共预算收入28.62亿元、同口径下降4.4%。完成一般公共预算支出202.16亿元、增长14.91%，其中民生支出169.97亿元，占一般公共预算支出的84.08%。全年金融机构本外币存款余额797.83亿元、下降3.57%，本外币贷款余额816.85亿元、增长6.26%。全年股票交易额达到182.96亿元、下降21.39%。全市保险系统实现保费收入25.48亿元、增长19.58%。累计赔付支出及满期年金给付6.49亿元、增长15.68%。

【科技与教育】2017年，全市组织实施科技项目56项，其中省级26项，市级30项；登记各类科技成果22项，获得省部级奖励5项；获得授权专利889件，其中发明专利71件、实用新型专利625件、外观设计专利193件。

2017年末，全市共有各级各类学校和幼儿园1071所、比上年减少8所，其中，本科院校1所。在校（园）学生（幼儿）282188人，减少5316人。小学适龄儿童入学率、巩固率、毕业率均达100%；初中在校学生巩固率、毕业率均达100%；初中毕业生升入高中阶段的比率为94%（其中，升入普通高中比率55.7%，升入中等职业学校和中等专业学校比率38.3%）。九年义务教育巩固率达99.52%。

【文化与体育】2017年，全市有艺术表演机构2个，文物保护机构5个，图书馆4个，博物馆10个，文化馆5个，乡镇文化站93个。村（社区）综合性文化服务中心建成率达100%。广播节目综合人口覆盖率为99.68%、提高0.05个百分点。电视节目综合人口覆盖率为99.75%、提高0.03个百分点。全年在省级以上体育比赛中，荣获奖牌15枚，其中，金牌2枚、银牌7枚、铜牌6枚。

【医疗卫生】2017年末，全市有乡镇以上医疗卫生计生机构217个，床位9904张，其中县及县以上医院床位6826张。有各类卫生技术人员10610人，其中临床执业（助理）医师3695人，每千人拥有医师2.02人，每千人拥有床位5.43张。全年乙、丙类法定报告传染病发病人数6545例，报告死亡6人，报告传染病发病率359.65/10万，死亡率0.33/10万。

【人民生活与社会保障】2017年，全市城镇居民人均可支配收入25572元、增长8.3%，城镇居民人均消费支出18667元、增长10.2%；农村居民人均可支配收入10596元、增长8.3%，农村居民人均消费支出8200元、增长9.4%。全市城镇新增就业24489人，年末城镇登记失业率为3.16%。全年居民消费价格总指数100.9%；商品零售价格总指数101.5%。全年新建续建新型农村社区示范点41个，建成新农宅9709户，其中农村危房改造2055户；城镇保障性住房基本建成11.92万套，实施棚户区改造17368户。

2017年末，全市城镇职工基本养老保险参保人数12.83万人，其中离退休人员4.49万人；基金征缴89790万元，支付108265万元。城乡居民基本养老保险参保人数87.14万人，其中城镇居民2.45万人。城镇职工基本医疗保险参保人数13.35万人，基金征缴44024万元，支付37492万元。年末全市城乡居民基本医疗保险参保人数为155.83万人，参保率达99.27%，基金征缴22407万元，支付91825万元。年末全市失业保险参保人数7.8万人，基金征缴4048万元，支付1544万元，领取失业金人数1423人。工伤保险参保人数15.06万人，其中农民工参保6.22万人；基金征缴3384万元，支付3122万元；享受工伤待遇人数1241人。年末全市生育保险参保人数7.49万人，基金征缴1146万元，支付2048万元，享受生育保险人数2125人。城镇居民得到最低生活保障救济的人数4.14万人。农村最低生活保障救济人数达1581万人，农村五保供养0.75万人。年末全市有福利院1所，在院人数140人；民办养老机构6所，拥有床位900张；农村敬老院19个。全市各类养老机构拥有床位数4480张，在院人数2870人。

【环境保护与安全生产】全年水资源总量14.93亿立方米，年末7座重点水库蓄水总量0.99亿立方米，比上年末增长3.4%。全年总用水量15.33亿立方米，比上年减少3.28%。全年完成造林面积46.08万亩，完成防沙治沙用沙面积38.7万亩，比上年增加16.11万亩。全市城市空气质量优良天数达到306天。年末城市污水处理厂日处理能力达11.2万立方米，城市污水处理率95%。城区集中供热面积1840万平方米，城市生活垃圾无害化处理率达99%，城市建成区绿地率达到23.52%。

2017年，全市共发生各类生产安全事故45起、下降2.2%，死亡35人、下降2.8%，受伤34人、下降12.8%，直接经济损失44.13万元、上升10.8%；其中发生较大以上交通事故2期，死亡8人。亿元生产总值生产安全死亡率为0.0796、上升0.017个点，煤矿百万吨死亡率为0.869，道路交通万车死亡率为1.67。

（供稿：刘尧元）

凉州区

【综述】凉州区地处甘肃省西北部，河西走廊东端，祁连山北麓，武威市中部。介于北纬37° 23′ ~ 38° 12′，东经101° 59′ ~ 103° 23′ 之间。东与内蒙古自治区接壤，西邻肃南裕固自治县，南连天祝藏族自治县和古浪县，北与永昌县和民勤县相接，全区总面积4907.1平方千米，其中森林总面积78.06万亩，森林覆盖率10.13%。2017年末，全区辖29镇8乡2个生态建设指挥部，常住人口101.65万人，比上年末增加0.33万人，有回族、藏族、满族等41个少数民族。

全区地势呈西南高东北低，分祁连山山地、走廊平原绿洲和腾格里沙漠三种地貌类型，海拔1440 ~ 3263米，属温带大陆性干旱气候，具有干旱少雨、日照充足、昼夜温差和年温差大的特点。2017年，全年日照时数约为2836.2小时,较历年同期偏少25.2小时；年降水量为186.5毫米，年蒸发量为2013.1毫米。粮食作物多达 17 种，经济作物有 50 多种，乔灌类植物多达 170 多种，用材树 50 多种，野生植物 200 多种，矿产资源品种主要有煤、陶土、石英砂、萤石、硅石、花岗石、地热水等。

2017年，全区实现生产总值275.79亿元，比上年下降2%。其中，第一产业增加值62.38亿元，增长6.1%；第二产业增加值86.08亿元，下降14.9%；第三产业增加值127.32亿元，增长5.6%。全区大口径财政收入31.93亿元，比上年增长9.33%。一般公共预算收入12.33亿元，增长2.93%。一般公共预算支出63.68亿元，增长7.69%。年末，全区金融机构人民币各项存款余额517.76亿元，下降2.67%，比年初减少14.23亿元。

【农业农村经济】2017年，全区实现农业增加值62.96亿元，比上年增长6.1%。粮食总产量66.15万吨，比上年下降2.43%。其中，夏粮产量5万吨，下降9.43%；秋粮产量61.16万吨，增长1.81%。全区农作物播种面积167.4万亩，比上年增长0.48%。其中，粮食作物总播种面积102.11万亩，下降2.63%，经济作物播种面积66.1万亩，增长5.69%。

2017年农业机械总动力127.6万千瓦，比上年下降22.9%。大中型拖拉机7938台，增长22.8%，农用化肥使用量（实物量）262059吨，下降3.6%。

【工业和建筑业】2017年，全区完成全部工业增加值37.09亿元，比上年下降28.4%。规模以上工业企业完成工业增加值28.94亿元，比上年下降32.8%。规模以上工业企业产品销售率98.72%，比上年提高3.97个百分点。轻工业完成增加值12.61亿元，下降30%；重工业完成增加值16.34亿元，下降34.8%。

2017年，全区建筑业实现增加值49.61亿元，比上年增长2.6%。全区具有建筑业资质等级的总承包和专业承包建筑业企业实现利润总额3.87亿元，增长22.86%。

【固定资产投资】2017年，全区实施500万元及以上在建项目192项，比上年减少308项，计划总投资426.22亿元，比上年同期减少180.04亿元。其中亿元以上项目67项，比上年减少46项。全年固定资产投资178.2亿元，比上年下降49.5%。500万元及以上项目完成投资121.55亿元，下降61.46%。工业固定资产投资36.5亿元，下降67.24%。

【房地产开发】全年房地产开发投资56.65亿元，比上年增长51.09%，其中住宅投资25.55亿元，增长25.14%。房屋施工面积230.98万平方米，比上年下降10.26%；房屋竣工面积50.16万平方米，增长157.17%。商品房销售面积35.46万平方米，增长101.74%；商品房销售额18.61亿元，增长119.3%。

【招商引资】2017年，全区签约招商引资项目262项，落实招商引资到位资金172.7亿元，比上年下降56.12%。

【交通邮电】2017年，全区交通运输、仓储、邮政业实现增加值35.52亿元，比上年增长6.8%。全年完成公路客运量2909万人，比上年下降7.1%，客运周转量214966.8万人公里，比上年下降4.6%；货运量3746.45万吨，比上年增长12.9%，货运周转量1203582.4万吨公里，比上年增长20.5%。全年邮电业务总量达到11.23亿元，比上年增长23.8%。年末固定电话用户10.74万户，比上年减少0.17万户；年末移动电话用户100.04万户，比上年增加6.84万户；年末互联网宽带接入用户达到15.35万户，比上年增加0.41万户。

【商贸流通】2017年，全区社会消费品零售总额113.24亿元，比上年增长7.88%。城镇实现社会消费品零售总额84.97亿元，增长8.5%，其中城区实现社会消费品零售总额68.83亿元，增长7.04%；乡村实现社会消费品零售总额28.27亿元，增长6.04%。全年进出口总额9278万元，比上年下降50.52%。其中，出口为9180万元；进口为98万元。

【旅游业】全年接待国内游客1023.96万人次，比上年增长29.6%；旅游综合收入52.95亿元，增长32.52%，其中接待入境游客930人次，旅游外汇收入17.9万美元。

【科技和教育】2017年，全区区级以上科技成果58项，专利申请受理787件，比上年增长39%；授权专利367件，比上年增长11.9%；授权发明专利28件，比上年增长21.7%。全年共鉴定技术合同23项；技术合同成交金额47683万元，比上年增加21.5%。2017年有各类学校和幼儿园416所，比上年增加6所，在校（园）学生（幼儿）157594人，比上年增加602人。小学学龄儿童入学率、巩固率、毕业率均达100%；初中入学率100%、巩固率99.98 %、毕业率100 %；初中毕业生升入高中阶段的比率为94.08%（其中，升入普通高中比率57.28 %，升入中等职业学校和中等专业学校比率36.8%）。九年义务教育巩固率达99.97 %。

【文化、卫生和体育】2017年，全区共有文化馆1个，公共图书馆1个，乡镇文化站37个。数字有线电视入户率和广播电视无线覆盖率分别达到61%和100%。全区共有卫生机构954个，其中医院、卫生院45个。社区卫生服务中心（站）8个。全区拥有床位6026张，卫生

凉州区高坝镇蜻蜓村普罗旺斯庄园

技术人员5692人。全年甲、乙类法定报告传染病发病人数3323例，报告死亡3人；报告传染病发病率327.95/10万，死亡率0.3/10万。全区有运动场1126个，室外全民健身路径352条，新建成农民体育健身工程行政村50个；全年经常性体育锻炼人数达到40万人次。

【人民生活与社会保障】2017年，全年新增城镇就业13343人，城镇登记失业率为3.7%。全年居民消费价格总水平比上年上涨0.9%；全区商品零售价格总水平比上年上涨1.5%。全区城镇居民人均可支配收入27001元，比上年增长8.3%，净增2077元；农村居民人均可支配收入13005元，比上年增长8.7%，净增1039元。

2017年城镇职工基本医疗保险参保人数为51305人；城镇居民基本医疗保险参保人数为12.1万人；年末新型农村合作医疗保险参保人数达73.96万人。全区城镇职工基本养老保险参保人数达62618人；城乡居民社会养老保险参保人数为43.78万人；参加失业保险人员31551人，参加工伤保险人数为77326人。参加生育保险人数为18280人。城镇居民享受最低生活保障救济的人数达23595人，农村居民享受最低生活保障38983人，全年共发放各类城乡低保资金18207.2万元，农村五保供养2582人，其中，分散供养1984人，集中供养598人。有敬老院10所，床位985张。

【环境保护与安全生产】2017年，全区有环境监测站1个，环境监察机构1个，环境监测和监察人员分别有16人和19人。全年完成环境污染治理项目12个，其中：水污染项目7个，大气污染项目5个。工业污染企业废水达标率为90%。城市空气质量优良天数306天，PM10平均浓度值每立方米81微克，PM2.5平均浓度值每立方米38微克。2017年，发生各类生产经营性安全事故17起，死亡7人，受伤12人，直接经济损失16.44万元。

（供稿：赵引祺）

古浪县

【综述】古浪县地处河西走廊东端，乌鞘岭北麓，腾格里沙漠南缘，介于东经103° 51′ 34″ ~ 102° 43′ 30″、北纬37° 54′ 48″ ~ 37° 09′ 18″之间。境域东接景泰县，南依天祝藏族自治县，西北与凉州区毗邻，东北与内蒙古自治区阿拉善左旗接壤。东西长约102千米，南北宽约88千米，全县总面积 5103平方千米，其中平原绿洲区约166.2万亩，约占总面积的21%。2017年末，全县辖12镇 7 乡，总人口38.87万人，有回族、藏族、满族、毛南族、瑶族等5个少数民族。

境内地势南高北低，南靠祁连山东段余脉，北临腾格里沙漠南缘，从南到北依次为南部中高山地、低山丘陵沟

壑区、倾斜平原绿洲区和北部干旱荒漠区，平均海拔2500米左右。年平均气温5.7℃，生长期年平均220天，年平均日照时数2634.8小时，年平均降水量361毫米，年平均降水日数为91.6天。有大靖河、古浪河、柳条河、花庄河和新堡子沙河5条，总长292千米。

2017年，全县实现生产总值47.63亿元，增长1.8%；全部工业增加值6.5亿元，下降9.6%；规模以上工业增加值3.07亿元，下降6%；固定资产投资45亿元，下降46%；大口径财政收入4.9亿元，增长7.8%；一般公共预算收入2.95亿元，增长9.6%；社会消费品零售总额22.24亿元，增长8.2%。

【农业农村经济】新建日光温室新品种新技术试验基地5处，引进适宜戈壁农业发展的蔬菜新品种30个，推广营养枕应用、椰糠无土栽培系统、水肥一体化等戈壁农业新技术5项。流转黄花滩移民区富康新村、圆梦新村已建成的养殖暖棚，建立移民区万只母羊繁育基地，首批引进5752只种羊。全县各类畜禽存栏315.8万头只，出栏340.62万头只，肉、蛋、奶产量分别为5.947万吨、0.57万吨、0.086万吨。猪、牛、羊、鸡的良种化比例分别达到98%、91.2%、93.1%、98.8%。全县新增流转土地面积3.16万亩。推广旱作农业25.15万亩、高效农田节水技术53.53万亩，种植甜高粱13.51万亩。新建设施农牧业1.05万亩、经济林2.02万亩。新建出口农产品基地7万亩，冷藏库容5.48万立方米，开展枸杞自然灾害及价格指数保险试点3351亩。发展设施农牧业8098亩、经济林6470亩。全县减贫1.64万人，5个贫困村整体脱贫，贫困面下降到10.35%。

【工业经济】实施重点工业项目32项，完成工业固定资产投资9.6亿元。新增规上企业5户，全部工业上缴税金1.05亿元，增长45.75%。全县全部工业增加值6.5亿元，下降9.6%。规模以上工业单位增加值综合能耗下降27.68%。

【项目建设和招商引资】实施500万元以上项目111项，其中亿元以上26项，争取国家和省市投资14.16亿元。谋划储备项目220项。实施招商引资项目137项，落实到位资金63亿元，正阳马铃薯等25个重点项目建成投产。

【商贸流通】新建乡镇电商服务站5个、村级电商服务点25个，县级电商服务中心建成投运。全年全县实现社会消费品零售总额22.24亿元，增长8.2%

【城乡建设】改造棚户区2000户、农村危房2313户，县城活动广场开工建设，建成停车场3处、集贸市场1处。创建“千村美丽”示范村8个、“万村整洁”示范村32个，打造新型农村社区4个。城镇化率达到26.2%，较2016年提高1.5个百分点。实施祁连山山水林田湖草生态保护修复工程，争取资金3.59亿元，推进8个项目。营造水源涵养林4.37万亩，通道绿化355千米，封山沙育林草11万亩。清理陈年垃圾8.12万吨，拆除违法建筑41处。消除单位旱厕68座，新增环保公厕10座。

【社会事业与民生保障】新改建校舍1.28万平方米、体育运动场11万平方米，古浪四中整体迁建，古浪一中创建省级示范性高中通过市级评估。县中医院整体迁建、绿洲医院完成主体工程，县疾控中心综合业务楼和西靖卫生院建成。建立全民健康档案11.05万份，免费体检60岁以上城乡居民6.36万人，筛查恶性肿瘤7786人。

省市县列28件实事完成27件。发放创业担保贷款3200万元，城镇新增就业3680人。城镇居民人均可支配收入20916元，增长8.5%；农村居民人均可支配收入6338元，增长8.9%；居民消费品价格指数涨幅控制在3%以内。提高城市低保、农村低保、农村特困供养补助标准，保障人口6.3万人，新建城乡日间照料中心40所。

（供稿：杨　先）

民勤县

【综述】民勤县地处河西走廊东北部，石羊河流域下游，介于北纬38°04′07″～39°27′38″、东经101°49′38″～104°11′55″之间。县域南临凉州区，西南与金昌市连接，东西北三面被巴丹吉林和腾格里两大沙漠包围。东西长206千米，南北宽156千米，总面积1.6016万平方千米。2017年末，全县辖13镇5乡1个街道办事处，户籍人口26.93万人，常住人口24.18万人，比2016年末增加0.05万人。有回族、藏族、蒙古族等14个少数民族。

境内由沙漠、低山丘陵和平原三种基本地貌组成。最低海拔1298米，最高海拔1936米。年均降雨量113毫米，蒸发量2644毫米；年均日照时数3300小时，年均气温8.3℃，昼夜温差15.2℃；年均8级以上大风27.8天、沙尘暴37.3天。矿产资源主要有煤、盐、石膏、芒硝、铁等。其中煤炭总储量为5.8亿吨。风光资源丰富，年风资源储量在400万千瓦以上，太阳能可利用总量在600万千瓦以上。

2017年，全县实现地区生产总值（GDP）75.19亿元，比2016年下降0.5%。其中第一产业增加值26.64亿元，增长6.18%；第二产业增加值19.52亿元，下降12.9%；第三产业增加值29.03亿元，增长4.5%。三次产业结构由2016年的32.4∶33.1∶34.5调整为35.4∶26.0∶38.6，第二产业比重下降7.1个百分点，第三产业比重提高4.1个百分点。按常住人口计算，人均生产总值31128元。完成大口径财政收入5.89亿元，比2016年下降3.67%。完成一般公共财政预算支出31.91亿元，比2016年增长8.6%。各项存款余额118.17亿元，比年初减少8.72亿元，比2016年末下降6.88%。金融机构各项贷款余额173.8亿元，比年初增加15.71亿元，比2016年末增长9.93%。实现保费收入3.06亿元。

【农业农村经济】2017年，全县实现农业增加值27.43亿元，比2016年增长6.18%。其中种植业增加值18.11亿元，增长5.07%；畜牧业增加值6.53亿元，增长5.94%。农作物播种面积85.25万亩，比2016年减少1.32万亩。其中，粮食作物25.43万亩，增长28.25%；经济作物52.25万亩，下降17.72%，粮经比由2016年的26.1：73.9调整为32.7：67.3。粮食总产量15.94万吨，比2016年增产26.13%。其中小麦播种面积8.94万亩、增加2.41万亩，产量4.44万吨、增产37.14%；玉米播种面积16.09万亩、增加3.17万亩，产量11.33万吨、增产22.57%。主要经济作物中，葵花籽产量5.88万吨,减产16.95%；蔬菜产量47.59万吨，增产13.62%，其中设施蔬菜产量28.45万吨，增产3.53%；瓜类产量31.07万吨，增产31.12%；水果产量9.17万吨，增产15.18%；药材产量2.08万吨，减产9.8%。

牛存栏3.21万头，下降10.53%；出栏1.96万头，下降2.26%。羊存栏106.05万只，增长5.41%；出栏90.42万只，增长31.05%。猪存栏6.35万头，增长5.3%；出栏7.85万头，增长13.85%。鸡存栏149.98万只，增长66.02%；出栏117.62万只，增长10.92%。全年肉类总产量2.36万吨，比2016年增长19.64%。禽蛋产量0.45万吨，增长66.02%。

新建设施农牧业0.34万亩，设施农牧业面积累计达到14.24万亩。创建畜禽标准化示范场15个，建成特色林果有机产品示范基地0.3万亩。新增绿色产品6个。新组建专业合作社220个，累计2323个，创建国家级、省级示范社43个，辐射带动农户3.5万余户。家庭农场累计247家，创建示范性家庭农场62家。土地流转面积3.73万亩，累计30.18万亩。农村土地承包经营权确权登记颁证全面完成，发放承包经营权证54489本。机械总动力170.26万千瓦、下降38.75%，大中小型拖拉机5.38万台、增长0.85%。续建新型农村社区4个，建成新农宅1284户。完成棚户区改造2115户。当年实际减贫173户、506人，贫困发生率下降到0.26%。

【工业与建筑业】全年完成全部工业增加值13.24亿元，比2016年下降12.8%。规模以上工业增加值6.32亿元，下降26.4%。其中轻工业增加值2.17亿元，下降39.2%；重工业增加值4.15亿元，下降16.1%。资质内建筑业企业8户，完成建筑业增加值6.61亿元，比2016年下降13.3%。

【固定资产投资与招商引资】全年完成固定资产投资60.06亿元，比2016年下降61.54%。工业固定资产投资18.24亿元，下降58.89%。实施500万元及以上项目125项。其中5000万元以下项目66项，完成投资10.04亿元，下降79.73%；5000万元及以上项目59项，完成投资50.03亿元，下降52.9%。签约招商引资项目73项，实施招商引资项目152项，落实到位资金100.15亿元，比2016年下降57.23%。

【商贸流通与贸易】全年实现社会消费品零售总额28.04亿元，比2016年增长8.1%。其中，城镇市场实现零售额17.18亿元，增长8.9%；农村市场实现零售额10.85亿元，增长6.9%。按行业分，批发业实现零售额5.53亿元，增长10%；零售业实现零售额18.07亿元，增长8.3%；餐饮业实现零售额4.44亿元，增长5.2%。限额以上单位25户，其中新增4户，实现零售额1.56亿元，比2016年下降15.8%。全年实现外贸进出口总额1591万元，比2016年下降44.23%，其中出口额1591万元。

【交通邮电】全年全县新增公路里程309.297千米，公路总里程3600.2千米，其中等级公路达2974.15千米。货物运输总量635.82万吨，比2016年增长15.8%；货物运输周转量124048.88万吨千米，增长6.3%。公路旅客运输总量506.66万人，比2016年下降18.8%；公路旅客周转量24052.43万人千米，下降31%。客运车辆1027辆，其中出租车辆482辆；货运车辆3916辆。

完成邮电业务总量14923.07万元，其中邮政业务总量1407.37万元，电信业务总量13515.7万元。邮政业完成邮政函件业务14262件，包裹业务93333件。电话用户总数238301户，固定互联网宽带接入用户35875户。

【旅游】全年全县创建3A级旅游景区1个、2A级旅游景区3个。全年接待各类游客41.63万人（次），比2016年增长28.17%，实现旅游总收入2.45亿元，增长44.12%。

【教育与科学技术】2017年末，全县有各级各类学校49所，有教职工人数3404人。学龄儿童入学率83.6%，残疾儿童少年入学率90.91%；九年义务教育巩固率99.97%；高中阶段毛入学率96.5%。向全国各类高等院校输送新生4218人，高考录取率95.06%。县长教育基金救助贫困师生892人，发放贫困大学生生源地贷款1676万元。科技经费支出3013万元，比2016年下降2.52%。实施科技项目36项，其中省级10项、市级12项、县级14项。完成各项专利549项，其中发明专利84项。开办各类科技培训班112场（次），举办各类专题讲座48期。

【文化、卫生和体育】2017年末，全县有文艺团体10个，文化馆、博物馆、影院、图书馆各1个，图书总藏量7.4万册，接待读者3万人（次）。乡镇综合文化站18个，村级农家书屋299个，建成乡村舞台248个、镇文化广场18个。有线电视用户36026户，其中城区用户19504户，农村用户16522户，高清互动电视用户6306户。乡镇以上医疗卫生机构41个，其中县级医院2个，乡镇卫生院29个，妇幼保健计划生育服务中心1个，疾病预防控制中心1个。医疗卫生机构拥有床位数1468张，其中医院、卫生院拥有床位1068张。卫生技术人员1214人，其中执业医师和执业助理医师453人，注册护士537人。整合居民健康档案8.2万人（份），完成60岁以上老年人免费体检4.1万人。建成健身站点14个，累计建成健身站点99个；累计建成村级体育场248个，改造提升村级体育场30个。全年举办各类体育竞赛16次，参加比赛人数1200人。参加省市比赛8次，共获得奖牌56枚。

【人民生活与社会保障】2017年，全县城镇居民人均可支配收入22044元，比2016年增长8.38%；城镇居民人均消费支出17943元，增长9.76%。农村居民人均可支配收入12177元，比2016年增长8.24%；农村居民人均消

民勤县春节秧歌社火

费支出11404元，增长9.09%。城镇新增就业人员3627人，输转城乡富余劳动力6.01万人，下岗失业人员实现再就业400人，就业困难人员实现再就业32人，发放创业担保贷款5156万元，年末城镇登记失业率为3.69%。

参加城镇职工基本养老保险人数1.08万人，比2016年末下降26.53%。参加基本医疗保险人数23.18万人，下降1.68%。参加城镇居民基本医疗保险人数1.74万人，增长2.14%；参加农村居民基本医疗保险人数19.99万人，下降1.81%。参加失业保险人数0.89万人，增长0.46%；参加工伤保险人数1.73万人，下降2.96%；参加生育保险人数1.08万人，下降5.76%。"五险合一"社保信息管理系统上线运行。有7363人享受城市居民最低生活保障，发放城市低保金3520.06万元；20949人享受农村居民最低生活保障，发放农村低保金4421.2万元。农村五保供养人数1347人，发放农村五保供养金705万元，集中供养和分散供养年补助标准分别达到6620元、5055元。累计救助医疗对象2204人（次），发放城乡医疗救助资金927.9万元。救助城乡困难家庭2876户，发放临时救助资金316.27万元。各类养老福利性机构117个，床位2152张，收养和救助各类人员1358人。完成儿童福利院、失能老人养护院、救灾物资储备库和24个城乡日间照料中心建设任务。

【环境保护和安全生产】实施三北五期、生态效益补偿、新一轮退耕还林等重大生态工程，完成人工造林33.15万亩，封沙育林（草）5万亩，工程压沙8万亩，通道绿化310千米，义务植树225万株。森林覆盖率17.3%。全年降水量121.5毫米，比2016年增长6.1%。年内发生大风次数12次。完成环境污染治理项目10个（类），当年环境污染治理总投资15804万元。拆除违法建筑0.41万平方米。完成城区巷道亮化、美化、文化"三化"治理39条，硬化美化农村巷道124条、173千米。

全年发生各类生产安全事故4起，死亡5人，受伤3人，直接经济损失0.34万元。与2016年相比，事故起数减少3起，下降42.9%；死亡人数减少4人，下降44.4%；受伤人数持平；直接经济损失减少1.43万元，下降80.3%。

（供稿：何　亮）

天祝藏族自治县

【综述】天祝藏族自治县地处甘肃省中部、武威市南部、河西走廊和祁连山东端，介于北纬36°31′～37°55′，东经102°07′～103°46′之间。东连景泰县，西邻青海省门源、互助、乐都3县，南接永登县，北靠凉州区、古浪县，西北与肃南县交界。东西宽142.6千米，南北长158.4千米，全县总面积7149平方千米。2017年，全县辖11镇8乡，常住人口为17.64万人，比上年增加0.07万人。人口自然增长率控制在6.5‰以内。

境内地势西部高峻，向东南逐渐变低。属大陆性高原季风气候，春季天气多变，多寒潮大风；夏季气候凉爽、降水增多，年际变化大，常发生伏旱；秋季，前秋潮湿多雨，后秋降温迅速，降水锐减；冬季干燥寒冷多晴天。全县除大通河沿岸一带有十多天夏季外，其余各地均无夏季。天祝县水资源总量为12.91亿立方米。能源矿产主要为煤炭和油页岩。非金属矿产分布广泛，主要矿种有石膏、石灰岩、重晶石、萤石、黏土、高岭土、磷、陶瓷土、石英岩、花岗岩等。金属矿产主要有金、银、铜、铅锌、铁、锰、钛、稀土矿等金属矿点、矿化点。

2017年，全县完成地区生产总值41.25亿元，下降15.6%；完成固定资产投资40.4亿元，下降58.28%；实现工业增加值8.69亿元，下降45.3%；实现社会消费品零售总额28.72亿元，增长7.6%；完成一般公共预算收入2.68亿元，下降39.69%；各项存款余额达71.04亿元、贷款余额达75.74亿元。

【农业农村经济】 建成特色农业生产基地61.79万亩，出口农产品生产基地10万亩，新认证"三品一标"农产品15个，建设日光温室示范点6个，开展日光温室新品种试验26项，推广旱作农业技术5.06万亩、高效节水灌溉10.04万亩，种植优质牧草30万亩、中藏药材2.95万亩，粮经饲比例调整为22∶40∶38，种植业结构更趋优化。改建标准化养殖场（小区）45个，创建省级示范场1个，市县级示范场18个，全县主要牲畜饲养量达161.33万头只。完成牛羊改良30.5万头（只），重大动物疫病免疫密度达到98%以上。

新改建农村公路432.8千米，完成49个贫困村饮水安全巩固提升工程，改造农村危房101户，改扩建贫困村小学、幼儿园8所，新建贫困村综合文化服务中心8个。完成实用技术培训2.4万人，培训建档立卡贫困劳动力3249人，选聘490名生态护林员上岗工作。投入2870万元支持贫困村村级集体经济发展。新培育农民专业合作组织30家、家庭农场6家，贫困户种植特色农业5.35万亩。建成南阳山片易地扶贫搬迁住房2515套，按照人均1.5亩标准，为1106户移民群众整理分配土地6943亩。引进甘肃远达公司成功试种藜麦5000亩。改造养殖暖棚677座，进畜1.91万头（只），建成规模化养殖示范点10个，成功试种大棚香菇9万袋，移民点产业基础不断夯实。全县减贫2250户8677人，18个贫困村脱贫摘帽，贫困发生率下降到7.73%。

【工业经济】2017年，全县规模以上工业企业实现净利润8848万元，比上年净增1.96亿元，全年工业企业实现税收1.6亿元，增长41.6%。

【项目建设与招商引资】 2017年，全县争取落实国家投资21.77亿元，较上年增加2.64亿元，其中藏族聚居区专项5.39亿元，增加1.07亿元。全年实施500万元及以上项目239项，其中亿元以上项目13项。全年实施各类招商引资项目119项，落实到位资金83亿元。

【电子商务】成功申报电子商务进农村综合示范县，建成县乡村三级服务站点21个，实现网上交易额6500万元，增长30%。

【城乡建设】 投资7.14亿元实施棚户区改造1980户。完成公租房分配4676套。实施8个乡镇27个重点村巷道及排水、简易垃圾处理设施等生态文明村建设项目，创建省级“千村美丽”示范村3个，“万村整洁”村36个。

【社会事业与民生保障】 2017年，全县落实各类强农惠农资金3.39亿元，全年用于教育卫生、社会保障等民生支出达24.64亿元。投资6979万元实施教育项目62项，新改建行政村幼儿园32所。义务教育巩固率达99.86%，高中阶段毛入学率达92.33%，高考录取率达88.72%。县医院内科住院楼、县二院住院部大楼、藏研所藏药生产车间建成投运。

年末，全县城镇居民人均可支配收入达到22834元，增长8.08%；农村居民人均可支配收入达到6931.6元，增长8.84%；居民消费价格指数控制在100.9%；城镇登记失业率控制在3.47%。完成劳动力培训5482人，发放创业担保贷款2100万元，新增城镇就业3692人。输转城乡富余劳动力5万人次，创劳务收入9.3亿元。

发放各类救灾救助资金1.54亿元。87名“三无”残疾人实现集中供养。老年综合福利中心和朵什镇中心敬老院投入运行，发放各类残疾人生活补助480.07万元。办结劳动保障监察案件68件，为1154名农民工讨回工资1202万元。全民参保登记入库20.72万人，占户籍总人口的99.3%。全面完成城乡居民医保整合，城乡居民医疗保险、社会养老保险参保率分别达到99.5%、97.79%。

【环境保护】关停、退出矿山企业14家、探矿权27宗，规范水电开发项目13个，拆除建（构）筑物12.61万平方米，覆土绿化193万平方米，117个问题完成整改整治，整改率91.41%。总投资12.62亿元的祁连山山水林田湖草生态保护修复工程启动实施，生态移民、矿山生态恢复治理和水源涵养林保护建设等11类43个项目全部开工建设，完成投资2.07亿元。完成人工造林2万亩、封山育林3.5万亩、通道绿化56公里、义务植树100万株、林业有害生物防治11.2万亩、草原补播改良5万亩，发放新一轮草原补奖资金489802万元。空气质量优良天数占全年的80%以上。

（供稿：天祝县地方志办公室）

张掖市

【综述】张掖市位于甘肃省西北部，河西走廊中段。介于北纬37° 28′~39° 57′，东经97° 12′ ~102° 20′之间。东屏大黄山（古称焉支山）与金昌市、武威市为邻，西沿走廊与酒泉市、嘉峪关市相望，南依祁连山与青海省的海北藏族自治州门源县和祁连县接壤，北靠合黎山、龙首山与内蒙古自治区的额济纳旗和阿拉善右旗毗连。辖域东西长210～465千米，南北宽30～148千米，区域总面积41924平方千米。2017年末，全市辖1区5县，常住人口122.93万人，有37个少数民族。境内自南向北分为南部祁连山山区，中部走廊平川，北部合黎山、龙首山山地三大地形区。

2017年，全市实现生产总值404.14亿元，比上年增长1.5%。其中，第一产业增加值101.16亿元；第二产业增加值97.45亿元；第三产业增加值205.53亿元。三次产业结构调整为25.03：24.11：50.86。按常住人口计算，人均生产总值32944元，比上年增长0.7%。大口径财政收入59.10亿元。

【农业农村经济】全年粮食种植面积283.38万亩。玉米制种面积92.54万亩；蔬菜面积45.86万亩；油料面积37.58万亩；中药材面积26.4万亩。粮食产量137.64万吨。其中，夏粮产量41.96万吨；秋粮产量95.68万吨。主要粮食品种中，小麦产量28.46万吨；玉米产量74.83万吨。主要经济作物中，油料产量5.83万吨；蔬菜产量178.78万吨；水果产量29.91万吨；中药材产量9.31万吨。

全市完成营造林22.5万亩，其中：人工造林15.35万亩，封山滩育林7.15万亩，完成义务植树3.86万亩、949万株，森林覆盖率15.66%（非天保工程区），建成区绿地率35.39%，绿化覆盖率39.99%。

年末大牲畜存栏81.98万头（匹）。猪存栏65.8万头，出栏76.19万头。牛存栏69.11万头，出栏27.84万头。羊存栏276.22万只，出栏205.07万只。全年肉类总产量12.13万吨。其中：猪肉5.2万吨；牛肉2.88万吨；羊肉3.1万吨。禽蛋产量1.39万吨。牛奶产量7.68万吨。

年末拥有农业机械总动力210.83万千瓦，拥有联合收获机械1816台，畜牧养殖机械3.55万台，大中型拖拉机

主要农产品产量情况

产品名称	产量（万吨）	比上年增长（%）
产量	137.64	-0.83
#夏粮	41.96	0.86
秋粮	95.68	-1.55
#小麦	28.46	-4.62
玉米	74.83	1.04
#玉米制种	50.33	-15.23
薯类	20.10	-11.10
油料	5.83	2.97
#油菜籽	4.23	3.99
蔬菜	178.78	12.13
中药材	9.31	21.27
水果	29.91	3.16

主要畜产品产量和牲畜存栏情况

产品名称	单位	产量	比上年增长（%）
肉类总产量	万吨	12.13	3.80
#猪肉	万吨	5.20	1.53
牛肉	万吨	2.88	8.91
羊肉	万吨	3.10	7.25
禽蛋	万吨	1.39	2.45
牛奶	万吨	7.68	-9.76
猪饲养量	万头	141.99	-0.59
#存栏	万头	65.80	-3.02
出栏	万头	76.19	1.61
牛饲养量	万头	96.95	6.51
#存栏	万头	69.11	5.34
出栏	万头	27.84	9.54
羊饲养量	万只	481.29	2.97
#存栏	万只	276.22	持平
出栏	万只	205.07	7.28
禽饲养量	万只	1055.68	-3.08
#存栏	万只	412.87	2.42
出栏	万只	642.81	-6.3

3.58万台，小型拖拉机7.19万台，全年化肥使用量（折纯）8.74万吨。

全年3378人达到贫困退出标准，贫困发生率可下降到1.54%。

【工业和建筑业】2017年完成工业增加值55.69亿元。规模以上工业增加值41.81亿元。其中：采矿业增加值5.65亿元；制造业增加值23.76亿元；电力、热力、燃气及水生产和供应业增加值12.40亿元。全年规模以上工业企业主营业务收入169.32亿元，实现利润总额3.03亿元。建筑业实现增加值43.01亿元。

【固定资产投资】2017年完成固定资产投资245.59亿元，比上年下降29.78%。其中，项目投资193.51亿元。按三次产业分，第一产业投资29.38亿元；第二产业投资49.83亿元（工业投资49.49亿元）；第三产业投资166.38亿元。全年完成房地产开发投资52.08亿元，比上年增长0.5%。其中，住宅投资30.16亿元；商业营业用房投资16.88亿元。房屋施工面积503.25万平方米、竣工面积121.54万平方米；商品房销售面积91.07万平方米。

【交通邮电】全年交通运输、仓储和邮政业增加值23.84亿元。公路客运量1533万人，公路旅客周转量63506万人千米，公路货运量3482万吨，公路货物周转量200218万吨千米。年末道路客运班线306条，班线客车666辆，出租客车1972辆，公交客车278辆，旅游客车199辆，货车27206辆。年末机动车保有量27.53万辆，其中，汽车17.64万辆，农用车0.12万辆，摩托车9.7万辆。

全年完成邮电业务收入82783万元。其中，邮政业务收入8045万元；电信业务收入74738万元。年末固定电话用户20.45万户，固定电话普及率17部/百人；移动电话用户119.68万户，移动电话普及率98部/百人。互联网宽带接入用户38.13万户。

【旅游】全年共接待境内外游客2599万人次，比上年增长28%。实现旅游综合收入157.3亿元，增长37.7%。

【商贸流通与贸易】2017年，全市实现社会消费品零售总额173.1亿元，比上年增长7.6%。按经营地分，城镇消费品零售额130.2亿元，增长7.5%；乡村消费品零售额42.9亿元，增长7.7%。按消费形态分，商品零售额143.5亿元，增长7.5%；餐饮收入额29.6亿元，增长7.8%。在限额以上企业商品零售额中，肉禽蛋类增长28.5%，服装类增长9.5%、石油及制品类增长6.4%、日用品类增长

4.2%，烟酒类下降4.4%，文化办公用品类下降9.4%，汽车类下降17.9%，体育娱乐用品类同比下降46.4%。2017年自营进出口总额23488万元，同比增长51.2%。其中出口总额23419万元，增长53.1%；进口总额69万元，下降58%。

【招商引资】全年签约招商引资项目205项，总投资368.38亿元，落实省外到位资金288.9亿元。

【财政金融保险】2017年完成一般公共预算收入26.32亿元，同比增长1.48%。大口径财政收入59.10亿元，同比增长1.44%。全年财政支出183.11亿元，增长13.74%。年末全市金融机构各项贷款余额609.17亿元，比上年末增加53.39亿元，增长9.6%。各项存款余额614.45亿元，比上年末增加30.43亿元，增长5.2%。全年保费收入29.76亿元，比上年增长13.3%。其中，财产险收入7.27亿元，增长11.7%；寿险收入22.49亿元，增长13.8%。

【科技教育】年末有科研机构5个，各类专业技术人员2.18万人。其中，工程技术人员0.18万人，农业技术人员0.14万人，教学技术人员1.41万人。全年科学技术支出6798万元。全年取得市、省级以上科技成果37项，获得奖励项目7项。受理专利申请3506件，授权专利832件，授予发明专利权194件。签订技术合同143项。

年末普通高等教育招生5029人，在校生19233人，毕业生5437人。中等职业教育招生3458人，在校生10085人，毕业生2066人。普通高中招生7576人，在校生25539人，毕业生9747人。初中学校招生12613人，在校生36436人，毕业生12965人。普通小学招生13319人，在校生76944人，毕业生12491人。特殊教育招生23人，在校生187人。学前教育在园幼儿36229人。2017年，向全国各类高、中等专业院校输送新生13462人，高考录取率为95.62%。

【文化卫生体育】年末全市共有文化馆8个，图书馆6个，档案馆7个，博物馆6个，艺术表演团体4个。广播节目综合人口覆盖率98.68%，电视节目综合人口覆盖率98.62%。有线电视用户18.9万户。《张掖日报》发行298期，累计发行625.8万份。

主要工业产品产量及其增长速度

产品名称	单位	产量	比上年增长（%）
原煤	万吨	27.39	−67.21
水泥	万吨	114.59	−29.03
铁合金	万吨	11.66	−30.63
农药	万吨	0.53	2.39
饮料酒	千升	13858	0.06
饲料	万吨	18.23	−8.22
中成药	吨	421.1	14.84
发电量	亿千瓦时	69.86	−0.04
#火力发电量	亿千瓦时	23.63	4.97
水力发电量	亿千瓦时	35.57	−6.41
太阳能发电量	亿千瓦时	9.17	11.71

张掖市滨河新区

年末全市共有卫生机构1613个，其中医院53个，乡镇卫生院84个，社区卫生服务中心（站）31个，村卫生室847个，门诊部（所）417个，疾病预防控制中心（防疫站）7个，妇幼保健院（所、站）7个，专科疾病防治院（所、站）3个，卫生监督所（中心）6个。卫生技术人员10166人，其中执业医师和执业助理医师3129人，注册护士3323人。医疗卫生机构拥有床位数8913张，其中医院、卫生院床位数8007张。

2017年，张掖市在各类体育比赛中获得奖牌42枚，其中金牌15枚、银牌24枚、铜牌3枚。全市有各类体育场地2560个，其中全民健身活动中心4个，乡镇体育健身场所59个，村级农民体育健身场所834个。

【人民生活和社会保障】2017年，城镇居民人均可支配收入23309元，比上年增长8.4%；城镇居民人均消费支出20541元，增长8.6%；城镇居民家庭恩格尔系数（即居民家庭食品消费支出占家庭消费支出的比重）为

30.32%，比上年降低0.34个百分点。农村居民人均可支配收入12612元，比上年增长8.3%；农村居民人均消费支出11281元，增长8.7%；农村居民家庭恩格尔系数为34.02%，比上年降低0.8个百分点。年末全市城乡从业人员73.12万人，其中城镇从业人员30.24万人，乡村从业人员42.88万人。全年城镇新增就业2.52万人，城镇登记失业率控制在2.6%以内。

年末全市参加城镇职工基本养老保险人数17.59万人，参加农村居民社会养老保险人数64.87万人，参加城镇职工基本医疗保险人数12.41万人，参加城镇居民基本医疗保险人数16.31万人，参加失业保险人数7.85万人，参加生育保险人数8.1万人，参加工伤保险人数9.04万人，其中参加工伤保险的农民工2.59万人。各项社会保险基金总收入32.82亿元，各项社会保险基金总支出34.81亿元。参加新型农村合作医疗农民人数94.42万人，参合率为99.66%。新型农村合作医疗基金累计支出总额59204.58万元。年末城镇居民最低生活保障人数3.54万人，城镇低保资金支出14925.42万元；农村居民最低生活保障人数5.56万人，农村低保资金支出12252.44万元。

【资源环境与安全生产】全市可利用水资源总量26.5亿立方米，其中可利用地表水资源量24.75亿立方米，与地表水不重复的净地下水资源量1.5亿立方米。2017年总用水量21.71亿立方米。其中，生活用水0.47亿立方米，工业用水0.28亿立方米，农业用水20.35亿立方米，生态环境补水0.61亿立方米。万元生产总值用水量537立方米（按当年价核算），万元工业增加值用水量49.8立方米（按当年价核算）。

全年空气可吸入颗粒物年均值0.060mg/m^3，细颗粒物年均值0.024mg/m^3，二氧化硫年均值0.013mg/m^3，二氧化氮年均0.021mg /m^3，空气优良天数（Ⅰ－Ⅱ级）比例为87.1%，区域环境噪声平均值53.0dB，交通干线噪声平均值66.4dB，地表黑河干流水质达标率100%，城镇集中式饮用水源水质达标率87.5%。

全年共发生各类生产安全事故114起，死亡87人，受伤89人，直接经济损失702.26万元。

（供稿：常登成）

甘州区

【综述】甘州区位于甘肃省河西走廊中部，介于东经100° 6 ' ~100° 52 '，北纬38° 32 ' ~39° 24 ' 之间，全区国土面积366098.36公顷。2017年末，全区有常住人口51.74万人，其中，城镇人口25.86万人，占常住人口的49.98%，农村人口25.88万人，占常住人口的50.02%，人口自然增长率为4.8‰。

境内南依祁连山，北有合黎山，两山之间是宽广平坦的张掖盆地。全国第二大内陆河——黑河穿境而过。属温带大陆性气候，日照时间长，光热资源充足，冬寒夏暖，四季分明，年平均气温7．3℃。境内发现并评价的矿产资源有11种，其中，非金属矿7种，有色金属矿4种。发现矿床及矿化点40处，其中具有成矿价值的5处。全年全区总用水量7.3387亿立方米。

2017年，全年实现生产总值173.94亿元，比上年增长4.7%。其中，第一产业增加值34.04亿元，增长4.7%；第二产业增加值38.47亿元，下降1.2%；第三产业增加值101.43亿元，增长7.4%。按常住人口计算，2017年全区人均生产总值33671元，比上年增长2.7%。三次产业结构由上年的22.2：23.1：54.7调整为19.6：22.1：58.3，与上年相比，第一、二产业所占比重分别下降2.6、1个百分点，第三产业所占比重上升3.6个百分点。年末金融机构人民币各项存款余额321.24亿元，同比增长5.5%。金融机构人民币各项贷款余额326.99亿元，增长12.1%。全年保费收入19.81亿元，比上年增长11.98%。

【农业农村经济】2017年，全区粮食作物种植面积80.28万亩，比上年增加1.91万亩；制种玉米种植面积54.47万亩，比上年减少9.88万亩；油料种植面积1.81万亩，比上年增加0.64万亩；蔬菜种植面积13.87万亩，比上年增加1.11万亩。全年粮食总产量459867吨，比上年增长1.79%。其中，夏粮产量23528吨，增长12%；秋粮产量436339吨，增长1.29%。

年末大牲畜存栏35.23万头，比上年增长6.04%。猪饲养量56.56万头，比上年下降0.6%；牛饲养量44.33万头，比上年增长6.7%；羊饲养量116.33万只，比上年增长4.7%；家禽饲养量703.26万只，比上年下降1%。猪出栏31.04万头，比上年下降1.66%；牛出栏13.18万头，比上年增长5.29%；羊出栏44.76万只，比上年增长5.24%；家禽出栏447.95万只，比上年下降4.03%。全年肉产量49597吨，比上年增长0.3%；禽蛋产量8935 吨，增长4.9%；牛奶产量15033吨，下降30.3%。全年完成造林面积3.3226万亩。建成农业产业化基地面积75万亩。年末全区农业机械总动力达到49.7万千瓦。全年输出输转农村劳动力8.4462万人，实现劳务收入15.28亿元。

【工业与建筑业】全年全部工业实现增加值19.93亿元，同比下降2.4%。规模以上工业实现增加值15.81亿元，同比下降3.7%。其中轻工业增加值6.11亿元，下降14.5%；重工业增加值9.7亿元，增长4.7%。规模以上工业中，农副食品加工、电力、冶金、建材、化工等支柱产业增加值13.7亿元，占规模以上工业增加值的86.65%。规模以上工业企业实现主营业务收入58.22亿元，下降12.57%。全年规模以上工业企业利润总额亏损0.43亿元。全年建筑业实现增加值19.64亿元，比上年增长0.3%。

【固定资产投资】2017年，全区完成固定资产投资96.11亿元，比上年下降22.05%。其中：第一产业投资5.5亿元，下降48.6%；第二产业投资7.03亿元，下降74.3%，其中，工业投资6.88亿元，下降64.3%；第三产业投资83.58亿元，下降2.2%。

【项目建设】全年开工建设各类项目235个。全年续建、新建计划投资上亿元的项目82项，完成投资66.61亿元，其中，新开工建设28项，完成投资27.17亿元。

【招商引资】2017年，全区开工建设招商引资签约项目70项，落实到位资金72亿元，其中：新签约招商引资项目30项，总投资84.7亿元，开工建设29项，落实到位资金40.76亿元；开工续建项目40项，落实到位资金31.24亿元。

【房地产开发投资】全年房地产开发投资36.12亿元，比上年增长18.31%，其中住宅投资18.80亿元，下降6.75%。房屋施工面积324.79万平方米，比上年下降1.48%；房屋竣工面积65.66万平方米，增长71.4%。商品房销售面积46.93万平方米，增长13.5%；商品房销售额17.16亿元，增长18%，其中：期房销售额10.88亿元，增长76.05%。

【交通通信】全年交通运输、仓储和邮政业实现增加值12.08亿元，比上年增长6.6%。全年完成客运量386.53万人（次），客运周转量17108.05万人千米；货运量1103.9万吨，货运周转量67655.14万吨千米。年末全区营运车辆保有量11554辆。

全年完成邮电业务收入45572万元，其中：邮政业务收入4129万元；电信业务收入41443万元。年末全区固定电话用户10.62万户；移动电话用户51.29万户；计算机互联网用户18.28万户。

【商贸流通与贸易】全年实现社会消费品零售总额95.1亿元，比上年增长7.5%。其中，城镇实现社会消费品零售总额76.7亿元，增长5.3%；乡村实现社会消费品零售总额18.4亿元，增长17.6%。商品零售80.9亿元，增长7.5%；餐饮收入14.2亿元，增长7.7%。全年外贸进出口总值7560万元，同比增长89.24%。其中，出口总值7554万元，同比增长89.08%；进口总值为6万元，同比下降14.28%。

【旅游】2017年，全区接待境内外游客789.58万人次，增长34.6%；全年实现旅游综合收入43.75亿元，增长40.6%。

【招商引资】2017年，全区开工建设招商引资签约项目70项，落实到位资金72亿元，其中：新签约招商引资项目30项，总投资84.7亿元，开工建设29项，落实到位资金40.76亿元；开工续建项目40项，落实到位资金31.24亿元。

【科技与教育】年末全区拥有科研机构5个，全年科学技术支出5839万元，比上年下降13.1%。全年共取得市级以上科技成果21项，获得奖励项目4项（省级4项）。受理专利申请708件，授权专利271件，授权发明专利11件。全年共签订技术合同79项，技术合同成交金额5.8亿元，增长35.8%。年末全区职业教育在校生3470人。学龄儿童入学率达到100%，初中入学率达到100%。高考录取率达到95.64%。

【文化体育与卫生】年末全区共有艺术表演团体15个，文化馆1个，公

2017年主要农产品产量情况

产品名称	单位	产量	增长（%）
粮食总产量	吨	459867	1.79
小麦	吨	21459	17.15
玉米	吨	425814	3.85
玉米制种	吨	314300	-15.24
油　料	吨	4811	40.06
甜　菜	吨	69847	196.19
蔬　菜	吨	601152	7.23
水　果	吨	171996	0.52
药　材	吨	9970	10.4

2017年主要畜产品产量和牲畜存栏

产品名称	单位	产量	增长（%）
肉类总产量	吨	49597	0.3
其中：猪肉产量	吨	21724	-1.66
禽蛋产量	吨	8935	4.9
奶产量	吨	15033	-30.3
猪饲养量	万头	56.56	-0.6
其中：存栏	万头	25.52	0.76
出栏	万头	31.04	-1.66
牛饲养量	万头	44.33	6.7
其中：存栏	万头	31.15	7.3
出栏	万头	13.18	5.29
羊饲养量	万只	116.33	4.7
其中：存栏	万只	71.57	4.29
出栏	万只	44.76	5.24
禽饲养量	万只	703.26	-1
其中：存栏	万只	255.31	4.87
出栏	万只	447.95	-4.03

2017年规模以上工业主要产品产量

产品名称	单位	产量	增长（%）
饲料	万吨	9.02	-20.4
饮料酒	万千升	0.28	-9.4
水泥	万吨	48.25	-38.2
铁合金	万吨	0.38	-91.3
发电量	亿度	31.41	5.82
#火力发电量	亿度	23.63	4.98
#水力发电量	亿度	4.83	2.1
#太阳能发电量	亿度	1.46	32.72
#风力发电量	亿度	1.49	28.66

共图书馆1个，博物馆1个，档案馆1个，乡镇文化站23个（含街道）。广播电视台1座，广播调频发射机3部。有线数字电视用户91996户。年末广播节目综合人口覆盖率100 %，电视节目综合人口覆盖率100%。年末全区共有各类体育场地1186个。全年全区在各类体育比赛中获得奖牌21枚。年末全区共有各类医疗卫生机构571个，卫生技术人员4428人，卫生机构拥有床位3551张，其中医院和卫生院拥有床位3288张。

【人民生活与社会保障】全年全区城镇居民人均可支配收入23945元，比上年增加1878元，增长8.5%；城镇居民人均消费支出22168元，增长8.7%；城镇居民家庭恩格尔系数为28.9%，比上年下降0.58个百分点。农村居民人均可支配收入13192元，增加974元，增长8.0%；农村居民人均生活消费支出11880元，增长8.4%；农村居民家庭恩格尔系数为34.37%，比上年下降1.07个百分点。全年居民消费价格同比上涨1.1%。年末城镇登记失业率2.6%。城镇单位从业人员93349人，城镇新增就业10500人，安置下岗失业人员再就业10252人，困难人员就业902人。

年末全区参加城乡居民社会养老保险248930人；参加城镇职工基本养老保险23607人；参加城镇居民基本医疗保险90485人；参加城镇职工基本医疗保险26141人；参加生育保险17471人；参加失业保险19016人；参加工伤保险26685人。年末参加新型农村合作医疗34万人，参合率达到99.98%。全年新型农村合作医疗统筹基金支出22327万元。全年城市医疗救助830人次，农村医疗救助4893人次，民政部门资助农村合作医疗15929人。全区享受城市最低生活保障的居民15608人，发放城市最低生活保障资金5791.12万元。全区享受农村最低生活保障的居民12420人，发放农村最低生活保障资金2969.47万元。

【环境保护与安全生产】全区现有自然保护区2个，总面积15676.88公顷。全区空气可吸入颗粒物年日均值81ug/m³，二氧化硫年日均值13 ug/m³，二氧化氮年日均值21ug/m³，空气质量优良天数为318天，优良天数比例为87.1%；区域环境噪声平均值53.0dB，交通干线噪声平均值66.4dB；城镇集中式饮用水源达标率100%。黑河干流张掖段各监测断面水质达标率100%，水质均达到相应水域标准。山丹河水质属劣V类。

全年共发生各类生产安全事故48起，死亡37人，受伤30人，直接经济损失342.39万元。全区亿元GDP生产安全事故死亡率0.213，道路交通万车死亡率2.197。

（供稿：张　兰）

山丹县

【综述】山丹县地处甘肃省西部河西走廊中段，介于东经100°41′～101°42′，北纬37°50′～39°03′之间。东靠永昌县，西邻民乐县，西北与张掖市甘州区接壤，东南与肃南裕固族自治县皇城区相连，南以祁连山冷龙岭与青海省为界，北过龙首山与内蒙古自治区阿拉善右旗相望。东西宽89千米，南北长136千米，全县总面积5402.43平方千米。2017年末，全县辖6镇2乡，户籍人口20.1万人，常住人口16.91万人，人口自然增长率6.79‰，同比上升0.58个千分点。

属大陆性高寒半干旱气候，季节分布不均，太阳辐射强，日照时数长，气温低，昼夜温差大，降水量少而集中，蒸发量大，湿度小，无霜期短。年内平均气温为8.4℃，与历年平均比较高1.4℃，年降水量290.7毫米，全年日照时数2710小时。主要旅游景点有焉支山森林公园、山丹马场草原、保存完整的汉明长城、艾黎捐赠文物陈列馆、山丹培黎图书馆、艾黎与何克陵园及大佛寺等。

2017年，全县实现生产总值505512万元，增长4%。其中：第一产业增加值120870万元，增长4.8%；第二产业增加值120564万元，增长0.7%；第三产业增加值264078万元，增长5.4%。三次产业结构由上年的24.3∶24.8∶50.9调整为23.9∶23.9∶52.2。2017年，全县大口径财政收入完成52343万元，下降25.73%。财政支出完成231433万元，增长10.73%。全县金融机构各项存款余额777870万元，增长9.35%。年末全县金融机构各项贷款余额733399万元，比年初增加47790万元，增长6.97%。全年保费收入19667.96万元，同比增长43.38%。全年赔付支出2270.91万元，同比下降0.01%。

【农业农村经济】2017年，全县实现农业增加值12.14亿元（含中牧山丹马场)，增长4.79%。全县完成总播种面积68.68万亩(含复种面积6.54万亩)，增长0.43%。其中，粮食种植面积43.44万亩，下降2.53%；油料种植面积8.83万亩，下降10.95%；蔬菜和园艺种植面积2.71万亩，增长25.30%；中药材种植面积3.64万亩，增长75.90%；其他作物种植面积10.06万亩，增长4.03%。全年粮食总产量198227吨，下降2.88%。油料总产量19311吨，下降9.43%。

全年完成造林面积3.32万亩，本年实有封山育林面积0.5万亩。全年猪饲养量达5.92万头，同比增长2.72%，出栏3.16万头，同比增长5.98%；羊饲养量达111.59万只，同比增长7.60%，出栏45.45万只，同比增长7.03%；牛饲养量达2.45万头，同比增长0.98%，出栏0.49万头，同比增长8.98%。全年肉类总产量达10181.03吨，同比增长6.25%；牛奶产量2082.6吨，同比增长4.61%；绵羊毛产量990.69吨，同比增长8.42%；禽蛋产量775.2吨，同比增长5.56%。全年输转劳动力6.23万人，下降0.7%。劳务收入达到116700万元，增长8.25%。

主要农畜产品产量情况

单位：吨

产品名称	产量	比上年增长(%)
粮食	198227	-2.88
其中：夏粮	117957	-0.39
秋粮	80270	-6.33
油料	19311	-9.43
其中：油菜籽	11863	-13.74
水果	8222	47.41
蔬菜	102669	28.38
肉类	10181.03	6.25
其中：牛肉	487.9	8.98
羊肉	6818.19	7.03
牛奶	2082.6	4.61
绵羊毛	990.69	8.42
禽蛋	775.2	5.56

【工业和建筑业】 全年实现工业增加值50710万元，同比增长2.8%。规模以上工业增加值42919万元，同比增长0.6%。其中，轻工业完成增加值5959万元，下降21%，重工业完成增加值36959万元，增长6.4%；全县建筑业实现增加值70290万元，下降1%。全年具有建筑业资质等级的总承包和专业承包建筑业企业实现总产值53336.7万元，下降52%。

【固定资产投资】 全年完成固定资产投资343211万元，下降31.38%。按产业分，第一产业完成投资38287万元，下降48.97%；第二产业完成投资67701万元，下降66.42%；第三产业完成投资237223万元，增长6.12%。其中国有经济控股投资202941万元，占总投资的59.13%。

【交通通信】 全年交通运输、仓储和邮政业实现增加值41356万元，增长8.3%。2017年完成道路运输总周转量82146万吨千米，其中公路客运量485万人，公路旅客周转量22821万人千米；公路货运量1027万吨，公路货物周转量79864万吨千米。至年末，全县营运客车保有量267辆，营运货车保有量4697辆。

邮政业务总量789万元，电信业务收入11590.2万元。年末固定电话用户24443户，年末移动电话用户170386户，年末互联网宽带接入用户达到49945户。光纤宽带、4G网络实现全覆盖。

【商贸流通】 全年实现社会消费品零售总额199272.9万元，同比增长7.3%，其中限额以上社会消费品零售总额30173.9万元，同比增长1.7%。其中，城镇零售额达到165437.8万元，同比增长7.1%；农村零售额达到33835.1万元，同比增长8.3%。批发零售贸易业实现零售额157786.1万元，同比增长4.7%；住宿和餐饮业实现零售额373913万元，同比增长6.7%。

【旅游】 2017年，全县接待境内外游客288.9万人次，增长12.26%。全年实现旅游综合收入16.7亿元，增长15.41%。

【社会事业】 年末全县拥有中等专业学校1所，高级中学1所，普通中学6所。小学学龄儿童入学率达100%，初中入学率达100%，高考录取率达97.85%。幼儿园在园幼儿5001人。2017年末，全县共有艺术表演团体20个，文化馆1个，公共图书馆1个，博物馆1个，广播电台1座，电视台1座。广播和电视综合人口覆盖率分别为95%和98%。《西部山丹》全年发行50期，累计发行698期。全县有各级各类医疗卫生机构237个，卫生技术人员1287人，其中执业医师322人，执业助理医师120人，注册护士600人，其他卫生技术人员146人。医疗卫生机构床位1439张，其中乡镇卫生院408张。

【人民生活与社会保障】 年末，全县城镇居民人均可支配收入23005.7元，增长8.1%；城镇居民人均消费支出18846.1元，增长8.9%；城镇居民家庭恩格尔系数为35%。农村居民人均可支配收入12243.8元，增长8.4%；农民人均消费支出9752.1元，增长10.7%；农村居民家庭恩格尔系数为36%。全县新增城镇就业3675人，城镇失业人员再就业2614名，登记失业率控制在2.69%。

全县7393人参加失业保险，5530人参加城镇基本养老保险，20385人参加职工医疗保险，26382人参加城镇居民医疗保险，102701人参加城乡居民基本养老保险。全年各项社会保险基金征缴收入1.61亿元；各项社会保险基金总支出2.64亿元。年末参加新型农村合作医疗农民人数为14.08万人，参合率为99.8 %。全年新型农村合作医疗基金支出总额为9783.8万元，增长31.9%；累计受益58.7万人次，增长6.4%。全县抚恤、补助各类优抚对象792人，金额达360万元；全县城镇居民得到政府最低生活保障的人数为7896人，下降7.1%，发放城镇最低生活保障金3455.9万元，增长7.4%；农村居民得到政府最低生活保障的人数为7657人，下降55.8%，发放最低生活保障金2713.5万元，下降14.2%。年末拥有敬老院5所，床位数600张，收养人数431人。

【环境保护与安全生产】 全年完成各类环保专项资金项目8个，总投资720万元。全年空气可吸入颗粒物年均值118ug/m^3，PM2.5年均值37ug/m^3，二氧化硫年均值10ug/m^3，二氧化氮年均值18ug/m^3，空气优良天数Ⅰ-Ⅱ级比例为84%。2017年规模以上工业企业能源消费总量为21.86万吨标准煤，同比下降12.62%。其中，煤炭消费量12.67万吨，同比下降23.58%；电力消费量55869万千瓦小时，同比下降10.61%。万元规模以上工业增加值能源消耗5.096吨标准煤，同比下降13.14%。万元GDP能源消耗1.8163吨标准煤，同比下降4.46%；万元生产总值电耗1287.2千瓦时，同比下降4.67%。

全年共发生各类事故27起，死亡13人，受伤35人，直接经济损失100.814万元。全年共发生道路交通事故25起，死亡11人，受伤31人；危险化学品领域发生1起事故，死亡1人，受伤4人，直接经济损失83.16万。

（供稿：任 丹）

民乐县

【综述】民乐县地处甘肃河西走廊中段，全县总面积3687.32平方千米，其中耕地面积92.8万亩，林地110万亩，森林覆盖率14%。2017年末，全县辖10个乡镇1个社区管理委员会。

地势南高北低，地形分山地和倾斜高平原两大类。海拔1589~5027米，年平均气温4.7℃左右，年平均降水量408.8毫米左右，无霜期140天左右，属温带大陆性荒漠草原气候。有大小河流14条，年地表水径流量4.2亿立方米，地下水总量2.5亿立方米。有中小型水库7座，总库容7025.8万立方米，年有效灌水面积65.56万亩。

2017年，全县实现生产总值50.43亿元，增长1.2%，其中一、二、三产增加值完成16.37亿元、13.45亿元、20.61亿元，分别增长4%、-6.8%、5.9%。实现社会消费品零售总额21.04亿元，增长7%。完成固定资产投资38.08亿元，下降22.9%。大口径财政收入、公共财政预算收入完成5.47亿元、2.9亿元，分别增长10%。

【农业农村经济】发展中药材、马铃薯、高原夏菜等特色优势作物66万亩，新增高效节水面积1.2万亩。新建、改扩建标准化养殖小区20个，畜禽饲养量达252.3万头只。新增食用菌栽培面积2550亩，海升现代智能温室工业化栽培示范项目落地实施。发展农民专业合作社151个、家庭农场39家，流转土地50.93万亩。整合资金1.06亿元，实施种养业基地建设等扶贫项目33项。加快建设祁连山浅山区冷凉经济产业带，19个贫困村种植特色作物7.9万亩，新建食用菌大棚95座、标准化养殖小区6个。硬化贫困村道路92.6千米，新改建特殊困难群体危房161户。落实贫困家庭救助金1167万元，救助困难群体4630人。新建易地扶贫搬迁安置房742套，搬迁入住200户814人。输转劳动力8.1万人，创收13.65亿元。全县减贫828人，贫困发生率下降到2.45%。

【工业经济】全县新增规上工业企业5户、甘肃名牌产品5个。全年完成工业总产值57.89亿元，规上工业增加值8.85亿元。

【项目建设】 开工建设各类项目103项，其中投资亿元以上10项，5000万元以上30项。滨河集团酒文化产业园、山城河水库、新天至马蹄寺旅游公路、薄弱学校改造等重点项目顺利实施。

【招商引资】争取中央和省市投资项目63项，到位资金8.59亿元。“兰洽会”签约项目26项，到位资金11.54亿元。举办张掖（西部药都）陇药博览会，签约资金32.5亿元。

【环境保护】 投入1.6亿元实施山水林田湖生态保护修复项目6项，完成新一轮退耕还林还草9.6万亩。全面推行河长制，取缔关停采砂场33家，平整河道103.6千米。落实草原生态保护补奖政策，关闭搬迁养殖小区17个。投资8000万元完成城区供热二期工程，改造拆除工业园区和县城燃煤锅炉27台。

【商贸流通】新增市场主体2174户、限上企业4户。新注册网店378家，对外贸易自营出口额达6120万元。全年实现社会消费品零售总额21.04亿元，增长7%。

【旅游】洪水镇获评市级旅游示范镇。培育洪水单庄等市级专业旅游村3个、旅游示范村1个。举办全国群众登山健身大会、油菜花节等活动。新增扁都口大酒店等宾馆饭店6家、旅游厕所20座，重点景区实现Wi-Fi全覆盖。全年接待游客339.21万人次，实现旅游综合收入15.2亿元，分别增长30.73%、33.41%。

【城乡建设】投资10.8亿元实施棚改项目9项，新建安置房2584套31.8万平方米，消化存量商品房685套8万平方米，征收居民房屋1254户32万平方米，安置居民4000人。投资6000万元建设祁连山路、同乐路等道路。投资1亿元改造城区老旧楼77栋20.32万平方米。投资3900万元新建专业市场4个、地下停车场3个、公厕5座。投资1540万元建设白马什字等广场3个，完成中心广场升级改造。实施紫金府住宅小区等开发项目6项，总建筑面积达57.83万平方米。建成千村美丽、万村整洁示范村23个。投资3790.9万元硬化乡村道路68.7千米，绿化街道28.3千米。投资1.05亿元整理土地4.6万亩，修建渠道132.83千米。投资700万元完成顺化青松、南丰冰沟等6个村安全饮水巩固提升工程，惠及群众1748户6702人。

【社会事业与民生保障】投资1.24亿元建成校舍6.89万平方米，为64所农村学校架设“无尘化”取暖设施。高考二本上线率达52.9%，转正代课教师60名。投资3872万元建成妇幼保健院产儿科综合楼、南古中心卫生院职工周转宿舍和杨坊分院业务综合楼，创建省级重点专科3个。投资600万元实施广播电视无线数字化覆盖工程。实施体育惠民工程17项，新建文化广场32个、乡村记忆馆3个。

年末，全县城镇、农村居民人均可支配收入完成21362元、10674元，分别增长8%、7%。城镇新增就业3780人，登记失业率控制在2.6%以内。累计发放个人住房贷款6.33亿元。为575户进城入园农民发放购房补助880万元，为1500户城镇困难家庭发放住房租赁补贴351万元。投资180万元为残疾人和60岁以上老年人发放免费公交卡，为1200名一级残疾人和一户多残家庭发放取暖补助。落实城乡低保、五保供养、残疾人补贴及各类救助资金8389.72万元。投资3500万元建成县老年养护院、第二中心敬老院和23个城乡老年人日间照料中心。

（供稿：李　方　王慧莲　王希瑞）

临泽县

【综述】临泽县地处甘肃河西走廊中部，介于东经99° 51′ ~100° 30′，北纬38° 57′ ~39° 42′之间。东连甘州区，西接高台县，南与肃南裕固族自治县为邻，北毗内蒙古自治区阿拉善右旗。县境东西长50千米，南北宽77千米，全县总面积2729平方千米。2017年末，全县辖7个镇，71个行政村，5个社区居民委员会，总人口149355人。

境内海拔1380米 ~2278米。属大陆性荒漠草原气候，年平均气温为8.1℃~ 8.7℃，日照总时数3018.5小时，年均降水量114.5毫米，蒸发量1996.8毫米，年均无霜期172天，地表水资源总量12.95亿立方米。已探明的矿种主要有凹凸棒、石膏、石英岩、煤、大理石、蛭石、石墨、石英、钾长石、膨润土、铁、锰、铜、金等，其中凹凸棒石黏土资源量10亿吨。野生植物77种，药用植物21种，野生鸟类47种；林果品种多、产量高，被誉为“中国枣乡”。

2017年，全县实现生产总值49.12亿元，比上年增长3.3%，其中：一产增加值13.48亿元，比上年增长5.2%，二产增加值11.57亿元，比上年下降2.1%，三产增加值24.07亿元，比上年增长5.7%。人均生产总值35936元，增长3.0%。完成大口径财政收入5.90亿元，比上年增长2.55%。公共财政预算收入完成2.38亿元，比上年下降9.85%；财政支出20.28亿元，比上年减少1.83亿元，下降5.25%。

【农业农村经济】全县农业总产值23.84亿元，农业增加值14.68亿元，比上年增长5.2%。农作物总播种面积44.15万亩。其中：粮食作物播种面积31.35万亩，比上年增加1.09万亩，粮经结构由上年的69.37：30.63调整为71.28：28.99。玉米制种26.82万亩，比上年增加0.73万亩；蔬菜10.5万亩，比上年增加1.48万亩。新发展设施农业2526亩，其中钢架拱棚2490亩，日光温室36亩，设施农业面积累计达到3.06万亩。新建以油用牡丹、核桃为主的木本油料基地4427亩，以红枣、梨、桃、杏、葡萄、枸杞为主的林果基地4230亩，特色林果采摘园5个，嫁接矮化密植枣园4000亩，设施红枣园15亩，认定省级林业产业化龙头企业2家，新认证有机果品基地3个。粮食总产量16.02万吨，比上年增长3.82%，其中夏粮0.32万吨，下降34.98%；秋粮15.7万吨，增长5.15%。完成营造林面积4.76万亩，其中人工造林3.36万亩，封滩育林1.4万亩，抚育中幼林7000亩，义务植树185万株；城区新增公共绿地10万平方米，绿化覆盖率达到45.8%。新改扩建标准化规模养殖场（区）15个，牛、羊、猪饲养量分别达26.1万头、60.6万只和30.6万头，秸秆综合利用率达80%以上。全县拥有农业机械总动力35.56万千瓦，较上年增长6.3%。建成省市县级美丽乡村示范村8个。

【工业和建筑业】2017年，全县完成工业增加值6.17亿元，比上年下降3.7%。其中：规模以上工业增加值5.17亿元，比上年下降4.8%；规模以上工业企业实现销售收入21.45亿元，实现利润2536万元，产品产销率79.6%。

年末，全县有资质建筑企业14家，完成建筑业增加值5.41亿元，比上年增长0.7%。

【固定资产投资】2017年，全县完成固定资产投资36.7亿元，比上年下降23%。其中：第一产业完成投资6.17亿元，比上年下降24.43%；第二产业完成投资7.95亿元，比上年下降37.26%；第三产业完成投资22.62亿元，比上年下降15.84%。房地产开发完成投资2.73亿元，占7.43%。非公经济完成投资17.64亿元，比上年下降28.61%。

【交通通信】2017年，全县交通运输、仓储和邮政业实现增加值3.72亿元，比上年增长5.7%。全县农村公路总里程达1245.078千米，新建、改建镇、村道路96.9千米，实施安全生命防护工程66.5 千米。年末全县车辆保有量25932辆。完成公路客运量226万人，旅客周转量6865万人千米；公路货运量321.5万吨，货运周转量13175万吨千米。全年邮电业务总量9100万元，比上年增长6.2%；年末全县固定电话用户2.42万户。其中：城区固定电话用户1.54万户，农村固定电话用户0.88万户。全县移动电话用户16.32万户，比上年增长10.3%；互联网络用户4.7万户。城区公共Wi-Fi实现全覆盖。

【旅游】全年接待国内外游客520.34万人次，实现旅游综合收入29.91亿元，与上年相比分别增长39.11%和42.2%。其中，丹霞景区接待游客197.34万人次，同比增长31.5%。

【商品流通】全县实现社会消费品零售总额16.4亿元，增长8%。其中，城市消费品零售额10.27亿元，增长6.61%，农村消费品零售额6.05亿元，增长8.77%。商品零售14.74亿元，增长7.37%；餐饮收入1.59亿元，增长7.68%。县级电子商务公共服务中心及42个镇村电商服务站点建成运营，电商销售额达1.8亿元，增长40%。全县新发展个体工商户558户，累计7129户；新发展私营企业581家，累计2071家；新成立各类农民专业合作社48个，累计达631个。有各类新社会组织174个，会员达6.9万人。

【金融保险】年末全县金融机构各项存款余额67.22亿元，比上年末增长0.61%。金融机构存贷款率99.2%，比上年提高8.3个百分点。全年保费收入10374万元，比上年增长2.24%。全年赔付金额1439万元，比上年下降11.83%。

【科技与教育】全县建立科技示范点11个，引进新品种120个，引进新技术20项，全县规模以上企业研发费用9621.2万元，全社会研发经费占国内生产总值比重达到1.96%。现有学校92所，幼儿园81所。全县3~6岁幼儿入园率99.87%；全县小学适龄儿童入学率、巩固率均达100%；全县初中适龄少年净入学率达100%，巩固率达99.84%。2017年高考一本上线率27.96%，二本及以上上线率58.89%。

【文化体育与医疗卫生】全县有文化馆、图书馆、档案馆各1个；博物馆6个。新建村级综合文化服务中心（乡村舞台）10个；新建社区综合文化服务中心2个，村级文化广场项目9个。举行全县性系列文化活动12场次，组织开展文化惠民活动50场次。新申报省级非遗项目4项。完成镇、社区体育健身广场和10个行政村农民体育健身工程建设。有广播电视台1座，广播电视覆盖率100%。有线电视数字化整体转换工作全部结束，网络双向化改造达到88%，有线数字电视用户（有效）18500户，入户率55%；宽带用户5324户，入户率15.9%。全年数字影院放映电影974场（次），农村电影放映852场（次）。全县共有各级各类医疗卫生机构136家，计生服务机构8家。现有在职职工550人（不含卫生室、诊所类），其中卫生专业技术人员503人，床位905张。

【人民生活与社会保障】2017年，全县城镇居民人均可支配收入22661元，比上年增加1756元，增长8.4%。城镇居民人均生活消费支出17416元，增长6.7%；城镇居民家庭食品消费支出占消费支出的比重为30.3%，比上年下降0.6个百分点；城镇居民人均住房使用面积39.8平方米。农村居民人均可支配收入13413元，比上年增加1005元，增长8.1%；农村居民人均生活消费支出11870元，增长6.4%；农村居民家庭食品消费支出占消费总支出的比重为33.1%，比上年降低0.2个百分点。年内新增城镇就业3255人，684名高校毕业生实现了就业，年末城镇登记失业率为2.6%。全县年内输转劳动力2.94万人，其中有组织输出1.37万人，实现劳务收入5.13亿元，同比增长4.91%。

2017年发放城市低保金1375万元，农村低保金987.32万元，五保供养金360万元，重点优抚对象抚恤金716.68万元，孤儿生活费61.8万元。98.1%的适龄城乡居民纳入城乡居民社会养老保险范围，为20091名符合条件的老年人发放养老金2424万元。参加企业职工养老保险3676人，为2709名企业退休人员发放养老金6080万元；参加失业保险7050人，为772人次发放失业保险金70.92万元；参加城镇职工医疗保险11462人，为2699人次住院患者支付医疗费用1409万元；参加工伤保险9168人，为60名工伤职工支付工伤保险费用353万元；参加生育保险8250人，共为421名生育夫妇支付生育保险费用117万元；参加新农合119108人，参合率99.23%；年内为参合患者补偿7985.45万元。为603户城镇低收入住房困难家庭发放租赁补贴97.2万元。

【环境保护与安全生产】大气环境质量6项指标均达到国家标准。县域河流、水库、渠道全部实行“河长制”管理，断面水质通过国家和省级考核，达到优良等级。划定全县畜禽养殖禁养区，对禁养区内15家养殖场区实施关闭或搬迁。总投资2.9亿元，进行“山水林田湖草”生态保护修复工程和农村基础设施环境治理。森林覆盖率达16.68%。

年内全县发生各类安全事故6起，死亡9人，受伤7人。全县亿元GDP事故死亡率0.1832，道路交通万车死亡率2.599。

（供稿：刘彩花　赵海忠）

高台县

【综述】高台县地处河西走廊中部，介于北纬39°04′17″~39°53′19″，东经98°57′30″~100°06′50″之间。东接临泽县，南靠肃南裕固族自治县，西与肃南明花乡及酒泉市相邻，北与金塔县、阿拉善右旗接壤。县城位于黑河南岸，东距张掖市79千米，南距肃南县城62千米，西北距酒泉市120千米，东南距兰州市516千米。南枕祁连，北抵合黎，黑河纵贯东西。东西长99.13千米，南北宽90.93千米，全县总面积4346.61平方千米，其中耕地59.66万亩。2017年末，全县辖9个镇9个社区，总人口15.77万人。有回族、裕固族等16个少数民族。人口自然增长率2.19‰。

境内地势南北高，中间低，黑河纵贯全境，形若马鞍。南部为祁连山北麓，北部为合黎山地，中部为绿洲平原。地形地貌复杂，由祁连山北麓冲积洪积平原、黑河沿岸冲积平原、沙砾戈壁、中部平原、洪积细土平原、合黎山地、沙漠盐沼平积平原、黑河湿地构成。海拔高度介于1260~3140米。年平均气温8.1℃，温差15℃~20℃，日照3088小时，年均降水量112.3毫米，蒸发量1996.2毫米，全年无霜期150天左右。境内有黑河、摆浪河等6条河流。已探明的矿种主要有芒硝等20多种，其中芒硝储量约1186.9万吨，原盐储量195万吨，为全省最大产盐地。境内有国家级文物保护单位汉明长城、骆驼城遗址、许三湾城及墓群3处，市级非物质文化遗产22项。

2017年，全县生产总值完成55.92亿元，同比下降0.5%。其中：第一产业20.28亿元，同比增长5.7%；第二产业13.13亿元，同比下降11.1%；第三产业22.51亿元，同比增长3.3%，三次产业比重为36.3∶23.5∶40.2。固定资产投资完成33.73亿元，同比下降29.5%。社会消费品零售总额完成15.38亿元，同比增长7.6%。公共财政预算收入完成2.08亿元，同比下降21.56%。

【农业农村经济】2017年，全县发展设施蔬菜5428亩，高原夏菜9000亩，带动全县种植蔬菜16万亩，实现产值1223亿元。新建规模养殖场（区）18个，新增养殖大户1005户，全县畜禽饲养总量达到236万头（只），其中牛、羊饲养量分别达到18万头、60万只，秸秆饲料化利用率达到66%。实施高效节水灌溉35万亩、测土配方施肥38万亩，建成各类农业科技示范点22个，开展试验示范65项。建成农机专业合作社60个，农业机械化综合作业水平达到78%。累计建成设施农业面积达4万亩，建成绿色蔬菜产业园、现代农业示范园等示范基地13个，各类规模养殖场区261个。发展各类种植、养殖专业合作组织424个。认定无公害农产品产地10个、"三品一标"农产品51个，农业标准化生产面积达50.45万亩。建成农产品加工企业49家、冷链物流设施17座，农产品加工转化率达62%，被列入国家农业可持续发展试验示范区暨农业绿色发展试点先行区。全年共脱贫239户672人，贫困发生率下降到2.39%。

【工业经济】2017年，全县工业企业达到147户，其中规模以上工业企业达到37户。新增规模以上企业3户，全县工业企业实现增加值7.62亿元，其中规模以上企业实现增加值4.3亿元。

高台县花卉制种基地

【项目建设与招商引资】2017年，全县开工建设各类项目93个，争取政府投资项目340项12.56亿元，完成固定资产投资33.73亿元。落实招商引资项目110项，到位资金28.3亿元。

【生态环境保护】投资5254万元，组织实施黑河流域生态防护林、"三北"防护林、退耕还林还草、农田林网更新等生态项目，完成造林5.3万亩，栽植苗木790万株，全县森林覆盖率达到12.39%。依法关停燃煤锅炉32台，淘汰黄标车及老旧车辆78辆，22家地下水源热泵系统、545家餐饮单位和73家养殖场完成整改，全年空气优良率达到85.5%，饮用水水质达标率100%。

【城镇建设】2017年，全县公共自行车租赁系统建成运营，科技馆布展、西环路黑河大桥、污水处理厂扩建及提标改造工程、南华镇污水处理厂建设进展顺利。开工建设天薇国际、南苑小区等片区商品房11.86万平方米，改造城市危旧楼45幢1146户。城镇化率达到48.63%，新型城镇化走在全省前列，创建为"国家卫生县城"。建成"全国文明村镇"4个、省级"千村美丽"示范村4个、市县级"美丽乡村"示范村7个、"万村整洁"村15个。

【商贸流通】开工建设电商科技创新孵化物流园和农产品冷链物流市场，注册网店480家，全年交易额达1.15亿元。全年社会消费品零售总额完成15.38亿元，同比增长7.6%。

【社会事业】城关初中教学楼、运动场等18个"全面改薄"项目投入使用，职业中专体育场建设进展顺利，办学条件持续改善。义务教育学科质量监测多项指标居全国323个样本县前列，高考二本以上上线率达60.08%，位居全市第一。妇幼保健院、中医院远程会诊中心和制剂楼、骆驼城卫生院业务用房及5个村卫生室建成投入使用。建成文化广场13个、体育惠民工程2个、农民健身工程8个。文化产业增加值完成1.4亿元，增长26%。出版《高台县志（1989—2010）》。

【人民生活与社会保障】2017年，全县城镇居民人均可支配收入达到22633元，同比增长8.3%。农村居民人均可支配收入达到12667元，同比增长8.2%。发放创业担保贷款3150万元，城镇新增就业3255人，城镇登记失业率下降到2.6%，培训城乡劳动力5100人，高校毕业生就业率达88.26%。

发放城乡低保等各类资金4.47亿元。企业退休职工养老金提高7.5%，新农合报销比例达到63.74%，养老保险、医疗保险参保率分别达到97%、99%。幸福苑医养中心和4个村级养老服务中心全面完工，为1409名80岁以上老人发放高龄补贴81.8万元。

（供稿：段进泓　万吉刚）

肃南裕固族自治县

【综述】肃南裕固族自治县是全国唯一的裕固族自治县，地处河西走廊中部，东邻天祝藏族自治县，西接肃北蒙古族自治县，南与青海省相邻，北与武威、永昌、山丹、民乐、张掖、临泽、高台、酒泉、嘉峪关、玉门等14个县（市）接壤。境域东西长650千米，南北宽120米～200千米，全县总面积2.4万平方千米，其中草原面积2677.55万亩。2017年末，全县辖6乡2镇9个国有林牧场，全县户籍人口15246户38838人，其中裕固族10533人，占总人口的27.12%。人口自然增长率为5.76‰。有裕固族、藏族等14个少数民族。

境内草原广袤、森林茂密，除明花乡属沙漠外，其余均系山地，平均海拔3200米。有100多种中药材和19种主要珍贵野生动物。2017年全年平均气温5.1℃，较历年平均值高0.9℃，属气温偏高年份。全年日照总时数2886.1小时，较历年同期多98.9小时。全年总降水量228.6毫米，较历年平均值少14%。境内共有大小河流33条，占河西走廊河流数的58.9%，年径流量为43亿立方米，是河西绿洲灌溉的主要水源。全县有草原面积2677.55万亩，是甘肃省牛羊产业大县和甘肃省优质高山细毛羊基地。已探明的金属矿和非金属矿有31种，金属矿产主要有钨、钼、铜、铁、铅锌等，非金属矿有煤炭、萤石等。境内旅游资源富集，已建成4A级旅游景区两个，是全省四个生态旅游示范县之一。

2017年全县实现生产总值21.01亿元，下降19.9%。其中：第一产业增加值5.37亿元，增长11.9%；第二产业增加值6.7亿元，下降40.5%；第三产业增加值8.94亿元，增长6.8%。按常住人口计算，人均生产总值60641元，比上年下降20.3%。三次产业结构由上年的16.83∶54.97∶28.20调整为25.55∶31.90∶42.55，与上年相比，第一产业所占比重上升8.72个百分点，第二产业所占比重下降23.07个百分点、第三产业所占比重上升1435个百分点。

【农牧业农牧村经济】2017年，全县农作物播种面积16.17万亩，比上年增加0.71万亩，增长4.59%，其中粮食作物种植面积9.31万亩，比上年增加1.88万亩；油料种植面积0.03万亩；蔬菜种植面积0.9万亩，比上年增加0.78万亩；中药材种植面积0.32万亩，比上年减少0.02万亩；蔬菜及其他制种面积0.25万亩；耕地种草面积5.16万亩，比上年减少1.91万亩。

全年粮食总产量35622.3吨，较上年增加8731吨，同比增长32.47%。其中，夏粮产量23626.11吨，较上年增加6585吨，同比增长38.64%；秋粮产量11996.19吨，较上年增加9吨，同比增长21.88%。主要粮食品种中，小麦产量9310.74吨；大麦产量8109.27吨；玉米产量11453.47吨。主要经济作物中，油料产量49.35吨；蔬菜产量70369.78吨；中药材产量4420吨。

在重点区域防治草原鼠虫害110.27万亩，补播改良退化草原5万亩、治理毒草1万亩、围栏草原40万亩；全县天然草原总盖度达到78.2%，牧草平均高度达到19厘米。全县六月末牲畜饲养量达116.73万头（只），比上年减少8.74万头（只），其中羊的饲养量达到109.5万只。年末大牲畜存栏4.07万头，比上年末下降7.17%；年末存栏牛3.63万头，下降1.47%；年末存栏羊56.7万只，下降15.52%。年内出栏各类牲畜64.46万头只。家禽饲养量1.16万只，增长31.82%，当年禽出栏2.21万只，增长4.25%。全年肉类总产量11550.68吨，同比增长16.83%；绒毛社会产量1820.32吨，同比下降14%，其中绵羊毛产量1799吨，同比下降13.82%；牛奶产量2652吨。

年末全县拥有农业机械总动力728万千瓦，比上年下降11.5%。拥有各类农用运输车761辆，拖拉机2292台，其中大中型拖拉机1492台，小型拖拉机800台；拖拉机配套农具3832部。全年化肥使用量（折纯）1272.84吨，农村用电量2689.57万千瓦小时。

【工业和建筑业】2017年，全县实现工业总产值21.4亿元，年内新增规上工业企业2户，退库4户，全县规模以上工业企业达27户。全年完成工业增加值4.8亿元，下降45%，规模以上工业企业实现增加值4.37亿元，下降45%。规模以上工业企业主营业务收入20.28亿元，比上年下降41.7%。产销率96.3%，比上年下降3.3个百分点。规模以上工业企业实现利润总额2.11亿元，比上年下降7.9%。

2017年全县有具有资质等级的总承包和专业承包建筑业企业8户，其中当年新增3户。全年全社会建筑业实现增加值1.91亿元，比上年增长3.4%。

【固定资产投资】2017年，全县完成固定资产投资（不含农户）62804万元，比上年下降80%。其中5000万元及以上项目完成投资36277万元，同比下降72.3%，500万~5000万元项目完成投资25950万元，同比下降85.8%，工业投资完成18341万元，同比下降89.36%。

【交通邮电】2017年交通运输、仓储和邮政业实现增加值4502万元，增长5.4%。全年共完成客运量21.25万人次、客运周转量2550万人千米；共完成货运量14.8万吨、货运周转量2220万吨千米。年末全县客运线路30条，共有各类营业性车辆961辆，其中货车863辆，客车16辆，出租车82辆。

年末，全县完成邮政业务收入275万元，增长14.1%。年末全县固定电话用户3200户，其中城市电话2200户，农村电话1000户。移动电话用户达到33878户，其中4G移动电话用户20704户。年末互联网宽带用户达到10438户。

【旅游】2017年，全县接待国内外游客526.51万人次，比上年增长23.9%；全年实现旅游综合收入19.93亿元，比上年增长28.8%。

【商贸流通】2017年，全县实现社会消费品零售总额50646万元，比上年增长7%。按销售单位所在地统计，城镇实现社会消费品零售总额25073万元，增长8%；乡村实现社会消费品零售总额25573万元，增长6%。

【财政金融保险】2017年，全县完成大口径财政收入48457万元，同比增长16.1%。全年财政支出173244万元，同比增长35.2%。全县金融机构各项贷款余额13.66亿元，下降5.9%。各项存款余额21.46亿元，增长15.6%。2017年保费收入3381.98万元，比上年增长1.68%。全年赔付支出1287.41万元，比上年增长29.39%。

【科技与教育】2017年末，全县事业单位拥有各类专业技术人员达到1097人，其中中高级专业技术人员543名，占专业技术人员的50%。全年完成科技成果登记2项，全年完成专利申请量299件，授权专利量51件。每万人口有效发明专利拥有量1.73件（拥有发明专利6件）；全县共有各级各类学校22所，有教职工530人，在校学生（含幼儿园）3645人。学龄儿童入学率达到100%，初中入学率为100%，高中阶段毛入学率92.11%。

【文化卫生和体育】2017年全县有艺术表演团体1个，文化馆1个，图书馆1个，博物馆1个，档案馆1个。建成8个乡镇综合文化站、8个公共电子阅览室、112个农家书屋、109个文化信息资源共享工程基层服务点、85个乡村舞台、8个非物质文化遗产传承培训点，组建农牧村数字电影放映队6个。

全县共有医疗卫生机构130个，卫生人员250人，医疗卫生机构床位404张，其中医院189张，卫生院215张。全年共举办全县性群众体育赛事7次，配合国家、省、市局开展各类品牌赛事（户外活动）8次，组织开展全县性的学校体育活动，共举办全县各学校参与的运动会3次，承办全市教育局机关干部职工运动会1次，完成社会体育指导员培训1期，完成国民体质监测1478人。

【人民生活和社会保障】2017年，全县城镇居民人均可支配收入24972元，比上年增加2040.8元，增长8.9%；城镇居民人均消费性支出26034.84元，增长17.88%；城镇居民家庭食品消费支出占消费总支出的比重（城镇居民家庭恩格尔系数）为30.6%，比上年下降1.4个百分点。农村居民人均可支配收入15672元，比上年增加1254.3元，增长8.7%；农村居民人均生活消费支出16120元，增长16.4%；农村居民家庭食品消费支出占消费总支出的比重为32%，比上年下降0.01个百分点。年末共有城乡从业人员2.23万人。城镇登记失业率为2.6%，比上年末增加0.55个百分点。年内新增就业人员735人。全年输转城乡富余劳动力3585人。

2017年全县征缴城镇职工养老保险金2363万元、城镇职工医疗保险金2808万元、城镇居民医疗保险金306万元、失业保险基金278万元、工伤保险基金220万元、生育保险基金150万元；支出城镇职工养老保险金2999万元、城镇职工医疗保险金2073万元、城镇居民医疗保险278万元、失业保险基金57万元、工伤保险基金202万元、生育保险基金85万元。2017年城乡居民社会养老保险人数18093人，参保率达98%,续保率达97%。城乡居民社会养老保险社会化发放率达100%，企业退休人员养老金社会化发放率达到100%。

2017年末全县参加新型农牧村合作医疗农牧民人数24790人，参合率为99.06%。人均筹资标准为600元，各级财政补助450元（其中：中央财政补助324元,省级财政补助116元,市级财政补助4元，县级财政补助6元），参合农牧民个人人均缴费标准达到150元。新型农牧村合作医疗基金支出总额为1353.12万元，累计受益25244人次。全年对城乡居民患有重大疾病的350人给予了医疗救助，发放救助资金190万元。2017年末全县城镇居民最低生活保障人数506户1053人，城市低保资金支出516.62万元；农牧村居民最低生活保障人数1778户3361人，农村低保资金支出880.7万元。

【环境保护】全年营造林任务2.93万亩，其中：三北防护林工程人工造林0.2万亩、封山育林1.6万亩；完成新一轮退耕还林0.03万亩；完成中央财政补贴造林0.1万亩，完成山水林田湖修复工程封育1万亩。2017年全县森林覆盖率达14.15%，完成森林覆盖率（非天保区）16.11%，实现自治县成立63年来无森林火灾。空气可吸入颗粒物年日均值0.047mg/ m^3，二氧化硫年日均值0.005mg/ m^3，二氧化氮年日均值0.003 mg/ m^3，空气质量优良（Ⅰ—Ⅱ级）率为100%。地面水质达标率100%，饮用水源水质达标率100%。

（供稿：张晓娟）

酒泉市

【综述】酒泉市地处甘肃省河西走廊西端，介于北纬38°09′～42°48′，东经92°20′～100°20′之间。北部除少部分与蒙古国接壤外，大部与内蒙古自治区阿拉善盟相邻，西接新疆维吾尔自治区，南接青海省海西蒙古族自治州和海北藏族自治州，东邻张掖市，北面有甘肃唯一的口岸——马鬃山口岸。东西长680千米，南北宽550千米，全市总面积19.12万平方千米，占甘肃省总面积的42%。2017年末，全市辖1区2市4县7个县市区，常住人口112.36万人，人口自然增长率4.13‰。有蒙古族、哈萨克族、回族等39个少数民族。

境内地势西南高，东北低，三面环山，形成酒泉盆地。平均海拔1500~2500米，戈壁荒漠占国土面积的70%。属典型性的温带大陆性气候，年平均降雨量30～70毫米，年蒸发量3000～3400毫米，每年日照时间达2800～3000小时。境内有疏勒河、黑河和哈儿腾三大水系、16条河流，地表水年径流量33亿立方米，可供开发的27亿立方米。已探明地下矿藏有34种，有大、中型矿床80处（含伴生矿，但不含石油）。有色金属中，塔尔沟钨矿探明储量在国内北方居首位，菱镁矿探明储量居全国第五位。境内蕴藏着丰富的风能和光能资源，被誉为“中国绿色能源之都”。

2017年，全市实现地区生产总值580.3亿元，比上年下降0.3%。其中，第一产业增加值90.6亿元，增长4.9%；第二产业增加值190.1亿元，下降4.2%；第三产业增加值299.6亿元，增长1%。三次产业结构由上年15.1∶35∶49.9调整为15.6∶32.8∶51.6。全年人均地区生产总值为51741元，比上年下降0.3%，按2017年平均汇率折算为7663美元。

【农业农村经济】2017年，全年农作物播种面积270.2万亩，比上年增加5.4万亩。粮食种植面积56.3万亩，比上年减少1.7万亩。其中，小麦种植面积20.6万亩，增加0.6万亩；玉米种植面积34.6万亩，减少2.3万亩。棉花种植面积18万亩，增加5.8万亩。油料种植面积6.5万亩，减少4.6万亩。甜菜种植面积0.7万亩，减少0.05万亩。药材种植面积39.2万亩，增加1.1万亩。蔬菜种植面积65.4万亩，增加2万亩。

全年粮食产量33.1万吨，比上年减少0.7万吨，减产1.9%。其中，夏粮产量10.3万吨，增产2%；秋粮产量22.8万吨，减产3.6%。小麦产量10.1万吨，增产2.3%；玉米产量22.5万吨，减产3.6%。全年棉花产量2万吨，比上年增产50.5%。油料产量1.6万吨，减产38.2%。甜菜产量3.9万吨，减产1.9%。蔬菜产量232.8万吨，增产6.8%。水果产量33.8万吨，增产12.7%。药材产量11.3万吨，减产18.3%。

全市牛饲养量26.8万头，比上年增长2.3%，其中存栏14.8万头，增长0.05%；出栏12万头，增长5.3%。羊饲养量675.3万只，比上年下降0.7%，其中存栏367.1万只，下降2.73%；出栏308.2万只，增长1.9%。生猪饲养量45.9万头，比上年下降0.7%，其中存栏21.1万头，下降2.14%；出栏24.8万头，增长0.8%。全年肉类总产量8.4万吨，比上年增长1.6%；牛奶产量2.9万吨，下降6.6%；禽蛋产量0.9万吨，下降1.8%。全市水产品养殖面积6万亩，比上年减少0.2万亩，水产品产量2545.7吨，比上年增长7.8%。

年末农业机械总动力226.8万千瓦，增长2.7%。农用拖拉机11.5万台，增长1.8%。全年化肥施用量19.8万吨，下降5.8%。农村用电量4亿千瓦时，与上年持平。保灌面积241.5万亩，增加1.8万亩。

【工业和建筑业】2017年，全市全部工业增加值115.5亿元，比上年下降6.2%，其中规模以上工业增加值93.1亿元，下降7.6%。规模以上工业中，国有企业增加值6.1亿元，增长45.9%；股份制企业增加值83.5亿元，下降12.8%；石化、电力、建材、有色、冶金、煤炭、装备制造业共完成工业增加值89.4亿元，占规模以上工业增加值的96%。

全市建筑业增加值75.5亿元，比上年下降0.1%。具有资质等级的总承包和专业承包建筑业企业实现利润6.4亿元，增长12%，其中国有控股企业实现利润0.6亿元，增长4.7倍。

【固定资产投资】2017年，全市年内开工建设项目1611个，完成固定资产投资598.8亿元，比上年下降50.7%。其中，第一产业投资90.3亿元，比上年下降41.6%；第二产业投资202.3亿元，比上年下降57.4%；第三产业投资306.2亿元，比上年下降47.8%。

【房地产开发】2017年，全市房地产开发项目71个，完成投资33.3亿元，比上年增长0.8%。其中，住宅投资25.6亿元，下降5.1%；办公楼投资0.8亿元，增长65.8%；商业营业用房投资6.2亿元，增长29.6%。年末商品房待售面积53.1万平方米，比年初减少13.7万平方米，其中商品住宅待售面积36.7万平方米，比年初减少18.2万平方米。

【交通邮电】2017年，全市交通运输、仓储和邮政业增加值51.5亿元，比上年增长6.3%。年末全市公路总里程17328千米，比上年增加239千米。全年公路运输货运量3858万吨，比上年增长11%，货物周转量174.7亿吨千米，比上年增长15.5%；公路客运量9072万人，比上年增长6.2%，旅客周转量84亿人千米，比上年增长15.8%。

全年邮电业务总收入11.6亿元，比上年增长4%。其中邮政业务收入1.4亿元，增长6.7%；电信业务收入10.2亿元，增长3.6%。邮政业全年完成快递业务量255.7万件，下降8.2%；快递业务收入5256万元，下降13.3%。年末电话交换机总容量246.7万门。电话用户总数172万户，其中移动电话用户146.1万户。固定互联网宽带家庭接入用户38.4万户。

【旅游】2017年，全年接待国内外游客2649.5万人次，比上年增长23.6%，其中海外游客3万人次，增长5.6%；旅游收入244.9亿元，比上年增长28.4%。旅游创汇收入924万美元，比上年增长14.4%。

【商贸流通与贸易】2017年，全市社会消费品零售总额207.6亿元，比上年增长7.4%。其中，城镇消费品零售额160.9亿元，增长7.1%；乡村消费品零售额46.7亿元，增长8.3%。按消费类型统计，商品零售额181.3亿元，增长72%；餐饮收入额264亿元，增长8.7%。全年限额以上单位网上商品零售额0.3万元，比上年下降4.3%。

2017年，全市外贸进出口企业140个，比上年增长7.7%。全年货物进出口总额51735万元，比上年增长7.6%，其中出口49237万元，增长7.8%；进口2498万元，增长35%。外商直接投资09亿元，下降77.6%。

【金融保险】2017年末，全市金融机构本外币各项存款余额904.2亿元，比上年下降2.3%，其中人民币各项存款余额901.8亿元，下降2.2%。金融机构本外币各项贷款余额753.9亿元，增长3.9%，其中人民币各项贷款余额753.9亿元，增长3.9%。全年保险公司保费收入32.7亿元，比上年增长5.5%。其中寿险公司保费收入26.1亿元，增长5.2%；财险公司保费收入6.6亿元，增长7.2%。年内支付赔款及给付7.2亿元，比上年增长18%。其中寿险公司赔款支出4.1亿元，财险公司赔款支出3.1亿元。

【教育与科技】全市共有普通高校1所，普通中等专业学校9所，普通小学140所，普通中学60所。各类学校占地面积701万平方米。九年义务教育巩固率为99.45%。高中阶段教育毛入学率

96.31%。初中毕业生升学率96.31%。普通高校考生本科上线率40.2%，普通高校录取学生总数8334人，总录取率84.67%。学龄儿童入学率100%，巩固率99.45%。小学毕业生升学率100%。初中学生辍学率0.047%，小学生辍学率0.039%。

年末全市共有各类专业技术人员28121人，其中具有中级及中级以上职称人员8102人。财政投入科技经费8738万元，比上年增长17.4%。全年引进新技术成果234项，申请专利1690项，授权专利553项，其中发明专利43项。全年签订技术合同78项，技术合同成交额24.3亿元，比上年增长8.9%。

【文化与体育】2017年末，全市共有艺术表演团体2个，剧场、影剧院16个，文化馆8个，公共图书馆8个，各类博物馆、纪念馆41个。公共图书馆图书总藏量70万册。全年出版报纸784.4万份，出版杂志2.4万册，发行图书365.7万册。年末全市共有档案馆8个，馆藏档案55.5万卷，全年开放各类档案7万卷。全市共有调频、电视转播发射台13座，广播电视台8个，全年广播节目播出时间30569小时，广播人口覆盖率99.26%。全年电视节目播出时间49550小时，电视综合人口覆盖率99.17%。全市有线电视网络总长17951公里。有线电视终端用户35.99万户，入户率98.88%。数字电视用户13.2万户，入户率36.5%。

全市年内向各类大专院校输送体育人才145名。在省级以上体育比赛中，获得奖牌103枚，其中金牌37枚，银牌33枚，铜牌33枚。全市举办运动赛会260次，参加人数45万人。全市共有10.55万名适龄学生达到《国家体育锻炼标准》。

【医疗卫生】2017年，全市共有医疗卫生机构1006个，医院36个，卫生院75个。卫生技术人员7781人，其中执业医师2645人、执业助理医师785人、注册护士3421人。卫生机构床位7210张，其中医院5169张、卫生院1498张。全市共有卫生防疫防治机构8个，卫生技术人员226人。妇幼卫生机构8个，卫生技术人员151人。乡村医生和卫生员587人，农村有医疗点的村占总村数的99%。全市有社会福利院7个，福利院床位564张。社区服务设施66套。

【人民生活与社会保障】2017年，全市城镇居民人均可支配收入32478元，比上年增长8%，扣除价格因素，实际增长7.1%；城镇居民人均生活消费支出24578元，比上年增长5.4%，扣除价格因素，实际增长4.6%。城镇居民恩格尔系数29.8%，比上年下降0.4个百分点。农村居民人均可支配收入15764元，比上年增长8%，扣除价格因素，实际增长7.1%；农村居民人均生活消费支出11790元，比上年增长5.9%，扣除价格因素，实际增长5.1%。农村居民恩格尔系数31.6%，比上年下降1.1个百分点。

全市社会保障和就业支出14.1亿元，比上年下降1.3%。年末全市城镇基本养老保险参保人数14万人，比上年增加0.23万人，参保率98.51%；城镇基本医疗保险参保人数29.9万人，增加0.94万人，参保率98%。农村社会养老保险参保人数45万人，增加0.5万人，参保率达95%以上。参加新型农村合作医疗农民62万人，减少2288人，参合率98.75%。失业保险参保人数75万人，增加0.4万人。工伤保险参保人数10.3万人，增加0.1万人，其中农民工参保人数3.4万人，增加0.6万人。生育保险参保人数7.3万人，增加0.3万人。

年末全市共有2.9万人享受城市居民最低生活保障，8.96万人享受农村居民最低生活保障。全年发放最低生活保障金3.08亿元。各项社会保险待遇按时足额支付，全年发放企业离退休人员基本养老金11.8亿元，为城乡居民参保人员支付医疗保险金7.06亿元，发放失业人员失业保险金3319万元，发放工伤保险金4782万元。

【资源环境与安全生产】全年水资源总量35.3亿立方米，水资源可利用量29.2亿立方米。大型水库蓄水总量28亿立方米。全年降水量110.1毫米。全年用水总量23.8亿立方米，比上年下降5.9%。全年人工造林面积15.8万亩，退耕还林面积6.5万亩，年末森林面积1132.6万亩，森林覆盖率5.29%。新增高效节水面积13万亩。全市地表水质达标率100%，饮用水质达标率100%。全年酒泉城区空气质量优良天数301天，空气优良率82.5%。剔除沙尘天气影响，PM10年平均浓度89微克/立方米，比上年下降11%；PM2.5年平均浓度28微克/立方米，比上年下降26.3%。年末城市污水日处理能力16.25万立方米，城市生

酒泉·杭州"一带一路"经贸合作洽谈会暨签约仪式

活污水集中处理率94%，比上年提高4.2个百分点；生活垃圾无害化处理率100%。集中供热面积2211.7万平方米。燃气普及率100%。城市建成区绿化覆盖率37.3%。人均公园绿地面积13.91平方米。

全年发生工矿商贸安全生产事故15起，死亡13人，受伤4人，直接经济损失456万元。发生一般以上道路交通事故（含高速）139起，死亡90人，受伤162人，直接经济损失50.3万元。发生火灾事故750起，比上年增长2.9%；直接经济损失463.5万元，比上年增长1倍。全年没有发生4级以上地震。

（供稿：酒泉市地方史志办公室）

肃州区

【综述】肃州区地处河西走廊西端，介于东经98° 15′ ~99° 30′，北纬39° ~40° 之间。区域东西长约104千米，南北宽约84千米，全区总面积3353平方千米。2017年末，全县常住人口44.40万人，人口自然增长率2.75‰。

境内地势西南高，东北低，海拔1340~2200米，地下水位在10~105米之间。有北大河、洪水河、讨赖河等大小河流17条，是全国重要的对外制种基地、洋葱生产集散中心和畜禽养殖中心。光热资源充足，风能资源总储量达2亿千瓦，可开发利用8000万千瓦以上。主要矿产资源有石油、花岗岩、祁连玉等与黏土、石膏等。境内已经发现的文物古迹266处，有西汉酒泉胜迹、祁连雪峰等人文自然景观。

2017年，全区生产总值（GDP）178.16亿元，比上年增长2.5%。其中：第一产业增加值29.18亿元，比上年增长5.27%；第二产业增加值43.41亿元，与上年持平；第三产业增加值105.57亿元，增长2.91%。三次产业结构由2016年的16.4：24.8：58.8调整为16.4：24.3：59.3。按平均常住人口计算，人均生产总值40257元，比上年增长1.9%。全年完成财政总收入22.29亿元，比上年增长28.6%，财政总支出34.87亿元。年末全区金融机构本外币各项存款余额405.32亿元，金融机构本外币各项贷款余额358.73亿元。

【农业农村经济】全年实现农业总产值71.03亿元。农作物总播种面积达到74.76万亩（包括复种），其中粮食作物播种面积24.81万亩，粮食总产量达到14.76万吨。经济及其他作物播种面积49.95万亩，人工造林面积15073.6亩。全区各种畜禽饲养总量达到863.45万头只。水产养殖面积达到6919亩。全区农机化作业组织618个，农机户37850户，乡村农机从业人员3.37万人。农村用电量达到10507.91万千瓦时，农用化肥施用量6.67万吨，折纯量2.26万吨，塑料薄膜使用量5945.07吨，覆盖面积达到47.86万亩；机井1995眼。

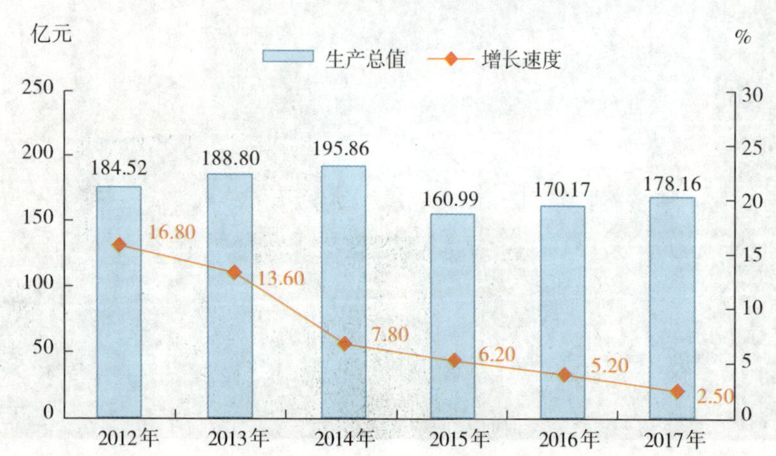

【工业和建筑业】2017年，全区工业总产值82.14亿元，其中规模以上工业完成产值52.88亿元，在规模以上工业中，区本级完成工业产值16.54亿元，酒泉经开区完成工业产值36.34亿元。全区实现工业增加值21.05亿元，其中规模以上工业完成增加值10.46亿元，规模以下工业完成增加值9.54亿元。国有控股企业完成工业增加值6.91亿元。轻工业完成增加值1.97亿元，重工业完成增加值8.49亿元，下降13.8%。全区规模以上工业企业54户，全年完成主营业务收入58.71亿元，产品销售率98.49%；税金总额1.36亿元，下降14.0%；盈亏相抵后实现利润0.78亿元，增长21.3%。

全年资质内建筑企业完成产值30.62亿元，比上年下降12.5%。全区建筑业实现增加值22.37亿元，比上年增长5.63%。

【固定资产投资】2017年全区完成固定资产投资额149.74亿元，其中区本级完成投资额145.54亿元，酒泉经开区完成投资额4.20亿元。按三次产业分，第一产业完成投资28.01亿元，第二产业完成投资37.97亿元，第三产业完成投资83.76亿元。全区5000万元及以上项目完成固定资产投资额64.43亿元。

房地产开发方面，全年完成房地产开发投资21.94亿元。房屋施工面积244.69万平方米，其中住宅施工面积188.68万平方米，房地产开发竣工面积66.98万平方米，商品房销售面积70.74万平方米。

【商贸流通】2017年，全区社会消费品零售总额88.13亿元，其中城镇零售额64.12亿元,农村零售额24.01亿元，批发和零售业实现零售额73.04亿元,住宿和餐饮业实现零售额15.09亿元。限额以上企业实现零售额50.46亿元，限额以下企业实现零售额37.67亿元。全区有进出口经营权企业达到88户，完成外贸进出口总额4.12亿元人民币，比上年增长12.23%。

【交通邮电】年末，全区有客运营运车辆1378辆，其中班线客车263辆，出租车860辆，城市公交车198辆，旅游车57辆；货运营运车辆3347辆。全年公路客运量6250万人次，公路货运量3051万吨，货运周转量29.78亿吨千米。全区邮电业务总量56330万元，其中邮政业务总量4581万元，电信业务总量51749万元。年末本地固定电话用户10.73万户，移动电话用户62.01万户，固定互联网宽带接入用户数达11.55万户。

【旅游】2017年末，全区有星级宾馆（饭店）8家。全县共接待海内外游客742.56万人次，其中接待外宾0.49万人次，内宾742.07万人次。全年实现旅游收入57.42亿元。

【科技与教育】年内建成市级工程技术研究中心5户，全区市级工程中心达到31个，省级工程中心达到7个，国家工程研究中心1个。评出肃州区科技进步奖26项，完成省部级以上科技成果16项。全年申请受理专利562件，授予专利权261件，授权发明专利17件，万人发明专利拥有量达到1.72件；辖区内有大专院校1所，在校学生8840人，教职工525人。小学全科合格率达94.85%，初中毕业升学率达到96.53%，高中升学率达到86.67%。

【文化体育卫生】年内新建数字影院1个、微型消防站1处，提升农村固定电影放映点2个，完成农村公益电影放映任务1680场（次）。参加全省非遗展演和全市华夏文化艺术节专场演出，获优秀剧目奖2个，优秀表演奖4人。全年举办全区性体育品牌赛事15项，组队参加省内外各类体育竞技比赛7项。在甘肃青少年自行车锦标赛中夺取1金、4银、5铜奖牌，在甘肃青少年足球联赛中取得冠军1个，亚军1个。九年义务教育巩固率99.46%。辖区内各类卫生机构395个，卫生技术人员3113人，住院床位3413张。卫生服务覆盖率达到100%。

【城市建设】2017年，建成区绿化覆盖面积1987公顷，公共绿地面积1669公顷。城市供水综合生产能力16万立方米/天，城市污水日处理能力10

肃州区2012—2017年固定资产投资及增长速度

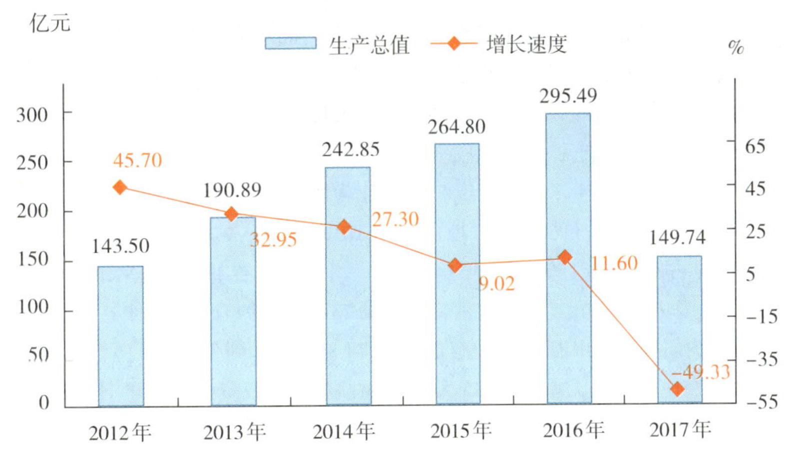

肃州区2012—2017年社会消费品零售总额及增长速度

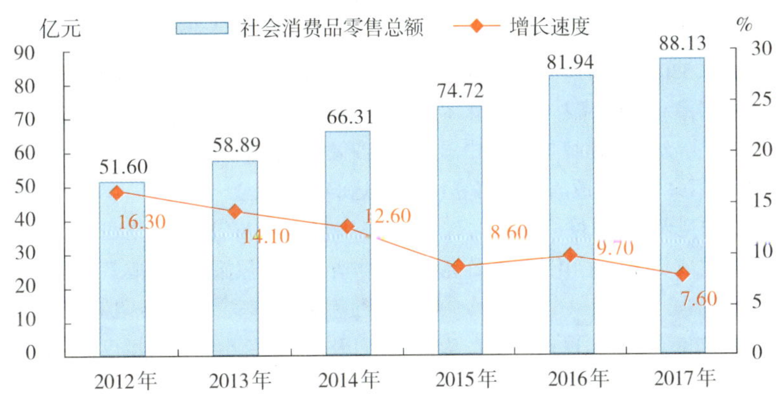

万立方米/天，城市生活垃圾无害化处理率达到100%。城市集中供热面积1625万平方米。新铺设各类供水管网8.8公里。新建停车场5个，增加停车位1318个。年末天然气用户6.23万户。城镇化率达到68.4%。

【人民生活与社会保障】全区在岗职工年平均工资54709元，城镇居民人均可支配收入34442元，城镇居民人均消费支出28235元。农村居民人均可支配收入15310元，农村居民人均消费支出12430元。

年末全区城镇职工基本养老保险参保人数为4.96万人，其中在岗职工3.72万人，离退休人员1.24万人。城乡居民基本养老保险参保人数15.31万人，其中城镇居民养老保险参保人数1.40万人，新型农村社会养老保险参保人数13.91万人。城镇职工基本医疗保险参保人数为2.72万人，城镇居民基本医疗保险参保人数7.18万人。年末参加失业保险人数为1.54万人，参加工伤保险人数为3.10万人，参加生育保险人数为1.58万人。年末参加新型农村合作医疗的农民21.58万人，全年新型农村合作医疗基金支出总额13207万元。城镇居民最低生活保障人数13322人，农村居民最低生活保障人数16549人，农村五保救济人数1114人；城市低保标准提高到460元/月，农村低保标准提高到3500元/年，五保供养标准提高到5755元/年。养老服务机构9个，养老服务机构床位数1336张。

（供稿：李　慧）

玉门市

【综 述】玉门市地处河西走廊西部，东临酒嘉，西毗敦煌，通中原，接新疆，连青海，贯西藏，自古以来是中原王朝连接蒙古、中亚、欧洲的重要通道。全市总面积1.35万平方千米。2017年末，全市辖新老两个市区和6镇6乡，境内有回族、蒙古族、藏族、东乡族等31个少数民族，总人口18万。

区域内属大陆性中温带干旱气候，年均气温750℃，年均无霜期为135天，年均降水量为66.7毫米。境内有疏勒河、石油河、白杨河、小昌马河四条河流，年径流量11.6亿立方米。有石油、煤、铁、铬、锰、铜等30多种矿产资源。风能资源理论蕴藏量3000万千瓦以上，理论可开发利用量2000万千瓦，全年日照时数3300多小时，是全省太阳能总辐射量最高的区域之一。硅化木地质公园、赤金丹霞地貌景观、“中国石油第一井”“铁人”故居纪念馆等104处景点被列入省、市保护景点名录，玉门油田被成功入选全国第二批红色旅游景点名单。

2017年，全市实现地区生产总值133.6亿元，完成固定资产投资119.1亿元，完成社会消费品零售总额31.3亿元，完成财政总收入8.08亿元，完成财政总支出21.1亿元，城乡居民人均可支配收入分别达到29758元和15625元。

【农业农村经济】新建日光温室1161亩、钢架拱棚3067亩，新增特色林果51万亩，高效田面积达到50万亩；新建标准化规模养殖场21个，标准化养殖圈舍1000座，出栏肉羊65万只，新增10.9万只；建成亚盛公司农产品综合加工项目，新建枸杞加工企业及合作社20家、仓储物流企业3家。实施农产品品牌创建工程，新增“三品一标”认证农产品3个，认证面积达到8.2万亩，“祁连清泉”人参果获得国家生态原产地产品保护认证、成功入选2017年度全国名特优新农产品目录。设立农业品牌咨询服务平台，出台《玉门市开展质量提升行动推进商标品牌战略实施方案》，推动枸杞、辣椒等农产品实现统一品牌、统一包装、统一商标。玉门特色优质农产品在电商微商平台销售额突破1000万元大关，同比增长61%。

【工业经济】2017年，全市实现工业增加值60.2亿元，同比增长0.5%，占GDP比重的45%。

【招商引资】全年先后组团赴外招商73次，签约项目150个，签约金额274.86亿元，到位资金116亿元，中建材凯盛集团投资16亿元的日产1400吨光热发电玻璃、首航节能公司光热产业园、北京通捷智慧水务股份有限公司老市区、建化工业区污水处理厂，表青公司投资5亿元的玉门枸杞国际交易市场等项目成功签约。

【电子商务】完成“国家电子商务进农村综合示范县”项目，建成乡镇电子商务服务站65个，新开网店172家，电商微商从业人员达520人，累计交易额达8470万元。

【旅游】玉门市被省旅游委列为“甘肃省首批全域旅游示范区”。加快油田红色旅游景区、水上世界生态公园等项目及4个特色小镇规划步伐，玉泽湖生态旅游景区顺利通过创建4A级景区初评。举办玉门·玉门关与丝绸之路历史文化学术研讨会、第四届赤金峡漂流文化旅游节、第十二届铁人文化艺术节等重大节会活动；欧美篮球对抗赛、全国广场舞大赛、全国青少年藤球锦标赛等大型体育赛事在玉门举行，魔山挑战暨玉门国际越野赛被评为“2017年全国体育旅游十佳精品赛事”。

【城乡建设】完成城镇风貌、城市给排水、绿地、供热、燃气、道路等8个专项规划年度编制任务；投资1.9亿元的风光大道、经一路等城市骨干道路工程建成通车，投资2600万元的城区5条道路铺油罩面改造工程全面完工，投资5800万元的新老城区第二铁路立交通道工程及老城区南环路改造开工建设。集中清理园区景区、道路沿线、乡村集镇、村庄院落等区域“三堆”存量垃圾2.4万处、10.6万吨，整治重点路段和河道1170千米，回收废旧农膜1100余吨。投资3.7亿元，实施乡村道路改造等环境综合整治项目35个，新建和改造通村通组油路497.8千米，赤金峡至魔山大景区道路、玉门市至昌马通乡油路建成通车。建成赤金镇铁人村、清泉乡清泉村等29个示范村。

【环境保护】投资1.8亿元的三个工业园区污水处理厂和配套管网全部建成，实施建制镇生活污水集中处理和污水处理厂污泥处置工程。投资2.3亿元建成城市集中供热工程和天然气入户工程，新市区集中供热站脱硫、脱硝、脱尘改造全面完成，集中供热覆盖率达到98%，燃气普及率达到100%，扬尘管控“6个百分之百”措施全面落实。建成防风林带27千米，造林8299.4亩，全市森林覆盖率达到7.76 %，人均公共绿地面积13.45平方米。

【社会事业与民生保障】投资2.6亿元，完成市第三小学、第四幼儿园建设，完成石油中专实训楼、农村薄弱学校改造和城乡学校校舍建设工程，采购标准校车15辆，解决457名偏远乡镇寄宿制学生节假日接送问题，引进重点师范院校毕业生81人，高考本科上线率达到56.7%，较上年提高7.2个百分点，实现二十年来清华大学录取零的突破；完成第一人民医院门诊部、住院部、后勤部主体建设，创建重点专科1个，引进医疗卫生人才43名。

2017年，全市城乡居民人均可支配收入分别达到29758元和15625元。城镇新增就业5040人，城镇登记失业率控制在1.19%以内。完成劳务输转3.23万人，实现劳务收入5.35亿元。城乡低保、五保供养、孤儿生活保障、大病救助全面提标，保障人数达到3.2万人；人均可支配收入稳定在4000元以上，贫困发生率稳定到1%以下。

（供稿：何　娟）

敦煌市

【综 述】敦煌市位于甘肃河西走廊最西端，是甘肃、青海、新疆三省（区）交汇地。介于东经92° 13′ 至95° 30′ 、北纬39° 40′ 至41° 40′ 之间，全市总面积3.12万平方千米，其中绿洲面积约1400平方千米。2017年末，全市辖9镇，8个城市社区居民委员会，常住人口19.03万人。

发源于祁连山的党河是敦煌重要的水利命脉，全长390千米，流域面积1.68万平方千米，年径流量4.05亿立方米。境内属典型的温带大陆干旱性气候，2017年全年降水量33.1毫米，蒸发量2059.7毫米，年均气温11.2℃，无霜期270天。光能、矿产等自然资源丰富。全年日照时数3288.7小时，年太阳辐射量6432.74兆焦耳/平方米。矿产资源已探明有金、银、钒、铁、磷、硫、石棉、芒硝等26个品种，其中已探明钒资源储量153.86万吨，位居全国第四。境内现存各类文物景点265处，有3处世界文化遗产，分别是莫高窟、玉门关遗址、悬泉置遗址；全国重点文物保护单位4处，分别是莫高窟、玉门关遗址、悬泉置遗址、敦煌境内长城；省级文物保护单位12处。

2017年，全市现价生产总值100.93亿元。其中：第一产业增加值15.59亿元，第二产业增加值19.19亿元，第三产业增加值66.14亿元。完成财政总收入13.57亿元，财政支出22.91亿元。年末全市金融机构本外币各项存款余额197.71亿元。全市金融机构本外币贷款余额135.16亿元，增长1.24%。全年累计实现保费收入4.78亿元，增长20.01%。

【农业农村经济】2017年，全市实现农林牧渔及其服务业总产值31.19亿元，农林牧渔及服务业增加值17.81亿元。全市农作物播种面积25.08万亩。其中：粮食种植面积2.92万亩，棉花种植面积7.14万亩，蔬菜、瓜类高效特色产业面积达到10.87万亩。全年粮食产量17611.52吨，棉花产量8760.32吨，蔬菜产量280681.5吨，水果产量209461.33吨。新改扩建标准化规模养殖场10个，各类畜禽饲养总量达222.48万头（只），羊饲养量111.47万只（含短期育肥），牛饲养量1.34万头，肉蛋奶总产量达到1.43万吨。完成新增种草面积1.2万亩。免疫各类畜禽265.37万头（只）次。年末农业机械总动力32.18万千瓦。大中型拖拉机5601台，小型拖拉机8824台。

实施3个示范乡镇、29个示范村和206个示范组、4个集镇的环境综合整治工作。建成七里镇南台堡村、莫高镇新墩村、郭家堡镇土塔村等3个省级千村美丽示范村建设。推广特色林果标准化示范面积3万亩、葡萄避雨防霜示范面积1.2万亩。成立家庭农场60个，依法登记注册农民专业合作社399家。举办第七届中国·敦煌葡萄文化旅游节，葡萄宣传登上央视屏幕，6万余吨葡萄订单直销北上广。新增农村电商服务点23个，特色农产品线上交易额达3895万元。

【工业经济】全年完成工业总产值52.49亿元，完成增加值 7.26亿元，其中45户规模以上工业企业完成增加值4.2亿元。全年规模以上工业企业实现利润0.45亿元。其中国有控股企业0.17亿元，增长70%；集体企业0.05亿元，与去年同期持平；股份制企业0.43亿元，增长2.9倍；外商及港澳台商投资企业0.02亿元，增长2倍；私营企业0.23亿元，增长1.55倍；电力、热力、燃气及水生产和供应业0.19亿元，增长26%。

【固定资产投资】全市在建项目272个，完成固定资产投资93.44亿元。其中，第一产业投资7.05亿元，第二产业投资18.79亿元，第三产业投资67.6亿元。非公经济固定资产投资56.59亿元，占固定资产投资的比重为60.56%。

【商贸流通】全年实现社会消费品零售总额46.09亿元。按消费地分，城镇完成33.50亿元，乡村完成12.59亿元。按消费业态分，餐饮收入完成7.10亿元，商品零售完成38.99亿元。

【交通邮政】 全市公路里程3003.50千米。全市公路客运总量达到807.87万人次，增长7%；公路客运周转总量82120.6万人千米，增长20.14%；公路货运总量达到454.73万吨，增长12.47%；公路货运周转总量41698.1万吨千米，增长19.33%。全市拥有客运车1758辆。全市共完成邮政业务总量2105万元，电信业务总量22200万元，全市程控电话实际装机66951门,全市移动电话用户266546户,互联网用户54523户。

【城乡建设】总投资1.75亿元，新改建城市道路10条。启动第三热源厂建设和西城区古城路换热站建设，完成城市部分老旧二级供热管网改造。实施阳关路、沙州路人机分离隔离带设置、鸣山路盲道改造，新增主要道路盲道口55个、消除断头盲道200米。对文庙巷6条巷道、三危路建荣市场以东区域和法院周边进行路面硬化、人行道铺装和美化绿化提升改造。实施桥南、北门外等12个片区棚户区改造工程。新增城市绿地面积7万平方米，人均公共绿地面积13.61平方米。启动实施"四镇一村"甘家堡村1组污水处理、天然气入户及农村50个重点村组833盏路灯安装工程。实施城乡生活垃圾统一清运填埋压实处理项目，配备莫高镇、郭家堡镇、黄渠镇等7个乡镇374个固定垃圾斗。

【文化产业与旅游业】全年开展各类文化演艺1100余场次，来敦参加户外运动人数达到5.9万人次。年末全市文化产业法人单位407家，增长2.78%；文化产业从业人员6711人。全市有民间艺术表演团体46个，剧场、影剧院5个，文化馆1个，博物馆30个，公共图书馆1个。

全市旅游住宿单位共478家，客房13531间，床位25586张，从业人员约4300人。全年接待国内外游客900.45万人次，增长12.34%。全年实现旅游总收入91.33亿元，增长16.55%。

【科技教育】年末，全市科技创新对经济增长贡献率达到58%。组织实施15项市列科技计划项目，争取到省级科技计划项目3项、酒泉市级科技计划项目4项；全市申报专利166项获甘肃省科技进步三等奖1项；全市九年一贯制学校9所，初级中学2所，普通小学21

所。高中阶段教育毛入学率95.6%，初中教育入学率100%，初中毕业生升学率95.6%，学龄儿童入学率100%，学前三年教育普及率99.12%。

【医疗卫生】年末，全市有医疗卫生机构179个，卫生技术人员1355人，其中执业医师和执业助理医师434人，注册护士567人。医疗卫生机构床位980张，其中医院835张，乡镇卫生院115张。全年总诊疗576555人次，出院人数27397人。

【人民生活与社会保障】全年支出社会事业、民生保障资金11.9亿元，占一般公共预算支出的70%。全年城镇居民人均可支配收入31332元，增加1865元，增长6.33%；农村居民人均可支配收入16583元，增加1272元，增长8.3%。城镇居民人均消费支出19792元，下降15.84%，恩格尔系数为28.21%；农村居民人均消费支出10679元，下降3.07%，恩格尔系数为30.04%。年末城镇居民人均住房建筑面积33.93平方米，农村居民人均住房面积48.39平方米。全年开展职业技能培训4160人，职业技能鉴定881人，完成劳务输转3.1万人，劳务收入达5.27亿元。落实就业补助资金1350.29万元，完成职业技能培训4160人次，城镇新增就业5752人。全市从业人员82838人，比上年末增加281人。城镇新增就业人数5752人，发放再就业小额担保贷款96万元。

未纳入五保和低保范围的残疾人享受每人每年30元的基本医疗保险补贴。全市有社会福利院1所，农村敬老院2个，农村五保家园1个，城市流浪乞讨人员救助站1所，建成10个城市社区老年人日间照料中心和22个农村互助老人幸福院。2017年，全市救助城乡特困供养对象345人，城市低保对象2409人，农村低保对象9027人，孤儿27人，冬春救助生活困难群众5760人，临时救助4099人。发放各类救助资金4561.47万元。全年筹集社会福利资金232万元，直接接受社会募捐9万元。城乡居民基础养老金每人每月增加15元。参加城镇职工基本医疗保险人数为15706人，增长0.74 %。参加新型农村合作医疗农民人数为96963人，参合率为98.05%。全年新型农村合作医疗基金支出总额为5067.25万元。年末城乡居民社会养老保险参保缴费人数72033人，参加城镇职工基本养老保险人数为15950人，与上年同期持平。

【环境保护】完成生态造林7262亩、防沙治沙6395亩。完成燃煤锅炉改造62台，取缔土法炼金小作坊17处。引进新能源汽车124辆。万元GDP能耗和工业增加值用水量控制在省市下达指标内。年能源消费总量55.24万吨标准煤。全市煤炭消费量占能源消费总量的42.41%，天然气消费量占能源消费总量的13.38%，电力消费量占能源消费总量的23.46%。主要污染物总量控制在目标任务范围内，总悬浮颗粒物、二氧化硫、二氧化碳等检测指标均优于国家二级标准。地表水质达标率100%，饮用水源水质达标率100%。

（供稿：敦煌市地方史志办公室）

金塔县

【综述】金塔县地处河西走廊中段北部边缘，介于北纬39° 47′ ~ 40° 59′，东经97° 58′ ~100° 20′ 之间。东与高台县毗邻，西与玉门市接壤，南临肃州区和嘉峪关市，北靠内蒙古额济纳旗。东西长约170千米，南北宽约115千米，全县总面积1.88万平方千米，全县2017年末，辖5乡5镇和1个城市社区管委会。总人口145633人，境内有满族、回族、藏族、白族等15个少数民族。

境内东南北三面皆山，中间低平，地势南高北低，平均海拔1275米。年日照时数达3142.8小时，年平均气温10.0℃，年均降水量55.8毫米，年均蒸发量1761.4毫米。源于祁连山冰川群中的黑河、讨赖河流经全境，平均年径流量达4.04亿立方米，地下水年补给量642亿立方米。境内有鸳鸯池、解放村、大墩门、红沙墩等大小水库13座，总库容量达1.856亿立方米。

2017年，全县实现生产总值72.8亿元，按可比价格计算，比上年下降1.9%。其中，第一产业增加值20.6亿元，增长5.6%；第二产业增加值14.5亿元，下降10.2%；第三产业增加值37.7亿元，下降1.6%。

【农业农村经济】2017年，全县实现农业总产值43.6亿元。其中，种植业总产值26.3亿元，林业总产值1.9亿元，畜牧业总产值5.8亿元；渔业总产值527万元，农林牧渔服务业总产值9.5亿元。全年实现农业增加值23.1亿元，按可比价计算，比上年增长5.6%。全年粮食总产量7.7万吨，下降1.9%；棉花种植面积0.3万亩，增长30.2%；油料种植面积1.3万亩，下降2.8%；蔬菜总产量76.4万吨，增长6%；瓜类产量9.8万吨，增长17%；孜然产量5365吨，下降0.3%；药材产量2.3万吨，增长14.9%；肉类总产量18348吨，增长4.1%；禽蛋产量1361吨，减少29.4吨；水产品产量661吨，增长5.3%。新增标准化设施养殖场20个，“万元田”“五千园田”分别达到11.6万亩、15.2万亩，扶持发展特色林果4万亩。新增经营主体38个，冷链物流仓储量达到35万吨。年末全县拥有农业机械总动力46.9万千瓦，增加1.5万千瓦，增长3.3 %。农村用电量4866.4万千瓦小时，增加48万千瓦小时，增长1%。“共植胡杨·共享绿色”公益行动影响力不断扩大，军民共植万亩胡杨林参与人数达5000人，义务植树100万株。荒漠化和沙化土地面积20年“双缩减”，酒泉建市以来首次防沙治沙现场会在金塔县成功召开。

【工业与建筑业】2017年，开工建设项目58项。全县完成工业总产值24.6亿元，同比下降 21%（现价增速）。全县实现工业增加值6.3亿元，可比价增速同比下降20.1%。规模以上企业工业产品主营收入达到 12亿元，同比下降18.5%，实现利润总额 0.2亿元，下降40.5%。规模以下工业完成增加值3.2亿元，下降2.1%。

2017年，全社会建筑业实现增加值8.1亿元，比上年增长6.3%。全县具有建筑业资质等级的总承包和专业承包建筑企业实现工程结算收入2亿元，比上年下降4.8%，上缴税金0.05亿元，比上年下降61.5%。房屋建筑施工面积7.5万平方米；房屋建筑竣工面积5.1万平方米。

【固定资产投资】2017年，全县完成固定资产投资81.5亿元，比上年下降23.2%。第一产业完成投资额8.8亿元，同比下降46.5%；第二产业完成投资额27.6亿元，同比下降44.2%；第三产业完成投资45.1亿元，同比增长12.3%。

【财政金融】全年财政总收入达到5.7亿元，比上年增长23.8%。其中，地方财政收入完成3.7亿元，增长14.9%；一般公共财政收入2.5亿元，同比增长9.8%。全县金融机构各项存款余额60.5亿元，增长4.7%。各项贷款余额50.8亿元，比上年增长7.8%。

【商贸流通与贸易】2017年，全县社会消费品零售总额14.1亿元，比上年增长7%。全年出口总额4849万元，比上年下降25.9%。建成乡村电商服务站点56个、各类市场12个，培育限额以上流通企业4家，新增客房300间、床位700张。成功注册商标39件，建立标准化示范基地3个，认证"三品一标"农产品2个。

【旅游】2017年，开工建设文化旅游重点项目19个，完成投资6.5亿元，沙漠胡杨林特色餐饮区、花卉观光园15项景观工程如期完工。全县累计接待海内外游客321万人次，同比增长27.3%，实现旅游收入27.6亿元，同比增长28.1%，旅游收入占GDP的比重由上年的31.6%提高到37.9%。

【城乡建设】2017年，全县投资14.4亿元，实施重点工程46项。完成棚户区改造1878户。"五路九街"污水管网改造项目29个，新开发商住面积21.8万平方米，铺筑市政道路15.5千米。投资2.44亿元建成航天大道，道路全长11.25千米。

【交通邮电】2017年，全县交通运输、仓储和邮政业实现增加值6.5亿元，比上年增长5.2%。全年完成旅客运输量592.3万人，旅客周转量46643万人千米。货物运输量528万吨；货物周转量33975万吨千米。全年客货运输换算总周转量37676万吨千米，比上年增长2.6%。全年完成邮电业务总量0.95亿元。年末全县固定电话用户1.6万户，移动电话用户13.7万户，国际互联网固定宽带用户36347户，移动宽带用户99357户。

【科技与教育】2017年，全县组织实施各类科技项目28项，取得科技成果4项。全年引进各类农林牧渔新品种26个，新建农业科技示范园区12个。年内开展科技培训97场次，科技成果转化率为85%，农业科技覆盖率达86%。全县普通高中在校生2640人，职业中专在校生1547人，普通初中在校生4753人，普通小学在校生7316人，在幼儿园（班）幼儿3491人。全县城乡学前2~3年教育普及率分别达到99.2%和97.8%。义务教育阶段小学入学率、巩固率、普及率、毕业率均保持在100%，初中入学率、巩固率、普及率、毕业率均分别达到100%、99.4%、100%、99.9%。高中阶段教育普及率达到96.4%，普通高考二本以上上线率达到44%。投资1.3亿元，实施县中学体育活动中心、羊井子湾小学周转房、县三中电采暖改造项目30个，新改建校舍5.2万平方米，改造体育运动场4.5万平方米。金塔县中学被评为"第一届全国文明校园"，金塔县成为全省唯一通过验收的"国家中小学校责任督学挂牌督导创新县"。

【文化、体育和卫生】2017年全县有文化馆1个，公共图书馆1个，博物馆1个，档案馆1个。金塔县"两馆两中心"建设项目已投入资金1.1亿元，完成了四个项目主体工程建设。广播电视台1座，千瓦以上电视发射及转播台4座，25平方米室外全彩电子显示屏1台，广播和电视综合人口覆盖率分别达到95%和98%。馆藏图书5.4万册，流通量2.8万册次，流通人数3.2万人次。馆藏文物1556件。年内举办体育运动会5场次，全县在校学生体质合格率98.6%。年末全县共有卫生机构147个，卫生机构病床床位687张，卫生技术人员971人。

【人民生活与社会保障】2017年，全县城镇居民人均可支配收入30842元，比上年增长8.3%；人均消费支出22325元，增长4.5%。农村居民人均可支配收入15779元，比上年增长7.8%；人均生活消费支出11848元，增长7.3%。年内全县城镇登记下岗失业人员1226人，

金塔县2017年春节社火汇演

金塔县羊井子湾乡葡萄种植

较上年增长5％。全县失业人员再就业754人，年末城镇登记失业人员472人，登记失业率为2.85％。全年累计输转劳动力32971人，创劳务收入61976万元。

2017年，全县参加城镇基本养老保险的人数为14911人，失业保险的人数为4513人，城镇基本医疗保险的人数为26487人，工伤保险的人数为7425人。全年社会保障部门共筹措基本养老保险金19826万元，失业保险金317万元，城镇职工基本医疗保险4502万元；工伤保险金407万元。年末全县参加城镇居民医疗保险的人数达到16450人；全年各级共筹集城镇居民医疗保险金965万元，报销医疗费934万元。年末全县新型农村合作医疗参合人数达到112934人，参合率为98％；全年各级共筹集新型农村合作医疗基金6921万元，报销医疗费6906万元。新型农村养老保险参保人数74590人，参保率达到98.4％。全年为保障对象2036人发放保障金975万元。农村低保全面实施，全年为低保对象6150人发放低保金1213万元。为506人发放五保供养经费313万元。为城乡医疗救助对象发放救助金410万元，为9091人发放冬令、春荒救济金125万元。

【环境保护】2017年，全县有省级自然保护区1个，总面积16.34万公顷。全县环保投资26836万元，城乡饮用水达标率分别为100%和68%；工业废气排放达标率58.3%。废水排放达标率93.8%。城区生活垃圾集中处理（填埋）率达到100%；集中供热面积160万平方米；建成区绿化覆盖率达到39.8%，同比提高0.6个百分点；城市人均公共绿化面积12.7平方米。全年能源消耗37.8万吨标准煤，万元GDP能耗0.5吨标准煤，比上年下降2%。开展环境卫生集中整治行动，以3个示范乡镇、39个示范村为重点，突出城区及周边、主干道沿线、乡村集镇、村庄院落、景点园区五大领域整治。2017年拆除违章建筑2.8万平方米，美化墙体47.9万平方米，改造圈舍7200户，清理垃圾13万吨、柴草3万处。

【安全生产】2017年，全县发生工矿商贸企业生产安全事故4起，死亡4人，直接经济损失249万元。发生道路交通安全事故13起，死亡11人，直接经济损失2.4万元。

（供稿：白彩云）

瓜州县

【综述】瓜州县地处甘肃省河西走廊西端，介于地理坐标东经95° 46′，北纬40° 32′之间。东临玉门市，西接敦煌市，南北与肃北蒙古族自治县相连，西北与新疆哈密市接壤。东西长185千米，南北宽220千米，全县面积2.4万平方千米。2017年末，全县辖5镇10乡，常住人口14.96万人。其中，城镇人口5.88万人，占39.3%；乡村人口9.08万人，占60.7%。有回族、东乡族、藏族等20个少数民族，少数民族人口2.5万人，占全县总人口的17%。

境内平均海拔1178米。属中温干旱气候，日照时间长，光资源丰富，相对湿度低，冬冷夏热，风大沙多，昼夜温差大。年均降水量49.2毫米，年均蒸发量2577.4毫米，年均相对湿度39%；年平均气温9.2℃，不低于10℃积温3582.9℃，平均无霜期146天。

2017年，全县完成地区生产总值72.41亿元，同比增长0.3%；完成工业总产值47.07亿元，同比下降10.4%；实现工业增加值13.8亿元，增长15.6%；实现社会消费品零售总额23.67亿元，增长7.2%；完成500万元以上固定资产投资103亿元，下降56.7%；财政收入7.23亿元，同比增长8.4%；年末全县金融机构人民币各项存款余额6186亿元，下降8.6%；人民币各项贷款余额104.95亿元，同比增长4.9%。

【农业农村经济】新建乡改良土地3.2万亩，衬砌渠道232千米，铺筑乡村道路256千米。新增日光温室226座，累计达到1127座，特色产业面积达到20万亩，肉羊饲养量达到35万只。巩固提升人饮工程8个，受益群众1万人。发放扶贫贷款3.2亿元，新建电商服务站点28个，分布式光伏并网发电200户，户均年收益3000元以上。建成村级光伏电站19个。牛羊饲养量达到140万头（只）。新建现代农业示范园13个，设施农业面积达到1.1万亩，发展高效节灌2.5万亩，新增流转土地2万亩。创建省市级龙头企业11家、专业合作社35家。“三品一标”认证累计达到43万亩，欧盟有机枸杞认证3500亩。全年输转劳动力1.3万人次，实现劳务收入1.5亿元。贫困人口人均可支配收入达到5918元，增长12.6%。全县减贫2529户、10449人，贫困发生率下降到1%。

【工业经济】全县实现工业增加值13.8亿元，增长15.6%，其中风光电新能源产业完成工业增加值11.83亿元，占全部规上工业增加值95.1%，成为全县规上工业经济快速发展重要支撑。

【招商引资与项目建设】全年累计外出招商45批次，签约项目86个，落实到位资金92.8亿元，一源环保型煤、红星美凯龙家具博览中心等一批"五好"项目落户瓜州。全年谋划储备项目300项，开工168项。

【旅游】编制完成《锁阳城榆林窟文化景区全域旅游总体规划》。丝绸之路艺术博物馆建成开放，东千佛洞壁画彩塑保护修复、戈壁清泉户外运动营地、景观廊道改造提升项目全面完工。全年接待国内外游客人数446万人次，同比增长26.8%，实现旅游业收入38.21亿元，增长26.9%。

【商贸流通】建成乡村集贸市场2个，培育社会消费品零售总额限上入统企业2家，新增市场主体1355户，从业人员达到4万人。全年实现社会消费品零售总额23.67亿元，增长7.2%。

年末全县金融机构人民币各项存款余额61.86亿元，下降8.6%；人民币各项贷款余额104.95亿元，同比增长4.9%。

【城乡建设】推进棚户区改造，1106户居民搬迁新居。铺筑西环路、团结巷等城区道路5.2千米。新增公共绿地面积28万平方米，城区绿化覆盖率达到40.3%。实施城乡环境综合整治"1355"工程，推进3个示范乡镇39个示范村环境整治，完成"三改"4860户，提升住房风貌2780户。完成人工造林6410亩，新建和更新改造农田防护林206.78千米，建成绿色通道87.23千米，治理沙化土地2万亩，森林覆盖率达到5.18%。

【社会事业与民生保障】沙河乡、腰站子乡、七墩乡中心小学教学楼等改薄项目顺利实施，新增校舍面积1.7万平方米。梁湖乡、沙河乡、柳园镇卫生院基础设施改造全面完成，乡镇中医馆实现全覆盖。数字化图书馆建成投用。申报省市科技创新项目25个。

累计投入9.3亿元，24件省市县惠民实事全面办结。年末，全县城镇居民人均可支配收入28976元，同比增长7.6%；农村居民人均可支配收入15433元，同比增长8.4%。新增就业人员4035人，城镇登记失业率控制在1.74%以内。城乡居民基本养老保险参保巩固率达到99%。发放各类补助救助资金9860万元。

（供稿：李春斌）

2017年瓜州县国民经济和社会发展主要指标

项目	亿元	完成数	同比增长(%)
生产总值	亿元	72.41	0.3
第一产业	亿元	11.89	4.5
第二产业	亿元	31.55	-4.0
工业	亿元	13.8	15.6
第三产业	亿元	28.96	4.3
500万元以上固定资产投资总额	亿元	103	-51.9
地方财政收入	亿元	7.23	8.4
农业总产值	亿元	23.93	-5.6
规模以上工业总产值	亿元	43.35	10
金融机构人民币各项存款	亿元	61.86	-8.6
金融机构人民币各项贷款	亿元	104.95	4.9
社会消费品零售收入	亿元	23.67	7.2
旅客运输量	万人次	706.04	10
邮电业务总量	万元	8372	7.8
城市居民家庭人均可支配收入	元	28976	7.6
农村居民家庭人均可支配收入	元	15433	8.4
在岗职工工资总额	亿元	5.63	10.6
在岗职工平均工资	元		

肃北蒙古族自治县

【综述】肃北蒙古族自治县地处河西走廊西段，是甘肃省唯一的以蒙古族为主体的少数民族自治县，也是甘肃省唯一的边防县。经国务院批准于1992年开设的马鬃山边贸口岸，是甘肃省唯一的内陆口岸，现处于关闭状态。全县总面积66748平方千米，约占甘肃省总面积的六分之一，是甘肃省面积最大的县。2017年末，全县辖2镇2乡，全县户籍人口1.21万人，其中蒙古族4611人，占38.16%.

天然草场4676万亩，其中可利用草场4189万亩，占草原面积的89.5%。野生牧草种类有42科、129属共210种。列入国家一、二级重点保护野生动物名录的35种，主要有藏野驴、野牦牛、白唇鹿、盘羊、雪豹、棕熊等。已探明的矿种有39个，矿点235处，优势矿种有黄金、铁、铜、铬、钨、镍、菱镁、铅锌、煤、重晶石等，其中已探明铁矿石远景储量7.5亿吨，塔尔沟钨矿储量居全国第二位，大道尔吉铬矿是全国第三大铬矿。风能总储量达2000万千瓦，可开发量1000万千瓦以上。已建成风电装机25万千瓦、光电装机30兆瓦。域内党河、榆林河、石油河、疏勒河等四大河流年径流量达14.25亿立方米，其水电蕴藏量达200万千瓦，可开发利用130万千瓦。已建成小水电站23座，装机容量21.23万千瓦。域内有冰川957条。

2017年,全县实现生产总值13.75亿元，同比下降12.89%，其中：一产完成增加值5542万元，同比增长3.14%，二产完成增加值6.09亿元，同比下降21.5%。三产完成增加值7.11亿元，同比增长4.05%。常住人口人均生产总值89900元。全县三次产业结构比为4.0：44.3：51.7。全县完成大口径财政收入3.3 亿元，同比下降0.6%。完成财政支出9.32亿元，比上年增长37.8%。年末全县金融机构各项贷款余额6.7亿元，增长4.41%。各项存款余额13.84亿元，下降8.37%。全年保费收入1206.2万元，比上年增长5.2%。全年赔付支出295.2万元，比上年下降34.6%。

【农牧业农牧村经济】全年实现农业总产值10815万元，同比增长4.25%，其中农业产值2287万元，同比增长26.19%；牧业产值8086万元，同比下降0.37%；林业产值27.9万元，同比下降8.25%；农林牧渔服务业产值414.5万元，同比下降0.36%。农林牧渔业增加值实现5649.7万元，同比增长3.14%，其中农业增加值1449万元，增长34.8%；林业增加值10.8万元，下降8.2%；牧业增加值4082万元，下降4.8%;农林牧渔业服务业增加值108万元,下降15%。年末耕地面积12098亩，粮食作物种植面积11664 亩，比上年增加3914亩；油料种植面积1587亩，减少213亩；蔬菜种植面积250亩，减少200亩。全年粮食总产量677.6万公斤，比上年增长49.6%。其中，夏粮产量510.3万公斤，增长60.5%；秋粮产量167.3万公斤，增长23.8%。主要经济作物中，油料产量33.6万公斤，比上年下降6.5%；水果产量2.76万公斤，增长2.07%；蔬菜产量61万公斤，下降26.2%。

年末大畜存栏1.9万头（只），比上年增长3.05%；牛、羊存栏分别为0.48万头和36.1万只，分别比上年增长2.46%和0.92%；出栏分别为0.16万头和10.7万只，分别比上年增长0.5%、下降5.0%。猪、鸡存栏分别为0.14万头和1.61万只，分别比上年增长2.38%和0.01%；出栏分别为0.16万头和1.6万只，分别比上年增长3.7%和下降0.04%。全年肉类总产量237万公斤，比上年下降3.6%，其中羊肉产量160.4万公斤，下降5.0%，牛肉产量16.3万公斤，增长0.5%，猪肉产量11.5万公斤，增长3.67%。牛奶产量27万公斤，增长29.7%；羊毛产量37.7万公斤，下降4.4%,羊绒产量4.8万公斤，下降 4.2%。禽蛋产量4.8万公斤，增长0.6 %。

全县拥有农业机械总动力3.1858万千瓦，比上年增长0.5%；农村共拥有拖拉机1127台，其中大中型拖拉机276台，小型拖拉机851台。全年化肥使用量（折纯）187.5吨，农村用电量124万千瓦小时。

【工业与建筑业】全县实现工业增加值4.88亿元，比上年下降23.98%，其中，规模以上工业企业实现增加值4.40亿元，下降26.7%；规模以下工业实现增加值0.43亿元，增长4.51%。全年规模以上工业企业22户，完成主营业务收入17.28亿元，比上年下降2.3%。产销率97.01%，比上年提高14.6个百分点。全年生产黄金1622.4千克，下降16.3%；生产铁精粉84.6万吨，下降11.0%；生产铜精粉0.43万吨，下降54.3%；全年发电量10322万度，增长8.3%。

全县建筑业实现增加值12896万元，同比增长6.28 %，资质等级以上企业2户。

【固定资产投资】全年完成固定资产投资30.81亿元，同比下降56.3%。其中，第一产业投资1.87亿元，下降22.27%；第二产业投资14.39亿元，下降41.74%；第三产业投资 14.45亿元，下降66.49%。全年开工项目113 个，其中5000万元以上项目 9个，5000万元以下项目104个。

【交通邮电】年末，全县境内公路里程2328千米，比上年增加391千米。全年交通运输、仓储和邮政业实现增加值3.23亿元，增长5.2%。全年公路客运量达26万人（次）、客运周转量13000万人千米；货运量350万吨、货运周转量87500万吨千米。

全县完成邮电通信业务总量0.185亿元，同比增长5.1%。其中，其中邮政业务总量0.012亿元，同比下降26 %；电信业务总量 0.0675亿元，同比增长16.91%；移动业务总量0.105亿元，同比增长1.2%。固定电话用户年末累计达到0.5万户；移动电话年末累计达到1.88万户；互联网用户年末达到0.53万户 。

【商贸流通】全年实现社会消费品零售总额22063万元，比上年增长7.0%。其中城镇实现社会消费品零售总额20449 万元，增长11.2%；乡村实现社会消费品零售总额1614.2万元，下降27.8%。批发业销售额12516万元，增长12.8%；零售业销售额11733万元，增长11.7%；住宿业470万元，下降6.3%；餐饮业 2035万元，增长56.7 %。

【旅游】2017年，全县接待国内外游客26.85万人（次），增长23%，全年实现旅游综合收入2.24亿元，增长30%。

【科技与教育】全年完成科技成果登记1项，完成专利申请量60 件，授权专利量25件；每万人口有效发明专利拥有量 1.33件。年末全县有各类学校5所，在校中小学生1227人，教职工218人。学龄儿童入学率100%；小学毕业率100%；小学升学率100%；初中应届生毕业率100%；初中三年保留率100%。义务教育九年巩固率100%，高中毛入学率99.38%。

【文化体育卫生】年末，全县拥有文化馆、图书馆各1个，乡镇文化站4个、社区综合文化中心2个、村级文化室18个，国有文化艺术表演团体1个，年演出80场（次）。拥有国家级文物保护单位2处（五个庙石窟、大黑沟岩画），省级文物保护单位8处，市级文物保护单位2处。有国家级非物质文化遗产项目1个，省级项目8个、市级项目29个，县级项目35个。全年共举办全县性群众体育赛事26次，配合国家、省、市局开展各类品牌赛事（户外活动）7次，完成国民体质监测50人。全县经常参加体育活动人数达6350人；全县有医疗卫生机构39个，床位170张，每千人口拥有病床数11.3张。有卫生从业人员254人（含临聘人员和村卫生室人员）；全年完成科技成果登记1项，完成专利申请量60件，授权专利量25件。每万人口有效发明专利拥有量1.33件。

【人民生活与社会保障】年末全县城镇居民人均可支配收入34093元，比上年增加2467元，增长7.8%；城镇居民人均消费性支出29918元，增长45%；全年农村居民人均可支配收入23297元，比上年增加1904元，增长8.9%；农村居民人均消费性支出21335元，增长2.2%。城镇登记失业率为3.05%，年内新增就业人员210人。

年底征缴城镇职工养老保险2225万元、城镇职工医疗保险1850万元、城镇居民医疗保险31万元、失业保险153万元、工伤保险516万元、生育保险基金86万元;支出城镇职工养老保险863万元、城镇职工医疗保险1045万元、城镇居民医疗保险126万元、失业保险37万元、工伤保险796万元、生育保险基金110万元。年底城乡居民参加养老保险4381人，参保率达98%。城乡居民社会养老保险社会化发放率达100%，企业退休人员养老金社会化发放率达到100%。年末,全县参加新型农牧村合作医疗农牧民人数5895人，参合率为99.88%。新型农牧村合作医疗基金支出总额为360万元，累计受益764人（次）。全年对城乡居民患有重大疾病的120人给予医疗救助，发放救助资金42.45万元。年末全县城镇居民最低生活保障人数281户545人，城市低保资金支270.3万元；农牧村居民最低生活保障人数233户403人，农村低保资金支出89.12万元。

【环境保护与安全生产】全县森林覆盖率5.32%，地表水质达标率100%，污水集中处理率98%,生活垃圾无害化处理率100%，城镇绿地面积达81.2万平方米，绿化覆盖率达41.3%，绿地率达39.1%，人均公共绿地面积为38.6平方米/人。

全县共发生各类安全生产事故2起，同上年持平；死亡2人，同比下降33%；造成直接经济损失100元，同比下降37%。

（供稿:马元泰）

阿克塞哈萨克族自治县

【综述】阿克塞哈萨克族自治县是甘肃省唯一一个以哈萨克族为主体民族的少数民族自治县,地处甘肃、青海、新三省（区）交界处,甘肃河西走廊西陲,东与肃北蒙古族自治县接壤,北与国际旅游城敦煌市为邻,南与青海省接连,西与新疆维吾尔自治区相望。隶属甘肃省酒泉市,总面积3.2万平方千米。2017年末，全县人口9229人，人口自然增长率控制在9.7‰，比上年上升0.77%。有哈萨克族、回族、蒙古族等11个少数民族。

境内初步探明的有金、铜、锰、石棉、水晶石、蓝晶石、蛇纹岩、云母、石灰石、花岗岩、白云岩等41种矿藏。有可利用草场面积1480万亩,年载畜量为18.9万个羊单位。有大哈尔腾河、小哈尔腾河和安南坝河三条主要河流,流域面积8560平方千米,年径流量4.52亿立方米。有大小苏干湖候鸟自然保护区和安南坝野骆驼自然保护区。

2017年，全县完成国内生产总值86299万元，下降20.54%。其中第一产业增加值6856万元，下降13.97%，第二产业增加值28300万元，下降31.5%，第三产业增加值51143万元，下降2.51%。全县财政收入完成18370万元，下降16.48%。财政支出实现64371万元，增长17.17%。固定资产投资212683万元，同比下降48.42%。社会消费品零售总额21664万元，同比增长7.10%。

【农牧业农牧村经济】全县全年实现农林牧业及其服务业总产值11627.48万元，增长19.08%；农牧业增加值6913万元，增长20.39%。农作物播种面积达到1万亩，增长11.40%，其中，粮食种植面积0.23万亩，增长14.05%；清饲料种植面积0.55万亩，增长0.64%；瓜类种植面积100亩，增长100%，蔬菜园艺种植面积120亩，下降5.61%。粮、经、草比例为124∶22∶54。全年粮食产量1522.77吨，增长18.67%。蔬菜园艺产量633.2吨，下降8.89%。

全县年末大牲畜存栏数5390头，下降8.08%，年末大牲畜出栏数2629头，增长78.72%；年末羊存栏数12.83万只，下降22.02%，年末羊出栏数13.99万只，增长13.28%。全县肉类总产量2362.33吨，增长17.13%；绒毛产

阿克塞县高原牧场

量187.98吨，下降20.50%。各类专业合作社达到19家，家庭农场6个，流转土地4000亩。投资3.23亿元，实施农村基础设施建设项目33项。全年兑付各类惠农资金7100万元。

【工业与建筑业】全县全年工业总产值完成72860.6万元，同比下降76.00%；工业增加值完成19326.6万元，同比下降34.90%，其中，规模以上工业增加值18426.6万元，同比下降39.40%。规模以上工业主营业务收入65793万元，下降63.50%，规模以上工业利税总额9212.3万元，下降50.00%；实现利润总额4427万元，下降67.90%。全年建筑业总产值达14424万元，增长8.0%，建筑业增加值完成8578.6万元，增长13.4%；房屋建筑施工面积达4.2万平方米，增长7.7%。建筑企业年末从业人员达到590人，增长7.3%，资产总计1.69亿元，增长8.0%。

【固定资产投资】全县全年固定资产投资212683万元，同比下降48.42%。开展招商活动31批101人（次），签约项目16项，到位资金9.5亿元。

【交通邮电】全县全年公路货物运输量5.53万吨，比上年下降38.07%；公路货物周转量498.6万吨/千米，同比下降53.02%，公路客运量5.34万人，同比下降15.64%，客运周转量513.6万人/千米，同比下降53.6%。民用车辆3236辆，增长7.18%。全年完成邮电业务总收入1603.8万元,增长5.51%。邮政业务收入105万元，增长9.37%电信业务总量完成1498.8万元,增长5.25%；邮政储蓄期末余额0.09亿元，下降18.20%，特快专递1.8万件，同上年持平。

【商贸流通】全年实现社会消费品零售总额21664.2万元，增长7.10%。批发和零售业共实现零售额170583万元，占全县社会消费品零售总额的比重为78.7%。

【文化产业与旅游业】年末，全县总藏书6.2万册。共组织文化活动和文艺演出125场次，开展群众性文化活动120场（次），2017年被国家体育总局授予“全国群众体育先进单位”称号。全年实现文化产业增加值5600万元，增幅20%。开工建设游客服务中心、长草沟综合服务区、3家商务宾馆，完成胡杨峡景区规划编制，举行热气球嘉年华等特色旅游活动。全年接待游客37.32万人（次），实现旅游收入3.09亿元，分别增长28.8%和39.8%。

【教育】截至年末，全县有完全中、小学各1所，幼儿园1所，在校学生1814人，其中：中学596人，小学798人，幼儿园420人。有教职工176人，专任教师164人，其中少数民族教师57人。中小学适龄儿童入学率均达到100%，城乡幼儿入园率达到99%以上。高考录取率达92. 3%，较全市高7.63个百分点。

【医疗卫生】年末，全县有各级各类医疗卫生机构10个。争取到中国社会福利基金会医疗设备1032万元、中国中医药研究促进会500万元健康扶贫项目。建立居民健康档案7143份，建档率达85%。定期对65岁以上老年人进行健康检查和随访及健康指导服务，健康管理率达70%以上。开展重点人群健康体检265人。建立门诊35岁以上居民首诊测血压制度，高血压系统管理率达96%，糖尿病系统管理率达92%。疾控中心对出生儿童建卡、建证率达到100%，乙肝疫苗第一针及时接种率100%。孕产妇系统管理率95.31%，住院分娩率100%，产后访视率95.31%。全年妇女病筛查率为11%，患病率为45%。建立0~36个月岁儿童系统保健手册400多本。

【环境保护】全年取缔10蒸吨以下燃煤锅炉45台。完成祁连山国家公园界线确定、功能区划、地类调绘等工作。实施森林生态补偿项目、库姆塔格沙化土地封禁、林地防护等重点生态保护工程。种植苗木、花卉257万株，城镇绿化覆盖率达52%，开展卫生清理整治行动160余场次，清理垃圾9300吨，整治河道、公路沿线865千米。

【人民生活和社会保障】年末，全县城镇居民人均可支配收入36096.82元，增长7.40%；城镇居民人均消费性支出27400.82元，增长7.41%。全社会职工人数2404人，增长2.47%。完成劳务输转1014人，实现劳务收入1883万元。

启动基本医疗保险省内异地就医即时结算，114个病种实行“先看病、后付费”。城镇居民医保筹资标准提高到每人每年700元。企业退休人员基本养老金人均达到2762元。城乡最低生活保障标准提高到460元，全额保障最高达到549元。特困集中供养和分散供养标准分别增长19.8%和36%。村两委正式职工资标准提高到45758元。270套廉租住房和552套公租房分配入住，完成棚户区改造350户。发放城乡困难医疗救助和临时救助176万元，累计救助292人（次）。

（供稿：杜　娟　杨　晓　周建忠）

平凉市

【综述】平凉市位于甘肃省东部，陕、甘、宁三省（区）交汇处，介于北纬34° 54′ ~35° 45′ 、东经105° 20′ ~107° 57′ 之间，是古丝绸之路东端的交通要塞，素有陇东“旱码头”之称。2017年末，全市辖6县1区，总面积1.11万平方千米，全市常住口211.28万人，比上年末增加0.97万人。人口自然增长率5.98%。有回族、蒙古族、满族等33个少数民族。

境内气候适宜，属黄河中游黄土高原丘陵沟壑区，半干旱、半湿润大陆性气候，海拔890米~2857米，年均气温7.4℃ ~10.1℃，年降水量420~600毫米，年均日照2144~2380小时，无霜期156~188天，森林覆盖率22.3%。探明煤炭储量34.7亿吨，是全国13个大型煤炭基地之一。培育形成煤电、草畜、果菜、旅游四大主导产业，是甘肃重要的农林产品生产基地、西北重要的畜牧业基地和全国苹果最佳适生区之一。境内有仰韶、齐家等各个时期古遗址465处，有省级以上文物保护单位25个，馆藏文物3万多件，出土于泾川县的佛祖舍利金银棺、灵台县的西周青铜器和南宋货币银合子等文物，被誉为“中华之最”。有国家5A级风景名胜区、国家地质公园崆峒山，国家级森林公园云崖寺、大云寺、莲花台等历史人文自然景观100多处。

2017年，全市实现生产总值达到388.91亿元，按可比价格计算，比上年增长3.8%。其中，第一产业增加值107.02亿元，增长4.8%；第二产业增加值95.31亿元，增长2.2%；第三产业增加值186.58亿元，增长4.1%。人均生产总值为18450元，比上年增长3.4%。三次产业结构由上年的28.0∶24.8∶47.2调整为27.5∶24.5∶48。

全市居民消费价格比上年上涨1.1%。八大类消费品价格指数全部呈上涨态势。其中食品上涨0.9%，衣着下跌0.5%，烟酒及用品上涨0.9%，家庭设备用品及维修服务下跌1.3%，医疗保健和个人用品上涨8.1%，交通和通讯上涨0.5%，娱乐教育文化用品及服务上涨3.1%，居住上涨1.7%。

【农业农村经济】全年粮食播种面积498.95万亩，比上年减少8.09万亩；蔬菜种植面积达96.3万亩，比上年增加0.12万亩，比上年增产5.78%；油料种植面积56.3万亩，比上年减产4.75%；果园面积达153.72万亩，比上年增产15.75%。全年粮食总产量达到105.58万吨，减产4.81%。其中夏粮产量40.05万吨，增长0.32%；秋粮产量65.52万吨，比上年减产12.26%。蔬菜产量达165.62万吨，同比增长5.78%；油料产量达7.46万吨，比上年减少4.75%；水果产量达到153.07万吨，比上年增长15.75%。

全年完成造林面积47.66万亩，育苗面积8.89万亩；新增梯条田8.51万亩，新增有效灌溉面积2.62万亩。全年肉类总产量达到8.5万吨，比上年下降4.6%。大牲畜存栏达82.41万头，下降4.04%。牛存栏72.16万头，牛出栏44.66万头。猪存栏和出栏分别为40.23万头和49.62万头；羊存栏和出栏分别达到21.58万只和17.82万只。

2017年平凉市被命名为首批国家生态文明建设示范市

【工业和建筑业】全年实现工业增加值50.98亿元，比上年增长3.8%。其中，规模以上工业增加值46.84亿元，比上年增长4.3%；规模以上工业企业产品销售率为97.7%。轻工业完成增加值2.53亿元，比上年增长6.7%;重工业完成增加值44.31亿元，比上年增长10.1%。规模以上工业企业实现主营业务收入160.01亿元，比上年增长142%；实现利税33.72亿元，增长74倍；实现利润15.32亿元，减亏23.04亿元。全社会建筑业完成增加值44.33亿元，比上年增长0.1%。

【固定资产投资】全年固定资产投资完成424.44亿元，同比下降36.72%。实施500万元以上各类建设项目1259项，完成投资360.41亿元，比上年下降41.4%；其中，5000万元以上投资项目161项，完成投资182.2亿元，增长13.15%；亿元以上投资项目107项，完成投资164.31亿元，增长38.76%。过10亿元投资项目15个，完成投资76.58亿元，增长3.35倍。第一产业完成投资57.34亿元，比上年下降26.82%;第二产业完成投资81.62亿元，下降69.17%;第三产业完成投资285.48亿元，下降12.88%。

全年房地产开发投资完成64.03亿元，同比增长14.83%。住宅投资43.06亿元，增长13.15%；商业营业用房投资11.42亿元，增长20.11%。房屋施工面积537.84万平方米，增长22.12%，其中住宅施工面积382.22万平方米，增长14.23%；房屋新开工面积224.34万平方米，增长35.11%，其中住宅新开工面积154.08万平方米，增长21.4%；房屋竣工面积36.98万平方米，下降55.42%，其中住宅竣工面积23.63万平方米，下降67.14%；商品房销售面积89.91万平方米，下降5.54%，其中住宅销售面积89.91万平方米，下降5.13%。商品房销售额30.87亿元，下降6.34%;期房销售额27.29亿元，增长8.75%。

【商贸流通】全社会消费品零售总额完成209.81亿元，比上年增长8.1%。其中，批发业完成销售额94.35亿元，增长9.7%；零售业完成销售额254.55亿元，增长13%；住宿业完成营业额8.6亿元，增长4.2%;餐饮业完成营业额46.08亿元，增长13.7%。

【旅游】国内外旅游人数1953.3万人（次），比上年增长22.07%。其中，国内旅游人数1953.06万人（次），比上年增长22.07%；境外旅游者2380人（次），比上年增长22.8%。旅游综合收入达109.57亿元，比上年增长26.24%，其中国内收入109.75亿元，比上年增长26.24%，旅游境外收入296.97万元。

【交通邮电】全年完成交通运输仓

平凉市首条车辆下穿通道

储和邮政业增加值11.56亿元，比上年增长6.2%。完成公路客运量4105.74万人；客运周转量23.96亿人千米；货运量4563.48万吨；货运周转量130.13亿吨千米。年末私人汽车保有量2098万辆，增长10.39%，私人轿车保有量9.32万辆，增长13.08%。

全市邮电业务总量30.17亿元。电信业务总量28.77亿元；邮政业务总量1.4亿元,增长28.16%。邮政业寄递服务业务量2435.56万件，增长3.1%。电信业年末局用电话交换机总容量达到55万门，移动电话交换机容量376.4万户。年末固定电话用户25.42万户。年末移动电话用户176.66万户，4G移动电话用户118.6万户。固定电话普及率12.03部/百人，移动电话普及率83.61部/百人。年末固定互联网宽带接入用户41.99万户；移动宽带用户19.27万户。互联网宽带接入端口106.7万个，互联网上网人数146.23万人，手机上网人数137.23万人。

【财政、金融和保险】年末，全市大口径财政收入完成57.61亿元，比上年增长11.7%；年财政支出达到192.02亿元。年末全市金融机构本外币各项存款余额803.62亿元，同比增长9.18%。年末金融机构各项贷款余额592.54亿元，比上年增长11.14%。全年保费收入18.75亿元，比上年增长21.09%。全年赔付额5.92亿元，比上年增长7.32%。

【教育】全市共有各级各类学校1850所，各类学校在校学生达到37.91万人。小学、初中阶段学生入学率分别达到100%和99.6%，毕业率分别达到100%和100%。全市参加高考考生19647人，上线人数达19355人，上线率98.5%。其中一本上线3280人，上线率16.7%，比去年提高了3.3个百分点；二本上线5543人，上线率28.2%。

【文化、广电、卫生和体育】全市共有各种艺术表演团体8个，公共图书馆8个，博物馆12个。全年发行《平凉日报》365期，1095万份。全市有广播电台8座，有线广播电视传输干线网络总长8436.5千米；广播电视转播发射台10座；广播综合覆盖率达99.13%，电视综合覆盖率达97.46%。有线电视用户达12.5万户。全市共有卫生机构（包括村卫生室、诊所）2677个，卫生技术人员11660人，执业医师和执业助理医师4594人，实有床位数12490张，医疗机构病床使用率为82.77%。全市运动员参加省级及以上各项各类赛事，共获奖牌60枚，其中金牌22枚，银牌16枚，铜牌22枚。

【人民生活与社会保障】2017年，全省城镇居民人均可支配收入达25415元，比上年增长8.4%，城镇居民人均消费性支出15189元，比上年增长5.4%；农村居民人均纯收入7611元，增长8.6%。全年城镇就业人数26.72万人，比上年增加8555人，其中本年新增城镇就业人数3.71万人，下岗失业人员再就业0.87万人；年末城镇登记失业率为3.61%。

年末全市参加城镇职工基本养老保险19.39万人，比上年末增加4149人。其中职工13.45万人，比上年末增加415人；离退休人员5945人，比上年末增加3734人。参加城乡居民基本养老保险121.23万人，比上年末增加4729人。参加城镇基本医疗保险30.74万人，比上年末增加2063人，其中参加职工基本医疗保险12.84万人，比上年末增加4837人；参加城镇居民基本医疗保险17.9万人。参加失业保险人数8.69万人，比上年末增加291人；参加工伤保险人数8.1万人；参加生育保险7.92万人，比上年末增加3451人。全年各项社会保险基金总收入27.76亿元，各项社会保险基金总支出19.12亿元。民政部门资助农村合作医疗的人数达46.78万人。全年4.95万城镇居民和20.96万农村居民享受政府最低生活保障。全市有社会福利院9个，床位629张，在院供养453人，建立城镇社区服务中心18个。

【环保和安全生产】全市城区大气环境可吸入颗粒物（PM10）年均浓度为73微克/立方米，下降8.75%；二氧化硫（SO_2）年均浓度为12微克/立方米，下降36.84%；二氧化氮（NO_2）年均浓度为39微克/立方米，与上年持平；细颗粒物（PM2.5）年均浓度30微克/立方米，下降26.83%；空气自动监测站每月联网率均达到96%以上，全市城区空气质量优良天数按新标准考核为330天，占全年天数366天的90.2%。全市地表水断面水质优良比例为85.7%，其中泾河、汭河、达溪河、水洛河、葫芦河全年水质综合评价达到国家Ⅲ类水质标准要求；县级以上在用城市集中式饮用水水源地水质达标率及地下水质量考核点位水质达标率均为100%。区域环境噪声和交通干线噪声平均值分别为

54.8分贝和69.2分贝。

全市发生各类生产安全事故203起，死亡128人。亿元生产总值生产安全事故死亡人数0.33人，煤矿百万吨死亡人数为0人。全年发生道路交通事故138起，死亡112人、受伤151人，直接经济损失60.46万元，道路交通万车死亡人数为2.9人。

（供稿：平凉市地方史志办公室）

崆峒区

【综述】崆峒区地处甘肃东部，六盘山东麓，东邻泾川、镇原，南依华亭、崇信，西与宁夏回族自治区泾源、原州区接壤，北与彭阳、镇原县毗邻，总面积1936平方千米。2017年末，全区辖17个乡镇、3个街道办事处和1个大景区，常住人口53.09万人，人口出生率12.08‰。

区域属陇东黄土高原丘陵沟壑区，西北高峻多山，东南丘陵起伏，中部河谷密布，平均海拔1540米。气候属半干旱、半湿润季风型大陆性气候。境内矿藏有煤 、铁等13种12大矿点，其中水泥石灰岩和化工石灰岩品位较高，储量达5亿多立方米。地表水可利用量1.1亿立方米，地下水储量12亿立方米。植物资源1300多种，动物资源50多种。境内发掘出仰韶、齐家和商周文化遗址150多处，重点文物保护单位40余处，珍藏文物1300多件。有国家5A级风景名胜区、国家级地质公园、道源圣地崆峒山等旅游景点。

2017年，全区实现地区生产总值138.23亿元，比上年增长3.4%。其中第一产业增加值18.18亿元，下降3.2%；第二产业增加值30.52亿元，下降1%；第三产业增加值89.52亿元，增长6.7%。三次产业结构比为13.2∶22.1∶64.7，人均地区生产总值为26140元，比上年增长5.4%。

【农业农村经济】2017年，全年实现农业增加值18.24亿元，同比下降3.2%。粮食播种面积85.21万亩，下降0.59%，粮食总产量达到18.74万吨，下降9.54%。油料产量1.27万吨，增长3.39%。完成造林面积5.92万亩、育苗面积2.96万亩。全区森林覆盖率达到24.59%。全年新修水平梯田1.8万亩，累计达到82.42万亩。肉类总产量达到1.84万吨，比上年增长1.74 %。大家畜存栏达16.9万头，其中牛存栏16.56万头，牛出栏（自繁）13.08万头。启完成214个村81.18万亩土地确权颁证。新建标准化肉牛养殖小区19个、设施蔬菜6460亩，新植果园1万亩。2017年实现0.58万贫困人口稳定脱贫。

【工业经济】2017年，全区全部工业增加值完成15.34亿元，同比下降2.6%。规模以上工业增加值完成6.61亿元，同比下降7.1%。轻工业完成增加值0.24亿元,比上年下降56%;重工业完成增加值6.37亿元,比上年下降0.8%。规模以上工业企业产品销售率为98.83%。建材行业完成工业增加值2.75亿元，同比下降0.4%，占规模以上工业增加值的41.6 %。规模以上工业企业产品销售率为98.83%。主要工业产品中，水泥306.79万吨，同比增长5.2%；商品混凝土49.28万立方米，同比增长63.03%，面粉3.18万吨，同比下降22.23%。

【固定资产投资】全年固定资产投资完成82.93亿元，同比下降42.04%。实施500万元以上各类建设项目137项，完成投资41.87亿元，比上年下降60%；5000万元以上投资项目28项,完成投资33.25亿元，下降52.35%；亿元以上投资项目17项,完成投资28.04亿元，增长54.2%；全区新开工项目121个,5000万元及以上新开工项目14个。固定资产投资中，第一产业完成投资2.06亿元，下降69.06%；第二产业投资7.05亿元，下降86.96%；第三产业投资36.35亿元，增长16.87%。

【商贸流通】全区商贸流通基本平稳增长，零售业和餐饮业增长快速。全年社会消费品零售总额76.49亿元，比上年增长8.5%。分地域看，城镇消费品零售额为60.77亿元；农村消费品零售额15.72亿元；分行业看：批发零售贸易业零售额65.83亿元；住宿和餐饮业零售额10.66亿元。全年出口创汇1360万元，比上年下降5.2%。

【旅游产业】建成白庙贾洼阳光采摘园、香莲观音殿休闲避暑等乡村旅游景点。全年共接待国内外游客885.55万人次，实现旅游综合收入49.2亿元，同比分别增长22.08%和25.38%。

【财政金融】全年大口径财政收入完成7.88亿元，比上年下降18.2%；公共财政预算收入完成4.75亿元，比上年增长1.5%。全年一般预算支出达到31.68亿元，比上年增长12.3%。全区金融机构存款余额为316.24亿元，比上

崆峒区安国乡新农村示范点

年增长11.96%。城乡居民储蓄存款达180.56亿元，比上年增长6.13%。

【环境保护】全年环境污染治理完成总投资95143.99万元。主要污染物化学需氧量削减约394吨，氨氮削减约29吨，二氧化硫削减约254吨，氮氧化物削减约346吨。平凉中心城区空气质量优良天数达到330天，可吸入颗粒物平均浓度为73微克/立方米，比2016年85微克/立方米下降12微克/立方米，同比下降14.1%；细颗粒物平均浓度为30微克/立方米，比2016年42微克/立方米下降12微克/立方米，同比下降28.6%；二氧化硫、二氧化氮、一氧化碳、臭氧四项指标平均浓度均达到国家二级标准。水环境质量：泾河地表水平镇桥（国考）断面和王村大桥（出境）水质综合评价达到国家地表水Ⅲ类标准，达标率达到75%以上，城乡集中式饮用水水源水质达标率达到100%，国家地下水监测点位水质达标率达到100%。土壤环境质量：全区耕地化肥、农药使用量实现"零增长"，农用地膜回收利用率达到80%以上，未发生重金属、石油等新的土壤污染问题。环境噪声质量：区域环境噪声平均值控制在55dB（A）以内，交通干线噪声平均值控制在70dB（A）以内。

【社会事业】2017年，全区共有各级各类学校348所，在校学生85447人。九年义务教育巩固率达到97.23%。重点本科上线613人，上线率18.6%。有各级各类医疗卫生机构497个，其中：医院19个，社区卫生服务中心（站）23个，乡镇卫生院（分院）18个，专业公共卫生机构26个，门诊部3个，村卫生室231个，诊所（医务室）177个，实有床位3826张。医全区共有各种艺术表演团体4个，公共图书馆1个，博物馆1个，文化馆1个，数字影院4个，乡镇综合文化站16个，农家书屋226个，全区有广播电台1座，全区广播和电视信号实现全覆盖。

【人民生活与社会保障】全年全区城镇居民人均可支配收入25085元，比上年增长8.6%；农村居民人均可支配收入9623元，比上年增长8.7%。安置高校毕业生1283名，城镇登记失业率为3.87%。

为43.57万人（次）发放各类社会保险和救助资金4.45亿元。区属参加城镇基本养老保险人数达到11781人，失业保险人数11614人，职工医疗保险人数25157人，居民医疗保险人数383044人，工伤保险人数20356人，生育保险人数16128人。城乡居民基本医疗保险参保人数为38.3万人。共有9315户20511名城镇居民、9966户25138名农村居民得到政府最低生活保障。全区农村"五保"965 人1105户，农村敬老院集中供养121人，分散供养844人。

（供稿：崆峒区地方史志办公室）

泾川县

【综述】泾川县位于甘肃东部、陕甘交界处，全县辖14个乡镇、1个经济开发区，215个行政村，1466个村民小组，总面积1409.3平方千米，其中耕地面积67.98万亩。2017年末，全县总人口35.74万人（常住人口28.61万人，其中城镇人口10.01万人，城镇化率34.98%）。

境内海拔930~1460米，年均日照2161小时，平均气温10.9℃，气温历史极值最高40℃（1997年7月），最低-24℃（1977年1月）；无霜期175天，年降水587.7毫米，相对湿度70%，是农业部划定的全国优质苹果最佳适生区。全县水土流失治理程度、森林覆盖率分别达到82.4%和47.33%，先后荣获"甘肃省实现绿化第一县""全国水土保持先进县""全国绿化模范县"等称号。境内王母宫被中央台办、国台办授予甘肃首个"海峡两岸交流基地"，泾川"最古老西王母"被列入世界纪录。南石窟寺、王母宫石窟、牛角沟遗址为国家重点文物保护单位，大云寺·王母宫景区和田家沟生态风景区为国家4A级旅游景区。

2017年，全县实现地区生产总值50.77亿元，增长0.7%，其中第一产业增加值20.01亿元，第二产业增加值9.39亿元，第三产业增加值21.37亿元，三次产业结构比例由2016年的40.6：20.2：39.2调整为39.4：18.5：42.1；人均生产总值17775元，大口径财政收入33466万元（一般公共预算收入18518万元），一般公共预算支出221679万元。社会消费品零售总额24.19亿元，年末金融机构各项贷款余额67.12亿元，存款余额93.0亿元。

【农业农村经济】全县栽植果园36.63万亩，其中苹果31万亩（挂果园24.64万亩，新幼园6.36万亩），核桃、柿子等杂果经济林面积5.63万亩，2017年果品产量39.42万吨（苹果产量36.58万吨），果品产值14.3亿元（苹果产值13.72亿元）；牛、猪、鸡饲养量分别达到13.99万头、20.78万口、85.25万只，出栏量分别达到6.46万头、11.72万口、34.07万只，现价产值分别为2.5亿元、1.49亿元和0.17亿元；种植蔬菜17.6万亩，产值5.6亿元。发展山地核桃、油用牡丹、柿子等多元富民产业，建成杂果基地1.05万亩。新栽补植果园1.5万亩，新建现代矮砧密植设施示范园1750亩、苗木繁育基地400亩，扶持新建、扩建标准化养殖场（小区）8个，建成日光温室83座、钢架大棚762座，种植露地蔬菜9.8万亩，完成旱作农业技术推广13万亩。实现劳务输出7.5万人。全县实现脱贫2838户11936人，贫困发生率由8.99%下降到5.26%。

【工业经济】推动工业转型升级，天纤棉业二期20万锭棉纱生产线、30兆瓦农业光伏并网发电等项目进展顺利，新能源汽车项目全面建成。全县规模以上工业增加值1.08亿元。

【项目建设与招商引资】全县论证储备刘李河水库等重大项目686项，概算总投资781.6亿元，争取各类专项资金9.8亿元、国家债券资金4.31亿元。年内实施500万元以上项目191项，完成投资51.67亿元。全年落实招商引资到位资金31.56亿元。

【城镇建设】实施县城综合开发，世纪花园、星鼎庭院等住宅小区加快建设，年内开建商品房58.47万平方米；党原、王村等7个重点小城镇建设取得突破，城关凤凰、太平三星等9个美丽乡村示范村建设进展顺利，全县城镇化建设完成投资12.64亿元。中山街、建设路等“五路两街”改造工程、城区垃圾填埋场扩容、合志沟桥面加宽、泾灵路人行天桥工程全面建成，南滨河景观大道、县城污水处理厂提标改造工程加快实施，7个乡镇和泾州宾馆生活污水处理站工程开工建设。

【社会事业与民生保障】新建、改扩建农村中小学校舍2.8万平方米，黄家铺中学、梁河中学教学楼等项目建成投用，中街小学教学楼建成主体，县城第四幼儿园开工建设。推进城乡居民基本医保制度整合工作，县医院整体搬迁项目进展顺利。实施县城体育中心工程，完成城乡低保和特困供养人员补助提标。2017年末，全县农村居民人均可支配收入8803元，城镇居民人均可支配收入23376元。全县新增城镇就业3750人。健全完善医疗救助、救灾救济、残疾人生活补贴等社会救助体系，丰台中心敬老院全面建成，社会养老保险参保率达到95.1%。

（供稿：泾川县地方史志办公室）

灵台县

【综述】灵台县地处陇东黄土高原南缘，介于东经107°00′~107°57′，北纬34°54′~35°14′之间。东南与陕西长武、彬县、麟游、千阳、陇县接壤，西北与本省崇信、泾川县毗邻。全境东西长78千米，南北宽40千米，全县总流域面积2038平方千米。2017年末，全县辖9镇4乡，总人口231862人。少数民族有回族、藏族、满族、苗族、蒙古族等，占总人口的3.3%。境内地势西北高、东南低，海拔在890～1520米之间。年平均气温10.3℃；年降水量581.3mm；年日照总时数2028小时，全年无霜期197天。

2017年，全县实现地区生产总值（GDP）326889.05万元，按不变价格计算，比上年增长3.7%。其中：第一产业增加值144910.85万元，增长9.7%；第二产业增加值51253.58万元，下降4.2%；第三产业增加值130724.61万元，增长0.5%。人均生产总值达到17799.6元，同比增长3.5%。三次产业结构比例调整为44.3：15.7 ：40.0。全县完成固定资产投资398817万元，比上年下降17.66%，实现社会消费品零售总额148297.1万元，比上年增长7.5%。全县大口径财政收入完成15302万元，比上年增长9.9%，公共财政收入完成7511万元，比上年下降9.0%。全县年末金融机构各项存款余额583200万元，比上年增长3.58%，各项贷款余额429407万元，比上年增长15.17%。

【农业农村经济】全县完成农作物播种面积99万亩，其中粮食作物66万亩（小麦30万亩，玉米15万亩，小杂粮13万亩，马铃薯8万亩），经济作物31万亩（蔬菜15万亩，油料13万亩，瓜类1万亩，中药材2万亩），饲草2万亩。全年粮食总产达到17.27万吨，油料总产2.3万吨，蔬菜总产23.5万吨；完成“三品一标”生产面积53.5万亩，发展订单农业14万亩。全县牛饲养量达到18.2万头，羊饲养量7.9万只，生猪饲养量4.52万头，家禽饲养量41.18万羽；果产业新植果园3万亩，其中新植矮化密植园1.46万亩，全县果园面积达到22.67万亩，果产量18万吨，产值7.2亿元。其中贫困村果园面积5.93万亩，果品产量2.7万吨，果品收入138亿元，79个贫困村贫困人口人均可支配收入达到4234元，其中产业收入占到贫困人口人均可支配收入的45%，增幅达到16%。推广全膜双垄沟播技术8.5万亩，搭建蔬菜中拱棚60座，种植新品种瓜菜1000亩，种植中药材450亩，种植粮饲专用玉米220亩，硬化、砂化道路21条38.32千米，实施C、D级危房改造516户。新修梯田2.2万亩，完成生态造林8.9万亩，治理水土流失70平方千米。

累计建成肉牛养殖场（小区）66处，建成初具规模的养牛示范村44个，10头以上养牛大户达3278户。矮化果园累计达到6.93万亩。引进蔬菜新品种60多个，推广新技术7项，创建蔬菜标准园3个，新建日光温室40座，钢架大棚250座，设施蔬菜达到0.7万亩。发展林下养殖、林下种植、树种改优等林下经济及大杏、核桃、花椒特色经济林，发展林下生态养殖6.4万只，林下种植3791亩，组建林业专业合作社7个，建办家庭林场1个，繁育各类苗木11072亩7300万株。新植木本药材3000亩，花椒、核桃、梅桃等经济林11134亩。全年实现脱贫2868户10570人，下剩贫困人口6136户16935人，贫困发生率7.95%。

【项目建设】全县实施500万元以上项目136项，完成投资39.88亿元。谋划论证上报2018年中央预算内投资项目65项，概算总投资14.32亿元，完成项目可研报告（初步设计、实施方案）57个，PPP项目23项，概算总投资168.1亿元。实施招商引资项目98项，协议引资63亿元，落实到位资金30.6亿元，占市上下达年度责任目标68亿元的45%，其中新执行项目65项，落实到位资金17.3亿元；续建项目33项，新增到位资金13.3亿元。

【煤业开发】协助华能集团甘肃能源开发有限公司编制完成邵寨煤矿产能置换方案获得国家能源局正式批复，年内完成投资7000万元，建成井下机械通风系统并投入运行，开工建设场面排水工程。与中电建灵南煤业公司和酒钢集团平凉天元煤电化公司衔接联系，推动唐家河、安家庄煤矿项目前期工作。将唐家河、安家庄煤矿列入“国家贫困地区水电矿产资源开发资产收益扶贫改革试点”项目。引进甘肃鑫海工贸公司投资30万元，建成占地3600㎡的县城煤炭专营市场1座，9个乡镇建成煤炭二级配送网点12处。

【旅游】全县旅游业接待人数168.6万人（次），同比增长22.02%；实现旅游综合收入87240.1万元，同比增长26.1%。

【教育与医疗卫生】2017年总投资3187万元，新建校舍10612平方米。全县九年义务教育巩固率达到96.79 %，学前三年幼儿毛入园率达到92.31%，高中阶段毛入学率达到92.89 %，贫困村适龄儿童无辍学。全县参加高考考生1771人，一本上线244人，上线率13.8%；二本以上上线786人，上线率44.4%。全县新农合参合率达到98.46%，住院医药费实际报销比例达到65.7%。县医院重症医学科和新生儿重症监护病房顺利通过省上评审并投入运营。

【人民生活与社会保障】2017年，全县城镇居民人均可支配收入达到20658.4元，比上年增长8.3%，人均消费支出达到15055.97元，比上年增加40.33%，恩格尔系数为37.99%，比上年增加13.62个百分点；农村居民人均可支配收入达到7605.1元，比上年增长8.6%，人均生活消费支出达到6211.4元，比上年下降6.94%，恩格尔系数为21.85%，比上年增加1.23个百分点；全县城镇单位从业人员年工资总额52091.9万元，比上年增长5.1%，人均年工资为59691元，月工资为4974元，比上年增长10.9%。城乡居民储蓄存款余额为496471万元，比上年增长6.51%，人均储蓄存款达到21408.8元，比上年增长7.02%。城镇新增就业人数3073人，城镇登记失业率为3.01%。

年末，全县城乡居民基本养老保险参保132896人，续保率达到98.73%；为32242人累计发放养老金3126万元，发放率达到100%。出台公务员医疗补助和企业职工大额医疗保险2个管理办法，提高职工住院费报销比例，启动特殊慢性病门诊医疗费报销业务。开展农民工工资专项治理，受理农民工工资案件20起，为169名农民工追讨工资67万元，切实维护农民工合法权益。受理办结劳动人事争议调解仲裁案件10件，结案率100%。

【环境保护】关停、改造县城建成区10蒸吨及以下在用燃煤锅炉10台，同时淘汰或进行清洁能源改造燃煤茶浴锅炉15台（淘汰11台，清洁能源改造4台），减少二氧化硫、氮氧化物排放量。淘汰“黄标车”221辆，占任务的162.5%，淘汰“老旧车”317辆。完成天然气安装入户3200户，完成车辆油改气90辆，新购置电动公交车10辆，已经正常运营。投入42万元，完成什字盛林牧业公司等4户畜禽养殖企业的污染治理项目治理任务，分别建成100平方米牛粪堆放场、100立方米尿液收集池。

县城区可吸入颗粒物（PM10）日均浓度为67微克/立方米，细颗粒物（PM2.5）日均浓度为42微克/立方米，二氧化硫日均浓度为12微克/立方米，二氧化氮日均浓度为13微克/立方米，一氧化碳日均浓度为0.7毫克/立方米，臭氧日均浓度为102微克/立方米，空气优良天数达标率为82.5%。达溪河灵台段出境断面水质达标率为100%，符合地表水Ⅲ类水质标准，县城区饮用水水源地（涧河）和乡镇集中式饮用水源地水质达标率均为100%。重点监控企业污染源自动监控数据传输有效率、企业自行监测结果公布率、监督性监测结果公布率分别达到75%、80%和95%。

（供稿：灵台县地方史志办公室）

崇信县

【综述】崇信县位于平凉市东部，东靠泾川、灵台两县，西与华亭县接壤，北连崆峒区，南与陕西省陇县毗邻。介于北纬35° 1′~35° 25′，东经106° 50′~107° 10′ 之间。全县总土地面积850平方千米，东西宽35千米，南北长41.5千米。2017年末，全县辖4镇2乡，1个县工业集中区管委会，1个城市社区管委会，全县总人口10.35万人。

境内属暖温带半干旱大陆性气候，四季分明，年平均气温11.1℃，年降水量519.8毫米，年日照时数2042.6小时。泾河的主要支流汭河、黑河自西向东贯穿全境。是国家15个重点矿区和100个重点产煤县之一，地质储量18.3亿吨。有国家4A级旅游景区龙泉寺、省级风景名胜区五龙山、省级森林公园唐帽山等旅游景点。有国家级文物保护单位武康王庙和被誉为华夏第一槐的关河古槐王、奇特罕见的三异柏等古树名木。

2017年，全县地区生产总值完成27.9亿元，同比增长5.2%。其中，第一产业增加值完成7.9亿元，同比增长9.3%；第二产业增加值完成10.8亿元，同比增长6.2%；第三产业增加值完成9.2亿元，同比增长0.6%。全县工业增加值完成9.4亿元，同比增长7.1%。规模以上工业增加值完成9亿元，同比

崇信县龙泽湖廊桥

增长7.5%。固定资产投资完成45.2亿元，同比下降28.1%。社会消费品零售总额完成8.8亿元，同比增长8.9%。大口径财政收入完成6.65亿元，同比增长22.6%。公共财政预算收入完成2.9亿元，同比增长14.5%。

崇信县赤城移民社区

【农业农村经济】全年新改建肉牛养殖小区6个，建成优质饲草基地2.1万亩。新植果园6470亩，建办矮化密植苹果园1350亩、核桃园4980亩。培育锦屏东庄、庆丰农业2个现代农业科技示范园，新建日光温室700亩、蔬菜大棚2600亩，种植蔬菜7.4万亩。栽植油用牡丹3610亩。崇信红牛、崇信苹果、崇信芹菜地理标志证明商标通过国家认证蔬菜绿色食品3个。全县“三品一标”农产品占比达到58.8%。

实施路、水、电、房等项目7类57项，硬化村组道路87.3千米，完成自来水入户508户，实施危房改造518户，易地搬迁119户435人，新建乡镇电商服务站3个、村级电商服务点4个。精准培训贫困群众4967名，输转劳务2.2万人（次），创收5.1亿元。全县减贫2822人，贫困发生率下降到4.13%。

【工业经济】全年生产原煤575万吨、发电38亿度，新发展中小微企业50户，新增规上企业2户，规模以上工业增加值增长9%。

【非公经济】全年全县新增私营企业90户、个体工商户610户，个转企30户，非公经济增加值占地区生产总值比重达到53%。

【项目建设与固定资产投资】全年实施亿元以上项目25项、500万元以上项目194项，完成固定资产投资45亿元。组团参加“兰洽会”“津洽会”“平凉金果红牛旅游”走进京津等活动，实施招商项目86项，到位资金40亿元。

【文化产业与旅游业】截至年末，全县文化产业增加值增长20%。汭龙堡农耕文化生态苑一期、龙泉寺游客服务中心、汭河廊桥和游客栈道基本建成，加快建设樊洼、庙台、西刘等文化旅游民俗村，举办第二届“山水龙泉·养生崇信”旅游节和汭龙风情文化旅游高峰论坛系列宣传推介活动。全年全县游客接待量和旅游综合收入分别增长23%和26%。

【城乡建设】全县城镇化建设投资14亿元，城镇化率提高到47.5%。完成县城绿地系统、风貌特色、综合防灾、城区亮化、燃气5个专项规划编制。全县首个PPP项目县城集中供热工程建成试运行，新建排污、供热、供水管网13千米。实施团结西路改造和龙泉寺景区供电线路入地改造，铺油城区道路4.8千米，铺装人行道2万平方米，新建公交车候车亭43个。集中开展棚户区改造157户，完成历年遗留尾欠征收121户，新增城区绿化1.2万平方米。抓建梁坡等省列美丽乡村3个、新村建设及旧村改造示范点5个，复垦旧庄基1034户2070亩。完成崇大路改造，S203马峪口至千阳、S320彬县至华亭公路（崇信段）开工建设。关河水库完成坝体填筑，新建高标准梯田1万亩，实施土地整治1.8万亩，新增节水灌溉面积4400亩。改造农村电网32千米。实施电信普遍服务试点项目，光纤网络通村率达到100%，宽带入户率达到67%，4G网络覆盖率达到90%。

【生态建设】全年安排资金8900万元用于生态建设和污染防治。实施退耕还林、面山绿化等生态工程，植树造林5.1万亩，建成绿色通道34条234千米。淘汰改造10蒸吨以下燃煤锅炉36台，取缔整治新窑矿区煤炭经营企业13户，依法查处环境违法案件21起。整治取缔入河排污口24处，依法关停采砂采石企业34户，汭河、黑河水质稳定达到国家Ⅲ类标准。县城空气优良天数达到88.6%，PM10、PM2.5控制在目标值以内。划定永久基本农田和畜禽养殖禁养区，设立土壤环境质量固定监测点26个。全县森林覆盖率达到35.83%，国家生态文明建设示范县37项创建指标达标32项，国家森林城市40项指标达标16项。

【社会事业】县一中教学楼及餐饮楼、职教中心实训楼和运动场全面建成，新建和改扩建校舍3.7万平方米、运动场1.6万平方米。申报科技专利85件、科技成果17件。推进公立医院改革、医联体和医师多点执业，每千人拥有床位数达到5.2张，城乡居民家庭医生签约率达到30%，65岁以上老年人健康管理率达到75%。县电视台节目实现高清直播。

【人民生活与社会保障】确定的22项43件惠民实事全部落实，民生支出占到全县财政总支出的86%。全县城镇居民人均可支配收入完成30324元，同比增长8.5%。农村居民人均可支配收入完成7288元，同比增长8.5%。发放创业担保贷款3000万元，城镇新增就业2035人。

城市低保、农村低保、五保供养标准分别提高8%、22.6%和8.4%，新农合缴费政府补助提高30元，临时救助最高标准由1500元提高到10000元。农村交通安全劝导员、保洁员报酬纳入财政预算，村干部报酬和环卫工人工资标准分别提高38%和30%。

（供稿：陈汝泽）

华亭县

【综述】华亭县地处西安、兰州、银川三大城市的几何中心地带，北至平凉55千米，西往兰州395千米，南到咸阳国际机场290千米，距西安308千米、银川490千米。宝中铁路、省道304线、203线贯穿境内。全县总面积1183平方千米，其中耕地41.30万亩，建成区面积16平方千米。2017年，全县辖7镇3乡1个省级工业园区1个城市社区管委会，101个村、26个社区，有回族、满族等12个少数民族，有常住人口19.70万人，其中城镇人口11.17万人。

县境内属黄土高原丘陵沟壑区，山川兼有，海拔1226~2748米。属温带湿润性气候，年平均气温8.7℃，降雨量631.8毫米。境内有汭河、汧河、黑河等河流，年均总径流量1.65亿立方米，地下水总量0.82亿立方米。粮食作物以小麦、玉米为主，盛产核桃、大黄、独活。主要矿藏有煤碳、陶土、坩泥、石灰石、石英砂等，其中煤炭储量33.74亿吨，占全省已探明煤炭储量的40%，是全国13个重点产煤基地、西北3大产煤矿区之一，也是甘肃省煤电化运一体化综合产业开发的核心区。境内现存古人类遗址64处、古墓葬群10处、石窟石雕19处，馆藏珍贵文物986件。有国家级风景名胜区莲花台、3A级景区双凤山公园和米家沟生态园；有海龙洞、药王洞、仙姑山、五台山、建沟石佛群、石拱寺、莲花湖公园等景点（区）。

2017年，全县地区生产总值49.42亿元，比上年增长5.8%；大口径财政收入16.72亿元，增长50.4%；地方公共财政收入7.05亿元，同比增长37.2%；规模以上工业增加值20.73亿元，同比增长12.8%；固定资产投资85.85亿元，同比下降40.1%。社会消费品零售总额23.15亿元，同比增长7.4%；文化产业增加值增长13.6%。

【农业农村经济】全年流转土地6.3万亩，创建省市级龙头企业7户，建成核桃、药材标准化种植示范基地1万亩，带动全县核桃挂果面积突破10万亩，牛出栏7.5万头，蔬菜、药材产量分别达到14万吨和3万吨，芍药、草莓、金银花、鹿麝等种养业快速发展。全年实现农业增加值9.38亿元，增长7.7%。农村居民人均可支配收入达到8289.10元，增长8.4%。全县粮食播种面积33.96万亩，比上年减少0.05万亩，下降0.2%，粮食产量8.34万吨，下降15.4%；种植蔬菜10.14万亩，产量15.34万吨，增长14.2%；种植油料1.05万亩，产量1721吨，下降11%，油用牡丹（芍药）1.1万亩；建成千亩标准化药材基地6个，种植药材7.28万亩，产量2.8万吨，增长7.1%；实施现代畜牧业全产业链建设项目5个，肉牛养殖小区建设项目8个，全县牛饲养量达到16万头，全年大牲畜存栏11.92万头。其中牛存栏11.61万头，出栏7.64万头，增长5.7%；猪存栏4.10万头，出栏6.82万头；羊存栏2.76万只，出栏3.81万只。全年肉类总产量1.28万吨，牛奶产量2107.76吨，禽蛋产量583.5吨。年末拥有农业机械总动力10.6万千瓦，有大中型拖拉机689台，配套农机具3186台（部）。全年减贫7556人，贫困发生率下降到5.65%。

【工业与建筑业】全年煤炭产量1418.50万吨，同比增长3.4%；甲醇60.00万吨，同比增长33.2%，发电量13.30亿度；实现工业增加值21.25亿元，其中规模以上工业增加值20.73亿元，增长12.8%；辖区内规模以上工业企业实现利税23.92亿元，增长668.4%。年末，全县具有建筑业资质等级的总承包和专业承包建筑业企业5户，实现总产值24033万元，增加值26370万元，施工房屋面积2.78万平方米，竣工房屋2.1万平方米。全年发生建筑施工事故1起，死亡2人，直接经济损失55万元。

【固定资产投资】2017年，全县固定资产投资85.85亿元，下降40.10%。其中第一产业投资9.75亿元；第二产业投资53.12亿元；第三产业投资22.97亿元；同比分别下降24.4%、31.1%和56.9%。

【项目建设与招商引资】全年实施500万元以上项目308项，新增项目193个，推介PPP项目22个，拉动完成固定资产投资83.4亿元。全县招商签约资金260.2亿元，到位资金110.1亿元，分别增长47.2%和9.97%。

【商贸流通】全县实现社会消费品零售总额23.15亿元，增长7.4%。其中批发业销售额4.08亿元，增长6.2%；零售业销售额21.16亿元，增长10.0%；住宿业营业额1.95亿元，增长8.6%；餐饮业营业额3.69亿元，增长11.5%。出台乡镇供销社、村级供销服务点建设标准和管理办法，恢复村级供销社5个。

【文化产业与旅游业】全县有从事文化产业的企事业单位104个，培育骨干文化企业7家，开发文化产品13种，文化产业增加值增长13.6%。

实施祭天广场基础设施维修、米家沟游客中心等旅游项目25个，莲花台晋升国家级风景名胜区，培育黎明、上关等乡村旅游示范村5个。全年游客总量突破192.14万人次，实现旅游综合收入10.60亿元，增长26.2%。

【交通邮电】2017年，全县拥有道路运输企业40户，有各类营运车辆2521辆。全年客运量390.14万人次，增长11.5%，客运周转量24279.52万人千米，增长11.5%；货运量882.55万吨，增长13.5%，货物周转量248603.17万吨千米，增长16.0%。全年邮政电信通信业务总量1.28亿元，同比下降9.7%。有固定电话用户1.52万户，移动电话用户19.94万户，计算机互联网用户3.38万户。

【财政金融保险】全县大口径财政收入16.72亿元，增长50.4%；公共财政收入7.05万元，增长37.2%。全年公共财政支出16.76亿元，增长8.6%。全县金融机构本外币存款余额105.96亿元，增长2.5%；各项贷款余额70.63亿元，下降4.6%。全年保费收入1.69亿元，增长10.5%；全年赔（给）付款4886.56万元，下降7.1%。

【科技教育】2017年，全县共申报科技专利137件，其中发明专利17件，有28项专利被国家知识产权局授权。年末，全县有各类学校178所，在校学生36187人，共有教职工3302人。九年义务巩固率96.88%，学前三年入园率92.04%。全县参加普通高考考生1141人，其中一本上线304人，比上年增加48人；二本上线296人，较上年增加28人；二本以上上线600人，上线率59.2%，较上年提高9.4%。

【医疗卫生】投资2500万元，建成县中医院门诊住院综合楼，改造提升乡镇卫生院2个，新建、改扩建村级卫生室56个，标准化村级卫生室实现行政村全覆盖，组建家庭医生团队133个，签约服务常住人口9.2万人，免费健康体检2.1万人，县乡村一体化的医疗共同体初步形成。全县有各类卫生机构211个，开设病床1430张。卫生系统共有从业人员1537人，其中执业医师和执业助理医师485人，注册护士411人。

【环境保护】全县22个沿河排污口达标排放，汭河出境断面水质达到Ⅲ类标准。坚持全民参与、全域绿化，开展生态修复治理，高标准推进林业生态建设，筹资2620万元，完成植树造林6.5万亩，义务植树460万株，建成皇甫山、雷神山等城乡面山绿化示范工程26处3.55万亩，绿化道路412千米0.37万亩，水系堤岸绿化0.05万亩，全县人均公园绿地面积达到8.5平方米，森林覆盖率提高1.3个百分点。投资2.13亿元，开建城区生活垃圾处理场二期、生活污水处理厂扩容改造等环境治理项目7个。实施工业园区（安口）污水处理厂等重点项目7个，实施塌陷区生态环境治理453亩，搬迁塌陷区群众199户，整理土地661.84公顷，新修梯田192公顷。二氧化硫排放量639.84吨，氮氧化物排放量188.26吨，化学需氧量排放量205吨，氨氮排放量4吨。可吸入颗粒物（PM10）年均浓度值控制在85微克/立方米以内，细颗粒物（PM2.5）年均浓度值控制在44微克/立方米以内。汭河地表水崇华公路交界处（出境）断面水质综合评价达到Ⅲ类标准；3个县级、4个乡镇集中式饮用水水源地水质达标率均达到100%。

华亭县马峡镇中药材驯化试验基地

【人民生活与社会保障】2017年，全县城镇居民人均可支配收入和农民人均可支配收入29990.50元和8289.10元，分别增长8.4 %。全年输转城乡劳动力3.55万人，创收5.37亿元。全年新增城镇就业0.39万人，城镇失业率控制在3.4%以内。实施各类民生项目62个，完成投资6.8亿元，全年用于民生支出13.5亿元，占公共财政预算支出的80.3%。

建成城乡老年人日间照料中心27个。城乡居民低保、农村五保供养标准分别提高8%和8.4%，发放城乡低保五保、社会保险补贴和救助资金6541万元。全县城镇职工基本养老保险参保4398人，征缴基金6764万元；工伤保险参保9849人，征缴基金199.48万元；失业保险参保6641人，征缴基金296.5万元；城镇职工基本医疗保险参保13445人，征缴基金3624万元；生育保险参保10261人，征缴基金67万元；城镇居民医保参保34741人，征缴基金457万元。城乡居民社会养老保险续保率和发放率分别达到96.68%和100%。农村居民医疗保险参保104533人，征缴基金6402.61万元。全县城市低保共发放4303户8449人3683.4万元，农村低保共发放4271户11246人2393.93万元，五保供养共发放788人449.67万元。社会福利院共有床位77张，入住老人23名，收养孤儿13名。

（供稿：王建辉）

庄浪县

【综述】庄浪地处甘肃东部，介于北纬35° 03′ 723″ ~35° 28′ 726″，东经105° 46′ 715″ ~106° 23′ 745″ 之间。东邻华亭县，南与张家川回族自治县、秦安县毗连，西接静宁县，北和宁夏回族自治区隆德县、泾源县错壤。东西长56.37千米，南北宽46.6千米，全县总面积1553.14平方千米。2017年年末，全县设10个镇8个乡，户籍总人口452562人，常住人口为38.44万人。

境内属大陆性季风气候区。冬寒半年，夏炎短暂，秋早春迟，光能丰富，降水偏少。南北差异较大，垂直差异显著，随海拔升高气温递减。受地势影响，自东北向西南随海拔高度降低而降水逐渐减少。2017年，年平均气温8.9℃，与历年平均相比正常。

2017年，全县生产总值40.78亿元,按可比价格计算，比上年增长4.4%。其中，第一产业增加值16.01亿元，增长8.6%；第二产业增加值5.71亿元，下降2.9%；第三产业增加值19.07亿元，增长3.5%。三次产业比重由上年的38.40：15.49：46.11调整为39.25：13.98：46.77。全年全社会消费品零售总额20.95亿元，同比增长7.8%。全县大口径财政收入完成35056万元，同比同口径增长18.9%；金融机构各项存款余额90.76亿元，增长17.6%。各项贷款余额60.64亿元，增长18.8%。保险业全年保费收入9042.1万元。

【农业农村经济】巩固出口创汇基地2.5万亩、绿色食品基地6万亩、良好农业规范（GAP）基地3750亩，新增省级标准化示范园2处，市级标准化示范园6个，县级千亩示范园14个，矮化密植园2处。全年粮食总产量21.41万吨，增产9.2%；全年农作物播种面积125.68万亩；其中，粮食作物种植面积103.65万亩，增长0.8%；油料作物种植面积7.02万亩，增长0.3%。油料产量7915吨，增长1.4%;蔬菜产量30.68万吨，同比增长3.46%。当年完成造林面积10.03万亩。水果总产量23.93万吨，增长32.5%；年末实有森林面积64.81万亩，森林覆盖率为28.55%。

年末大家畜存栏13.63万头，同比增长12.8%;其中牛存栏9.21万头，同比增长19.1%；生猪年末存栏13.71万口，同比增长14.1%;当年出栏14.5万口,增长11.0%。全年肉类总产量1.32万吨。年末农业机械总动力36.49万千瓦，比上年增长10.1%。共培训农村劳动力1.1万人（次），输出劳务工11万人（次），创劳务收入19亿元。全年退出贫困人口4637户21507人，贫困发生率下降至14.88%。

【工业经济】2017年，全县全部工业总产值3.02亿元，增加值0.62亿元，按可比价计算，下降6.9%。规模以上工业增加值0.34亿元，按可比价计算，下降18%。规模以上工业现价总产值2.15亿元，规模以上工业实现产品销售收入1.87亿元，同比下降28%；实现利税总额1515万元，增长26.7%；实现利润总额946万元，增长6%；税金569万元，增长89%。规模以下工业总产值8666.22万元，增加值2824.32万元，按可比价计算，增长1.8%。

【固定资产投资】全县固定资产投资完成45.27亿元，同比下降18.11%。其中，项目固定资产投资完成41.46亿元，同比下降21.23%；房地产开发投资完成3.81亿元，同比增长43.61%。项目固定资产投资中，500万~5000万元项目投资额13.11亿元，同比下降72.52%；5000万元以上项目投资额28.35亿元，同比增长476.4%。

【招商引资】全县共实施招商引资项目80个，投资总额59.31亿元,实际到位资金33亿元，新增就业岗位2450个。

【商贸流通】全年全社会消费品零售总额20.95亿元，同比增长7.8%。其中，限额以上企业零售额2.03亿元，同比下降2.4%。城镇消费品零售额12.47亿元，增长7.7%；乡村消费品零售额8.48亿元，增长7.9%。餐饮收入1.69亿元，商品零售19.26亿元，分别增长8.9%和7.7%。批发业和零售业全年商品销售总额36.08亿元，同比增长4.6%。其中批发业商品销售额4.48亿元，增长13.5%；零售业销售额31.6亿元，增长13.8%。住宿餐饮业营业额3.01亿元，同比增长16.7%。其中，住宿业营业额0.16亿元，增长15.7%；餐饮业营业额2.85亿元，增长16.3%。

【旅游】紫荆山公园创建为国家3A级旅游景区。年内累计接待游客80万人次，实现旅游综合收入2.0亿元，比上年分别增长3.9%和14.3%。

【城乡建设】改造三中巷、中宁北街等城区巷道7条2638米，实施城区燃煤锅炉管网改造1570米，南洛河过河管网及泵站完成污水管网铺设、2座检查井及污水提升泵房部分主体工程，开建西城区集中供热站。实施重点水利工程花崖河水库工程、南坪水厂改扩建工程和韩店镇花崖河村至石桥小庄段供水主管网应急抢险改线工程.对中宁北街、紫荆北街、迎宾北路管网改造进行全面改造，完成鸿泰花园、康雅苑、丰源居住宅小区3处给水工程。新修梯田1.8万亩，完成封禁治理1.65万亩，营造水保林3.24万亩，新建梯田产业道路800千米，维修改造200千米，完成总投资1585万元。全县重点实施南湖、朱店等省、市列重点小城镇建设，实施建设项目14项。铺油硬化街巷道路1.2千米，铺设给排水管网3690米，修建排洪渠2.3千米，安装路灯197盏，栽植绿化树木1.5万余株，铺砌人行道2.8万平方米，建成南湖镇生活垃圾填埋厂1处，桥梁1座。硬化通社道路及村庄巷道27.3千米。贫困村产业道路砂化项目总投资500万元，修建梯田砂化产业道路59.9千米。

【社会事业】2017年末，全县有各级各类学校330所，教职工6349人，在校学生74755人。小学、初中入学率均达到100%。图书馆馆藏总量9.1万册，流通2万人次。博物馆7639件文物藏品中达级藏品943件，其中一级品47件，二级品203件，三级品693件。全县广播、电视人口覆盖率均达到98.1%，有线广播电视用户达到10293户。年末全县共有各级各类卫生机构458个，病床位1770张，卫生技术人员1522人。全年举办各级各类运动会7次，参加人数3100人次，训练各类体育干部79人。

【人民生活与社会保障】2017年末，全县城镇居民人均可支配收入25155元，增长8.05%;农民人均可支配收入6242元，增长8.8%。

年末全县参加失业保险人数9247人，参加基本养老保险人数10843人，参加基本医疗保险的人数27713人。享受城镇居民最低生活保障3453人，全年发放最低生活保障金1448.6万元，同比下降4.5%;农村低保已保53988人，全年发放保障金10677.4万元，同比下降1.6%。新型农村合作医疗参保39.38万人，参合率98.6%;医疗基金累计支出24062万元，同比增长19.3%。城乡居民社会养老保险参保25.17万人，参保率98.27%。为符合待遇享受条件的老人发放养老金7097.33万元，同比增长4.5%。

【环境保护】年内，县内大气中可吸入颗粒物（PM10）年均值为78.9ug/m^3，细颗粒物（PM2.5）年均值为33.25ug/m^3，二氧化硫年均值为26ug/m^3，二氧化氮年均值为19ug/m^3，空气质量优良天数达到监测天数的96.7%；地表水水质达标率为41.7%，集中式饮用水源地每季度监测1次，水质达标率为100%；区域环境噪声和交通干线噪声均达到标准要求。核发机动车环保标志20470多枚，淘汰黄标车159辆；淘汰老旧车520辆，淘汰10蒸吨以下燃煤锅炉13台。争取国家和省级环保专项资金320万元，县财政投入环保资金1.2亿元，用于大气、水污染防治等环保基础设施建设。城区生活垃圾填埋场管理规范，做到黄土覆盖、分层碾压，垃圾渗滤液无外排现象，运行率达到100%。重点监管县医院、中医院等医疗机构辐射安全，辐射安全许可证持证率达到100%。庄浪县被全国爱卫会命名为“国家卫生县城”。

（供稿：刘向丽）

静宁县

【综述】静宁县位于甘肃省东部，平凉市西部，东经105° 20′~106° 05′，北纬35° 01′~35° 46′。县境南北长81千米，东西宽68.8千米，全县总面积2193.9平方千米。2017年末，全县辖13个镇11个乡、1个街道办事处，总人口48.42万人。境内地势由西北向东南倾斜，海拔1340~2245米。属北半球暖温带半湿润半干旱气候区，四季分明，降雨偏少，光照充裕，气候温和。

2017年静宁县实现生产总值51.09亿元，比上年增长2.4%。其中，第一产业增加值21.04亿元，增长8.9%；第二产业增加值10.09亿元，下降0.4%；第三产业增加值19.96亿元，下降1.7%。按常住人口计算，人均生产总值1.2万元，比上年增长2.3%。全年固定资产投资完成43.55亿元，比上年下降47.25%。其中，完成500万元以上城镇固定资产投资38.22亿元，下降49.82%。房地产开发完成投资5.33亿元，比上年下降16.43%。住宅投资3.25亿元，下降41.09%。全年实现大口径财政收入4.45亿元，比上年同口径增长6.4%。

其中，地方财政收入完成2.29亿元，同口径增长4.1%。税收收入累计完成1.44亿元，与上年持平。年末金融机构各项存款余额100.60亿元，比上年增长11.62%。金融机构各项贷款余额83.75亿元，比上年增长9.63%。储蓄存款余额73.66亿元，比上年增加6.90亿元，增长10.34%。

【农业农村经济】2017年农林牧渔业实现总产值39.72亿元，比上年增长2.57%，其中农业产值36.57亿元，林业产值0.21亿元，牧业产值2.34亿元。2017年，全县农作物种植面积141.75万亩，比上年减少0.21万亩，下降0.15%；其中，粮食作物种植面积116.41万亩，比上年减少0.4万亩，下降0.34%；油料作物种植面积10.2万亩，比上年增加0.04万亩，增长0.39%。粮食总产量达到20.64万吨，比上年减产0.58万吨，下降2.73%；油料产量1.23万吨，增长0.08%；蔬菜产量13.68万吨，增长5.08%。全年完成造林面积8.04万亩，比上年增加0.04万亩，增长0.39%。年末果园面积54.06万亩，其中苹果园面积52.69万亩。水果产量达到66.38万吨，比上年增产7.83万吨，增长13.37%；其中苹果产量达到65.7万吨，比上年增产7.7万吨，增长13.28%。全年肉类总产量达到1.03万吨，比上年减少0.03万吨，下降2.54%。年末大牲畜存栏15.23万头，比上年减少0.64万头，下降4.03%。牛存栏10.21万头，比上年增长0.39%，出栏1.64万头，比上年增长4.44%；猪存栏9.55万头，比上年下降9.74%；出栏10.88万头，比上年下降4.98%；羊存栏0.55万只，出栏0.21万只；鸡存栏78.7万只，比上年增长12.03%；出栏43.04万只，比上年下降12.04%。

建成标准化养牛暖棚85座，发展养牛示范户300户。推广旱作农业5.6万亩，果园内套种瓜菜、大蒜等经济作物1万亩。全县贫困村新植果园3万亩，种植全膜玉米13.76万亩、马铃薯11.84万亩、蔬菜5.2万亩、小杂粮4.3万亩、油料6.5万亩、中药材9000亩。新建规模化养殖场6处，饲养肉牛3.3万头，建成规模化养殖小区6个，扶持发展养牛大户420户。培育建成农民专业合作社30个。改造贫困户危房3176户，易地搬迁安置贫困群众338户1413人，解决贫困群众饮水安全问题2001户8413人。

【工业和建筑业】2017年，全县完成工业增加值2.64亿元，比上年下降2.9%，其中：规模以上工业增加值1.3亿元，下降6.2%。在规模以上工业增加值中，股份制企业完成工业增加值1.19亿元，下降9.3%；私营企业完成工业增加值1.11亿元，增长1.2%。轻工业完成增加值1.10亿元，下降5.2%；重工业完成增加值0.20亿元，下降23.5%。规模以上工业企业主营业务收入完成9.17亿元，比上年下降5%；实现利税0.29亿元，下降27.5%。建筑业实现增加值7.45亿元，比上年增长4.49%。

【城乡建设】2017年静宁县实施各类城镇建设项目25项，完成投资19.9亿元。棚户区改造新开工项目2个片区414户，完成征收签约170户，兑付资金1659万元。公租房配售完成286套，入住170户，对318户城镇住房保障家庭发放全年租赁补贴83.6万元。农村危房改造完成投资1.6亿元，落实D级危房改造县级配套资金1282.1万元。结合棚户区改造，打通5条断头路2.3千米。完成阿阳路南段人行天桥桥梁架设及主管网敷设和路面油铺。新建西街西路及姚柳大桥、东关东路及区间路，改造西兰路中段、南环中路、十字巷、静庄路段家庄段。投资420万元购置湿法清扫车2台、高压冲洗车2台、雾化洒水车1台、钩臂车2台、人行道清扫车1台，垃圾周转箱50个，建成3处停车场和1处便民市场。完成道路修补9100平方米，施划交通标线1.3万平方米，安装道路标志牌11个，检查井防坠网1300套，更换防撞桶13个，更换维修井盖和雨水篦子226个，路灯220盏。界石铺、城川、威戎、李店、甘沟、古城等乡镇累计建设镇区道路43公里，铺装人行道1.26万平方米，敷设供排水管道、排水渠35公里，栽植景观树、行道树等各类绿化苗木11.4万棵，安装路灯280盏，新建公厕14座，配套建设市场、文化活动中心、公园广场、商铺、气调库等公共服务设施和商贸设施6000平方米，累计完成投资1.5亿元。

【环境保护】2017年全县投资7459.2万元，对城区水源地环境保护及葫芦河流域进行综合整治，投资36.5万元对西河桥附近的3个雨污混流排污口进行收集，新增污水管网471米。建设改造大口井4眼，敷设输水管道3.2千米。取缔煤炭无证经营户18户，整治燃煤锅炉40台，安装油烟净化设施233户。新增电子监控点44处、改造升级12处，淘汰黄标车和老旧车3058辆。全县大气环境可吸入颗粒物平均浓度为73微克/立方米，下降18.9%；二氧化硫平均浓度18微克/立方米，下降25%；二氧化氮平均浓度为14微克/立方米，下降53.3%；城区空气质量达标率100%。葫芦河静宁出境断面地表水水质达标率33.3%，全县集中式饮用水源水质达标率100%。区域环境噪声和交通干线噪声平均值分别为48分贝和63分贝。

【商贸流通】2017年，静宁县完成社会消费品零售总额29.59亿元，比上年增长7.9%；批发业实现销售额15.82亿元，增长6.25%；零售业实现销售额45.28亿元，增长7.5%。住宿业实现营业额1.15亿元，增长0.77%；餐饮业实现营业额2.99亿元，增长7.24%。全年出口总额完成2.24亿元，比上年增长32.8%。

【旅游】参加中国西北旅游营销大会，第七届敦煌行·丝绸之路国际旅游节，2017中国平凉崆峒养生文化旅游节暨崆峒（国际）武术节，展出各类旅游商品共计25种1600件，发放宣传册页7000份。全年累计接待游客150.3万人（次），旅游综合收入达到7.96亿元，比上年增长26%。

【交通通信】2017年，全年货物运输总量348.53万吨，比上年增长10.07%；完成货物运输周转量90280.05万吨千米，比上年增长16.56%。旅客运输总量631.65万人次，比上年增长6.44%；旅客运输周转量37930.63万人千米，增长9.09%。全年完成电信业务总量21336.49万元，比上年下降5.32%；邮政业务总量1402.49万元，增长10.09%。年末固定电话用户4.06万户，本年增加固定电话用户0.35万户，比上年增长9.43%。年末移动电话用户34.8万户，减少1.63万户，下降4.39%。年末互联网宽带接入用户达到4.16万户，增长24.18%。

【社会事业】2017年，全县共有各级各类学校479所，共有公办教职工6659人，在校学生76250人。小学学龄儿童入学率为100%，初中适龄学生入学率100%。全县参加普通高考考生5588人，高职（专科）上线人数达5516人，上线率98.7%。全县共有公共图书馆、博物馆、文化馆各1个，乡（镇）文化站24个，村文化室333个。全县广播综合人口覆盖率为99.22%，电视综合人口覆盖率为97.11%，有线电视传输干线网络总长3360千米，有线电视用户15000户。全县共有各种卫生机构565个，实有病床位2255张，医疗卫生专业技术人员2150人，比上年增长1.16%。全年争取省列科技项目3项，落实资金55万元。年度共评出县级科技进步奖7项，均为一等奖。授予专利权115件，其中实用新型、外观设计100件，发明专利15件。

【人民生活与社会保障】2017年，全县城镇居民人均可支配收入达到23132.1元，比上年增长8.1%。农村居民人均可支配收入达到7027.4元，比上年增长8.8%。全县城镇登记失业率3.19%，城镇新增就业人数4367人，比上年下降4.23%。参加城镇职工基本养老保险28553人，增长3.5%；参加城镇职工失业保险12065人，增长0.35%；参加职工基本医疗保险参保20075人，与上年持平。参加新型农村合作医疗人数37.52万人，比上年下降1.44%，新型农村合作医疗以县参合率为98.65%。

（供稿：静宁县地方志编纂办公室）

庆阳市

【综述】庆阳市地处甘肃省东部、陕甘宁三省（区）交汇处，介于北纬35°15′~37°10′、东经106°20′~108°45′之间。东接陕西省的宜君、黄陵、富县、甘泉、志丹等县，南与本省的泾川县及陕西省长武、彬县、旬邑县相连，西与宁夏的同心、固原县接壤，北邻陕西省吴起、定边及宁夏回族自治区的盐池县。南北长207千米，东西跨208千米，总面积27119平方千米。2017年末，全市辖1区7县，常住人口225.66万人，比上年末增加1.47万人，人口自然增长率为6.47‰。有30个少数民族。

境内地形北高南低，东依子午岭，北靠羊圈山，西接六盘山，四周高而中间低。属大陆性气候，冬季常吹西北风，夏季多行东南风，冬冷常晴，夏热丰雨。降雨量南多北少，降水量382.9~602.0毫米，降雨多集中在7至9月间。气温南部高于北部，年平均气温9.5℃~10.7℃，无霜期140~180天。年日照2213.4~2540.4小时，太阳总辐射量（125~145）千卡/平方米，地面平均蒸发量为520毫米，总体呈干旱、温和、光富的特点。境内有马莲河、蒲河、洪河、四郎河、葫芦河5条河流，较大的支流有27条。年平均总流量为26.7立方米/秒，总径流量8.43亿立方米。全市地下水静储量43.39亿立方米，动储量3714万立方米。境内已探明石油资源总量48亿吨；煤炭预测储量2360亿吨；天然气预测储量1.51万亿立方米；煤层气预测储量1.4万亿立方米，页岩气综合预测地质资源量1.81万亿立方米。盛产小麦、玉米、油料及荞麦、小米、燕麦、黄豆等特色小杂粮。红富士苹果、曹杏、黄柑桃、九龙金枣倍受消费者青睐。有早胜牛、环县滩羊、陇东黑山羊、羊毛绒等优质农牧产品。有甘草、黄芪、麻黄、穿地龙、柴胡等300多种中草药。香包、刺绣、民间剪纸、皮影等独具特色。有南梁政府旧址、抗日军政大学七分校校部旧址等红色旅游景点。

2017年全市实现生产总值618.97亿元，按可比价计算（下同），比上年增长0.5%。其中，第一产业增加值87.95亿元，增长5.2%；第二产业增加值283.33亿元，下降4.2%；第三产业增加值247.69亿元，增长6.0%。第一产业增加值占生产总值的比重为14.2%，第二产业增加值比重为45.8%，第三产业增加值比重为40.0%。按常住人口计算，人均生产总值27519元，增长2.9%。大口径财政收入完成149.10亿元，比上年增长8.6%；一般预算收入完成46.78亿元，增长9.4%。各项税收完成139.21亿元，增长12.6%，占财政收入93.4%。其中，国税收入完成106.93亿元，增长14.1%；地税收入完成32.28亿元，增长15.3%。全年财政支出234.35亿元，比上年增长8.9%。

【农业农村经济】2017年，全市粮食作物播种面积674.77万亩，比上年下降3.4%；粮食总产量达到132.68万吨，下降15.4%。其中夏粮播种面积194.01万亩，增长0.7%，产量39.49万吨，下降5.9%；秋粮播种面积480.76万亩，下降4.9%，产量93.18万吨，下降18.8%。油料播种面积111.04万亩，增长5.4%，产量14.36万吨，增长3.9%；蔬菜面积134.68万亩，增长4.1%，产量108.13万吨，增长9.0%；果园面积171.26万亩，其中当年新栽17.68万亩；水果总产量86.26万吨，增长10.1%，其中苹果面积120.58万亩，产量73.89万吨，增长10.5%。全年完成农业增加值91.44亿元，增长5.2%。年末大牲畜存栏65.15万头，比上年增长0.2%。其中，牛存栏38.22万头，增长0.8%；牛出栏18.30万头，增长4.5%。猪存栏39.33万口，下降1.4%；猪出栏38.97万头，增长1.2%。羊存栏170.77万只，下降2.3%；羊出栏91.95万只，增长5.7%。肉类总产量7.56万吨，增长3.3%。水产品产量1782.15吨，比上年增长19.5%。

有效灌溉面积达到83.98万亩，比上年增长4.4%，占年末耕地面积12.3%；保证灌溉面积达到60.23万亩，增长5.9%。农业机械总动力152.45万千瓦，增长9.4%。完成造林面积101.71万亩，比上年下降6.5%。落实中央、省、市专项扶贫资金77592万元，比上年增加12684.80万元，增长19.5%。

【工业与建筑业】2017年，全市完成工业增加值248.20亿元，比上年下降4.8%。其中，规模以上工业增加值完成241.27亿元，下降5.0%。规模以上工业中，地方工业企业完成增加值18.40亿元，下降20.9%。规模以上工业完成销售产值477.60亿元，产品销售率为99.4%。规模以上工业企业实现利税总额160.95亿元，增长24.2%，其中利润总额55.46亿元，比上年增长52.5%。地方规模以上工业实现利润总额1.41亿元，增长16.4倍。资质以上建筑企业79户，与上年持平；建筑企业实现增加值43.5亿元（按现价计算），比上年增长0.1%。

【固定资产投资】2017年，全市固定资产投资总额完成528.96亿元，比上年下降59.7%。其中：第一产业投资额17.51亿元，下降67.1%；第二产业投资额217.03亿元（含长庆油田公司125.51亿元），下降60.1%；第三产业投资额294.42亿元，下降58.8%。在投资总额中，地方完成固定资产投资总额403.46亿元，比上年下降66.4%。投资500万元以上的施工项目1003个，比上年下降68.9%。其中当年新开工项目530个，本年投产项目656个，新增固定资产209.18亿元。

【商贸流通与贸易】2017年，房地产投资完成42.90亿元，比上年下降10.6%。房屋施工面积511.39万平方米，增长19.6%；房屋竣工面积67.51万平方米，增长1.9倍；商品房销售面积71.78万平方米，增长1.2倍。全市完成社会消费品零售总额238.95亿元，比上年增长7.1%。其中，城镇消费品零售额178.47亿元，增长7.1%；农村消费品零售额60.47亿元，增长7.0%。分行业看，批发业49.58亿元，增长10.4%，零售业159.58亿元，增长5.7%；住宿业1.19亿元，增长2.6%；餐饮业28.59亿元，增长9.4%。外贸出口创汇16967万元，比上年下降43.0%。

【交通邮电】2017年，全市货物运输量3895万吨，比上年增长4.9%，货物周转量692185万吨千米，增长4.2%；旅客运输量3096万人，增长10.0%，旅

庆阳市雷西高速——泾河特大桥

客周转量201240万人千米，增长5.4%。年末汽车保有量达到295114辆。全年完成邮电通信业务总量22.87亿元，比上年增长30.0%。其中，邮政业务总量1.56亿元，增长17.0%；电信业务总量9.34亿元，增长90.1%；移动通信业务总量10.7亿元，增长3.5%；联通业务总量1.26亿元，增长26.9%。年末全市各类电话普及率达到109.44部/百人，每百人比上年减少48.62部。

【旅游】2017年，全市接待国内外旅游人数840万人次，比上年下降4.4%；全年实现旅游收入42.3亿元，增长1.2%。

【金融保险】年末全市金融机构各项存款余额955.01亿元，比年初净增77.04亿元，同比增长8.8%；各项贷款余额676.64亿元，比年初净增34.60亿元，增长5.4%。全年保费总收入250767.95万元，比上年增长4.8%。支付各类赔款及给付99329.17万元，增长61.1%。

【科技与教育】全年组织实施农业、工业、医疗卫生和社会公益事业等各类国家、省、市科技计划项目27项，共投入科技经费716万元。评出市级科技进步奖128项，其中一等奖11项，二等奖102项，三等奖15项。普通高等学校招生5180人，在校学生17875人，毕业4272人；中等职业学校招生4970人，在校学生13982人，毕业3528人；普通高中招生16550人，在校学生51637人，毕业18253人。九年义务教育巩固率达到96.05%。全市大专以上高考录取人数17297人，比上年减少1124人，下降6.1%；录取率81.3%，比上年下降0.9个百分点。全市事业单位各类专业技术人员44459人，其中高级技术人员2751人。

【文化与体育】年末全市有专业国有文化艺术表演团体9个，全年演出1813场（次），观众220万人次；公共图书馆9个，藏书79万册；博物馆、纪念馆15个，文物藏量29680件；综合性档案馆9个，馆藏各类档案55.28万卷、38.79万件，资料9.14万册，照片2.53万张；文化站119个。有线电视用户增加到81025户，有线电视人口覆盖率达到12%。广播人口覆盖率达到100%。全年《陇东报》出版365期，发行1438.43万份。举办县以上运动会42次，参加运动员51788人次。体育健儿在市级以上运动会上夺得金牌8枚，银牌13枚，铜牌12枚。

【医疗卫生】2017年，全市医疗卫生机构总数2008个。医疗床位10777张，比上年净增1357张，增长14.4%。卫生技术人员9716人，净增285人，增长3.0%。其中执业医师3266人，净增170人，增长5.5%；执业助理医师883人，净增43人，增长5.1%；注册护士3636人，净增184人，增长5.3%；药师（士）408人，净减少31人，下降7.1%；技师（士）447人，净增加7人，增长1.6%；其他卫生技术人员1076人，净减少88人，下降7.6%。

【人民生活与社会保障】2017年，全市城市低保16726户39913人，比上年末减少823户、减少1613人；农村低保94968户317140人，减少12545户、减少27124人。城镇居民人均可支配收入27476元，比上年增加2176元，增长8.6%；农村居民人均纯收入8116元，增加636元，增长8.5%。居民家庭恩格尔系数城镇为31.4%，比上年下降0.3个百分点；农村为35.1%，下降0.3个百分点。参加城镇企业基本养老保险人数7.74万人，比上年末增加998人。其中，参保职工4.80万人，参保离退休人员2.94万人。参加城镇基本医疗保险人数26.38万人，减少2.07万人。其中，参加城镇职工基本医疗保险人数14.29万人；参加城镇居民基本医疗保险人数12.09万人。参加失业保险人数8.29万人，增加249人。参加工伤保险人数7.61万人，增加0.1万人。参加生育保险人数9.0万人，增加0.24万人。新型农村合作医疗参合率98.97%。新型农村合作医疗基金支出总额12.56亿元，累计受益387.72万人次。

（供稿：庆阳市地方史志办公室）

西峰区

【综述】西峰区地处甘肃省东部、泾河上游，位于董志塬腹地，介于北纬35°25′55″～35°5′11″、东经107°27′42″～107°52′48″之间，北靠庆城县，南接宁县，西与镇原县毗邻，东与合水县相望，属陕、甘、宁三省区金三角地带，是庆阳市政治、经济、文化、交通和商贸流通中心，庆阳市党政机关所在地。南北长约47.7千米，东西宽约34.8千米，全区总面积999平方千米，其中耕地面积57.68万亩。2017年末，全区辖5镇2乡3个街道办事处，年末总人口39.09万人，有回族、满族、藏族等11个少数民族。

境内属黄土高原沟壑区，海拔1421米。四季分明，年日照2400～2600小时，年降水400～600毫米，年均气温9.9℃，无霜期175天，城区空气优良天数319天。

2017年，全区实现地区生产总值209.3亿元，比上年增长6%；固定资产投资完成90.07亿元，同比下降69.4%；地方规模以上工业增加值完成87亿元，比上年增长19.9%；社会消费品零售总额实现73.03亿元，比上年增长5.7%；大小口径财政收入分别完成16.3亿元和7.3亿元，同比增长31.7%和21.9%。

【农业农村经济】2017年，全区农林牧渔业总产值22.7亿元，比上年增长0.9%。全区农作物播种面积84.76万亩。粮食总产量12.12万吨，蔬菜产量17.37万吨，瓜类产量2.9万吨。造林5.21万亩，出售树苗1450万株，果品总产量14.49万吨。年末大牲畜存栏1.94万头，肉类总产量6292.63吨，奶类产量1112.52吨，禽蛋产量819吨，水产品产量143.61吨。农业机械总动力23.1万千瓦，劳动力资源总数16.24万人。

发展苹果园27万亩，老果园改造2万亩，创建省市级苹果标准示范园3处。瓜菜种植总面积17.11万亩，其中设施瓜菜2.86万亩，申请认定绿色蔬菜基地3.75万亩，注册陇睾有机蔬菜、

"董志塬"牌无公害蔬菜、"蓓蕾"牌黄花菜、"武家川"甜瓜等商标品牌，瓜菜产业年产值3亿元。举办首届庆阳油菜花节、青藤农业樱桃采摘文化节、特色农业系列采摘季等乡村旅游节会，吸引游客200多万人次，实现收入1340万元，带动农民直接增收450万元。发展重点村新建果园灌溉工程8处，新增高效节水灌溉面积8000亩。解决后官寨镇、董志镇、温泉镇等10个行政村845户3536人的饮水安全问题；完成梯田建设和流域治理分别为0.9万亩和30万平方千米。

西峰区清水沟流域治理

【工业与建筑业】2017年，全区28户规模以上工业完成总产值231.19亿元，实现增加值86.27亿元，比上年增长4.7%（可比价）。全年原油加工量359.02万吨，生产汽油144.46万吨，煤油15.6万吨，柴油143.77万吨，液化石油气17.77万吨，服装20.56万件，化学药品原药223吨，自来水1115万立方米，商品混凝土40.30万立方米。

全年52户资质以内企业完成建筑业总产值48.24亿元，实现增加值22.6亿元。资质以内建筑企业实现营业利润2.4亿元，利润总额达2.5亿元；房屋建筑施工面积228.9万平方米；房屋竣工产值38.9亿元。

【固定资产投资与房地产开发】全年固定资产投资累计完成90.07亿元。其中5000万元以上项目38个，完成投资53.32亿元。其中，第一产业完成投资2.01元，同比下降42.3%，占投资总额2.2%；第二产业完成投资17.37亿元，同比下降87%，占投资总额19.3%；第三产业完成投资44.40亿元，同比下降79.7%，占投资总额49.3%。

全年72户房地产企业共计完成房地产开发投资26.3亿元，同比下降17.6%。商品房施工面积共计356.4万平方米，同比上涨12.8%。全年销售额19.4亿元，同比增长167.9%。

【商贸流通】全年完成社会消费品零售总额73.03亿元，比上年增长5.7%。其中城市完成59.5亿元，增长6%；农村完成13.53亿元，增长4.4%。批发业完成19.79亿元，增长15.3%；零售业完成44.34亿元，增长1%；住宿业完成0.3亿元，下降5.4%；餐饮业完成8.57亿元，增长11.3%。全年进出口额1970万元，下降87%。

【交通邮电】年末辖区拥有营运载客汽车1348辆，载货汽车6529辆。客运量1954万人（次），旅客周转量250336万人千米。货运量819.7万吨，货物周转量130521.2万吨千米。辖区邮政局（所）15个，电信局（所）15个。邮政业务总量4509.83万元，比上年增长22.6%，邮政业务总收入3828.2万元，比上年下降1.1%。电信业务总量93384.89万元（2015年不变价），比上年增长58.6%，电信业务总收入18347.3万元，比上年增长4.4%。年末移动电话用户26.8万户，固定电话用户7.1万户，电话普及率为90.7部/百人。国际互联网用户为112524户。

【财政金融与保险】全年大口径财政收入16.25亿元，同比增长31.7%。财政支出累计完成26.76亿元，同比增长12.4%。全区金融机构人民币各项存款余额362.09亿元，同比增长15.06%；各项贷款余额318.51亿元，同比增长0.17%。全年保费收入26401.9万元，比上年增长16.7%。支付各类赔款及给付8314.0万元，比上年增长23.6%。

【科技与教育】2017年，全区完成专利申请1436件，授权发明专利262件，累计授权有效发明专利50件。辖区内共有各类学校258所。其中大专院校2所，中等职业学校9所，中学26所（其中：独立初中10所，完全中学5所，高级中学6所，一贯制中学5所），普通小学101所，特殊教育学校1所，幼儿园119所。各类学校共有教职工8810人，其中专任教师8056人。在校学生102371人。九年义务教育巩固率97.61%，学前三年毛入园率97.18%。

【文化与旅游】辖区现有专业剧团2个，文化（艺术）馆2个，图书馆2个，博物馆2个，画院1个，文化站10个，农村文化室100个，农家书屋104个，露天剧场35个。完成全区100个行政村"乡村舞台"建设、农家书屋建设，覆盖率达到100%。完成有线广播电视入户4551户。组织民间艺术大师创作刺绣、剪纸、泥塑等民俗文化产品111件，外出参加展览和参加艺术大赛21余场次，获奖38项。扩建显胜乡刘华能文化产业基地1处，新建什社乡庆丰村司杰香包生产基地1处，成立庆阳锦绣香韵商贸有限公司1家。新增香包生产大户17户，大型香包营销点3个，生产香包民俗文化产品500万件，产值6700万元，销售460万件，收入6000万元。承办"第十五届中国·庆阳香包民俗文化节"，节会期间，搭建展棚

357顶，参展公司40个，参展农户204个，销售民俗文化产品136.78万件，销售额1098.8万元。全年全区累计接待游客263.69万人次，旅游综合收入达到13.52亿元。

【体育与卫生】年末，辖区共有体育场地数544个，举办县级以上运动会12次，参加县级以上运动会运动员人数55690人。体育事业经费支出2120万元；拥有卫生机构350个，实有医疗病床4009张，卫生技术人员3893人。2017年新型农村合作医疗筹资标准提高到600元，其中个人缴纳150元，政府补助450元，参合236614人，参合率99.58%。农村五保户、低保户等困难和弱势群体参合率保持在100%，共计补偿52.47万人次14214.42万元，当年资金使用率99%。

【人民生活与社会保障】2017年，全区全部单位在岗职工年工资总额465455万元，比上年增长6.03%，年人均工资额78955元，比上年增长13.15%。全区城镇居民人均可支配收入28149.90元，比上年增加2251.97元，增长8.70%，人均消费支出16098.97元，比上年增加1177.68元，增长7.89%。城镇居民家庭恩格尔系数为31.4%，比上年下降0.2个百分点。农村居民可支配收入9160.70元，比上年增加699.30元，增长8.3%，人均生活消费支出10970.25元，比上年增加281.20元，增长2.6%。农村居民家庭恩格尔系数为37.5%，比上年增长0.8个百分点。

辖区参加基本养老保险的职工人数为38269人，其中离退休人员24845人；参加失业保险40027人；参加工伤保险76132人；参加职工基本医疗保险49557人。城市低保参保人数4547户、11297人，发放保障金5770万元，比上年增加591万元，城市低保月人均补差400元。农村低保参保人数3416户、11349人，发放保障金2312万元，比上年减少120万元，农村低保月人均补差145元。

【环境保护与安全生产】2017年，全区城市环境质量7项指标全部在庆阳市下达的控制指标之内。PM10(可吸入颗粒物)年均浓度66(微克/标立方米)，PM2.5(可吸入颗粒物)年均浓度35(微克/标立方米)，空气优良天数319天。

全年共发生各类生产安全事故22起，死亡12人，受伤21人，直接经济损失270.08万元。其中，道路交通事故19起，死亡8人，受伤21人，直接经济损失2.08万元；工矿商贸事故3起，死亡4人，直接经济损失268万元。

（供稿：郭雄华）

正宁县

【综述】正宁县位于庆阳市东南部，东、西、南三面与陕西黄陵、长武、彬县、旬邑相连，北接本省宁县，县域总面积1330.96平方千米，其中林区112.20万亩，农区87.44万亩。2017年末，全县辖8镇2乡，总户数79506户，户籍总人口24.57万人，常住人口18.39万人，城镇化率37.41%，人口自然增长率5.26‰。

境内地形东高西低，东宽西窄，略呈三角形，东部为子午岭山丘林区，中西部为平原沟谷宜农区。境内被支党河、嘉峪河、四郎河分割为四条塬、三道川，平均海拔1318米，年均气温8.7℃，降水量616.7毫米，蒸发量1500毫米，无霜期158天左右。果、烟、菜等特色产业格局明显。煤炭是县域优势矿产资源之一，探明储量19亿多吨。

2017年，全县实现地区生产总值28.22亿元，按可比价格计算，增长6%。其中第一产业增加值10.09亿元，增长5.9%；第二产业1.85亿元，增长2.8%；第三产业16.28亿元，增长6.5%。按常住人口计算，人均生产总值15472元，按年末汇率折算为2233美元。三次产业增加值比例由上年的35.3：7：57.7调整为35.8：6.5：57.7，第三产业比重逐年增加。全县大口径财政收入完成16617万元，下降8.99%；一般公共财政预算支出完成160716万元，增长7.79%。全县金融机构各项存款余额67.34亿元，比年初增加6.54亿元，增长10.6%。金融机构各项贷款余额27.46亿元，比年初增加3.66亿元，增长15.36%。全年实现保费收入8375万元，下降15.9%。支付各类赔款及满期给付总额2800万元，增长147%。

【农业农村经济】2017年，全县农林牧渔业总产值17.58亿元，同比增长6.1%。其中农业总产值15.13亿元，增长6.6%；林业总产值0.31亿元，下降9.6%；牧业总产值0.83亿元，增长2.3%；渔业总产值0.02亿元，增长6.2%；农、林、牧、渔服务业总产值1.3亿元，增长7.9%。全县粮食播种面积27.85万亩，比上年增加0.36万亩，增长1.31%。粮食总产量8.87万吨，减产0.13万吨，下降1.43%。其中夏粮总产量2.11万吨，减产0.04万吨，下降1.98%；秋粮总产量6.77万吨，减产0.09万吨，下降1.25%。蔬菜种植面积7.67万亩，增长2.61%；总产量16.95万吨，同比增长9.96%。果园面积19.82万亩，园林水果产量12.33万吨，同比增长7.9%。

全县生猪存栏2.82万头，增长3.57%。牛存栏1.58万头，下降1.65%；家禽存栏20.93万只，下降7.1%；羊存栏2.4万只，下降5.72%。生猪出栏2.55万头，增长3.67%；牛出栏0.76万头，增长1.57%；家禽出栏8.05万只，增长0.63%；羊出栏1.08万只，增长3.22%。肉类总产量3283吨，增长3.01%，奶类产量464吨，增长3.16%，禽蛋产量628吨，下降7.10%。荒山荒（沙）地造林面积62088万亩，同比下降7.3%。中草药材播种面积5.24万亩，同比增长1.5%，产量47998吨，同比增长1.7%。

【工业与建筑业】2017年，全县工业总产值35785万元，下降26.06%，增加值9441.3万元，下降23.33%。其中规模以上工业总产值10735万元，下降49.03%，增加值1275万元，下降28.9%。全年规模以上工业主营业务收入12230.6万元，下降34.2%；利润总额836.1万元，下降16.4%；应交增值税114.2万元，增长11.5%。全县拥有资质以内建筑业企业2户，平均从业人数1717人，增长8.26%。完成建筑业总产值15724.8万元，同比增长6.25%；实现增加值7388万元，增长13.1%。房屋建筑施工面积377554平方米，增长217.3%。房屋建筑竣工面积84934平方米，增长27.79%。其中住宅房屋竣工面积76734平方米，增长116.49%。

【固定资产投资】2017年，完成固定资产投资31.87亿元，下降73.39%。新开工项目44个，竣工项目62个。其中第一产业2.1亿元，下降73.11%；第二产业4.1亿元，下降92.95%，其中工业投资3.6亿元，下降70.87%；第三产业11.3亿元，下降78.40%。5000万元以上项目10个，完成投资59133（不含高速89652万元）万元。房地产开发投资53620万元，同比增长312.9%。

【招商引资】2017年，全县共签约各类招商引资合同项目15个，签约资金74.77亿元，到位资金36.13亿元，同比增长28.81%。

【商贸流通与贸易】2017年，全县实现社会消费品零售总额17.65亿元，增长8.7%。其中，城镇市场消费品零售额12.37亿元，增长7.86%；乡村市场消费品零售额5.28亿元，增长10.73%。批发业21702.5万元，增长6.97%；零售业133858.9万元，增长9.16%；住宿业196.3万元，下降17.49%；餐饮业20749.4万元，增长7.9%。限额以上零售额4289.7万元，下降5.17%；限额以下零售额172217.4万元，增长9.1%。全年完成出口创汇6825万元，下降59%。

【交通邮电】2017年，全县完成道路客运量和旅客周转量分别达到142.65万人和9073.53万人千米，增长2.1%和2.3%；道路货运量和货物周转量分别达到86.53万吨和13037.75万吨千米，增长7.2%和8.4%，综合周转量较上年同期增长5.4%。年末公路总里程1327千米。全县共有营运车辆432辆。全县通信业务总量11714万元。其中邮政业务总量1534万元，电信业务总量1760万元，移动业务总量7600万元，联通业务总量600万元，网络公司业务总量220万元。电话用户20.42万户。

【文化产业与旅游】2017年，新增文化产业法人单位2家，全县文化产业增加值达到1.31亿元，增长25%；从业人员达到4623人。开展系列文化活动180多场（次）。成立周家木偶戏传习所，非遗项目“正宁木偶戏”赴敦煌参加全省“丝路记忆”非物质文化遗产展演。

2017年，全县共接待游客51万人（次），增长24.4%，旅游收入2.55亿，增长27.5%。

【教育科技文化】2017年末，全县有各级各类学校143所，在校学生35564人，教职工3059人。学前三年毛入园率达到92.03%，九年义务教育巩固率达到95.93%，高中阶段毛入学率达到90%。普通高校招生总录取率较上年提高3.03个百分点，高考应届二本以上进线率21.02%，较上年提高3.17个百分点。全年共论证储备科技项目10个。其中申报省级科技项目1个，申请项目资金10万元；续建项目1个，申请项目资金10万元。新建科技示范基地2个，引进省级以上新品种16个，推广高新技术及实用新技术13项，培育科技示范户1500多户。

【卫生与体育】2017年，全县共有医疗卫生机构16个，床位633张，卫生技术人员454人，其中执业医师141人。县级两所公立医院门诊24.5万人（次），住院15417人（次），业务收入8874.1万元，分别增长7.5%、23.6%、26.5%。举办正宁县首届“穿越子午岭．探秘秦直道”徒步挑战赛。组团参加甘肃省第十四届运动会青少年乙组跆拳道庆阳选拔赛等。田径赛事获得冠军6个，跆拳道赛事获得冠军1个、亚军1个。

【城市建设】全年开工建设各类工程36处。实施县城集中供热等重点建设项目，完成投资1.69亿元。房地产开发工程6处，总建筑面积43.8万平方米，总投资11.6亿元，完成投资1.1亿元，建成1028套，出售673套，库存358套。危房改造项目涉及农户902户（2016年度结转500户，2017年402户D级危房改造户）。完成固定资产投资5.3亿元，储备固定资产投资项目为金色名邸、宁馨苑、锦明大厦、天润新城二期四个商品房新开发项目。为488户城镇低收入家庭发放住房租赁补贴76.49万元。

【人民生活与社会保障】2017年，全县城镇居民人均可支配收入261193元，增长8.3%；人均消费支出18115.08元，增长4.47%；人均住房建筑面积31.89平方米。农村居民人均可支配收入8887.6元，增长8.3%；人均消费支出5905.71元，增长6.86%；人均现住房面积28.81平方米。城镇居民恩格尔系数30.7%，农村居民恩格尔系数34.7%。全县城镇新增就业3744人，发放创业担保贷款

正宁县烤烟产业

162人1611万元，扶持1172人成功创业，带动就业4626人，发放灵活就业人员社保补贴456人（次）、86.4万元，核发就业失业登记证475本，城镇登记失业率控制在2.51%。输转城乡富余劳动力5.08万人，创劳务收入11.74亿元。

全民参保登记已完成登记233367人，占应登记人口的92.13%。城乡居民社会养老保险参保138780人，参保率96.13%，发放率100%。城镇企业职工基本养老保险参保5494人，基金收入3938万元，基金支出5196万元；机关事业单位养老保险参保6376人；失业保险参保5702人，基金收入173万元；城镇职工基本医疗保险参保11048人，基金支出3618万元；城镇居民基本医疗保险参保9108人；工伤保险参保6050人，基金收入190万元；生育保险参保7506人，基金支出28万元。被征地农民养老保险参保687人。其中当年新增参保34人，征缴个人缴费76万元。发放养老金待遇435人、178万元。新农合参合率达99.73%，筹集基金11956.71万元。

【环境保护与安全生产】对16户砖瓦企业进行技术改造，停产技改4户，关停6户，减少煤炭使用量2720吨、二氧化硫排放55.01吨、烟尘排放31.449吨、氮氧化物排放10.62吨。拆除、淘汰、改造20蒸吨以下燃煤锅炉23台，督查煤炭经营店8处。完成大中型餐饮企业油烟治理3家，督查建筑工地12处。庵里水库集中式饮用水源地水质监测的各项指标，均达到国家饮用水源地III类水质标准，水质良好，水质达标率为100%。

全县共发生生产安全事故16起（道路交通事故14起，建筑拆除坍塌事故1起，建筑施工高空坠落事故1起），死亡5人，受伤18人,直接经济损失154.5万元。其他行业未发生生产安全事故，也无较大以上生产安全事故发生。

2017年，全县农作物受灾面积7734.5公顷。其中干旱1381.3公顷，洪涝734.9公顷，风雹5618.3公顷。直接经济损失2803.7万元。其中干旱损失310.8万元，洪涝损失498.5万元，风雹损失1994.4万元。

（供稿：关润鸿）

华池县

【综述】华池地处甘肃省东部，介于东经107°29′~108°33′、北纬36°07′~36°51′之间。东北与陕西省志丹、吴起、定边接壤，西南与本市的庆城、环县、合水为邻。总土地面积3791平方公里。2017年末，全县辖6个镇9个乡，户籍人口138140人，人口自然增率7.08‰。

境内地势北高南低。西北至东南部为桥山山脉，子午岭纵贯县东，西北至西南为横岭山脉。地貌大体可划分为黄土残塬、梁、峁等13种类型。境内森林资源丰富，木材蓄积量达到247万立方米。石油资源探明地下储油面达2200多平方千米，储量8.6亿吨，是长庆油田在陇东的主产区。煤炭资源初步探明煤矿面积约2364平方千米，储量达80亿吨。

2017年，全县实现生产总值65.87亿元，增长0.6%（按可比价计算，下同）。其中，第一产业增加值4.29亿元，增长4.1%；第二产业增加值47.05亿元，比上年下降1.6%；第三产业增加值14.53亿元，增长12.0%。三次产业结构比由2016年的7.5∶75.2∶17.3调整为6.5∶71.4∶22.1。全县大口径财政收入3.66亿元，增长9.3%。财政总支出18.4亿元，增长11.9%。

【农业农村经济】2017年，全县农林牧渔服务业总产值7.72亿元，其中农、林、牧渔和服务业产值分别为54557.74万元、6557.75万元、15426.41万元、104.61万元和505.5万元。农林牧渔服务业结构由2016年的70.8∶6.1∶22.7∶0.2∶0.2调整为68.2∶3.4∶27.8∶0.2∶0.4。全年农作物播种面积84.66万亩，下降2.0%。粮食播种面积65.8万亩，下降4.5%，产量10.23万吨，下降25.1%。其中，夏粮播种面积7.19万亩，下降20.5%，产量1.31万吨，下降22.7%。蔬菜播种面积8.86万亩，增长5.9%，产量5.42万吨，增长4.5%。中药材播种面积1.68万亩，下降15.9%，产量0.52万吨，下降10.8%。

全县造林面积19.21万亩，下降10.3%。其中，国有经济林6.2万亩，下降3.3%；集体经济林13.01万亩，下降13.4%。育苗面积1.75万亩，下降19.1%，其中当年新增0.58万亩。果园面积5.93万亩，水果产量2.53万吨，增长12.4%。林木蓄积量380万立方米，森林覆盖率30.27%。年末大家畜存栏6.68万头，牛存栏2.75万头，牛出栏1.25万头；猪存栏3.61万头，猪出栏3.37万头；羊存栏18.36万只，羊出栏8.65万只。家禽存栏23.34万只，出栏9.04万只。肉类总产量6134.7吨，牛奶产量1428吨，鲜蛋产量700.2吨。

【工业和建筑业】2017年，全县工业增加值（含油田）45.33亿元，增长2.4%，其中油田工业增加值44.52亿元。地方工业增加值8098万元，增长3.8%。其中，规模以上工业增加值2198万元，下降0.8%；规模以下工业增加值5900万元，增长5.3%。年内建筑业总产值3.69亿元，实现增加值1.73亿元，下降63.0%。

【固定资产投资】全年500万元以上固定资产投资项目74个，完成投资额22.69亿元，下降76.4%。其中5000万元以上项目完成投资额15.78亿元，下降56.5%；房地产投资项目完成投资3.22万元，增长150.6%。年末全县房地产业房屋施工面积13.8万平方米，商品房销售面积10.71万平方米。

【项目建设】全年共实施各类经济合作项目19个，投资总额66.11亿元，到位资金14.9亿元。其中，新建项目8个，投资总额8.01亿元，到位资金5.3亿元；续建项目11个，到位资金9.6亿元。

【商贸流通】2017年，全县社会消费品零售总额13.18亿元，增长8.4%。其中城镇居民实现零售额8.62亿元，增长8.7%；农村居民实现零售额4.56亿元，增长7.8%。分行业看，批发业零售额1.37亿元,增长6.2%；零售业零售额

10.18亿元，增长8.8%；住宿业零售额005亿元，增长27%；餐饮业零售额158亿元，增长7.5%，批、零、住、餐比重由2016年的11.4：75.1：0.5：13.0调整为10.3：77.2：0.4：12.1。

【交通邮电】年末全县公路总里程为1453.27千米。全年营运车辆667辆。当年新注册轿车15254辆。年末全县共有邮政分局（所）18个，邮政业务总量636.48万元，增长2.0%；国内包裹快递业务量3.09万件，增长0.9%。年末手机用户14.79万户，互联网及宽带用户2.13万户。

【旅游】全县共有名胜风景区8个。重点文物保护单位72处，其中国家级7处、省级8处、市级12处、县级45处。全县接待游客154.44万人次，增长27.1%，全年实现旅游收入6.76亿元，增长24.7%。

【金融保险】年末全县各类金融机构存款余额47.89亿元，增长10.0%。各项贷款25.06亿元，增长9.2%。全年保费收入5913.8万元，增长45.2%。支付保险业务赔付金3011.9万元，下降44.3%。

【人民生活和社会保障】2017年全县城镇居民人均可支配收入27727.6元，增长8.8%。城镇居民人均消费支出16301.2元，增长6.4%。农村居民人均可支配收入7817.6元，增长8.2%。农村居民人均消费支出5708.2元，增长7.9%。年内全县新增城镇就业人口3200人，登记失业率2.34%，劳务输转4.56万人，实现劳务收入11.05亿元。全县有各类专业技术人员3344人，增长0.8%。

全年参加养老保险人数达80286人，净增320人，其中城镇居民2818人、农村居民77468人。在岗职工参加养老保险2331人，机关事业单位职工养老保险3369人，参加医疗保险9347人，参加失业保险4708人，参加工伤保险2347人，参加生育保险5797人。退休人员参加养老保险16349人。农村居民合作医疗参合109630人，参合率99.2%。全县城镇低保户1196户2548人，农村低保户5845户17197人。享受特困供养人数618户718人（孤儿118人）。全县888户3531人实现稳定脱贫。当年解决饮水不安全人数3550户17304人。农村自来水受益人口9686户4.13万人。

华池县城壕太阳能光伏项目

【科技教育体育】全年全县组织实施国家省列科技计划项目2项，共投入科技资金120万元。发明专利拥有量3件。全县共有各级各类学校149所，幼儿园27所（民办4所）。教职员工2080人。当年新招生6366人，在校学生22611人，增长2.3%。学龄儿童入学率100%，高中阶段毛入学率90.17%。全县共有体育馆1个，乡村体育活动场地102个。

【文化和卫生】年末全县共有专业文化艺术表演团体22个，乡镇文化站15个，广播电视机构1个，调频转播台1座，卫星地面接收站1座，有线数字电视用户3361户。户户通30728户，电视综合人口覆盖率100%。全县图书藏量4万册，文物2009件。有各类档案44073卷（件）。有医疗卫生机构28个，编制病床693张。有卫生专业技术人员693人，其中高级职称26人。5岁以下儿童死亡率4.09‰。

【安全生产和自然灾害】2017年，全县共发生生产安全事故20起，死亡9人，受伤20人，经济损失2.1万元。灾害：2017年全县农作物受灾面积57.44万亩，增长17.6%。其中，旱灾57.38万亩，增长28.9%；风雹灾害0.94万亩，下降48.9%。成灾面积20.55万亩，下降57.9%。其中，旱灾17.2万亩，下降57.4%；风雹灾害680亩。粮食减产1.67万吨，增长22.8%。成灾人口5.22万人，增长146.2%。

（供稿：盖彩凤　王明明）

合水县

【综述】合水县地处甘肃省东部，介于北纬35°38′~36°36′，东经107°51′~108°42′之间。东邻陕西富县，西连庆城县，南接宁县，北靠华池县及陕西志丹县，全县总土地面积2933平方千米，其中耕地面积35.54万亩，林地346.35万亩。2017年末，全县辖5镇7乡5个社区居委会，总人口1805万人，人口自然增长率7.82‰。

境内地势由东北向西北方向倾斜，最高峰子午岭涧水坡岭海拔1682米，最低处何家畔镇马莲河桥下海拔979米，平均海拔1298.7米。属黄土高原沟壑区，川塬交错，沟壑纵横。境内有县川河、马莲河、固城河、苗村河、葫芦河五条河流，年平均总径流量3.29亿立方米。全年平均气温9.6℃，总日照时数2457.2小时，无霜日165天。森林覆盖率67.97%。资源丰富，其中石油储量

2.7亿吨，石油产能突破120万吨；煤炭总储量71.3亿吨、煤层气贮量2150亿立方米。

2017年，全县生产总值46.15亿元，其中第一产业增加值8.78亿元，增长5.4%；第二产业增加值24.4亿元，下降3.7%；第三产业增加值12.97亿元，增长3.0%；三次产业结构比为19.03：52.87：28.1。固定资产投资29.45亿元，下降69%；规模以上工业增加值6136万元，下降20.3%；大口径财政收入2.19亿元，下降2.8%；小口径财政收入1.38亿元，下降7.7%；财政支出17.17亿元，增长11.02%。金融机构各项存款余额61.71亿元，增长7.67%；各项贷款余额35.44亿元，增长8.92%。社会消费品零售总额12.95亿元，增长8.56%。

【农业农村经济】2017年，全县农业增加值8.83亿元，增长5.4%。其中农业增加值7.47亿元，同比增长9.11%；林业增加值0.24亿元，同比下降14.8%；牧业增加值1.05亿元，同比下降10.1%；渔业增加值125万元，同比下降5.29%。全年新栽苹果树7297亩，种植各类蔬菜11.89万亩，牛猪羊饲养量达到49.05万头（只），出栏分别为1.31万头、3.03万头、9.81万只。苗林培育4.24万亩，农作物播种面积66.37万亩，同比增长1.54%；粮食总产量6.51万吨，同比下降31.97%；肉类产量5577.78吨，同比增长6.3%，水产品产量183.73吨，同比减少2.79%。造林9.29万亩，同比下降6.45%。发放惠农资金2.03亿元。全县有2992人实现稳定脱贫，贫困发生率由年初复核回退后的9.65%下降到8.6%。

【工业经济】2017年，全县完成工业增加值累计完成6136万元，同比下降20.3%。其中，重工业完成增加值4291万元，下降35.7%；轻工业1845万元，同比增长3.6%。

【招商引资与项目建设】签约招商引资、启动民资项目38个，投资1.8亿元的百跃乳业一期等项目建成投产。全年论证储备项目418个，完成项目前期62个，争取国家、省市各类项目资金9.21亿元。投资31.6亿元，实施“八大工程”重点项目79个。

【城乡建设】投资19.71亿元，实施重点建设项目50项。小城镇建设完成投资3.79亿元，重点实施太白特色小镇、何家畔小康示范小镇及其他10乡镇的小城镇“五化”工程，投资9722万元，建成美丽示范村13个，环境整洁村10个。实施农村公路安全生命防护工程15条184千米，农村公路建设工程和“千村美丽”示范村组道路12条202千米，改造瓦岗川沟口桥和太白洛河桥2座。新建改建集中供水工程5处，新打小电井439处，稳定解决9661人的安全饮水问题。

【环境保护】完成流域综合治理70平方千米，义务植树34万株，新修标准化梯田9500亩。开展燃煤锅炉污染防治专项检查，拆除11台，改造2台，共削减二氧化硫2.31吨，氮氧化物0.478吨。污水处理厂全年共削减化学需氧量386.68吨、氨氮55.55吨。县城区空气质量优良天数292天，可吸入颗粒物（PM10）平均浓度77μg/m^3、细颗粒物（PM2.5）平均浓度45μg/m^3。

【文化产业与旅游业】2017年，全县建办文化企业8户，生产民俗文化产品35.8万多件，全年实现文化产业增加值1.45亿元。全年接待游客53.5万人次，新增旅游就业人数100人，实现旅游收入2.7亿元。

【社会事业】年末，全县有各级各类学校173所，教职工2160名，在校学生26975人。高考二本以上进线率354人，较2016年提高3.2%。全县共有各级各类社会体育指导员629名，安装全民健身路径71套422台（件），投资300万元新建标准室外足球场1处。举办2017中国（庆阳·合水）秦直道体育嘉年华系列活动。全县现有各类医疗机构140个，医疗床位818张，同比增长25%，有专业技术人员916人，同比增长6%。

【人民生活与社会保障】2017年，全县城镇居民人均可支配收入26480元，增长8.3%；农村居民人均可支配收入7991元，增长8.4%。城镇新增就业2747人，城镇登记失业率控制在252%，开发公益性岗位63个，安置高校毕业生121人。全年输转劳动力3.59万人次，实现劳务收入8.9亿元。

发放城乡低保等各类保障资金8534万元，享受农村低保7423户21216人4256万元，比上年减少662户2762人；享受城市低保1556户3207人1551万元，比上年减少159户275人。城镇基本养老保险、城镇职工基本医疗保险、居民基本医疗保险、失业保险、工伤保险、生育保险六项社会保险分别达到2911万元、2895万元、80万元、222万元、162万元、76万元，城乡居民基本养老保险参保率99.52%。完成住房提升改造1600户，建成各类保障性住房1991套，发放廉租住房租赁补贴1335户62.49万元。县中心敬老院、2个乡镇互助老人幸福院、5个五保家园建成投用。

（供稿：李娟娟）

宁县

【综述】宁县地处甘肃省东部、庆阳市南部，介于北纬35°15′至35°52′，东经107°41′至108°34′之间，东以子午岭和陕西省黄陵县相接，西隔泾河、蒲河与甘肃省平凉市泾川县相望，南壤甘肃省正宁县、陕西省长武县，北靠甘肃省合水县、西峰区。县域东西长80千米，南北宽65千米，面积2653.72平方千米，其中耕地96.28万亩。2017年末，全县辖14镇4乡，总人口561446人。

境内属黄土高原沟壑区，川原交错，沟壑纵横，地势东北高西南低，海拔860至1760米。属温带半湿润气候，气候具大陆性高原气候特点。2017年，日照2114小时，比常年平均偏少238.4小时；降水总量635.5毫米，比常年平均偏多12%；平均气温10.6摄氏度，比常年平均偏高1.2摄氏度；无霜期187天。境内有泾河、蒲河、马莲河、九龙河和城北河等9条河流。土壤以黑垆土、黄绵土为主，境内有古豳国、义渠古国、政平唐塔、湘乐宋塔等历史文化遗址，香包、刺绣、剪纸、石雕等民俗文化产品享誉陇上。

2017年，全县生产总值64.29亿元，比上年增长3.3%。其中第一产业增加值16.99亿元，比上年增长5.5%；第二产业增加值15.48亿元，比上年下降1.3%；第三产业增加值31.82亿元，比上年增长5.9%。三个产业结构比为26∶4·24.1∶49.5。固定资产投资64.67亿元，比上年下降72%；规模以上工业企业增加值5320万元，比上年下降26.9%；规模以下工业企业增加值1.31亿元，比上年下降0.04%。全口径财政收入30071万元，比上年增长26.1%；公共财政预算收入16496万元，比上年增长8.5%；公共财政预算支出284981万元，比上年增长15%。社会消费品零售总额35.96亿元，比上年增长8.2%。

【农业农村经济】2017年，全县农业增加值17.2亿元，比上年增长5.4%，农村社会消费品零售额11.04亿元，比上年增长7.8%。全年，粮食、油料、蔬菜、瓜类和药材种植面积分别为100.69万亩、23.46万亩、16.96万亩、8.6万亩和7.14万亩，其产量分别为24.26万吨、2.81万吨、17.76万吨、35.6万吨和3.59万吨。果品总产量32万吨、总产值18.1亿元，其中苹果总产量30万吨、总产值16.8亿元。牛、羊、猪和鸡饲养量分别为21.06万头、125.8万只、52.4万头和238万羽，四者存栏分别为14.02万头、46.2万只、17.1万头和135.6万羽，四者出栏分别为7.04万头、79.6万只、35.3万头和102.4万羽。肉蛋奶总产量5.69万吨，水产品产量89吨，实现牧业产值11.4亿元，完成畜牧业增加值4.96亿元。发放农机购置补贴资金588.5万元，补贴各类机械432台（套），296户群众受益，拉动农民投资1961.6万元。登记注“五有”标准的农机合作社17个，吸纳入社成员296人，合作社拥有大中型拖拉机220台，配套农机具553台，资产总额4176万元。累计建成农机化科技示范点20个（其中机械深松整地示范点3个、玉米全程机械化示范点7个、马铃薯机械化示范点2个、油菜机收示范点1个、果园管理机械化示范点4个、设施瓜菜机械化示范点1个、草畜产业机械化示范点2个），农机化科技示范推广面积40万亩。鼓励和引导生产大户、致富能人、龙头企业新建合作社151个，吸纳社员98780人，辐射带动农户9.4万户。申报认定省级示范社8个、市级示范社11个，县级示范社35个。

【工业经济】2017年，宁县引资投资2.03亿元，实施海越公司苹果分拣储藏项目，建成综合楼，安装厂房一、二、三区主体钢构。投资1亿元，实施年综合利用6000吨废弃SCR脱硝催化剂项目，完成厂房工程建设、设备安装及单体设备调试工作。庆阳兴陇实业电力铁件生产线项目投产运营，生产水泥电杆7000根，实现销售收入1120万元。庆阳能化集团机械制造有限公司螺旋焊管、电热锅炉项目投产运营，实现销售收入1300万元。完成庆新果业扩容项目厂房建设及水、电、消防等设施安装任务。全年，宁县工业增加值31593万元，比上年下降9.9%。庆阳能源化工集团大翔建材有限责任公司实现规模以上企业转变。全县规模以上企业万元工业增加值能耗和水耗分别为0.6807吨标煤和60.35立方米，比上年分别降低3%和7%。

【非公经济】2017年，全县增加非公经济市场主体1890户，其中增加小微企业298户、“个转企”50户，非公有制经济增加值52.6亿元，占GDP比重增长1.8%，比上年增长11.7%。

【项目建设与招商引资】2017年，全县储备各类项目280个。投资106亿元，实施500万元以上建设项目198个。县列重点项目75个（续建19个、新建40个、前期准备16个），总投资800.47亿元，完成投资53.9亿元。开展招商引资活动，引进项目37个，项目涉及资金58.64亿元。

【城乡建设】开展棚户区改造工作，涉及新宁、和盛和早胜镇1358户群众，全年签订安置补偿协议951户，拆迁824户群众房屋。投资1405.5万元，完成974户群众D级危房建设任务。投资4890万元，实施太昌、焦村和盘克镇街区道路雨污分流、绿化及早胜镇文化综合服务楼建设工程。投资1000万元，续建印象义渠·莲花池景区二期工程。投资4.137亿元，完成福邸三期、滨河星城B、C座、宁远国际新城、金都宁苑住宅小区一期工程当年建设任务。投资400万元，安装县城新区公园绿地亮化全部景观灯；投资350万元，实施县城新区中心广场景

2017年正在建设中的银西铁路甘肃宁县段——马莲河大桥

观绿化工程，补植绿化苗木、安装景观灯、建喷泉池地基；投资230万元，完成住建国土气象业务楼搬迁使用工作；投资220万元，完成狄公祠主体建设任务；投资280.67万元，升级改造县城老城区污水管网。投资460万元，维修改造县城老城区道路。

【文化产业与旅游业】2017年，全县累计建成乡镇综合文化站18个、农家书屋257个、"乡村舞台"257个、村文化活动室257个，县（村）级文体广场178个、村文化大院8个，成立民间文艺演出团体161个。完成生产民俗文化产品120万件，文化产业增加值达到1.01亿元，资产总额4.09亿元。全年接待游客76.5万人次，实现旅游收入3.12亿元，分别比上年增长25.3%和28.7%。

【科技与教育】建成农业科技扶贫基地2个，培育科技扶贫示范村11个、科技扶贫示范户300户，培训技术骨干434人。全年实施2017年县列科技计划项目17个。申报各类科技计划项13个，国家知识产权强县试点县建设和科技特派员创新创业改革和示范工程获得立项，争取资金40万元。申报各类国家专利227件（其中发明专利29件，新型实用专利148件，外观设计专利50件），31件专利获得相关部门授权（其中授权外观设计专利1件、实用新型专利30件）。大禹羊场与西北农林科技大学开展冻精冻胚生产试验，试验取得重大突破，达到国内领先水平，冻胚生产技术填补了国内空白。截至2017年12月31日，宁县农业科技贡献率54%，农业科技推广覆盖率95%。年末，全县有各类学校217所，在校学生71903人，在职教职工5687人。

【医疗卫生】2017年末，全县有9个县直医疗卫生单位、4所乡镇中心卫生院、8所乡镇一般卫生院、5所乡镇卫生分院，有医生 368人，病床1638张。全年卫生事业总投入 32840万元，门诊70.5万人（次），住院5.9万人（次），次均门诊费用88.3 元、住院费用1831元。统筹合作医疗基金16961.07万元，报销医药费14117万元，平均报销比例52.3%。

【人民生活与社会保障】2017年，全县城镇居民人均可支配收入27296.7元，比上年增长8.7%；农村居民人均纯收入7985.6元，比上年增长8.6%。安置54名退伍军人到基层事业单位就业；选聘178名高校毕业生到基层事业单位工作；扶持220名高校毕业生到非公有制企业就业，发放高校毕业生生活补贴266.85万元；安排570名困难群体人员到公益性岗位就业，发放岗位补贴164.43万元。全年输转富余劳动力168640人，创劳务收入37.56亿元。

落实农民工工资清欠工作联席会议制度和工资保证金制度，收缴工资保证金1104万元。为258名农民工追讨工资272万元。7119名城镇职工缴纳职工养老保险费2869万元，243500名城乡居民缴纳城乡居民基本养老保险费2539万元；2091名离退休职工领取养老金5531万元，76578名到龄城乡居民领取养老金9196.62万元。8500名职工缴纳失业保险费264万元，267名失业人员领取失业金130.74万元。17832名城镇职工缴纳医疗保险费4090万元，478146名居民缴纳新型合作医疗保险费7172.19万元；为2354名住院职工补偿医疗保险费用1546万元、522403名参合农民补偿医疗保险费用26004.85万元。9278名职工缴纳工伤保险费149万元。12716名职工缴纳生育保险费74万元，602名参保对象享受生育保险待遇110万元。

清退农村低保对象3436户11994人，审核审批农村低保对象17989户62337人、城市低保对象2554户6732人、农村五保2058户2489人，发放农村低保资金12025万元、城市低保资金3102万元、农村五保供养资金1256.8万元。2241人获得城乡医疗救助资金1299万元，6199名困难群众获得临时生活救助资金396.7万元。

【环境保护】县城老城区污水管网接入工程完工，日均消减化学需氧量43.08吨、氨氮3.93吨，集中式水源地水质达标率100%。淘汰黄标车5辆，发放环保标志4089张，城区环境空气质量优良天气达到90%，各项指标均达到国家空气质量标准二级标准（GB3095-1996）。淘汰10家不合国家产业政策属于落后产能的小、散、乱、污企业。

（供稿：孙明利）

庆城县

【综 述】庆城县位于甘肃省东部马莲河中上游，介于东经107° 16′ 32″ ~ 108° 5′ 49″，北纬35° 42′ 29″ ~ 36° 17′ 22″ 之间。东邻合水，西濒蒲河与镇原县相望，南和西峰区毗邻，北与环县、华池接壤。全境东西长约70千米，南北宽约56千米，全县总土地面积2692.6平方千米，其中耕地保有量96.07万亩，基本农田保护面积76.9万亩，森林覆盖率21.15%。2017年末，全县辖7镇8乡2个办事处，常住人口26.85万人，人口自然增长率7.60‰。

全县处陇东黄土高原中部地带，呈残塬沟壑与丘陵沟壑地貌类型，海拔1011 ~ 1623米。全年平均气温10.5℃，年降水量674.1毫米，无霜期171天，全年日照总时数24023小时。

2017年，全县实现生产总值61.94亿元，可比价下降1.8%（下降主因为2017年原油产量同比下降3.7%）。其中，第一产业增加值10.09亿元（农林牧渔服务业增加值计入第三产业增加值），增长5.3%；第二产业增加值30.98亿元，下降4.6%；第三产业增加值20.87亿元，增长2.9%。三次产业结构比由2016年的12.3：61.6：26.1调整为16.3：50：33.7。按常住人口推算，人均GDP为23070元。全年完成大口径财政收入6.33亿元，增长14.6%；完成小口径财政收入3.09亿元，下降6.2%；财政支出24.4亿元，增长7.2%。年末全县金融机构各项存款余额102.14亿元，比上年增长0.23%；金融机构各项贷款余额82.81亿元，比上年增长21.10%。

【农业农村经济】2017年，全县实现农业增加值10.33亿元，按可比价格计算，增长5.37%。粮食作物播种面积81.84万亩，总产量12.69万吨，同比下降11.73%，其中夏粮播种面积30.4万亩，总产量5.66万吨；秋粮播种面积51.44万亩，总产量7.03万吨；油料播种面积13.03万亩，总产量1.57万吨；蔬菜播种面积27.92万亩，总产量13.98万吨，同比增长1.44%；果园面积30.91万亩，水果总产量18.77万吨，其中苹果面积23.27万亩，产量17.14万吨，同比增长12.31%；大牲畜存栏6.86万头，肉类总产量0.69万吨，水产品产量78吨。新栽苹果2万亩，新建钢架蔬菜大棚374座、羊棚475座，种植全膜玉米7.5万亩，发展村集体经济试点项目3处，落实精准扶贫贷款、易地搬迁贷款贴息1048万元，开展果树修剪管理、种草养畜、农机驾驶、汽车驾驶修配、香包刺绣等培训1.03万人次。全县农业机械总动力15.44万千瓦，同比下降40.79%；农用拖拉机0.63万台，同比增长21.15%。全年化肥施用量（折纯）1.48万吨，同比下降1.51%。有效灌溉面积6.97万亩，同比下降0.39%。农村用电量8403.11万千瓦时，同比下降0.39%。2017年底，全县实现1274户5402贫困人口稳定脱贫，贫困发生率下降到5.53%。

【工业与建筑业】2017年，全县工业实现增加值28.71亿元，增长3.2%。年末规模以上工业实现增加值3.32亿元，同比下降38.5%，县属规模以上工业企业达到24家，完成总产值12.20亿元，同比下降27.2%。全县12户资质内建筑企业从业人员平均人数达到5125人，完成建筑业总产值10.2亿元；实现增加值4.77亿元，比上年下降30.0%。

【固定资产投资】2017年，全县500万元以上固定资产投资完成57.76亿元，同比下降44.3%。其中，房地产投资完成1.59亿元。建筑安装工程完成46.97亿元；设备工器具购置完成3.84亿元；其他费用6.96亿元。第一产业完成0.51亿元；第二产业完成20.82亿元，其中工业完成投资11.7亿元；第三产业完成36.44亿元。5000万元及以上项目55个，完成投资43.29亿元；500万~4999万元项目80个，完成投资12.88亿元。

【商贸流通与贸易】2017年，全县实现社会消费品零售总额36.42亿元，比上年增长7.18%。城镇市场消费品零售额为25.11亿元，增长8.58%；乡村市场消费品零售额为11.31亿元，增长4.20%。批发业实现4.83亿元，增长7.14%，零售业实现29.13亿元，增长7.18%，住宿业实现578.3万元，增长14.18%，餐饮业实现2.39亿元，增长7.12%。全年完成外贸出口创汇846万元。

【招商引资】全年共实施招商引资项目45个，到位资金53.38亿元，占市上下达任务的56.19%，其中县本级实施项目28个，到位资金29.89亿元，占全年任务55亿元的54.35%；驿马工业集中区实施项目11个，到位资金10.36亿元，占全年任务20亿元的51.8%；西川工业集中区实施项目6个，到位资金13.13亿元，占全年任务20亿元的65.7%。

【交通邮电】2017年末，全县通车公路总里程（含村道）达1504千米。全县道路客运量和客运周转量分别达到599.6万人次和2503.2万人千米，同比增长0.9%和1.2%；道路货运量和货物周转量分别达到1743.2万吨和5456.5万吨千米，同比增长6%和8%。完成邮电业务总量5068万元。其中，邮政业务总量1323万元，增长26.28%；电信业务总量3745万元，增长1.8%。年末移动电话用户达到48857户；宽带用户达到25372户。

【科技与教育】全年组织实施国家、省、市各类科技计划项目20项；申报国家各类专利207件，其中授权发明专利2件，授权外观设计专利7件，授权实用性型专利10件。年末全县现有各级各类学校229所，在校学生40483人，在职教职工2985人。学前三年教育毛入园率达到95.8%，九年义务教育阶段巩固率为96.33%。全县高考二本以上进线537人，二本以上进线率47.02%，位居全市八县区第一名。

【文化产业与旅游业】2017年，全县共有文化馆总馆1个，分馆2个。年末挖掘非遗项目达到40项。全县文化产业法人单位150家，从业人员7942人，资产总额7.01亿元。全年共接待游客169万人次，较去年132万人次增长27.47 %；旅游收入完成6.7亿元，较去年5.9亿元增长13.95 %。

【体育与医疗卫生】全年落实村级健身活动场地36个，乡镇和社区健身中心1个（凤城园社区），乡镇和社区健身广场1个（高楼乡），国投笼式足球场1个，新建篮球活动场40个、乒乓球活动场地44个，安装室外健身活动器材450件。培训社会体育指导员85人次。年末全县共有卫生计生单位33个，有卫计专业技术人员1118人，共设病床748张，每千人拥有病床2.68张。全年参合农民人均筹资额提高到610元，参合率98.02%，落实新农合资金14251.14万元，资金到位率100%。

【人民生活与社会保障】2017年，全县城镇居民人均可支配收入达到27052.2元，比上年增长8.1%；城镇居民人均消费支出16486.5元，增长5%。农村居民人均可支配收入达到7857.1元，增长8.6%；农村居民人均生活消费支出8197元，增长2.2%。城乡居民居住条件不断改善，年末城镇居民人均住房面积为32.77平方米，农村居民人均住房面积41.57平方米。辖区内共有职工9925人，工资总额59098万元，人均年工资59574元，其中县属单位职工8507人，工资总额51567万元，人均年工资60631元。新增城镇就业人员5935人，城镇登记失业率2.5%。

城镇企业职工基本养老保险征缴基金2932万元，参保企业268 家，参保人员4494人，其中新参保310人，完全失地农民参保217人，征缴养老保险金980.89万元，全年共计发放养老金3662万元；参加失业保险的单位共159家5661人，共征缴失业保险费182万元，为25名失业人员发放失业金137830元；征缴工伤保险费540万元15137人；城镇职工基本医疗保险参保13716人，征缴基金3269万元，共计报销医疗费用

2376万元；生育保险参保9848人，征缴基金88万元，共计报销生育保险费用65万元；城镇居民医疗保险参保19788人，征缴基金111万元。2017年，全县城市居民最低生活保障人数4887人，农村最低生活保障人数31135人，全年共投入低保资金8101.47万元。全县农村特困救助供养人数758人，其中集中供养133人。全县共有社会福利机构1个，床位133张。

【环境保护】庆城县空气自动监测站2017年7月份通过省市验收，正式投入运行。全县城区全年可吸入颗粒物（PM10）均值86微克/立方米，细颗粒物（PM2.5）均值19微克/立方米，达到《环境空气质量标准》二级标准。马岭东沟、纸坊沟饮用水水源地水质达到《地表水环境质量标准》三类标准，水质达标率100%。马莲河店子坪断面水质综合评价达到四类标准。县污水处理厂稳定达标运行，2017年共处理污水185.97万立方米，日均处理污水5100立方米，与上年同期相比日增加污水处理量900立方米，减排化学需氧量687.71吨，氨氮87.8吨。全年共出动环境执法人员400多人（次），累计检查企业270多户（次），排查水源地10处30多次。共查处各类环境违法行为170起，行政处罚21起，罚款88.8万元，查封扣押10起，向公安部门移送1起，受理环境信访投诉229件，办结229件。

（供稿：葛宏国）

镇原县

【综 述】镇原县地处甘肃省东部，庆阳市西南部，介于北纬35°27′～36°16′，东经106°44′～107°36′之间。东临庆城县、西峰区，西接宁夏回族自治区彭阳县，南界平凉市泾川县、崆峒区，北靠环县。南北长91.24千米，东西宽78.3千米，土地总面积3500平方千米，耕地面积169万亩。全县辖9镇10乡215个行政村1991个自然村和5个社区，总人口52.15万人，年末常住人口42.21万人，人口自然增长率为5.65‰。

境内山川塬兼有，沟峁梁相间，地势西北高东南低，属于黄土高原沟壑区，平均海拔1500米。属北温带大陆性气候，年平均气温10.5℃，年均降雨量480毫米，无霜期160天左右。

2017年，全县实现生产总值56.93亿元，比上年增长3.4%。其中，第一产业增加值17.47亿元，增长5.7%；第二产业增加值13.98亿元，增长2.5%；第三产业增加值25.48亿元，增长2.7%。一、二、三产业增加值占生产总值（GDP）的比重分别为30.68∶24.56∶44.76。按常住人口计算，人均生产总值13487元，同比下降1.45%。全县财政大口径收入完成28990万元，比上年增长12.05%。公共财政预算收入完成18678万元，比上年增长8.22%。全年财政支出339764万元，比上年增长12.4%。

【农业农村经济】2017年，全县粮食作物播种面积141.91万亩，同比下降3.98%；粮食总产量30.36万吨，同比下降15.86%。其中，夏粮播种面积45.47万亩，同比增长11.62%，夏粮产量9.72万吨，同比增长4.92%；秋粮播种面积96.44万亩，同比下降9.9%，总产量20.64万吨，同比下降23.03%。玉米播种面积90.02万亩，同比下降9.91%，总产量19.89万吨，同比下降23.77%；豆类播种面积0.95万亩，同比下降2.06%，产量0.07万吨，同比下降16.53%；油料播种面积23.99万亩，同比增长18.31%，总产量3.62万吨，同比增长15.94%；蔬菜播种面积24.53万亩，同比增长8.69%，产量12.35万吨，同比增长10.54%；水果总产量14.92万吨，同比增长11.4%。年末大牲畜存栏22.5万头，同比下降0.05%。其中，牛存栏11.21万头，同比增长1.72%，牛出栏5.16万头，同比增长5.95%；猪存栏4.95万头，同比下降0.8%；猪出栏5.17万头，同比增长0.2%；羊出栏10.91万只，同比增长3.02%。肉类产量1.75万吨，同比增长8.02%。有效灌溉面积达到19.39万亩，同比增长6.42%；保证灌溉面积达到13.62万亩，同比增长9.49%。农业机械总动力21.2万千瓦，同比下降41.12%。完成造林15.23万亩，同比下降1.87%。水产品产量569吨，同比增长9%。全年完成农林牧渔业增加值18.19亿元，按可比价格计算同比增长5.84%。实现贫困人口稳定脱贫20744人，贫困发生率下降到14.31%。

【工业与建筑业】全年完成工业增加值13.75亿元，比上年增长2.4%。其中，规模以上工业增加值完成2.24亿元，增长13.2%，规模以上工业中地方工业完成增加值1.54亿元，增长5.33%。规模以上工业完成销售产值14.38亿元，产品销售率为99%。规模以上工业企业实现利税总额0.03亿元，下降30.94%，其中利润总额-0.52亿元，比上年下降60.93%。地方规模以上工业实现利润0.38亿元，增长30.91%。全县资质以上建筑企业2户，实现建筑业增加值3660万元，比上年增长20.9%。

【固定资产投资】全年固定资产投资总额完成469768万元，同比下降63.39%。其中，第一产业投资额85956万元，同比下降64.59%；第二产业投资额120354万元，同比下降78.38%；第三产业投资额263458万元，同比下降45.55%。全县投资500万元以上的施工项目188个，比上年下降51.17%。其中，当年新开工项目69个，本年投产项目119个，新增固定资产400529万元。房地产开发投资完成785万元，比上年下降94.72%。

【商贸流通与贸易】2017年，全县完成社会消费品零售总额309160.1万元，比上年增长8.82%。其中，城镇消费品零售额234639.7万元，增长9.34%；农村消费品零售额74520.4万元，增长7.19%。分行业看，批发业103706.1万元，增长7.92%；零售业151469.4万元，增长9.42%；住宿业2061.8万元，增长1.12%；餐饮业51922.8万元，增长9.2%。全县外贸出口创汇4419万元。

【交通邮电】2017年，全县货物运输量128万吨，比上年下降8.57%，货物周转量6784万吨千米，下降3.68%；旅客运输量161万人，增长0.63%，旅客周转量15536万人千米，增长0.36%。年末汽车保有量达到27740辆。其中，营运车辆928辆，非营运车辆26812辆。全年完成邮政通信业务总量24119万元，比上年增长13.01%。其中，邮政业务总量3312万元，增长12.46%；电信业务总量3965万元，增长14.99%；移动通信业务总量16842万元，增长15.75%。固定电话用户年末累计达到2.8万户，下降3.45%；移动电话年末累计达到37万户，增长5.71%；互联网用户年末达到2.23万户，增长9.02%。

【金融和保险】年末，全县金融机构各项存款余额1087308万元，比上年净增44010万元，增长4.22%。各项贷款余额582104万元，比上年减少4172万元，下降0.71%。有保险公司8家，全年保费总收入13557.7万元，比上年增长33.48%。支付各类赔款及给付3447.65万元，比上年下降19.83%。

【教育体育与科技】2017年，全县各类在校学生77662人。13~15岁儿童初等教育普及率达到100%，九年义务教育巩固率达到95%。2017年大专以上高考录取人数4386人，录取率94.44%。参加市级及以上运动会2次，获得金牌15枚。有各类专业技术人员7019人。组织实施农业、工业等国家、省、市科技计划项目1项，其中省列1项，共投入科技资金25万元。

【文化与医疗卫生】2017年，全县共有专业文化艺术表演团体6个，全年演出540场（次），观众35万人（次）；公共图书馆1个，藏书8万册；博物馆1个、纪念馆2个，文物藏量3912件；乡镇文化站19个，建成农家书屋215个，文化信息资源共享工程村级服务点215个。有线电视用户增加到5420户，电视人口覆盖率达到100%。广播人口覆盖率达到100%。全年《镇原时讯》出版20期，发行6.6万份。全县共有医疗卫生机构27个，医疗床位1622张，比上年净增118张，增长7.85%。有卫生技术人员1116人，比上年增加54人，增长5.08%。

【旅游业】截至2017年底，北石窟驿景区完成投资2.8亿元，于2017年8月份开始试运营。白马池景区通过招商引资，完成一期亚美花海基地项目投资3100万元，潜夫山森林公园投资70万元。全年接待国内外旅游人数71.35万人次，实现旅游收入3.73亿元，分别比上年增长26.8%和29.8%。

【人民生活与社会保障】2017年，全县城镇居民人均可支配收入26501元，比上年增加1964.1元，同比增长8%；农村居民人均可支配收入7815.8元，比上年增加623.2元，同比增长8.7%。非私营单位从业人员14759人，比上年末减少454人，同比下降2.98%；城镇登记失业率为2.4%。组织输转富余劳动力9.99万人。

年末，全县参加城镇企业基本养老保险6620人，比上年末减少1020人。其中，参保职工4505人，参保离退休人员2155人。参加城镇基本医疗保险27951人，比上年末减少3192人。其中，参加城镇职工基本医疗保险17447人，参加城镇居民基本医疗保险10504人。参加失业保险7801人，比上年末减少3424人。参加工伤保险2952人，比上年末减少9811人。参加生育保险9493人，比上年末减少2741人。新型农村合作医疗参合率98.01%。新型农村合作医疗基金支出总额27725.62万元，累计受益126.36万人次。全县城市低保2435户5458人，比上年末减少107户164人；农村低保17620户57871人，比上年末减少4286户10143人。

【环境保护与安全生产】全县有环境监测机构1个，监测设备5台，监测人员2人。预计废水中主要污染物化学需氧量排放量2149.1吨，比上年增长7.3%；氨氮排放量264.5吨，比上年增长3.7%；大气中主要污染物二氧化硫排放量1942.2吨，比上年下降9.5%；氮氧化物排放量304.7吨，比上年下降12.9 %。用于环境保护项目的资金360万元。共发生各类安全生产事故25起，同比持平；死亡7人，同比持平；受伤25人，同比持平，造成直接经济损失16000元，同比下降200%。生产总值生产安全事故死亡率7.1‰；道路交通万车死亡率0.93。

（供稿：赵　菡　刘明昉）

环　县

【综述】环县地处庆阳市西北部，介于北纬36°01′06″~37°09′10″、东经106°21′40″~107°44′40″之间。东临陕西省定边县和甘肃省华池县，南接庆城县、镇原县，西连宁夏回族自治区固原市彭阳县、原州区和海原县，同心县，北靠宁夏回族自治区盐池县。南北长127千米，东西宽124千米，全县总面积9236平方千米，其中耕地面积23.60万公顷。2017年末，全县辖9个镇11个乡和1个旅游开发办公室，户籍总人口36.10万人，常住人口31.23万人，人口自然增长率5.60‰，城镇化率27.99%。

全境属黄土高原丘陵沟壑区，地势西北高、东南低，海拔1136~2089米。主要河流为环江，水质苦咸，不宜饮用和灌溉。地处温带季风气候和大陆性气候过渡区，降水量少，干旱多发。2017年平均气温10.20℃，日照2528小时，无霜期191天，降水量519.80毫米，蒸发量1295.50毫米。适宜种植荞麦、糜谷、马铃薯等小杂粮，胡麻、葵花等经济作物，甘草等中药材，小杂粮产量居全省县区之首。天然草场面积57.20万公顷，是驰名的滩羊产区。石油地质储量5亿多吨，是长庆油田主产区之一。优质石灰岩储量达2000多万吨，白云岩储量达18亿吨。煤炭预测储量684亿吨，其中千米以浅整装煤田预测储量51亿吨，探明储量22亿吨，煤层气预测储量3480亿立方米。

2017年，全县实现地区生产总值77.79亿元，按可比价格计算，同比下降1.8%。其中，第一产业增加值8.67亿元，同比增长5%；第二产业增加值

40.34亿元，同比下降5%；第三产业增加值28.81亿元，同比增长1.3%。一、二、三产业结构为11∶52∶37。按常住人口计算，人均地区生产总值2.50万元。大口径财政收入6.04亿元，同比增长23.2%；地方财政收入3.13亿元，同比增长4%；财政支出32.95亿元，同比增长2.7%。年末金融机构各项存款余额83.83亿元，增长1.6%，各项贷款余额65.29亿元，增长9.4%，金融机构实现盈利1.90亿元。

【农业农村经济】全年实现农林牧渔业总产值15.80亿元，农业、林业、牧业、渔业、农林牧渔服务业业务产值分别为11.09亿元、0.45亿元、4.17亿元、0.93亿元和0.09亿元。农作物播种面积208.69万亩，同比增长0.9%。其中，谷物和其他作物播种面积199.69万亩（谷物146.22万亩、豆类9.97万亩、折粮薯类18.02万亩、油料14.81万亩）；蔬菜园艺9.88万亩；瓜果类7.02万亩；中草药材0.79万亩。粮食作物174.20万亩，总产量31.1万吨。果园8.76万亩，荒山造林15.24万亩。年末大牲畜存栏13.54万头，生猪存栏6.32万头，羊存栏71.13万只。肉类总产量16576.61吨。农村用电量1.84亿千瓦时，同比增长3.52%；农用化肥实物施用量2.22万吨，同比下降1.92%；塑料薄膜使用量0.98万吨，同比下降3.66%。有效灌溉面积6.65万亩，同比增长5.52%，保证灌溉面积4.32万亩，同比增长5.84%。

扶持养殖专业合作社60个，新建良种肉羊扩繁场20个，新建青贮示范点70个；种植全膜作物130万亩、小杂粮30万亩，种植瓜菜10.08万亩，新栽苹果、枸杞各1万亩。输转劳务5.46万人，劳务创收11.95亿元。全年脱贫4166户18057人。

【工业经济】全年完成工业增加值39.82亿元，同比下降5.3%。其中，地方规模以上工业增加值2.66亿元，同比增长2.2%；油田工业增加值36.13亿元，同比下降5.4%。石油产量196.90万吨，同比下降0.1%；水泥产量61.50万吨，同比增长77.4%；工业用电量2.56亿千瓦时，同比增长50%。完成建筑业总产值1.77亿元，同比下降15.8%，实现增加值0.83亿元，同比下降19.2%。

【项目建设】固定资产投资完成56.85亿元，同比下降57.31%。实施5000万元以上项目29个，完成投资额19.35亿元；实施500～5000万元项目98个，完成投资额13.29亿元。实施银西客运专线、甜永高速公路等重点建设项目。

【商贸流通】全年全社会消费品零售总额18.83亿元，同比增长4.4%。其中，批发业2.47亿元、零售业13.18亿元、住宿业0.42亿元、餐饮业2.76亿元。

【交通邮电】年末，境内拥有柏油（水泥）路198条3440千米。全年旅客运输量280万人，增长0.4%，旅客周转量166057万人千米，同期增长0.3%；货物运输量382万吨，同期增长8%，货物周转量661369万吨千米，增长8%。完成邮政业务总量0.11亿元，同比增长8.6%；电信业业务总量2.50亿元，同比增长0.1%。固定电话用户23600户，互联网络用户37974户，移动电话用户数292838户。

【文化与旅游】举办百姓大舞台演出活动137场次。拥有广播电视无线调频转播站1座，广播电视发射塔1座，农村广播电视“户户通”“村村通”设施基本普及，电视覆盖人口31.23万人，覆盖率100%，有线电视用户5179户。拥有公共图书馆1个，藏书总量7.67万册；博物馆1个，文物藏量4770件。全县接待游客66.90万人次，全年旅游总收入3.50亿元。

【科技、教育与医疗卫生】全年受理专利申请27件，授权10件。年末，全县拥有各级各类学校313所，教师总数4495人，在校学生58166人。学前教育毛入学率96%，九年义务教育巩固率95.62%。大专以上院校高考录取2773人，录取率83.42%。年末，全县拥有医疗卫生单位28个，有卫生技术人员881人，医疗机构设病床920张。

【环境保护】地表水水质属于V类，饮用水达标率100%。可吸入颗粒物0.15毫升/立方米，二氧化硫年平均值控制在0.11毫克/立方米，二氧化氮年平均值控制在0.12毫克/立方米；可吸入颗粒物、二氧化硫、二氧化氮全城区平均浓度均达到GB3095-1996《环境空气质量标准》二级标准。

【人民生活和社会保障】2017年，全县城镇居民人均可支配收入27199.80元，同比增长8.6%；农村居民人均可支配收入7780.30元，同比增长8.8%。年末，单位从业人员16216人，年人均工资61351元。

城乡登记失业率2.39%。城乡居民基本养老保险参保211000人，参保率99.2%。足额发放47400名60周岁以上人员养老金5859.47万元，发放率100%。城镇职工参加社会养老保险人数4369人，累计征收金4580万元，享受社会养老保险2100人，发放养老金5988万元。享受城镇居民最低生活保险人数1232户，2410人;享受农村居民最低生活保障22516户，84514人。参加新型农村合作医疗保险298868人，参合率99.66%；参加城镇居民基本医疗保险25307人。

（供稿：安　晶）

定西市

【综述】定西市位于甘肃省中部，介于北纬34°26'~35°35'，东经103°52'~105°13'之间，全市总面积1.96万平方千米，其中耕地面积1218.6万亩。2017年末，全市常住人口280.84万人，人口自然增长率为6.81‰，比上年上升1.05个千分点。

境内地势西高东低，海拔1420~3941米。气候属温带半湿润和中温带半干旱区。年平均气温5.7℃~7.7℃，年降水量400毫米~600毫米，无霜期142天，日照充足。主要河流有渭河、洮河等。以农业为主，有“中国马铃薯之乡”之称。畜牧业以养牛、羊为主。产党参、当归、红芪、大黄等中药材，有“千年药乡”之称。文物古迹有新石器时代的马家窑、遮阳山等人文自然景观。纪念地有通渭榜罗会议会址、岷州会议会址、渭源冯家湾红军烈士陵园。

2017年，全市实现地区生产总值347.12亿元，比上年增长4.2%。第一二三产业增加值分别为80.16亿元、76.16亿元、190.8亿元，比上年分别增长6.3%、1.5%、4.4%。一二三产业结构比由2016年的23.8：22.8：53.4调整为2017年的23.1：21.9：55。一二三产业对经济增长的贡献率分别为36.8%、7.9%、55.3%，第一产业贡献率比上年提高18.8个百分点。

【农业农村经济】全市播种各类农作物866.46万亩，其中，粮食作物627.28万亩（马铃薯299.29万亩），中药材140.87万亩，蔬菜66.45万亩。粮食总产量 153.58万吨，增长7.26%，其中夏粮18.47万吨，秋粮135.11万吨，分别比上年增长3.4%和7.8%。年末大牲畜存栏65.87万头，比上年增长4.08%。猪、牛、羊、家禽存栏分别为84.06万头、33.82万头、85.88万只和307.68万只，出栏分别为93.34万头、7.45万头、54.43万只和280.57万只。全年肉类总产量9万吨，比上年增长1.8%；禽蛋产量9230吨，增长3.4%；鲜奶产量8954吨，增长19.7%。实施马铃薯良种工程和主食化战略，生产原原种10亿粒，建成原种扩繁基地6万亩、一二级种扩繁基地150万亩，主食化加工能力达到12.6万吨。种植优质牧草185万亩、加工商品草113万吨，畜禽饲养总量和肉蛋奶总产量分别达到2900多万头只、35万吨，草牧业总产值达到155亿元、增长10.7%。新增经济林果13.3万亩，种植蔬菜81万亩，果蔬产业总产值达到71亿元、增长3%。贫困人口从动态调整后的46.36万人减少到36.24万人，贫困发生率从17.5%下降到13.7%左右。

【工业与建筑业】2017年，全市实现工业增加值42.71亿元，比上年增长2.7%，其中，规模以上工业企业实现增加值28.53亿元，增长3.9%，拉动全部工业增长2.6个百分点；规模以下工业实现增加值13.76亿元，增长0.3%。工业增加值占生产总值的比重为12.3%，比上年低0.8个百分点。轻工业实现增加值10.09亿元，下降8.2%；重工业实现增加值18.44亿元，增长12.4%，重工业占比为64.6%。建筑业企业实现利润总额4.49亿元，增长2.75%；主营业务税金及附加2.02亿元，下降26.55%。

【项目建设与招商引资】实施500万元以上项目1070个，亿元以上项目106个。梯次举行项目开工，连续5次集中开工项目415个，完成投资113亿元，拉动投资增长16.9个百分点。谋划储备项目2989个，其中产业短板项目728个、总投资1069亿元。谋划储备PPP项目141个、总投资2097亿元。实施招商引资项目317个、总投资350亿元。

【固定资产投资】全市完成固定资产投资358.68亿元，比上年下降42.26%，其中，项目投资304.99亿元，下降48.1%；房地产开发投资53.69亿元，增长57.8%。第一产业投资28.41亿元，比上年下降51.5%；第二产业投资84.44亿元，下降62%；第三产业投资245.83亿元，下降27.8%。

【商贸流通与贸易】全市实现社会消费品零售总额126.14亿元，比上年增长7.2 %。其中，城镇实现社会消费品零售总额108.06亿元，增长7.1%，乡村实现社会消费品零售总额18.08亿元，增长7.6%。批发业、零售业分别实现商品销售额152.13亿元、184.25亿元，比上年分别增长9.1%、10.5%；住宿业、餐饮业分别实现营业额6.04亿元、20.04亿元，分别增长4.7%、13.5%。全市完成进出口总值18554万元，比上年下降5.97%,其中，完成出口11212万元，下降21.3%；完成进口7342万元，增长33.82%。

【交通邮电】全市交通运输、仓储和邮政业实现增加值8.92亿元，比上年增长6.8%。全市公路客运量2233.75万人，比上年增长4.08%。公路货运量4433.87万吨，增长14.10%。全市客运线路601条，公交线路42条，公交车辆424辆，年末共有出租车辆2414辆。全市邮政行业实现业务总量1.54亿元，比上年增长29.66%；实现业务收入1.57亿元，增长21.33%。其中，快递服务企业完成业务总量374.85万件，比上年增长35.91%，实现业务收入5996.4万元，增长17.95%。全市电信行业业务收入14.15亿元，比上年增长4.2%。年末全市固定电话用户9.46万户，比上年下降14.7%；移动电话用户223.58万户，下降6.5%。年末互联网宽带接入用户39.62万户，比上年增长22.8%。

【城乡建设】市区实施城建项目81

定西市通渭县风电基地

个、完成投资45亿元，定西北站站前广场等21个项目建成投用，定西体育场等60个项目加快推进，中华路市民公园启动建设，兰州至定西天然气管线全面建成。各县实施城建项目93个，完成投资50亿元。首阳中药材小镇列入国家级特色小镇，3个省级、8个市级特色小镇建设进展顺利。开工建设棚改住房4109套（户）。实施引洮二期供水工程等水利项目59个、完成投资7亿元。实施土地整治项目27.2万亩，新增耕地3.75万亩。

【财政金融保险】全市完成大口径财政收入46.51亿元，比上年减收0.72亿元，下降1.53%。完成一般公共预算支出218.48亿元，比上年增支18亿元，增长8.96%。年末全市金融机构本外币各项存款余额784.96亿元，增长2.55%；全市金融机构本外币各项贷款余额723.24亿元，增长8.56%。金融机构人民币各项存款余额784.52亿元，增长2.6%。金融机构人民币各项贷款余额723.24亿元，增长8.6%。全市保费收入21.69亿元，比上年增长21.8%，全年支付各类赔款及给付6.37亿元。

【电子商务】快递企业达到500家，新增网店360个，网上交易额突破10亿元。服务业增加值达187亿元、增长2.6%。

【文化与旅游】年末全市共有国有转企改制演艺企业6 个，文化馆8个，公共图书馆8 个，博物馆8 个；乡镇综合文化站119个，农家书屋1816个，文化信息资源共享工程村级终端接收站点1766个；建成乡村舞台1816个。全市接待境内外游客658.6万人次，比上年增长22.5%。实现旅游综合收入29.6亿元，增长27.3%。旅游综合收入占第三产业的比重为15.5%，占GDP的比重为8.5%。

【科技教育】全年科学技术支出3326万元。评定市级科技进步一等奖5项、二等奖42项、三等奖2项；荣获省科技进步三等奖2项。取得各类科技成果22项，受理专利申请877件，比上年增长36.6%。授予发明专利权253件，增长2.4%。年末全市共有各级各类学校1949所，在校（册）学生46.19万人，教职工38431人。学前教育三年毛入园率93.65%，学龄儿童入学率达到100%，初中入学率达到100%，九年义务教育巩固率为94.89%，高中阶段毛入学率为92.74%。2017年，向全国各类高等院校输送新生28483人，高考录取率达到74.5%，比上年提高2.2个百分点。

【体育与医疗卫生】全年各类体育比赛中获得奖牌97枚，其中金牌31 枚、银牌33枚、铜牌33枚。学校施行《国家体育锻炼标准》的达标率为96.2%，施标率达100%。年末全市共有医疗卫生机构2802个，医疗卫生机构床位16314张，卫生技术人员11555人，其中，执业（助理）医师4783人，注册护士4159人。

2017年1月13日，戏剧《柴生芳》在定西大剧院演出

【人民生活和社会保障】2017年，全市城镇居民人均可支配收入22543元，比上年增长8.3%；城镇居民人均消费支出15873元，增长5.6%；城镇居民家庭恩格尔系数为32.7%，比上年降低1.8个百分点。农村居民人均可支配收入6855元，比上年增长9%；农村居民人均生活消费支出6870元，增长8.6%；农村居民家庭恩格尔系数为36.7%，比上年降低0.4个百分点。全市城镇新增就业27832人，比上年减少5482人，城镇登记失业率为3.32%。共输转城乡劳动力63.8万人，实现劳务收入125.1亿元，人均劳务收入达到19606元。

年末全市参加城镇职工基本养老保险人数为10.72万人，比上年增长4.18%；参加机关事业单位养老保险10.56万人；参加城镇职工基本医疗保险人数为16.14万人，增长2.02%；参加城乡居民基本医疗保险人数为249.34万人，下降0.9%；参加失业保险人数为8.96万人，增长1.59%，领取失业保险金人员375人；参加工伤保险人数为9.67万人，增长1.47%，支付工伤保险金1795万元；参加生育保险人数为10.93万人，增长1.67%；城乡居民养老保险实际参保158.87万人，增长1.72%，领取养老保险待遇41.14万人。年末全市新型农村合作医疗参合人数231.68万人，参合率达到98.2%，较上年提高0.07个百分点。全年新型农村合作医疗基金支出总额为13.05亿元，比上年增长9.02%；累计受益483.17万人次，比上年增长11.49%。全市享受城市最低生活保障的居民47178人，共发放城市低保金18200.36万元；享受农村最低生活保障的居民487698人，共发放农村低保金85213.01万元；全市城乡特困供养人数13745 人，发放特困供养金7184.16万元；发放孤儿基本生活保障金966.79万元，共保障孤儿1110人；

发放城乡医疗救助资金11513.14万元，累计救助医疗对象107.09万人次；发放临时救助资金6574.02万元，救助城乡困难群众105329人；落实困难残疾人生活补贴和重度残疾人护理补贴25019人，共发放补贴资金3571.86万元；落实经济困难老人补贴10199人，共发放补贴资金816.38万人。

【环境保护】争取省发改委批复《渭河源区生态保护与综合治理规划实施方案》，编制总投资103亿元项目308个，开工203个，累计完成投资13.4亿元。实施新一轮退耕还林、三北防护林、天然林资源保护等林业生态重点工程，完成造林封育42.2万亩、面山绿化9.9万亩、生态廊道绿化990千米2.1万亩、义务植树2113万株。实施国家水土保持重点工程等项目47个，新修梯田20.5万亩，新增水土流失综合治理面积350平方千米，治理程度达到55.2%。市区空气质量优良天数比率达85%以上，全市城市饮用水和地下水、地表水监测点水质100%达标，工业集聚区污水实现集中处理，畜禽禁养区划定工作全面完成。全市空气可吸入颗粒物（PM10）年日均值83 ug/m³，可入肺颗粒物（PM2.5）年日均值39ug/m³，二氧化硫年日均值22ug/m³，二氧化氮年日均值30ug/m³；区域噪声昼间平均值2类区域56.3〔dB（A）〕、3类区域54.9〔dB（A）〕，交通噪声昼间平均值66.6〔dB（A）〕；地表水国考省考断面水质达标率100%，县级以上城市饮用水水源地水质达标率100%。

（供稿：赵军艳）

安定区

【综述】安定区位于甘肃省中部，介于北纬35° 17′ 54″~36° 02′ 40″、东经104° 12′ 48″~105° 01′ 06″之间。南北长82.9千米，东西宽73.3千米，总流域面积3638.711平方千米，其中耕地面积179万亩。2017年末，全区辖19个乡镇3个街道办事处，总人口47.12万。

境内属黄土高原丘陵沟壑区和干旱半干旱地区，海拔在1700~2580米之间，年降雨量380毫米左右，平均日照时数2500小时，无霜期141天，年平均气温6.3℃。

2017年，全区生产总值突破76.12亿元，达到80.3亿元，增长4%；固定资产投资完成80.5亿元，增速实现止滑趋稳；规上工业增加值完成10.5亿元，同比增长7.5%；社会消费品零售总额完成41.4亿元，同比增长7%。一二三产增加值分别完成13.3亿元、23.9亿元和43.1亿元，同比增长5.6%、5.4%和3.2%，三次产业结构比调整到17∶30∶53左右，二三产业比重提高1.4个百分点。大口径财政收入完成10.34亿元、同比增长4.5%，一般公共预算收入完成3.9亿元。

【农业农村经济】全年微型薯生产能力达到5亿粒，远销四川、青海、内蒙古等主产省区和伊朗、印度、越南等周边国家，实现销售收入2亿元，获批创建国家“马铃薯脱毒种薯综合标准化示范区”和“马铃薯原原种生产标准化示范区”；筹资960万元实施良种工程，建立原种扩繁基地2万亩、一级种扩繁基地5.5万亩，马铃薯种植实现脱毒种薯全覆盖，总产达130万吨，建立优质加工原料薯基地15万亩；新增优质牧草l2.5万亩，完成6万亩紫花苜蓿有机产品认证；民祥牧草10万吨、现代草业10万吨、巨盆草业30万吨裹包青贮饲料生产线建成投产，新建10个乡镇牧草收贮配送点。成功注册“西部牧草之都”“西部牧草”商标，与蒙牛、伊利、新希望等知名企业和中国马业协会、福建兔业协会建立供应关系，外销草产品4 3万吨，获批筹建“省级草产业知名品牌示范区”。新建标准化养殖场和养殖专业村各20个，培育养殖大户1800户。新建塑料大棚和日光温室1100座，建立标准化育苗基地200亩，发展设施蔬菜3270亩，在引洮灌溉区建立标准化基地5.5万亩，发展旱地蔬菜3.2万亩，高原夏菜种植规模达到15.2万亩、总产达90多万吨；对接上海江桥、广州江南、福建泉州I等大型专业市场，蔬菜产值达到12.5亿元。培育种养大户2150户，以专业合作社、家庭农场、龙头企业为主的新型农业经营主体达到1912个，土地流转规模达36.5万亩，带动8000多户农户发展适度规模经营，绿源种植、青峰养殖、鸿壮农牧等7个家庭农场被认定为首批省级示范家庭农场；完成旱作高效农业技术推广126.9万亩，在西巩、石泉、鲁家沟等乡镇因地制宜发展中药材、食用菌、小杂粮等区域性特色产业，在石泉、青岚、称钩等7个乡镇开展耕地休耕试点4万亩；筹措资金1032万元，完善引洮一期工程田间配套设施，新增有效灌溉面积24万亩。贫困农民人均可支配收入增长11%、达到4680元左右，1.28万贫困人口达到脱贫标准，贫困发生率下降到12%左右，返贫率控制在3%以内。

【工业经济】全年新增规模以上企业3家、总数达56家，工业税收增长3.8个百分点、达到1.24亿元。

【商贸流通】军民融合（西北）应急物流基地、西部汇通力吨肉食农产品仓储批发市场启动建设。万家和、千佳汇、富丽商厦等大型购物中心运营见效。定西农产品电子商务产业园基本建成，亿联O2O购物广场、康明等送商城、点通富网络商城体验馆运营见效，新增村级淘宝服务点45个。全年社会消费品零售总额完成41.4亿元，同比增长7%。

【项目建设】140个重点建设项目预计完成投资85亿元，100个三级领导责任制项目完成年度建设目标；分5批集中开工项目87个、总投资137.2亿元，完成投资23亿元。谋划总投资281亿元的PPP项目27个。碧桂园、中和领誉、万江时代广场等29个项目签约落地，当年到位资金20亿元。

【城乡建设】中华路南段、教育西路、东河通道建设进展良好，启动实施天定高速定西北出口改扩建工程，思源实验学校桥投入使用，安定广场基础工程和南川智能停车场基本建成。无纺厂家属院及周边、甘河湾片区、西岩新村等16个棚户区改造完成投资10.6亿元，952套安置房完成主体工程。福台景园、凤翔名都、天庆金域蓝湾等13个房地产开发项目完成投资8.2亿元。财政筹资1500万元，对薯都大道、新城大道、中华路北段和东湖公园、新城生态园等进行绿化提升改造。筹资5700多万元，对内官、香泉、称钩、葛家岔等7个小城镇道路、管网等基础设施进行改造，实施香泉陈家 、宁远闯家岔、符川长丰等6个“美丽乡村”建设工程。

【环境保护】完成李家堡、鲁家沟、葛家岔等7个镇区风貌改造。实施福州·定西生态林、退耕还林还草、坡耕地水土流失治理等项目。完成造林绿化4万亩，新增水土流失治理56.4平方千米。投资3.1亿元推进城市集中供热改造和燃煤锅炉撤并。开展引洮灌溉区地下取水井关闭清理。

【社会事业与民生保障】筹资7629万元，新建、改扩建幼儿园9所，实施东方红中学、公园路小学、大城小学、团结中心小学等薄弱学校改造项目，新建校舍2.6万平方米。高考本科上线率提高3.3个百分点。加快市二院住院综合楼、区妇保站业务楼、区二院职工宿舍楼等重点项目建设，推进城市公立医院综合改革，药品实现零差率销售。

年末，城乡居民人均可支配收入分别达到23600元和7100元，同比分别增长8.8%和9%。发放小额担保贴息贷款6000万元，城镇新增就业4498人。全年输转劳动力10.3万人，预计创劳务收入20.1亿元。城乡低保、特困供养人员人均月补差标准分别提高到256元和513元，为15.9万人落实医疗和临时救助资金2149万元。新建2所老年人日间照料中心和28所农村互助老人幸福院。区殡仪服务中心基本建成。为2.08万名贫困家庭学生免除学杂费、发放助学金和助学贷款4271万元。提高住院报销比例、降低大病保险报销起付线和民政临时救助等政策惠及贫困群众1万多人次。

（供稿：安定区地方史志办公室）

通渭县

【综述】通渭县位于甘肃省东南部，定西市东部，介于北纬34° 55′ ~35° 29′ ，东经104° 47′ ~105° 38′ 之间。东南、南分别与秦安、甘谷县接壤，西南、西分别与武山、陇西县相邻，西北、北、东北分别与安定区、会宁和静宁县毗连。东西长约78千米，南北宽约64千米，全县总面积2908.5平方千米，其中耕地面积122000公顷。2017年年末，全县辖14镇4乡，全县常住人口40.79万人，人口自然增长率6.84‰，城镇化率24.42‰。

境内为黄土丘陵沟壑区，地势西北高，东南低，海拔高度为2521 ~ 1410米。属温带半湿润向半干旱过渡区。年平均气温8.0℃，年总降水量344.5毫米，年无霜期158 天，年总日照时间2021.7小时。主要河流有牛谷河、金牛河、安逸河、清溪河、苦水河。矿藏资源主要有花岗岩、硅石矿、汉白玉、高岭土、硫铁矿、地热温泉和煤等。主要旅游景点有温泉、鹿鹿山、尖岗山、清凉山、榜罗红军长征纪念馆、义岗红军烈士陵园、红军长征文娱晚会旧址等。

2017年，全县实现生产总值（GDP）407203万元，按可比价格计算，比上年增长4.1%。其中，第一产业增加值97082万元，增长6.0%；第二产业增加值52621万元，增长2.0%；第三产业增加值万元，增长3.7%，三次产业结构比由上年的24.4：13.2：62.4调整为23.8：12.9：63.3。 全年全县大口径财政收入为33515万元，增长3.2%，财政支出达到314150万元，增长13.5%。全县金融机构各项存款余额 738312万元，比上年增长5.0%，各项贷款余额815544万元，比上年增长3.9%。

【农业农村经济】2017年，全县农作物播种面积12533公顷，比上年下降0.81%，其中粮食作物播种面积105707公顷，比上年下降1.71%。粮食总产量达到403796300千克，增长8.49%。其中夏粮59167600千克，增长4.72%;秋粮344628700千克，增长9.61%。全年粮食单产254.7千克，增长10.37%；油料种植面积8773.33公顷，增长2.71%，油料产量16396000千克，增长1.94%。主要农产品产量如表。

全年肉类总产量10416440千克，比上年增长1.39%。大牲畜存栏13.48万头，比上年增长5.56%；牛存栏为5.25万头、比上一年增长15.55%，出栏1.1万头，比上一年下降1.57%；猪存栏10.11万头、比上一年下降4.01%，出栏

通渭县金银花产业

11.66万头、比上一年增长3.32%；羊存栏3.82万只、比上一年下降3.64%，出栏2.30万只，比上年增长0.23%；鸡存栏为55.58万只、比上一年增长2.43%，出栏44.61万只，比上年下降16.54%。年末，全县拥有农业机械总动力25.24万千瓦，比上年增长6.7%；农业生产用电量2186.01万千瓦小时；化肥施用量（折纯）18204000千克，下降5.23%；农田有效灌溉面积3200公顷。全年新修水平梯田1120公顷，累计115360公顷。全年共完成造林面积13680公顷，增长83.17%。

通渭县2017年主要农业产品产量

产品名称	产量（kg）	比上年增长（%）
粮食总产量	40379630	8.49
玉米	27226900	2.70
洋芋	62143900	51.57
油料	16396000	1.94
胡麻	15892000	2.87
药材中：党参	3630000	−22.02
蔬菜	18625000	−9.48
水果	16770000	4.38

【工业和建筑业】全县规模以上（年主营业务收入2000万元以上）工业企业15家，实现增加值11998.4万元，比上年增长5.4。其中，轻工业实现增加值4482.3万元，重工业实现增加值7516.1万元。全县具有建筑业资质等级的企业8家，实现建筑业增加值30423万元，比上年增长1%；实现建筑业总产值132284.2万元，完成房屋建筑施工面积70.10万平方米，比上年下降9.6%；房屋建筑竣工面积45.55万平方米，比上年下降5.6%；实现利润总额7534.2万元，比上年下降6.9%。

【交通邮电】全年完成货运周转量97324.2万吨千米，客运周转量12950.02万人千米。年末全县公路总长度1768.24千米。全年邮电业务总量3.64元（含邮政、电信、移动、联通），年末本地交换机容量32万门，本地电话计次制用25400户，下降16.45%。互联网络用户25100户（含电信、移动、联通），比上年增长18.65%。

【商贸流通】全年实现社会消费品零售总额92822.9万元，比上年增长7.4%。其中城镇零售额76965.1万元，增长7.42%；乡村零售额15857.8万元，增长7.07%。批发业93635.2万元，增长12.1%；零售业132405.5万元，增长10.6%；住宿业2894.9万元，增长11.9%；餐饮业10301.2万元，增长11.3%。

【固定资产投资】全年完成500万元以上固定资产投资356086万元，同比下降32.5%。其中，项目投资305161万元、同比下降40.3%，房地产开发投资50925万元，同比增长197.6%。本年度内施工项目个数149个，其中新开工项目117，全年新增固定资产投资146796万元。

【科技教育文化】全年实施各类科技项目2项，列入全省科技发展计划2项。科技成果转化10项，获市级科技进步奖2项，评定县科技进步奖6项。年末，全县共有独立高中4所，完全中学4所，独立初中12所，九年一贯制学校30所，在校学生普通高中生10973人，职业生1063人，初中生12245人；小学52所，在校学生16725（特教92人），幼儿园109所，在园幼儿8684人。小学适龄儿童入学率达到100%，小学毕业升学率100%。向大专及以上院校输送新生5700人。全县共有文化相关产业机构95个，共有艺术表演团体63个，文化馆1个，公共图书馆1个，博物馆1个，影剧院1个，档案馆1个，美术馆1个，馆藏档案48709卷。电视覆盖率94.52%。

【医疗卫生与体育】全县共有卫生医疗机构（含诊所）407个，其中医院4所，病床907张，卫生机构人员数2096人，卫生技术人员1666人。有疾控中心、妇幼保健各1个，食品药品监督机构1个，卫生社区服务中心1个，乡镇卫生院18所，床位数480张。全年共举办县以上体育竞赛活动23场次，参加运动1200人（次），全县中小学学生体育达标率97.5%。

【人民生活与社会保障】2017年，全县城镇居民人均可支配收入212658元，比上年增加1574.8元，增长8.0%；城镇居民人均住房面积 31.60平方米；城镇居民恩格尔系数为29.7。农村居民人均纯收入6197.2元，比上年增加501.2元，增长8.8%；农村居民人均住房建筑面积24.32平方米，农村居民恩格尔系数为39.2%。

年末，全县新型合作医疗参合农民达329846人，参合率达98.02%，为43.93万人报销医疗费15629.93万元；全县农村低保人数68546人，发放人口保障资金902.47万元；农村五保户人数2500人，发放保障资金101.91万元；累计发放城镇低保资金3609.73万元，保障对象达到10367人。参加城镇基本医疗保险的人数40739人，其中，参加城镇职工基本医疗保险人数17710人，参加城镇居民基本医疗保险人数23121人。发放企业离退休人员基本养老金9263万元，失业保险金522万元。城镇新增就业人数4249人，城镇登记失业率控制在2.94%以内。

【安全生产】2017年全县共发生生产安全事故35起，死亡9人，受伤39人，直接经济损失12.73万元，与2016年相比，事故起数下降10.26%，死亡人数上升10%，受伤人数下降152.22%，直接经济损失下降9.78%。

（供稿：王旭明）

陇西县

【综述】陇西县位于甘肃省东南部，定西市中部，总面积2408平方千米，其中耕地面积165.95万亩，农业人口人均占有耕地3.83亩。2017年末，全县辖12镇5乡，总人口52.25万人。

全县海拔1612~2762米，年均气温8.1℃，日照时数2210小时，降雨量415毫米，无霜期160天，属黄土高原地区，温带大陆性季风气候。陇西是西北最大的中药材种植、仓储、加工基地，全县已普查到种植品种310种，年种植面积达到35万亩，占全县总耕地面积的21.1%，种植面积居全国县区首位。

2017年，全县完成地区生产总值66.41亿元，同比增长4.5%；社会消费品零售总额29.26亿元，增长7%；大口径财政收入9.36亿元，同比增长2.16%；金融机构存贷款余额分别达到137.28亿元和172.11亿元，同比分别增长4.02%和6.25%；实现一般公共预算支出31.35亿元。

【农业农村经济】全县现有养殖小区278个，规模养殖户18177户；畜禽存栏数238.75万头（只），年出栏数224.16万头（只）；有畜产品加工企业7家，肉制品腌制个体私营户400多家，年加工各类肉制品2万吨，2017年全县畜牧业产值达到25.07亿元。完成植树造林3.77万亩、秋季义务植树平田整地2000亩，新修梯田2.1万亩，综合治理水土流失面积60平方千米。全县贫困人口减少到5.38万人。

【工业经济】陇西是甘肃重要的铝冶炼及加工基地，全县有各类铝冶炼及加工企业17家，加工生产能力达到85万吨，2017年实现产值69.1亿元，上缴税金6296万元。

【项目建设】全年争取到位政府性投资项目79个、财政性建设资金6.3亿元；谋划储备“十三五”后三年项目344个、总投资1105亿元；全年开工投资额500万元以上各类项目146个，完成固定资产投资77.78亿元。

【文化产业与旅游业】新发展文化旅游企业10家、总数达到105家，全年实现文化产业增加值9677万元。全县接待游客103万人（次），全年实现创旅游综合收入5.07亿元。

【城乡建设】投入资金1000万元编制“历史文化名街风貌改造”等专项规划8个；投入资金28.3亿元实施各类城镇基础设施建设项目90项，维修改造东城路等道路9条4.8千米，总投资1400万元的北关十字人行天桥建成投用，总投资1800万元的渭河河蒲大桥改造工程启动建设，打通总长16千米、投资近8亿元的药都大道东段，全县城区主次干道达到38条36.9千米，城区路网硬化率达到98.5%。投入资金3000万元完成崇文路、长安路等15条街道251座建筑景观亮化和高速出口、人民广场、渭河风情线提升改造，中心城区绿化率达到14%。

【环境保护】城区污水处理厂出水水质达到一级A排放标准；投入资金2100万元完成16.6千米首阳镇污水收集管网建设，并入城区污水收集系统，城市供水率和污水处理率分别达到99%和82%。改造换热站3座，二、三级供热管网11.6千米，投资3100万元完成城区集中供热脱硫脱硝除尘改造，全县集中供热总面积达到500万平方米。首阳中药材小镇被确定为第二批全国特色小镇，双泉、权家湾实现撤乡设镇，建成省级“千村美丽”示范村3个。查处违法建设行为195起，拆除违章建筑4800平方米。全县森林覆盖率达到6.2%，水土流失综合治理程度达到63.6%。

【社会事业】二中、三中综合教学楼及文峰中学改扩建工程进展顺利，新建改建农村幼儿园22所。高考二本以上上线2724人、上线率42.7%。总投资6000万元的第三人民医院完成主体建设，通安驿等3个卫生院业务用房建成投用，乡镇卫生院全科医生普及率、标准化村卫生室覆盖率分别达到90.5%和83.7%，被确定为全国公立医院综合改革国家级示范县。新建农村文化广场28个、村级综合文化服务中心76个、社区综合文化服务中心3个，完成县博物馆网络平台建设、展览提升和纸质文物修复，成立非国有博物馆和乡村记忆博物馆15家，馆藏文物达到6200多件。举办半程马拉松赛、职工篮球赛等大型体育比赛活动10次。申报国家和省级科技项目8项，申请各类专利160件，科技对经济增长的贡献率达到31.6%。

【人民生活与社会保障】年末，全县城乡居民人均可支配收入分别达到22080元和7560元，同比分别增长8.2%和9%。新型农村合作医疗和城镇居新增城镇就业4627人，城镇登记失业率控制在3.5%以内。

民基本医疗保险参合参保率分别

陇西县甘肃宏腾油气装备制造有限公司生产车间

达到97.25%和98.3%。城乡居民基本养老保险参保率达到95%。新建社区日间照料中心等城乡养老机构18个，县级老年养护院和殡仪服务中心启动建设。城乡低保提标工作全面完成，纳入城市低保2754户6602人，农村低保16591户60838人，城乡保障面分别达到8%和14%。2499名县聘人员每人每月增加补贴145元，每人发放生活补助1500元。

（供稿：史伟伟）

漳 县

【综述】漳县位于甘肃省中南部、定西市南部，地处西秦岭和黄土高原过渡地带，东连天水市武山县，西邻甘南藏族自治区卓尼县，南靠定西市岷县，北与定西市陇西县、渭源县接壤，海拔1640~3941米，全县总面积2164.4平方千米。2017年末，全县辖10镇3乡，总人口为211684人，人口自然增长率9.21‰，上升0.83个千分点。

境内境内有漳河、龙川河、榜沙河三条主要河流。年平均气温7.4℃，无霜期161天，平均日照时数2309小时，平均降雨量500毫米。可供工业开采矿种25种，其中岩盐是漳县优势最大的矿产资源，已探明储量达3.5亿吨。石灰石储量在80亿立方米以上，全县13个乡镇均有分布。红柱石属亚洲第五、国内第二的大型矿床，远景储量约1亿吨。大理石储量约15亿立方米，菱铁矿储量为21.9万吨，萤石矿储量30万吨。中药材共约440个品种，主要有当归、党参、冬虫夏草、黄（红）芪、柴胡、板蓝根等。境内有贵清山、遮阳山国家4A级旅游景区、国家森林公园等自然景观。

2017年，全县实现生产总值23.66亿元，比上年增长4.2%。其中：第一产业增加值6.23亿元，增长6.6%；第二产业增加值4.65亿元，增长3.4%；第三产业增加值12.77亿元，增长3.2%。三次产业结构为26.3∶19.7∶54.3。按常住人口19.82万人计算，人均GDP达11981元。全县完成大口径财政收入29157万元，增长5.52%，完成一般公共预算收入14181万元，增长-14.66%。完成一般公共预算支出148900万元，增长7.88%，全县完成固定资产投资270555万元，比上年增长-43.9 %。全年规模以上工业企业实现主营业务收入75740 万元，增加25.3%。产品销售率94.3%。实现利润总额7349.6万元，增长12.3%。全县实现建筑业增加值1.43亿元，比上年增长1%。 全县实现社会消费品零售总额4.17亿元，比上年增长7.3%.全县人民币各项贷款余额251059万元，比上年末增加11405亿元，增长4.76%。 人民币各项存款余额478404万元，比上年末减少1243万元，增长-0.26%。

【农业农村经济】2017年，全县共播种各类农作物46.77万亩，其中粮食作物27.16万亩。全县粮食总产量达62278.7吨，增长2.15%，其中，夏粮和秋粮产量分别达23522吨和38756.7吨，夏粮比上年增长3.97%，秋粮比上年增加1.28%。建成万亩党参、当归、蚕豆等农业科技综合示范点26个2万亩。 完成中药材育苗2.5万亩，中药材种植面积达到16万亩以上。完成设施蔬菜种植1.5万亩，推广高原夏菜1万亩，全县日光温室累计完成2020亩、塑料大棚累计完成3208亩，全县设施农业使用面积累计达到12308.5亩。新寺黄瓜、番茄、甘蓝、西兰花的绿色食品认证完成续证工作。新增规模养殖场21个、家庭养殖场115个，规模养殖户936户。 引进紫花苜蓿、燕麦籽种164吨，完成优质牧草种植3万亩。培育中蜂养殖合作社12个，养殖户920户。 年末大牲畜存栏56206头，比上年增长3.82%。猪、牛、羊、家禽存栏分别为62611头、24475头、67252只、16.31万只，分别增长-7.13%、5.98%、-6.21%和-3.16%。猪、牛、羊、家禽出栏分别为75594头、3262头、11123只和14.89万只，分别比上年增长0.74%、100.49%、5.25%和-1%。全年肉类总产量7817.19吨，比上年增长2.96%；禽蛋产量489.3吨，比上年增长3.16%；鲜奶产量185.49吨，比上年增长0.02%。

实施天然林保护、三北防护林、新一轮退耕还林等重点造林工程82万亩。完成义务植树188万株，绿化城乡面山7000亩，改造提升绿色廊道25千米。新建高标准农田1.4万亩，新修梯田2050亩，新增水土流失综合治理面积40平方千米。种植优质核桃36万株1.2万亩。改造提升油用牡丹博览园和贵清山植物园，发展油用牡丹5200亩，引进栽植海棠、梧桐、玉兰等观赏树种41万株。当年全县有1837户8515名贫困人口实现脱贫，贫困发生率下降到13.7%。

【工业经济】全县完成工业增加值3.22亿元，按可比价计算，比上年增长4.5%。规模以上工业企业完成增加值2.58亿元，按可比价计算，增长6%。工业增加值占生产总值的比重为13.6%。全年规模以上工业企业实现主营业务收入75740 万元，增加25.3%。产品销售率94.3%。规模以上工业企业盈亏相抵后，实现利润总额7349.6万元，增长12.3%。

【项目建设】全年实施投资500万元以上项目86个，完成投资22.5亿元。谋划储备2018年计划实施项目85个，总投资193亿元。兰渝铁路漳县车站通车运营，结束了漳县不通火车的历史。

【招商引资】全县实施招商引资项目20项，到位资金40.17亿元，其中：新建项目4项，到位资金1.9亿元，续建项目16项，到位资金38.27亿元，增长20.6%。

【商贸流通】全县实现社会消费品零售总额4.17亿元，比上年增长7.3%。其中，县域实现社会消费品零售总额2.56亿元，增长5.1%；县以下实现社会消费品零售总额1.61亿元，增长10.8%。批发业、零售业分别完成商品销售额2.72亿元、6.2亿元，分别增长11.51 %,10.87%；住宿业、餐饮业分别完成营业总额0.52亿元、0.22亿元，分别增长10.51%、25.36%。

【旅游】全县接待境内外游客138.56万人次，比上年增长20.5%。实现旅游综合收入3.77亿元，比上年增长21.4%。旅游综合收入占GDP的比重为15.9%，占第三产业的比重29.5%。

【交通通信】全县交通运输、仓储和邮政业实现增加值4029万元，比上年增加4.2%。公路客运量260万人，公路货运量1666.65万吨。公路客运周转量12092.51万人千米，增长0.9%；公路货运周转量97794.25万吨千米，增长6.4%。全县客运路线31条，公交线路5条，年末全县共有出租车辆63辆。全年完成邮电业务收入6072万元。其中，邮政业务收入620万元，电信业务总量5452万元，移动电话用户172854户，上升17.2%。

【金融保险】全县人民币各项贷款余额251059万元，比上年末增加11405亿元，增长4.76%。人民币各项存款余额478404万元，比上年末减少1243万元，增长-0.26%。全县保费收入3766.03万元，比上年增长69.2%。全年支付各类赔款及给付760.06万元，比上年增长48.44%。

【城乡建设】东晖南路进行路基施工，泰安北路、东晖南路征地搬迁工作全力推进。争取国家开发银行贷款授信1.75亿元，480户棚户区改造全部完成货币化安置。1524户C、D级危房改造顺利开展，已开工建设1334户，竣工1101户。依法取缔占道经营摊点57户，统一集中管理烧烤摊位118家。

【社会事业】县一中图书楼开工建设，改造薄弱学校35所，新改建行政村幼儿园14所。高考文化课二本以上上线366人，上线率28.2%。全县参加新型农村合作医疗农民人数为158363人，参合率达到98%，全年新型农村合作医疗基金支出总额为7317.17万元，比上年增长3.6%；累计受益156100人次。全年科学技术支出209万元。受理专利申请52件，比上年增加28件；授权专利2件，比上年减少11件；受理发明专利权21件，比上年增加11件。建成乡镇体育中心1个、村级文化广场103个，有线电视用户5500户，全为有线数字电视用户。年末电视节目综合人口覆盖率达98%。全年各类体育比赛中获得县级以上奖牌12枚。全县国家学生体质健康标准测试合格率达87%以上。

【人民生活与社会保障】全年城镇居民人均可支配收入21780.4元，比上年增加1706元，增长8.5%；城镇居民人均消费支出9229元，增长9.2%。农村居民人均可支配收入6491.3元，比上年增加519.6元，增长8.7%；农村居民人均生活消费支出7095元，增长4.6%。全部职工年平均工资64420元，比上年增加1456元，增长2.3%。

全县参加城镇职工基本养老保险人数为3756人，比上年增长11.12%；参加城镇职工基本医疗保险人数为8912人，增长0.67%；参加城镇居民基本医疗保险人数为9480人，增长057%；参加失业保险人数为4780人，增长3.7%；参加工伤保险人数6648人，增长0.77%；参加生育保险人数为6648人，增长0.77%；参加城乡居民养老保险人数为120896人，增长4%。全年各项社会保险基金总收入达到7335万元。各项社会保障基金总支出20029万元（其中包括城乡居民基本养老保险上解省财政9700万元，企业职工养老保险上解市财政400万元）。全县享受城市最低生活保障的居民3913人，共发放城市低保金1430.93万元；全县享受农村最低生活保障的居民49523人，共发放农村低保金834.80973万元；全县特困供养人数904人，发放特困供养金507.55万元。

（供稿：马永强）

渭源县

【综 述】渭源县位于甘肃省中部、定西市中西部，介于北纬34° 53″ ~35° 25″，东经103° 44″至104° 20″之间。北靠安定、临洮，东接陇西，南连漳县，西与卓尼、临潭、康乐毗邻。东西长60千米，南北宽56千米，全县总面积2065.51平方千米，其中耕地80.07万亩，草地面积81.28万亩，林地面积129.96万亩，森林面积48.3万亩，森林覆盖率15.66%。2017年末，全县辖16个乡镇3个社区居委会，常住人口33.11万人。人口自然增长率6.84‰。

境内分为南部高寒阴湿区、中部浅山河谷川（塬）区、北部黄土梁峁沟壑干旱区三种类型。平均海拔2910米。年总降雨量507毫米，平均气温6.1℃，日照时间2348.9小时，无霜期157天。境内渭河流域面积1170平方千米，河流长度48千米，年径流量781万立方米。盛产当归、党参、红芪、黄芪等中药材。分布着首阳山、鸟鼠山、灞陵桥、战国秦长城遗址等众多的自然景观和人文景观。

2017年，全县实现生产总值315591万元，较上年增长3.5%。其中：第一产业增加值103413万元，同比增长5.9%；第二产业增加值43149万元，同比增长1.0%；第三产业增加值169029万元，同比增长2.5%。三次产业结构比由上年的33.95∶13.90∶52.15调整为32.8∶13.7∶53.5。全县人均生产总值9565元，比上年净增236元，同比增长2.53%。全年完成大口径财政收入2.52亿元，同比下降16.78%；一般公共预算收入1.39亿元，同比下降20.52%。一般公共预算支出23.84亿元，同比增长6.62%。年末全县金融机构各项存款余额632236万元，同比增长3.93%；全县金融机构各项贷款余额521275万元，同比下降0.75%。

【农业农村经济】全县全年农作物种植面积808655亩，其中：粮食作物面积470241亩，比上年减少122亩，同比下降0.03%。全县粮食总产量144792.17吨，比上年增加6279.67吨，同比增长4.53%。经济作物种植面积309214亩，比上年减少248亩，同比下降0.08%，其中，中药材面积306221亩，比上年减少428亩，同比下降0.14%。经济作物总产量70623.12吨，比上年增加5475.48吨，同比增长8.4%。其中：中药材产量70116.97吨，比上年增加5413.03吨，同比增长8.37%。油料面积2993亩，比上年增加180亩，同比增长6.4%。油料产量506.16吨，比上年增加62.45吨，同比增长14.07%。蔬菜种植面积32200亩，比上年增加370亩，同比增长1.16%。蔬菜产量29965吨，同比增长11.68%。全年新修梯田2000亩。完成自来水新入户825户，累计入户达到7.19万户，自来水普及率97.6%。

马铃薯种植面积340770亩，比上年增长700亩，同比增长0.21%；马铃薯产量95153.21吨（折粮产量），比上年增加4561.96吨，同比增长5.04%。全年共发展马铃薯合作社336家，带动农户4.82万户，其中贫困户1.62万户。实施马铃薯脱毒种薯"一分田"工程1000亩，引进马铃薯新品种（系）18个，全县良种化程度90%，年贮藏能力60万吨，产值6.4亿元。中药材面积306221亩，比上年减少428亩，同比下降0.14%。建设中药材标准化生产基地25万亩，全县中药材加工企业65家，通过药品生产许可证企业29家，通过GMP认证企业28家，发展中药材个体加工户1200户，中药材年加工能力7万吨。

大牲畜存栏6.05万头，比上年增加3.22%，其中：牛存栏4.52万头，同比增长8.57%。羊存栏7.77万只，同比增长0.23%；猪存栏10.74万头，同比下降2.79%；家禽存栏34.75万只。肉类总产量9164.08吨，禽蛋产量1042.5吨。种植牧草6.46万亩，全株青贮玉米5.01万亩，发展家庭适度规模牧草种植户554户，推广秸秆微贮0.84万吨，发展家庭养殖场130个，家庭适度规模养殖示范户1450户，新建养殖专业合作社16个，培育省级标准化畜禽示范场1个，养殖专业村11个，搭建菌草育苗棚2100平方米，移栽面积200亩。全县共输出各类劳务人员7.05万人，实现劳务收入13.97亿元。全县贫困面由20.3%下降到15.7%。

【工业与建筑业】2017年，全县小微企业达458家，工业企业达176家，规模以上企业达6家，完成工业增加值2.06亿元，同比增长2.4%。其中：规模以上工业增加值0.44亿元，同比增长6.0%。工业增加值2.17亿元。

全社会建筑业实现增加值2.25亿元，同比下降0.1%。具有建筑业资质等级的总承包和专业承包建筑企业4户，共计完成建筑业总产值2.4亿元。

【项目建设】2017年，实施各类重大项目120项，总投资143.6亿元，开工建设108项，完成投资64.5亿元。完成固定资产投资38.42亿元，同比下降40.7%。其中：项目投资完成35.56亿元，同比下降43.0%；房地产开发投资完成2.86亿元，同比增长19.8%。

【招商引资】全年实施招商引资项目34项，落实到位资金33.94亿元。第二十三届"兰洽会"共签约项目11项，签约资金21.5亿元，开工项目7项，开工率63.3%。

【城乡建设】完成清源路东段道路拓宽改造，实施会川镇污水处理项目等小城镇建设项目13项，完成投资25.8亿元，全县城镇化率24.71%。全县森林覆盖率15.66%，森林面积3.22万公顷，当年造林面积7.38万亩，林地面积86637公顷。

【商贸流通】2017年，全县实现社会消费品零售总额74543.9万元，同比增长7.1%。其中，城镇实现零售额52430.9万元，同比增长7.0%；乡村实现零售额22113万元，同比增长7.3%。批发业完成7532万元，同比增长9.0%；零售业完成55485.9万元，同比增长6.58%；住宿业完成1368万元，同比增长3.95%；餐饮业完成10158万元，同比增长9.0%。

【交通邮电】全年完成客运量162.84万人，客运周转量10584.65万人千米；完成公路货运量935.12万吨，货运周转量79484.93万吨千米，完成公路运输总周转量80543.4万吨千米，同比增长14.10%。

年末全县固定电话用户0.89万户，移动电话用户32.06万户，4G网络覆盖全县217个行政村。互联网宽带用户4.81万户，同比增长136.95%，有线电视用户1.55万户。

【文化与旅游】全县新建文体广场、表演戏台106处，实现全县217个行政村"乡村舞台"全覆盖。组建村级民间自办文化社团217个，团队人员2800人。新编大型秦腔剧《渭水医魂》。年末全县共有艺术团体（社团）218个，博物馆1个，公用图书馆1个，藏书9.02万册。全县有线电视用户1.55万户，广播和电视综合人口覆盖率分别为97.6%和97.3%。

新发展农家乐24户，新增农家乐就业人员149人，带动贫困户2700。全年接待境内外游客101.1万人（次），同比增长29.5%，实现旅游综合收入4.03亿元，同比增长32%，新增旅游就业人数927人，增长20.04%。

【教育与科技】新建校（园）舍3.03万平方米。年末全县共有学校332所，在校学生48195人。有幼儿园133所，在园幼儿10347人。学龄儿童入学率100%，初中毕业生升学率93.73%，年内本科上线人数1014人，本科上线率35.7%，本科录取率40.4%；全年组织申报专利25件，新增授权发明专利2件，累计拥有有效发明专利7件，每万人发明专利拥有量为0.21件。取得省市级科技成果鉴定项目6项，上报10项省级科技计划项目。年底全县共有各类科技特派员65人。

【医疗卫生与体育】年末，全县共有医疗卫生机构26个（不含个体诊所），村卫生室217个，医疗卫生机构床位1536张，卫生技术人员（含工勤等）855人。年内门诊就诊人数524250人（次），住院人数47007人（次）。孕产妇住院分娩率98.5%，婴儿死亡率控制在10‰以内。新农合参合28.17万人，参合率98.1%；全县共有健身场地362个，场地面积27.04万平方米，人均0.77平方米。承办国家级体育活动1次（中国国际露营大会），承办省级体育比赛2次（甘肃省青少年自行车锦标赛和甘肃省青少年足球锦标赛），承办市级体育比赛1次（定西市象棋对抗赛）。在训队员15人，向省、市体工队、运动学校输送优秀体育后备人才8人。

【人民生活与社会保障】2017年，全县城镇居民人均可支配收入217876元，比上年净增1743.8元，同比增长8.7%；

农村居民人均可支配收入6815元，比上年净增539.7元，同比增长8.6%。

全县累计发放农村低保金1.45亿元。医疗救助1302人551万元（其中建档立卡户82人34.7万元）。临时救助对象1262户5282人516万元。全县参加养老保险的企业职工2926人，年内征收基金2772万元。全县共有退休人员1442人。城镇职工医疗保险参保人数13335人，收缴基本医疗保险金4907万元；年内住院治疗2172人（次），基金报销住院费用3414万元。全县参加城乡居民医疗保险301416人，收缴保险费17877万元，年内住院治疗62672人（次），基金报销住院费用15651万元。

全县参加工伤保险的职工10047人，年内收缴工伤保险费252万元。领取工伤待遇的人员21人，领取工伤补偿金107万元。全县参加失业保险的职工9533人，年内收缴失业保险费620万元。全县城乡居民养老保险参保199765人，特殊人群24639人，年内收缴养老保险费7892万元，城乡居民基本养老保险续保率99.4%，为50092人累计发放养老金5634万元，发放率100%。

【环境保护与安全生产】投资3397.73万元，开展渭河流域综合整治及城区集中式饮用水源地环境保护。查处城乡违法占违法建设案件85起，依法拆除违法建筑92处13200平方米。峡口水库、石门水库、满坝河三个饮用水水源地水质达标率100%。淘汰黄标车26辆、老旧车1149辆。查处采砂场37家。

全年共发生各类安全生产事故17起，死亡13人，直接经济损失1.3万元。其中道路交通事故16起，死亡13人，生产经营性事故1起。

（供稿：王枝正）

岷　县

【综述】岷县地处甘肃南部，介于东经103°41′~104°59′，北纬34°07′~34°45′之间。东靠武山县，北依漳县，南接宕昌县，东南与礼县接壤，西南与迭部县相邻，西北、西南与卓尼、临潭县接壤。2017年末，全县辖15个镇3个乡，常住人口45.99万人，比上年末增加0.29万人。有回族、藏族等6个少数民族。

2017年，全县实现生产总值（GDP）36.77亿元，同比增长3.0%。其中，第一产业增加值10.57亿元，同比增长6.5%；第二产业增加值7.18亿元，同比下降6.4%；第三产业增加值19.02亿元，同比增长5.5%。三次产业结构为28.8：19.5：51.7。

【农业农村经济】全年粮食作物种植面积25.02万亩，比上年减少1187亩；油料种植面积0.97万亩，比上年增加211亩；蔬菜种植面积3.5万亩，比上年增加7005亩；中药材种植面积35万亩，比上年减少6029亩；果园面积0.25万亩，与上年持平。全年粮食总产量6.68万吨，比上年下降0.02%。蔬菜产量3.34万吨，比上年增长31.59%；油料产量1090.62吨，比上年增长5.78%；园林水果产量466吨，比上年增长2.64%；中草药材产量9.13万吨，比上年减少0.75%。全年肉类总产量1.21万吨，比上年增长0.36%。年末生猪存栏14.01万头，下降8.65%；生猪出栏13.32万头，下降1.73%。年内减少贫困人口4600户2.07万人，贫困面下降到17.09%。

【工业和建筑业】2017年，全县工业增加值3.19亿元，比上年下降4.78%。全县规模以上企业实现利润总额0.12亿元元，同比下降54.64%，税金总额0.03亿元，同比下降9.53%，全县规模以上工业亏损企业2家，与去年同期持平，亏损企业亏损总额0.21亿元。年末规模以上工业产成品库存0.27亿元，比上年增长80%，国有及国有控股企业产成品库存0.03亿元，比去年增长50%。

【旅游】启动编制《全县红色旅游产业发展规划》，全年接待游客89.6万人次，旅游综合收入4.48亿元；清水乡清水村、岷阳镇陈家崖村列入全省乡村旅游扶贫试点村。

【固定资产投资】全年全社会固定资产投资30.47亿元，比上年增长-51.8%。其中第一产业投资1.78亿元，同比增长-55.8%；第二产业投资1.73亿元，同比增长-82.7%；第三产业投资26.96亿元，同比增长-45.2%。

【项目建设】总投资24.61亿元的6个重大项目顺利实施，当年完成投资5.17亿元；纳入“十三五”规划后三年滚动项目储备库435个、总投资812.1亿元。

【招商引资】共实施招商引资项目67项，到位资金48.06亿元。第23届“兰洽会”签约项目10项，签约资金20.12亿元。

【房地产开发】全年房地产开发完成投资3.37亿元，比上年增长21.9%；商品房销售面积98247平方米，增长7.1%，其中住宅销售面积93927平方米，增长76.9%。

【城乡建设】岷阳镇启明路道路工程开工建设，火车站站前广场道路工程完成招投标，岷洮路道路工程、迎宾大道二期、三期完成施工图审查，火车站站前广场及配套设施项目完成初设批复，洮河北岸大桥完成初步设计审查，北门街、正南街道路工程、县城沿洮河道路工程等完成初步方案设计，县城沿迭藏河道路工程、长虹大桥桥梁工程正在进行可研编制。迭藏河东岸棚户区和西郊商场棚户区完成拆迁303户。拆除违法建筑5500多平方米，清理非法占地100余亩。

【社会事业】九年义务教育巩固率达到92.06%。加大特教学校建设，三残儿童入学率达到85%以上。高考二本上线747人，上线率25.9%，有32名学生被清华大学等重点名校录取。“阳光校园”项目顺利实施。优化教师队伍建设，竞聘交流、超编分流教师267名，通过公开招考等方式补充教师327名。新建16个村卫生室，公开招考乡村医生59名。岷州会议纪念馆列入《全国红色旅游经典景区三期总体建设方案》，十里镇齐家村入选全国文明村镇。完成30个“乡村舞台”建设任务，举办岷县第十七届洮岷花儿歌手大奖赛。甘肃南部影视游乐园一期建成运行。申报岷县羊皮扇鼓舞等4项省级非物质文化遗产项目，出版发行《岷县巴当舞研究文献汇编》等4部非遗保护专著，《岷县花儿》和《岷县青苗会》专题纪录片在甘肃卫视播出。

【人民生活和社会保障】2017年，全县城镇居民人均可支配收入22116.9元，同比增长8.4%；农村居民人均可支配收入达到6457.32元，同比增长8.9%。全县城镇居民人均消费支出14591.2元，增长9.6%；农村居民人均消费支出5548元，增长13.36%。

年末全县参加城镇职工基本养老保险人数5851人，比上年末增加100人。参加城乡居民基本养老保险人数247681人，增加4267人。参加基本医疗保险人数37240人，增加368人。参加城乡居民基本医疗保险人数22545人，与上年持平。参加失业保险人数6813人，增加150人。年末全县领取失业保险金人数64人。参加工伤保险人数9905人，其中参加工伤保险的农民工267人。参加生育保险人数9714人。年末全县共有2176户6125人享受城市居民最低生活保障，29244户105773人享受农村居民最低生活保障，全县1643户1802人享受特困人员救助供养。全年资助农村低保户105746人、城镇低保户6119人、孤儿126人、特困人员1799人、建档立卡贫困户106874人参加基本医疗保险，医疗救助2721人次。

（供稿：龚树红）

临洮县

【综述】临洮，因境内有洮河而得名，地处黄土高原与青藏高原的交汇地带，位于甘肃中部、定西西部，全县总面积2851平方千米，其中耕地面积108万亩，人均耕地2.23亩。2017年末，全县有18个乡镇，总人口55.29万，有回族、东乡族等20个少数民族。

全县海拔1730～3670米，年平均气温7℃，年降水量317~760毫米，无霜期80~190天。境内气候温润，黄河上游最大的支流——洮河，流经县内9个乡镇115千米，年过境水量46亿立方米，水能资源可开发蕴藏量达32万千瓦，建成水电站18座，总装机容量22万千瓦。境内分布高岭土、方解石、萤石等矿产资源。

临洮县卧龙湾洮砚水镇

2017年，全县实现地区生产总值67.93亿元，比上年增长4%。其中，第一产业增加值15.11亿元，增长5.9%；第二产业增加值19.64亿元，增长2.9%；第三产业增加值33.18亿元，增长3.8%。三次产业结构为22.24：28.91：48.85。与上年相比，第一产业所占比重下降0.96个百分点，第二、三产业所占比重分别上升0.39个和0.57个百分点，一、二、三产业对经济增长的贡献率分别为34.56%、20.27%、45.17%。人均GDP13155元，比上年增加686元，增长5.5%。

【农业农村经济】全年农作物播种面积130.08万亩，比上年增加0.61万亩，其中：粮食作物播种面积88.04万亩，经济作物播种面积41.21万亩，粮经比为68.12：31.88。粮食总产量达到22.03万吨，增长3.21%，其中：夏粮3.88万吨，下降6.52%。全年粮食单产250.2公斤，比上年亩增产7.4公斤，增长3.05%。

年末，大牲畜存栏6.77万头，增长5.86%；猪存栏17.29万头，下降3.98%，牛存栏5.39万头，增长7.13%，其中奶牛0.86万头，增长4.84%；羊存栏24.29万只，下降4.08%；鸡存栏94.2万只，增长1.2%。畜牧业增加值39267万元，占农业增加值的25.25%。

年末，拥有农业机械总动力34.66万千瓦，比上年下降45.12%。机耕地面积为100.01万亩，占总耕地面积的93.94%。全年新修水平梯田1.03万亩。化肥消耗总量8.1万吨，增长0.89%，化肥施用量（折纯）2.27万吨。农村用电量9497万千瓦时，增长7.62%；地膜覆盖面积48.83万亩，增长6.02%。

【工业与建筑业】全县实现工业增加值9.61亿元，比上年增长6.2%，其中，规模以上工业企业实现增加值7.03亿元，增长7.7%；规模以下工业实现增加值2.45亿元，增长0.43%；研发支出增加值0.13亿元。全年规模以上工业企业实现主营业务收入36.8亿元，比上年增长34.2%；产品销售率为98%；实现利润总额2621万元，较上年增加2633万元；税金总额3445万元，增长37.6%。全县实现建筑业增加值10.03亿元，比上年下降0.1%。具有资质等级的总承包和专业承包建筑业企业实现利润总额0.64亿元，下降7.72%；主营业务税金及附加0.7亿元，增长52.65%。

【固定资产投资】全县完成固定资产投资66.32亿元，比上年下降44.33%，其中，项目投资60.44亿元，下

主要农产品产量同比表：

产品名称	2017年（吨）	2016年（吨）	比上年±%
小麦	33438	38132	-12.31
玉米	71925	78288	-8.13
洋芋	109120	93458	16.76
油料	2943	3214	-8.44
药材	25367	26676	-4.91
蔬菜	379127	346729	9.34
水果	15546	14576	6.66

主要畜产品产量同比表：

产品名称	2017年（吨）	2016年（吨）	比上年±%
肉类总产量	20962	20302	3.25
奶产量	4186	3992	4.87
鲜蛋产量	2826	2792	1.2

降46.5%；房地产开发投资5.88亿元，下降4%。全年实施500万元以上项目233个，其中实施亿元以上项目29个，完成投资26.5亿元，下降46.07%，占全县500万元及以上项目投资的比重43.86%。在项目投资中，第一产业投资9.7亿元，比上年下降51.3%；第二产业投资10.8亿元，下降78.84%；第三产业投资39.94亿元，下降5.02%。民间固定资产投资43.85亿元，下降29.59%，占项目投资的比重72.55%。

【招商引资】全县签订招商引资合同、协议项目30项，签约总金额100.6亿元，比上年减少33.63亿元，下降25.05%；到位资金15.13亿元，比上年减少13.45亿元，下降47.06%；续建项目23项，到位资金28.79亿元。新建和续建项目累计到位资金43.92亿元，比上年减少13.47亿元，下降23.47%。

【商贸流通】全县实现社会消费品零售总额21.77亿元，比上年增长7.2%。按销售单位所在地统计，城镇实现社会消费品零售总额17.55亿元，增长7.2%，乡村实现社会消费品零售总额4.22亿元，增长7%。批发业、零售业分别实现商品销售额15.47亿元、23.08亿元，比上年分别增长9.9%、10.3%；住宿业实现营业额0.9亿元，下降21.1%；餐饮业实现营业额3.06亿元，增长12.4%。

【旅游】全年县内旅游人数95.1万人（次），增长28.2%，旅游收入4.98亿元，增长28.4%。

【交通邮电】年内，全县交通运输、仓储和邮政业实现增加值1.19亿元，比上年增长4.1%。全县公路客运量277万人，比上年增长4.89%。公路货运量1754万吨，增长14.11%。公路客运周转量15262万人千米，增长4.89%；公路货运周转量114022万吨千米，增长14.11%。客运线路72条，公交线路9条，公交车辆95辆，出租车辆474辆。

全县邮政公司实现业务收入1508万元，增长27.9%。年末，全县电信行业业务收入2.95亿元，比上年增长4.6%。移动电话用户45.6万户，下降0.3%。有线电视用户1.77万户，下降8.72%；互联网宽带接入用户4.2万户，比上年末增长27.54%。

【财政金融保险】全年完成大口径财政收入6.86亿元，比上年下降7.59%。完成一般公共预算支出33.66亿元，比上年增长15%。全县人民币各项贷款余额129.81亿元，比上年末增加25.7亿元，增长24.69%。人民币各项存款余额142.14亿元，比上年末增加5.78亿元，增长4.24%。全年保费收入4.47亿元，比上年增加0.84亿元，增长23.18%。

【社会事业】年末，全县各类学校463所，在校（册）学生81151人。学前教育三年毛入园率95.05%，学龄儿童入学率100%，初中入学率98.93%，九年义务教育巩固率97.6%，2017年，高考二本以上上线人数2159人，上线率40.71%，比上年提高0.07个百分点。全县体育场地1069个，体育馆3个，场地面积82万平方米，馆内面积1.2万平方米。新增公共体育场地面积61200平方米，人均公共体育场地面积1.61平方米，比上年增加0.11平方米。申报各类科技项目10项，下达项目资金190万元。申报专利178项，其中发明28项，实用新型138项，外观设计12项，授权54项。选派科技特派员196名。通过高新技术企业认定1家，省级科技创新型企业2家。全年科学技术支出2411万元，荣获市科技进步二等奖1项，取得各类科技成果4项。受理专利申请178件，比上年增长128%。授权发明专利20件。每万人口发明专利拥有量0.4件。

年末，全县国有艺术表演团体1个，文化馆1个，公共图书馆1个，博物馆1个，档案馆1个；乡镇综合文化站18个，农家书屋324个，文化信息资源共享工程村级终端接收站点323个；建成乡村舞台323个；更新农家书屋183个，更新补充图书108种2.8万册；建成城市数字影院3个。全县广播电视台1个，发射主站1个、辅站16个、补点站45个，有线电视用户1.77万户，全为有线数字电视用户。年末，广播节目综合人口覆盖率97.97%；电视节目综合人口覆盖率96.96%。

全县卫生机构33个，编制床位1875张，实有床位2499张。年末各类人员3262人，其中执业医师657人。参加农村新型合作医疗的人数448396人，参合率98.24%，全年为93757位参合农民报销住院医药费24285万元，人均报销2590元。全年农村居民基本医疗保险支出总额3.04亿元，比上年增长26.67%。

【人民生活与社会保障】2017年末，全县城镇居民人均可支配收入22617元，比上年增长8.1%；城镇居民人均消费支出16241元，增长2.9%。农村居民人均可支配收入7198元，比上年增长9.2%；农村居民人均生活消费支出6465元，增长24.52%。

全县参加城镇职工基本养老保险人数9170人，比上年增加70人；参加城乡居民基本医疗保险人数474240人；参加城镇职工医疗保险人数23923人，比上年增加200人；参加失业保险人数15848人，增加133人，增长0.85%；参加工伤保险人数17310人，增加636人，增长3.8%；参加生育保险人数16271人，增加220人，增长1.35%；城乡居民社会养老保险实际参保316688人，减少289人，参保率97.07%。全年城乡居民社会养老保险总收入达到13546万元，增长6.56%；城乡居民社会养老保险总支出9384万元，增长14.2%。全县享受城市最低生活保障的居民1390户、3038人，发放城市低保金1223万元；享受农村最低生活保障的居民19592户、65618人，发放农村低保金10599万元；全县特困供养人数2238人，发放特困供养金1294万元；发放孤儿基本生活保障金139万元，共保障孤儿163人；发放城乡医疗救助资金1604万元，累计救助医疗对象8.16万人次；发放临时救助资金565万元，救助城乡困难群众0.79万人；落实困难残疾人生活补贴和重度残疾人护理补贴人数5815人，发放补贴资金892万元。

【环境保护与安全生产】实施减排项目7个，其中工程减排项目4个、农业源减排项目2个、管理减排项目1个，全年减排化学需氧量5733吨、氨氮669吨、氮氧化物400吨、二氧化硫489.6吨，全面完成了年度减排任务指标。对全县55个建设项目进行了环评审批，完成了21个项目环保专项验收。站滩乡等20个村申报为市级生态村。

全年发生各类生产安全事故63起，死亡22人，受伤67人，直接经济损失144万元。与去年同期相比，事故起数持平；死亡人数减少3人，下降12%；受伤人数减少3人，下降4.28%；经济损失增加71万元，上升95.58%。

（供稿：任爱全）

临洮县牡丹种植基地

陇南市

【综述】陇南市地处甘肃省东南部，介于东经104°01′19″至106°35′20″，北纬32°35′45″至34°32′00″之间。北与天水市秦州区、麦积区、武山县、甘谷县接壤；南抵四川盆地，与广元市、青川县、绵阳市平武县和阿坝州九寨沟县毗连；西依甘南高原与迭部县、舟曲县和定西市的岷县；东接秦巴山地，与陕西省汉中市宁强县、略阳县、勉县和宝鸡市凤县为邻。全市东西长约237千米，南北宽约230.5千米，全市土地面积2.79万平方千米，其中耕地面积830万亩。2017年末，全市辖1区8县，总人口287.42万人，常住人口262.31万人，人口自然增长率6.34‰。有回族、藏族、蒙古族等29个少数民族。

境内地势西北高、东南低，西秦岭和岷山两大山系分别从东西两方伸入全境，境内形成了高山峻岭与峡谷、盆地相间的复杂地形。全境按照地貌的大体差别和区域切割的程度不同可划分为浅中切割浅山丘陵盆地地貌区、中深切割中高山地貌区、全切割中高山地貌区。境内有嘉陵江、白龙江、白水江、西汉水四大水系，大小河流3760条，年径流量279亿立方米，水利理论蕴藏量425万千瓦，可开发量223万千瓦，约占全省的三分之一。气候在横向分布上分北亚热带、暖温带、中温带三大类型，是甘肃省唯一属于长江水系并拥有亚热带气候的地区。境内已探明金属和非金属矿34种，矿产地445处。有水杉、红豆杉等国家保护植物和大熊猫、金丝猴等20多种珍稀动物。拥有2个国家级自然保护区（白水江国家级自然保护区、甘肃裕河国家级自然保护区）、1个省级自然保护区（文县尖山大熊猫自然保护区）、3个国家森林公园（文县天池、宕昌官鹅沟、成县鸡峰山）和2个国家湿地公园（文县黄林沟国家湿地公园、康县梅园河国家湿地公园），是中国主要中药材和油橄榄产地之一。

2017年，全市实现生产总值355.28亿元，同比增长3.5%。其中，第一产业实现增加值74.87亿元，同比增长6.0%；第二产业实现增加值70.26亿元，同比下降3.9%；第三产业实现增加值210.15亿元，同比增长5.6%。第一、二、三产业对生产总值的贡献率分别为37.35%、–26.07%和88.72%，第三产业成为拉动经济增长的主要动力。第一、二、三产业增加值占生产总值的比重分别为21.07∶19.78∶59.15，与上年相比，第一产业所占比重下降0.66个百分点，第二产业所占比重下降1.79个百分点，第三产业比重上升2.45个百分点。全年实现大口径财政收入59.45亿元，同比增长10.42%。一般公共预算收入26.17亿元，同比增长3.02%。

【农业农村经济】全年粮食种植面积为468.65万亩，比上年减少0.32%；油料种植面积35.16万亩，比上年增长1.04%；蔬菜种植面积59.3万亩、比上年增长1.55%。全年粮食总产量107.55万吨，比上年增长1.13%，其中：夏粮41.67万吨，比上年增长2%；秋粮65.88万吨，比上年增长0.59%。全年肉类总产量8.94万吨，同比增长3.14%；药材产量16.39万吨，同比增长6.71%；水产品产量0.26万吨，同比增长4.62%。新增核桃栽种面积15.26万亩，总面积425.34万亩，挂果面积142.45万亩。新增花椒种植面积12.28万亩，总面积230.52万亩，挂果面积179.69万亩。新增油橄榄栽种面积5.27万亩，总面积59.94万亩，挂果面积19.74万亩。2017年油橄榄总产量3.8万吨，产值18320亿元。全市药材年产18220多万公斤，产量占全省的70%以上，出口量占全省的90%左右。文县、康县、武都区新发展茶园0.7万亩（其中无性系良种茶园3.5万亩），茶园总面积达到17.8万亩，同比增长4.09%，茶叶总产量1348吨，同比增加0.97%，产值2.4亿元，同比增长3.45%。改造低产茶园2.2万亩，完成茶园综合管理12万亩。新增药材种植面积1.47万亩，总面积达到107.35万亩，同比增长1.39%。其中党参、红芪、当归、大黄、半夏等道地药材总面积达到62.48万亩。建中药材标准化种植基地45.24万亩。全年新增有效灌溉面积1.6万亩；水平梯田总面积335.39万亩，比上年增长0.07%；农业机械总动力为155.12万千瓦，比上年下降25.29%。2017年，全市农民人均可支配收入预计达到6445元，同比增长10%；减贫12.47万人，贫困发生率由2016年底的18.67%下降到13.4%。

【工业经济】全年实现工业增加值39.58亿元，比上年下降6.5%。规模以上工业实现增加值34.87亿元，比上年下降7.4%。其中：国有企业完成增加值8.37亿元，同比增长12.8%；股份合作企业完成增加值0.18亿元，同比下降50.2%；股份制企业完成增加值26.25亿元，同比下降11.7%。按轻重工业分，轻工业完成增加值1056亿元，同比下降3.4%；重工业完成增加值24.31亿元，同比下降9.0%。规模以上工业企业产销率82.5%。全市规模以上工业企业盈亏相抵后，实现利润总额21.1亿元，比上年增长109.9%。规模以上工业企业亏损额2.8亿元，比上年下降61.0%。

【固定资产投资】全年完成固定资产投资400.83亿元，同比下降38.71%。其中：国有投资305.6亿元，同比下降35.76%，占固定资产投资的比重为76%；非国有投资完成95.2亿元，同比下降46.6%，占固定资产投资的比重为24%。按产业分：第一产业完成投资24.9亿元，同比下降41.6%；第二产业完成投资99.8亿元，同比下降72.79%；第三产业完成投资276.1亿元，同比增长12.89%。

【招商引资】2017年陇南市全年共签约招商引资合同项目229个，签约资金391.06亿元，实际到位资金180.2亿元，同比下降60.3%，其中：完成省外境外到位资金177.07亿元，同比下降59.9%，合同履约率100%。

【商贸流通与贸易】全年实现社会消费品零售总额107.12亿元，同比增长7.7%。分销售地看，城镇实现零售额76.99亿元，同比增长7.5%；乡村实现零售额30.13亿元，同比增长8.2%。分行业看，批发业实现零售额10.39亿元，同比增长8.1%；零售业实现零售额79.81亿元，同比增长7.3%；住宿业实现零售额3.79亿元，同比增长8.0%；餐饮业实现零售额13.13亿元，同比增长9.3%。

据兰州海关统计，2017年陇南市全年进出口总额为15853万元，同比下降8.2%。其中：直接出口总额15852万元，同比下降7%；进口总额1万元，同比下降99.6%。

【非公经济】2017年度全市新登记市场主体1.9万户，比去年增长16.1%，新增注册资本（金）283亿元，增长23.9%，其中，新登记个体工商户1.3万户，增长13.6%，注册资本（金）25.8亿元，增长34.5%。截至2017年底，全市实有各类市场主体12.7万户，比去年同期增长7.02%，注册资本（金）1453.5亿元，同比增长22.6%，其中，个体工商户9.81万户，比去年同期增长3%，注册资本（金）93.1亿元，同比增长24.7%。

【财政金融保险】全年实现大口径财政收入59.45亿元，同比增长10.42%。一般公共预算支出226亿元，同比增长8.51%。全年金融机构本外币各项存款余额820.96亿元，比上年增长4.9%，其中外汇存款368万美元。金融机构人民币各项存款余额820.72亿元，同比增长4.9%。年末全市金融机构人民币各项贷款余额614.18亿元，比上年增长9.99%。全年保险费收入13.27亿元，同比增长20.85%。其中：财产保险收入5.01亿元，同比增长16.81%，人寿保险收入8.27亿元，同比增长23.43%。全年赔款3.92亿元，同比增长60%，其中：财产保险1.87亿元，同比增长11.98%，人寿保险2.05亿元，同比增长153.09%。

【交通邮电】新增铁路1条，兰渝铁路全线贯通，陇南段222千米。境内公路1975条，通车总里程17136.66千米。新增通客车建制村155个。2017年，全市完成客运量3289万人次、客运周转量208740万人次，货运量2372万吨、货运周转量462924万吨千米，分别增长1.3%、1.64%、17.49%、17.72%；完成全社会运输总周转量483798.1，保持16.93%的增长速度。全年完成邮电业务总量35.4亿元，其中：电信业务总量8.4亿元、移动业务总量17.1亿元、联通业务总量7.9亿元、邮政业务总量1.9亿元。

【美丽乡村建设】2017年，全市计划启动建设生态文明新农村200个，其中省市县三级美丽乡村示范村40个，环境整洁村160个。实际建设完成生态文明新农村425个，其中省市级美丽乡村示范村23个，县级美丽乡村示范村102个，环境整洁村300个。新编制村庄规划313个。共整合各类建设资金26.79亿元，其中：省级配套2300万元，市级配套500万元，县区整合资金26.51亿元。截至2017年全市累计编制村庄规划2541个，建设生态文明新农村1817个，其中省级美丽乡村示范村81个。

【旅游】2017年，全市旅游总人数达1412.08万人，实现旅游综合收入70.8亿元，同比分别增长22.69和26.27%。全市旅游人数和收入分别占2017年全省旅游人数和收入（2.39亿人次、1580亿元）的5.9%和4.5%。2017年，全市实现国内旅游收入70.8亿元，其中国内过夜游游客消费35.7亿元，一日游游客消费35.1亿元，全市过夜游收入和一日游收入分别比上年增加12亿元和2.7亿元。

【水利建设】2017年，全市共争取续建和新建各类水利项目43项，批复总投资规模3.5亿元，累计到位投资3.2亿元，其中：中央和省级投入2.9亿元，累计开工建设43项，完工30项，完成投资3.2亿元。

【环境保护】对全市现有9台20蒸吨/小时及以上燃煤锅炉实施了提标改造，共淘汰10蒸吨及以下燃煤小锅炉191台。加强煤炭质量管控，完成全市煤炭交易市场及二级配送网点的建设，完成了100户煤炭经营企业备案工作。完成水污染治理工程项目2个，完成规模化畜禽养殖污染减排项目13个；武都区生活污水处理厂异地升级扩容工程、徽县生活污水处理厂扩建工程已启动。督促全市现有135座尾矿库全面完成环境风险评估。2017年全年陇南市环境空气优良天数314天，优良天数比例92.4%；PM10均值为59微克/立方米；PM2.5均值为31微克/立方米；各项指标均优于年度目标值。

【社会事业】年末学校总数2391所，教职工31322人，在校学生数492283人。学龄儿童入学率100%，初中入学率98.21%。年末全市有公立医疗卫生机构1296个，其中县级以上综合医院10个、中医院8个、疾病防控中心9个、社区服务中心（站）11个、妇幼保健院（站）9个、卫生监督所9个、乡镇卫生院214个。拥有病床位8229张，共有卫生技术人员7200人，其中执业医师和执业助理医师2367人、注册护士2023人、药师（士）346人、技师（士）323人、其他2141人。全市共有文物局1个、文化馆9个、书画院10个。有艺术表演团体51个，文化馆9个，公共图书馆9个，文化古迹54处。全市共建成体育场、体育馆、全民健身中心等14个场馆。

【人民生活与社会保障】2017年，陇南市城镇居民人均可支配收入达22185元，比上年增长8.2%；农村居民人均可支配收入6386元，比上年增长9.0%。全年居民消费价格总水平为101.3，与上年持平。全市城镇新增就业31582人，年末全市登记失业人数7200人，同比下降5.3%，城镇登记失业率为2.8%。全年共登记认定未就业困难人员593人，帮助651名就业困难人员实现就业；开发公益性岗位530人，帮助零就业家庭实现就业59人。全市全年累计输转城乡富余劳动力68.31万人，其中有组织输转34.6万人，创劳务收入144.54亿元，同比增长3.87%。

2017年城市低保保障5.11万人，全年发放资金2.43亿元；农村低保保障44.9万人，全年发放资金8.39亿元。福利机构集中供养的每人每月1000元，社会分散供养的每人每月640元。2016年度共为全市1124名孤儿（集中供养36人，社会散居1088人）发放孤儿基本生活费800.4万元。共有13618人次享受贫困残疾人生活补贴（人均每年1200元），累计发放资金1634.2万元；共有13443人享受重度贫困残疾人护理补贴（人均每年1200元），累计发放资金1613.2万元；实施了贫困残疾人家庭无障碍改造项目，完成了80户残疾人家庭无障碍改造。全市累计共有35807名残疾人享受低保，参加新型农村养老保险的农村残疾人达到95%，参加城镇居民养老保险的城镇残疾人达到98%。

截至2017年底，全市养老保险基金征缴49816万元，完成全年任务37527万元的113%（不含被征地农民养老保险缴费）；失业保险基金征缴3366万元，完成全年任务2870万元的117%；医疗保险基金征缴48147万元，完成全年任务44423万元的108%；工伤保险基金征缴2674万元，完成全年任务2082万元的128%；生育保险基金征缴1908万元，完成全年任务1469万元的130%；居民医疗保险基金征缴1961万元，完成全年任务1942万元的101%；全市城乡居民养老保险参保率97.14%、续保率98%、发放率100%。城镇职工医疗保险141958人，同比增长0.85%；参加城乡居民医疗保险

陇南市成武高速高架立交枢纽

2401289人;城镇养老保险54330人,同比增长1.94%;工伤保险参保71467人,同比增长2.6%。

（供稿:陇南市地方史志办公室）

武都区

【综述】陇南市武都区位于甘肃省东南部,地处长江流域嘉陵江水系白龙江中游,陕、甘、川三省交通要道,全区总面积4683平方千米,其中耕地67.99万亩,林地和疏林地190万亩。2017年末,全区辖36个乡镇4个街道办事处,总人口58万人。

境内海拔667～3600米,垂直差异明显,可分为川坝河谷区、半山干旱区、高寒阴湿区和林缘区。属北亚热带半湿润气候,年均气温14.7℃,降水量460毫米左右,无霜期210～240天。境内有白龙江、广坪河、西汉水三大一级长江支流,年径流量53.7亿立方米,水能资源蕴藏量70.62万千瓦,可开发利用29.53万千瓦。境内物产丰富,有水杉、红豆杉和大熊猫、金丝猴等国家级保护动植物。有白水江国家级自然保护区（红铜河流域）、裕河金丝猴自然保护区和武都裕河大熊猫自然保护区3个国家级、省级自然保护区。有各类动植物1300多种,各类中药材1200多种。

2017年,全区实现地区生产总值110.76亿元,同比增长5.9%。人均地区生产总值达到19541元,同比增长6.77%。第一产业实现增加值18.17亿元,同比增长6.2%;第二产业实现增加值14.84亿元,同比增长0.5%;第三产业实现增加值77.75亿元,同比增长6.9%。第一、二、三产业增加值占生产总值的比重分别为16.4∶13.4∶70.2。

【农业农村经济】2017年,全区新发展经济林14万亩,完成经济林综合管护195万亩、低产园改造31万亩,实施核桃、油橄榄高接换优16万株。花椒、油橄榄产值分别达到33亿元、16亿元,产业收入占适生区群众收入的50%以上。依托电商平台举办花椒节会,赴青岛市黄岛区开展特色农产品宣传推介,“祥宇”牌橄榄油先后在美国、澳大利亚“2017国际橄榄油大赛”上荣获金奖和银奖。全年完成劳务输转13.6万人次,劳务创收25.6亿元。全区37个村7018户2.87万人实现稳定退出,贫困发生率下降至9.9%。

【工业经济】大园坝电站建成发电并纳入规上企业统计,锦屏坝电站、亨兴再生资源循环利用等工业项目进展顺利。全区规模以上工业企业全年预计完成工业增加值2.38亿元,同比增长4.5%。

【项目建设与招商引资】全年实施重点项目180项,完成投资61.8亿元。城区供水扩建工程（一期）和西堤路棚户区改造等97个项目建成投用。全年签约招商引资项目11个,签约资金32.37亿元。

【城乡建设】江南公园、滨江步道一期、北峪河东堤景观工程和盘旋路街心花园改造等项目建成投用,县门街周边和体育场棚户区改造项目积极推进,城市供排水、供气、供热等基础设施配套工程同步跟进。安化小城镇综合改革建设进展顺利,建成美丽乡村45个。城市绿地率达到10.68%。

【电子商务】2017年,全区有80家1688网店入驻陇南产业带,全区有效运行网店1782家,实现电商销售132亿元。

【旅游开发】2017年,全区接待国内外游客人数将达到258.3万人次,同比增长将达20.4%,旅游综合收入达到15.2亿元,同比增长将达22.5%。

【环境保护】建设绿色通道51千米,实施新一轮退耕还林11万亩,人工造林17.12万亩,营造生态林3.11万亩,全区森林覆盖率达到30.75%。集中整治工地扬尘、餐饮油烟、燃煤小锅炉等重点污染源,PM10、PM2.5平均浓度达到国家环境空气质量二级标准,二氧化氮、一氧化碳浓度达到国家环境空气质量一级标准,全年优良天数达到324天以上。全面落实节能减排措施,强化对重点用能单位、重点污染源监管,万元GDP能耗下降2.6%,城市生活垃圾无害化处理率达到93.4%。

【社会事业与民生保障】洛塘渭河等9所村级幼儿园建成投用,东江中心小学综合楼建设进展顺利。2017年高考二本上线1407人,上线率34.9%,比上年提高2.3个百分点。城市公立医院综合改革启动实施,城镇医疗、新农合、大病保险等制度运行良好,人口和计划生育优先优惠政策全面落实。建成“乡村舞台”84个、社区综合性文化中心15个,107个文化便民广场进展顺利。完成发明专利申请24件,科技对经济增长的贡献率达到35%。城镇新增就业3914人,城镇失业率控制在3.8%以内。落实干部职工工资福利待遇。城乡低保实现动态管理,机关事业单位养老保险、大病救助、临时救助、残疾人补贴等制度全面落实。

（供稿:徐　渊）

成　县

【综述】成县位于甘肃东南部,东北与徽县接壤,西与西和县相邻,南以西汉水为界与康县相望,东南与陕西省略阳县毗邻,总面积1676.54平方千米。2017年末,全县辖14 镇3乡15个居民委员会,总人口27.09万人,常住人口24.59万人,其中城镇人口11.81万人,城镇化率为48.03%。人口自然增长率6.97‰。

境内地势西北高、东南低,海拔在750~2377米之间,多高山峡谷,南北为山地,中部为丘陵。属暖温带半湿润气候,年均气温13.3℃,四季分明,冷暖适度。无霜期212天,年日照1692小时。年均降雨量563.6毫米,相对湿度69%。境内有犀牛江、东河、南河、洛河“一江三河”。有植物1958种、动物54种。粮食作物主要为冬小麦、玉米、大豆、荞麦、薯类等;珍稀野生动物主要有梅花鹿、豹、熊、画眉、红腹锦鸡等十余种;特色产业有核桃、畜牧、蔬菜、蚕桑、烤烟、中药材等;金属矿藏有铅、锌、黄金、白银、铁、锰等17种。

2017年，全县完成生产总值586295万元，按可比价计算，增长5.8%。其中，第一产业实现增加值100721万元，增长6.1%；第二产业实现增加值199239万元，增长6.8%；第三产业实现增加值286335万元，增长4.9%。第一、二、三产业生产总值贡献率为5.1%、58.9%、36.0%，第一、二、三产业增加值占生产总值比重为17.2：34.0：48.8。全年金融机构各项存款余额1054047万元，增长2%；城乡居民存款余额720897万元，增长5.4%。年末全县金融机构各项贷款余额640327万元，增长8.8%。

【农业农村经济】全年粮食种植面积49.32万亩，比上年减少0.08%；油料种植面积6.51万亩，增长0.31%；蔬菜种植面积5.71万亩，增长0.88%。全年粮食总产量141660.8吨，比上年下降0.56%。其中，夏粮61770.6吨，增长2.1%；秋粮79890.2吨，下降2.5%。全年肉类总产量9565.5吨，增长2.08%；水产品产量186吨，增长9.41%。全年有效灌溉面积4.91万亩；新增水平梯田0.02万亩；农业机械总动力达21.3万千瓦，下降6.7%。成县被国家林业局命名为"国家核桃良种基地"。特色产业年产值85000万元。

全年统筹整合各类资金68500万元，新建县乡农村公路116.5千米，硬化贫困村、组道路433.3千米，新建贫困村幼儿园13个，村级文化广场70个，便民服务中心27处，安全饮水工程39个。完成易地扶贫搬迁507户，危房改造2404户，通村有线宽带网络工程243个，修建便民桥22座，完成改灶、改厕1700户，路灯亮化和院落硬化惠及3.3万人。输转农村富余劳动力5.8万人，创劳务收入128000万元。完成专项扶贫，6个贫困村8686人达标脱贫，全县贫困发生率下降到6.5%。

【工业与建筑业】全年实现工业增加值130819万元，比上年增长10.4%。规模以上工业实现增加值126559.07万元，增长21.9%。全县规模以上工业企业盈亏相抵后，实现利润88859万元，增长338.4%。实现利税138175万元，增长160.4%。全县建筑业完成增加值68420万元，增长0.2%。资质以上企业6户，完成建筑业产值22274.4万元，增长6.91%；年末全县有建筑从业人员1910人，下降6.74%。

【固定资产投资与项目建设】全年完成固定资产投资401886万元，下降52.8%。其中，第一产业完成投资41308万元，下降38.4%；第二产业完成投资192930万元，下降59.8%；第三产业完成投资91722万元，下降69.9%。本年施工项目176个，其中新开工131个。竣工项目137个。

【商贸流通】全年实现社会消费品零售106034万元，增长7.3%。其中，城镇实现消费品零售75123万元，增长6.3%；乡村实现消费品零售30911万元，增长9.8%；批发、零售业实现零售79686.6万元，增长8.1%；住宿、餐饮业实现零售26347.4万元，增长5%。

【电子商务】陇南电商产业孵化园一期、顺通物流园一期项目建成投入使用。建成县、乡、村三级电商物流配送和公共服务体系。率先在全省建成农产品质量溯源数据中心。新增电子商务、物流快递企业和自建电商平台15家。线上线下销售总额62000万元。

【交通邮电】全年交通运输、邮电通信完成增加值15381万元，增长5.7%。各种运输完成周转量53895.9万吨/千米，增长23%。客运周转量8159万人千米，下降10.7%。全年完成邮电业务总量20909万元，增长8.2%。其中，电信业务（包括移动和联通）总量20526万元；邮政业务总量383万元。

【旅游】全年全县旅游总人数195.85万人次，增长27.3%。旅游综合收入98200万元，增长29.1%。完成西狭颂文化养生小镇、城市候机楼项目及南山生态旅游区、陈院生态园、鸡峰长沟片区旅游规划。新建度假山庄、农家客栈、农家乐25户。被确定为全省全域旅游示范县。

【文化科技教育】年末全县有艺术表演团体4个，文化馆1个，博物馆1个，公共图书馆1个、文化广场260个。电视人口覆盖率100%，城区有线电视入户率91%。全县学校总数177所，教职工0.28万人，在校学生4.59万人。学前三年毛入园率96.5%，九年义务教育巩固率95.3%，高中阶段毛入学率88%。获省、市科技进步奖发明成果8项。举办全省青少年科技创新大赛。

【体育医疗卫生】年末，全县有体育综合训练场4座，室内体育馆4座，全民健身路250条，健身广场260个。建成竹篮寨泥塑省级非物质文化遗产传习所、红川酒文化展示馆。承办2017年全市青少年足球锦标赛。组织各类文化、体育竞赛、演出和群众公益活动178场次。出版《西狭颂文化丛书》。年末全县有医疗卫生机构233个。其中医院、卫生院22个。

【人民生活与社会保障】全年全县民生支出161000万元，占一般公共预算支出80%；教育、养老、就业、低保、医疗卫生和计划生育等社保五项支出78100万元，占一般公共预算支出39%。城镇居民人均可支配收入22208.1元，增长8%；农村居民人均可支配收入7641.1元，增长8.9%。全县城镇单位从业人员年平均工资51302元，增长34%；年末，全县参加失业保险6910人，参加城镇职工基本医疗保险16721人，参加城镇职工基本养老保险8198人，参加城乡居民基本养老保险151961人，参加城乡居民基本医疗保险233760人，参合率98.03%。

【环境保护】全县自然保护区1个，保护面积52441公顷。森林覆盖率43.5%。污水处理厂2个，污水集中处理率38%。垃圾处理站2个，城区垃圾无公害处理率72%。全年城区空气优良以上220天。完成32座病险尾矿库综合治理，已闭库14座、销号3座。全县主要污染物排放指标控制在市政府下达指标内。

（供稿：张　弛）

两当县

【综述】两当县位于甘肃省东南部，北靠天水，西邻徽县，东南二面与陕西省宝鸡、汉中相连，全县总面积1408平方千米，其中耕地面积17.65万亩。2017年末，全县辖3镇9乡，118个行政村，总人口5.04万人。

境内南北为深山林区，中部为浅山丘陵区。海拔最高2738米，最低773米。有金、银、煤炭、陶土、大理石等10多种矿产资源。森林覆盖率和林木绿化率分别达到74%和83%。特色产业以核桃、食用菌、中药材、烤烟、养殖、珍稀苗木繁育为主。境内有两当兵变红色文化园区和云屏三峡景区2个国家4A级旅游景区，云屏国家级自然保护区及灵官峡白皮松和张家黑河两个省级自然保护区。是甘肃省工农武装斗争第一枪“两当兵变”、红军入甘第一站的发生地，是甘肃省第一支红军队伍的诞生地。

2017年，全县完成生产总值78617万元，同比增长4.6%。其中，第一产业增加值24872万元，同比增长6%；第二产业增加值9594万元，同比增长6.8%；第三产业增加值44151万元，同比增长3.5%。

【农业农村经济】2017年，全县新发展袋料食用菌694.5万袋、生态放养鸡74.7万羽，种植蜜源植物7500亩、中蜂养殖达到5.57万群（箱），完成核桃高接换优3.2万株，新发展蔬菜种植0.35万亩、烤烟种植2530亩。建成高效农业有机示范园3处，新增绿色食品认证2个。全年贫困群众人均增收1850元。完成劳动力职业技能培训2123人，向青岛莱西、西安、兰州、上海等多个劳务基地输转劳动力1万余人（次），创劳务总收入2.05亿元。

【工业经济】2017年，全县新增非公经济体363户，预计实现非公经济增加值3.26亿元，同比增长10%。

【项目建设与招商引资】全年争取到位项目46项，到位资金4.26亿元；共谋划500万元以上项目77项，已开复工47项。参加兰洽会、西交会等招商节会，新签约招商引资项目13个，签约资金9.03亿元。

【电子商务】新增农家乐和农家客栈27户，电子商务网店发展到525个，全县电商销售额达到6857万元，同比增长23%。

【旅游】实施云屏水景观工程周边植被恢复1360亩。举办“太极炫慢城·红叶醉两当”太极拳比赛和“红色福地·养生胜地”第三届山地自行车邀请赛暨文化旅游宣传推介会系列活动，连续蝉联“中国百佳深呼吸小城榜”。全年接待游客98.75万人次，同比增长20%，实现旅游综合收入4.4亿元，同比增长21%。

【城乡建设】实施城区道路及人行道维修、小巷道硬化和绿化补植工程。2015年度棚户区改造安置楼及2016年易地扶贫搬迁集中安置楼已分配入住，2016年度棚户区改造安置楼完成主体工程。城区天然气综合开发利用项目进展顺利，徐杨河引水工程即将开工。实施2个“美丽乡村”和6个“环境整洁”示范村建设。左家工业集中园区大桥建设完成，两云路改建项目开工建设，显泰路改建项目进入招标程序。

【环境保护】开展工矿企业节水工程，废水再利用率达65.2%；新建高效节水灌溉工程9处，发展高效节水灌溉面积3810亩；全县农村清洁能源使用率达到25%。实施薪炭林建设1334亩，荒山造林230亩。国家生态文明示范县创建37项考核指标已达标33项，被评为国家卫生县城，荣获“2017中国候鸟旅居小城”荣誉称号，入选“森林乐活十佳榜单”。

【社会事业与民生保障】2017年，全县落实学前教育资助、义务教育“两免一补”等教育优惠政策，完成6所贫困村幼儿园建设。全面开展分级诊疗工作，建成中医馆4个，累计建成标准化村卫生室73个。新建村文化室20个，文化广场15个。

全县城镇居民人均可支配收入22600.4元，同比增长7.8%，农村居民人均可支配收入5940.5元，同比增长9.4%。新增城镇就业1774人，安置城镇退役士兵27名。全县城乡居民社会养老保险参保率达到98.75%，新农合参合率达到99.66%。新增30套公租房已分配入住，按标准发放廉租住房租赁补贴。

（供稿：曹建国）

两当县至徽县高速公路隧道施工现场

徽　县

【综述】徽县地处甘肃省东南部、西秦岭南麓、嘉陵江上游徽成盆地，介于东经105°34′~106°10′、北纬33°32′~34°01′之间。东邻两当县，西连成县，西北与西和县接壤，北接天水市麦积区和秦州区，南接陕西省略阳县，全县总面积2699平方千米，其中耕地总面积38.98万亩。2017年末，全县辖13镇2乡，总人口224692人，常住人口200238人,人口自然增长率2.25‰。

境内南北为山地，中部为浅山丘陵，海拔700~2000米之间。属暖温带向亚热带过渡性季风气候，平均气温12.1℃，无霜期192天，年降雨量586.7mm，年均日照时数1772小时。植被覆盖17.3万公顷，植被覆盖率63.4%。森林12.6万公顷，森林覆盖率46%。有野生树种250多种，杜仲、柴胡、天麻等野生药材400多种，羚牛、白唇鹿、红腹锦鸡、梅花鹿、大鲵等10多种国家重点保护的珍稀动物。已探明矿产有铅、锌等4大类22种；境内大小河流600多条，属长江流域嘉陵江水系。

2017年，全县完成生产总值47.57元，增长4.1%。其中：第一产业实现增加值11.26亿元，增长5.6%；第二产业实现增加值14.06亿元，增长2.4%；第三产业实现增加值22.25亿元，增长4.4%。全年完成全社会固定资产投资50.95亿元，下降22.7%。全县大口径财政收入完成8.3亿元，增长2.76%。

徽县2017年主要农产品产量统计一览表

指标名称	单位	2017年	比2016年增长（%）
一、粮食总产量	吨	161200	0.56
小麦	吨	60151.39	1.69
稻谷	吨	700	−5
玉米	吨	64616.6	−0.11
二、药材	吨	18548	4.86
三、烤烟	吨	860.7	7.98
四、蔬菜	吨	187768.2	6.36
五、水果	吨	16199.52	3.89
其中：西瓜	吨	27848	1.01

徽县2017年畜牧业生产情况统计一览表

指标名称	单位	2017年	比2016年增长（%）
1. 牛存栏	头	60808	−0.15
牛出栏	头	21059	2.87
2. 猪存栏	头	136784	2.1
猪出栏	头	149064	2.6
3. 羊存栏	只	20127	−2.1
羊出栏	只	12730	4.49
4. 家禽存栏	万只	56.19	3.23
家禽出栏	万只	69.08	7.47

【农业农村经济】2017年，全县农作物播种面积80.7万亩，比上年增长0.29%。粮食作物播种面积54.6万亩，比上年减少0.4%。其中：小麦面积17.2万亩，减少0.9%；玉米面积15.43万亩，减少1.72%；豆类面积16.58万亩，增长0.3%；薯类面积5.11万亩，增长2.82%。全年完成造林面积2.58万亩，新增育苗面积2.26万亩，全年累计育苗15.11万亩；核桃产量6840吨。禽蛋产量1685.7吨，比上年增长3.23%。水产品总量365吨，比上年减少-16.38%。蜂群达到3.8万群，徽县景绣中华有机蜂蜜取得欧盟认证，是全国唯一获得"德米特"抽检合格的同类产品。发展特色产业27.1万亩，产值达18.8亿元。全县2043户8130人实现"脱贫摘帽"，贫困发生率降至4.99%。

【工业经济】2017年，全县完成工业增加值36.06亿元，比上年增长11.3%；实现增加值7.48亿元，比上年增长3.9%。完成主营业务收入35.48亿元，比上年增长31.5%；实现利润5.88亿元，比上年增长51.94%；税金总额4.57亿元，比上年增长19.32%。规模以上工业增加值占全县GDP的15.58%。

【项目建设】2017年，全县共谋划投资项目107个，新建项目开工75个，完成投资53.2亿元，投资完成率70.6%，建成项目37个。

【商贸流通】全县共开办网店1350家，电子商务从业人员4200人，建成5个网货供应平台，培育了6大类120多个网销特色产品，电商销售额达5.4亿元。全县完成社会消费品零售总额7.2亿元，增长7.5%。

【旅游】2017年，全县共接待游客125万人次，综合收入6亿元，其中乡村旅游9.4万人次，综合收入1.5亿元。

【城乡建设】实施城区16条支路雨污分流工程等项目。开展城乡环境卫生综合整治行动。城区新增临时停车位200余个，实施城区主干道24小时禁停制度。为213个行政村每村落实3万元乡村清洁工程专项资金，配备环卫设施。城区集中供热面积达到40万平方米，建成天然气供气项目，永宁河向城区应急调水工程竣工投用，日供水新增9600立方。

【环境保护】完成40座尾矿库的隐患治理工程，排查整改安全隐患1665条。查处乱采滥挖、乱排乱放等违法行为。空气、地表水、集中式饮用水源地等环境质量监测指标全部达标，乡镇级饮用水源地采样监测达标率在94%以上。开展造林绿化工作，完成义务植树85万株，新建绿色通道40千米。

【社会事业与民生保障】实施"全面改薄"项目，教育资源配置合理，学前、义务、高中和职业教育均衡发展。承办2017年陇南市“宝徽杯”青少年田径锦标赛。马勺脸谱、泥阳泥塑、山核桃工艺品、栗亭砚雕刻工艺入选省级“非物质文化遗产”。

2017年，全县城镇居民人均可支配收入为22299.3元，同比增长1555.8元，增幅7.5%；农村居民人均可支配收入7717.6元，比上年增长634元，增幅9.0%。劳动技能培训1.23万人，新增城镇就业3985人，劳务输转4.4万人，收入8.7亿元。

（供稿：吴　晶）

西和县

【综述】西和县位于甘肃省东南部陇南市北部，属长江流域嘉陵江水系西汉水上中游，介于东经105°03′~105°39′和北纬34°14′~34°38′之间，东邻徽县、成县，南连康县、武都，西部和北部与礼县接壤，东北部与天水市秦州区连接，县域面积1861平方千米。2017年末，全县辖8乡12镇，总人口44.2万人，人口密度238人/平方千米。少数民族有回族、蒙古族、藏族、满族等，约占总人口的0.02%。

县境内山区面积广布，丘陵面积较少，山河相间，盆地及河谷平地很少，大部分地方海拔在1500~1800米之间。大多数河流为西汉水干流及其支流，主要有漾水河、大柳河、洛峪河、朱刘河等，此外，马元河、晒经河为青泥河水系，直接注入嘉陵江。气候类型为温暖带半湿润季风气候，四季较为分明，2017年平均气温10.2℃左右，1月平均气温-0.5℃，7月平均气温22.7℃，日照1704.8小时，无霜期180天，年均降水量621.4毫米。矿产资源有铅锌、锑、黄金等。中药材资源丰富，药用植物达130种，其中野生半夏，久负盛名，人工家种半夏质地优良。现有省级文物保护单位5处，市级文物保护单位2处，县级文物保护单位21处。

2017年，全县完成地区生产总值30.7亿元，增长4.2%。固定资产投资58.74亿元，增长-22.8%；社会消费品零售总额7.48亿元，增长7.7%；大口径财政收入3.84亿元，一般公共财政预算收入1.58亿元，财政支出27.27亿元；全年完成财政支出27.27亿元，同比增长9.97%。

【农业农村经济】投入扶贫资金7228万元，连片发展花椒、核桃、苹果等经济林果7.4万亩，马铃薯良种繁育10万亩，中药材5.8万亩，油菜6.7万亩，养蜂1万箱。全县农业特色产业值达亿元。继续打造“巧嫂”“巧妹”“巧汉子”劳务品牌，完成劳务技能培训1.21万人、劳务输转10.5万人，实现劳务收入22.1亿元。2017年，全县累计脱贫0.38万户1.8万人，贫困率下降到16.9%。特困人口供养标准提高到每年人均4955元，新农合参合率达到98.4%，报销96.8万人次，报销额1.8亿元，落实教育补助资金6840万元。

【工业经济】6户规模以上工业企业顺利复产。完成六巷矿资源枯竭后续处置工作。华辰公司采矿技改和中泰公司铅锌浮选技改2个重点工业项目全面建成。

【文化与旅游】2017年8月，举办第九届“陇南乞巧女儿节”。发展“乞巧坊”刺绣协会42家。实施国家4A级景区晚霞湖整体提升工程，大力发展特色农家乐、农家客栈。全年接待游客110.1万人次，实现旅游综合收入5.3亿元，增长25%。

【电子商务】2017年，全县批零餐住限额以上企业为8户。设立电商发展基金800万元，全县建成18个乡镇电商扶贫服务站、167个村级电商服务点、1990多家网上店铺，全年线上线下实现销售3.14亿元。

【城乡建设】开工各类建设项目107个，完成投资57.5亿元。实施城市总体规划评估，启动中山北路改造、伏羲大道城北公园至郭山路拓宽、白水路建设、污水处理厂污泥安全处置及23.2千米城区雨污管网工程。推进城南、中山和城北城市棚户区改造工程。完成长道小城镇三条道路及临街建筑风貌改造。西武路升等改造和晚霞湖旅游路开工建设，西晒路和卢六路升等改造进展顺利，国道G567长道段改造基本完成。西汉水郭坝至昌河坝堤防、长道集中供水、太石河及蒿林川坝区节水灌溉等水利工程加快推进。完成土地开发整理138万亩、地质灾害防治工程4处，新建农村堤防工程19处19.2千米，新修梯田0.6万亩。

【社会事业与民生保障】实施中小学改造44所，启动县职业中专异地搬迁。高考二本上线749人。启动县博物馆陈列布展二期工程，完成西和会议纪念馆暨革命历史陈列布展。204个行政村建成乡村舞台，西和羊皮扇鼓舞、麻纸制作被列入省级非物质文化遗产保护名录。农村家庭医生签约服务覆盖384个行政村和83%的农户。

2017年末，全县农村居民人均可支配收入5887.9元，增长9.1%；城镇居民人均可支配收入21153.5元，增长8.1%。建成城南、城北两座供热站，城区供热面积达120万平方米。城区天然如期通气点火，结束全县没有清洁能源的历史。对残疾人、特困供养人员和农村低保家庭D级危房改造增加补助，对当年被二本以上院校录取的238名贫困家庭大学生进行奖励资助。配售经济适用房52套，发放城镇住房困难家庭租赁补贴369户。新增城镇就业3505人。发放城乡居民基本养老保险金5789万元、惠及5万余人，发放城镇企业职工养老保险金7210万元、受益2610余人。

【生态保护】制定出台《西和县生态环境保护工作责任细则（试行）》《西和县环境保护责任追究办法（试行）》。完成24座尾矿库和15处堆渣场综合治理，其中闭库尾矿库17座，运行的尾矿库均安装了在线监测系统。启动县生态红线划定工作和漾水河生态治理工程，集中整顿散煤经营市场。建成生态轮退耕还林1万亩、绿色通道建设60千米，全县森林覆盖率达到38.4%。

（供稿：袁智慧）

礼　县

【综述】礼县地处甘肃省东南部、陇南市西北部、长江流域嘉陵江水系西汉水上游，东邻天水、西和，西接宕昌、岷县，南连武都，北与武山、甘谷接壤。全县总面积4263.58平方千米，其中耕地面积103.23万亩。2017年，全县辖15镇14乡，9个社区568个村，总人口53.79万人。民族构成以汉族人口为主，有回族、藏族、满族等6个少数民族。

境内海拔最高3312米，最低1080米，平均海拔1825米。全年日照1923.6小时，无霜期212天，年均气温11.9℃。年降水量339.5毫米，水资源总量6.8777亿立方米。

2017年，全县完成生产总值32亿元，同比增长4.8%；分产业看：第一产业实现增加值93827万元，同比增长5.3%；第二产业实现增加值65811万元，同比增长5.9%；第三产业实现增加值171407万元，同比增长10.6%。固定资产投资40亿元，同比增长13.0%；大口径财政收入3.4亿元，同比增长22.9%；社会消费品零售总额15.5亿元，同比增长8.5%；农村居民人均可支配收入6204元，同比增长13%；城镇居民人均可支配收入21132元，同比增长8.9%。

【农业农村经济】新增流转土地3万亩，发展苹果2.1万亩、核桃6.2万亩、花椒1.9万亩，完成经济林综合管理110万亩，核桃高接换优10万株；种植蔬菜9.1万亩、中药材10.6万亩，新建党参育苗基地3000亩、大黄良种繁育基地3200亩；发展养殖大户40户、规模养殖场46个;发展中蜂养殖户2128户，养殖中蜂2.2万箱;新发展农民专业合作社211个。礼县创建为国家级苹果、大黄生态原产地保护示范区和国家级出口大黄质量安全示范区。建成堤防工程15千米、防洪治理工程28处，新增高效节水灌溉面积1万亩。组织输转劳务工12.03万人，实现劳务收入24.4亿元。全年减贫2.13万人。

【项目建设】全年实施重点管理项目119项。省道S329线礼县段已建成投运，景礼高速礼县段和江上公路建设项目前期工作进展良好。

【非公经济】实施中药饮片精深加工等工业项目5个，新发展小微企业333户，“个转企”110户，完成非公经济增加值22.4亿元，同比增长19.8%。

【电子商务】建成村级物流点120个、村级互联网超市120个、农村淘宝站点56个，网店达到1441家，建成贫困村村级电商扶贫服务点155个，实现电商销售4.3亿元。礼县苹果在全国832个国贫县网络零售。

【旅游】启动实施大堡子山国家考古遗址公园一期工程，逐步完善翠峰观、盐井祠、大香山等景区设施，创建乡村旅游扶贫示范村3个，新发展农家客栈30个、农家乐18个。全县接待游客130万人次，全年实现旅游综合收入6.8亿元，同比分别增长23.5%、28.7%。

【城乡建设】新建西城区长安路、西江路、南城区南环路道路工程和西汉水、燕子河浅水低坝缓流防汛一期工程。实施南关路拓宽改造工程。实施村组道路硬化646千米、村内巷道硬化371千米、通村组砂土路1049千米，不通公路的自然村减少到553个。实施安全人饮工程109处，解决6.3万人的饮水安全问题。升级改造农村电网32.1千米，安装太阳能热水器975台、太阳能路灯157盏，完成节柴改灶2250户；新建4G基站167个，全县行政村有线宽带实现全覆盖。新建生态文明新农村68个。全县城镇化率达到27.7%。

（供稿：礼县地方史志办公室）

康　县

【综述】康县地处甘肃省东南部、甘陕川金三角的交汇地带，介于北纬32°53′~33°59′，东经105°18′~105°58′之间。东临陕西省略阳县，南接陕西省宁强县、西与武都区毗连，南隔西汉水同成县相望，全县总面积2958.46平方千米。2017年末，全县辖8镇13乡350个行政村，总人口20.34万人，常住人口17.923万人，人口自然增长率4.72%。

属北亚热带向暖温带过渡区，境内地势西高东低，峰峦叠嶂，河流纵横，山势陡峭。牛头山、万家大梁呈东西走向，横亘中部，将康县划为三个景观不同的自然地理区。最高海拔2483.8米，最低海拔500米，年平均气温10.9℃，年平均降水量757.3毫米，年平均日照1658.0小时，无霜期294天，北部为黄土沟和土石山地沟地貌，土壤多为黄土；中部为中切中低山地和丘陵地形，土壤多为黑沙土。主要河流有西汉水、平洛河、大堡河、窑坪河、王坝河、燕子河、清河、秧田河、阳坝河。

2017年，全县完成生产总值20.68亿元，同比增长8.7%，其中第一产业增值4.9亿元，比上年增长5.8%，第二产业增加值5.47亿元，比上年增长7.6%，第三产业增加值10.29亿元，比上年增加10.8%，固定资产投资74.89亿元，比上年增长6.3%，实现财政总收入28538万元，比上年减少6.3%，公共财政预算收入15362万元，同比增长2.9%，社会消费品零售总额58384万元，同比增长9.4%，新发展网店200家，累计发展网店1172家，实现销售额2.18亿元。

【农业农村经济】2017年，全县22个贫困村退出11409贫困人口脱贫。累计硬化村组道路52条128.81千米，打通路基工程18条37.53千米，实施21个乡镇36个行政村4509户，20839人饮水安全项目；完成53个行政村139个自然村三相动力电改建工程。145个贫困村三相动力电全覆盖，实施643户建档立卡贫困户危房改造，新建6所村级幼儿园，贫困村学前三年入园率75%以上，建成34个贫困村标准化卫生室和34个村级综合文化广场。发放金准扶贫专项贷款6620户29374.3万元，在161个行政村组建扶贫互助社。贫困村新农合参合率，新农保参保年达到98%以上，全年新增农业产业基地5.92万亩，实施99.96万亩经济林综合管理和39.45万株核桃树高接换优，新建养殖场（合作社）20个，新发展规模养殖户12户，新增农民专业合作社147个，累计达到562个。

【工业经济】完成独一味经济工业园区污水处理工程和园区控制性详规编制；完成征地40亩，启动孵化建设前期工程，华康杜仲等3个市列重点工业项目基本完成。2017年全县规模以上工业企业完成增加值4.75亿元，同比增长7.7%，完成主营业务收入6.66亿元，同比增长21%，实现利润1.26亿元，同比下降15.8%。

【招商引资】2017年，全县签约招商引资合同项目37个，签约资金62.62亿元，到位资金53.4亿元，合同履行率100%，截至年底，24项市列重点项目和45项县列重点项目分别完成投资9.17亿元、21.12亿元。

【城乡建设】康县至武琵琶公路建成通车，完成省道S222线西至燕子砭公路康县至阳坝镇前期工程，启动省道329线周家坝至昌河坝。26.5千米公路改建工作，新建27项273.054千米，畅通工程和10个村90千米村内道路硬化，新建便民桥20座。城乡建设方面，实施各类城镇建设项目18项、污水配套、管网改造、市政广场、文化广场、影剧院等一批市政基础设施全面完成，长坝花桥至望关，城关双水磨至王坝何家庄太阳能路灯安装工作，民用天然气、集中供热二级管网建设，城西新区道路桥梁及排水工程项目在建。全县城镇化率24.2%，同比增长0.94%，争取棚户区改造贷款授信额度2.9亿元，落实到位1亿元，2017年428套（新建安置房215套，货币化安置213套），棚户区改造项目进展顺利。推进1381户农村危房改造项目建设，开工1097户，竣工744户，建成4个省级美丽乡村示范村。通信能源建设方面，加快4G网络建设，建成县城及阳坝镇区无线基站126个，新增宽带村50个，宽带行政村覆盖率86.5%，接入率55%以上。

【旅游】完成长坝镇花桥旅游示范村国家4A级景区创建。花桥村被评定为国家4A级景区。争取王坝大水沟、何家庄创建国家3A级景区，完善相关设施顺利通过陇南市旅游景区质量等级评定委员会评审。城关镇凤凰谷村、长坝镇花桥村被评为“中国乡村旅游示范村”凤凰谷旅游度假公司被评为“中国乡村旅游度假模范户”。全年接待游客189.9万人次，同比增长24.4%，旅游综合收入10.34亿元，同比增长27.8%。

【生态保护】2017年全县完成人工造林5.8408万亩，新一轮退耕还林4.5万亩（新一轮退耕还林4.5万亩，中央财政造林补贴0.7万亩，生态林0.6408万亩），落实天然林资源保护工程森林管护124.88万亩，纳入天保区森林生态效益的公益林62.24万亩。对11座尾矿库制定“一库一策”综合治理方案。争取省级改造资金1178万元，完成城区污水处理工程，新铺设管网2千米，改造维修原有管网6千米，实现日均处理城市生活废水1513吨，城区污水收集率80%以上。投资380余万元对甘肃阳坝铜矿有限公司杜坝选厂尾矿库回水循环系统和事故池、应急池进行改造。投资380万元对独一味生物制药有限公司污水处理站进行扩容改建，新增废水处理能力450吨/日，投资170万元建设华泰公司污水设施，投资120万元建设桃源饮品污水处理站。

【社会事业与民生保障】实施文化遗产“历史再现”工程，新建“乡村记忆”村史馆12个，累计达到47个。12个村史馆被省文物局评为全省乡村记忆博物馆建设示范馆。新建乡村舞台90个，累计达到350个，实施6所乡镇中心幼儿园建设和76所农村薄弱学校改造项目，支高考二本以上线258人，上线率28.45%，比上年提高4.69个百分点。推进县级公立医疗改革，县乡医疗机构基本药物网上集中采购率100%；开展创建“国家健康促进县”和“新国优创建”活动。

2017年全国农村居民人均可支配收入5455元，同比增长8.4%，城镇居民人均可支配收入19756元，同比增长8.2%。开发公益性就业岗位48个，实现城镇就业再就业3657人。用于民生的支出累计1.25亿元，占财政总支出的79.47%，省列9件，市列10件，民生实事全部办结。县委、县政府承诺的12件民生实事，办结8件。全年支出城乡低保、五保、大病医疗救助，临时生活救助等民生项目资金1.04亿元。

（供稿：陈玉飞）

文　县

【综述】文县地处甘肃省东南麓，介于北纬32°35′43″~33°20′36″、东经104°16′16″~105°27′29″之间。东接四川省广元市，西连甘肃省陇南市武都区，南达四川省九寨沟风景区，北邻陕西省与宁强县隔江相望。东西长217千米，南北宽156千米，全县总面积4994平方千米。2017年末，全县辖20个乡镇，总人口24.48万人。人口自然增长率5.56‰。有9个少数民族，为白马人主要居住区。

境内自东向西由亚热带丘陵区向高山峻岭、深山峡谷区展布，形成西高东低的地形。最低海拔550米，最高海拔4187米。境内白龙江、白水江由西至东穿流而过，汇入嘉陵江。属亚热带向暖温带过渡区，垂直气候差异明显，形成亚热带、温带、寒带依次叠加镶嵌的不同气候类型区，为亚热带北缘山地气候。年平均气温14.6°C，年均降水量400~1000毫米，年平均日照数1200~1800小时，无霜期250~310天。已查明的野生植物多达数万种，野生动物达1661种，列入国家重点保护的野生动物62种，是大熊猫、金丝猴、羚牛等世界珍稀野生动物的主要分布地区。境内已探明的金属矿和非金属矿有20多种100余处。其中储量大、品位高的有金、铜、硅石、锰、重晶石、大理石等。

2017年，全县生产总值达到257465万元，按可比价增长2%。其中，第一产业增加值58269万元，增长6%；第二产业增加值60366万元，下降3.8%；第三产业增加值138860万元，增长3.4%。第一、第二、第三产业比重由上年的22.45：25.68：51.87；调整到今年的22.63：23.45：53.93。全县人均生产总值达10517元,增长0.6%。全年大口径财政收入达到42416万元,增长24%;财政支出211090万元,增长4.3%。全县金融机构各项存款余额为648708万元,增长8.4%;贷款余额为541498万元,增长1%。

【农业农村经济】2017年,全县农林牧渔业总产值达到97989万元,比上年增长4%。农作物播种面积达56.82万亩,比上年增长1.6%。其中,粮食种植39.12万亩;油料种植面积3.41万亩(油菜籽种植面积3.4万亩)。药材种植面积7.21万亩,比上年增长6%。其中,党参种植面积6.31万亩,比上年增长18.4%。蔬菜种植面积达到7万亩,比上年增长7.8%。粮经比例由上年的69.95:30.05调整到今年的68.85:31.15。全年粮食总产量达到72489吨,比上年增长1.6%。其中,夏粮产量达到19952吨,比上年增长2.6%;秋粮产量达到52537吨,比上年增长1.3%。药材产量达到7178吨,比上年增长9%;蔬菜产量达到98243吨,比上年增长9.3%;油料产量达到3421吨,比上年下降长1.9%。造林面积6.33万亩。其中,防护林1.38万亩,经济林4.65万亩,薪炭林0.06万亩。油桐产量271吨,比上年减少5.2%;油橄榄312吨,比上年增长46%;花椒3905吨,比上年增长19.4%;核桃5340吨,比上年增长15.5%。大牲畜存栏5.78万头,猪存栏7.73万头,羊存栏4.18万只,家禽存栏33.63万只。肉类总产量达8009吨;鲜蛋产量达到1009吨;水产品产量达到1378吨。兴修水平梯田0.24万亩,累计达到24.08万亩;新增有效灌溉面积0.07万亩,有效灌溉面积累计达到9.34万亩;实施人饮解困工程,累计解决了286个村6.19万户21.43万人的饮水困难问题。

【工业经济】2017年,全县累计完成现价工业总产值225557万元,下降9.3%。其中,规模以上工业总产值205287万元,下降11%。累计完成全部工业增加值47556万元,下降4.6%。其中,规模以上工业增加值40784万元,下降5.5%(工业经济总量下降的主要原因是文县新关金矿、明辉硅业两家企业因环保及安全等问题全年停产)。

【固定资产投资】2017年,全县实施500万元以上项目153个,完成固定资产投资454329万元,同比下降42.4%。其中5000万元以上项目7个,累计完成投资64109万元,同比下降61.91%,占完成总量的14.1%;5000万元以下项目146个,累计完成投资389720万元,同比下降36.7%,占完成总量的85.8%;房地产投资完成500万元,同比下降90%,占完成总量0.1%。

【商贸流通】2017年,全县社会消费品零售总额累计达到74362.5万元,增长7.6%。其中,城镇的零售额达到42953.7万元,增长6.3%;乡村零售额达到31408.8万元,增长9.7%。批发业达到7198万元,增长12.1%;零售业达到56692.5万元,增长12.8%;住宿业达到2680万元,增长6.2%;餐饮业达到7792万元,增长6.1%。

【交通邮电】2017年,全县公路总里程达到2881千米。全县拥有客车66辆,货车850辆。全年客运量58.1万人,客运周转量达到7773万人千米;全年货运量97.23万吨,货运周转量达到7937万吨千米。全年完成邮电业务总量11492万元,其中,电信业务总量3050万元、移动业务总量7907万元、联通业务总量92万元、邮政业务总量850万元。

【社会事业与民生保障】2017年,全县有幼儿园42个,小学182所,中学25所,其中高中5所。全县适龄儿童入学率达97.6%,小学巩固率为95.9%,小学毕业率为100%,小学普及率为98.8%;全县中学入学率达96.8%,中学巩固率为94%,中学毕业率为99.1%,中学普及率为95.7%。全县有医院8 所,疾控中心一个,妇幼保健站一个,卫生监督所一个,卫生院26所,病床数772张,医生220人,卫生护理员193人。全县有广播电视室 213 个,广播覆盖人口20万人,广播覆盖率81.7%;有电视发射台1台,通电视的行政村305个,有电视节目 65(套),全县电视覆盖人口24.25 万人,电视覆盖率达99%。

2017年,全县在岗职工年平均工资达到53615元,增长6.8%;全县城镇居民人均可支配收入达到21281元,增长8.3%;农民人均可支配收入达到5840元,增长8.4%。年末全县城镇职工参加基本医疗保险人数13265人,城镇居民参加基本医疗保险人数15359人,参加失业保险的人数为 4250人;城镇居民最低生活保障人数6561人,农村居民最低生活保障人数35385人,五保户供养人数1548人;参加城乡居民医疗保险的人数2202103人,参加城乡居民养老保险的人数 105600人。

(供稿:张思聪)

宕昌县

【综述】宕昌县地处甘肃省南部,陇南市西北部,介于东经104° 01′ 至104° 48′ ,北纬33° 46′ 至34° 23′ 之间。东与礼县接壤,西与甘南州舟曲县、迭部县相邻,南与武都区毗邻,北与定西市岷县相连。南北长90千米,东西宽74千米,全县总面积3331平方千米。2017年末,全县辖11镇14乡(1个民族乡),总人口31.04万人,常住人口27.87万人。

境内山峦起伏,沟壑纵横,地形地貌异常复杂,山岳特征显著。地势由西北向东南倾斜,地形由山地、丘陵、河谷三大单元构成,南部多深山峡谷,北部多黄土梁峁。海拔1138米至4154米之间。属温带大陆性季风气候,气候温和,光照充足,冬无严寒,夏无酷暑。多年平均气温9.3℃,年平均降水量583.9毫米,降水集中在每年5月至9月,7月份最多。境内中药材种类达690多种。有中国工农红军长征的红色圣地哈达铺、国家AAAA级自然风景区官鹅沟、宕昌古国遗址等人文自然景观。

2017年,全县实现生产总值23.28亿元,比上年增长2.3%;全社会完成固定资产投资52.34亿元;社会消费品零售总额达到7.96亿元,同比增长8 %;

全县人均生产总值8368元；一、二、三产业结构由2016年的24∶20∶56调整到24.5∶17.5∶58，第三产业比重提升2个百分点。全县大口径财政收入完成4.5亿元，一般公共财政预算收入1.62亿元，同比增长66.8%和7.5%。全县金融机构各项存款余额为60.38亿元。金融机构各项贷款余额为41.45亿元。

【农业农村经济】建成中药材标准化种植示范点12个、种植示范带4条、科技示范园3个，中药材育苗基地面积达到1.5万亩，新增种植基地25.5万亩，中药材总产值达到5.6亿元。新建生态放养鸡场6个，鸡存栏40.7万只；全年新增蜂群1.6万群，累计发展5.2万群，产量达到700吨，产值达到5500万元，生态放养鸡和土蜂养殖已成为助农增收的新支点。全年开展劳务技能培训1.22万人次，通过职业技能鉴定并颁证0.96万人，输转9.2万人，创劳务收入18.6亿元。

实施86个贫困村基础设施建设项目，改造农村危房3270户，解决3.7万农村人口饮水安全问题，硬化通村社道路255千米，完成易地扶贫搬迁392户1712人，首批88户447名新职工到新疆生产建设兵团发展。启动20个村的农村"三变"改革试点工作。全年退出贫困村4个，减少贫困人口1.42万人，贫困面下降到20.68%。开展68个行政村的村庄整体提升工程，新建省级美丽乡村2个、生态文明新农村30个。

【工业经济】2017年，全县完成工业总产值5.24亿元，比上年下降50.66%。其中：规模以上工业企业完成总产值3.77亿元，比上年下降59.14%；全年实现工业增加值1.14亿元，比上年下降50.65%其中：规模以上工业企业完成增加值0.7亿元，比上年下降63.89%。规模以上工业企业产品销售率达87%，全年规模以上工业盈亏相抵后，实现利润总额-487.93万元，比上年下降136.63%。

【商贸流通】新增各类市场主体1285户。推进华昌药材城和甘肃琦昆公司仓储物流项目。建成县级电商公共服务中心、物流配送中心和25家乡级服务站、146个村级服务点及物流配送网点，完成"羌韵宕州"县域网货品牌注册，在淘宝、苏宁易购等大型平台建成了"宕昌特色馆"，网店数量增加到1610家，全年实现线上销售额1.6亿元。宕昌县福江源药业公司申报为规上企业。

【旅游】整合各类项目资金58亿元，启动实施了7大类99项旅游基础设施建设项目，官鹅沟大景区5A级、宕昌大草原3A级景区创建稳步推进，哈达铺红军长征纪念馆4A级景区完成初评。新建改建旅游厕所31处，打造旅游富民示范村6个，新增旅游宾馆饭店8家、农家客栈54家、农家乐16家,新增接待床位1340张。全年接待游客212.7万人次，比上年增长21%.实现旅游综合收入11.48亿元，比上年增长8%。

【交通邮电】2017年兰渝铁路全线通车运营，渭武高速项目快速推进，省道209线八马梁至脚力铺段和省道329线好梯至韩院段建设工程进展顺利，礼县太塘至哈达铺公路（理川—哈达铺段）路网改善工程全面启动。全年完成邮政业务总量1332.0万元，电信业务总量1800万元，移动电话用户18万户，联通电话用户2.5万户。

【招商引资与项目建设】全县签约招商引资项目20项，到位资金33.4亿元。实施500万元以上重点建设项目133项，竣工83项，完成投资50.5亿元。

【城乡建设】城区长征路提升及部分路段人行步道改造工程全面完工，供水二期工程投入使用，推进棚户区改造项目，实施垃圾收运系统和污水收集处理管网提升工程。完成各类水利项目51项，新建堤防工程81千米、便民桥25座，行政村宽带网络实现全覆盖。

【环境保护】拆除燃煤小锅炉28台，建成了县级优质煤炭配送中心和65处二级煤炭销售点。完成新一轮退耕还林5.5万亩，荒山造林1.42万亩，栽植行道树62千米，全县林木覆盖率达到47.5%。实施中小河流、山洪沟道、地质灾害隐患治理项目13项，治理河道27.7千米。关停采矿、采砂企业24家，治理4座尾矿库，实施集中式饮用水源地保护项目15处。

【社会事业与民生保障】2017年末，全县有学校总数158所，教职工2971人，在校学生数48990人。实施教育建设项目40项、教育设备购置项目271个，2017年高考二本以上上线383人。新建村文化广场76处，为179个村（社区）配备文化体育器材。年末全县共有医疗卫生机构240个，共有卫生技术人员1195人，卫生机构床位1450张。

2017年，全县城镇居民人均可支配收入21014.3元，比上年增长7.9%。农村居民人均可支配收入5731.8元，比上年增长9.2%。城镇职工医疗保险参保率达到100%。落实城乡低保和五保供养提标政策，新农合、城乡居民基本养老保险参保率均达到98%以上。

（供稿:李　稳）

临夏回族自治州

【综述】临夏回族自治州地处甘肃中部西南，北邻兰州市，南靠甘南藏族自治州，东连定西市，西接青海省，全州土地面积8169平方千米，其中耕地215.53万亩，农民人均耕地1.22亩。2017年末，全州有1市7县，常住人口204.41万人，州内聚居回族、东乡族、保安族、撒拉族等少数民族，其中东乡族、保安族是临夏独有的民族。

境内分为川塬、山阴、干旱三类地区，大体各占三分之一。平均海拔2000米，最高处4636米，最低处1563米。年平均气温7.3℃，无霜期152天，年平均降雨量501.3毫米，属温带大陆性气候。境内有黄河、洮河、湟水及其支流大夏河、牛津河、广通河、三岔河、冶木河等30多条。年过境径流量324亿立方米，自产水量12.15亿立方米，水资源总量336.15亿立方米。已经发现的各类矿产资源43种，占全省已发现矿种数的25%。主要金属矿产17种；能源矿产2种；非金属矿产24种。境内有马家窑文化、齐家文化、半山文化遗、黄河三峡、炳灵寺石窟等人文自然景观。

2017年，全州实现生产总值238.84亿元，同比增长3.7%。其中，第一产业实现增加值38.89亿元，同比增长4.6%，第二产业实现增加值43.18亿元，同比增长0.3%，第三产业实现增加值156.77亿元，同比增长4.7%。一、二、三产业结构比例为16.3∶18.1∶65.6。完成固定资产投资175.1亿元，同比下降47.24%。实现社会消费品零售总额90.8亿元，同比增长8.5%。完成大口径财政收入31.2亿元，同比下降1.3%，其中一般公共预算收入16.9亿元，同比下降2.34%。一般公共预算支出203.41亿元，同比增长2.84%。

【农业农村经济】2017年，全州完成农林牧渔业总产值64.54亿元，比上年增长4.59 %。其中，农业产值42.15亿元，比上年增长 2.34%；林业产值1.84亿元，比上年增长21.53 %；牧业产值17.14亿元，比上年增长8.19 %；渔业产值0.36 亿元，比上年增长4.09%，农林牧渔服务业产值3.05亿元，比上年增长 8.13%。全年粮食播种面积195.75万亩，比上年下降0.45%，其中夏粮播种面积43.71 万亩，比上年下降4.12%，秋粮播种面积152.04 万亩，比上年增长0.66%。油料种植面积 23.31万亩，同比增长2.65%，蔬菜种植面积 22.27万亩，比上年增长2.33%。全年完成造林面积32.11万亩，比上年下降9.04%。新栽植花椒4.37万亩，啤特果6.32万亩，核桃1.68万亩，育苗3.32万亩。

年末全州大牲畜存栏 40.05万头，比上年增长6.23 %；羊存栏 140.72 万只，比上年下降 2.89%。肉类总产量6.25万吨，比上年增长 6.49%。全年完成农田有效灌溉面积81.82万亩，比上年下降0.05%；年末保证灌溉面积70.32万亩，比上年下降0.05%；化肥施用量（折纯）2.06万吨，比上年下降5%。

【工业与建筑业】2017，全州全部工业企业实现增加值21.84亿元，比上年增长0.5%。其中，规模以上工业企业实现增加值13.4亿元，同比下降1.3 %。全年规模以上工业企业实现主营业务收入 65.6亿元，比上年增长4.44%；工业产销率为 97%，比上年下降1.3 个百分点。全年建筑业实现增加值21.34亿元，比上年下降0.1%。

【固定资产投资】2017年，全年完成固定资产投资175.10亿元，比上年下降47.24%。全年在建亿元以上重大项目75个，本年完成投资94.39亿元，占固定资产投资的53.9%，完成房地产开发投资28.45亿元，比上年下降29.19%。

【商贸流通与贸易】2017年，全州实现社会消费品零售总额90.76亿元，比上年增长8.5%。按销售单位所在地分，城镇实现社会消费品零售额73.45亿元，比上年增长8.3%；乡村实现社会消费品零售额17.31亿元，比上年增长9.1%。按行业分，批发业实现零售额24.85亿元，比上年增长9.1%，零售业实现零售额48.62亿元，比上年增长7.6%，住宿业实现零售额1.23亿元，比上年增长27.8%。全年外贸进出口总额达3515万元，比上年下降57.44%。

【交通邮电】2017年，全州公路里程6743千米，其中二级以上公路里程646千米。全州完成客运量3641万人次，旅客周转量237944万人千米，分别比上年增长0.8%和20%；完成货运量1856.8万吨，货物周转量274831万吨千米，分别比上年增长10%和20%。全年完成电信业务总量25.54亿元，比上年下降1.42%。

【旅游】全年旅游接待总人数1586.1万人次，比上年增长42.87%，其中海外游客455人次；旅游总收入70.3亿元，比上年增长46.3%，其中国际旅游外汇收入12万美元。

【金融保险】2017年末，全州金融机构人民币各项存款余额525.65亿元，比上年增长5.58%；金融机构人民币各项贷款余额435.71亿元，比上年增长4.53%。

【科技与教育】全年，全州共组织实施各类科技计划项目121项，其中国家级、省级29项，州级92项；全年共取得科技成果16项，其中5项达到国内领先水平，2项达到国内先进水平；全年申请专利543件。年末全州各级各类学校共有1868所，普通中学在校学生数95527人，小学在校学生数198965人，中专及职校在校学生数5544人，全州中专及职校专任教师615人，中学专任教师8463人，小学专任教师12011人。学龄儿童入学率99.68%，下降0.1个百分点。

【文化卫生体育】2017年末，全州拥有州级文化单位民族歌舞团、博物馆、文化馆、图书馆、美术馆、影剧院、民族文化艺术研究所、文化市场综合执法支队各1个；县（市）文化馆8个，公共图书馆8个，博物馆（纪念馆）47个，文物管理所5个，乡镇综合文化站123个，农家书屋1149个；建成文化信息资源共享工程县级分中心8个。全州广播电视转播台11座，千瓦以上广播电视转播台4座，广播人口覆盖率98.69%，电视人口覆盖率98.86%。年末全州共有医疗单位313个，其中县级及以上院14个，乡（镇）卫生院129个；病床8692张，专业卫生技术人员5634人。2017年全州共举办各类群体活动620余场（次），参加人数达95万人（次），建成县级全民健身中心1个，可拆卸式游泳池1个，乡镇和社区健身中心10个，乡镇和社区健身广场8个，笼式足球场5个，行政村农民健身工程181个，配发健身路径30套。在甘肃省16个大项的锦标赛中，获得金牌20枚、银牌24枚、铜牌15枚。

【人民生活与社会保障】2017年，全州城镇居民人均可支配收入193802元，比上年增加1468.7元，增长8.2%；农村居民人均可支配收入6203.0元，比上年增加522.6元，增长9.2%。城镇居民人均消费支出14650.0元，比上年增长3.5%；农村居民人均消费支出5672.8元，比上年增长11.7%。

年末，全州参加失业保险的职工人数36670人，领取失业保险金307人；参加基本养老保险40072人；参加基本医疗保险1880354人，其中城镇职工113761人；参加新型农村合作医疗人数1569355人，参合率达98.8%；全州社会低保户数126991户，其中农村84868户，城镇42123户；低保人数453943人，其中农村332609人，城镇121334人。

【环境保护与安全生产】2017年末全州共有环境监测站8个，环境监测人员85人，境内自然保护区4处，面积达到1177.33平方公里。建成烟尘控制区1个，控制面积24平方公里。城市生活垃圾无害化处理率98.0%，城市污水集中处理率84.94%。全年完成工业污染治理项目5个，工业污染治理总投资8524万元。

2017年，农作物受灾面积125.3万亩，其中成灾面积84万亩。受灾人口92.7万人次，农村发放救灾款4482万元。

全年全州共发生各类生产安全事故48起，死亡52人，受伤19人，直接经济损失234万元。其中，商贸制造业安全事故3起，死亡4人，直接经济损失165万元，道路交通安全事故44起，死亡47人，受伤19人，直接经济损失3万元；建筑施工领域事故1起，死亡1人，直接经济损失72万元。

（供稿：郭春梅　刘世菊）

临夏市

【综述】临夏市地处黄河上游，位于甘肃省西南部，全市总面积88.6平方千米。2017年末，全市辖4个镇7个街道，总人口41万人。境内有回族、东乡族、保安族、撒拉族等18个少数民族，少数民族人口占总人口的52.9%。

境内平均海拔1917米。属内陆中温带气候，年日照时数2213.4小时，全年无霜期156天以上，年总降水量473.6毫米，蒸发量983.1毫米。是西部地区的重要商埠，素有“茶马互市”、西部“旱码头”和“河湟雄镇”之称。享有彩陶之乡、牡丹之乡、花儿之乡等诸多美誉。有东公馆、八坊十三巷、虫草市场、彩陶馆、榆巴巴拱北、万寿观等文化旅游景点。

2017年，完成市内生产总值70.39亿元、增长3.6%，固定资产投资32.08亿元、下降54.5%，社会消费品零售总额46.6亿元、增长8.5%，完成大口径财政收入11.29亿元、增长2.5%，城镇居民人均可支配收入19710元、增长8.4%，农村居民人均可支配收入12316元、增长9.3%，居民消费价格指数控制在103%以内。

【农业农村经济】2017年，全市农业总产值50690万元，增长5.1%，农业增加值完成35247万元，增长4.2%；粮食产量2.25万吨。完成农作物播种面积4.81万亩，其中粮食作物3.31万亩（玉米2.76万亩，薯类0.3万亩，冬小麦0.23万亩），蔬菜1.5万亩。全市有农业产业化重点龙头企业17家，其中：省级6家、州级8家、市级3家；全市已累计发展农民专业合作社155个，其中蔬果类23个，花卉苗木类38个，养殖业77个，农机服务7个，农畜产品加工10个。合作社成员达到1554人，带动农户7218户。

全市有规模养殖场150个，大牲畜存栏11952头，同比增长4.1%，羊存栏17717头，猪存栏18061头，肉类总产量4657吨，奶类总产量3572吨，蛋类总产量120吨,水产品产量245吨。畜牧业增加值9003万元,同比增长7%。全市完成人工造林5300亩，其中生态林4100亩，经济林1200亩，完成封山育林5000亩，补植补造510亩，新育苗550亩，新建绿色通道36千米，义务植树52万株。全市森林覆盖率11.69%。新增优质林果1200亩，新育苗550亩。新建改扩建养殖场9个。完成贫困户劳务输转2240人。年内脱贫370户1503人，累计脱贫5582户2.37万人，贫困发生率下降到1.6%。

【工业经济】2017年，全市完成工业增加值4.04亿元，增长1.7%；规模以上工业增加值2.98亿元，增长2.5%；单位工业增加值能耗降低率2.65%，超目标任务0.05个百分点。

【交通运输】年末，全市共有道路运输企业经营业户354家，各类营运车辆7216辆，完成客运量10536.6万人，客运周转量1169496.5万人千米，同比增长20.05%，货运量970.8万吨，货运周转量145500.2万吨千米，同比增长20.1%。

【项目建设】全市共实施各类重点项目82个，总投资140亿元，其中：新开工项目51个，总投资30.4亿元，续建项目31个，总投资56.3亿元。新开工项目有51个，完成19个续建项目。

【招商引资】举办招商引资项目专场签约仪式，共签订6个项目，签约资金25.36亿元。开展名优产品推介会等系列活动，23家采购商与16家供货商签订供销合作协议，签约金额3.46亿元。邀请40多个企业考察团来考察投资，签约招商引资项目20个，总投资65.02亿元，其中，省外项目7个，总投资49.39亿元。

【城市建设】实施城区老旧污水管网改造、城东一路、庆胜东路延伸段、环西二、三路等项目，城东五路甘苟路、刘临路改造等15个项目按期建成投入使用。实施奥体中心绿化工程和城市园林二级养护工程，栽植花卉树木151万株，新增绿化面积5.3万平方米，城市绿化覆盖率达到16.6%。修补城区道路坑槽5万平方米，增设可移动式环保旅游公厕10座，规划设置临时蔬菜瓜果便民市场1处，取缔改造凤林路、生产路等5个地坑式垃圾点，修建停车场4处。

【环境保护】淘汰城区剩余燃煤锅炉108台。全市新建餐饮单位全部安装使用油烟净化设施和清洁能源。全市环境空气质量PM10平均浓度值74微克/立方米，PM2.5平均浓度值42微克/立方米，大气优良天数296天。治理河道排污口13个，完成河道清淤43千米，强制关停采砂及砂石加工企业17家。

【文化旅游产业】八坊十三巷被评为甘肃新地标。实施蝴蝶楼抢救性保护工程。举办第五届临夏国际美食民族用品博览会等系列大型节会展会和赛事。全县接待游客479万人次，全年实现旅游综合收入20.8亿元。

【社会事业】年末，全市有学校135所，在校学生数71468人，有教职工

5126人。学龄儿童入学率、巩固率、毕业率均为100%。落实中职学生国家助学金80.5万元，贫困寄宿学生生活补助40.59万元，累计办理助学贷款707.3万元，惠及家庭经济困难学生1286人。投入1.6亿元新建扩建小学、幼儿园9所。实现符合转诊规定的异地就医住院费用直接结算。实施大病保险二次报销政策。家庭医生签约服务覆盖率达到30%以上，重点人群覆盖率达到60%。

【人民生活与社会保障】年末，全县城镇居民人均可支配收入19710元、增长8.4%；农村居民人均可支配收入12316元、增长9.3%。居民消费价格指数控制在103%以内。完成就业技能培训1453人，转移就业1647人，高校毕业生转移就业150人，新增城镇就业4150人。劳务输转3.55万人，实现劳务收入6.25亿元。

城市低保月补助标准提高到503元。发放医疗救助金708.23万元、救助2136人（次），特困群众临时救助金114.15万元。城乡居民基本养老保险参保76105人，参保率98.15%。全市参加城镇居民基本医疗保险114567人，城镇职工参加基本医疗保险13885人。参加工伤保险6172人，参加职工生育保险9657人。分配入住廉租房公租房528套，发放廉租补贴5078户1474万元，实施棚户区改造1500套，改造农村C、D级危房400户。建成社区老年人日间照料中心7所。

（供稿：冯丽霞）

临夏县

【综 述】临夏县地处甘肃省中部，临夏州回族自治州西南部，黄河南岸，介于北纬35° 15′ ~35° 48′，东经102° 42′ ~103° 18′之间，属青藏高原和黄土高原过渡地带。东与临夏市、和政县和东乡族自治县为邻，南靠甘南藏族自治州夏河县，西北与积石山保安族东乡族撒拉族自治县接壤，北隔刘家峡水库与永靖县相望，县境东西宽53.1千米，南北长59.85千米，全县总面积1212.4平方千米，其中耕地面积36.85万亩。2017年末，全县辖16个乡9个镇，总人口40.10万人，人口自然增长率7.20‰。

县境地貌为青藏、黄土高原参半，多山沟，兼有塬、川，地势东北低、西南高，海拔1735~4636米之间。临夏县地处温带半湿润区和高寒湿润区的过渡带，属温带半湿润气候，具有大陆性、季风性山地气候特点，气候因素随地势高度变化十分明显。年日照时数为2213.4小时，日照率为50%，年平均气温8.1℃，无霜期156天左右，年降水量473.6毫米。

2017年，全县实现国民生产总值381020万元，比上年增长3.3%。其中第一产业78032万元，增长4.4%；第二产业59120万元，下降0.2%；第三产业243868万元，增长3.8%。固定资产投资项目76个，完成固定资产投资299658万元，比上年下降15.64%；大口径财政收入28582万元，比上年增长9.09%；财政总支出291744万元，比上年下降102%；社会消费品零售额836453万元，比上年增长8.08%。

【农业农村经济】2017年，全县完成农业增加值79418.99万元，比去年增长4.54%。全年粮食总产量167290.61吨，比上年下降4.35%。油料总产量0.723万吨。发放地膜438吨，完成旱作农业11.12万亩。在先锋乡前韩村新建6座复式钢架大棚开展以玉米秸秆为主原料的食用菌种植示范。新建新品种示范点79个，引进新品种305个，示范面积9747.7亩；新技术示范点20个，引进新技术68项，示范面积3835.2亩，种植穗行圃40亩，生产原种1320公斤，开展灌区高效农田节水示范8.1万亩。开展“三沼”综合利用示范推广1000亩。完成25个乡镇219个行政村土地确权颁证工作，共颁证80706个，登记地块46.87万块，实测面积56.59万亩。开展农村土地经营权抵押贷款试点工作，向109户农户和7家农民专业合作社发放抵押贷款6689万元。新建农民专业合作社138家。全年完成造林面积6.22万亩，其中经济林3.06万亩，荒山造林3.16万亩，绿色通道建设112公里，退耕还林补植补造0.3万亩，育苗0.5万亩，义务植树168.5万株。全年牧业产值6.09亿元，肉类总产量9845.13吨，增长4.76%。牛奶产量26702.16吨，增长17.29%。禽蛋产量2460吨，增长9.17%。大牲畜年末存栏6.6万头，增长9.91%。年内新建养殖场13个，发展规模养殖户161户。开展3万亩玉米秸秆“清零行动”，完成玉米秸秆饲料化利用23.1万吨。新建青贮池窖1.92万立方米。完成粮改饲试点4.83万亩，人工种草19.63万亩。划

临夏县百益现代农业日光温室草莓种植

定畜禽养殖禁养区，强制关闭2家养殖场，13家养殖企业实现雨污分流、粪污资源化利用。免疫各类畜禽646.58万头（只）次，检疫活畜禽8.4万头（只、口），屠宰检疫肉品2808吨。

全县共输转农民工108138人,其中有组织输转62720人，自谋输转45418人，创劳务收入17.01亿元，人均劳务收入15750元。完成省级劳务品牌培训1020人，其中中式面点师培训820人、电工电焊200人。成立劳务人力资源公司5个。全年减少贫困人口12175人，贫困面下降到14.27%。

【工业和建筑业】2017年，全县实现工业总产值139897.8万元。其中：规模以上企业完成工业总产值91000.9万元；规模以下企业完成工业总产值48896.9万元。实现工业增加值29391万元。其中：规模以上企业实现增加值11728.7万元；规模以下企业实现增加值17662.3万元。实现建筑业增加值29729万元，全年房屋建筑施工面积26.52万平方米，房屋建筑竣工面积9.3万平方米。

【项目建设】全年实施重点项目93个，完成投资25.2亿元，其中姚川中路、信用联社办公楼、恒源物流园等39个项目全面完工，双城中心小学、土桥敬老院、残疾人托养中心等54个项目完成年度建设任务。

【招商引资】在第二十三届兰洽会上签约招商引资项目31个，签约总资金达55.2亿元。新建续建项目到位资金51.9亿元，完成州上下达任务的91%，省外项目到位资金22.35亿元，完成州上下达任务的94%。

【财税金融保险】全县大口径财政收入完成28582万元，占预算28835万元的99.1%。全县财政总支出完成29.2亿元。财产保险公司完成签单保费2155.95万元，商业险签单保费1676.51万元，同比增长2%，政策性农业保险完成签单保费收入447万元，同比上升9.1%。人寿保险公司总保费收入7463.85万元，同比增幅44.31%。

【城乡建设】年内重点实施中学路、环城北路西延伸段等9个项目，总投资1.2亿元。实施临夏县土桥镇生活污水处理、土桥镇生活垃圾处理厂等2个项目，总投资5788万元。分两批下达危房补助资金3496.6万元，已开工3745户，开工率为84.25%；已竣工2562户，竣工率为57.65%，已拨付补助资金1628.5万元。刁祁乡、北塬乡、黄泥湾乡实现撤乡建镇，城镇化率达到22.08%。

【环境保护】淘汰改造燃煤锅炉54台，关停搬迁砖瓦窑厂33家。县城内的9户大中型餐饮单位都已安装油烟净化设施，22户小型餐饮单位使用甲醇作燃料。1—10月共提前淘汰黄标车5辆，落实奖补资金2.81万元，淘汰老旧车372辆。县城及园区污水处理厂提标改造正在进行前期准备工作。设置县乡村河长224名，覆盖河流12条，洪水沟道41条，整治违章建筑66处。对临夏县水泉味醋有限责任公司的违法排污行为进行查处，对生产车间、产品库房、包装车间进行查封。在城乡环境卫生综合整治中25个乡镇以村社为单位配备垃圾运输车和垃圾清洁员，定时清理垃圾箱中的垃圾，已设立行政村垃圾处理箱1200多个，配备垃圾清运车辆120多辆，修建垃圾回收点200个，清运农村陈年生活垃圾1500多吨。

【交通水利】新开工投资4639.62万元的S322线和政县至临夏县漫路乡公路改建工程、投资1.7078亿元的S309甘草店—积石山公路（临夏县段）改建工程、投资6844.36万元的临夏县砂塄沟至红台至井沟公路改建工程等重点项目11个。实施水利重点项目4项，总投资6355.89万元。

【邮政电信】完成邮政业务收入721万元，收寄各类邮件23491件，寄递类业务资费收入59.45万元，同比增长54.6%。全年开卡新用户20533张，产生短信18700户，手机银行开办10222张，产生金融业务存款800余万元，获取客户准确信息20533户。完成2018年度报刊大收订流转额102.26万元，完成年计划任务102.06%，同比增幅14.91%。电信通话客户达到15.17万户，期末通话客户市场份额64%。当年移动累计新增8.48万户，累计新增份额49.8%；电信累计新增4.7万户，累计新增份额27.6%；联通累计新增3.8万户，新增份额22.4%。

【文化产业与旅游业】2017年末，全县文化机构有43个，从业人员1080人，资产总额16560万元。全年完成文化产业增加值6800万元。全年接待游客52.07万人次、同比增长21%，旅游综合收入2.48亿元、同比增长24%。

【社会事业】建设幼儿园37所，建筑面积4240平方米。当年参加中考学生2083人，中考600分以上133人，700分以上3人；参加高考学生1702人，本科上线580人，本科上线率为32.86%。两所县级医院增设中医康复科，推广应用21项治疗方法。全县网上采购药品6033万元，直接让利群众905多万元。建立居民健康档案建档21.2万人，建档率63.21%。投资142.68万元用于桥寺卫生院、安家坡中心卫生院、尹集卫生院维修项目。为漠泥沟乡台塔等15个乡镇的27个村配备健身器材。为全县25个乡镇的25个村争取省配大鼓、二胡、板胡音箱、电子琴等乐器。申报总投资600万元的临夏县县级公共体育场田径跑道和足球场项目及总投资799.50万元临夏县全民健身中心建设项目。申报路盘乡牟家村、莲花镇曙光村、尹集老虎山村等18个文化广场建设项目。新成立民间文艺演出队43个。争取中央无线覆盖信号维护经费47万元，实施广播电视卫星信号接收发射转播工作优化改造项目。

【人民生活与社会保障】2017年，全县农村居民人均可支配收入6509.5元，比上年增长9.5%；城镇居民人均可支配收入19260.7元，比上年增长8.1%。

全年落实各类民政资金2.35亿元，发放全年城乡特困供养金1896.28万元，城市低保资金5171.64万元，农村低保资金1.235亿元、孤儿资金298万元。健全完善临时救助制度，共救助1745人，发放临时救助资金395.29万元。救助农村居民患者2293人，发放救助资金974.84万元，城市居民患者569人，发放救助资金274.67万元。结算重特大疾病患者"一站式"医疗救助资金115万元。资助各类对象15.7968万人，资助参合率均为100%，资助参保参合金301.267万元。下拨冬春生活救助资金766万元。发放全年优抚定补金565.12万元。发放退役士兵优待金251.93万元，发放伤残退伍军人、带病回乡退伍军人医疗补助金42.56万元，对住院治疗的40名优抚对象医疗救助10.59万元。投资2640万元修建临夏县残疾人托养中心和土桥敬老院，投资2250万元建设临夏县永安生态公墓项目。

企业职工养老保险共计参保1247人，征收养老金3002万元。发放企业退休（职）人员养老金3458万元。失业保险共计参保1247人，征收失业金75万元。共统计符合享受稳岗补贴企业9家720人，享受资金24.7万元。对全县符合调资条件的1588名企业退休职工和"五七工、家属工"，月人均增资120元，累计月增资19.1万元，现已全部发放到位。全县城乡居民应参保22.7万人，实际参保22.1万人，参保率为97%。共收缴养老金1859万元，共有享受待遇人员5.48万人，累计全年发放养老金6468万元，发放率达到100%。根据《临夏县被征地农民养老保险实施方案》，全县共计参保80人，收缴养老金264万元，其中个人缴费85万元，县级补贴54万元，省级补贴125万元，享受待遇38人，年内累计发放养老金48万元。全县共参合农民32.18万人，参合率98.97%。全县共补偿参合农民34万人（次）。全县共发生医疗费用20255.36万元，报销13570.78万元。住院实际补偿比达到64.52%，县外转诊率控制在13.28%。全面落实重大疾病和分级诊疗报销政策，执行乡级80种县级200种分级诊疗病种，重大疾病报销1684人次，报销费用2216万元；分级诊疗累计出院12987人次，总费用2324万元，报销1633万元。精准扶贫人员住院7993人次，住院总费用3035万元，普报费用1948万元，提高5%报销108万元。

（供稿：临夏县地方史志办公室）

康乐县

【综述】康乐县位于甘肃省中南部，临夏回族自治州东南，东经103°24′～103°49′，北纬34°54′～35°27′之间，东临临洮县、南接渭源县和卓尼县、西连和政县、北靠广河县，全县国土总面积1083平方千米。2017年末，全县辖5镇10乡，152个行政村，总人口27.6万人，其中农村人口占91.85%。有回族、东乡族等8个少数民族，少数民族占60.65%。

地处黄土高原向青藏高原过渡的农牧交汇地带，境内海拔1898～3908米，年均气温7.5℃，年降雨量625毫米，无霜期154天。有耕地32.31万亩，草场36.76万亩，野生中药材300多种。有林地55.53万亩，松、柏、杨、柳、桦等200多个树种，木材贮量达43.9万立方米，全县森林覆盖率达23.6%。

2017年，实现地区生产总值220976万元，同比增长3%；完成工业增加值5771万元；第三产业增加值142791万元，同比增长3.3%；固定资产投资240669万元，同比增长3.02%；社会消费品零售总额67303.6万元，同比增长8.2%；大口径财政收入20247万元，同比增长10.36%；地方财政收入11376万元。

【农业农村经济】2017年，全县农作物播种面积32.85万亩，其中粮食作物23.11万亩，经济作物9.74万亩。种植旱作农业20万亩，补助地膜800吨，玉米秸秆综合利用率达75%以上。基本农田保护面积达50.4万亩。兴修梯田8302亩。落实农机购置补贴资金257万元，补贴农机具330台（套）。加强水利基础设施建设，城区净水厂完成建设，鸣鹿水库累计投资8940万元，苏集河苏集段河堤治理投资1000万元。加大植树造林力度，完成营造林1.1万亩，新建林下经济示范点2个。全县共成立村级产业发展互助社144个，为8127户农户发放借款7613万元。新增育苗5000亩，销售各类苗木600多万株，综合收入达1.5多元。种植中药材6.88万亩，其中当归3.08万亩，党参6800亩，柴胡2.18万亩，其他中药材9400亩；建立中药材育苗基地4处，面积500亩，产值2.2亿元，占农业总产值的30%左右。首次从澳大利亚引进羊驼847只；新（改）建规模化养殖场10个，发展规模养殖户60户，肉牛饲养量达16.5万头，出栏82万头，完成畜牧业增加值26亿元，农民人均牧业纯收入达1048元。康美品牌牛肉被全国牧业协会评为"全

2017年11月26日，康乐县在全国首次从澳大利亚引进847只羊驼

国‘十佳’牛肉品牌”。有2276户、1.12万人达到脱贫标准，剩余贫困人口7581户、3.32万人，贫困发生率12.9%。

【工业经济】2017年，全县规模以上工业企业总产值32772万元,工业增加值5771万元；第三产业增加值142791万元，同比增长3.3%。

【项目建设】2017年，全县共组织实施500万元以上项目71项，总投资98.3亿元。续建项目中，草滩新集至上湾三级公路、精准扶贫重点村基础设施建设等8个项目已建成，其余15个项目按计划推进。新开工项目中，莲花山景区三级公路、阳光丽舍商住楼等重点项目顺利推进。州列重大项目G248线康乐至卓尼二级公路改建、洮河流域康乐段水域污染防治工程等5个项目进展顺利。

【招商引资】实施招商引资项目18项，总投资58亿元，累计到位资金28.2亿元，占任务的69.5%。在第二十三届兰洽会上签约项目15项，总投资26.18亿元，开工9项，开工率60%，到位资金6.67亿元，到位率25.5%。

【城乡建设】全县共实施县城建设项目23项，总投资达28.81亿元。提升改造中砥河南路、康丰路陈家磨段、康祥路、康虎路，县城面积由原来的3.62平方千米扩大到12.21平方千米,城镇化率达16%。全县共涉及拆迁户1009户，已签订协议946户，签订协议率达93.8%。投资5090万元，对莲麓镇、五户乡、草滩乡、胭脂镇等集镇进行高标准改造提升。

【电子商务】2017年，举办电商专场和在线培训班2期，培训人员60人。整合社会资源，促使大学生12人实现“双创”。利用东西部扶贫协作机制，与厦门市商务局、厦门速卖通网络科技有限公司达成初步协议，建设县域“生态农村电商服务平台”。在巩固县级服务中心、4个乡站、15个贫困村（点）运营服务的基础上，新建乡站3个、村点16个。完成6个乡站和15个村点任务。全年，实现销售额426.1万元。

【旅游业】全县有国家AAAA级旅游景区1个，有旅行社服务网点4家。全年发展农家乐15家。“莲花山花儿”被列入“国家级非物质文化遗产”；莲花山被中国民间文艺家协会命名为“中国花儿保护基地”；莲花山国家森林公园被评为“绚丽甘肃2013‘十佳’旅游景区”，获首批“中国森林氧吧”称号。举办康乐县旅游推介会、越野摩托车河滩拉力赛等旅游节会。全县接待游客114.1万人（次），综合收入达5.04亿元。

【环境保护】29台小型燃煤锅炉进行达标改造,32家小砖窑进行了整改,淘汰“黄标车”32辆。依法关闭或拆除非法采砂场36家。对县城街道、集镇、河床、道路沿线进行全面整治，彻底清理陈年垃圾。以政府购买公共服务的方式，投资2275万元，将15个乡镇152个行政村的环境卫生保洁工作承包给中科康洁公司进行日常保洁管理。

【文化、教育与医疗卫生】建成文化广场23个。龙头山转播站、鸣鹿乡鸣关村固定电影放映点投入使用，康丰乡杨台村村史馆及康乐县五谷杂粮陈列馆免费向公众开放。全州首部全彩年鉴——《康乐年鉴（2016）》出版发行，《康乐县志（1986—2005）》完成送审稿。实施教育项目75个,总投资达9310万元，建成标准化中小学34个、幼儿园27个。义务教育均衡发展通过省州评估验收。普通高考取得优异成绩，一本上线57人，二本上线181人。县中医院建成投入使用，上湾乡、附城镇卫生院完成主体建设。为25.99万城乡居民建立健康档案。全县各类医疗机构零差率销售药品3617.6万元。新农合为全县51.6万人（次）患者报销医药费1.22亿元。

【人民生活与社会保障】2017年，全县城镇居民人均可支配收入191818元，同比增长8%；农村居民人均可支配收入6360元，同比增长8.7%。精准扶贫劳动力培训5561人,其中就业技能培训3473人,创业培训118人，岗位技能提升培训128人，劳务品牌培训900人，精准扶贫建档立卡户培训253人,示范性培训942人。职业技能鉴定2522人。实现劳务收入10.27亿元，实现城镇新增就业2734名、转移就业1174名。完成农村D级危房改造3371户。通过“一折统”落实惠农政策资金25项1.22亿元。全县参加城乡居民养老保险149117人，参保率98.53%。为符合条件的36021人，发放养老金3917.46万元；参加城镇居民医疗保险11478人，参保率99.7%。为1645人，报销住院费用553万元。发放低保、五保、临时救助等各类补助资金1.25亿元。

（供稿：马晓春）

广河县

【综述】广河县地处陇西黄土高原丘陵沟壑地带，介于东经103°23′~103°51′，北纬35°25′~35°38′之间。东邻临洮县，西接和政县，南连康乐县，北靠东乡县。东西长45千米，南北宽13千米，全县总面积538平方千米。2017年末，全县辖6镇3乡，总人口25.94万人，其中回族、东乡族等少数民族人口占总人口的97.9%，是一个少数民族高度聚居的县。

境内平均海拔1953米。属温带半干旱气候，30年平均气温6.9℃，最高极端气温36.2℃，最低极端气温 - 26.7℃，30年平均降雨量466.5毫米，无霜期140天，平均日照2571.1小时。

2017年，全县国内生产总值达20.07亿元，增长4.1%；其中，第一产业完成国内生产总值3.43亿元，增长4.4%，第二产业完成国内生产总值3.51亿元，增长5.7%，第三产业完成国内生产总值13.12亿元，增长3.6%；全社会固定资产投资完成26.15亿元；大口径财政收入2.03亿元；社会消费品零售总额达8.33亿元，增长9.1%；年末存款余额36.4亿元，贷款余额38.5亿元。

【农业农村经济】2017年，全县实现农业总产值5.95亿元，其中种植业产值4.57亿元，林业产值0.08亿元，牧业产值1.06亿元，农林牧渔服务业产值0.24亿元，完成农业增加值3.53亿元。粮食播种面积达19.30万亩，总产量11.13万吨，其中夏收作物总产量为0.06万吨，秋收作物产量为11.07万吨。

新建梯田0.01万亩，水平梯田面积达19.26万亩，有效灌溉面积达10.71万亩，保灌面积达10.08万亩。完成造林2.32万亩，栽植苗木140多万株，年末实有育苗面积1.23万亩。畜牧养殖场（小区）达252个，其中牛养殖场49个、羊养殖场165个、鸡养殖场38个；养殖专业户达8377户，其中牛、羊养殖户分别为：2060户、6317户；牛、羊、禽养殖数量分别达10.5万头、110万只、38万只。大牲畜存栏4.19万头，其中牛存栏4.11万头（良种乳牛1702头），大牲畜出栏1.36万头；羊存栏17.13万只，年出栏肉用羊8.1万只；肉类总产量3154.44吨。全县完成“粮改饲”9万亩31万吨，农民户均增收400多元。2017年脱贫1497户，7671人，剩余贫困人口为6454户，32345人，贫困面下降到15.13%。

【工业经济】全年全县新入规模以上工业企业2家。第一产业完成国内生产总值3.43亿元，增长4.4%。

【项目建设】全县共实施各类重点项目75项，总投资57.96亿元，其中续建项目21项，总投资36.18亿元，完成投资10.21亿元，15个项目已完工，6个项目完成年度建设任务；新开工项目54项，总投资21.78亿元，完成投资14.82亿元，42个项目已完工；12个项目进展顺利。2017年，全县共实施交通工程项目16项，总投资2.56亿元，现已完工14项，完成投资2.44亿元。

【招商引资】兰洽会签约项目20个，已落地17个，签约资金17.6亿元，到位资金12亿元。召开招商引资洽谈会，邀请6个省22家企业39名客商洽谈对接，与19个企业签订协议，签约资金9.6亿元。

【旅游】齐家文化博物馆接待观众共计95800人次。发展乡村旅游，全年接待游客19.2万人次，旅游综合收入9450万元，增长13%。

【商贸流通】三甲集皮毛交易中心完成投资12.5亿元。电商孵化园开园运营，电商企业发展到110家，销售额达1.15亿元，同比增长55%。全年社会消费品零售总额达8.33亿元，增长9.1%。

【城乡建设】道路改造、污水管网、小街小巷硬化等项目全面完工。投资8.1亿元，实施西区开发项目15个，养老院、敬老院全面建成，西区南滨河路完成铺油。实施兰郎路镇区段改造和提升工程，兰郎路至中心大道等主干道建设全面完工。实施美化亮化、乡村风貌改造等项目。审批复工洗毛企业8家、停产整顿2家，督促安装环保设备砖厂16家，整治违规采砂场23个，关停地条钢生产企业2家，完成燃煤锅炉升级改造5台、淘汰18台、安装除尘设备28台。硬化群众院落940户，实施乡村风貌改造25千米，粉刷墙体15.5万平方米，常态化开展环境综合整治。回收废旧地膜1700多吨，综合回收率达到83%以上。

【社会事业】2017年末，全县有各类学校达210所，教职工总数2862人，在校学生48171人。适龄儿童入学率为98.8%；九年义务教育巩固率83.6%。实施薄改项目和村幼儿园20所、新建教学点5处。高考录取率81.25%，比去年提高2.9个百分点，位列全州第二。投资6500万元的县中医院建设项目已全面建成；投资2741万元的县妇保院已完成主体工程；投资6600万元的县医院住院部建设项目已开工建设；投资1.4亿元的县中西医结合医院新建项目。全县城乡居民规范化电子档案22.11万人，建档率为92.9%。全县参加新农合人数为178592人，参合率为98.69%。开展祁家集、三甲集、买家巷3个乡镇文化站达标工作。开展农家书屋资产清查等工作，共配发图书2050册。

【人民生活与社会保障】年末，全县农村居民可支配收入6784.8元，增长9.2%；城镇居民人均可支配收入18459.4元，增长8.2%。

城市低保月保障标准、月人均补助水平提高8%，由每人421元提高到455元，城市低保月人均补助水平由每人371元提高到390元；农村低保年保障标准提高22.6%，达到每人3500元，一类对象从285元提高到292元，二类对象从249元提高到275元；特困供养省级补助标准提高8.4%，年增加420元，由5000元提高到5420元；集中供养对象年供养标准达到每人6020元，分散供养对象年供养标准达到每人4855元。共确定农村低保对象112484户52109人，其中一类保障对象216户730人，二类保障对象1076户4404人，三类保障对象5263户23283人，四类保障对象5929户23692人。全年共发放农村低保金7448.9万元，城市低保金1798.9万元。为1678名农村特困供养对象发放供养金845万元；为2981户特困家庭发放医疗救助金879.8万元；为58360名民政对象资助发放参保参合金213万元；为1750户困难家庭发放临时救助金278万元。投资3091.45万元的广河县老年养护院和投资1382.55万元的广河县儿童福利院两个项目建成完工；投资1818.73万元的三甲集中心敬老院和残疾人康复中心合建项目已动工建设。

（供稿：马明海）

永靖县

【综述】永靖县位于甘肃省中部西南，临夏回族自治州北部，介于东经102°53′至103°39′，北纬35°47′至36°12′之间。县域总面积1863.6平方千米。2017年末，全县辖10镇7乡，总人口为210119人，人口自然增长率5.70‰。全县城镇化率49.46%，比上年增长1.69个百分点。

黄河流经县域107千米，建有炳灵峡、刘家峡、盐锅峡、八盘峡4座大中型水电站和白川、福川、英东3座小型水电站，总装机225万千瓦，年发电103亿度，占全省水力发电量的近30%；水域面积32万多亩，总库容量60多亿立方米，占全省地表水储量的20.9%，是新中国水电事业的摇篮、西北重要的水电能源基地。2017年平均气温为10.2℃，年极端最高气温为38.4℃，出现在7月19日。年极端最低气温为-11.8℃，出现在12月19日和12月31日。年总降水量为254.5毫米。境内有

永靖县古城新区建全河湾黄河大桥

国家4A级风景名胜区黄河三峡、国家地质公园刘家峡恐龙足印化石群和炳灵石林景区，炳灵寺石窟被列为首批国家重点文物保护单位，被联合国教科文组织入选《世界遗产名录》。2017年10月，永靖财宝神被列为第四批甘肃省非物质文化遗产代表性项目名录。

2017年，全县完成生产总值34.57亿元，比上年增长0.5%；社会固定资产投资20.8亿元，下降68.87%；社会消费品零售总额7.94亿元，增长8.32%；财政收入6.42亿元，公共财政预算收入3.13亿元，下降18.7%；财政支出22亿元，增长10.8%；城镇居民人均可支配收入19082.5元，增长8.3%；农村居民人均可支配收入6152.5元，增长9.1%。

【扶贫开发】全年整合各类涉农资金10多亿元，实施人饮、道路、产业提升、旧房改造、易地搬迁等一批基础工程，完成易地搬迁515户、2433人，农村D级旧房全面消除；向厦门、新疆输转劳务529人，电商培训211人。当年全县减贫8600人，新纳入7600人，贫困发生率下降为13.8%。

【项目建设】实施500万元以上项目68个，总投资91.2亿元，完成投资28.6亿元。

【商贸流通】2017年，全县社会消费品零售总额7.94亿元，增长8.32%。

【旅游】全县接待游客478.59万人（次），实现旅游收入21.94亿元，全年接待游客人数和旅游收入分别增长22%、26%。

【生态建设】实施生态综合治理项目，完成沿黄快速通道面山绿化二期工程，植树造林9500亩，新修梯田1.1万亩，治理水土流失面积15.3平方千米。严肃查处环境违法行为，限期整改企业8家，停产整合砂石料场39家、砖厂16家、法器铸造厂9家，强制拆除污染企业2家，改造燃煤锅炉25台，搬迁县城周边养殖圈舍21处。依法关停违规河道采砂场5家。回收废旧农膜，推广秸秆饲料化利用，处理玉米秸秆18万吨。

【社会事业与民生保障】投资1.23亿元，建成青少年活动中心、鹭岛幼儿园、川北小学和19所幼儿园，完成永靖九中教学楼、城北新区小学和幼儿园主体工程。2017年，全县上省定二本线409人，上线率23.9%，上升4.5个百分点。卫生基础建设投资6740万元，建成县妇保院业务楼，动工建设王台中心卫生院、刘家峡镇卫生院、县中医院。2017年，全县城镇居民人均可支配收入19082.5元，增长8.3%；农村居民人均可支配收入6152.5元，增长9.1%。

（供稿：聂明利　党占国）

和政县

【综述】和政县位于甘肃省临夏回族自治州南部，东与广河、康乐县接壤，南同甘南藏族自治州卓尼县、合作市隔太子山相邻，西与临夏县毗连，北与临夏市、东乡族自治县交界。东西宽37.5千米，南北长46千米，全县总面积960平方千米。2017年末，全县辖9镇4乡。

境内地势南高北低，山丘起伏、沟壑纵横、山多川少，平均海拔2200米。属北温带大陆性气候，春迟秋早、冬长夏短。2017年年平均气温为6.3℃，比历年平均值偏高0.5℃，属正常年份。农产品资源主要有小麦、玉米、油菜、中药材等。主要的旅游景点有古动物化石博物馆、松鸣岩等。

2017年全县完成生产总值17.16亿元，同比增长4.6%；完成固定资产投资17.49亿元，同比下降58%；公共财政预算收入9300万元，同比下降37.7%；社会消费品零售总额4.06亿元，同比增长10%；三次产业结构由2016年的25.4∶21.4∶53.2调整到25.3∶19.1∶55.6。城乡居民收入分别增长9.5%和12%。

【农业农村经济】引进发放基础母牛4648头、母羊1.1万只，新建规模养殖场10个，发展规模养殖户104户，畜牧业增加值达1.5亿元。建成和政县大南岔河流域万亩油菜长廊，建成千亩示范点2个，带动油菜种植面积达16万亩，产值达1.6亿元。新建啤特果基地2万亩，栽培面积达17万亩，产值达1.9亿元。建成中药材示范基地4个，带动中药材种植面积达5.8万亩，产值达2.3亿元。成立厦门集美区和政县劳务合作站，开展各类技能培训1.2万人次，劳务输转5.5万人次，劳务创收8.8亿元。整合资金5.8亿元，实施贫困村贫困户基础设施、公共服务、产业扶持等到村到户项目，硬化通村通社道路255千米，改造危旧房1073户，完成180户易地扶贫搬迁工程住宅主体，实施五小水利、水土保持、小流域治理、地质灾害防治、高标准农田建设等民生工程28个。筹建村级产业发展互助社6个、累计达115个，贫困村互助社实现全覆盖，互助金总额达到7503万元，全年发放借款4650万元，累计发放借款达2.33亿元。

【项目建设】全年谋划实施100万

元以上项目165项，总投资222.9亿元。其中，续建项目34项、投资54.4亿元；新建项目77项、投资93.3亿元；储备争取项目54项、投资75.2亿元。

【电子商务】实施国家电子商务进农村综合示范县项目，建成县级电子商务公共服务中心、物流中心，培育发展电商企业4家，个体网店202家，新庄乡金场沟等11个贫困村成功申报为省级电商扶贫村，实现县乡村三级电商服务体系全覆盖。

【旅游】地质公园被国土资源部、科技部评为“国家国土资源科普基地”，古动物化石博物馆被团中央命名为“全国青少年教育基地”。发展乡村农家乐10家，新增星级农家乐2家，全县农家乐达120多家。全年接待游客332.7万人次、同比增长23%，实现旅游综合收入14.49亿元、同比增长26%。

【城乡建设】建成前川新区“一纵七横”道路等城区道路工程，配套建设城区污水管网2.6千米，实施滨河路延伸段改建、迎宾路改造等工程。

【生态建设】完成生态造林38万亩，经济林2万亩，封山育林1万亩，森林抚育6000亩，建设绿色通道102千米，栽植各类苗木505万株。实施大桦梁万亩人工造林工程，栽植云杉、油松等优质壮苗110万株，带动全县森林覆盖率增长1.12个百分点。在兰郎路、和康路沿线栽植啤特果苗木56万株，建成啤特果百里长廊。

【环境保护】安装除尘脱硫、油烟净化装置22台（套），拆并燃煤小锅炉16台，淘汰老旧车、黄标车456辆；对采砂、污水排放企业进行集中整治，安装污水处理设施6台（套）；开展水质监测和隐患排查治理，海眼泉、饮马泉、半截峡、小牛圈等水源地水质均达到一类标准，合格率100%。防治农村面源污染，建成废旧农膜回收点3个，收购废旧农膜418吨，回收利用率80%以上；实施农村环境连片整治、美丽乡村建设等项目，创建环境整洁村16个、美丽示范村3个。依法关停河道非法采砂场42家，恢复整治河道60千米，回填沙坑、清理淤泥50余万方；实施了大南岔河水生态修复与综合治理一期工程，建成液压翻板坝7座。

【社会事业与民生保障】实施总投资6200万元的薄弱学校改造、校舍维修、教师周转宿舍等项目31个，实施贫困学生救助、边远山区教师补助、“两免一补”等项目，发放各类资金3780万元，落实中小学生营养餐专项资金2000万元。和政一中、龙泉小学等8所学校被州政府评为标准化学校，国英小学、松树小学等72所学校评为基本达标学校。新农合参合人数达17.3万人，参合率达99%，报销27.7万人次，报销金额9000多万元。建成中医院门诊医技综合楼和妇幼保健站业务楼，完成中医院室外工程。建成农村固定放映点、乡镇综合文化站、无线数字化覆盖、乡村舞台等46个文化惠民工程。县武术运动员在第七届世界传统武术锦标赛中荣获棍术冠军。

2017年末，全县城镇居民人均可支配收入19248元，同比增长9.5%。农村居民人均可支配收入6048元，同比增长12%。新增城镇就业3100人。采取货币化安置方式实施棚户区改造100户，完成房地产去库存5.9万平方米，建成和政县综合福利院儿童部、残疾人托养中心及买家集敬老院整合项目。城乡低保对象由原来的6.2万人减少到3.3万人。发放城乡低保、医疗救助、“两项”补贴等各类资金1.53亿元。城乡居民社会养老保险参保率达98.9%，全民参保登记率达94%。

（供稿：安济勇）

东乡族自治县

【综述】东乡族自治县位于甘肃省中部西南面，临夏回族自治州东面，介于东经103° 10′ ~44′，北纬35° 30′ ~56′之间。东隔洮河，与定西市临洮县毗邻，南与广河、和政两县相连，西倚大夏河与临夏市、临夏县为界，北濒黄河与永靖县相望。东西长51千米，南北宽47千米，全县总面积1510平方千米，其中水域面积48千米。2017年末，全县辖8个镇16个乡1个居委会，总人口309436人，人口自然增长率9.2‰。有东乡族、回族、撒拉族等9个少数民族。

县境呈方圆形，四面环水，中间高突，约呈“凸”字状。最高海拔2664米，最低海拔1736米，平均海拔2610米。境内沟壑纵横，重峦叠嶂，六大山梁夹着六条山沟。属典型的黄土高原干旱山区，气候干燥，冬长夏短，春秋相连，无明显夏季，无霜期年均138天，年日照数2500小时以上，年降雨量200~500毫米，年蒸发量1387毫米，山区年均温度为4.9℃，川区年均温度为8℃。有东大坡森林公园、马家窑文化遗存等人文自然景观。出土的铜刀，是全国迄今为止发现最早的铸铜器物，现珍藏于韩则岭拱北历经千年的牛皮封面《古兰经》手抄本，被省文物鉴定委员会定为国家一级文物。

2017年，全县实现生产总值18.7亿元，按可比价格计算，比上年增长4%。其中，第一产业增加值48092万元，增长5%；第二产业增加值30124万元，增长2.3%；第三产业增加值109174万元，增长4.2%。实现财政总收入15215万元，增长18.23%；其中公共财政收入8059万元，增长6.01%。

【农业农村经济】 2017年，全县实现农业总产值8亿元，比上年增长4.54%。农业增加值4.9亿元，增长4.98%；粮食作物播种面积为37.37万亩，有效灌溉面积11.55万元，粮食总产量达到8.2万吨，增长-2.96%。油料总产112吨；肉类总产1.67万吨，增长9.5%；水产品总产341吨。全年完成造林6.13 万亩。推广种植全膜玉米3万亩、脱毒马铃薯30万亩，建立百亩种薯扩繁基地5000亩，新建马铃薯储藏窖470座，累计达到2850座，新建农民专业合作社69家，累计达到288家。完成土地确权登记5.79万户。新办养殖场16家，累计达到127家，发展养殖大户220户，累计达到4330户，创建省级、州级标准化示范场144个；修建暖棚圈舍2129座，牛饲养量达6.9万头，羊饲养量达到160万只。全年输转劳务6.9万人,实现劳务创收11亿元。全县精准脱贫1752户、8919人,贫困发生率下降至22.56%。

【工业经济】2017年,全县实现工业总产值11.8亿元,比上年增长21.12%工业增加值6528万元,比上年增长11%。规模以上工业总产值3229.7亿元,增长6.6%。

【交通】2017年,东乡县实施的重点交通项目12项,总投资9.65亿元,其中:省州重大交通建设项目1项50.95千米,投资6.05亿元;农村公路路网改造工程1项21.11千米,投资6327万元。

【招商引资与项目建设】2017年,第23届兰洽会签约引进招商引资项目14个,总投资5.05亿元,已全部落地建设,累计到位资金3.54亿元。全县共列500万元以上项目75项,总投资60.44亿元,其中续建项目21项、31.12亿元,新建项目54项、29.32亿元。

【旅游】投资594万元实施旅游厕所、停车场等旅游富民工程项目。举办唐汪杏花旅游节等系列活动,全县催生农家乐45家,累计达到105家。全年接待游客25万人,旅游综合收入达1.06亿元。

【社会事业与民生保障】2017年末,全县有各级各类学校320所,学生54149名,教职工3649名。全年投资7849万元新建、改扩建幼儿园43所、各类学校校25所。全县小学适龄生入学率99.7%,初中入学率98.4%,九年义务巩固率74.2%,高考本科上线328人。城乡医保整合工作基本完成,投资687万元改扩建乡镇卫生院4所,培训卫技人员920人次。开展健康扶贫行动,免费体检建档立卡贫困人口3.78万人,全县新农合参合率达98.6%,报销75.5万人次、1.33亿元。投资3845万元实施村级综合文化服务中心205个。完成中央无线数字化覆盖工程二期建设。

2017年,全县投资831万元建成果园中心敬老院,规范落实各项惠民资金2.96亿元,发放养老金5961万元,落实廉租补贴2300户、629.3万元,加大农民工工资清欠追讨力度,为全县425名务工人员追回欠薪450余万元。

【环境保护】完成造林3.22万亩,从建档立卡贫困户中选聘护林员114人,落实补助资金91.2万元。完成机修梯田3.35万亩。落实乡镇环境整治工作经费879万元,购置配备垃圾箱1200多个,回收废旧农膜1610吨,治理乡村秸秆焚烧、白色污染等突出问题。关停采洗沙场58家,恢复河道沙坑21处,清理挤占河道17.2万平方米,疏浚河道9510平方米,清理废料15.8万立方米。

(供稿:杨先林　包福良)

积石山保安族东乡族撒拉族自治县

【综述】积石山保安族东乡族撒拉族自治县是国列省扶贫困县,是甘肃省唯一的多民族自治县,位于甘肃省西南部,临夏州西北角小积石山东麓,介于东经120° 41′ 至103° 05′,北纬35° 34′ 至35° 52′ 之间,海拔1787~4308米,东南与临夏县接壤,西与青海省循化撒拉族自治县毗邻,北与青海省民和县隔河相望,东北部与永靖县以黄河为界,南北宽约33千米,东西长约37千米,总面积909.97平方千米。2017年末,全县辖13个乡4个镇,总人口26.68万人,人口自然增长率为5.85‰。

县境属典型的大陆性季风气候区,年均降水量为651.1毫米,平均年蒸发量约1113.4毫米。全年日照时数1754.2小时,无霜期113至177天之间。

2017年,全县实现生产总值153539万元,比上年增长3.70%。其中:第一产业增加值35571万元,比上年增长5.20%;第二产业增加值8215万元,比上年增长-5.10%;第三产业增加值109753万元,比上年增长3.90%。全县人均生产总值6277元。全县一、二、三产业的比重由2016年的25.1∶7.8∶67.1调整为2017年的23.2∶5.3∶71.5。第一产业比重减少1.9个百分点,第二产业比重减少2.5个百分点,第三产业比重上升4.4个百分点。

【农业农村经济】2017年末,全县耕地面积27.55万亩,人均耕地1.16亩。全年粮食作物播种面积28.53万亩,比上年增长0.41%。油料播种面积5.98万亩,比上年下降0.26,油料产量15939吨,比上年增长1.88%。药材播种面积0.57万亩,比上年增长1.78%。粮食产量达到102738吨,比上年增长0.15%,平均亩产达到372.9公斤,比上年增长3.05%,农民人均占有粮443.38公斤,比上年增长0.23%。农业总产值72210万元;年末大牲畜年末存栏7.26万头,其中牛存栏4.12万头,羊存栏17.13万只,猪存栏4.39万头,禽存栏11.96万只,养蜂数量265箱;肉类总产量455365吨,其中牛肉产量184264吨,猪肉产量1617.09吨,羊肉产量958.16吨,禽肉产量76.33吨。

2017年全县共计完成造林绿化7.1万亩,其中人工造林5.6万亩(在中咀岭乡狼虎滩、小关卧龙沟、尕护林大峡口及其他乡镇完成生态林营造3.1万亩;结合预脱贫村和核桃产业村完成核桃示范基地1万亩;结合预脱贫村完成啤特果基地建设1.3万亩;完成花椒、山杏等经济林栽植02万亩);在中咀岭乡狼虎滩、小关卧龙沟、大峡口及盖新坪林场完成封山育林1.5万亩。占省州下达任务的100%;以核桃嫁接改良、花椒提质增效等方式完成优质林果提质增效2.5万亩、花椒产量达到2772吨,核桃产量达到760吨。完成全民义务植树105万株,新建绿色通道125千米,育苗0.55万亩,培训农民1.5万人(次)。均占省州目标责任书任务的100%。

全年全县共完成农机总动力达11千瓦;比上年增长3574千瓦;农机经营总收入3850万元,纯收入1025万元。全年培育扶持8个农机专业合作社,农机大户10户,农机经营网点20个,农机维修网点25个。农用化肥施用实物量13575.6吨,比上年增长7.88%,农村用电量达到1660.89万度,比上年增长1.73%,保证灌溉面积达到6.7万亩,比上年增长0.01%,有效灌溉面积9.01万亩,比上年增长0.02%,

水平梯田达到27.18万亩，比上年增长0.18%。劳务输转6.91万人（次），同比增长1.32%，实现劳务收入11.01亿元，同比增长9.88%。

【工业经济】全县工业企业的效益稳步提升，全年完成工业增加值8215万元，比上年下降16.7%。

【项目建设】全年实施500万元以上的重点项目45项，计划总投资26.09亿元，其中新开工40项、续建5项，全年完成固定资产投资133646万元，同比增长-48.31%。

【交通运输】全年客运周转量12284.19万人/千米，比上年增长10%，完成货物周转量10661.57万吨/千米，比上年增长10%。

【旅游】2017年争取到国家资金1250万元对大墩峡景区基础设施进行建设，大墩峡景区被评为国家AAAA级旅游景区。全年接待游客8329万人次、增长41.17%，实现旅游收入3.6亿元，同比增长42.86%。

【商贸流通】全年完成社会消费品零售总额58664.5万元，比上年增长8.9%。其中：城镇社会消费品零售额34281.3万元，比上年增长5%，乡村社会消费品零售额24363.2万元，比上年增长15%。批发贸易业8578万元、零售贸易业40711.3万元、住宿业132.8万元，餐饮业9222.4万元，分别比上年增长9.75%、12.5%、11.6%、5.9%。餐饮收入9355.2万元，商品零售49309.3万元，分别比上年增长7.23%、9.22%。

【财政金融税收】全年累计完成大口径财政收入21859万元，比上年增长5.53%。公共预算收入15290万元，比上年增长8.19%，全年完成财政支出238117万元，比上年增长20.55%。有力支持了全县的基础设施建设和农业生产，确保了全县的社会稳定。全县金融机构各项存款余额299544万元，比上年增长2.10%。金融机构各项贷款余额296709万元，比上年增长3.88%，积极支持了地方经济建设。共计完成各项税收收入6648万元，与上年同期相比增长44.87%。其中，增值税完成4311万元，企业所得税696万元，车购税完成1635万元，其他税收收入6万元。

【文化教育卫生】2017年末，全县拥有县级级文化单位县艺术团、博物馆、文化馆、图书馆、民族文化苑、县野外文物保护管理所、非物质文化遗产保护中心、文化市场综合执法支队各1个；影剧院2个，乡镇综合文化站17个，农家书屋145个；建成文化信息资源共享工程县级支中心1个。全县中小学学生总数49711人，其中中学学生数10975人，小学学生数25382人，幼儿人数13354人；全县教职工总数3972人，其中专任教师29454人。高考民族本科以上上线145人，省内外高校录取1401人。适龄儿童入学率达到99.81%，全县共有学校221所。其中：独立高中2所，初级中学10所，小学171所，幼儿园37所，职教中心1个。全县共有各级各类医疗卫生机构362个，其中县级机构6个，乡级机构16个，其他机构340个；县、乡两级共有在编在岗医疗卫生人员362名，县级239人，乡级122人，全县拥有病床数1017张。2017年，完成业务收入9894.55万元。

【人民生活和社会保障】2017年全县城镇居民人均可支配收入为18924.1元，同比增长7.8%，农村居民人均可支配收入5239.2元，同比增长9.3%。全县城镇新增就业2900人，城镇登记失业率2.74%，失业人员实现再就业人数215人，其中困难人员实现再就业95人。

2017年全县参加新型农村合作医疗人数186921人，参合资金2803.81万元，参合率达到78.21%。城市低保户数1735户，人口5990人，发放金额2511375377元。农村低保户数15097户，人口65082人，发放金额98197356元。

【环境保护与安全生产】截至年底，共削减化学需氧量502.13吨，氨氮28.67吨。对27家黏土砖厂安装脱硫除尘设施；永盛、金发、中东区、县政府招待所供热锅炉的提标改造；42台10蒸吨以下燃煤锅炉的拆除并网和94家餐饮单位的油烟污染专项治理，四项污染物排放总量均控制在州上下达的指标以内，其中化学需氧量1754.66吨、氨氮109.72吨、二氧化硫680.93吨、氮氧化物97.12吨。

全县共发生各类安全生产事故5起，死亡4人，受伤1人，直接经济损失0.1万元。

（供稿：积石山保安族东乡族撒拉族自治县地方史志办公室）

甘南藏族自治州

【综述】甘南藏族自治州地处长江、黄河上游，介于东经100°45′45″～104°45′30″、北纬33°06′30″～35°34′00″之间。东与定西、陇南地区毗邻，南与四川阿坝藏族羌族自治州接壤，西与青海省果洛、黄南州相连，北靠临夏回族自治州。东西长360.7千米，南北宽270.9千米，全州土地总面积4.5万平方千米。2017年末，全州辖7县1市，总人口74.23万人，常住人口71.62万人，其中，藏族人口41.51万人。

境内地势西北高，东南低，由西北向东南呈倾斜状。南部为重峦叠嶂的迭岷山地，东部为连绵起伏的丘陵山区，西部为广袤无垠的平坦草原，最高海拔4920米，最低海拔1172米。甘南州林木树种繁多，仅木本植物就在400种以上；药用植物有643种；甘南境内鸟纲动物有15目33科154种；哺乳纲动物有6目20科77种；自治州境内探明储量的矿种有22种。

2017年，全州实现地区生产总值136.59亿元，按不变价格计算，比上年增长0.3%。其中，第一产业增加值30.35亿元，增长4.0%；第二产业增加值19.47亿元，增长1.9%；第三产业增加值86.77亿元，下降1.5%。按常住人口计算，全州人均生产总值19152元，比上年下降0.5%。三次产业结构比由上年的21.42∶16.07∶62.51调整为22.22∶14.25∶63.53，第一产业比重上调0.80个百分点，第二产业比重降低1.82个百分点，第三产业比重上调1.02个百分点。

【农牧业农牧村经济】2017年，全州完成农林牧渔业及农林牧渔服务业增加值30.50亿元，比上年增长4.0%。全年全州农作物种植面积111.22万亩，比上年减少2万亩，下降1.8%。其中，粮食作物种植面积52.67万亩，减少0.53万亩，下降1.0%；经济作物种植面积47.07万亩，减少0.99万亩，下降2.1%；青饲料种植面积11.48万亩，减少0.48万亩，下降4.0%。粮、经、饲比重由上年的47.0：42.4：10.6调整为47.4：42.3：10.3，粮食作物比重上调0.4个百分点，经济作物比重降低0.1个百分点，青饲料比重降低0.3个百分点。全年全州粮食总产量8.68万吨，比上年减少0.13万吨，下降1.4%；油料产量2.04万吨，减少0.07万吨，下降3.3%；中药材产量4.87万吨，减少0.30万吨，下降58%；蔬菜产量238万吨，增加017万吨，增长7.4%。

全年全州各类牲畜总增数142.23万头、只，比上年增加3.90万头、只，总增率38.6%，提高1.6个百分点；出栏各类牲畜194.86万头、只，增加9.81万头、只，出栏率52.9%，提高3.4个百分点；商品畜175.63万头、只，增加12.30万头、只，商品率47.7%，提高4.0个百分点。年末各类牲畜存栏351.40万头、只，比上年末减少16.84万头、只。其中，大牲畜存栏126.80万头，减少5.02万头；绵山羊存栏202.61万只，减少11.04万只；猪存栏21.98万头，减少0.79万头。核减超载牲畜36.14万个羊单位。

全年全州肉类总产量7.86万吨，比上年增加0.42万吨，增长5.6%，其中：牛肉4.08万吨，增加0.24万吨，增长6.3%；羊肉2.36万吨，增加0.14万吨，增长6.3%；猪肉1.37万吨，增加0.04万吨，增长3.0%。牛奶产量8.37万吨，减少009万吨，下降11%；绵羊毛产量020万吨，减少71吨，下降3.4%。

年末全州农业机械总动力37.35万千瓦（不包含农用车动力）。拖拉机8894台，增加628台。机耕面积62.99万亩，机播面积26.63万亩，机收面积9.82万亩。农用化肥施用实物量8835吨，增长1.1%。全州灌溉面积17.42万亩，其中：耕地灌溉面积10.65万亩，园地灌溉面积150亩，牧草地灌溉面积6.75万亩。

2017年全州主要农产品产量情况

产品名称	单位	2017年	比上年增长（±%）
粮食	吨	86803	-1.4
其中：青稞	吨	28915	0.1
油料	吨	20404	-3.3
药材	吨	48709	-5.8
水果	吨	12785	4.5
蔬菜	吨	23834	7.4

2017年全州各类牲畜发展和主要畜产品产量情况

指　标	单位	2017年	比上年增减（±%）
各类牲畜年末存栏	万头、只	351.40	-16.84
其中：大牲畜	万头	126.80	-5.02
绵山羊	万只	202.61	-11.04
猪	万头	21.98	-0.79
各类牲畜仔畜成活	万头、只	149.95	4.13
各类牲畜成畜保活	万头、只	362.09	-4.76
各类牲畜总增	万头、只	142.23	3.90
各类牲畜出栏	万头、只	194.86	9.81
各类牲畜商品数	万头、只	175.63	12.30
肉类总产量	吨	78562	4206
其中：牛肉	吨	40759	2402
羊肉	吨	23575	1408
猪肉	吨	13705	414
牛奶产量	吨	83710	-920
绵羊毛产量	吨	1994	-71

【工业和建筑业】2017年全州完成全部工业增加值15.66亿元，比上年增长2.2%。其中，规模以上工业企业完成增加值10.26亿元，增长3.5%，规模以下工业完成增加值5.40亿元，增长0.2%。规模以上工业企业产品销售率94.5%，比上年提高1.8个百分点。规模以上工业企业分经济类型看，国有企业完成增加值1.13亿元，增长12.0%；股份制企业完成增加值9.13亿元，增长2.5%。规模以上工业企业分轻重工业看，轻工业完成增加值1.01亿元，增长3.4%，重工业完成增加值9.25亿元，增长3.5%，轻重工业比为10.9：89.1。

全州规模以上工业企业生产黄金5338千克，比上年下降10.9%；水泥90.08万吨，增长14.2%；发电量39.17亿千瓦时，增长28.2%；鲜冻畜肉8746吨，下降19.1%；乳制品3857吨，增长5.0%。

全州规模以上工业企业实现利润总额4.58亿元，比上年增长2.8倍；税金总额1.97亿元，增长47.5%；存货3.35亿元，减少0.64亿元，下降16.1%，其中：产成品2.12亿元，减少0.41亿元，下降16.3%。亏损企业13户，比上年减少4户，亏损企业亏损额1亿元，下降65.2%。

全年全州建筑行业完成增加值381亿元，比上年增长0.2%。

【固定资产投资】2017年全州完成固定资产投资213.54亿元，比上年增长2.3%。其中，5000万元及以上项目完成投资45.79亿元，增长36.8%。按三次产业分，第一产业投资4.07亿元，下降12.0%；第二产业投资33.66亿元，下降45.0%，其中：工业投资25.76亿元，增长11.5%；第三产业投资175.81亿元，增长23.0%。全年全州施工项目1083个，比上年增加71个。其中，5000万元及以上项目50个，增加12个；新开工项目909个，增加117个。

【商贸流通和贸易】2017年全年全州社会消费品零售总额48.63亿元，比上年增长7.3%。其中，城镇实现零售额40.57亿元，增长8.0%；乡村实现零售额8.06亿元，增长3.9%。批发零售贸易业39.73亿元，增长6.3%；住宿餐饮业8.90亿元，增长12.2%。商品零售39.84亿元，增长6.3%；餐饮收入8.79亿元，增长12.2%。

全年全州实现外贸进出口总额9065万人民币，同比增长95.9%。其中：出口总额9056万人民币，增长99.2%；进口总额9万人民币，下降89.0%。

【交通邮电】2017年全年全州实现交通运输、仓储和邮政业增加值2.34亿元，比上年增长5.6%。年末全州机动车保有量14.94万辆，比上年末减少0.69万辆。全年完成货运量1121万吨，比上年增长22.6%，货运周转量190214万吨全年，增长26.0%；客运量476万人，增长8.9%，客运周转量70586万人千米，增长11.4%。

全年全州完成邮电业务总量10.02亿元，比上年下降16.2%。年末固话用户6.08万户，增加0.67万户。移动电话用户68.06万户，增加7.65万户。互联网用户8.18万户，增加0.23万户。快递59.07万件，增加6.65万件。

【旅游】重庆—夏河—天津航线通航，建成观景台22处，举办第十八届中国·九色甘南香巴拉旅游艺术节等系列活动。新增农牧家乐141家，新增床位1245张。全州现有农牧家乐1112户。全年受理12301平台转办投诉12件，办结率100%；快速处理各类旅游投诉40起，游客满意度达95%。2017年，全州共接待国内外游客1105.6万人次，比上年增长10.2%。全年实现旅游综合收入51.50亿元，增长12.3%。

【金融保险】2017年全州完成大口径财政收入16.23亿元，比上年下降3.9%。完成地方公共财政收入8.55亿元，下降13.2%。全年完成一般公共财政支出171.07亿元，增长14.6%。全年全州金融机构人民币各项存款余额346.93亿元，比上年增长8.6%。各项贷款余额234亿元，增长1.3%。全年保险费收入49881万元，比上年增长13.1%。全年赔付额24433万元，增长16.3%。

【教育与科技】2017年全州共有各级各类学校和幼儿园765所，在校（园）学生13.58万人，教职工698人。全州学前三年毛入园率90.9%，比上年提高9.8个百分点；九年义务教育巩固率95.1%，提高2.2个百分点；高中阶段毛入学率89.9%，提高6.3个百分点。九年义务教育巩固率达到95.11%。全年推荐省列科技计划项目45项，立项17项，落实省级科技经费885万元；完成技术合同成交额7620万元。建立科技特派员科技示范户437户。

【文化与体育】截至年末，全州共有艺术表演团体8个，文化馆9个，博物馆（纪念馆）14个，公共图书馆9个。文化及相关产业法人单位271个，增加11个。全州广播综合覆盖率100%。举办甘南州首届中式台球锦标赛等各类赛事。在全省青少年各项锦标赛中共获得2个第三名。在全国各级各类比赛中甘南籍运动员共获得第一名1个、第二名1个、第三名1个。

【医疗卫生】2017年全州共有各级各类医疗卫生机构1030所，有各级各类卫生技术人员4488人，各级各类医疗卫生机构拥有床位3034张，每千人拥有床位数4.2张。全年无法定甲类传染病报告病例，乙、丙类传染病共报告28种4045例，报告艾滋病新发病例6例。

【人民生活和社会保障】2017年全年全州城镇居民人均可支配收入23012元，比上年增加1685元，增长7.9%。其中，工资性收入17871元，增长7.9%，经营净收入3343元，增长8.3%，财产净收入708元，增长5.3%，转移净收入1089元，增长8.8%。城镇居民家庭恩格尔系数为37.8%，比上年降低0.4个百分点。全年全州农村居民人均可支配收入6998元，比上年增加584元，增长9.1%。其中，工资性收入2897元，增长8.9 %，经营净收入3000元，增长9.3%，财产净收入80元，增长1.7%，转移净收入1020元，增长9.8%。农村居民家庭恩格尔系数为44.6%，比上年降低0.5个百分点。

全州城乡各项社会保险参保人数64.07万人，参保率达到94%以上。城镇五项社会保险参保人数29.04万人，基金征缴4.60亿元，支出3.85亿元。60周岁以上老人养老金发放率100%。为651人发放失业保险金382万元；为1787名公益性岗位、零就业家庭安置人员代缴社会保险补贴73万元；为8568人发放岗位补贴4091万元；补贴职业培训费350万元；补贴职业技能鉴定费290万元。全州建筑业参加工伤保险7155人，征缴基金224万元，201个新建项目参保率达100%。全年共受理劳动争议投诉举报案件180件，清理拖欠农民工工资2045万元，涉及劳动者1852人，举报投诉案件结案率达97.6%，农民工工资清欠率90%以上。依法处理劳动人事争议案件12件，涉及劳动者人数130人，处理案件涉案金额191万元，调解率90%。劳动合同签订人数1.24万人，劳动合同签订率93.8%，集体合同签订441户，合同签订率86%。

全州新农合参合农牧民53.38万人，参合率98.2%，筹集新农合资金3.20亿元，新农合基金支出1.93亿元，参合农牧民受益56.92万人次。救治儿童急性白血病、乳腺癌等50种重大疾病患者789人，补偿医药费1070万元。精准扶贫户全部纳入新农合参保范围。3.28万城市低保对象发放低保金1.53亿元；为16.06万农牧村低保对象发放低保金3.03亿元；为3842名农牧村特困供养人员发放供养金1910万元；为4802名困难残疾人发放生活补贴692万元；为2945名重度残疾人发放护理补贴424万元；为2417名困难老人发放补贴290万元；为716名孤儿发放基本生活费777万元；为1636名优抚对象发放各类抚恤补助经费539万元；为20名特殊困难群众实施惠民殡葬救助1.16万元。全年资助参合参保和医疗救助困难群众18.70万人（次），发放医疗救助金4159万元；临时救助2.32万人（次），发放临时救助金1240万元；救助各类流浪乞讨人员579人次，投入救助金46万元。342名困境儿童纳入城乡低保救助范围，97.5%的留守儿童得到有效监护。

【环境保护和安全生产】2017年州政府所在地合作市城区集中式饮用水水质达标率为100%；空气质量优良天数308天，占总天数的95.7%；细颗粒物（PM2.5）年均浓度为36微克每立方米；可吸入颗粒物（PM10）年均浓度为68微克每立方米；臭氧年均浓度为139微克每立方米；一氧化碳年均浓度为1.4毫克每立方米；二氧化硫年均浓度为13微克每立方米；二氧化氮年均浓度为19微克每立方米；区域环境昼间平均等效声级为49.7分贝；道路交通环境昼间平均等效声级为65.0分贝；功能区噪声昼间等效声级范围在47.1~55.8分贝之间，夜间等效声级范围在38.6~47.8分贝之间；年平均气温3.5℃，年总降水量545.4mm。全年清除垃圾4.95万吨，增设垃圾箱2280个、路灯1512盏，取缔临时摊点1.2万个，整治乡村垃圾堆放点480多个。全年全州造林面积14.36万亩，比上年减少6.36万亩，下降30.7%。封山育林面积202.55万亩，减少5.63万亩，下降2.7%。当年零星（四旁）植树246.70万株，增加48.07万株，增长24.2%。实有育苗面积4.82万亩，增加0.30万亩，增长6.6%，其中：本年新育苗面积0.24万亩，减少0.06万亩，下降21.0%。

全年全州发生各类生产安全事故30起，比上年减少12起；死亡43人，减少9人；受伤44人，减少18人；直接经济损失152万元，增加108万元。亿元GDP生产安全事故死亡人数0.31人，比上年下降18.4%。全年全州各类自然灾害造成25.7万农牧民不同程度受灾，受灾农作物2.18万公顷、草场7.24万公顷，因灾死亡各类牲畜6492头（匹、只），倒损房屋4922间，造成直接经济损失4.51亿元。全年下拨冬春生活救助资金1745万元，6.44万因灾致困群众的基本生活困难得到救助。

（供稿：徐志刚）

合作市

【综 述】合作市地处甘南藏族自治州北部，介于东经102° 47′ 51″ ~103° 22′ 00″，北纬34° 35′ 27″ ~35° 18′ 50″之间。东连卓尼县，南靠碌曲县，西接夏河县，北倚临夏回族自治州和政、临夏两县，全市总面积2670平方千米，其中草场面积16.45万公顷，耕地面积1.02万公顷，林地面积1.33万公顷。2017年末，全市辖3镇3乡4街道办，总人口9.5万人。

境内地势由北部向南部倾斜，大部分地区海拔在3000~4000米之间。东北部为夷平面区，南部为低山峡谷区。属高寒湿润类型，冷季长，暖季短，年均气温零下0.5℃到3.5℃，极端最高气温28℃，极端最低气温-23℃。年均降水量545毫米，集中于7、8、9月。合作地区平均无霜期48天。洮河和大夏河诸多支流流经本市，境内水资源丰富。境内已发现各种矿藏21处，已开发利用的优势矿种有金、铜、锑、花岗岩、黏土等。主要旅游景点有米拉日巴九层佛阁等。

2017年，全市实现地区生产总值39.08亿元，增长5.7%；完成固定资产投资35.79亿元，增长4.13%；完成工业增加值5.63亿元，增长15.3%；完成大口径财政收入5.2亿元，增长4.92%；完成一般公共预算收入1.58亿元，下降13.5%；社会消费品零售总额达到18.82亿元，增长7.6%。

【农业农村经济】扩大犏雌牛养殖规模，优化畜种畜群结构，推进藏中药材种植。全年实现农牧业增加值2.2亿元，增长4%。统筹整合涉农资金8678万元，实施整村推进、产业增收等扶贫项目。年内减少贫困人口2008人，贫困面由6.35%下降到0.8%。实施"一事一议"财政奖补项目32个，新建农牧村公路30千米。

【工业经济】全年生产干酪素2109吨、增长27.5%，奶粉2289吨、增长38.4%，黄金3590千克、增长18.2%。全年规模以上工业企业完成增加值4.6亿元，增长20%。

【项目建设】全年实施各类项目135个，其中投资亿元以上8个、3000万元以上25个，完成项目前期45个，争取重点项目55个，落实中央及省预算内项目资金6亿元。

【招商引资】参加"兰洽会"等省内外招商节会，签约招商引资项目9个，签约资金13亿元，开工建设6个，完成投资4.7亿元。

【城乡建设】投入1.1亿元实施城市基础设施项目建设，念钦街南延、郎木寺路、尼玛路、多河路全线通车，通钦街南延、团结南路、环城东路二期、临潭路加紧建设。投入资金3340万元，实施城区巷道改造提升、绿化亮化、美化净化、广场维修等工程。

【环境保护】实施城区面山绿化563亩，管护天然林资源31.6万亩、公益林28.9万亩，森林抚育1万亩，森林覆盖率达到5.78%。落实草原奖补、公益林补偿资金4200万元，建设划区轮牧10万亩，草场退化改良2万亩，黑土滩、毒害草地治理1.5万亩，天然草原植被覆盖度达到97%。完成城区10蒸吨以下燃煤锅炉"清零"任务，西城区热源厂脱硫改造工程试运行，400余家餐饮单位安装油烟净化器并改造使用清洁燃料，改造小煤炉600台、土炕2100

个。空气质量优良天数、可吸入颗粒物PM10、PM2.5均控制在目标范围以内。

【旅游】全年建设观景台2处、旅游厕所5个。举办第十八届中国·九色甘南香巴拉旅游艺术节等节会赛事。全年接待游客人数达到202.6万人次，旅游综合收入首次突破10亿元大关。

【社会事业与民生保障】九年义务教育巩固率达到95%，第三和第五小学教学楼、宿舍楼建成投用，新建双语幼儿园4所，义务教育均衡发展通过国家评估验收。推进医药卫生体制改革，新农合参合率达到98.7%，个人自筹和政府补助标准由540元提高到600元。组织迎新春、锅庄舞、南木特藏戏和送文化下乡等文体活动。

年末，全市城镇居民人均可支配收入达到23148元，增长7.7%；农牧民人均可支配收入达到7203元，增长8.7%；居民消费价格指数控制在103%以内，城镇登记失业率控制在3.8%以内。城镇新增就业564人，安置生态护林员300名。全年输转城乡劳动力7400余人次，实现劳务收入1.3亿元。投入各类民生保障资金4.4亿元。办理省州承诺民生实事16项。完成城乡低保、农牧村五保供养提标工作，发放城乡低保等各类救助资金7401万元。城镇居民医保、城乡居民养老参保率分别达到95.8%和96.6%，支出各类社保基金6074万元。新建续建廉租、公租房766套，实施城市棚户区改造项目14个2532户。建成农牧村饮水安全巩固提升工程，受益农牧户1456户。

（供稿：齐　芳）

舟曲县

【综述】舟曲县位于甘肃省南部、甘南藏族自治州东南部，介于东经103°51′～104°45′，北纬33°13′～34°1′之间，东邻陇南市武都区，北接宕昌县，西、南与迭部县、文县和四川省九寨沟县接壤。东西长99.4千米，南北宽88.8千米，全县总面积3009.98平方千米。2017年末，全县辖7镇12乡，总人口139638人，常住人口13.45万人。

境内山峦重叠，沟壑纵横，岷山山系呈东南~西北走向贯穿全境。海拔在1173米～4504米之间。2017年平均气温为13.9℃，年极端最高气温36.8℃，年极端最低气温为-4.7℃，年总降水量为472.5毫米，一日最大降水量为25.2毫米，第一场透雨出现在4月16日，总降水量为23.9毫米,年总日照时数为1693.4小时。年最大冻土深度8厘米，年平均风速2.0米每秒。

2017年，全县实现地区生产总值17.3亿元，同比增长8%；完成固定资产投资24.53亿元，同比增长12%；实现社会消费品零售总额4.3亿元，同比增长10%；一般公共预算收入9055万元，同比增长12.46%。财政支出214257万元，同比增长19.65%。

【农牧业农牧村经济】2017年，全县农作物播种面积30.17万亩,比去年减少2.52万亩（主要增加退耕还林还草面积），同比下降7.72%，粮食作物面积19.06万亩，比去年减少0.65万亩，同比下降3.32%；经济作物播种面积11.11万亩（其中油料作物2.77万亩，同比下降1.42%），新增中藏药材7.38万亩（去年留床面积2.32万亩，药材总面积9.7万亩），同比下降16.73%，蔬菜0.75万亩，与去年持平，其他经济作物0.21万亩），比去年减少1.5万亩，粮食产量32099.05吨，同比增长0.52%，油料产量4739.37万吨，同比下降2.91%。

种植藏中药材9.7万亩，完成全膜覆盖双垄沟播4万亩，种植冬播油菜2.5万亩，青稞0.788亩，养殖土鸡6万只，土蜂4.6万箱，生猪3.7万头。种植中藏药材9.7万亩，养殖从岭藏鸡27.4万只、中华蜂4.8万箱、土猪3.89万头。羊肚菌实现反季节种植并推广460余亩，新种植核桃、花椒、桑蚕、大樱桃、油橄榄等1.7万亩，高接换优核桃800余亩，建成中藏药材标准化示范田3000亩、桑蚕基地3400亩、“中华蜂”养殖示范基地33个、千亩核桃示范园1个、10万只从岭藏鸡散养基地1个。

【工业经济】2017年，全县实现全部工业增加值1.79亿元，完成年计划的100%，其中规模以上工业企业实现工业增加值0.64亿元，完成年计划的100%。

【项目建设】2017年，全县235个新建续建项目完工116个，加紧建设76个，开展前期工作43个。渭武高速公路舟曲连接线、峰代路、舟永路累计完成产值约7.65亿元。总投资7.95亿元的2016年51个生态文明小康村全面竣工，总投资11.75亿元的21个生态文明示范村和2017年52个生态文明小康村完成总体形象进度的41%。

【招商引资】全年新签约招商引资项目9个，合同引资4.69亿元，到位资金1.08亿元，13个续建项目完成投资2.5亿元。

【旅游业】2017年，全年来县旅游人数61.15万人次，旅游综合收入2.69亿元，同比分别增长52.6%、56.5%。被评为“中国最美生态文化旅游名县”“2017最美旅游胜地”。

【重点交通项目建设】渭武高速公路舟曲连接线全长13.838千米，投资6.95亿元，年底完成产值约4.23亿元；国道345线峰迭至代古寺公路全长46.074千米，投资14.12亿元，年底完成产值约2.7266亿元；舟曲立节至四川永和三级公路全长158.774千米（国家投资7.64亿元，地方自筹2.756亿元），年底完成产值约0.6923亿元；G345至拉尕山旅游景区连接公路总投资9797.70万元（国家补助5900万元，地方自筹3897.7万元），年底完成产值约0.36亿元。

【2017年农村饮水安全巩固提升项目】批复投资188万元，建集中供水工程19处，其中新建引水工程1处，维修改造引水工程18处。项目涉及全县10个乡镇，13个行政村，解决2144户9193人的饮水安全问题，其中建档立卡贫困村6个，450户贫困户1614人贫困人口。下达中央预算内投资14万元，完成投资14万元。

【社会事业】新建维修幼儿园59所，19所公建民营幼儿园开园招生。学前三年毛入园率、九年义务教育巩固率、高中阶段毛入学率、高考录取率分别达98.13%、95.59%、104.33%、92.82%。定点18家省市级医院实现异地就医结算。特困供养人员、城乡低保、建档立卡户中的未成年人、60岁以上老年人及重度残疾人全部纳入重特大疾病救助范围，新农合参合率达99.02%，医疗补偿90943人次4220.26万元，大病保险补偿595人次198.05万元，医疗救助1065人次797.9万元。改造提升乡镇综合文化站11个，新建乡村舞台30个。

【人民生活与社会保障】年末，全县城镇居民人均可支配收入24916元，农村居民人均可支配收入7483元，同比分别增长10%、11%；新增就业845人，城镇登记失业率控制在4%以内。输转劳务4.12万人次，创收6.39亿元。

发放城乡低保金、五保供养金等1.32亿元，下拨各类困难救助金917万元，新建老人幸福互助院15所、敬老院3所、老年综合福利服务中心1所。年末，全县共有农村五保供养对象719户768人，其中集中供养对象155人，床位利用率达72%。农村五保集中供养对象年补助由5600元提高到6020元，分散供养对象年补助由4525元提高到4855元。累计救助流浪乞讨人员55人次，支出救助资金10122元。

【“千村美丽”示范村建设】在全县19个乡镇的22个行政村开展“万村整洁”行动，并在208个行政村开展环境卫生整治行动，对南峪乡勒地别全村94户群众住房及公共建筑进行统一的外部风貌改造及村庄公共区域进行亮化和美化，对村内主干道建筑实施墙面粉刷美化。2017年，拱坝乡坎坎村、南峪乡勒地别村、城关镇庙沟村3个行政村被确定为2017年省级“千村美丽”示范村。

【环境保护与安全生产】关闭取缔非法采砂场7家，拆除废旧机械设备1台，推平回填砂石2000立方米。新增造林3.3万亩，森林覆盖率达32.74%。划定禁牧面积50万亩，推行草畜平衡面积32.42万亩，草原植被覆盖度达81.9%。实施地质灾害治理项目7个，修建防洪堤8公里，建设高标准农田4909亩，完成土地开发整理1112亩，划定永久基本农田20.37万亩。拆除不符合环保要求的燃煤锅炉5台，城区38家大中型餐饮服务单位安装油烟净化分离装置，完成畜禽养殖禁养区和11个乡镇集中式饮用水源地保护区划定工作。

2017年，全县共发生生产安全事故1起，死亡1人。其中建筑行业事故1起，死亡1人。与去年同期相比较，安全生产事故起数下降66.7%、死亡人数下降80%、受伤人数下降100%。

（供稿：冯爱芳）

卓尼县

【综述】卓尼县位于甘肃南部，甘南藏族自治州东南部，介于东经102°46′～104°02，北纬34°10′～35°10′之间。东与定西地区所属岷县、漳县为邻，南与迭部县相接，西南与四川省若尔盖县睦邻，西与碌曲县、合作市毗连，北与临夏回族自治州所属和政、康乐及定西地区所属渭源县接壤，中部与临潭县环接，全县总面积5419.68平方千米，其中耕地面积10968.2公顷，林地面积24万公顷，草场面积23万公顷。2017年末，全县辖5镇9乡1个民族乡，总人口105819人，人口自增率5.98‰。

境内地势呈西南高，东北低的山川交错的复杂地形，区域气候属高原性大陆气候，寒冷湿润，四季不明，海拔高度2000~4920米，年平均气温5.9℃，极端最高气温35.5℃（2000年7月25日），极端最低气温-23.3℃（1994年1月8日），年日照时数2265.8小时，年降水量563.1毫米，无霜期年平均112天。洮河流经县境8乡镇，长达174千米，另有车巴河、卡车河、大峪河等大小26条支流。药用植物有140多种，野生动物有黑鹳、金钱豹、雪豹、苏门羚、毛冠鹿、蓝马鸡、香獐和雪鸡等；矿产资源已探明的有铁、铜、铅、锌、锑、金、银、大理石、洮砚石等。主要旅游资源有大峪沟、阿子塘景区等。

2017年，全县完成地区生产总值15.17亿元，同比增长7.6%；完成工业增加值1.8亿元，增长12.4%，其中规模以上工业增加值0.99亿元，增长12.3%，规模以下工业增加值0.81亿元，增长3.9%；固定资产投资35.45亿元，增长3.5%;大口径财政收入1.52亿元，增长5.2%；社会社会消费品零售总额4.56亿元，增长6.8%；城镇居民人均收入22975元，同比增长8.5%;农村居民人均可支配收入达到6761元，同比增长8%。金融机构人民币各项存款余额34.89亿元，贷款余额28.58亿元，分别增长16.4%和19.8%。

【农牧业农牧村经济】2017年全县各类牲畜存栏达到50.5万头（匹、只），总增率、出栏率、商品率分别达到36.64%、46.73%、45.77%；农牧业增加值达到4.53亿元，同比增长5%。农作物播种面积达到16.23万亩，粮食产量达6372吨、油料产量达2342吨，其中特色产业化中藏药材种植达8.01万亩，产量达1.61万吨。培育发展农牧民专业合作社752个，获得省级示范社5个，州级示范社16个，县级示范社20个，创建畜禽省级示范社场4个，培育家庭牧场6个，农牧业产业化企业12个，种养殖大户1037户。九甸峡库区发展水产养殖合作社及养殖户52家，网箱养殖面积70亩，出栏水产品52吨。

【项目投资】2017年全县固定资产投资项目256项，其中续建23项、新建233项。新签约6项，引进资金达11.18亿元。全年完成固定资产投资35.45亿元，增长3.5%。总投资5.2亿元的车巴河流域项目73项，累计完成投资4.16亿元。涉及15个乡镇33个行政村3249户15265人的生态文明小康村建设，完成投资2.2亿元。

【文化产业与旅游业】2017年，全县有文化市场单位41个，文化产业从业人员837人，全年文化产业增加值3524万元。截至年末，全县接待游客105.3万人（次），增长18%，创旅游收入4.85亿元，同比增长22.5%。

【社会事业】2017年发放义务教

育阶段营养改善计划专项资金1040.7万元，收益学生13188名，学前三年毛入园率达90.05%，九年义务巩固率达95.1%，高中阶段毛入学率达88.1%，高考录取率达94.2%。城乡医疗卫生整体服务水平得到有效提升，新农合参合率达97.3%。大中专毕业生和复退军人524名实现就业。

（供稿：闹尕东主）

临潭县

【综述】临潭县地处中国内陆青藏高原东北边缘、甘肃省南部，介于东经103°10′～103°52′，北纬34°30′～35°05′之间。东邻岷县，北接康乐、渭源两县，与卓尼县插花接壤。东西最大距离60千米，南北最大距离83千米，全县总面积1557.68平方千米。2017年末，全县辖5镇11乡，总人口15.96万人，常住人口14.1万人。

境内地势西高东低，大多地区属高山丘陵地带，洮河、冶木河、羊沙河流域切割较深，峰峦重叠。白石山、莲花山、大岭山为主要山峰，海拔在2209~3926米之间，平均海拔2825米。气候属高寒干旱区，干旱、冰雹、霜冻、洪涝等灾害频繁。已查明的矿种有铜、铁、金、铅、锑、汞、水泥灰岩、煤、石膏、矿泉水等10种33处矿产，其中铜、锑、石膏资源前景可观，是全县今后经济可持续发展的主要资源。洮河流经县境全长105千米。有磨沟仰韶文化遗址、国家级森林公园黄涧子等人文自然景观。

2017年，全县实现地区生产总值16.94亿元，按可比价计算下降5.2%；固定资产投资34.79亿元，同比增长8.9%；社会消费品零售总额完成4.5亿元，增长6%；完成大口径财政收入1.24亿元，同比下降1.1%；地方财政收入6898万元，同比下降15.7%；金融机构存贷款余额分别为43.19亿元和34.66亿元，较年初分别增长7.8%和10.5%。

【农业农村经济】投入资金4900万元，种植藏中药材9533公顷、油菜和油葵3400公顷、高原夏菜1600公顷、优质牧草1333公顷。推广羊肚菌、藜麦、蕨麻等新品种示范种植。建成舍饲暖棚1500座。结合退耕还草、草牧业试点项目，补播改良1867公顷，建成人工草料基地2000公顷，建成无公害、绿色食品生产认证基地12000公顷；完成青稞、马铃薯保险2200公顷。牦牛、藏羊保险4.9万（头、只）。当年各类牲畜存栏23.52万头（匹、只），年出栏牛羊11.21万（头、只）；落实草原补奖资金933.5万元，发放农机购置补贴资金350万元；农村土地确权32667公顷全县脱贫人口0.53万人，退出贫困村7个，贫困人口减少到1.61万人，贫困面下降至11.77%。

【工业经济】全县工业企业实现增加值10233万元，占计划任务18700万元的62.8%。其中：规模以上工业企业预计实现增加值733万元，占年度计划任务1000万元的76%，规模以下工业企业预计实现增加值9500万元，占年度计划任务17700万元的62%。完成工业固定资产投资17811万元，占计划任务69180万元的25.7%。

【项目建设】城关镇供水管网改造等117个重点建设项目，完成投资33.2亿元。农牧村节能及环境卫生改造、重点村巷道硬化及排水工程等项目前期工作已全面启动，75个生态文明小康村已全部开工建设。总投资4.67亿元的G248线至冶力关旅游景区内部连接公路目前已完成投资2.5亿元，G248线兰州至马关公路康乐至卓尼段（临潭段）、S10凤县（陕西）至合作高速公路卓尼至合作段进展顺利。2017年，全县新签约项目7个，总投资6.32亿元，到位资金0.87亿元，续建项目7个，到位资金3.4亿元。

【商贸流通】年末，全县社会消费品零售总额预计完成44785万元，占计划任务46480万元的92.15%，同比增长1.34%。其中，批发业完成836万元，与去年持平；零售业完成32144万元，同比增长4.7%；住宿业完成2855万元，同比增长9.9%；餐饮业完成8950万元，同比增长10.1%。

【文化产业与旅游业】新城龙神赛会、打切刀、哈尕滩烟火、洮绣、牛氏铜锅铸造技艺、古战申氏银饰加工技艺等9项非物质文化遗产项目入选省级非物质文化遗产名录。举办2017“冶力关杯”西部花儿艺术节暨洮州民俗风情旅游节、第十届洮州民俗文化旅游节等活动。打造“八角花谷、十里画廊”乡村旅游品牌。冶力关被国家体育总局、国家旅游局确定为甘肃省唯一的“全国体育旅游示范基地”。至年末，新增文化产业从业人员30人，完成文化产业增加值3280万元。全县接待游客242.8万人次，全年创旅游综合收入11.9亿元。

【城乡建设】投资1.34亿元着力实施城关镇高崖小区二期公租房小区外配套基础设施建设道路项目、新城生活污水处理工程、东环小区棚户区改造小区内配套基础设施等14个市政建设项目。投资4.2亿元实施棚户区改造项目。75个生态文明小康村全面开工建设。主街道亮化率达到100%，城镇化率23.4%，同比增长1.5%。

【环境保护】完成退耕还林2067公顷，森林抚育200公顷，义务植树193公顷，有效管护天然林22533公顷，森林覆盖率达到3.76%。投资332万元栽植各类苗木4.3万株。

【教育事业】全县学前三年毛入园率达90.14%，九年义务教育巩固率达95.03%，高中毛入学率达86.02%。8所全面“改薄”新建教学用房已全部开工建设，11所幼儿园建设项目已全面完成。补充高中紧缺学科教师26名，落实建档立卡户在园幼儿免除保教费（补助资金）、在校高中学生助学金、贫困家庭高中学生学杂费、省内高职院校建档立卡户贫困家庭学生免学杂费和书本费资金748.75万元，受助6803人。

【医疗卫生】2017年，全县取消慢特病大病保险年内最高报销5万元的限制，新农合政府补助标准由450元提高到480元，筹资标准达到人均每年660元，12.51万农牧民参加合作医疗，参合率97.69%，报销医药费11.5万人次3870.34万元，

【人民生活与社会保障】年末，全

县城镇居民人均可支配收入22683元，增长8.2%；农村居民人均可支配收入6619元，增长9.3%。居民消费价格指数控制在101.4以内。城镇登记失业率控制在3.52%以内；输转劳动力4.6万人，创劳务收入6.96亿元。

累计发放城市和农村低保金及生活补助金9482万元，为2万名供养对象发放供养金483万元。发放孤儿生活费、残疾人两项补贴、受灾群众冬春生活救助、兵役优待、农牧区困难群众补助金1909万元。社会保险参保总人数达到12.61万人，养老金发放率达到100%。

（供稿：临潭县地方史志办公室）

迭部县

【综述】迭部县位于甘肃省甘南藏族自治州南部、青藏高原东部边缘，地处白龙江上游的甘川两省结合部、秦岭延伸部分岷迭山系之间的高山深谷地带。介于东经102°54′54"~104°04′33"和北纬33°39′23"~34°30′02"之间。东邻舟曲，北接卓尼，东北与岷县、宕昌县毗邻，西南同四川若尔盖、九寨沟两县接壤。东西长110千米，南北宽75千米，全县总国土面积5108.3平方千米，其中耕地面积0.91万公顷，草场面积15.69万公顷，林地面积30.07万公顷。2017年末，全县辖4个镇7个乡，总人口5.7万人，其中藏族人口占75.7%以上。

境内地势东西长、南北窄，西北高，东南低，大部分地区海拔在1500米至2000米之间。白龙江东西横穿全境。属高山内陆性气候。年平均气温6.7℃，平均降水量500~730毫米，全年日照数为2242.2小时，无霜期126~210天。已初步探明的有17种矿藏，铁、白云岩、铜、黄金等储藏量较大，分别为1.4亿吨、2.5亿吨、980万吨。木本植物种类有60科123属314种。已载入《甘南中药材资源名录》的有702种，中药材总量达3000吨以上，全国重点普查的363种主要中药材中，全县境内有127种。被列为国家保护的一、二、三类野生动物主要有大熊猫、羚羊、雪豹、金猫、梅花鹿、苏门羚、红腹锦鸡、雪鸡、水獭等27种。有人“俄界会议”遗址等景点。

2017年，全县地区生产总值（GDP）预计完成11.79亿元，增长1.1%，其中，第一产业实现增加值2.69亿元，同比增长4.5%；第二产业实现增加值2.62亿元，增长6.5%，其中工业增加值完成1.45亿元，增长12%，规模以上工业增加值完成8600万元，增长20.3%；第三产业完成6.48亿元，下降2.4%。全县完成大口径财政收入1.42亿元，完成县级公共财政预算收入7238万元。固定资产投资完成25.3亿元，下降19.1%。社会消费品零售总额达到3.53亿元，增长8.4%。

【农牧业农牧村经济】种植藏中药材1.14万亩，发展日光温室74座，发展经济林果8775亩。建成迭部生态苹果标准化省级示范区1个，完成油菜花观赏带建设3237亩。推广秸秆还田2.3万亩。提升犏雌牛养殖、牛羊育肥示范点8个。免疫各类牲畜55.25万头（只）次，完成4.5万头（只）牦牛和藏系羊投保工作。认定无公害农产品产地面积2460公顷。建立迭部县地理标志产品资源库，迭部蕨麻猪肉和迭部羊肚菌获批国家地理标志保护产品。核减超载牲畜0.94万羊单位。甘肃省著名商标“九龙峡”成功注册。完成劳务技能培训1705人次，劳务输转5102人次，劳务创收9646万元。全县脱贫361户1750人。

【工业经济】2017年，全县实现增加值2.69亿元，同比增长4.5%。其中，规模以上企业完成工业增加值7500万元；规模以下企业完成工业增加值12819万元，同比增长4.8%。完成工业新取水量18.9立方米，单位工业增加值用水量控制在14.4立方米/万元，控制在责任目标之内。消费能源1183.48吨标准煤，万元工业增加值能耗为0.0133吨标准煤，同比下降-37.98%。

【文化旅游】茨日那红军驿站正式运营，泰吾赛雍文化旅游产业园基本建成。腊子口红色旅游服务业获批省级服务业标准化试点项目。成功申报青稞酒酿造技艺为第四批甘肃省“非遗”代表性项目名录。举办第七届迭部腊子口红色文化旅游艺术节等。全县旅游人数达到95.89万人次，全年旅游综合收入5.27亿元，分别增长16.8%和32%。

【环境保护】2017年，有效管护天然林资源159.53万亩、公益林41.42万亩。完成天保工程人工造林、森林抚育、补贴造林1.8万亩，义务植树19.29万株。兑现集体公益林森林生态效益补偿资金410万元、管护补助421万元、生态护林员基础管护报酬192万元。防治森林病虫害面积1.2万亩。对卫片执法中发现的违法占用林地问题进行整改恢复。对洛大镇、腊子口镇、桑坝乡境内非法矿洞进行集中爆破封堵。城区水源地和阿夏乡水源地保护项目基本完成。

【招商引资】2017年，全县共签约各类招商引资项目11个，签约总投资8.64亿元，累计完成投资3.35亿元。

【城乡建设】2017年10月8日，长征路桥梁工程开工建设，是迭部县首座立交桥。完成城市亮化面积达20余万平方米。投入58万余元对城区太阳能路灯维护，更换蓄电池及控制器194套。腊子口路、林海西路玉兰灯安装320余盏，总投资731万元，县城区路灯亮化率为95%以上。33个生态文明小康村累计完成投资1.3亿元，开工建设28个。

【水利水电】截至2017年，全县已建成发电和在建的水电站29座，总装机容量50.3万千瓦，总投资42.48亿元。迭部县白龙江电尕镇麻古村—白云村段河道治理工程，计划总投资为4957.00万元，于2017年7月28日开工建设，目前已完成投资2354.4万元，预计于2018年7月完成建设任务。卡坝乡供水工程，总投资900万元，于2017年10月开始施工，预计于2018年完成建设任务。迭部县2017年牧区节水灌溉工程总投资376万元，其中中央预算内投资300万元，地方投资76万元，该项目于2017年10月开工，目前已投资290万元。

【社会事业与民生保障】投资1750万元的19所行政村幼儿园新（改、扩）建项目全面完成。九年义务教育巩固率、学前三年毛入园率、高中阶段毛入学率分别达到95.64%、97.78%和86.74%。县藏医院正在申报二级甲等民族医院。完成县人民医院重症医学科建设。建立城乡居民电子健康档案129万份，家庭医生签约服务147万人。办理各类食品药品案件42起，结案37起，收缴罚没款16.89万元。

年末，全县城镇居民人均可支配收入预计达到22610元，增长7.9%；农牧民人均纯收入预计达到6640元，增长8%。居民消费价格指数控制在2%以内。新增城镇就业505人，完成就业技能、职业技能、新型职业农牧民培训2149人次。全年累计发放城乡低保保障金2738万元、特困供养金279万元，发放各类社会救助款585.47万元。县中心敬老院全面投入运行。发放高龄老人特殊生活补贴70.13万元，惠及1771人，实现高龄津贴全覆盖。征缴城镇职工基本医疗保险基金3873万元、城乡居民社会养老保险基金1075.18万元、城镇职工养老保险金650万元。完成152个单位5614人的机关事业单位养老保险信息采集工作，财政补贴974.2万元。为1241名残疾人代缴养老保险12.41万元，为893名一、二级残疾人家庭发放生活补贴28.6万元。

（供稿：刘文海）

夏河县

【综述】夏河县位于甘肃省西南部，甘南藏族自治州西北部。东南面分别于州属合作市、碌曲县相邻，北依临夏回族自治州临夏县及青海省循化县、同仁县，全县总面积为6274平方千米。2017年末，全县共辖13个乡镇一个办事处，总人口8.98万人。有藏族、回族等14个少数民族，其中藏族人口约占总人口的79.2%，农牧业人口80.6%。

境内处于和黄土高原的过渡带，以土门关为界，以北为黄土高原，以南明显的高原地貌。大部分地区海拔高度在3000~4200米之间，总地势由西北向东南部倾斜，最高点为甘加达里加山主峰，海拔4636米，最低点在夏临界处的土门关一带，海拔2200米。县境内西部、北部为大夏河水系，南部、东部为洮河水系，众多河流汇入黄河，是黄河上游流域的主要支流，气候寒冷湿润，年均气温2.6度，昼夜温差大。冬春多风，夏秋多雨，年均降水量516毫米，平均无霜期56天，全年日照时间2296小时。畜牧业是夏河县的主体经济，全县草场面积753.87万亩。有拉卜楞寺等人文自然景点。

2017年，全县国民生产总值完成15.58亿元，同比增长4.2%，其中第一产业完成增加值5.14亿元，同比增长6.0%，第二产业完成增加值1.22亿元，同比下降10.0%，第三产业完成增加值10.5亿元，同比增长6.4%。大口径财政收入完成1.49亿元，公共财政预算收入0.94亿元，公共财政预算支出20.14亿元；固定资产投资完成26.27亿元，同比下降7.3%；实现社会消费品零售总额6.35亿元，同比增长7.6%。

【农牧业农牧村经济】新建犏牛繁育示范点6个，犏雌牛（奶牛）养殖示范点10个，藏羊繁育示范点9个。组建适龄母羊群400只，选育种公羊720只，投放种公牛140头。投放360头适龄优良纯种牦雌牛组建繁育群，应用娟珊牛细管冻精采用人工授配方式，成功繁育娟珊牛382头。开展农牧业特色保险，参保牦牛20.1万头，藏羊74.1万只，青稞4.6万亩，公益林4.27万亩。发展特色农业，种植藏中药材1150亩。培育省级种养殖示范合作社4个、州级24个、县级146个，全县种养殖合作社已达到406个。加强动物疫病防控，无害化处理病死动物0.07万头只口，重大动物免疫密度达100%。全县各类牲畜存栏80.55万头（只、匹），出栏各类牲畜49.6万头（只、匹），总增率、出栏率、商品率分别达到45%、52%、60.1%，肉类总产量达1.35万吨，牛奶产量达1.38万吨，畜牧业完成增加值4.4亿元，同比增长6.5%，畜牧业增加值占地区生产总值比重提升2.3个百分点。

全县农业完成农作物播种面积13.76万亩，其中粮食作物种植面积5,77万亩，经济作物种植面积3.03万亩，青饲料种植面积4,57万亩。全年粮食产量0.97万吨。粮、经、饲比重调整为41.9：24.9：33.2。全年实现548户2737人稳定脱贫，贫困发生率下降到6.68%。

【工业经济】2017年，全县工业企业完成增加值1.19亿元，同比下降10.1%；增速位居全州第7位，降幅比上年收窄3.5个百分点，完成年计划的85.8%。其中：规模以上工业完成增加值0.75亿元，同比下降15.6%；降幅比上年收窄9个百分点，完成年计划的81.9%。规模以下工业企业完成增加值0.44亿元，同比增长0.9%。

【项目建设与招商引资】2017年，全县争取到各类项目50项，中央预算内投资资金4.67亿元，其中，投资3.07亿元实施市政建设项目25个，投资9300万元实施生态环境项目10个，投资1900万元实施社会事业项目8个，投资4000万元实施产业培育开发项目4个，投资700万元实施水利项目3个。参加兰洽会、津洽会、西博会、药博会，招商引资新签约项目5个，总投资4亿元，部分项目已开工建设。

【文化产业和旅游业】推进拉卜楞—桑科大景区建设工作，拉卜楞寺5A级旅游景区创建工作有序开展，达尔宗湖、甘加八角古城景区建设完成投资4156万元。投资569.33万元建设绿色旅游长廊及高原特色花卉观赏带78.1千米，打造油菜花观赏基地5200亩。拉卜楞寺文物修缮项目完成投资1亿元，完成夏卜丹等12座佛殿主体建筑修缮，玛尼长调、毛兰木字体书法、佛像服饰制作等11种非物质文化遗产被列入州级第二批名录库。举办首届拉卜楞藏学（高级）论坛，邀请53家新闻媒体及75家知名旅行社负责人来夏河县采风踩线，赴重庆市、天津市开展文化旅游宣传推介，《金顶梵音拉卜楞》大型舞台剧成功演出。2017年末，全县有文化产业48家，从业人员1020人，文化产业增加值4251万元。全年接待游客237.66万人次，实现旅游综合收入10.82亿元，同比增长19.5%。

【社会事业】投资150万元建设村级文化广场4个，乡村舞台建设实现全覆盖。投资2789万元新建麻当小学教学楼等项目6个、续建甘加乡西科小学教学楼等项目4个，投资750万元实施甘加乡足球场等室外运动场项目3个，投入改薄资金1683.49万元实施17所中小学土建项目建设及教育教学设施设备购置。推进卫生领域重点工程项目建设，投资250万元实施2017年县级综合医院重点专科建设，桑科、唐尕昂卫生院已竣工验收，阿木去乎、吉仓、麻当、曲奥4乡镇卫生院完成投资908万元。新农合参合6.72万人，参合率达99.01%，核报医疗费用1703.41万元。

【人民生活与社会保障】2017年末，全县城镇居民人均可支配收入达到22966元，同比增长8.1%，农民人均可支配收入达到7035元，同比增长9.2%；安置339名高校毕业生就业。全县城镇新增就业人数560人，城镇登记失业率控制在4%以内。输转城乡富余劳动力0.72万人，实现劳务创收1.05亿元。

城乡居民基本社会养老保险参保率达96%，城镇职工基本医疗保险、城镇居民基本医疗保险参保率达95%。全年发放城乡低保4980.74万元，五保供养金74.52万元。发放医疗救助金458.56万元、临时救助金74.52万元，资助参合参保87.85万元。落实乡村教师生活补助及班主任岗位津贴372.39万元，发放各类学生资助扶贫资金1060.04万元。落实寺管会成员报酬及办公室经费78万元，宗教教职人员生活补助599万元，501名僧人纳入低保范围。

【生态保护】封堵河道排污口32处，维护大夏河水环境安全。对辖区内18家砂石料厂进行了停产整顿。投资26.9万元实施退牧还草、草牧业试点及农牧交错带已垦草原治理等项目，建成人工饲草地3万亩，补播改良草地12万亩，治理退化草场27.5万亩。完成退耕还林3083亩，植树造林2024亩，栽植苗木35万余株，管护省州公益林42.88万亩。森林和草地覆盖率分别达到11.99%和97.8%。

（供稿：道吉草）

碌曲县

【综述】碌曲县地处西北腹地，是一个以藏族为主的少数民族聚居的牧业县，总面积5298.6平方千米。2017年末，全县总人口37361人。地势西高东低，海拔3000~4000米之间，县城平均海拔为3100米，气候高寒湿润，光照充足，雨量充沛，长冬无夏，雨热同季，春秋短暂，有霜，温差大，灾害多。境内有广袤的天然草场，被美誉为“亚洲最好草场之一”。有河曲马、藏绵羊、牦牛、蕨麻猪等优良牲畜品种。有郎木寺、则岔石林等旅游景点，有香浪节、晒佛节、插箭节、“南木特”藏戏等藏传佛教文化。

2017年，全县大口径财政收入4296万元，同比下降57.68%。地方财政收入2116万元，同比下降69.34%。全县财政总支出146862万元，同比增长31.54%。全县固定资产投资162592万元，同比增长5.7%。实现地区生产总值88115万元，下降8.2%。其中：第一产业完成增加值31992万元，增长56%；第二产业完成增加值11717万元，下降33.6%；第三产业完成增加值44406万元，下降2.5%。社会消费品零售总额33747万元，比去年增长8.1%。三次产业结构比例由上年的30.7：24.6：44.7调整为36.3：13.3：50.4，产业结构更加合理，发展方式更加科学。

【农牧业农牧村经济】2017年，全县农林牧渔业增加值达到31992万元，增长5.6%；其中畜牧业增加值完成30575万元，增长6.54%。全县各类牲畜产仔320501头只，产仔成活295799头只，成活率提高0.48%。成畜保活532001头只，减少22849头只，成畜保活率下降0.18%。总增各类牲畜267854头只，增加32772头只，总增率提高7.53%。出栏各类牲畜313740头只，增加18457头只，出栏率56.2%，提高了5.40%。商品各类牲畜300536头只，增加18211头只，商品率53.83%，提高5.25%。年末各类牲畜存栏531108头只，比上年减少27169头只，下降4.87%。全县肉类产量10003吨，增长6.42%。全县牛奶产量18168吨，增加10吨，增长0.06%；绵羊毛产量329吨，减少24吨，下降6.72%。

建成藏羊暖棚124座、7440平方米，配套建设运动场7440平方米，建设场区道路2400米，修建兽医室4间120平方米，养殖场大门4座。建设暖棚牛舍3840平方米，兽医室240平方米，引进犏雌牛1019头，藏羊基础母羊192只。

全县农作物种植面积2384.6公顷，下降11.24%。其中：粮食作物1512.47公顷，下降4.58%；经济作物441.27公顷，下降8.95%（其中油料作物378.47公顷，减少61.93公顷；中药材62.67公顷，增加20.67公顷）；青饲料作物430.87公顷，下降30.15%。全县粮食产量3070吨，下降2.36%；油料产量302吨，下降13.72%；中药材产量546吨，下降14.82%；蔬菜产量0.1吨，下降80%。天然林管护63.3公顷，公益林保护51.54公顷，森林抚育333.33公顷，实施面山绿化造林200公顷，义务植树造林3.2万株，森林覆盖率24.55%。

【工业与建筑业】2017年，全县工业增加值7337万元，下降40.1%。其中规模以上工业企业增加值2037万元，下降64%；规模以下工业企业增加值5300万元，下降1.2%；完成发电量16964万千瓦时，售电2858万千瓦时。牲畜加工企业生产鲜冻畜肉4810吨；黏土砖瓦制造企业生产砖147万块。全县建筑企业完成增加值4380万元，下降3.8%。

【文化产业与旅游业】2017年，全县文化产业增加值为2234万元，增速为18%；实质性签约项目合同金额31000万元，招商引资到位资金7500万元；文化产业资产总额为5465万元；文化产业机构数为22家；文化产业从业人数为377人。

全年接待国内外游客139.35万人次，同比增长15%；创旅游综合收入68044万元，同比增长19%。新增旅游从业人员164人，较上年增长10.3%。

【招商引资】2017年，新签约各类招商引资项目7个，签约总投资额74800万元，完成年度目标任务的150%。新签约项目当年开工2个，当年完成固定资产投资15000万元。6个招商在续建项目，完成固定资产投资15200万元。

【项目建设】2017年，全县开工建设项目73个，续建14个，新建49个。实施棚户区改造3200户，现已完成征收拆迁790户，改（扩、翻）建全部开工建设，并签订协议，247户已完成改建任务并通过验收，剩余正在建设中；对全县170户住房家庭困难户共计发放租赁补贴58万元。

【城乡建设】2017年，全县城镇化率35.35%，供水率100%，燃气率63%，生活垃圾处理率92.5%，污水处理率88%，城市绿地率13.9%。共实施城乡基础设施建设项目19项。西仓路铺油通车，跨洮河大桥建成投用，卓碌公路碌曲试验段路基全面完成，完成西仓寺院活动场所附属设施建设。撤并建制村公路通畅工程、养护维修、安全生命防护工程、“千村美丽”道路硬化、危桥改造等交通项目深入推进。阿拉、拉仁关和城区供水改扩建工程基本完成，县城备用水源地正在选址论证。对尕秀村进行升级改造。生态文明小康村由每年12个增加到22个。

【尕秀样板村】2017年，尕秀村先后11次被中央电视台宣传报道，共接待中央、省上、外省观摩团学习团队50批次，重点全国人大环境委员会副主任带队38人次，全国政协副主席齐续春带队20人次，天津、西藏、宁夏、青海、四川省阿坝州旅游局等共计830人次。全省全州大型会议组团观摩学习57批次。接待旅游团队65批次，散客18000人次，实现经济收入101万余元。2017年12月26日，尕秀村被国家民委命名为“全国民族团结进步创建示范村”。

【环境保护】关闭忠曲金矿、拉尔马金矿、泰霖公司等规上企业，关闭沙石料厂14家，取缔5家，并进行植被恢复。对国道213线38处遗留沙坑进行植被恢复。开展小型燃煤锅炉排查治理，脱硫改造3台、查封26台，建成县城煤炭配送中心，对城区7家煤炭销售点进行统一管理。加强水源涵养区生态保护与修复，完成城区一级水源地保护区隔离防护围栏3.1千米，对水源二级保护区加装波形防撞栏4.4千米。完成禁牧5.67万公顷、草畜平衡34.07万公顷，累计核减超载牲畜3.86万羊单位。禁止非法采挖虫草，配备42名村级草原管护员。完成天然林管护任务，积极开展义务植树活动，栽植树木3.2万株。建设22个生态文明小康村，落实70%以上生态功能区转移支付资金2941万元、整合涉农资金3000万元、藏族聚居区专项资金3156万元。

【交通运输】全年完成社会公路客运量和旅客周转量26.7万人和150.4万人千米，完成货运量6.1万吨，货运周转量591.3万吨千米。

【水利水电】全年水电企业发电16964万千瓦时，较上年增加1832万千瓦时，增长12.11%。其中：规上企业发电11948万千瓦时，较上年增加1664万千瓦时，增长16.18%；规下企业发电5016万千瓦时，较上年增加168万千瓦时，增长3.47%。

【教育】2017年，全县有各级各类学校45所，在校学生（幼儿）7692人，有教职工920人。落实各级各类学校公用经费639万元，生活费1133万元，取暖费149万元，课本、教辅及各级各类学校教师用书资金280万元，学前及义务教育阶段学生营养改善资金512万元。全县7~12周岁适龄人口3106人（女童1548人），适龄儿童净入学率100%；小学毕业生升学率100%；13~15周岁适龄少年1145人，初中阶段在校学生1593人，初中阶段毛入学率99%；九年义务教育巩固率95.2%；高中招生338人，高中阶段毛入学率86.02%。440人参加普通高考，录取404人（本科238人、专科高职166人），录取率91.82%。

【医疗卫生】2017年，全县有3所县级医院，6所乡镇卫生院，18个村卫生室。全县标准化村卫生室覆盖率达到100%。全县新农合参合28131人，参合率达到99.23%。共救治以儿童急性白血病、乳腺癌、宫颈癌、重性精神病等为主的农牧村50种重大疾病36人，医药总费用65.13万元，实际补偿40.81万元，实际补偿比62%。

2017年12月12日，碌曲县加格村央地滩藏医药基地开工

【人民生活与社会保障】2017年，全县城镇居民人均可支配收入23601元，增长7.32%；全县农牧村居民人均可支配收入8273元，增长8.63%，城镇登记失业率控制在4%以内。新增城镇就业人员381人。开展就业技能培训721人；开展创业培训109人；开展岗位技能提升培训56人。劳务输出1900人，创劳务经济收入5100万元。

建成1218套保障性住房，完成城镇棚户区改扩翻建2070户、货币化安置1130户，发放租赁补贴45万元。通过一折通发放各类惠农资金8628万元。城乡低保、特困供养标准提高8%以上，农村分散特困供养补助标准达到4855元，集中供养补助标准达到6020元，城市特困供养标准达到7032元。解决重特大疾病住院医疗费、一般住院和慢性病门诊费103万元，代缴低保、特困供养和孤儿参合、参保金124万元。发放城乡低保、特困供养金、临时救助、医疗救助、困难生活补助、孤儿救助、抚恤补助金等各类社会救助资金2588万元，救助1.28万人次。

征缴城镇职工基本养老保险基金952万元，基金支出951万元，占目标任务的94%；征缴城镇职工基本医疗基金1608万元，完成目标任务的100%，基金支出581万元，占目标任务的46%；征缴城镇居民基本医疗保险基金47.9万元，完成目标任务44万元的109%，基金支出127万元，占目标任务129万元的98%；征缴失业保险基金96万元，完成目标任务64万元的150%；征缴工伤保险基金65万元，完成目标任务56万元的116%，基金支出5892.41元；征缴生育保险基金52.26万元，完成目标任务51万元的102%，基金支出37.12万元，占目标任务52万元的71%；城乡居民养老保险参保人员17272人，征缴养老保险基金140万元，续保率99.14%，上解支出1400万元；对3579名待遇享受人员发放养老保险金423.78万元，发放率达到100%。

（供稿：王青玉）

玛曲县

【综述】玛曲县位于青藏高原东端，甘南藏族自治州西南部，地处甘青川三省结合部，介于北纬33°06′30″～34°30′15″、东经100°45′45″～102°29′00″，是一个以藏族为主体的纯牧业县。东与甘肃省碌曲县、四川省若尔盖县、阿坝县相邻，西与青海省久治县、甘德县、玛沁县相连，北与青海省河南蒙古族自治县相接，总面积10190.80平方千米。2017年末，全县辖4乡4镇36个行政村和5个牧业生产队，总人口5.79万人。

境内草原、高原、河谷相间分布，地形复杂多样，平均海拔3600米，年平均气温1.2℃，平均日照2531.9小时，全年降水日为151天，年降水量611.9毫米，气候寒冷阴湿，属明显的高原大陆性高寒湿润气候区,无绝对无霜期。黄河在境内流程达433千米，水能资源丰富，理论蕴藏量达151.7万千瓦。境内有金、铁、铜、汞、锡、钼、钨等金属矿和方解石、大理石、泥炭等非金属矿，尤以金、铁、磁铁矿丰富。有47科413种植物，植物药材资源更为丰富，有151种野生药用植物，其中分经济价值高的有冬虫夏草、水母雪莲、川贝、大黄等20余种。

2017年，全县全年实现地区生产总值15.27亿元，按可比价计算，比上年实际增长0.1%。其中，第一产业实现增加值6亿元，增长6.9%；第二产业实现增加值2.1亿元，下降5.9%；第三产业实现增加值7.17亿元，下降2.5%。三次产业结构比由上年的34.5∶17.6∶47.9,调整为39.3∶13.8∶46.9。按年平均常住人口计算，人均GDP达到26471元，比上年增加714元。全年完成大口径财政收入1.71亿元，比上年超收0.1亿元，增长6.2%；财政支出17.74亿元，比上年超支2.76亿元，增长18.4%。全县金融机构各项存款余额为17.88亿元，较上年减少1.28亿元，下降6.7%。金融机构各项贷款余额为10.35亿元，增加0.14亿元，增长1.3%。

【农牧业农牧村经济】2017年，新建牛羊暖棚664座、肉牛标准化养殖场25个，建立饲草料基地3.8万亩；深入实施牲畜良种工程，投放良种畜1160头（只）；落实牛羊保险5567万元，兑现草原奖补资金9169万元；加大动物疫病防控力度，全县参保牲畜达108万头只；筹措资金750万元，购买发放饲料粮3050吨；扶持畜产品加工龙头企业6家，年生产能力达1万吨以上。全年总增各类牲畜31.59万头、只，总增率32.78%，较上年提高1.77个百分点；出栏各类牲畜41.47万头、只，出栏率43.04%，提高4.55个百分点；商品出栏各类牲畜39.31万头、只，商品率40.8%，提高4.35个百分点。完成成畜保活率97.37%，提高0.2个百分点；年末存栏各类牲畜89.32万头、只，下降7.3%。

全年肉类总产量19993.41吨，较上年增长7.16%。其中，牛肉产量15349.83吨，增长6.97%；羊肉产量4643.58吨，增长7.8%。年末牛存栏43.49万头，下降6.58%；羊存栏43.44万只，下降8.38%。羊毛产量434.39吨，下降8.38%。牛奶产量34703.18吨，下降7.04%。2017年共减贫34户133人，剩余贫困人口520户2141人。

【工业和建筑业】2017年，全县全部工业企业实现增加值2.06亿元，按可比价计算，较上年下降6%，增速低于目标任务14.6个百分点；规模以上工业企业实现增加值1.52亿元，下降7.9%，增速低于目标任务16.5个百分点。在规模以上工业中，股份制企业实现增加值1.35亿元，下降9.76%，私营企业实现增加值0.16亿元。规模以下工业企业实现增加值0.54亿元，增长0.7%。全年黄金生产企业生产黄金1765公斤，与上年同期少产45.8公斤，下降2.59%；规模以上畜产品加工企业生产鲜冻畜肉5265吨，较上年少产1292.2吨，下降19.7%。

全年全社会建筑业完成增加值492万元，较上年下降0.8%。

【项目建设与固定资产投资】2017

年，全县共组织施工项目106个，其中：新开工项目75个，续建项目31个。2017年全县全年完成全社会固定资产投资18亿元，较上年增长5%。增速比上年提高8.2个百分点。

【招商引资】2017年，完成招商引资续建项目8个，总投资17.61亿元，累计到位资金6.25亿元；新签约项目目标任务3个，实际签约4个，均为省内项目，完成任务的133%，签约金额2.53亿元，新签约项目当年到位资金目标任务3000万元，实际到位资金5400万元，完成任务的180%。

【商贸流通】2017年，全县完成社会消费品零售总额3.72亿元，较上年增长6.1%，增速低于目标任务3.9个百分点。其中城镇实现消费品零售额2.72亿元，增长6.3%，占全社会消费品零售总额的73.1%；乡村实现消费品零售额1亿元，增长5.7%，占全社会消费品零售总额的26.9%。批发零售贸易业实现零售额2.93亿元，增长6%，占全社会消费品零售总额的78.9%；住宿餐饮业实现零售额0.78亿元，增长6.7%，占全社会消费品零售总额的21.1%。

【文化产业与旅游业】2017年，投资1.2亿元，新实施文化产业项目2个；投资80余万元制作《首曲弹唱》《首曲恋歌》原创歌曲集。开展各类文化活动17场，完成大小型演出200场次，观众人数8.5万人次。年末，全县共有文化产业单位45家，从业人员461人。全年文化产业实现增加值2600万元，资产总计达1.4亿元。

全年接待游客60.66万人次，旅游收入达到3亿元，分别同比增长8.8%和15%。

【交通水利】2017年，实施玛曲至青海玛沁公路等上年结转和新建工程5项，总投资6473.25万元，总长度247.06公里，年内完成投资5943.53万元，投资完成率91.82%。全年实施黄河干流甘肃段（甘南州玛曲县）防洪治理、玛曲县城引水、干旱草场节水灌溉、农村饮水上年结转和新建水利工程项目4项，工程总投资44979.84万元，累计完成投资29333.70万元，年内共完成投资16736.55万元。

【城乡建设】全年共实施城区主街道改造提升工程等城市基础设施建设项目49个，概算总投资8.27亿元，累计完成投资约3.33亿元；全年共核发“一书两证”50件，规划许可证办理率达到100%，依法查处违章建筑5处720平方米。年末，全县城镇化率28.1%，人均住房面积22平方米，城市供水普及率100%、生活垃圾无害化处理率96%、污水处理率85%，城市绿地率8.2%、集中供热面积46.5万平方米，建筑企业建筑产值达1.04亿元。2017年全县生态文明小康村建设24个，总投资2.59亿元，涉及牧户918户3668人，年内完成投资2.14亿元，占总投资的82.63%。

【教育】2017年投资5226万元，新建、改扩建学校11所、幼儿园12所，增加校舍面积4040平方米，排除危旧房2156平方米，义务教育均衡发展提前3年通过国家评估认定。年末全县有各级各类学校27所，在校学生10247名（女7839名），有教职工876名。学前教育三年毛入园率达到56.74%；小学适龄儿童入学率达到100%，初中阶段入学率达到98.98%，九年义务教育巩固率达到93.83%；高考录取297人，高考录取率达到22.81%，高中阶段毛入学率达到86.06%。

【医疗卫生】2017年末，全县有医院、卫生院13所，床位228张，医疗机构卫生技术人员355人，其中执业（助理）医师113人。5岁以下儿童死亡率8.81‰，婴儿死亡率8.81‰，产妇住院分娩率92.76%。

【人民生活与社会保障】2017年，全县农村居民家庭人均纯收入8410元，较上年同期增收662元，增长8.5%，农村居民家庭人均消费性支出7438元，增长5.74%；城镇居民家庭人均可支配收入24010元，较上年同期增收1620元，增长7.2%；城镇居民家庭人均消费性支出15684元，增长7.4%；农村恩格尔系数为45.29%，下降0.67个百分点；城镇恩格尔系数为33.65%，上升0.07个百分点。

2017年全县城镇职工基本养老保险征缴1668万元，基金支出1332万元，城镇职工基本医疗保险征缴2222万元，基金支出1677万元，城镇居民基本医疗保险征缴37.13万元，基金支出110万元，失业保险征缴154万元，工伤保险征缴106万元，生育保险征缴44万元，基金支出20.7万元；劳务输转人数1900人，劳务收入0.51亿元，完成目标

玛曲县采日玛乡环境保护

任务的100%；城镇新增就业人数382人，就业技能培训636人，完成率分别为100.53%、115.64%；创业培训45人，完成率112.5%；岗位技能提升培训17人，完成率113.33%；完全失地牧民参保率达100%；全民参保率达91.82%。

城镇基本养老保险参保人数917人；城镇基本医疗保险参保人数9944人（其中：城镇职工基本医疗保险参保人数5030人；城镇居民基本医疗保险参保人数4914人）；失业保险参保人数1342人；工伤保险参保人数2225人；生育保险参保人数1850人。全县城乡居民社会养老保险参保人数21041人，参保率96%。全年征缴个人养老保险费213.22万元，为3741名60周岁以上人员发放养老金494万元。全县新型农村合作医疗保险参保人数达到43066人，增长4.89%，参合率97.2%。全年新型农村合作医疗筹集基金总额2583.96万元，增长16.55%，人均筹资标准提高到600元。新农合基金支出1805.65万元。全县城市低保对象1122人，发放低保资金516.47万元。农村低保对象10223人，发放低保资金1971.53万元。牧村五保供养对象375人，发放供养资金183.9万元。医疗救助12490人，发放救助资金439.15万元。临时救助2331人，发放救助资金413.43万元。

【生态保护】完成15万亩国家沙化土地封禁保护区前期工作，治理沙丘266公顷、沙化草地800公顷，治理黑土滩1333公顷；发展圈滩种草，种植一年生燕麦草3.8万亩，建立多年生半人工刈割草场91万亩；排查存在环境安全隐患的企业42家，年内完成整改27家；依法取缔关停23家砂石料场，规范8户燃煤经营实体、拆除1台20蒸吨燃煤锅炉。年内全县饮用水水质达标率为100%；环境空气质量优良天数352天，占总天数的96.4%；PM10年均值32微克/立方米；年平均气温3.2℃；年总降水量679.9毫米。

【安全生产】全年工矿商贸发生死亡事故为0起，与2016年持平；道路交通发生死亡事故为4起，死亡8人，死亡事故与2016年同期相比增加2起，上升100%，死亡人数与2016年同期相比增加5人，上升166.67%；受伤人数11人，与2016年同期相比增加2人，上升22%；经济损失31.04万元，与2016年同期相比增加9.59万元，上升44.7%，安全生产形势基本平稳。

（供稿：李晓鹏）

全省经济运行情况

2017年以来，面对复杂严峻的国内外环境和多年少有的严峻形势，在省委省政府的正确领导下，全省各级各部门牢固树立新发展理念，以供给侧结构性改革为主线，紧盯重点领域和关键环节，扎实落实"三重""三一"工作方案，攻坚克难、狠抓落实，统筹推进稳增长、促改革、调结构、惠民生、防风险各项工作，全省经济运行基本面保持稳定，质量效益持续好转。

一、经济运行基本稳定

2017年，全省生产总值7677.0亿元，比上年增长3.6%。其中，第一产业增加值1063.6亿元，增长5.4%；第二产业增加值2562.7亿元，下降1.0%；第三产业增加值4050.8亿元，增长6.5%。

(一)就业形势总体稳定

2017年末，全省城乡就业人员1553.84万人，其中城镇就业人员617.36万人。全年全省城镇新增就业43.78万人，超额完成全年目标任务。全省共输转城乡富余劳动力529.5万人，比上年增长0.4%。其中，省外输转195.6万人，增长2.7%；省内输转333.9万人，下降0.9%。

(二)居民消费价格温和上涨

全省居民消费价格走势呈"V型"，从1月的上涨1.7%回落到1—4月的上涨0.6%，后又逐步温和上涨至1—11月的1.3%。全年全省居民消费价格比上年上涨1.4%。其中，食品烟酒类上涨0.1%，衣着类上涨0.8%，居住类上涨2.5%，生活用品及服务类上涨0.6%，交通和通信类上涨1.1%，教育文化和娱乐类上涨1.7%，医疗保健类上涨5.2%，其他用品和服务类上涨0.9%。

(三)农业生产形势良好

各地认真贯彻落实省委省政府关于"三农"工作的决策部署，扎实推进农业供给侧结构性改革，加快培育农业农村发展新动能，认真实施精准扶贫精准脱贫富民产业培育支持计划，全省农业生产形势良好。一季度、上半年、前三季度和全年全省第一产业增加值分别增长4.5%、4.8%、5.1%和5.4%，增速逐季提高。

粮食产量连续6年保持在1100万吨以上。全年全省粮食作物播种面积4173.72万亩，比上年下降1.1%；粮食

2017年甘肃省生产总值及其增长速度

单位：亿元、%

指　标	绝对数	比上年增长
生产总值	7677.0	3.6
第一产业增加值	1063.6	5.4
第二产业增加值	2562.7	−1.0
工业	1769.7	−1.5
建筑业	811.4	0.1
第三产业增加值	4050.8	6.5
#交通运输、仓储和邮政业	293.5	8.1
批发和零售贸易业	563.2	3.5
住宿和餐饮业	229.9	6.0
金融业	553.6	5.3
房地产业	274.3	1.9

2017年全省铁路和公路运输情况

	指标	绝对量	增速（%）	增速比上年±（百分点）
铁路	客运量（万人次）	4467.5	23.9	8.5
	客运周转量（亿人公里）	371.7	3.3	6.2
	货运量（万吨）	6052.2	3.3	4.6
	货运周转量（亿吨公里）	1390.7	14.0	21.1
公路	客运量（万人次）	38080	0.4	-1.5
	客运周转量（亿人公里）	247.8	-2.2	-4.0
	货运量（万吨）	60117	9.8	5.1
	货运周转量（亿吨公里）	1048.9	10.5	6.4

总产量1128.31万吨，下降1.1%。受种植业结构调整和气候条件等因素影响，粮食产量虽有所下降，但仍保持在1100万吨以上，粮食生产能力保持稳定。

特色产业较快增长。全年全省蔬菜面积854.71万亩，比上年增长4.2%，其中设施蔬菜面积163.95万亩，增长3.6%；中药材面积451.57万亩，增长3.5%；棉花面积25.14万亩，增长20.9%；瓜类面积90.43万亩，增长13.0%。蔬菜产量2106.47万吨，增长7.9%；中药材产量123.26万吨，增长6.8%；棉花产量2.73万吨，增长37.2%；园林水果产量557.02万吨，增长10.0%。

畜牧业生产基本平稳。2017年，全省大牲畜出栏237.93万头，比上年增长5.6%，其中牛出栏增长4.7%。生猪出栏733.29万头，增长1.9%；羊出栏增长8.0%；家禽出栏下降8.0%。肉类总产量105.29万吨，增长3.3%。其中，猪肉产量51.77万吨，增长1.8%；牛肉产量22.27万吨，增长3.9%；羊肉产量24.51万吨，增长8.1%；禽肉产量4.26万吨，下降8.0%。牛奶产量64.48万吨，增长0.6%。

（四）工业生产低位运行

2017年，全省规模以上工业增加值1603.7亿元，比上年下降1.7%。其中，重工业工业增加值1343.7亿元，下降1.2%；轻工业工业增加值260.0亿元，下降5.2%。

（五）固定资产投资下降

2017年，全省固定资产投资5696.3亿元，比上年下降40.3%。其中，项目投资4751.8亿元，下降45.3%。分三次产业看，第一产业投资382.0亿元，下降43.7%；第二产业投资1188.3亿元，下降63.1%，其中，工业投资999.4亿元，下降54.9%；第三产业投资4126.1亿元，下降26.8%。

2017年，全省房地产开发投资944.5亿元，比上年增长11.1%。从实物量指标看，房屋施工面积9153.5万平方米，增长2.5%。

（六）消费品市场稳中趋缓

2017年，全省社会消费品零售总额增速自一季度（年内最高增速9.1%）后逐步放缓。全年全省实现社会消费品零售总额3426.6亿元，比上年增长7.6%。按城乡分，城镇消费品零售额2729.9亿元，增长7.7%；乡村消费品零售总额696.7亿元，增长7.4%。按消费形态分，商品零售额2877.9亿元，增长7.3%；餐饮收入548.7亿元，增长9.0%。

（七）进出口总额降幅收窄

2017年，全省进出口总值增速呈现先降后升的态势，降幅自元月份的23.6%扩大至上半年的46.5%，随后逐月收窄。全年全省进出口总值341.7亿元，比上年下降23.9%，降幅比上半年收窄22.6个百分点。其中，出口123.7亿元，下降53.4%；进口218.0亿元，增长18.6%。

（八）铁路公路货运增速提高

2017年，全省铁路客运、货运增速比上年提高；公路客运增速回落，货运增速提高。

二、质量效益持续好转

（一）财政收入质量提升

2017年，全省一般公共预算收入815.6亿元，同口径比上年增长7.8%。其中，税收收入547.1亿元，增长10.4%；非税收入268.5亿元，增长2.9%。税收收入增速高于一般公共预算收入2.6个百分点，高于非税收入7.5个百分点；税收收入占财政收入的比重达67.1%，比重比上年提高1.6个百分点。

（二）城乡居民收入稳步增加

2017年，全省城镇居民人均可支配收入27763.4元，比上年增长8.1%。其中，工资性收入、经营净收入、财产净收入和转移净收入分别增长10.2%、8.7%、1.0%和3.6%。农村居民人均可支配收入8076.1元，增长8.3%。其中，工资性收入、经营净收入、财产净收入和转移净收入分别增长7.1%、9.0%、10.8%和8.2%。

（三）工业生产者出厂价格高位运行

2017年，全省工业生产者出厂价格各月累计涨幅保持在14%以上的高位运行，工业品市场供需关系持续改善。全年全省工业生产者出厂价格比上年上涨14.5%，工业生产者购进价格上涨15.5%。

（四）企业效益持续好转

2017年，全省规模以上工业企业实现利润2469亿元，比上年增长1.1倍，利润总额从1—2月的8.5亿元增加到全年的246.9亿元，盈利持续增加。规模以上工业企业税金总额586.0亿元，增长18.8%。其中，主营业务税金及附加347.4亿元，增长11.5%；应交增值税238.6亿元，增长31.4%。

（五）空气质量进一步改善

2017年，剔除沙尘影响后，全省14个市州可吸入颗粒物PM10浓度均值为76微克/立方米，比上年下降7.3%；细颗粒物PM2.5平均浓度为33微克/立方米，下降10.8%。全省平均优良天数比率为85.3%，比上年提高0.6个百分点。

三、供给侧结构性改革稳步推进

（一）新经济较快增长

2017年，全省规模以上工业中，战略性新兴产业工业增加值134.3亿元，

2017年甘肃省财政收支及其增长速度

单位：亿元、%

产品名称	绝对数	比上年增长
一般公共预算收入	815.6	7.8
税收收入	547.1	10.4
国内增值税	270.8	6.8
国内增值税	153.5	18.7
改征增值税	117.3	-5.6
企业所得税	67.2	22.3
个人所得税	27.3	33.0
资源税	16.7	28.5
城市维护建设税	45.6	5.8
房产税	21.0	7.7
印花税	8.8	3.8
城镇土地使用税	19.4	1.0
土地增值税	28.8	22.3
车船税	12.0	12.4
耕地占用税	6.8	23.4
契税	22.6	-3.9
其他税收收入	0.1	-38.9
非税收入	268.5	2.9
上划中央收入	724.9	6.0
一般公共预算支出	3307.3	5.0
一般公共服务支出	308.6	6.1
公共安全支出	170.5	8.9
教育支出	565.7	3.0
科学技术支出	25.3	-3.6
文化体育与传媒支出	64.1	0.4
社会保障和就业支出	468.7	0.8
医疗卫生与计划生育支出	289.3	5.9
节能环保支出	103.0	8.1
城乡社区支出	168.2	-14.4
农林水支出	519.0	6.3
交通运输支出	289.9	32.2
资源勘探信息等支出	50.7	-27.5
商业服务业等支出	26.2	8.0
金融支出	0.4	-88.2
国土海洋气象等支出	55.6	49.9
住房保障支出	133.0	6.8
粮油物资储备支出	9.4	-28.5
债务付息及发行费用支出	35.6	22.7

2017年全省城镇、农村居民人均可支配收入增速

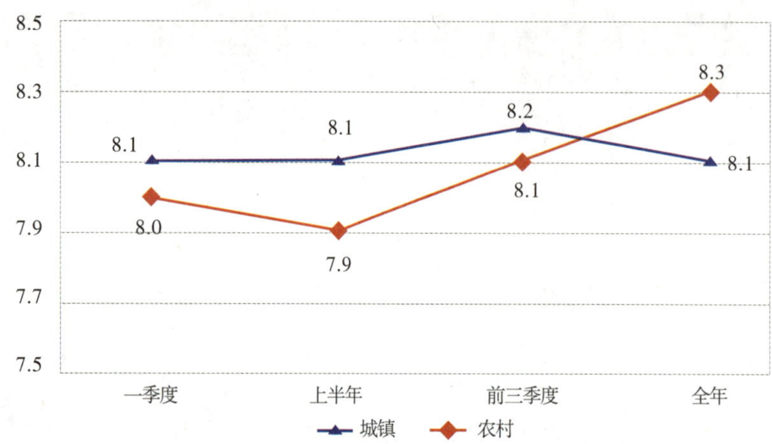

2017年全省规模以上工业企业利润

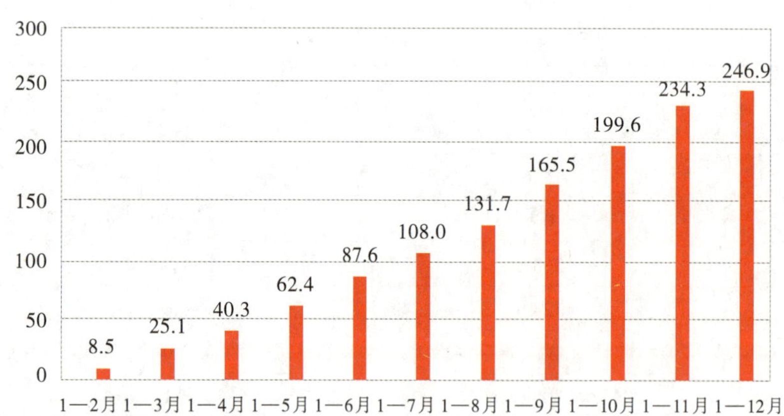

占全省规模以上工业的8.4%，比上年增长11.3%，增速比规模以上工业高13.0个百分点；高技术产业工业增加值75.5亿元，占4.7%，增长8.7%，增速比规模以上工业高10.4个百分点。

2017年，全省风力发电量187.6亿千瓦时，比上年增长37.5%；太阳能发电量73.5亿千瓦时，增长22.1%。

2017年，全省限额以上批零住餐企业通过公共网络实现零售额11.2亿元，比上年增长26.6%。共接待国内游客2.39亿人次，增长25%；实现国内旅游收入1578.7亿元，增长29%。完成快递业务量7201.7万件，增长18.7%。

（二）“三去一降一补”有序推进

2017年，全省计划关闭退出煤矿10处，退出产能240万吨，全部关闭到位并完成省、市、县三级验收，全面完成当年煤炭行业化解过剩产能任务；已发现的15家“地条钢”企业全部拆除取缔。

2017年末，全省规模以上工业企业中产成品库存432.6亿元，比上年末下降15.1%，增速自2016年5月份以来连续20个月为负，2017年各月降幅均在9.5%以上。全年产成品存货周转天数为20.8天，比上年减少6.2天。年末全省商品房待售面积822.6万平方米，比上年末下降10.3%。

2017年末，全省规模以上工业企业资产负债率64.5%，比上年末下降0.8个百分点。

2017年，全省规模以上工业企业每百元主营业务收入中的成本为86.2元，比上年下降1.4元。每百元主营业务收入中的三项费用为7.1元，下降0.8元。

基础设施不断完善。省际主要通道和市州政府所在地实现高速公路全连接，宝兰高铁、兰渝铁路两个重大铁路项目建成投入运营，建成陇南成县机场、甘南夏河机场和张掖丹霞通用机场。

（供稿：郑萍萍）

先进单位

人社部表彰

全国机构编制工作先进集体

甘肃省兰州市机构编制委员会办公室

（人社部发〔2017〕7号）

全国科协系统先进集体标兵

甘肃省平凉市庄浪县马铃薯产业协会

全国科协系统先进集体

甘肃省腐蚀与防护学会

甘肃省天水市麦积区科学技术协会

（人社部发〔2017〕27号）

全国防沙治沙先进集体

甘肃省防沙治沙办公室

甘肃省治沙研究所

武威市凉州区林业局

张掖市民乐县林业局

金昌市永昌县林业局

白银市景泰县治沙试验站

酒泉市林业局

（人社部发〔2017〕43号）

全国信访系统先进集体

武威市信访局

清水县信访局

（人社部发〔2017〕53号）

全国集体林权制度改革先进集体

康县林业局

临泽县林业局

天水市麦积区林业局

（人社部发〔2017〕56号）

全国体育系统先进集体

甘肃省自行车训练管理中心

酒泉市体育局

（人社部发〔2017〕63号）

全国纪检监察系统先进集体

甘肃省白银市纪委

甘肃省武威市纪委

甘肃省兰州市七里河区纪委

（人社部发〔2017〕64号）

全国老龄系统先进集体

甘肃省酒泉市老龄工作委员会办公室

（人社部发〔2017〕65号）

全国社会治安综合治理先进集体

甘肃省酒泉市综治办

甘肃省陇南市文县公安局

甘肃省平凉市灵台县综治办

甘肃省兰州市委维稳办

（人社部发〔2017〕67号）

全国住房城乡建设系统先进集体

甘肃省城乡规划设计研究院

嘉峪关市规划局

张掖市高台县住房和城乡建设局

（人社部发〔2017〕93号）

全国统计系统先进集体

甘肃省金昌市统计局

国家统计局榆中调查队

（人社部发〔2017〕94号）

省委省政府表彰

2016年度全省综治（平安建设）工作优秀地区

酒泉市
兰州市
嘉峪关市
平凉市
天水市
定西市
陇南市

2016年度全省综治（平安建设）工作先进成员单位

省委网信办
省公安厅
省法院
省检察院
省民政厅
省人社
省教育厅
省司法厅
省国家安全厅
省财政
省建设厅
省政府国资委
省新闻出版广电局
省卫生计生委
团省委
人行兰州中心支行

（甘委〔2017〕5号）

2016年度全省维护稳定工作先进地区

兰州市
张掖市
武威市
天水市
平凉市
酒泉市
陇南市

2016年度全省维护稳定工作先进单位

省公安厅
省国家安全厅
省委网信办
省人社厅
省发展改革委
省政府金融办
省民政厅
省教育厅
省政府国资委
省法院
省检察院
省藏办
省司法厅
省新闻出版广电局

（甘委〔2017〕6号）

第十三批省级精神文明建设工作先进集体

文明城市（2个）

白银市
合作市

文明县（区）（6个）

平川区
永登县
陇西县
宁县
礼县
临夏县

文明单位（255个）

省人大常委会机关
省纪律检查委员会机关
省人民检察院机关
省直机关工委机关
省民族事务委员会机关
省残疾人联合会机关
省动物卫生监督所
省森林公安局白水江分局
兰州铁路公安局机关
甘肃省歌剧院
甘肃省妇联第二保育院
甘肃长达路业有限责任公司
甘肃省通信产业咨询设计有限公司
甘肃卫生职业学院
甘肃省第二强制隔离戒毒所
甘肃省荣誉军人休养院
兰州市城关区水车园小学
兰州市城关区大砂坪小学
兰州水车博览园有限公司
兰州市第五十一中学
兰州市城关区嘉峪关路第一小学
兰州客运中心有限责任公司
兰州银行股份有限公司宏鑫支行
兰州市军队离退休干部第三休养所
兰州市第三十四中学
兰州市第三人民医院
兰州市公安局交通警察支队七里河大队
兰州市西固区城市管理行政执法局
兰州市西固区人民法院
兰州银行股份有限公司西固管理行
中国建设银行股份有限公司兰州西固支行
兰州市西固区中医院
兰州市第五十七中学
兰州市第六十五中学
兰州市安宁区万里小学
兰州市安宁区长风小学
兰州市红古区委党校
兰州市第十七中学
兰州市红古区鑫源天然气有限公司
永登县工商行政管理局
永登县农村信用合作联社
永登县人民法院
甘肃亚兰药业有限公司
榆中县文成小学
皋兰县人民检察院
皋兰县住房和城乡建设局
嘉峪关市市场监督管理局
嘉峪关市审计局
嘉峪关市规划局
嘉峪关市科学技术协会
嘉峪关市公共交通有限责任公司
嘉峪关市第六中学
嘉峪关市逸夫小学
嘉峪关市五一路小学
酒泉钢铁（集团）有限责任公司能源中心
酒泉钢铁（集团）有限责任公司保卫处
酒泉市人大常委会机关
酒泉市机构编制委员会办公室
酒泉市妇女联合会
酒泉市林业局
酒泉市公安消防支队
酒泉市交通运输局
酒泉高速公路管理处清嘉高速公路收费管理所
兰州银行股份有限公司酒泉分行
甘肃洁源风电有限责任公司

酒泉市肃州区人大常委会机关
酒泉市肃州区人力资源和社会保障局
金塔县人民检察院
金塔县食品药品监督管理局
金塔县第四中学
玉门市人力资源和社会保障局
玉门市第三中学
甘肃省疏勒河流域水资源管理局水库电站管理处
瓜州县审计局
中国移动通信集团甘肃有限公司瓜州县公司
瓜州县财政局
敦煌市人民检察院
肃北县委组织部
肃北县蒙古族学校
阿克塞县小学
张掖市档案局
张掖市人力资源和社会保障局
张掖市中医医院
张掖市甘州区图书馆
张掖市第一农业中学
临泽县公安消防大队
临泽县蓼泉镇文化服务中心
高台县气象局
张掖公路管理局高台公路管理段
山丹县人民检察院
张掖公路管理局山丹公路管理段
山丹农村商业银行股份有限公司
民乐县人民检察院
民乐县国家税务局六坝税务分局
肃南县人民法院
中国移动通信集团甘肃有限公司肃南县公司
金昌市农牧局
金昌市市政工程管理处
永昌县人大常委会机关
金昌市中西医结合医院
金昌市幼儿园
武威高速公路管理处永山高速公路收费管理所
金昌市金川区人民法院
国家电网金昌市金川区供电公司
民勤县气象局
甘肃普安制药有限公司
中国邮政集团公司武威市分公司
武威市凉州区人民法院
武威市凉州区教育局
武威市凉州区西营河水利管理处
民勤县委党校
中国人民银行民勤县支行
民勤县第五中学
民勤县水务局
古浪县气象局
红军西路军古浪战役纪念馆
天祝县民族中学
中国移动通信集团甘肃有限公司会宁县公司
定西高速公路管理处会宁县高速公路收费管理所
白银市人民检察院
白银市文化广播影视新闻出版局
白银市博物馆
中国邮政储蓄银行股份有限公司白银市分行
兰州银行股份有限公司白银分行
靖远县人民检察院
靖远县第二中学
靖远县师范学校附属小学
景泰县食品药品监督管理局
景泰县第四中学
白银市白银区第三小学
白银市公安局白银分局交通警察大队
白银市白银区人民法院
白银市平川区人民检察院
白银市平川区文化体育和广播影视局
白银市平川区红会路街道办事处
靖远第二发电有限公司
甘肃忠恒房地产开发集团有限公司
兰州高速公路管理处刘白高速公路收费管理所
中国工商银行股份有限公司定西分行
定西市安定区幼儿园
定西市安定区中华路中学
定西市安定区质量技术监督局
通渭县国家税务局
陇西农村商业银行股份有限公司
陇西县农牧局
甘肃省仁寿山森林公园
临洮二中
临洮县第一实验小学
临洮县质量技术监督局
渭源县地方税务局
渭源县农村信用合作联社
渭源县龙亭中学
漳县公安局
中国移动通信集团甘肃有限公司漳县公司
岷县工商行政管理局
岷县木寨岭隧道管理所
中国邮政集团公司甘肃省岷县分公司
平凉市规划局
平凉市卫生和计划生育委员会
中国邮政集团公司平凉分公司
平凉公路路政执法管理处
中国农业银行股份有限公司平凉分行
平凉剧院
平凉公路管理局泾川公路管理段
泾川农村商业银行股份有限公司
灵台县城关中学
中国人民银行崇信县支行
中国农业银行股份有限公司崇信县支行
华亭县东华小学
庄浪县公安消防大队
庄浪县第三小学
中国邮政集团公司甘肃省庄浪县分公司
庄浪农村合作银行
静宁县第三中学
静宁县职业技术教育中心
庆阳市西峰区西街街道办事处
庆阳市食品药品监督管理局
中国邮政储蓄银行庆阳市分行
庆城县文化广播影视局
华池县南梁红色景区建设管理局
华池县公安消防大队
环县职业中等专业学校
镇原县城关初级中学
镇原县农村信用合作联社
合水县幼儿园
合水县职业中等专业学校
西峰高速公路收费管理所长官收费站
天水市中级人民法院
天水市委老干部工作局
天水市审计局
天水市中医医院
天水市军队离退休干部休养所
天水经济技术开发区国家税务局
甘肃工业职业技术学院

天水市公安消防支队
天水市果树研究所
天水秦州农村合作银行
天水市秦州区西关街道办事处
天水市麦积区卫生和计划生育局
天水市第九中学
中国人民银行秦安县支行
甘谷县西关中学
武山县气象局
清水县委办公室
清水县人民检察院
国家电网张家川县供电公司
中国移动通信集团甘肃有限公司武山县公司
天水市麦积区城市管理行政执法局
陇南市人民政府办公室
陇南市公安局交警支队
陇南市武都第二中学
中国邮政集团公司甘肃省宕昌县分公司
宕昌县旧城中学
中国邮政集团公司甘肃省文县分公司
文县城关中学
康县第一人民医院
陇南公路管理局成县公路管理段
徽县国家税务局
徽县第二中学
西和县国家税务局
西和县人民法院
礼县工商行政管理局
礼县第二中学
两当兵变纪念馆
两当县财政局
临夏州委党校
临夏州水务水电局
临夏州道路运输管理局
临夏市前河沿小学教育集团
临夏县发展和改革局
临夏县地方税务局
永靖县四局小学
甘肃电投炳灵水电开发有限责任公司
和政县第二中学
和政县农村信用合作联社
康乐县委办公室
康乐县农村信用合作联社
广河县人民医院
中国移动通信集团甘肃有限公司广河县分公司
东乡县人民政府办公室
国家电网东乡县供电公司
积石山县教育局
积石山县农村信用合作联社
中国农业银行舟曲县支行
玛曲县国家税务局
临潭县羊沙乡中心小学
临潭县国家税务局
迭部县农村信用合作联社
夏河县文化体育广播影视局
碌曲县国家税务局
碌曲县地方税务局
卓尼县地方税务局
合作市地方税务局
中国移动通信集团甘肃有限公司临潭县公司
碌曲公路路政执法管理所

文明乡镇（77个）
永登县大同镇
永登县武胜驿镇
永登县龙泉寺镇
皋兰县石洞镇
皋兰县黑石镇
酒泉市肃州区上坝镇
酒泉市肃州区金佛寺镇
酒泉市肃州区黄泥堡裕固族乡
玉门市清泉乡
瓜州县柳园镇
敦煌市七里镇
敦煌市莫高镇
敦煌市郭家堡镇
肃北县马鬃山镇
阿克塞县阿克旗乡
民乐县永固镇
永昌县南坝乡
武威市凉州区羊下坝镇
民勤县蔡旗乡
民勤县西渠镇
古浪县黄花滩镇
天祝县安远镇
天祝县大红沟乡
会宁县平头川镇
会宁县河畔镇
靖远县东湾镇
景泰县一条山镇
定西市安定区香泉镇
定西市安定区石峡湾乡
通渭县华家岭乡
陇西县菜子镇
渭源县会川镇
漳县贵清山镇
岷县西江镇
岷县茶埠镇
平凉市崆峒区柳湖镇
灵台县星火乡
灵台县上良镇
华亭县砚峡乡
庆城县白马铺镇
华池县林镇乡
环县甜水镇
环县山城乡
合水县固城乡
宁县焦村镇
天水市秦州区秦岭乡
秦安县王尹镇
甘谷县大庄镇
武山县城关镇
清水县陇东乡
张家川县张棉乡
陇南市武都区安化镇
陇南市武都区裕河乡
宕昌县韩院乡
宕昌县木耳乡
文县铁楼藏族乡
康县王坝镇
康县周家坝镇
康县城关镇
成县黄渚镇
成县小川镇
徽县柳林镇
徽县伏家镇
西和县稍峪乡
礼县永兴镇
礼县石桥镇
两当县云屏乡
临夏市折桥镇
临夏县韩集镇
永靖县西河镇
和政县城关镇
康乐县康丰乡

广河县城关镇
东乡县唐汪镇
积石山县癿藏镇
玛曲县欧拉乡
卓尼县杓哇土族乡

文明村（100个）

永登县红城镇宁朔村
榆中县高崖镇关门口村
榆中县贡井乡贡马井村
榆中县马坡乡打磨沟村
皋兰县九合镇兰沟村
皋兰县水阜镇燕儿坪村
兰州新区秦川镇榆川村
嘉峪关市镜铁区文殊镇河口村
酒泉市肃州区东洞乡石灰窑村
酒泉市肃州区果园镇小坝沟村
玉门市下西号镇川北镇村
瓜州县三道沟镇三道沟村
瓜州县西湖乡北沟村
敦煌市七里镇三号桥村
敦煌市莫高镇苏家堡村
敦煌市转渠口镇雷家墩村
敦煌市郭家堡镇土塔村
肃北县党城湾镇马场村
阿克塞县红柳湾镇红柳湾村
张掖市甘州区乌江镇永丰村
张掖市甘州区党寨镇陈家墩村
临泽县倪家营镇倪家营村
临泽县沙河镇兰堡村
高台县巷道镇东联村
高台县骆驼城镇建康村
山丹县清泉镇郇庄村
山丹县位奇镇十里堡村
山丹县陈户镇范营村
民乐县南古镇城东村
民乐县丰乐乡刘庄村
肃南县白银蒙古族乡西牛毛村
金昌市金川区双湾镇天生炕村
永昌县东寨镇双桥村
武威市凉州区黄羊镇新店村
民勤县三雷镇中陶村
民勤县东湖镇雨圣村
民勤县蔡旗乡沙滩村
古浪县黄羊川镇大南冲村
天祝县松山镇达隆村
天祝县抓喜秀龙乡南泥沟村
会宁县中川镇大墩村
景泰县喜泉镇陈庄村
白银市白银区水川镇顾家善村
白银市白银区强湾乡白崖子村
白银市平川区水泉镇双岔村
白银市平川区宝积镇大湾村
通渭县马营镇华川村
陇西县菜子镇二十铺村
渭源县莲峰镇绽坡村
漳县三岔镇三岔村
岷县西江镇富康村
灵台县西屯镇白草坡村
崇信县锦屏镇于家湾村
静宁县界石铺镇继红村
庆城县驿马镇东滩村
华池县悦乐镇鸭儿洼村
宁县盘克镇形赤村
天水市秦州区平南镇王坡村
秦安县兴国镇康坡村
秦安县刘坪乡大湾村
甘谷县新兴镇康家滩村
甘谷县六峰镇六峰村
武山县山丹镇车岸村
武山县四门镇兰山村
清水县秦亭镇赵尧村
清水县永清镇温沟村
张家川县木河乡庄河村
张家川县马鹿镇宝坪村
陇南市武都区马街镇姜家山村
陇南市武都区佛崖乡贾店村
陇南市武都区马街镇梨坪村
宕昌县阿坞乡麻界村
文县天池镇王家庄村
文县丹堡镇纸坊村
康县岸门口镇严家坝村
康县白杨乡枫岭村
成县红川镇韩庄村
成县陈院镇梁楼村
徽县江洛镇游龙村
徽县大河店镇青泥村
徽县麻沿河镇糜岭村
西和县何坝镇麦川村
西和县苏合乡明星村
西和县兴隆乡茜峪村
礼县石桥镇白金村
两当县西坡镇竹林村
两当县云屏乡棉老村
临夏市枹罕镇拜家村
临夏县掌子沟乡达沙村
和政县达浪乡李家坪村
康乐县上湾乡马巴村
广河县三甲集镇康家村
东乡县高山乡布楞沟村
积石山县中咀岭乡中咀岭村
舟曲县立节镇杰迪村
临潭县新城镇晏家堡村
迭部县达拉乡高吉村
碌曲县拉仁关乡则岔村
卓尼县木耳镇木耳村
合作市坚木克街道加拉村

文明社区（50个）

兰州市城关区草场街街道庙滩子社区
兰州市城关区酒泉路街道畅家巷社区
兰州市城关区白银路街道西北新村社区
兰州市七里河区西站街道武威路社区
兰州市七里河区西站街道建西东路社区
兰州市西固区福利路街道兰化26街区社区
兰州市西固区福利路街道天鹅湖社区
兰州市红古区海石湾镇火车站社区
榆中县城关镇栖云北路社区
嘉峪关市镜铁区朝晖社区
嘉峪关市长城区兰新社区
酒泉市肃州区西南街道西文化街社区
金塔县东南街社区
玉门市老市区广场路社区
玉门市新市区街道办事处玉关路社区
瓜州县渊泉镇瓜州巷社区
瓜州县渊泉镇福利巷社区
敦煌市沙州镇古城社区
张掖市甘州区东街街道甘泉社区
永昌县河西堡镇金河路社区
金昌市金川区桂林路街道宝星里社区
武威市凉州区东大街雷台社区
武威市凉州区武南镇花明村社区
民勤县南街社区
会宁县会师镇会师门社区
靖远县乌兰镇新城社区
白银市白银区四龙路街道向阳村社区
白银市白银区人民路街道西村社区
白银市白银区人民路街道人民路社区

白银市平川区电力路街道向阳社区
白银市平川区长征街道周家地社区
白银市平川区兴平路街道陶瓷社区
白银市平川区长征街道宝积山社区
定西市安定区永定路街道东街社区
定西市安定区永定路街道中西社区
定西市安定区中华路街道火车站社区
临洮县洮阳镇椒山社区
平凉市崆峒区中街办事处南河道社区
庆城县玄马镇贾桥社区
宁县新宁镇九龙社区
天水市秦州区西关街道办事处永庆路社区
天水市麦积区道北街道办事处红旗路社区
秦安县兴国镇大城社区
甘谷县磐安镇磐安社区
武山县洛门镇乐善社区
清水县永清镇北城社区
宕昌县城关镇红河社区
礼县城关镇和平社区
两当县站儿巷镇站儿巷社区
临夏市城北街道办事处凤林社区

（甘委〔2017〕51号）

第五届全国文明城市

嘉峪关

（甘委〔2017〕81号）

2016年度甘肃省人民政府质量奖

甘肃路桥建设集团有限公司
敦煌研究院
兰州市大气污染治理

2016年度甘肃省人民政府质量奖提名奖

甘肃省妇幼保健院
兰州空间技术物理研究所
兰州海红技术股份有限公司
陇南市祥宇油橄榄开发有限责任公司
甘肃省电器科学研究院

（甘政发〔2017〕8号）

2016年度省长金融奖获奖单位

一、银行业金融机构

国家开发银行甘肃省分行
中国农业发展银行甘肃省分行
甘肃银行
兰州银行
浙商银行兰州分行

二、证券机构和要素市场机构

华龙证券股份有限公司

三、保险业金融机构

中国人民财产保险股份有限公司甘肃省分公司
中国人寿保险股份有限公司甘肃省分公司
中国人寿财产保险股份有限公司甘肃省分公司

四、资产管理、信托和金融租赁公司

甘肃资产管理有限公司

五、融资企业

金徽酒股份有限公司
甘肃陇神戎发药业股份有限公司
甘肃电投能源发展股份有限公司
兰州兰石重型装备股份有限公司
天水众兴菌业科技股份有限公司
甘肃省公路航空旅游投资集团有限公司
华龙期货股份有限公司
兰州金川新材料科技股份有限公司

六、担保公司

兰州高科创业投资担保有限公司

七、市州人民政府

兰州市政府
白银市政府
定西市政府

（甘政发〔2017〕28号）

集体一等功

省小轮自行车队

（甘政发〔2017〕83号）

先进人物

人社部表彰

全国机构编制工作先进工作者

李慧金（女） 甘肃省机构编制委员会办公室省直机关处主任科员

（人社部发〔2017〕7号）

全国科协系统先进工作者标兵

张明霞（女） 甘肃省高台县科学技术协会主席全国科协系统先进工作者

王　瑾（女） 甘肃省科学技术协会组宣部主任科员

干平生 甘肃省平凉市崆峒区科学技术协会主席

朱立明 甘肃省气象学会秘书长

乔丽芳（女） 甘肃省电机工程学会干事

陈江燕（女） 甘肃省两当县科学技术协会副主席

宗志温 甘肃省兰州市城关区科学技术协会主席

柳建唐 甘肃省定西市科学技术协会党组书记主席

贾　平 甘肃省庆阳市科学技术协会党组成员、副主席

郭林峰 甘肃省少数民族科普工作队队长

唐忠天 甘肃省武威市凉州区科学技术协会主席

黄万堂 甘肃省地质学会秘书长

黄培俊 甘肃省金昌市科学技术协会办公室主任

崔　磊（朝鲜族） 甘肃省机械工程学会秘书长助理

（人社部发〔2017〕27号）

全国特级优秀人民警察

王小安 兰州市公安局刑事警察支队一大队教导员

董德祥 武威市凉州区公安局刑事侦查二大队大队长

史秀萍（女） 平凉市公安局国内安全保卫支队支队长

刘锋军 嘉峪关市公安局网络安全保卫支队副政委

孟　辉 临夏县公安局缉毒大队大队长

（人社部发〔2017〕39号）

全国防沙治沙标兵

陶海璇 甘肃省民勤县连古城沙生植物自然保护区管理站站长

全国防沙治沙先进个人

刘　芳（女） 甘肃省防沙治沙办公室科长

杨多军 高台县林业局局长

功晓吾 环县林业技术推广总站站长

王小军 甘肃省生态监测监督管理局主任

王发东 金昌市环城防护林管理站站长

陆树林 甘肃绿州生态科技有限责任公司董事长

（人社部发〔2017〕43号）

全国创新争先奖获奖者

张　强 甘肃省气象局副局长，中国气象局干旱气候变化与减灾重点实验室主任，研究员

黄建平 兰州大学大气科学学院院长，教授

（人社部发〔2017〕44号）

国医大师

周信有 甘肃中医药大学

全国名中医

王自立 甘肃省中医院

（人社部发〔2017〕45号）

全国信访系统先进工作者

赵贵成 定西市信访局副局长

黄沿钧 平凉市信访局信访科科长

吴　斌 庆阳市信访局办信科科长

邓　飞 临夏县信访局局长

（人社部发〔2017〕53号）

全国集体林权制度改革先进个人

常　韧 定西市林业局资源林政科科长

付吉涛 庆阳市林业局林改办主任

连雪斌 甘肃省林业厅农村林业改革发展处处长

（人社部发〔2017〕56号）

全国体育系统先进工作者

逯　艳（女） 甘肃省自行车训练管理中心运动员

（人社部发〔2017〕63号）

全国纪检监察系统先进工作者

曹明忠 甘肃省天水市纪委副书记、市监察局副局长

（人社部发〔2017〕64号）

全国老龄系统先进工作者

周小文 甘肃省陇南市成县老龄工作委员会办公室主任科员

（人社部发〔2017〕65号）

全国社会治安综合治理先进工作者

张　鹏 甘肃省兰州市城关区酒泉路街道党工委书记

李建祥 甘肃省公安厅技术侦察总队主任科员

李建成 甘肃省司法厅社区矫正处处长（省综治委特殊人群专项组办公室联络员）

马维东　甘肃省张掖市临泽县委政法委副书记、综治办主任

（人社部发〔2017〕67号）

全国住房城乡建设系统先进工作者

张益胜　甘肃省住房和城乡建设厅住房保障处主任科员

张敬仲　甘肃省建设工程质量安全监督管理局工程质量监管部部长

左宗琛　庆阳市住房和城乡建设局人事秘书科科长

刘　瑰　嘉峪关市房地产管理局房地产管理科科长

马　荣　张掖市甘州区住房和城乡建设局副局长

全国住房城乡建设系统劳动模范

郑京义　甘肃土木工程科学研究院工会干部

李红军　嘉峪关市市政公用设施管理处路灯队工人

李振江　甘肃第四建设集团有限责任公司工人

罗　勇（土族）　武威市天祝藏族自治县市政工程管理所垃圾清运工人

王香菊（女）　张掖市山丹县城市建设投资开发有限责任公司副总经理

宋　睿（女）　庆阳市建筑设计院设计三所所长

（人社部发〔2017〕93号）

全国统计系统先进工作者

姚金平　甘肃省灵台县统计局局长

王松林　国家统计局麦积调查队队长

（人社部发〔2017〕94号）

全国农业劳动模范

康　勤　甘肃省定西市临洮县辛店镇康家崖村，勤荣马铃薯购销农民专业合作社理事长

董积珍　甘肃省临夏州永靖县杨塔乡徐湾村党支部书记，万佛脱毒马铃薯良种繁育专业合作社理事长

邢文生　甘肃省国有饮马农场职工

何旺庄　甘肃莫高实业发展股份有限公司种植公司经理

王生德　甘肃黄羊河农工商（集团）有限责任公司种业公司党支部副书记

龚　卫　甘肃省国营条山农场林果产业事业部省力化梨园项目经理

张述珍　甘肃省白银市靖远县五合镇贾寨柯村，金杞福源生物制品股份有限公司总经理

全国农业先进工作者

吴　兵　甘肃省白银市农牧局农业经营管理站站长、农经师

李效文　甘肃省定西市农业技术推广站站长、高级农艺师

余成蛟　甘肃省天水市麦积区畜牧兽医局副局长、高级畜牧师

张永堂　甘肃省武威市天祝县畜牧兽医局副局长、兽医师

魏玉兵　甘肃省张掖市甘州区平山湖蒙古族乡畜牧兽医站站长、高级畜牧师

马全胜（东乡族）　甘肃省临夏州积石山保安族东乡族撒拉族自治县畜牧局局长

王世来　甘肃省陇南市文县农业技术推广中心主任、助理农艺师

户　锋　甘肃省庆阳市华池县农牧局党组书记、局长

武翻江　甘肃省耕地质量建设管理总站肥料管理科科长、高级农艺师

（人社部发〔2017〕95号）

省委省政府表彰

全省见义勇为英雄

李学涛　男，汉族，1995年3月出生，共青团员，张掖市甘州区龙渠乡木笼坝村人，生前系宁夏理工学院大三学生，牺牲。

王少华　男，汉族，1994年6月出生，兰州市城关区靖远路街道九州大道洁诚小区居民。

王东拉海　男，回族，1970年7月出生，广河县城关镇李家坪村村民。

全省见义勇为英雄群体

王继续、刘星彤群体

王继续　男，汉族，1982年4月出生，中共党员，本科学历，天水市秦州区安宁小学教师。

刘星彤　女，汉族，1983年10月出生，本科学历，天水市秦州区安宁小学教师。

全省见义勇为先进分子

刘序恒　男，汉族，1971年4月出生，大专学历，兰州市七里河区王家堡居民，个体工商业者。

张　瑞　男，汉族，1992年12月出生，大专学历，兰州市西固区河口镇咸水村村民，务工人员。

张永忠　男，汉族，1979年6月出生，兰州铁路局嘉峪关机务段乘务员。

张承宗　男，汉族，1971年2月出生，中共党员，山丹县动物卫生监督所干部。

司维国　男，汉族，1978年3月出生，会宁县郭城驿镇新堡子村村民。

王连刚　男，汉族，1970年1月出生，中共党员，通渭县第三铺乡第三铺村村民。

刘文选　男，汉族，1968年10月出生，中共党员，大专学历，天水市委老干局职工。

李鹏亮　男，汉族，1997年10月出生，共青团员，正宁县第一中学高中学生。

扎西东知　男，藏族，1989年1月出生，碌曲县双岔乡毛日行政村恰日村民小组牧民。

全省见义勇为先进群体

胡少杰、徐会明、陈争录、肖建云群体

胡少杰　男，汉族，1999年12月出生，酒泉市东苑学校八年级学生，牺牲。

徐会明　男，汉族，1970年7月出生，个体工商业者。

陈争录 男，汉族，1967年2月出生，中共党员，酒泉天路劳务有限公司职工。

肖建云 男，汉族，1974年2月出生，中共党员，个体工商业者。

闫继军、闫现芳、俞菲群体

闫继军 男，汉族，1974年10月出生，中国平安人寿保险公司瓜州支公司职员。

闫现芳 女，汉族，1973年2月出生，中国平安人寿保险公司瓜州支公司职员。

俞　菲 女，汉族，1988年8月出生，瓜州县热力公司职员。

漆仲德、庆建东、窦成军群体

漆仲德 男，汉族，1987年10月出生，本科学历，共青团员，渭源县上湾乡综合文化中心干部。

庆建东 男，汉族，1966年1月出生，中共党员，渭源县上湾乡尖山村文书。

窦成军 男，汉族，1965年5月出生，渭源县上湾乡尖山村张家山社社长。

（甘委〔2017〕25号）

第十三批省级精神文明建设工作先进工作者

张克俭 省直机关工委文明办主任
王卫国 省建设厅直属机关党委专职副书记
李建华 财政部驻甘肃专员办办公室主任兼机关党委专职副书记、机关纪委书记
高　延 省总工会机关党委专职副书记
袁慧丽 省人大常委会机关党委副调研员
柴红梅 省行政学院工会主席、党委宣传部长
刘　奕 兰州市文明办秘书处处长
杨军民 兰州市城关区委宣传部副部长、区文明办主任
邹　涛 兰州市七里河区建兰路街道党工委书记
王伟军 兰州市西固区委常委、办公室主任
王亚军 兰州市安宁区政府副区长
米彩霞 兰州市红古区海石湾镇火车站社区主任
杨安泰 永登县城市管理行政执法局局长
李　娟 榆中县文明办主任
魏公涛 皋兰县石洞镇党委书记
高　希 嘉峪关市第一中学党总支书记
万思望 酒泉钢铁（集团）有限责任公司党委宣传部高级政工师
卢昌元 嘉峪关市文明办创建科科长
张文德 嘉峪关市镜铁区党群工作部部长
郭淑玲 酒泉市肃州区尚武街社区党总支书记、居委会主任
王玉花 金塔县文明办副主任科员
俞云山 玉门石油机械中等专业学校校长
宋　诚 瓜州县委书记、县文明委主任
王晋方 玉门市人民检察院党组书记、检察长
额尔登图 肃北县党城湾镇党委书记
宏　伟 阿克塞县委常委、统战部部长
唐　龙 酒泉市文明办未成年人思想道德建设科科长
陈　晰 张家川县委书记、县文明委主任
韦　强 张掖市甘州区委宣传部副部长、区文明办主任
万更乐 高台县巷道镇党委书记
王秀芸 肃南县文化广播影视新闻出版局局长、总支书记
杜　华 山丹县文明办副主任
田万禄 民乐县三堡镇寄宿制小学校长
甘宗业 金昌市文明办创建科科长
杨开颜 永昌县环保局局长
潘发辉 金昌市金川区环境卫生管理局副局长
孙鸿艳 金川集团公司退管中心第三工作站站长
韩　林 武威供电公司纪委书记
任海连 天祝县文明办主任
段明海 古浪县交通局副局长
张耀文 白银市文明办综合科科长
冉永庆 白银市平川区委宣传部副部长、区文明办主任
杨恒凤 白银市工商行政局市场规范管理科科长
曾振强 景泰县文明办副主任
李翠香 白银市白银区文明办干部
贺　飞 白银市公交公司党委工作部干事
祁永和 定西市安定区委副书记、区人民政府区长
付　顺 定西公路管理局团委书记兼党办副主任
孟效鹏 通渭县委宣传部副部长兼县文联主席
郑国栋 陇西县渭州九年制学校校长
赵明芹 临洮县西街小学校长
王正强 渭源县委宣传部副部长、县文明办主任
杨慧平 漳县第一中学教师
史学华 岷县县委常委、宣传部部长、县文明委副主任
张耀宏 平凉五中党委书记、校长
吕浩荣 泾川县文体广电局党组书记、局长
张晓红 平凉市崆峒区委常委、宣传部部长、县文明委副主任
梁正军 崇信县政协副主席
张小勇 华亭县文明办干部
刘卓禄 庄浪县委常委、宣传部部长、县文明委副主任
郭折过 静宁县文明办干部
闫晓丽 平凉市文明办思想道德建设科科长
刘万银 庆阳市文明办创建科副科级干部
徐小明 庆阳市西峰区委宣传部常务副部长
李卓远 庆城县委宣传部常务副部长
张仲华 合水县委宣传部副部长、县文明办主任
王自祥 宁县文明办主任
王小妮 环县文明办副主任
段雅斐 镇原县工信局纪检组长
张文全 天水市青少年学生校外活动中心主任
史　健 天水市麦积区实验小学校长
余翠竹 清水县委宣传部副部长、县文明办主任
安惠民 秦安县地方税务局党组书记、局长
王喜来 武山县温泉镇党委书记

谢平子　甘谷县八里湾乡谢家沟村党支部书记
郭雅晴　天水市秦州区东关街道尚义巷社区主任
王小红　张家川县马鹿镇副镇长
苏　龙　陇南市武都区交警大队教导员
温海量　宕昌县文明办主任
杨建禄　文县文明办副主任
郭力逢　礼县县委常委、宣传部长、县文明委副主任
张军民　成县小川镇党委书记
王新田　徽县文体局局长
方向上　西和县汉源镇初级中学校长
田全兴　礼县宣传部干部
刘国庆　两当县鱼池乡乡长
李晓芬　陇南新闻网络中心主任
马艳春　临夏市木场小学校长
陈占奎　临夏市城市管理综合行政执法局局长
张生强　临夏县教育局局长
聂明利　永靖县文明办主任
张　彪　和政县第一中学政教处主任
马福良　康乐县农村信用合作联社理事长
马永福　广河县委常委、宣传部部长、县文明委副主任
马麦米乃　东乡县市政局环卫工人
张新俊　积石山县中咀岭乡干部
仇锐红　舟曲县文明办副主任
山梅兰　临潭县委常委、宣传部部长、县文明委副主任
李永胜　玛曲县委宣传部科员
曹建军　甘南州住房公积金管理中心主任
何寿增　卓尼县县志办主任
牛志恩　迭部县多儿乡党委书记
李红东　甘南供电公司综合服务中心党支部书记
王秀兰　甘南州妇幼保健院妇产科主任
加羊尖措　甘南州合作藏族中学教师

（甘委〔2017〕51号）

甘肃省优秀共产党员

李　钢　男，甘肃陇西人，1968年9月出生，1986年11月参加工作，中共党员，生前系兰州市公安局便衣侦查支队反盗车大队一级警员，二级警督警衔。2016年11月30日凌晨，在执行缉捕系列盗车团伙任务中，李钢同志奋力阻截驾车冲卡嫌犯，致身负重伤，经抢救无效不幸牺牲，年仅48岁。

冯小平　男，甘肃陇西人，1972年11月出生，1997年8月参加工作。中共党员，生前系定西市陇西县综合执法局市容环境卫生监管执法大队文峰中队中队长。2017年7月26日，定西市境内发生强降雨，陇西县文峰镇灾情尤为严重，当晚21时许，冯小平同志在奋力解救被积水围困于树上的群众时被卷入水中，经抢救无效不幸牺牲，年仅44岁。

（甘委〔2017〕78号）

甘肃省文艺突出贡献奖获奖人员名单

叶　舟　男，汉族，甘肃日报社主任编辑。
朱　衡　男，汉族，省戏剧家协会主席、省话剧院有限责任公司总经理，一级演员。
汪小平　男，东乡族，省文联副主席，兰州市文联党组书记、主席。
窦凤霞　女，汉族，省陇剧院演员团团长，一级演员。马刚男，汉族，省文联副主席，省美术家协会副主席，兰州财经大学艺术学院院长、教授。
马少敏　女，回族，西北民族大学音乐学院音乐戏剧教研室主任、教授，一级演员。
樊　威　男，汉族，省美术家协会副主席。
彭德明　男，汉族，省文联副主席，省歌剧院院长，一级演员。
吴　健　男，汉族，省摄影家协会主席，敦煌研究院数字中心主任，研究馆员。
贺继新　男，裕固族，肃南县作家协会原副主席。
张永基　男，汉族，省文联原党组成员、副主席。

（甘委〔2017〕85号）

甘肃省文艺终身成就奖

李西莲　女，汉族，省歌剧院原演员、导演，一级演员。
常香玲　女，汉族，兰州戏曲剧院原演员，一级演员。
万庚育　女，汉族，敦煌研究院美术研究所副研究馆员。
苏　平　女，撒拉族，省歌舞剧院有限责任公司原独唱演员，一级演员。
陈天铀　男，汉族，甘肃画院原副院长，一级美术师。
王正强　男，汉族，省广播电影电视总台广播电台文艺部原副主任，高级编辑。
朱　江　男，汉族，省歌舞剧院有限责任公司原编导，一级编导。
包学良　男，汉族，省歌剧院原编导、作曲，二级作曲。
王学诗　男，汉族，省歌剧院原指挥、作曲，一级指挥。
薛华杰　男，汉族，省文化馆《陇原文化》原副主编，副研究员。

（甘委〔2017〕85号）

2017年甘肃省外国专家“敦煌奖”获奖者

乔治·格拉斯哥（白俄罗斯）
阿斯提·路德（挪威）
伊莉莎贝蒂·怀特珀斯·维尼奥（瑞典）
竹村右（日本）
约尔格·迪特尔·豪费（德国）
伯纳德·彼特·邓肯（新西兰）
约翰·托马斯·辛诺特（美国）

（甘政发〔2017〕69号）

一等功

叶转转
罗晓玲
逯　艳
叶尔兰别克·卡泰
常志昭
包建兵
李文凯
张　烨
红　伟
于宏举

（甘政发〔2017〕83号）

地方立法

甘肃省建设工程质量和建设工程安全生产管理条例

2017 年 9 月 28 日甘肃省第十二届人民代表大会常务委员会第三十五次会议通过

甘肃省人民代表大会常务委员会公告　（第 62 号）

第一章 总　则

第一条　为了加强建设工程质量和建设工程安全生产管理，保障人民生命和财产安全，根据《中华人民共和国建筑法》《中华人民共和国安全生产法》《建设工程质量管理条例》和《建设工程安全生产管理条例》等有关法律、行政法规，结合本省实际，制定本条例。

第二条　本省行政区域内从事建设工程的新建、改建、扩建和拆除，以及与建设工程质量和建设工程安全生产相关的监督管理活动，适用本条例。

本条例所称建设工程，是指土木工程、建筑工程、线路管道和设备安装及装修工程。

军事建设工程、抢险救灾、应急抢修、农村危房改造、农民自建低层住宅及其他临时性房屋建筑的质量和安全生产管理按照相关规定执行。

第三条　县级以上人民政府应当加强对建设工程质量和建设工程安全生产工作的领导，协调解决建设工程质量和建设工程安全生产监督管理中的重大问题，将建设工程质量和建设工程安全生产监督管理工作所需经费纳入本级财政预算。

第四条　县级以上人民政府住房和城乡建设行政主管部门对本行政区域内的建设工程质量和建设工程安全生产实施监督管理，其所属的建设工程质量安全监督机构负责实施具体的监督管理工作。

县级以上人民政府安全生产监督管理部门依法对本行政区域内的建设工程安全生产工作实施综合监督管理。

县级以上人民政府交通、水利、发改、工信等行政主管部门在各自的职责范围内，负责本行政区域内专业建设工程质量和建设工程安全生产的监督管理。

第五条　建设、勘察、设计、施工、监理等建设工程责任主体及施工图审查、工程质量安全检测、监测、预拌混凝土生产、预制构配件生产等与建设工程质量和建设工程安全生产有关的单位和人员，应当遵守法律、法规、强制性标准及本省的相关规定，在资质、资格允许范围内从事相应业务活动，履行建设工程质量和建设工程安全生产职责，依法承担相应责任。

第六条 建设工程应当符合绿色、人文、科技的建设理念，鼓励推广应用先进科学的管理方法和符合建设工程质量、安全、环保、节能要求的新材料、新工艺、新设备和新技术，推进建筑产业现代化发展，提高建设工程质量和品质。

第七条 建设工程质量实行质量责任终身制。建设、勘察、设计、施工、监理等建设工程责任主体及其法定代表人、项目负责人应当在工程设计使用年限内对因其原因造成的质量问题承担相应责任。

第八条 县级以上人民政府及有关行政主管部门应当建立优质工程、质量和安全生产标准化及文明施工激励机制，对提高建设工程质量和品质、安全生产水平做出突出贡献的单位和个人给予表彰奖励。

第二章 建设单位的责任和义务

第九条 建设单位应当按照法律、法规，加强建设工程的质量和安全生产管理，对建设工程的质量和安全生产负责，并履行下列责任和义务：

（一）将建设工程发包给具有相应资质等级的勘察、设计、施工、监理、检测等单位，并在与其签订的合同中明确约定双方的工程质量和安全生产责任；

（二）按照国家及本省有关工程造价和定额的规定，合理确定工程勘察、设计、施工、监理、检测等各方的费用和工期，不得随意改变；

（三）提供符合施工条件的施工场地，协调解决施工现场各施工单位及毗邻区域内影响施工质量和安全的问题；在项目开工前应当取得施工现场及毗邻区域地面现状和相关地下管线资料，并向勘察、设计、施工、监理等单位进行交底；

（四）组织勘察、设计、施工、监理等与工程建设有关的各方进行设计交底和图纸会审；

（五）按照相关规定委托具有相应资质的机构对工程项目及工程实体质量进行检测或者监测，见证或者委托监理单位见证现场检测及施工单位的取样送检工作；

（六）配合有关部门做好质量和安全事故调查处理工作。发生质量事故时，及时组织勘察、设计、施工、监理、检测等单位共同提出处理意见或者处理方案，并报住房和城乡建设或者有关主管部门备案；

（七）法律、法规规定的其他责任和义务。

第十条 建设单位应当设立工程质量和安全生产管理机构负责相关管理工作，并可以委托有资质的工程项目管理单位，对建设工程全过程提供专业化的管理和服务。

第十一条 建设单位应当将工程施工图设计文件委托具有相应资质的施工图审查机构进行审查。未经审查或者审查不合格的，不得用于施工。

经审查通过的施工图设计文件不得擅自修改，确有必要进行修改的，应当由原设计单位修改。涉及公共利益、公众安全、工程建设强制性标准等主要内容变更的，建设单位应当委托原施工图设计文件审查机构重新审查，审查合格后方可用于施工。

交通、水利等专业工程的施工图设计文件审查，按照相关规定执行。

第十二条 建设单位在领取工程施工许可证或者工程开工报告前，应当到建设工程质量安全监督机构办理建设工程质量和安全监督手续。

建设单位在办理建设工程质量安全监督手续前，应当组织建设、勘察、设计、施工、监理等责任主体签署法人授权委托书和项目负责人工程质量终身责任承诺书，并建立责任主体项目负责人终身责任信息档案。对于未签署工程质量终身责任承诺书的工程不予办理工程质量安全监督手续。

第十三条 建设单位应当将建设工程安全作业环境及安全施工措施费计入工程造价，及时拨付给施工单位专款专用。建设工程质量安全监督机构对建设工程安全作业环境及安全施工措施费的支付和使用情况实施监督。

第十四条 建设单位不得对勘察、设计、施工、监理、检测等单位提出不符合法律、法规和强制性标准规定的要求，不得违法指定工程分包单位及建设工程材料、建筑构配件、设备和预拌混凝土的供应单位。

第十五条 建设单位应当自收到施工单位工程竣工报告之日起20日内，对符合竣工验收条件的工程按照规定程序组织工程竣工验收，并提前7个工作日将验收时间、地点、验收组名单等信息书面通知负责监督该工程的建设工程质量安全监督机构。

住宅工程应当在工程竣工验收前先组织分户验收。

单位工程竣工验收合格，且具备法律、法规规定的其他条件后，方可交付使用。

建设工程竣工验收合格后，建设单位应当将工程竣工验收报告、工程质量保修书等法律法规规定的文件报工程所在地住房和城乡建设主管部门办理竣工备案，并及时向相关的档案管理部门移交建设、勘察、设计、施工、监理等责任主体项目负责人终身责任信息档案及其他建设项目档案。

建设单位应当在建设工程竣工验收合格后15日内按照要求设置永久性标牌。未按照要求设置的，不得办理竣工备案。

交通、水利、消防、环保、人民防空、通信等专业工程的竣工验收备案，按照相关规定执行。

第十六条 建设单位交付的住宅工程应当向房屋产权所有人提供由省住房和城乡建设主管部门统一制定的房屋使用说明书和工程质量保证书。房屋使用说明书应当载明房屋建筑的基本情况、设计使用寿命、性能指标、承重结构位置、管线布置、附属设备、配套设施及使用维护保养要求、禁止事项等。

第三章 勘察、设计、施工图审查单位的责任和义务

第十七条 勘察、设计单位应当按

照法律、法规、技术标准及合同约定进行勘察、设计，对建设工程的勘察、设计质量负责，并履行下列责任和义务：

（一）参加建设单位组织的设计图纸会审，做好设计文件交底；向建设、施工、监理等单位详细说明工程勘察、设计文件；

（二）勘察单位应当参加建设工程基槽及桩基分项工程、地基基础分部工程及单位工程竣工验收，并签署意见；设计单位应当参加设计文件中标注的重点部位和环节的分部分项工程、地基基础分部和主体结构分部工程及单位工程竣工验收，并签署意见；参加单位工程竣工验收前勘察、设计单位还应当出具建设工程勘察、设计质量检查报告并提交建设单位；

（三）参加建设工程质量和建设工程生产安全事故分析，对因勘察、设计原因造成的事故提出相应的技术处理方案；参加处理工程施工中出现的与勘察、设计有关的其他问题；

（四）法律、法规规定的其他责任和义务。

第十八条 勘察单位在勘察作业现场应当采取有效安全防范措施，保证各类管线、设施和周边建筑物、构筑物的安全。

第十九条 设计文件应当满足国家规定的深度要求，并符合下列规定：

（一）对建设工程本体可能存在的重大风险控制进行专项设计；

（二）对涉及工程质量和安全的重点部位和环节进行标注；

（三）采用新技术、新工艺、新材料、新设备的，明确质量和安全的保障措施；

（四）根据建设工程勘察文件和建设单位提供的调查资料，选用有利于保护毗邻建筑物、构筑物、管线和设施安全的技术、工艺、材料和设备；

（五）明确建设工程本体以及毗邻建筑物、构筑物、管线和设施的监测要求及监测控制限值。

第二十条 施工图审查单位应当按照法律、法规和技术标准对建设工程的施工图设计文件进行审查，对审查合格的施工图设计文件承担审查责任。

第四章 施工单位及其相关单位的责任和义务

第二十一条 施工单位应当按照法律、法规、技术标准、施工图设计文件及施工合同约定组织施工，对建设工程的施工质量和安全生产负责，并履行下列责任和义务：

（一）建立健全质量和安全保证体系，设置质量、安全生产管理机构，按照合同约定及有关规定配备与工程项目规模和技术难度相适应的并取得相应资格证书的项目、技术、质量和安全负责人，以及质量检查员、安全员等施工管理人员；

（二）建立健全质量责任制、安全生产责任制和重大危险源监管、隐患排查、安全生产教育培训等质量和安全生产管理制度；

（三）建立建筑材料、建筑构配件、预拌混凝土、混凝土预制构件和设备的进场检验制度，进场验收应当由材料设备管理人员、质量检查员及监理人员共同进行；

（四）严格工序管理和施工质量检查验收，按照规定对工序、隐蔽工程、检验批、分项、分部及单位工程进行自检。对隐蔽工程、检验批、分项及分部工程，施工单位自检合格后应当报监理单位进行验收，未经监理单位验收或者经验收不合格，不得继续施工；对于单位工程，施工单位自检合格后应当报监理单位进行竣工预验收，竣工预验收合格后由施工单位向建设单位提交工程竣工报告申请竣工验收；对监理单位提出检查要求的重要工序，应当经监理工程师检查认可后方可进行下道工序；

（五）建立工程资料档案。工程质量和安全生产施工资料的收集整理应当按照国家和本省有关规定，及时、准确、真实、完整，并与工程进度同步；

（六）按照国家和本省有关标准化施工的要求施工，并按时进行质量、安全生产标准化自评工作；

（七）按照国家有关消防安全技术标准和要求，建立并落实消防安全责任制；

（八）遵守有关环境保护的法律、法规和相关规定，采取措施防止或者减少粉尘、废气、废水、固体废物、噪声、振动和施工照明等对人和环境的危害和污染，在施工完成后及时对造成的环境损害进行修复；

（九）依法为员工参加工伤保险并缴纳工伤保险费；

（十）依照法律、法规和有关规定制定事故应急预案，建立健全应急救援体系；

（十一）发生工程质量事故或者生产安全事故时，依照法律、法规和有关规定进行处置和上报；

（十二）法律、法规规定的其他责任和义务。

第二十二条 注册建造师不得同时承担两个及以上的建设工程项目负责人，不得委托他人代行职责。项目负责人的变更应当经监理单位、建设单位书面同意，且不得降低资格条件，并报项目所在地住房和城乡建设或者其他有关主管部门备案；变更后的项目负责人应当重新签署法人授权委托书和工程质量终身责任承诺书，并报负责监督该工程的建设工程质量安全监督机构备案。

第二十三条 施工单位项目技术负责人在建设工程施工前，对工程质量和安全施工的有关技术要求、重大危险源和应急处置措施，应当向施工作业班组、作业人员做出书面详细说明，双方签字确认。

施工单位应当在施工现场明显位置公示项目重大危险源，并在相应部位设立警示标志。

建设工程施工可能对毗邻建筑物、构筑物和地下管线等造成损害的，施工单位应当采取专项保护措施。

第二十四条 施工单位应当建立健全企业内部教育培训考核制度，未经考核或者考核不合格的人员不得上岗作业。

施工单位主要负责人、项目负责人、专职安全生产管理人员应当经省住房和城乡建设或者其他有关主管部门考核合格，取得安全生产考核合格证书后，方可担任相应职务。

建筑施工特种作业人员应当经省住房和城乡建设主管部门考核合格，取得相应工种的建筑施工特种作业人员资格证书。对于首次上岗的建筑施工特种作业人员，施工单位应当在其正式上岗前安排不少于3个月的实习操作。

第二十五条 施工单位在施工前，应当编制施工组织设计文件，对危险性较大的分部分项工程编制专项施工方案，并明确下列内容：

（一）与设计要求相适应的施工工艺、施工过程中的质量和安全控制措施以及应急处置预案；

（二）施工过程中施工单位内部质量和安全控制措施的交底、验收、检查和整改程序；

（三）符合合同约定工期的施工进度计划安排；

（四）对可能影响到的毗邻建筑物、构筑物和其他管线、设施等采取的专项防护措施及建筑物沉降观测方案等。

第二十六条 实施拆除工程应当按照有关规定进行。房屋拆除应当由具有相应资质等级的施工单位承担；拆除前应当编制安全可靠的拆除施工方案，并在方案中明确拆除工程负责人；拆除现场周围应当设置围栏和警示标志，并采取防止扬尘和降低噪声等措施；对危险区域或者危险部位的拆除应当专人监护。

第二十七条 生产、销售及租赁单位所提供的建筑材料、建筑构配件、设备和安全生产防护用品（具）应当符合有关标准的质量要求，并对所生产、销售及租赁的产品质量负责。

第二十八条 房屋建筑及市政基础设施工程施工现场起重机械的产权单位，首次出租或者安装起重机械前，应当到本单位工商注册所在地市（州）建设工程质量安全监督机构办理登记。

房屋建筑及市政基础设施工程施工现场起重机械的使用单位应当自起重机械安装验收合格之日起10个工作日内，到负责监督该工程的建设工程质量安全监督机构办理使用登记。

禁止出租或者使用国家明令淘汰或者不符合安全技术要求的建筑起重机械设备。

第二十九条 施工起重机械和整体提升脚手架、模板等自升式架设设施检验检测机构，应当在收到检验检测申请后5个工作日内进行检测，检测结束后5个工作日内出具检验检测报告，并对检测结果的真实性和准确性负责。

第三十条 预拌混凝土生产单位应当取得预拌混凝土专业承包资质，建立专项试验室，按照法律、法规和技术标准组织生产，对预拌混凝土生产、运输过程中的混凝土质量负责。

禁止施工单位和其他有关单位向不具有预拌混凝土专业承包资质的单位采购预拌混凝土。第五章监理单位的责任和义务

第三十一条 工程监理单位应当按照法律、法规、技术标准、设计文件和合同约定，对建设工程的质量和安全生产承担监理责任，并履行下列责任和义务：

（一）编制监理规划和监理实施细则，并按照监理规划、细则及工程监理规范的要求，采取旁站、巡视和平行检验等方式，对工程施工过程实施监理；

（二）审查施工单位施工组织设计、专项施工方案、质量安全保证措施和应急救援预案等并督促落实；

（三）核查施工总承包及分包单位的资质证书、安全生产许可证、项目管理人员执业资格证、项目负责人及专职安全生产管理人员安全生产考核合格证书、建筑施工特种作业人员资格证书等；核查与建设工程有关的工程质量检测、监测机构及预拌混凝土生产等相关单位的资质情况；

（四）检查施工单位现场质量、安全生产管理体系的建立及运行情况；对进入施工现场的建筑材料、构配件、预拌混凝土、设备等进行检查验收；审核施工单位制定的涉及结构安全的试块、试件及工程材料、建筑构配件的取样送检见证计划，并按照规定对取样、封样及送检进行见证；对施工单位安全作业环境及安全施工措施费用的使用进行审查；

（五）督促施工单位对建设工程质量和建设工程安全生产隐患进行整改，情况严重的，责令暂时停止施工，并及时通报建设单位；对拒不整改或者不停止施工的，及时报告负责监督该工程的建设工程质量安全监督机构；发现有违法、违规行为的，应当及时予以制止，并报告住房和城乡建设等有关主管部门或者建设工程质量安全监督机构；

（六）验收检验批、隐蔽工程及分项工程；组织分部工程验收；审查单位工程质量检验资料；审查施工单位竣工申请，组织工程竣工预验收；编写工程质量评估报告，参与单位工程竣工验收；

（七）审查施工档案管理情况，并将监理档案移交建设单位；

（八）法律、法规规定的其他责任和义务。

第三十二条 工程监理单位应当按照合同约定建立现场监理机构，配备相应资格的项目总监理工程师、专业监理工程师和监理人员进驻施工现场。总监理工程师的变更应当经建设单位书面同意，并报项目所在地住房和城乡建设或者其他有关主管部门备案；变更后的总监理工程师应当重新签署法人授权委托书和工程质量终身责任承诺书，并报负责监督该工程的建设工程质量安全监督机构备案。

第六章　工程质量检测、监测机构的责任和义务

第三十三条 工程质量检测机构应当按照法律、法规、技术标准和检测合同开展检测活动，对检测数据、检测结论和检测报告的真实性和准确性负责，并履行下列责任和义务：

（一）配备能满足所开展检测业务要求并取得相应资格证书的检测人员；

（二）按照检测标准程序及方法开展检测业务，及时出具检测报告。现场实施的检测项目，应当在工程监理和施工

单位的见证下进行；

（三）建立检测台账及不合格项目台账。对检测过程中发现涉及结构安全和主要使用功能的检测结果不合格的情况，应当如实记录，并及时报告负责监督该工程的建设工程质量安全监督机构；

（四）按照本省工程质量检测监管要求，对规定的检测项目应当通过省住房和城乡建设等主管部门的工程质量检测监管系统进行检测，并出具检测报告；

（五）建立档案管理制度，对检测合同、委托单、原始记录和检测报告应当按照年度统一连续编号，不得随意抽撤、涂改；对自动采集数据并联网上传的检测项目，应当做好原始记录的电子备份，并打印存档；

（六）法律、法规规定的其他责任和义务。

第三十四条 工程质量检测机构不得转包检测业务；不得倒卖、出借、出租、转让资质证书；不得超越资质范围或者挂靠其他检测机构从事检测活动。

第三十五条 工程质量监测机构应当按照法律、法规、技术标准、施工图设计文件和监测合同要求，对建设工程本体以及毗邻建筑物、构筑物、其他管线和设施等实施监测，按照设计及相关标准规定的报警值及时报警，对监测数据的真实性和可靠性负责。

第三十六条 工程质量检测、监测机构不得伪造检测、监测数据或者出具虚假检测、监测报告。任何单位和个人不得明示或者暗示检测、监测机构出具虚假检测、监测报告或者伪造检测、监测报告。

第七章 建设工程质量保修

第三十七条 建设工程实行质量保修制度。建设工程的最低保修期限按照国家相关法律、法规执行。

第三十八条 在保修范围及保修期内出现的工程质量缺陷由施工单位负责维修，维修费用按照下列规定承担：

（一）因勘察、设计、监理、施工单位责任造成的质量缺陷，各单位按照合同约定承担相应的保修费用；

（二）因建设单位原因造成的质量缺陷，保修费用由建设单位承担；

（三）因建筑材料、建筑构配件和设备质量不合格造成质量缺陷，属于施工单位采购的，由施工单位承担；属于建设单位采购的，由建设单位承担；

（四）因多方原因造成的质量缺陷，保修费用由各方按照责任大小分别承担。

因工程质量缺陷造成人身伤害或者财产损失的，由责任方承担相应的法律责任。

商品房在销售合同质量保证期限内出现工程质量缺陷，由建设单位承担保修责任和维修费用，建设单位可以依法向有关责任单位追偿。

本条所称工程质量缺陷，是指工程质量不符合技术标准及施工图设计文件。

第三十九条 建设工程质量保修由建设单位或者工程所有者、管理者向施工单位发出保修通知，施工单位接到保修通知后应当及时维修。因拖延造成人身伤害或者财产损失的，施工单位应当承担相应的法律责任。

施工单位拒绝按照保修书承诺予以维修的，建设单位或者工程所有者、管理者可以先行委托其他具有相应资质的施工单位维修，后向原施工单位进行追偿。

第四十条 因不可抗力、使用不当或者第三方造成的工程质量问题不属于保修范围；使用方或者第三方应当对所造成的质量问题承担修复责任，造成财产损失或者人身伤害的，还应当承担赔偿责任。

建设工程保修期满后，在使用过程中因未进行正常维护、检修及使用不当影响建设工程质量的，由责任人承担维修费用。

第四十一条 鼓励建设工程采用工程质量担保、工程质量保险等方式对工程质量的保修进行保证。采用上述方式的，建设单位不得再预留质量保修保证金，但合同另有约定的除外。

第八章 监督管理

第四十二条 县级以上人民政府住房和城乡建设、交通、水利等行政主管部门及其所属的建设工程质量安全监督机构应当建立完善建设工程质量和建设工程安全生产监督管理体系和管理制度，配备相应的监督人员和装备。

省住房和城乡建设、交通、水利等行政主管部门应当对各自行业内的建设工程质量安全监督机构及其监督人员按照国家及本省有关规定进行考核、管理和业务指导。建设工程质量安全监督机构及其监督人员经考核合格后方可实施质量和安全生产监督管理工作。

第四十三条 县级以上建设工程质量安全监督机构应当对本行政区域内已办理工程质量安全监督手续并取得施工许可的建设工程，按照法律、法规技术标准，实施工程质量和安全生产监督管理，并履行下列监督职责：

（一）抽查建设工程建设、勘察、设计、施工、监理等责任主体及相关单位的质量和安全行为、履行职责及执行法律、法规和技术标准的情况；

（二）抽查、抽测涉及工程结构安全和主要使用功能的工程实体质量及主要建筑材料、建筑构配件和设备的质量；

（三）抽查建设工程施工现场安全生产管理情况；

（四）抽查施工质量和安全标准化开展情况，并对施工项目和施工企业开展安全生产标准化考评工作；

（五）对工程竣工验收进行监督；

（六）依法对建设工程各责任主体及相关单位的违法违规行为，实施行政处罚或者移交有关部门处理；

（七）组织或者参与工程项目施工质量和生产安全事故的调查处理；处理与建设工程质量和建设工程安全生产相关的举报和投诉；

（八）法律、法规规定的其他职责。

第四十四条 各级住房和城乡建设行政主管部门和其他有关部门、建设工程质量安全监督机构履行监督检查职责时，可以采取下列措施：

（一）进入施工现场进行检查；

（二）要求建设、勘察、设计、施工、监理等责任主体及相关单位提供有关建设工程质量和建设工程安全生产的文件和资料；

（三）发现质量和安全隐患，责令整改或者暂时停止施工；发现违法违规行为，按照权限实施行政处罚或者移交有关部门处理；

（四）法律、法规规定的其他措施。

第四十五条 县级以上住房和城乡建设、交通、水利等行政主管部门应当建立建设工程监督管理信息系统和诚信档案，记载建设活动各参与单位和注册执业人员的信用信息。相关信用信息由省住房和城乡建设、交通、水利等行政主管部门按照国家和本省有关规定，通过本省建筑市场信息监管平台及时向社会公布。

省住房和城乡建设、交通、水利等行政主管部门应当按照诚信奖励和失信惩戒的原则实行分类管理，建立质量安全不良行为记录管理制度。在资质管理、行政许可、招标投标、表彰评优等方面对守信的建设活动各参与单位和注册执业人员给予激励，对失信的单位和人员给予信用惩戒。

第四十六条 工程项目因故中止施工的，建设工程质量安全监督机构对工程项目中止监督，建设单位负责中止期间的监督管理。

工程项目经建设、监理、施工单位确认施工结束或者竣工验收合格的，建设工程质量安全监督机构对工程项目终止监督。

第九章 法律责任

第四十七条 违反本条例规定，建设单位有下列情形之一的，由建设行政主管部门或者建设工程质量安全监督机构按照下列规定进行处罚：

（一）建设单位未向施工、监理等相关单位提供施工现场及毗邻区域地面现状和相关地下管线资料或者进行交底的，提供的场地不满足施工条件的，工程不得开工，已开工的责令停工；

（二）建设单位未按照规定委托检测、监测或者委托的检测、监测机构资质不符合要求的，责令改正，并处一万元以上三万元以下罚款；

（三）建设单位擅自变更设计或者未对涉及主要内容变更的施工图送原施工图审查机构重新审查即投入使用的，责令改正，并处二十万元以上三十万元以下罚款，对擅自变更后影响工程结构安全的工程实体部分，责令拆除；

（四）建设单位违法指定工程分包单位及建设工程材料、建筑构配件、设备和预拌混凝土供应单位的，责令改正，并处十万元以上二十万元以下罚款；

（五）建设单位对符合工程竣工验收条件的工程不按照规定组织竣工验收的，责令限期改正；逾期未改正的，处二万元以上五万元以下罚款。建设单位未提前书面告知建设工程质量安全监督机构擅自组织竣工验收或者住宅工程在竣工验收前未组织分户验收的，责令重新组织验收，并处二万元以上五万元以下罚款。部分部位已被隐蔽，不具备重新验收条件的，建设单位应当委托具有相应资质的检测机构对该部位进行检测后，再重新组织验收；

（六）建设工程竣工验收后，建设单位未向建设行政主管部门或者其他有关部门移交建设项目档案的，责令改正，处二万元以上十万元以下罚款；

（七）建设单位交付的住宅工程未向房屋产权所有人提供符合要求的房屋使用说明书或者工程质量保修书的，责令限期改正；逾期未改正的，处二万元以上五万元以下罚款。

第四十八条 违反本条例规定，勘察、设计单位有下列情形之一的，由建设行政主管部门或者建设工程质量安全监督机构责令改正，可并处一万元以上三万元以下罚款：

（一）违反本条例第十七条规定，勘察、设计单位未履行责任和义务的；

（二）设计单位提供的设计文件不符合本条例第十九条规定的。

第四十九条 违反本条例规定，施工单位有下列情形之一的，由建设行政主管部门或者建设工程质量安全监督机构按照下列规定进行处罚：

（一）施工单位未按照本条例第二十一条第三项、第四项、第八项的规定履行责任和义务的，责令改正，可并处一万元以上三万元以下罚款；拒不改正的，责令停业整顿，涉及施工安全的，暂扣或者吊销其安全生产许可证；

（二）注册建造师同时担任两个及以上的建设工程项目负责人，或者委托他人代行职责的，责令改正，并处施工单位三万元以上五万元以下罚款，处项目负责人一万元以上三万元以下罚款；单位及个人有违法所得的，没收违法所得。项目负责人变更不符合本条例要求的，责令改正，处施工单位一万元以上三万元以下罚款；

（三）施工单位向不具有预拌混凝土专业承包资质的单位采购预拌混凝土的，责令改正；拒不整改的，责令停业整顿，降低资质等级或者吊销资质证书，可并处五万元以上十万元以下罚款。

第五十条 违反本条例规定，预拌混凝土生产单位有下列情形之一的，由建设行政主管部门或者建设工程质量安全监督机构按照下列规定进行处罚：

（一）未按照规定组织生产的，责令改正，可并处三万元以上五万元以下罚款；情节严重的，责令停业整顿或者吊销资质证书；

（二）使用未经检验或者检验不合格的原材料，供应未经出厂检验或者检验不合格的预拌混凝土的，责令改正，并处违法供应混凝土合同金额等值以上三倍以下罚款；有违法所得的，没收违法所得；造成建设工程质量不符合质量标准的，承担返工及维修费用，并赔偿因此造成的损失；情节严重的，责令停业整顿，吊销资质证书。

第五十一条 违反本条例规定，监理单位有下列情形之一的，由建设行政主管部门或者建设工程质量安全监督机构按照下列规定进行处罚：

（一）未按照本条例第三十一条第一项、第二项、第四项、第五项、第六项规定履行责任和义务的，责令改正，可并处一万元以上三万元以下罚款；拒不整改的，责令停业整顿；情节严重的，降低资质等级，直至吊销资质证书；造成损失的，依法承担赔偿责任；

（二）未按照合同约定建立现场监理机构，监理人员配备不满足工程监理需求或者监理人员不到岗履职的，未办理变更审批备案手续擅自变更项目总监理工程师的，责令改正，并处监理单位一万元以上三万元以下罚款。

第五十二条 违反本条例规定，工程质量检测机构有下列情形之一的，由建设行政主管部门或者建设工程质量安全监督机构按照下列规定进行处罚：

（一）未按照本条例第三十三条规定履行责任和义务的，责令改正，可并处一万元以上三万元以下罚款；拒不整改的，责令停业整顿；情节严重的，降低资质等级，直至吊销资质证书；造成损失的，依法承担赔偿责任；

（二）转包检测业务，倒卖、出借、出租、转让资质证书，超越资质范围或者挂靠其他检测机构从事检测活动的，责令改正，没收违法所得，并处三万元以上五万元以下罚款，所出具的检测报告无效；情节严重的，降低资质等级，直至吊销资质证书；造成损失的，依法承担赔偿责任。

第五十三条 违反本条例规定，工程质量监测机构未按照规定开展监测业务或者未按照设计及相关标准规定的报警值及时报警的，由建设行政主管部门或者建设工程质量安全监督机构责令改正，可并处一万元以上三万元以下罚款；情节严重的，降低资质等级，直至吊销资质证书；造成损失的，依法承担赔偿责任。

第五十四条 违反本条例规定，工程质量检测、监测机构伪造检测、监测数据或者出具虚假检测、监测报告的，由建设行政主管部门或者建设工程质量安全监督机构责令改正，并处五万元以上十万元以下罚款；情节严重的吊销资质证书；造成损失的，依法承担赔偿责任。

第五十五条 违反本条例规定，建设、施工单位不承担保修责任的，由建设行政主管部门或者建设工程质量安全监督机构责令改正，并处十万元以上二十万元以下罚款。

第五十六条 注册执业人员未执行法律、法规和工程建设强制性标准的，由建设行政主管部门责令停止执业三个月以上一年以下；因过错造成质量安全事故的，依照国家有关法律、法规进行处罚；构成犯罪的，依法追究刑事责任。

第五十七条 依照本条例规定，给予单位罚款处罚的，对单位直接负责的主管人员和其他直接责任人员处单位罚款数额百分之五以上百分之十以下的罚款。

第五十八条 本条例规定的降低资质等级和吊销资质证书的行政处罚，由颁发资质证书的建设行政主管部门实施处罚；其他由建设行政主管部门实施的行政处罚，交通、水利等有关行政主管部门可参照执行。

第五十九条 建设工程质量安全监督机构的监督人员在建设工程质量和建设工程安全生产监督管理工作中有下列行为之一的，由其所在单位或者上级主管部门给予行政处分；构成犯罪的，依法追究刑事责任：

（一）对发现的施工质量和安全生产违法违规行为不予查处的；

（二）在监督工作中，索取、收受他人财物，或者非法谋取其他利益的；

（三）对涉及施工质量和安全生产的举报、投诉不处理的；

（四）其他玩忽职守、滥用职权、徇私舞弊的情形。

第十章 附 则

第六十条 有关建设工程质量和建设工程安全生产监督管理活动，法律、行政法规已有规定的，从其规定。

第六十一条 本条例自2017年11月1日起施行。2003年8月1日省第十届人民代表大会常务委员会第五次会议通过的《甘肃省建设工程质量监督管理规定》同时废止。

甘肃祁连山国家级自然保护区管理条例

2017年11月30日甘肃省第十二届人民代表大会常务委员会第三十六次会议通过

甘肃省人民代表大会常务委员会公告　（第66号）

《甘肃祁连山国家级自然保护区管理条例》已由甘肃省第十二届人民代表大会常务委员会第三十六次会议于2017年11月30日修订通过，现将修订后的《甘肃祁连山国家级自然保护区管理条例》公布，自公布之日起施行。

甘肃省人民代表大会常务委员会

2017年11月30日

第一条　为了加强甘肃祁连山国家级自然保护区（以下简称保护区）水源涵养林及其他自然资源的保护管理，保护自然环境，保持生物多样性，根据《中华人民共和国环境保护法》《中华人民共和国森林法》《中华人民共和国自然保护区条例》等有关法律、法规，结合保护区实际，制定本条例。

第二条　保护区属国家级森林和野生动物类型自然保护区。位于东经97°23′34″~103°45′49″，北纬36°29′57″~39°43′39″范围内，总面积1987200公顷，其中核心区面积504067.3公顷，缓冲区面积387371.4公顷，实验区面积1095761.3公顷。

第三条　凡在保护区内从事各种活动的单位和个人，必须遵守国家法律、法规有关自然保护区管理的规定和本条例。

第四条　保护区必须以管护为主，全面深入科学论证，因地制宜开展封山育林育草等生态修复工作，不断扩大林草植被面积，加强冰川、湿地、冻土和野生动植物保护，服从国家主体功能区划确定的重点生态功能区定位，提高生态服务功能。牢固树立尊重自然、顺应自然、保护自然的理念，坚持实行统一规划、科学管理、依法监督、生态优先、协调发展的原则。

第五条　保护区所在地人民政府要切实承担保护区生态环境保护与修复的主体责任，将保护区的发展规划纳入国民经济和社会发展计划，健全保护区自然资源资产产权制度和用途管制制度；完善保护区生态环境保护管理制度，建立协调机制，建立健全各级共管联防责任制；制定生态文明建设目标评价考核办法，做好保护区的森林草原防火以及野生动植物保护等工作。

保护区所在地人民政府应当加强对原住居民的生态保护教育培训，提高生态保护意识，形成群众主动保护、社会广泛参与、各方面积极投入的社会氛围，并优先为区内居民提供生态管护等工作岗位和政策支持。

第六条　省环境保护行政主管部门负责保护区的综合管理。保护区所在地人民政府环境保护行政主管部门应当对本行政区域内保护区的管理进行监督检查。

省林业行政主管部门是保护区的主管部门，其所属的甘肃祁连山国家级自然保护区管理局（以下简称管理局）负责保护区的具体管理工作。管理局下设自然保护站（以下简称保护站）。

县级以上人民政府发展改革行政主管部门应当严格按照法律、法规的规定，开展保护区实验区内的项目审批、核准、备案、节能审查、竣工验收等工作，对符合条件的生态保护与修复项目优先给予资金支持。

县级以上人民政府国土资源行政主管部门负责依法办理因保护区范围调整变动涉及的集体所有土地征收或者国有土地的划拨，办理保护区内的不动产产权、使用权登记；监督保护区内的单位和个人依法使用土地；查处非法开垦、采矿、采石、挖沙等活动。

县级以上人民政府农业行政主管部门在职责范围内，协助保护区行政主管部门和管理机构依法做好保护区内耕地、草原、渔业水域和水生野生动物、野生植物保护管理工作。

县级以上人民政府水行政主管部门负责保护区内的水资源、水土保持和河道的监督管理，履行河长制办公室职责。

县级以上人民政府其他相关部门，在各自职责范围内，做好保护区的保护管理工作。

第七条　保护区内有权属的单位应当遵守法律、法规和本条例的规定，并承担生态环境保护与修复的责任。

第八条　管理局的主要职责是：

（一）贯彻执行国家有关自然保护的法律、法规和方针、政策；

（二）根据国家有关规定和技术规程科学编制保护区总体规划，按照程序报批并组织实施；

（三）制定保护区的各项管理制度，并组织、监督实施；

（四）调查自然资源并建立档案，组织环境监测，保护保护区内的自然环境和自然资源；

（五）组织或者协助有关部门开展保护区的科学研究工作；

（六）进行自然保护的宣传教育；

（七）在不影响保护区自然环境和自然资源的前提下，组织开展科学观测、参观、旅游等活动；

（八）依法查处破坏保护区森林资源和违反保护区管理的行为。

第九条 保护站的主要职责是：

（一）贯彻执行国家有关自然保护的法律、法规和方针、政策；

（二）依法保护和管理森林、野生动植物、冰川等自然资源和自然环境；

（三）负责总体规划的具体实施；

（四）进行自然保护的宣传教育，普及自然保护知识，教育区内居民和入区人员遵守保护自然资源和自然环境的法律、法规和规定，并对其活动进行检查指导；

（五）组织区内有关单位制定森林防火、防盗公约；

（六）开展生态修复，封山育林，扩大森林面积；

（七）制止违反法律、法规以及本条例的行为，依法处理各类林政案件。

第十条 未经国务院批准，不得改变保护区的性质和范围。

禁止在保护区内进行砍伐、放牧、狩猎、捕捞、采药、开垦、烧荒、开矿、采石、挖沙等活动。法律、行政法规另有规定的除外。

第十一条 保护区划分为核心区、缓冲区和实验区，由省林业行政主管部门树立标识，并予以公告。

任何单位和个人，不得擅自移动保护区的界标。

第十二条 禁止任何人进入保护区的核心区。因科学研究的需要，必须进入核心区从事科学观测、调查活动的，应当事先向管理局提交申请和活动计划，并经省级林业行政主管部门批准。

保护区核心区内原有居民确有必要迁出的，由保护区所在地人民政府予以妥善安置。

第十三条 禁止在保护区的缓冲区开展旅游和生产经营活动。因教学科研的目的，需要进入保护区的缓冲区从事非破坏性的科学研究、教学实习和标本采集活动的，应当事先向管理局提交申请和活动计划，经管理局批准。

从事前款活动的单位和个人，应当将其活动成果的副本提交管理局。

第十四条 保护区的实验区，可以进入从事非破坏性的科学试验、教学实习、参观考察、旅游以及驯化、繁殖珍稀、濒危野生动植物等活动。

在保护区的实验区内开展参观、旅游活动的，由管理局编制方案，方案应当符合保护区管理目标。

在保护区组织参观、旅游活动的，应当严格按照前款规定的方案进行，并加强管理；进入保护区内参观、旅游的单位和个人，应当服从管理局的管理。严禁开设与保护区保护方向不一致的参观、旅游项目。

第十五条 在保护区的核心区和缓冲区内，不得建设任何生产设施。

在保护区的实验区内，不得建设污染环境、破坏资源或者景观的生产设施；建设其他项目，其污染物排放不得超过国家和地方规定的污染物排放标准。在保护区的实验区内已经建成的设施，其污染物排放超过国家和地方规定的排放标准的，应当限期治理；造成损害的，必须采取补救措施。

在保护区的外围保护地带建设的项目，不得损害保护区内的环境质量；已经造成损害的，应当限期治理。

限期治理决定由法律、法规规定的机关作出，被限期治理的企业事业单位必须按期完成治理任务。

第十六条 禁止在保护区内猎捕、猎杀和收购、贩运野生动物。

因科学研究、人工繁育、疫源疫病监测等特殊情况需要猎捕野生动物的，按照国家野生动物保护的有关法律、法规规定办理。

第十七条 禁止在保护区引入外来野生植物；禁止在保护区散放、野放从区外引种的野生动物。

第十八条 在保护区内运输木材、林木产品、林副产品和重点保护野生动物及其制品的，按照有关法律、法规执行。

第十九条 保护区所在地人民政府应当切实做好森林火灾的预防和扑救工作。每年10月1日至次年5月31日为保护区森林防火期。在此期间，严禁野外用火。因特殊情况需要用火的，必须经过县级人民政府或者县级人民政府授权的机关批准。

第二十条 建立保护区水源涵养林补偿制度和生态补偿机制，具体补偿办法由省人民政府制定，补偿费用应当用于保护区保护。

第二十一条 在保护区设立的森林公安机构，依照相关法律、法规的规定，维护保护区内治安秩序，保护辖区内的森林资源。

第二十二条 有下列事迹之一的单位和个人，由省林业行政主管部门、管理局、当地人民政府给予奖励：

（一）认真执行相关法律、法规以及本条例，全面完成自然保护任务，成绩显著的；

（二）长期坚持在基层从事自然保护工作成绩优异的；

（三）在自然保护科学研究方面有重大贡献的；

（四）同破坏自然资源和自然环境的行为作坚决斗争，有功绩的。

第二十三条 违反本条例规定，有下列行为之一的单位和个人，由管理局责令其改正，并可以根据不同情节处一百元以上五千元以下的罚款：

（一）擅自移动或者破坏保护区界标的；

（二）未经批准进入保护区或者在保护区内不服从管理机构管理的；

（三）经批准在保护区的缓冲区内从事科学研究、教学实习和标本采集的单位和个人，不向管理局提交活动成果副本的。

第二十四条 违反本条例规定，在保护区进行砍伐、放牧、狩猎、捕捞、采药、开垦、烧荒、开矿、采石、挖沙等活动的单位和个人，除可以依照有关法律、法规规定给予处罚外，由省林业行政主管部门或者管理局没收违法所得，责令停止违法行为，限期恢复原状或者采取其他补救措施；对保护区造成破坏的，可以处三百元以上一万元以下的罚款。

第二十五条 违反本条例第十六条、第十七条、第十八条规定的，按照有关法律、法规的规定处罚。

第二十六条 违反本条例第十九条规定的，按照《森林防火条例》的有关规定处罚。

第二十七条 保护区管理机构违反本条例规定，拒绝环境保护行政主管部门或者有关保护区行政主管部门监督检查，或者在被检查时弄虚作假的，由县级以上人民政府环境保护行政主管部门或者有关保护区行政主管部门给予三百元以上三千元以下的罚款。

第二十八条 保护区管理机构违反本条例规定，有下列行为之一的，由县级以上人民政府有关保护区行政主管部门责令限期改正；对直接责任人员，由其所在单位或者上级机关给予行政处分：

（一）开展参观、旅游活动未编制方案或者编制的方案不符合保护区管理目标的；

（二）开设与保护区保护方向不一致的参观、旅游项目的；

（三）不按照编制的方案开展参观、旅游活动的；

（四）违法批准人员进入保护区核心区的；

（五）有其他滥用职权、玩忽职守、徇私舞弊行为的。

第二十九条 当事人对行政处罚决定不服的，可以依法申请行政复议或者提起行政诉讼。当事人逾期不申请复议，也不向人民法院起诉，又不履行处罚决定的，由作出处罚决定的机关申请人民法院强制执行。

第三十条 违反本条例规定，构成犯罪的，依法追究刑事责任。

第三十一条 依据国家有关法律、法规的规定，保护区划定的外围保护地带，由当地人民政府和有权属的单位保护和管理。

第三十二条 法律、法规对自然保护区管理已经有规定的，依照其规定执行。

第三十三条 本条例在祁连山国家公园体制改革中有不适应的条款，可以由省人民政府提出，由省人大常委会作出调整或者暂时停止执行的决定。

第三十四条 本条例自公布之日起施行。1997年9月29日甘肃省第八届人民代表大会常务委员会第二十九次会议通过、2002年3月30日甘肃省第九届人民代表大会常务委员会第二十七次会议第一次修正、2010年9月29日甘肃省第十一届人民代表大会常务委员会第十七次会议第二次修正、2016年9月29日甘肃省第十二届人民代表大会常务委员会第二十六次会议第三次修正的《甘肃祁连山国家级自然保护区管理条例》同时废止。

省政府令

甘肃省自然灾害救助办法

（第 135 号）

第一章　总　则

第一条　为了规范自然灾害救助工作，提高自然灾害救助能力，保障受灾人员基本生活，根据国务院《自然灾害救助条例》和有关法律、法规，结合本省实际，制定本办法。

第二条　本省行政区域内的自然灾害救助准备、应急救助、灾后救助、款物管理及社会力量参与救灾等适用本办法。法律、法规对自然灾害救助已有规定的，依照其规定执行。

本办法所称自然灾害救助，是指对自然灾害造成或者可能造成人身伤亡、财产损失，生产生活受到影响的人员，依法及时提供必要的生活救助，保障其食品、饮用水、衣被、取暖、安全住所、医疗防疫等基本生活需要。

第三条　自然灾害救助工作遵循以人为本、政府主导、分级负责、属地管理、社会互助、灾民自救的原则。

第四条　县级以上人民政府统一领导本行政区域内的自然灾害救助工作，实行行政领导负责制，设立减灾委员会作为本级政府自然灾害救助应急综合协调机构，负责组织、协调本行政区域的自然灾害救助工作。

县级以上人民政府民政部门负责本行政区域的自然灾害救助工作，承担本级减灾委员会日常工作。

县级以上人民政府有关部门按照各自职责做好本行政区域的自然灾害救助相关工作。

第五条　乡镇人民政府（街道办事处）应当做好本行政区域自然灾害救助的具体实施工作。村（居）民委员会组织本辖区村（居）民开展自然灾害自救互救，依法协助做好自然灾害救助工作。

第六条 红十字会、慈善会和公募基金会等社会组织，依法协助政府开展自然灾害救助工作。

政府鼓励和引导单位和个人参与自然灾害救助捐赠、志愿服务等活动。

第七条　县级以上人民政府应当将自然灾害救助工作纳入国民经济和社会发展规划，将自然灾害救助资金、救灾物资采购资金和自然灾害救助工作经费等列入本级财政预算，建立健全与自然灾害救助需求、经济社会发展水平相适应的资金、物资保障机制。

第八条　县级以上人民政府应当通过灾害应急救助、过渡性生活救助、因灾毁损居民住房恢复重建补助、旱灾临时生活困难救助、冬春生活困难救助和遇难人员家属抚慰等开展自然灾害救助。

省人民政府财政、民政部门应当根据国家有关规定，结合本省经济社会发展水平，制定自然灾害救助指导标准，并根据经济社会发展、财力增长、物价变动等因素适时进行调整。市（州）、县人民政府应当根据自然灾害救助指导标准，结合本地实际制定具体实施标准。

第九条　各级人民政府应当建立健全防灾减灾科普宣传体系，加强科普宣传教育基地建设，组织开展防灾减灾科普宣传活动，提高公民的防灾避险意识和自救互救能力。

村民委员会、居民委员会、企事业单位应当根据所在地人民政府的安排和防灾减灾的需要，开展防灾减灾应急知识的宣传普及活动。

第二章　救助准备

第十条　县级以上人民政府应当根据有关法律法规和上级人民政府及有关部门的应急预案，结合本行政区域内的自然灾害风险调查情况，编制综合防灾减灾规划和专项规划并组织实施，制定和完善自然灾害救助应急预案，每年组织开展自然灾害应急救助演练。

第十一条　县级以上人民政府应当建立健全自然灾害救助应急指挥技术支撑系统和自然灾害信息共享平台，形成功能完备、运行高效的自然灾害救助应急指挥体系，并为灾害救助工作配备必需的交通、通讯、灾情核查等装备。

第十二条　县级以上人民政府应当建立健全防灾减灾标准体系，城乡建设规划和重大项目建设应当符合国家和省市有关防灾减灾标准要求，提升灾害高风险区域学校、医院、居民住房、基础设施的设防水平和承灾能力。

第十三条　市（州）和多灾易灾县人民政府应当考虑区域灾害特点、地理条件、人口数量分布、交通运输等情况，按照布局合理、规模适度、调运迅速的原则，建设本级救灾物资储备库，配备管理人员，在多灾易灾且交通不便地区的乡镇（街道）和城乡社区视情设立救灾物资储备点。

县级以上人民政府应当落实救灾物资分级储备责任，制定并组织实施救灾物资储备规划和年度购置计划，合理确定储备物资品种和数量，根据区域特点储备生活物资和应急救援工具，保障灾害应急救助期间的物资需求。

第十四条 县级以上人民政府应当建立救灾物资紧急调运保障机制，在灾害应急救助期间可采取开辟专用通道、实行交通管制等措施，保障救灾人员、物资、设备和受灾人员优先运输和通行。经省人民政府批准，执行抢险救灾的车辆免交车辆通行费。

第十五条 县级以上人民政府应当根据当地灾害特点和减灾需要，利用学校、广场、公园、体育场馆等公共设施，统筹规划设立应急避难场所，明确场所的维护管理单位，设置明显规范的场所标志，向社会公布避难场所名称、具体地址和到达路径。

第十六条 县级以上人民政府应当加强自然灾害救助人员队伍建设和业务培训，村民委员会、居民委员会和企事业单位应当设立专职或者兼职的自然灾害信息员，协助有关涉灾部门和乡镇人民政府（街道办事处）做好灾害预警信息接收传递、灾情信息收集报告、自然灾害应急救助、防灾减灾知识宣传等工作。

第三章 应急救助

第十七条 县级以上人民政府水利、农牧、林业、国土、气象、地震等部门应当及时向本级人民政府或者减灾委报告灾害预警信息，并通报灾害预警地区人民政府。灾害预警地区人民政府和减灾委应当组织有关方面做好应急救助准备工作。

第十八条 自然灾害发生并达到自然灾害救助应急预案启动条件的，县级以上人民政府或者其减灾委应当及时启动相应等级的自然灾害救助应急响应，采取下列一项或者多项措施：

（一）立即向社会发布政府应对和公众防范措施；

（二）紧急转移安置受灾人员；

（三）紧急调拨、运输自然灾害救助应急资金和物资，及时向受灾人员提供食品、饮用水、衣被、取暖、临时住所、医疗防疫等应急救助，保障受灾人员基本生活；

（四）抚慰受灾人员,处理遇难人员善后事宜；

（五）组织受灾人员开展自救互救；

（六）分析评估灾情趋势和灾区需求，采取相应的自然灾害救助措施；

（七）组织自然灾害救助捐赠活动，指导社会力量有序参与救灾；

（八）自然灾害救助应急预案规定的其他措施。

第十九条 县级以上人民政府在自然灾害救助应急期间，可在本行政区域内紧急征用物资、设备、交通运输工具和场地，自然灾害救助应急工作结束后应当及时归还，按照国家有关规定给予补偿。

第二十条 受灾地区储备的救灾物资不能满足应急救助需求时，可报上级人民政府调拨救灾物资，或者由本级人民政府按照国家有关规定组织救灾物资紧急采购。

第二十一条 受灾地区人民政府民政部门应当按照国家自然灾害情况统计制度和有关灾情管理规定，及时、准确、客观、全面报送灾情，不得迟报、谎报、瞒报、漏报灾情。对灾害造成特别重大或者重大人员伤亡、财产损失的可越级上报。灾情稳定前，受灾地区人民政府民政部门应当按规定逐级上报自然灾害造成的人员伤亡、财产损失和救灾工作动态等情况。灾情稳定后，受灾地区县级以上人民政府或者其减灾委应当根据自然灾害救助应急响应情况组织灾害损失的评估、核定和发布。

第四章 灾后救助

第二十二条 应急救助阶段结束后，受灾地区人民政府应当采取就地安置与异地安置、政府安置与自行安置相结合的方式，对受灾人员进行过渡性安置。就地安置可通过搭建帐篷或者借用公房、体育场馆等临时集中安置，应当避开易发次生灾害地段，选择在交通便利、地势平坦、易于排水、适宜搭建帐篷、便于恢复生产生活的区域，尽量不占用或者少占用耕地。鼓励受灾人员通过投亲靠友等方式自行安置，对采取自行安置的受灾人员按照有关规定和标准给予补助。

第二十三条 自然灾害危险消除后，根据自然灾害救助应急响应级别，由县级以上人民政府结合经济社会发展布局，制定灾后恢复重建规划和优惠政策，统筹城乡基础设施、公用设施、公共服务设施建设，做好倒损房屋损失评估和恢复重建等工作。

第二十四条 受灾地区人民政府应当根据灾害损失、本级财力和受灾人员需求制定居民住房恢复重建补助标准。受灾地区人民政府民政等部门应当按照国家有关规定审核确认居民住房恢复重建补助对象，根据重建补助标准给予补助，对恢复重建确有困难的家庭可通过多种措施予以重点帮扶。

第二十五条 居民住房恢复重建补助对象应当按照受灾人员本人申请或者村（居）民小组提名、村（居）民委员会民主评议、乡镇人民政府（街道办事处）审核、县级人民政府民政等部门审批的程序确定。

第二十六条 受灾地区人民政府组织居民住房恢复重建应当坚持因地制宜、经济适用的原则，落实相关设防标准，避开可能发生洪水、滑坡、泥石流等灾害隐患地带，不得将地质灾害避险搬迁民房重建和厨房、牲畜棚、活动房、工棚、简易房、临时房屋等辅助用房纳入自然灾害灾后民房重建范围。建设、国土等部门应当为重建工作提供技术支持和业务指导，确保重建房屋建筑质量符合防灾减灾要求。

第二十七条 自然灾害发生后的当年冬季、次年春季，受灾地区人民政府应当为受灾困难人员提供基本生活救助。冬春救助实施前，受灾地区县级人民政府民政部门应当调查核实本行政区域受灾人员当年冬季、次年春季基本生活救助需求，开展调查评估，核实救助对象，编制救助台账，制定救助工作方案，经本级人民政府批准后组织实施，并报上一级人民政府民政部门备案。

第二十八条 受灾地区人民政府应当做好自然灾害救助和其他社会救助、社会保障制度的衔接，及时向符合条件的受灾人员提供最低生活保障、专项救助等其他社会救助。

多灾易灾地区人民政府应当逐步建立农村住房灾害保险制度，健全各级财政补贴、农户自愿参加和保费合理分担的机制，引导和鼓励农户参保。保险公司应当依法做好承保、理赔工作。有条件的地方可探索巨灾保险制度。

第五章 救助款物管理

第二十九条 县级以上人民政府应当根据本地区经济发展水平、财力状况和自然灾害特点等因素，按照自然灾害救助资金按比例分担机制的有关规定，列支自然灾害生活救助资金。

第三十条 县级以上人民政府民政、财政部门负责自然灾害救助资金的分配、管理并监督使用情况。县级以上人民政府民政部门负责调拨、分配、管理自然灾害救助物资。

自然灾害救助款（物）实行专款（物）专用，无偿用于受灾人员的紧急转移安置，基本生活救助，医疗救助，教育、医疗等公共服务设施和住房的恢复重建，自然灾害救助物资的采购、储存和运输，以及因灾遇难人员亲属的抚慰等项支出。严禁挤占、截留、挪用、改变用途和扩大使用范围。

第三十一条 县级以上人民政府应当建立健全救灾捐赠管理制度，严格规范救灾捐赠款物管理使用。定向捐赠的款物，应当按照捐赠人的意愿使用。政府部门接受的捐赠人无指定意向的款物，由县级以上人民政府民政部门统筹安排用于自然灾害救助。社会组织接受的捐赠人无指定意向的款物，由社会组织按照有关规定用于自然灾害救助。

第三十二条 受灾地区人民政府民政、财政等部门和有关社会组织应当通过报刊、广播、电视、互联网，主动向社会公开所接受的自然灾害救助款物的来源、数量及其使用情况。

受灾地区村民委员会、居民委员会应当公布救助对象及其接受救助款物数额和使用情况。

第三十三条 各级人民政府应当建立健全自然灾害救助款物和捐赠款物的监督检查制度，并及时受理投诉和举报。县级以上人民政府审计、监察、民政、财政等部门应当对自然灾害救助款物管理使用情况进行监督检查。对自然灾害救助款物管理和使用中的违法违纪行为，依法依规追究有关责任人的责任。

第六章 法律责任

第三十四条 行政机关工作人员违反本办法规定，有下列行为之一的，由任免机关或者监察机关依法给予处分；构成犯罪的依法追究刑事责任：

（一）不执行或者拖延执行人民政府及其部门自然灾害应急救助决定、命令和决策部署造成后果的；

（二）未按国家规定编制防灾减灾规划或者未制定完善自然灾害救助应急预案造成后果的；

（三）自然灾害救助应急响应启动后，应当采取应对处置措施而未采取措施造成后果的；

（四）未按国家规定的程序审核确定住房灾后恢复重建补助对象造成后果的；

（五）不按专款（物）专用规定分配、调拨和使用救灾款物，或者发放救灾款物不及时、不公开，造成后果的；

（六）滥用职权、玩忽职守、徇私舞弊等其他行为。

第三十五条 违反本办法的其他行为，国务院《自然灾害救助条例》及有关法律、法规已有处罚规定的，从其规定。

第七章 附 则

第三十六条 发生事故灾难、公共卫生事件、社会安全事件等突发事件，需要由县级以上人民政府民政部门开展生活救助的，参照本办法执行。

第三十七条 本办法自2017年12月1日起施行。

甘肃省行政复议和行政应诉若干规定

（第138号）

《甘肃省行政复议和行政应诉若干规定》已经2017年10月9日省政府第166次常务会议审议通过，现予公布，自2018年1月1日起施行。

省长　唐仁健

2017年10月20日

第一章　总　则

第一条　为了规范行政复议和行政应诉行为，维护公民、法人和其他组织的合法权益，根据《中华人民共和国行政诉讼法》、《中华人民共和国行政复议法》和《中华人民共和国行政复议法实施条例》等法律、法规，结合本省实际，制定本规定。

第二条　县级以上人民政府应当加强对行政复议和行政应诉工作的领导，建立健全工作责任制，将履行行政复议和行政应诉职责的情况纳入目标责任考核体系。

行政复议和行政应诉工作经费由同级财政予以保障。

第三条　各级行政机关应当依法建立健全行政复议和行政应诉机构，配备与履行职责相适应的工作人员，保证办案必备的场所、交通、调查取证工具及其他必需的办公条件。

第四条　县级以上人民政府及其所属部门法制机构应当加强对本地区、本系统行政复议和行政应诉工作的监督和指导，建立行政复议和行政应诉培训制度，每年至少组织开展一次集中培训和案例研讨等活动。

第五条　法律、法规对行政复议和行政诉讼已有规定的从其规定；本规定与相关法律、法规的规定不一致的，以法律、法规规定为准。

第二章　行政复议

第六条　行政机关作出具体行政行为时，未制作或送达法律文书，申请人申请行政复议，证明具体行政行为存在且符合法定受理条件的，行政复议机构应当受理。

第七条　行政复议机构要求申请人补正申请材料的，应当以申请人所处地域、人数和案件复杂程度合理确定补正期限。补正期限最长不得超过案件法定审理期限。

第八条　申请人对具体行政行为不服，以信访程序处理后，就原具体行政行为申请行政复议，符合受理条件的，行政复议机关应当受理。

第九条　法律规定行政复议前置程序的，申请人未经行政复议直接提起行政诉讼被人民法院驳回的，从起诉之日起至法律文书生效之日的期间不计人行政复议申请期限。

第十条　申请行政复议的具体行政行为涉及其他利害关系人的，行政复议机构应当在受理后通知其作为第三人参加行政复议。

第十一条　有下列情形之一的，上级行政机关应当直接受理下级机关管辖的行政复议案件：

（一）已经责令下级机关受理，下级机关仍不受理的；

（二）上级行政机关认为有必要直接受理的。

第十二条　对重大、疑难、复杂案件，行政复议机构可以征询相关领域专家的意见，作为形成案件处理意见的参考。

第十三条　被申请人改变原具体行政行为或者与申请人达成和解，申请人撤回行政复议申请，符合下列条件的，行政复议机关应当准许并终止行政复议：

（一）撤回申请是申请人的真实意思表示；

（二）不违反或者规避法律、法规的禁止性规定；

（三）不超越或者放弃法定职责；

（四）不损害公共利益和他人合法权益。

第十四条　经行政复议机关准许和解并终止行政复议的，申请人以同一事实和理由再次申请行政复议的，不予受理。

被申请人不履行和解协议或者申请人提出证据证明和解违反自愿原则的除外。

第十五条　有下列情形之一的，行政复议机关应当作出确认具体行政行为违法的决定：

（一）被申请人未履行法定职责，责令履行无实际意义的；

（二）具体行政行为违法，但不具有可撤销内容或者撤销无实际意义的；

（三）具体行政行为违法，但撤销会对国家利益、社会公共利益造成重大损害的；

（四）被申请的具体行政行为依法不成立或者无效的。

第十六条 《行政复议决定书》送达后，发现有需要补充、更正的情况，行政复议机关应当制发《行政复议决定补正通知书》，并送达申请人、被申请人和第三人。

第十七条 被申请人不履行或者无正当理由拖延履行行政复议决定，申请人、第三人向行政复议机关申诉的，行政复议机关应当制作《责令履行通知书》，责令被申请人限期履行。

被申请人应当自收到《责令履行通知书》之日起，在法定期限内履行行政复议决定，并将结果报告行政复议机关。

第三章 行政应诉

第十八条 行政机关应当建立健全行政应诉制度，明确应诉职责，按照“谁主管谁应诉、谁主办谁出庭”的原则确定应诉机构和出庭人员。

第十九条 县级以上人民政府作为被告的行政诉讼案件，具体承办应诉工作的机构按以下情况区分：

（一）不服行政复议决定提起行政诉讼的，由本级政府法制机构和原行政行为作出机关共同负责应诉工作；

（二）未经行政复议的案件，原行政行为的承办行政机关或者机构负责应诉工作，本级政府法制机构予以协调指导。

其他行政机关作为被告的行政诉讼案件，依照前款规定办理。

第二十条 行政复议机关和作出原行政行为的行政机关为共同被告的，应当共同应诉，对原行政行为合法性共同承担举证责任；行政复议机关对复议程序的合法性承担举证责任。

第二十一条 不服省人民政府本级行政复议决定提起行政诉讼的，由原承办行政行为的部门或者机构和政府法制机构共同负责应诉工作。

原承办行政行为的部门或者机构应当在收到起诉状副本5日内向政府法制机构提交行政行为合法性的证据、依据和答辩意见。

第二十二条 负责承办应诉工作的行政机关或者机构收到行政应诉通知书后，应当按照程序起草答辩状，准备证据、依据及其他材料，提出委托诉讼代理人推荐人选，经批准后在法定期限内向人民法院提交行政诉讼答辩状及作出行政行为的证据、依据。

承办应诉工作的行政机关或者机构在准备证据、依据及其他材料过程中，有关单位应当积极配合；答辩状等应诉材料的报批程序应当简化快捷，确保按期向人民法院提交。

第二十三条 行政机关不得拒绝或者无正当理由迟延答辩举证。因不可抗力或者其他正当事由，不能在法定期限内向人民法院提交答辩状、证据、依据及其他材料的，应当在举证期限内向人民法院提出书面延期申请。

第二十四条 行政机关负责人应当带头履行行政应诉职责，积极出庭应诉。行政机关负责人不能出庭的，应当委托行政机关相应的工作人员出庭，不得仅委托律师出庭。

有下列情形之一的，行政机关负责人应当出庭应诉：

（一）涉及重大公共利益、社会高度关注或者可能引发群体性事件的；

（二）影响公民、法人和其他组织重大权益的；

（三）可能对行政机关的行政管理或者行政执法行为产生较大影响的；

（四）有利于解决行政争议的；

（五）人民法院书面建议或者上级、同级人民政府法制机构通知行政机关负责人出庭应诉的。

第二十五条 县级以上人民政府法制机构负责对本行政区域内年度行政机关负责人出庭应诉情况进行汇总，并报同级人民政府通报和上一级人民政府法制机构备案。

行政机关负责人年度述职时，应当包含履行出庭应诉职责的情况。

第四章 法律责任

第二十六条 行政机关违反有关法律、法规、规章和本规定，有下列情形之一的，由行政复议机关责令限期改正；逾期不改正的，给予通报批评，并对直接负责的主管人员和其他直接责任人给予行政处分。

（一）不按期提出书面答复或者不提交作出具体行政行为的证据、依据和其他有关材料的；

（二）阻扰、变相阻扰公民、法人或者其他组织依法申请行政复议的；

（三）不按期履行或者无正当理由拖延履行行政复议决定的；

（四）不按照行政复议意见书的要求纠正相关行政违法行为或者做好善后工作的；

（五）不按照行政复议建议书的要求完善相关制度和改进行政执法工作的；

（六）不按期提交行政诉讼答辩状及作出行政行为的证据、依据和其他有关材料的。

第二十七条 行政机关负责人无正当理由不出庭应诉的，由政府法制机构通报批评，并相应在年度目标责任考核中予以扣分；情节严重的，由任免机关或监察机关按照有关规定追究相应责任。

第二十八条 行政复议机关（机构）依法独立公正行使职权，有关单位和人员特别是领导干部不得干预行政复议活动、插手具体案件处理。对干预案件造成不良影响的，依照有关规定给予纪律处分；导致冤假错案或者其他严重后果，构成犯罪的，依法追究刑事责任。

第二十九条 行政复议和行政应诉人员存在违法、失职行为，造成重大经济损失或产生重大社会影响的，依法给予行政处分；构成犯罪的，依法追究刑事责任。

第三十条 因下列情形之一，导致案件败诉的，不得作为错案进行责任追究：

（一）对法律、法规、规章、司法解释具体条文的理解和认识不一致，在专业认知范围内能够予以合理说明的；

（二）对案件基本事实的判断存在争议或者疑问，根据证据能够予以合理说明的；

（三）当事人放弃或者部分放弃权利主张的；

（四）因当事人过错或者客观原因致使案件事实认定发生变化的；

（五）因出现新证据致使行政行为认定事实发生变化的；

（六）法律、法规、规章修订或者政策调整的；

（七）行政行为所依据的其他法律文书被撤销或者变更的；

（八）其他依法履行职责不应当承担责任的情形。

第五章　附　则

第三十一条　本规定自2018年1月1日起施行。2010年9月9日省人民政府公布的《甘肃省行政复议若干规定》同时废止。

省委省政府重要意见

关于稳步推进农村集体产权制度改革的实施意见

甘发〔2017〕16号　2017年5月13日

为深入贯彻落实《中共中央、国务院关于稳步推进农村集体产权制度改革的意见》，稳步推进我省农村集体产权制度改革，现提出以下实施意见。

一、总体要求

（一）指导思想。全面贯彻党的十八大和十八届三中、四中、五中、六中全会精神，以邓小平理论、“三个代表”重要思想、科学发展观为指导，深入贯彻习近平总书记系列重要讲话精神和治国理政新理念新思想新战略，紧紧围绕统筹推进“五位一体”总体布局和协调推进“四个全面”战略布局，牢固树立新发展理念，认真落实党中央、国务院决策部署，以明晰农村集体产权归属、维护农村集体经济组织成员权利为目的，以推进集体经营性资产改革为重点任务，以发展股份合作等多种形式的合作与联合为导向，坚持农村土地集体所有，坚持家庭承包经营基础性地位，探索集体经济新的实现形式和运行机制，培育农业农村发展新动能，不断解放和发展农村社会生产力，促进农业发展、农民富裕、农村繁荣，为推进城乡协调发展、巩固党在农村的执政基础提供重要支撑和保障。

（二）基本原则。

——把握正确改革方向。充分发挥市场在资源配置中的决定性作用和更好发挥政府作用，明确农村集体经济组织市场主体地位，完善农民对集体资产的股份权能，把实现好、维护好、发展好广大农民的根本利益作为改革的出发点和落脚点，促进集体经济发展和农民持续增收。

——坚守法律政策底线。坚持农民集体所有不动摇，不能把集体经济改弱了、改小了、改垮了，防止集体资产流失；坚持农民权利不受损，不能把农民的财产权利改虚了、改少了、改没了，防止内部少数人控制和外部资本侵占。严格依法办事，妥善处理各种利益关系。

——尊重农民群众意愿。发挥农民主体作用，支持农民创新创造，把选择权交给农民，确保农民知情权、参与权、表达权、监督权，真正让农民成为改革的参与者和受益者。

——分类有序推进改革。根据集体资产的不同类型和不同地区条件确定改革任务，坚持分类实施、稳慎开展、有序推进，坚持先行试点、先易后难，不搞齐步走、不搞一刀切；坚持问题导向，确定改革的突破口和优先序，立足农村集体经济组织发展水平等实际，明确改革路径和方式，划分不同类型，制定改革方案，细化改革措施，着力在关键环节和重点领域取得突破。

——坚持党的领导。坚持农村基层党组织的领导核心地位不动摇，围绕巩固党在农村的执政基础来谋划和实施农村集体产权制度改革，确保集体经济组织依法依规运行，逐步实现共同富裕。

（三）改革目标。通过改革，逐步构建归属清晰、权能完整、流转顺畅、保护严格的中国特色社会主义农村集体产权制度，保护和发展农民作为农村集体经济组织成员的合法权益。科学确认农村集体经济组织成员身份，明晰集体所有产权关系，发展新型集体经济；着力解决集体经营性资产归属不明、经营收益不清、分配不公开、成员的集体收益分配权缺乏保障等突出问题，管好用好集体资产，建立符合市场经济要求的集体经济运行新机制，促进集体资产保值增值；落实农民的土地承包权、宅基地使用权、集体收益分配权和对集体经济活动的民主管理权利，形成有效维护农村集体经济组织成员权利的治理体系。

二、全面加强农村集体资产管理

（一）开展集体资产清产核资。清产核资是顺利推进农村集体产权制度改革的基础和前提。要对集体所有的各类资产进行全面清查，摸清集体家底，健全管理制度，防止资产流失。

——清查内容。在清产核资中，对农村集体经济组织拥有的资源性资产、经营性资产、非经营性资产进行全面清理核实，重点清查核实未承包到户的资源性资产和集体统一经营的经营性资产以及现金、债权债务等，查实存量、价值和使用情况，做到账证相符和账实相符。

——价值评估。对清查出的没有登记入账或者核算不准确的，要经价值重估并核对公示后登记入账或者调整账目；对长期借出或者未按规定手续租赁转让的，要清理收回或者补办手续。

——产权界定。依据法律法规和有关政策规定，明晰农村集体资产产权归属。对土地、林地、草地等资源性资产的清产核资，要与行业主管部门的确权颁证资料相互印证，确保数据真实准确。

——结果公示。清产核资结果要在村务公开栏或通过发放明白纸等形式，及时向全体农村集体经济组织成员公示，公示期满后经成员大会或者代表大会确认。

——建立台账。清产核资结束后，依据清产核资结果，建立健全资产台账，完善农村集体资产产权变动登记制度，对所有权、承包权、经营权各项权能及其抵押担保等情况及时进行动态登记，实行台账管理。

从2017年开始，根据全国农村集体资产清产核资工作部署，按照时间服从质量的要求逐步推进，用3年时间对农村集体经济组织所有的各类资产进行全面的清查核实，摸清集体家底，界定产权归属，健全管理制度。

（二）明确集体资产所有权。在清产核资基础上，把农村集体资产的所有权确权到不同层级的农村集体经济组织成员集体，并依法由农村集体经济组织代表集体行使所有权。属于村农民集体所有的，由村集体经济组织代表集体行使所有权，未成立集体经济组织的由村民委员会代表集体行使所有权；分别属于村内两个以上农民集体所有的，由村内各该集体经济组织代表集体行使所有权，未成立集体经济组织的由村民小组代表集体行使所有权；属于乡镇农民集体所有的，由乡镇集体经济组织代表集体行使所有权。有集体统一经营资产的村（组），特别是城中村、城郊村、经济发达村等，应建立健全农村集体经济组织，并在村党组织的领导和村民委员会的支持下，按照法律法规行使集体资产所有权。集体资产所有权确权要严格按照产权归属进行，不能打乱原集体所有的界限。

（三）强化农村集体资产财务管理。加强农村集体资金资产资源监督管理，加大农村集体资产管理、财务管理、农村审计以及财务公开等政策法规的贯彻落实力度。加大农村集体资产监督管理信息化建设力度，各地要加入省上统一建设的农村集体资产监督管理网络平台，农村集体资产清产核资工作完成后，全面录入各类农村集体资产的资料信息，着力打造农村集体资产管理大数据平台，推动农村集体资产财务管理制度化、规范化、信息化。各级政府要加强乡镇农村经营管理体系建设，健全机构，充实人员，确保农村集体资金资产资源监督管理工作有专人负责；要稳定农村财会队伍，落实民主理财，规范财务公开，切实维护集体成员的监督管理权。加强农村集体经济组织审计监督，做好日常财务收支等定期审计，继续开展村干部任期和离任经济责任等专项审计，建立问题移交、定期通报和责任追究查处制度，防止侵占集体资产。对集体财务管理混乱的村，县级党委和政府要及时组织力量进行整顿，防止和纠正发生在群众身边的腐败行为。

三、稳步推进集体经营性资产产权制度改革

（一）开展经营性资产股份合作制改革。将农村集体经营性资产以股份或者份额形式量化到本集体成员，作为其参加集体收益分配的基本依据。改革主要在有经营性资产的村镇，特别是城中村、城郊村和经济发达村开展。已经开展这项改革的村镇，要总结经验，健全制度，让农民有更多获得感。农村集体经营性资产的股份合作制改革，不同于工商企业的股份制改造，要体现成员集体所有和特有的社区性，只能在农村集体经济组织内部进行。股权设置应以成员股为主，是否设置集体股由本集体经济组织成员民主讨论决定。股权管理提倡实行不随人口增减变动而调整的方式。改革后农村集体经济组织要完善治理机制，制定组织章程，涉及成员利益的重大事项实行民主决策，防止少数人操控。

从2017年开始，定西市要继续指导做好陇西县国家农村集体资产股份权能改革试点工作，其他市（州）各选择一个县（市、区）开展农村集体经营性资产股份合作制改革试点；2019年全省有条件的县（市、区）全面推开，力争到2021年全部完成改革任务。

（二）确认农村集体经济组织成员身份。依据有关法律法规，按照尊重历史、兼顾现实、程序规范、群众认可的原则，统筹考虑户籍关系、农村土地承包关系、对集体积累的贡献等因素，协

调平衡各方利益，做好农村集体经济组织成员身份确认工作，解决成员边界不清的问题。改革试点中，农村集体经济组织在群众民主协商基础上制定确认农村集体经济组织成员的具体程序、标准和管理办法，成员身份的确认既要得到多数人认可，又要防止多数人侵犯少数人权益，切实保护妇女合法权益。农村集体经济组织成员认定办法由县乡政府审核备案，县级农业主管部门要建立健全农村集体经济组织成员登记备案机制。提倡农村集体经济组织成员家庭今后的新增人口，通过分享家庭内拥有的集体资产权益的办法，按章程获得集体资产份额和集体成员身份。

（三）保障农民集体资产股份权利。农村集体经济组织建立集体资产股权登记制度，记载农村集体经济组织成员持有的集体资产股份信息，并向其成员出具股权证书。健全集体收益分配制度，明确公积金、公益金提取比例，把农民集体资产股份收益分配权落到实处。陇西县要继续组织实施好赋予农民对集体资产股份占有、收益、有偿退出及抵押、担保、继承权改革试点。各地在试点过程中，要积极探索农民对集体资产股份有偿退出的条件和程序，现阶段农民持有的集体资产股份有偿退出不得突破本集体经济组织的范围，可以在本集体内部转让或者由本集体赎回。有关部门要研究制定集体资产股份抵押、担保贷款办法，认真做好农村产权纠纷调解仲裁和司法救济的指导工作，要指导农村集体经济组织制定农民持有集体资产股份继承的办法。

四、积极探索农村集体经济有效实现形式

（一）发挥农村集体经济组织功能作用。农村集体经济组织是集体资产管理的主体，是特殊的经济组织，可以称为经济合作社，也可以称为股份经济合作社。现阶段可由县级以上农业行政主管部门负责向农村集体经济组织发放组织登记证书，农村集体经济组织可据此向有关部门办理银行开户等相关手续，以便开展经营管理活动。发挥好农村集体经济组织在管理集体资产、开发集体资源、发展集体经济、服务集体成员等方面的功能作用。在基层党组织领导下，探索明晰农村集体经济组织与村民委员会的职能关系，有效承担集体经济经营管理事务和村民自治事务。有需要且条件许可的地方，可以实行村民委员会事务和集体经济事务分离。妥善处理好村党组织、村民委员会和农村集体经济组织的关系。

（二）维护农村集体经济组织合法权利。严格保护集体资产所有权，防止被虚置。农村承包土地经营权流转不得改变土地集体所有性质，不得违反耕地保护制度。以家庭承包方式承包的集体土地，采取转让、互换方式流转的，应在本集体经济组织内进行，且需经农村集体经济组织等发包方同意；采取出租（转包）或者其他方式流转经营权的，应报农村集体经济组织等发包方书面备案。在农村土地征收、集体经营性建设用地入市和宅基地制度改革试点中，探索正确处理国家、集体、农民三者利益分配关系的有效办法。对于经营性资产，要体现集体的维护、管理、运营权利；对于非经营性资产，不宜折股量化到户，要根据其不同投资来源和有关规定统一运行管护。

（三）多种形式发展集体经济。创新村级集体经济发展模式，转变村级集体经济经营方式，壮大集体经济实力，增强村级组织服务功能，从实际出发探索发展集体经济有效途径。农村集体经济组织可以利用未承包到户的集体“四荒”地（荒山、荒沟、荒丘、荒滩）、果园、养殖水面等资源，集中开发或者通过公开招投标等方式发展现代农业项目；可以利用生态环境和人文历史等资源发展休闲农业和乡村旅游；可以在符合规划前提下，探索利用闲置的各类房产设施、集体建设用地等，以自主开发、合资合作等方式发展相应产业。支持农村集体经济组织为农户和各类农业经营主体提供产前产中产后农业生产性服务。鼓励村级集体经济组织牵头组建劳务合作社或劳务中介公司，允许村级集体经济组织独立申报涉农项目。鼓励整合利用集体积累资金、政府帮扶资金、捐赠资金等，通过入股或者参股农业产业化龙头企业、村与村合作、村企联手共建、扶贫开发等多种形式发展集体经济，探索各级财政和有关部门投入到村级集体经济组织的专项资金和项目资金，以村集体股金的形式投入到经营状况比较稳定的合作社、企业或其他经济组织的投资运营方式，壮大集体经济实力。

（四）引导农村产权规范流转和交易。加快符合农村实际需要的产权流转交易市场建设进度，开展农村承包土地经营权、集体林权、“四荒”地使用权、农业类知识产权、农村集体经营性资产、农业生产设施设备、小型水利设施使用权等流转交易。县级以上地方政府要根据农村产权要素性质、流转范围和交易需要，制定产权流转交易管理办法，健全市场交易规则，完善运行机制，实行公开交易，成立农村产权流转交易监督委员会，加强农村产权流转交易服务和监督管理。维护进城落户农民土地承包权、宅基地使用权、集体收益分配权，在试点基础上探索支持引导其依法自愿有偿转让上述权益的有效办法。

五、切实加强党对农村集体产权制度改革的领导

（一）强化组织领导。各级党委、政府要充分认识农村集体产权制度改革的重要性、复杂性、长期性，认真抓好中央改革部署的贯彻落实，既要鼓励创新、勇于试验，又要把控方向、有历史耐心，切实加强组织领导，积极稳妥推进改革。要建立省级全面负责、县级组织实施的领导体制和工作机制，成立省农村集体产权制度改革领导小组，建立定期协商会议制度，通报改革进展情况，研究解决相关问题。各地也要成立农村集体产权制度改革领导小组，地方各级党委书记特别是县乡党委书记要亲自挂帅，承担领导责任。

（二）精心组织实施。各地要梳理细化各项改革任务，明确任务承担单

位，制定配套的实施方案，层层分解任务，提出具体要求，创造保障条件，落实工作措施，确保事有人管、责有人负；要及时研究解决改革中遇到的矛盾和问题，涉及重大政策调整的，及时向上级请示汇报，确保农村社会和谐稳定。有关部门要按职责抓好落实，在农村集体产权制度改革过程中特别是清产核资阶段，做好涉及改革的行业政策的调整、出台支持改革的具体措施、提供产权移交和变更登记等相关数据资料，重点做好部门间的配合衔接。同时，在我省农村集体产权制度改革过程中，要加强调查研究，为制定修改农村集体经济组织、土地承包、土地征收、集体经营性建设用地入市、宅基地管理等方面的法律制度提供建议。及时做好政策评估，协调解决改革中遇到的困难和问题。加强监督检查，严肃查处和纠正弄虚作假、侵害集体经济组织及其成员权益等行为，对侵占集体资金和资产的，要如数退赔，涉及违规违纪的移交纪检监察机关处理，构成犯罪的移交司法机关依法追究当事人的刑事责任。各地要注重改革的系统性、协同性，与正在推进的有关改革做好衔接，发挥改革的综合效应。

（三）加大政策支持力度。省直有关部门要在2017年底前，开展一次涉及农村集体经济发展政策文件的清查，清理废除各种阻碍农村集体经济发展的不合理规定，营造有利于推进农村集体产权制度改革的政策环境。农村集体经济组织承担大量农村社会公共服务支出，不同于一般经济组织，其成员按资产量化份额从集体获得的收益，也不同于一般投资所得，税务部门应积极开展调研，提出支持农村集体产权制度改革税收政策的意见。在农村集体产权制度改革中，免征因权利人名称变更登记、资产产权变更登记涉及的契税，免征签订产权转移书据涉及的印花税，免收确权变更中的土地、房屋等不动产登记费。进一步完善财政引导、多元化投入共同扶持集体经济发展的机制。对政府拨款、社会捐赠、减免税费等形成的资产归农村集体经济组织所有，可以量化为集体成员持有的股份。逐步增加政府对农村的公共服务支出，减少农村集体经济组织的相应负担。完善金融机构对农村集体经济组织的融资、担保等政策，健全风险防范分担机制。

各地要自觉把思想和行动统一到中央的决策部署上来，利用多种形式多种方式做好深化农村集体资产产权制度改革的政策宣传和组织动员工作，大力宣传改革的重大意义、目标任务、重点举措和时序步骤，要让各级干部全面了解改革精神和政策要求，让广大农民群众充分认识和理解农村集体资产与自身利益的紧密关联，关心改革，支持改革，参与改革，确保农村集体产权制度改革工作顺利实施。

关于加快推进防沙治沙工作的意见

甘发〔2017〕23号 2017年7月1日

为全面贯彻落实党中央国务院决策部署和习近平总书记等中央领导同志对防沙治沙工作的重要指示批示精神，加快推进全省防沙治沙事业持续健康发展，努力构建沙区绿色生态屏障，提出如下意见。

一、充分认识做好全省防沙治沙工作的重要意义

防沙治沙工作是生态文明建设的重要组成部分，党中央高度重视，全社会广泛关注，习近平总书记等中央领导同志多次作出重要指示批示。我省自然条件严酷，生态环境脆弱，防沙治沙难度大，是全国荒漠化和沙化危害最为严重的省份之一，沙化土地集中分布的河西地区，是全国四大主要沙尘暴源区之一。近年来，我省防沙治沙工作在国家有关部委的大力支持下，通过全省上下共同努力，取得了显著成效。“十二五”期间，共完成沙化土地治理面积45.82万公顷，全省荒漠化和沙化面积分别减少19.14万公顷和7.42万公顷，呈现面积减少、程度降低的“双减双降”态势，荒漠化和沙化趋势有所逆转，沙尘暴强度明显降低、次数明显减少。但目前，全省仍有荒漠化土地1950.2万公顷，沙化土地1217.02万公顷，分别占国土面积的45.8%和28.6%，还有177.6万公顷土地介于沙化和非沙化土地之间，局部地区沙化状况仍在蔓延。深入推进防沙治沙工作，是贯彻落实习近平总书记等中央领导同志对防沙治沙工作的重要指示批示精神、全面推进生态文明建设、构筑全国重要生态安全屏障的客观需要，是打赢脱贫攻坚战役、建设幸福美好新甘肃的现实选择，意义重大、刻不容缓。各级党委、政府和有关部门要进一步增强政治意识、大局意识、核心意识、看齐意识，自觉在思想上政治上行动上同以习近平同志为核心的党中央保持高度一致，充分认识防沙治沙工作的重要意义，进一步增强做好防沙治沙工作的责任感和使命感，真抓实干，务求实效，确保全省防沙治沙事业持续健康发展。

二、总体要求

（一）指导思想。全面贯彻党的十八大和十八届三中、四中、五中、六中全会精神，深入贯彻习近平总书记系列重要讲话精神和治国理政新理念新思想新战略，认真落实党中央、国务院决策部署，统筹推进“五位一体”总体布局和协调推进“四个全面”战略布局，牢固树立创新、协调、绿色、开放、共享发展理念，按照科学治沙、综合治沙和依法治沙方针，坚持敬畏自然、顺应自然，封禁封育、保护优先，因水施策、量水而治的原则，实行政府主导、流域统筹、重点治理、整体保护、依托工程、全民参与、产业促进，逐步形成以水资源合理配置、林草植被为主体的沙区生态安全体系，推进沙区经济社会又好又快发展。

（二）总体目标。以改善生态、改善民生为目标，以构建沙区绿色生态屏障为重点，通过开展自然修复与人工促进相结合的方式，着力推进防沙治沙工作。“十三五”期间，新增沙化土地治理面积45.82万公顷，巩固提升“十二五”期间治理的45.82万公顷沙化土地，到2020年，全省1/4以上可治理的沙化土地得治理。建设50处防沙治沙用沙示范点，进一步发挥示范引领作用。完善提高现有19个沙化土地封禁保护区建设管理水平，极稳妥推进国家沙漠公园建设，沙区生态状况得到明显改善。

三、重点工作

（一）实行严格的生态保护制度。各地要建立沙化土地封禁保护区制度，优先将生态区位重要、对周边地区乃至全省生态状况有明显影响、地方积极性高的天然植被分布区、沙漠绿洲过渡带、沙尘源区、生态移民区、尚不具备治理条件以及不宜开发利用的沙化主地纳入生态保护范围，有序划定并建设国家沙化土地封禁保护区。要加强制度建设，完善基础设施，建立长效保护机制，落实保护责任，定期开展成效监测评价。要建立天然植被保护制度，强化保护措施，切实落实《甘肃省主体功能区规划》和《甘肃省落实林业生态红线方案》，以自然生态空间用途管理制度为依据，严格管控沙区天然植被所在区域的开发建设活动，禁止非法开垦、放牧、采挖、使用水资源，禁止破坏沙漠与绿洲过渡带的天然植被，切实维护沙区生态用地和生态用水，严守生态保护红线。要加强执法，严格问责，对于破坏沙区天然植被的违法行为及相关责任人从严查处。要在全省沙区全面实行封沙（滩）禁牧。对严重退化、沙化、盐碱化的草原实行禁牧，对有沙化趋势的已垦草原，应当有计划、有步骤地退耕还草。要认真组织开展国家沙漠公园试点建设，科学编制国家沙漠公园发展规划，完善目标体系，明确管理机构及

职责，坚持保护优先的基本原则，禁止不合理开发利用行为，维持生态系统稳定，促进生态状况改善。

（二）加快重点区域沙化治理。在河西走廊沙漠边缘与绿洲接壤的生态脆弱区，以保护现有天然荒漠植被和绿洲为重点，按照先急后缓、突出重点、注重实效的原则，优先治理对人民生产生活、生存发展构成重大威胁的主要风沙口、沙化扩展活跃区、风沙源区、沙尘路径区等重点地段，继续实施好三北防护林体系建设、新一轮退耕还林还草、沙化土地封禁保护、生态公益林、沙漠公园等生态保护和重点建设工程，进一步优化建设内容、创新防治模式、狠抓质量管理、保证资金安全、提高工程成效。在毛乌素沙地南缘的环县北部沙区，要实行禁牧休牧、合饲养殖，保护好现有林草植被。在高原高寒类型的玛曲沙区，要落实草畜平衡措施，严禁超载过牧，加快实施草原补播改良，坚决遏制草原沙化面积扩大。对已经治理的沙化土地，要采取严格的管护措施，禁止一切破坏活动。

（三）建设功能完备的沙区防护林体系。在河西走廊沙区绿洲外围及绿洲区，要科学合理营造乔灌草、带片网相结合、功能完备的防风阻沙林网、林草带和农田防护林，切实保护绿洲生态安全。要加大防护林更新改造力度，对于乔木型防风固沙林网、林带，因干旱枯死、过熟老化、病虫危害严重、防护功能退化等原因确需进行更新改造的，必须事先在其附近形成接替林网和林带，并报省林业行政主管部门验收后，依展有关规定进行采伐更新。对于萌蘖能力强、需要通过平茬等技术措施促进更新的灌木型防风固沙林网、林带的更新改造，要严格按照有关规定和技术规程进行。严禁破挖现有灌木林进行重新造林。对林木更新困难地区现有的防风固沙林网、林带，不得采伐。积极推进沙区退化林分修复和退化草场的改造。

（四）构建沙区绿色生态产业体系。在绿洲区要按照以水定规划、以水调结构、以水促发展的思路，在充分考虑区域水资源承载力的基础上，严格控制人工绿洲规模。要大力发展高效节水型产业，构建绿色生态产业体系。坚持治用结合，充分利用沙区自然资源，在严格保护的前提下，按照“多采光、少用水、新技术、高效益”的理念，大力发展沙区种植、养殖、精深加工等现代农业、循环农业，大力发展观光旅游业和风光电等清洁能源产业，开发以沙为原料的建筑材料产品，积极培育一批龙头企业，建立“企业+农户”治沙产业模式，建设一批沙产业带，形成沙产业集群，让群众在防沙治沙中脱贫致富。

（五）提高防沙治沙科技水平。要加强科技支撑，加大对防沙治沙科研机构以及从事防沙治沙的企业、个人开展技术创新的支持力度，鼓励科技人员针对生产实践中存在的技术难题，有针对性地开展科研攻关，力争在最急需、最关键的技术上创新突破，探索开发一批治沙新技术、新材料、新装备，充分发挥科技的支撑引领作用。要进一步加强防沙治沙综合示范区建设和管理，探索不同类型的防沙治沙政策措施和技术模式，把防沙治沙综合示范区建设成集防治技术、治理模式和科学管理的创新推广基地。要着力完善防沙治沙技术推广体系，建立一支高素质的治沙科技人才队伍，实施一批防沙治沙科技推广项目，将防沙治沙和发展经济紧密结合起来，推广种植沙生农作物，实现生态效益和经济效益的双丰收。要加强对基层技术人员特别是沙区农民的技术培训，提高基层技术人员的综合素质和农民治沙致富的本领。

（六）严格执行沙区开发建设项目环评制度。位于沙区的建设项目，应在开工前依法进行环境影响评价，环境影响评价中应包含保护和恢复生态的防沙治沙措施。对于超过生态承载能力或对沙区生态造成重大破坏的建设项目，各级环保部门不得批准其环境影响评价文件。经过批准实施的沙区建设项目，应当同步落实各项防沙治沙措施。各地应当加强对建设项目防沙治沙措施落实情况以及项目实施后的生态保护和恢复情况的监管。有关部门要加强监督，搞好检查验收。因防治措施不力造成土地沙化的，要责令项目建设单位限期进行治理，对情节严重的应依法追究责任。

（七）健全监测预警与监督检查机制。建立健全沙化土地监测及重大沙尘暴灾害应急体系。在现有监测工作的基础上，完善监测网络，进一步加强基础设施和队伍建设，提高监测能力和水平，逐步建成全省沙尘暴应急和沙化土地监测体系。各级林业部门要加强本行政区域内沙化土地动态变化情况及发展趋势的跟踪监测，对生态风险和破坏活动进行预警，及时向本级政府和上级主管部门反映沙化状况及发展趋势，为科学决策提供依据。要制定完善重大沙尘暴灾害应急预案，切实做好灾害预警、灾情报送和应急处置工作。各地要加强对土地荒漠化沙化防治情况的监督检查，对相关配套政策实施效果进行跟踪分析和总结评估。

（八）建立完善荒漠生态补偿机制。认真落实《国务院办公厅关于健全生态保护补偿机制的意见》（国办发〔2016〕31号），建立完善荒漠生态补偿政策，探索开展生态保护补偿。继续开展沙化土地封禁保护试点，将生态保护补偿作为试点重要内容，加强沙区资源和生态系统保护。通过资金补助、产业转移、人才培训、共建园区等方式，探索建立黑河流域上下游间补偿机制，逐步实现沙区禁止开发区、重点生态功能区等重要区域生态保护补偿全覆盖。研究建立以政府购买服务为主的管护机制，通过合同制、委托管理等方式面向社会购买管护服务。鼓励生态损益双方通过自主协商补偿方式，对因保护沙区生态而丧失发展机会等造成的损失进行合理的经济补偿。各类市场主体参与沙化土地治理形成的生态公益林，符合条件的纳入森林生态效益补偿范围予以补偿。鼓励单位或个人收购经营青山绿地，逐步建立健全青山绿地合理流转新机制。要借鉴推广山西省“一矿一企绿化一山一沟”、“挖一吨煤栽一棵树”等做法，探索建立资源型企业反哺林业生态建设的补偿机制。

四、防沙治沙保障机制

（一）严格落实防沙治沙责任制。各级党委、政府对本行政区域的防沙治沙工作负总责。要切实加强组织领导，采取有效措施，推动防沙治沙工作取得显著成效。党委、政府主要负责同志为第一责任人，分管负责同志为主要责任人，职能部门主要负责同志为直接责任人。按照《中共中央办公厅 国务院办公厅关于印发〈开展领导干部自然资源资产离任审计试点方案〉的通知》和《中共中央办公厅国务院办公厅关于印发〈党政领导干部生态环境损害责任追究办法（试行）〉的通知》规定，全面推行地方党委政府领导防沙治沙任期目标责任考核奖惩制度，严格落实防沙治沙责任制。研究制定沙区生态环境损害责任追究制度，明确沙区生态环境损害责任追究情形、追究形式、认定程序等，落实沙区生态环境损害责任终身追究制。

（二）健全完善防沙治沙工作机制。省林业主管部门负责组织、协调、指导和监督全省防沙治沙工作。省防治荒漠化协调小组各成员单位要积极配合，按照职责分工，做好向对口国家部委的汇报衔接和落实工作，积极争取国家政策、资金支持，完善部门协作机制，共同推动防沙治沙工作。各级党委、政府要研究制定防沙治沙工作方案，积极推进防沙治沙工作，按期完成各项任务。沙区县级以上地方人民政府，应当向同级人民代表大会及其常务委员会报告防沙治沙工作情况。要加强管理机构和队伍建设，成立防沙治沙专门机构，落实防沙治沙工作经费。对已经沙化的土地范围内的铁路、公路、河流和水渠两侧，城镇、村庄、厂矿和水库周围全面落实沙化土地单位治理责任制。

（三）建立多元化的投融资机制。各地要加大防沙治沙资金投入，积极争取国家部委支持，加强资金管理使用。要按照机会均等、政策普惠的原则，使各类社会主体均等享受国家防沙治沙补助政策。要加大对沙区禁止开发区和限制开发区的财政转移支付能力度，严格转移支付资金使用投向，建立转移支付资金安排与绩效考核挂钩的分配制度。各地可研究探索出台直接收购各种社会主体在沙区营造的非国有公益林、灌草丛的相关政策。创新防沙治沙金融支持机制，支持符合条件的项目按程序申报国际金融组织和外国政府贷款，鼓励政策性银行在业务范围内加大对防沙治沙项目的信贷支持力度，鼓励商业银行开发面向防沙治沙和沙产业的金融服务和产品，完善对防沙治沙项目的担保机制，加大风险补偿力度。积极探索沙区生态保险发展模式，提高沙区企业和个人抵御风险的能力。鼓励和吸引社会资本通过PPP模式，积极参与生态建设，引导企业、社会团体和公众履行生态补偿义务。通过财政支持、信贷支持、对口支援、企业自筹、群众投入、社会捐助、探索设立沙区生态补偿基金等形式，建立多元化投融资机制，进一步支持沙区生态保护建设。

（四）认真编制并严格组织实施规划。各地要认真组织编制防沙治沙规划，明确建设目标、工作任务和保障措施，切实提高规划的科学性、指导性和可操作性。各地要在江河源区、农牧交错带、沙漠绿洲过渡带及铁路公路沿线等重点区域，规划实施盐碱地治理、流动沙地固定等一批防沙治沙重点工程，治理修复沙化土地。

（五）动员社会力量参与防沙治沙。各地要建立由政府主导、社会广泛参与的防沙治沙工作格局，坚持“谁益林谁所有、谁开发谁受益、允许继承转让”的政策长期不变，拍卖、租赁、承包以及无偿划拨宜林沙荒地治理开发的使用年限可以放宽到30~50年，流动半流动沙地延长到70年，并且允许继承、转让和抵押。要引导各类主体积极参与防沙治沙，积极鼓励和支持社会各界，特别是社会公益组织通过不同形式跨所有制、跨行业、跨地区从事营利性与非营利性生态治理。按照“政府引导、项目带动、企业介入、全社会参与”的思路，积极培育发展股份制企业、股份合作制企业、家庭林场、专业合作社等新型林业经营主体参与沙区治理。符合条件的参与防沙治沙各类主体在沙地划拨方面给予优先安排、无偿划拨，由土地部门发给土地使用证、林业部门发给林权证，符合条件的项目贷款享受财政贴息政策，优先给予贴息扶持。治理后的沙化土地经检查验收合格后，可以享受国家防沙治沙项目投资和补助。同时，对农民发展沙产业、特色林果业，符合政策的给予造林补贴等资金扶持。引导龙头企业与农民建立新型合作关系，培育“公司十合作社+农户”的合作经营模式，实现产业化经营。

（六）切实加大依法治沙力度。各地要尽快出台地方性防沙治沙法规、制度或管理办法，完善沙区资源开发利用监管制度。要根据沙区自然禀赋特点和资源环境承载能力，实行适度开发利用。要充分考虑沙区水分平衡，以水定需，量水而行。要加强对营利性治沙活动的监管，对于已经过度开发利用的，县级以上地方林业主管部门要督促开发利用单位按期完成生态恢复任务。要加大执法力度，依法严厉打击毁林毁草开垦、乱采滥挖、乱捕滥猎等破坏沙区生态的违法行为。要强化普法宣传，使沙区干部群众知法、懂法、守法，自觉保护林草植被，自觉履行防治义务。

（七）狠抓防沙治沙质量管理。各级林业部门在防沙治沙中，不仅要注重造林成活率、保存率，更要注重植被结构、植被配置、系统稳定性、生物多样性及生态、经济和社会三大效益。要尽快完善各类防沙治沙技术标准，不断完善质量管理体系，充分发挥社会舆论和群众监督作用，努力提高管理成效。

（八）讲好甘肃防沙治沙故事。要面向社会、面向基层、面向群众，开展全方位、多角度、多层次的宣传报道，宣传防沙治沙的重大意义和我省防沙治沙的巨大成就，宣传沙区干部群众和林业职工不屈不挠、治沙护土的故事，宣传社会公益组织及个人无私奉献、建设和改善沙区生态的典型，突出我省特色，讲好防沙治沙故事，凝聚社会共识，为推进防沙治沙营造良好的社会环境和舆论氛围。

省委省政府重要通知

甘肃省人民政府关于开展第二次全省污染源普查的通知

甘政发〔2017〕24号

各市、自治州人民政府，兰州新区管委会，省政府有关部门，中央在甘有关单位：

根据《全国污染源普查条例》规定和《国务院关于开展第二次全国污染源普查的通知》（国发〔2016〕59号）要求，省政府决定于2017年开展第二次全省污染源普查工作。现将有关事项通知如下：

一、普查目的和意义

全省污染源普查是重大的省情调查，是生态文明建设和环境保护的基础性工作。开展第二次全省污染源普查，掌握各类污染源的数量、行业和地区分布情况，了解主要污染物产生、排放和处理情况，建立健全重点污染源档案，对于准确判断我省当前环境形势，制定实施有针对性的经济社会发展和环境保护政策、规划，不断改善环境质量，加快推进生态文明建设，补齐全面建成小康社会的生态环境短板具有重要意义。

二、普查对象和内容

普查对象是甘肃省境内有污染源的单位和个体经营户。范围包括：工业污染源，农业污染源，生活污染源，集中式污染治理设施，移动源及其他产生、排放污染物的设施。

普查内容包括普查对象的基本信息、污染物种类和来源、污染物产生和排放情况、污染治理设施建设和运行情况等。

本次普查的具体范围和内容，由国务院批准的普查方案确定。

三、普查工作步骤

本次普查标准时点为2017年12月31日，时期资料为2017年度资料，分三个阶段进行。

普查前期准备阶段（2017年第一季度至2017年底）：重点做好普查方案编制、普查工作试点以及宣传培训等工作；

全面普查阶段（2018年全年）：各地组织开展普查，通过逐级审核汇总形成普查数据库，年底完成普查工作；

总结发布阶段（2019年全年）：重点做好普查工作验收、数据汇总和结果发布等工作。

四、普查组织和实施

为加强组织领导，省政府决定成立第二次全省污染源普查领导小组（以下简称“领导小组”，名单见附件），负责全省污染源普查工作的组织和领导，协调解决重大问题。领导小组办公室设在省环境保护厅，负责普查的日常工作。领导小组成员单位要按照各自职责负责落实相关工作。

市级和县级地方人民政府成立相应的污染源普查领导小组及其办公室，按照全省污染源普查领导小组的统一规定和要求，做好本行政区域内的污染源普查工作。

军队、武装警察部队的污染源普查工作按照《国务院关于开展第二次全国污染源普查的通知》（国发〔2016〕59号）规定，由中央军委后勤保障部组织实施。

五、普查工作要求

（一）加强组织领导。各市州政府要高度重视，把第二次污染源普查作为环境保护的重点任务，列入政府工作的重要内容，进行安排部署。要尽快成立相应的普查领导小组，及时研究、协调解决普查工作中遇到的重大问题，切实抓好每个阶段普查任务的落实，确保普查工作顺利进行。

（二）落实普查经费。按照分级保障原则，省财政要将省级普查工作经费列入财政预算予以保障和落实，市州、县市区财政要将本级普查经费列入预算，分年度予以安排和落实，切实保障普查工作的顺利开展。各级普查领导小组及办公室要按照国家有关规定，加强经费管理，专款专用、厉行节约，确保规范、安全、有效使用资金。

（三）保证普查质量。全省第二次污染源普查工作涉及范围广、参与部门多、普查任务重、技术要求高、工作难度大，各地区、各部门要按照“全省统一领导、部门分工协作、地方分级负责、各方共同参与”的原则组织实施普查。同时，要按照信息共享的原则，充分利用有关部门现有统计、监测和各专项调查等相关资料，借鉴和采纳省上有关经济普查、农业普查等成果。污染源普查对象有义务接受污染源普查领导小组办公室、普查人员依法进行的调查，并如实反映情况，提供有关资料，按照要求填报污染源普查表。

（四）严肃普查纪律。任何地方、部门、单位和个人都不得迟报、虚报、瞒报和拒报普查数据，不得伪造、篡改普查资料。各级普查机构及其工作人员，对普查对象的技术和商业秘密，必须履行保密义务。

（五）做好普查宣传。要充分利用报刊、广播、电视、网络等各种媒体，广泛深入地宣传全省污染源普查的重要意义和有关要求，为普查工作的顺利实施营造良好的社会氛围。

甘肃省人民政府
关于发布《甘肃省政府核准的投资项目目录（2017年本）》的通知

甘政发〔2017〕57号　2017年7月19日

各市、自治州人民政府，兰州新区管委会，省政府各部门，中央在甘各单位：

为贯彻落实《中共中央国务院关于深化投融资体制改革的意见》（中发〔2016〕18号），进一步加大“放管服”改革力度，更好发挥政府作用，加强和改进宏观调控，激发市场主体扩大合理有效投资和创新创业的活力，根据《国务院关于发布政府核准的投资项目目录（2016年本）的通知》（国发〔2016〕72号）精神，现发布《甘肃省政府核准的投资项目目录（2017年本）》，并就有关事项通知如下：

一、企业投资建设本目录内的固定资产投资项目，须按照规定报送有关项目核准机关核准。企业投资建设本目录外的项目，原则上按照属地原则实行备案管理。事业单位、社会团体等投资建设的项目，按照本目录执行。

原油、天然气（含煤气层）开发项目由具有开采权的企业自行决定，并报国务院行业管理部门备案。具有开采权的相关企业应依据相关法律法规，坚持统筹规划，合理开发利用资源，避免资源无序开采。

二、法律、行政法规和国家、本省制定的发展规划、产业政策、总量控制目标、技术政策、准入标准、用地政策、环保政策、信贷政策以及依法批准的城乡规划等，是企业开展项目前期工作的重要依据，是项目核准机关和国土资源、环境保护、城乡规划、行业管理等部门以及金融机构对项目进行审查的依据。

发展改革部门要会同有关部门对接国家规划编制完善我省相关领域专项规划，为做好项目核准工作提供依据。

环境保护部门应根据项目对环境的影响程度实行分级分类管理，对环境影响大、环境风险高的项目严格环评审批，并强化事中事后监管。

三、要充分发挥发展规划、产业政策和准入标准对投资活动的规范引导作用。把发展规划作为引导投资方向，稳定投资运行，规范项目准入，优化项目布局，合理配置资金、土地、能源、人力等资源的重要手段。积极对接落实国家产业结构调整指导目录、外商投资产业指导目录等，为企业投资活动提供依据和指导。构建更加科学、更加完善、更具可操作性的行业准入标准体系，强化节地节能节水、环境、技术、安全等市场准入标准。完善行业宏观调控政策措施和部门间协调机制，形成工作合力，促进相关行业有序发展。

四、对于钢铁、电解铝、水泥、平板玻璃、船舶等产能严重过剩行业的项目，要严格执行《国务院关于化解产能严重过剩矛盾的指导意见》（国发〔2013〕41号）和《甘肃省人民政府关于化解产能严重过剩矛盾的实施意见》（甘政发〔2014〕21号），各地、各部门不得以其他任何名义、任何方式备案新增产能项目，各相关部门和机构不得办理土地供应、能评、环评审批和新增授信支持等相关业务，并合力推进化解产能严重过剩矛盾各项工作。

对于煤矿项目，要严格执行《国务院关于煤炭行业化解过剩产能实现脱困发展的意见》（国发〔2016〕7号）要求（从2016年起3年内原则上停止审批新建煤矿项目、新增产能的技术改造项目和产能核增项目；确需新建煤矿的，一律实行减量置换）。

严格控制新增传统燃油汽车产能，原则上不再核准新建传统燃油汽车生产企业。积极引导新能源汽车健康有序发展，新建新能源汽车生产企业须具有动力系统等关键技术和整车研发能力，符合《新建纯电动乘用车企业管理规定》等相关要求。

五、项目核准机关要改进完善管理办法，切实提高行政效能，认真履行核准职责，严格按照规定权限、程序和时限等要求进行审查。有关部门要密切配合，按照职责分工，相应改进管理办法，依法加强对投资活动的监管。

六、按照“谁审批谁监管、谁主管谁监管”的原则，落实监管责任，注重发挥地方政府就近就便监管作用，注重发挥行业管理部门和环境保护、质量监督、安全监管等部门专业优势，以及投资主管部门综合监管职能，实现协同监管。要充分发挥投资项目在线审批监管平台作用，进一步简化环节、优化流程，真正把审批变为服务。投资项目核准、备案权限下放后，监管责任要同步下移。各级政府及其有关部门要积极探索创新监管方式方法，强化事中事后监管，切实承担起监管职责。

七、按规定报国务院核准的项目，企业可以通过省政府投资主管部门转送项目申请报告，由国务院投资主管部门审核后报国务院核准；报国务院投资主管部门、国务院行业管理部门核准的项目，企业可以分别通过省政府投资主管部门、行业管理部门转送项目申请报告；由省政府投资主管部门、行业管理部门核准的项目，企业可以直接报送或通过项目所在地市（州）政府投资主管部门、行业管理部门转送项目申请报告。由政府投资主管部门核准的项目，事前须征求同级政府行业管理部门的意见。

由市（州）政府、兰州新区投资主管部门和行业管理部门核准的项目，核准权限不得下放。

八、对取消核准改为备案管理的项目，项目备案机关要加强发展规划、产业政策和准入标准把关，行业管理部门与城乡规划、土地管理、环境保护、安全监管等部门要按职责分工加强对项目的指导和约束。

九、法律、行政法规和国家、本省有专门规定的，按照有关规定执行。商务主管部门按国家有关规定对外商投资企业的设立和变更、国内企业在境外投资开办企业（金融企业除外）进行审核或备案管理。

十、本目录自发布之日起执行，《甘肃省政府核准的投资项目目录（2015年本）》（甘政发〔2014〕122号）即行废止。

甘肃省政府核准的投资项目目录（2017年本）

一、农业水利

（一）农业。涉及开荒的项目由省政府行业管理部门核准。

（二）水利工程。

1.涉及跨界河流、跨省（区、市）水资源配置调整的重大水利项目报国务院投资主管部门核准，其中库容10亿立方米及以上或者涉及移民1万人及以上的水库项目报国务院核准。

2.其他河流库容1000万立方米及以上的水库项目和跨市（州）水资源配置调整的项目由省政府投资主管部门核准。

3.其他河流库容1000万立方米以下的水库项目由省政府行业管理部门核准。

4.其余水资源配置调整项目由市（州）政府投资主管部门核准。

二、能源

（一）水电站。

1.在跨界河流、跨省（区、市）河流上建设的单站总装机容量50万千瓦及以上项目报国务院投资主管部门核准，其中单站总装机容量300万千瓦及以上或者涉及移民1万人及以上的项目报国务院核准。

2.单站总装机容量30万千瓦及以上的项目，在跨市（州）河流上建设的项目，以及在跨省（区）河流上建设的其他项目由省政府能源主管部门核准。

3.其余项目由市（州）政府能源主管部门核准。

（二）抽水蓄能电站。由省政府能源主管部门按照国家制定的相关规划核准。

（三）火电站（含自备电站）。由省政府能源主管部门核准，其中燃煤燃气火电项目应在国家依据总量控制制定的建设规划内核准。

（四）热电站（含自备电站）。由省政府能源主管部门核准，其中抽凝式燃煤热电项目应在国家依据总量控制制定的建设规划内核准。

（五）风电站。由市（州）政府能源主管部门依据省政府能源主管部门根据国家总量控制制定的建设规划及年度开发指导规模内核准。

（六）核电站。报国务院核准。

（七）电网工程。

1.涉及跨境、跨省（区、市）输电的±500千伏及以上直流项目，涉及跨境、跨省（区、市）输电的500千伏、750千伏、1000千伏交流项目报国务院投资主管部门核准，其中±800千伏及以上直流项目和1000千伏交流项目报国务院备案。

2.不涉及跨境、跨省（区、市）输电的±500千伏及以上直流项目和500千伏、750千伏、1000千伏交流项目，以及跨市（州）输电的330千伏交流项目由省政府能源主管部门核准，其中不涉及跨境、跨省（区、市）输电的±500千伏及以上直流项目和500千伏、750千伏、1000千伏交流项目应按照国家制定的相关规划核准。

3.其余项目由市（州）政府能源主管部门按照国家制定的相关规划核准。

（八）煤矿。

1.国家规划矿区内新增年生产能力120万吨及以上煤炭开发项目报国务院行业管理部门核准，其中新增年生产能力500万吨及以上的项目报国务院投资主管部门核准并报国务院备案。

2.国家规划矿区内的其余煤炭开发项目和一般煤炭开发项目由省政府能源主管部门核准。

国家规定禁止建设或列入淘汰退出范围的项目，不得核准。

（九）煤制燃料。年产超过20亿立方米的煤制天然气项目和年产超过100万吨的煤制油项目报国务院投资主管部门核准。

（十）液化石油气接收、存储设施（不含油气田、炼油厂的配套项目）。由市（州）政府能源主管部门核准。

（十一）进口液化天然气接收、储运设施。

1.新建（含异地扩建）项目报国务院行业管理部门核准，其中新建接收储运能力300万吨及以上的项目报国务院投资主管部门核准并报国务院备案。

2.其余项目由省政府能源主管部门核准。

（十二）输油管网（不含油田集输管网）。

1.跨境、跨省（区、市）干线管网项目报国务院投资主管部门核准，其中跨境项目报国务院备案。

2.连接国家干线管网的项目和跨市（州）的项目由省政府能源主管部门核准。

3.其余项目由市（州）政府能源主管部门核准。

（十三）输气管网（不含油气田集输管网）。

1.跨境、跨省（区、市）干线管网项目报国务院投资主管部门核准，其中跨境项目报国务院备案。

2.连接国家干线管网的项目和跨市（州）的项目由省政府能源主管部门核准。

3.其余项目由市（州）政府能源主管部门核准。

（十四）炼油。

1.新建炼油及扩建一次炼油项目由省政府能源主管部门按照国家批准的相关规划核准。

2.未列入国家批准的相关规划的新建炼油及扩建一次炼油项目，禁止建设。

（十五）变性燃料乙醇。由省政府行业管理部门核准。

三、交通运输

（一）新建（含增建）铁路。

1.列入国家批准的相关规划中的由中国铁路总公司为主出资的项目，由其自行决定并报国务院投资主管部门备案。

2.列入国家批准的相关规划中的其他企业投资的项目、地方城际铁路项目和其余新建（含增建）铁路项目，由省政府投资主管部门核准，其中地方城际铁路项目应按照国家批准的相关规划核准并报国务院投资主管部门备案。

（二）公路。

1.国家高速公路网项目和地方高速公路项目由省政府投资主管部门核准，其中国家高速公路网项目应按照国家批准的相关规划核准。

2.普通国道网项目和普通省道一级公路项目由省政府行业管理部门核准，其中普通国道网项目应按照国家批准的相关规划核准。

3.其余项目由市（州）政府行业管理部门按照省级相关规划核准。

（三）独立公（铁）路桥梁、隧道。

1.跨境项目报国务院投资主管部门核准并报国务院备案。

2.列入国家批准的相关规划中的由中国铁路总公司为主出资的项目，由其自行决定并报国务院投资主管部门备案。

3.列入国家批准的相关规划中的其他企业投资的项目，其余独立铁路桥梁、隧道及跨10万吨级及以上航道海域、跨大江大河（现状或规划为一级及以上通航段）的独立公路桥梁、隧道项目，以及跨市（州）的项目由省政府投资主管部门核准。

4.其余项目由市（州）政府投资主管部门按照省级相关规划核准。

（四）煤炭、矿石、油气专用泊位。由省政府投资主管部门按照国家批准的相关规划核准。

（五）集装箱专用码头。由省政府投资主管部门按照国家批准的相关规划核准。

（六）内河航运。

1.跨省（区、市）高等级航道的千吨级及以上航电枢纽项目和跨市（州）的项目由省政府投资主管部门核准，其中跨省（区、市）高等级航道的千吨级及以上航电枢纽项目应按照国家批准的相关规划核准。

2.其余项目由市（州）政府投资主管部门按照省级相关规划核准。

（七）民航。

1.新建运输机场项目报国务院、中央军委核准。

2.新建通用机场项目和扩建军民合用机场（增建跑道除外）项目由省政府投资主管部门核准。

四、信息产业

电信。国际通信基础设施项目报国务院投资主管部门核准；国内干线传输网（含广播电视网）以及其他涉及信息安全的电信基础设施项目报国务院行业管理部门核准。

五、原材料

（一）稀土、铁矿、有色矿山开发。由省政府投资主管部门核准。

（二）石化。

1.新建乙烯、对二甲苯（PX）、二苯基甲烷二异氰酸酯（MDI）项目由省政府投资主管部门按照国家批准的石化产业规划布局方案核准。

2.未列入国家批准的相关规划的新建乙烯、对二甲苯（PX）、二苯基甲烷二异氰酸酯（MDI）项目，禁止建设。

（三）煤化工。

1.新建煤制烯烃、煤制对二甲苯（PX）和年产超过100万吨的煤制甲醇项目由省政府投资主管部门核准，其中新建煤制烯烃、煤制对二甲苯（PX）项目应按照国家批准的相关规划核准。

2.其余项目禁止建设。

（四）稀土。稀土冶炼分离项目和稀土深加工项目由省政府行业管理部门核准。

（五）黄金。采选矿项目由省政府行业管理部门核准。

六、机械制造

汽车。按照国务院批准的《汽车产业发展政策》执行。其中：新建中外合资轿车生产企业项目报国务院核准；新建纯电动乘用车生产企业（含现有汽车企业跨类生产纯电动乘用车）项目报国务院投资主管部门核准；其余项目由省政府投资主管部门核准。

七、轻工

烟草。卷烟、烟用二醋酸纤维素及丝束项目报国务院行业管理部门核准。

八、高新技术

民用航空航天。干线支线飞机、6吨/9座及以上通用飞机和3吨及以上直升机制造、民用卫星制造、民用遥感卫星地面站建设项目报国务院投资主管部门核准；6吨/9座以下通用飞机和3吨以下直升机制造项目由省政府投资主管部门核准。

九、城建

（一）城市快速轨道交通项目。由省政府投资主管部门按照国家批准的相关规划核准。

（二）城市道路桥梁、隧道。跨10万吨级及以上航道海域和跨大江大河（现状或规划为一级及以上通航段）的项目由省政府投资主管部门核准。

（三）其他城建项目。实行备案管理。

十、社会事业

（一）主题公园。

1.特大型项目由国务院核准。

2.其余项目由省政府投资主管部门核准。

（二）旅游。国家级风景名胜区、国家自然保护区、全国重点文物保护单位区域内总投资5000万元及以上旅游开发和资源保护项目，世界自然和文化遗产保护区内总投资3000万元及以上项目由省政府投资主管部门核准。

（三）其他社会事业项目。实行备案管理。

十一、外商投资

（一）《外商投资产业指导目录》中总投资（含增资）3亿美元及以上限制类项目报国务院投资主管部门核准，其中总投资（含增资）20亿美元及以上项目报国务院备案。

（二）《外商投资产业指导目录》中总投资（含增资）3亿美元以下限制类项目由省政府投资主管部门核准。

（三）前述规定之外的属于本目录第一至十条所列项目，按照本目录第一至十条的规定执行。

十二、境外投资

（一）涉及敏感国家和地区、敏感行业的项目报国务院投资主管部门核准。

（二）前述规定之外的中央管理企业投资项目和地方企业投资3亿美元及以上项目报国务院投资主管部门备案。

2017年度甘肃省科学技术奖励名单

甘肃省科技功臣奖

魏宝文 中国科学院近代物理研究所

甘肃省自然科学奖

一等奖

2017—Z1—001内陆河流域生态水文学

推荐专家：陈发虎、南志标

主要完成人：冯 起、高艳红、马金珠
李宗省、司建华

2017—Z1—002生物活性物质电化学传感和检测

推荐单位：甘肃省教育厅

主要完成人：卢小泉、陈 晶
刘秀辉、薛中华

二等奖

2017—Z2—003抽象半线性发展方程的可解性

推荐单位：甘肃省教育厅

主要完成人：李永祥、陈鹏玉、
杨 和、范虹霞

2017—Z2—004当归及其不同炮制品药效改变的物质基础、质量标准和药效学研究

推荐单位：甘肃省教育厅

主要完成人：魏彦明、华永丽、纪 鹏、
郭延生、孙红国

2017—Z2—005石墨烯基功能材料的制备、结构调控与应用基础研究

推荐单位：中国科学院兰州分院

主要完成人：王金清、杨生荣、李章朋、
王赵锋、范增杰

2017—Z2—006我国西北干旱半干旱区近千年气候变化及其对生态系统的影响

推荐单位：兰州大学

主要完成人：勾晓华、方克艳、李金豹、
邓 洋、张 芬

三等奖

2017—Z3—007梯度非均匀多孔介质的热一力学行为研究

推荐单位：甘肃省教育厅

主要完成人：周凤玺、王 刚、张靖华、
李世荣、马连生

2017—Z3—008先进电化学储能材料制备与热电转化研究

推荐单位：甘肃省教育厅

主要完成人：张德懿、王 毅、马 颖、
冯辉霞、雒和明

2017—Z3—009荧光/磁共振双模成像纳米探针的合成及多功能性质研究

推荐单位：兰州大学

主要完成人：杨正银、汪宝堆、秦冬冬

2017—Z3—010原子分子在强场中高次谐波和电离性质的研究

推荐单位：甘肃省教育厅

主要完成人：李鹏程、赵松峰、
王国利、周效信

甘肃省技术发明奖

一等奖

2017—F1—001低品位凹凸棒石关键共性技术研发及应用

推荐单位：中国科学院兰州分院

主要完成人：王爱勤、王文波、牟 斌、
李华明、文立新、汪 琴

二等奖

2017—F2—002基于矩阵式引线框架的集成电路封装关键技术研发及产业化

推荐单位：天水市科技局

主要完成人：周永寿、陈国岚、何文海、
陈志祥、慕 蔚、何乃辉

2017—F2—003复杂难处理贵金属酸泥中综合回收银硒碲工艺研究与应用

推荐单位：金昌市科技局

主要完成人：马玉天、陈大林、张 燕、
贾晓东、陈治毓、宋宏儒

三等奖

2017—F3—004葡萄酒工业固体废弃物综合利用关键技术研究与应用

推荐单位：甘肃省教育厅

主要完成人：杨生辉、王丹霞、陈 叶、
张喜峰、陈天仁、罗光宏

2017—F3—005青贮圆草捆缠网打捆、裹膜联合作业机组的研发

推荐单位：甘肃省机械工程学会

主要完成人：韩少平、柯贞东、寇明杰、
李晓康、丁立利、侯力轩

2017—F3—006铁路信号技术图档分解重构及智能导航平台

推荐单位：兰州高新技术产业开发区管理委员会

主要完成人：吕兴寿、尚庆生、祁杰生、
靳陇平、魏孔胜、霍明星

2017—F3—007乙烯原料和丁二烯在线检测技术及工业化应用

推荐单位：中国石油天然气股份有限公司兰州石化分公司

主要完成人：刘海生、陈世龙、崔嘉敏、
张耀亨、刘栓祥、赵东波

甘肃省科技进步奖

一等奖

2017—J1—001长寿命空间用空心阴极技术

推荐单位：中国航天科技集团公司第五

研究院第五一〇研究所

主要完成人：郭　宁、贾艳辉、唐福俊、张天平、顾　左、孟　伟、孙运奎、杨　威、耿　海、李文峰、孙明明、冯　杰、曹　鹏、王世伟、谷增杰

主要完成单位：中国航天科技集团公司第五研究院第五一〇研究所

2017—J1—002河西走廊绿洲边缘雨养植被建植及管理的生态水文调控技术

推荐单位：中国科学院兰州分院

主要完成人：赵文智、孙宏义、徐发辉、刘　冰、庄艳丽、何志斌、张格非、杨淇越、罗维成、周　海、杨　荣、刘继亮、刘　鹄、苏永中、常学向

主要完成单位：中国科学院西北生态环境资源研究院（筹）、甘肃省山丹县苗圃

2017—J1—003基于水分平衡的低覆盖度治沙理论及其防风固沙技术模式研究与示范

推荐单位：甘肃省林业厅

主要完成人：杨文斌、刘世增、李新荣、唐进年、李卫、满多清、党宏忠、张大彪、李永华、刘有军、姚冬梅、王强强、张锦春、李得禄、张莹花

主要完成单位：甘肃省治沙研究所、中国林业科学研究院、中国科学院寒区旱区环境与工程研究所

2017—J1—004复杂岩性地震沉积分析关键技术、软件系统研发与工业化应用

推荐单位：中国石油天然气股份有限公司勘探开发研究院西北分院

主要完成人：陈启林、苏明军、刘化清、徐云泽、倪长宽、崔向丽、窦玉坛、黄云峰、姚　军、潘树新、洪　忠、胡凯锋、李政阳、郭精义、张　晶

主要完成单位：中国石油天然气股份有限公司勘探开发研究院西北分院

2017—J1—005航天器高性能固面天线反射器激光刻蚀制造技术

推荐单位：中国航天科技集团公司第五研究院第五一〇研究所

主要完成人：吴　敢、王　瑞、周　晖、杨建平、尚凯文、陈学康、曹生珠、武生虎、何延春、赵栋才

主要完成单位：中国航天科技集团公司第五研究院第五一〇研究所

2017—J1—006西北非耕地园艺作物栽培基质优化配制技术与产业化示范

推荐单位：甘肃省教育厅

主要完成人：郁继华、颉建明、吕　剑、张国森、韦　中、宫志远、余宏军、冯锡鸿、张学斌、赵广叡、王世梅、万鲁长、刘雪梅、肖雪梅、胡琳莉

主要完成单位：甘肃农业大学、肃州区蔬菜技术服务中心、南京农业大学、山东省农业科学院农业资源与环境研究所、中国农业科学院蔬菜花卉研究所、宁夏中青农业科技有限公司、赤峰和润农业高新科技产业开发有限公司

2017—J1—007第三系富水弱胶结粉细砂岩隧道修建技术及应用

推荐单位：甘肃省科学技术厅（甘肃省科技情报学会）

主要完成人：李国良、熊春庚、陈东杰、李　雷、何志军、赵　勇、鞠国江、李　响、张有生、司剑钧、毕焕军、王秀英、黄庆华、曲桂有、王广宏

主要完成单位：兰渝铁路有限责任公司、中铁第一勘察设计院集团有限公司、中国铁路总公司工程管理中心、中国铁路经济规划研究院、北京交通大学、中铁二十一局集团有限公司、中铁十九局集团有限公司

2017—J1—008骨组织损伤个性化功能重建的基础与应用研究

推荐单位：中国人民解放军西宁联勤保障中心

主要完成人：赵红斌、马东洋、甄　平、李晓云、曹　健、王世勇、秦　文、高明暄、高秋明、李旭升

主要完成单位：中国人民解放军兰州总医院

2017—J1—0092205双相不锈钢研制开发

推荐单位：甘肃省冶金有色工业协会

主要完成人：潘吉祥、阮强、陈兴润、周　鹏、惠　恺、王建新、白小军、叶红刚、魏海霞、田娇健、马国财、任培东、纪显彬

主要完成单位：酒泉钢铁（集团）有限责任公司

2017—J1—010北方旱寒区冬油菜北移集成技术研究与示范

推荐单位：甘肃省农牧厅

主要完成人：孙万仓、刘自刚、方　彦、陈其鲜、张仁陟、张建学、李学才、曾秀存、周冬梅、武军艳、宋卫信、周吉红、马全保、董　静、李　强

主要完成单位：甘肃农业大学、全国农业技术推广服务中心、甘肃省农业技术推广总站、天水市农业科学研究所

2017—J1—011西部高发肝病的发生及肝癌规范化综合治疗模式的建立

推荐单位：甘肃省卫生和计划生育委员会（甘肃省医学会、甘肃省护理学会）

主要完成人：李　汛、毛小荣、孟文勃、张立婷、宋晓静、张　磊、李俊峰、白仲添、严　俊、朱克祥、周文策

主要完成单位：兰州大学第一医院

2017—J1—012二次流强度与对流传热关系及其在换热器中的应用

推荐单位：甘肃省教育厅

主要完成人：王良璧、林志敏、宋克伟、胡万玲、王良成、刘　松、张　强、张　昆、武　祥、苏梅、张永恒、常立民、陈玉英

主要完成单位：兰州交通大学、兰州金诺绿色能源动力科技有限责任公司

二等奖

2017—J2—013DNA损伤修复相关基因多态性与乳腺癌易感性的研究

推荐单位：甘肃省卫生和计划生育委员会（甘肃省医学会、甘肃省护理学会）

主要完成人：苏海翔、陈学忠、郭红云、朱公建、杨碎胜、王海涛、

王　涛、闵建平、郭　欢、王　兰

主要完成单位：甘肃省医学科学研究院

2017—J2—014ERCP相关性胰腺炎高危因素综合防治研究

推荐单位：兰州市科技局

主要完成人：周文策、朱晓亮、张　辉、孟文勃、李　汛、张　磊、朱克祥、陈吉义、庄永芳、李　波

主要完成单位：兰州大学第一医院

2017—J2—015PC箱梁的剪力滞效应与时变机理及应用

推荐单位：甘肃省住房和城乡建设厅

主要完成人：蔺鹏臻、杨子江、冀　伟、张元海、武维宏、雒　敏、刘应龙、孙理想、赵彦华、张　慧

主要完成单位：兰州交通大学、兰州交通大学工程检测有限公司、甘肃省交通规划勘察设计院有限责任公司

2017—J2—016PGE2通过Snail基因调控EMT参与肝癌侵袭的机制研究

推荐单位：甘肃省卫生和计划生育委员会（甘肃省医学会、甘肃省护理学会）

主要完成人：张　敏、贺志云、王一青、张登才、贾重阳、田利民、闫沛静、朱新玉

主要完成单位：甘肃省人民医院

2017—J2—017TFT高原型高效低阻预热预分解装备开发与应用

推荐单位：甘肃省住房和城乡建设厅

主要完成人：周应庆、何忠茂、孙晓东、韩军强、彭嘉选、潘建兵、侯文虎、周圣文、杜　雷、崔建勤

主要完成单位：甘肃土木工程科学研究院、张掖市山丹铁骑水泥有限责任公司

2017—J2—018VTC5240数控立式复合加工中心

推荐单位：天水市科技局

主要完成人：刘　强、展海瑜、严鹤飞、何晓东、董全宏、仇国群、张　超、张斌斌、徐　燕、陈晓伟

主要完成单位：天水星火机床有限责任公司

2017—J2—019齿科数字化瓷嵌体微创修复技术系列研究及转化应用

推荐单位：兰州市科技局

主要完成人：张　昀、黄　翠、苗　芳、杨宏业、孙华岭、李婷婷、王林虎、杨亚玲、夏　勇

主要完成单位：兰州市口腔医院、武汉大学口腔医院

2017—J2—020促甲状腺激素（TSH）对心血管系统的作用及机制研究

推荐单位：甘肃省卫生和计划生育委员会（甘肃省医学会、甘肃省护理学会）

主要完成人：田利民、高翠霞、郭天康、孙香兰、张　敏、刘　静、郭　茜、曹云山、张陆燕

主要完成单位：甘肃省人民医院、山东大学附属省立医院

2017—J2—021大型水平轴风力机空气动力学关键技术研究

推荐单位：甘肃省教育厅

主要完成人：李仁年、李德顺、杨从新、李银然、杨　瑞、魏列江、王秀勇、李寿图、强　彦、晋社民

主要完成单位：兰州理工大学、兰州电机股份有限公司

2017—J2—022冬小麦新品种陇育4号选育及应用

推荐单位：庆阳市科技局

主要完成人：张　成、孟建军、施万喜、刘自成、杨　媇、乔　岩、王　峰、陈世平、左　烨、豆新社

主要完成单位：陇东学院

2017—J2—023多线束放射治疗肺癌的基础及临床应用研究

推荐单位：兰州市科技局

主要完成人：王小虎、张秋宁、刘锐锋、张　红、肖国青、杨克虎、田金徽、刘　阳、罗宏涛、魏世鸿

主要完成单位：甘肃省医学科学研究院、中国科学院近代物理研究所、兰州大学

2017—J2—024丰产抗锈广适冬小麦新品种兰天26号选育与应用

推荐单位：甘肃省农业科学院

主要完成人：鲁清林、张礼军、白　斌、周　刚、杜久元、张文涛、周　洁、何春雨、汪恒兴、王　峰

主要完成单位：甘肃省农业科学院小麦研究所、天水农业学校、固原市农技推广中心、天水市种子管理站、陇南市种子管理站

2017—J2—025甘肃省农田主要地下害虫发生规律及绿色防控技术研究与示范

推荐单位：甘肃省教育厅

主要完成人：刘长仲、张廷伟、赵中华、钱秀娟、朱晓明、杨世兰、田丽丽、魏　敏、刘小平

主要完成单位：甘肃农业大学、全国农业技术推广服务中心、靖远县农业技术推广中心、甘谷县植保植检站、庄浪县农业技术推广中心、定西市安定区农业技术推广服务中心

2017—J2—026甘肃省肃北县石板墩大型磁铁矿地质找矿研究

推荐单位：甘肃省国土资源厅

主要完成人：张　翔、张本旗、金治鹏、张　铖、王金荣、俞　胜、周志杰、刘建宏、贾志磊、杜录平

主要完成单位：甘肃省地质矿产勘查开发局第二地质矿产勘查院

2017—J2—027高产汽油抗重金属污染催化裂化催化剂的研发与工业应用

推荐单位：中国石油天然气股份有限公司兰州化工研究中心

主要完成人：黄校亮、刘从华、来进和、蔡智军、郑云锋、旷军虎、孙书红、李承溥、曹庚振、袁程远

主要完成单位：中国石油天然气股份有限公司兰州化工研究中心、中国石油天然气股份有限公司兰州石化公司、中国石油天然气股份有限公司玉门炼化公司

2017—J2—028高寒牧区草畜高效利用技术集成研究与示范

推荐单位：甘肃省农牧厅

主要完成人：余四九、崔　燕、樊江峰、姚　拓、胡　江、杨　勤、郭淑珍、徐庚全、李瑞武、王立斌

主要完成单位：甘肃农业大学、甘南藏族自治州畜牧科学研究所、甘肃省夏河县畜牧工作站

2017—J2—029 高性能锂离子电池正极材料制备关键技术开发及产业化

推荐单位：甘肃省总工会

主要完成人：李世友、李春雷、衡　凯、崔孝玲、丁　玲、夏锋山、黄文彦、李东仁、赵磊华、唐俊

主要完成单位：兰州金里能源科技有限公司、兰州理工大学、嘉峪关大友嘉能化工有限公司

2017—J2—030 规模化玉米种子精细加工关键技术装备集成研究与示范

推荐单位：酒泉市科技局

主要完成人：贾　峻、贾生活、宋佳峰、王　林、付秋峰、贾　莉、刘国春、汪　桂、何　刚、刘民军

主要完成单位：酒泉奥凯种子机械股份有限公司、国家种子加工装备工程技术研究中心

2017—J2—031 过程工业液体余压回收液力透平的关键技术与应用

推荐单位：兰州市科技局

主要完成人：杨军虎、王晓晖、柴立平、王俊宝、杨国颖、李　强、张人会、吴玉程、李　跃、史凤霞

主要完成单位：兰州理工大学、兰州西禹泵业有限公司、合肥华升泵阀股份有限公司、合肥工业大学

2017—J2—032 海量自动站资料快速质控与省际间气象资料高效共享及应用

推荐单位：甘肃省气象局

主要完成人：杨兴国、孙林花、李仲龙、李　雁、宋远清、杨　斌、孙周军、杨　扬、任余龙、郑　波

主要完成单位：甘肃省气象信息与技术装备保障中心、中国气象局气象探测中心、广东省气象信息中心

2017—J2—033 旱作玉米密植增产高效种植关键技术研发与应用

推荐单位：甘肃省农业科学院

主要完成人：李尚中、王淑英、樊廷录、王　磊、党　翼、张建军、赵　刚、程万莉、王叶南、王　勇

主要完成单位：甘肃省农业科学院旱地农业研究所、甘肃洮河拖拉机制造有限责任公司、甘肃农业大学

2017—J2—034 华亭煤田矿山开采强矿压诱发机理与防控技术综合研究

推荐单位：甘肃省安全生产监督管理局

主要完成人：谢俊文、纪洪广、卢　熹、上官科峰、窦林名、王金安、陈卫东、范振东、杨世杰、李守峰

主要完成单位：华亭煤业集团有限责任公司、北京科技大学、中国矿业大学

2017—J2—035 基于数据完整性的移动云存储安全关键技术研究与应用

推荐单位：兰州大学

主要完成人：周庆国、卢建宙、周　睿、陈　丹、杨旭辉、李　妍、韩礼红、郑　方

主要完成单位：兰州大学、甘肃海丰信息科技有限公司

2017—J2—036 精细爆破技术的研究及应用推广

推荐单位：甘肃省科学技术厅）甘肃省科技情报学会）

主要完成人：刘国军、梁　锐、杨元兵、张　龙、李建科、贺红博、曾成莉、李森茂、傅仁军、耿俊杰

主要完成单位：甘肃兰金民用爆炸高新技术公司、甘肃省化工研究院

2017—J2—037 可再生能源技术在国际太阳能中心综合楼中的示范应用

推荐单位：甘肃省科学院

主要完成人：刘叶瑞、喜文华、李世民、徐　平、封银平、何　炜、刘孝敏、黄献明、张兰英、栗德详

主要完成单位：甘肃省科学院自然能源研究所、甘肃绿色建筑设计研究院、清华大学建筑设计研究院有限公司

2017—J2—038 口蹄疫灭活疫苗大规模生产关键技术与配套装备研发及产业化应用

推荐单位：中国农业科学院兰州兽医研究所

主要完成人：殷　宏、刘学荣、安芳兰、顾警钟、隋　涌、张云德、郑海学、杨进才、武发菊、董文教

主要完成单位：中国农业科学院兰州兽医研究所、中农威特生物科技股份有限公司、上海高机生物工程有限公司、成都英德生物医药设备有限公司

2017—J2—039 沥青指纹识别技术在沥青路面质量监查中的应用研究

推荐单位：甘肃省交通运输厅

主要完成人：李晓民、张富奎、赵静卓、汪生忠、徐慧宁、杨向军、宿万兵、汪　杰、魏定邦、张国宏

主要完成单位：甘肃省交通规划勘察设计院股份有限公司、甘肃省白银公路管理局、哈尔滨工业大学、甘肃省嘉峪关公路管理局、甘肃省临夏公路管理局、甘肃省天水公路管理局

2017—J2—040 陇东黄土高原地区石油污染土壤原位修复技术研究与示范

推荐单位：庆阳市科技局

主要完成人：周天林、王金成、井明博、王圆圆、毛　宁、王春林、段春燕、杨　漪、周立辉、吴胜伟

主要完成单位：陇东学院、西安环发环保工程有限公司

2017—J2—041 陇东油田精细分层注水技术研究与应用

推荐单位：中国石油天然气股份有限公司长庆油田分公司

主要完成人：陆红军、姚　斌、巨亚锋、于九政、王　斌、杨玲智、张随望、罗必林、何汝贤、王子建

主要完成单位：中国石油天然气股份有限公司长庆油田分公司

2017—J2—042陇南油橄榄扩区驯化试验研究

推荐单位：甘肃省林业厅

主要完成人：杨　斌、张正武、赵强宏、周玉燕、邓　煜、张志刚、何智宏、成　娟、滕保琴

主要完成单位：甘肃省林业科学技术推广总站、陇南市经济林研究院油橄榄研究所

2017—J2—043马铃薯水肥高效及连作逆境克服关键技术创建与应用

推荐单位：甘肃省教育厅

主要完成人：张俊莲、刘玉汇、王　丽、邢　国、秦舒浩、沈宝云、赵怀勇、李朝周、杨成德、张小静

主要完成单位：甘肃农业大学、张掖市农业技术推广站、定西市农业科学研究院

2017—J2—044牦牛藏羊良种繁育及健康养殖关键技术集成与应用

推荐单位：中国农业科学院兰州畜牧与兽药研究所

主要完成人：阎　萍、郭　宪、石红梅、丁学智、杨　勤、包鹏甲、梁春年、丁考仁青、吴晓云、裴　杰

主要完成单位：中国农业科学院兰州畜牧与兽药研究所、甘南藏族自治州畜牧科学研究所、玛曲县草原工作站、碌曲县李恰如种畜场、玛曲县阿孜畜牧科技示范园区

2017—J2—045煤化工及石油化工系列高效除炔催化剂的开发与应用

推荐单位：中国石油天然气股份有限公司兰州化工研究中心

主要完成人：车春霞、路全能、韩　伟、李保江、刘　航、谭都平、梁玉龙、张　峰、景喜林、吕龙刚

主要完成单位：中国石油天然气股份有限公司兰州化工研究中心、中国石油天然气股份有限公司兰州石化分公司、神华包头煤化工有限责任公司、中国石油天然气股份有限公司辽阳石化分公司

2017—J2—046美国野生枸杞种质资源引进与研究

推荐单位：甘肃省林业厅

主要完成人：张宝琳、蔡国军、李　捷、胡秉芬、仲怡铭、王三英、张广忠、武　蕾、戚登臣、王有科

主要完成单位：甘肃省林业科学研究院、甘肃农业大学

2017—J2—047帕金森病患者神经网络多模态磁共振成像系列研究

推荐单位：甘肃省卫生和计划生育委员会（甘肃省医学会、甘肃省护理学会）

主要完成人：张　静、黄　飚、虎维东、刘光耀、李　丽、甘铁军、白玉萍、吴　闯、黄瑞旺、李远清

主要完成单位：兰州大学第二医院、广东省人民医院

2017—J2—048苹果高值化加工关键技术创新集成研究与应用

推荐单位：甘肃省农牧厅

主要完成人：康三江、张海燕、曾朝珍、李玉梅、张　芳、秦礼昌、张霁红、袁　晶、张永茂、何小明

主要完成单位：甘肃省农业科学院农产品贮藏加工研究所、天水昌盛食品有限公司、甘肃省润源农产品开发公司

2017—J2—049汽车尾气催化剂前驱体的研发及产业化

推荐单位：甘肃省冶金有色工业协会

主要完成人：常全忠、张树峰、张　静、白延利、曹笃盟、易镇芳、刘世和、王红梅、郭守杰、刘国旗

主要完成单位：金川集团股份有限公司

2017—J2—050铅锌冶炼污酸处理新工艺开发与应用

推荐单位：甘肃省冶金有色工业协会

主要完成人：杨　斌、段宏志、李德磊、马菲菲、张昱琛、崔　耀、焦晓斌、王永红、段小维、魏银春

主要完成单位：白银有色集团股份有限公司、白银有色集团股份有限公司西北铅锌冶炼厂

2017—J2—051全膜双垄沟播玉米秸秆还田技术集成与应用

推荐单位：甘肃省农牧厅

主要完成人：张永祥、张　雷、朱永永、牛芬菊、杜少平、李小燕、王丽慧、张正鹏、牛婷婷、崔小茹

主要完成单位：甘肃省农业技术推广总站、榆中县农业技术推广中心、会宁县农业技术推广中心、通渭县农业技术推广中心、兰州农源农机有限公司

2017—J2—052三倍体虹鳟产业关键技术研发及应用推广

推荐单位：甘肃省农牧厅

主要完成人：张艳萍、娄忠玉、宋福俊、安彦平、焦文龙、王　太、秦　懿、周　蓉、苏子郡、杨顺文

主要完成单位：永靖虹大三文鱼有限责任公司、甘肃省水产研究所

2017—J2—053适应大规模新能源并网的智能电网调度运行控制关键技术及应用

推荐单位：国网甘肃省电力公司

主要完成人：曹银利、蒲天骄、王　玮、付嘉渝、刘广一、张　鹏、韩旭杉、陈乃仕、姚　旭、王江亭

主要完成单位：国网甘肃省电力公司、中国电力科学研究院、国网甘肃省电力公司经济技术研究院、清华大学、华北电力大学

2017—J2—054铁路运输综合调度与安全控制系统关键技术研究与产业化

推荐单位：甘肃省教育厅

主要完成人：陈光武、崔炳谋、杨菊花、邢东锋、石建强、李　鹏、陈永刚、瞿莉丽、孟学雷、王登飞

主要完成单位：兰州交通大学、甘肃省工业交通自动化工程技术研究中心、甘肃省高原交通信息工程及控制重点实验室

2017—J2—055西北高原牛羊肉加工创新及全值利用研究与产业化

推荐单位：甘肃省教育厅

主要完成人：余群力、张　丽、韩　玲、郭兆斌、张玉斌、师希雄、陈耀祥、张巨会、曹　晖、张文华

主要完成单位：甘肃农业大学、甘肃中天羊业股份有限公司、甘肃天玛生态食品科技股份有限公司、陕西秦宝牧业股份有限公司、宁夏夏华肉食品股份有限公司

2017—J2—056西秦岭特长隧道建设成套技术及应用

推荐单位：甘肃省科学技术厅）甘肃省科技情报学会）

主要完成人：王庆林、李　宁、孙韶峰、熊春庚、杨木高、马　武、薛　宁、林安宁、卫鹏华、刘国庆

主要完成单位：兰渝铁路有限责任公司、中铁第一勘察设计院集团有限公司、西南交通大学、中铁十八局集团有限公司、中铁隧道局集团有限公司、四川奥思特边坡防护工程有限公司

2017—J2—057现代苹果矮砧密植轻简化栽培技术研究

推荐单位：甘肃省农牧厅

主要完成人：李向东、李国梁、王艳玲、李建明、徐巨涛、史小锋、郑平生、窦利峰、文　平、袁仲玉

主要完成单位：甘肃省经济作物技术推广站（甘肃省果业管理办公室）、静宁县果树果品研究所、庆城县果业局、泾川县果业局、甘肃盈腾节能科技有限公司、西峰区果业生产管理局、礼县园艺技术推广站

2017—J2—058玉米新品种陇单339选育及应用

推荐单位：甘肃省农业科学院

主要完成人：周玉乾、王晓娟、刘忠祥、杨彦忠、连晓荣、寇思荣、何海军、周文期、吕云龙、王国平

主要完成单位：甘肃省农业科学院作物研究所、甘肃陇玉种业科技有限责任公司、酒泉市欣苑农业有限责任公司

2017—J2—05912英寸晶圆（功率器件）封装技术的研发

推荐单位：天水市科技局

主要完成人：崔卫兵、陈宏明、徐冬梅、牛秉钟、孟庆广、蒲文斌、王春明、程　海、牛志强、刘旭昌

主要完成单位：天水华天电子集团股份有限公司

2017—J2—060复方湿生扁蕾结肠靶向胶囊的研制及临床研究

推荐单位：甘肃省教育厅

主要完成人：景　明、刘喜平、刘雪枫、陈正君、张艳霞、陈　晖、张银川、张　伶

主要完成单位：甘肃中医药大学、定西市妇幼保健院、定西市中医院

2017—J2—061甘肃苹果产业提质增效关键技术研究与集成示范

推荐单位：甘肃省农业科学院

主要完成人：冯毓琴、徐秉良、张永茂、陈大鹏、范宗珍、李建明、陈佰鸿、慕钰文、李翠红、梁巧兰

主要完成单位：甘肃省农业科学院农产品贮藏加工研究所、甘肃农业大学、陇东学院、天水市果树研究所、静宁县果树果品研究所、平凉金果有限责任公司、甘肃省农产品贮藏加工工程技术研究中心

2017—J2—062祁连山区气候变化对水资源变化趋势的影响研究及其应用

推荐单位：甘肃省水利厅

主要完成人：牛最荣、张德栋、赵映东、刘　鹄、王毓森、谢建丽、李文燕、杨淇越、龚海波、陈学林

主要完成单位：甘肃省水文水资源局

2017—J2—063食品安全快速检测技术研究与应用

推荐单位：甘肃省科学技术厅（甘肃省科技情报学会）

主要完成人：洪　霞、何海宁、周鑫魁、赵莉莉、翟丹云、尚欣春、高志莹、冯玉升、王懂帅、钱滢文

主要完成单位：甘肃省商业科技研究所

2017—J2—064替代硫磺熏蒸中药材党参的养护方法系统研究

推荐单位：甘肃省中医药管理局（甘肃省中医药学会）

主要完成人：史彦斌、王玉萍、刘成松、张晓云、马兴铭、刘靖语、李守唐

主要完成单位：兰州大学、兰州市城关区人民医院

2017—J2—065抗病高产马铃薯新品种天薯11号选育与应用

推荐单位：甘肃省农牧厅

主要完成人：吕　汰、贾秀苹、王　鹏、王利立、罗照霞、单卫星、熊春蓉、张子元、胡小宁、李芳弟

主要完成单位：天水市农业科学研究所、甘肃省农业技术推广总站、西北农林科技大学农学院、甘肃省农业科学院作物研究所、甘肃农业大学农学院、天水田园春农业科技有限公司、陇南民乐种业科技有限公司

三等奖

2017—J3—06630万吨/年联合站橇装化研制与应用

推荐单位：中国石油天然气股份有限公司长庆油田分公司

主要完成人：徐　娜、李时宣、夏　政、张巧生、马　勇、李化龙、李俊杰

主要完成单位：中国石油天然气股份有限公司长庆油田分公司

2017—J3—067750千伏超高压电气主设备特殊交接试验关键技术研究与应用

推荐单位：国网甘肃省电力公司

主要完成人：温定筠、胡春江、张广东、孙亚明、吕景顺、王　锋、吴玉硕

主要完成单位：国网甘肃省电力公司电力科学研究院

2017—J3—068安全环保型石油储罐长效防护涂层的设计及应用

推荐单位：兰州市科技局

主要完成人：李华明、王小牧、雍　涛、

靳生红、高虎斌、李　毅、许玉霞

主要完成单位：西北永新涂料有限公司

2017—J3—069白粒高亚麻酸胡麻新品种张亚2号生产技术集成与产业化示范

推荐单位：张掖市科技局

主要完成人：刘　秦、姚正良、赵怀勇、缪纯庆、郑　荣、李长江、徐娅梅

主要完成单位：张掖市农业科学研究院、张掖市农业技术推广站

2017—J3—070不良咬合致大鼠髁突骨关节炎中SDF—1/CXCR4变化

推荐单位：兰州市科技局

主要完成人：匡　斌、曾照斌、郭艳莉、王庆昱、宋　容、孙艳燕、魏　红

主要完成单位：兰州市第一人民医院

2017—J3—071超声造影剂介导靶向基因治疗肝癌的实验研究

推荐单位：甘肃省卫生和计划生育委员会（甘肃省医学会、甘肃省护理学会）

主要完成人：聂　芳、王　瑛、宋飞雪、王　祥、王小锋、陈斌娟、周晓燕

主要完成单位：兰州大学第二医院、广州医科大学附属第一医院

2017—J3—072川贝母人工驯化栽培技术集成研究与示范推广

推荐单位：甘肃省教育厅

主要完成人：陈　垣、郭凤霞、王三喜、白　刚、张亚娟、黎　天、李向群

主要完成单位：甘肃农业大学、甘南藏族自治州农业科学研究所、甘肃天士力中天药业有限责任公司、甘肃奇正藏药有限公司

2017—J3—073大果青杆种质资源收集与繁育关键技术研究

推荐单位：甘肃省林业厅

主要完成人：郭　星、杨　帆、魏海龙、齐　瑞、李兴民、闫倩倩、侯亚莉

主要完成单位：甘肃省白龙江林业管理局林业科学研究所

2017—J3—074大容量矿热炉浇注系统流程清洁生产技术及装备

推荐单位：甘肃省科学技术厅（甘肃省科技情报学会）

主要完成人：段望春、张　兴、董兵斌、柯贞东、马新江、张亚祥、何俊平

主要完成单位：甘肃省机械科学研究院、甘肃金科达冶金设备有限责任公司

2017—J3—075大型滞留空区矿柱群安全高效开采技术研究与应用

推荐单位：甘肃省冶金有色工业协会

主要完成人：刘武团、赵　奎、雷明礼、陈小平、刘财林、孙　嘉、赵文奇

主要完成单位：西北矿冶研究院

2017—J3—076地层运动活跃区管线管塑性变形行为的高性能计算模拟研究

推荐单位：甘肃省科学技术厅（甘肃省科技情报学会）

主要完成人：金能智、陈宏远、沈玉琳、王　鹏、文　洮、封　辉、柳　亭

主要完成单位：甘肃省计算中心、中国石油天然气集团公司管材研究所

2017—J3—077电力需求侧能效提升关键支撑技术、装备研发及规模化应用

推荐单位：国网甘肃省电力公司

主要完成人：郑　伟、闫华光、梁　琛、何桂雄、智　勇、王维洲、蒋利民

主要完成单位：国网甘肃省电力公司电力科学研究院、中国电力科学研究院

2017—J3—078非药物补充替代医学对乳腺癌术后不良反应康复治疗的循证研究

推荐单位：甘肃省残疾人联合会（甘肃省残疾人康复学会）

主要完成人：潘元青、石秀娥、汪永锋、李秀霞、田金徽、梁聚民、向　荣

主要完成单位：兰州大学、甘肃省康复中心医院、甘肃中医药大学、山丹县人民医院

2017—J3—079丰产多抗早熟胡麻新品种天亚9号选育及应用

推荐单位：甘肃省教育厅

主要完成人：张　金、王立军、杜彦斌、党　照、何　丽、黄浩钰、王巨垣

主要完成单位：甘肃农业职业技术学院、天水捷事达种业有限公司、庆阳市种子管理站、平凉市农业科学院

2017—J3—080干旱半干旱区道地中药材栽培技术创新研究与示范

推荐单位：定西市科技局

主要完成人：管青霞、李城德、王　琳、李锦龙、李有林、刘爱军、赵　婧

主要完成单位：陇西县农业技术推广中心、陇西县效德中药材有限责任公司、岷县农业技术推广站、宕昌县农业技术推广中心

2017—J3—081甘肃党河南山地区金矿成矿与找矿方向

推荐单位：兰州大学

主要完成人：戴　霜、陈世强、张莉莉、张　翔、汪禄波、刘　博、许建军

主要完成单位：兰州大学、肃北金泽矿业有限公司

2017—J3—082甘肃干寒地区桥梁混凝土材料与结构耐久性及全寿命关键技术及应用

推荐单位：甘肃省教育厅

主要完成人：张戎令、王起才、苗承君、杨子江、庄立普、马丽娜、张　凯

主要完成单位：兰州交通大学、中铁二十一局集团有限公司、兰州交大工程咨询有限责任公司、兰州铁道设计院有限公司

2017—J3—083甘肃省强对流天气监测预警预报技术集成及应用

推荐单位：甘肃省气象局

主要完成人：朱拥军、袁佰顺、白虎志、谢　蕊、邓卓雅、李　娟、张　宁

主要完成单位：天水市气象局、兰州市气象局、庆阳市气象局、陇南市气象局

2017—J3—084甘肃省新型肥料应用技术集成与示范推广

推荐单位：甘肃省农牧厅

主要完成人：崔增团、武翻江、杨戬雯、周　俊、李效文、张鹏祥、关佑君

主要完成单位：甘肃省耕地质量建设管理总站、张掖市耕地质量建设管理站、定西市耕地质量建设管理站、庆阳市农业技术推广中心

2017—J3—085高原轨道交通外出作业过程安全卡控关键技术及应用

推荐单位：甘肃省机械工程学会

主要完成人：党建武、王阳萍、张雁鹏、赵庶旭、张振海、王　松、张鑫

主要完成单位：兰州交通大学、甘肃省高原交通信息工程及控制重点实验室

2017—J3—086规模养羊设施及配套技术的研究与应用

推荐单位：甘肃省农牧厅

主要完成人：李廷福、许开云、吴春元、郭江鹏、王新基、马友记、许志涛

主要完成单位：民勤中天羊业有限公司、甘肃农业大学、甘肃中天羊业股份有限公司、金昌中天羊业有限公司

2017—J3—087寒区深基坑柔性支护结构设计理论及抗冻融新技术研究

推荐单位：甘肃省建设投资（控股）集团总公司

主要完成人：董建华、牛世平、董旭光、肖　军、冯勇慧、张明礼、马永炯

主要完成单位：甘肃第三建设集团公司、兰州理工大学

2017—J3—088河西走廊紫花苜蓿产业化关键技术体系与模式的研究

推荐单位：甘肃省农垦事业管理办公室

主要完成人：张延林、郭正刚、李天银、张廷柱、刘　军、杨自权、崔振华

主要完成单位：甘肃亚盛田园牧歌草业集团有限责任公司

2017—J3—089黑河流域中游典型退化湿地生态恢复技术研究与示范

推荐单位：张掖市科技局

主要完成人：刘贤德、孟好军、张宏斌、赵维俊、雷　军、赵　明、窦长保

主要完成单位：甘肃省祁连山水源涵养林研究院

2017—J3—090花椒采摘机械损伤机理及气流无损采收技术研究

推荐单位：甘肃省机械工程学会

主要完成人：万芳新、许迎春、黄晓鹏、刘　英、范开欣、王一斐、张克平

主要完成单位：甘肃农业大学

2017—J3—091桦潜叶蛾生物学特性及防治技术研究

推荐单位：武威市科技局

主要完成人：马有忠、查国鑫、马　榕、苏迎春、冯宏元、查　擎、刘复俊

主要完成单位：天祝富强科工贸有限责任公司、天祝林源绿化工程有限公司、天祝县林木病虫防治检疫站

2017—J3—092黄土地区复杂地质条件下灌注桩后注浆施工技术试验研究

推荐单位：甘肃省建设投资（控股）集团总公司

主要完成人：王公胜、张永志、金学菊、孙　文、焦安亮、马洪波、满吉昌

主要完成单位：甘肃省建筑科学研究院、中国建筑第七工程局有限公司、甘肃第四建设集团有限责任公司

2017—J3—093黄土路基工后增湿变形机理及工程对策研究

推荐单位：中铁二十一局集团有限公司

主要完成人：吕擎峰、杲　斐、阎福全、白　艳、张振琼、马殷军、赵彦旭

主要完成单位：中铁二十一局集团有限公司、兰州大学、兰州铁道设计院有限公司

2017—J3—094基于功率预测的风电场融入大电网的优化控制

推荐单位：甘肃省教育厅

主要完成人：王晓兰、张晓英、王惠中、包广清、鲜　龙、马呈霞、钱　康

主要完成单位：兰州理工大学、国网甘肃省电力公司电力科学研究院

2017—J3—095基于嵌入式的调制信号实时检测与识别关键技术及其产业化研究

推荐单位：甘肃省教育厅

主要完成人：徐　岩、汤旻安、李新颖、刘晓娟、王春丽、谭　方

主要完成单位：兰州交通大学、甘肃威盾安全技术有限公司

2017—J3—096聚苯硫醚全拉伸长丝关键技术开发与产业化

推荐单位：酒泉市科技局

主要完成人：莫尊理、刘鹏清、郭瑞斌、那海宁、宋祥会、王齐华、栾东升

主要完成单位：敦煌西域特种新材股份有限公司、西北师范大学、中国科学院兰州化学物理研究所

2017—J3—097藜麦种质资源引进和品种选育及关键栽培技术研究与示范

推荐单位：兰州市科技局

主要完成人：杨发荣、黄　杰、魏玉明、李敏权、宋政平、刘文瑜、周旭霞

主要完成单位：甘肃省农业科学院畜草与绿色农业研究所、永昌县养生三宝食业有限责任公司、永靖县农业技术推广中

2017—J3—098甘肃特色濒危中藏药资源可持续利用技术开发与示范应用

推荐单位：甘肃省科学院

主要完成人：杨　晖、郭　琪、杨　涛、王沛雅、张　军、王治业、梁世君

主要完成单位：甘肃省科学院生物研究所、平凉市华亭县中药材产业发展中心

2017—J3—099陇东巨厚黄土塬区煤田地震勘探方法技术研究

推荐单位：甘肃省国土资源厅

主要完成人：王文忠、刘继东、吴明俊、徐方泓、刘永亮、刘　磊、王德祖

主要完成单位：甘肃煤炭地质勘查院

2017—J3—100螺旋板式湿空气自循环空冷器机组研发

推荐单位：兰州市科技局

主要完成人：柳兰生、苏文祥、丁永平、

陈改革、张　岩、吕松涛、罗继英

主要完成单位：兰州兰洛炼化高新装备股份有限公司、兰州理工大学

2017—J3—101马铃薯连作土壤生物退化机制及生态改良技术研究与应用

推荐单位：甘肃省农业科学院

主要完成人：郭天文、谭雪莲、曾　骏、姜小凤、刘晓伟、薛泉宏、马明生

主要完成单位：甘肃省农业科学院旱地农业研究所、西北农林科技大学、杨凌金薯种业科技有限公司

2017—J3—102面向超导变电站的MW级超导变压器研制与应用

推荐单位：甘肃省冶金有色工业协会

主要完成人：魏周荣、项冰仑、薛天军、邱清泉、滕玉平、张京业、林良真

主要完成单位：白银有色长通电线电缆有限责任公司、中国科学院电工研究所

2017—J3—103镍钴锰三元电池复合材料相关检测体系的建立

推荐单位：甘肃省冶金有色工业协会

主要完成人：曹笃盟、邱　平、宋晓军、常全忠、吴　琼、马　骞、樊晓刚

主要完成单位：金川集团股份有限公司

2017—J3—104牛羊全混合日粮技术工艺优化与模式研究示范

推荐单位：甘肃省农牧厅

主要完成人：王汝富、李新媛、王国生、高占琪、俞联平、马彦彪、戴德荣

主要完成单位：甘肃省草原技术推广总站、张掖市甘州区草原工作站、陇西县畜牧兽医技术服务中心、安定区饲草饲料站

2017—J3—105欧拉型藏羊复壮改良技术研究与应用

推荐单位：甘肃省农业科学院

主要完成人：王彩莲、郎　侠、张　力、杨林平、潘发明、王　斐

主要完成单位：甘肃省农业科学院畜草与绿色农业研究所

2017—J3—106青藏高原东北侧强对流天气探测及人工防雹作业关键技术应用研究

推荐单位：甘肃省气象局

主要完成人：付双喜、赵　果、王伏村、何金梅、张　彤、杨金虎、尹宪志

主要完成单位：甘肃省人工影响天气办公室、中国科学院西北生态环境资源研究院、张掖市气象局、青海省人工影响天气办公室

2017—J3—107热镀锌板及热镀铝锌硅板表面质量技术研究应用

推荐单位：嘉峪关科技局

主要完成人：刘海军、高伟民、马维杰、张国堂、陈立章、赵永科、陈代兵

主要完成单位：酒泉钢铁（集团）有限责任公司

2017—J3—108舍饲肉羊快速繁育技术的研究与示范

推荐单位：甘肃省农牧厅

主要完成人：吕永锋、王　珂、刘瑞生、苟想珍、保国俊、张新报、徐建峰

主要完成单位：甘肃省畜牧兽医研究所

2017—J3—109设施专用番茄新品种选育与示范推广

推荐单位：甘肃省农业科学院

主要完成人：胡志峰、邵景成、张少丽、焦国信、杨永岗、李续荣、吕迎春

主要完成单位：甘肃省农业科学院蔬菜研究所、甘肃民圣农业科技有限责任公司、平凉市农业科学院、定西市农业科学研究院

2017—J3—110石羊河流域治理生态目标过程控制关键技术

推荐单位：甘肃省水利厅

主要完成人：李元红、王忠静、胡想全、王军德、程玉菲、卢书超、孙栋元

主要完成单位：甘肃省水利科学研究院、清华大学、中国农业大学、甘肃省水文水资源局

2017—J3—111适合农业机械作业的地下滴灌系统管网及关键设备研究

推荐单位：酒泉市科技局

主要完成人：王　冲、谢永生、战国隆、王　飞、张国祥、殷益明、李　伟

主要完成单位：大禹节水集团股份有限公司

2017—J3—112特色陇药产业化技术创新与应用研究

推荐单位：兰州市科技局

主要完成人：杨玉华、孙　裕、黄　维、王　祥、王亚丽、张　倩、于　颖

主要完成单位：兰州佛慈制药股份有限公司

2017—J3—113特色肉羊品种引进和利用技术研究

推荐单位：兰州大学

主要完成人：乐祥鹏、郭江鹏、马友记、唐德富、王维民、李万宏、常　伟

主要完成单位：兰州大学、甘肃农业大学、甘肃中天羊业股份有限公司、天祝藏族自治县畜牧技术推广站

2017—J3—114甜糯玉米新品种高效栽培、加工转化及秸秆利用技术试验示范

推荐单位：平凉市科技局

主要完成人：曹　翀、王甲玺、柳宏杰、张艺矾、李利利、王海红、陈银伟

主要完成单位：平凉市佳禾农产品加工有限责任公司

2017—J3—115外周血IDO及Treg表达与反复IVF—ET失败的相关研究

推荐单位：甘肃省卫生和计划生育委员会（甘肃省医学会、甘肃省护理学会）

主要完成人：许思娟、倪亚莉、张红红、谢广妹、杨　杰、王　琰、安锦霞

主要完成单位：甘肃省妇幼保健院

2017—J3—116渭河流域蔬菜高效栽培模式集成研究示范

推荐单位：天水市科技局

主要完成人：逯文生、李　文、张忠平、王　萍、赵俊清、胡晓斌、谢俊贤

主要完成单位：天水市蔬菜产业开发办

公室、天水市农业科学研究所

2017—J3—117系列即用型一次性微生物培养基的研发与产业化

推荐单位：甘肃省食品药品监督管理局（甘肃省药学学会）

主要完成人：车团结、刘世红、沈　舒、王春霞、同重湘、李　萍、董　维

主要完成单位：兰州百源基因技术有限公司、甘肃省医疗器械检验检测所、兰州市第一人民医院、甘肃省传染病院/兰州市肺科医院

2017—J3—118新型邻芳酸亚硝基脲类抗肿瘤药物的设计、合成及生物活性研究

推荐单位：甘肃省食品药品监督管理局（甘肃省药学学会）

主要完成人：贾　忠、贺　殿、吴　晶、徐　强、张新刚、贾　强、梁　云

主要完成单位：兰州市肺科医院（甘肃传染病医院）、兰州大学、甘肃德申科技发展有限公司

2017—J3—119用于钢轨焊接的电子束焊机电源系统研制

推荐单位：甘肃省教育厅

主要完成人：李　刚、车　军、王保民、刘潇潇、杨　喆

主要完成单位：兰州交通大学

2017—J3—120优质广适丰产荞麦品种选育与应用

推荐单位：定西市科技局

主要完成人：马　宁、贾瑞玲、魏立平、陈　富、刘彦明、魏玉琴、南　铭

主要完成单位：定西市农业科学研究院

2017—J3—121优质肉牛产业提升关键技术研发与示范推广

推荐单位：甘肃省农牧厅

主要完成人：胡　江、李少斌、刘　秀、王继卿、黄建伟、权金鹏、欧　杰

主要完成单位：甘肃农业大学、平凉市牛产业开发办公室、张掖市草原工作站、上海海洋大学

2017—J3—122右心室不同部位起搏对心室同步性和心功能的长期影响

推荐单位：甘肃省卫生和计划生育委员会（甘肃省医学会、甘肃省护理学会）

主要完成人：白　明、张　钲、江尕学、邓爱云、汪　涛、张　璐、潘　明

主要完成单位：兰州大学第一医院

2017—J3—123张掖市高效健康养猪关键技术研究与集成配套示范

推荐单位：甘肃省农牧厅

主要完成人：魏玉明、袁　涛、何彦春、张文波、胡立国、钱振波、魏炳成

主要完成单位：张掖市畜牧兽医研究所、张掖市金农源生物科技有限公司、甘肃张掖生态科学院、张掖市金园种猪有限责任公司

2017—J3—124致密油气藏地震预测关键技术研究及实践

推荐单位：中国石油天然气股份有限公司勘探开发研究院西北分院

主要完成人：杨午阳、李海亮、张巧凤、雍学善、赵万金、王洪求、王海龙

主要完成单位：中国石油天然气股份有限公司勘探开发研究院西北分院

2017—J3—125智能多工艺视景钻井控制装置的研制

推荐单位：天水市科技局

主要完成人：马向平、刘小宝、冯益强、刘付泽、石建龙、胡志鹏、林雅玲

主要完成单位：天水电气传动研究所有限责任公司、大型电气传动系统与装备技术国家重点实验室、甘肃省变频调速系统及技术重点实验室

2017—J3—126甘肃省公路沥青路面热再生应用技术研究

推荐单位：甘肃省交通运输厅

主要完成人：张生泽、许　辉、吴祥海、郑南翔、丛卓红、罗继东、王菊山

主要完成单位：甘肃省公路管理局、长安大学、白银公路管理局、金昌公路管理局

2017—J3—127冶炼低浓度SO_2烟气分质高效治理技术研究与应用

推荐单位：金昌市科技局

主要完成人：路八智、唐照勇、史万敬、瞿尚君、刘　陈、迟　建、王金峰

主要完成单位：金川集团股份有限公司

2017—J3—128女性乳腺癌化疗患者生命质量现况及心理干预模式探索

推荐单位：甘肃省卫生和计划生育委员会（甘肃省医学会、甘肃省护理学会）

主要完成人：张晓华、梁玉荣、白晓蓉、董振银、周江红、刘　琦、郭　云

主要完成单位：甘肃省肿瘤医院

2017—J3—129沙坑改塘调蓄灌溉与新型保水材料保水保肥集成研究与应用

推荐单位：甘肃省教育厅

主要完成人：张　芮、董　博、许　健、成自勇、宋淑珍、张梅花、张小艳

主要完成单位：甘肃农业大学、甘肃省农业科学院旱地农业研究所、甘肃省农业科学院畜草与绿色农业研究所、甘肃省景泰川电力提灌管理局

2017—J3—130碳化硅炭砖研发

推荐单位：甘肃省冶金有色工业协会

主要完成人：李天秀、郝相龙、党锡江、李长平、于兆斌、刘　财、王　兰

主要完成单位：方大炭素新材料科技股份有限公司

2017—J3—131油橄榄茶的开发与研制

推荐单位：陇南市科技局

主要完成人：祁海红、李　娜、王海东、李忠义、郑丽丽、赵小利、冯彩霞

主要完成单位：陇南市吉祥树油橄榄有限责任公司、陇南市武都区油橄榄研究开发中心

甘肃省优秀科技创新企业家奖

张云德　中农威特生物科技股份有限公司

（甘政发〔2018〕10号）

2016年甘肃名牌产品称号的企业及产品名单

1.兰州兰石重型装备股份有限公司
兰石牌压力容器球形储罐
2.兰州兰石重型装备股份有限公司
兰石牌重型板焊式压力容器
3.方大炭素新材料科技股份有限公司
方大牌石墨电极（高功率、超高功率）
4.甘肃明旺铜铝材有限公司
明旺牌节能环保铜母线
5.兰州榕通管业制造有限公司
榕通牌螺旋缝双面埋弧焊钢管
6.兰州高压阀门有限公司
兰高阀牌系列阀门
7.兰州电机股份有限公司
兰电牌Y系列三相异步电动机
8.兰州电力修造有限公司
LD牌电除尘器
9.兰州陇星沃尔凯采暖设备制造集团有限公司
陇星牌散热器、太阳能平板集热器
10.中石油集团渤海石油装备制造有限公司兰州石油化工机械厂
渤海飞雁牌烟气轮机
11.兰州雨中情防水材料有限公司
雨水情牌改性沥青防水卷材
12.甘肃祁连山水泥集团股份有限公司
祁连山牌通用硅酸盐水泥/中热硅酸盐水泥/抗硫酸盐硅酸盐水泥
13.甘肃迅美节能科技股份有限公司迅美牌乳胶漆
14.甘肃海森塑胶有限公司
山川牌聚乙烯（PE）双壁波纹管材
15.兰州昆仑桶业有限公司
KL牌钢桶
16.甘肃金盾化工有限责任公司
得力帮牌白乳胶漆
17.西北永新涂料有限公司
永新牌涂料
18.甘肃济洋塑料有限公司
海宇牌聚乙烯农用地膜、棚膜
19.兰州雪顿生物乳业有限公司
雪顿牌酸牛奶/纯牛奶
20.兰州黄河源食品饮料有限公司
黄河源牌纯净水
21.兰州佛慈制药股份有限公司
佛慈牌/宝炉牌香砂养胃丸（浓缩丸）
22.兰州佛慈制药股份有限公司
佛慈牌/宝炉牌杞菊地黄丸（浓缩丸）
23.兰州佛慈制药股份有限公司
佛慈牌/宝炉牌逍遥丸（浓缩丸）
24.甘肃兰药药业有限公司
FUZHENG® 牌氢溴酸高乌甲素原料、片、注射液系列
25.兰州西脉记忆合金股份有限公司
西脉智金牌TiNi形状记忆合金系列骨科器械
26.方大炭素新材料科技股份有限公司
方大牌高炉用超微孔炭砖
27.甘肃华科长城电器工程有限公司
华科牌金属铠装开关设备
28.兰州兰石集团兰驼农业装备有限公司
兰石兰驼牌三轮汽车
29.兰州长征机械有限公司
兰长牌空冷式热交换器
30.兰州华能生态能源开发有限公司
HUANENG 牌镀膜聚光太阳灶
31.中石油天然气股份有限公司兰州石化分公司　昆仑牌3号喷气燃料
32.中石油天然气股份有限公司兰州石化分公司
昆仑牌低密度聚乙烯（LDPE）树脂
33.甘肃苏地肥业有限公司
苏地牌复混肥料
34.甘肃宇辰化工科技有限公司
宇辰牌清油剂
35.甘肃五谷种业股份有限公司
甘优牌玉米杂交种子
36.兰州米家山百合有限责任公司
米家山牌鲜百合
37.兰州和盛堂制药股份有限公司
今来舒牌当归腹痛宁滴丸
38.天水锻压机床（集团）有限公司
TSD牌液压板料折弯机
39.天水锻压机床（集团）有限公司
TSD牌龙门移动式液压机
40.天水长城成套开关股份有限公司
TSCHS牌TSTA1双电源自动转换开关
41.天水西星电气有限责任公司
牌电式直流接触器
42.天水电气传动研究所有限责任公司
TEDRI牌石油钻机电气自动化控制装置
43.天水电气传动研究所有限责任公司
TEDRI牌低压大功率变频器
44.天水二一三电器有限公司
二一三牌交流接触器
45.天水二一三电器有限公司
二一三牌热过载继电器
46.天水市长城控制电器有限责任公司
长控电器牌加强绝缘母线槽
47.天水天光半导体有限责任公司
天微牌54LS系列数字集成电路
48.甘谷县大漠行麻编鞋业有限公司
大漠行牌麻鞋
49.甘肃天宝塑业有限责任公司
天宝牌农业用聚乙烯吹塑棚膜
50.甘肃天水岐黄药业有限责任公司
劳克牌结核丸
51.甘肃天水岐黄药业有限责任公司

天水牌苁蓉通便口服液

52.天水市飞鸿医疗电器有限公司
伏羲牌玄极治疗仪

53.天水长城通用电器有限公司
牌箱式变电站

54.甘肃友联工贸有限公司
友联牌螺旋焊管

55.天水长开互感器制造有限公司
TCH长互牌核电固封极柱

56.天水长城电力高低压设备有限公司

牌GW4隔离开关用旋转触头

57.天水华天集成电路包装材料有限公司

牌SOT23系列承载带

58.天水万达电气有限公司

牌M1—3系列分、合闸电磁铁

59.天水五丰塑化有限责任公司
陇丰牌聚乙烯吹塑农用地膜

60.武山县瑞德园食品加工厂
瑞德园牌脱水架豆王

61.甘肃福雨塑业有限责任公司
海宝牌农用地膜、棚膜

62.天水嘉乐乳业有限公司
白娃娃牌酸牛奶、鲜牛奶

63.甘肃酒钢集团宏兴钢铁股份有限公司
酒钢牌热轧碳素结构钢板

64.甘肃酒钢集团宏兴钢铁股份有限公司
酒钢牌低合金高强度结构钢板

65.甘肃酒钢集团西部重工股份有限公司
酒钢西重牌风电钢制塔架

66.武威市宁海商贸有限责任公司
振威牌办公家具

67.甘肃黄羊河集团食品有限公司
黄羊河牌糯玉米

68.青岛啤酒武威有限责任公司
西凉牌啤酒

69.甘肃海纳塑业有限公司
海纳牌给排水塑料管材

70.甘肃天盛生物科技有限公司
青土湖牌沙漠枸杞

71.甘肃华葉生物科技有限公司
华葉牌枸杞芽（叶）茶

72.兰州黄河（金昌）麦芽有限公司
黄河牌啤酒麦芽

73.金川集团股份有限公司
银驼牌电镀用硫酸铜

74.金川集团精密铜材有限公司
金峰牌铜镍合金无缝管

75.金川集团股份有限公司
金驼牌电解镍

76.金昌宇恒镍网股份有限公司
宇恒牌圆筒印花镍网

77.甘肃恒源农机制造有限公司
恒源牌播种机

78.金昌镍都实业有限公司
民需牌给水用聚乙烯（PE）管材

79.金昌水泥（集团）有限责任公司
丝路牌普通、复合、粉煤灰硅酸盐水泥

80.金昌镍都实业有限公司
民需牌一般防护服

81.金昌镍都实业有限公司
民需牌复合塑料编织袋

82.甘肃元生农牧科技有限公司
元生牌饲料

83.金昌赛良饲草饲料有限公司
丝路花雨牌高密度紫花苜蓿草捆

84.金昌镍都矿山实业有限公司
镍冠牌硬质合金制品

85.金昌奔马农用化工股份有限公司
奔马牌工业碳酸钠

86.甘肃瓮福化工有限责任公司
泽福牌磷酸一铵/磷酸二铵

87.酒泉市铸陇机械制造有限责任公司
牌马铃薯起垄铺膜种植机

88.酒泉奥凯种子机械股份有限公司
奥凯牌大型智能化环保节能果穗烘干系统

89.大禹节水集团股份有限公司

牌给水用硬聚氯乙烯（PVC—U）管材/管件

90.酒泉荣泰橡胶科技发展有限公司
祁连牌输送带

91.中国石油天然气股份有限公司玉门油田分公司炼油化工总厂
昆仑牌聚丙烯树脂粉料

92.酒泉敦煌种业百佳食品有限公司
敦煌飞天牌蔬菜制品

93.甘肃酒泉汉武酒业有限责任公司
汉武御牌白酒

94.瓜州县立林生态农业科技开发有限责任公司

牌瓜州枸杞

95.酒泉奥凯种子机械股份有限公司
奥凯牌连续式谷物干燥机

96.酒泉市铸陇机械制造有限责任公司
牌1S—230铲式深松机

97.甘肃普罗生物科技有限公司
玉门关牌干酪素

98.敦煌市敦垦果品有限责任公司
敦垦牌敦垦御枣

99.张掖市大弓农化有限公司
大弓牌除草剂

100.甘肃锦世化工有限责任公司
锦世牌工业重铬酸钠、工业铬酸酐

101.甘肃银河食品集团有限责任公司
银河牌粉丝

102.高台中化番茄制品有限公司
X4牌番茄酱

103.甘肃西域食品有限责任公司
圣泽牌红枣枸杞汁

104.张掖市沅博农牧产业开发有限公司
祁沅春牌冷鲜排酸牛肉、羔羊肉

105.甘肃昆仑生化有限责任公司
昆仑雪牌麦芽糊精

106.张掖市花寨小米种植专业合作社
金花寨牌有机小米

107.临泽绿涛智汇饮品有限公司
绿涛牌八珍早餐奶

108.甘肃博峰农牧业科技集团有限公司
博工牌速冻肉制品

109.甘肃振海塑业有限责任公司
古農牌聚乙烯吹塑农用地面覆盖薄膜、棚膜

110.甘肃省环县龙影文化产业开发有限责任公司
龙影牌折叠式皮影系列

111.庆阳西庆涂料有限公司
西庆牌乳胶漆、真石漆

112.庆阳凌云服饰集团有限公司
初蔚尔牌凌云特色服饰

113.合水县蓓蕾金菜有限责任公司
蓓蕾牌金针菜

114.庆阳市中真管业有限责任公司
中真管业牌给水用硬聚氯乙烯（PVC—U）管材

115.正宁县锦运建材有限公司

核力牌普通硅酸盐水泥
116.环县新艺地毯工贸有限责任公司
天马牌手工打结地毯
117.庆阳中庆农产品有限公司
子午岭牌南瓜籽、葵花籽
118.庆阳天露油脂有限公司
满庆红牌系列食用油
119.庆阳市九龙春酒业有限责任公司
二月二牌九龙春系列白酒
120.甘肃红峰机械有限责任公司
红峰牌蒸汽疏水阀及凝结水回收装置
121.酒钢集团甘肃兴安民爆器材有限责任公司静宁分公司陇兴牌工业电雷管、导爆管雷管系列产品
122.平凉市新世纪柳湖春酒业有限责任公司　崆峒牌白酒
123.平凉金江副食有限责任公司
玄鹤洞牌米香醋
124.华亭众一兴旺管业有限公司
众一兴旺牌PE、PPR系列管材
125.鸿浩泵业有限公司
鸿盛牌离心泵
126.甘肃中集华骏车辆有限公司
中集牌、华骏牌半挂车
127.景泰景云石膏有限公司
景云牌石膏粉
128.甘肃景卉蜂业有限责任公司
景卉牌蜂蜜
129.白银熙瑞生物工程有限公司
熙瑞牌菊粉
130.甘肃闯立农业开发有限公司
闯立牌聚乙烯农用地膜
131.白银银通制桶有限公司
银通牌200L钢桶
132.甘肃菁茂生态农业科技股份有限公司
菁茂牌羊肉
133.定西高强度紧固件股份有限公司
南山牌高强度紧固件
134.甘肃顾地塑胶有限公司
顾地牌PVC/PE管材、配件
135.甘肃圣大方舟马铃薯变性淀粉有限公司

牌环保涂料
136.甘肃宏鑫农业科技有限公司
宏鑫牌农用地膜
137.甘肃凯凯农业科技发展股份有限公司
凯凯牌马铃薯种薯
138.甘肃扶正药业科技股份有限公司

牌葡萄糖注射液
139.甘肃扶正药业科技股份有限公司

牌茜芷胶囊（片）系列产品
140.甘肃洮河拖拉机制造有限公司
洮河牌铺膜机
141.甘肃信森管业有限责任公司
信森牌钢筋混凝土排水管
142.甘肃中天羊业股份有限公司
陇原中天牌羊肉
143.甘肃中亚高原饮料有限公司
中亚高原牌包装饮用水
144.甘肃圣大方舟马铃薯变性淀粉有限公司
GLDARK PMS 牌“薯都薯味”水晶粉条
145.甘肃天士力中天药业有限责任公司
陇山渭水牌中药材
146.甘肃华实农业科技有限公司
西北狼牌25%甲霜灵悬浮剂
147.甘肃田地农业科技有限责任公司
田地农业 牌马铃薯种薯
148.甘肃金羚集团药业有限公司
雍合堂牌归芪三七口服液
149.甘肃陇原九方药业有限责任公司
陇九堂牌中药饮片
150.甘肃普尔康药业有限公司
陇生牌牛黄解毒片
151.金徽酒股份有限公司
金徽牌白酒
152.甘肃红川酒业有限责任公司
成州、红川牌白酒
153.甘肃省康县兴源土特产商贸有限责任公司
康耳牌黑木耳
154.甘肃省文县碧口御香茶厂
碧口牌绿茶
155.文县碧口李子坝青岩关茶厂
青崖关牌绿茶
156.甘肃果老仙酒业有限公司
张果老牌白酒
157.文县谷雲春茶厂
谷雲春牌绿茶
158.临夏州环东建材有限公司临夏县分公司
环东牌细木工板
159.和政县华龙乳制品有限公司
冈拉梅朵牌系列酸奶
160.临夏海螺水泥有限责任公司
海螺牌通用硅酸盐水泥
161.舟曲绿脉农业科技有限责任公司

牌干制山野菜
162.舟曲绿脉农业科技有限责任公司

牌羊肚菌

（甘政发〔2017〕7号）

2017年度甘肃省专利奖励名单

一 等 奖

序号	专利名称	专利号	专利权人	发明人
1	风筛清选机振动给料机构	ZL201110117878.X	酒泉奥凯种子机械股份有限公司	贯生活、汪　桂、王振中、李中华
2	牛羊等反刍动物口蹄疫O、A型双价灭活疫苗	ZL03103300.8	中国农业科学院兰州兽医研究所	张永光、王永录、方玉珍、蒋守田
3	一种金属硫化矿冶炼中非正常外排烟气处理系统及方法	ZL201310267485.6	金川集团股份有限公司	常全忠、刘玉强、冯拥军、刘　陈、刘世和、迟　建、唐照勇、何春文、苏青天、王金峰、瞿尚君
4	一种真空系统检漏的方法	ZL200910259316.1	中国航天科技集团公司第五研究院第五一〇研究所	李得天、成永军、冯焱、孙海、郭美如
5	一种双环烃取代的硅烷化合物及其应用	ZL201310036251.0	中国石油天然气股份有限公司	徐人威、朱博超、王雄、韩晓昱、任　峰、刘　义、贾军纪、朱雅杰、刘超伟、付含琦、孙世林、任美红、白竞冰、白　虹、姜立刚

二 等 奖

序号	专利名称	专利号	专利权人	发明人
6	多孔球状锰酸锂正极材料的制备方法	ZL201410711868.2	兰州理工大学	李世友、刘金良、薛宇宙、杜松丽、李祥飞、李玲霞、李晓鹏、净　洁、崔孝玲、李永立
7	橄榄当归油软胶囊及其制备方法	ZL200810150444.8	陇南市祥宇油橄榄开发有限责任公司	刘元勇、刘玉红
8	控制四辊卷板机上辊稳定旋转的闭式液压系统	ZL201410222991.8	兰州兰石集团有限公司	魏端勋、周亚宁、苏铁明、李吉萍
9	矿热电炉用紫铜瓦新工艺	ZL200810167056.0	甘肃明旺铜铝材有限公司	陈志成、牛清明
10	煤层高压水力顺层钻割卸压方法	ZL201310103655.7	华亭煤业集团有限责任公司	谢俊文、卢熹、上官科峰、窦林名、杨世杰、高含辉、丁小敏、何如成、于贵良、王爱军、缪　喜、杨　君、赵克孝
11	汽车用ABS阀体材料的生产工艺	ZL200810108384.3	西北铝加工厂	李建荣、闫维刚、周学博、魏长传、章　伟、段瑞芬、司彦平、杨亚平、刘全霞、曹建明、赵文芝、侯　波、赵海滨、谢　辉、周　霞
12	无卤阻燃型三元乙丙橡胶－聚丙烯复合材料的制备方法	ZL201310133951.1	西北师范大学	雷自强、高淑玲、张　哲、李芳红、魏　博、王小亮、马国富
13	一种白银铜熔池熔炼炉处理高铜低硫复杂难熔矿的方法	ZL201410260072.X	白银有色集团股份有限公司	潘小龙、侯福祖
14	一种便携式脑电采集方法	ZL201510511712.4	兰州大学	胡斌、赵庆林、彭宏
15	一种超薄型VSOP封装件及其生产方法	ZL201310176933.1	天水华天科技股份有限公司	蔺兴江、陈志祥、慕　蔚、何文海

16	一种当归冬季温室无土栽培育苗基质及其制备方法	ZL201310432953.0	甘肃省农业科学院经济作物与啤酒原料研究所	王国祥、蔡子平、王宏霞、李玉萍、魏莉霞、彭云霞
17	一种非晶态硫化镍的制备方法	ZL201410074075.4	金川集团股份有限公司；中国科学院兰州化学物理研究所	郭　勇、陈自江、郑军福、赵　重、卢建波、王得祥、刘冬莉、朱纪念、翟惠明、王立成
18	一种固态发酵蛋白饲料的制备方法	ZL201410318719.X	中国农业科学院兰州畜牧与兽药研究所	王晓力、王永刚、王春梅、朱新强、张　茜、陈少辉、范文君、贺洞杰
19	一种含钛奥氏体不锈钢板材的冶炼方法	ZL201510619738.0	甘肃酒钢集团宏兴钢铁股份有限公司	李具仓、阮　强、王建泽、白小军
20	一种核聚变装置用CS超导电缆导体生产方法	ZL201510562081.9	白银有色集团股份有限公司；中国科学院等离子体物理研究所	秦经刚、薛天军、魏周荣、张应俊、苏其明
21	一种可搭乘司机人员的大型塔式起重机	ZL201410220584.3	甘肃建投装备制造有限公司	牛向辉、陈绍娟、马军伟、耿言言、张渊虎
22	一种锂电池用镍钴锰三元氢氧化物的连续合成方法	ZL201510196055.9	兰州金川新材料科技股份有限公司	常全忠、刘进才、江名喜、王娟辉、王兆哲、吴　静、杨　平、蒋晓峰、万云云、邱　平
23	一种治疗肾阳虚衰，气虚血亏的中药组合物及其制备工艺	ZL200610042670.5	兰州和盛堂制药股份有限公司	夏　祥、轩辕亮、姜　和、吴希军
24	折弯机矩形复合导轨系统	ZL200910261552.7	天水锻压机床有限公司	吕毓军、蒋文凯、刘民祥、周　晶、万运成
25	耐用型地膜	ZL201310328122.9	兰州金土地塑料制品有限公司	熊春蓉、赵贵宾、李城德、张永祥、岳　云、陈　超、金鑫海
三　等　奖				
26	刺绣宫灯香包手工缝制模具	ZL201420418227.3	庆阳凌云服饰集团轩辕香包艺术有限公司	张志峰、孙蔚华
27	碘对比剂外渗报警器	ZL201520641677.3	虎玉兰；巴志霞	虎玉兰、巴志霞
28	电磁铁线圈的制造工艺	ZL01138111.6	兰州科近泰基新技术有限责任公司	袁　平、张小奇、谢春安、徐大宇、王　丰、卢　龙、李安平、王文进、孙国平、李小强、雷海亮
29	灌溉渠用节水冲药装置	ZL201510040353.9	徐奎山	徐奎山、李书儒、张　琪、李洁倩、曹文涛
30	花卉专用胶囊肥料	ZL200710080226.7	甘肃省农业科学院土壤肥料与节水农业研究所	车宗贤、赵欣楠、冯守疆、王文丽、张　环、杨君林、张旭临、王　方、郭天文、张雪琴、胡新元、何　洋
31	荒漠肉苁蓉种子处理方法	ZL201210160914.5	叶文明	叶文明
32	军工航天火箭用大口径氧气管路截止阀	ZL201410745406.2	兰州高压阀门有限公司	陈清流、乐精华、陈文鑫、李晓刚
33	联合支护开挖大厚度强风化砂岩层深基坑的施工方法	ZL201510434806.6	甘肃第六建设集团股份有限公司；甘肃省地基基础有限责任公司	周　岩、戴　宏、阮立龙
34	马铃薯种植机用滚筒式双行气力排种装置	ZL201310227760.1	定西市三牛农机制造有限公司	史丽萍、赵　明、赵　伟、赵　刚、张　俊、康凤刚、康　栋、康　斌

35	泥浆泵分体结构大齿轮	ZL201520799359.X	兰州兰石石油装备工程有限公司	陈云龙、常　平、文全龙、宋枣玲、苏珊珊、王　贵
36	一种采用内置式三棱锥套的刀架	ZL201620308671.9	天水星火机床有限责任公司	董全宏、王　芳
37	一种催化裂化汽油碱渣综合利用方法	ZL201210300639.2	兰州康顺石化有限责任公司	谢肇新、张兴林、许冬梅、杨林青、梅教宗、秦进林、甘黎明、马文娟、白　亮
38	一种调幅液压翻转犁架	ZL201510583655.0	高台县嘉宝机械制造销售有限公司	杨永林、杨高明、杨永宝、高兴宏
39	一种短毫米波段同轴磁控管内腔衰减环的固定方法	ZL201410169539.X	甘肃虹光电子有限责任公司	穆建中、牛文斗、马正军、王世健
40	一种聚天冬氨酸生态水溶肥料及其生产方法	ZL201210423538.4	张掖市新大弓农化有限责任公司	陈　宏、高自成、滕汉杰、张述斌、柴兆歆
41	一种抗疏力材料	ZL201310350708.5	陇东学院；甘肃瑞斯抗疏力技术工程有限公司	刘万锋、金积钧、史正斌
42	一种那西肽工业生产中发酵废水循环利用方法	ZL201210526996.0	甘肃汇能生物工程有限公司；浙江汇能生物股份有限公司	张小朋、侯保兵、陈贵才、肖　冲、余有龙、张仁文、周颖凯
43	一种提高硫化铜矿石选矿指标的浮选方法	ZL201210195922.3	甘肃酒钢集团宏兴钢铁股份有限公司	王彩虹、李　宁、杨云虎
44	一种网络安全管理装置	ZL201420715272.5	甘肃省科学技术情报研究所	杨生举、赵　凡、施韶亭、赵昕晖、蒙　杰
45	一种用于治疗气管炎的中药制剂及其制备方法	ZL201110095172.8	中国人民解放军第一医院	张建春、李晓云、吴永胜、乔　彬、李婉珺、胡　浩、李景芳
46	预防鸡禽流感帮助消化增强体质的饮料浓缩液制备方法	ZL201310587398.9	史占彪	胡俊仕、陈彦君、黄浩钰、巩芳芳、杨　洁、张小香、王亚静、史占彪
47	粘虫装置	ZL201520279953.6	甘肃盈腾节能科技有限公司	郑平生、李宏佳、李亚利、曾　利
48	中药材专用黑色除草地膜	ZL201210155397.2	甘肃天宝塑业有限责任公司	石永新、王智勤、赵建民、金淡春
49	自加压弹性垫圈	ZL201120502292.0	兰州西脉记忆合金股份有限公司	陈天翔、达国祖、马韬麟、孙宝辉、缪祥文、马悦辉
50	钻孔型内镶式扁平滴头	ZL200410070587.X	甘肃亚盛亚美特节水有限公司	靳纯山、朱雅红、赵锐峰、王仁法

（甘政发〔2018〕11号）

甘肃省第八届敦煌文艺奖获奖作品名单

甘肃省第八届敦煌文艺奖获奖作品名单（141项）

优秀成果奖（9项）

1．戏剧（3项）

《西狭长歌》（陇剧）省陇剧院（省文化厅申报）

《天下第一桥》（话剧）省话剧院有限责任公司（省文化厅申报）

《貂蝉》（歌剧）省歌剧院（省文化厅申报）

2．广播影视（3项）

《甘南情歌》（电影）甘肃风行影视文化有限公司（省新闻出版广电局申报）

《河西走廊》（纪录片）省委宣传部 北京伯璟文化传播有限公司（省直机关工委申报）

《阳关夫妇》（纪录片）敦煌广播电视台（酒泉市委宣传部申报）

3．音乐（2项）

《土豆花儿开》（歌曲）
作词：杨玉鹏
作曲：韩 刚（武威市委宣传部申报）

《敦煌音画》（交响乐）
作曲：赵季平　陆金龙
杨亦兵　景建树（省文化厅申报）

4．美术（1项）

《八月》（油画）张文平（庆阳市委宣传部申报）

一等奖（25项）

1．戏剧（2项）

《大秦文公》（秦腔）天水市西秦腔研究院（天水市委宣传部申报）

《夏雪》（秦腔）兰州戏曲剧院（兰州市委宣传部申报）

2．广播影视（3项）

《射天狼》（电视连续剧）兰州电影制片厂有限责任公司（省新闻出版广电局申报）

《黄土大塬》（纪录片）北京盛世唐人影视传媒有限公司（庆阳市委宣传部申报）

《敦煌伎乐天》（纪录片）酒泉广播电视台（省文联申报）

3．文学（6项）

《刘晓东》（中篇小说集）邹弋舟（省文联申报）

《野狐岭》（长篇小说）陈开红（省文联申报）

《荒原问道》（长篇小说）徐兆寿（省教育厅申报）

《张芝》（文艺理论专著）刘云鹏（省文联申报）

《桑多河畔》（组诗）杨晓贤（甘南州委宣传部申报）

《桑麻之野》（散文集）张世杰（省文联申报）

4．音乐（3项）

《春天的信息》（歌曲）作词：袁 健
作曲：尚德义（省新闻出版广电局申报）

《背着月亮走》（歌曲）作词：刘顶柱
作曲：赛 音（兰州市委宣传部申报）

《红帆船》（合唱）作词：王 彬
作曲：陈世祥（省文联申报）

5．舞蹈（2项）

《鼓舞中国》（鼓乐舞）苏孝林　钱　文　芦家驹（兰州市委宣传部申报）

《繁弦妙引》（群舞）寇 亮 杨蕗宁（省教育厅申报）

6．美术（4项）

《风和》（国画）王万成（省文联申报）

《药乡秋晚》（国画）巫卫东（兰州市委宣传部申报）

《葡萄园》（油画）潘义奎（省文化厅申报）

《伎乐天》（国画）赵晓玲 张兴国（定西市委宣传部申报）

7．书法（3项）

《篆刻印屏》（篆刻）薛虎峻（省文联申报）

《吴文英词五首》（行书）汪志刚（兰州市委宣传部申报）

《节录屈原〈渔父〉》（草书）倪永伟（省文联申报）

8．摄影（2项）

《池哥昼》（组照）曾红兵（兰州市委宣传部申报）

《黑城物语》（组照）陈 冈（张掖市委宣传部申报）

二等奖（39项）

1．戏剧（3项）

《医祖岐伯》（陇剧）庆阳市黄土缘演艺有限责任公司（庆阳市委宣传部申报）

《温世仁》（京剧）省京剧团有限责任公司（省文化厅申报）

《天鹅琴》（儿童剧）兰州市儿童艺术剧团（兰州市委宣传部申报）

2．广播影视（3项）

《记忆6.26》（纪录片）省广播电影电视总台（省新闻出版广电局申报）

《腊月的春》（电影）甘肃艺方水土影视发展有限公司（白银市委宣传部申报）

《守望敦煌》（广播剧）省广播电影电视

总台（省新闻出版广电局申报）
3. 文学（9项）
《白色庄窠》（长篇小说）张存学（省文联申报）
《教授之死》（长篇小说）史生荣（省教育厅申报）
《被切除》（中篇小说）任向春（兰州市委宣传部申报）
《中国当代生态文学研究》（文艺理论专著）张晓琴（省教育厅申报）
《王新军的小说》（短篇小说集）王新军（酒泉市委宣传部申报）
《马锡伍传》（纪实文学）杨正发（庆阳市委宣传部申报）
《胡杨的诗》（诗集）胡文平（嘉峪关市委宣传部申报）
《苍天的耳语》（散文）铁穆尔（省文联申报）
《风吹无疆》（诗集）张向阳（兰州市委宣传部申报）
4. 音乐（5项）
《敦煌行》（民乐合奏曲）
作曲：盛鸿斌（省文联申报）
《亦梦亦幻莫高窟》（歌曲）
作词：倪永盛
作曲：孔繁昕（省教育厅申报）
《醉舞敦煌》（歌曲）作词：刘顶柱
作曲：丛密雨（省文联申报）
《萨娜玛珂》（交响乐）
作曲：丁晓军（省教育厅申报）
《月牙泉》（歌曲）
词曲：苏 玮（兰州市委宣传部申报）
5. 舞蹈（3项）
《天堂草原》（舞蹈）巴特尔（省文联申报）
《宅门闺秀》（舞蹈）王艺潼 许馨元（省文联申报）
《月牙泉》（舞蹈）帅小军 张骄（省文联申报）
6. 美术（6项）
《春满人间》（国画）范文阳（兰州市委宣传部申报）
《高原放歌》（油画）桑吉才让（省文联申报）
《梦寻乡音》（国画）白恩平（兰州市委宣传部申报）
《草原新年》（油画）周安平（省教育厅申报）
《朝圣》（国画）张生进（省文化厅申报）
《扶贫干部药材经》（国画）毛志成（省文化厅申报）
7. 书法（6项）
《柳中庸〈夜渡江〉》（行书）严文学（省文化厅申报）
《山家清供》（楷书）曹恩东（省教育厅申报）
《石径庵门七言联》（隶书）张建昕（庆阳市委宣传部申报）
《韩翃〈寒食〉》（隶书）任继军（平凉市委宣传部申报）
《苏轼〈上梅直讲书〉》（行书）沈 澎（陇南市委宣传部申报）
《录古人画论十五则诗三首》（楷书）张建中（省文化厅申报）
8. 摄影（4项）
《镜界行者》梁荷生（省文联申报）
《社祭者》（组照）孙廷永（平凉市委宣传部申报）
《奔腾》王发耀（省直机关工委申报）
《人间仙境》吴有仓（定西市委宣传部申报）
三等奖（68项）
1. 戏剧（2项）
《迎春花儿开》（花儿剧）临夏州民族歌舞剧团（临夏州委宣传部申报）
《重建新歌》（高山剧）陇南市五一秦腔剧团（陇南市委宣传部申报）
2. 广播影视（5项）
《西北望崆峒》（纪录片）平凉市委市政府（平凉市委宣传部申报）
《红色地标》（纪录片）兰州市广播电视总台（兰州市委宣传部申报）
《红盾先锋》（电影）甘肃大河传媒有限公司（庆阳市委宣传部申报）
《格桑花开》（广播剧）兰州市广播电视总台（兰州市委宣传部申报）
《天地神州》（纪录片）酒泉卫星发射中心电视台（省新闻出版广电局申报）
3. 文学（15项）
《花儿》（长篇小说）王维胜（临夏州委宣传部申报）
《青涩蓓蕾秘密开》（长篇小说）张 琳（省直机关工委申报）
《控局》（长篇小说）云 宏（省文联申报）
《枯湖》（长篇小说）汪 泉（省总工会申报）
《农耕图》（长篇小说）金吉泰（兰州市委宣传部申报）
《不存在的夏天》（长篇童话）曹雪纯（省文联申报）
《西汉水上游乞巧及乐舞研究》（文艺理论专著）张 芳（陇南市委宣传部申报）
《渭河传》（长篇散文）王若冰（天水市委宣传部申报）
《边地》（组诗）陈思侠（酒泉市委宣传部申报）
《回到固城》（散文集）赵 殷（陇南市委宣传部申报）
《羊皮灯笼》（诗集）王 琰（兰州市委宣传部申报）
《东乡纪事》（纪实文学）李 萍（临夏州委宣传部申报）
《南城根：一个中国城中村的背影》（散文集）王选选（天水市委宣传部申报）
《共和国长子》（纪实文学）陈玉福（金昌市委宣传部申报）
《大河之梦》（诗集）李 活（省直机关工委申报）
4. 音乐（7项）
《红色的星》（歌曲）作词：王 彬
作曲：朱耀东（白银市委宣传部申报）
《羲皇故里》（歌曲）作词：邵永强
作曲：王学诗（天水市委宣传部申报）
《喜庆阳光》（歌曲）作词：刘顶柱
作曲：贾崛铭（庆阳市委宣传部申报）
《伏羲祭》（礼仪乐曲）
词曲：贾小东（省文联申报）
《歌唱陇原》（歌曲） 作词：陈田贵
作曲：赵小钧（省文联申报）
《黄土情》（独奏曲）作曲：郭丽娜（庆阳市委宣传部申报）
《为士兵点赞》（歌曲）作词：刘顶柱
作曲：李 赫（省文联申报）
5. 舞蹈（4项）
《敦煌天女》（舞蹈）许 琪 袁 媛 罗泽燕（兰州市委宣传部申报）

《白马·印记》（舞蹈）杨　莉　姜祥仲　向　葵（陇南市委宣传部申报）
《盛装舞》（舞蹈）索卓玛 赵新军（张掖市委宣传部申报）
《天境神鹰》（舞蹈）熊艺雁　阿　宫　杜昕芮（省军区政治工作局申报）

6．杂技（1项）

《博鳌传奇》省杂技团有限责任公司（省文联申报）

7．曲艺（2项）

《报春晖》（秦安小曲）秦安县秦安小曲协会（省文联申报）
《精准扶贫谱新曲》（小品）华亭县文化馆（平凉市委宣传部申报）

8．美术（13项）

《和谐共存之十五》（版画）李 静（省教育厅申报）
《伙伴》（国画）王梦彤（省文化厅申报）
《〈梦·城市记忆〉系列之三》（水粉）车铭奋（临夏州委宣传部申报）
《那场雪》（油画）程 红（省文联申报）
《天曲——敦煌古乐》（油画）张　弛　鲁　凡（省总工会申报）
《虚空听风雨》（国画）王 硕（天水市委宣传部申报）
《云锁清秋》（国画）刘 锋（省文化厅申报）
《河边》（国画）徐新平（兰州市委宣传部申报）
《童谣》（插画）马万军（省教育厅申报）
《窗外》（国画）李卫东（省文联申报）
《银光垂地》（国画）韩社林（平凉市委宣传部申报）
《希望之星》（国画）郭殿声（省教育厅申报）
《反弹琵琶乐舞图》（国画）李建英（酒泉市委宣传部申报）

9．书法（10项）

《吴昌硕〈题画诗〉》（草书）丁彦平（定西市委宣传部申报）
《东坡尺牍》（行书）张万胜（省文联申报）
《寿鹿八景诗》（草书）郭长存（白银市委宣传部申报）
《欧阳修〈秋声赋〉》（楷书）熊建婷（嘉峪关市委宣传部申报）
《黄石公〈三略·下略〉》（行草）陈新长（嘉峪关市委宣传部申报）
《王维诗三首》（篆书）王永斌（天水市委宣传部申报）
《洁志居身七言联》（行书）张慧中（白银市委宣传部申报）
《王维〈山居秋暝〉》（草书）李玉洁（省文化厅申报）
《录黄庭坚论书句》（草书）崔双胜（定西市委宣传部申报）
《毛泽东〈沁园春·长沙〉》（草书）王青彦（陇南市委宣传部申报）

10．摄影（9项）

《输送受灾群众》谈 龙（陇南市委宣传部申报）
《画里乡村》脱兴福（省文化厅申报）
《长城杂技娃》张 健（酒泉市委宣传部申报）
《逐光掠影》王生晖（白银市委宣传部申报）
《雪浴雄关》（组照）李晓峰（嘉峪关市委宣传部申报）
《巧手绘皮影》张步农（庆阳市委宣传部申报）
《佛语新释》（组照）路学军（省文联申报）
《期盼》李潇雨（省文化厅申报）
《微光——点亮城市的温暖》（组照）郁 婕（省文联申报）

（甘委〔2017〕85号）

索　引

说明：（1）本索引主体采用主题分析索引方法，按主题词首字的汉语拼音字母顺序排列。

（2）栏目、分目标题用黑体字表明。

（3）索引名称后的数字表示内容所在的页码，数字后面的a、b、c表示栏别。

（4）辅助的资料索引按页码顺序排列。

A

B

F

S

资料索引

甘肃省人民政府机构设置表

省政府办公厅

组成部门

- 省发展和改革委员会
- 省教育厅
- 省科学技术厅
- 省工业和信息化委员会
- 省民族事务委员会
- 省公安厅
- 省监察厅
- 省民政厅
- 省司法厅
- 省财政厅
- 省人力资源和社会保障厅
- 省国土资源厅
- 省环境保护厅
- 省住房和城乡建设厅
- 省交通运输厅
- 省水利厅
- 省农牧厅
- 省林业厅
- 省商务厅
- 省文化厅
- 省卫生和计划生育委员会
- 省审计厅
- 省人民政府外事办公室
- 省旅游发展委员会

直属特设机构

- 省人民政府国有资产监督管理委员会

直属机构

- 省地方税务局
- 省工商行政管理局
- 省质量技术监督局
- 省新闻出版广电局
- 省体育局
- 省安全生产监督管理局
- 省食品药品监督管理局
- 省统计局
- 省宗教事务局
- 省粮食局
- 省人民政府法制办公室
- 省人民政府研究室
- 省人民防空办公室
- 省扶贫开发办公室

部门管理机构

- 省人民政府参事室
- 省人民政府金融办
- 省机关事务管理局
- 省监狱管理局
- 省公务员局
- 省文物局

说明：

甘肃省人民政府设置工作部门40个。其中，办公厅和组成部门24个，直属特设机构1个，直属机构14个；监察厅和纪律检查委员会机关合署办公，挂预防腐败局牌子，列入省政府工作部门序列，不计入政府机构个数；发展和改革委员会挂物价局、能源局牌子；工业和信息化委员会挂国防科技工业局、中小企业局牌子；人力资源和社会保障厅挂外国专家局牌子，环境保护厅挂核安全局牌子；外事办公室挂省委外事工作领导小组办公室、侨务办公室、港澳事务办公室牌子；新闻出版广电局挂版权局牌子；食品药品监督管理局挂食品安全委员会办公室牌子；扶贫开发办公室挂两西建设指挥部牌子。

此外，设置部门管理机构6个。其中，参事室、金融工作办公室，机关事务管理局由办公厅管理；监狱管理局由司法厅管理；公务员局由人力资源和社会保障厅管理，文物局由文化厅管理。